Horst Schwarzer
Annette Wolter **Das ist Kochen**

Horst Schwarzer
Annette Wolter

Das ist Kochen

Mitarbeiter: Roman Fink,
Maria Möller, Maria Spier
Fotos: Christian Teubner
Zeichnungen: Gerlind Bruhn

**Das große Universalkochbuch
unserer Zeit**

Gräfe und Unzer

Redaktion: Benita von Eichborn,
Roman Fink, Ursula Saling,
Maria Spier, Annette Wolter
Layout: Christian Scheel

© 1981 by Gräfe und Unzer GmbH, München
Deutscher Bücherbund GmbH & Co.,
Stuttgart Hamburg München

Vertriebsrecht der deutschen
Buchhandelsausgabe:
Gräfe und Unzer GmbH, München

Eine Parallelausgabe
ist unter dem Titel »Das Große Kochbuch«
beim Deutschen Bücherbund erschienen.

Satz: Fotosatz Schmidt+Co., Weinstadt
Reproduktion der Farbseiten:
Otterbach Repro KG, Rastatt
Papiere: Werkdruck von
Matthäus Salzer Söhne, Stattersdorf
Bilderdruck von
Borregaard Österreich AG, Hallein
Druck und Bindearbeiten:
Salzer-Ueberreuter, Wien

ISBN 3-7742-5028-6

Über dieses Buch

Das große Universalkochbuch unserer Zeit liegt vor Ihnen, entstanden nach fünf Jahren Vorarbeit, geschrieben und mehrfach geprüft von führenden Fachleuten, bestimmt für das kommende Jahrzehnt.

Es ist ein Buch, das von Grund auf neu erarbeitet wurde, denn Essen und Kochen haben sich gewandelt. Wir stellen heute höhere Ansprüche, essen gesundheitsbewußter, abwechslungsreicher und ungezwungener. Wir kochen raffinierter und bequemer, kreativer und praktischer. Wir entdecken Großmutters bewährte Küchengeheimnisse und Familienrezepte wieder, selber Backen und Einmachen sind in Mode gekommen, Köstlichkeiten aus aller Welt bereichern unsere Küche, von exotischen Früchten bis zu ausgefallenen Gewürzen. Und Spezialitäten, auf Urlaubsreisen erlebt, werden auch daheim gerne nachgekocht. Schließlich steht der Wunsch nach natürlicher, gesunder Ernährung heute bei vielen im Vordergrund.

Alle Fragen, die sich Ihnen alltags oder zu besonderen Anlässen bei der Wahl der richtigen Zutaten, beim sachgerechten Vorbereiten sowie beim Garen, kurz in jeder denkbaren Küchen-Situation stellen, wird Ihnen dieses umfassende Kochbuch verläßlich beantworten. Es bietet nicht allein über 1100 Rezepte, sondern stellt Ihnen auch ein breites Grundwissen zur Verfügung, veranschaulicht durch Hunderte von Zeichnungen, von Handgriffen aus der Kochpraxis und aus der Küchentechnik.

Kochgeübte wie Anfänger können sofort erfolgreich mit ihrem ersten Gericht oder Menü aufwarten. Dazu gehen Sie folgendermaßen vor:
Lassen Sie sich auf dem Markt inspirieren. Kaufen Sie, worauf Sie Appetit haben. Dann holen Sie sich Rat in Ihrem Kochbuch. Suchen Sie im Nachschlage-Register am Schluß des Buches das entsprechende Stichwort auf – Sie finden dort zahlreiche Rezepte für das Produkt Ihrer Wahl. Sollten Sie zum ersten Mal mit diesem Nahrungsmittel umgehen, so lesen Sie zusätzlich das einschlägige Grundrezept und nötigenfalls auch das Grundwissen zu Beginn des jeweiligen Kapitels. So sind Sie gut informiert und brauchen nur noch exakt nach dem ausgewählten Rezept zu arbeiten.

Suchen Sie aber für einen bestimmten Anlaß das geeignete Essen, so schlagen Sie im Abschnitt »Was koche ich?« am Anfang des Buches in der entsprechenden Rubrik nach. In dieser Fundgrube entdecken Sie sicher das Passende.

Zuallererst haben Sie aber die Möglichkeit, aus den über 1100 Rezepten, frei nach Lust und Laune, das auszuwählen, was Ihnen am besten schmeckt. Die vielen Farbbilder geben zusätzliche Anregungen.

In der inhaltlichen Abfolge dieses Buches wechseln produktbezogene Kapitel mit praxisbezogenen. Die produktbezogenen behandeln alle Rohstoffe: Salate und Salatsaucen, Schal- und Krustentiere, Fische, Fleisch, Geflügel, Wild und Wildgeflügel, Gemüse, Obst, Getreideprodukte, Eier und Milch, Butter, Käse. Hier finden Sie neben bekannten und bewährten sowie vielen neuen Rezepten stets nützliche Hinweise auf das Marktangebot, auf richtiges Einkaufen und Lagern sowie praktischen Rat für Vor- und Zubereitung. Solches Grundwissen macht kreative Menschen auch frei von bestimmten Rezepten. Mit diesen praktischen Grundkenntnissen ausgerüstet, kann jeder problemlos ein Gericht nach eigenen geschmacklichen Ideen gestalten.

Die praxisbezogenen Kapitel »Suppen und Eintöpfe«, »Bunte Kalte Küche«, »Saucen-Brevier«, »Süße Desserts«, »Einmachen und Konservieren«, »Getränke mit und ohne Alkohol« sowie »Alles über Backen« sind auf bestimmte Anlässe ausgerichtet und bringen ebenfalls viele einschlägige bewährte und erfolgreiche Rezept-Ideen.

Im Kapitel »Rund um Küche und Keller« finden Sie wertvolle Informationen über Grundfragen der Kochkunst und Eßkultur, vor allem Wissenswertes über Kräuter und Gewürze, über das Anrichten und Garnieren, über den Wein, über Gar- und Zubereitungstechniken, praktische Küchengeräte, das Kühlen und Einfrieren, die richtige Ernährung, über Maße und Gewichte sowie – für den Fall des Falles – bewährte Pannenhilfen.

Das Kapitel »Zum Nachschlagen« schließlich umfaßt nicht nur ein ausführliches, vielfach ineinandergreifendes Rezept- und Sachregister, sondern vermittelt zusätzliche Auskünfte über das internationale »Küchen-Latein«, besondere Praktiken und Begriffe sowie Kurzbeschreibungen von berühmten Rezepten, die in den Rezeptkapiteln nicht berücksichtigt werden konnten. Es informiert auch über aktuelle Begriffe wie beispielsweise »Nouvelle cuisine« oder »Biologisches Gemüse«.

Damit haben Sie das Universalkochbuch in der Hand, mit dem Sie für alle Fragen der guten Küche, des vergnüglichen Essens und Trinkens gerüstet sind.
Wir wünschen Ihnen viel Freude damit – und Erfolg und Anerkennung bei Ihrer Familie, Ihren Freunden, Ihren Gästen!

Die Autoren

Vor dem Start zu lesen

Wenn nicht anders angegeben, gelten die Rezepte dieses Buches für 4 Personen

Alle Rezepte sind nach dem »Sofort-kochen-können-System« gestaltet. Um unnötige Wiederholungen zu vermeiden, wurden einige Aussagen vereinfacht. Bitte prägen Sie sich deshalb die grundsätzliche Bedeutung folgender Angaben ein:

Eßlöffel und Teelöffel
Wir arbeiten mit diesen Löffelmaßen. Wird nicht eigens ein halber oder ein gehäufter Löffel angegeben, ist stets ein gestrichen voller Löffel gemeint.

Mengenangaben wie ½–1 Teelöffel (Teel.) oder 2–3 Eßlöffel (Eßl.) besagen, daß man mit der kleinsten Menge beginnen soll. Bei Salz und Gewürzen bestimmt der persönliche Geschmack, ob der Rest noch benötigt wird. Bei Mehl, Speisestärke oder ähnlichen Produkten entscheidet die gewünschte Konsistenz einer Speise, wieviel von der möglichen Menge gebraucht wird.

Salzen und Würzen
Für Salz und Gewürz wird die Menge meist in Messerspitze angegeben. Weil es bei »salzig« und »gut gewürzt« erfahrungsgemäß sehr unterschiedliche Geschmacksempfindungen gibt, sind wir in den Rezepten sparsam mit Salz und Gewürzen umgegangen. Sollten Sie Ihre Speisen salziger, würziger mögen, nehmen Sie mehr von den jeweils vorgeschlagenen Mengen. Wird in einem Rezept empfohlen, ein Gericht zuletzt nachzuwürzen, so sollten dafür stets nur die Gewürze verwendet werden, die schon in den Zutaten angegeben wurden.

Ist in den Zutaten Pfeffer als Gewürz vorgeschlagen, so ist damit stets weißer Pfeffer gemeint. Soll besser mit schwarzem Pfeffer gewürzt werden, ist das eigens vermerkt.

Streuwürze ist ein pulverisiertes oder feinkörniges Gemisch aus natürlichen Stoffen, meist mit Glutamat angereichert, das den Eigengeschmack aller Lebensmittel unterstreicht, aber durch seine Zusammensetzung aus verschiedenen Substanzen und Salz auch eine spezielle Geschmacksnote vermittelt. Im Handel wird Streuwürze oder Speisewürze unter verschiedenen Markennamen geführt.

Zitrusfrüchte
Manche Speisen und Getränke erhalten ihren besonderen Geschmack durch Zugabe von abgeriebener, in Juliennes oder Spiralen geschnittener Schale einer Zitrusfrucht. In diesem Fall dürfen ausschließlich naturbelassene Schalen verwendet werden, keinesfalls aus Gründen der Konservierung »gespritzte«.

Butter und Sahne
Es ist nicht gleichgültig, ob Sie als Fett für ein Gericht Öl, gehärtetes Pflanzenfett, Schmalz oder Butter verwenden. Informieren Sie sich am besten über die Anwendungsbereiche der verschiedenen Fettarten im Abschnitt »Welches Fett wofür«. Wird in den Rezepten aber Butter empfohlen, so können Sie bedenkenlos auch Margarine verwenden. Steht in den Zutaten nur Sahne, so ist immer süße Sahne gemeint; soll saure Sahne verwendet werden, so wird dies ausdrücklich angegeben.

Fleischbrühe
Für viele Speisen ist Fleischbrühe notwendig. Es bleibt in jedem Fall Ihnen überlassen, ob Sie dann selbstgekochte Fleischbrühe, Knochenbrühe oder Geflügelbrühe nehmen oder diese rasch aus einem Fertigprodukt herstellen. Sollte Brühe von tierischen Produkten aus diätetischen Gründen nicht erwünscht sein, so kann sie durch Gemüsebrühe – selbstbereitete oder aus einem Fertigprodukt – ersetzt werden.

Temperatur und Garzeit
Für den Backofenbereich werden die benötigten Temperaturen beim Elektroherd in Grad Celsius angegeben. Da bei uns ausschließlich die Celsius-Skala benützt wird, wurde bei den Gradangaben generell auf das »C« verzichtet. Die Temperatur bei den Gasbacköfen werden nach Schaltbereichen reguliert. Damit Besitzer von Gasherden auf die benötigten Celsiusgrade schalten können, finden Sie im Abschnitt über Küchengeräte eine entsprechende Umrechnungstabelle. Beachten Sie, daß Elektrobacköfen 10–20 Minuten Zeit brauchen, um die vorgeschriebene Temperatur zu erreichen. Gasbacköfen erreichen die gewünschte Temperatur in wenigen Minuten.

Die Temperaturangaben für das Kochen auf dem Herd werden durch die Begriffe sehr milde, milde, mittlere und starke Hitze erklärt. Wie Sie die normale Elektroplatte, die Automatikplatte und die Gasflamme für diese Bereiche regulieren, sehen Sie ebenfalls im Abschnitt über Küchengeräte.

Alle angegebenen Garzeiten sind Mittelwerte, die durch Erfahrungen im Umgang mit verschiedenen Herdtypen ermittelt wurden. Dennoch sollten Sie diese Mittelwerte auf die Back-, Brat- und Kocheigenschaften Ihres Herdes abstimmen. Denn von Herdtyp zu Herdtyp ergeben sich Abweichungen für die Garzeit und für die benötigten Temperaturen.

Inhalt

Über dieses Buch 5
Vor dem Start zu lesen 6

Inhalt 7–11

Was koche ich?

Wenn es schnell gehen muß 12
Imbiß für Gestreßte 12
Mahlzeiten mit zwei Gängen 12
Kleine Menüs 12

Kochideen für jeden Tag 13
Einfache Essen 13
Für heiße Tage 14
Gutes ohne Fleisch 14
Wenn's raffiniert sein soll 14
Für den großen Hunger 15

Festliche Essen 15
Für offiziellen Besuch 15
Essen für die Ostertage 16
Pfingst-Menüs 17
Traditionelle Weihnachtsessen 17

Kaffeerunde und Teestunde 17
Zum Kaffee 17
Trockene Kuchen 17
Obstkuchen 17
Torten 17
Kleingebäck 17
Zum Tee 17

Herzhaftes zu Bier und Wein 18
Das paßt zu Bier 18
Das paßt zu Wein 18
Das paßt zu Bier und zu Wein 18

Das Beste für Kinderfeste 18
Kuchen für den Nachmittag 18
Imbiß vor dem Heimweg 18
Warme Hauptgerichte 18
Süße Hauptgerichte 18
Kalte Hauptgerichte 18
Nachspeisen 18

Party mit netten Leuten 19
Grillparty 19
Einfach für viele 19
Gäste kochen mit 19
Mitternachtsküche 20
Katerfrühstück 20

Buffet – kalt und warm 20
Salatbuffet 20
Buffet zur Jugendparty 20
Buffet zum Bier vom Faß 20
Buffet für den Herrenabend 20
Buffet zur Sonnwendfeier 21
Faschingsbuffet 21
Italienisches Buffet 21
Smörgas-Bord 21
Buffet zum Sektfrühstück 21
Silvester Buffet 21
Großes Festbuffet 21
Kaltes Buffet zum großen Empfang 21

Suppen und Eintöpfe

Brühe, Grundlage aller Suppen 22
Fleischbrühe 22
Bouillon 22
Consommé 22
Kraftbrühe 22
Consommé double 22
Doppelte Kraftbrühe 22
Kräftige Fleischbrühe 22
Saftigeres Fleisch 22
Knochenbrühe 22
Kochfleisch für Suppen 23
Sich bildender Schaum 23
Die Brühe entfetten 23
Das Klären der Brühe 24
Das Binden von Suppen 24

Die Rezepte 24–51

Salate und Salatsaucen

Von den Salaten 52
Artischocke bis Zwiebel 52–60
Blattsalate 60
Rohkostsalate 60

Die Rezepte 61–87

Von den Salatsaucen 87
Essig und Würzöl selbstbereitet 88

Die Rezepte 89–91

Schal- und Krustentiere

Von den Schal- oder Weichtieren 92
Miesmuscheln 92
Jakobsmuscheln 92
Herzmuscheln 92
Venusmuscheln 92
Teppichmuscheln 92
Flache Austern 92
Portugiesische Austern 92
Weinbergschnecken 92
Abalonen 92
Strandschnecken 93
Wellhornschnecken 93
Meerpolypen 93
Tintenfische 93
Kalamare 93
Meerigel 93
Trepange 93
Wichtiges über Schaltiere 93
So werden rohe Austern verzehrt 94
Wichtiges über Weichtiere 94
Wichtiges über Stachelhäuter 95

Von den Krustentieren 95
Zwerggarnelen 95
Garnelen 95
Riesengarnelen 95
Langusten 95
Hummer 95
Kaisergranate 95
Krabben 95
Königskrabben 95
Krebse 95
Wichtiges über Krustentiere 95
Gekochten Hummer aufbrechen 99

Die Rezepte 100–103

INHALT

Fisch aus Meer und Fluß

Die Seefische 104
Die Süßwasserfische 105

Fisch in der Küche 105
Der Einkauf von Fisch 105
Echter geräucherter Lachs 106
Fisch selber räuchern 106
Fisch richtig vorbereiten 106
Das 3-S-System 112
Der gute Fischsud 113
Das Garen von Fisch 113
Fisch im Sud garen 113
Fisch blau bereitet 113
Fisch braten 113

Die Rezepte 114–125

Rind, Kalb, Schwein und Lamm

Das Abhängen 127
Der Einkauf von Fleisch 127
Fleisch richtig lagern 127
Marinieren 127
Fleisch einfrieren 127
Rindfleisch 128
Kalbfleisch 128
Schweinefleisch 129
Hammel- und Lammfleisch 129

Schnitzel, Koteletts und Rouladen

Schnitzel 130
Koteletts 130
Rouladen 130
Würzen 130
Sauce 130
Panieren 131
Das Bratfett 131
Garzeiten für Schnitzel, Koteletts und Rouladen (Tabelle) 131

Die Rezepte 131–140

Berühmte Steaks und ihre Varianten

Der Einkauf von Steaks 140
Gargrade und Garzeiten (Tabelle) 141
Steaks richtig vorbereiten 141
Braten in der Pfanne 141
Grillen im Elektrogrill 141
Grillen über Holzkohle 142

Steckbriefe der Steaks 142
Filetsteak 142
Chateaubriand 142
Tournedos 142
Porterhouse-Steak 142
T-Bone-Steak 142
Rumpsteak 142
Kluftsteak 142
Entrecôte 142
Entrecôte double 142
Sattelsteak 142
Rindermedaillon 142
Kalbsmedaillon 143
Schweinemedaillon 143
Filet Mignon 143
Kalbssteak 143
Schweinesteak 143
Schinkensteak 143
Lammsteak 143
Steaklette 143
Steaks richtig servieren 143

Die Rezepte 143–152

Beliebte Spießchen

Grill und Pfanne 152
Die richtigen Spieße 152
Für Spieße geeignet 152

Die Rezepte 153/154

Die großen Braten

Das Bratgeschirr 155
Bratzeiten und -temperaturen 156
Brattabelle für Braten 156
Braten richtig behandeln 157
Braten tranchieren und servieren 158

Die Rezepte 161–176

Gulasch & Co.

Die Fleischqualität 176
Wichtig beim Schmoren 177

Die Rezepte 177–180

Hackfleisch und Brät

Hackfleisch halb und halb 183
Beefsteakhack 183
Mett 183
Brät 183
Hackfleisch richtig aufbewahren 183

Die Rezepte 183–188

Gutes aus Innereien

Leber 188
Nieren 188
Herz 189
Bries 189
Hirn 189
Milz 189
Kutteln 190
Lunge 190
Zunge 190

Die Rezepte 190–202

Fleisch auf besondere Art

Die Rezepte 203–207

Wurst und Schinken

Rohwürste 208
Brühwürste 208
Bratwürste 208
Kochwürste 208
Schinken 208
Speck, Geräuchertes 209

Die Rezepte 209–211

Hausgeflügel

Küken 212
Brathähnchen 212
Jungmasthuhn 212
Poularde 212
Kapaun 212
Suppenhuhn 212
Puter 212
Junger Puter 212
Perlhuhn 213
Ente 213
Jungmastgans 213
Mastgans 213
Taube 213

Geflügel in der Küche 213
Der Einkauf von Geflügel 213
Das Garen von Geflügel 215
Geflügel richtig tranchieren 219
Brattabelle für Geflügel 219

Die Rezepte 220–227

Wild und Wildgeflügel

Vom Wild 228
Rehwild 228
Rotwild 229
Schwarzwild 229
Gamswild 230
Hase 230
Wildkaninchen 230

Wild in der Küche 231
Nasse Rotwein-Marinade 231
Trockene Marinade 231

Die Rezepte 232–240

Vom Wildgeflügel 240
Fasan 240
Rebhuhn 240
Wachtel 241
Wildente 241

INHALT

Wildgeflügel in der Küche 241
Das Rupfen 241
Das Ausnehmen 241
Das Garen 241

Die Rezepte 242–249

Gemüse, Pilze, Hülsenfrüchte

Gemüse von A–Z 250–260

Die Rezepte 261–296

Von den Pilzen 297
Champignon 297
Wiesenchampignon 297
Hallimasch 297
Parasol 297
Steinpilz 297
Maronenröhrling 297
Butterpilz 297
Birkenpilz 297
Pfifferling 297
Speisemorchel 297
Riesenbovist 298
Trüffel 298

Die Rezepte 298–301

Von den Hülsenfrüchten 301
Bohnen 301
Weiße Bohnen 301
Wachtelbohnen 301
Limabohnen 301
Schwarze Bohnen 301
Feuerbohnen 301
Sojabohnen 301
Erbsen 301
Linsen 301

Die Rezepte 302/303

Köstliche Kartoffel

Nützliche Geräte 305

Die Rezepte 305–317

Von Korn und Mehl

Getreidearten und -produkte 318
Weizen 318
Dunkleres Mehl 318
Griffiges Mehl 318
Instantmehl 318
Weizengrieß 318
Weizenkleie 318
Weizenkeime 318
Hafer 318

Haferflocken 319
Roggen 319
Gerste 319
Rollgerste 319
Hirse 319
Grünkern 319
Reis 319
Wilder Reis 319
Naturreis 319
Langkornreis 319
Rundkornreis 319
Mittelkornreis 319
Parboiled-Reis 319
Reisflocken, Reismehl 319
Schnellkoch-Reis 319
Mais 320
Maisgrieß 320
Maismehl 320
Maisstärke 320
Cornflakes 320
Buchweizen 320
Sago 320
Teigwaren 320
Getreideprodukte richtig lagern 320

Kochen mit Getreideprodukten 320
Einbrenne 320
Mehl-Fett-Kloß 320
Kaltangerührtes Mehl 320
Stäuben 321
Binden mit Speisestärke 321

Die Rezepte 321–337

Alles vom Ei

Güteklassen 338
Richtig einkaufen, richtig lagern 338
Enteneier 338
Gänseeier 338
Perlhuhneier 338
Puteneier 338
Möweneier 338
Wachteleier 338

Das Ei in der Küche 338

Die Rezepte 339–347

Milch, Butter, Käse

Von der Milch 348
Vollmilch 348
Markenmilch 348
Vorzugsmilch 348
Fettarme und fettfreie Milch 348
H-Milch 348
Buttermilch 348
Sauermilch 348
Joghurt 348
Kefir 348
Sterilmilch 348

Kondensmilch 348
Trinksahne 349
Sterilisierte Sahne 349
Süße Sahne 349
Saure Sahne 349
Crème fraîche 349

Von der Butter 349
Butter richtig aufbewahren 349
Praktischer Rat 350
Buttermischungen 350

Berühmte Käsesorten 355
Naturkäse 355
Süßmilchkäse 355
Hartkäse 355
Schnittkäse 356
Halbfeste Schnittkäse 356
Edelpilzkäse 356
Weichkäse 356
Frischkäse 357
Sauermilchkäse 357
Schmelzkäse 357
Der Einkauf von Käse 357
Käse richtig aufbewahren 357
Praktischer Rat 357

Die Rezepte 358–365

Bunte Kalte Küche

Gefälliges Anrichten 366
Das Geschirr 366
Belegte Platten 366
Das Kalte Buffet 367

Die Rezepte 367–380

Saucen-Brevier

Von den Saucen 381

Die Rezepte 382–389

Süße Desserts

Dessert, hübsch angerichtet 390
Vom Umgang mit Gelatine 391
Würzen mit Vanilleschote 391

Die Rezepte 392–403

Obst aus aller Welt

Vom Kernobst 404
Äpfel 404
Birnen 404
Quitten 405

INHALT

Vom Steinobst 405
Aprikosen 405
Kirschen 405
Nektarinen 405
Pfirsiche 406
Pflaumen 406
Zwetschgen 406

Vom Beerenobst 406
Blaubeeren 406
Brombeeren 409
Erdbeeren 409
Himbeeren 409
Johannisbeeren 409
Preiselbeeren 409
Stachelbeeren 410
Weintrauben 410

Außenseiter: Rhabarber 410

Von Südfrüchten und Exoten 410
Ananas 410
Bananen 410
Baumtomaten 410
Cherimoyas 411
Datteln 411
Feigen 411
Granatäpfel 411
Grapefruit 411
Guavas 411
Japanische Mispeln 412
Kakis 412
Kaktusfeigen 412
Kapstachelbeeren 412
Karambolen 412
Kiwis 412
Kumquats 412
Limetten 412
Litschis 413
Mandarinen 413
Mangos 413
Melonen 413
Orangen 413
Papayas 413
Passionsfrüchte 414
Zitronen 414

Von Nüssen und Kastanien 414
Cashewnüsse 414
Erdnüsse 414
Haselnüsse 414
Kokosnüsse 414
Mandeln 414
Paranüsse 415
Pecannüsse 415
Pinienkerne 415
Pistazien 415
Walnüsse 415
Edelkastanien 415

Getrocknete Früchte 415
Trockenobst 415
Rosinen 415

Die Rezepte 416–431

Alles über Backen

Backgeräte und Backformen 432
Geräte zum Bereiten von Teig 432
Wichtige Backformen 434
Größe und Inhalt der Backformen 434
Formen ausfetten 434

Die Feinheiten beim Backen 434
Gebäck glasieren 435
Puderzuckerglasur 435
Zitronenglasur 435
Orangenglasur 435
Rumglasur 435
Schokoladenglasur 435
Moccaglasur 435
Zimtglasur 435
Punschglasur 435
Eiweiß-Spritzglasur 435
Fettglasur 435
Beim Glasieren beachten 435
Gebäck verzieren 435
Besieben und Bestreuen 435
Rosetten und Girlanden 435
Die Garprobe 436

Hefeteig

Vom Umgang mit der Hefe 436
Grundrezept für Hefeteig 437
Warme Führung 437
Kalte Führung 438
Praktischer Rat 438

Die Rezepte 438–449

Rührteig

Grundrezept für Rührteig
  mit Backpulver 449
Grundrezept für Rührteig
  ohne Backpulver 450
Praktischer Rat 450

Die Rezepte 451–455

Blätterteig

Tiefgefrorener Blätterteig 456
Grundrezept für Blätterteig 456
Praktischer Rat 456

Die Rezepte 457–459

Plunderteig

Grundrezept für Plunderteig 459

Die Rezepte 460

Mürbeteig

Grundrezept für Mürbeteig 460
Salziger Mürbeteig 463
Quarkmürbeteig 463
Quark-Öl-Teig 463
Praktischer Rat 463

Die Rezepte 464–469

Biskuitteig

Grundrezept für Tortenboden
  mit Backpulver 469
Grundrezept für Tortenboden
  ohne Backpulver 469
Grundrezept für Wiener Masse 470
Grundrezept für Rouladen-
  Biskuitteig 470
Praktischer Rat 475

Die Rezepte 475–479

Brandteig

Grundrezept für Brandteig 479
Praktischer Rat 479

Die Rezepte 480/481

Strudelteig

Grundrezept für Strudelteig 481
Praktischer Rat 481

Die Rezepte 482

Ausbackteig

Ausbackteig mit Milch 485
Ausbackteig mit Bier 485
Praktischer Rat 485

Baisermasse

Grundrezept für Baisermasse 486
Praktischer Rat 486

Die Rezepte 486/487

Konfekt

Praktischer Rat 488

Die Rezepte 488

Brotteig

Grundrezept für Brotteig mit Hefe 489
Grundrezept für Brotteig mit Sauer-
  teig 489
Grundrezept für Brotteig mit Hefe und
  Sauerteig 490
Praktischer Rat 490

Die Rezepte 490–497

Brotgerichte

Die Rezepte 497–499

INHALT

Getränke mit und ohne Alkohol

Tafelwasser und Säfte 500
Ein Steckbrief vom Bier 500
Schorle und Bowle 501
Punsch 501
Die Bar zuhause 501
Vom Mixen und Servieren 502
Der Bar-Vorrat 502
Von Cobbler bis Sour 502

Die Rezepte 503–509

Einmachen und Konservieren

Die wichtigsten Einmachmethoden 510
Einmachen in Gläsern 510
Marmeladen, Konfitüren und Gelees 512
Saft einmachen 512
Rohe Säfte 513
Gedämpfte Säfte 513
Gekochte Säfte 513
Einlegen in Essigwasser und Salzlake 513
Einlegen in Alkohol 513

Die Rezepte 514–519

Das perfekte Menü

Die Menüfolge 520

Die Menükomposition 521

Das korrekte Gedeck 521

Richtig servieren 525

Rund um Küche und Keller

Anrichten und Garnieren

Vom Anrichten 526

Vom Garnieren 526
Beliebte Garnierzutaten 527

Gar- und Zubereitungstechniken

Das Zubereiten 529
Das Garen 529
Backen 529
Braten auf der Herdplatte 530
Braten im Backofen 530
Dämpfen 531
Druckgaren 531
Dünsten 531
Fritieren 531
Garen im Wasserbad 532
Garziehen 532
Grillen 532
Kochen 537
Quellen 537
Rösten 537
Schmoren 537
Stocken lassen 537
Flambieren und Gratinieren 538
Garen mit Mikrowellen 538

Praktische Küchengeräte

Handbetriebene Geräte 539
Elektrisch betriebene Küchengeräte 540
Elektroherd 541
Elektro-Heißluftherd 541
Gasherd 541

Kräuter und Gewürze

Vom Umgang mit Kräutern und Gewürzen 542
Gewürze kaufen und lagern 542
Gewürzmühlen und Mörser 542
Gewürze und Kräuter einfrieren 542

Der Kräutergarten 543

Das Gewürzregal 548

Kleines Wein-Kolleg

Das Wichtigste für die Beurteilung 554

Die Weinarten 554

Die Rebsorten 555
Weiße Rebsorten 555
Rote Rebsorten 555

Die Anbaugebiete 555
Deutschland 555
Österreich 555
Schweiz 555
Frankreich 556
Italien 556
Jugoslawien 556

Die Qualitätskategorien 556
Tisch- oder Tafelweine 556
Qualitätsweine 556
Qualitätsweine mit Prädikat 556
Kabinettweine 557
Spätlesen 557
Auslesen 557
Beerenauslesen und Trockenbeerenauslesen 557

Der Einkauf von Wein 557
Das Weinetikett 557
Der gute Jahrgang 557

Der richtige Wein zum gegebenen Anlaß 558

Wein richtig lagern 558
Lagerort 558
Lagerdauer 558

Wein servieren 558
Die richtige Temperatur 558
Das richtige Weinglas 559

Das kleine Weinlexikon 559

Kühlen und Einfrieren

Der Kühlschrank 560
Praktischer Rat 560
Mögliche Lagerzeiten (Tabelle) 560

Einfrieren 561
Was wird eingefroren? 561
Richtig verpacken 561
Richtig einfrieren 562
Richtig auftauen 562

Richtig ernähren

Nahrung liefert Energie 563
Grundregeln für richtige Ernährung 563

Welches Fett wofür 564
Tierische Fette 564
Butter 564
Butterschmalz 564
Milchhalbfett 564
Schlachttierfette 564
Pflanzliche Fette 564
Speiseöl 564
Margarine 564
Halbfettmargarine 564
Brat- und Fritierfette 564

Maße und Gewichte

Das Binden von Flüssigkeit 565
Messen mit Löffeln oder Tassen 565
Wieviel wird serviert? 566

Pannenhilfen

Von »Angebrannte Speisen« bis »Zwiebeln sind zu braun geraten« 566/567

Zum Nachschlagen

Rezept- und Sachregister mit Küchenlexikon 568–607

Wer hat sich nicht schon eine Kiste voller Ideen gewünscht, wenn wieder einmal die Frage »Was soll ich kochen?« gestellt wurde?

Unsere Vorschläge sollen Ihnen helfen, das richtige Essen für jede Gelegenheit zusammenzustellen.
Die Zahl hinter dem Rezepttitel gibt die Seite an, auf der Sie das Rezept finden. – In der »Schnellen Küche« kann man jedoch nicht ganz auf Fertigprodukte der Industrie verzichten. Diese Speisen, die es fertig zu kaufen gibt – tiefgefroren, in Glas, Dose oder Beutel – sind mit einem + gekennzeichnet. Die meisten Rezepte sind für vier Personen berechnet. Sie lassen sich leicht verdoppeln, verdrei- und vervierfachen oder halbieren.

Wenn es schnell gehen muß

Es gibt hundert und mehr Gründe, weshalb es mit der Kocherei manchmal – oder auch öfter – sehr schnell gehen muß. Für solche Fälle haben wir Ihnen mit Rezepten dieses Buches Gerichte zusammengestellt, für die Sie höchstens 30 Minuten benötigen. Natürlich ist rasches Arbeiten erforderlich, vor allem, wenn ein Menü mit drei Gängen serviert werden soll. Bei allen vorgeschlagenen Speisen, die mit einem + versehen sind, denken wir aus Zeitersparnisgründen an tiefgefrorene Produkte, an solche aus Becher, Beutel oder Dose oder an bereits am Vortag gegarte, beispielsweise Kartoffeln, Reis oder einen Braten.

Imbiß für Gestreßte

Gegrilltes Filetsteak 143
Milder Maissalat 76

Lyoner Wurstsalat 81
Mangold auf Toast 281

Zuppa pavese 31
Bananensalat mit Schinken 429

Hammelkotelett 135 mit
Pommes frites +
Birne Helene 402

Geröstete Grießsuppe 34
Beefsteak-Tatar 188 mit
Brot und Butter

Tomaten auf Husarenart 283
Wurstschüsselchen 210
Eiskaffee Wiener Art 403

Eierflocken-Suppe 30
Brüsseler Chicorée 294 mit
Toast und Butter

Geflügelleber mit Rührei 193 und
Chinakohlsalat 62

Rumpsteak 144 mit
Pariser Erbsen 265 und
frisches Stangenweißbrot

Naturschnitzel 131
Gekochte Maiskolben mit brauner Butter 295

Mahlzeiten mit zwei Gängen

Überkrusteter Chinakohl 294 mit
Bratkartoffeln aus rohen
 Kartoffeln 313
Quark-Sanddorn-Creme 393

Hirnklößchensuppe 31
Bratwurst in Biersauce 209 mit
Kartoffelpüree +

Fleischklößchensuppe 31
Kaiserschmarrn 344 mit
Kompott +

Kräuterquark 362 mit
Pellkartoffeln 305
Schokoladencreme 392

Forelle blau 123 und
Salzkartoffeln mit
 brauner Butter 306
Sabayon 401

Fleischklößchensuppe 31
Gefüllte Schaumomelette 345

Welsh Rarebits 360
Leber nach Berliner Art 190 mit
Kartoffelpüree +

Kalbsmedaillon mit Champignons auf Toast 151
Birne Helene 402

Markklößchensuppe 31
Spiegeleier auf Speck 346 mit
Bauernbrot und
Blattspinat 277

Tomatensuppe +
Süße Quarkklöße 365 mit
Kompott +

Kleine Menüs

Käse-Bouillon 32
Putenschnitzel naturell 224 mit
Broccoli in Weißwein 276 und
Stangenweißbrot
Nußcreme 392

Rührei mit Schinken 347
Gebratene Sellerieschieben 264 und
Kartoffelküchlein 316
Quarkcreme mit Früchten 393

Eierflocken-Suppe 30
Fränkischer Teller 210 mit
Sauerkraut + und Brot
Birne Helene 402

Käse-Bouillon 32
Heiße Lyoner + mit
Bechamelkartoffeln 316
Frische Erdbeeren

Klare Gemüsesuppe +
Filet Stroganow 179 mit
Kartoffelpüree + und Eisbergsalat 62
Ananaskompott +

Blumenkohlcremesuppe +
Frikadellen 183 mit

Was koche ich?

Dieses Kapitel ist eine Fundgrube in der Sie schnell und sicher eine Antwort finden.

Bratkartoffeln (Kartoffeln +) 313 und
Endiviensalat 62
Fürst-Pückler-Eis +

Provenzalische Tomaten 284
Rahmschnitzel 132 mit
Hörnchennudeln + und
Pariser Erbsen 265
Eiskaffee Wiener Art 403

Schwemmklößchensuppe 31
Wurstring im Ofen 210 mit Brot
Gedünsteter Rosenkohl 274
Joghurt mit Früchten +

Tomatensuppe +
Mailänder Leber 191 und
Gurkensalat 65
Quark-Sanddorn-Creme 393

Klare Ochsenschwanzsuppe +
Paniertes Fischfilet 116 mit
Pommes frites +
Mayonnaise + und
Spinatsalat 64
Pfirsichkompott +

Stangensellerie mit
  Roquefortfüllung 361
Forelle Müllerin Art 123 mit
Kroketten + und Möhren-Erbsen-
  gemüse +
Schokoladenpudding +

Fleischklößchensuppe 31
Fischstäbchen + mit
Kartoffelsalat (Kartoffeln +) 84 und
Gurkensalat 65
Joghurt mit Früchten

Gulaschsuppe +
Schinkennudeln 322 mit
Kopfsalat 61
Sauerkirschkompott +

Markklößchensuppe 31
Käse- »Cordon bleu« 359 und
Römischer Salat 63
Pflaumenkompott +

Kochideen für jeden Tag

Die Frage »was koche ich heute?« wird täglich in millionen Haushalten gestellt. Hunger und Appetit hängen vom Wetter ab, von unserer Tätigkeit – Arbeit, Sport – aber auch von unserer seelischen Verfassung. – Wir sehnen uns an heißen Sommertagen nach kühlen, leichten Speisen und haben nach viel Bewegung in frischer Luft wirklich großen Hunger. Eine kleine, raffiniert zusammengestellte Mahlzeit kann sogar unsere Stimmung heben. – Unsere Auswahl von Alltagsmenüs will Ihnen helfen, etwas Abwechslung in Ihren Küchenplan zu bringen. Die zusammengestellten Speisen ergeben jeweils eine ausgewogene Mahlzeit.

Einfache Essen

Einfache Kartoffelsuppe 39
Fischrouladen 117 mit
Curryreis 334
Kirschen in Weinschaumcreme 420

Haferflockensuppe 33
Schellfisch in Senfsauce 115 mit
Petersilienkartoffeln 306 und
Kopfsalat 61
Zwetschgenkompott 420

Graupensuppe mit Gemüse 33
Sächsische Quarkkeulchen 365 mit
Sauerkirschkompott 419

Nieren-Gemüsetopf 194 mit
Kartoffelpüree 306
Vanillecreme 392

Westpreußische Buchweizensuppe 41
Tiroler Geröstl 314 und
Tomaten-Rettich-Salat 65

Gebundene Gemüsesuppe 34
Mettwurstauflauf 209 und
Möhrensalat 65
Quarkcreme mit Früchten 393

Hühnereintopf mit Nudeln 43
Erdbeerschnee 421

Apfel-Möhren-Rohkost 65
Nieren-Reis-Eintopf 44

Möhreneintopf 50
Ananascreme 392

Eierpfannkuchen nach Tiroler Art
  343 und
Schwarzwurzelsalat 74
Quark-Sanddorn-Creme 393

Nudelauflauf mit Schinken 324
Rote-Bete-Rohkost 66
Birnenkompott 418

Spaghetti mit Fleischsauce 323 und
Auberginensalat 76
Mirabellenkompott 420

Käsespätzle 325 und
Endiviensalat 62
Obstsülze 422

Hoppel-Poppel 317
Radicchiosalat 63
Sauerrahmspeise mit Früchten 393

Kohlrouladen 272 und
Kartoffelpüree 306
Bratäpfel 417

Geschmortes Paprikahähnchen 221
  und
Reistimbale 334
Mokkacreme 392

Pichelsteiner 179
Mandarinen-Reis 336

Serbisches Reisfleisch 180 und
Chinakohlsalat 62
Rhabarberkompott 427

Hackbraten 184 mit
Salzkartoffeln 306 und
Gebundenes Möhrengemüse 261
Quarkcreme mit Früchten 393

KOCHIDEEN FÜR JEDEN TAG

Königsberger Klopse 186 mit
Salzkartoffeln 306 und
Endiviensalat 62
Rote Grütze 393

Schmorbraten 164, und
Kartoffelklöße aus gekochten
    Kartoffeln 315 und
Gedünsteter Rosenkohl 272
Apfelmus 416

Paprikasahnegulasch 178 im
Reisrand 334
Warme Quarkklöße 365

Gefüllte Paprikaschoten 284 und
Reis 334
Pfirsich Melba 402

Für heiße Tage

Hier finden Sie viele leichte, überwiegend kalte Gerichte. Sie sind ebensogut als Abendbrot für Tage mit normalen Temperaturen geeignet.

Heringstopf nach Hausfrauen Art 122
    und Brot oder
Pellkartoffeln 305
Kürbissuppe mit Schneeklößchen 42

Fischsülze 370 und
Kressesalat 64
Tutti-Frutti mit Vanillecreme 423

Russische Gurkensuppe 42
Garnierte Eier 371 mit
Toast und Butter
Erdbeeren Romanoff 421

Kalte spanische Gemüsesuppe 42
Quarksoufflé 362 und
Griechischer Bauern-Salat 65
Brombeerbecher 420

Kalte Frikadellen 183 mit
Kartoffelsalat 84 und
Gurkensalat 65
Erdbeerkaltschale 42

Tellersülze 206 mit
Bauernbrot, Radieschensalat mit
    Kräutern 64
Eiskaffee Wiener Art 403

Mangold auf Toast 281
Melonensalat »Amerika« 76

Russische Eier 371 und
Kalifornischer Salat
Himbeeraspik 421

Lyoner Wurstsalat 81 mit
Bauernbrot
Erdbeeren mit Käsecreme 421

Salat »Marlène« 83 und
Chicoréesalate mit Orangen 62
Mousse au chocolat 399

Wiener Schnitzel 132 mit
Kartoffelsalat (mit Mayonnaise
    angemacht) 84 und
Kopfsalat 61
Stachelbeercreme auf englische Art
    422

Baskische Omelette 345 und
Kopfsalat mit Knoblauchsauce 61
Nußeis 402

Mango-Cocktail 379 und
Toast und Butter
Crème bavaroise 394

Gutes ohne Fleisch

Man muß nicht unbedingt überzeugter Vegetarier sein, um ab und zu einmal ein Gericht ohne Fleisch zu bevorzugen. Wer es aber mit der vegetarischen Kost ganz genau nimmt, sollte die eventuell in den Rezepten genannte Fleischbrühe gegen Gemüsebrühe austauschen und tierisches Fett gegen Pflanzenfett.

Gemüse-Reis-Salat 85 und
Garnierte Eier 371
Rote Grütze 393

Avocadosalat 72 und
Kartoffelküchlein 316
Schokoladencreme 392

Salat aus rohem Blumenkohl 72 mit
Kartoffelschmarrn 314
Erdbeerkaltschale 42

Waldorfsalat 66, mit
Vollkornkeksen
Zwetschgenknödel 315

Spinatsoufflée 278 mit
Sauce Hollandaise 387
Zitronencreme 393

Tomaten mit Käsehäubchen 283
Eierpfannkuchen mit Beerenquark
    340

Ratatouille 286 im
Reisrand 334
Charlotte Malakoff 400

Pilzrisotto 299 und
Römischer Salat 63
Hollerküchlein 422

Geröstete Grießsuppe 34
Feiner Rhabarberauflauf 428

Blumenkohlauflauf 275 mit
Kartoffelschnee 306
Johannisbeeraspik 421

Parasol-Schnitzel 300 mit
Weißbrot und
Radicchiosalat 63
Frucht-Sahneeis 402

Kartoffelpuffer 314 und
Gedünstetes Sauerkraut 276
Orangen-Weingelee 394

Gedünstete Kastanien 431,
Gedünsteter Rotkohl 272 und
Semmelknödel 499
Apfelküchlein 416

Wenn's raffiniert sein soll

Die Raffinesse dieser Mahlzeiten liegt weniger in besonders kostspieligen Zutaten oder in der Zubereitung der einzelnen Gerichte, sondern in der Zusammenstellung. Hier sollten Sie sich Anregung suchen, wenn Sie mit verhältnismäßig wenig Aufwand auch im Alltag etwas nicht Alltägliches bieten wollen.

Feine Currysuppe 34
Scampi alla Lipari 101 mit
    frischem Stangenweißbrot und
Gurkensalat 65
Echte Karamelcreme 399

Rheinisches Muschelessen 102 mit
Stangenweißbrot
Grießschmarren 327 mit
Himbeeren +

Muschelsalat »Normandie« 84
Käseschnitzel 132 und
Provenzalische Tomaten 284
Sabyon 402

Asiatische Hühnersuppe 29
Boulette á l'Orient 184
Stangenselleriesalat 66

Gefüllter Staudensellerie 369
Leber mit Speck und Orangen
    auf Toast 191
Ambrosiacreme 393

Gefüllte Tomaten 368
Eier im Förmchen 347 mit
Weißbrot
Vanilleeis mit Schokoladensauce +

Spargelsuppe kalifornische Art 37
Wiener Backhendl 222 mit
Kartoffelsalat (mit Mayonnaise
    angemacht) 84 und
Feldsalat 63

FESTLICHE ESSEN

Für den großen Hunger

Die Gerichte stammen zum großen Teil aus der Zeit, als wir noch zu Fuß gingen, viele Arbeiten von Hand verrichteten und im Winter nur eine Stube geheizt wurde. Wem sie zu kalorienreich erscheinen, sollte sie nicht verfälschen, indem er die eine oder andere Zutat fortläßt oder durch eine andere ersetzt, sondern lieber kleinere Portionen servieren.

Grießnockerlsuppe 30
Fisch in Bierteig 116 mit
Bauernbrot und
Amerikanischer Krautsalat 71

Russische Sauerkrautsuppe 36
Schweinekotelett in roter Sauce 136 und
Feldsalat 63

Erbsensuppe nach Großmutter Art 38
Vanille-Äpfel 416

Gaisburger Marsch 43
Vanilleflammeri 392

Linseneintopf nach Berliner Art 50
Curaçao-Birnen 418

Westfälisches Bohnengericht 51
Sauerrahmspeise mit Früchten 393

Grünkohl mit Brägenwurst 51
Apfelkompott 416

Ramequin 358 mit
Rote-Bete-Rohkost 66
Mirabellenkompott 420

Spaghetti nach Neapolitaner Art 322 und
Italienischer Zucchinisalat 72
Schokoladencreme 392

Schwäbische Maultaschen 326 und
Tomatensalat 64
Bratäpfel 417

Rheinischer Sauerbraten 164, und
Klöße aus gekochten Kartoffeln 315 mit
Trockenobst-Kompott 428

Irish Stew 178
Sauerkirschkompott 419

Szegediner Gulasch 180 mit
Kartoffelpüree 306
Gefüllte Grapefruit 429

Labskaus 205
Gegrillte Pfirsiche 419

Festliche Essen

Besondere Festtage würdigt man gern mit einem festlichen Essen. Die großen Feiertage im Jahreslauf – Ostern, Pfingsten und Weihnachten – oder Feiern wie Taufe, Verlobung, Hochzeit und Jubiläum sind Anlaß zu einem Festessen im Kreise der Familie und guter Freunde. Auch bei offiziellen Einladungen, die wir mit »Verpflichtungen« bezeichnen, steht ein Festessen im Mittelpunkt.

Die meisten Gastgeber dürften aber mit einem Fünf-Gänge-Menü überfordert sein. Deshalb finden Sie hier eine Anzahl von Menüs mit nur drei Gängen, die jedoch durch die Zusammenstellung der Speisen so exklusiv sind, daß sie den Beifall selbst anspruchsvoller Gäste finden werden. Unsere Vorschläge für Essen mit vier und fünf Gängen halten sich an die traditionellen Regeln, nach denen Menüs zusammengestellt werden. Im Kapitel »Das perfekte Menü« finden Sie Rat und Auskunft über das Arrangieren von Festessen. Das Kapitel »Kleines Wein-Kolleg« hilft Ihnen bei der Auswahl passender Weine.

Menüs mit sechs Gängen sind nicht gesondert aufgeführt. Als sechsten Gang gibt es stets Käse, der vor dem Dessert gereicht wird. Servieren Sie eine Käseplatte oder nur zwei oder drei besonders feine Käsesorten. Bitte bedenken Sie beim Planen und Kochen, daß die Rezepte für normale Essen, die allenfalls aus drei Gängen bestehen, erstellt sind. Reduzieren Sie bei einem mehrgängigen Menü die Mengen und servieren Sie entsprechend kleinere Portionen.

Für offiziellen Besuch

Wildsuppe 33 mit
Fleurons 458
Seewolf »bohémien« 121 mit
Paprikareis 335 und
Italienischer Zucchinisalat 72
Flambiertes Mango-Dessert 430

Klare Ochsenschwanzsuppe 32 mit
Käsestangen 458
Gekochter Hummer 100 mit
Sauce Hollandaise 387 und
frisches Stangenweißbrot
Cherimoya-Dessert 429

Jakobsmuscheln auf französische Art 103 und
Stangenweißbrot
Porterhouse-Steak 145 mit
Pommes frites 308 und
Prinzeßbohnen 266 und
Provenzalische Tomaten 284
Omelette en surprise 403

Schnecken auf Burgunder Art 103 mit
Stangenweißbrot
Cordon bleu 134 mit
Kartoffeln Lyoner Art 316 und
Fenchelsalat 63 und
Radicchiosalat 63
Charlotte royal 401

Fenchelsalat auf römische Art 74
Saltimbocca 132 mit
Risotto 334 und
Broccoli in Weißweinsauce 276
Zitronencreme 393

Käsecreme-Lauchsuppe 35
Pariser Pfeffersteak 144 mit
Pommes allumettes 308 und
Glasierte Karotten 261,
Florentiner Erbsen 265 und
Spargel mit Butter 282
Charlotte Malakoff 400

Kalbsbries mit Pfifferlingen 196
Coq au vin 223 mit
Kartoffelschnee 306 und
Milder Maissalat 76 und
Broccolisalat 74
Kabinettpudding 399

Markklößchensuppe 31
Hirschrouladen Jagdmeister Art 237 mit
Spätzle 325 und
Glasierte Kastanien 431 und
Salat Exquisit 423
Crêpes suzette 344

Wildtaubensalat 78
Bouillon mit Goldwürfeln 479
Hecht auf Patrizier Art 124 mit
Pommes Duchesse 307 und
Spinatsalat 64
Crème bavaroise 394

Thunfischsalat nach Tokioer Art 83
Schnelle Spinatsuppe 37
Gebratenes Rebhuhn 243 mit
Kartoffelkroketten 307 und
Champagnerkraut mit Weintrauben 277
Reis Trauttmansdorff 336

Diplomatensalat 87
Bouillon mit Eierstich 347
Flambierte Poularde in Sahnesauce 223 mit
Kartoffel-Mandelbällchen 307 und
Gedünsteter Rosenkohl 274
Lychee-Creme 430

FESTLICHE ESSEN

Reh-Terrine 377
Tomatencremesuppe 36
Gebratene Aalrutte 123 mit
Petersilienkartoffeln 306 und
Stangenselleriesalat 66 und
Römischer Salat 63
Nesselroder Pudding 403

Getrüffelte Languste 370
Königinsuppe 40
Garniertes Tournedo 146
Fruchtcremebombe 424

Königinpastetchen + mit Ragoût fin 203
Mockturtlesuppe 32
Hirschsteak vom Grill 234 mit
Kartoffel-Mandelbällchen 307 und
Gedünsteter Rotkohl 272
Champagnersorbet 403

Überbackener Blattspinat 278
Klare Wildbrühe 33 mit
Fleurons 458
Champignon-Sahneschnitzel 133 mit
Butternudeln 322 und
Eisbergsalat mit Früchten 62
Mousse au chocolat 399

Überbackenes Bries 196
Gegrillte Ananasscheiben 428 und Toast
Hühnerbrühe mit Backerbsen 481
Rehgulasch 232 und
Semmelknödel 499 und
Roher Kohlrabisalat 71
Mohr im Hemd 399

Salat »Marlène« 83
Grießnockerlsuppe 30
Wiener Kalbsgulasch 177 mit
Pommes Duchesse 307
Gegrillter Fasan 243 mit
Püree aus grünen Erbsen 265 und
Madaira-Kastanien 431
Erdbeerschnee 421

Muschelsalat »San Francisco« 84
Hühnerfrikassee 220 in Pastetchen +
Wildbrühe mit Eierstich 347
Schmorbraten in Burgundersauce 165 und
Kleine Klöße aus gekochten Kartoffeln 315 und
Gedünsteter Weißkohl 271
Meringen-Äpfel 417

Geflügelsalat mit Bambussprossen 82
Pilzcremesuppe 38
Gegrillte Kräuterforelle 123 und
Gebackene Bataten 296
Kalbsnierenbraten 166 mit
Butternudeln 322 und
Leipziger Allerlei 264
Preiselbeercreme 422

Leberpastete 192
Tomatensuppe mit Apfelsaft 36
Gebratene Scholle 121 mit Weißbrot und
Endiviensalat 62
Kasseler Rippenspeer 174 mit
Lyoner Kartoffeln 316 und
Ananaskraut 276
Kirschen in Weinschaumcreme 420

Bohnensalat »Nouvelle cuisene« 75
Feine Currysuppe 34
Kidney-Pie 194
Rehrücken 232 mit
Kartoffel-Mandelbällchen 307,
Preiselbeerkompott 422 und
Linsenpüree 302
Echte Karamelcreme 399

Shrimpssalat 83
Käsecremesuppe 32
Filet Wellington 168 mit
Sauce Hollandaise 387
Broccoli 276 und
Gedünstete Tomaten 283
Sabayon 401

Gegrillte Wachteln 244 mit
Risi-Bisi 334
Lady Curzon Suppe +
Forelle blau 123 mit
Petersilienkartoffeln 306 und
Apfel-Meerrettich-Sahne 380
Roastbeef 162 mit
Yorkshire Pudding 163 und
Glasierte Teltower Rübchen 264
Crêpes du palais 344

Überbackener Fenchel 293
Hirnklößchensuppe 31
Orientalisches Leberragout 192 mit
Reistimbale 334
Wildschweinrücken mit feinem Gemüse 238 und
Kartoffelklöße aus gekochten Kartoffeln 315
Exotischer Obstsalat 431

Eier in Aspik 372
Gebundene Ochsenschwanzsuppe 32
Fisch »Malaysia« 116 und
Salat Exquisit 423
Rebhuhn Brabanter Art 244 mit
Kartoffelkroketten 307
Flammendes Eis 402

Stangensellerie mit Roquefortfüllung 361
Zuppa pavese 31
Filet Stroganow 179 mit
Pommes allumettes 308
Gefüllte Kalbsbrust 166 und
Glasierte Karotten 261,
Pariser Erbsen 265 und
Fritierte Schwarzwurzeln 263
Pfirsich Melba 402

Essen für die Ostertage

Das Osterfest beginnt mit dem Gründonnerstag, an dem meist bescheiden gegessen wird; aber es muß zu jeder Mahlzeit reichlich Grünes geben, nicht nur wegen des Wortes Gründonnerstag, sondern auch weil der beginnende Frühling das erste frische Grün bringt. – Der Tradition entsprechend gibt es am Karfreitag kein Fleisch. Der als Fastenspeise servierte Fisch wird jedoch so zubereitet, daß er jedem Festtagsbraten ebenbürtig ist. – Am Ostersonntag kommen alle beliebten Gerichte auf den Tisch, die auch sonst an Feiertagen geschätzt werden. Doch sollte jedes Osteressen im Zeichen des Frühlings stehen.

Für den Gründonnerstag

Münchner Kräutelsuppe 37
Frikadellen 183 mit
Blattspinat 277 und
Petersilienkartoffel 306
Rhabarberflammeri 328

Schnelle Spinatsuppe 37
Gefüllte Kohlrabi 274 mit
Kartoffelpüree 306
Schokoladencreme 392

Spinatsoufflée 278
Kaiserschmarren 344 und
Apfelmus 416

Für den Karfreitag

Pfannkuchensuppe 30
Seezungenfilet mit Geflügelleber 122 mit
Reis 334 und
Chicoréesalat mit Orangen 62
Passionsfruchtsalat 430

Brüsseler Chicoréesuppe 36
Gegrillter Wolfach Barsch 124 mit
Kartoffelsalat Bayerische Art 84
Obstsalat Orsini 423

Tomatencremesuppe 36
Überbackene Renken 124 mit
Petersilienkartoffeln 306
Waldorfsalat 66
Charlotte Malakoff 400

Für den Ostersonntag

Spargelcremesuppe auf kalifornische Art 37
Lammbraten 176 und
Böhmische Knödel 326 mit
Möhrenpüree 262 und
Prinzeßbohnen 266
Ambrosiacreme 393

FESTLICHE ESSEN

Roher Champignonsalat 72
Hammelbraten 176 mit
Salzkartoffeln 306 und
Braunglasierte Zwiebeln 287 und
Gedünstete Tomaten 283
Birne Helene 402

Legierte Lauchsuppe 35
Lendenbraten auf französische
   Art 161 und
Gedünstete Kartoffeln 307,
Gebratene Selleriescheiben 264 und
Blattspinat 277
Orangen-Weingelee 394

Pfingst-Menüs

Für die Pfingsttage gibt es keine besondere kulinarische Tradition. Da aber Pfingsten in die Spargel-Saison fällt, könnte es ein Spargelessen geben. Wir schlagen Ihnen vor, zwar festlich aber nicht zu aufwendig zu kochen, damit Sie das hoffentlich schöne Wetter genießen können.

Artischocken 294 mit
Sauce Hollandaise 387
Rumpsteak 144 und
Zwiebelringe in Bierteig 287,
Florentiner Erbsen 265 und
Weißbrot
Apfelschaum 417

Fleischklößchensuppe 31
Frischer Stangenspargel 282 mit
   zerlassener Butter, neuen
   Kartoffeln und Schinken
Erdbeeren Romanow 421

Krebse in Dillsud 101
Gegrillte Filetsteaks 143, dazu
Pommes frites 308 und
Gurkensalat 65 und
Kopfsalat mit Knoblauchsauce 61
Erdbeeren mit Käsecreme gefüllt 421

Forelle Blau 123 mit zerlassener
   Butter und neuen Kartoffeln
Rahmschnitzel 132 mit
Spätzle 325 und
Radieschensalat mit Kräutern 64 und
Kopfsalat 61
Überbackene Erdbeeren 421 nach
   Belieben mit Vanillesauce

Traditionelle Weihnachtsessen

Weihnachtsessen haben Tradition! Dennoch unterscheiden sich die Gepflogenheiten von Familie zu Familie, von Landstrich zu Landstrich. Wird der Glücksbringer Karpfen hier am Heiligen Abend serviert, so kommt er dort als Silvester- oder Neujahrsessen auf den Tisch. Truthahn, Ente, Gans sind sicher Favoriten an den Weihnachtstagen, doch nicht jede Familie möchte das Fest mit Völlerei begehen. Deshalb haben wir Ihnen Menüs für die Feiertage zusammengestellt, die sowohl die Tradition berücksichtigen, als auch solche, die etwas weniger »gewichtig«, aber dennoch weihnachtlich, festlich sind.

Eierflocken-Suppe 30
Weihnachtstruthahn 227 mit
Kartoffelkroketten 307 und
Möhrenpüree 262,
Gedünsteter Stangensellerie 264,
Gedünsteter Blumenkohl 275 und
Broccoli 276
Plumpudding 400

Schneckensuppe 41
Gans mit Äpfeln gefüllt 225 und
Klöße aus rohen Kartoffeln 315 und
Rotkohl mit Kastanien 273
Gefüllte Orangen 430

Kastaniensuppe 38
Gebratene Ente 224 mit
Kartoffelkroketten 307 und
Gedünsteter Rosenkohl 274
Apfelküchlein 416

Avocadosuppe 38
Gebratene Wildente 249 mit
Serviettenkloß 499 und
Champagnerkraut 277
Stachelbeercreme auf englische
   Art 422

Hasenpastete 378
Karpfen blau 125 mit
Petersilienkartoffeln 306,
Meerrettichsahne 380 und
Chicoréesalat mit Orangen 62
Crème bavaroise 394

Wildsalat 82
Forelle Müllerin Art 123 mit
   zerlassener Butter,
Petersilienkartoffeln 306 und
Feldsalat 63
Kaki mit Bananen 429

Milzschöberlsuppe 31
Hasenbraten 239 und
Semmelknödel 499 und
Cole Slaw 71
Gegrillte Apfelscheiben mit
   Vanillesahne 416

Fenchelsalat auf römische Art 74
Geschmorter Fasan 242 mit
Kartoffelpüree 306,
Preiselbeerkompott 422 und
Kleine Bratäpfel 417
Kabinettpudding 399

Kaffeerunde und Teestunde

Ein netter Brauch ist es, gute Freunde zum Plaudern zum Nachmittagskaffee oder zum Tee zu bitten. Was Sie zu diesem Anlaß an kulinarischen Genüssen bieten wollen, läßt sich am Tag vorher oder am Vormittag der Einladung herstellen. Wir haben für Sie zusammengestellt, welche Kuchen und Torten besonders gut für eine Kaffeetafel geeignet sind und was man vorzugsweise zum Tee anbietet.

Zum Kaffee

Trockene Kuchen
Gugelhupf 441
Marmorkuchen 451
Nußkuchen 451

Gefüllte Kuchen
Mohnrolle 439
Gefüllter Bienenstich 440
Frankfurter Kranz 452
Käsekuchen 465

Obstkuchen
Apfelkuchen vom Blech 440
Savarin 441
Augsburger Zwetschgendatschi 445
Aprikosenkuchen mit Nußhaube 454
Erdbeerkuchen 465

Torten
Sachertorte 452
Käse-Sahnetorte 476
Schwarzwälder Kirschtorte 477
Erdbeer-Sahnetorte 476
Schokoladen-Sahnetorte 476
Nußcreme-Sahnetorte 476
Buttercremetorte 477

Kleingebäck
Holländer Kirschschnitten 458
Apfeltaschen 459
Sahne-Windbeutel 480

Zum Tee

Königskuchen 451
Baumkuchentorte 452
Früchtekuchen 453
Nußrolle 466
Teeblätter 458
Sandwaffeln 455
Croissants 459
Feine Butterplätzchen 466
Spritzgebäck 455
Schwarzweiß-Gebäck 467
Piroggen 469
Käse-Windbeutel 480

DAS BESTE FÜR KINDERFESTE

Herzhaftes zu Bier und Wein

Hier finden Sie Anregung für die kleinen Begleiter zu Bier oder Wein, die das »Zechen« bekömmlicher machen. Wir unterscheiden die Begleiter, die vorwiegend zu Bier passen, die, die besonders zu Wein geschätzt werden und geben an, was sowohl zu Bier als auch zu Wein gereicht werden kann.

Das paßt zu Bier

Argentinischer Corned-beef-Salat 78
Schweizer Wurstsalat 81
Lyoner Wurstsalat 81
Matjessalat »Teufelsschlucht« 82
Heringssalat nach rheinischer Art 83
Berliner Kartoffelsalat 85
Holländischer Nudelsalat 86
Kalte gebratene Schweinshaxe 174
Kasseler Rippenspeer 174
Kalte Frikadellen 183
Kalter Hackbraten 184
Beefsteak-Tatar 188
Fleischstrudel 482
Pizza mit Kräuterquark 449
Kasseler Toast 498

Das paßt zu Wein

Wildtaubensalat 78
Geflügelsalat mit Bambussprossen 82
Wildsalat 82
Glasierte Kalbsmedaillons 377
Kalbfleischsalat 379
Reh-Terrine 377
Hasenpastete 378
Feiner Hummer-Salat 84
Garnierte Austern 103
Quiche lorraine 360
Zwiebelkuchen 448
Käse-Windbeutel 480
Fleurons 458
Canapés 368

Das paßt zu Bier und zu Wein

Belegte Brote 367
Käseplatte 369
Herzhafte Käsetorte 361
Käsesalat »Françoise« 87
Käsewähe 448
Pizza romana 449
Pizza con funghi 449
Pizza alle quatro stagioni 449
Piroggen 469
Kräuterfladen 491
Leberpastete 192
Napiertes Hähnchen 377
Hackfleischpastete 378

Das Beste für Kinderfeste

Kinder lieben Feste, die ganz speziell für sie arrangiert werden, ob sie ihren vierten Geburtstag feiern oder schon zwölf Jahre alt werden. Im Mittelpunkt dieser Feiern stehen die Spiele. Getränke und Speisen dürfen jedoch nicht fehlen und sollten dem kindlichen Geschmack und dem Energiebedarf, der bei ausgelassenem Spiel beträchtlich sein kann, entsprechen. Selbstverständlich soll alles, womit Sie die Kleinen bewirten, bekömmlich und gesund sein. Haben Sie bereits viel Erfahrung auf dem Gebiet der Kinderfeste, wissen Sie welche Gerichte »ankommen« und sich in den Ablauf eines solch turbulenten Tages einfügen. Damit Ihnen die Ideen nicht ausgehen, aber auch für Neulinge im Arrangieren von Kinderfesten haben wir für Sie zusammengestellt, was Kindern schmeckt.

Kuchen für den Nachmittag

Apfelkuchen vom Blech 440
Gefüllter Bienenstich 440
Streuselkuchen 441
Marmorkuchen 451
Rehrücken 453
Quarknapfkuchen 453
Vollkorn-Bananenkuchen 454
Erdbeerkuchen 465
Käsekuchen 465
Vollkorn-Dattelkuchen 468
Schokoladen-Sahnetorte 476
Buttercremetorte 477
Biskuitroulade mit Erdbeersahne 478
Gefüllte Hahnenkämme 446
Gebackene Schiffchen 446
Windrädchen 446
Krapfen 447
Gefüllte »Schuhsohlen« 458
Apfeltaschen 459
Nußecken 459
Kopenhagener Schnecken 460
Strauben 480
Gefüllte Meringen 486

Imbiß vor dem Heimweg

Pizza romana 449
Pizza mit Kräuterquark 449
Lyoner Wurstsalat 81
Geflügelsalat mit Ananas 81
Heringssalat nach rheinischer Art 83
Berliner Kartoffelsalat 85
Holländischer Nudelsalat 86
Pommes frites 308
   mit Tomatenketchup +
Belegte Brote 367

Gerichte, die Kinder gerne essen

Warme Hauptgerichte
Hühnereintopf mit Nudeln 43
Wurstring im Ofen 210 mit Brezeln +
Wurstigel 210 mit Kartoffelpüree 306
Wurstschüsselchen 210 und Gemüse-Reis-Salat 85
Fleisch-Käsepudding 211
Schinkennudeln mit Ei 322
Pasta asciutta 323
Spaghetti alla Milanese 323
Nudelauflauf mit Schinken 324
Wiener Backhendl 222

Süße Hauptgerichte
Apfelstrudel 482
Kirschenstrudel 482
Topfenstrudel 482
Scheiterhaufen 497
Brotpudding 498
Kartäuser Klöße 499
Sächsische Quarkkeulchen 265
Quarkauflauf 265
Quarkklöße 265
Grießschmarren 327
Süße Grießschnitte 328
Grießbrei »Burgerhof« 333
Grießauflauf mit Kirschen 333
Reisauflauf mit Aprikosen 336
Reis-Rosinen-Betti 336
Eierpfannkuchen mit
   Beeren-Quark 340
Kaiserschmarrn 344
Kirschenmichel 344
Kartoffelpuffer 314 und Apfelmus 416
Zwetschgenknödel 315
Feiner Rhabarberauflauf 428

Kalte Hauptgerichte
Gemüse-Reis-Salat 85 und Frikadellen 183
Bunter Nudelsalat 86 und Koteletts 130
Hackbraten 184 und Kartoffelsalat 84
Speckkartoffelsalat 85 mit
   Würstchen +
Kalte Brathähnchen 220
Pommes Chips +

Nachspeisen
Bratäpfel 417
Apfel im Schlafrock 418
Tuttifrutti mit Vanillecreme 423
Rhabarberflammeri 428
Schokoladencreme 392
Vanilleflammeri 392
Quarkcreme mit Früchten 393
Rote Grütze 393
Mohr im Hemd 399
Frucht-Sahneeis 402

18

Party mit netten Leuten

Schon das gesellige Beisammensein von zwei bis vier Personen kann man als Party bezeichnen. Zum zwanglosen »Hausfest« wird die Party durch eine etwas größere Runde, selbst wenn man sich im Garten, im Keller oder auf dem Speicher zusammenfindet. Zwanglos sollte es in jedem Fall zugehen. Dazu gehören auch Essen und Trinken. – Für das Programm der stärkenden Gaumenfreuden haben wir Ihnen Vorschläge zusammengestellt. Wird zum Beispiel gegrillt, so wählen Sie zum Grillfleisch oder Spießbraten die passenden Salate, Saucen und Extras, die Sie dazu bieten möchten. Ob es Bier oder Wein als Getränk gibt, immer können Sie zur Begrüßung der Gäste einen Cocktail mischen oder Longdrinks servieren oder aber die Party auch rund um eine Bowle arrangieren. Im Kapitel »Getränke mit und ohne Alkohol« finden Sie dafür Anregung.

Grillparty

Gegrillter Seelachs 116
Gegrillte Forellen 123
Gegrillter Weißfisch 124
Gegrillter Wolfach-Barsch 124
Gefülltes Schnitzel vom Grill 135
Lammkotelett vom Grill 135
Gegrilltes Filetsteak 143
Rumpsteak 144
Porterhouse-Steak 145
Fünf-Minuten-Spießchen 153
Zigeuner-Spießchen 153
Shish Kebab 153
Rasnići 154
Schaschlik 154
Gebratenes Spanferkel 175
 (als Spießbraten)
Cevapčići 184
Gegrilltes Hähnchen 222
Hirschsteak vom Grill 234
Gegrillter Hase 240
Gegrillter Fasan 243
Gegrillte Wachteln 244
Rettichsalat 64
Radieschensalat mit Kräutern 64
Tomatensalat 64
Gurkensalat 65
Griechischer Bauern-Salat 65
Roher Kohlrabisalat 71
Bohnensalat 75
Auberginensalat mit Knoblauch 76
Milder Maissalat 76
Scharfer Okrasalat 77
Kartoffelsalat auf bayerische Art 84
Gegrillte Maiskolben 295
Gebackene Bataten 296
 (in Alufolie in Holzkohle garen)
Kartoffeln in der Folie 313
 (in Holzkohle garen)
Gegrillte Pfirsiche 419
Gegrillte Ananasscheiben 428
Senfgurken 518
Grüne Tomaten, süßsauer eingelegt 519
Zwetschgen in Rotwein 519
Apfel-Orangen-Chutney 519
Zigeuner Sauce 388
Mintsauce 388
Grüne Sauce 389
Barbecue Sauce 389
Aioli 389
Meerrettich-Sahne 380
Apfel-Meerrettich-Sahne 380

Einfach für viele

Wenn Sie zu einer zwanglosen Party im größeren Kreis einladen, wird niemand erwarten, daß Sie ein mehrgängiges Menü servieren. Es kommt darauf an, den Hunger der Gäste zu stillen, möglichst mit originellen Gerichten, die am besten nur mit Gabel oder Löffel und nicht unbedingt am Tisch verzehrt werden müssen. Beliebt sind herzhafte, gut gewürzte Eintöpfe und sättigende Salate. Beides läßt sich vorkochen, so daß sie zu gegebener Zeit ohne viel Arbeitsaufwand auf den Tisch kommen können. Ein Salat aus rohen Bestandteilen ist dabei eine gute Ergänzung zu einem dampfenden Fleischgericht oder einer frischen Pizza.

Wildsuppe 33
Russische Sauerkrautsuppe 36
Erbsensuppe nach Großmutter Art 38
Ländliche Gulaschsuppe 40
Russische Gurkensuppe 42
Gazpacho 42
Hühnereintopf mit Nudeln 43
Gaisburger Marsch 43
Türkischer Hammelpilaw 44
Bulgarischer Eintopf 44
Bouillabaisse 49
Borschtsch 50
Linseneintopf nach Berliner Art 50
Westfälisches Bohnengericht 51
Ungarisches Gulasch 177
Irish Stew 178
Pichelsteiner 179
Serbisches Reisfleisch 180
Szegediner Gulasch 180
Musakà 187
Pastizio 187
Kutteln in Tomatensauce 197
Kalbsbeuscherl 198
Süßsaures Schweinefleisch 204
Labskaus 205
Tellersülze 206
Paella Valencia 49
Pasta asciutta 323
Lasagne al forno 324
Nudelauflauf mit Schinken 324
Nasi Goreng 335
Quiche lorraine 360
Herzhafte Käsetorte 361
Käsewähe 448
Zwiebelkuchen 448
Pizza romana 449
Pizza con funghi 449
Pizza alle quatro staginoni 449
Pizza mit Kräuterquark 449
Fleischstrudel 482
Sauerkrautauflauf 277
Choucroute 277
Gelbe Erbsen mit Schweinenacken 303
Stangenselleriesalat 66
Cole Slaw 71
Zwiebelsalat 71
Selleriesalat 73
Bohnensalat mit Speck 75
Rindfleisch-Apfel-Salat 77
Italienischer Salat 77
Argentinischer Corned-beef-Salat 78
Schweizer Wurstsalat 81
Berliner Kartoffelsalat 85
Warmer Speckkartoffelsalat 85
Gemüse-Reis-Salat 85
Bunter Nudelsalat 86
Holländischer Nudelsalat 86
Soleier mit Tomaten-Chutney 371

Gäste kochen mit

Wenn Sie Ihre Gäste am Zubereiten des Essens beteiligen wollen, so darf die Runde nicht gar zu groß sein. Entweder beteiligen sich alle am Tisch bei einer Fondue, einem Raclette oder ein jeder erfindet seinen Toast, indem er Brot mit bereitgestellten Dingen bestreicht, belegt und im Elektrogrill oder Grilltoaster überbäckt. Die Wartezeiten, die sich beim Schlangesitzen vor dem Grill ergeben, erlauben es, immer raffiniertere Zusammenstellungen für Toasts zu erfinden. Aber auch das Braten von Kartoffelpuffern oder Pfannkuchen gehört zum kulinarischen Gesellschaftsspiel. Beim Braten und Essen wird abgewechselt; Nichtbeschäftigte sorgen für passende Beilagen und Füllungen.

Sukiyaki 179
Fondue bourguignone 203
Orientalische Fondue 203
Käsefondue Sankt Gallen 359
Käsefondue nach Neuenburger Art 360
Raclette 360
Kartoffelpuffer 314
Flambierte Sauerkirschen 427
Flambierte Himbeeren 427
Flambiertes Mango-Dessert 430

BUFFET – KALT UND WARM

Käsetoast 498
Toast »Hawaii« 498
Kasseler Toast 498
Englischer Toast 498
Toast mit Matjesfilet 498

Mitternachtsküche

Soll Ihre Party etwas gewichtiger werden als jene Cocktailpartys, auf denen man sich stehend langweilt, mit bedeutenden Leuten Unbedeutendes redet, an seinem Glas nippt und an einem der gereichten Häppchen kaut, dann wird sie bestimmt über Mitternacht fortdauern. Ob getanzt wird, diskutiert oder gespielt, um Mitternacht braucht die Gesellschaft eine Stärkung. Sei es, um neue Kraft zu schöpfen, sei es um die Wirkung der Getränke zu mildern: es sollte etwas geben, was Magen und Herz belebt. War das bisherige Angebot der Speisen schon gewichtig, genügt eine Suppe mit Brot oder Brötchen. Haben Sie zuvor »sparsam« gelebt, kann es jetzt einen Eintopf, eine Quiche oder Pizza geben.

Gebundene Ochsenschwanzsuppe 32
Ungarische Paprikasuppe 35
Französische Zwiebelsuppe 36
Gulaschsuppe 39
Zuppa Pavese 31
Nudelsuppe mit Huhn 29
Pfefferpothast 205
Fleischstrudel 482
Kalter Hackbraten 184
Quiche lorraine 360
Zwiebelkuchen 448

Katerfrühstück

Wer ihn nicht verschlafen darf, seinen Kater, der sollte ihn durch ein herzhaftes Frühstück zu vertreiben suchen. Eine kräftige Bouillon, Saures und die Prärie Oyster wirken dabei oft Wunder. Was sonst noch alles gut zum Katerfrühstück schmeckt, sagt Ihnen die folgende Aufstellung.

Consommé double 22
Markklößchensuppe 31
Roter Matjessalat 82
Heringssalat 369
Matjes-Cocktail 379
Toast mit Matjesfilet 498
Kurischer Schmantschinken 211
Bretonische Fischomelette 345
Baskische Omelette 345
Beefsteak-Tatar 188
Möhren-Sellerie-Mix 503
Gurkentrank 503
Prärie Oyster 503

Buffet – kalt und warm

Wenn Sie mehr Gäste geladen haben, als an Ihrem Eßtisch Platz nehmen können, ist das Buffet die ideale Lösung dieses Problems. Wenn es warme Gerichte geben soll, benötigen Sie eine entsprechende Anzahl von Warmhalteplatten. Nur so wird verhindert, daß die Speisen während des oft recht langen Essens kalt werden.

Zu einem warmen Buffet gehören, wie zu einem Essen an der Tafel, auch kalte Vorspeisen und Salate als Beilagen. Es gibt also kein ausschließlich »warmes« Buffet. Ein kaltes Buffet hingegen sollte nur aus kalten Speisen kombiniert sein. Wir haben einige typische Buffets für Sie zusammengestellt. Auf jedem sollten, auch wenn dies nicht eigens erwähnt wird, frisches, in Scheiben geschnittenes Stangenweißbrot, Partybrötchen und – dem Stil des Buffets angepaßt – dunkle Brotsorten bereit stehen.

Dazu gehört selbstverständlich Butter zu kleinen Kugeln oder Röllchen geformt. Würzsaucen gehören nicht unbedingt auf ein Festbuffet, sehr wohl aber auf eines mit rustikalem Charakter. Jedes Kalte Buffet kann außerdem mit Kalten Platten – feine Wurstsorten, kalte Braten, gefüllte Eier – und einer Käseplatte bereichert werden. Wissenswerte Details über das Planen und Arrangieren von großen Buffets finden Sie im Kapitel »Bunte Kalte Küche«.

Salatbuffet

Je reichhaltiger ein Salatbuffet, desto sicherer findet jeder Gast seine Wünsche erfüllt. Die Zusammenstellung der vorgeschlagenen Salate ergibt ein Buffet für einen größeren Personenkreis. Es sind viele »schlanke« Salate dabei, aber auch genügend, um satt zu werden. Wenn Sie dazu Brot der unterschiedlichsten Sorten reichen, Cräckers, Salzgebäck und Nüsse, werden alle Gäste schlemmen können. Da Blattsalate nicht lange frisch bleiben, können grüne Salate vorbereitet, unangemacht auf das Buffet gestellt werden. Dazu reicht man einige Salatsaucen aus dem entsprechenden Kapitel zur Wahl.

Käsesalat »Françoise« 87
Eiertopf 87
Shrimpssalat 83
Geflügelsalat mit Bambussprossen 82
Schinkensalat »Chicago« 81
Ananassalat »Miami« 78
Broccolisalat 74
Roher Champignonsalat 72
Salatplatte aus: Möhrensalat 65,
Roher Kohlrabisalat 71
Rote-Bete-Rohkost 66
Salat aus rohem Blumenkohl 72,
Gurkensalat 65 und
Tomatensalat 64
Zungensalat 380
Obstsalat Exquisit 423
Exotischer Obstsalat 431

Buffet zur Jugendparty

Ländliche Gulaschsuppe 40
Garnierte Eier 371
Heringssalat nach rheinischer Art 83
Kalter Schweinerippenbraten 174
Gemüse-Reis-Salat 85
Griechischer Bauern-Salat 65
Sahne-Dill-Quark 362 und
Pumpernickel +
Erdbeerkuchen 465 und
Schlagsahne

Buffet zum Bier vom Faß

Das Bier vom Faß brauchen Sie nicht wörtlich zu nehmen. Was das folgende Buffet bietet, ist für Kenner und Liebhaber deftiger Delikatessen gedacht. Bier ist dazu das ideale Getränk, es darf aber auch einen herben Landwein geben. Das Spanferkel als Hauptattraktion der Fete kommt natürlich untranchiert aufs Buffet. Der Hausherr oder sein Beauftragter muß es vor den Gästen portionieren und davon auf Verlangen das ausgesuchte Stück vorlegen. Auf dieses Buffet gehören außerdem kräftiges Bauernbrot – selbstgebacken, wenn's geht – und frische Brezen, Senf, Meerrettich und für »überanstrengte« Gäste ein klarer Schnaps.

Leberknödelsuppe 499
Heringssalat 369
Spanferkel 175
Kartoffelsalat bayerische Art 84
Salatplatte aus: Feldsalat 63,
Tomatensalat 64,
Rettichsalat 64 und
Kressesalat 64
Käseplatte 369

Buffet für den Herrenabend

Gebundene Ochsenschwanzsuppe 32
Käsesülzchen »Manhattan« 372
Belegte Brote 367
Nappiertes Hähnchen 377
Chicoréesalat mit Orangen 62
Crème bavaroise 394

BUFFET – KALT UND WARM

Buffet zur Sonnwendfeier

Vielleicht bringt Sie die Überschrift zu diesem sommerlichen Buffet auf die Idee, wirklich einmal zur Sommersonnenwende einzuladen. Ein alter Brauch, der nicht nur bei jungen Leuten viel Anklang findet. Das Angebot an Speisen paßt jedenfalls zu einem warmen Sommerabend, an dem es nicht hochvornehm, aber doch recht genießerisch zugehen soll.

Russische Gurkensuppe 42
Fischsülze 370
Hackfleischpastete 378
Kalte Kalbshaxe 167
Bunter Nudelsalat 86
Radieschensalat mit Kräutern 64
Kopfsalat mit Knoblauchsauce 61
Camembert-Kroketten 359
Rote Grütze 393

Faschingsbuffet

Das Buffet für ein Faschingsfest muß »schlag- und rutschfest« sein, das heißt, nichts darf beim Wirbel der Tänzer ins Wanken geraten. Der Kessel mit der Brühe, in der ein buntes Würstchen-Sortiment zur Selbstbedienung heiß gehalten wird, steht nicht auf dem Buffet, sondern vor Trubel geschützt in einer Extra-Ecke oder sogar unter dem Tisch mit dem weiteren Angebot. Natürlich gibt es eine reiche Auswahl an Senf, an Saurem und Süßsaurem aus dem Glas sowie viele Brezeln, Brötchen und belegte Brote. Was sonst noch unter dem Konfettiregen steht, sagt unsere folgende Aufstellung.

Matjessalat »Teufelsschlucht« 82
Soleier mit Tomaten-Chutney 371
Russische Eier 371
Kalte Cevapčiči auf Spießchen 184
Kalte Koteletts 130
Weißkohlsalat 75
Berliner Kartoffelsalat 85
Reis Trauttmansdorff 336
Berliner Pfannkuchen 447

Italienisches Buffet

Italienischer Zucchinisalat 72
Finocchi alla Romana 74
Römischer Salat 63
Radicchiosalat 63
Pizza romana 449
Pizza con funghi 449
Pizza alle quatro stagioni 449
Scampi alla Lipari 101
Saltimbocca 132
Polenta 328
Möhren auf römische Art 262
Aufschnittplatte mit Salami, Mortadella und Parmaschinken +
Käseplatte mit italienischen Käsen +
Sabayon 401

Smörgas-Bord

Dieses berühmte, üppige schwedische Buffet hieße wörtlich ins Deutsche übersetzt »Butterbrot-Tisch«. Außer den von uns vorgeschlagenen Speisen gehören auf dieses Buffet Essig-Gemüse, süßsauer eingelegte Kürbisstücke und Pflaumen, Ölsardinen, Appetitsild, Räucheraal und verschiedene Sorten Knäckebrot. Aquavit, der erst die richtige Temperatur hat, wenn die Flasche außen mit einer Reifschicht überzogen ist, sorgt dafür, daß all die Leckerbissen gut vertragen werden. Die Schweden lieben Fisch- und Krustentierspeisen, von denen von Gästen mit den Vorlieben eines Binnenlandbewohners vielleicht nur Probier-Portionen verzehrt werden. Bedenken Sie, daß wahrscheinlich die Fleischgerichte für viele Ihrer Gäste die Hauptattraktion sein werden.

Gekochter Hummer 100 (kalt auf der Karkasse angerichtet) und Schwedische Salatsauce 90
Gravad Laks 371
Garnierter Zander 370
Matjes-Cocktail 379
Lammbraten 176
Hackfleischpastete 378 mit Preiselbeerkompott 422
Rote-Bete-Salat 73
Gurkensalat 65
Apfelschaum 417

Buffet zum Sektfrühstück

Ein Sektfrühstück – zu dem es übrigens ebenso gut Champagner geben darf – findet meist in einem kleineren Kreis am Vormittag statt. Man gibt es zum Beispiel zwischen standesamtlicher Trauung am Vormittag und kirchlicher Trauung am Nachmittag statt eines Mittagessens, wenn das große Festdiner mit vielen Gästen erst am Abend stattfindet. Es ist aber auch stilvolle Bewirtung ohne allzu offiziellen Charakter, wenn Gratulanten anläßlich eines besonderen Festes erwartet werden. Das Gebotene sollte so exklusiv wie möglich sein, die Auswahl nicht beschränkt, doch die Quantität muß keineswegs mit den Maßstäben eines richtigen Essens gemessen werden.

Canapés 368
Kaviar +
Austern 94
Getrüffelte Languste 370
Reh-Terrine 377
Erdbeeren mit Käsecreme gefüllt 421

Silvester Buffet

Hummer Thermidor 100
Thunfischsalat Tokioer Art 83
Gefüllte Tomaten 368
Gefüllter Staudensellerie 369
Rehrücken 232
Madeira-Kastanien 431
Kartoffel-Mandel-Bällchen 307
Champagnersorbet 403
Krapfen 447

Großes Festbuffet

Schneckensuppe 41
Gratinierte Austern 103
Feiner Hummersalat 84
Avocado-Cocktail 84
Melonensalat »Amerika« 76
Rehmedaillon mit Fruchtsalat 233
Schinken im Teig 211
Waldorfsalat 66
Nesselroder Pudding 403
Exotischer Obstsalat 431

Kaltes Buffet zum großen Empfang

Ein Buffet für einen großen Empfang muß nicht nur eine größere Zahl geladener Gäste mit besonders exklusiven Speisen verwöhnen, sondern auch für die verschiedenen Geschmacksrichtungen sorgen. Von jeder Speise sollte aber auch genügend vorhanden sein, so daß sich jeder Gast mindestens einmal davon nehmen kann. Sehr beliebte Speisen werden größeren Zuspruch finden. Sie dürfen das Angebot also nicht zu knapp bemessen und sollten im Zweifelsfall zusätzlich noch einige Salate und Vorspeisen vorsehen.

Wildtaubensalat 78
Shrimpssalat 83
Gefüllte Artischockenböden 369
Hasenpastete 378
Kaltes Roastbeef 162
Cumberlandsauce +
Glasierte Kalbsmedaillons 377
Nappiertes Hähnchen 377
Diplomatensalat 87
Broccolisalat 74
Roher Champignonsalat 72
Scharfer Okrasalat 77
Käseplatte 369
Obstschale mit verschiedenen Früchten
Omelette en surprise 403
Schwarzwälder Kirschtorte 477

Suppen

Eine Suppe kann anregender Auftakt einer Mahlzeit sein, den ersten Hunger stillen, sie kann uns an kalten Tagen aufwärmen,

In allen Ländern der Welt war Suppe zu allen Zeiten eines der wichtigsten Gerichte, läßt sie sich doch aus vielen Produkten wie Fisch, Fleisch, Geflügel, Getreide, Gemüse, Obst bereiten. Unzählige Suppen-Ideen und Spezialitäten, teils bäuerlicher Herkunft, teils inspiriert durch höfische Küchen, gehören noch heute zu den beliebten Gaumenfreuden. Ob klassische Bouillon, Minestrone, Gazpacho oder Chili con carne – Sie finden im folgenden Kapitel Suppen aus jeder Art von Ausgangsprodukten, Suppen mit berühmten Namen wie auch geschätzte regionale Kreationen.

Suppe stimmt den Magen freundlich! Sie kann anregender Auftakt einer Mahlzeit sein, sättigender Bestandteil, zum Eintopf angereichert sogar Hauptgericht. Den müßigen Streit, wann die Bezeichnung Suppe oder Eintopf zutrifft, haben die Franzosen plausibel entschieden. Sie sagen, sobald der Löffel im Topf »stehen« kann, ist die Suppe ein Eintopf.

Sorgen wir dafür, daß die Suppe mit den übrigen Speisen eines Essens harmoniert, daß sie als Auftakt leicht und appetitfördernd ist und für ihre sorgsame Zubereitung. Ist die Suppe kalorienarm, darf es danach ein echtes Hauptgericht geben, ist sie kalorienreich, genügt ein Nachtisch aus Obst, eine leichte Vorspeise oder frischer Salat zum Abrunden der Mahlzeit.

Wieviel Suppe pro Person?: Für eine Suppe als Vorgericht rechnet man pro Person etwa $1/8$ Liter, als Hauptgericht $1/4 - 3/8$ Liter.

Bei Suppen gilt der Grundsatz: Erlaubt ist, was gut schmeckt! Theoretisch unterscheidet man klare Suppen und gebundene Suppen. Grundlage für beide ist die Brühe, und für deren Zubereitung gibt es einige Regeln.

Brühe, Grundlage aller Suppen

Wer behauptet, er bereite seine Suppe aus purem Wasser, der irrt. Alles, was in Wasser gekocht wird, gibt Geschmacksstoffe und andere Substanzen an das Wasser ab und macht es dadurch zur Brühe, gleichgültig, ob dies durch Auskochen von Knochen, Fleisch, Geflügel, Fisch, von Gräten und Flossen, von Krebsschalen, von Gemüse oder von Hülsenfrüchten geschieht.

Gibt ein Produkt nur wenig Geschmacksstoffe an die Brühe ab, so hilft man diesem Mangel ab, indem man mit geschmacksintensiver Fleischbrühe oder einem Extrakt daraus nachwürzt, beispielsweise mit Fleischbrühwürfel, gekörnter Brühe oder Instant-Fleischbrühe. Außerdem wird jede Brühe ohnehin mit Salz und anderen würzenden Zutaten bereitet und zuletzt mit Gewürzen abgeschmeckt.

Fleischbrühe: Sie wird nicht nur für Suppen gebraucht, sondern auch für Saucen. Meist wird sie aus Rindfleisch, seltener aus Kalbfleisch hergestellt, mit oder ohne Suppenknochen. Fleischbrühe gibt es als Extrakt fertig zu kaufen in Form von Paste, Fleischbrühwürfel, gekörnter Brühe oder Instant-Fleischbrühe. Viele dieser Produkte werden auch aus oder mit Geflügelbrühe hergestellt und sind immer hilfreich, wenn keine selbstgekochte Brühe zur Verfügung steht.

Bouillon: Die französische Bezeichnung für Fleischbrühe. Das Wort kommt von bouillir, zu deutsch sieden, kochen.

Consommé: Eine besonders kräftige, entfettete Fleischbrühe aus gehacktem Rindfleisch im Verhältnis 1:5; das heißt, auf einen Teil Fleisch kommen fünf Teile Wasser. Das Wort ist ebenfalls französisch und kommt von consommer, was sich mit verzehren übersetzen läßt.

Kraftbrühe: Die deutsche Bezeichnung für Consommé.

Consommé double: Eine noch kräftigere Fleischbrühe aus gehacktem Fleisch im Verhältnis 2:5. Sie wird aus Rindfleisch, Kalbfleisch, Wild, Fisch oder Geflügel hergestellt.

Doppelte Kraftbrühe: deutsche Bezeichnung für Consommé double.

Praktischer Rat

Kräftige Fleischbrühe: Wird hauptsächlich eine kräftige Brühe gewünscht, setzt man das Fleisch in kaltem Wasser auf und läßt es 2–3 Stunden ganz leicht sprudelnd kochen. Die Fleischporen schließen sich so nur allmählich, und viele Inhaltsstoffe und Fleischsaft gehen dabei in die Brühe über; das Fleisch wird aber trocken. Dennoch kann es kleingeschnitten zum Teil als Suppeneinlage, zum Teil für Salate verwendet werden.

Saftigeres Fleisch: Legt man Wert auf saftigeres Fleisch, gibt man das Fleisch erst ins bereits kochende Wasser, die Fleischporen schließen sich dann sehr rasch, und die meisten Inhaltsstoffe werden im Fleisch bewahrt, es bleibt saftiger; man kann es als Tellerfleisch oder für Eintöpfe verwenden.

Knochenbrühe: Werden mit dem Fleisch auch Knochen ausgekocht, so müssen die zerhackten Knochen – wie natürlich auch für eine reine Knochenbrühe – vorgekocht werden, damit die Brühe klar bleibt: Die Knochen waschen, in einen Topf legen

und Eintöpfe

zum Eintopf angereichert auch Hauptgericht sein.

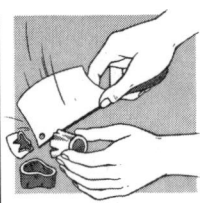

Für eine Brühe die Knochen mit der stumpfen Seite des Küchenbeils zerschlagen.

und mit kaltem Wasser übergießen, bis sie bedeckt sind. Alles zum Kochen bringen, 1–3 Minuten kräftig sprudelnd kochen lassen. Die Knochen in ein Sieb schütten und kalt abbrausen. Die Brühe wegschütten und den Topf gründlich waschen, damit auch kleinste Knochensplitter entfernt werden. Die Knochen dann erneut mit frischem Wasser aufsetzen. Knochenbrühe und Fleischbrühe, die mit Knochen hergestellt wurde, nach dem

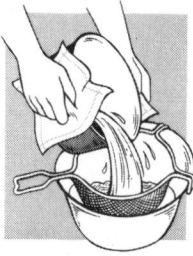

Die blanchierten Knochen in ein Sieb schütten und das Blanchierwasser weggießen.

Die gare Brühe noch einmal durchsieben, um evtl. restliche Knochensplitter zu entfernen.

Garen stets noch einmal durchsieben, um eventuell vorhandene restliche Knochensplitter zu entfernen.

Kochfleisch für Suppen: Es eignen sich besonders Schulter, Beinfleisch, Brustkern, Nachbrust, Querrippe, Bauchlappen und Ochsenschwanz vom Rind, Beinfleisch und Nacken vom Kalb, Suppenhühner, ältere Tauben, Fischstücke mit Flossen und Gräten oder Wildfleischteile, die man nicht zum Braten und ungern zum Schmoren verwendet.

Kochzeiten für Brühe: Je länger Fleisch und Knochen oder andere Zutaten gekocht werden, desto kräftiger wird der Geschmack der Brühe. In jedem Fall muß das Kochgut reichlich von Wasser bedeckt sein, da während der langen Kochzeit von 1–3 Stunden ein Teil der Flüssigkeit verdampft. Nach dem ersten kräftigen Aufkochen die Hitze zurückschalten, damit das Wasser nur noch leicht kocht, nicht mehr stark sprudelt.

Sich bildender Schaum: Er muß während der ersten 30–40 Kochminuten wiederholt mit dem Schaumlöffel abgeschöpft werden. Erst wenn sich kein Schaum mehr bildet, den Deckel auf den Topf legen; den Topf aber einen Spalt breit offenlassen, damit Dampf abziehen kann.

Suppengrün – auch Wurzelwerk oder Wurzelzeug genannt: Man kann es gebündelt kaufen; es besteht aus Möhre, Petersilienwurzel, einem Stück Sellerieknolle und einem Stück Lauch. Das Gemüse wird von schlechten Stellen befreit, gewaschen und grob zerkleinert, oder unzerteilt erst etwa 1 oder ½ Stunde vor Ende der Garzeit in die Brühe gegeben. Das Gemüse je nach Rezept nach dem Kochen kleinschneiden und mitservieren oder vorher beim Durchsieben entfernen.

Das Bündel Suppengrün besteht aus Möhre, Petersilienwurzel, etwas Sellerieknolle und einem Stück Lauch.

Suppengrün wird bereits zerkleinert kochfertig, auch tiefgefroren, angeboten. Man verwendet es nach der Anweisung auf der Packung.

Zwiebel als Suppenwürze: In der Fleischbrühe wird mit dem Suppengrün, je nach Menge, auch eine halbe oder eine ganze Zwiebel gekocht. Die Zwiebel entweder waschen und mit der Schale in die Brühe geben; oder die ungeschälte Zwiebel halbieren und die Schnittflächen auf der Herdplatte braun rösten. Die Schale und die angerösteten Schnittflächen der Zwiebel färben die Brühe noch kräftiger und ergeben einen würzigen Geschmack.

Eine weitere Würzmöglichkeit, die vor allem für Wild- oder Fischbrühe empfohlen wird: Auf der ungeschälten oder auch geschälten Zwiebel mit 2 Gewürznelken 1 Lorbeerblatt feststecken.

Schale und geröstete Schnittfläche der Zwiebel färben die Brühe und ergeben einen würzigen Geschmack.

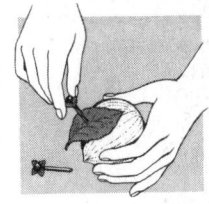

Die geschälte oder die ungeschälte Zwiebel mit Gewürznelken und einem Lorbeerblatt bestecken.

Die Brühe entfetten: In Fleisch, in Geflügel und in Knochen enthaltenes Fett geht während des Kochens in die Brühe über. Das Fett bildet nach dem Kochen eine glänzende Schicht auf der Brühe und sollte sorgfältig mit einem Löffel abgeschöpft werden. Will man eine fast fettfreie Brühe gewinnen, läßt man sie völlig erkalten. Das erstarrte Fett bedeckt dann als weißliche Schicht die Brühe und kann leicht abgenommen werden. Reste vom Fett durch Sieben der Brühe vollends entfernen.

FLEISCHBRÜHE

Die gare Fleischbrühe etwas abkühlen lassen und die Fettschicht mit einem Löffel sorgfältig abschöpfen.

Restlos kann man Brühe entfetten, wenn man sie erkalten läßt und dann die starre Fettschicht abhebt.

Das Klären der Brühe: Ist die Brühe nach dem Entfetten leicht trüb, soll aber als klare Brühe mit Einlagen serviert werden, so klärt man sie mit Eiweiß: 2 Eiweiße mit etwas kalter, entfetteter Brühe verquirlen, in die heiße Brühe schütten, einige Minuten kochen und stocken lassen. Das Eiweiß bindet die trübenden Stoffe. Die geklärte Brühe dann durch ein Sieb gießen, um das Eiweiß wieder zu entfernen.

Suppen-Einlage: Wird eine klare Brühe mit Nudeln oder Reis als Einlage serviert, so gart man die Nudeln oder den Reis gesondert, damit die abgekochte Stärke von Nudeln oder Reis die Brühe nicht trübt.

Suppen mit Kräutern würzen: Frische, kleingeschnittene Kräuter immer erst vor dem Servieren in die Suppe streuen; niemals mitkochen, es sei denn, ein spezielles Rezept erfordert dies aus geschmacklichen Gründen.

Das Binden von Suppen: Brühe kann durch eine helle oder dunkle Einbrenne (in Butter angebratenes Mehl, mit Brühe aufgegossen) oder durch kalt angerührtes Mehl gebunden werden. Die Brühe läßt sich aber auch durch quellende Getreideprodukte, beispielsweise Grieß, Reis oder Haferflocken, binden.
Gebundene Suppen lassen sich durch abschließendes Legieren mit Eigelb oder Eigelb und Sahne verfeinern.

Eigelb oder Eigelb-Sahne stets zunächst mit wenig heißer Suppe verrühren. Die Suppe vom Herd nehmen und das Eigelb-Sahne-Gemisch unter die Suppe ziehen.

Eigelb oder Eigelb-Sahne stets zuerst mit wenig heißer Suppe verrühren. Die Suppe vom Herd nehmen und das Gemisch erst dann unter die Suppe rühren. Das Eigelb würde bei starker Hitze gerinnen.

Grundrezept
Fleischbrühe

Bild Seite 25

500 g Rindfleisch oder Kalbfleisch zum Kochen
2 l Wasser
1½ Teel. Salz
1 Bund Suppengrün
1 kleine Zwiebel
2 Petersilien- oder Selleriestengel

Pro Person etwa:
130 Joule
30 Kalorien
(bei ¼ l Fleischbrühe pro Portion)

Garzeit:
2–2½ Stunden

Das Fleisch waschen, mit dem Wasser und dem Salz in einen hohen Topf geben und auf der Herdplatte zum Kochen bringen. Wenn das Wasser kräftig sprudelnd kocht, die Hitze 1–1½ Schaltstufen zurückstellen und den sich auf der Oberfläche bildenden Schaum mehrmals mit der Schaumkelle abschöpfen. Während der restlichen Garzeit darf das Wasser nur noch leicht sprudelnd kochen; leicht sprudeln muß es aber, sonst wird das Fleisch nicht weich. Sobald sich kein Schaum mehr bildet, den Topf halb oder bis auf einen Spalt breit zudecken und die Hitze wiederholt kontrollieren, damit der Kochvorgang nicht unterbrochen wird.
Das Suppengrün waschen, putzen und grob zerkleinern. Die Zwiebel ungeschält waschen und mit dem Suppengrün nach etwa 1 Stunde Kochzeit in die Brühe legen.
Nach 2 Stunden Kochzeit prüfen, ob das Fleisch schon weich ist, sonst noch weitere 30 Minuten in der Brühe kochen lassen.
Das Fleisch dann aus der Brühe nehmen. Die Fleischbrühe entfetten und nach Belieben mit Eiweiß klären. Die Fleischbrühe klar servieren oder mit einer beliebigen Einlage und dem kleingeschnittenen Suppenfleisch versehen.

Unser Tip: Eine kräftige Fleischbrühe können Sie auch mit 250 g Suppenfleisch und 250 g Suppenknochen kochen. Die Knochen müssen dann aber zuvor blanchiert werden, wie dies im nachfolgenden Rezept für Knochenbrühe beschrieben ist.

Zum Bild rechts:

Eine selbstgekochte Brühe wie die hier abgebildete ist Balsam für den Magen, stimulierender Auftakt eines Essens oder Grundlage für köstliche Suppen – besonders, wenn sie mit Fleisch, Knochen und frischem Suppengrün bereitet wurde.
Das Grundrezept für kräftige Fleischbrühe finden Sie auf dieser Seite.

Zur folgenden Doppelseite:

Minestrone, die weltbekannte italienische Gemüsesuppe, ist eine »Harmonie« aus kräftiger Fleischbrühe, Reis oder Nudeln, Speck sowie gemischtem Gemüse und wird bei Tisch noch mit würzigem Parmesankäse bestreut.
Das Rezept finden Sie auf Seite 34.

Nudelsuppe mit Huhn, seit Jahrzehnten ein geschätztes »Eintopf-Essen«, macht satt, schmeckt vortrefflich und schafft Vorfreude auf ein üppiges Dessert.
Das Rezept finden Sie auf Seite 29.

KNOCHENBRÜHE · HÜHNERBRÜHE

Zum Bild links:

Nicht alle der beliebten Einlagen zum Anreichern einer kräftigen Fleischbrühe, die Sie auf dem Bild sehen, sind im Handumdrehen zubereitet. Viele von ihnen haben Tradition, erfordern etwas Fingerspitzengefühl und ein verläßliches Rezept. Andere gibt es fertig zu kaufen oder sind rasch selbstgemacht. Wichtig ist: Bringen Sie die Suppe dampfend heiß, mit viel frisch gehackten Kräutern bestreut zu Tisch.

Unser Bild zeigt von oben nach unten: Leberspätzle, Rezept auf Seite 30, Pfannkuchenstreifen oder Flädle, Rezept auf Seite 30, Backerbsen, Rezept auf Seite 481, Grießnockerl, Rezept auf Seite 30, Fleischklößchen, Rezept auf Seite 31. Außerdem Teigwaren und Eigelb, die problemlosen Suppen-Einlagen, und Scheiben von geräuchertem Kasseler, die in Streifen geschnitten jede Suppe kräftig anreichern.

<u>Variante</u>

Knochenbrühe

Knochenbrühe können Sie nach dem Grundrezept für Fleischbrühe zubereiten, jedoch statt des Fleisches 500 g Fleisch- oder Suppenknochen dafür verwenden. Damit die Brühe nicht trüb wird, müssen Suppenknochen zuerst blanchiert werden: Die Knochen waschen, in einen Topf geben und mit soviel kaltem Wasser übergießen, daß die Knochen bedeckt sind. Das Wasser mit den Knochen etwa 3 Minuten sprudelnd kochen lassen. Die Knochen dann in ein Sieb schütten, die Kochbrühe weggießen und die Knochen mit kaltem Wasser abbrausen. Den Kochtopf, in dem die Knochen gekocht wurden, gut auswaschen, damit kleine Knochensplitter entfernt werden. Die blanchierten Knochen mit 2 Liter Wasser und dem Salz erneut zum Kochen bringen und weiter, wie im Rezept für Fleischbrühe beschrieben, fertigstellen.

<u>Grundrezept</u>

Hühnerbrühe

1 Suppenhuhn mit den Innereien	Pro Person etwa: 460 Joule
2 l Wasser	110 Kalorien
1½ Teel. Salz	(bei ¼ l Hühnerbrühe pro Portion)
½ Bund Petersilie	
1 Bund Suppengrün	
1 kleine Zwiebel	Garzeit: 2–3 Stunden

Das Suppenhuhn innen und außen kalt waschen. Das Herz, den Magen und die Leber ebenfalls waschen. Das Suppenhuhn, das Herz und den Magen mit dem Wasser und dem Salz in einem hohen Topf zum Kochen bringen. Wenn das Wasser sprudelnd kocht, die Hitze um 1–1½ Schaltstufen zurückstellen. Den sich auf der Oberfläche bildenden Schaum mehrmals mit der Schaumkelle abschöpfen und die Brühe 2–3 Stunden schwach sprudelnd kochen lassen. Die Brühe muß während dieser Zeit leicht kochen, damit das Huhn weich wird. Die Hitze während dieser Zeit wiederholt kontrollieren, damit der Kochvorgang nicht unterbrochen wird. Den Topf dabei bis auf einen Spalt breit zudecken.
Die Petersilie und das Suppengrün waschen, putzen, grob kleinschneiden und nach 2 Stunden Kochzeit in die Brühe geben. Die Zwiebel schälen, halbieren und ebenfalls in die Brühe geben. Die Hühnerleber während der letzten 5 Minuten in der Brühe garen. Das Huhn und die Innereien mit dem Schaumlöffel aus der Brühe heben, die Brühe durchseihen, etwas entfetten und noch einmal gut abschmecken. Die Brühe klar oder mit einer beliebigen Einlage und dem kleingeschnittenen Hühnerfleisch servieren.

<u>Unsere Tips:</u> Statt des Suppenhuhns und der Innereien können Sie für die Hühnerbrühe auch ein Paket tiefgefrorenes Hühnerklein verwenden.

Kochen Sie in der Hühnerbrühe auch einmal einen Stengel Rosmarin mit; Rosmarin verleiht Hühnerbrühe einen nicht alltäglichen Geschmack.

<u>Variante</u>

Nudelsuppe mit Huhn

Bild Seite 26/27

Kochen Sie die Hühnerbrühe statt mit der Petersilie mit je 1 Messerspitze zerriebenem, getrocknetem Estragon und Salbei und schmecken Sie die Suppe zuletzt mit etwas Sojasauce ab. Geben Sie das kleingeschnittene Hühnerfleisch und 100–150 g gesondert gegarte Fadennudeln in die Suppe. Die Nudelsuppe vor dem Servieren mit kleingeschnittenem Schnittlauch bestreuen.

Asiatische Hühnersuppe

1 l Wasser	Pro Person etwa: 880 Joule
½ Teel. Salz	210 Kalorien
1 Zwiebel	
½ Suppenhuhn von 500 g	
1 Eßl. Sojasauce	Garzeit: 2 Stunden
1 Messersp. Chilipulver	
Saft von ½ Zitrone	

Das Wasser mit dem Salz zum Kochen bringen. Die Zwiebel schälen und halbieren. Das Huhn gründlich kalt waschen. Das Huhn und die Zwiebel ins kochende Salzwasser geben und zugedeckt bei mittlerer Hitze 2 Stunden kochen lassen.
Das gare Huhn aus der Brühe nehmen, das Fleisch von den Knochen lösen, die Haut entfernen und das Fleisch in etwa 3 cm große Stücke schneiden. Die Hühnerbrühe mit der Sojasauce, dem Chilipulver und dem Zitronensaft abschmecken, das Hüh-

KLARE SUPPEN

nerfleisch wieder in die Suppe geben und alles noch einige Minuten bei sehr milder Hitze ziehen lassen.

Grundrezept
Gemüsebrühe

2 Möhren	1 Teel. Salz
1/4 Sellerieknolle	flüssige
1/2 Stange Lauch	Suppenwürze
1 Bund Petersilie	
1 Stengel Sellerie-grün	Pro Person etwa: 130 Joule
1 kleine Zwiebel	30 Kalorien
1 Eßl. Öl	
1 l Wasser	Garzeit: 60 Minuten

Das Gemüse putzen, waschen und grob zerkleinern. Die Kräuter waschen und ebenfalls grob zerkleinern. Die Zwiebel ungeschält waschen und vierteln. Das Öl in einem hohen Topf erhitzen, das Gemüse unter Umwenden darin anbraten, das Wasser und das Salz zugeben und alles zum Kochen bringen. Das Gemüse bei milder Hitze 60 Minuten kochen lassen, durchseihen, und die Brühe mit der flüssigen Suppenwürze abschmecken.

Unsere Tips: Sie können auf das Anbraten des Gemüses in Öl verzichten und das Gemüse ins kochende Salzwasser schütten. So zubereitet, enthält die Brühe fast keine Kalorien.
Statt der angegebenen Gemüsesorten und Kräuter können Sie auch Kohlrabi, Tomaten, Staudensellerie oder Rosenkohl und beliebige andere Kräuter verwenden.
Zum Würzen von Gemüsebrühe eignen sich Hefeflocken hervorragend.

Eierflockensuppe

1 l Fleischbrühe	Pro Person etwa:
2 Teel. Mehl	330 Joule
2 Eßl. Wasser	80 Kalorien
2 Eier	
je 1 Messersp. Salz und geriebene Muskatnuß	Garzeit: 5 Minuten
1/2 Bund Schnittlauch	

Die Fleischbrühe erhitzen. Das Mehl mit dem kalten Wasser anrühren. Die Eier unter das Mehlgemisch quirlen und den Einlaufteig mit Salz und Muskat würzen. Den Eierteig unter ständigem Rühren in die schwach kochende Fleischbrühe einlaufen lassen.

Den Topf vom Herd nehmen und die Eierflocken in etwa 5 Minuten darin gar ziehen lassen. Den Schnittlauch waschen, abtropfen lassen, kleinschneiden und vor dem Servieren über die Suppe streuen.

In Österreich werden die in Streifen geschnittenen Pfannkuchen »Frittatten« genannt, in Schwaben »Flädle«.

Pfannkuchensuppe

Bild Seite 28

1 Ei	Pro Person etwa:
1/4 l Milch	1050 Joule
125 g Mehl	250 Kalorien
1 Messersp. Salz	
1 1/2 Eßl. Bratfett	Bratzeit:
1 l Fleischbrühe	40 Minuten
1/2 Bund Schnittlauch	

Das Ei mit der Milch und dem Salz verquirlen, löffelweise das Mehl unterrühren und den dünnflüssigen Pfannkuchenteig etwa 30 Minuten ruhen lassen. Das Bratfett portionsweise in der Pfanne erhitzen. Den Teig noch einmal gut durchrühren, nacheinander kleine, sehr dünne Pfannkuchen backen und abkühlen lassen.
Die Fleischbrühe erhitzen. Den Schnittlauch kalt abbrausen, abtropfen lassen und kleinschneiden. Die Pfannkuchen einzeln aufrollen, in sehr dünne Streifen schneiden und in 4 Suppenteller verteilen. Die Fleischbrühe darübergießen und die Suppe mit Schnittlauch bestreuen.

Leberspätzlesuppe

Bild Seite 28

100 g geschabte Rinderleber	Pro Person etwa: 960 Joule
1 Eßl. Butter	230 Kalorien
1 Ei	
50 g Semmelbrösel	Garzeit:
1 Eßl. Wasser	15 Minuten
1 Prise Salz	
3/4 l Fleischbrühe	
1/2 Bund Schnittlauch	

Die Rinderleber mit der Butter, dem Ei, den Semmelbröseln, dem Wasser und dem Salz verrühren. Die Fleischbrühe zum Kochen bringen. Die Lebermasse durch einen Spätzlehobel oder durch einen Spätzleseiher in die kochende Fleischbrühe drücken.

Die Hitze sofort reduzieren und die Leberspätzle in der nur schwach kochenden Brühe in etwa 10 Minuten gar ziehen lassen. Die Suppe vor dem Servieren mit dem kleingeschnittenen Schnittlauch bestreuen.

Variante
Leberknödelsuppe

Statt der Leberspätzle Leberknödel – siehe Rezept Seite 499 – verwenden.

Grießnockerlsuppe

Bild Seite 28

30 g Butter	Pro Person etwa:
70 g grober Grieß	750 Joule
1 Ei	180 Kalorien
1/2 Teel. Salz	
1 Messersp. geriebene Muskatnuß	Garzeit: 30 Minuten
1 l Fleischbrühe	
1/2 Bund Schnittlauch	

Die weiche Butter schaumig rühren, nach und nach den Grieß und das Ei untermischen und die Masse mit dem Salz und dem Muskat würzen. Die Grießmasse 30 Minuten quellen lassen. Die Fleischbrühe zum Kochen bringen. Von der Grießmasse nach und nach mit einem feuchten Teelöffel jeweils einen gehäuften Löffel abstechen, einen zweiten feuchten Teelöffel daraufdrücken und so die Nockerln formen. Zur Probe erst ein Nockerl in die kochende Fleischbrühe geben. Bleibt dieses ganz, die übrigen Nockerln einlegen und im halb zugedeckten Topf 20 Minuten, danach ohne Hitzezufuhr in weiteren 10 Minuten gar ziehen lassen. Den Schnittlauch waschen, abtropfen lassen und kleinschneiden. Die garen Nockerln aus der Brühe heben, in eine Terrine geben und mit der heißen Brühe übergießen. Die Suppe mit dem Schnittlauch bestreuen.

Unser Tip: Um sicher zu sein, daß Klößchen, Knödel oder Nockerln beim Garen nicht zerfallen, zur Probe stets nur ein Stück garen. Zerfällt es, noch etwas Grieß für Grießnockerln, Semmelbrösel oder Mehl für andere Klößchen zum Teig geben. Wird es zu hart, hat die Brühe zu stark gekocht. 1/2 Tasse kaltes Wasser in die Brühe gießen und diese nur noch sanft kochen lassen.

KLARE SUPPEN

Fleischklößchensuppe

Bild Seite 28

125 g Kalbsbrät
1 Ei
1 Eßl. Semmelbrösel
je 1 Messersp. Salz
 und Pfeffer
1 Prise getrockneter
 Majoran
1 Eßl. klein-
 geschnittene
 Petersilie
1 l Fleischbrühe

Pro Person etwa:
670 Joule
160 Kalorien

Garzeit:
15 Minuten

Das Brät mit dem Ei, den Semmelbröseln, dem Salz, dem Pfeffer, dem Majoran und der Petersilie verkneten. Die Fleischbrühe zum Kochen bringen. Von der Brätmasse mit nassen Händen etwa walnußgroße Klößchen formen, in die schwach kochende Fleischbrühe legen und in etwa 15 Minuten gar ziehen lassen. Die Klößchen aus der Fleischbrühe heben, in Tassen oder Teller verteilen und mit der Brühe übergießen.

Markklößchensuppe

2 Markknochen
 (etwa 5 Eßl.
 flüssiges Mark)
1 Ei
60–80 g Semmel-
 brösel
je 1 Messersp.
 Pfeffer
 und Salz
1 l Fleischbrühe
½ Bund Petersilie

Pro Person etwa:
920 Joule
220 Kalorien

Garzeit:
15 Minuten

Die Markknochen in einem kleinen Topf erhitzen, bis das Mark flüssig austritt. Das Ei in einer Schüssel verquirlen und mit den Semmelbröseln verrühren. Das flüssige Mark durch ein Sieb – damit keine Knochensplitter in die Masse geraten – zum Ei-Semmelbrösel-Gemisch gießen, alles gut verrühren und mit dem Salz und dem Pfeffer würzen. Die Markmasse zugedeckt 15 Minuten ziehen lassen.
Die Fleischbrühe zum Kochen bringen. Mit nassen Händen etwa walnußgroße Klößchen aus der Markmasse formen und diese in der schwach kochenden Brühe 15 Minuten ziehen lassen. Die Petersilie waschen, abtropfen lassen und kleinschneiden. Die angerichtete Suppe mit der Petersilie bestreuen.

Hirnklößchensuppe

100 g Kalbs- oder
 Schweinehirn
30 g Butter
2 Eier
100 g Semmelbrösel
abgeriebene Schale
 von ¼ Zitrone
¼ Teel. Salz
1 l Fleischbrühe
½ Bund Schnitt-
 lauch oder Petersilie

Pro Person etwa:
1170 Joule
280 Kalorien

Garzeit:
15 Minuten

Das Hirn gründlich waschen, die Haut, die Adern und die Blutgerinnsel entfernen und das Hirn kleinschneiden. Die weiche Butter mit den Eiern schaumig rühren. Das kleingeschnittene Hirn, die Semmelbrösel, die Zitronenschale und das Salz untermischen und die Masse 10 Minuten in den Kühlschrank stellen.
Die Fleischbrühe zum Kochen bringen. Mit nassen Händen aus der Hirnmasse etwa walnußgroße Klößchen formen, sie in die schwach kochende Brühe legen und in 15 Minuten gar ziehen lassen. Während des Garens den Topf bis auf einen Spalt breit zudecken. Den Schnittlauch oder die Petersilie waschen, abtropfen lassen, kleinschneiden und vor dem Servieren über die Suppe streuen.

Milzschöberlsuppe

150 g Rindermilz
2 altbackene
 Brötchen
1 Zwiebel
½ Bund Petersilie
3 Eier
50 g Butter
1 Messersp. Pfeffer
½ Teel. Salz
1 Messersp. getrock-
 neter Majoran
1 Teel. Butter
1 Eßl. Mehl
1 l Fleischbrühe

Pro Person etwa:
1340 Joule
320 Kalorien

Backzeit:
30 Minuten

Die Rindermilz waschen und aus der Haut schaben. Die Brötchen in lauwarmem Wasser einweichen. Die Zwiebel schälen und in sehr kleine Würfel schneiden. Die Petersilie waschen, abtropfen lassen und kleinschneiden.
Den Backofen auf 200° vorheizen. Die Eier in Eigelbe und Eiweiße trennen. Die weiche Butter mit den Eigelben, der Milz, den ausgedrückten Brötchen, den Zwiebelwürfeln und der Petersilie mischen. Die Masse mit dem Salz, dem Pfeffer und dem Majoran würzen. Die Eiweiße zu steifem Schnee schlagen und unter die Milzmasse ziehen.
Eine Kastenform mit der Butter ausstreichen und mit dem Mehl ausstreuen. Die Milzmasse in die Form füllen, glattstreichen und auf der mittleren Schiebeleiste 30 Minuten im Backofen backen.
Die Fleischbrühe erhitzen. Die Milzmasse aus der Form stürzen und in etwa 1½ cm große Würfel schneiden. Die heiße Fleischbrühe über die Milzschöberln gießen.

Preiswert

Schwemmklößchen-suppe

⅛ l Milch
1 Eßl. Butter
2 Messersp. Salz
1 Messersp. ge-
 riebene Muskatnuß
75 g Mehl
1 großes Ei oder
 2 kleine Eier
1 l Fleischbrühe
½ Bund Petersilie

Pro Person etwa:
710 Joule
170 Kalorien

Garzeit:
7 Minuten

Die Milch, die Butter, das Salz und den Muskat in einem kleinen Topf erhitzen. Das Mehl auf einmal hineinschütten und so lange rühren, bis sich der Teig als Kloß vom Topfboden löst. Den Topf vom Herd nehmen. Den Teig etwas abkühlen lassen und die Eier nacheinander unter den Teig rühren.
Die Fleischbrühe zum Kochen bringen. Mit 2 angefeuchteten Teelöffeln kleine Klößchen vom Teig abstechen und in die heiße, aber nicht sprudelnd kochende Fleischbrühe legen. Die Klößchen bei milder Hitze in 7 Minuten gar ziehen lassen. Die Petersilie waschen, abtropfen lassen und kleinschneiden. Die Petersilie über die angerichtete Suppe streuen.

Etwas schwierig

Zuppa Pavese
Italienische Brotsuppe

1 l Wasser
4 Eßl. Essig
4 Eier
1 Prise Salz
½ Bund Petersilie
¾ l Fleischbrühe
4 Scheiben Toastbrot
4 Teel. geriebener
 Parmesankäse

Pro Person etwa:
880 Joule
210 Kalorien

Garzeit:
4 Minuten

KLARE SUPPEN

Das Wasser mit dem Essig in einem flachen, weiten Topf zum Kochen bringen. Die Eier nacheinander in eine Tasse schlagen, in das leicht kochende Essigwasser gleiten lassen und in 4 Minuten darin garen. Die Eier dann vom Herd nehmen und heiß halten. Die Petersilie waschen, abtropfen lassen und kleinschneiden. Die Fleischbrühe erhitzen. Die Toastbrote rösten, in Scheiben von der Größe einer Suppentassenöffnung zurecht schneiden und in die Suppentasse legen. Auf jedes Toaststück 1 pochiertes Ei setzen, das Ei salzen und mit der Petersilie bestreuen. Die heiße Fleischbrühe um das Ei gießen und jede Suppenportion mit geriebenem Parmesankäse bestreuen.

Gelingt leicht
Käsebouillon

2 Eier
1 l Fleischbrühe
2 Ecken Schmelzkäse zu je 62 g
½ Bund Schnittlauch oder Petersilie

Pro Person etwa:
710 Joule
170 Kalorien

Garzeit:
15 Minuten

Die Eier hart kochen, kalt abschrecken, schälen und abkühlen lassen. Sie dann in Würfel schneiden. Die Fleischbrühe erhitzen. Den Schmelzkäse in kleine Stückchen schneiden, einen Schöpflöffel von der heißen Fleischbrühe dazugießen und mit dem Schneebesen so lange rühren, bis sich der Käse in der heißen Bouillon aufgelöst hat. Die Käsecreme mit der restlichen heißen Fleischbrühe mischen. Den Schnittlauch oder die Petersilie waschen, abtropfen lassen und kleinschneiden. Die gewürfelten Eier in Suppentassen oder Suppentellern verteilen, mit der Käsebouillon auffüllen und die Suppe mit den Kräutern bestreuen.

Variante
Käsecremesuppe

Aus 1 Eßlöffel Butter und 2 Eßlöffel Mehl eine Einbrenne bereiten und nach und nach mit der heißen Fleischbrühe auffüllen und einige Minuten kochen lassen. Den Schmelzkäse auflösen und in die Suppe rühren. Diese mit 4 Eßlöffel Sahne verfeinern und je nach Geschmack mit frisch gehackten Kräutern bestreuen.

Ideal zum Tiefkühlen
Klare Ochsenschwanzsuppe

Zutaten für 6 Personen:
1 kg Ochsenschwanz
250 g Suppenknochen
2 l Wasser
2 Eßl. Öl
100 g durchwachsener Speck oder Rauchfleisch
1 Zwiebel
2 Möhren
125 g Sellerieknolle
2 Petersilienwurzeln
3 Gewürznelken
1 Zweig frischer oder ½ Teel. getrockneter Thymian
6 Pfefferkörner
1 Lorbeerblatt
1¼ l Wasser
½ l Weißwein
½–1 Teel. Salz
1 Prise Pfeffer
1 Messersp. Cayennepfeffer
⅛ l Madeirawein oder Sherry

Pro Person etwa:
880 Joule
210 Kalorien

Garzeit:
3 Stunden

Den Ochsenschwanz möglichst schon beim Einkaufen in den Gelenken zerteilen lassen. Den Ochsenschwanz und die Knochen waschen. Das Wasser zum Kochen bringen. Den Ochsenschwanz und die Knochen ins kochende Wasser legen und 3 Minuten kräftig kochen lassen. Alles in ein Sieb schütten; das Wasser weggießen, den Ochsenschwanz und die Knochen gründlich kalt waschen. Den Topf ebenfalls gut auswaschen und abtrocknen.
Den Speck in kleine Würfel schneiden. Die Zwiebel waschen – nicht schälen – und halbieren. Die Möhren, den Sellerie und die Petersilienwurzeln schälen, waschen und grob kleinschneiden. Das Öl in dem Topf erhitzen, die Ochsenschwanzteile von allen Seiten darin braun anbraten, den Speck, die Zwiebel und das kleingeschnittene Gemüse zugeben und mit dem Ochsenschwanz braten. Die Knochen, die Gewürze, das Wasser und den Wein hinzufügen und alles im offenen Topf etwa 2½ Stunden kochen lassen. Die Brühe soll nur schwach sprudelnd kochen; sie verdampft dabei um etwa ⅓.
Die Knochen und das Fleisch mit dem Schaumlöffel aus der Brühe heben. Das abgekühlte Fleisch von den Knochen lösen und in Würfel schneiden. Die Brühe durch ein Haarsieb (oder durch ein Tuch) gießen und etwa 15 Minuten abkühlen lassen, damit sich das Fett an der Oberfläche absetzen kann. Das Fett mit einem Eßlöffel weitgehend abschöpfen. Die Brühe mit dem Salz, dem Pfeffer und dem Cayennepfeffer abschmecken und mit dem Madeira oder dem Sherry verfeinern.
Die Brühe noch einmal erhitzen. Das kleingeschnittene Fleisch vom Ochsenschwanz in Suppentassen verteilen und diese mit der heißen Brühe auffüllen.

Dazu schmeckt: frisches Blätterteiggebäck, zum Beispiel Käsestangen

Variante 1
Gebundene Ochsenschwanzsuppe

Für gebundene Ochsenschwanzsuppe bereiten Sie zunächst eine klare Ochsenschwanzsuppe wie im Rezept beschrieben, ersetzen aber den Weißwein (½ l) durch ¼ Liter Rotwein und ¼ Liter Wasser.
Die Knochen und die Ochsenschwanzteile aus der fertigen Suppe heben, das Fleisch von den Knochen lösen und in kleine Würfel schneiden. Die Brühe entfetten und dann durch ein Sieb passieren; also alle weichen Bestandteile durch das Sieb drücken. 2 Eßlöffel Schweineschmalz oder Kokosfett in einer Pfanne erhitzen und 2 gehäufte Eßlöffel Mehl darin unter ständigem Rühren hellbraun braten. Die braune Einbrenne langsam in die durchpassierte Brühe rühren und 2 Minuten unter Rühren schwach kochen lassen. 1 Eßlöffel Tomatenmark in die Suppe rühren. Die gebundene Suppe ebenfalls mit Salz, Pfeffer, Cayennepfeffer und Madeira oder Sherry abschmecken und mit den Fleischwürfeln anreichern.

Variante 2
Mockturtlesuppe
Falsche Schildkrötensuppe

Mockturtlesuppe ist eine klare Ochsenschwanzsuppe, die aber zusätzlich mit den sogenannten Schildkrötenkräutern bereitet wird. Zu den im Rezept genannten Gewürzen noch je 1 Zweig frisches Basilikum, frischen Majoran, Rosmarin und Salbei sowie 3 Korianderkörner und 1 kleines Stück Zitronenschale in der Brühe mitkochen lassen. Sollten die genannten Kräuter nicht frisch zu haben sein, so je 2 Messerspitzen getrocknete Kräuter verwenden.

GEBUNDENE SUPPEN

Wildsuppe

Zutaten für
6 Personen:
1 kg Wildknochen oder Wildgeflügelknochen mit anhaftendem Fleisch, Haut- und Fleischabschnitte und evtl. Innereien
2 Möhren
¼ Sellerieknolle
2 Kartoffeln
2 Eßl. Bratfett
1½ l Wasser
1 Eßl. Korianderkörner
je 1 Teel. getrocknetes Basilikum und Liebstöckel
½ Ingwerwurzel
2 Messersp. Mazispulver
¼ l Rotwein
1 Teel. Salz
1 Teel. Paprikapulver, mild
1 Eßl. Tomatenmark
200 g rohe Bratwürste

Pro Person etwa:
1470 Joule
350 Kalorien

Garzeit:
1½ Stunden

Alle Knochen waschen und zerkleinern. Haut-, Fleischabschnitte und Innereien waschen. Die Möhren, die Sellerieknolle und die Kartoffeln schälen, waschen und grob zerkleinern.
Das Bratfett in einem genügend großen Topf erhitzen und die Knochen- und die Fleischstücke darin von allen Seiten anbraten. Das Gemüse zugeben und mitbraten. Das Wasser über die Zutaten gießen und zum Kochen bringen.
Die Korianderkörner, das Basilikum, das Liebstöckel, die Ingwerwurzel und das Mazispulver in ein Gewürzsäckchen binden und in die Suppe hängen. Die Suppe bei milder Hitze zugedeckt 1½ Stunden kochen lassen, bis sich das Fleisch von den Knochen löst.
Das Gewürzsäckchen entfernen und die Suppe durch ein Haarsieb in einen anderen Topf passieren. Die Suppe mit dem Rotwein, dem Salz, dem Paprikapulver und dem Tomatenmark verrühren.
Die Bratwurstmasse in kleinen Kügelchen aus der Haut in die noch schwach kochende Brühe drücken und 5 Minuten darin ziehen lassen. Das Fleisch von den Knochen lösen, mit den Fleischabschnitten in gleich große Würfel schneiden und in die Suppe geben.

Unsere Tips: Herzhafter wird die Suppe, wenn Sie noch eine Speckschwarte oder Schinkenreste mit auskochen.
Ein Gewürzsäckchen hat nicht jeder greifbar. Nehmen Sie dafür ein Stück Gaze, Mull oder ein dünnes Taschentuch. Die Gewürze darin einbinden und das Ende des Fadens am Henkel des Topfes festbinden.

Variante
Wildbrühe

Wildknochen, Fleischabschnitte, eine Speckschwarte und Schinkenreste mit Suppengrün, aber ohne die Kartoffeln, anbraten, die Gewürze, wie im Rezept beschrieben, zugeben, mit Wasser auffüllen und bei milder Hitze 1½ Stunden kochen lassen. Die Brühe dann durch ein Sieb gießen, nicht passieren. Die Wildbrühe entweder zum Auffüllen von Wildsaucen verwenden oder als klare Wildbrühe mit Einlage als Vorsuppe servieren.

Graupensuppe mit Gemüse

¾ l Wasser
1 Teel. Salz
250 g mageres Suppenfleisch
125 g durchwachsener Speck
1¼ l Wasser
150 g Graupen
3 Möhren
1 Stange Lauch
1 kleines Stück Sellerieknolle
1 Zwiebel
1 Knolle Kohlrabi
2 Kartoffeln
1 Fleischbrühwürfel
1 Prise Salz
1 Bund Petersilie
1 Eßl. Butter

Pro Person etwa:
2180 Joule
520 Kalorien

Garzeit:
2 Stunden

Das Wasser mit dem Salz zum Kochen bringen. Das Fleisch waschen, mit dem Speck in das kochende Wasser geben und im leicht sprudelnden Wasser bei milder Hitze 1½ Stunden kochen lassen. Das Fleisch und den Speck dann aus der Brühe nehmen und in Würfel schneiden. Für die Graupen das Wasser zum Kochen bringen, die Graupen unter Rühren einstreuen und bei milder Hitze 45 Minuten kochen lassen (die Graupen nicht salzen). Die Graupen nach Ende der Garzeit in einem Sieb abtropfen lassen, aber nicht kalt abbrausen. Die Möhren, den Lauch, den Sellerie, die Zwiebel, den Kohlrabi und die Kartoffeln putzen, schälen oder schaben, waschen und in kleine Würfel schneiden. Die Gemüsewürfel mit den Graupen in die Fleischbrühe geben und in etwa 30 Minuten in der leicht kochenden Brühe garen.
Die Suppe mit dem Fleischbrühwürfel und etwas Salz abschmecken. Die Petersilie waschen, abtropfen lassen und kleinschneiden und mit der Butter und den Fleisch- und Speckwürfeln in die Suppe geben.

Italienische Reissuppe

3 Eßl. roher Reis
1 kleine Zwiebel
3 Stangen Staudensellerie
1 Eßl. Öl
1 l Fleischbrühe
4 Eßl. geriebener Parmesankäse

Pro Person etwa:
800 Joule
190 Kalorien

Garzeit:
40 Minuten

Den Reis kalt waschen und abtropfen lassen. Die Zwiebel schälen und würfeln. Den Stangensellerie putzen, waschen und in Scheiben schneiden. Das Öl in einem großen Topf erhitzen und den Reis mit den Zwiebelwürfeln und den Selleriescheiben darin anbraten, bis die Zwiebeln glasig sind. Dabei ständig umrühren; es dauert ungefähr 10 Minuten.
Die Fleischbrühe zum Reis gießen und alles zugedeckt bei milder Hitze in weiteren 30 Minuten garen. Die Suppe anrichten und jede Portion mit Parmesankäse bestreuen.

Preiswert
Haferflockensuppe

1 kleine Zwiebel
1 Bund Suppengrün
1 Eßl. Butter
70 g feine Haferflocken
1 l Fleischbrühe
1 Prise Salz
½ Bund Schnittlauch

Pro Person etwa:
670 Joule
160 Kalorien

Garzeit:
15 Minuten

Die Zwiebel schälen und kleinwürfeln. Das Suppengrün putzen, waschen und ebenfalls in kleine Stücke schneiden. Die Butter zerlassen, die Zwiebelwürfel und das Suppengrün unter Rühren darin anbraten. Die Haferflocken zugeben und ebenfalls unter Rühren anbraten. Nach und nach mit der Fleischbrühe auffüllen, unter ständigem Rühren zum Kochen bringen und bei sehr milder Hitze 10 Minuten quellen lassen. Die Suppe mit dem Salz abschmecken. Den Schnittlauch waschen, kleinschneiden und über die Suppe streuen.

Unsere Tips: Soll die Haferflockensuppe als Krankenkost gereicht werden, streicht man sie vor dem Abschmecken durch ein Passiersieb.
Für die täglichen Mahlzeiten kann man die Suppe durch Speckwürfel anreichern, die man mit der Zwiebel anbrät.

GEBUNDENE SUPPEN · MINESTRONE

Preiswert
Haferschleimsuppe

80 g Haferflocken
1 l Gemüsebrühe
¼ Teel. Salz
1 Prise Pfeffer
1 Eßl. Butter
½ Bund Schnittlauch

Pro Person etwa:
500 Joule
120 Kalorien

Garzeit:
20 Minuten

Die Haferflocken in die kalte Gemüsebrühe rühren, unter Rühren zum Kochen bringen und zugedeckt bei milder Hitze 20 Minuten kochen lassen. Die Suppe durch ein Haarsieb passieren und mit dem Salz und dem Pfeffer würzen. Die Butter in der heißen Suppe zerlassen. Den Schnittlauch waschen, abtropfen lassen, kleinschneiden und vor dem Servieren über die Suppe streuen.

Preiswert
Geröstete Grießsuppe

1 kleine Zwiebel
1 Bund Suppengrün
1 Eßl. Butter
60 g Grieß
1 l Fleischbrühe
4 Eßl. Sahne
½ Bund Petersilie
je 1 Prise Salz und Pfeffer

Pro Person etwa:
750 Joule
180 Kalorien

Garzeit:
20 Minuten

Die Zwiebel schälen und feinwürfeln. Das Suppengrün waschen, putzen und fein schneiden. Die Butter zerlassen, die Zwiebelwürfel und das kleingeschnittene Suppengrün darin anbraten. Den Grieß einstreuen und unter Rühren goldgelb braten. Nach und nach mit der Fleischbrühe auffüllen und unter Rühren zum Kochen bringen. Die Suppe dann bei sehr milder Hitze 15 Minuten quellen lassen. Die Sahne in die Suppe rühren. Die Petersilie waschen, abtropfen lassen und kleinschneiden. Die Suppe mit Salz und Pfeffer abschmecken und mit der Petersilie bestreuen.

Unser Tip: Soll die Suppe kräftiger werden, brät man zunächst mit dem Gemüse 100 g gewürfelten, durchwachsenen Speck in der Butter aus. Man kann auch anstelle von Sahne Sauerrahm verwenden, die Suppe erhält dann eine pikante Geschmacksnote.

Raffiniert
Feine Currysuppe

2 Zwiebeln
1 Apfel
1 Eßl. Butter
2 Eßl. Mehl
2 Teel. Currypulver
1 Messersp. Zucker
¾ l Fleischbrühe
⅛ l Sahne
4 Messersp. Currypulver

Pro Person etwa:
840 Joule
200 Kalorien

Garzeit:
15 Minuten

Die Zwiebeln schälen und in feine Ringe schneiden. Den Apfel waschen, abtrocknen, vierteln, vom Kerngehäuse befreien und die Apfelviertel mit der Schale raspeln. Die Butter in einem Suppentopf zerlassen; die Zwiebelringe und die Apfelraspel darin anbraten. Das Mehl über die Zwiebelringe und Apfelraspel stäuben, kurz mitbraten, das Currypulver und den Zucker zufügen und nach und nach mit der Fleischbrühe aufgießen. Die Suppe zugedeckt bei milder Hitze 10 Minuten kochen lassen. Die Sahne steif schlagen. Die Suppe anrichten und jede Portion mit einer Sahnehaube garnieren. Die Sahne mit dem Currypulver bestreuen.

Grundrezept
Gebundene Gemüsesuppe

2 Möhren
¼ Sellerieknolle
125 g grüne Bohnen
1 kleine Stange Lauch
1 kleine Zwiebel
2 Kartoffeln
2 Eßl. Butter
1 leicht gehäufter Eßl. Mehl
1¼ l Fleischbrühe
2 Messersp. Salz
1 Messersp. Pfeffer
1 Messersp. getrockneter Majoran
oder 1 Zweig frisches Bohnenkraut
½ Bund Petersilie, Schnittlauch, Dill oder Liebstöckel

Pro Person etwa:
750 Joule
180 Kalorien

Garzeit:
35 Minuten

Die Karotten schaben, waschen und in Scheiben oder Würfel schneiden. Die Sellerieknolle schälen, gründlich waschen und in kleine Würfel schneiden. Die Bohnen waschen, das Stielende abschneiden, die Bohnen eventuell entfädeln und in Stücke brechen oder schneiden. Den Lauch längs halbieren, gründlich kalt waschen und die Lauchhälften in Scheibchen schneiden. Die Zwiebel schälen und kleinwürfeln. Die Kartoffeln schälen, waschen und in Würfel schneiden. Die Butter in einem großen Topf zerlassen und das kleingeschnittene Gemüse bis auf die Kartoffeln unter ständigem Rühren darin anbraten. Die Fleischbrühe in einem anderen Topf erhitzen.
Das Mehl gleichmäßig über das Gemüse stäuben und durch Umrühren mit dem Gemüse mischen. Nach und nach die heiße Fleischbrühe zum Gemüse gießen und weiterrühren, bis die Suppe kocht. Sie ist jetzt leicht gebunden. Die Kartoffelwürfel in die Suppe geben und diese zugedeckt bei milder Hitze 20–25 Minuten kochen lassen. Dabei ab und zu umrühren. Die Suppe zuletzt mit dem Salz, dem Pfeffer, dem Majoran oder dem kleingeschnittenen Bohnenkraut abschmecken. Die Kräuter waschen, abtropfen lassen, kleinschneiden und über die angerichtete Suppe streuen.

Variante
Klare Gemüsesuppe

Das kleingeschnittene Gemüse – ohne die Kartoffelwürfel – im heißen Fett anbraten, mit der heißen Fleischbrühe auffüllen, zum Kochen bringen, die Kartoffelwürfel zugeben und die Gemüsesuppe wie im Rezept beschrieben garen.

Raffiniert
Minestrone
Italienische Gemüsesuppe

Bild Seite 26/27

50 g durchwachsener Speck
2 Möhren
¼ Sellerieknolle
150 g grüne Bohnen
1 Zwiebel
1 Messersp. getrockneter Oregano
1 l Fleischbrühe
100 g Reis
½ Teel. Salz
4 Tomaten
4 Eßl. geriebener Parmesankäse

Pro Person etwa:
1080 Joule
255 Kalorien

Garzeit:
40 Minuten

Den Speck würfeln. Die Möhren und den Sellerie schaben oder schälen und waschen. Die Möhren in Scheiben, den Sellerie in dünne Stifte schneiden. Die Bohnen putzen, waschen und in Stücke brechen. Die Zwiebel schälen und in Ringe schneiden.
Den Speck in einem Suppentopf aus-

GEMÜSESUPPEN

braten, das vorbereitete Gemüse zugeben und unter Umwenden 5 Minuten im Speckfett anbraten. Den Oregano und die Fleischbrühe zugeben und die Suppe zugedeckt bei milder Hitze 40 Minuten kochen lassen.
Den Reis waschen, in 1 Liter Salzwasser zum Kochen bringen und bei milder Hitze 20 Minuten quellen lassen.
Die Tomaten häuten, entkernen und würfeln. Die Tomatenwürfel während der letzten 5 Minuten mit dem Gemüse garen. Den Reis in einem Sieb kalt abbrausen, abtropfen lassen und in der Gemüsesuppe wieder erhitzen. Die Suppe, wenn nötig, noch mit etwas Salz abschmecken. Den geriebenen Käse gesondert dazu reichen.

Legierte Lauchsuppe

375 g Lauch
1 Eßl. Butter
1 gehäufter Eßl. Mehl
1 l Fleischbrühe oder Wasser
1 Messersp. geriebene Muskatnuß
1 Prise Salz
3 Eßl. saure Sahne
1 Eigelb
½ Bund Petersilie

Pro Person etwa:
630 Joule
150 Kalorien

Garzeit:
20 Minuten

Den Lauch längs halbieren, gründlich kalt waschen, und die Lauchhälften in feine Scheiben schneiden. Die Butter in einem großen Topf erhitzen, die Lauchstückchen darin anbraten, das Mehl darüberstäuben, gut verrühren und nach und nach mit etwas Fleischbrühe oder Wasser aufgießen. Alles unter Rühren zum Kochen bringen und bei milder Hitze zugedeckt 15 Minuten kochen lassen.
Die restliche Fleischbrühe zum Lauch rühren und einmal aufkochen lassen. Die Suppe mit dem Muskat und, wenn nötig, noch mit Salz abschmecken. Die saure Sahne mit dem Eigelb verquirlen. Einige Eßlöffel heiße Suppe zum Sahne-Eigelb-Gemisch geben. Die Suppe vom Herd ziehen und das Gemisch einrühren. Die Suppe danach nicht mehr kochen lassen. Die Petersilie waschen, abtropfen lassen, kleinschneiden und über die Suppe streuen.

Variante
Pariser Lauchsuppe

Eine große Kartoffel schälen, waschen, in kleine Würfel schneiden und diese mit dem Lauch anbraten. Die Suppe dann weiter wie im Rezept beschrieben fertigstellen.

Käsecreme-Lauchsuppe

Zutaten für 6 Personen:
4 Stangen Lauch
2 Zwiebeln
2 Eßl. Butter
2 Ecken Schmelzkäse (60 %)
100 g gekochter Schinken
1 Teel. gekörnte Brühe
⅛ l Weißwein
½ Teel. Zucker
1½ Eßl. Mehl
⅛ l Sahne
4 Eßl. geriebener Parmesankäse

Pro Person etwa:
1300 Joule
310 Kalorien

Garzeit:
30 Minuten

Den Lauch längs halbieren, gründlich kalt waschen und in etwa 2 cm dicke Stücke schneiden. Die Zwiebeln schälen und würfeln. Die Butter in einem Suppentopf zerlassen, die Lauchstücke und die Zwiebelwürfel unter Umwenden darin glasig braten. 1 Liter Wasser zum Gemüse gießen, zum Kochen bringen und zugedeckt bei milder Hitze gut 20 Minuten kochen lassen. Den Schmelzkäse in Flöckchen schneiden. Den Schinken in feine Streifen schneiden. Die gekörnte Brühe, den Weißwein und den Zucker in die Suppe rühren. Das Mehl mit etwa 4 Eßlöffel kaltem Wasser anrühren, in die leicht kochende Suppe gießen und so lange rühren, bis die Suppe beginnt dick zu werden. Den Schmelzkäse ebenfalls unter die Suppe rühren. Die Schinkenstreifen und die Sahne unter die Suppe mischen und die Suppe noch einmal gut erhitzen, aber nicht mehr kochen lassen. Die Suppe anrichten und jede Portion mit geriebenem Parmesankäse bestreuen.

Ungarische Paprikasuppe

3 grüne Paprikaschoten
100 g durchwachsener Speck
5 mittelgroße Zwiebeln
3 Kartoffeln
1 Eßl. Schweineschmalz oder Öl
1¼ l Fleischbrühe
4 Tomaten
½ Tasse saure Sahne
1 Teel. Paprikapulver, scharf
¼ Teel. getrockneter Majoran

Pro Person etwa:
1670 Joule
400 Kalorien

Garzeit:
30 Minuten

Die Paprikaschoten halbieren, von Rippen und Kernen befreien, waschen, abtropfen und in Streifen schneiden. Den Speck in kleine Würfel schneiden. Die Zwiebeln schälen, in Ringe schneiden und die Ringe halbieren. Die Kartoffeln schälen, waschen und würfeln.
Das Schweineschmalz oder das Öl in einem großen Topf erhitzen und die Speckwürfel darin ausbraten. Die Paprikastreifen, die Zwiebelringe und die Kartoffelwürfel zugeben, unter Rühren anbraten und nach und nach mit der Fleischbrühe aufgießen. Alles zum Kochen bringen und die Suppe zugedeckt bei milder Hitze 20 Minuten kochen lassen.
Die Tomaten häuten, würfeln und 10 Minuten in der Suppe kochen lassen. Die saure Sahne mit dem Paprikapulver und dem Majoran in die Suppe rühren.

Dazu schmecken: frische Bauernbrotschnitten oder knusprig gebackene Roggenbrötchen

Blumenkohlcremesuppe

Bild Seite 45

500 g Blumenkohl
½ l Wasser
¼ l Milch
2 Eigelbe
⅛ l Sahne
½ Teel. Salz
je 1 Prise geriebene Muskatnuß und Pfeffer
½ Bund Dill oder Petersilie

Pro Person etwa:
800 Joule
190 Kalorien

Garzeit:
30 Minuten

Den Blumenkohl in Röschen zerteilen und kalt waschen. Das Wasser zum Kochen bringen, die Blumenkohlröschen hineingeben und zugedeckt bei milder Hitze 30 Minuten kochen lassen. Den Blumenkohl mit der Kochbrühe durch ein Sieb passieren oder im Mixer pürieren. Das Püree mit der Milch verrühren und zugedeckt bei milder Hitze noch einmal gut erwärmen.
Die Eigelbe mit der Sahne, dem Salz, dem Muskat und dem Pfeffer verquirlen. Einige Eßlöffel heiße Suppe unter das Eigelb-Sahne-Gemisch rühren und die Mischung unter die Suppe ziehen. Den Dill oder die Petersilie waschen, abtropfen lassen und kleinschneiden. Dann die Kräuter über die Suppe streuen und diese gleich servieren.

GEMÜSESUPPEN

Preiswert
Selleriecremesuppe

1 kleine Sellerie-
  knolle von 500 g
1¼ l Fleischbrühe
1 Eßl. Butter
je 1 Messersp. Salz
  und Pfeffer
2 Eßl. Mehl
4 Eßl. saure Sahne

Pro Person etwa:
630 Joule
150 Kalorien

Garzeit:
30 Minuten

Von der Sellerieknolle die grünen Blätter abschneiden, waschen, abtropfen lassen und kleinschneiden. Das Selleriegrün zugedeckt aufbewahren. Die Sellerieknolle schälen, gründlich waschen, in Scheiben schneiden und die Scheiben kleinwürfeln. Die Fleischbrühe erhitzen. Die Butter in einem großen Topf zerlassen, die Selleriewürfel kurz darin anbraten und mit einem Teil der heißen Fleischbrühe aufgießen. Die Selleriewürfel zugedeckt bei milder Hitze in 20 Minuten weich kochen.
Die Selleriewürfel dann im Mixer pürieren oder durch ein Sieb passieren. Das Püree mit der restlichen heißen Fleischbrühe verrühren und die Suppe mit Salz und Pfeffer abschmecken. Das Mehl mit der sauren Sahne verquirlen, in die Suppe rühren, zum Kochen bringen und zugedeckt 5 Minuten bei milder Hitze kochen lassen und mit Selleriegrün bestreuen.

Schtschi
Russische Sauerkrautsuppe

500 g Sauerkraut
1 Möhre
1 Zwiebel
2 Eßl. Öl
1 l Fleischbrühe
300 g gekochtes
  Suppenfleisch
100 g geräucherter
  durchwachsener
  Speck

je 1 Prise schwarzer
  Pfeffer und Zucker
100 g saure Sahne

Pro Person etwa:
1930 Joule
460 Kalorien

Garzeit:
40 Minuten

Das Sauerkraut kleinhacken. Die Möhre schaben, waschen und in kleine Würfel schneiden. Die Zwiebel schälen und würfeln. Das Öl in einem Suppentopf erhitzen und die Möhren- und Zwiebelwürfel darin unter Umwenden anbraten. Das Sauerkraut zugeben, kurz mitbraten und mit der Fleischbrühe auffüllen. Die Suppe 40 Minuten kochen lassen.
Das Suppenfleisch und den Speck in Würfel schneiden und in die Suppe geben, mit Pfeffer und Zucker abschmecken, anrichten und mit der sauren Sahne garnieren.

Brüsseler Chicoréesuppe

500 g Chicorée
2 Zwiebeln
1 l Fleischbrühe
1 Bund Petersilie
50 g durchwach-
  sener Speck
3 Eßl. Mehl
je 1 Messersp. Salz,
  Pfeffer und gerie-
  bene Muskatnuß

Pro Person etwa:
750 Joule
180 Kalorien

Garzeit:
15 Minuten

Die schlechten Blätter der Chicorée-stauden entfernen und den bitteren Strunk am Ende keilförmig herausschneiden. Die Stauden waschen und in Streifen schneiden. Die Zwiebeln schälen und würfeln. Die Fleischbrühe erhitzen. Die Petersilie waschen, abtropfen lassen und kleinschneiden. Den Speck in Würfel schneiden.
Die Speckwürfel in einem Suppentopf ausbraten, die Zwiebelwürfel zugeben und glasig braten. Die Chicoréestreifen zufügen und ebenfalls anbraten. Das Mehl über den Chicorée stäuben, unterrühren, aber nicht bräunen lassen. Nach und nach mit der Fleischbrühe aufgießen und die Suppe zugedeckt bei milder Hitze 10 Minuten kochen lassen. Die Suppe mit dem Salz, dem Pfeffer und dem Muskat abschmecken und mit der sauren Sahne verrühren. Die Suppe anrichten und mit der Petersilie bestreuen.

Eine »soupe à l'oignon« ist die Spezialität vieler Restaurants und kleiner Bistros. Zwischen Mitternacht und Morgengrauen – so meinen die Pariser – schmecke sie am besten.

Französische Zwiebelsuppe

400 g Zwiebeln
1½ Eßl. Butter
1 l Fleischbrühe
1 Tasse Weißwein
50 g geriebener Käse
4 Scheiben Stangen-
  weißbrot

Pro Person etwa:
1210 Joule
290 Kalorien

Garzeit:
30 Minuten

Zeit zum
Überbacken:
5 Minuten

Die Zwiebeln schälen und in Ringe schneiden. Die Butter in einem Suppentopf zerlassen und die Zwiebelringe unter ständigem Wenden darin goldgelb braten – etwa 20 Minuten. Die Fleischbrühe erhitzen, über die Zwiebelringe gießen und 10 Minuten bei milder Hitze kochen lassen. Den Backofen auf 200° vorheizen oder den Elektrogrill einschalten. Den Käse auf den Weißbrotscheiben verteilen. Die Brote auf der obersten Schiebeleiste im Backofen oder im Grill überbacken, bis der Käse goldgelb geworden ist. Die Suppe mit dem Weißwein verfeinern, in Suppentassen anrichten und auf jede Portion ein gegrilltes Käsebrot legen.

Gelingt leicht
Tomatencremesuppe

1 kg Tomaten
1 Zwiebel
1 Knoblauchzehe
3 Eßl. Olivenöl
½ Teel. Salz
1 Messersp.
  schwarzer Pfeffer
1 Prise Zucker
1 Prise Rosmarin-
  pulver

⅜ l Fleischbrühe
4 Eßl. saure Sahne

Pro Person etwa:
880 Joule
210 Kalorien

Garzeit:
25 Minuten

Die Tomaten waschen und kleinschneiden. Die Zwiebel und die Knoblauchzehe schälen und in kleine Würfel schneiden. Das Öl in einem großen Topf erhitzen und die Zwiebelwürfel und die Knoblauchwürfel darin glasig braten. Die Tomatenstücke, das Salz, den Pfeffer, den Zucker und das Rosmarinpulver unterrühren und alles zugedeckt 20 Minuten bei milder Hitze kochen lassen. Die Fleischbrühe zum Kochen bringen, zu den Tomaten rühren und weitere 5 Minuten kochen lassen. Die Suppe durch ein Sieb passieren, nochmal erhitzen und mit der sauren Sahne verrühren.

Tomatensuppe mit Apfelsaft

500 g Tomaten
½ Zwiebel
1 Eßl. Öl
1 kleine Dose
  Tomatenmark
je 2 Messersp.
  getrockneter
  Oregano und
  Zucker
¾ l Fleischbrühe
½ Tasse Apfelsaft

1 Eßl. Mehl
einige Tropfen
  Tabascosauce
½ Teel. Salz
4 Eßl. Sahne

Pro Person etwa:
710 Joule
170 Kalorien

Garzeit:
25 Minuten

GEMÜSESUPPEN

Die Tomaten waschen, abtrocknen und in Stücke schneiden. Die Zwiebel schälen und in kleine Würfel schneiden. Das Öl erhitzen und die Zwiebelwürfel darin glasig braten. Die Tomatenstücke, das Tomatenmark, den Oregano, den Zucker und die Fleischbrühe hinzufügen, zum Kochen bringen und bei milder Hitze 20 Minuten kochen lassen. Den Apfelsaft mit dem Mehl verrühren.
Die Suppe durch ein Sieb passieren. Das angerührte Mehl in die Suppe gießen und unter Rühren einige Male aufkochen lassen. Die Suppe mit der Tabascosauce und dem Salz abschmecken und in Suppentassen oder Suppentellern anrichten. Auf jede Portion einen Eßlöffel Sahne geben.

Schnelle Spinatsuppe

2 Zwiebeln
60 g Edamer Käse im Stück
3/8 l Fleischbrühe
1/2 Bund Petersilie
2 Eßl. Butter
2 Eßl. Mehl
300 g tiefgefrorener Spinat
1/2 Teel. Salz
je 1 Messersp. Pfeffer und geriebene Muskatnuß

Pro Person:
800 Joule
190 Kalorien

Garzeit:
25 Minuten

Die Zwiebeln schälen und in kleine Würfel schneiden. Den Käse reiben. Die Fleischbrühe zum Kochen bringen. Die Petersilie waschen, abtropfen lassen, kleinschneiden und zugedeckt beiseite stellen. Die Butter in einem Topf zerlassen und die Zwiebelwürfel darin glasig braten. Das Mehl über die Zwiebelwürfel stäuben, unter Rühren hellgelb braten und mit der heißen Fleischbrühe auffüllen. Den tiefgefrorenen Spinat kalt in die Brühe legen und zugedeckt bei milder Hitze auftauen lassen und erwärmen. Wenn der Spinat aufgetaut ist, alles verrühren, den geriebenen Käse, das Salz, den Pfeffer und die Muskatnuß untermischen und die Petersilie über die Suppe streuen.

Spargelcremesuppe

1 kg Suppenspargel
1 l Hühnerbrühe
3 Eßl. Butter
4 Eßl. Mehl
2 Eigelbe
1/8 l Sahne
1/2 Tasse Weißwein
je 1 Prise Salz und weißer Pfeffer

Pro Person etwa:
1470 Joule
350 Kalorien

Garzeit:
45 Minuten

Die Spargelköpfe in etwa 5 cm Länge abschneiden. Die Spargelstangen schälen und die holzigen Enden abschneiden. Die Hühnerbrühe zum Kochen bringen, die Spargelköpfe darin zugedeckt 10–15 Minuten bei milder Hitze kochen lassen, mit einem Schaumlöffel herausheben und abtropfen lassen. Den restlichen Spargel in etwa 4 cm lange Stücke schneiden und in der Hühnerbrühe 25–30 Minuten kochen lassen. Den Spargel mit der Hühnerbrühe durch ein Sieb passieren.
Die Butter in einem Topf zerlassen und das Mehl darin unter ständigem Rühren hellgelb anbraten. Nach und nach mit der passierten Spargelsuppe auffüllen und unter ständigem Rühren 5 Minuten leicht kochen lassen.
Die Eigelbe mit der Sahne verquirlen, einige Eßlöffel der heißen Suppe in das Sahnegemisch rühren. Die Suppe vom Herd ziehen und die Mischung unter die Spargelsuppe ziehen. Den Weißwein zugießen, die Suppe mit dem Salz und dem Pfeffer abschmecken und die Spargelköpfe in die Suppe geben. Die Suppe bei milder Hitze noch einmal erwärmen, aber nicht mehr kochen lassen.

Eine köstliche Suppe! Die Zutaten wie süße Sahne, Ananas und Kräuter lassen den mildwürzigen Geschmack ahnen.

Spargelsuppe auf kalifornische Art

1 kg Spargel
1 Eßl. Zitronensaft
1 l Wasser
je 1/2 Teel. Salz und Zucker
1 Eßl. Butter
1 gehäufter Eßl. Mehl
je 1 Messersp. Salz und weißer Pfeffer
1 Tasse Ananasraspel aus der Dose
2 Eigelbe
4 Eßl. Sahne
2 Eßl. kleingeschnittene frische Kräuter wie Petersilie, Kerbel und Estragon

Pro Person etwa:
840 Joule
200 Kalorien

Garzeit:
30 Minuten

Von den Spargelstangen die Köpfe etwa in 5 cm Länge abschneiden. Die Spargelspitzen in eine Schüssel geben, mit dem Zitronensaft beträufeln und zugedeckt aufbewahren. Die Spargelstangen schälen und in kleine Stücke schneiden; zuvor die holzigen Enden entfernen. Das Wasser mit dem Salz und dem Zucker erhitzen, die Spargelstücke zugeben und bei milder Hitze 25 Minuten kochen lassen. Den Spargel dann in ein Sieb schütten und den Kochsud auffangen.
Die Butter in einem großen Topf zerlassen, das Mehl hineinstäuben und unter Rühren hellgelb anbraten. Nach und nach mit dem Spargelkochwasser aufgießen und unter Rühren einige Male kräftig aufkochen lassen. Die Suppe mit dem Salz und dem Pfeffer abschmecken. Die Spargelspitzen in die Suppe geben und 5 Minuten darin ziehen, aber nicht kochen lassen.
Die Ananasraspel in einem Sieb abtropfen lassen. Die Eigelbe mit der Sahne verrühren und etwas heiße Suppe zu dem Eigelbgemisch geben. Die Suppe vom Herd ziehen und das Sahnegemisch unter die Suppe mengen. Die Spargelstücke und die Ananasraspel in die Suppe geben und diese noch einmal gut erwärmen. Die Suppe vor dem Servieren mit den Kräutern bestreuen.

Münchner Kräutlsuppe
Kerbelsuppe

2 Bund Kerbel
2 Eßl. Butter
3 Eßl. Mehl
5/8 l Fleischbrühe
1/4 l Milch
je 1 Prise Salz und weißer Pfeffer
1/8 l Sahne
1 Eigelb

Pro Person etwa:
1090 Joule
260 Kalorien

Garzeit:
15 Minuten

Den Kerbel kalt waschen und gut abtropfen lassen. Die Kerbelblättchen feinwiegen und zugedeckt aufbewahren. Die Kerbelstengel kleinschneiden. Die Butter in einem Suppentopf zerlassen, das Mehl hineinstäuben und unter Rühren hellgelb braten. Die zerschnittenen Kerbelstengel zugeben, ebenfalls kurz anbraten und nach und nach mit der Fleischbrühe aufgießen. Die Suppe unter Rühren etwa 10 Minuten leicht kochen lassen.
Die Suppe dann durch ein Sieb passieren und mit der Milch, dem Salz und dem Pfeffer erhitzen. Die Suppe noch einmal erhitzen. Die Sahne mit dem Eigelb verquirlen und einige Eßlöffel der heißen Suppe unterrühren. Die Suppe vom Herd nehmen und das Sahnegemisch unter die Suppe ziehen. Die Suppe noch einmal erwärmen, aber nicht mehr kochen lassen. Die kleingeschnittenen Kerbelblättchen zuletzt unter die Suppe rühren.

GEMÜSESUPPEN · SUPPEN MIT HÜLSENFRÜCHTEN

Raffiniert
Pilzcremesuppe

500 g Steinpilze, Wiesenchampignons oder junge Maronenpilze	Pro Person etwa: 630 Joule 150 Kalorien
1 große Zwiebel	
1 Eßl. Butter	Garzeit:
1 l Fleischbrühe	Für Steinpilze: 20 Minuten
1 Bund Petersilie	
2 Eigelbe	Für Wiesenchampignons: 15 Minuten
3 Eßl. saure Sahne	
½ Tasse Weißwein	
1 Messersp. Salz	Für junge Maronenpilze: 25 Minuten

Die Pilze gründlich putzen, wenn nötig, die Stiele etwas kürzen, waschen, abtropfen lassen und in Stücke schneiden. Die Zwiebel schälen und kleinwürfeln. Die Butter zerlassen und die Zwiebelwürfel darin glasig braten. Die Pilze mit Fleischbrühe bedeckt garen und pürieren, daß eine sämige Flüssigkeit entsteht. Die pürierten Pilze zu den angebratenen Zwiebelwürfeln geben und mit der restlichen Fleischbrühe auffüllen. Die Suppe bei milder Hitze zugedeckt 15–25 Minuten kochen lassen; dabei öfter umrühren. Die Petersilie waschen, abtropfen lassen und kleinschneiden. Die Eigelbe mit der sauren Sahne, dem Weißwein und dem Salz verquirlen. Die Suppe vom Herd nehmen, das Eigelbgemisch in die Suppe rühren und die Suppe noch einmal abschmecken. Die Petersilie über die Suppe streuen.

Raffiniert
Avocadosuppe

1 kleine Zwiebel	Pro Person etwa:
1 Eßl. Butter	1420 Joule
1 gehäufter Eßl. Mehl	340 Kalorien
1 l Fleischbrühe	Garzeit:
2 sehr reife Avocados	15 Minuten
2 Messersp. Salz	
2 Messersp. Pfeffer	
2 Eßl. Sahne	

Die Zwiebel schälen und kleinwürfeln. Die Butter zerlassen und die Zwiebelwürfel unter Rühren darin glasig braten. Das Mehl über die Zwiebel stäuben und unter Rühren so lange braten, bis es goldgelb ist. Nach und nach mit der Fleischbrühe auffüllen und die Suppe unter Rühren zum Kochen bringen. Die Suppe bei sehr milder Hitze 10 Minuten zugedeckt schwach kochen lassen.
Die Avocados schälen, halbieren, die Steine auslösen und das Fruchtfleisch mit einer Gabel zerdrücken. Etwas von der heißen Suppe zu den zerdrückten Avocados geben und cremig rühren. Die Suppe vom Herd nehmen und die Avocadocreme in die Suppe mischen. Die Suppe mit dem Salz und dem Pfeffer abschmecken und mit der Sahne verfeinern.

Raffiniert
Kastaniensuppe

250 g Kastanien	Pro Person etwa:
2 Eßl. Butter	1090 Joule
1 l Fleischbrühe	260 Kalorien
1 Eigelb	
2 Eßl. Sahne	Garzeit:
2 Messersp. Salz	30 Minuten
1 Prise geriebene Muskatnuß	

Den Backofen auf 200° vorheizen. Die Kastanien am spitzen Ende kreuzweise einschneiden und auf dem Backblech so lange im heißen Backofen rösten, bis die Schalen platzen; das dauert etwa 20 Minuten. Die Kastanien dann schälen.
Die Butter in einem Topf zerlassen, die Kastanien zugeben und unter Rühren hellgelb anbraten. ¼ Liter der Fleischbrühe zu den Kastanien gießen und die Kastanien zugedeckt bei milder Hitze 30 Minuten kochen lassen. Die Kastanien dann im Mixer pürieren oder mit einer Gabel zerdrücken. Den Kastanienbrei in den Topf geben, die übrige Fleischbrühe zugießen und alles unter Rühren einmal aufkochen lassen. Das Eigelb und die Sahne verquirlen. Die Suppe vom Herd nehmen. 3–4 Eßlöffel der Suppe in das Eigelb-Sahne-Gemisch geben und dieses unter die Suppe rühren. Die Suppe mit Salz und Muskat abschmecken.

Dazu schmecken: in Butter geröstete Weißbrotwürfel

Unsere Tips: Nicht alle Sorten der Eßkastanie sind in der angegebenen Zeit butterweich gekocht; eventuell die Garzeit verlängern.
Die Kastaniensuppe schmeckt besonders, wenn man Wildbrühe verwendet und geschnittenes Wildfleisch zugibt.

Ideal zum Tiefkühlen
Erbsensuppe nach Großmutter Art

350 g getrocknete grüne Erbsen	2 Scheiben Weißbrot 2 Eßl. Butter
2 l Wasser	Schnittlauch
1 Schinkenknochen	
1 Zwiebel	Pro Person etwa:
1 Bund Suppengrün	2850 Joule
½ Teel. Salz	680 Kalorien
1 Messersp. weißer Pfeffer	
½ Teel. getrockneter Majoran	Zeit zum Einweichen: 12 Stunden
4 geräucherte Kochwürstchen zu je 100 g	Garzeit: 2 Stunden

Die Erbsen 12 Stunden in dem Wasser einweichen. Die Erbsen dann mit dem Einweichwasser und dem Schinkenknochen zum Kochen bringen. Alles sollte von Wasser bedeckt sein; nötigenfalls noch etwas Wasser zugeben. Die Kochbrühe mehrmals abschäumen. Die Zwiebel schälen und würfeln. Das Suppengrün putzen, waschen und kleinschneiden. Die Zwiebelwürfel, das Suppengrün, das Salz, den Pfeffer und den Majoran in die Suppe geben, den Topf bis auf einen Spalt breit zudecken und die Suppe 2 Stunden bei milder Hitze kochen lassen.
Die Suppe durch ein Sieb passieren und erneut erhitzen. Die Kochwürstchen in der Suppe heiß werden lassen. Das Weißbrot würfeln und in der Butter goldbraun braten. Die Suppe mit den aufgeschnittenen Würsten und den Brotbröckchen servieren. Zuvor den gewaschenen und kleingeschnittenen Schnittlauch darüberstreuen.

Ideal zum Tiefkühlen
Linsensuppe

250 g Linsen	Pro Person etwa:
1½ l Wasser	2680 Joule
250 g durchwachsener Speck	640 Kalorien
1 Zwiebel	Zeit zum
1 kleine Möhre	Einweichen:
1 Stück Sellerieknolle	12 Stunden
1 Kartoffel	
1 Teel. Butter	Garzeit:
2 Messersp. Salz	2 Stunden
1 Prise Pfeffer	
1–2 Eßl. Weinessig oder 4–5 Eßl. Rotwein	

KARTOFFELSUPPEN · GULASCHSUPPE

Die Linsen in einem Sieb kalt abbrausen, abtropfen lassen, in einen Topf schütten, mit dem Wasser übergießen und 12 Stunden einweichen.
Die Linsen mit dem Einweichwasser zum Kochen bringen, mehrmals abschäumen und 2 Stunden kochen lassen. Den Topf dabei bis auf einen Spalt breit zudecken.
Den Speck in Würfel schneiden. Die Zwiebel schälen und ebenfalls würfeln. Die Sellerieknolle und die Kartoffel schälen, waschen und würfeln. Die Butter erhitzen und die Speckwürfel darin ausbraten. Die Gemüsewürfel zugeben, alles unter Umwenden kurz anbraten und 30 Minuten vor Ende der Garzeit zu den Linsen schütten.
Wenn die Linsen weich sind, die Suppe mit dem Salz, dem Pfeffer, dem Essig oder dem Rotwein abschmecken.

Unser Tip: Versuchen Sie die Linsensuppe auch einmal nach der norddeutschen Geschmacksrichtung. Ersetzen Sie das Einweichwasser zur Hälfte durch Rotwein und schmecken Sie die Suppe zuletzt mit etwas Zucker und Zitronensaft süßsauer ab.

Variante
Bohnensuppe

Weiße oder rote Bohnenkerne statt der Linsen wie im Rezept beschrieben garen. Eine Suppe mit weißen Bohnen jedoch zuletzt nur mit Weißwein abschmecken; eine Suppe mit roten Bohnen mit Tomatenmark oder Tomatensaft abrunden.

Preiswert
Einfache Kartoffelsuppe

500 g Kartoffeln
1 Bund Suppengrün
1 Eßl. Butter
1 l Fleischbrühe
1 Zwiebel
1 Teel. Öl
½ Bund Schnittlauch
1 Messersp. Salz
½ Teel. getrockneter Majoran

Pro Person etwa:
750 Joule
180 Kalorien

Garzeit:
25 Minuten

Die Kartoffeln schälen, waschen und in etwa 2 cm große Würfel schneiden. Das Suppengrün putzen, waschen und kleinschneiden. Die Butter in einem Topf zerlassen. Die Kartoffelwürfel und das Suppengrün darin anbraten, mit der Fleischbrühe übergießen und zugedeckt bei milder Hitze 20–25 Minuten kochen lassen. Die Zwiebel schälen und in Ringe schneiden. Das Öl in einer kleinen Pfanne erhitzen und die Zwiebelringe darin goldbraun braten. Den Schnittlauch waschen, abtropfen lassen und kleinschneiden. Die gare Kartoffelsuppe mit dem Salz abschmecken und mit dem Majoran würzen. Die Zwiebelringe auf die Suppe geben und den Schnittlauch darüberstreuen.

Unser Tip: Kräftiger im Geschmack und sättigender wird die Suppe, wenn Sie in dem Öl zunächst kleingewürfelten, durchwachsenen Speck ausbraten und dann im Speckfett die Zwiebelringe goldgelb braten. Die Speckwürfel mit den Zwiebelwürfeln über die Suppe geben.

Preiswert
Passierte Kartoffelsuppe

500 g Kartoffeln
1 Bund Suppengrün
1 l Fleischbrühe
je 1 Prise Salz, weißer Pfeffer und geriebene Muskatnuß
1 Eßl. Butter
2 Eigelbe
⅛ l Sahne

Pro Person etwa:
1260 Joule
300 Kalorien

Garzeit:
25 Minuten

Die Kartoffeln schälen, waschen und in kleine Würfel schneiden. Das Suppengrün putzen, waschen und sehr kleinschneiden. Die Kartoffelwürfel und das Suppengrün mit der Fleischbrühe zum Kochen bringen und zugedeckt bei milder Hitze 20 Minuten kochen lassen.
Die Suppe durch ein Sieb passieren oder im Mixer pürieren. Die Suppe bei milder Hitze noch einmal erwärmen, mit dem Salz, dem Pfeffer und dem Muskat abschmecken und mit der Butter verfeinern.
Die Eigelbe mit der Sahne verquirlen. Die Suppe vom Herd nehmen, die Eigelb-Sahne unterrühren und die Suppe erneut erhitzen, aber nicht mehr kochen lassen.

Unsere Tips: Die Suppe schmeckt kräftiger, wenn Sie ausgebratene Würfel von durchwachsenem Speck und gebräunte Zwiebelwürfel über die Suppe streuen.
Die Suppe können Sie außerdem durch Wiener Würstchen, Frankfurter Würstchen, Bauernbratwürstchen oder geräuchertes Bauchfleisch anreichern.

Gulaschsuppe hat schon so manchen Magen, ja sogar manche Seele wieder zurechtgerückt! Sie ist nicht nur die beliebteste Faschings- und Silvester-Suppe, der größte Mitternachts-Party-Renner, sondern ebenso gut gegen Hunger wie gegen allzu reichlich gestillten Durst.

Ideal zum Tiefkühlen
Gulaschsuppe

250 g Rinderfilet
250 g Zwiebeln
1 Knoblauchzehe
2 Messersp. Salz
1 l Fleischbrühe
2 Eßl. Schmalz oder Öl
je 1 Teel. scharfes und mildes Paprikapulver
1 Eßl. Weinessig
2 Messersp. Salz
½ Teel. Kümmel
½ Teel. getrockneter Majoran

0,1 l Cola-Limonade
je 1 Messersp. Salz und Pfeffer
1 Eßl. Mehl
2 Eßl. Wasser

Pro Person etwa:
800 Joule
190 Kalorien

Garzeit:
40 Minuten

Das Fleisch waschen, abtrocknen und in möglichst kleine Würfel schneiden. Die Zwiebeln schälen und kleinhakken. Die Knoblauchzehe schälen, in Stückchen schneiden und samt dem Salz mit dem Messerrücken zerdrükken. Die Fleischbrühe erhitzen. Das Schmalz oder das Öl in einem Suppentopf zerlassen und die Zwiebelwürfel darin goldgelb anbraten. Die Fleischwürfel zugeben und unter Umwenden solange braten, bis das Fleisch grau ist. Eine Tasse der heißen Fleischbrühe zufügen, den zerdrückten Knoblauch, das Paprikapulver, den Essig und das Salz unterrühren und zugedeckt bei milder Hitze so lange kochen lassen, bis das Fleisch völlig weich ist; das dauert etwa 20 Minuten.
Den Kümmel hacken und den Majoran zerreiben. Die Gewürze mit der restlichen Fleischbrühe und der Cola zum Gulasch gießen. Das Mehl mit dem Wasser anrühren, die Suppe damit binden und zugedeckt bei milder Hitze weitere 10 Minuten kochen lassen. Die Suppe noch einmal mit dem Salz und dem Pfeffer – auch noch mit Paprikapulver – abschmecken.

GEFLÜGELSUPPEN · MILZSUPPE · AALSUPPE

Ideal zum Tiefkühlen
Ländliche Gulaschsuppe

100 g durchwachsener Speck
250 g mageres Rindfleisch
250 g Zwiebeln
1 Knoblauchzehe
1 Eßl. Schweineschmalz
½ Teel. Salz
1 Prise Pfeffer
1 Eßl. Paprikapulver, edelsüß
je 2 Messersp. gemahlener Kümmel und getrockneter Majoran
1 Eßl. Tomatenmark
1 l Fleischbrühe
3 Kartoffeln
1 Eßl. Mehl
3 Eßl. saure Sahne

Pro Person etwa:
1800 Joule
430 Kalorien

Garzeit:
2 Stunden

Den Speck in kleine Würfel schneiden. Das Fleisch waschen, abtrocknen und in etwa 2 cm große Würfel schneiden. Die Zwiebel schälen und hacken. Die Knoblauchzehe schälen und zerdrücken. Das Schweineschmalz in einem Suppentopf zerlassen, die Speckwürfel darin glasig braten, die Fleischwürfel zugeben und alles unter Wenden kräftig anbraten. Die Zwiebelwürfel und den zerdrückten Knoblauch untermischen und bei milder Hitze langsam weiterbraten, bis die Zwiebeln weich sind. Das Salz, den Pfeffer, das Paprikapulver, den Kümmel, den Majoran und das Tomatenmark unter das Fleisch mischen und mit der Fleischbrühe auffüllen. Die Suppe zugedeckt bei milder Hitze 2 Stunden kochen lassen.
Die Kartoffeln schälen, waschen, in 2 cm große Würfel schneiden und 20 Minuten vor Ende der Garzeit in der Suppe garen. Das Mehl in der Sahne anrühren. Die Suppe damit binden und noch einige Male aufkochen lassen.

Raffiniert
Königinsuppe

½ Poularde (500 g)
1¼ l Wasser
½ Teel. Salz
1 Bund Suppengrün
2 Eßl. Butter
3 Eßl. Mehl
200 g gegarte Spargelspitzen, frisch oder aus der Dose
⅛ l Weißwein
1 Teel. Zitronensaft
1–2 Messersp. Salz
¼ Teel. Zucker
2 Eigelbe
⅛ l Sahne

Pro Person etwa:
1590 Joule
380 Kalorien

Garzeit:
60 Minuten

Die Poularde kalt waschen. Das Wasser mit dem Salz zum Kochen bringen. Das Suppengrün putzen, waschen und kleinschneiden. Das Suppengrün mit der Poularde ins kochende Salzwasser legen und zugedeckt bei milder Hitze 40 Minuten kochen lassen.
Die Poularde aus dem Wasser heben, etwas abkühlen lassen, von Haut und Knochen befreien und das Fleisch in feine Streifen schneiden. Die Brühe durchsieben.
Die Butter im Suppentopf erhitzen, das Mehl hineinstäuben und unter Rühren goldgelb braten. Nach und nach mit ¾ Liter der Hühnerbrühe aufgießen und 5 Minuten kochen lassen. Das Fleisch und die abgetropften Spargelspitzen in die Suppe geben. Die Suppe mit dem Wein und dem Zitronensaft verrühren und mit etwas Salz und nach Belieben mit einer Prise Zucker abschmecken. Die Eigelbe mit der Sahne verquirlen, 2 Eßlöffel der Hühnersuppe in das Eigelb-Sahne-Gemisch rühren. Die Suppe vom Herd nehmen und das Gemisch unterziehen.

Geflügelcremesuppe

1½ l Wasser
1 Teel. Salz
½ Suppenhuhn von 600 g
1 Bund Suppengrün
1 Lorbeerblatt
2 gehäufte Eßl. Mehl
knapp 1 Tasse Wasser
2 Eigelbe
4 Eßl. Sahne
½–1 Teel. Zitronensaft
2–3 Eßl. Weißwein
2 Messersp. Salz
1 Messersp. geriebene Muskatnuß oder ½ Teel. Currypulver

Pro Person etwa:
1720 Joule
410 Kalorien

Garzeit:
2 Stunden

Das Wasser mit dem Salz zum Kochen bringen. Das Suppenhuhn innen und außen gründlich waschen, ins kochende Salzwasser legen und zum Kochen bringen. Mehrmals den Schaum abschöpfen. Das Suppengrün putzen, waschen und grob kleinschneiden. Wenn sich kein Schaum mehr auf dem Kochwasser bildet, das Suppengrün und das Lorbeerblatt zum Huhn geben und alles zugedeckt bei milder Hitze 2 Stunden kochen lassen. Das Suppenhuhn ist gar, wenn sich das Fleisch von den Knochen löst. Das Suppenhuhn aus der Brühe nehmen und etwas abkühlen lassen. Das Fleisch von Haut und Knochen befreien und in kleine Stücke schneiden. Das Mehl mit dem Wasser anrühren, die Hühnerbrühe damit binden, durch ein Sieb schütten und weitere 10 Minuten bei milder Hitze kochen lassen. Die Eigelbe mit der Sahne verrühren. Einige Eßlöffel der heißen Suppe in das Eigelb-Gemisch rühren. Die Suppe vom Herd nehmen und das Eigelb-Gemisch unter die Suppe ziehen. Die Suppe danach nicht mehr kochen lassen. Die Suppe mit dem Zitronensaft, dem Weißwein, dem Salz, dem Muskat oder dem Curry abschmecken. Das kleingeschnittene Hühnerfleisch in die Suppe geben.

Milzsuppe

150 g Rindermilz
1 Zwiebel
1 Eßl. Butter
1 Teel. Salz
2 Messersp. Pfeffer
½ Teel. getrockneter Majoran
2 Eßl. Mehl
¾ l Fleischbrühe
½ Bund Petersilie

Pro Person etwa:
500 Joule
120 Kalorien

Garzeit:
20 Minuten

Die Milz waschen und mit einem Messer aus der Haut schaben. Die Zwiebel schälen und in kleine Würfel schneiden. Die Butter in einem Topf zerlassen und die Zwiebelwürfel darin glasig braten. Die Milz zugeben und unter ständigem Rühren ebenfalls anbraten. Das Salz, den Pfeffer, den Majoran unterrühren, das Mehl darüberstäuben und nach und nach mit ¼ der Fleischbrühe ablöschen. Den Milzbrei im Mixer pürieren oder durch ein Sieb passieren.
Die restliche Fleischbrühe unter ständigem Rühren unter die Suppe mischen und diese bei milder Hitze etwa 10 Minuten kochen lassen. Die Petersilie waschen, kleinschneiden und auf die Suppe streuen.

Raffiniert
Aalsuppe

500 g Schinkenknochen
1 Zwiebel
1 l Wasser
1 Lorbeerblatt
5 Pfefferkörner
1 Teel. Salz
150 g entsteinte Backpflaumen
1 große Birne
1 Stück Zitronenschale
1 Messersp. gemahlener Zimt
1 Eßl. Zucker
je ⅛ l Weißwein und Wasser
1 kg küchenfertiger grüner Aal
½ Zitrone
125 g Sellerieknolle
2 Möhren
1 kleine Petersilienwurzel

SCHNECKENSUPPE · SÜSSE SUPPEN

1 kleine Stange Lauch
½ Fleischbrühwürfel
1 gehäufter Eßl. Mehl
6 Eßl. Wasser
1 Prise Pfeffer
2 Messersp. Salz

½–1 Teel. Zucker
etwas Zitronensaft

Pro Person etwa:
2930 Joule
700 Kalorien

Garzeit:
60 Minuten

Die Knochen waschen, blanchieren, kalt abbrausen und den Topf gründlich auswaschen. Die Zwiebel schälen und grob zerkleinern. Die blanchierten Knochen mit den Zwiebelstücken, dem Wasser, dem Lorbeerblatt, den Pfefferkörnern und dem Salz zum Kochen bringen und 15 Minuten bei milder Hitze kochen lassen.
Die Backpflaume halbieren. Die Birne schälen, vom Kerngehäuse befreien und in Achtel schneiden. Die Zitronenschale mit dem Zimt, dem Zucker, dem Wein, dem Wasser und dem Obst zum Kochen bringen und zugedeckt bei milder Hitze in 15 Minuten weich kochen (harte Birnen benötigen eine längere Garzeit). Die Zitronenschale entfernen.
Den gehäuteten Aal waschen und in 4 cm lange Stücke schneiden. Die Aalstücke mit dem Zitronensaft beträufeln. Die Sellerieknolle, die Möhren, die Petersilienwurzel und den Lauch putzen oder schaben, waschen und in kleine Würfel schneiden. Die Knochenbrühe durch ein Sieb in einen anderen Topf schütten. Das kleingeschnittene Gemüse 10 Minuten darin kochen lassen. Die Aalstücke in die Brühe legen und weitere 15 Minuten bei milder Hitze garen.
Das Mehl mit dem kalten Wasser anrühren, die Suppe damit binden und einige Male aufkochen lassen. Das Obst mit dem Kochsaft in die Suppe geben und die Suppe mit dem Salz, dem Pfeffer, dem Zucker und dem Zitronensaft abschmecken; sie soll kräftig süßsauer schmecken. Die Suppe noch einmal erhitzen.

Raffiniert
Schneckensuppe

32 Weinbergschnecken aus der Dose
2 Eßl. Butter
3 Eßl. Mehl
⅜ l Fleischbrühe
⅜ l Weißwein
je 1 Messersp. Salz und geriebene Muskatnuß

1 Teel. Zitronensaft
2 Eßl. saure Sahne
1 Eigelb

Pro Person etwa:
880 Joule
210 Kalorien

Garzeit:
15 Minuten

Die Schnecken abtropfen lassen. Die Butter in einem Suppentopf zerlassen, das Mehl hineinstäuben und unter Rühren hellgelb darin anbraten. Nach und nach mit der Fleischbrühe auffüllen und die Suppe unter Rühren einige Minuten kochen lassen. Den Weißwein zugießen und die Suppe mit dem Salz, dem Muskat und dem Zitronensaft abschmecken. Die saure Sahne mit dem Eigelb verrühren, einige Eßlöffel der heißen Suppe in das Eigelb-Sahne-Gemisch geben. Die Suppe vom Herd ziehen und mit dem Gemisch legieren. Die Schnecken in dünne Scheiben schneiden, in die Suppe geben und darin erwärmen, aber nicht kochen lassen.

Westpreußische Buchweizensuppe

¾ l Milch
150 g feiner Buchweizenschrot
4 Eßl. Zucker
1 Prise Salz
⅛ l Sahne

Pro Person etwa:
1720 Joule
410 Kalorien

Garzeit:
30 Minuten

Die Milch zum Kochen bringen und den Buchweizenschrot in die Milch rühren. Die Suppe bei milder Hitze und mehrmaligem Umrühren 30 Minuten leicht kochen lassen. Die Suppe mit dem Zucker und dem Salz verrühren, vom Herd nehmen und die Sahne unterziehen.

Pommersche Hagebuttensuppe

750 g Hagebutten
2 Eßl. Butter
1 Eßl. Mehl
4 Eßl. Zucker
Saft von ½ Zitrone
1 Tasse Madeirawein
1 Tasse Rotwein
1 Prise gemahlener Zimt
⅛ l Sahne

Pro Person etwa:
1680 Joule
400 Kalorien

Garzeit:
60 Minuten

Die Hagebutten waschen, die Blütenansätze abschneiden, die Hagebutten halbieren und die Kerne entfernen. Die Hagebutten mit ¾ Liter Wasser aufsetzen und zugedeckt bei milder Hitze in etwa 60 Minuten weich kochen.
Die garen Hagebutten in ein Sieb schütten und das Kochwasser auffangen. Die Hagebutten durch das Sieb passieren. Die Butter im Suppentopf zerlassen, das Mehl hineinstäuben und unter Rühren hellgelb anbraten. Nach und nach mit dem Hagebuttenkochwasser auffüllen und die Suppe mit dem Zucker, dem Zitronensaft, dem Madeirawein, dem Rotwein und dem Zimt verrühren. Die Suppe noch einmal aufkochen lassen und das Hagebuttenmark unter die Suppe mischen. Die Sahne steif schlagen und jede Suppenportion mit einer Sahnehaube verzieren.

Gelingt leicht
Süße Buttermilchsuppe

200 g entsteinte Backpflaumen
Saft von ½ Zitrone
2 Eßl. Mehl
1 l Buttermilch
4 Eßl. Zucker
1 Prise Salz

Pro Person etwa:
1450 Joule
350 Kalorien

Garzeit:
10 Minuten

Die getrockneten Pflaumen in Würfel schneiden. Soviel Wasser zu den Pflaumen gießen, daß diese gerade bedeckt sind. Die Pflaumen zugedeckt bei milder Hitze 10 Minuten kochen lassen. Die Pflaumen vom Herd nehmen und mit dem Zitronensaft verrühren.
Das Mehl mit der Buttermilch verrühren und einmal aufkochen lassen. Die Suppe mit dem Zucker und dem Salz abschmecken und mit den gekochten Pflaumen mischen.

Englische Biersuppe

¾ l helles Bier
¼ l Milch
1 Gewürznelke
1 Stückchen Zimtstange
abgeriebene Schale von 1 Zitrone
4 Eßl. Zucker
3 Eßl. Sago
Saft von ½ Zitrone

1 Schnapsglas Rum (2 cl)
1 Eigelb

Pro Person etwa:
1050 Joule
250 Kalorien

Garzeit:
15 Minuten

Das Bier mit der Milch, der Gewürznelke, der Zimtstange, der Zitronenschale und dem Zucker verrühren und zum Kochen bringen. Den Sago in die Biersuppe schütten und unter Rühren einige Male aufwallen lassen. Die Suppe zugedeckt bei sehr milder Hitze 10 Minuten ziehen lassen. Die Suppe mit dem Zitronensaft und dem

KALTE SUPPEN

Rum verrühren. Das Eigelb mit etwas heißer Suppe verquirlen, die Suppe vom Herd nehmen und das Eigelb-Gemisch unterziehen.

Gelingt leicht
Russische Gurkensuppe

1 Salatgurke	1 Teel. Paprika-
2 Becher Mager-	pulver, edelsüß
joghurt	
½ Teel. Salz	Pro Person etwa:
¼ Teel. schwarzer	580 Joule
Pfeffer	140 Kalorien
¼ l Buttermilch	
½ l entfettete	Kühlzeit:
Fleischbrühe	12 Stunden
2 Eier	

Die Gurke schälen und längs halbieren. Mit einem Teelöffel die Kerne aus der Gurke kratzen und die Gurkenhälften fein raspeln. Die Gurkenraspel mit dem Joghurt, dem Salz und dem Pfeffer verrühren und zugedeckt 12 Stunden im Kühlschrank durchziehen lassen.
Das Gurkenpüree mit der Buttermilch und der kalten Fleischbrühe mischen. Die Eier hart kochen, schälen und erkalten lassen. Die Eier hacken. Die Suppe in Tassen oder in einer Terrine anrichten und mit dem gehackten Ei und dem Paprikapulver bestreuen.

Raffiniert
Gazpacho
Kalte spanische Gemüsesuppe

500 g Tomaten	1 Teel. Paprika-
1 Paprikaschote	pulver, edelsüß
1 Salatgurke	je 1 Messersp.
2 Zwiebeln	getrockneter
2 Knoblauchzehen	Rosmarin
2 Teel. Zitronensaft	und Salbei
2 Eßl. Olivenöl	1 Bund Schnittlauch
1 Tasse Semmel-	
brösel	Pro Person etwa:
¼ l Sahne	1760 Joule
je 1 gute Prise	420 Kalorien
Salz	
und schwarzer	Kühlzeit:
Pfeffer	2 Stunden

Die Tomaten heiß überbrühen, häuten und kleinschneiden. Die Paprikaschoten halbieren, von Rippen und Kernen befreien, die Schotenhälften waschen und würfeln. Die Gurke schälen, längs halbieren und die Kerne herauskratzen. Eine Gurkenhälfte würfeln. Die Zwiebeln und die Knoblauchzehen schälen und sehr klein schneiden. Das zerkleinerte Gemüse im Mixer pürieren.
Den Zitronensaft mit dem Olivenöl und den Semmelbröseln in das Gemüsepüree rühren. Die andere Gurkenhälfte fein raspeln und unter die Suppe mengen. Die Sahne, das Salz, den Pfeffer, das Paprikapulver, den Rosmarin und den Salbei unter das Gemüsepüree rühren und die Suppe 2 Stunden zugedeckt im Kühlschrank durchziehen lassen.
Den Schnittlauch waschen, abtropfen lassen, kleinschneiden, vor dem Servieren über die kalte Suppe streuen.

Dazu schmecken: geröstete Weißbrotwürfel und Schinkenwürfel

Grundrezept für Fruchtkaltschale
Erdbeerkaltschale

500 g Erdbeeren	Pro Person etwa:
¾ l Wasser	1170 Joule
100 g Zucker	280 Kalorien
2 Eßl. Speisestärke	
4 Eßl. Wasser	Garzeit:
Saft von 1 Zitrone	7 Minuten
1 Tasse Weißwein	
⅛ l süße Sahne	Kühlzeit:
	2 Stunden

Die Erdbeeren waschen, abtropfen lassen, die Stiele abzupfen und nötigenfalls schlechte Stellen ausschneiden. Etwa ¼ der Beeren halbieren und zugedeckt beiseite stellen. Die übrigen Erdbeeren mit dem Wasser und dem Zucker in einem Topf zugedeckt bei milder Hitze 5 Minuten kochen lassen. Die Beeren dann durch ein Sieb passieren oder im Mixer pürieren und mit dem Sud zurück in den Topf schütten.
Die Speisestärke mit dem kalten Wasser anrühren. Die Kaltschale zum Kochen bringen, die angerührte Speisestärke unterrühren, einige Male aufkochen und abkühlen lassen. Die Kaltschale mit dem Zitronensaft und dem Weißwein abschmecken. Die zurückbehaltenen Erdbeeren mit der Sahne in die Suppe mischen und 2 Stunden kühl stellen.

Unsere Tips: Statt mit Erdbeeren kann man die Kaltschale auch mit Brombeeren, Himbeeren, Holunderbeeren, Johannisbeeren oder Stachelbeeren bereiten – oder mit Äpfeln, Aprikosen, Birnen, Kirschen, Pfirsichen, Rhabarber oder Pflaumen. Je nach Süße des Obstes die Zuckermenge erhöhen oder vermindern. Stets einen Teil des Obstes zuletzt roh unter die Kaltschale mischen.
Wenn man auf die Zugabe der Sahne verzichtet, enthält die Kaltschale fast 450 Joule/100 Kalorien weniger. Kaltschalen kann man statt mit Speisestärke auch mit Sago (Tapiokastärke) binden. 2–3 Eßlöffel Sago in die Kaltschale rühren und unter Rühren so lange kochen lassen, bis die Sagokörner aufquellen und glasig aussehen. Beim Erkalten entwickeln die Sagokörner dann ihre Bindekraft.

Kürbissuppe mit Schneeklößchen

750 g Kürbis	1 Ei
knapp ½ l Wasser	1 Eßl. Puderzucker
Schale von	1 Messersp. ge-
½ Zitrone	mahlener Zimt
½ l Milch	
2 Eßl. Zucker	Pro Person etwa:
1 Stange Zimt oder	920 Joule
1 Stückchen Ingwer-	220 Kalorien
wurzel	
1 Eßl. Speisestärke	Garzeit:
2 Eßl. Wasser	35 Minuten

Den Kürbis schälen, die Kerne entfernen und das Fruchtfleisch würfeln. Die Kürbiswürfel mit dem Wasser und der Zitronenschale bei milder Hitze zugedeckt 30 Minuten kochen lassen. Die Zitronenschale dann entfernen, den Kürbis durch ein Sieb passieren oder im Mixer zerkleinern. Die Milch mit dem Zucker, der Zimtstange oder der Ingwerwurzel erhitzen, das Kürbispüree zugeben, gut durchrühren und einmal aufkochen lassen. Die Zimtstange oder die Ingwerwurzel aus der Suppe nehmen. Die Speisestärke mit dem Wasser anrühren, die Suppe damit binden und einige Male aufkochen lassen. Das Ei in Eigelb und Eiweiß trennen. Das Eigelb verquirlen und unter die Suppe ziehen. Das Eiweiß zu steifem Schnee schlagen, zuletzt den Puderzucker unterrühren und den Schnee so lange weiterschlagen, bis er glänzt. Mit einem feuchten Teelöffel kleine Klößchen von der Eischneemasse abstechen und auf die heiße Kürbissuppe setzen. Die Schneeklößchen auf der Suppe im geschlossenen Topf bei sehr milder Hitze 5 Minuten ziehen lassen. Die fertigen Schneeklößchen mit dem Zimt bestreuen.

EINTÖPFE

Gelingt leicht

Hühnereintopf mit Nudeln

1 tiefgefrorenes Hähnchen von etwa 900 g mit Innereien
250 g Rinderschulter
1½ l Wasser
1 Teel. Salz
1 Lorbeerblatt
1 Zwiebel
2 Stangen Lauch
250 g frische Champignons
200 g Breite Nudeln oder Fadennudeln
1½ l Wasser
1 Teel. Salz
½ Fleischbrühwürfel

1–2 Eßl. Sojasauce
½ Glas Sherry oder Marsalawein
1 Eßl. Butter
1 Bund Petersilie

Pro Person etwa:
2600 Joule
620 Kalorien

Zeit zum Auftauen:
7–8 Stunden

Garzeit:
2 Stunden

Das Hähnchen aus der Verpackung nehmen und zugedeckt bei Raumtemperatur auftauen lassen. Die Innereien aus der Bauchhöhle nehmen, das Hähnchen innen und außen gründlich kalt waschen, ebenso die Innereien. Das Rindfleisch ebenfalls kalt waschen. Das Wasser mit dem Salz erhitzen und das Rindfleisch zugedeckt bei milder Hitze etwa 45 Minuten darin kochen lassen. Während der ersten Zeit wiederholt den sich bildenden Schaum abschöpfen. Das Hähnchen, die Innereien, außer der Leber, sowie das Lorbeerblatt nach 45 Minuten zum Fleisch geben und weitere 50 Minuten kochen lassen. Die Zwiebel schälen, achteln und zum Fleisch geben.
Inzwischen den Lauch gründlich waschen, putzen, längs halbieren und in Streifen schneiden. Die Champignons ebenfalls putzen, waschen und in dünne Scheiben schneiden.
Für die Nudeln das Wasser mit dem Salz zum Kochen bringen, die Nudeln hineingleiten lassen und in etwa 7 Minuten nicht zu weich kochen. Die garen Nudeln in ein Sieb schütten, mit kaltem Wasser abbrausen und abtropfen lassen. Wenn das Hähnchen gar ist (die Knochen der Keulen lassen sich dann leicht herausdrehen), das Fleisch mit einer Schaumkelle aus der Brühe heben. Das Hähnchenfleisch von den Knochen lösen – je nach Wunsch auch die Haut entfernen – und das Fleisch mit dem Rindfleisch in etwa 2 cm große Stücke schneiden.
Die Champignons und den Lauch in die kochende Fleischbrühe geben und bei milder Hitze zugedeckt 15 Minuten kochen lassen. Nach 10 Minuten die kleingeschnittene Hähnchenleber zugeben und mit dem Gemüse garen. Die Fleischbrühe dann mit dem Fleischbrühwürfel, der Sojasauce, dem Sherry oder dem Marsalawein kräftig abschmecken. Die Fleischwürfel und die Nudeln in die Brühe legen und etwa 10 Minuten darin ziehen lassen. Die Brühe noch einmal abschmecken und mit der Butter verfeinern. Die Petersilie waschen, abtropfen lassen, kleinschneiden und über den Eintopf streuen.

Gaisburger Marsch

500 g Rindfleisch vom Bug
1 l Wasser
½ Teel. Salz
1 Zwiebel
1 Lorbeerblatt
1 Gewürznelke
1 Stange Lauch
400 g Kartoffeln
200 g gekochte Spätzle
1 Prise geriebene Muskatnuß

2 Zwiebeln
2 Eßl. Butter
½ Bund Petersilie

Pro Person etwa:
1720 Joule
410 Kalorien

Garzeit:
2 Stunden

Das Fleisch waschen und abtrocknen. Das Wasser mit dem Salz zum Kochen bringen, das Fleisch hineingeben und zugedeckt bei milder Hitze etwa 1½ Stunden kochen lassen. Die Zwiebel schälen und mit dem Lorbeerblatt und der Nelke bestecken. Die Zwiebel zum Fleisch geben und mitkochen lassen. Den Lauch längs halbieren, gründlich waschen, in Scheiben schneiden und ebenfalls zum Fleisch geben.
Die Kartoffeln schälen, waschen und in 2 cm große Würfel schneiden. Das Fleisch und die bestecke Zwiebel aus der Brühe nehmen, die Kartoffelwürfel hineingeben und in etwa 20 Minuten darin weich kochen. Die Spätzle zu den garen Kartoffeln geben, einmal aufkochen lassen und dann bei milder Hitze darin erwärmen. Das Fleisch in Würfel schneiden und in die Suppe geben. Die Suppe mit dem Muskat würzen.
Die Zwiebel schälen und in Ringe schneiden. Die Zwiebelringe in der Butter goldbraun braten und über den Gaisburger Marsch geben. Die Petersilie waschen, abtropfen lassen, kleinschneiden und vor dem Servieren über den Eintopf streuen.

Unser Tip: Ganz nach Belieben können Sie zum Gaisburger Marsch auch noch Möhren geben oder/und etwas kleingeschnittenen Weißkohl.

Chili con carne
Südamerikanisches Pfefferfleisch

Bild Seite 48

250 g rote Bohnenkerne
1½ l Wasser
500 g Querrippe vom Rind
2 Zwiebeln
100 g durchwachsener Speck
3 grüne Paprikaschoten
1 scharfe Peperone (Pfefferschote)
3 Eßl. Öl
½ Teel. Salz
1 Messersp. schwarzer Pfeffer

5 Tomaten
1 Teel. Chilipulver

Pro Person etwa:
3600 Joule
860 Kalorien

Zeit zum Einweichen:
12 Stunden

Garzeit:
2 Stunden

Die Bohnenkerne kalt waschen und 12 Stunden in dem Wasser einweichen. Das Rindfleisch waschen, abtrocknen und in kleine Würfel schneiden. Die Zwiebeln schälen und würfeln. Den Speck ebenfalls würfeln. Die Paprikaschoten und die Pfefferschote halbieren, die Rippen und Kerne entfernen, die Schotenhälften waschen und in Streifen schneiden. Das Öl in einem Suppentopf erhitzen, die Speck- und die Zwiebelwürfel darin unter Umwenden anbraten, die Fleischwürfel zugeben und ebenfalls von allen Seiten braun anbraten. Die Bohnenkerne mit dem Einweichwasser zum Fleisch schütten und alles bei milder Hitze zugedeckt etwa 1½ Stunden kochen lassen.
Nach 1½ Stunden Garzeit die Paprikastreifen, die Peperonestreifen, das Salz und den Pfeffer in den Eintopf geben und weitere 25 Minuten kochen lassen. Die Tomaten häuten, in Achtel schneiden und 5 Minuten im Eintopf garen. Zuletzt das Chilipulver unter den Eintopf rühren.

Ein Pilaw – auch pilau genannt – ist ein orientalisches Reisgericht mit einer Fleisch-, Geflügel- oder Fischeinlage. Gewürze und verschiedene Beigaben runden – je nach Land – dieses Gericht im Geschmack ab. In den arabischen Ländern bevorzugt man Hammelfleisch, im eigenen Fett gegart. Ein indischer Pilaw wird mit Knoblauch, Curry und Cayennepfeffer verfeinert.

EINTÖPFE

Pilau-i-Rarah, nach afghanischer Art, enthält Lammfleisch, Pinienkerne, Ingwer, Zimt und geronnene Milch.

Türkischer Hammelpilaw

500 g Hammelschulter	½ Eßl. gehackter Dill
5 Zwiebeln	½ Eßl. gehackter Borretsch
4 Eßl. Öl	
½ Knoblauchzehe	Pro Person etwa:
½ Teel. Salz	3650 Joule
½ Teel. Paprikapulver, scharf	750 Kalorien
1½ l Fleischbrühe	Garzeit:
200 g grüne Bohnen	1½ Stunden
150 g Langkornreis	
500 g Tomaten	

Das Fleisch kalt waschen, abtrocknen und in gleich große Würfel schneiden. Die Zwiebeln schälen und in Ringe schneiden. Das Öl in einem großen Topf erhitzen und die Fleischwürfel mit den Zwiebelringen unter Umwenden von allen Seiten darin anbraten. Die Knoblauchzehe schälen, zerdrücken und mit dem Salz, dem Paprikapulver und der Fleischbrühe zum Fleisch geben. Alles zum Kochen bringen und zugedeckt bei milder Hitze 60 Minuten kochen lassen. Die Bohnen waschen, putzen, nötigenfalls von den Fäden befreien und in Stücke brechen oder schneiden. Den Reis waschen und abtropfen lassen. Die Bohnen und den Reis zum Fleisch geben und in weiteren 20 Minuten garen. Die Tomaten häuten, in Scheiben schneiden und 10 Minuten vor Ende der Garzeit in dem Eintopf mitgaren. Den Pilaw vor dem Servieren mit den gehackten Kräutern bestreuen.

Jachnija
Bulgarischer Eintopf

1 kg Quitten	1 Becher Joghurt
4 Eßl. Sonnenblumenöl	2 Eigelbe
⅛ l Wasser	Pro Person etwa:
500 g Lammfleisch	2680 Joule
2 große Zwiebeln	640 Kalorien
½ Teel. Salz	
2 Messersp. Pfeffer	Garzeit:
1 Eßl. Honig	40 Minuten
1 Eßl. Essig	

Die Quitten mit einem trockenen Tuch abreiben und in Scheiben schneiden. 2 Eßlöffel vom Sonnenblumenöl erhitzen, die Hälfte des Weins und des Wassers zugießen und die Quittenscheiben darin zugedeckt bei milder Hitze 25 Minuten dünsten. Das Fleisch waschen, abtrocknen und in feine Streifen schneiden. Die Zwiebeln schälen und in kleine Würfel schneiden. Das übrige Öl in einer Pfanne erhitzen. Die Fleischstreifen unter Umwenden scharf darin anbraten. Die Hitze zurückschalten, die Zwiebelwürfel zugeben und bei mittlerer Hitze im Fett bräunen lassen. Das Fleisch mit dem Salz und dem Pfeffer würzen. Den übrigen Wein und das restliche Wasser zum Fleisch schütten, alles aufkochen lassen und zugedeckt 30 Minuten schmoren. Die Quitten durch ein Sieb zum Fleisch passieren. Den Honig mit dem Essig verrühren, unter den Eintopf mischen und diesen eventuell noch mit Salz und Pfeffer abschmecken. Zuletzt den Joghurt mit den Eigelben verquirlen und den Eintopf damit legieren.

<u>Dazu schmeckt:</u> körnig gekochter Reis

Nieren-Reis-Eintopf

500 g Schweinenieren	je 1 Messersp. Salz, Pfeffer und Paprikapulver
250 g Langkornreis	¾ l Fleischbrühe
40 g durchwachsener Speck	
2 Zwiebeln	Pro Person etwa:
2 Knoblauchzehen	2130 Joule
1 Bund Petersilie	510 Kalorien
2 Eßl. Öl	
1 kleine Dose Tomatenmark	Garzeit: 30 Minuten

Die Nieren halbieren, die weißen Sehnen und Stränge herausschneiden und die Nieren 30 Minuten wässern. Den Reis in einem Sieb kalt waschen und abtropfen lassen. Den Speck in Würfel schneiden. Die Zwiebeln schälen und kleinwürfeln. Die Knoblauchzehen schälen und zerdrücken. Die Petersilie waschen, abtropfen lassen, kleinschneiden.
Die Nieren trockentupfen und in Scheiben schneiden. Das Öl erhitzen und die Nierenscheiben von allen Seiten darin anbraten. Die Zwiebelwürfel und den Knoblauch mit dem Reis zu den Nieren geben, ebenfalls kurz anbraten, mit dem Tomatenmark, dem Salz, dem Pfeffer und dem Paprikapulver verrühren und mit der Fleischbrühe auffüllen. Den Eintopf zugedeckt bei milder Hitze in 25 Minuten garen und mit Petersilie bestreuen.

Zum Bild rechts:

Probieren Sie einmal Blumenkohlcremesuppe – unser Bild zeigt, wie sie entsteht – als magenfreundlichen Auftakt einer Mahlzeit! Sie enthält nur wenige Kalorien, aber viele Wertstoffe, weil die gesamte Garflüssigkeit für die Suppe verwendet wird. Man verfeinert sie mit Milch, Sahne, Eigelb und frischgehackten Kräutern. Steht ein elektrischer Mixer zur Verfügung, ist der Blumenkohl im Handumdrehen püriert; muß das Gemüse durch ein Sieb passiert werden, läßt man es einige Minuten länger kochen, damit es sehr weich wird.
Das Rezept finden Sie auf Seite 35.

Zur folgenden Doppelseite:

Linseneintopf nach Berliner Art sollten Sie einmal probieren, wenn Sie Linsen gerne mögen. Er wird nämlich mit Zucker und Sherry-Essig oder mit Zitronensaft süßsauer abgeschmeckt und gewinnt dadurch in der Kombination mit geräuchertem Schweinebauch eine recht eigenwillige, aber von vielen Feinschmeckern hochgeschätzte Geschmacksnote. Wenn es im alten Berlin im Winter »Stein und Bein fror«, gehörte der deftige Eintopf zu den wärmenden Delikatessen der bürgerlichen Küchen.
Das Rezept finden Sie auf Seite 50.

Pichelsteiner, ein Eintopf, der in vielen Versionen in vielen deutschen Gegenden beliebt ist. Manche Autoren weisen diesem gehaltvollen Essen Berlin als Heimat zu, überwiegend ist man aber der Meinung, sein Ursprung sei im Bayerischen Wald zu suchen. Wo immer er auch erfunden wurde, er gehört seit vielen Jahrzehnten zur traditionellen »Hausmannskost« und schmeckt uns heute noch ebenso gut wie einst unseren Großeltern.
Das Rezept finden Sie auf Seite 179.

EINTÖPFE

Zum Bild links:

Chili con carne, das südamerikanische Pfefferfleisch, ist mexikanischer Herkunft und hat nicht nur den gesamten amerikanischen Kontinent erobert, sondern auch in Europa viele Freunde kräftiger, scharfer Eintöpfe überzeugt. Wie scharf das »Pfeffer«fleisch letztlich auf der Zunge brennt, hängt allein von der verwendeten Würzdosis ab. Wenn Sie Gäste mit Chili con carne bewirten möchten, sollten Sie die Schärfe etwas mäßigen, damit es bei Tisch keine Pfeffertränen gibt; schließlich ist nicht jeder europäische Gaumen an den in Mexiko üblichen und reichlich verwendeten Chilipfeffer gewöhnt. Außerdem liefert der Eintopf beachtliche Joule- oder Kalorienmengen. Er ist also ein Essen, das es nicht gerade nach einer Reihe von Feiertags-Schlemmereien geben sollte, eher einmal als Abwechslung nach einer Fastenperiode.
Das Rezept finden Sie auf Seite 43.

Das spanische Nationalgericht Paella hat seinen Namen nach der großen, gußeisernen, runden Pfanne erhalten. In dieser Pfanne wird es zubereitet und aufgetragen.

Paella Valenciana
Spanischer Eintopf

Je 4 grüne und rote Paprikaschoten
4 Zwiebeln
4 Knoblauchzehen
50 g schwarze Oliven
100 g grüne Oliven
400 g Brathähnchen
100 g Muscheln aus der Dose
250 g Rotbarsch- oder Goldbarschfilet
1/8 l Öl
250 g Parboiled-Reis
0,6 l Fleischbrühe
150 g tiefgefrorene Erbsen
100 g tiefgefrorene Scampi (Kaisergranate)
1/2 Teel. Salz
1 Eßl. Paprikapulver, edelsüß
1 Messersp. Cayennepfeffer
1 Teel. Safran

Pro Person etwa:
3600 Joule
860 Kalorien

Garzeit:
45 Minuten

Die Paprikaschoten halbieren, von Rippen und Kernen befreien, die Schotenhälften waschen und in Streifen schneiden. Die Zwiebeln schälen und grob würfeln. Die Knoblauchzehen schälen, würfeln und zerdrücken. Die Oliven halbieren und dabei die Steine entfernen. Das Hähnchen waschen, abtrocknen und die Knochen auslösen. Das Hähnchenfleisch in nicht zu große Stücke schneiden. Die Muscheln abtropfen lassen. Das Fischfilet waschen, trockentupfen und in nicht zu große Stücke schneiden.
Das Öl in einer großen Pfanne oder in einem weiten Topf erhitzen und das Hähnchenfleisch darin von allen Seiten goldbraun anbraten. Die Zwiebeln zufügen und glasig braten. Die Paprikaschoten zugeben und unter Umwenden ebenfalls kurz mitbraten. Den Reis unterrühren, ebenfalls unter Umwenden kurz anbraten und mit der Fleischbrühe übergießen. Den Fisch, die tiefgefrorenen Scampi und die tiefgefrorenen Erbsen auf den Eintopf legen und alles zugedeckt bei milder Hitze in etwa 30 Minuten garen, bis die Fleischbrühe von dem Reis aufgesogen ist.
Das Salz, das Paprikapulver und den Cayennepfeffer über den Eintopf streuen. Den Safran in einem Eßlöffel Wasser anrühren und mit den Muscheln behutsam unter den Eintopf mischen. Die Paella wieder zudecken und bei sehr milder Hitze noch einige Minuten durchziehen lassen und möglichst in der Pfanne servieren.

Bouillabaisse
Französische Fischsuppe

750 g verschiedene Fische wie Makrele, Schellfisch, Kabeljau, Seezunge, Heilbutt, Seehecht, Seeaal
4 Zwiebeln
2 Pfefferschoten
1/8 Sellerieknolle
1 große Möhre
1 Stange Lauch
4 Tomaten
1 Tasse Olivenöl
4 Knoblauchzehen
1 Teel. Salz
je 150 g Shrimps (Garnelen) und naturell eingelegte Muscheln aus der Dose
1 Prise Safran

Pro Person etwa:
2470 Joule
590 Kalorien

Garzeit:
40 Minuten

Die Flossen von allen Fischen abschneiden. Die Fische, wenn nötig, ausnehmen, schuppen, putzen und innen und außen sorgfältig waschen. Sollten Sie einen Fisch mit Kopf bekommen haben, verwenden Sie den Kopf mit.
Flossen, Schwänze und Köpfe der Fische mit 3/4 Liter Wasser 20 Minuten kochen lassen, durch ein Sieb gießen und den Sud aufbewahren.
Die Zwiebeln schälen und fein würfeln. Die Pfefferschoten halbieren, von Rippen und Kernen befreien und die Schotenhälften kleinhacken. Die Sellerieknolle schälen, waschen und in Streifen schneiden. Die Möhre schaben, waschen und in Scheiben schneiden. Den Lauch längs halbieren, gründlich waschen und in Scheiben schneiden. Die Tomaten häuten, halbieren, die Kerne herauskratzen und das Fruchtfleisch in kleine Würfel schneiden.
Das Olivenöl in einem großen Suppentopf erhitzen und die Fischstücke von allen Seiten darin anbraten. Die Knoblauchzehen schälen, zerdrücken, mit den Zwiebelwürfeln zum Fisch geben und so lange weiterbraten, bis die Zwiebeln glasig sind. Das Salz darüberstreuen. Die Pfefferschoten, die Selleriestreifen, die Möhren- und Lauchscheiben und die Tomatenwürfel zum Fisch geben. Den Fischsud und so viel Wasser zugießen, daß alles bedeckt ist. Den Eintopf bei milder Hitze 20 Minuten zugedeckt kochen lassen. Die Shrimps auseinanderzupfen, kalt abbrausen und abtropfen lassen. Die Shrimps, die Muscheln mit dem Einlegewasser und den Safran in den Fischeintopf geben und zugedeckt noch 5 Minuten ziehen, aber nicht mehr kochen lassen. Die Bouillabaisse in einer Terrine servieren.

EINTÖPFE

Borschtsch, dieses russische Nationalgericht, kennt vielerlei Variationen – eine Fleischeinlage ist aber immer dabei. Verschiedentlich serviert man zum Borschtsch kleine Bratwürstchen und geröstetes Brot oder zusätzlich den Saft von rohen Roten Beten. In Polen gibt man als Einlage das Fleisch einer gebratenen Ente dazu.

Borschtsch
Russischer Eintopf

500 g Rinderbrust	2 Knoblauchwürstchen
1½ l Wasser	
1 Teel. Salz	1 Eßl. Essig
½ Teel. Pfeffer	½ Bund Petersilie
250 g Schinkenspeck	
250 g Weißkohl	Pro Person etwa:
2 Rote Beten	2930 Joule
2 Möhren	700 Kalorien
1 Petersilienwurzel	
½ Sellerieknolle	Garzeit:
1 Zwiebel	2 Stunden
1 dünne Stange Lauch	

Das Fleisch waschen. Das Wasser mit dem Salz und dem Pfeffer in einem großen Topf zum Kochen bringen. Das Fleisch hineinlegen und zugedeckt bei milder Hitze kochen lassen. Nach 30 Minuten Kochzeit den Schinkenspeck zugeben.
Den Weißkohl putzen, waschen und hobeln. Die Roten Beten schälen und waschen. Die Petersilienwurzel und den Sellerie ebenfalls schälen und waschen. 1 Rote Bete und das übrige Gemüse in feine Streifen schneiden. Den Lauch waschen und in Ringe schneiden. Das zerkleinerte Gemüse nach 1½ Stunden Kochzeit zum Fleisch geben und in weiteren 30 Minuten weich kochen. Die Würstchen im Eintopf erwärmen.
Die zweite Rote Bete fein reiben und mit dem Essig mischen. Die Petersilie waschen, abtropfen lassen und kleinschneiden.
Das Fleisch, den Schinkenspeck und die Würstchen aus dem Eintopf nehmen, das Fleisch und den Speck würfeln, die Würstchen in Scheiben schneiden, mit der geriebenen Roten Bete und der Petersilie in die Suppe geben.

<u>Dazu schmecken:</u> frische saure Sahne und salziges Hefegebäck oder Brot

<u>Unser Tip:</u> Sämiger wird der Eintopf, wenn 2 geschälte, kleingeschnittene Kartoffeln im Eintopf mitgegart werden.

Linseneintopf nach Berliner Art
Bild Seite 46/47

350 g Linsen	Pro Person etwa:
300 g geräucherter Schweinebauch	3350 Joule
	820 Kalorien
1 Stange Lauch	
1 große Möhre	Zeit zum
1 Zwiebel	Einweichen:
½ Lorbeerblatt	12 Stunden
1 Gewürznelke	
¼ Teel. Salz	Garzeit:
1 Messersp. Pfeffer	60 Minuten
400 g Kartoffeln	
1 Eßl. Zucker	
3–4 Eßl. Sherry-Essig	

Die Linsen kalt waschen, verlesen und in einen großen Topf schütten. Die Linsen mit Wasser bedeckt 12 Stunden weichen lassen.
Vom Schweinebauch die Schwarte und die dicke Fettschicht abschneiden und das restliche Fleisch würfeln. Den Lauch längs halbieren, waschen und in Scheiben schneiden. Die Möhre schaben und in Würfel schneiden. Die Zwiebel schälen und mit der Gewürznelke und dem Lorbeerblatt bestecken. Den Schweinebauch, das Gemüse und die besteckte Zwiebel mit dem Salz und dem Pfeffer zu den Linsen geben und so viel Wasser zugießen, daß alles von Wasser bedeckt ist. Die Linsen zugedeckt bei mittlerer Hitze 60 Minuten kochen lassen. Die Kartoffeln schälen, waschen und in 2 cm große Würfel schneiden. Die Kartoffelwürfel nach 35 Minuten Garzeit zu den Linsen geben und darin weich kochen.
Aus dem garen Eintopf die Zwiebel entfernen und die Linsen mit dem Zucker und dem Sherry-Essig süß-sauer abschmecken.

<u>Ideal zum Tiefkühlen</u>
Möhreneintopf

750 g Möhren	6 Eßl. Kaffeesahne
400 g Kartoffeln	1 Eßl. Mehl
3 Eßl. Butter	1 Bund Petersilie
1 Eßl. Zucker	
½ l Wasser	Pro Person etwa:
½ Teel. Salz	2600 Joule
400 g Schweinehalsgrat	620 Kalorien
1 Eßl. Öl	
je 1 Messersp. Salz und Pfeffer	Garzeit: 40 Minuten
⅛ l Fleischbrühe	

Die Möhren schaben, waschen und in kleine Würfel schneiden. Die Kartoffeln schälen, waschen und in 2 cm große Würfel schneiden. Die Butter in einem großen Topf zerlassen, den Zucker hineinstäuben und unter ständigem Umrühren in der Butter goldgelb braten. Die Möhrenwürfel zugeben und unter Umwenden etwa 5 Minuten darin anbraten. Die Kartoffelwürfel, das Wasser und das Salz zugeben und alles zugedeckt bei milder Hitze 40 Minuten garen.
Das Fleisch waschen, abtrocknen und in etwa 2 cm große Würfel schneiden. Das Öl in einer Pfanne erhitzen und die Fleischwürfel unter Umwenden von allen Seiten darin braun braten. Das Fleisch mit dem Salz und dem Pfeffer würzen, mit der Fleischbrühe auffüllen und zugedeckt bei milder Hitze in etwa 40 Minuten garen. Die Kaffeesahne mit dem Mehl verrühren. Den Möhreneintopf mit dem Fleisch und mit dem angerührten Mehl mischen und unter Rühren einige Male aufkochen lassen.
Die Petersilie waschen, abtropfen lassen, kleinschneiden und unter den Möhreneintopf mischen.

Birnen, Bohnen und Speck

400 g frischer durchwachsener Speck	Salz und Pfeffer nach Bedarf
¾ l Wasser	Pro Person etwa:
½ Teel. Salz	3180 Joule
750 g grüne Brechbohnen	760 Kalorien
1 Zweig Bohnenkraut	Garzeit: 60 Minuten
500 g Kochbirnen (Bergamotte)	

Den Speck mit dem Wasser und dem Salz zum Kochen bringen und zugedeckt bei milder Hitze 30 Minuten kochen lassen. Die grünen Bohnen putzen, wenn nötig, die Fäden abziehen und die Bohnen in Stücke brechen. Die Birnen waschen und ungeschält mit den Stielen und den Blütenansätzen mit den Bohnen zum Speck geben und weitere 30 Minuten darin kochen lassen.
Den Speck aus dem Eintopf nehmen und in Scheiben schneiden. Den Eintopf mit Salz und Pfeffer abschmecken und die Speckscheiben vor dem Servieren darauflegen.

<u>Dazu schmecken:</u> Salzkartoffeln

EINTÖPFE

Westfälisches Bohnengericht

250 g durch-
 wachsenen Speck
300 g Möhren
600 g grüne Bohnen
300 g Kartoffeln
300 g säuerliche
 Äpfel
2 Zwiebeln
1 Tasse Wasser

250 g weiße Bohnen-
 kerne aus der Dose

½ Teel. Salz
2 Messersp. Pfeffer

Pro Person etwa:
2800 Joule
670 Kalorien

Garzeit:
40 Minuten

Den Speck in kleine Würfel schneiden. Die Möhren schaben, waschen und kleinwürfeln. Von den Bohnen die Stielenden abschneiden, die Bohnen waschen und in Stücke schneiden. Die Kartoffeln schälen, waschen und in 2 cm große Würfel schneiden. Die Äpfel schälen, vom Kerngehäuse befreien und würfeln. Die Zwiebeln schälen und in Ringe schneiden. Die Speckwürfel in einem großen Topf ausbraten, die Möhrenwürfel und die grünen Bohnen zum Speck geben und unter Umrühren bei milder Hitze 10 Minuten anbraten. Die Kartoffelwürfel, die Apfelwürfel und die Zwiebelringe zugeben, das Wasser zum Gemüse schütten und das Gemüse zugedeckt bei milder Hitze weitere 30 Minuten dünsten.
Die weißen Bohnen mit der Flüssigkeit aus der Dose zum Gemüse geben, umrühren und in dem Gemüse erhitzen, aber nicht mehr kochen lassen. Das Bohnengericht mit dem Salz und dem Pfeffer abschmecken.

Weißkohleintopf

500 g Schulter oder
 Beinscheiben
 vom Rind
2 Zwiebeln
¼ l Fleischbrühe
1 Eßl. Öl
1 Teel. Salz
1 Messersp. Pfeffer
750 g Weißkohl
2 Möhren
1 Teel. Kümmel
250 g Kartoffeln

2 Äpfel
½ l Weißwein

Pro Person etwa:
2260 Joule
540 Kalorien

Garzeit:
1¾ Stunden

Das Fleisch waschen, abtrocknen und würfeln. Die Zwiebeln schälen und kleinschneiden. Die Fleischbrühe erhitzen. Das Öl in einem großen Topf zerlassen und die Fleischwürfel mit den Zwiebelwürfeln darin von allen Seiten anbräunen. Etwa 1 Tasse heiße Fleischbrühe zugießen, das Salz und den Pfeffer zufügen und zugedeckt bei milder Hitze 20 Minuten schmoren lassen.
Den Weißkohl putzen, vierteln und in Streifen schneiden. Die Möhren schaben, waschen und in Scheiben schneiden. Das Gemüse mit der restlichen Fleischbrühe und dem Kümmel zum Fleisch geben, einmal umrühren und zugedeckt weitere 50 Minuten schmoren lassen.
Die Kartoffeln schälen, waschen und in 2 cm große Würfel schneiden. Die Äpfel schälen, vierteln, vom Kerngehäuse befreien und in Würfel schneiden. Die Kartoffelwürfel und die Apfelwürfel mit dem Weißwein nach 50 Minuten zum Eintopf geben und zugedeckt in weiteren 25 Minuten darin garen. Den Eintopf noch einmal herzhaft abschmecken.

Rotkohleintopf

300 g geräucherter,
 magerer Schweine-
 bauch
750 g Rotkohl
½ Eßl. Schweine-
 schmalz
je 2 Messersp. Salz
 und Pfeffer
1 Messersp. ge-
 riebene Muskatnuß
⅛ l Fleischbrühe
300 g Kartoffeln

1 Schnapsglas
 Kirschwasser
 (2 cl)
2 säuerliche Äpfel

Pro Person etwa:
2260 Joule
540 Kalorien

Garzeit:
1½ Stunden

Den Schweinebauch in kleine Würfel schneiden. Den Rotkohl vierteln, die Strünke herausschneiden, schlechte äußere Blätter entfernen und die Kohlviertel hobeln. Das Schweineschmalz in einem Suppentopf erhitzen und das Bauchfleisch darin anbraten. Den Rotkohl zufügen und unter ständigem Umwenden ebenfalls einige Minuten darin anbraten. Das Salz, den Pfeffer und den Muskat über den Kohl streuen, die Fleischbrühe zugießen und zugedeckt bei milder Hitze 60 Minuten dünsten. Dabei mehrmals umrühren und prüfen, ob noch genügend Flüssigkeit im Topf ist; gegebenenfalls etwas Fleischbrühe oder wenig Wasser zugießen.
Die Kartoffeln schälen, waschen und in 2 cm große Würfel schneiden. Die Kartoffelwürfel mit dem Kirschwasser unter den Eintopf mischen und zugedeckt in weiteren 30 Minuten bei milder Hitze darin garen. Die Äpfel schälen, vierteln, vom Kerngehäuse befreien und die Apfelviertel in Scheiben schneiden. Die Apfelscheiben unter das Rotkraut mischen und darin garen. Den Eintopf nach beendeter Garzeit noch einmal kräftig abschmecken.

Grünkohl mit Brägenwurst

1 kg Grünkohl
½ l Wasser
1 Zwiebel
1 Gewürznelke
500 g Kartoffeln
500 g saftige Birnen
3 Eßl. Schweine-
 schmalz
½ Teel. Salz
1 Teel. Zucker

1 Teel. Senf
375 g Brägenwurst

Pro Person etwa:
2930 Joule
700 Kalorien

Garzeit:
60 Minuten

Die Grünkohlblätter von den Stengeln streifen, schlechte Stellen entfernen, die Blätter waschen und in einen großen Topf geben. Das Wasser über den Grünkohl schütten und den Kohl zugedeckt bei starker Hitze so lange kochen lassen, bis der Grünkohl zusammengefallen ist. Den Grünkohl in einem Sieb abtropfen lassen, das Gemüsewasser auffangen. ½ Liter davon abmessen und beiseite stellen. Den Grünkohl kleinschneiden.
Die Zwiebel schälen und mit der Gewürznelke bestecken. Die Kartoffeln schälen, waschen und in Scheiben schneiden. Die Birnen schälen, vierteln, das Kerngehäuse entfernen und die Birnenviertel in Stücke schneiden. Die Hälfte vom Schmalz in einem großen Topf zerlassen, den Grünkohl, die Kartoffelscheiben und die Birnenstücke lagenweise einschichten und jede Lage mit dem Salz und dem Zucker bestreuen. Die Zwiebel zugeben. Das Gemüsewasser mit dem Senf verrühren, über das Gemüse schütten und alles zugedeckt bei milder Hitze 60 Minuten dünsten. Nach 35 Minuten Garzeit die Brägenwurst mit dem restlichen Fett auf den Eintopf legen und garen.

<u>Unsere Tips:</u> Der Eintopf schmeckt weniger streng, wenn Sie statt des Gemüsewassers Fleischbrühe oder Wasser zum Garen nehmen. –
Die Brägenwurst mit einer Nadel vor dem Garen mehrmals einstechen, damit das Fett austreten kann. Die Wurst nicht geschnitten im Eintopf garen, sie wird sonst hart.

Salate und Salatsaucen

Salate – frisch, aromatisch, oft farbenfroh – bereichern jede Mahlzeit, als Vorspeise, Beilage oder auch als Hauptgericht.

Jeder Salat schmeckt so gut, wie es die Beschaffenheit aller seiner Zutaten zuläßt. Es gibt Tausende von Salatrezepten; sie reichen vom einfachen Blattsalat bis zum raffinierten Klassiker der feinen Küche. Aber was nützen Rezept und guter Wille, wenn die Sorgfalt beim Auswählen der benötigten Zutaten fehlt? So gerät zum Beispiel der weltbekannte Waldorfsalat – ein unbestrittener Genuß – zum laschen Mischmasch, wenn Sellerie und Äpfel nicht knackig-frisch und von natürlichem Eigengeschmack sind, wenn überlagerte Nüsse sowie Mayonnaise aus zweitrangigem Öl und »Industrie-Eiern« mit Fischmehlgeschmack dafür verwendet werden. Selbst der viel servierte Bohnensalat wird eher zur Strafe als zum Genuß, wenn die Bohnen bereits die Größe schlanker Möhren erreicht haben. Auch die raffinierteste Salatsauce kann dann nicht über die ungeeignete Qualität der Bohnen hinwegtäuschen.

Oberstes Gebot für die Salatküche muß deshalb Qualität sein. Wobei mit Qualität nur selten die höchsten Preisklassen gemeint sind, sondern vielmehr die größtmögliche Natürlichkeit eines Produktes. Dazu gehören optimaler Reifegrad für pflanzliche Erzeugnisse, erste Wahl bei Essig, Öl und Gewürze sowie sachgemäße Lagerung bis zum Verbrauch. Für die pflanzlichen Erzeugnisse heißt das vor allem möglichst schadstoff-freier oder gar biologischer Anbau und der Verzicht auf raffinierte Züchtungen, bei denen das Aussehen oft mit dem Verlust des ursprünglichen Artgeschmacks erkauft wird. Fehlen Bezugsquellen für derartige Qualitätsprodukte, könnte der eigene Anbau im Garten, auf dem Balkon oder am Fenster Abhilfe schaffen. Wenigstens sollte man versuchen, frische Ware auf den Wochenmärkten direkt vom Bauern oder Gärtner zu erwerben.

Eine so bedachte Auswahl aller Salatbestandteile ermöglicht es, aromatische, raffinierte Salate mit den typischen Geschmackskomponenten zu mischen. Ob der Salat dann als Vorspeise, als Ergänzung oder als selbständige Mahlzeit gereicht wird – man kann ihn in jedem Fall als wertvolle und gesunde Bereicherung des täglichen Speisenplans genießen.

Von den Salaten

Die Salatküche ist ein Feld der unbegrenzten Möglichkeiten. Auf keinem anderen Gebiet der Kochkunst lassen sich mit Phantasie soviel gesunde Gerichte zaubern.
Salate aus frischen, rohen Zutaten sind ein vorzüglicher Beginn einer Mahlzeit. Salate aus Nudeln, Reis oder Kartoffeln mit Käse, Fleisch oder Geflügel angereichert, mit Meeresfrüchten oder Eiern, mit frischen Kräutern und Gewürzen verfeinert, sind sättigende Einzelgerichte.
In diesem Kapitel finden Sie eine Fülle von Rezepten für Salate und Salatsaucen, aber auch Hinweise für den Umgang mit den Rohprodukten.
Hier nicht aufgeführte Gemüse- und Obstsorten, die man aber auch für Salate benötigt, werden in den Kapiteln: »Gemüse, Pilze, Hülsenfrüchte« und »Obst aus aller Welt« behandelt.

Artischocke bis Zwiebel

Artischocken
Für Salate werden nur Artischockenherzen oder -böden verwendet.
Einkaufen: September bis März. Für Salate möglichst kleine Artischocken kaufen, da die Herzen und Böden von kleinen Blütenköpfen zarter sind. Ganzjährig werden gegarte Artischockenherzen und Artischockenböden in Dosen oder Gläsern in Öl eingelegt angeboten.
Zubereiten: Frische Artischocken wie für Gemüse garen. Aus Dosen oder Gläsern abtropfen lassen und das Öl für eine Salatsauce verwenden.

Auberginen
(Eierfrüchte oder Melanzanen). Längliche, ovale Früchte mit glänzender violetter Schale von einem leicht bitteren Geschmack.
Einkaufen: Juni bis September. Nur feste Früchte mit glatter, glänzender Schale und mit einem etwa 2 cm langen Stiel wählen.
Lagern: Nicht länger als 3 Tage im Gemüsefach des Kühlschranks.
Zubereiten: Die ganzen Früchte 8–10 Minuten blanchieren, schälen, in Scheiben, Stifte oder Würfel schneiden, salzen und 5 Minuten ziehen lassen. Das Salz, das die Bitterstoffe bindet, abspülen. Wird leicht bitterer Geschmack vorgezogen, die zerkleinerten Auberginen nicht salzen und nicht ziehen lassen.

Avocados
Dunkelgrüne oder grünviolette, birnenförmige Steinfrüchte mit fester Schale, von mildem, nußähnlichem Geschmack.
Einkaufen: November bis April. Gibt das Fruchtfleisch auf Fingerdruck am Stielende nach, ist die Frucht reif.
Lagern: Noch harte Früchte 2–3 Tage bei Raumtemperatur nachreifen lassen. Nicht im Kühlschrank aufbewahren. Reife Früchte müssen bald verzehrt werden.
Zubereiten: Die Avocado der Länge nach halbieren, den Stein entfernen. Das Fruchtfleisch mit einem Löffel herauslösen, würfeln oder stifteln und zu einem gemischten Salat verwenden. Nach Belieben den gemischten Salat in den Fruchtschalen anrichten. Sie können auch ganz einfach das Fruchtfleisch mit einer Essig-Öl-Sauce oder mit einer beliebigen Würzsauce beträufeln und auslöffeln.

Bambussprossen
Die kegelförmigen, 20–30 cm langen Schößlinge des Bambusgrases sind bei uns hauptsächlich als Konserve erhältlich. Im Geschmack ähneln sie dem Spargel.
Zubereiten: Für Salate die Sprossen kleinschneiden und mit einer Essig-Öl-Sauce anmachen. Zum Würzen eignen sich Ingwerpulver und Sojasauce.

Blumenkohl
Einkaufen: Auf geschlossene, dichte und fleckenlose Röschen von weißer bis gelblicher Farbe achten.
Lagern: Nicht länger als 3 Tage im Gemüsefach des Kühlschranks.
Zubereiten: Das Strunkende abschneiden, die grünen Blätter entfernen und den Kohl mit den Röschen nach unten 15 Minuten in kaltes Essigwasser legen, damit eventuell vorhandenes Ungeziefer ausgeschwemmt wird. Den Kopf danach im Siebeinsatz mit den Röschen nach oben über wenig kochendem Wasser im geschlossenen Topf 25–30 Minuten dämpfen. Damit die Röschen weiß bleiben, dem Wasser kein Salz hinzufügen. Die Röschen auskühlen lassen und als Salat oder als Zugabe zu anderen Salaten verwenden.

Bohnen
Für Salate die gelben Wachsbohnen, Buschbohnen oder junge, noch kleine Stangenbohnen wählen.
Einkaufen: Juni bis Oktober. Auf knackig frische Bohnen achten, die beim Biegen brechen.
Lagern: Nicht länger als 2 Tage im Gemüsefach des Kühlschranks.
Zubereiten: Die Bohnen von den Stielansätzen und, wenn nötig, von den Fäden befreien. Hierfür die Bohnen mit dem Küchenmesser am Stielende anschneiden und die Fäden zum anderen Ende hin abziehen. Große Bohnen in gleich große Stücke bre-

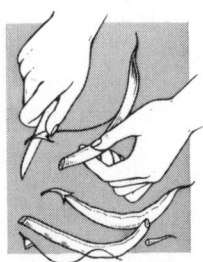

Die Bohnen am Stielende anschneiden und die Fäden zur Spitze hin abziehen. Dabei die Stiele und Spitzen abschneiden.

chen oder schneiden, kleine Bohnen ganz lassen.
In wenig kochendes Salzwasser geben und zugedeckt je nach Größe und Dicke der Bohnen 10–20 Minuten bei milder Hitze kochen. Abgekühlt zu Salat verarbeiten.

Brennesseln
Nur wild wachsend. Die jungen Blätter aus der Spitze der Pflanze sind für Salate geeignet, am besten gemischt mit ebenfalls zarten Löwenzahnblättern, Brunnenkresse und/oder beliebig gemischten Kräutern.

Chicorée
Weiße bis gelbliche, länglich-ovale Staude aus fleischigen, festgeschlossenen Blättern. Chicorée schmeckt auf angenehme Weise leicht bitter.
Einkaufen: Oktober bis April. Festgeschlossene Stauden wählen, deren äußere Blätter und Blattspitzen nicht bräunlich verfärbt sind.
Lagern: Chicorée am besten frisch verarbeiten. Im Gemüsefach des Kühlschranks in Plastikbeuteln höchstens 3 Tage lagern.
Zubereiten: Die Wurzelenden der Stauden etwas abschneiden; mit einem spitzen Messer durch eine Drehbewegung einen etwa 2½ cm langen Keil aus dem Staudenende herausschneiden. Der feste Kern der Staude schmeckt bitterer als die übrige Pflanze. Die Staude in Streifen schneiden oder in einzelne Blätter zerlegen. Mit einer Salatsauce aus Sahne oder Mayonnaise servieren. Ganze Blätter

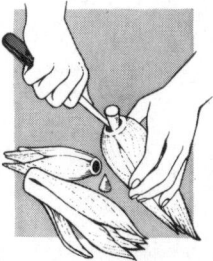 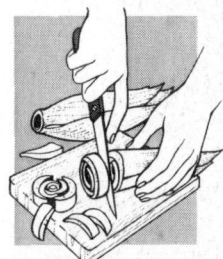

Aus der Chicoréestaude den bitteren Keil am Wurzelende herausschneiden.

Die Chicoréestaude von den Blattspitzen aus in Streifen schneiden.

mit einem feinen Dressing füllen oder mit einem Dip reichen. Chicorée kann man gut mit Bananen, Mandarinen, Nüssen und Orangen kombinieren.

Chinakohl
Kohlart aus zarten Blättern in länglichen Stauden, bis zu 1 kg schwer.
Einkaufen: Oktober bis März. Auf unbeschädigte grüne Blätter und möglichst geschlossene Stauden achten.
Lagern: In Plastikfolie im Gemüsefach des Kühlschranks bis zu 10 Tagen. Man kann ihn auch blattweise verbrauchen.
Zubereiten: Den Strunk abschneiden, die Blätter einzeln ablösen, waschen, abtropfen lassen, in feine Streifen schneiden und mit einer Essig-Öl-Kräuter-Sauce oder mit einer Sauce aus Sahne oder gewürzter Mayonnaise anmachen.

Eisbergsalat
(Eissalat, Krachsalat). Grüner Blattsalat, der wie junger Weißkohl aussieht. Mit zarten, aber doch knackigen Blättern.
Einkauf: Oktober bis März. Auf unbeschädigte, zartgrüne Blätter achten.
Lagern: Im Gemüsefach des Kühlschranks, im Plastikbeutel bis zu 4 Tagen.
Zubereiten: Entweder in einzelne Blätter zerlegen, in Stücke reißen und

ARTISCHOCKE BIS ZWIEBEL

wie Kopfsalat zubereiten. Oder den Salatkopf vierteln und die Viertel mit einem zarten Dressing servieren; mit Messer und Gabel verzehren.

Endivie
Salatstaude mit außen kräftig grünen, innen zart gelblichen Blättern mit gezackten Rändern.
Einkaufen: August bis Dezember. Auf knackig frische Blätter achten.
Lagern: Im Gemüsefach des Kühlschranks im Plastikbeutel höchstens 4 Tage.
Zubereiten: Die gewaschenen Blätter zusammenfassen und je nach Geschmack in schmale oder breite Streifen schneiden oder in Stücke reißen. Mit Salatsaucen aus Essig und Öl, mit Kräutern, Zwiebeln, Knoblauch, Senf oder Speck verfeinert servieren.

Feldsalat
(Ackersalat, Nisselsalat, Rapunzel). Wildwachsender Salat, der auch kultiviert wird. Feldsalat und Rapunzel sind ähnliche Pflanzen, die sich nur geringfügig in Blattform und Wachstum unterscheiden. Was für Feldsalat zutrifft, gilt auch für Rapunzel.
Einkaufen: Oktober bis März. Auf grüne, unbeschädigte, längliche Blätter achten.
Lagern: Im Plastikbeutel im Gemüsefach des Kühlschranks nicht länger als 3 Tage.
Zubereiten: Den Feldsalat vor dem Waschen sorgfältig verlesen, das heißt, die welken und fleckigen Blätter entfernen. Erst kurz vor dem Servieren mit einer Essig/Zitronensaft-Öl-Salatsauce anmachen. Die Sauce mit Zwiebelwürfeln, Zucker, Kümmel oder Worcestersauce abschmecken. Feldsalat und Rapunzel lassen sich gut für gemischte Salate verwenden oder mit hartgekochtem, kleingehacktem Ei kombinieren.

Fenchel
Feste gelblich-weiße Knolle, mit fleischigen, zartgrünen Stielen und feingefiederten Blättchen. Fenchelknollen haben einen zarten Anisgeschmack.
Einkaufen: Oktober bis Mai. Auf unbeschädigte Stiele und frisches Blattgrün achten.
Lagern: Im Gemüsefach des Kühlschranks nicht länger als 3 Tage.
Zubereiten: Fenchel wird roh zu Salaten verarbeitet. Das untere Wurzelstück abschneiden, die äußeren harten Rippen mit einem Küchenmesser abziehen. Die Knolle kurz unter kaltem Wasser abspülen; die Stiele abschneiden und die grünen Blätter aufbewahren. Große Knollen halbieren, kleinere im Ganzen in dünne Scheiben schneiden, die dann in einzelne Blattrippen zerfallen. Die festen Rippen etwa 30 Minuten in der Salatsauce ziehen lassen. Die Blättchen kleinschneiden und zum Schluß über den Salat geben. Die Sauce wird am besten aus Zitronensaft und Öl bereitet und nach Belieben mit Worcestersauce abgeschmeckt. Zu rohem Fen-

Von der Fenchelknolle die äußeren, harten Blattrippen abziehen...

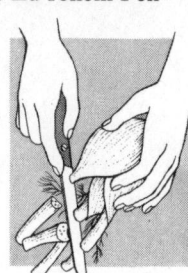
... und die Stielenden abschneiden.

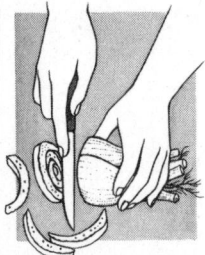
Die in Scheiben geschnittene Fenchelknolle zerfällt in kleine Streifen.

chel schmecken Zwiebelringe gut. Er eignet sich auch als würziger Bestandteil gemischter Salate aus Kopfsalat, Paprika, Tomate und Gurke.

Gurke
Für Salate eignet sich die schlanke, dunkelgrüne Salatgurke am besten.
Einkaufen: Ganzjährig. Auf eine glatte, glänzende, unverletzte Schale und festes Fruchtfleisch ohne Druckstellen achten.
Lagern: Gurken möglichst frisch verwenden. Im Gemüsefach des Kühlschranks höchstens 5 Tage.
Zubereiten: Junge Salatgurken ungeschält in Scheiben schneiden, grob raspeln oder würfeln. Ältere Salatgurken mit harter Schale schälen. Gurkensalat macht man meist mit einer Essig/Zitronensaft-Öl-Salatsauce oder mit einer Sauce aus Zitronensaft, Sahne, Senf, Zucker und Salz an. Gewürze wie Basilikum, Bohnenkraut, Borretsch, Dill, Knoblauch, Pfeffer oder Senf eignen sich gut zum Gurkensalat. Gurke schmeckt ausgezeichnet mit Eiern oder Krabben kombiniert und eignet sich als Bestandteil eines gemischten Salates.

Kartoffeln
siehe Kapitel »Köstliche Kartoffel«. Für Kartoffelsalate eignen sich am besten festkochende Sorten.

Kopfsalat
(Grüner Salat). Die bekannteste Salatpflanze wird bei uns ganzjährig angeboten.
Einkaufen: Auf knackig frische, unbeschädigte Blätter und einen möglichst geschlossenen Kopf achten.
Lagern: Im Gemüsefach des Kühlschranks locker in Papier oder Plastikfolie eingeschlagen nicht länger als 3 Tage.
Zubereiten: Die gewaschenen, trockenen Salatblätter in Stücke reißen oder in Streifen schneiden. Erst kurz vor dem Servieren mit der Salatsauce mischen. Zum Würzen eignen sich Basilikum, Bohnenkraut, Dill, Estragon, Ingwer, Kerbel, Knoblauch, Kresse, Paprikapulver, Petersilie, grüner Pfeffer und Schnittlauch. Kopfsalat kann mit hartgekochten Eiern, Gurken, Oliven, Paprikaschoten, Radieschen, Tomaten und Zwiebeln kombiniert werden.

Kresse
(Gartenkresse, Brunnenkresse). Sie wird in kleinen, offenen Kartons als Keimblätter junger Pflanzen angeboten. Der Geschmack ist rettichartig, scharf.
Einkaufen: März bis April und September bis November. Darauf achten, daß die Blättchen frisch und grün sind und senkrecht stehen.
Lagern: Kühl und hell stellen, ab und zu gießen, 4–5 Tage haltbar.
Zubereiten: Mit einer Küchenschere vom »Beet« schneiden. Als Salat mit

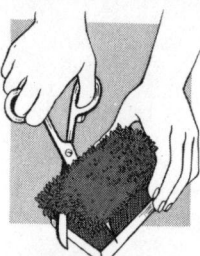
Gartenkresse mit einer Küchenschere portionsweise vom »Beet« schneiden.

Zitronensaft oder Orangensaft mischen und leicht würzen. Kresse läßt sich gut mit Äpfeln, Mandarinen oder Orangen kombinieren. Mit Kresse lassen sich auch andere Salate würzen.

Löwenzahn
Im Frühjahr vor der Blüte die Blattrosetten für Salat sammeln. Dem Löwenzahn wird Heilwirkung für verschiedene Krankheiten zugeschrieben.

ARTISCHOCKE BIS ZWIEBEL

Die Volksmedizin sieht in ihm eine Pflanze zur allgemeinen Stärkung, z.B. gegen Appetitlosigkeit und Stoffwechselstörungen. Löwenzahnblätter kann man für Salate besonders gut mit anderen Wildkräutern der Saison mischen.

Möhren
(Mohrrübe, Gelbe Rübe, Wurzel oder auch Karotte). Karotten sind die kurzen, runden Frühmöhren. Sommer- und Herbstmöhren sind längliche Wurzeln von beschränkter Lagerfähigkeit. Zum Überwintern eignen sich nur die Spätmöhren von langer, dicker Form.
Einkaufen: Darauf achten, daß die Wurzeln nicht beschädigt sind und keine Risse aufweisen. Werden Frühmöhren mit Laub angeboten, sollen die grünen Blätter noch frisch sein.
Lagern: Im Gemüsefach des Kühlschranks bis zu 10 Tagen.
Zubereiten: Junge Möhren unter fließendem kaltem Wasser bürsten, ältere schaben. Für Rohkostsalate raspeln, für Gemüsesalate im Ganzen kochen und danach in Würfel oder Stifte schneiden oder bereits geschnitten garen. Besonders dekorativ sehen zerkleinerte Möhren aus, wenn man sie mit einem Buntmesser schneidet. In wenig Salzwasser bei milder Hitze zugedeckt dünsten. Junge Möhren sind nach 5–10 Minuten gar, ältere benötigen bis zu 45 Minuten. Geraspelte Möhren schmecken gut mit einer Sauce aus Zitronensaft, Sahne, Salz und Zucker oder mit einer süßsauren Essig-Öl-Sauce (mit Apfelraspeln gemischt). Gegarte Möhren sind oft Bestandteil von Gemüsesalaten. Salat aus rohen oder gegarten Möhren wird wahlweise mit Dill, Honig, Ingwerpulver, Meerrettich, Petersilie, weißem Pfeffer, frischer Pfefferminze, Zitronenmelisse, Rosmarin oder Zucker gewürzt.

Palmenherzen
(Palmemark, Palmitos). Zartes Inneres der sprießenden Blattstiele verschiedener Palmenarten. Von zart säuerlichem Geschmack, angenehm fleischig. Fast ausschließlich als Konserve auf dem Markt.
Zubereiten: In einer Essig-Öl-Sauce, kombiniert mit Orange und Zwiebel. Geeignet als Vorspeise.

Paprikaschoten
Einkaufen: Grüne Paprikaschoten ganzjährig, gelbe und rote im Spätsommer und im Herbst. Auf eine glatte, glänzende Haut achten. Rote Paprikaschoten gibt es auch vorgegart in Gläsern zu kaufen.
Lagern: Im Gemüsefach des Kühlschranks bis zu 4 Tagen.
Zubereiten: Die Paprikaschoten längs halbieren, von den weißen Rippen und Kernen befreien, die Schotenhälften waschen und in Streifen schneiden. Oder mit einem scharfen Messer, besser mit einem Sägemesser, in dünne Ringe schneiden und die Rip-

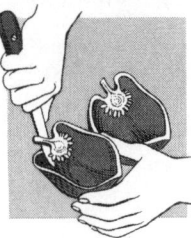

Aus den längs halbierten Paprikaschoten die Rippen und Kerne entfernen…

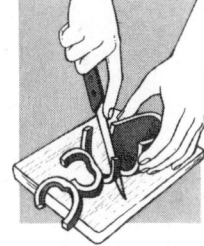

… und die Schotenhälften in feine Streifen schneiden.

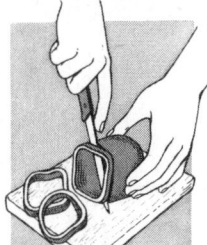

Ganze Paprikaschoten in dünne Ringe schneiden.

pen und Kerne entfernen. Für sehr feine Salate die Paprikaschoten häuten: Die Schoten auf eine Gabel spießen und von allen Seiten gut über der Gasflamme oder der sehr heißen Elektroplatte leicht ansengen. Die Haut läßt sich dann leicht abziehen. Paprikaschoten für Salate roh oder blanchiert verwenden. Als Salatsauce eignet sich vor allem ein Essig-Öl-Gemisch, mit Pfeffer, Zucker oder Meerrettich abgeschmeckt. Paprikaschoten schmecken kombiniert mit Äpfeln, Blattsalaten und Zwiebeln besonders gut.

Radicchio
Ein italienischer Salat mit kleinen, nicht ganz geschlossenen Salatköpfen mit violetten, weißgeäderten, festen Blättern von herbem, leicht bitterem Geschmack.
Einkaufen: November bis März. Auf unbeschädigte Salatköpfe mit knakkig-frischen Blättern achten.
Lagern: Im Plastikbeutel im Gemüsefach des Kühlschranks nicht länger als 3 Tage.
Zubereiten: Radicchioblätter mit einer Salatsauce aus Essig und Öl anmachen oder die Köpfe vierteln und mit einem feinen Dressing servieren. Zum Würzen eignen sich Knoblauch, Senf, Zwiebeln und Zucker. Wer den leicht bitteren Geschmack von Radicchio unterstreichen möchte, verwendet den sehr fein gehackten Strunk der Radicchiostaude für die Salatsauce. Radicchio läßt sich gut mit Kopfsalat, Paprikaschoten, Tomaten und Zwiebeln kombinieren.

Radieschen
Einkaufen: Ganzjährig. Auf unbeschädigte, feste Wurzelknollen achten. Zu große Radieschen sind innen oft pelzig, zu kleine trocknen rasch aus und sehen dann welk aus.
Lagern: Im Plastikbeutel im Gemüsefach des Kühlschranks bis zu 4 Tagen.
Zubereiten: Radieschen für Salate in dünne Scheiben schneiden. Die Sauce für Radieschensalat aus Essig und Öl oder aber mit Zitronensaft, Zucker und Joghurt bereiten. Radieschen eignen sich zum Kombinieren mit gemischtem Salat auf der Basis von Kopfsalat oder Gurke.

Rapunzel
siehe Feldsalat.

Rettich
Je jünger der Rettich ist, desto milder schmeckt er, ältere sind scharf im Geschmack. Rettich gibt es in verschiedenen Größen mit weißer, roter und schwarzer Haut. Schwarzer Rettich, ein Naturheilmittel gegen Gallenbeschwerden, ist sehr scharf.
Einkaufen: Ganzjährig. Auf unverletzte Wurzel achten, die stramm und druckunempfindlich ist.
Lagern: Im Plastikbeutel im Gemüsefach des Kühlschranks nicht länger als 4 Tage.
Zubereiten: Wie Radieschensalat.

Römischer Salat
(Bindesalat). Eine grüne Blattsalatstaude, die hauptsächlich aus Italien kommt. Die Außenblätter der Staude sind kräftiger als Kopfsalatblätter. Die Salatherzen sind jedoch sehr zart. Römischer Salat schmeckt herber als Kopfsalat.
Einkaufen: Oktober bis Februar. Auf möglichst unbeschädigte, kräftig grüne, knackige Außenblätter achten.
Lagern: Im Gemüsefach des Kühlschranks im Frischhaltebeutel höchstens 4 Tage.
Zubereiten: wie Kopfsalat. Die Blätter in Streifen schneiden oder in kleinere Stücke reißen. Römischer Salat schmeckt mit allen Salatsaucen und

ARTISCHOCKE BIS ZWIEBEL

 Römischen Salat von den Blattspitzen zum Staudenende hin in Streifen schneiden.

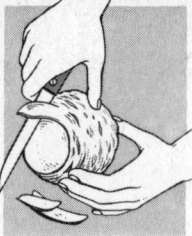 Knollensellerie nicht zu dünn schälen.

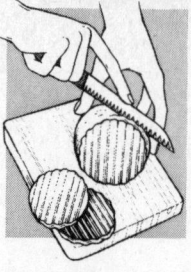 Für Salate die gegarten Sellerieknollen mit einem Buntmesser in Scheiben schneiden.

Gewürzen, mit denen auch Kopfsalat zubereitet wird.

Rote Bete
(Rote Rübe, Rane). Wird in guter Qualität auch in Gläsern eingemacht angeboten.
Einkaufen: September bis Februar. Nur kleine bis mittelgroße, unverletzte Wurzeln mit frischem Blattgrün wählen.
Lagern: Roh im Gemüsefach des Kühlschranks bis zu 3 Wochen.
Zubereiten: Rote Beten werden meist gegart verwendet. Die Garzeit beträgt je nach Größe der Knollen etwa 60 Minuten. Die abgekühlten Knollen schälen und mit dem Buntmesser in Scheiben schneiden. Rote-Bete-Salat mit einer süßsauren Sauce anmachen. Zum Würzen eignen sich Anis, Koriander, Kümmel, Meerrettich, gemahlener Pfeffer oder Zwiebeln.
Rote Bete als Rohkostsalat schmeckt besonders gut mit Äpfeln und Sellerie gemischt.

Sauerampfer
Wildwachsende Wiesenpflanze mit saftigen, sauer schmeckenden Blättern. Für Salate in kleinen Mengen als würzende Zutat verwenden.

Sellerie
Sellerie gibt es als Knollensellerie und als Stangensellerie, auch Stauden- oder Bleichsellerie genannt. Für Salate werden beide Arten verwendet. Knollensellerie wird auch vorgegart in Dosen oder als marinierter Salat in Gläsern angeboten.
Einkaufen: Knollensellerie September bis April, Stangensellerie Oktober bis März. Bei Knollensellerie darauf achten, daß er rundherum fest ist und keine weichen Stellen hat. Bei Stangensellerie darauf achten, daß die Blätter frisch und die Stangen elastisch und unverletzt sind.
Lagern: Knollensellerie – als ganze Knolle oder zerteilt – luftdicht verpackt bis zu 14 Tagen, Stangensellerie 3 Tage im Gemüsefach des Kühlschranks.
Zubereiten: Knollensellerie geschält, von Salzwasser bedeckt, mit einem

Schuß Essig oder Zitronensaft, bei milder Hitze zugedeckt in etwa 60 Minuten garen. Abkühlen lassen und mit dem Buntmesser in Scheiben, Würfel oder Streifen schneiden. Mit einer Essig-Öl-Sauce anmachen, mit Kresse, geriebener Muskatnuß, Zitronenmelisse oder Zitronensaft würzen. Knollensellerie schmeckt gut zusammen mit Äpfeln, Nüssen und Zwiebeln.
Stangensellerie wird für Salate roh verwendet. Die Stangen in etwa 1 cm breite Streifen schneiden und zum Salat geben. Mit Estragon, Ingwer, Senf oder Zitronensaft würzen. Oder die Stangen in 5–6 lange Stücke schneiden und mit einem Dressing servieren oder die Stangen mit einer Käsecreme füllen.

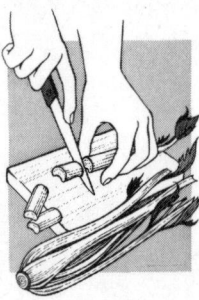 Selleriestangen einzeln in etwa 1 cm breiten Streifen schneiden.

Sojasprossen
(Sojabohnenkeime, Sojabohnensprossen). Sojasprossen werden bei uns hauptsächlich in Dosen angeboten. Es gibt spezielle Keimapparate (im Reformhaus erhältlich), in denen man die Keimlinge in 4 Tagen selbst ziehen kann.
Einkaufen: Dosen ganzjährig.
Lagern: Sojasprossen aus der Dose umfüllen und von der Dosenflüssigkeit bedeckt bis zu 1 Woche im Kühlschrank aufbewahren. Frische Sojakeime bald verbrauchen.
Zubereiten: Sojasprossen aus der Dose für Salate in einem Sieb kalt überbrausen und abtropfen lassen.

Zum Bild rechts:

Es muß nicht immer Kopfsalat sein, wenn Sie einen grünen Salat servieren wollen. In den letzten Jahren hat sich die Auswahl der für diesen Zweck geeigneten Salatpflanzen beträchtlich vergrößert. Unser Bild zeigt die wichtigsten Blattsalatpflanzen.

1 *Eisbergsalat, Eissalat oder auch Krachsalat – eine Kopfsalatart*
2 *Kopfsalat, auch Buttersalat genannt*
3 *Löwenzahn – die Kulturform der wildwachsenden Pflanze*
4 *Chinakohl – langkegelige Köpfe mit schwachem Kohlgeschmack*
5 *Radicchio oder auch rote Endivie – kleine Kopfsalatart mit zarten, leicht bitter schmeckenden Blättern*
6 *Endiviensalat – glatte, breitblättrige Form auch Escorial genannt*
7 *Römischer Salat oder Sommerendivie*
8 *Krause Endivie auch Winterendivie oder Frisée*
9 *Chicorée – die zarten, leicht bitteren Sprossen einer Zichorienart*
10 *Feldsalat oder Rapunzelsalat*

ARTISCHOCKE BIS ZWIEBEL

Zum Bild links:

Ungeahnte Geschmacksnuancen lassen sich mit Kräuteressig und Würzöl erzielen. Solche raffinierten Salatsaucen-Zutaten, sind bei berühmten Küchenchefs besonders beliebt. Sie können sie für Ihre eigene Salatküche ohne Mühe selbst herstellen. Man benötigt dazu guten Weinessig, naturreinen Wein, geschmacksneutrales Öl sowie Kräuter und Gewürze nach eigener Wahl. Estragon, Zitronenmelisse und Basilikum geben Essig ein feines, unaufdringliches Kräuter-Aroma. Eine ausgeprägtere Geschmacksnote bekommt der Essig, wenn man nur ein Kraut dafür verwendet, beispielsweise den würzigen, leicht bitteren Estragon. Mit frischen Himbeeren, Holunderbeeren, Veilchen- oder Rosenblättern erhält er interessante ausgefallene Geschmackskomponenten. – Knoblauchzehen, Würzpilze, Pfefferschoten oder Rosmarin sind geeignete Aromaträger für Würzöle.
Eine genaue Anleitung zur Herstellung von Kräuteressig und Würzöl finden Sie auf den Seiten 88 und 89.

Frische Sojasprossen nach Belieben blanchieren: mit kochendem Wasser überbrühen, 2 Minuten ziehen und dann abtropfen lassen. Sojasprossen mit Sojasauce würzen. Mit Chicorée oder Endiviensalat kombinieren.

Spargel
Einkaufen: Ende April bis Juni frisch, oder ganzjährig in Dosen und Gläsern. Bei frischem Spargel auf nicht trockene, nicht verfärbte Schnittenden achten.

Lagern: Frischen Spargel in ein feuchtes Tuch einschlagen; hält sich im Gemüsefach des Kühlschranks etwa 2 Tage (das Tuch wiederholt anfeuchten).

Zubereiten: Spargel für Salate von oben bis unten sorgfältig und nicht zu dünn schälen und die holzigen Enden abschneiden. Kalt waschen und in kochendem Salzwasser mit etwas Zucker in 25–35 Minuten garen.
Die abgekühlten Spargelstangen mit einer Essig-Öl-Sauce anmachen oder den Spargel kleinschneiden und zu einem gemischten Salat geben. Mit abgeriebener Zitronenschale, Zucker und Schnittlauch würzen. Spargel läßt sich mit hartgekochtem, kleingehacktem Ei kombinieren.

Tomaten
Für Salate eignen sich am besten die aromatischen Sommertomaten aus Freilandkulturen.
Einkauf: Ganzjährig. Rote, ausgereifte Früchte wählen, die keine schlechten Stellen und eine glatte, glänzende Haut haben.
Lagern: Bei Raumtemperatur 4 bis 5 Tage.
Zubereiten: Für Salate Tomaten mit dem Tomatenmesser quer in Scheiben schneiden oder achteln. Für feine Salate oder Salatcocktails die Tomaten häuten. Dazu das stiellose Ende kreuzweise einritzen, die Tomaten kurz in kochendes Wasser tauchen und dann die Haut abziehen. Tomatensalat mit einer Essig-Öl-Sauce anmachen. Als Gewürze passen Basilikum, Dill, Estragon, Knoblauchpulver, Oregano, Petersilie, frischgemahlener schwarzer Pfeffer, Schnittlauch

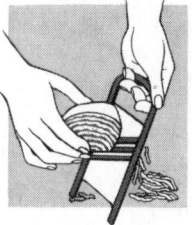

Tomaten häuten: Die Tomaten am stiellosen Ende kreuzweise einschneiden, …

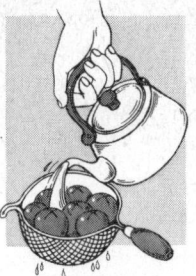

… mit kochendheißem Wasser überbrühen …

… und die locker aufgesprungene Haut abziehen.

oder Thymian. Tomaten lassen sich ausgezeichnet mit Zwiebeln und Gurken oder grünem Pfeffer aus dem Glas kombinieren.

Weißkohl
Was für Salate aus Weißkohl gilt, trifft auch für Rotkohlsalate zu.
Einkaufen: Ganzjährig. Auf festgeschlossene Köpfe mit fleckenlosen Außenblättern achten, die keine Risse haben.
Lagern: Im Gemüsefach des Kühlschranks 1 Woche.
Zubereiten: Den Kohlkopf für Salate vierteln, den Strunk herausschneiden und die Viertel in feine Streifen schneiden oder hobeln. Nach Belieben

Weißkohl oder Rotkohl für Salate vierteln und sehr fein hobeln.

die Kohlstreifen mit kochendheißem Wasser überbrühen, 5 Minuten darin liegen lassen, in ein Sieb schütten und gut ausdrücken; das Überbrühen macht die Kohlstreifen zarter. Den Kohlsalat mit einer Essig-Öl-Marinade anmachen. Mit Kerbel, Knoblauch, Kümmel, weißem Pfeffer, ausgebratenen Speckwürfeln oder Zwiebelwürfeln würzen. Zu Rotkohl passen gemahlener Ingwer, Kümmel, Nelken, Zimt und Zucker.

Zucchini
Kleine Gemüsekürbisse, ähnlich wie Gurken geformt.
Einkaufen: Ganzjährig. Je kleiner die Frucht, desto zarter ist sie im Geschmack. Früchte mit glatter, grüngrauer Farbe wählen. Die Frucht soll auf Druck nicht nachgeben.
Lagern: In einem Plastikbeutel im Gemüsefach des Kühlschranks bis zu 1 Woche.

PRAKTISCHER RAT

Zubereiten: Zucchini zu Salaten roh wie Gurken – aber ungeschält – verarbeiten, oder in Scheiben schneiden und in Öl einige Minuten von allen Seiten anbraten. Mit einer Essig-Öl-Sauce oder einer feinen Senfsauce anmachen. Mit Basilikum, Dill, Knoblauch, weißem Pfeffer oder Zwiebeln würzen. Zucchini schmecken gut mit Auberginen, Paprikaschoten oder Tomaten.

Zwiebeln
Für puren Zwiebelsalat verwendet man die große, milde Gemüsezwiebel (Sommerzwiebel), zum Würzen die normale Würzzwiebel (Winterzwiebel) oder Schalotten, die ein feineres Aroma haben.
Einkaufen: Gemüsezwiebel Juni bis August; Würzzwiebel ganzjährig. Auf feste Knollen achten.
Lagern: In einem kühlen, luftigen Raum mehrere Monate.
Zubereiten: Die geschälten Zwiebeln für Zwiebelsalate, zum Garnieren oder als Bestandteil gemischter Salate am besten in Ringe, als Würzzutat in kleine Würfel schneiden. Dazu die geschälte Zwiebel halbieren und erst waagerecht bis kurz vor das Wurzelende scheibenartig einschneiden. Dann die eingeschnittene Zwiebelhälfte senkrecht erst quer und dann noch einmal längs in Scheiben schneiden, die in Würfel zerfallen. Zwiebel-

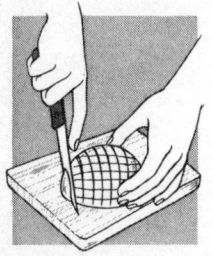 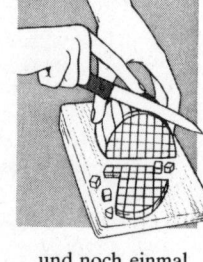

Zwiebeln würfeln: Die Zwiebel halbieren. Die Hälften erst waagerecht bis kurz vor dem Wurzelansatz, dann senkrecht quer...

... und noch einmal längs in Scheiben schneiden, die in einzelne Würfel zerfallen.

salat mit Basilikum, Dill, gemahlenem Ingwer, Kümmel, Petersilie oder Salbei und je nach Schärfe mit einer Prise Zucker würzen.

Praktischer Rat

Für Salate aus rohen Bestandteilen und Salate aus gegarten Zutaten gibt es einige »goldene« Regeln: Nehmen Sie nur Zutaten von bester Qualität. Ein welker Salatkopf ist zwar billiger als ein knackig frischer, er liefert aber auch viel mehr Abfall und enthält weniger Vitamine und Mineralstoffe.

Überlagerte Mayonnaise, nicht mehr ganz frischer Joghurt können geschmacklich den ganzen Salat verderben. Gutes, geschmacksneutrales Öl bringt die Aromastoffe der Zutaten voll zur Geltung. Verbrauchen Sie die frischen Salatzutaten frisch. Das gilt vor allem für Rohkostsalate und grüne Salate.

Blattsalate
Je frischer die Bestandteile, je kürzer der Weg vom Beet in die Salatschüssel, desto besser schmeckt der fertige Salat.
Reichen Sie vor allem im Winter, wenn viele Gemüsesorten teuer oder gar nicht angeboten werden, oft grüne Salate wie Endivien-, Feld-, Eisberg- oder Kopfsalat. Bereiten Sie nur soviel Salat zu, wie auch verzehrt wird. Rohkost- und Blattsalate lassen sich nicht aufbewahren.

Es ist ein weitverbreitetes Vorurteil, daß die zarten, gelben Blätter im Inneren des Salates die besten sein sollen. Die meisten Wirkstoffe befinden sich in den chlorophyllhaltigen, grünen Blättern.

Blattsalate erfordern viel Sorgfalt bei der Zubereitung. Wenn die Blätter unter fließendem kaltem Wasser gewaschen werden, sollte das möglichst mit einer Handbrause, zumindest aber mit schwachem Wasserstrahl geschehen. Sonst werden die zarten Blätter – vor allem bei Treibhaussalat – verletzt.
Die gewaschenen Salatblätter abtropfen lassen, auf ein frisches Küchentuch legen, die Zipfel des Tuches zusammenfassen und die Salatblätter im Tuch locker ausschwenken. Dann in einem Salatkorb oder Durchschlag vollends trocknen lassen.

Bereiten Sie die Marinade oder die Salatsauce ohne Ölzugabe vor. Wenn Sie einen Hauch von Knoblauch mögen, reiben Sie die Schüssel, in der der Salat angemacht wird, zuerst mit einer halbierten Knoblauchzehe aus. Geben Sie die trockenen Salatblätter in die Salatschüssel, gießen Sie die Salatsauce darüber und mischen Sie den Salat behutsam. Geben Sie erst kurz vor dem Servieren das Öl mit den Kräutern über den Salat. Mischen Sie den Salat erst bei Tisch gründlich.

Bewahren Sie die für einen Salat feingehackten Kräuter bis zu ihrer Verwendung in einem zugedeckten Gefäß auf, damit die Aromastoffe nicht verfliegen.

Rohkostsalate
Beim Einkauf von Gemüse, Obst oder anderen Zutaten für Rohkostsalate darauf achten, daß die Pflanzen beim Verpacken nicht unnötig gequetscht oder beschädigt werden. Nicht unnötig lange lagern.

Die Pflanzen nicht im Wasser liegen lassen. Unter fließendem kaltem Wasser waschen, gleich verarbeiten und servieren. Ein Rohkostsalat ist nach 2–3 Stunden »tot«.

Junges, zartes Gemüse wie Möhren, Rettiche, Salatgurken nicht schälen. Viele Wirkstoffe befinden sich in oder unmittelbar unter der Schale. Gründliches Bürsten unter fließendem Wasser genügt zur Reinigung.

Angeschnittene oder zerkleinerte Äpfel, Sellerie, Birnen und Bananen laufen leicht braun an. Die Verfärbung beeinträchtigt weder den Geschmack, noch zerstört sie die Wirkstoffe der Früchte oder Wurzeln. Für das Auge sind jedoch verfärbte Schnittflächen störend. Träufeln Sie sofort etwas Zitronensaft über die zerkleinerten Früchte, so bewahren sie ihre natürliche Farbe.

Einen öfters leicht herben Eigengeschmack einzelner roh verwendeter Gemüsesorten mildert eine Prise Zucker. Rohe Gemüsesalate mischt man deshalb gern mit Obstsorten, die eine natürliche Süße besitzen.

Selbst ein Rohkostsalat kann für einen kalorienbewußten Esser zu einer sättigenden, ausreichenden Mahlzeit werden. Den Salat dann mit gehackten Nüssen oder Eischeiben anreichern, die ihn wegen ihres Eiweißgehaltes sinnvoll ergänzen.

Salate aus gegartem Gemüse
Gemüsesalate sind eine wertvolle Ergänzung zu allen Fleisch-, Geflügel- oder Fischgerichten; sie können aber auch eine vollwertige, leichte Mahlzeit sein.

Gemüse möglichst schonend garen. Am besten über Wasserdampf im Dämpftopf oder im Schnellkochtopf. Gekocht wird Gemüse zugedeckt in möglichst wenig Wasser. Gemüse

BLATTSALATE

nicht zu weich kochen, dann hat es noch einen »Biß«, und der Salat schmeckt kerniger.

Die einzelnen Bestandteile eines Salates sollten möglichst in gleich große Stücke von gleicher Form geschnitten werden, weil der Salat dann appetitlicher wirkt.

Gemüsesalate etwa 30 Minuten zugedeckt in der Salatsauce ziehen lassen. Vor dem Servieren noch einmal mischen und abschmecken.

»Ertränken« Sie Gemüsesalate nicht in Salatsauce. Würzen Sie kräftig, aber nicht so stark, daß der Eigengeschmack des Gemüses überdeckt wird.

Garnieren Sie Salate. Achten Sie darauf, daß die Garnierung geschmacklich mit dem Salat harmoniert.

Gemischte Salate
Diese Salate sind häufig keine Beilagen oder Vorspeisen, sondern eigenständige, sättigende Gerichte.

»Bunte« Salate können außer Fleisch, Wurst, Geflügel, Fisch, Meeresfrüchten, Eiern oder Käse rohes oder gegartes Gemüse, in geringerer Menge auch Obst enthalten. Grundlage solcher Salate bilden oft Reis, Nudeln oder Kartoffeln.

Gemischte Salate müssen genügend lange durchziehen; etwa 2–3 Stunden.

Vor dem Servieren wird der Salat noch einmal durchgehoben und, wenn nötig, auch nachgewürzt.
Eiersalate (wie auch Kartoffelsalat) saugen viel Flüssigkeit auf und benötigen oft nach dem Durchziehen nochmals einen Schuß von der gleichen Saucenart, mit der sie angemacht wurden. Deshalb diese Sauce nicht zu knapp bemessen. Eiersalate kann man zugedeckt etwa 24 Stunden im Kühlschrank aufbewahren. Etwa 2 Stunden vor dem Servieren aus dem Kühlschrank nehmen, damit sie Raumtemperatur annehmen.

Bei Kartoffelsalat ist Vorsicht geboten. In den Sommermonaten kann er auch im Kühlschrank rasch verderben.

Ein wahres Schlaraffenland verbirgt sich hinter dem Wort »Salat«. Wir können uns kaum noch eine Mahlzeit ohne einen Salat vorstellen.

Das Wort Salat kommt aus dem Italienischen; »salata« heißt »gesalzen«. Fleisch, Fisch und Pflanzen wurden mit Kräutern, Gewürzen, Essig und anderen Zutaten eingelegt – schon im Alten Rom und in Athen. Hoffähig wurde der Salat erst in Frankreich im 18. Jahrhundert. Salatmischer waren Hofbeamte. Für besondere Salatkreationen wurden sie mit Orden ausgezeichnet. Wie viele Orden müßte dann manch findige Hausfrau in unseren Tagen wohl bekommen?

Grundrezept für Blattsalate
Kopfsalat

1 großer Kopfsalat	Pro Person etwa:
2 Eßl. Weinessig	500 Joule
je 1 Messersp. Salz und Pfeffer	120 Kalorien
nach Belieben 1 Prise Zucker	
5 Eßl. Öl	

Die äußeren, schlechten Blätter des Salatkopfes entfernen. Mit einem spitzen Messer etwa 2 cm tief rund um den Strunkansatz einschneiden oder den Strunk mit den Fingern fassen und kräftig umdrehen. So zerfällt der Salatkopf in einzelne Blätter. Die Blätter einzeln mehrmals unter schwachfließendem, kaltem Wasser waschen, dabei schlechte Stellen entfernen und die Blätter etwas kleiner reißen. Die gewaschenen Blätter auf ein frisches Küchentuch legen, die Ecken des Tuches zusammennehmen und die Salatblätter darin leicht schwenken. In einem Salatkorb oder Durchschlag dann vollends trocknen lassen.

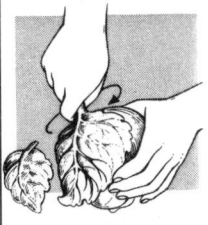

Dreht man den Strunk vom Salatkopf ab, so zerfällt die Pflanze in einzelne Blätter.

Die Salatblätter in einem Küchentuch trockenschwenken.

Den Essig in einer kleineren Schüssel mit dem Salz, dem Pfeffer und gegebenenfalls dem Zucker verrühren, bis sich Salz und Zucker gelöst haben. Dann unter Rühren löffelweise das Öl zufügen.

Die trockenen Salatblätter in eine hohe Schüssel geben, die Salatsauce darübergießen; den Salat mit einem langstieligen Salatbesteck locker umwenden und sofort servieren.

Paßt gut zu: allen Gerichten außer Suppen, Eintöpfen und Süßspeisen

Unser Tip: Legen Sie den Salatkopf zum Putzen auf ein großes Stück Zeitung; Sand und Abfälle können dann in die Zeitung gewickelt und weggeworfen werden.

Variante 1
Kopfsalat mit grüner Sauce

1 großen Kopfsalat wie im Rezept beschrieben vorbereiten. ½ Becher Joghurt mit 1 Eßlöffel Zitronensaft, je 1 Prise Salz, weißem Pfeffer und Zucker und mit 3 Eßlöffel Mayonnaise verrühren und pikant abschmecken. Möglichst verschiedene frische Kräuter waschen, abtropfen lassen und kleinschneiden; die Kräuter sollten etwa 2 Eßlöffel ergeben. Einen kleinen Teil der Kräuter zurückbehalten, die anderen mit der Sauce unter den Salat heben. Die verbliebenen Kräuter darübergeben.

Variante 2
Specksalat

1 großen Kopfsalat wie im Rezept beschrieben vorbereiten. 1 Zwiebel schälen und in feine Ringe schneiden. 50 g fetten Speck in sehr kleine Würfel schneiden und in einer Pfanne knusprig ausbraten. 2 Eßlöffel Weinessig mit 2 Eßlöffel Apfelsaft, je 1 Prise Salz, weißem Pfeffer, getrocknetem Oregano und 1 Eßlöffel Öl verrühren und kurz vor dem Servieren mit den Zwiebelringen, den Speckwürfeln und dem Speckfett unter den Salat heben.

Variante 3
Kopfsalat mit Knoblauchsauce

1 großen Kopfsalat wie im Rezept beschrieben vorbereiten. 1 Knoblauchzehe schälen, in kleine Stücke schneiden, mit 1 Prise Salz mit der Messerklinge zerdrücken oder die Knob-

BLATTSALATE

lauchzehe mit der Knoblauchpresse zermusen und das Salz gesondert in die Salatsauce geben. 2 Eßlöffel Weinessig mit je 1 Prise weißem Pfeffer und Zucker, 5 Eßlöffel Öl und dem Knoblauchbrei verrühren und unter den Salat heben. Wem der Knoblauchgeschmack bei dieser Sauce zu intensiv ist, der schält die Knoblauchzehe und reibt nur die Salatschüssel damit aus.

Pe-Tsai nennen die Chinesen diesen Blätterkohl. Die Europäer haben sich mit diesem wohlschmeckenden Kohl noch nicht so ganz anfreunden können. Probieren Sie ihn einmal. Übrigens: Kenner füllen die länglichen Kohlköpfe mit Hackfleisch, dünsten sie in Wasser, Wein und Öl und überbacken sie schließlich.

Chinakohlsalat
Peking-Salat

2 Stengel Petersilie
2 Teel. Currypulver
3 Eßl. Salat-mayonnaise
350 g Chinakohl
4–5 Eßl. Ananasraspel aus der Dose

Pro Person etwa:
460 Joule
110 Kalorien

Die Petersilie waschen, abtropfen lassen, fein schneiden und mit dem Currypulver unter die Mayonnaise rühren. Vom Chinakohl die Blätter lösen, unter fließendem kaltem Wasser waschen, abtropfen lassen und in feine Streifen schneiden. Den Chinakohl mit den Ananasraspeln unter die Currymayonnaise heben und vor dem Servieren einige Minuten durchziehen lassen.

Unser Tip: Geben Sie nach Belieben anstatt der Ananasraspeln 1 geraspelten Apfel zum Salat.

Eisbergsalat

1 kleiner Kopf Eisbergsalat
5 Eßl. Öl
1–2 Eßl. Essig
2 Messersp. Salz
1 Messersp. Zucker
1 Teel. Senf oder ½ Teel. Currypulver

Pro Person etwa:
800 Joule
190 Kalorien

Den Eisbergsalat von den äußeren, schlechten Blättern befreien. Die Blätter lösen, mehrmals unter fließendem kaltem Wasser waschen, in einem frischen Küchentuch ausschwenken und dann in einem Salatkorb gut trocknen lassen. Das Öl mit dem Essig, dem Salz, dem Zucker, dem Senf oder dem Currypulver in der Salatschüssel verrühren, bis sich Salz und Zucker gelöst haben. Die trockenen Salatblätter von den groben Rippen befreien und in kleinere Stücke zerreißen. Kurz vor dem Servieren unter die Salatsauce heben.

Unser Tip: Eisbergsalat läßt sich wie Kopfsalat verwenden. Er schmeckt wie Salatherzen und ist eine ausgezeichnete Grundlage für viele gemischte Salate. Alle Salatsaucen, die zum Kopfsalat passen, können Sie auch für Eisbergsalat verwenden.

Variante
Eisbergsalat mit Früchten

Die gewaschenen und trockenen Salatblätter in breite Streifen schneiden. 2 Mandarinen und 1 Banane schälen. Die Mandarinen in Schnitze teilen und gegebenenfalls die Kerne entfernen; die Banane in dünne Scheiben schneiden und locker mit dem Eisbergsalat mischen. Den Salat mit der Marinade anmachen, anstatt des Essigs jedoch 1 Eßlöffel Zitronensaft verwenden.

Der französische intensiv schmeckende Schafkäse in der Marinade bestimmt den Geschmack dieses pikanten Salates. Sie können an seiner Stelle auch deutschen Edelpilzkäse oder italienischen Gorgonzola verwenden.

Eisbergsalat mit Roquefortsauce

1 Kopf Eisbergsalat
50 g Roquefortkäse
4 Eßl. Magerquark
4–6 Eßl. Milch
1–2 Messersp. Salz
Saft von 1 Zitrone

Pro Person etwa:
420 Joule
100 Kalorien

Den Eisbergsalat von den äußeren, schlechten Blättern befreien, waschen, ausschwenken, gut trocknen lassen und in kleinere Stücke teilen. Den Roquefortkäse mit einer Gabel zerdrücken, mit dem Quark mischen und in der Salatschüssel mit soviel Milch verrühren, bis eine cremige Sauce entstanden ist. Mit dem Salz und dem Zitronensaft abschmecken. Den Salat locker mit der Roquefortsauce mischen und 10–15 Minuten durchziehen lassen.

Paßt gut zu: Grilladen, gebratener Leber, Seefisch oder Eierspeisen.

Endiviensalat

1 großer Kopf Endiviensalat
5 Eßl. Öl
2 Eßl. Essig
2 Messersp. Salz
½ Teel. Zucker
1 Teel. Senf oder ½ Teel. Currypulver

nach Belieben: 1 Sellerieblatt

Pro Person etwa:
650 Joule
180 Kalorien

Die Salatstaude vom Strunk her vierteln. Die Teile gründlich unter fließendem kaltem Wasser waschen, dabei die Blätter auseinanderbiegen und gut abtropfen lassen. Die schlechten Stellen von den Blättern entfernen und die Teile von den Blattspitzen zum Strunk hin in etwa 1 cm breite Streifen schneiden. Das Öl mit dem Essig, dem Salz, dem Zucker, dem Senf oder dem Currypulver verrühren, bis sich Salz und Zucker gelöst haben. Nach Belieben das Sellerieblatt waschen, abtropfen lassen, kleinschneiden und an die Marinade geben. Den Endiviensalat kurz vor dem Servieren locker unter die Marinade heben.

Unser Tip: Verwenden Sie anstatt des Essigs 1–1½ Eßlöffel Zitronensaft und anstatt des Öls 2 Eßlöffel Mayonnaise. Das mildert den etwas bitteren Geschmack des Endiviensalats. Oder geben Sie, wenn Sie die Marinade mit Zitronensaft bereiten, 1 geriebenen Apfel in die Salatsauce.

Chicoréesalat mit Orangen

500 g Chicorée
1 große Orange
½–1 Eßl. Zitronensaft
1–2 Messersp. Salz
2 Messersp. Zucker
3 Eßl. Öl

Pro Person etwa:
590 Joule
140 Kalorien

Die schlechten Blätter von den Stauden entfernen. Die Stauden gründlich kalt abbrausen, trockentupfen und das Wurzelende abschneiden. Mit einem

BLATTSALATE

spitzen Messer einen Keil aus dem Wurzelende schneiden, weil dieser bitterer schmeckt als die Chicoréeblätter. Die Chicoréestaude in etwa 1 cm breite Ringe schneiden, die zu Streifen zerfallen. Die Orange schälen, in Schnitze teilen, diese quer in Scheibchen schneiden und dabei die Kerne entfernen. Den Zitronensaft mit dem Salz, dem Zucker und dem Öl gut verrühren, über den Chicorée und die Orangenscheiben geben und alles gut miteinander vermengen.

Paßt gut zu: kurz gebratenem Fleisch, Wild und Geflügel

Unser Tip: Geben Sie nach Belieben 2 Eßlöffel Tomatenketchup an die Salatsauce oder nur 2 Eßlöffel Öl und 1 Eßlöffel Mayonnaise oder 1 Eßlöffel saure Sahne, oder bereiten Sie die Salatsauce aus 5 Eßlöffel Mayonnaise und 3 Eßlöffel herbem Weißwein.

Fenchel gibt es in zwei Arten: einmal als Heil- und Gewürzpflanze zum anderen als Gemüse. Beim Garten- und Gewürzfenchel verwendet man die Samenkörner, beim Gemüsefenchel die Knollen. Roh oder gedämpft, mit Öl oder Butter, wird dieses im Geschmack recht eigenartige Gemüse besonders von den Sizilianern geschätzt.

Fenchelsalat

4 Eßl. Öl	1 Apfel
1 Eßl. Zitronensaft	2 Fenchelknollen
2 Messersp. Zwiebelsalz	
1 Messersp. Pfeffer	Pro Person eta:
1 Orange	880 Joule
	130 Kalorien

Das Öl mit dem Zitronensaft, dem Zwiebelsalz und dem Pfeffer gut verrühren.
Die Orange schälen, die weiße Haut sorgfältig entfernen, in kleine Würfel schneiden und dabei von den Kernen befreien. Den Apfel waschen, vierteln, schälen, das Kerngehäuse entfernen und ebenfalls in kleine Würfel schneiden. Von den Fenchelknollen die Stiele und die harten äußeren Rippen abschneiden und einige zarte grüne Blätter aufbewahren. Den Fenchel unter fließendem kaltem Wasser waschen, abtrocknen, halbieren und in dünne Scheiben schneiden, die in einzelne Rippen zerfallen. Die Orangenwürfel mit den Apfelwürfeln und dem Fenchel mischen, die Salatsauce unterheben und den Salat zugedeckt 15 Minuten ziehen lassen. Den Fenchelsalat mit Fenchelgrün garnieren.

Unser Tip: Besonders gut schmeckt Fenchelsalat, wenn Sie noch 50 g gewürfelten gekochten oder rohen Schinken zugeben.

Radicchiosalat

400 g Radicchiosalat	1 Eßl. geriebene Mandeln
1 Orange	
1 Eßl. Zitronensaft	
1 Becher Joghurt	Pro Person etwa:
je 1 gute Prise Salz und Zucker	420 Joule
	100 Kalorien

Vom Radicchiosalat die äußeren, schlechten Blätter entfernen. Den Strunk abschneiden und den Salat in einzelne Blätter zerteilen. Die Blätter unter fließendem kaltem Wasser waschen, gut abtropfen und im Salatkorb vollends trocknen lassen. Die Blätter, wenn nötig, etwas kleiner reißen. Die Orange schälen, die weiße Haut sorgfältig entfernen, in Spalten zerteilen und diese in Würfel schneiden. Dabei die Kerne entfernen. Die Orangenwürfel mit dem Radicchiosalat mischen. Den Zitronensaft mit dem Joghurt, dem Salz und dem Zucker verrühren, bis Salz und Zucker gelöst sind, und unter den Salat heben. Die geriebenen Mandeln in einer heißen Pfanne ohne Fettzugabe unter Rühren hellbraun rösten und über den Salat streuen.

Paßt gut zu: Wildgerichten, Schnitzel, Kalbs- oder Schweinshaxe oder gebratenem Fisch

Unser Tip: Sollten beim Kauf noch die Wurzeln an den Radicchiostauden dran sein, so können Sie diese als Würze verwenden. Ein Stückchen Wurzel gründlich waschen, erst in hauchdünne Scheiben schneiden und dann würfeln. Die Wurzelstückchen in die Salatsauce geben. Der Salat bekommt dadurch einen raffiniert zartbitteren Geschmack.

Römischer Salat

1 Römischer Salat	1 Messersp. Salz
50 g Roquefortkäse	1 Prise Pfeffer
50 g Doppelrahm-Frischkäse	
4 Eßl. saure Sahne	Pro Person etwa:
einige Tropfen Worcestersauce	590 Joule
	140 Kalorien

Den Salat von den äußeren, schlechten Blättern befreien, in einzelne Blätter zerlegen, unter fließendem kaltem Wasser waschen, in einem frischen Küchentuch schwenken und im Salatkorb trocknen lassen.
Den Roquefortkäse und den Frischkäse mit der Gabel zerdrücken und glattrühren. Die saure Sahne mit der Worcestersauce, dem Salz und dem Pfeffer unterrühren.
Die Salatblätter etwas kleiner reißen, mit der Roquefortsauce übergießen, locker mit der Sauce mischen und gleich servieren.

Wie beliebt dieser Ackersalat ist, läßt sich aus vielen volkstümlichen Namen erkennen: Rapunzel, Rabienschen; in Bayern Nüsselsalat, in der Schweiz Nüßlisalat. In Österreich ist er als Fogasalat bekannt.

Feldsalat

5 Eßl. Öl	1 kleine Zwiebel
2 Eßl. Essig	250 g Feldsalat
je 2 Messersp. Salz und Zucker	Pro Person etwa:
1 Messersp. Pfeffer	500 Joule
	120 Kalorien

Das Öl, den Essig, das Salz, den Zucker und den Pfeffer in einer Salatschüssel verrühren, bis sich Salz und Zucker gelöst haben. Die Zwiebel schälen und in sehr kleine Würfel schneiden und in die Marinade geben. Die Marinade etwa 30 Minuten durchziehen lassen. Inzwischen die Salatpflänzchen unter fließendem kaltem Wasser waschen, dabei mehrmals mit der Hand umwenden, welke Blätter und schlechte Blattstellen entfernen und die Wurzelansätze etwas kürzen. Den Salat in einem frischen Küchentuch ausschwenken und anschließend in einem Salatkorb gut trocknen lassen. Den Feldsalat kurz vor dem Servieren locker unter die Marinade heben.

Unsere Tips: Garnieren Sie Feldsalat mit geviertelten oder kleingehackten hartgekochten Eiern. Machen Sie Feldsalat zur Abwechslung auch einmal mit einer Sahne-Joghurt-Sauce oder mit Gartenkräuter-Dressing an.

Feldsalat schmeckt sehr gut als Zugabe zu einfachem Kopfsalat oder mit Orangen- oder Pfirsichschnitzchen gemischt.

RETTICH- UND RADIESCHENSALAT

Spinatsalat

1 Ei
1 Zwiebel
1 Eßl. Zitronensaft
1 Teel. Salz
2 Messersp. Zucker
1 Messersp. Pfeffer
4 Eßl. Öl
200 g junger Spinat
50 g gekochter Schinken

Pro Person etwa:
960 Joule
230 Kalorien

Das Ei hart kochen, abschrecken und schälen. Die Zwiebel schälen und sehr fein würfeln. Den Zitronensaft mit dem Salz, dem Zucker, dem Pfeffer, dem Öl und den Zwiebelwürfeln verrühren, bis sich Salz und Zucker aufgelöst haben. Die Spinatblätter verlesen, in einem Durchschlag unter fließendem kaltem Wasser gründlich waschen, dabei mehrmals vorsichtig wenden und gut abtropfen lassen. Das Ei und den Schinken in kleine Würfel schneiden. Die Spinatblätter in die Salatschüssel geben, die Marinade darübergießen und locker unterheben. Den Spinatsalat mit den Ei- und Schinkenwürfeln bestreuen und gleich servieren.

Kressesalat

1 Karton Gartenkresse
1 kleiner Kopfsalat
½ Bund Radieschen
3 Eßl. Öl
1 Eßl. Essig
2 Messersp. Salz
1 Messersp. Zucker
2 Eßl. Sahne

Pro Person etwa:
730 Joule
150 Kalorien

Die Kresse mit einer Küchenschere vom Beet schneiden. In einem Sieb kalt abbrausen, dabei mit der Hand mehrmals umwenden. In einem frischen Küchentuch ausschwenken und im Sieb trocknen lassen. Den Kopfsalat in Blätter zerteilen, einzeln unter fließendem Wasser waschen, im Küchentuch ausschwenken und im Salatkorb trocknen lassen. Die Radieschen waschen, abtropfen lassen und in dünne Scheiben schneiden. Das Öl mit dem Essig, dem Salz und dem Zucker in einer Salatschüssel verrühren, bis sich Salz und Zucker gelöst haben. Die Kresse mit dem Kopfsalat und den Radieschen unter die Marinade heben, die Sahne darüberträufeln und den Salat gleich servieren.

Paßt gut zu: gebratenem Schnitzel, gekochtem Fisch oder Eierspeisen

Unser Tip: Purer Kressesalat ist nicht ganz billig, wenn auch sehr gesund. Kresse eignet sich daher am besten zum Mischen mit anderen grünen Salaten. Wer im Frühjahr frische Salate und Gewürzkräuter sucht, sollte sich an die Gartenkresse und an die wild wachsende Brunnenkresse halten. Die Blätter beider Arten mit ihrem rettichähnlichen, herben Geschmack lassen sich nur frisch verwenden. Die Brunnenkresse enthält doppelt soviel Vitamin A und C wie beispielsweise der Kopfsalat.

Löwenzahnsalat mit Speck

2 Eier
500 g Löwenzahn
2 Knoblauchzehen
75 g Speck
3 Scheiben Weißbrot
3 Eßl. Kräuteressig
1 Teel. Senf
2 Messersp. Salz
1 Messersp. Pfeffer
3 Eßl. Öl

Pro Person etwa:
1510 Joule
360 Kalorien

Die Eier hart kochen, abschrecken und schälen. Vom Löwenzahn die welken Blätter entfernen und, wenn nötig, die Wurzelenden abschneiden. Den Löwenzahn gründlich waschen, abtropfen und trocknen lassen. Die Blätter quer nicht zu klein schneiden. Die Knoblauchzehen schälen, eine davon halbieren und eine Schüssel damit ausreiben. Die Löwenzahnblätter hineingeben und zugedeckt stehenlassen.
Den Speck kleinwürfeln und ausbraten. Die Weißbrotscheiben würfeln. Die ausgebratenen Speckwürfelchen aus dem Speckfett heben, das Fett wieder erhitzen, die Weißbrotwürfel hineingeben und rasch goldbraun braten. Die Brotwürfel aus dem Speckfett nehmen und mit dem ausgepreßten Saft der zweiten Knoblauchzehe beträufeln.
Die Eigelbe aus den Eiern lösen, mit einer Gabel zerdrücken und mit dem Essig, dem Senf, dem Salz, dem Pfeffer, dem Öl und dem Speckfett zu einer Salatsauce verrühren. Die Speck- und Weißbrotwürfel mit dem Löwenzahn mischen, die Salatsauce darübergießen und unterheben.

Rettichsalat

2 Rettiche
1 Bund Schnittlauch oder ½ Karton Gartenkresse
4 Eßl. Öl
2 Eßl. Weinessig
3 Messersp. Salz

Pro Person etwa:
290 Joule
70 Kalorien

Zeit zum Durchziehen:
30 Minuten

Den Rettich waschen, dünn schälen und auf einer Rohkostreibe in eine Schüssel reiben. Den Schnittlauch oder die Gartenkresse waschen, abtropfen lassen, fein schneiden und mit dem Rettich mischen. Den Rettichsalat der Reihe nach mit dem Öl, dem Essig und dem Salz vermischen und zugedeckt 30 Minuten ziehen lassen. Vor dem Servieren noch einmal mit Salz und Essig abschmecken.

Paßt gut zu: gebratener Schweinshaxe, Osso buco, Frikadellen oder gebratenem Fleischkäse

Radieschensalat mit Kräutern

2 Stengel Zitronenmelisse oder ½ Karton Gartenkresse
⅛ l saure Sahne
1 Eßl. Magerquark
1 Teel. Öl
1 Messersp. Senf
1 Teel. frisch, gemahlener schwarzer Pfeffer
1 Eßl. Zitronensaft
2 Messersp. Salz
1 Messersp. Zucker
2 Bund Radieschen
½ Bund Dill

Pro Person etwa:
330 Joule
80 Kalorien

Die Zitronenmelisse oder die Kresse kurz kalt abbrausen, abtropfen lassen und kleinschneiden. In einer nicht zu kleinen Schüssel die Sahne mit dem Quark, dem Öl, dem Senf, dem Pfeffer, dem Zitronensaft, dem Salz, dem Zucker und den feingeschnittenen Kräutern gut verrühren. Die Radieschen unter fließendem kaltem Wasser waschen, abtrocknen, von den Blättern und Wurzelenden befreien, in Scheibchen in die Salatsauce schneiden oder hobeln und unterheben. Den Dill kurz kalt abbrausen, abtropfen lassen, fein hacken und über den Salat streuen.

Grundrezept

Tomatensalat

6–8 Tomaten
1 Messersp. Salz
1 Prise schwarzer Pfeffer
1 Zwiebel
4 Eßl. Öl
1 ½ Eßl. Weinessig
½ Bund Schnittlauch oder Petersilie

Pro Person etwa:
670 Joule
160 Kalorien

Die Tomaten waschen, abtrocknen, in gleichmäßig dünne Scheiben oder in Achtel schneiden, in einer flachen

TOMATENSALAT · GURKENSALAT · MÖHRENROHKOST

Schüssel oder auf einer Platte anrichten und mit dem Salz und dem Pfeffer bestreuen. Die Zwiebel schälen, kleinwürfeln und auf den Tomatenscheiben verteilen.
Das Öl mit dem Essig verrühren, über die Zwiebelwürfel und die Tomatenscheiben gießen und den Salat etwa 15 Minuten ziehen lassen. Den Schnittlauch oder die Petersilie waschen, abtropfen lassen, kleinschneiden und vor dem Servieren über den Tomatensalat streuen.

Geeignet als Vorspeise
Tomaten-Rettich-Salat

4 Eßl. Öl	1 weißer Rettich
1 ½ Eßl. Essig	2 Eßl. gemahlene
1 Messersp. Selleriesalz	Haselnüsse
½ Teel. feingeschnittene Petersilie	Pro Person etwa: 750 Joule 180 Kalorien
4 Tomaten	

Das Öl mit dem Essig, dem Selleriesalz und der feingeschnittenen Petersilie in einer Salatschüssel verrühren. Die Tomaten waschen, abtrocknen, in Viertel oder Achtel schneiden und zur Salatmarinade geben. Den Rettich unter fließendem kaltem Wasser bürsten, dünn schälen, fein reiben und unter den Tomatensalat heben. Den Salat 5 Minuten zugedeckt durchziehen lassen. Die gemahlenen Haselnüsse hinzufügen, den Salat in Schalen anrichten und servieren.

Unser Tip: Rohkostsalate werden leichter verdaulich, wenn Sie nur die Hälfte des Öls und dafür 1–2 Eßlöffel Sahne, Dosenmilch oder Kaffeesahne unter die Salatsauce rühren.

Grundrezept
Gurkensalat

1 Salatgurke	1 Bund Dill oder
2 Eßl. Öl	1 Stengel Estragon
3 Eßl. saure Sahne	
1 Eßl. Zitronensaft oder Essig	
½ Teel. Salz	Pro Person etwa: 460 Joule
2 Messersp. Zucker	110 Kalorien

Die Salatgurke waschen, abtrocknen, dünn schälen – junge Gurke ungeschält verwenden –, beide Enden abschneiden und die Gurke in dünne Scheiben schneiden oder hobeln.
Das Öl in eine Salatschüssel geben, unter ständigem Rühren mit dem Schneebesen die Sahne, den Zitronensaft oder Essig, das Salz und den Zucker zufügen und weiterrühren, bis sich Salz und Zucker gelöst haben. Die Gurkenscheiben unterheben und den Salat zugedeckt etwa 10 Minuten durchziehen lassen.
Den Dill oder Estragon waschen, abtropfen lassen, fein schneiden und vor dem Servieren unter den Gurkensalat mischen.

Griechischer Bauern-Salat

4 Tomaten	4 Eßl. Olivenöl
1 grüne Paprikaschote	200 g Schafkäse
1 kleine Salatgurke	100 g schwarze Oliven
1 große Zwiebel	
2 Eßl. Weinessig	Pro Person etwa:
1 Messersp. Salz	1550 Joule
1 Prise Pfeffer	370 Kalorien
1 Messersp. getrockneter Oregano	

Die Tomaten waschen, abtrocknen und vierteln. Die Paprikaschote halbieren, von den Rippen und Kernen befreien, waschen, abtrocknen und in Streifen schneiden. Die Salatgurke waschen, längs vierteln und in nicht zu dünne Scheiben schneiden. Die Zwiebel schälen und in Ringe schneiden. Diese Zutaten dann in einer Salatschüssel locker miteinander mischen. Den Weinessig mit dem Salz, dem Pfeffer und dem getrockneten Oregano und dem Öl gut verrühren, bis sich das Salz gelöst hat. Die Sauce gleichmäßig über den Salat gießen und nur kurz und vorsichtig unterheben. Den Schafkäse in etwa 1 cm große Würfel schneiden und mit den Oliven auf dem Salat verteilen.

Paßt gut zu: gebratenem Huhn, Fisch oder Gerichten aus Meeresfrüchten

Unser Tip: Im Sommer ist der Griechische Bauernsalat mit Stangenweißbrot und Retsinawein serviert ein köstliches Abendessen.

Ein roher Möhrensalat zählt zu den beliebtesten und zugleich nährwertreichsten Salaten der deutschen Speisekarte. In vielfältiger Form, als eigenständige Vorspeise, als Rohkostbeilage zum Hauptgericht oder als Zwischenmahlzeit mit ein paar Nüssen und Vollkornbrot kommt er auf den Tisch.

Möhrensalat

Bild Seite 67

1 Eßl. Zitronensaft	500 g Möhren
4 Eßl. Öl	½ Bund Petersilie
je 2 Messersp. Salz und Zucker	Pro Person etwa:
½ Teel. Senf	750 Joule
½ Teel. Paprikapulver, mild	180 Kalorien

Den Zitronensaft mit dem Öl, dem Salz, dem Zucker, dem Senf und dem Paprikapulver zu einer cremigen Sauce verrühren und diese durchziehen lassen.
Inzwischen die Möhren unter fließendem Wasser bürsten, gegebenenfalls schaben oder dünn schälen, nach Belieben fein oder grob raspeln und mit der Salatmarinade vermischen, damit sie nicht braun werden. Die Petersilie waschen, abtropfen lassen, fein schneiden, mit dem Möhrensalat vermengen und alles zugedeckt etwa 15 Minuten durchziehen lassen. Den Salat in der Schüssel oder in Schälchen portioniert servieren.

Unser Tip: Anstelle von Petersilie sind auch Schnittlauch, Zitronenmelisse oder Grün von jungen Zwiebeln geeignet. Möhrensalat sollten Sie auch einmal mit Sahnesauce, mit Quarksauce oder mit einer Joghurtsauce probieren.

Möhren-Apfel-Rohkost

je 2 Stengel Zitronenmelisse, Dill und Petersilie	300 g Möhren 2 säuerliche Äpfel 1 Eßl. gemahlene Haselnüsse
1 ½ Eßl. Zitronensaft	
5 Eßl. Öl	Pro Person etwa:
1 Messersp. Salz	1050 Joule
1 Teel. Zucker	250 Kalorien
nach Belieben 1–2 Eßl. Meerrettich	

Die Kräuter kalt abbrausen, abtropfen lassen, fein schneiden und zugedeckt aufbewahren. Den Zitronensaft mit dem Öl, dem Salz und dem Zucker verrühren, bis sich Salz und Zucker gelöst haben. Die Kräuter und nach Belieben den geriebenen Meerrettich unterrühren und die Marinade zugedeckt durchziehen lassen.
Inzwischen die Möhren unter fließen-

dem kaltem Wasser bürsten – gegebenenfalls schaben oder dünn schälen – und auf der Rohkostreibe raspeln. Die Äpfel waschen, vierteln, vom Kerngehäuse befreien, mit der Schale ebenfalls raspeln und mit den Möhren vermengen. Die Salatsauce und die geriebenen Haselnüsse unterheben.

Unser Tip: Nehmen Sie anstatt des Öls nur 4 Eßlöffel saure Sahne für die Salatsauce.

Dieser rotfleischigen Salatrübe, genauer ihrem Saft, rühmt man von alters her Arzneikraft nach. Mehrere Mineralstoffe und Vitamin C zeichnen diese Rübenart aus.

Rote-Bete-Rohkost

1/8 l saure Sahne	einige große Salatblätter
je 1 Messersp. geriebene Muskatnuß, Pfeffer und Salz	1/2 Bund Petersilie
2 Stengel Petersilie	Pro Person etwa:
2 Knollen Rote Bete	290 Joule
1 säuerlicher Apfel	70 Kalorien

Die saure Sahne mit dem Muskat, dem Pfeffer und dem Salz verrühren. Die Petersilie waschen, abtropfen lassen, fein schneiden und zur Salatsauce geben. Die Roten Beten unter fließendem kaltem Wasser bürsten, schälen und auf der Rohkostreibe fein raspeln. Den Apfel waschen, schälen, vom Kerngehäuse befreien und zu den Roten Beten reiben. Die Salatsauce unterheben und den Salat zugedeckt etwa 10 Minuten durchziehen lassen. Die Salatblätter waschen, trocknen lassen und eine Salatschüssel damit auslegen. Den Rote-Bete-Salat noch einmal abschmecken, auf den Salatblättern anrichten und mit Petersilie garnieren.

Stangenselleriesalat

750 g Stangensellerie	1 Teel. Zitronensaft
2 Tomaten	1/2 Teel. Salz
1 rote Paprikaschote	1 Messersp. Pfeffer
1 Eßl. Kapern	
8 grüne Oliven ohne Kern	Pro Person etwa: 840 Joule 200 Kalorien
4 Eßl. Salatmayonnaise	

Von den Selleriestangen die Blätter und schlechten Stellen entfernen. Einige zarte Blätter waschen und aufbewahren. Die Stangen quer halbieren und blanchieren, das heißt, etwa 3 Minuten in kochendes Wasser tauchen. Die Selleriestangen dann abtropfen lassen und quer in schmale Streifen schneiden. Die Tomaten häuten und in Scheiben schneiden. Die Paprikaschote halbieren, von den Kernen und Rippen befreien, waschen und in Streifen schneiden. Die Kapern und Oliven fein hacken. Die Mayonnaise mit dem Zitronensaft, dem Salz und dem Pfeffer abschmecken und unter die übrigen Salatzutaten heben. Das Selleriegrün fein schneiden und über den Salat streuen.

Ein internationaler, klassischer Rohkostsalat. In den zwanziger Jahren wurde er zum ersten Male in dem berühmten New Yorker Luxushotel Waldorf-Astoria serviert.

Waldorfsalat

3 Eßl. Salatmayonnaise	50 g Walnußkerne einige Salatblätter
2 Eßl. Ananassaft	
je 1 Messersp. Selleriesalz und Pfeffer	Pro Person etwa: 1520 Joule 360 Kalorien
1/8 l Sahne	
1 Sellerieknolle (etwa 400 g)	Zeit zum Durchziehen: 60 Minuten
1 Eßl. Zitronensaft	
2 säuerliche Äpfel	

Die Mayonnaise mit dem Ananassaft, dem Selleriesalz und dem Pfeffer verrühren. Die Sahne steif schlagen und unter die Mayonnaise heben. Die Sellerieknolle gründlich unter fließendem kaltem Wasser bürsten, schälen, in ganz dünne Scheiben schneiden oder hobeln und diese in streichholzgroße Stifte schneiden. Die Selleriestifte mit dem Zitronensaft beträufeln. Die Äpfel vierteln, vom Kerngehäuse befreien, in sehr feine Scheiben und diese in dünne Stifte schneiden. Mit dem Sellerie vermengt vorsichtig unter die Salatsauce heben. Den Salat etwa 60 Minuten zugedeckt im Kühlschrank durchziehen lassen. Die Salatblätter waschen, gut trocknen lassen und 4 Portionsschälchen damit auslegen. 8 Walnußhälften zurückbehalten, die restlichen Walnußkerne grob hacken und mit dem Salat vermengen. Den Salat anrichten und mit den Walnußhälften garnieren.

Paßt gut zu: gebratenen Wild- und Geflügelgerichten

Zum Bild rechts:

Salate aus rohem Gemüse, sind zu jeder Jahreszeit ideale Vorspeise, leichter Zwischenimbiß oder gesundes Abendbrot. Die meisten Gemüsearten schmecken roh zubereitet köstlich. Die hier abgebildeten sollen zum Ausprobieren animieren. Der Salat aus rohem Blumenkohl (oben) wurde mit Apfelstückchen und gehackten Walnußkernen kombiniert, der Möhrensalat (Mitte) mit etwas Paprikapulver gewürzt und der rohe Kohlrabisalat (unten) mit einer Sauce aus saurer Sahne, Pimpinelle und Fenchelgrün angemacht. Die Rezepte finden Sie für Salat aus rohem Blumenkohl auf Seite 72, Möhrensalat auf Seite 65, Kohlrabisalat, roh, auf Seite 71.

Zur folgenden Doppelseite:

Grüne Blattsalate können gar nicht oft genug auf unserem Speisezettel stehen. Probieren Sie einmal solch ungewöhnliche Zusammenstellungen wie Kresse zu Kopfsalat und zartem Blattspinat, filetierte Orangenscheiben und würzige Kräuter in einem gemischten grünen Salat oder Zwiebelringe statt der sonst üblichen Zwiebelwürfel, wenn Sie das Kräftige und Unverfälschte lieben. Rezepte für Blattsalate finden Sie auf den Seiten 61 bis 64.

ROHKOSTSALATE

Zum Bild links:

Der Holländische Nudelsalat, (auf unserem Farbbild oben), mit eingelegten Kürbisstückchen, gekochter Rinderzunge, Gurke und Kresse ist ein vortrefflicher Salat für hungrige Partygäste – leicht und sättigend zugleich. Die Verbindung von süßsaurem Kürbis, herzhafter Fleischeinlage und scharfer Kresse geben ihm einen besonderen, erfrischenden Geschmack.
Ein Klassiker unter den Salaten ist der Italienische Salat (unten). Unser Rezept ist eine besonders feine Variante. Zarter Kalbsbraten und würzige Salami bilden seine Grundlage. Apfel, Sellerie und Tomate geben ihm Frische und viel Vitamine. Eiachtel, Cornichons und dunkle Kapern setzen farbliche Akzente und runden diesen kräftigen Salat geschmacklich ab. Wer mag, nimmt zum Garnieren auch noch einige Anchovisfilets. Reichen Sie dazu einen leichten Roséwein oder einen herben italienischen Weißwein.
Die Rezepte:
Holländischer Nudelsalat, Seite 86,
Italienischer Salat, Seite 77.

Grundrezept für rohen Kohlsalat
Rotkohl-Rohkost

300 g Rotkohl
1 kleine Sellerieknolle
2 säuerliche Äpfel
Saft von 1–1 ½ Zitronen
2 Eßl. Honig
1–1 ½ Teel. Kräutersalz
75 g Walnußkerne

Pro Person etwa:
1170 Joule
280 Kalorien

Zeit zum Durchziehen:
45 Minuten

Die äußeren, schlechten Blätter entfernen. Den Rotkohl in Viertel oder Achtel schneiden und von den groben Strünken befreien. Die Rotkohlstücke fein hobeln. Die Sellerieknolle unter fließendem Wasser bürsten, schälen, nochmals kurz kalt abspülen und grob raspeln. Die Äpfel schälen, das Kerngehäuse ausstechen, sie ebenfalls grob raspeln, mit dem Sellerie und dem Rotkohl mischen und etwa 30 Minuten durchziehen lassen.
Für die Salatsauce den Zitronensaft, den Honig und das Kräutersalz miteinander verrühren. 8 Walnußkerne zum Garnieren zurückbehalten; die restlichen Walnußkerne hacken und zugeben. Die Sauce unter das Rotkohlgemisch heben und den Salat nochmals zugedeckt 15 Minuten durchziehen lassen. Den Salat anrichten und mit den Walnußhälften garnieren.

Paßt gut zu: Reh-, Hirsch- oder Sauerbraten, zu Kartoffelpuffern oder Kartoffelküchlein

Unser Tip: Wenn Sie einen milderen Geschmack bevorzugen, blanchieren Sie den Rotkohl zuerst: Hängen Sie den gehobelten Rotkohl 4 Minuten in einem Sieb in kochendes Wasser, lassen Sie ihn abtropfen und verarbeiten ihn weiter wie im Rezept beschrieben.

Cole Slaw
Nordamerikanischer Krautsalat

400 g Weißkohl
4 Eßl. Salatmayonnaise
4 säuerliche Äpfel

Pro Person etwa:
840 Joule
200 Kalorien

Zeit zum Durchziehen:
2–3 Stunden

Den Weißkohl von den äußeren, schlechten Blättern befreien, vierteln, die Strünke und groben Rippen abschneiden. Die Kohlviertel hobeln. Die Kohlstreifen sorgfältig mit der Mayonnaise mischen und 2–3 Stunden im Kühlschrank zugedeckt durchziehen lassen.
30 Minuten bevor der Salat serviert werden soll, die Äpfel waschen, abtrocknen und das Kerngehäuse ausstechen. Die Äpfel mit der Schale in sehr dünne Scheiben, diese dann in streichholzdünne Stifte schneiden und vorsichtig unter den Kohl heben.

Paßt gut zu: gebratenem Fleisch, Fisch oder Sandwiches

Roher Kohlrabisalat

Bild Seite 67

4 Eßl. saure Sahne
1 Eßl. Öl
1 Eßl. Zitronensaft
1 Messersp. Salz
1–2 Messersp. Zucker
½ Teel. milder Senf
2–3 Stengel Petersilie, Dill, Pimpinelle, Fenchel oder Schnittlauch

3 zarte Kohlrabi
einige junge Kohlrabiblättchen

Pro Person etwa:
330 Joule
80 Kalorien

Die saure Sahne mit dem Öl mischen und langsam unter Rühren den Zitronensaft zugießen. Die Sauce mit dem Salz, dem Zucker und dem Senf abschmecken. Die Kräuter waschen, abtropfen lassen, fein hacken und mit der Sauce vermengen.
Die Kohlrabi schälen – die zartesten Blättchen aufbewahren –, grob in die Salatsauce reiben, untermischen und mit den zurückbehaltenen, feingehackten Kohlrabiblättchen bestreuen. Zugedeckt 20–30 Minuten durchziehen lassen.

Zwiebelsalat

Zutaten für 6 Personen:
6 Eßl. Öl
2 Eßl. Weinessig
½ Teel. Salz
2 Messersp. Pfeffer
1 Messersp. Zucker
10 große Zwiebeln
125 g Emmentaler Käse
125 g gekochter Schinken
3 Tomaten
einige Kopfsalatblätter

Pro Person etwa:
1390 Joule
330 Kalorien

Das Öl mit dem Essig, dem Salz, dem Pfeffer und dem Zucker verrühren, bis sich Salz und Zucker gelöst haben.

ROHKOSTSALATE

Die Zwiebeln schälen und in dünne Ringe schneiden. Die Salatsauce erhitzen, über die Zwiebelringe gießen und abkühlen lassen. Den Käse und den Schinken in gleichmäßig feine Streifen schneiden und unter die Zwiebeln mengen. Der Salat soll geschmeidig sein. Darum gegebenenfalls noch etwas Öl zufügen. Die Salatblätter waschen, gut abtropfen lassen und eine Salatschüssel damit auslegen. Die Tomaten waschen, abtrocknen und in Achtel schneiden. Den Zwiebelsalat auf den Salatblättern anrichten und mit den Tomatenachteln garnieren.

Sojasprossensalat

500 g Sojasprossen aus der Dose
1 Eßl. Zitronensaft
2 Messersp. Salz
1 Messersp. Zucker
1–2 Teel. Sojasauce
3 Eßl. Öl
1 Bund Petersilie

Pro Person etwa:
580 Joule
140 Kalorien

Zeit zum Durchziehen:
60 Minuten

Die Sojasprossen abtropfen lassen. In einer Salatschüssel den Zitronensaft mit dem Salz, dem Zucker, der Sojasauce und dem Öl verrühren, bis sich Salz und Zucker gelöst haben. Die Sojasprossen unter die Salatsauce heben und zugedeckt etwa 60 Minuten durchziehen lassen.
Die Petersilie kurz kalt abbrausen, abtropfen lassen, fein schneiden und kurz vor dem Servieren unter den Salat mengen.

Paßt gut zu: Gerichten aus Fleischteig wie Hackbraten, Deutschem Beefsteak oder gefüllten Blätterteigrollen

Salat aus rohem Blumenkohl

Bild Seite 67

½ Blumenkohl (etwa 300 g)
2 Äpfel
Saft von 1 Zitrone
½ Bund Petersilie
2 Eßl. Walnußkerne
5 Eßl. Salatmayonnaise
3 Eßl. Weißwein oder Ananassaft

Pro Person etwa:
1000 Joule
240 Kalorien

Zeit zum Durchziehen:
60 Minuten

Den Blumenkohl von den äußeren, grünen Blättern befreien, 15 Minuten in kaltes Essigwasser legen, um eventuell vorhandenes Ungeziefer auszuschwemmen, abtropfen lassen und in kleine Röschen zerteilen. Die Äpfel waschen und grob raspeln, mit dem Zitronensaft beträufeln und mit dem Blumenkohl vermengen. Die Petersilie waschen, abtropfen lassen und fein schneiden. Die Walnußkerne hacken und mit der Petersilie, mit dem Blumenkohl und den Äpfeln mischen. Die Mayonnaise mit dem Weißwein oder Ananassaft verrühren und unter den Salat heben. Den Salat zugedeckt im Kühlschrank etwa 60 Minuten durchziehen lassen.

Paßt gut zu: belegten Broten, kaltem Braten oder Wurstaufschnitt

Avocadosalat

2 Eßl. Öl
4 Eßl. Weinessig
1 Eßl. Zucker
1 Teel. Senf
2–3 Messersp. Salz
1 Messersp. Pfeffer
2 Avocados
1 Grapefruit
1 Orange
1 Banane
1 rote Paprikaschote
8 große grüne Oliven ohne Kern
1 Tasse Ananaswürfel aus der Dose

Pro Person etwa:
1800 Joule
430 Kalorien

Das Öl mit dem Essig, dem Zucker, dem Senf, dem Salz und dem Pfeffer in einer Schüssel gut verrühren und 15 Minuten ziehen lassen.
Die Avocados halbieren, die Steine herauslösen und das Fruchtfleisch mit einem Teelöffel herausholen. Die Grapefruit und die Orange halbieren, mit einem spitzen Messer das Fruchtfleisch am Rande lockern und vorsichtig herauslösen. Die Schalenhälften aufbewahren. Die Banane schälen. Die Paprikaschote halbieren, von den Rippen und Kernen befreien, die Hälften kurz in kochendes Wasser tauchen und dann die Haut abziehen. Die Ananaswürfel abtropfen lassen. Die Paprikaschotenhälften in Streifen, die Oliven in dünne Scheiben, die Früchte und das Avocadofleisch in kleine Würfel schneiden. ½ Eßlöffel Olivenscheiben und 2 Eßlöffel Ananaswürfel zum Garnieren aufbewahren. Die restlichen Zutaten unter die Salatsauce heben und 20–30 Minuten durchziehen lassen.
Den Salat in die 4 Orangen- und Grapefruithälften oder in Glasschalen anrichten, mit den Ananaswürfeln und Olivenscheiben garnieren.

Paßt gut zu: gegrilltem Hähnchen

Italienischer Zucchinisalat

400 g Zucchini
½ Teel. Salz
1 Zwiebel
4 kleine Tomaten
3 Eßl. Kürbiswürfel aus dem Glas
2 Eßl. Kräuteressig
1 Eßl. Kürbissaft aus dem Glas
je 1 Prise Zucker, Pfeffer und Knoblauchpulver
4 Eßl. Öl
½ Bund Schnittlauch

Pro Person etwa:
630 Joule
150 Kalorien

Die Zucchini unter fließendem kaltem Wasser waschen, abtrocknen und ungeschält in nicht zu dünne Scheiben schneiden. Etwa 1 Liter Wasser mit dem Salz zum Kochen bringen und die Zucchinischeiben in einen Sieb etwa 3 Minuten im kochendem Wasser blanchieren. Die Zucchini dann im Sieb abtropfen und erkalten lassen. Die Zwiebel schälen und sehr fein würfeln. Die Tomaten waschen, abtrocknen und in Achtel schneiden. Die Kürbiswürfel abtropfen lassen und gegebenenfalls noch etwas kleiner schneiden. Den Kräuteressig mit dem Kürbissaft, dem Zucker, dem Pfeffer, dem Knoblauchpulver, den Zwiebelwürfeln und dem Öl gut verrühren. Die Zucchinischeiben mit den Tomatenachteln und den Kürbisstücken mischen und die Salatsauce unterheben. Den Schnittlauch waschen, abtropfen lassen, kleinschneiden und vor dem Servieren über den Salat streuen.

Paßt gut zu: Putenschnitzel, gebratenem Hähnchen oder Saltimbocca

Geeignet als Vorspeise
Roher Champignonsalat

1 Ei
250 g frische Champignons
125 g gekochter Schinken
1 Teel. Fleischextrakt
1 Eßl. Wasser
2 Eßl. Mayonnaise
1 Eßl. Weinessig
½ Teel. Zucker
1 Messersp. Cayennepfeffer

Pro Person etwa:
920 Joule
220 Kalorien

Das Ei hart kochen, abschrecken, schälen und fein hacken. Von den Champignonstielen die erdigen Enden abschneiden und größere braune Stiele abschaben. Die Champignonhüte mit einem feuchten Tuch abreiben und die Pilze in einem Durchschlag unter fließendem Wasser – sind

GEMÜSESALATE

sie sehr schmutzig, in einer Schüssel mit Salzwasser – gründlich waschen. Die Champignons mit einem Küchentuch trockentupfen, halbieren oder größere Pilze vierteln. Den Schinken in kleine Würfel schneiden. Den Fleischextrakt mit 1 Eßlöffel Wasser auflösen und mit der Mayonnaise dem Essig und dem Zucker zu einer glatten Sauce verrühren. Das gehackte Ei unterrühren und die Champignonstücke und die Schinkenwürfel mit der Mayonnaise mischen. In einer Salatschüssel mit einem Hauch Cayennepfeffer darüber anrichten.

Salat aus gekochten Roten Beten

1 l Wasser
500 g Rote Bete
½ Tasse Wasser
½ Teel. Salz
2 Messersp. Zucker
1–2 Eßl. Essig
1 Lorbeerblatt
1 Gewürznelke
1 Zwiebel
1 Eßl. Öl

Pro Person etwa:
330 Joule
80 Kalorien

Garzeit:
60–80 Minuten

Zeit zum Durchziehen:
60 Minuten

Das Wasser zum Kochen bringen. Die Rote Bete waschen, den Blattschopf vorsichtig abdrehen, damit die Schale nicht verletzt wird und die Knolle nicht »ausblutet«. Die Knollen in das kochende Wasser legen und zugedeckt in etwa 60–80 Minuten garen.
Für die Salatsauce die halbe Tasse Wasser mit dem Salz, dem Zucker, dem Essig, dem Lorbeerblatt und der Gewürznelke verrühren. Die Zwiebel schälen, in dünne Scheiben schneiden und zur Salatsauce geben.
Die weichgekochten Rote-Bete-Knollen in einem Durchschlag kurz mit kaltem Wasser überbrausen, schälen, in Scheiben schneiden – große Scheiben halbieren oder vierteln – und in eine Schüssel geben. Die Salatsauce erhitzen und das Lorbeerblatt und die Gewürznelke herausnehmen. Die heiße Salatsauce über die Rote Bete gießen, den Salat vorsichtig mischen und zugedeckt etwa 60 Minuten durchziehen lassen. Vor dem Servieren mit dem Öl beträufeln.

Paßt gut zu: gekochtem Rindfleisch, Bratwurst oder Bratkartoffeln

Unser Tip: Wer mag, kann ½ Teelöffel Kümmel zur Salatsauce geben oder 1–2 Eßlöffel geriebenen Meerrettich unter den Salat mischen.

Salat aus gekochtem Sellerie

500 g Sellerieknolle
1 Tasse Wasser
1 Eßl. Zitronensaft
½ Teel. Salz
2 Messersp. Zucker
1 säuerlicher Apfel
2 Eßl. Öl
etwas Selleriegrün

Pro Person etwa:
420 Joule
100 Kalorien

Garzeit:
20–30 Minuten

Zeit zum Durchziehen:
60 Minuten

Vom Sellerie einige grüne Blätter waschen und aufbewahren. Die Knolle unter fließendem kaltem Wasser bürsten, schälen, vierteln und in wenig Salzwasser in 20–30 Minuten nicht zu weich kochen. Die Sellerieviertel dann mit einem Buntmesser in Scheiben schneiden.
Das Kochwasser mit dem Zitronensaft, dem Salz und dem Zucker verrühren und über den heißen Sellerie gießen. Den Salat vorsichtig mischen, abkühlen lassen und zugedeckt 60 Minuten durchziehen lassen.
Den Apfel schälen, vom Kerngehäuse befreien, kurz vor dem Servieren zum Salat reiben und untermischen. Den Salat gegebenenfalls noch mit etwas Zitronensaft, Salz und Zucker abschmecken und das Öl unterheben. Das Selleriegrün fein schneiden und den Salat damit bestreuen.

Paßt gut zu: Wild- und Fischgerichten, Rinderbraten oder Schweinezunge

Salat aus gekochten Möhren

500 g Möhren
1 Tasse Wasser
½ Teel. Salz
2 Messersp. Zucker
1 Eßl. Zitronensaft
1 Messersp. Pfeffer
1 Bund Petersilie
1 Eßl. Öl

Pro Person etwa:
335 Joule
80 Kalorien

Garzeit:
20–30 Minuten

Zeit zum Durchziehen:
60 Minuten

Die Möhren waschen, schaben, in wenig Salzwasser in etwa 20–30 Minuten garen oder besser dämpfen und noch heiß – nach Belieben mit dem Buntmesser – in Scheiben schneiden. Das Wasser erhitzen und das Salz, den Zucker, den Zitronensaft und den Pfeffer zugeben. Die Salatsauce über die Möhren gießen und den Salat etwa 60 Minuten zugedeckt durchziehen lassen. Die Petersilie waschen, abtropfen lassen und fein schneiden. Den Salat mit dem Öl vermengen, gegebenenfalls noch mit etwas Zitronensaft, Salz und Pfeffer abschmecken und mit der Petersilie bestreuen.

Paßt gut zu: Frikadellen, Kalbsbraten oder Lammbraten

Unser Tip: Kräftiger schmeckt der Möhrensalat, wenn Sie die Salatsauce, anstatt mit Wasser, mit 1 Tasse heißer Fleischbrühe und 1–2 Eßlöffel Essig bereiten, der Sie ½ in dünne Ringe geschnittene Zwiebel zufügen.

Spargelsalat

Für den Spargel:
500 g frischer Spargel
½ l Wasser
je ½ Teel. Salz und Zucker
1 Eßl. Zitronensaft

Für die Salatsauce:
Saft von ½ Zitrone
1 Messersp. Salz
2 Eßl. Öl
½ Bund Petersilie

Pro Person etwa:
310 Joule
75 Kalorien

Garzeit:
20–30 Minuten

Zeit zum Durchziehen:
2–3 Stunden

Den Spargel schälen und kurz kalt waschen. Die Stangen mit Küchengarn zu 2 Bündeln zusammenbinden. Das Wasser in einem genügend großen Topf zum Kochen bringen. Das Salz, den Zucker und den Zitronensaft zugeben und die Spargelbündel einlegen. Den Spargel zugedeckt bei

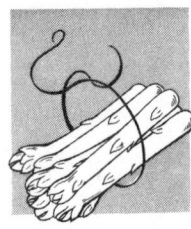

Die Spargelstangen mit Küchengarn zu Bündeln zusammenbinden.

Die Spargelbündel in das kochende Wasser einlegen.

milder Hitze garen. Den weichgekochten Spargel auf eine tiefe Platte legen und die Fäden entfernen. Den Kochsud mit dem Zitronensaft und dem Salz abschmecken, über den heißen Spargel gießen und dann zugedeckt 2–3 Stunden ziehen lassen.

GEMÜSESALATE

Vor dem Servieren die Hälfte der Marinade abgießen, den Spargel anrichten und mit dem Öl beträufeln. Die Petersilie waschen, abtropfen lassen, fein schneiden und den Spargelsalat damit bestreuen.

Paßt gut zu: gekochtem oder rohem Schinken, gegrilltem Hähnchen oder echtem Räucherlachs

Unser Tip: Wenn Sie Spargel aus der Dose verwenden, erhitzen Sie das Spargelwasser, schmecken es mit Salz, Zucker und Zitronensaft herzhaft ab und gießen es noch heiß über den angerichteten Spargel. Den Spargelsalat dann wie im Rezept beschrieben fertigstellen.

Schwarzwurzelsalat

Für die Schwarzwurzeln:
500 g Schwarzwurzeln
½ l Wasser
½ Teel. Salz
1 Messersp. Zucker
1 Eßl. Essig

Für die Salatsauce:
1 Tasse Kochsud
1–2 Eßl. Essig
½ Teel. Salz

1 Messersp. Pfeffer
2 Eßl. Öl

Pro Person etwa:
420 Joule
100 Kalorien

Garzeit:
20–30 Minuten

Zeit zum Durchziehen:
1–2 Stunden

Die Schwarzwurzeln unter fließendem kaltem Wasser gründlich bürsten. Das Wasser mit dem Salz, dem Zucker und dem Essig in einen Topf geben. Die Schwarzwurzeln schaben, abspülen, in etwa 3 cm lange Stücke schneiden, gleich ins Essigwasser legen und im zugedeckten Topf bei milder Hitze in 20–30 Minuten weich kochen. Die gegarten Schwarzwurzeln aus dem Sud heben und in eine Schüssel geben.
Eine Tasse Kochsud mit dem Essig, dem Salz und dem Pfeffer mischen. Diese Marinade noch heiß über die Schwarzwurzeln gießen und dann alles 1–2 Stunden zugedeckt durchziehen lassen.
Danach gegebenenfalls nochmals mit Salz und Essig abschmecken, mit dem Öl beträufeln und servieren.

Unser Tip: Verrühren Sie 2 Eßlöffel Mayonnaise mit 1 Eßlöffel Essig und 1 Messerspitze geriebener Muskatnuß und überziehen Sie die marinierten Schwarzwurzeln mit dieser Mayonnaisesauce.

Geeignet als Vorspeise

Finocchi alla Romana
Fenchelsalat auf römische Art

750 g Fenchelknollen
2 Eßl. Öl
1 Glas Weißwein
2 Eier
2 Eßl. Tomatenmark
8 Eßl. Mayonnaise
1 kleine Zwiebel
Saft von ½–1 Zitrone
2 Messersp. Salz

1 Messersp. Pfeffer
50 g geriebener Parmesankäse

Pro Person etwa:
1670 Joule
400 Kalorien

Garzeit:
30 Minuten

Die Fenchelknollen von den harten Rippen und schlechten Stellen befreien, die Stiele kürzen und etwas Fenchelgrün aufbewahren. Die Knollen und das Fenchelgrün waschen und die Fenchelknollen halbieren. Die Hälften mit den Schnittflächen nach unten in einen weiten, flachen Topf setzen, mit dem Öl und dem Weißwein begießen und zugedeckt bei milder Hitze in etwa 30 Minuten weichdünsten. Im Topf abkühlen lassen. Die Eier hart kochen, abschrecken und schälen. Die Fenchelhälften aus dem Kochsud nehmen, kurz abtropfen lassen und sternförmig auf einer tiefen Platte anrichten.
Den Sud mit dem Tomatenmark mischen und mit der Mayonnaise verrühren. Die Zwiebel schälen und fein zur Salatsauce reiben. Mit dem Zitronensaft, dem Salz und dem Pfeffer abschmecken und die Fenchelhälften damit überziehen. Die hartgekochten Eier halbieren, das Eigelb herauslösen und fein hacken. Den Salat mit dem feingehackten Eigelb, dem kleingeschnittenen Fenchelgrün und dem geriebenen Parmesankäse bestreuen.

Broccolisalat

750 g Broccoli
1 l Wasser
½ Teel. Salz
6 Eßl. Kräuterremoulade nach dem Rezept in diesem Buch

Pro Person etwa:
1170 Joule
280 Kalorien

Garzeit:
15 Minuten

Die Broccoli unter fließendem kaltem Wasser gründlich waschen. Die trockenen Stielenden abschneiden; die Stiele schälen und kreuzweise einschneiden. Das Wasser mit dem Salz zum Kochen bringen und die Broccoli zugedeckt bei milder Hitze in etwa 15 Minuten weich kochen. Das Gemüse mit der Schaumkelle herausnehmen, gut abtropfen und etwas auskühlen lassen. Die Broccoli in einzelne Röschen zerlegen, die Strünke in kleine Stücke schneiden und in einer Schüssel anrichten. Mit der Kräuterremoulade überziehen.

Paßt gut zu: Schinken oder kaltem Braten

Salat aus gekochtem Blumenkohl

750 g Blumenkohl
½ l Wasser
2 Eßl. Essig
½ Teel. Salz
1 Messersp. geriebene Muskatnuß oder Mazis
2 Eßl. Öl
½ Bund Petersilie oder Schnittlauch

Pro Person etwa:
460 Joule
110 Kalorien

Garzeit:
20 Minuten

Zeit zum Durchziehen:
3 Stunden

Vom Blumenkohl die äußeren, grünen Blätter entfernen, das Strunkende kürzen und den Blumenkohl mit den Röschen nach unten 15 Minuten in kaltes Essig- oder Salzwasser legen. Das Wasser mit dem Salz zum Kochen bringen, den Blumenkohl in Röschen zerteilen, ins kochende Salzwasser einlegen und zugedeckt bei milder Hitze in etwa 20 Minuten garen. Den Blumenkohl dann aus dem Wasser heben und abtropfen lassen. Den Kochsud aufbewahren.
⅛ Liter vom Blumenkohlwasser mit dem Essig, dem Salz, dem Muskat oder Mazis in einer Salatschüssel verrühren. Den Blumenkohl vorsichtig unter die Salatsauce heben und abkühlen lassen. Den Salat zugedeckt etwa 3 Stunden durchziehen lassen. Vor dem Servieren gegebenenfalls noch mit Essig und Salz abschmecken und mit dem Öl beträufeln. Die Petersilie oder den Schnittlauch kurz kalt abbrausen, abtropfen lassen, fein schneiden und unter den Salat heben.

Variante

Blumenkohlsalat mit Spinat

Den Blumenkohlsalat wie im Rezept beschrieben bereiten. 150 g Spinatblätter verlesen, waschen und gut trocknen lassen. 200 g gekochten Schinken oder Rauchfleisch in Strei-

GEMÜSESALATE

fen schneiden. Aus 2 Eßlöffel Essig, 2 Messerspitzen Salz, 1 Eßlöffel Öl und 1 kleingewürfelten Zwiebel eine Salatsauce bereiten und unter die Spinatblätter heben. Den Blumenkohlsalat in der Mitte einer großen Platte anrichten, mit 3 Eßlöffel Mayonnaise überziehen und mit den Schinken- oder Rauchfleischstreifen bestreuen. Den Spinatsalat rundherum verteilen.

Weißkohlsalat
Krautsalat

500 g Weißkohl
¼ l Wasser
1 Teel. Salz
1 Teel. Kümmel
2–3 Eßl. Essig
1–2 Messersp. Salz
2 Eßl. Öl

Pro Person etwa:
380 Joule
90 Kalorien

Zeit zum Durchziehen:
3 Stunden

Vom Weißkohl die äußeren, welken oder schlechten Blätter entfernen, den Kohl vierteln und den Strunk herausschneiden. Die Kohlviertel in feine Streifen schneiden oder hobeln. Das Wasser mit dem Salz und dem Kümmel zum Kochen bringen. Den Kohl zugeben und bei milder Hitze in etwa 15 Minuten fast weich kochen. Die Kohlstreifen mit dem Kochsud in eine Schüssel schütten. Mit dem Essig und dem Salz mischen. Den Salat abkühlen und zugedeckt etwa 3 Stunden durchziehen lassen. Vor dem Servieren gegebenenfalls noch mit etwas Essig und Salz abschmecken und das Öl unterrühren.

Paßt gut zu: Bratwurst, Schweinebraten, Schnitzel oder Kotelett

Unsere Tips: Wer keinen Kümmel mag, kann den schon gekochten Kohl mit 2 Messerspitzen frischgemahlenem schwarzem Pfeffer würzen.
Besonders gut schmeckt der Kohlsalat, wenn Sie 1 geschälten, kleingeschnittenen Apfel und 1 Lorbeerblatt mitkochen und noch 3–4 Eßlöffel herben Weißwein unter den fertigen Salat mischen.

Sauerkrautsalat

500 g Sauerkraut
2 Eßl. Essig oder
   4 Eßl. Weißwein
½ Teel. Salz
2 Messersp. Pfeffer
4 Eßl. Wasser
4 Eßl. Öl

½ Bund Petersilie
2 Tomaten

Pro Person etwa:
590 Joule
140 Kalorien

Das Sauerkraut kleinschneiden und in einer Schüssel mit 2 Gabeln auflockern. Den Essig oder den Weißwein, das Salz, den Pfeffer und das Wasser in einer Salatschüssel verrühren. Das Sauerkraut zugeben, gut mit der Salatsauce mischen und zugedeckt etwa 15 Minuten durchziehen lassen. Das Öl unterrühren. Die Petersilie kurz kalt abbrausen, abtropfen lassen, fein schneiden und über das Sauerkraut streuen. Die Tomaten waschen, abtrocknen, vierteln oder achteln und den angerichteten Sauerkrautsalat damit garnieren.

Unser Tip: Milder schmeckt Sauerkrautsalat, wenn Sie 8 Eßlöffel Ananasstückchen oder 125 g gewaschene, halbierte und entkernte Trauben unterheben.

Bohnensalat

600 g Busch- oder
   Wachsbohnen
¼ l Wasser
¼ Teel. Salz
1 Stengel Bohnenkraut
1 kleine Zwiebel
2 Eßl. Weinessig
2 Eßl. Kochsud von
   den Bohnen
je 1 Messersp. Salz
   und Zucker
1 Prise Pfeffer
4 Eßl. Öl

Pro Person etwa:
590 Joule
140 Kalorien

Garzeit:
20 Minuten

Zeit zum Durchziehen:
2 Stunden

Die Bohnen waschen, abtropfen lassen und, wenn nötig, die Fäden vom Stielansatz zur Spitze hin abziehen. Große Bohnen etwas kleiner schneiden. Das Wasser mit dem Salz zum Kochen bringen, das Bohnenkraut mit den Bohnen zufügen und die Bohnen in etwa 20 Minuten nicht zu weich kochen. Das Bohnenkraut entfernen. Die Bohnen in einem Durchschlag abtropfen lassen. 1–2 Eßlöffel Kochsud aufbewahren.
Die Zwiebel schälen und fein würfeln. Den Weinessig mit dem Kochsud, dem Salz, dem Zucker, dem Pfeffer und dem Öl in einer Salatschüssel verrühren, bis sich Salz und Zucker gelöst haben. Die Bohnen mit den Zwiebelwürfeln unter die Salatsauce heben, abkühlen lassen und dann zugedeckt etwa 2 Stunden durchziehen lassen.

Paßt gut zu: Rinderbraten, Frikadellen, Bratwurst oder Bratkartoffeln mit Speck

Variante
Bohnensalat mit Speck

Die Bohnen wie im Rezept beschrieben vorbereiten, garen und abtropfen lassen. 2 Speckscheiben in kleine Würfel schneiden und braten, bis fast alles Fett ausgetreten ist. Den Essig mit dem Salz, dem Zucker, dem Bohnensud und dem Pfeffer zugeben und diese Salatsauce mit den heißen Bohnen mischen. Den Salat noch lauwarm servieren.

Geeignet als Vorspeise
Bohnensalat »nouvelle cuisine«

500 g zarte, dünne
   Bohnen
¼ l Wasser
½ Teel. Salz
1 Teel. grobgemahlener schwarzer
   Pfeffer
6 Eßl. Olivenöl
3 Eßl. Weinessig
200 g Hummerschwänze
   aus der Dose

12 frische Champignonköpfe
1 Bund Petersilie

Pro Person etwa:
1180 Joule
280 Kalorien

Garzeit:
8 Minuten

Die Bohnen waschen, abtropfen lassen und von den Stielen befreien. Das Salz und die Bohnen ins Wasser geben und 8 Minuten bei milder Hitze zugedeckt kochen lassen. Das Kochwasser abgießen und die Bohnen auf 4 Teller verteilen. Den Pfeffer frisch darübermahlen und das Olivenöl und den Essig darüberträufeln. Die Hummerschwänze in dicke Scheiben schneiden. Die Champignonköpfe putzen, kurz kalt abbrausen, abtropfen lassen, in Scheiben schneiden und mit den Hummerschwanzscheiben auf den Bohnen anrichten. Die Petersilie waschen, abtropfen lassen, grob zerzupfen und über den Salat streuen.

Unser Tip: Manche Gourmets bevorzugen statt der Hummerschwänze Scheiben von Gänseleberpastete. Die Bohnen sollen bei diesem Salat noch mäßig warm sein.

Das ganze Jahr über wird das folgende Zwiebelgemüse angeboten. Sommerlauch ist allerdings im Geschmack intensiver als das Wintergemüse. Lauch, auch Porree genannt, zählt zu den ältesten Gemüsearten. Kaiser Nero machte

GEMÜSESALATE · MELONENSALAT

ihn populär; er aß Porree regelmäßig, um seine Stimme zu stärken. Die Römer nannten ihn deshalb spöttisch »Porrophagus«, Lauchesser.

Salat aus gekochtem Lauch

750 g Lauch
¼ l Wasser
½ Teel. Salz
½ Bund Petersilie
3 Eßl. Essig
2 Messersp. Pfeffer
2 Eßl. Öl

Pro Person etwa:
540 Joule
130 Kalorien

Garzeit:
15 Minuten

Zeit zum Durchziehen:
60 Minuten

Vom Lauch die welken und schadhaften Blätter und Blattspitzen abschneiden. Den Lauch bis zum Wurzelende halbieren, aber nicht ganz durchschneiden und unter fließendem kaltem Wasser gründlich waschen. Dabei die Blätter auseinanderbiegen. Die Wurzelenden abschneiden und die Stangen in 2 cm große Stücke schneiden. Das Wasser mit dem Salz zum Kochen bringen; den Lauch darin zugedeckt bei milder Hitze in etwa 15 Minuten weich kochen. Den Lauch aus dem Kochwasser heben und abtropfen lassen.
Die Petersilie waschen, abtropfen lassen und fein schneiden. Den Lauch in einer flachen Schüssel anrichten. Die Hälfte vom Kochsud mit dem Essig, dem Pfeffer und der Petersilie mischen, noch heiß über den Lauch gießen und den Salat zugedeckt etwa 60 Minuten durchziehen lassen. Zuletzt das Öl darüberträufeln.

Paßt gut zu: Schweinebraten, Bratwurst, Kasseler oder Koteletts

Unser Tip: Um den Lauchsalat etwas anzureichern, 1 hartgekochtes Ei würfeln und 1–2 Scheiben gekochten Schinken fein schneiden. Das Ei und den Schinken über den Salat streuen.

Auberginensalat mit Knoblauch

500 g Auberginen
4 Knoblauchzehen
5 Eßl. Olivenöl
1 Glas trockener Weißwein
Saft von 1 Zitrone
½ Teel. Salz
2 Messersp. Pfeffer
4 Tomaten
2 Zwiebeln
1 Bund Schnittlauch

Pro Person etwa:
970 Joule
230 Kalorien

Garzeit:
25 Minuten

Die Auberginen waschen, abtrocknen, den Stielansatz abschneiden und die Auberginen in etwa ½ cm dicke Scheiben schneiden. Die Scheiben mit dem Salz bestreuen und mit einem Brett oder Deckel beschwert 10 Minuten stehen lassen. So werden den Auberginen mit dem austretenden Wasser die Bitterstoffe entzogen. Anschließend mit saugfähigem Papier trockentupfen.
Den Knoblauch schälen und vierteln. 2 Eßlöffel Öl in einem weiten, flachen Topf erhitzen und die Auberginenscheiben von beiden Seiten je 4 Minuten darin braten, den Knoblauch zufügen und unter Rühren den Weißwein und Zitronensaft zugießen. Die Auberginenscheiben mit dem Knoblauch in etwa 15 Minuten bei sehr milder Hitze zugedeckt weich dünsten, herausnehmen und auskühlen lassen. Die Flüssigkeit im offenen Topf noch etwas einkochen lassen, vom Herd nehmen und mit dem Schneebesen das restliche Olivenöl unterrühren. Die Sauce mit dem Salz und dem Pfeffer würzen. Die Tomaten häuten und achteln, dabei die Kerne und das weiche Innere entfernen. Die Zwiebeln schälen, in sehr dünne Ringe schneiden und mit den Auberginen und Tomaten mischen. Die ausgekühlte Salatsauce unterheben. Den Schnittlauch kurz kalt abbrausen, abtropfen lassen, kleinschneiden und über den Salat streuen.

Paßt gut zu: gebratenem Fisch, Lammkoteletts oder gebratener Leber

Unser Tip: Variieren Sie den Salat mit 250 g gut abgetropften roten Bohnen aus der Dose anstelle der Tomaten und streuen Sie einen Hauch Chilipulver darüber.

Milder Maissalat

¼ Tasse Wasser
2 Messersp. Salz
250 g tiefgefrorene grüne Erbsen
500 g Maiskörner aus der Dose
2 säuerliche Äpfel
½ Karton Gartenkresse
1 Becher Joghurt
2 Teel. Zitronensaft
je 1 Messersp. Salz und Zucker
1 Prise Paprikapulver, edelsüß

Pro Person etwa:
930 Joule
220 Kalorien

Das Wasser mit dem Salz zum Kochen bringen, die Erbsen noch gefroren darin zugedeckt 4 Minuten bei sehr milder Hitze kochen, abtropfen und auskühlen lassen. Die Maiskörner abtropfen lassen. Die Äpfel waschen, in Viertel schneiden, vom Kerngehäuse befreien, schälen und in erbsengroße Würfel schneiden. Die Kresse vom »Beet« schneiden, kalt abbrausen und abtropfen lassen. Die Erbsen, den Mais und die Apfelwürfel mischen.
Den Joghurt mit dem Zitronensaft, dem Salz, dem Zucker und dem Paprikapulver verrühren, bis sich Salz und Zucker gelöst haben. Den Salat mit der Sauce mischen. Die Kresse kleinschneiden und kurz vor dem Servieren unterheben.

Paßt gut zu: gebratenem Geflügel oder kurz gebratenem Fleisch wie Steaks, Schnitzel oder Koteletts

Melonensalat »Amerika«

2 Eßl. Sultaninen
1 kleine Honigmelone oder Kantalupmelone
100 g gegarter Kalbsbraten
100 g gekochter Schinken
1 säuerlicher Apfel
1 Teel. Zitronensaft
1 Orange
8 Walnußkerne
2 Eßl. Sahne
1 Eßl. Tomatenketchup
1 Eßl. Kaffeesahne, 10 %ig
1 Spritzer Tabascosauce
1 Prise Cayennepfeffer

Pro Person etwa:
1280 Joule
305 Kalorien

Die Sultaninen mit heißem Wasser überbrühen und darin quellen lassen. Die Melone halbieren, die Kerne herauskratzen und das Fruchtfleisch mit einem Kugelausstecher heraushöhlen.

 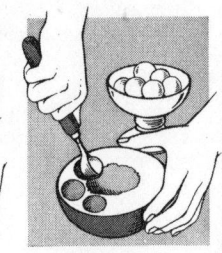

Die Kerne aus den Melonenhälften herauskratzen.

Das Melonenfleisch mit einem Kugelausstecher herauslösen.

Den Kalbsbraten und den Schinken in gleich feine Streifen schneiden. Den Apfel waschen, vierteln, schälen, vom Kerngehäuse befreien und die Apfelviertel in Scheibchen schneiden. Die Apfelscheibchen mit dem Zitronensaft beträufeln. Die Orange schälen, sorgfältig von der weißen Unterhaut befreien, filieren, die Filets wür-

feln und dabei die Kerne entfernen. Die Sultaninen abtropfen lassen und mit den Melonenkugeln, den Fleischstreifen, den Apfelscheiben und den Orangenwürfeln mischen.
Die Walnußkerne grob hacken. Die Sahne nur halbsteif schlagen und mit dem Tomatenketchup, der Kaffeesahne, der Tabascosauce und dem Cayennepfeffer mischen. Die zerkleinerten Walnußkerne unter die Sauce heben und die Sauce locker unter den Salat ziehen. Den Salat vor dem Servieren zugedeckt kurz durchziehen lassen und in den ausgehöhlten Melonenhälften anrichten.

Den Salat locker in den beiden ausgehöhlten Melonenhälften anrichten.

Scharfer Okrasalat

500 g Okraschoten	1 Prise Chilipulver
6 Eßl. Öl	½ Bund Petersilie
je 1 grüne und rote Paprikaschote	
2 frische Peperoni	Pro Person etwa:
2 Zwiebeln	960 Joule
1–2 Eßl. Essig	230 Kalorien
je 2 Messersp. Salz und Zucker	Zeit zum Durchziehen:
1 Messersp. Pfeffer	60 Minuten

Den leichten Flaum von den Okras abreiben. Die Früchte waschen, abtrocknen und Stiele und Spitzen abschneiden, ohne die Früche zu verletzen. 2 Eßlöffel Öl in einer Pfanne erhitzen und die Okraschoten darin etwa 3 Minuten von allen Seiten braten, abkühlen lassen und in Streifen schneiden. Die Paprikaschoten halbieren, waschen, von den Kernen und Rippen befreien, in feine Streifen schneiden, 5 Minuten in einem Sieb in kochendes Wasser geben, abtropfen und auskühlen lassen.
Die Peperoni halbieren, alle Kerne herauskratzen, die Peperoni waschen und sehr fein schneiden. Die Zwiebeln schälen, in feine Ringe schneiden und mit den Paprika- und Okrastreifen mischen.
Für die Salatsauce den Essig mit dem Salz, dem Zucker, dem Pfeffer, den kleingeschnittenen Peperoni, dem Chilipulver und dem restlichen Öl gut mischen und zugedeckt 15 Minuten ziehen lassen. Die Sauce über den Salat gießen, unterheben und den Salat zugedeckt 60 Minuten durchziehen lassen. Gegebenenfalls noch mit etwas Salz, Chilipulver und Essig abschmecken. Die Petersilie kurz kalt abbrausen, abtropfen lassen, fein schneiden und vor dem Servieren unter den Salat mischen.

<u>Paßt gut zu:</u> kurz gebratenem Fleisch, wie Steaks, Koteletts, Schnitzel oder Spießchen

---

Diese Salate sind vollwertige Gerichte, bei denen Hauptgang, Beilagen und Dessert zu einem phantastischen Salat-Ereignis kombiniert werden.

Rindfleisch-Apfel-Salat

2 Eßl. Essig	2 Eßl. Mayonnaise
½ Teel. Salz	½ Teel. Paprikapulver
2 Messersp. Zucker	
5 Eßl. Öl	½ Bund Petersilie
2 Eier	
2 feste Tomaten	Pro Person etwa:
3 säuerliche Äpfel	1880 Joule
2 Gewürzgurken	450 Kalorien
1 Eßl. Kapern	
350 g gebratenes Rindfleisch (Rose oder Lende)	Zeit zum Durchziehen: 30 Minuten
einige Kopfsalatblätter oder Feldsalatrosetten	

Den Essig mit dem Salz, dem Zucker und dem Öl in einer großen Schüssel verrühren, bis sich Salz und Zucker gelöst haben. Die Eier hart kochen, abschrecken und schälen. Die Tomaten häuten und vierteln, die Kerne entfernen und die Tomatenviertel in Streifen schneiden. Die Äpfel schälen, vierteln, vom Kerngehäuse befreien und in dünne Streifen schneiden. Die Tomaten- und Apfelstreifen mit der Salatsauce mischen.
Die Eier, die Gewürzgurken und das gebratene Fleisch ebenfalls in Streifen schneiden. Die Kapern hacken, mit den Gewürzgurken- und Fleischstreifen zu dem Tomaten-Apfel-Gemisch geben, alles gut miteinander mischen und den Salat zugedeckt etwa 30 Minuten durchziehen lassen. Die Kopfsalatblätter oder Feldsalatrosetten unter fließendem kaltem Wasser waschen, gut abtropfen lassen und auf 4 Tellern verteilen. Den Rindfleischsalat auf den Salatblättern anrichten. Jede Salatportion mit Mayonnaisetupfen verzieren, das Paprikapulver über die Mayonnaise stäuben und mit Petersilienzweigen garnieren.

Italienischer Salat

Bild Seite 70

Für den Salat:	Zum Garnieren:
300 g gebratenes Kalbfleisch	1 Ei 1 Tomate
100 g italienische Salami in Scheiben	einige Cornichons 1 Eßl. Perlzwiebeln
2 Tomaten	1 Eßl. Kapern
2 Gewürzgurken	
1 Apfel	Pro Person etwa:
125 g Selleriescheiben aus dem Glas	1770 Joule 420 Kalorien
Für die Salatsauce:	Zeit zum Durchziehen:
4 Eßl. Salatmayonnaise	30 Minuten
1 Teel. Zitronensaft	
je 1 Prise Salz und Zucker	
4 Eßl. Joghurt	

Das Kalbfleisch und die Salami in kleine Streifen schneiden. Die Tomaten häuten, würfeln und dabei die Kerne entfernen. Die Gewürzgurken ebenso würfeln. Den Apfel schälen, vierteln, vom Kerngehäuse befreien und die Apfelviertel in feine Streifen schneiden. Den Sellerie abtropfen lassen und in Streifen schneiden. Diese Zutaten miteinander mischen.
Für die Salatsauce die Mayonnaise mit dem Zitronensaft, dem Salz, dem Zucker und dem Joghurt verrühren. Die Salatsauce unter die Zutaten heben und den Salat zugedeckt etwa 30 Minuten durchziehen lassen. Das Ei hart kochen, schälen und in Achtel teilen. Die Tomate achteln. Den Salat mit den Ei- und Tomatenachteln, den Cornichons, den Perlzwiebeln und den Kapern garnieren.

Wiener Husarensalat

je 200 g gebratenes Rinder- und Schweinefilet	1 Teel. Zucker 4 Eßl. saure Sahne 2 Tomaten
2 Zwiebeln	
3 Eßl. Weißwein	Pro Person etwa:
4 Eßl. Essig	1050 Joule
4 Eßl. Öl	250 Kalorien
½ Teel. Salz	

Das Fleisch in Streifen schneiden. Die Zwiebeln schälen und in Ringe schneiden. Den Wein mit dem Essig, dem Öl, dem Salz und dem Zucker 2 Minuten kochen, abkühlen lassen und mit den Zwiebeln und der Sahne unter die Fleischstreifen heben. Die Tomaten vierteln und den Salat damit garnieren.

GEMISCHTE SALATE MIT FLEISCH

Wildtaubensalat

3 gebratene Wildtauben,
(450 g Fleisch)
200 g Champignons
100 g gepökelte Ochsenzunge
200 g blaue Trauben
6 Eßl. Öl
1 Messersp. Pfeffer
2 Messersp. Salz
100 g Himbeeren
½ Tasse Rotweinessig

Pro Person etwa:
1510 Joule
360 Kalorien

Zeit zum Durchziehen:
2 Stunden

Die Taubenbrüste von den Knochen abheben und quer zur Faser in Scheiben schneiden. Die Champignons putzen, kurz kalt abbrausen, abtropfen lassen und feinblättrig schneiden. Die Zunge in feine Streifen schneiden. Die Trauben waschen, halbieren und die Kerne entfernen. Alles miteinander mischen. Das Öl mit dem Pfeffer und dem Salz verrühren, über den Salat träufeln und locker unterheben. Den Salat zugedeckt 2 Stunden im Kühlschrank durchziehen lassen. Die Himbeeren mit einem sanften Strahl kurz kalt überbrausen, abtropfen lassen und mit einer Gabel zermusen. Den Essig unterrühren, den Himbeeressig ebenfalls 2 Stunden ziehen lassen, über den Salat gießen und den Salat vor dem Servieren lockern.

Dazu schmecken: Im Backofen geröstete, hauchdünne Graubrotscheiben.

Argentinischer Corned-beef-Salat

4 mittelgroße Rote Beten
250 g Kartoffeln
1 Dill-Gewürzgurke
350 g Corned beef
2 Knoblauchzehen
2 Eßl. Weinessig
2 Teel. Senf
2 Messersp. frischgemahlener Pfeffer
½ Teel. Salz
4 Eßl. Öl
½ Bund Schnittlauch
2 Eier
1 Kopf Eisbergsalat

Pro Person etwa:
1930 Joule
460 Kalorien

Garzeit:
80 Minuten

Zeit zum Durchziehen:
3 Stunden

Die Roten Beten unter fließendem Wasser bürsten, in reichlich Wasser zugedeckt bei milder Hitze in etwa 70–80 Minuten weich kochen, schälen und in Würfel schneiden. Die Kartoffeln waschen, in der Schale in Salzwasser zugedeckt bei milder Hitze in etwa 25 Minuten weich kochen, schälen und in Würfel schneiden. Die Gurke würfeln, das Corned beef in dünne Scheibchen schneiden und mit den Rote-Bete-, Kartoffel- und Gurkenwürfeln mischen.
Die Knoblauchzehe schälen, auspressen, den Saft mit dem Essig, dem Senf, dem Pfeffer, dem Salz und dem Öl zu einer sämigen Sauce verrühren. Den Schnittlauch kurz kalt abbrausen, abtropfen lassen, kleinschneiden und unter die Sauce mischen. Die Salatsauce über die kleingeschnittenen Zutaten gießen, den Salat mischen und zugedeckt im Kühlschrank 3 Stunden durchziehen lassen.
Die Eier hart kochen, abschrecken, schälen und vierteln. Den Eisbergsalat in einzelne Blätter zerlegen, unter fließendem kaltem Wasser waschen, abtropfen und trocknen und etwas kleiner reißen. Eine Platte mit den Salatblättern belegen. Den Cornedbeef-Salat darauf anrichten und mit den Eivierteln garnieren.

Unser Tip: Legen Sie das Corned beef vor der Verarbeitung etwa 30 Minuten in das Verdampferfach des Kühlschranks oder ins Gefriergerät; es läßt sich dann leichter in dünne Scheiben schneiden.

Geeignet als Vorspeise

Ananassalat »Miami«

250 g Ananasstücke aus der Dose
3 Tomaten
200 g gekochter Schinken
2 Eßl. rotgefüllte Oliven
6 Eßl. Ananassaft
1–2 Spritzer Tabascosauce
1 Teel. Öl
2 Eßl. Zitronensaft
je 1–2 Messersp. Pfeffer und Salz

Pro Person etwa:
1000 Joule
240 Kalorien

Zeit zum Durchziehen:
60 Minuten

Die Ananasstücke abtropfen lassen und den Saft aufbewahren. Die Tomaten häuten und in kleine Stücke schneiden. Dabei die Kerne entfernen. Den Schinken in Würfel und die Oliven in Scheiben schneiden. Den Ananassaft mit der Tabascosauce, dem Öl, dem Zitronensaft, dem Pfeffer und dem Salz gut verrühren. Die Ananasstückchen, den Schinken und die Oliven unter die Salatsauce heben und den Salat zugedeckt etwa 60 Minuten ziehen lassen. Gegebenenfalls den Salat vor dem Servieren noch mit etwas Pfeffer und Salz abschmecken und in Cocktailgläsern anrichten.

Zum Bild rechts:

Von den vielen Arten, Kartoffeln zu Salat zu verarbeiten, ist die eines Berliner Kartoffelsalats, den das Farbbild zeigt, eine der beliebtesten. Dieser Salat ist deftig, herzhaft im Geschmack und appetitlich anzusehen. Sind die Kartoffeln erst einmal gegart, ist er im Handumdrehen zubereitet, weil er aus einer noch überschaubaren Menge von Zutaten besteht, die nicht vorgegart werden müssen. Servieren Sie ihn an warmen Sommertagen zum Abendbrot und reichen Sie ein »kühles Blondes« dazu. Probieren Sie aus, wie der Kartoffelsalat schmeckt, wenn Sie die Ananasstückchen durch Apfelscheiben ersetzen und den Braten oder die Fleischwurst durch gekochten Schinken. Garnieren Sie ihn zur Abwechslung mit fächrig geschnittenen sauren Gürkchen oder mit Tomatenscheiben. – Ein Salat für viele Gelegenheiten, der so gut schmeckt wie er aussieht. Das Rezept finden Sie auf Seite 85.

SALATE MIT WURST

Zum Bild links:

Selbstgerührte Mayonnaise verdient ein Extra-Lob. Obwohl es Mayonnaise in vielen Varianten fertig zu kaufen gibt, lohnt es sich doch, sie selbst zu rühren, auch wenn es etwas mehr Zeit beansprucht, als den Schraubdeckel eines Glases zu öffnen. Man weiß, was man in sie hineingerührt hat, nämlich frisches Eigelb, reines Pflanzenöl und Zitronensaft. Die frischen naturbelassenen Zutaten schmeckt man bei der hausgemachten Mayonnaise heraus. – Würzen Sie sie nach Ihrem eigenen Geschmack mit mildem oder scharfem Senf, Zucker, Salz und einigen Tropfen Worcestersauce. – Mit gehackten Anchovisfilets angereichert, schmeckt Mayonnaise köstlich in Fleischsalaten oder Fischsalaten. Mit frischen gehackten Kräutern zur Remoulade erweitert, paßt sie zu kaltem Braten ebenso wie zu gebratenem oder gekochtem Fisch. Das Rezept für die Grundform der selbstgerührten Mayonnaise finden Sie auf Seite 90.

Schinkensalat »Chicago«

4 Eier
½ Eisbergsalat
100 g Spinat
300 g gekochter Schinken
½ Bund Schnittlauch
2 Eßl. Weinessig
1 Teel. scharfer Senf
je 2 Messersp. Salz, Selleriesalz und Pfeffer
50 g geriebener Emmentaler Käse
4 Eßl. Öl

Pro Person etwa:
1970 Joule
470 Kalorien

Die Eier hart kochen, abschrecken, schälen und vierteln. Den Eisbergsalat in Blätter zerlegen, waschen, abtropfen und trocknen lassen. Die Salatblätter grob zerkleinern und eine Platte damit auslegen. Den Spinat verlesen, waschen, abtropfen lassen und grob zerschneiden. Den Schinken in feine Streifen schneiden und mit den Eiern auf den Salatblättern anrichten. Den Schnittlauch kurz kalt abbrausen, abtropfen lassen und kleinschneiden. Den Essig mit dem Senf, dem Salz, dem Pfeffer, dem Käse und dem Öl zu einer sämigen Sauce verrühren. Den Spinat und den Schnittlauch unterheben und die Salatsauce über die Schinkenstreifen und die Eiviertel gießen.

Lyoner Wurstsalat

400 g Lyoner Wurst
2 Gewürzgurken
4 Eßl. Salatmayonnaise
1 Teel. Senf
½ kleine Zwiebel

Pro Person etwa:
1390 Joule
330 Kalorien

Die Wurst häuten, in dünne Scheiben und diese in Streifen schneiden. Die Gewürzgurken längs in dünne Scheiben und anschließend quer in schmale Streifchen schneiden. Die Mayonnaise mit dem Senf in einer Schüssel verrühren. Die Zwiebel schälen, in sehr kleine Würfelchen schneiden, mit den Wurst- und Gurkenstreifen zur Mayonnaise geben und alles gut miteinander vermengen.

<u>Unsere Tips:</u> Reichern Sie diesen »Fleischsalat« mit 1 Teelöffel Kapern, 1 Eßlöffel in Scheiben geschnittenen Oliven oder mit in Streifen geschnittenen, roten Paprikaschoten an.
In ausgehöhlten Tomaten, halbierten Paprikaschoten oder auf Kopfsalatblättern angerichtet, wirkt der Wurstsalat besonders dekorativ.

Schweizer Wurstsalat

300 g Fleischwurst
200 g Emmentaler Käse
1 Zwiebel
1 Gewürzgurke
4 Eßl. Essig
4 Eßl. Öl
½ Teel. Salz
1 Teel. Senf
einige Tropfen Tabascosauce

Pro Person etwa:
2260 Joule
540 Kalorien

Zeit zum Durchziehen:
60 Minuten

Die Fleischwurst und den Käse in feine Streifen schneiden. Die Zwiebeln schälen, halbieren und die Hälften in dünne Scheiben schneiden. Die Gewürzgurke längs in dünne Scheiben und diese dann in Streifen schneiden. Den Essig mit dem Öl, dem Salz, dem Pfeffer, der Tabascosauce und dem Senf gut verrühren und die Salatsauce unter die übrigen Zutaten mischen. Den Salat zugedeckt 60 Minuten lang ziehen lassen.

Wenn bei einem opulenten Hähnchenessen die Freude auf das Mahl größer war als der Magen: Hier finden Sie ein Rezept, das Ihnen zeigt, wie man aus dem Rest neue Köstlichkeiten bereitet.

Geflügelsalat mit Ananas

5 Scheiben Ananas aus der Dose
50 g Sellerie aus dem Glas
65 g Champignons aus der Dose
200 g gebratenes Hähnchen- oder Hühnerfleisch
Saft von ½ Zitrone
je 2 Messersp. Salz und Pfeffer
3 Eßl. Mayonnaise
2 Eßl. Dosenmilch
1 Eßl. Sherry
1–2 Messersp. Salz
½ Bund Petersilie oder Schnittlauch und Dill nach Belieben
½ Zitrone

Pro Person etwa:
1000 Joule
240 Kalorien

1 Ananasscheibe in kleine Stückchen, den Sellerie in kleine Würfel, die abgetropften Champignons in Scheibchen und das Geflügelfleisch in Streifen schneiden. Alles miteinander vermengen und mit dem Zitronensaft, dem Salz und Pfeffer abschmecken. Die Mayonnaise mit der Milch, dem Sherry und mit Salz würzen. Die Kräuter abbrausen, fein schneiden und unter die Mayonnaise ziehen. Den Salat auf den restlichen 4 Ananasscheiben anrichten, mit dem Mayonnaisegemisch überziehen und nach Belieben mit hauchdünnen Zitronenscheiben garnieren.

Geflügelsalat mit Bambussprossen

1 Ei
500 g gebratenes Hähnchenfleisch ohne Haut und Knochen
150 g Palmenherzen aus der Dose
200 g Babussprossen aus der Dose
250 g Artischockenherzen aus der Dose
10 rotgefüllte Oliven
2 Sardellenfilets

1 Teel. Kapern
3 Eßl. Öl
1 Eßl. Weinessig
½ Teel. Senf
je 1 Prise Salz und Pfeffer
je 2 Stengel Estragon und Petersilie

Pro Person etwa:
1430 Joule
340 Kalorien

Das Ei hart kochen, abschrecken und schälen. Das Hähnchenfleisch in gleich große Streifen schneiden. Die Palmenherzen, die Bambussprossen und die Artischockenherzen abtropfen lassen. Die Palmenherzen und die Bambussprossen in sehr feine Streifen schneiden. Die Artischockenherzen vierteln. Die Oliven in dünne Scheibchen, die Sardellenfilets in sehr feine Streifen schneiden. Diese Zutaten miteinander mischen.
Das Ei halbieren, das Eigelb aus dem Eiweiß drücken und das Eiweiß fein würfeln. Die Kapern sehr fein hacken. Das Eigelb mit der Gabel zerdrücken und mit dem Öl, dem Essig, dem Senf, den Kapern, dem Salz und dem Pfeffer verrühren. Die Kräuter kurz kalt abbrausen, abtropfen lassen, kleinschneiden, unter die Sauce mischen. Die Salatsauce unter die Salatzutaten heben und den Salat mit dem kleingeschnittenen Eiweiß bestreuen.

Dazu schmecken: sehr dünn geschnittene kleine Weißbrotscheiben, mit wenig Knoblauch bestrichen und im Backofen getrocknet

Geflügel-Obst-Salat

350 g gebratenes Hühnerfleisch
2 Stangen Staudensellerie
250 g Mandarinen
50 g blaue Weintrauben
50 g Pistazienkerne
4 Eßl. Salatmayonnaise
4 Eßl. saure Sahne
1 Prise Salz

1 Spritzer Worcestersauce
½ Karton Gartenkresse

Pro Person etwa:
1760 Joule
420 Kalorien

Zeit zum Durchziehen:
60 Minuten

Das Hühnerfleisch grob würfeln. Die Selleriestangen waschen und in dünne Scheiben schneiden. Die Mandarinen schälen, sorgfältig von der weißen Haut befreien, in Spalten zerlegen, dabei die Kerne entfernen und die Mandarinenspalten quer halbieren. Die Weintrauben waschen, halbieren und entkernen. Die Pistazienkerne grob hacken.
Die Mayonnaise mit der sauren Sahne verrühren, mit Salz und etwas Worcestersauce würzen und vorsichtig mit den übrigen Salatzutaten mischen. Den Salat zugedeckt mindestens 60 Minuten im Kühlschrank durchziehen lassen. Kurz vor dem Servieren die Kresse im Sieb kalt überbrausen, abtropfen lassen, nicht zu klein schneiden und über den Salat streuen.

Ein Rest von gebratenem Wildbret wird rasch trocken. In einer würzigen Salatmarinade »erholt« es sich und schmeckt wieder saftig. Aus frisch gebratenem Wildbret zubereitet – das Fleisch sollte noch zartrosa sein –, wird ein Wildsalat zum Hochgenuß.

Geeignet als Vorspeise

Wildsalat

300 g Rehfleisch, Schulter oder Rücken, frisch gebraten oder ein Rest
100 g milder, roher Schinken ohne Fettrand
200 g Pfifferlinge aus der Dose
1 säuerlicher Apfel
1 Eßl. Zitronensaft
2 Eßl. Rotweinessig
2 Eßl. Preiselbeermarmelade

je 1 Messersp. Salz, Pfeffer und Zwiebelsalz
4 Eßl. Öl
1 Chicoréestaude

Pro Person etwa:
1550 Joule
370 Kalorien

Zeit zum Durchziehen:
60 Minuten

Das erkaltete Rehfleisch und den Schinken in feine Streifen schneiden. Die Pfifferlinge abtropfen lassen. Den Apfel achteln, schälen, vom Kerngehäuse befreien und die Apfelachtel in dünne Scheiben schneiden. Die Pfifferlinge und die Apfelscheiben mit dem Zitronensaft beträufeln und zugedeckt stehen lassen.
Aus dem Essig, der Preiselbeermarmelade, dem Salz, dem Pfeffer, dem Zwiebelsalz und dem Öl eine Marinade rühren. Das Fleisch, den Schinken, die Pfifferlinge und die Äpfel unterheben und den Salat zugedeckt 60 Minuten an einem kühlen Ort ziehen lassen. Vor dem Servieren den Chicorée waschen, den Keil herausschneiden, die Staude längs halbieren, in etwa 2 cm breite Streifen schneiden und locker unter den Salat heben.

Matjessalat »Teufelsschlucht«

4 Matjesfilets
2 Eier
2 Tomaten
2 Gewürzgurken
2 Scheiben Ananas
½ Tasse Paprikaschoten aus dem Glas
1 Eßl. geriebener Meerrettich
1 Eßl. Mango-Chutney

2 Eßl. Öl
je 2 Messersp. Salz und Pfeffer
etwa 2 Eßl. Mayonnaise aus der Tube

Pro Person etwa:
1090 Joule
260 Kalorien

Die Matjesfilets wässern und dabei mehrmals das Wasser wechseln. Die Eier hartkochen, abschrecken und schälen. Die Matjesfilets trockentupfen und in Streifen schneiden. Die Tomaten waschen, abtrocknen und in Würfel schneiden; dabei die Kerne entfernen. Die Gewürzgurken und die Ananasscheiben und die abgetropften Paprikaschoten ebenfalls würfeln.
In einer Schüssel den Meerrettich mit dem Mango-Chutney, dem Öl, dem Salz und dem Pfeffer verrühren und die kleingeschnittenen Zutaten untermischen. Die Eier in kleine Würfel schneiden und vorsichtig unter den Salat heben. Den Salat in Portionsschälchen anrichten und mit einem Tupfen Mayonnaise aus der Tube garnieren.

Roter Matjessalat

4 Matjesfilets
2 mittelgroße Rote Bete
1 kleine Sellerieknolle
500 g festkochende Kartoffeln
2 Eier
1 säuerlicher Apfel
1 Zwiebel
1 große Gewürzgurke
1 Tasse Fleischbrühe
2 Teel. Senf

je 2 Messersp. Salz, Zucker, Pfeffer
2 Eßl. Weinessig
4 Eßl. Öl

Pro Person etwa:
2300 Joule
550 Kalorien

Garzeit:
60–80 Minuten

Zeit zum Durchziehen:
2 Stunden

Die Matjesfilets wässern; dabei das Wasser einige Male wechseln. Die Rote Bete, den Sellerie und die Kartoffeln unter fließendem Wasser bürsten. Die Rote Bete in etwa 60–80,

HERINGSSALAT · FISCHSALATE · SHRIMPSSALAT

den Sellerie in etwa 60 und die Kartoffeln in etwa 25 Minuten getrennt in kochendem Wasser zugedeckt bei milder Hitze garen, abgießen, auskühlen lassen, schälen und in etwa 1 cm große Würfel schneiden. Die Eier hart kochen, abschrecken und schälen. Die Eigelbe herauslösen und aufbewahren; die Eiweiße hacken.
Die Matjesfilets mit saugfähigem Papier trockentupfen und in Streifen schneiden. Den Apfel schälen und in kleine Würfel schneiden. Die Zwiebel schälen und fein würfeln. Die Gewürzgurke ebenfalls klein würfeln. Alle geschnittenen Zutaten miteinander vermengen.
Die Fleischbrühe erhitzen und darübergießen. Die Eigelbe in einer Schüssel mit der Gabel zerdrücken und mit dem Senf, dem Salz, dem Zucker, dem Essig und dem Öl zu einer sämigen Sauce verrühren. Die Salatsauce über den Heringssalat gießen und vorsichtig unterheben. Den Salat zugedeckt an einem kühlen Ort – nicht im Kühlschrank! – 2 Stunden durchziehen lassen.

Heringssalat nach rheinischer Art

4 Heringsfilets	1 Eßl. Zitronensaft
2 mittelgroße Kartoffeln	¼ Teel. Salz
	2 Messersp. Pfeffer
2 kleine Rote Beten	1 Eßl. Kapern
2 Eier	
1 säuerlicher Apfel	Pro Person etwa:
200 g Kalbsbraten	2310 Joule
1 große Gewürzgurke	550 Kalorien
4 Eßl. Salatmayonnaise	Garzeit: 60 Minuten
4 Eßl. saure Sahne	

Die Heringsfilets entgräten und in Streifen teilen. Die ungeschälten Kartoffeln in etwa 25 Minuten und die Roten Beten in 60 Minuten getrennt in Wasser garen. Die Eier hart kochen, abschrecken und schälen.
Den Apfel schälen, vom Kerngehäuse befreien und mit dem Kalbsbraten und der Gewürzgurke in Würfel schneiden. Die gegarten Roten Beten und die Kartoffeln ebenfalls würfeln. Die Mayonnaise mit der sauren Sahne, dem Zitronensaft, dem Salz, dem Pfeffer und den Kapern verrühren, über die kleingeschnittenen Zutaten geben und unterheben. Die Eier in Achtel teilen. Den Heringssalat mit den Eiachteln garnieren.

Geeignet als Vorspeise
Thunfischsalat nach Tokioer Art

2 Eier	8 Eßl. Öl
200 g Prinzeßbohnen	4 Eßl. Weinessig
250 g roher Thunfisch	1 Eßl. Zucker
2½ Teel. Selleriesalz	Pro Person etwa: 2130 Joule
1 Teel. Pfeffer	510 Kalorien
8 Artischockenböden aus der Dose	

Die Eier hart kochen, abschrecken, schälen und vierteln. Die Bohnen waschen, wenn nötig, abfädeln und in 8 Minuten in wenig Salzwasser kochen, abtropfen und auskühlen lassen. Den Thunfisch entgräten, häuten, roh in hauchdünne Blättchen schneiden und mit dem Selleriesalz und dem Pfeffer bestreuen. Die Artischockenböden kalt abspülen, abtropfen lassen und vierteln. Die Eier, die Bohnen, den Thunfisch und die Artischockenböden locker miteinander vermischen und auf Tellern anrichten.
Das Öl, den Essig und den Zucker miteinander verrühren, bis sich der Zucker aufgelöst hat, den Salat damit übergießen und auf Eiswürfeln servieren.

Salat »Marlène«

750 g Fischfilet vom Goldbarsch oder Heilbutt	2–3 Messersp. Salz
	2 Messersp. Zucker
	einige Salatblätter
½ l trockener Weißwein	2 Tomaten
2 Eier	Pro Person etwa:
1 kleine Dose Champignons	1970 Joule
	470 Kalorien
100 g Salat-Mayonnaise	
⅛ l saure Sahne	Garzeit: 10–15 Minuten
2 Eßl. Tomatenmark	
1 Eßl. Senf	Zeit zum Durchziehen:
1–2 Teel. Zitronensaft	30 Minuten

Das Fischfilet waschen. Den Weißwein zum Kochen bringen, den Fisch einlegen und bei sehr milder Hitze in 10–15 Minuten zugedeckt gar ziehen lassen. Den Fisch aus dem Weinsud heben, mit 2 Gabeln zerpflücken und, wenn nötig, die Gräten entfernen. Die Eier hart kochen, abschrecken, schälen und in kleine Würfel schneiden. Die Champignons abtropfen lassen und blättrig schneiden.

In einer Schüssel die Mayonnaise mit der sauren Sahne, dem Tomatenmark und dem Senf verrühren und mit dem Zitronensaft, dem Salz und dem Zucker abschmecken. Das Fischfilet, die Eier und die Champignons unterheben, gegebenenfalls noch einige Eßlöffel Weinsud zufügen und den Salat zugedeckt 30 Minuten durchziehen lassen.
Inzwischen die Salatblätter waschen, abtropfen und trocknen lassen und eine Schüssel damit auslegen. Die Tomaten waschen, abtrocknen und in Achtel teilen. Den Salat auf den Salatblättern anrichten und mit Tomatenschnitten garnieren.

Beilagen: Curryreis, Pellkartoffeln mit Petersilie oder frisches Weißbrot

Geeignet als Vorspeise
Shrimpssalat

400 g Shrimps (Riesengarnelen)	1 Eßl. Estragonessig
	1 Teel. Paprikapulver, edelsüß
Saft von 1 Zitrone	
200 g Feldsalat	1 Messersp. Salz
1 Karton Kresse	
1 kleine Zwiebel	Pro Person etwa:
125 g Mandarinenschnitze aus der Dose	1210 Joule
	290 Kalorien
3 Eßl. Sahne	Zeit zum Auftauen:
4 Eßl. Salatmayonnaise	4 Stunden

Die Shrimps aus der Verpackung nehmen, in einem Sieb kurz kalt überbrausen, abtropfen lassen, in eine Schüssel geben, mit dem Zitronensaft beträufeln und zugedeckt in etwa 4 Stunden auftauen lassen.
Den Feldsalat von welken und schlechten Blättern befreien, die Wurzelenden etwas kürzen, unter fließendem kaltem Wasser waschen, abtropfen und trocknen lassen. Die Kresse vom Beet schneiden, in einem Sieb kurz kalt überbrausen und abtropfen lassen. Die Zwiebel schälen, und sehr fein würfeln.
Die Mandarinen abtropfen lassen.
Die Sahne mit der Mayonnaise, dem Estragonessig, dem Paprikapulver, dem Salz und den Zwiebelwürfeln verrühren und die Kresse zufügen.
Die Shrimps mit den Mandarinenschnitzen und dem Feldsalat mischen und unter die Salatsauce heben.
Den Salat in Portionsschälchen oder Cocktailgläsern anrichten und gleich servieren.

HUMMERSALAT · MUSCHELSALATE

Geeignet als Vorspeise
Avocado-Cocktail

2 Avocados	4 mit Sardellen
Saft von 1 Zitrone	gefüllte Oliven
½ Teel. Salz	2 Eßl. Sahne
1 Eßl. Himbeergeist	3 Eßl. Salat-
150 g Krabben	mayonnaise
(Garnelen)	2 Eßl. Doppelrahm-
aus der Dose	Frischkäse
2 Messersp. Pfeffer	1 Teel. Essig
1 Prise geriebene	
Muskatnuß	Pro Person etwa:
einige Salatblätter	1930 Joule
½ Bund Petersilie	460 Kalorien

Die Avocados waschen, abtrocknen und längs halbieren, den Stein auslösen und das Fruchtfleisch mit einem Kugelausstecher so weit aushöhlen, daß eine etwa 1 cm dicke Schicht in den Avocadohälften zurückbleibt. Die ausgehöhlten Avocados innen mit etwas Zitronensaft beträufeln. Das Avocadofleisch mit dem Salz bestreuen, mit dem restlichen Zitronensaft und dem Himbeergeist beträufeln und zugedeckt etwa 15 Minuten durchziehen lassen.

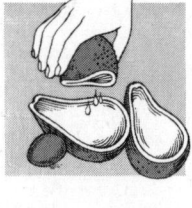

Aus der halbierten Avocado den Stein entfernen und das Fruchtfleisch auslösen.

Das in den Avocadohälften verbliebene Fruchtfleisch dann mit etwas Zitronensaft beträufeln.

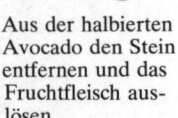

Die Krabben in einem Sieb kurz kalt abbrausen, abtropfen lassen und, wenn nötig, voneinander trennen. Die Krabben mit dem Pfeffer und dem Muskat würzen und mit den Avocadokugeln mischen. Die Salatblätter und die Petersilie unter fließendem kaltem Wasser waschen, abtropfen und trocknen lassen. Die Oliven in Scheiben schneiden. Die Sahne steif schlagen. Die Mayonnaise mit dem Doppelrahm-Frischkäse und dem Essig verrühren und die Sahne unterheben. Den Salat in die Avocadohälften füllen, die Salatsauce darüber verteilen, jede Fruchthälfte mit Olivenscheiben und Petersilienzweigen garnieren und auf den Salatblättern anrichten.

Geeignet als Vorspeise
Feiner Hummersalat

1 kg gekochter	Pro Person etwa:
Hummer	1670 Joule
200 g rohe	400 Kalorien
Champignons	
1 Eßl. Zitronensaft	Zeit zum
2 Eßl. Weinessig	Durchziehen:
4 Eßl. Olivenöl	30 Minuten
1 Tasse saure Sahne	
50 g russischer	
Kaviar	
2 Dillzweige	

Das Hummerfleisch aus dem Panzer lösen. Das Schwanzfleisch in dicke Scheiben, das Scherenfleisch etwas kleiner schneiden. Die Champignons putzen – dabei die Stiele etwas kürzen –, in Viertel schneiden, kurz kalt abbrausen und abtropfen lassen. Das Hummerfleisch und die Champignons in einer Schüssel mischen, mit dem Zitronensaft, dem Essig und dem Öl beträufeln und zugedeckt etwa 30 Minuten kühl stellen.
Die Sahne mit dem Kaviar verrühren. Den Hummersalat in Gläsern anrichten und mit der Kaviarsahne überziehen. Jede Portion mit ½ Dillzweig garnieren.

Muschelsalat »San Francisco«

500 g naturell einge-	4 Eßl. Salat-
legte Muscheln	mayonnaise
aus dem Glas,	einige Salatblätter
1 Eßl. Dillsamen	8 mit Sardellen
1 Teel. Zwiebel-	gefüllte Oliven
würfel	
2 Eßl. Öl	Pro Person etwa:
1 Eßl. Zitronensaft	1380 Joule
je 1 Teel. Salz und	330 Kalorien
Selleriesalz	
½ Teel. Pfeffer	Zeit zum
1 kleine Sellerie-	Durchziehen:
knolle	60 Minuten
½ Tasse saure	
Sahne	

Die Muscheln kalt überbrausen und abtropfen lassen. In einer Schüssel mit den Dillsamen und den Zwiebelwürfeln bestreuen, mit dem Öl und dem Zitronensaft beträufeln und mit der Hälfte vom Salz, Selleriesalz und Pfeffer würzen. Die Muscheln zugedeckt im Kühlschrank 60 Minuten durchziehen lassen.
Inzwischen die Sellerieknolle unter fließendem kaltem Wasser bürsten, schälen und in sehr kleine Würfel schneiden. Einige Herzblätter kleinschneiden und zugedeckt aufbewahren, bis die Muscheln genügend durchzogen sind. Den Sellerie dann mit der Sahne und der Mayonnaise mischen und unter die Muscheln heben. Mit dem restlichen Salz, Selleriesalz und Pfeffer würzen. Die Salatblätter waschen, abtropfen und trocknen lassen. Eine Schüssel damit auslegen, den Salat darin anrichten und mit den Oliven garnieren.

Muschelsalat »Normandie«

400 g naturell ein-	1–2 Messersp. Salz
gelegte Muscheln	einige Salatblätter
½ Bund Petersilie	
6 Eßl. Mayonnaise	Pro Person etwa:
2 Eßl. Einlegwasser	1170 Joule
von den Muscheln	280 Kalorien
4 Eßl. trockener	
Weißwein	Zeit zum
1 Teel. Senf	Durchziehen:
Saft von ½ Zitrone	30 Minuten
1 Messersp. Pfeffer	

Die Muscheln abtropfen lassen und 2 Eßlöffel von dem Einlegwasser aufbewahren. Die Petersilie kurz kalt abbrausen, abtropfen lassen und fein schneiden. Die Mayonnaise mit dem Einlegwasser, dem Weißwein, dem Senf, dem Zitronensaft, dem Pfeffer, dem Salz und der feingeschnittenen Petersilie verrühren und das Muschelfleisch unterheben. Den Salat etwa 30 Minuten zugedeckt im Kühlschrank durchziehen lassen.
Die Salatblätter waschen, abtropfen und vollends trocknen lassen, 4 Schalen damit auslegen und den Muschelsalat darauf anrichten.

Kartoffelsalat auf bayerische Art

750 g festkochende	2 Messersp. Pfeffer
Kartoffeln	2 Eßl. Öl
2 Tassen Wasser	
1 Teel. Salz	Pro Person etwa:
2 Zwiebeln	880 Joule
½ Bund Petersilie	210 Kalorien
1 ½ Tassen	
Fleischbrühe	Garzeit:
2 Eßl. Essig	25–30 Minuten
1 Teel. Salz	

Die Kartoffeln im Salzwasser in 25–30 Minuten garen. Inzwischen die Zwiebeln schälen und in kleine Wür-

KARTOFFELSALATE · REISSALATE

fel schneiden. Die Petersilie kurz kalt abbrausen, abtropfen lassen und kleinschneiden.
Die gegarten Pellkartoffeln schälen, in nicht zu dünne Scheiben schneiden und noch warm mit der Fleischbrühe übergießen. Den Essig mit dem Salz, dem Pfeffer, dem Öl und der Petersilie verrühren und die Sauce unter die Kartoffeln heben. Den Salat zugedeckt 15 Minuten bei Raumtemperatur durchziehen lassen.

Paßt gut zu: paniertem Fisch oder Schnitzel, Kotelett, Deutschem Beefsteak, gebratener Wurst oder heißen Würstchen

Unser Tip: Für Salat aus kalten Pellkartoffeln heiße Fleischbrühe, für Salat aus warmen Pellkartoffeln lauwarme Fleischbrühe verwenden.

Berliner Kartoffelsalat

Bild Seite 79

500 g festkochende Kartoffeln	1–2 Messersp. Salz
1 Tasse Wasser	1 Messersp. Pfeffer
1 ½ Teel. Salz	½ Bund Petersilie
280 g Erbsen aus der Dose	Pro Person etwa: 2050 Joule
250 g Fleischwurst oder Bratenreste	490 Kalorien
2 Scheiben Ananas aus der Dose	Garzeit: 25–30 Minuten
2 Eßl. Haselnüsse	
5 Eßl. Salatmayonnaise	Zeit zum Durchziehen:
1 Tasse Fleischbrühe	30 Minuten
2 Eßl. Essig	

Die Kartoffeln in dem Salzwasser bei mittlerer Hitze in 25–30 Minuten garen.
Inzwischen die Erbsen in einem Sieb abtropfen lassen. Die Fleischwurst oder die Bratenreste in Streifen oder Würfel und die Ananasscheiben in Stückchen schneiden. Die Haselnüsse fein hacken. Die Mayonnaise mit der Fleischbrühe, dem Essig, dem Salz und dem Pfeffer verrühren.
Die gegarten Kartoffeln schälen, in Würfel schneiden und mit den Erbsen, den Wurst- oder Bratenstreifen, den Ananasstückchen und den Haselnüssen zur Mayonnaisesauce geben. Alles gut miteinander vermengen und zugedeckt etwa 30 Minuten durchziehen lassen.
Die Petersilie waschen, abtropfen lassen und fein schneiden. Vor dem Servieren den Kartoffelsalat, wenn nötig, noch mit etwas Salz, Pfeffer und Essig abschmecken, in einer Schüssel anrichten und mit Petersilie bestreuen.

Dazu paßt: gekochter Weißkrautsalat, Tomatensalat mit Zwiebeln oder Kopfsalat

Warmer Speckkartoffelsalat

750 g vorwiegend festkochende Kartoffeln	2 Eßl. Öl
	125 g durchwachsener Speck
2 Tassen Wasser	
1 Teel. Salz	Pro Person etwa:
2 Bund Petersilie	1800 Joule
1 Tasse Fleischbrühe	430 Kalorien
2 Eßl. Weinessig	
½ Teel. Salz	Garzeit:
2 Messersp. Pfeffer	25–30 Minuten

Die Kartoffeln im Salzwasser in 25–30 Minuten garen.
Inzwischen die Petersilie kurz kalt abbrausen, abtropfen lassen und kleinschneiden. Aus dem Essig, der Fleischbrühe, dem Salz, dem Pfeffer und dem Öl eine Salatsauce rühren. Den Speck würfeln.
Die Kartoffeln noch heiß schälen und in nicht zu dünne Scheiben schneiden. Die Speckwürfel in der Bratpfanne ausbraten. Die Kartoffeln mit der Salatsauce und der Petersilie mischen. Den ausgebratenen Speck mit dem Speckfett darüber verteilen und unterheben. Den Kartoffelsalat warm servieren.

Dazu schmecken: heiße Fleischwurst und Kopfsalat oder Tomatensalat

Gemüse-Reis-Salat

1 ½ l Wasser	½ Bund Petersilie
1 Teel. Salz	einige Blätter Zitronenmelisse
200 g Langkornreis	
4 Eßl. Salatmayonnaise	Pro Person etwa:
Saft von 1 Zitrone	1840 Joule
1 kleine Sellerieknolle	440 Kalorien
2 säuerliche Äpfel	Garzeit:
500 g grüne Paprikaschoten	20 Minuten
500 g Tomaten	Zeit zum
½–1 Teel. Salz	Durchziehen:
2 Messersp. Pfeffer	60 Minuten
1–2 Eßl. Weinessig	

Das Wasser mit dem Salz zum Kochen bringen und den Reis darin bei sehr milder Hitze in etwa 20 Minuten garen.
Inzwischen die Mayonnaise mit dem Zitronensaft verrühren. Die Sellerieknolle unter fließendem kaltem Wasser bürsten, schälen, roh in die Mayonnaise raspeln und gleich untermischen. Die Äpfel waschen, schälen und das Kerngehäuse ausstechen. Die Äpfel grob auf das Sellerie-Mayonnaise-Gemisch raspeln und unterheben.
Den gegarten Reis in einem Sieb kurz mit kaltem Wasser überbrausen und abtropfen lassen. Die Paprikaschoten halbieren, von den Kernen und Rippen befreien, waschen und in feine Streifen schneiden. Die Tomaten waschen – nach Belieben häuten – und in dünne Scheiben schneiden. Den Reis, die Paprikaschoten und die Tomaten unter den Sellerie-Apfelsalat heben. Den Salat mit dem Salz, dem Pfeffer und dem Essig würzen und zugedeckt im Kühlschrank 60 Minuten durchziehen lassen.
Die Petersilie und die Zitronenmelisse kurz kalt abbrausen, abtropfen lassen und fein schneiden. Den Salat vor dem Servieren noch mit etwas Salz, Pfeffer und Essig abschmecken und mit den Kräutern bestreuen.

Unser Tip: Dieser Reissalat läßt sich variieren, indem Sie anstelle von Paprikaschoten und Tomaten in kleine Stücke geschnittene Orangen und/oder Bananenscheiben und gehackte Nüsse verwenden oder anstatt der Paprikaschoten abgetropfte Erbsen oder Champignons aus der Dose untermischen.

Ein »heißer« Salat – mit Zutaten, die nach alten Rezeptbüchern zur Liebe munter machen. Nicht für jeden Tag – nicht für jeden Gast!

Kreolischer Salat

1 ½ l Wasser	½–1 Teel. Salz
1 Teel. Salz	½ Teel. Zucker
200 g Langkornreis	4 Eßl. Öl
200 g Tomaten	einige Salatblätter
100 g grüne Pfefferschoten	
2 Zwiebeln	Pro Person etwa:
2 Stengel Sellerieblätter	2050 Joule
	490 Kalorien
100 g Käseaufschnitt	
200 g Erbsen aus der Dose	Garzeit: 20 Minuten
2 Eßl. Mango-Chutney	Zeit zum Durchziehen:
2 Eßl. Pimientos	60 Minuten
2–3 Eßl. Essig	

REISSALATE · NUDELSALATE

Das Wasser mit dem Salz zum Kochen bringen und den Reis bei milder Hitze in etwa 20 Minuten garen, in einem Sieb kalt überbrausen und abtropfen lassen.
Inzwischen die Tomaten häuten, in Streifen schneiden und dabei die Kerne entfernen. Die Pfefferschoten halbieren, von den Kernen befreien und in ganz kleine Würfel schneiden. Die Zwiebeln schälen und fein würfeln. Die Sellerieblätter waschen, abtropfen lassen und fein hacken. Den Käse in Blättchen oder Streifen schneiden. Die Erbsen aus der Dose abtropfen lassen. Den Chutney und die Pimientos grob hacken.
Den Essig mit dem Salz, dem Zucker und dem Öl verrühren, bis sich Salz und Zucker gelöst haben. Alle zerkleinerten Zutaten und den Reis zugeben, gut mischen und den Salat zugedeckt etwa 60 Minuten durchziehen lassen.
Vor dem Servieren die Salatblätter waschen, trocknen lassen und auf Portionstellern verteilen. Den Salat noch einmal durchheben, wenn nötig, noch mit etwas Salz und Essig abschmecken und auf den mit Salatblättern belegten Tellern anrichten.

Unser Tip: Besonders gut schmeckt der Kreolische Salat, wenn Sie ihn mit 200 g in Würfeln geschnittenem Hühnerfleisch, Bratenresten, Wurst oder Schinken anreichern.

Dieser Salat ist das nach unserem Geschmack abgewandelte »Cadger«, ein Fischragout, wie es in Ostindien zubereitet wird.

Reis-Fisch-Salat

1½ l Wasser
1 Teel. Salz
200 g Langkornreis
½ l Milch
1 Lorbeerblatt
300 g Schellfischfilet
1–2 Messersp. Salz
3 Eßl. Butter
3 Ingwerpflaumen in Sirup
1 Eßl. Ingwersirup
2 Teel. Currypulver
1 Teel. Zitronensaft
6 Eßl. Salatmayonnaise

2 Teel. Butter
1 Eßl. Mandelblättchen
1 Eßl. Pinienkerne

Pro Person etwa:
2680 Joule
640 Kalorien

Garzeit:
20 Minuten

Zeit zum Durchziehen:
60 Minuten

Das Wasser mit dem Salz zum Kochen bringen. Den Reis bei milder Hitze in etwa 20 Minuten garen, in einem Sieb kalt abbrausen und abtropfen lassen.
Die Milch mit dem Lorbeerblatt zum Kochen bringen. Den Schellfisch unter fließendem kaltem Wasser waschen, bei milder Hitze etwa 15 Minuten in der Milch garziehen lassen, herausheben und mit etwas Salz bestreuen. Die Butter in einer Pfanne zerlassen, das Fischfilet in etwa 5 Minuten darin hellbraun braten, erkalten lassen und in nicht zu kleine Stücke zerpflücken.
Die Ingwerpflaumen sehr fein schneiden und mit dem Ingwersirup, dem Curry und dem Zitronensaft unter die Mayonnaise rühren. Das Mayonnaisegemisch unter den Reis ziehen, die Fischstücke vorsichtig unterheben und den Reis zugedeckt 60 Minuten durchziehen lassen. Vor dem Servieren die Butter in der Pfanne zerlassen, die Mandelblättchen und Pinienkerne darin bräunen und den Salat damit bestreuen.

Bunter Nudelsalat

2½ l Wasser
1 Teel. Salz
250 g Hörnchen- oder Bandnudeln
2 Eier
4 Tomaten
2 Gewürzgurken
1 kleine Zwiebel
3 Eßl. Essig
je ½ Teel. Salz und Pfeffer
2 Messersp. Zucker
4 Eßl. Tomatenketchup

3 Eßl. Öl
½ Bund Petersilie

Pro Person etwa:
1720 Joule
410 Kalorien

Garzeit:
10 Minuten

Zeit zum Durchziehen:
60 Minuten

Das Wasser mit dem Salz zum sprudelnden Kochen bringen und die Nudeln darin nach der Angabe auf der Packung garen.
Inzwischen die Eier hart kochen, abschrecken und schälen. Die Tomaten häuten, ein Ei und eine Tomate in Scheiben schneiden und zum Garnieren aufbewahren. Das andere Ei kleinhacken, die restlichen Tomaten in dünne Streifen und die Gewürzgurken in dünne Scheibchen schneiden. Die Nudeln in einem Sieb kurz mit kaltem Wasser überbrausen, abtropfen und abkühlen lassen.
Die Zwiebel schälen und kleinwürfeln. Aus dem Essig, dem Salz, dem Pfeffer, dem Zucker, dem Tomatenketchup, den Zwiebelwürfeln und dem Öl eine Salatsauce rühren. Die Nudeln und die kleingeschnittenen Zutaten zur Salatsauce geben und unterheben. Den Salat zugedeckt etwa 60 Minuten durchziehen lassen.
Vor dem Servieren die Petersilie kurz kalt abbrausen, abtropfen lassen und fein schneiden. Den Nudelsalat, wenn nötig, noch mit etwas Essig, Salz und Pfeffer abschmecken, in einer Schüssel anrichten, mit Tomaten- und Eischeiben garnieren und mit der Petersilie bestreuen.

Paßt gut zu: gegrillten Würstchen oder Beefsteaks

Holländischer Nudelsalat

Bild Seite 70

2 l Wasser
1 Teel. Salz
200 g kleingeformte Nudeln, wie Hörnchen oder Zöpfli
200 g gekochte Rinderzunge in dicken Scheiben
250 g süß-sauer eingelegte Kürbisstücke
1 kleine Salatgurke
je 2 Messersp. Salz und Pfeffer
2 Eßl. Essig

4 Eßl. Salatmayonnaise
4 Eßl. saure Sahne
1 Teel. Zitronensaft
je 1 Messersp. Selleriesalz, Ingwerpulver und Pfeffer
1 Karton Kresse

Pro Person etwa:
2310 Joule
550 Kalorien

Garzeit:
10 Minuten

Das Wasser mit dem Salz zum Kochen bringen und die Nudeln in etwa 10 Minuten oder nach der Angabe auf der Packung darin garen, in einem Sieb kurz mit kaltem Wasser überbrausen und abtropfen lassen. Die Zunge würfeln; die Kürbisstücke gegebenenfalls etwas kleiner schneiden, mit den Zungenwürfeln mischen. Die Gurke schälen, ebenfalls in Würfel schneiden, mit dem Salz und dem Pfeffer bestreuen, mit dem Essig beträufeln und 5 Minuten ziehen lassen. Inzwischen die Mayonnaise mit der sauren Sahne, dem Zitronensaft, dem Selleriesalz, dem Ingwerpulver und dem Pfeffer verrühren. Die Flüssigkeit von den Gurkenwürfeln abgießen und die Gurke mit den Nudeln, dem Kürbis und der Zunge unter die Salatsauce heben. Die Kresse vom Beet schneiden, kurz kalt abbrausen, abtropfen lassen, kleinschneiden und vor dem Servieren über den Salat streuen.

Der Eiertopf ist eine Augenweide und die Zier jeder ländlichen Tafel, wenn Sie das Gericht in einem blauen Stein-

EIERSALATE · KÄSESALATE

zeugtopf – dem Eiertopf – oder einer braunen Bunzlauer Schüssel servieren.

Eiertopf

2 Eßl. Essig	1 Teel. Kapern
2–3 Messersp. Salz	1 kleine Dose Erbsen
1 Messersp. Zucker	
5 Eßl. Öl	einige Maiskölbchen aus dem Glas
1 Karton Kresse	
1 kleine Dose Champignons	8 Eier
½ Tasse rote Paprikaschoten aus dem Glas	Pro Person etwa: 1800 Joule 430 Kalorien
1 kleine Dose Krabben (Garnelen)	
15 schwarze Oliven	Zeit zum Durchziehen: 60 Minuten
2 grüne eingelegte Pfefferschoten	

Den Essig mit dem Salz, dem Zucker und dem Öl in einer großen Schüssel zu einer Salatsauce verrühren.
Die Kresse vom Beet schneiden und in einem Sieb kurz überbrausen, abtropfen lassen und kleinschneiden.
Die Champignons abtropfen lassen und blättrig schneiden. Die Paprikaschoten ebenfalls abtropfen lassen und kleinschneiden. Die Krabben voneinander lösen, kalt überbrausen und abtropfen lassen. Die Oliven in dünne Scheiben und die grünen Pfefferschoten sehr fein schneiden. Die Kapern hacken. Die Erbsen und Maiskölbchen nur abtropfen lassen. Diese Zutaten zur Salatsauce geben und alles gut mischen.
Den Salat mit Haushaltsfolie abgedeckt 60 Minuten im Kühlschrank durchziehen lassen.
Inzwischen die Eier hart kochen, abschrecken, schälen, in Scheiben schneiden und vor dem Servieren vorsichtig unter den Salat heben.

Diplomatensalat

500 g Chicorée	1 Prise frischgemahlener schwarzer Pfeffer
4 Eier	
2 Tomaten	
200 g Emmentaler Käse	Pro Person etwa: 1760 Joule 420 Kalorien
1 Eßl. Zitronensaft	
2 Eßl. Essig	
1 Teel. Senf	
2–3 Messersp. Salz	Zeit zum Durchziehen: 30 Minuten
1–2 Messersp. Zucker	
3 Eßl. Öl	

Den Chicorée von den äußeren, welken Blättern und schlechten Stellen befreien, längs halbieren, den Keil am Wurzelende herausschneiden und die Pflanze in Blätter zerlegen. Die Blätter unter fließendem kaltem Wasser waschen, abtropfen und trocknen lassen. Breite Blätter längs halbieren. Die Eier hart kochen, abschrecken, schälen und in Achtel teilen. Die Tomaten häuten und in kleine Würfel schneiden, dabei die Kerne entfernen. Den Käse ebenfalls kleinwürfeln.
Den Zitronensaft mit dem Essig, dem Senf, dem Salz, dem Zucker und dem Öl zu einer sämigen Salatsauce verrühren. Die Eier, die Tomaten und den Käse vorsichtig unterheben. Die Chicoréeblätter um den Innenrand einer Glasschüssel stellen, den Salat einfüllen und zugedeckt im Kühlschrank etwa 30 Minuten durchziehen lassen. Vor dem Servieren wenig schwarzen Pfeffer darübermahlen.

Paßt gut zu: kurz gebratenem Fleisch und Fisch »blau«

Ein appetitanregender Salat, der sich für ein kaltes Abendessen eignet und zu dem besonders ein trockener Weißwein paßt.

Käsesalat »Françoise«

250 g Käse, etwa Gouda, Chester oder Tilsiter	1 Messersp. Cayennepfeffer
	1 Eßl. Kokosraspel
2 säuerliche Äpfel	
2 Scheiben Ananas aus der Dose	Pro Person etwa: 1590 Joule 380 Kalorien
1 Tasse Weintrauben	
2 Eßl. Salatmayonnaise	
2 Eßl. Kokosmilch oder süße Sahne	Zeit zum Durchziehen: 60 Minuten

Den Käse in kleine Würfel schneiden. Die Äpfel waschen, vierteln, schälen, vom Kerngehäuse befreien und die Apfelviertel in kleine Würfel schneiden. Die Ananasscheiben abtropfen lassen und kleinschneiden. Die Trauben waschen, abtropfen lassen, halbieren und die Kerne herauslösen. Die Mayonnaise mit der Kokosmilch oder der Sahne, dem Cayennepfeffer und den Kokosraspeln verrühren. Die kleingeschnittenen Zutaten damit vermischen. Den Salat zugedeckt etwa 60 Minuten durchziehen lassen.

Unser Tip: Kaufen Sie, wenn möglich, eine frische Kokosnuß und verwenden das geraspelte Fruchtfleisch und die Kokosmilch für den Salat. Die beiden Schalenhälften ergeben dekorative Salatschüsseln.

Von den Salatsaucen

Eine Sauce gibt dem Salat erst die »Rasse«. Wer kennt die Namen, nennt die Zutaten? Neben den klassischen, internationalen Saucen und Dressings, Dips und wie man sie in der modernen Küche sonst noch tituliert, kennen wir die selbsterfundenen, ausprobierten, gelobten und weitergesagten. Man nehme… – der Phantasie eines Saucen-Kochs sind kaum Grenzen gesetzt.

Die Saucen-Zutaten

Essig, besonders Weinessig und Obstessig, beeinflußt das Säuren-Basen-Verhältnis im Körper positiv. Gerade für unsere Wohlstandsernährung wirkt Essig ausgleichend. Er aktiviert die Speicheldrüsen und die Verdauung und hilft, den Stoffwechsel zu beschleunigen.

Die Zitrone ist wertvoller Vitamin-C-Lieferant. Ihre fruchtige Säure unterstreicht die geschmacklichen Eigenarten der Speisen. Dies gilt besonders für Salate, die aus frischem oder konserviertem Obst bereitet werden. So würzt man zum Beispiel einen Apfel-Möhren-Rohkostsalat mit Zitronensaft.

Das Öl erfüllt in einer Salatsauce mehrere Aufgaben. Es macht rohe Zutaten leichter verdaulich und hilft dem Körper viele Vitamine auszuwerten. In vielen Speiseölen sind mehrfach ungesättigte Fettsäuren enthalten, Verbindungen, die von unserem Körper nicht aus anderen Nährstoffen produziert werden können. Sie gehören zu den essentiellen, das heißt lebensnotwendigen, Substanzen und müssen mit der Nahrung aufgenommen werden. Der Gehalt an ungesättigten Fettsäuren ist nicht in allen Ölen gleich. Distelöl und Sonnenblumenöl haben einen hohen Anteil an diesen Fettsäuren, sind aber leider recht teuer. Olivenöl hat vergleichsweise wenig essentielle Fettsäuren, ist dafür aber am leichtesten verdaulich.

Auch Mayonnaise gilt als Grundlage für Salatsaucen. Für Salate wird sie niemals pur verwendet. Man mischt sie mit Joghurt oder Dosenmilch und verfeinert ihren Geschmack durch Würzzutaten. Für eine Salatsauce ist die Salatmayonnaise geeignet, die 50 % Fett enthält.

VON DEN SALATSAUCEN

Crème fraîche – ein Sauerrahm mit 30 % Fettgehalt – schmeckt gut an grünen Blattsalaten, die von einer Mayonnaisesauce geschmacklich überdeckt würden. Crème fraîche hat zwar mehr Kalorien als saure Sahne, ist aber im Geschmack und in der Konsistenz zarter. Crème fraîche ist ein Lieblingskind der französischen »nouvelle cuisine«.

Saure Sahne-Saucen passen zu milden Rohkostsalaten und grünen Blattsalaten. Sie schmecken gut in Verbindung mit Zitronensaft und feingewürfelter Zwiebel.

Gewürze und Kräuter geben Salaten eine charakteristische Geschmacksrichtung. Sie werden in den Rezepten als Mengenangabe oft »eine Prise« angegeben finden, wenn es sich um Gewürze wie Salz, Pfeffer, geriebene Muskatnuß, Currypulver oder andere handelt. Auch mit getrockneten Kräutern, die geschmacksintensiv sind, sollten Sie maßvoll umgehen. Die Menge von einer Messerspitze, die man zur besseren Aromaentfaltung zwischen Daumen und Zeigefinger zerreibt, ist meist genug. Getrocknete Kräuter sollen nicht lange aufbewahrt werden, denn sie verlieren während des Lagerns viel von ihrem Aroma. Kaufen Sie von Gewürzen und getrockneten Kräutern möglichst kleine Mengen und verschließen Sie die Behälter nach jedem Gebrauch.

Seien Sie großzügig mit frischen Kräutern. Ein Salat mit vielerlei Kräutern schmeckt würzig. Für die Salatsauce aber höchstens zwei verschiedene Kräuterarten verwenden, die miteinander harmonieren. Allerdings gibt es auch sehr geschmacksintensive Kräuter wie beispielsweise Bohnenkraut, Majoran oder Thymian; von ihnen sollte man nur kleine Mengen nehmen.

Das Verhältnis der Grundbestandteile zueinander soll für eine Salatsauce ausgewogen sein.
Als Faustregeln gelten:
3 Teile Öl, 1 Teil Essig und Gewürze –
oder:
4 Teile Öl, 1 Teil Zitronensaft und Gewürze –
oder:
3 Teile Sahne (Joghurt, Quark),
1 Teil Essig oder Zitronensaft und Gewürze –
oder:
3 Teile saure Sahne, knapp 1 Teil Zitronensaft und Gewürze.

Gewürze wie Salz, Zucker, Pfeffer, Senf immer zuerst mit dem Essig oder dem Zitronensaft verrühren, bis sich Salz und Zucker völlig aufgelöst haben. Erst dann Öl, Sahne, Joghurt oder Quark hinzufügen.

Würzsaucen, die im Handel erhältlich sind, geben vielen Salatsaucen eine besondere geschmackliche Note. Folgende Würzsaucen sind als Zusatz zu Salatsaucen beliebt:
Worcestersauce – würzig scharf; nur Spritzer zugeben oder teelöffelweise verwenden; paßt zu allen herzhaften Salatsaucen.
Tabascosauce – sehr scharf; nur tropfenweise verwenden; für Saucen auf Mayonnaisebasis.
Tomaten-Ketchup – geeignet zu Salatsaucen für Nudel-, Gemüse-, Eier-, Fisch- und Fleischsalate; wird eßlöffelweise verwendet. Varianten sind Curry-Ketchup, Zwiebel-Ketchup, Schaschliksauce.
Sojasauce – auf pflanzlicher Basis hergestellt. Japanische Sojasauce ist dünnflüssig und recht salzig, chinesische Sojasauce ist etwas dickflüssiger und milder im Geschmack. Die indonesische Sojasauce ist süß und dickflüssig. Je nach Herkunftsland bis zu einem Eßlöffel Sojasauce an die Salatsauce geben.
Herbadox – ein Würzextrakt aus Weinessig, Schalotten, Estragon, Pfeffer und Fleischextrakt; paßt in Salatsaucen für Fisch- und Fleischsalate.

Außer den Würzsaucen werden auch fertige Salatsaucen angeboten. Oft werden sie nicht als Sauce, sondern als Dressing bezeichnet, obgleich beide Begriffe dasselbe bedeuten. Wichtig ist nur, ob einem der Geschmack dieser Fertigprodukte zusagt oder ob man weiterhin lieber seine Sauce oder sein Dressing für den Salat selbst zubereitet.

Klare Dressings sind auf Essig-Öl-Basis zubereitet und eignen sich für alle Blattsalate, für Tomatensalat, Bohnensalat, Nudel-, Wurst- und Käsesalate. Beliebt sind Gartenkräuter-Dressing, Dillspitzen-Salatsauce und Sauce Vinaigrette.

Cremige Dressings sind aus Öl und Eigelb gerührte, mild gewürzte Salatsaucen. Sie passen zu Gurken-, Chicorée- und Kartoffelsalat.

Käse-Dressing paßt zu Fenchel- und Eisbergsalat, aber auch zu Fisch- und Eiersalat.

Rosa-cremige Dressings, auf Mayonnaisebasis bereitet, mit Tomate und Chili angereichert, sind bekannt als French Dressing und Thousand-Islands-Sauce. Sie schmecken zu Tomaten-, Paprika-, Möhren-, zu Thunfisch- und Geflügelsalaten.

Essig und Würzöl selbstbereitet
Bild Seite 58

Guten Essig können Sie aus Wein und Essigessenz selber herstellen, indem Sie 1/4 Liter Rotwein, Weißwein oder Sherry mit 2 Eßlöffel Essigessenz mischen, in eine Flasche füllen und verschließen.

Etwas länger dauert die Essigbereitung, wenn Sie auf Essig-Essenz verzichten und lieber nur »natürliche« Zutaten verwenden wollen. Dazu braucht man Weinessig und naturreinen Rotwein, Weißwein oder Sherry. Den Essig einige Tage in einem weithalsigen Gefäß an einem hellen Ort stehenlassen. In Verbindung mit Sauerstoff vermehren sich die Essigbakterien und ballen sich flockenartig zusammen. Diese »Essigmuttern« werden dem Wein oder Sherry zugesetzt.
Hängt man ein Stückchen Sauerteig, in ein Mullsäckchen eingebunden, in den Wein, geht die Umwandlung von Wein in Essig rascher. Nach einigen Tagen den Sauerteig entfernen und den Wein noch etwa 10 Tage an einem warmen Ort stehenlassen.
Das Gefäß während der Zeit mit einem Stück Gaze zubinden. Den Essig dann in Flaschen füllen, verkorken.

Wie diesen Weinessig können Sie auch Kräuter- oder Würzessig bereiten, wie ihn die »Neue Küche« bevorzugt. Für eine Flasche (0,7 l) Kräuteressig benötigen Sie je 3 Zweige Estragon, Zitronenmelisse und Basilikum, 1 Eßlöffel grob zerstoßenen schwarzen Pfeffer, 1/2 Liter naturreinen, kräftigen Rotwein, 4 Eßlöffel Essig Essenz.
Die Kräuter 1–2 Tage leicht antrocknen lassen, unzerkleinert mit dem zerstoßenen Pfeffer in eine weithalsige Flasche geben, mit dem Rotwein auffüllen, die Essig-Essenz zufügen. Die Flasche verkorken und den angesetzten Essig 3 Wochen ziehen lassen. Durch ein Sieb in eine andere Flasche (gegebenenfalls erst in ein anderes Gefäß mit weiter Öffnung) seihen und luftdicht verkorken.

Für einen sehr delikaten Himbeeressig, der Obstsalaten eine besondere

ESSIG-ÖL-SAUCEN

Note gibt, benötigen Sie 150 g frische Himbeeren, ¼ Liter Weinessig, ¼ Liter vollmundigen Weißwein, wie Muskateller oder Traminer. Die Himbeeren putzen und verlesen, in eine weithalsige Flasche geben, mit dem Weinessig und dem Wein auffüllen und die Flaschenöffnung mit einem Stück Gaze zubinden. Nach etwa 1 Woche die Flüssigkeit auf ihren Geschmack hin prüfen. Je nach Schärfe entweder gleich durchseihen, in eine andere Flasche gießen und verkorken oder noch einige Tage stehenlassen. Der fertige Himbeeressig ist rosafarben und duftet aromatisch.

Auf gleiche einfache Art können Sie auch Veilchenessig, Rosenessig, Holunderessig oder Johannisbeeressig herstellen.

Gewürzöl bereitet man aus geschmacksneutralem Öl, dem man eine würzende Zutat zufügt. Dafür eignen sich geschälte, unzerkleinerte Knoblauchzehen, Rosmarinzweige, getrocknete Würzpilze oder rote Pfefferschoten. Einen dieser Aromaträger läßt man etwa 14 Tage im Öl, seiht dieses dann in eine andere Flasche ab und verkorkt sie.

Französische Salatsauce
French Dressing

2 Eßl. Weinessig
¼ Teel. Salz
1 Prise schwarzer Pfeffer
1 Teel. Senf
5 Eßl. Öl

Pro Person etwa:
710 Joule
170 Kalorien

Den Weinessig mit dem Salz, dem Pfeffer, dem Senf und dem Öl verrühren, bis sich das Salz völlig aufgelöst hat.

Paßt gut zu: allen grünen Blattsalaten, Gurkensalat, Tomatensalat und Gemüsesalaten

Sauce vinaigrette

2 Eier
1 rohes Eigelb
2 Messersp. Salz
½ Teel. scharfer Senf
1 Eßl. Weinessig
2 Eßl. Rotwein
½ Teel. Pfeffer
5 Eßl. Öl
1 Teel. kleine Kapern
je ½ Bund Estragon und Petersilie

Pro Person etwa:
960 Joule
230 Kalorien

Die Eier hart kochen, abschrecken, schälen, halbieren und die Eigelbe herauslösen. Die Eigelbe mit dem rohen Eigelb, dem Salz, dem Senf, dem Weinessig, dem Rotwein, dem Pfeffer und dem Öl verrühren, bis sich das Salz völlig aufgelöst hat. Die Kapern sehr feinhacken. Die Kräuter kurz kalt abbrausen, abtropfen lassen, fein hacken und mit den Kapern unter die Salatsauce rühren.

Paßt gut zu: Kopfsalat, Feldsalat, Endiviensalat, Tomatensalat, Wachsbohnensalat, Spargelsalat und gekochtem Rindfleisch

Provence-Essig-Öl-Sauce

2 Eßl. Weinessig
1 Eßl. Rotwein
1 Prise Knoblauchsalz
½ Teel. Zucker
5 Eßl. Olivenöl
½ Teel. Rosmarinblättchen
1 kleine Zwiebel

Pro Person etwa:
750 Joule
180 Kalorien

Den Weinessig, den Rotwein, das Knoblauchsalz, den Zucker und das Olivenöl miteinander verrühren, bis der Zucker sich völlig gelöst hat. Die Rosmarinblättchen kurz mit wenig heißem Wasser überbrühen. Die Zwiebeln schälen und fein reiben. Die Rosmarinblättchen abtropfen lassen und mit der Zwiebel unter die Salatsauce rühren.

Paßt gut zu: Schwarzwurzelsalat, Sauerkrautsalat, Chicoréesalat, Endiviensalat, Apfel- und Paprikasalat

Italienische Salatsauce

1 Teel. Rosmarinblättchen
1 kleine Zwiebel
3 Eßl. Rotwein
1 Eßl. Weinessig
½ Teel. Salz
¼ Teel. feingemahlener schwarzer Pfeffer
je 1 Messersp. Knoblauchsalz und Cayennepfeffer
3 Eßl. Öl
3 Eßl. heißes Wasser

Pro Person etwa:
460 Joule
110 Kalorien

Die Rosmarinblättchen mit wenig heißem Wasser überbrühen, etwas darin ziehen lassen und abtropfen lassen. Die Zwiebel schälen und grob zerkleinern. Die Zwiebelstücke mit dem Rotwein, dem Essig, dem Salz, dem Pfeffer, dem Knoblauchsalz, dem Cayennepfeffer, den Rosmarinblättchen und dem Öl im Mixer pürieren. 3 Eßlöffel heißes Wasser unter die Sauce rühren und diese vor dem Verwenden noch einmal kühlstellen.

Paßt gut zu: Gemüsesalat, Pilzsalat und allen Blattsalaten

Salatsauce mit Basilikum

1 Eßl. scharfer Senf
3 Eßl. Weinessig
1 Messersp. Salz
1 Eßl. Zucker
1 Messersp. Pfeffer
½ Bund Petersilie
½ Teel. getrocknetes Basilikum
4 Eßl. Öl

Pro Person etwa:
630 Joule
150 Kalorien

Den Senf mit dem Weinessig, dem Salz, dem Zucker und dem Pfeffer verrühren, bis sich Zucker und Salz völlig aufgelöst haben. Die Petersilie kurz kalt abbrausen, abtropfen lassen und fein schneiden. Das Basilikum zerreiben, mit der Petersilie unter die Salatsauce rühren und die Sauce zugedeckt etwa 20 Minuten durchziehen lassen. Das Öl kurz vor dem Anmachen unterrühren.

Paßt gut zu: Kopfsalat, Tomatensalat, Gurkensalat, Radicchiosalat und Zucchinisalat

Sardellen-Salatsauce

2 Eier
3 Sardellenfilets
je 1 Prise Salz und Zucker
½ Teel. Senf
1 Teel. Zitronensaft
2 Eßl. Weinessig
5 Eßl. Öl

Pro Person etwa:
880 Joule
210 Kalorien

Die Eier hartkochen, abschrecken, schälen und fein hacken. Die Sardellenfilets wässern, trockentupfen und sehr klein schneiden. Das Salz, den Zucker, den Senf, den Zitronensaft, den Weinessig und das Öl gut miteinander verrühren. Zuletzt die gehackten Eier und die Sardellenfilets unterheben.

Paßt gut zu: Blattsalaten und allen gemischten Salaten auf Kopfsalatbasis

MAYONNAISESAUCEN · DRESSINGS

Senf-Salatsauce

1½ Eßl. Weinessig
1 Teel. scharfer Senf
1 Messersp. Salz
je 1 Prise Pfeffer und Zucker
4 Eßl. Öl

Pro Person etwa:
590 Joule
140 Kalorien

Den Essig mit dem Senf, dem Salz, dem Pfeffer, dem Zucker und dem Öl verrühren, bis sich Salz und Zucker völlig aufgelöst haben.

Paßt gut zu: grünen Blattsalaten, Kopfsalat mit Eiern, Fenchelsalat, Maissalat und Gurkensalat

Speck-Salatsauce

50 g durchwachsener Speck
2 Eßl. Essig
je 1 Prise Salz und schwarzer Pfeffer

Pro Person etwa:
380 Joule
90 Kalorien

Den Speck in feine Würfel schneiden und diese in der Pfanne ausbraten. Die Speckwürfelchen dann samt dem heißen Fett mit dem Essig, dem Salz und dem Pfeffer mischen und über den Salat geben.

Paßt gut zu: Kopfsalat und Weißkohlsalat

Luau-Dressing

1 Zwiebel
1 Eßl. brauner Zucker
½ Tasse Ananassaft
1 Spritzer Tabascosauce
1 Prise schwarzer Pfeffer
1 Eßl. Ananaskonfitüre
4 Eßl. Weinessig

Pro Person etwa:
290 Joule
70 Kalorien

Die Zwiebel schälen, feinschneiden und im Mixer pürieren. In eine kleine Kasserolle gießen. Den braunen Zucker und den Ananassaft zufügen und alles unter Rühren erhitzen. Die Tabascosauce, den Pfeffer, die Ananaskonfitüre und den Weinessig unterrühren; abkühlen lassen.

Paßt gut zu: Chicoréesalat, Avocadosalat und gemischtem Salat

Selbstgerührte Mayonnaise

Bild Seite 80

2 Eigelbe
je 2 Messersp. Salz und Zucker
1 Messersp. Pfeffer
1 Teel. Senf
½ Teel. Zitronensaft
¼ l Öl
1–2 Eßl. Weinessig

Pro Person etwa:
1370 Joule
325 Kalorien

Die Zutaten müssen Raumtemperatur haben. Die Eigelbe mit dem Salz, dem Zucker, dem Pfeffer, dem Senf und dem Zitronensaft schaumig rühren, unter ständigem Rühren mit dem Schneebesen das Öl zuerst tropfenweise, dann teelöffelweise zufließen lassen und immer vollständig unterrühren, bevor wieder Öl zugegeben wird. Wenn die Sauce dicklich wird, einige Tropfen Essig unterrühren. Unter Rühren in dünnem Strahl wieder Öl und etwas Essig zufügen, bis das Öl verbraucht ist. Mit Salz und Pfeffer abschmecken und die fertige Mayonnaise zugedeckt im Kühlschrank bis zum Verzehr aufbewahren.

Feine Würzmayonnaise

1 Eßl. kleine Kapern
2 Essiggurken
½ Tasse marinierte Paprikaschoten aus dem Glas
1 Stück Senfgurke
1 Messersp. Cayennepfeffer
einige Tropfen Worcestersauce
10 Eßl. Mayonnaise

Pro Person etwa:
1380 Joule
339 Kalorien

Die Kapern mit der Gabel zerdrücken. Die Essiggurken in Würfelchen schneiden, die Paprikaschoten und die Senfgurke ebenfalls sehr klein würfeln. Die Kapern, die Gurkenstückchen und die Paprikastückchen mit dem Cayennepfeffer, der Worcestersauce und der Mayonnaise verrühren und 5 Minuten durchziehen lassen.

Paßt gut zu: Wurstsalat, Fleischsalat, Fischsalat oder Eiersalat

Anchovis-Mayonnaise

4 Eßl. Salatmayonnaise
1 Eßl. Anchovispaste
1–2 Eßl. Estragonessig
2 Eßl. Joghurt
je ½ Bund Petersilie und Schnittlauch

Pro Person etwa:
800 Joule
190 Kalorien

Die Mayonnaise mit der Anchovispaste, dem Estragonessig und dem Joghurt mischen. Die Kräuter abbrausen, abtropfen lassen, fein schneiden und unter die Sauce rühren.

Paßt gut zu: Fischsalat oder Fleischsalat aus gekochtem Rindfleisch

American Dressing

4 Eßl. Salatmayonnaise
2 Eßl. Tomatenketchup
1 Eßl. geriebener Meerrettich
3 Eßl. Sahne

Pro Person etwa:
750 Joule
180 Kalorien

Die Mayonnaise mit dem Tomatenketchup, dem Meerrettich und der Sahne verrühren.

Paßt gut zu: Eier- oder Kartoffelsalat

Schwedische Salatsauce

5 Eßl. Salatmayonnaise
1 Eßl. geriebener Meerrettich
2 Eßl. Apfelmus
1 Eßl. Sahne
½ Teel. Rosenpaprikapulver

Pro Person etwa:
750 Joule
180 Kalorien

Die Mayonnaise mit dem Meerrettich, dem Apfelmus, der Sahne und dem Rosenpaprikapulver verrühren.

Paßt gut zu: Blattsalaten, Kartoffelsalat, Salat aus Meeresfrüchten, Eiersalat, Sauerkrautsalat oder Rote-Bete-Salat

Thousand Islands Dressing

2 Gewürzgurken
2 Eßl. marinierte rote Paprikaschoten aus dem Glas
5 Eßl. Salatmayonnaise
2 Eßl. Sahne
3 Eßl. Tomatenketchup
1 Teel. geriebene Zwiebel
2 Messersp. Salz
1 Messersp. Pfeffer
1 Teel. Paprikapulver, edelsüß

Pro Person etwa:
630 Joule
150 Kalorien

Die Gurken und die Paprikaschoten fein würfeln und mit der Mayonnaise, der Sahne, dem Tomatenketchup, der Zwiebel, dem Salz, dem Pfeffer und dem Paprikapulver verrühren.

MAYONNAISESAUCEN · QUARKSAUCE · FRUCHTSAUCE

Paßt gut zu: Fischsalat, Geflügelsalat, Wurstsalat, Kartoffelsalat oder Nudelsalat

Noisette-Salatsauce

20 Haselnußkerne
2 Eßl. Salat-
  mayonnaise
1 Teel. Paprika-
  pulver, edelsüß
6 Eßl. Sahne
2 Eßl. Weinessig
2 Eßl. Wasser
¼ Teel. Sellerie-
  salz
1 Teel. Zucker

ProPerson etwa:
840 Joule
200 Kalorien

Die Haselnüsse in einer trockenen Pfanne von allen Seiten anrösten und dann reiben. Die geriebenen Nüsse mit der Mayonnaise, dem Paprikapulver, der Sahne, dem Essig, dem Wasser, dem Selleriesalz und dem Zucker glattrühren.

Paßt gut zu: Fleischsalat, Reissalat mit Früchten, Artischockensalat Geflügelsalat und Obstsalat

Cheese Dressing
Käsesauce

5 Eßl. Salat-
  mayonnaise
2 Eßl. Sahne
3 Eßl. geriebener
  Parmesankäse
1 Teel. Paprika-
  pulver, edelsüß
1 Prise Selleriesalz

Pro Person etwa:
920 Joule
220 Kalorien

Die Mayonnaise mit der Sahne, dem Parmesankäse, dem Paprikapulver und dem Selleriesalz verrühren.

Paßt gut zu: Blattsalaten und Blumenkohlsalat

Cocktailsauce

4 Eßl. Salat-
  mayonnaise
1 Eßl. Cognac
1 Eßl. Zitronensaft
2 Eßl. Tomaten-
  ketchup
1 Messersp.
  Selleriesalz

Pro Person etwa:
630 Joule
150 Kalorien

Die Mayonnaise mit dem Cognac, dem Zitronensaft, dem Tomatenketchup und dem Selleriesalz verrühren.

Paßt gut zu: Gemüse- und Seafoodcocktails

Knoblauch-Dressing

2 Knoblauchzehen
2 Messersp. Salz
4 Eßl. Salat-
  mayonnaise
4 Eßl. Joghurt
1 Prise Pfeffer
2 Teel. Weinessig

Pro Person etwa:
840 Joule
200 Kalorien

Die Knoblauchzehen schälen und in Würfelchen schneiden. Die Knoblauchwürfel mit dem Salz mit der Messerklinge zerdrücken. Dann die Mayonnaise mit dem Knoblauchbrei, dem Joghurt, dem Pfeffer und dem Weinessig verrühren. Die Salatsauce zugedeckt 20 Minuten ziehen lassen.

Paßt gut zu: Kopfsalat mit Oliven, Bohnensalat und Fleischsalat

Roquefortsauce

100 g Roquefortkäse
4 Eßl. saure Sahne
1 Eßl. Weinessig
2 Eßl. Mayonnaise
je 1 Prise Salz
  und Pfeffer

Pro Person etwa:
750 Joule
180 Kalorien

Den Käse mit der Gabel zerdrücken und mit der sauren Sahne, dem Weinessig, der Mayonnaise, dem Salz und dem Pfeffer verrühren.

Paßt gut zu: Blattsalaten, Bohnensalat, Eiersalat und Wurstsalat

Meerrettich-Salatsauce

3 Eßl. Öl
1 Eßl. geriebener
  Meerrettich
2 Eßl. Zitronensaft
je 1 Prise Salz
  und Zucker
½ säuerlicher
  Apfel
2 Eßl. Weißwein
4 Eßl. Sahne

Pro Person etwa:
710 Joule
170 Kalorien

Das Öl mit dem Meerrettich, dem Zitronensaft, dem Salz und dem Zucker so lange verrühren, bis sich Salz und Zucker völlig aufgelöst haben. Den halben Apfel schälen und reiben. Den geriebenen Apfel mit dem Weißwein und der Sahne verrühren und unter die Salatsauce mischen.

Paßt gut zu: Eiersalat, Gurkensalat, Fischsalaten und gemischtem Salat mit Kopfsalat

Kräuter-Quarksauce

150 g Quark
1 Tasse Milch
2 Eßl. süße oder
  saure Sahne
1 Stengel Estragon
einige Blätter
  Zitronenmelisse
je ½ Bund Schnittlauch und Petersilie
1 Knoblauchzehe
2 Messersp. Salz

Pro Person etwa:
380 Joule
90 Kalorien

Den Quark mit der Milch und der Sahne cremig rühren. Die Kräuter kurz kalt abbrausen, abtropfen lassen und sehr fein schneiden. Die Knoblauchzehe schälen, kleinschneiden und mit dem Salz zusammen zerdrücken. Die feingeschnittenen Kräuter und das Knoblauchsalz zur Quarkcreme geben und unterrühren.

Paßt gut zu: Blatt- und Gurkensalat

Joghurtsauce

1 Becher Joghurt
1 Eßl. Zitronensaft
1 Teel. Öl
je 1 Prise Salz
  und Pfeffer
2 Eßl. klein-
  gehackte Kräuter
1 Eßl. geriebene
  Zwiebel
1 Teel. Senf

Pro Person etwa:
340 Joule
80 Kalorien

Den Joghurt mit dem Zitronensaft, dem Öl, dem Salz, dem Pfeffer und den kleingehackten Kräutern verrühren. Nach Belieben mit einem Eßlöffel geriebener Zwiebel und Senf abschmecken.

Paßt gut zu: Chicoréesalat, Kopfsalat, Eiersalat und Salaten mit Krabben oder Krebsfleisch

Orangensauce

5 Eßl. Sahne
je 1 Prise Salz
  und Zucker
4 Eßl. Orangensaft
etwas abgeriebene
  Orangenschale

Pro Person etwa:
280 Joule
70 Kalorien

Die Sahne mit dem Salz, dem Zucker, dem Orangensaft und der abgeriebenen Orangenschale verrühren, bis sich Salz und Zucker gelöst haben.

Paßt gut zu: allen Rohkostsalaten und Krautsalat

Raffiniertes für Feinschmecker: # Schal- und Krustentiere

Schal- und Krustentiere bieten wertvollstes Eiweiß sowie reichlich Mineralstoffe und Spurenelemente, die kaum derart konzentriert in anderen Nahrungsmitteln enthalten sind. Zudem lassen sie sich vielseitig variiert zubereiten, ergeben bekömmliche, leichte Gerichte, die zu den kulinarischen Höhepunkten zählen und deshalb als Vorspeisen für festliche Menüs ideal sind.

Nur Experten und erprobte Gourmets denken bei den Bezeichnungen Schaltiere und Krustentiere an die jeweils richtigen Tierarten. Selbst unter Köchen und Fachhändlern herrschte bislang eine schier babylonische Verwirrung der Begriffe, weil mit den Tieren oft auch die Benennungen aus den Importländern übernommen wurden. Diesem Wirrwarr versuchte man durch die Bezeichnungen »Seafood« oder »Meeresfrüchte« zu entkommen. Dennoch blieben Unsicherheit und Mißverständnisse bestehen, zumal die Begriffe Meeresfrüchte und Seafood auch Tintenfische, Kalmare und Sepien umschließen, die biologisch zu den schalenlosen Weichtieren und nicht zu den Fischen gehören. Außerdem müssen bei den Krustentieren auch Süßwasserkrebse erfaßt werden und bei den Schaltieren auch die Landschnecken, so daß man alle diese Tiere kaum fachgerecht unter Meeresfrüchten zusammenfassen kann.
Die gastronomische Akademie Deutschlands hat deshalb folgende Übersicht erarbeiten lassen.

Von den Schal- oder Weichtieren

Alles, was bisher als Schaltiere, fälschlicherweise oft auch als Schalentiere, bezeichnet wurde, faßt man jetzt unter dem Begriff Weichtiere zusammen. Dieser Begriff umfaßt die Schaltiere, die sich mit einer harten Schale umgeben haben wie Austern, andere Muscheln oder Schnecken, aber auch Tintenfische und die Stachelhäuter, die ohne festen Schutzpanzer leben.

Die wichtigsten Arten:

	Bezeichnungen und Angebot im Handel
Miesmuscheln lat. Mytilus edulis franz. moules engl. sea mussels ital. cozze Größe 6–8 cm	Pfahlmuscheln Blaumuscheln frisch in der Schale oder ausgelöst in Dosen und Gläsern
Jakobsmuscheln lat. Pecten jacobaeus Pecten maximus Chlamys varia franz. coquilles Saint-Jacques, pétoncles engl. scallops ital. conchiglie di San Jacopo Größe 8–15 cm	Scallops Jakobspilgermuscheln Kammuscheln frisch an der Küste, sonst tiefgefroren
Herzmuscheln lat. Cardium franz. coques, bucardes engl. cockles ital. cuori di mare Größe 4–5 cm	frisch an der Küste
Venusmuscheln lat. Venus verrucosa franz. praires engl. clams ital. vongole dure Größe 3–6 cm	Amerikanische Venusmuscheln frisch an der Küste
Teppichmuscheln lat. Venerupis decussatus franz. clovisses, palourdes engl. carpet shells ital. vongole nere Größe 3–6 cm	frisch an der Küste

Flache Austern lat. Ostrea edulis franz. huîtres engl. oysters ital. ostriche Größe 4–10 cm Bezeichnungen nach Herkunft: Frankreich: Belons, Marennes England: Colchesters, Whitestables Holland: Imperials Belgien: Ostendes Dänemark: Limfjords USA: Blue Points	frisch nach folgenden Größen (Die Null steht für Gewichtsklassen):
	00 73– 77 g
	000 83– 87 g
	0000 93– 97 g
	00000 103–107 g
	000000 113 g und mehr
Portugiesische Austern lat. Gryphaea angulata franz. huîtres portugaises engl. portuguese oysters ital. ostriche portoghesi Größe 4–10 cm	Portugiesen Felsenaustern Greifmuscheln frisch nach folgenden Größen: Gewichts-Klassen werden wie bei der Flachen Auster angegeben
Weinbergschnecken lat. Helix pomatia franz. escargots engl. snails ital. lumache Größe 3–5 cm	beste Sorte: französische Limaçon aus Burgund tiefgefroren und in Dosen
Abalonen lat. Haliotis tuberculata franz. ormeaux, oreilles de mer engl. abalones ital. orecchia marina Gewicht des genießbaren Teils: 50–100 g	Seeohren Meerohren in Dosen

*Muscheln und Austern,
Hummer und Kaisergranate, Langusten und Krebse,
Seeigel, Seegurken, Heuschrecken, Ameisen und Schnecken,
Krabben und Garnelen, Tintenfische und Kalmare.*

Strandschnecken		
lat. Litorina litorea	Uferschnecken	
franz. bigorneaux	Spitze Strand-	
engl. periwinkles	schnecken	
ital. chiocciole di		
mare	frisch an der Küste	
Größe 3 cm		
Wellhornschnecken		
lat. Buccinum	Wölleken	
undatum	Koksen	
franz. buccins, bulots	Klinkhörner	
engl. whelks		
ital. buccine	frisch an der Küste	
Größe 12 cm lang		
Meerpolypen		
lat. Octopus vulgaris	Oktopoden	
franz. poulpes	Kraken	
engl. polyps		
ital. polpi moscardini	frisch an der Küste,	
Größe 30–100 cm	sonst tiefgefroren	
	und in Dosen	
Tintenfische		
lat. Sepia officinalis	frisch an der Küste,	
franz. seiches	sonst tiefgefroren	
engl. cuttlefishes	und in Dosen	
ital. seppia		
Größe 30 cm		
Kalmare		
lat. Loligo vulgaris	frisch an der Küste,	
franz. calmars	sonst tiefgefroren	
engl. squids	und in Dosen	
ital. calamari		
Größe 10–30 cm		
Meerigel		
lat. Echinus	Seeigel	
esculentus		
franz. oursins	frisch an der Küste	
engl. sea-urchins		
ital. ricci di mare		
Größe 16 cm		
Trepange		
lat. Stichopus,	Seewalzen	
Holothuria	Seegurken	
franz. bêches de mer		
engl. sea-cucumbers	nur getrocknet	
mammy-fishes		
trepangs		
ital. oloturie		
Größe 16 cm		

Wichtiges über Schaltiere

Achten Sie beim Einkaufen lebender Schaltiere darauf, daß die Schalen fest geschlossen sind. Stellen Sie bei Austern, Miesmuscheln, Jakobsmuscheln oder anderen Muscheln eine leichte Öffnung der Schalen fest, berühren Sie das Tier. Schließt es die Schale nicht sofort aus eigener Kraft, ist es tot oder am Verenden und damit ungenießbar.

Problemlos ist der Einkauf von tiefgefrorenen, in Gläsern oder Dosen konservierten Schaltieren. Bei Muscheln sollten Sie auf den Unterschied achten, ob sie naturell in Seewasser konserviert wurden oder in einer sauren Marinade. Das ist wichtig; denn sauereingelegte Muscheln eignen sich nur als Zutat zu Salaten. Für Muschelgerichte sollten Sie naturell eingelegte Muscheln verwenden.

Miesmuscheln werden stets gegart verzehrt. Wenn Sie Muscheln roh kaufen, müssen Sie sie folgendermaßen vorbereiten: Die Muscheln unter fließendem kaltem Wasser bürsten und den »Bart« (Byssusfäden) abreißen oder abschneiden. Der sogenannte Bart besteht aus feinen Fäden an der geraden Kante der Muschel, mit denen sie sich am Meeresboden

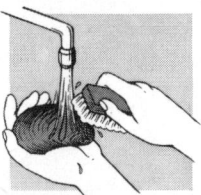
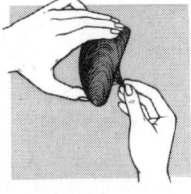

Frische Miesmuscheln unter fließendem kaltem Wasser bürsten...

...und den »Bart« an der geraden Kante entfernen.

festhält. Die Muscheln dann je nach Rezept kochen und weiterverarbeiten.

Für ein Muschel-Hauptgericht brauchen Sie 3 kg frische Muscheln für 4 Personen, für eine Vorspeise aus Muscheln genügen 1–2 kg; 1 kg frische Muscheln entspricht 200 g konserviertem Muschelfleisch.

Herzmuscheln, Venusmuscheln und Teppichmuscheln werden meist roh verzehrt. Man bereitet und serviert sie wie Austern. Da die kleinen Gehäuse nur wenig Fleisch enthalten, rechnet man für 4 Personen etwa 3 kg frische Muscheln. Wer keine rohen Muscheln mag, kann diese Arten auch nach dem Rezept für Miesmuscheln gegart servieren.

Jakobsmuscheln bricht man nach dem Waschen roh auf wie Austern, löst die Muscheln aus der Schale und trennt das weißlich-gelbe Fleisch, die sogenannte Nuß, und den deutlich orangefarbenen Rogen – in der Fachsprache Corail – von den übrigen – grauen – Organen. Diese hellen, edlen Teile der Muschel in einem Sieb etwa

Jakobsmuscheln noch roh mit einem starken Messer aufbrechen.

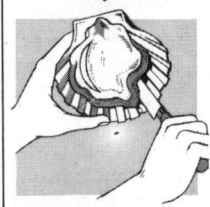
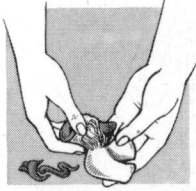

Mit der flachen Messerklinge zwischen Schale und Muskelfleisch entlangfahren, um den Körper aus der Schale zu lösen.

Mit der Hand den Rogen und die »Nuß« vom übrigen Muschelfleisch trennen.

SCHAL- UND WEICHTIERE

8 Minuten in leicht kochendem Wasser blanchieren, in Scheiben schneiden, in einem Hauch von Mehl wenden und in Butter je Seite 2 Minuten braten. Nach Belieben mit gewürfeltem feingehacktem Knoblauch oder mit Schalotten würzen und zu Weißbrot servieren.

Weinbergschnecken werden ausschließlich in Dosen oder Gläsern angeboten. Ab Oktober, wenn die Schnecken sich für den Winterschlaf eingedeckelt (verschlossen) haben und gut ernährt sind, werden sie gesammelt. Als besondere Delikatesse gelten Schnecken aus Burgund, dem schweizerischen Waadtland und aus Baden-Württemberg. Da Weinbergschnecken meist im Schneckenhaus serviert werden, kann man die Schneckenhäuser gesondert kaufen, oder sie gehören ohnehin zur Packung der konservierten Schnecken.

Austern kann man je nach Rezept vorzüglich gegart servieren. Kenner bevorzugen sie aber roh und naturell. Werden Austern als Vorspeise gereicht, so sollte es pro Person 4–6 Stück geben; für ein richtiges Austernessen rechnet man 10–16 Stück pro Person.

So werden rohe Austern verzehrt
Zunächst die Austern unter fließendem kaltem Wasser gut abbürsten, damit kein Sand an den Schalen haften bleibt. Dann auf einem Tuch trocknen lassen.
Die Austern werden mit einem besonderen Messer – dem Austernbrecher – oder mit einem starken Küchenmesser aufgebrochen.
Das ist etwas mühevoll; denn es erfordert Kraft, und man kann sich an den rauhen Austernschalen leicht verletzen. Die Austern deshalb mit einem feuchten Tuch anfassen oder einen Lederhandschuh zum Schutz der haltenden Hand anziehen. Die Austern mit der gewölbten Schale nach unten in den linken Handteller legen

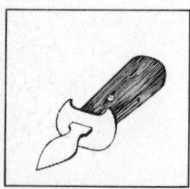

Austernbrecher: Ein Messer mit kurzer, stumpfer Klinge, deren Spitze…

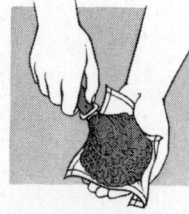

…am »Scharnier« der Auster zwischen beide Schalen gestoßen wird.

und festhalten. Den Austernbrecher an der spitzen Seite der Auster am »Scharnier« zwischen die Schalen schieben und sie mit einem kräftigen Ruck öffnen.
Achten Sie darauf, daß der Rest von Meerwasser in der geöffneten Auster nicht verlorengeht, denn dieses trägt zum würzigen Geschmack der Auster bei. Mit einem Küchenmesser den Schließmuskel entlang den Schalenrändern lösen und die gefüllten Hälf-

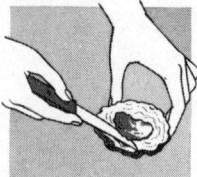

Der Muskelstrang wird mit einem Küchenmesser entlang den Schalenrändern gelöst.

ten auf eine Platte setzen. Wenn Sie keine spezielle Austernplatte mit Vertiefungen haben, streuen Sie 1 cm hoch Salz auf eine normale Platte, weil sonst die Austern kippen und die wertvolle Flüssigkeit verschüttet wird.

Frische Austern nicht auf gestoßenem Eis servieren; sie sollten bei etwa 10° verzehrt werden. Austern darf und muß man aus der Schale schlürfen! Den Muskel am »Scharnier« lockert man zuvor mit einer Austerngabel oder mit der Spitze des kleinen Fingers. Eigentlich genügen richtigen Schlemmern Austern pur; bietet man aber dazu frisches Weißbrot oder Kümmelbrot, einige Zitronenspalten, Pfeffer aus der Mühle und einen trokkenen Weißwein, beispielsweise einen Chablis, so wird dies sicherlich geschätzt.

Wichtiges über Weichtiere
Verschiedene Arten von den Meeresbewohnern werden als »Tintenfische« bezeichnet. Diese Arten gehören zur Gruppe der Kopffüßer. Deren eßbare Vertreter sind Tintenfische, Kalmare und Meerpolypen. Nur an der Küste werden sie fangfrisch angeboten. Im Binnenland erhält man sie konserviert in Dosen bereits küchenfertig oder tiefgefroren. Tiefgefrorene »Tintenfische« müssen wie frische folgendermaßen präpariert werden.

Den sackartigen Körper festhalten, den Kopf mit den Fangarmen und den darangewachsenen Eingeweiden aus dem Körper ziehen.

Beim Kalmar das poröse Kalkblatt unter der Rückenspitze des Körpers herausziehen und wegwerfen.

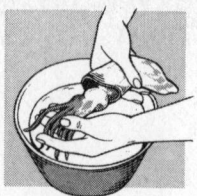

Den Kopf mit den Fangarmen und den darangewachsenen Eingeweiden aus dem Körper ziehen.

Beim Tintenfisch den Körper vorsichtig aufschneiden, das Kalkblatt herausnehmen und den Tintenbeutel mit den Eingeweiden aus dem Körper lösen. Der Tintenbeutel sollte nicht verletzt werden, da sonst die dunkle Flüssigkeit austreten und die anderen Teile verderben kann.

 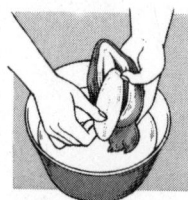

Den von Kopf und Fangarmen befreiten Körper der Länge nach aufschneiden…

…und das Kalkblatt herausnehmen.

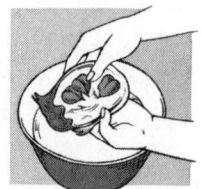

Die Eingeweide und den Tintenbeutel entfernen.

Die Fangarme oberhalb der Augen vom Kopf abschneiden und den kleinen Knorpel zwischen den Fangarmen entfernen. Den Knorpel und den unteren Teil des Kopfes sowie die Eingeweide einschließlich des Tintenbeutels wegwerfen.

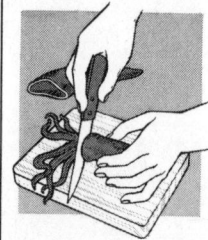

Die Fangarme oberhalb der Augen vom Kopf abschneiden.

Den Körper und die Fangarme gründlich unter fließendem kaltem Wasser waschen und nach Belieben die Haut vom Körper und von den Fangarmen abziehen (das ist vor allem bei großen Tieren zu empfehlen). Das Fleisch der Tiere dann je nach Rezept weiterverarbeiten.

STACHELHÄUTER UND KRUSTENTIERE

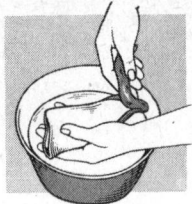

Vom gewaschenen Körper und den Fangarmen die feine Haut abziehen.

Wichtiges über Stachelhäuter

Seeigel werden nur fangfrisch an Meeresküsten angeboten. Beim Kauf von Seeigeln darauf achten, daß der Mund geschlossen ist und die Stacheln fest vom Körper abstehen. Küstenbewohner essen Seeigel roh. Der spitzen Stacheln wegen sollte man die Hand durch einen Handschuh oder durch ein Tuch schützen. Den unteren, weichen Teil des Seeigels mit einer spitzen Schere rundherum aufschneiden und den Inhalt mit einem Löffel essen. Die 5 gelblich-roten Trauben (die Geschlechtsorgane des Tieres) gelten als besondere Delikatesse. Aber auch die restliche, fast flüssige Substanz aus dem Inneren wird gegessen.
Wer kein noch lebendes Tier roh verzehren will, kann die Seeigel aber

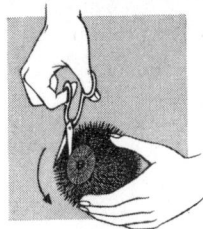

Die weiche Unterseite des Seeigels läßt sich gut mit einer Schere aufschneiden.

auch in reichlich ungesalzenes kochendes Wasser werfen – die Seeigel müssen unbedingt alle sofort im kochenden Wasser untertauchen –, den Topf dann vom Herd nehmen und die Seeigel 2 Minuten ziehen lassen. Die Seeigel öffnen und wie weiche Eier mit etwas Pfeffer auslöffeln.

Trepang, bei uns vorwiegend unter der Bezeichnung Seegurke bekannt, kommt nur getrocknet in den Handel. Vor dem Zubereiten wird Trepang 6 Stunden in kaltem Wasser eingeweicht und anschließend gründlich gebürstet. Danach die Seegurken 5 Minuten kochen, abkühlen lassen und noch einmal gründlich waschen. Die Unterseite aufschneiden, die Eingeweide entfernen und die Tiere in frischem Wasser weitere 3 Stunden bei milder Hitze ziehen – nicht kochen – lassen. Danach die Seegurke wie im Rezept beschrieben verarbeiten. Trepang wird als Einlage für chinesische Spezialitäten verwendet.

Von den Krustentieren

Zu ihnen zählen auch die Insekten, aber nur einige werden gegessen und kommen ausnahmsweise als Konserven auf den Markt, nämlich geröstete Heuschrecken und Ameisen. Bekannter und begehrter sind Hummer, Langusten, Krabben, Garnelen und Krebse im engeren Sinn. Sie alle haben ein geformtes Außenskelett aus Chitin oder Kalk, die sie umgebende Kruste. Diese Krustentiere werden nach der neuen Ordnung in 6 Gruppen geliedert:

Die wichtigsten Arten:

	Bezeichnungen und Angebot im Handel
Zwerggarnelen lat. Euphausia superba franz. crevettes engl. shrimps ital. gamberetti Größe 5–6 cm lang	Krill frisch an der Küste oder in Dosen
Garnelen lat. Natantia franz. crevettes grises engl. shrimps ital. gamberetti Größe 5–15 cm lang	Sandgarnelen Nordseekrabben Tiefseegarnelen Grönlandkrabben Norwegische Krabben Shrimps frisch an der Küste, tiefgefroren und in Dosen
Riesengarnelen lat. Penaeidae franz. crevettes roses engl. king prawns ital. gamberoni Größe 17–23 cm lang	Shrimps Hummerkrabben Prawns frisch an der Küste, sonst vor allem tiefgefroren und in Dosen
Langusten lat. Palinuridae franz. langoustes engl. spiny lobsters rock lobsters ital. aragoste Größe 25–40 cm lang	crawfishes lebend versandt, tiefgefroren im Ganzen, Fleisch in Dosen
Hummer lat. Homarus gammarus franz. homards engl. lobsters ital. astici Größe 25–30 cm lang	Europäische und Amerikanische Hummer lebend versandt, tiefgefroren im Ganzen, Fleisch in Dosen
Kaisergranate lat. Nephrops franz. langoustines engl. Dublin Bay prawns Norway lobsters ital. scampi Größe 20–25 cm lang	Tiefseehummer Norwegische Hummer Tiefseekrebse Seekrebsschwänze Scampi Schlanker Hummer Schwänze frisch, ausgelöst tiefgefroren und in Dosen
Krabben lat. Brachyura franz. crabes engl. crabs ital. granchi Größe 5–20 cm lang	Taschenkrebse in Dosen
Königskrabben lat. Lithodidae franz. crabes royaux engl. king crabs ital. grancevole Größe etwa 40 cm lang	Crabmeat Alasca King crabs Kamtschatkakrabben tiefgefroren und in Dosen
Krebse Lat. Astacidae franz. écrevisses engl. crayfishes ital. gamberi di fiume Größe 8–15 cm lang	Flußkrebse, Edelkrebse Tafelkrebse frisch lebend, Schwänze tiefgefroren und in Dosen

Wichtiges über Krustentiere

Tafelfertig angebotene Krustentiere, also bereits gekocht und ausgelöst, sind, tiefgefroren oder aus der Dose, in ihrer Verwendung problemlos. Dosenware wird behutsam gelockert und im Sieb kalt abgebraust, damit der leichte Dosengeschmack verschwindet. Tiefgefrorene Krustentiere läßt man ohne die Verpackung in einer Schüssel zugedeckt im Kühlschrank oder entsprechend rascher bei Raumtemperatur auftauen.

Man verwendet sie kalt als Belag für feine Schnittchen, als Garnitur in der Kalten Küche oder für feine Fisch- oder Fleischgerichte, als Salatbestandteile und für festliche Cocktails. Warm werden sie auf Toasts serviert oder zu Füllungen für Omelettes, Soufflés, Gemüse und Fischröllchen gebraucht, als selbständiges Gericht oder zum Anreichern von Frikassees, Suppen und Saucen.

Sind Krustentiere zwar schon gekocht, aber noch im »Panzer«, so muß man sie vor dem Zubereiten und Verzeh-

KRUSTENTIERE

ren »pulen«, d. h. entschälen. Kleine Tiere wie Garnelen am Kopf festhalten, den leichtgekrümmten Körper geradebiegen, den Schwanz gegen den Kopf drehen und mit einem Ruck das Muskelfleisch herausziehen.

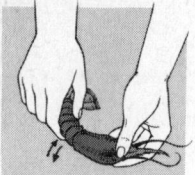

Den Körper der Garnele gerade biegen und den Schwanz gegen den Kopf drehen. Mit einem Ruck das Fleisch aus der Körperhülle ziehen.

Die Schwänze von rohem Kaisergranat werden entweder in der Kruste gegart und erst bei Tisch ausgelöst, oder man kauft sie bereits gekocht und entschält sie vor dem Verwenden. Letzteres geht leicht mit einem spitzen Küchenmesser, mit dem man die Schale aufbricht und ablöst. Werden die Schwänze heiß – gegrillt oder in Sauce – serviert, pult man sie folgendermaßen bei Tisch: Die Kruste mit der Gabel auf den Teller drücken und mit einem Löffel oder Messer Beinchen und Schwanzende abtrennen.

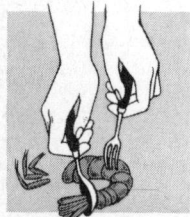

Den gegarten Kaisergranat mit der Gabel auf den Teller drücken und mit einem Löffel Beinchen und Schwanzende abtrennen.

Die Kruste an der gebogenen Innenseite aufbrechen und das Fleisch herausschälen.

Lebende Krustentiere – vorwiegend Hummer, Languste und andere Krebse – werden meist per Luftfracht in Körben versandt und auch lebend verkauft. Wichtig beim Kauf lebendiger Krustentiere ist deren volle Vitalität. Tote Tiere sind gesundheitsschädlich bis giftig, verendende Tiere minderwertig im Geschmack.

Achten Sie darauf, daß sich die Tiere Ihrer Wahl entweder im Seewasserbassin artgemäß bewegen oder hochgehalten mit den Beinen kräftig rudern. Hummern werden die kräftigen Scheren vor dem Transport zusammengebunden, damit sie sich gegenseitig nicht verletzen können. Die Schwänze von gesunden Hummern, Langusten und Krebsen müssen fest an den Bauch geklemmt sein; das ist ein Beweis für Lebenskraft.

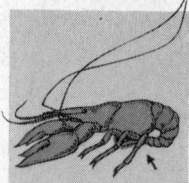

Lebendige, gesunde Krustentiere klemmen ihren Schwanz fest an die Unterseite ihres Körpers.

Werden lebende Krustentiere nach dem Einkauf nicht sofort gekocht, dürfen sie niemals lebend auf Eis gesetzt werden. Das wäre Tierquälerei. Am besten läßt man sie in dem Korb, in dem man sie gekauft hat, deckt sie mit nassem Zeitungspapier zu und kocht sie so bald wie möglich.

In Deutschland ist es gesetzlich verboten, Krustentiere lebendig zu zerschneiden. Sie müssen unbedingt mit dem Kopf voraus in kräftig sprudelndes Wasser geworfen und zugedeckt 5–10 Minuten in sprudelndem Wasser gekocht werden. Bei dieser Tötungsart hat ein Hummer oder eine Languste nach neuesten Forschungen etwa 5 Minuten Todesqualen auszustehen. Distanzieren Sie sich von allen Rezepten, in denen empfohlen wird, lebende Krustentiere in nur siedendes Wasser zu legen, um sie so zu töten. Man hat festgestellt, daß der Todeskampf dann mindestens 30 Minuten dauert.

Auch nach dem Kochen der Krustentiere muß der Schwanz noch fest an den Bauch geklemmt sein. Ist das Tier gestreckt, darf man annehmen, daß es schon vor dem Töten nicht gesund war oder bereits am Verenden. Auf den Genuß solcher Tiere sollte man lieber verzichten.

Hummer wiegen durchschnittlich 500–600 g. Diese Mittelgewichte übertreffen im Geschmack seltene Riesenexemplare bei weitem. Wird Hummer als Vorspeise serviert, rechnet man ½ Hummer pro Person; ist der Hummer Hauptgericht, muß man jedem Teilnehmer der Tafelrunde einen ganzen servieren.

Langusten haben keine Scheren, sondern lange Fühler und sind etwas schwerer als Hummer. Dennoch wird pro Person auch ½ Languste als Vorspeise und eine ganze als Hauptgericht gerechnet.

Lebende Krebse kommen vorwiegend von Mai bis August auf den Markt, dann ist ihr Fleisch besonders zart und saftig. Ein Krebs wiegt 60–80 g. Als Vorspeise serviert man pro Person

Zum Bild rechts:

Ein Rheinisches Muschelessen ist ein Schlemmergericht für Kenner. Sicherlich brachten die Schiffer die geschätzten Miesmuscheln oder Pfahlmuscheln früher von der Nordseeküste, wo sie sich am liebsten im Bereich von Flußmündungen ansiedeln, auf dem Rhein ins Binnenland, aber nicht weiter südlich, da die leichtverderbliche Ware rasch auf den Märkten verkauft werden mußte. Obgleich die Miesmuschel als »Auster des kleinen Mannes« gilt, hat ihr Name nichts mit dem Adjektiv mies zu tun. Das Wort »Mies« wird von Moos abgeleitet, weil die von Schlick überzogenen Byssusfäden der Muscheln an Moos erinnern. – In einem würzigen Gemüse-Weißwein-Sud gegart, nimmt das vorzügliche Muschelfleisch einen außerordentlichen Wohlgeschmack an.
Das Rezept finden Sie auf Seite 102.

KRUSTENTIERE

Zum Bild links:

Scampi, wie man die Kaisergranaten meist nennt, werden auf vielfältige Art zubereitet. Beliebt sind sie in der Kruste gegrillt, ausgelöst in Weißwein-, Kräuter- oder Knoblauchsauce, paniert, fritiert und mit einer Mayonnaisesauce serviert sowie gegart, kalt auf feinen Schnittchen angeboten oder zu einem Cocktail verarbeitet. Unser Farbbild zeigt ein warmes, besonders delikat zubereitetes Scampi-Gericht. Wir haben das Rezept dafür aus Lipari mitgebracht, wo Scampi uns in der angegebenen Zubereitung besonders gut schmeckten. Da alle erforderlichen Zutaten dafür auch hierzulande zu haben sind, sollten Sie Scampi auch einmal »alla Lipari« probieren.
Das Rezept finden Sie auf Seite 101.

4–6 Krebse, für ein richtiges Krebsessen zum Sattwerden muß man 10 bis 12 Krebse rechnen.

Gekochten Hummer aufbrechen

Um das Fleisch von gekochtem Hummer oder von gekochter Languste auszulösen, gibt es drei Methoden. Wird das Fleisch nicht auf der Karkasse – so nennt man den leeren Krustenpanzer – kalt angerichtet, sondern beispielsweise für ein Ragout, einen Cocktail, als Belag für feine Schnittchen verwendet, darf oder muß man die Karkasse beim Ausbrechen zerstören. Das gilt auch, wenn Hummer und Languste im Ganzen serviert und erst bei Tisch ausgelöst werden.

Methode 1
Bei Tisch wie in der Küche ist das Aufbrechen eines Hummers oder einer Languste mit viel Handarbeit verbunden. Der Gast erhält deshalb eine riesige Serviette, das spezielle Hummerbesteck, und außerdem stehen Fingerschalen mit klarem Wasser und Zitronenspalten darin zur Verfügung.

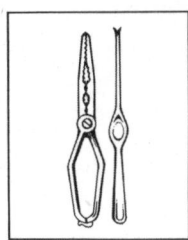

Hummerbesteck: Eine Zange, die zum Aufknacken der Scheren benutzt wird und eine Gabel, mit der das Hummerfleisch aus der Schwanzkruste und aus den Scheren gelöst wird.

Man faßt das Tier mit einer Hand um den Kopfteil, mit der anderen um den Schwanz, dreht beide Teile gegeneinander, trennt sie so. Vom Schwanzteil das leere, längs gegliederte kleine Ende abbrechen. Aus der nun beidseitig offenen Schwanzkruste das Fleisch mit der Hummergabel herausschieben und den dunklen Faden (das ist der Darm) entfernen.

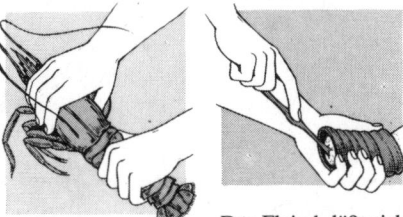

Kopf und Schwanzteil des Hummers in entgegengesetzter Richtung drehen.

Das Fleisch läßt sich leicht aus der Schwanzkruste schieben.

Vom Kopfteil wird die Unterseite abgezogen und aus dem Inneren die weiche, graue Leber, und bei weiblichen Tieren die orangefarbenen Eier – Corail genannt – herausgeholt.

Diese Teile rechnen Feinschmecker zu den edelsten Delikatessen. (Magen und Auge, ebenfalls im Kopfteil, bleiben unberührt.)

Mit der Hand bricht man die Hummerscheren ab, knackt sie bei Tisch mit der Hummerzange (in der Küche zerbricht man sie mit dem Fleischklopfer) und löst das Fleisch mit der Hummergabel aus.

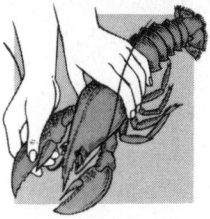 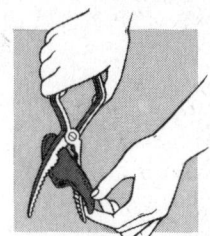

Die Hummerscheren mit der Hand abbrechen...

...und mit der Zange aufbrechen.

Methode 2
Werden Hummer oder Languste halbiert serviert, weiterverarbeitet oder angerichtet, geht man folgendermaßen vor: Mit einem starken Messer halbiert man entlang der Mittellinie am Rücken zunächst zum Ende hin anschließend in umgekehrter Richtung den Kopfteil. Nun läßt sich das Schwanzfleisch leicht entnehmen. Aus dem Kopfteil holt man die weiche Leber und eventuell vorhandene Eier heraus.

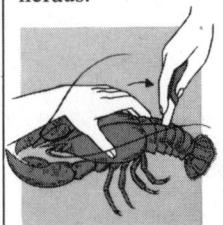 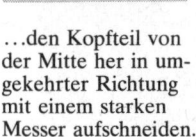

Den Hummer von der Kerbe zwischen Kopf und Schwanz aus auf der Mittellinie zum Schwanzende hin...

...den Kopfteil von der Mitte her in umgekehrter Richtung mit einem starken Messer aufschneiden.

So halbiert, kann Hummer oder Languste auch kalt in der Karkasse angerichtet und serviert werden. Das Schwanzfleisch dann in Scheiben schneiden und fächerförmig in den Schwanzpanzer legen. Den Kopfteil völlig aushöhlen, mit einem feinen Gemüsesalat füllen und diesen nach Belieben mit der Leber und dem Corail belegen.

Methode 3
Für die klassische Kalte Küche wird das Fleisch von Hummer und Languste auf der vollständigen Karkasse angerichtet. Hierfür zunächst die Beine abbrechen. Auf der Unterseite entlang den beiden gebogenen Rändern einschneiden und die gerippte Bauchkruste vom Schwanz zum Kopf hin abziehen. Das Schwanzfleisch und den Inhalt des Kopfteiles auslösen. Die Karkasse umdrehen und auf eine Platte legen. Das Schwanzfleisch in Scheiben schneiden und fächerförmig auf der Schwanzkruste anrichten. Der Hummer oder die Languste wird so serviert mit besonders delikaten Salaten, Würzsaucen und pikanten Früchten – alles in kleinen Portionen – umlegt und mit Toast und Butter gereicht. In diesem Fall bleiben die Hummerscheren unberührt und werden nach dem Abtragen in der Küche ausgelöst und anderweitig verwendet.

Grundrezept für gekochte Krustentiere

Gekochter Hummer

4 lebende Hummer von je 500 g
1 Möhre
1 kleine Zwiebel
6 l Wasser
4 Eßl. Salz
¼ l Weißwein
Saft von 1 Zitrone oder 4 Eßl. Weinessig
1 Teel. Pfefferkörner

Pro Person etwa:
670 Joule
160 Kalorien

Garzeit:
20 Minuten

Obgleich die Hummerscheren zusammengebunden sind, ist es ratsam, die Tiere nur von oben her am Rücken zu fassen, denn Hummer haben viel Kraft in den Scheren und könnten ihre Fesseln gelöst haben und kräftig zuzwicken.
Die Tiere unter fließendem kaltem Wasser gründlich abspülen und mit einer weichen Bürste säubern. Die Möhre schaben, waschen und grob kleinschneiden. Die Zwiebel schälen und achteln. Das Wasser mit dem Salz, dem Weißwein, dem Zitronensaft oder dem Essig, den Möhrenstückchen, den Zwiebelachteln und den Pfefferkörnern in einem großen, hohen Topf zum Kochen bringen. Der Topf muß auf jeden Fall so groß sein, daß ein Hummer sofort mit dem ganzen Körper unter die Wasserfläche tauchen kann. Die Hummer nacheinander mit dem Kopf voraus ins sprudelnd kochende Wasser legen und 5 Minuten mit einem Kochlöffelstiel oder mit dem Schaumlöffel im sprudelnd kochenden Wasser untertauchen. Danach 10–15 Minuten im nur leicht kochenden Wasser garen. Die Tiere entweder nacheinander kochen oder je 2 Tiere in einem genügend großen Topf.
Die Hummer nach beendeter Garzeit aus dem Sud heben und mit Hummerbesteck servieren. Zu jedem Gedeck eine Fingerschale und einen Ablageteller für die leeren Krusten geben.

Dazu schmecken: Sauce Hollandaise und frisches Stangenweißbrot

Unsere Tips: Wird Hummer kalt serviert oder kalt weiterverarbeitet, läßt man ihn im Sud erkalten, weil das Fleisch dann saftiger und aromatischer bleibt.
Wird kalter Hummer in oder auf der Karkasse angerichtet, so bestreicht man die Karkasse mit Öl, damit sie schön glänzt.
Den Kochsud für Hummer können Sie statt der im Rezept benötigten Zutaten auch nur mit Salz und 1 Teelöffel Kümmel würzen.

Etwas schwierig

Hummer Thermidor

6 l Wasser
4 Eßl. Salz
2 lebende Hummer zu je 600 g
2 Schalotten
2 Eßl. Butter
1 Eßl. Mehl
¼ Teel. Salz
2 Tassen Sahne
2 Eigelbe
½ Tasse trockener Sherry
½ Tasse Semmelbrösel

½ Tasse geriebener Käse
¼ Teel. Paprikapulver, edelsüß
2 Eßl. Butterflöckchen

Pro Person etwa:
2340 Joule
560 Kalorien

Garzeit:
20 Minuten

Das Wasser mit dem Salz in einem sehr großen, hohen Topf zum Kochen bringen. Die Hummer kalt abwaschen und mit einer weichen Bürste säubern. Zunächst einen Hummer mit dem Kopf voraus ins sprudelnd kochende Wasser gleiten lassen und 5 Minuten lang mit einem Kochlöffel unter Wasser halten. Den zweiten Hummer ins Wasser geben und ebenso verfahren. Den Topf schließen und die Hummer weitere 10 Minuten im leicht kochenden Wasser garen. Die Hummer nach beendeter Garzeit im Sud zugedeckt erkalten lassen. Die Schalotten schälen und kleinhacken. Die kalten Hummer aus dem Sud heben, das Fleisch aus den Krusten lösen und in 1 cm große Würfel schneiden. Die Butter zerlassen, die Schalotten darin anbraten, das Mehl darüberstäuben, das Salz zufügen und unter Rühren bei milder Hitze hellgelb braten. Die Sahne zufügen und einmal aufkochen lassen. Den Topf vom Herd nehmen, die Eigelbe, den Sherry und das Hummerfleisch in die Sauce rühren und diese im Wasserbad noch so lange erhitzen, bis sie sämig wird.
Den Backofen auf 220° vorheizen. Die Hummerschalen mit der Sauce und dem Hummerfleisch füllen. Die Semmelbrösel mit dem geriebenen Käse und dem Paprikapulver mischen und über die Füllung streuen. Die Füllung mit den Butterflöckchen belegen und die Hummerhälften im vorgeheizten Backofen auf der mittleren Schiebeleiste so lange überbacken, bis die Kruste goldgelb ist.

Dazu schmeckt: frisches Stangenweißbrot oder frischer Toast mit kalter Butter

Etwas schwierig

Languste à la bordelaise
Languste nach Art von Bordeaux

6 l Wasser
2 Eßl. Salz
4 kleine lebende Langusten von je 500 g
1 Eßl. Butter
3 Gläser weißer Bordeauxwein
2 Schalotten
1 Möhre
¼ kleine Sellerieknolle
2 Eßl. Butter
1 Glas weißer Bordeauxwein
4 Tomaten
je 1 Messersp. Salz und Pfeffer

1–2 Tropfen Zitronensaft
1 Teel. Speisestärke
1 Eßl. Wasser
2 Eßl. Sahne
je 1 Teel. frische Kräuter (Petersilie, Estragon und Kerbel)

Pro Person etwa:
1630 Joule
390 Kalorien

Garzeit:
50 Minuten

Das Wasser in einem großen, hohen Topf mit dem Salz zum Kochen bringen. Die Langusten unter fließendem kaltem Wasser mit einer weichen Bürste säubern und mit dem Kopf voraus einzeln ins sprudelnd kochende Wasser gleiten lassen. Die Languste mit einem Kochlöffel 5 Minuten unter der sprudelnd kochenden Wasserfläche halten, dann erst die nächste Languste

SCAMPI · KREBSE

ebenso töten. Sollte der Topf für 4 Langusten zu klein sein, müssen die Langusten nacheinander gegart werden. Nach dem Untertauchen von 5 Minuten die Langusten weitere 10 Minuten im leicht kochenden Wasser zugedeckt garen. Die Langusten dann im Sud abkühlen lassen.
Den Kochsud weggießen, die Langusten längs halbieren, das Fleisch aus den Krusten lösen und in 1 cm große Würfel schneiden. Die Butter zerlassen, die Langustenwürfel darin von allen Seiten anbraten, den Weißwein darübergießen und zugedeckt bei sehr milder Hitze 10 Minuten ziehen lassen.
Die Schalotten, die Möhre und die Sellerieknolle schälen, waschen und in kleine Würfel schneiden. Die Butter in einem zweiten Topf zerlassen, das Gemüse unter Umwenden 5 Minuten darin anbraten, mit dem Weißwein übergießen und zugedeckt weitere 7 Minuten kochen lassen. Die Tomaten häuten, in Würfel schneiden, zum Gemüse geben und weitere 10 Minuten darin dünsten.
Das Langustenfleisch mit einer Schaumkelle aus dem Weißwein heben, abtropfen lassen und in die Langustenpanzer füllen. Die Langusten auf einer vorgewärmten Platte im Backofen warmstellen.
Den Weißwein-Kochsud vom Langustenfleisch zum Gemüse geben, alles durch ein Sieb passieren und die Sauce im offenen Topf bei milder Hitze auf ¼ Liter Flüssigkeit einkochen lassen. Die Sauce mit dem Salz, dem Pfeffer und dem Zitronensaft abschmecken. Die Speisestärke mit dem Wasser anrühren, die Sauce damit binden, einmal kräftig aufkochen lassen, vom Herd nehmen und die Sahne unterziehen. Die Kräuter waschen, abtropfen lassen, kleinschneiden und unter die Sauce mischen. Die Sauce über die Langusten gießen und diese sofort heiß servieren.

Dazu schmeckt: Stangenweißbrot

Raffiniert
Scampi alla Lipari

Bild Seite 98

450 g tiefgefrorene, geschälte Scampi (Kaisergranate)	2 Knoblauchzehen
2 l Wasser	2 Messersp. Salz
½ Teel. Salz	4 Eßl. Olivenöl
400 g Tomaten	½ Teel. getrockneter Rosmarin

Pro Person etwa:
1010 Joule
240 Kalorien

Zeit zum Auftauen:
3–4 Stunden

Garzeit:
12 Minuten

Die Scampi aus der Verpackung nehmen und zugedeckt auftauen lassen. Das Wasser mit dem Salz zum Kochen bringen, die Scampi hineingeben, einmal aufkochen lassen, vom Herd ziehen, 2 Minuten im heißen Wasser, dann abtropfen und abkühlen lassen. Die Tomaten häuten, entkernen und das Fruchtfleisch würfeln. Die Knoblauchzehen schälen, würfeln und mit dem Salz zerdrücken.
Das Öl in einer Pfanne erhitzen, die Scampi bei milder Hitze 5 Minuten darin braten, die Tomaten und den Knoblauch zugeben, mit dem Rosmarin würzen und weitere 5 Minuten unter Umwenden bei sehr milder Hitze zugedeckt garen.

Beilagen: körnig gekochter Reis oder frisches Weißbrot und Gurkensalat

---

Zu einem richtigen Krebsessen gehören außer den Krebsbestecken Schürzen und Servietten, die mit roten Krebsen bedruckt sind. Bei jedem Gedeck muß außerdem eine Fingerschale mit Wasser und einer Zitronenspalte darin stehen und ein Teller zum Ablegen der leeren Schalen. Sollen die Krebse als Hauptgericht gereicht werden, muß man pro Person mit 10 – 12 Krebsen rechnen.

Geeignet als Vorspeise
Krebse im Dillsud

24 lebende Krebse zu je 80 g
3 l Wasser
1 Eßl. Salz
1 Lorbeerblatt
1 Teel. Kümmel
½ Bund Petersilie
2 Bund Dill
1 Zwiebel

Pro Person etwa:
630 Joule
150 Kalorien

Garzeit:
15 Minuten

Die lebenden Krebse unter fließendem kaltem Wasser säubern. Noch gründlicher reinigen sich die Krebse selbst, wenn sie sich 1 Stunde vor dem Garen in reichlich kaltem Wasser bewegen können. Dabei werden die Tiere ganz sauber, selbst der Darm enthält dann keinen Sand mehr.
Das Wasser mit dem Salz, dem Lorbeerblatt und dem Kümmel in einem großen, hohen Topf zum Kochen bringen. Die Petersilie und den Dill waschen und grob kleinschneiden. Die Zwiebel schälen und in Ringe schneiden und mit den Kräutern ins Salzwasser geben. Wenn das Wasser stark sprudelnd kocht, 4 Krebse mit dem Kopf voraus ins kochende Wasser werfen und einige Minuten kochen lassen. Danach weitere 4 Krebse hineinwerfen, ebenfalls einige Minuten sprudelnd kochen lassen, dann die Hitze reduzieren und die Krebse noch 8–10 Minuten leicht sieden lassen. Nie mehr als 8 Krebse auf einmal garen. Die gegarten Krebse aus dem Sud heben und in einer Terrine warm stellen. Der Kochsud muß immer stark sprudelnd kochen, ehe weitere Krebse hineingeworfen werden. Wenn alle Krebse gar sind, die Kochbrühe durch ein Haarsieb über die Krebse gießen und diese heiß im Sud servieren.
Bei Tisch nimmt man sich einen Krebs nach dem anderen und bricht die beiden Scheren ab. Die Spitze der Schere in das Loch im Krebsmesser stecken und abbrechen. Das Fleisch

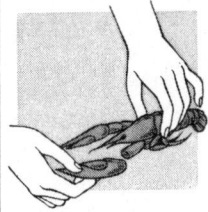 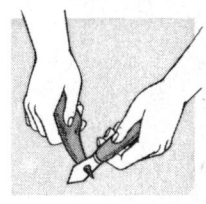

Die Scheren der Krebse mit den Händen abbrechen.

Die Spitze der Schere mit dem Krebsmesser abbrechen.

aus den Scheren mit der Krebsgabel herausholen. Die Beine vom Körper abtrennen und den Krebs zwischen Brustpanzer und Schwanzteil durchbrechen. Krebs-Fanatiker lutschen den Inhalt aus Kopf und Brust. Gelassenere Krebsesser lösen das Schwanzfleisch aus. Hierfür den Inhalt des Bauchpanzers mit der Gabel entnehmen. Achtung! Der gefüllte dunkle Darm liegt auf dem Rücken des Schwanzteils und wird mit den Fingern herausgezogen.

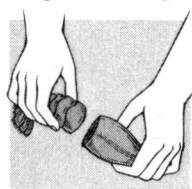 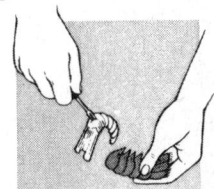

Der Krebs läßt sich leicht zwischen Kopf und Schwanz durchbrechen.

Den Inhalt des Schwanzes mit der Krebsgabel herausziehen.

KREBSE · MUSCHELN · TINTENFISCHE

Dazu schmeckt: Stangenweißbrot

Unser Tip: Wenn Sie die Hälfte des Wassers für den Kochsud durch Weißwein ersetzen, erhält das Krebsfleisch einen besonders feinen Geschmack, und der Sud kann angereichert durch frische kleingeschnittene Kräuter als Brühe gereicht werden.

Geeignet als Vorspeise

Krebsragout Colette

12 Krebse zu je 80 g	je 1 Messersp. Salz und Pfeffer
¼ l Wasser	500 g Tomaten
¾ l Weißwein	⅛ l Krebssud
4 Pfefferkörner	1 Teel. Mehl
1 Teel. Salz	1 Schnapsglas Armagnac (2 cl)
1 Messersp. getrockneter Thymian	
½ Lorbeerblatt	Pro Person etwa:
½ Knoblauchzehe	1170 Joule
1 kleine Möhre	280 Kalorien
250 g frische kleine Champignons	Garzeit:
60 g Butter	45 Minuten

Die lebenden Krebse unter fließendem kaltem Wasser reinigen. Das Wasser mit dem Weißwein, den Pfefferkörnern, dem Salz, dem Thymian und dem Lorbeerblatt zum Kochen bringen. Die Zwiebel, die Knoblauchzehe und die Möhre schälen, waschen, in feine Scheiben schneiden und in den Weinsud geben. Den Sud zum Kochen bringen und jeweils 6 Krebse in den stark sprudelnden Sud werfen. Die Krebse 5 Minuten im offenen Topf kochen, dann zugedeckt weitere 5 Minuten ziehen lassen. Die Krebse aus dem Sud heben, die zweite Portion garen und abkühlen lassen. Die Champignons putzen, waschen und abtropfen lassen. Die Butter zerlassen, die Champignons zugedeckt 10 Minuten darin garen und mit Salz und Pfeffer würzen. Die Tomaten waschen, zerkleinern und mit ⅛ Liter Krebssud in einem anderen Topf zugedeckt 10 Minuten kochen lassen. Danach im offenen Topf die Flüssigkeit zur Hälfte einkochen lassen und die Tomaten durch ein Sieb zu den Champignons passieren. Das Mehl mit wenig Wasser anrühren, die Champignonsauce damit binden und einige Male aufkochen lassen.
Das Krebsfleisch aus den Krusten lösen, in die Sauce geben und darin noch einmal gut erwärmen, aber nicht kochen lassen. Das Ragout in einer Servierschüssel anrichten, bei Tisch mit Armagnac übergießen, diesen anzünden und ausbrennen lassen.

Dazu schmeckt: frisches Stangenweißbrot oder körnig gekochter Reis

Grundrezept für gekochte Muscheln

Rheinisches Muschelessen

Bild Seite 97

3 kg Miesmuscheln	Pro Person etwa:
1 Möhre	680 Joule
1 Stange Lauch	160 Kalorien
1 Zwiebel	
¼ l Weißwein	Garzeit:
⅛ l Wasser	10 Minuten
3 Pfefferkörner	
½ Teel. Salz	

Jede einzelne Muschel unter fließendem kaltem Wasser gründlich bürsten und mit einem Messer den »Bart«, nämlich den Byssusfaden, abschneiden. Die Möhre schaben, waschen und würfeln. Den Lauch putzen, waschen und in Scheiben schneiden. Die Zwiebeln schälen und würfeln. Den Weißwein mit dem Wasser, den Pfefferkörnern, dem Salz, den Möhrenstückchen, den Lauchscheiben und den Zwiebelwürfeln in einem großen flachen Topf zum Kochen bringen. Die Muscheln – nur festgeschlossene Muscheln verwenden – in den kochenden Sud schütten, den Topf gut zudecken und die Muscheln bei starker Hitze 10 Minuten kochen lassen. Den Topf während des Kochens mehrfach kräftig rütteln, damit die Muscheln sich mischen und alle gleichzeitig gar werden. Die Muscheln sind gar, wenn sich alle Schalen geöffnet haben. Sollten sich einzelne Muscheln auch nach 10 Minuten Kochzeit nicht geöffnet haben, sind diese unbedingt wegzuwerfen.
Die Muscheln mit dem Schaumlöffel aus dem Sud heben und auf 4 Suppenteller verteilen. Den Sud durch ein Sieb über die Muscheln gießen. Eine noch im Scharnier zusammenhängende Muschelschale als Zange zum

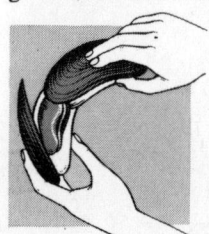

Den Muschelkörper wie mit einer Zange mit einer noch im Scharnier zusammenhängenden Muschelschale greifen.

Greifen der Muscheln benützen. Der Sud wird mit dem Suppenlöffel dazugegessen.

Dazu schmecken: beliebiges Brot und ein leichter Weißwein oder Roséwein

Tintenfisch in Tomatensauce

600 g tiefgefrorener Tintenfisch	4 Tomaten
	1 Eßl. Tomatenmark
2 Zwiebeln	½ Bund Petersilie
2 Knoblauchzehen	
2 Messersp. Salz	Pro Person etwa:
3 Eßl. Öl	1050 Joule
Saft von ½ Zitrone	250 Kalorien
½ Glas Weißwein	
½ Teel. Salz	Garzeit:
2 Messersp. Pfeffer	30 Minuten

Die Tintenfische aus der Verpackung nehmen und zugedeckt auftauen lassen. Von den Fischen dann die kleinen Köpfe abtrennen und wegwerfen. Die Fangarme abschneiden. Die feine äußere Schleimhaut abziehen. Die Fische der Länge nach aufschneiden und den Mittelknochen sowie die Innereien entfernen und wegwerfen. (Die Tintenblase ist bereits entnommen.) Die Fische gründlich unter kaltem Wasser waschen und in 2 cm große Stücke schneiden. Größere Fangarme durchschneiden. Die Zwiebeln schälen und würfeln. Die Knoblauchzehen schälen, in Stückchen schneiden und mit dem Salz mit der Messerklinge zerdrücken. Das Öl erhitzen und die Zwiebelwürfel darin glasig braten. Den zerdrückten Knoblauch und die Tintenfische mit dem Zitronensaft, dem Weißwein, dem Salz und dem Pfeffer zugeben und zugedeckt bei milder Hitze 25 Minuten leicht kochen lassen. Die Tomaten häuten, in Scheiben schneiden und mit dem Tomatenmark 5 Minuten vor Ende der Garzeit zu den Fischen geben und ebenfalls leicht kochen lassen. Die Petersilie waschen, abtropfen lassen, kleinschneiden und zuletzt untermischen.

Beilagen: körnig gekochter Reis oder frisches Stangenweißbrot

Variante

Ausgebackener Tintenfisch

Tiefgefrorene Tintenfische vorbereiten, wie im Rezept beschrieben, mit

MUSCHELN · AUSTERN · SCHNECKEN

Zitronensaft beträufeln und salzen. Die Fischstücke in Mehl, dann in verquirltem Ei und in Semmelbröseln wenden und schwimmend im heißen Öl 8 Minuten ausbacken.

Für ein typisches Gericht mit Jakobsmuscheln brauchen Sie die hübschen Schalen der Jakobsmuscheln, die es in Haushaltsgeschäften zu kaufen gibt. Es lohnt sich, diese Schalen anzuschaffen, denn in ihnen kann man auch noch verschiedene andere überbackene Gerichte servieren.

Geeignet als Vorspeise

Jakobsmuscheln auf französische Art

Zutaten für 8 Personen:	1 Eßl. Butter
1 Zwiebel	1 Eßl. Mehl
1/8 l Weißwein	2 Eßl. Sahne
1/8 l Wasser	5 Eßl. geriebener Goudakäse
1/2 Teel. Salz	einige Tropfen Zitronensaft
5 Pfefferkörner	
2 Stengel Petersilie	2 Eßl. Butter
1 Messersp. getrockneter Thymian	Pro Person etwa: 590 Joule 140 Kalorien
1 kleines Lorbeerblatt	
450 tiefgefrorene Jakobsmuscheln	Garzeit: 45 Minuten
200 g frische Champignons	

Die Zwiebel schälen und würfeln. Den Weißwein, das Wasser, die Zwiebelwürfel, das Salz, die Pfefferkörner, die Petersilie, den Thymian und das Lorbeerblatt bei milder Hitze zugedeckt 15 Minuten kochen lassen. Den Sud dann durch ein Sieb zurück in den Topf schütten. Die gefrorenen Jakobsmuscheln in den Sud legen, bis zum Siedepunkt erhitzen und bei milder Hitze zugedeckt 15 Minuten garen. Die Muscheln mit einer Schaumkelle aus dem Sud heben, abkühlen lassen, in Scheibchen schneiden und den Rogen abtrennen und gesondert aufbewahren.
Den Backofen auf 220° vorheizen. Die Champignons putzen, waschen und in Blättchen schneiden. Die Butter in einem Topf zerlassen, die Champignons 5 Minuten unter Umwenden darin anbraten, mit dem Mehl bestäuben, gut durchrühren und nach und nach mit dem Sud von den Muscheln aufgießen. Alles unter Rühren einige Minuten kochen lassen und die Sauce dann mit der Sahne und 2 Eßlöffel Käse verrühren.

Die Muschelscheibchen mit der Sauce vermengen und diese mit etwas Zitronensaft abschmecken. Das Ragout in 8 Muschelschalen füllen, jede Portion mit etwas vom Rogen belegen, mit dem restlichen geriebenen Käse bestreuen und die Butter in kleinen Flöckchen daraufsetzen. Die Muscheln im vorgeheizten Backofen auf der obersten Schiebeleiste etwa 6 Minuten überbacken.

Dazu schmeckt: frisches Stangenweißbrot

Geeignet als Vorspeise

Gratinierte Austern

24 Austern	Pro Person etwa:
Saft von 1–2 Zitronen	920 Joule 220 Kalorien
3 Messersp. Pfeffer	
4 Eßl. geriebener Parmesankäse	Gratinierzeit: 5–10 Minuten
4 Eßl. Semmelbrösel	
4 Eßl. Butter	

Den Backofen auf 220° vorheizen. Die Austern gründlich waschen und so aufbrechen, daß die Auster in der gewölbten Schalenhälfte liegt. Den Schließmuskel am Schalenrand entlang mit einem Küchenmesser lösen und die Austern auf den Rost des Backofens legen. Jede Auster mit frischgemahlenem Pfeffer aus der Mühle bestäuben, mit dem Parmesankäse und den Semmelbröseln bestreuen. Die Butter in kleinen Flöckchen auf die Austern legen und die Austern auf der obersten Schiebeleiste im vorgeheizten Backofen überbakken, bis die Kruste goldgelb ist.

Dazu schmeckt: frisches Stangenweißbrot

Geeignet als Vorspeise

Schnecken auf Burgunder Art

32 Weinbergschnecken aus der Dose	Pro Person etwa: 1000 Joule
32 Schneckenhäuser	240 Kalorien
3 Eßl. Cognac	
100 g Butter	Bratzeit:
1 1/2 Bund Petersilie	15 Minuten
1–2 Schalotten	
2 kleine Knoblauchzehen	
1 Messersp. Salz	

Den Backofen auf 200° vorheizen. Die Schnecken in einem Sieb abtropfen lassen. Sollten die Schnecken im Schneckenhaus stecken, müssen Sie sie herausziehen und in eine Schüssel geben. Die Schnecken mit dem Cognac übergießen und zugedeckt einige Minuten darin »parfümieren«.
Die Schneckenhäuser in kochendes Wasser legen, einige Minuten kochen lassen, heiß nachspülen und danach innen und außen gut abtrocknen.
Die Butter schaumig rühren. Die Petersilie waschen, abtropfen lassen und kleinwiegen. Die Schalotte schälen und ebenfalls kleinwiegen. Die Knoblauchzehen schälen, in Würfelchen schneiden und diese mit dem Salz zerdrücken. Die Butter mit der Petersilie, den Schalotten und dem Knoblauch verrühren. Die Schnecken in die Schneckenhäuser stecken und jeweils mit der gewürzten Butter zustreichen. Die Schnecken in die Schneckenpfanne oder auf die Alufolie legen und im Backofen auf der mittleren Schiebeleiste so lange braten, bis die Butter zu schäumen beginnt.

Dazu schmeckt: Stangenweißbrot

Unser Tip: Zu einem Schneckenessen gehört eigentlich eine Schneckenpfanne; sie ist aus Metall oder aus feuerfestem Steingut mit kleinen Mulden für die Schneckenhäuser. Außerdem gehören dazu Schneckenzangen, mit denen man die heißen Schneckenhäuser faßt, und kleine Gabeln, mit denen man das Fleisch aus den Häusern herausholt. Der Suppenlöffel im Gedeck dient dazu, den Saft aus dem Schneckenhaus aufzufangen. Wenn Sie keine

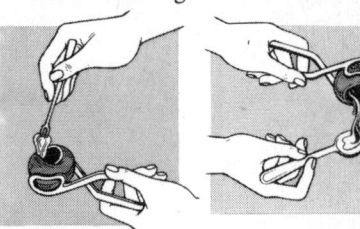

Das Schneckenhaus mit der Schneckenzange festhalten und mit der Schneckengabel die Schnecke herausziehen.

Zuletzt die flüssige Knoblauchbutter mit Hilfe der Schneckenzange in den Löffel gießen.

Schneckenpfanne haben, so können Sie auch ein Backblech oder eine Springform mit Alufolie auslegen und für jede Schnecke eine kleine Mulde hineindrücken.

Gekocht, gedünstet, gedämpft, gebraten, gebacken, gegrillt, überbacken, geräuchert, als Auflauf, als Pastete –

Fisch

Eine Mahlzeit mit Fisch ist immer richtig, wenn man sich nach dem Essen keine Ruhepause gönnen kann, oder auch als leichtes Abendessen. Gerichte aus Fisch belasten nicht, sie verursachen keine schweren Träume! Außerdem zählt Fisch zu den vollwertigen Nahrungsmitteln, die wichtige Vital-Bestandteile bieten. Wobei wir nur hoffen können, daß der Fisch aus noch annähernd naturreinen Gewässern mit wenig Schadstoffen stammt.

Aus Fisch lassen sich vielfältige Mahlzeiten bereiten, delikate Vorspeisen und Salate. Moderne Transportmittel ermöglichen auch dem Binnenland-Bewohner den Einkauf frischer, schmackhafter Fische. Die bekannte These »mindestens einmal in der Woche Fisch« läßt sich leicht realisieren! Das Fleisch der Fische enthält hochwertiges Eiweiß, darüber hinaus vor allem das Fleisch der Seefische viele Spurenelemente, besonders Jod. Obwohl viele Fische vom Meer in die Flüsse wandern und von den Flüssen ins Meer, wie beispielsweise Aale, Lachse, Forellen, unterscheidet man doch nach den Fanggebieten genau zwischen Seefischen aus dem Meer und Süßwasserfischen aus den Flüssen, Seen und Teichen. Von Menge und Qualität her kommt den Seefischen die größere Bedeutung zu.

Die Seefische
Man könnte die Seefische biologisch gegliedert nach ihren Familien nennen; für die Küchenpraxis spielt aber die biologische Ordnung eine geringe Rolle. Hauptsächlich trennt man Seefische in Rundfische und Plattfische.

Rundfische
Dornhai, Dorsch, echter Lachs, Hering, Kabeljau, Köhler oder Seelachs, Knurrhahn, Leng oder Lengfisch, Lippfisch, Maifisch oder Alse, Makrele, Meeraal, Meeräsche, Meerbarbe, Meerbrasse, Petermännchen, Rotbarsch, Sardelle, Sardine, Schellfisch, Schwertfisch, Seebarsch, Seehecht, Seelachs, Sprotte, Stint, Thunfisch, Wittling.

Plattfische
Flunder, Heilbutt, Rotzunge, Rochen, Scholle, Seezunge, Steinbutt.
Plattfische gelten als Delikateßfische und sind entsprechend teuer. Fang- und Transportmethoden sind heute so reibungslos aufeinander abgestimmt, daß Sie in gut geführten Fischgeschäften auch im Binnenland frische Schollen und frische Seezungen kaufen können.

Der Hering
Das Wohlwollen der Natur läßt einen der schmackhaftesten Seefische auch in großen Mengen wachsen: den Hering. Das ganze Jahr über wird er gefangen, von der Biscaya bis zum Nördlichen Eismeer, von kleinen, offenen Booten aus und von großen schwimmenden Fabrikschiffen. In allen erdenklichen Zubereitungen wird er verkauft: frisch, gepökelt, gesalzen, und wie folgt angeboten:

Grüne Heringe: frische Heringe.

Lappen: frische Heringe ohne Kopf, Eingeweide und Gräten.

Salzheringe: gesalzene grüne Heringe.

Bratheringe: frische ausgenommene Heringe mit Gräten gebraten, in Essigmarinade eingelegt.

Gebratene Heringe: fertiggebratene Heringe zum Selbsteinlegen.

Bismarckheringe: in Essig eingelegte Lappen.

Matjesheringe: gesalzene grüne Heringe, noch nicht geschlechtsreif.

Neue Matjes: Matjes kurz nach dem Fang mit geringem Salzgehalt.

Räucherheringe (Lachsheringe): kaltgeräucherte Salzheringe.

Rollmöpse: Bismarckheringe um Gurkenstückchen oder Sauerkraut gerollt und mariniert.

Weiter gibt es Heringe in Dosen als Filet mit verschiedenen Saucen, als Kronsardinen, Starsild, Vaarsild, Heringssalat und als Hering in Gelee. Auch unterscheidet man zwischen Milchner (männlicher Hering) und Rogner (weiblicher Hering).

Für den frischen Hering gilt als Regel: Auf hoher See gefangener Herbstehring (September, Oktober, November) ist magerer, aber schmackhafter als der im Frühjahr bis Juli gefangene, der sich wegen seines hohen Fettgehaltes gut zum Räuchern eignet. Außerdem spielen die kleinen Verwandten des Herings, eingelegt in Öl, in Dosen oder Gläsern, eine beachtliche Rolle im Angebot der Fischdelikatessen. Sardinen werden im Ganzen mariniert, von den Sardellen, oder den Anchovis, meist nur das Filet.

Große Seefische
Kabeljau, Köhler, Lengfisch, Rotbarsch, Schellfisch und Thunfisch kommen in Stücken oder als »Filet«, frisch oder tiefgefroren, in den Handel. Stücke dürfen Gräten aufweisen – Schwanzstücke enthalten weniger Gräten als die Stücke zum Kopf hin –; Filets müssen grätenfrei sein.

Echter Lachs
Frisch wird echter Lachs aus Fängen von den Küsten Norwegens und Schwedens von Frühjahr bis Herbst angeboten. Sehr delikat ist der Silberlachs aus der Ostsee, der in bester Qualität im Frühjahr gefangen wird.

aus Meer und Fluß

isch läßt sich sehr vielseitig zubereiten.

Die Süßwasserfische
Der Handel unterscheidet zwischen Fluß- und Teichfischen. Diese Unterscheidung ist falsch: In Wirklichkeit muß man unterscheiden zwischen Wildfischen und Zuchtfischen, und so sollten die beiden Gruppen auch genannt werden.

Wildfische
Das sind Fische, die wild in Flüssen und Seen leben. Wegen der allgemeinen Verschmutzung und Vergiftung der Gewässer hat sich ihr Bestand in den vergangenen Jahren rapid verringert. Die wichtigsten Wildfische sind: Aalrutte, Äsche, Bachforelle, Bachsaibling, Barbe, Blaufelchen, Blei, Flußaal, Flußbarsch, Gründling, Hecht, Huchen, Karausche oder Bauernkarpfen, Karpfen, Lachs oder Salm, Nase oder Näsling, Plötze oder Rotauge, Regenbogenforelle, Renke, Rotbarbe, Rotfeder, Schleie oder Schleierkarpfen, Stör, Zander.

Der Stör liefert den echten Kaviar. In Mitteleuropa ist er so selten, daß beispielsweise noch heute alle in England gefangenen Störe zuerst der Königin angeboten werden müssen.

Zuchtfische
Eine weit größere Bedeutung als die Wildfische haben im Marktangebot die Zuchtfische gewonnen. Gezüchtet werden Forellen und Karpfen.

Leider ist in der Forellenzucht die schmackhaftere einheimische Bachforelle immer mehr von der amerikanischen Regenbogenforelle verdrängt worden, die an Reinheit und Sauerstoffreichtum des Wassers geringere Anforderungen stellt. Forellen kommen zwar als Portionsfische das ganze Jahr über auf den Markt; am besten schmecken sie aber in den Monaten April, Mai, Juni und Juli. Ob eine Zuchtforelle »mooselt«, d.h. nach Moos schmeckt, merken Sie vor allem, wenn Sie die Forelle blau auf den Tisch bringen. Tut sie es, sollten Sie Ihr Fischgeschäft wechseln.

Als Zuchtkarpfen gibt es die schuppenlosen Lederkarpfen und die Spiegelkarpfen mit einzelnen großen Schuppen. Beide Arten haben einen hochgewölbten, dunkelbläulichen Rücken, der als Qualitätsmerkmal gilt. Karpfen sind ein Gericht für die Zeit um Weihnachten und Neujahr: Dann sind sie zwar am fettesten, aber auch am besten. Die schmackhaftesten Tiere sind 2 Jahre alt und liegen zwischen 1 und 2 kg. Erkundigen Sie sich vor dem Kauf, ob der Fisch vor dem Töten mindestens 24 Stunden in frischem, fließendem Wasser gehalten wurde. Nur so verschwindet der Geruch nach Moos und Schlamm, der Karpfen leicht anhaftet.

Fisch in der Küche

Der hohe Wasseranteil und die besondere Struktur des Fischmuskels macht Fisch sehr leicht verdaulich – aber ebenso leicht verderblich. Fischvergiftungen sind gefährlich. Daher erste und wichtigste Regel: Fisch muß frisch sein!

Der Einkauf von Fisch
Frischen Fisch erkennen Sie an folgenden Merkmalen:

Lebende Fische
Sie sollten in Bauchlage schwimmen und nicht an der Oberfläche nach Luft schnappen. Kaufen Sie keine Fische, die in Seiten- oder Rückenlage schwimmen.

Frischer Fisch
Bereits getötete ganze Fische dürfen durchaus »nach Fisch« riechen – aber nur nach Fisch! Geruchsabweichungen machen sich zuerst an den Kiemen bemerkbar. Die Augen sollen blank und klar sein, die Kiemen frisch und rot, und die Schuppen müssen fest in der glänzenden Haut sitzen. Ein Fingerdruck darf im Fleisch keine Delle hinterlassen.

Frischen Fisch im Stück sollten Sie nach Aussehen und Geruch der Schnittflächen beurteilen. Die Schnittflächen müssen weiß, saftig und fest sein und frisch nach Fisch riechen. Schleimig-schmierige Haut und lockere Schuppen sind Zeichen für nicht mehr frischen Fisch.

Der Kauf von »Luxusfischen« wie Seezunge oder Lachs ist Vertrauenssache. Ein solides Fachgeschäft ist hier immer noch die beste Garantie für Qualität, wenn Sie den Fisch nicht an der Küste fangfrisch kaufen. (Doch auch auf dem Kutter kann Fisch verderben!)

Tiefgefrorener Fisch
Bei tiefgefrorenem Fisch hat der Käufer keine Möglichkeit zur Qualitätskontrolle. Er muß sich auf die Angaben auf den Packungen verlassen.

Geräucherter Fisch
Geräuchert schmeckt Fisch besonders herzhaft-würzig und ist haltbarer als frisch. Folgende Fische werden häufig in vorzüglicher Qualität geräuchert angeboten: Aal, Bückling (geräucherter Hering), Forellenfilets, Flunder, Heilbutt, Kieler Sprotten, Lachs, Makrele, Rotbarsch, Schillerlocken (die durch das Räuchern eingerollten Bauchlappen vom Dornhai), Seelachs (geräucherte Filetscheibchen vom Köhler; als Lachsersatz bekannt; meist in Öl eingelegt).
Räucherfische dürfen nicht auf Eis liegen, sondern sollten bis zum – alsbaldigen – Verbrauch kühl, trocken und luftig lagern. Zu den Delikatessen

GERÄUCHERTE FISCHE

unter den Räucherfischen zählen Aal, Forellenfilets, Flunder, Schillerlocken und vor allem der echte Lachs.

Echter geräucherter Lachs
Fänge von der nordamerikanischen Ostküste von Florida bis zum Eismeer werden das ganze Jahr über zu Räucherlachs verarbeitet. Kenner bevorzugen aber auch geräuchert den in europäischen Meeren gefangenen Lachs.

Gut geräucherter Lachs ist nur wenig gesalzen, also mild. Im Feinkostgeschäft kann man geräucherten Lachs in kleinen Portionen kaufen, nach Wunsch bereits in hauchdünne Scheiben geschnitten.

Für ein richtiges Lachs-Essen kauft man beim Fachhändler am besten ein ganzes oder halbes Filet eines großen Fisches, an dem einseitig dann noch die Haut haftet. Diese Haut hauchdünn mit dem rasiermesserscharfen Lachsmesser vom Schwanzende her vom Filet abtrennen; stets nur 15–20 cm, damit die restliche Haut das Fleisch bis zum Verzehr vor dem Austrocknen schützt.

Die Lachsseite mit der Haut nach unten auf ein Hartholzbrett legen. Mit dem Lachsmesser hauchdünne schräge Scheiben abschneiden, immer vom hautlosen dickeren Teil zum Schwanzende hin.

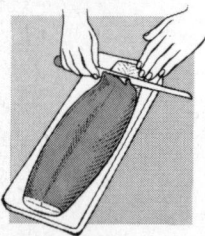 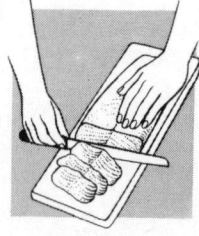

Die Lachshaut vom Schwanzende des Fisches her nur jeweils ein Stück vom Filet abtrennen...

...und vom dickeren hautlosen Ende zum Schwanzende hin hauchdünne Scheiben abschneiden.

Zur Fischmitte hin trifft man auf die Bauchgräten. Sie werden vor dem Entfernen des nächsten Hautstücks mit einer Zange herausgezogen.

Zu geräuchertem Lachs reicht man getoastetes Weißbrot, Butter, Meerrettichsahne und eiskalten Aquavit oder trockenen Sekt oder auch Pils. Reste vom Lachs können in Butterbrotpapier eingeschlagen und kalt und trocken im Kühlschrank 12–24 Stunden aufbewahrt werden.

Fisch selber räuchern
Frischen Fisch können Sie selbst räuchern. Es macht Spaß und ist kinderleicht. Frischgeräucherter Aal, Forelle, Renke, Hecht oder Zander schmecken köstlich. Dazu brauchen Sie einen Räucherofen, den es in verschiedenen Ausführungen im Fachhandel gibt. Diese Geräte ähneln einem Holzkohlengrill; manche lassen sich auch zusätzlich als Grill verwenden. Die Fische liegen auf einem oder zwei Rosten im Räuchertopf über dem Räuchermehl. Ein Deckel verschließt den Räuchertopf. Durch eine Öffnung entzündet man Spiritus, Gas oder Holzkohle unter dem Räuchermehl, wodurch dieses langsam verkohlt und die Fische räuchert.

Die Fische müssen zunächst küchenfertig vorbereitet und dann gepökelt werden. Für die Pökellake kocht man 1 Liter Wasser mit 150 Gramm Salz, 2 Eßlöffel braunem Zucker und einigen zerdrückten Wacholderbeeren auf und läßt die Lake danach abkühlen. Die Fische 2 Stunden darin pökeln lassen. Vor dem Räuchern die Fische gut trockenreiben und an der Luft hängend – nicht in der Sonne – oder auf saugfähigem Papier nachtrocknen lassen. Je trockener das Räuchergut, desto kürzer die Räucherzeit. Am besten richten Sie sich bezüglich der Räucherzeiten nach den Angaben des Herstellers Ihres Räucherofens.

Die Räucheröfen sind einfach zu handhaben und ungefährlich. Bei geschlossenem Deckel dringt wenig Rauch nach außen. Der Räuchergeruch ist aber intensiv und hält sich lange in geschlossenen Räumen. Deshalb am besten im Freien räuchern.

Fisch richtig vorbereiten
Wenn Sie eine Mahlzeit mit Fisch planen, nehmen Sie sich nicht eine bestimmte Sorte vor, sondern machen Sie Ihren Entschluß vom Angebot an frischem Fisch abhängig. Alle Fische sind in kurzer Zeit gar und lassen sich schmackhaft zubereiten, wenn einige Regeln beachtet werden.

Für ein Essen mit Fisch als Hauptgang rechnet man pro Person 250 g Fisch im Stück oder ganze Portionsfische wie Forelle oder Renke; denn die Gräten machen einen Teil des Gewichts aus. Bei grätenlosen Fischfilets genügen 200 g pro Person.

Frischer Fisch schmeckt am besten. Frische Fische sollten deshalb am

---

Zum Bild rechts:

Ein stattlicher Karpfen, blau bereitet, kann mit jedem Festtagsbraten konkurrieren! In vielen Gegenden und Familien gehört Karpfen auch zum traditionellen Weihnachts- oder Silvesteressen; denn in den Wintermonaten ist sein Fleisch besonders schmackhaft. Wer Abwechslung liebt, bereitet seinen Karpfen auch einmal nach polnischer Art zu, allerdings wird er dann nicht im Ganzen, sondern in Portionsstücken serviert.
Die Rezepte finden Sie auf Seite 125.

Zur folgenden Doppelseite:

Schellfisch in Senfsauce, ein Essen zum Sichsattschlemmen! Denn Schellfisch liefert viele Mineralstoffe, wertvolle Vitamine, aber nur wenige Joule oder Kalorien. Sein aromatischer Wohlgeschmack ließ Schellfisch zur beliebtesten Freitags- oder Fastenmahlzeit werden.
Das Rezept finden Sie auf Seite 115.

Paniertes Fischfilet, Kartoffelsalat und Remoulade gehören unbedingt zusammen! Die Kombination ist erprobt und findet immer wieder Anerkennung, selbst bei jenen, die sich sonst nicht gar zu viel aus Fischgerichten machen.
Das Rezept finden Sie auf Seite 116.

FISCH RICHTIG VORBEREITEN

Zum Bild links:

Seewolf »bohèmien« – eine wirklich raffinierte Zubereitungsart für diesen edlen Seefisch, der auch unter den Bezeichnungen Loup oder Steinbeißer bekannt ist. Die Gemüse-Unterlage und die Speckscheiben als »Mantel« verhindern ein Trockenwerden während des Garens und ergeben zugleich die passenden Beilagen. Seewolf »bohèmien« wird in der feuerfesten Form serviert. Am besten schmeckt er mit frischem Stangenweißbrot und mit dem gleichen Wein, der auch zum Garen verwendet wurde.
Das Rezept finden Sie auf Seite 121.

Tage des Einkaufs, spätestens aber am Tage danach zubereitet und verzehrt werden. Wenn frischer Fisch im Kühlschrank gelagert werden muß, wird er locker in Alufolie oder Klarsichtfolie gewickelt, diese an allen Seiten gut verschlossen.

Tiefgefrorenen Fisch, der nicht sofort verwendet wird, legt man nach dem Einkauf ins Gefriergerät oder ins Gefrierfach des Kühlschranks. Fischstäbchen, Fischfilets und Fischfertiggerichte brauchen vor dem Garen oder Erwärmen nicht aufzutauen. Unpanierte Filets, die paniert werden sollen, mit Zitronensaft beträufeln und liegen lassen, bis das Äußere weich genug ist, um Panade anzunehmen.

Süßwasserfische kann man beim Fischhändler oft noch lebend aussuchen und vom Fischhändler küchenfertig herrichten lassen.
Bekommen Sie vom Angler oder Züchter lebende Fische, so müssen Sie diese rasch durch einen kräftigen Schlag auf den Kopf töten. Halten Sie den Fisch mit einem feuchten Tuch umwickelt unterhalb der Kiemen fest und versetzen Sie ihm mit dem Fleischklopfer, der stumpfen Seite des Küchenbeils oder mit einem dicken, schweren Stock einen kräftigen Schlag in Augenhöhe. Vergewissern Sie sich, daß der Fisch auch wirklich tot ist, ehe Sie ihn ausnehmen und schuppen. Karpfen und Aale zucken auch nach dem Töten noch heftig; Aale sind überhaupt schwer zu töten, sie haben ein zähes Leben. Deshalb schneidet man dem Aal nach dem Töten oder Betäuben durch den Schlag vor dem weiteren Verarbeiten den Kopf ab – nur so können Sie von seinem Tod überzeugt sein –,oder man wickelt den betäubten, durch den Schlag nicht mit Sicherheit schon toten Fisch in ein feuchtes Tuch und wirft ihn mehrmals längs auf den Boden, damit das Rückgrat bricht.

Nach dem Töten muß der Fisch ausgenommen werden. Mit einem scharfen, spitzen Messer die Bauchseite vom Schwanz bis zum Kopf hin aufschneiden und die Eingeweide herausziehen.

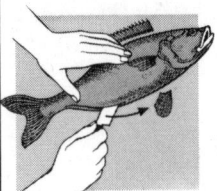

Den Fisch auf der Bauchseite vom Schwanz bis zum Kopf aufschneiden.

Dabei die Gallenblase nicht verletzen, die dicht unter dem Kopf liegt; denn auslaufende Galle würde den Geschmack des Fisches verderben. Wenn noch dunkle Hautteile oder Blutstellen zu sehen sind, streuen Sie Salz in die Bauchhöhle und reiben diese aus.

Soll Fisch gefüllt werden, nimmt man ihn so aus: die Kiemenöffnung mit dem Daumen durchstoßen und die Eingeweide im Ganzen mit den Kiemen herausziehen.

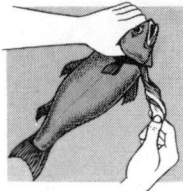

Um den Fisch zum Füllen im Ganzen zu erhalten, mit dem Daumen durch eine Kiemenöffnung stoßen und die Eingeweide mit den Kiemen herausziehen.

Den ausgenommenen Fisch innen und außen unter schwachem, kaltem Wasserstrahl gründlich abbrausen.

Fast alle Rundfische muß man schuppen. Sie werden aber meist bereits geschuppt verkauft. Wer den Fisch selbst getötet hat, schuppt ihn nach dem Ausnehmen: Den Fischschwanz mit einem Tuch festhalten und die Schuppen mit dem Messerrücken oder mit dem Fischschupper vom Schwanzende zum Kopf hin abschaben. Wenn Sie den Fisch unter Wasser im Spülbecken oder in einer großen Schüssel schuppen, spritzen die Schuppen nicht in der Küche herum.

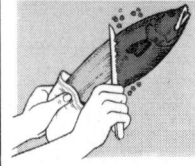

Beim Schuppen den Fischschwanz mit einem Tuch festhalten und die Schuppen »gegen den Strich« zum Kopfende hin abschaben.

Fischen mit stacheligen Flossen nach dem Schuppen die Flossen abschneiden.

Soll Fisch in einem Sud garziehen, kann man sich die Mühe des Schuppens ersparen; denn nach dem Garen läßt sich die Haut mit den Schuppen vom Fisch leicht abziehen, und der Fisch bleibt so gegart noch saftiger.

Achtung: Aal, Forelle, Lederkarpfen und Schleie werden nicht geschuppt. Sie haben eine dünne schuppenlose Haut, die von einem feinen Schutzschleim umgeben ist. Werden diese Fische blau bereitet, faßt man sie während des Vorbereitens nur mit nassen Händen an, damit der Schleim

FISCH RICHTIG VORBEREITEN

nicht zerstört wird; denn er bewirkt in Verbindung mit der heißen Essig- oder Zitronenlösung die Blaufärbung.

Plattfische werden nicht geschuppt. Von Seezunge und Rotzunge muß man die Haut völlig abziehen. Die Haut am Schwanzende schräg einschneiden und ein Stück Haut ablösen. Das Hautstück und den Schwanz mit je einem Handtuch fassen und die Haut über den Kopf hinwegziehen.

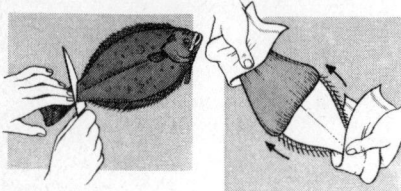

Bei Plattfischen die Haut am Schwanzende schräg einschneiden und etwas ablösen.

Das Hautstück und den Fisch am Schwanzende fassen und die Haut über den Kopf hinweg abziehen.

Wenn Sie einen Aal häuten müssen, so schneiden Sie am Hals eine Kerbe rundherum in den Fisch und legen eine Schlinge aus Schnur in die Kerbe. Die Schlinge gut festziehen und den Aal an der Türklinke oder an einem Haken aufhängen. Die Haut ein Stückchen lösen, mit einem Tuch festhalten und von oben nach unten vom Fisch ziehen.

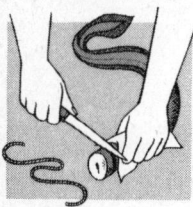 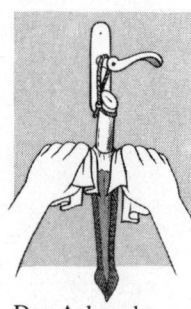

Um Aal zu häuten, den Fisch am Hals rundherum einkerben und eine Schlinge aus Schnur in die Kerbe legen und festziehen.

Den Aal an der Schnur an einer Türklinke aufhängen, die Haut ein Stück lösen und mit einem Tuch nach unten abziehen.

Soll ein Plattfisch filetiert werden, so verfährt man bei Plattfischen folgendermaßen:
Von Kopf bis Schwanz entlang der Mittelgräte einschneiden. Mit der Messerklinge entlang den Brustgräten – am Kopf beginnend – das eine Filet nach außen und unten lösen, es mit der freien Hand hochziehen und durch weitere kurze Schnitte abtrennen. Mit den anderen Filetteilen ebenso verfahren.

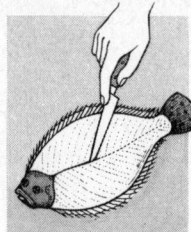

Plattfisch zum Filetieren entlang der Mittelgräte vom Kopf bis zum Schwanz einschneiden.

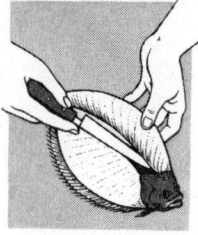 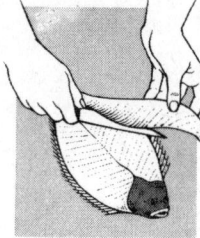

Mit der flachen Klinge ein Filet entlang den Brustgräten zum Schwanz hin lösen. Mit der freien Hand das Filet nach außen ziehen…

…und mit kurzen Schnitten nach außen her völlig abtrennen.

Zum Filetieren von Rundfischen entlang dem Rückgrat vom Kopf bis zum Schwanz bis zur Mittelgräte einschneiden. Das Filet durch einen Schnitt hinter den Kiemen vom Rücken bis zur Bauchseite lösen und leicht hochziehen. Mit einem flachen,

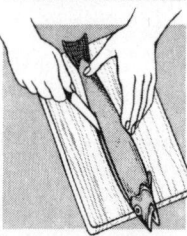 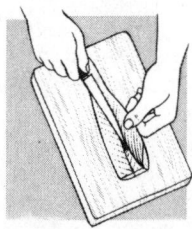

Rundfische zum Filetieren entlang dem Rückgrat vom Kopf bis zum Schwanz bis auf die Mittelgräte einschneiden.

Das Filet mit der flachen Klinge eines spitzen Messers mit kleinen Schnitten von den Gräten abtrennen.

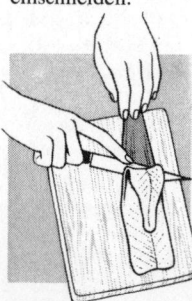

Zum Häuten die Filets mit der Hautseite nach unten auf ein Brett legen und mit dem Messer zwischen Haut und Fleisch entlangfahren.

spitzen Messer das Filet mit kleinen Schnitten von den Gräten abtrennen.

Das untere Filet dann von der Mittelgräte trennen. Von beiden Filets die Haut abziehen, indem man die Filets mit der Hautseite nach unten auf ein Brett legt und mit dem Messer behutsam zwischen Haut und Fleisch entlangfährt.

Die Filets entgräten Sie indem Sie mit den Fingern nach im Fleisch steckenden Gräten fühlen und diese herausziehen oder herausschneiden.

Das 3-S-System
Ganze Fische und Fischteile werden vor dem Garen nach dem 3-S-System behandelt. Die 3 S bedeuten:

Säubern
Den Fisch innen und außen unter fließendem kaltem Wasser rasch, aber gründlich, abbrausen. Die Schleimhaut von Aal, Forelle, Lederkarpfen und Schleie nicht abwaschen!

Säuern
Den abgetropften Fisch oder die Fischteile in einen Teller oder in eine Porzellanschüssel legen, mit Zitronensaft oder Essig von allen Seiten beträufeln und 30 Minuten ziehen lassen. Durch die Säure quillt das Fischeiweiß und gerinnt an den Randschichten. Das Fischfleisch wird dadurch kerniger und weißer, der Fischgeschmack wird verfeinert. Unmittelbar nach dem Säuern darf der Fisch auch gewürzt, nicht aber gesalzen werden. Gewürze sollen längere Zeit einziehen, Salz nicht.

Salzen
Erst unmittelbar vor dem Garen wird Fisch mit Salz bestreut oder eingerieben. Soll Fisch aber im Sud garziehen, erübrigt sich das Salzen; dann wird das Salz in den Sud gegeben.
Vor dem Garen können ganze Fische dressiert, d.h. in eine gewünschte Form gebunden werden. Portionsfische bindet man vor allem dann rund, wenn kein genügend großer Topf oder Fischkessel vorhanden ist, in dem der Fisch in seiner ganzen Länge Platz hat. Kopf und Schwanz werden dann mit einer eingefädelten Nadel durchstochen und mit dem Faden zusammengebunden.

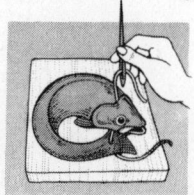

Soll ein Fisch rund gebunden werden, mit Nadel und Faden Schwanzende und Kopf durchstoßen und die Fadenenden verknoten.

DAS GAREN VON FISCH

Der gute Fischsud
Fisch wird häufig in einem würzigen Sud gegart; Aal, Forelle, Lederkarpfen und Schleie im Sud blau bereitet. Der feine Geschmack des fertigen Fisches hängt weitgehend von der Qualität des Suds ab. Besteht dieser nur aus gesalzenem, gesäuertem und leicht gewürztem Wasser, gibt der Fisch sein ganzes Aroma weitgehend an den Sud ab und schmeckt fad. Andererseits soll der Sud aber nicht den typischen Fischgeschmack »erschlagen«. Deshalb stellt man den Sud aus Fischabschnitten her, die man jederzeit im Fachgeschäft bekommt. Köpfe, Schwänze, unverkäufliche Abschnitte oder billige Kleinfische waschen und mit wenig Suppengrün, Salz, 2–3 Pfefferkörnern, 1 Stück Zwiebel und/oder fertigem Fischgewürz in etwa 2–3 Liter Wasser zugedeckt 30 Minuten kochen lassen. Den Sud dann durch ein Haarsieb gießen und mit ½ Tasse Weißwein verfeinern. Den Fisch im Sud garen und einen Teil des Suds für die Sauce verwenden. Den Rest des Suds erkalten lassen und in 2 Portionen einfrieren. Für weitere Fischgerichte den gefrorenen Sud 1:1 mit Wasser auffüllen.

Das Garen von Fisch
Garziehen lassen, blau bereiten und braten sind die klassischen Zubereitungsarten für Fisch. Damit Sie das zarte Fleisch fachgemäß behandeln können, hier die wichtigsten Details.

Fisch im Sud garen
Der Fisch darf im Sud auf keinen Fall kochen, sondern nur darin garziehen! Gekochter Fisch verliert an Geschmack und zerfällt. Den Fisch oder die Fische in den nur schwach kochenden Sud einlegen, die Temperatur sofort so regulieren, daß das Wasser nicht mehr sprudelt, sondern der Fisch darin garzieht. Vorsichtshalber stellt man eine Tasse mit kaltem Wasser neben den Fischkessel, um nötigenfalls mit einem Schuß »Kälte« erneutes Kochen zu verhindern. Große Fische, im Ganzen, setzt man in der kalten Brühe auf, da so die Haut nicht einreißt. Die Garzeit errechnet sich vom Siedepunkt an. Die Garzeit richtet sich nach der Größe der Fische. Kleine Fische ziehen in etwa 10 Minuten gar, mittelgroße Fische in 12–15 Minuten und große Fische wie beispielsweise Karpfen in 15–20 Minuten. Die Gareprobe: Läßt sich die Rückenflosse leicht abziehen, ist der Fisch gar. Große und dicke Fische garen aber nicht gleichmäßig nach innen durch. Sie erhalten deshalb vor dem Garen 3–5 Einschnitte, die vom Rücken zum Bauch hin führen und bis zur Mittelgräte reichen.

Der Fischkessel
Für das Garen von Fisch im Sud ist ein ovaler Fischkessel mit Siebeinsatz eine gute Hilfe. Zum Warmhalten des

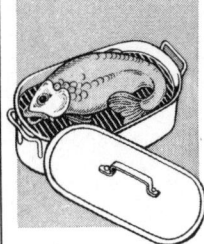

Im Fischkessel gart der Fisch im Sud auf einem Siebeinsatz, auf dem er leicht herausgehoben werden kann.

Fisches kann der Siebeinsatz so befestigt werden, daß der Fisch über dem heißen Sud, aber nicht mehr in ihm liegt. Der ganze Fischkessel kann außerdem noch auf einem ovalen Rechaud weiter warm gehalten werden.

Fisch blau bereitet
Aal, Forelle, Lederkarpfen und Schleie werden vor allem blau bereitet. Beim Vorbereiten des Fisches darauf achten, daß die Schleimschicht nicht abgewischt wird. Entweder den kochfertigen Fisch 10 Minuten vor dem Garen mit einer heißen Essiglösung aus 2 Teilen Essig und 1 Teil Wasser übergießen und anschließend in vorbereitetem Fischsud garen, oder aber pro Liter Fischsud 2 Eßlöffel Essig zugeben und den Fisch dann im Essigsud garen. In jedem Fall muß die Flüssigkeitsmenge so bemessen sein, daß der Fisch vom Wasser bedeckt ist. Große Fische, die blau serviert werden sollen, aber das Fassungsvermögen des Fischkessels überfordern, werden nach dem Übergießen mit einer heißen Essiglösung im Backofen gegart. Für einen Fisch von 1,5 kg beträgt die Garzeit bei 180° 30–40 Minuten. Der Fisch steht dabei auf einer feuerfesten Platte, durch Alufolie oder rohe, geschälte Kartoffeln in der Bauchhöhle aufrechtgehalten und wird etwa 10 Minuten vor Ende der Garzeit mit flüssiger Butter oder saurer Sahne übergossen.

Fisch braten
Kleine Fische von etwa 250 g wie Forelle, Hering, Makrele, Scholle oder Seezunge bleiben beim raschen Braten in der Bratpfanne am saftigsten; ebenso Fischkoteletts und Fischfilets. Größere dickere Fische erhalten vor dem Braten etwa 3–5 schräge Einschnitte vom Bauch bis zum Rücken, die bis zur Mittelgräte durchgehen sollen, damit auch die dicken Teile gleichmäßig garen.

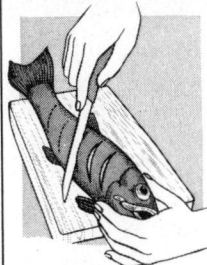

Große Fische vor dem Garen vom Bauch bis zum Rücken 3–5 mal schräg einschneiden.

Ganze Fische und Fischkoteletts werden nach dem Vorbereiten in Mehl gewendet, ehe sie ins Bratfett kommen. Für alle in der Bratpfanne gebratenen Fische gilt folgendes: Die Fische in Bratfett garen. Zuletzt einen Stich Butter oder Margarine zugeben und den Fisch oder die Filets darin wenden. War das Bratfett sehr reichlich bemessen, gießt man es ab, bevor die Butter oder die Margarine in die Pfanne kommt.
Möchten Sie einen ganzen Fisch in Scheiben schneiden, scheuen aber die Mühe des Filetierens, so schneiden Sie den ganzen Fisch mit dem Sägemesser in dicke Scheiben. Die Scheiben enthalten dann die Mittelgräte und werden als Fischkoteletts bezeichnet.

Eine einfache Methode Fische zu portionieren: sie mit einem Sägemesser in dicke Scheiben (Koteletts) schneiden.

Fischkenner panieren Fische und Fischfilets nicht wie Fleisch. Sie finden, zum zarten Fisch gehöre auch eine extrazarte Panierung aus Zwieback, der in der Mandelmühle ganz fein gemahlen wird. Die vorbereiteten Fische gut trockentupfen, in Mehl wenden und überflüssiges Mehl wieder abklopfen. 1–2 Eier mit 1 Eßlöffel Milch und einigen Tropfen Öl verquirlen und die bemehlten Fische oder Fischstücke zuerst in der Eimasse, dann in dem Zwiebackmehl wenden. Fische oder Fischfilets sofort nach dem Panieren braten.

Garen in Tontopf, Bräter oder Folie
Beim Garen von Fisch sind Bräter, Tontopf, Bratfolie und Alufolie von

FISCH TRANCHIEREN

Vorteil, weil das zarte Fleisch darin besonders schonend gegart werden kann. Bräter und Tontopf mit einigen Speckscheiben auslegen, den Fisch ebenfalls mit Speckscheiben belegen und bei 200° im Backofen 30–40 Minuten garen.
Oder den Fisch mit allen Würzzutaten, etwas Weißwein oder Fleischbrühe in Bratfolie füllen, diese gut verschließen und auf dem kalten Rost in den Backofen schieben. Bei 200° je nach Größe des Stücks 20–25 Minuten garen.
Alufolie mit Butter oder Öl bestreichen, den gewürzten Fisch einwickeln, die Folienränder gut verschließen, auf dem Rost im Backofen bei 200° 30–40 Minuten oder im kochenden Wasser 12–25 Minuten – je nach Größe der Stücke – garen.

Praktischer Rat
Um Fischgeruch zu vermeiden, werden alles Geschirr, das mit dem Fisch in Berührung gekommen ist, und die Hände mit saugfähigem Papier abgewischt, kalt abgespült und mit Essig übergossen.
Beim Garziehen im Fischsud legt man ein mit Essig getränktes Tuch über den Topf unter den Deckel, was den Geruch mildert.

Jedes Fischessen gewinnt, wenn Servierplatten und Teller gut vorgewärmt sind; manche Fischgerichte erfordern viel Zeit zum Verspeisen, und Fisch schmeckt am besten gut heiß.

Fisch wird in der Regel mit Fischbesteck gegessen. Wer kein Fischbesteck besitzt, kann für Fisch auch 2 Gabeln verwenden.

Portionsfische, wie beispielsweise Forellen, werden im Ganzen serviert und bei Tisch zerlegt. Dafür die Haut entlang dem Rückgrat einritzen und vom Rücken zum Bauch hin abziehen.
Zum Filetieren schneiden Sie nun den

Forellen zerlegen ist nicht schwierig: die Haut entlang dem Rückgrat einritzen,…

…vom Rücken zum Bauch hin abziehen.

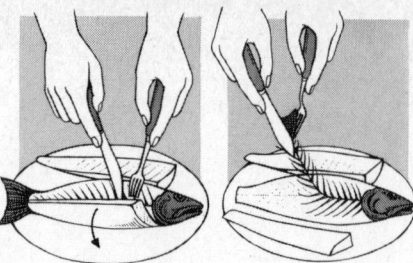

Die durch einen Schnitt entlang der Mittelgräte geteilten Filets abheben…

…und den Schwanz mit der Mittelgräte und dem Kopf abheben.

Fisch entlang der sichtbaren Mittellinie, die vom Kopf zum Schwanz hin verläuft, ein und schieben die beiden langen Filets von den Gräten ab. Jetzt kann man den Schwanz mit dem Fischbesteck festhalten und ihn mit der Mittelgräte und dem Kopf abheben. Die untere Fischhälfte bleibt nun ohne Gräten auf dem Teller liegen.

Beim Essen von Fischen jeder Art sollte man folgendes beachten: Immer nur ein Stück Fisch ohne Beilagen in den Mund nehmen, um gegebenenfalls noch vorhandene Gräten sofort mit der Zunge wieder auf die Gabel befördern zu können.

Grundrezept
Seefisch, gargezogen

1 kg Seefisch im Stück (Kabeljau, Seelachs oder Goldbarsch)
Saft von 1 Zitrone
1 l Wasser
1 Zwiebel
½ Möhre
4 Pfefferkörner
1 Petersilienstengel
1 Lorbeerblatt

¼ l Weißwein
4 Eßl. Weinessig
2 Teel. Salz

Pro Person etwa:
710 Joule
170 Kalorien

Garzeit:
20–30 Minuten

Den Fisch kurz unter fließendem kaltem Wasser innen und außen waschen und trockentupfen, von allen Seiten mit dem Zitronensaft beträufeln und 30 Minuten zugedeckt ziehen lassen. Das Wasser im Fischkessel oder in einem großen flachen Topf – der Durchmesser des Topfes muß der Länge des Fisches entsprechen – zum Kochen bringen. Die Zwiebel schälen und in Stücke schneiden. Die Möhre schaben, waschen und ebenfalls in grobe Stücke schneiden. Die Zwiebelstücke, die Möhrenstücke, die Pfefferkörner, den Petersilienstengel und das Lorbeerblatt ins kochende Wasser geben und zugedeckt bei milder Hitze 20 Minuten kochen lassen. Den Sud mit dem Weißwein, dem Essig und dem Salz kräftig abschmecken, erneut zum Kochen bringen, die Hitze dann reduzieren.
Den Fisch in den Sud legen. Der Sud darf jetzt nicht mehr sprudelnd kochen, sondern sich nur noch ganz schwach siedend bewegen. Vorsichtshalber 1 Tasse Wasser neben den Herd stellen und nötigenfalls durch Zugießen von kaltem Wasser die Kochintensität mildern. Den Topf bis auf einen Spaltbreit mit einem Deckel zudecken, damit der entstehende Dampf abziehen kann.
Den Fisch je nach Dicke 20–30 Minuten garziehen lassen. Der Fisch ist gar, wenn das Fischfleisch weiß ist, sich leicht aufblättert und wenn sich eine vorhandene Flosse leicht abziehen läßt.
Den garen Fisch mit dem Siebeinsatz des Fischkessels oder mit 2 Schaumkellen aus dem Sud heben, kurz abtropfen lassen und auf einer gut vorgewärmten Platte anrichten. Den Fisch mit Folie abdecken und bei 75° im vorgeheizten Backofen warm stellen. Nach Wunsch aus dem Fischsud eine Sauce bereiten.

Beilagen: Zerlassene Butter, Senfsauce oder Kapernsauce und Salzkartoffeln

Unsere Tips: Wenn Sie 2 umgedrehte Untertassen unter den Fisch auf die Servierplatte legen, so kann sich das Tropfwasser darunter sammeln.
Beim Garen von Fisch im Sud ohne Fischkessel mit Siebeinsatz läßt sich der gegarte Fisch leichter aus dem Sud heben, wenn Sie den rohen Fisch auf ein Mulltuch oder auf ein Stück Alufolie legen (die Alufolie vorher mit einem Holzspießchen siebartig einstechen). Das Tuch oder die Folie dann mit dem Fisch in den kochenden Sud hängen. Die Enden des Tuchs oder der Folie an den Topfgriffen befestigen. Nach dem Garziehen läßt sich der Fisch mühelos aus dem Sud heben.

Das Geheimnis eines schmackhaft zubereiteten Fisches liegt im Würzen. Fisch kann mit den verschiedensten Gewürzen behandelt werden: Paprikapulver oder Muskatnuß, Ingwer oder sogar Zimt. Verwenden Sie zusätzlich Kräuter wie Petersilie, Zitronenmelisse,

SEEFISCHGERICHTE

Dill, Majoran, Thymian, Oregano oder Rosmarin. Würzen Sie auch einmal mit Senf, Tomatenmark, Kapern oder Knoblauch.

Grundrezept
Gebratener Fisch

1 kg Seefisch im Stück (Goldbarsch, Rotbarsch, Seelachs, Dorsch oder Schellfisch)
Saft von 1 Zitrone
2 Messersp. Paprikapulver, scharf
1 Zwiebel
1 Paprikaschote
3 Tomaten
1 EBl. Bratfett
1 Teel. Salz
125 g durchwachsener Speck in dünnen Scheiben
1 Tasse Fleischbrühe
1 EBl. Tomatenmark
½ Teel. getrocknetes oder 1 Teel. frisches Basilikum

Pro Person etwa:
1800 Joule
430 Kalorien

Bratzeit:
30 Minuten

Den Fisch innen und außen unter fließendem kaltem Wasser waschen, trockentupfen und mit dem Zitronensaft beträufeln. Den Fisch rundherum mit dem Paprikapulver und zugedeckt 30 Minuten ziehen lassen. Die Zwiebel schälen und in Scheiben schneiden. Die Paprikaschote halbieren, von Rippen und Kernen befreien, waschen und in Streifen schneiden. Die Tomaten häuten und in Stücke schneiden.
Den Backofen auf 200° vorheizen.
Das Bratfett in einer Bratreine auf dem Herd erhitzen und die Zwiebelscheiben und die Paprikastreifen darin gut anbraten. Den Fisch mit dem Salz einreiben und auf dem Gemüse von beiden Seiten etwa 10 Minuten anbraten. Den Fisch mit den Speckscheiben belegen und die Tomatenstücke um den Fisch geben. Den Fisch im vorgeheizten Backofen 25–30 Minuten braten. Die Fleischbrühe erhitzen und nach 10 Minuten Bratzeit etwa die Hälfte davon zum Fisch gießen.
Den garen Fisch mit den Speckscheiben auf einer vorgewärmten Platte anrichten und im abgeschalteten Backofen warm stellen. Den Bratenfond mit der restlichen Fleischbrühe aus dem Bratgeschirr lösen, mit dem Tomatenmark verrühren, mit dem Basilikum abschmecken. Die Sauce mit dem Gemüse um den Fisch verteilen und sofort servieren.

Beilagen: Kartoffelpüree oder Salzkartoffeln und Kopfsalat oder Bohnensalat

Gelingt leicht
Gratinierter Fisch

1 Teel. Butter für die Form
800 g Seefischfilet
Saft von 1 Zitrone
2 Tomaten
½ Teel. Salz
2 Messersp. Pfeffer
1 Messersp. getrockneter Thymian
100 g Emmentaler Käse im Stück
2 Eier
⅛ l Milch
2 Messersp. Salz
½ Teel. Paprikapulver, edelsüß
1 Tomate
½ Bund Petersilie

Pro Person etwa:
1400 Joule
330 Kalorien

Bratzeit:
20 Minuten

Eine Auflaufform mit der Butter ausstreichen. Das Fischfilet kurz kalt waschen, trockentupfen, und, wenn nötig, in kleinere Stücke schneiden. Die Fischstücke in die Auflaufform legen, mit dem Zitronensaft beträufeln und zugedeckt 30 Minuten ziehen lassen. Den Backofen auf 250° vorheizen. Die Tomaten waschen, häuten, in Scheiben schneiden und auf dem Fisch verteilen. Die Tomatenscheiben mit dem Salz, dem Pfeffer und dem Thymian bestreuen. Den Fisch auf der mittleren Schiebeleiste 20 Minuten im Backofen braten.
Den Käse reiben. Die Eier mit der Milch verquirlen, den Käse, das Salz und das Paprikapulver zugeben und die Käsemasse nach 10 Minuten Bratzeit über dem Fisch verteilen und weiter braten, bis die Käsemasse goldgelb ist.
Die Tomate in Scheiben schneiden. Den Fischauflauf mit den Tomatenscheiben und der Petersilie garnieren.

Beilagen: Salzkartoffeln und Kopfsalat oder Spinatsalat

Unser Tip: Wenn Sie tiefgefrorenen Fisch verwenden, nur antauen, bis sich die Filets voneinander lösen. Die Garzeit erhöht sich um 15 Minuten.

Preiswert
Schellfisch in Senfsauce

Bild Seite 108/109

800 g Schellfischfilet
Saft von 1 Zitrone
1 Stange Lauch
¼ l Wasser
1 Lorbeerblatt
5 Pfefferkörner
1 Teel. Salz
2 EBl. Butter
3 EBl. Mehl
¼ l Weißwein
2–3 Teel. Zitronensaft
2–3 Messersp. Salz
½ Fleischbrühwürfel
½ Teel. Zucker
3 EBl. mittelscharfer Senf
½ Senfgurke
3 EBl. Kapern
2 EBl. Sahne
1 Eigelb
½ Bund Dill

Pro Person etwa:
1470 Joule
350 Kalorien

Garzeit:
40 Minuten

Das Fischfilet waschen, trockentupfen, in 4 gleich große Stücke schneiden, mit dem Zitronensaft beträufeln und 30 Minuten ziehen lassen.
Für die Sauce den Lauch putzen, waschen, kleinschneiden und mit dem Wasser, dem Lorbeerblatt, den Pfefferkörnern und dem Salz zugedeckt 15 Minuten kochen lassen. Die Brühe dann durchsieben und die Gewürze und den Lauch wegwerfen.
Die Butter in dem Topf erhitzen, das Mehl hineinrühren und nach und nach mit der gesiebten Brühe und dem Weißwein aufgießen. Die Sauce bei milder Hitze unter wiederholtem Umrühren 5 Minuten kochen lassen, mit dem Zitronensaft, dem Salz, dem Fleischbrühwürfel, dem Zucker und dem Senf kräftig abschmecken. Sie muß dickflüssig sein und sehr kräftig im Geschmack. Das Fischfilet in der Sauce bei milder Hitze 20 Minuten garziehen lassen.
Inzwischen die Senfgurken und die Kapern kleinhacken. Den Dill waschen, abtropfen lassen und kleinschneiden. Die Sahne und das Eigelb in einer Tasse verquirlen. Den garen Fisch mit dem Schaumlöffel aus der Sauce heben und auf einer gut vorgewärmten Platte anrichten.
Die Sauce vom Herd nehmen, das Eigelb-Sahne-Gemisch in die Sauce rühren, die Sauce noch einmal gut abschmecken und die kleingeschnittenen Senfgurken, die Kapern und den Dill hinzufügen. Die Sauce über den Fisch gießen.

Beilagen: Salzkartoffeln und Feldsalat, Gurkensalat oder Chinakohlsalat

Unser Tip: Für das Garen von Fisch in Sauce sind nur kleinere Portionsstücke geeignet. Wenn Sie ein ganzes Stück Fisch garen wollen, lassen Sie es am besten im Lauchsud, dem Sie den Saft von 1 Zitrone zugeben, garziehen. Danach den Fisch herausheben und warmstellen. Aus dem Sud und den restlichen Zutaten die Sauce bereiten und über den Fisch gießen.

SEEFISCHGERICHTE

Grundrezept
Paniertes Fischfilet

Bild Seite 108/109

4 Fischfilets zu je 200 g (Kabeljau, Schellfisch, Seelachs, Rotbarsch oder Goldbarsch)	1 Teel. Salz
	6 Eßl. Bratfett
	1 Zitrone
	½ Bund Petersilie
Saft von 1 Zitrone	Pro Person etwa:
2 Messersp. Pfeffer	2180 Joule
½ Teel. getrockneter Majoran oder Thymian	520 Kalorien
	Bratzeit:
4 Eßl. Mehl	10 Minuten
1 Ei	
8 Eßl. Semmelbrösel oder Zwiebackbrösel	

Die Fischfilets waschen, trockentupfen, mit dem Zitronensaft beträufeln, mit dem Pfeffer und den getrockneten Kräutern einreiben und 30 Minuten zugedeckt ziehen lassen.
Das Mehl in einen Suppenteller geben. Das Ei mit 1 Eßlöffel Wasser in einem zweiten Suppenteller verquirlen und die Semmelbrösel oder die Zwiebackbrösel in einen dritten Suppenteller schütten. Die Fischfilets salzen, dann zuerst in Mehl wenden, in das verquirlte Ei tauchen und zuletzt in den Bröseln wenden. Die Brösel leicht andrücken, die Filets dann aber etwas schütteln, damit nicht fest anhaftende Brösel abfallen.
Das Bratfett in einer großen Pfanne erhitzen, die panierten Fischfilets einlegen und von jeder Seite 5 Minuten braten, bis die Panade knusprig und braun geworden ist.
Die Zitrone heiß waschen, abtrocknen und in Spalten schneiden. Die Petersilie waschen und abtropfen lassen. Die Fischfilets auf einer vorgewärmten Platte anrichten und mit den Zitronenspalten und Petersilie garnieren.

Beilagen: Kartoffelsalat und Kopfsalat

Raffiniert
Fisch »Malaysia«
Makrele mit Kokosnuß

8 Makrelenfilets zu je 100 g	1 Ei
	12 Eßl. Kokosraspeln
Saft von 1 Zitrone	
2 Teel. Currypulver	1 Teel. Salz
1 Zwiebel	½ Bund Petersilie
1 Eßl. Bratfett	1 Mandarine
4 Eßl. Mehl	

Pro Person etwa: 2550 Joule / 610 Kalorien

Bratzeit: 15 Minuten

Die Makrelenfilets waschen, trockentupfen, mit dem Zitronensaft beträufeln, mit dem Currypulver bestreuen und 30 Minuten zugedeckt ziehen lassen.
Die Zwiebel schälen und in feine Ringe schneiden. Das Bratfett in einer großen Pfanne erhitzen und die Zwiebelringe darin hellgelb braten. Die Zwiebelringe aus dem Fett nehmen. Das Mehl in einen Suppenteller schütten. Das Ei mit einem Eßlöffel Wasser in einem zweiten Suppenteller verquirlen. Die Kokosraspeln in einen dritten Suppenteller schütten. Die Fischfilets mit dem Salz einreiben und zuerst in Mehl, dann im verquirltem Ei und zuletzt in den Kokosraspeln wenden. Die Kokosraspeln etwas andrücken; die Filets dann aber schütteln, damit nicht festhaftende Kokosraspeln abfallen. Die Fischfilets im verbliebenen Bratfett von jeder Seite etwa 6 Minuten braten.
Die Petersilie waschen, abtropfen lassen und fein schneiden. Die Mandarine schälen und in 8 Scheiben schneiden. Die Fischfilets mit den Zwiebelringen belegen, mit der Petersilie bestreuen und jedes Filet mit einer Mandarinenscheibe belegen.

Beilagen: Currysauce mit Kokosraspeln und Petersilienkartoffeln

Gegrillter Seelachs

4 Seelachskoteletts zu je 250 g	Pro Person etwa: 1340 Joule / 320 Kalorien
Saft von 1 Zitrone	
1 Zwiebel	
1 Bund Petersilie	Zeit zum Marinieren: 60 Minuten
5 Eßl. Öl	
1 Teel. Salz	
1 Zitrone	Grillzeit:
1 Mandarine	16 Minuten

Die Fischkoteletts waschen, trockentupfen und mit dem Zitronensaft beträufeln. Die Zwiebel schälen und in Ringe schneiden. Die Petersilie waschen und kleinschneiden. Die Fischkoteletts mit Öl bestreichen, mit der Hälfte der Petersilie bestreuen und mit den Zwiebelringen belegen. Die Fischscheiben zugedeckt 1 Stunde ziehen lassen; dabei öfter wenden.
Den Grill vorheizen.
Die Seelachskoteletts aus der Schüssel nehmen, die Zwiebelringe entfernen und die Petersilie abreiben. Die Fischscheiben noch einmal gründlich mit Öl bepinseln. Die Fischkoteletts salzen und auf dem eingeölten Grillrost im Abstand von 6 cm unter die Grillstäbe schieben. Die Fettpfanne unter die Koteletts geben. Die Koteletts von jeder Seite 8 Minuten grillen; nur einmal wenden!
Die garen Koteletts auf einer gut vorgewärmten Platte anrichten. Die Zitrone waschen, abtrocknen und in Schnitze schneiden. Die Mandarine schälen und in runde Scheiben schneiden. Die restliche Petersilie über die Koteletts streuen und die Zitronenschnitze und die Mandarinenscheiben auf den Koteletts anrichten.

Beilagen: Pellkartoffeln und Italienische Sauce

Fisch in Bierteig

4 Seelachskoteletts zu je 250 g	Pro Person etwa: 2140 Joule / 510 Kalorien
Saft von 1 Zitrone	
100 g Mehl	
2 Eier	Fritierzeit:
2 Messersp. Salz	10 Minuten
1 Messersp. Pfeffer	
⅛ l helles Bier	
½ Teel. Salz	
500 g Fritierfett	

Die Fischfilets waschen, trockentupfen, mit dem Zitronensaft beträufeln und 30 Minuten zugedeckt ziehen lassen.
Für den Bierteig das Mehl in eine Schüssel geben, mit den Eiern, dem Salz, dem Pfeffer und mit so viel Bier verrühren, daß ein zähflüssiger Teig entsteht. Das Fritierfett auf 180° erhitzen. Die Fischfilets salzen, nacheinander in dem Bierteig wenden und im heißen Fett 10 Minuten fritieren. Während des Fritierens die Filets nur einmal wenden.
Die fritierten Filets aus dem heißen Fett heben, abtropfen lassen und auf einer vorgewärmten Platte anrichten.

Beilagen: Landbrot und Weißkohl, oder Möhren-Erbsen-Gemüse

Unsere Tips: Den in Bierteig getauchten Fisch können Sie auch in der Pfanne braten. Dafür 4–6 Eßlöffel Fett erhitzen und jedes Filet von jeder Seite 4 Minuten braten.
Besonders schmackhaft wird der ausgebackene Fisch, wenn Sie in den Bierteig noch 50 g geriebenen Käse mischen.

SEEFISCHGERICHTE

Der Bierteig wird sehr locker, wenn Sie das Eiweiß steif schlagen und zuletzt unter den Teig geben.

Grundrezept

Gedünsteter Fisch

800 g Seefischfilet	2 Eßl. Wasser
Saft von 1 Zitrone oder 3 Eßl. Essig	2 Eßl. saure Sahne
1 kleine Zwiebel	1 Eßl. Tomatenmark
1 Stange Lauch (Porree)	Saft von ½ Zitrone
1 Petersilienwurzel	
¼ Sellerieknolle	Pro Person etwa:
1 Möhre	1140 Joule
2 Eßl. Butter	270 Kalorien
1 Teel. Salz	
¼ l Fleischbrühe	Garzeit:
2 Teel. Mehl	25 Minuten

Das Fischfilet unter fließendem kaltem Wasser kurz abwaschen, trockentupfen, mit dem Zitronensaft oder dem Essig beträufeln und zugedeckt 30 Minuten ziehen lassen.
Die Zwiebel schälen. Den Lauch putzen und gründlich waschen. Die Petersilienwurzel bürsten und waschen. Die Sellerieknolle schälen und gründlich waschen. Die Möhre schaben und waschen und alles Gemüse in sehr kleine Würfel schneiden.
Die Butter in einem großen, flachen Topf zerlassen. Das Fischfilet mit dem Salz einreiben, in die heiße Butter legen und von beiden Seiten anbraten. Das kleingeschnittene Gemüse zugeben und ebenfalls unter Umwenden anbraten. Die Fleischbrühe erhitzen und nach und nach um den Fisch gießen. Die Fischfilets bei milder Hitze 15 Minuten dünsten. Den garen Fisch vorsichtig aus der Sauce heben und warm stellen.
Das Mehl mit dem kalten Wasser verrühren und den Fisch-Gemüse-Sud damit binden. Die Sauce mit der sauren Sahne, dem Tomatenmark und dem Zitronensaft abrunden und noch einmal gut abschmecken. Den Fisch in der Sauce 3 Minuten erhitzen, aber nicht mehr kochen lassen.

Beilagen: Reis mit Curry, Risi-Bisi, oder Salzkartoffeln und Kopfsalat mit Borretsch

Variante

Fischgulasch

Anstelle des im Rezept genannten Gemüses 3 große Zwiebeln schälen und würfeln. Die Zwiebelwürfel in der heißen Butter anbraten, das gewürzte, gewürfelte Fischfilet zugeben und kurz mitbraten. 2 Eßlöffel Paprikapulver, edelsüß, zugeben und in etwa 15 Minuten, wie im Rezept beschrieben, garen. Das Gulasch vor dem Servieren mit streifig geschnittenen Tomaten-Paprikas aus dem Glas anreichern und mit kleingehackter Petersilie bestreuen.

Unser Tip: Fisch kann in einer feuerfesten Glasform gedünstet und auch gleich in ihr serviert werden.

Fischrouladen

Bild Seite 119

4 Seehechtfilets zu je 200 g	2 Eßl. Öl
Saft von 1 Zitrone	Tomatensauce nach dem Rezept in diesem Buch
1 rote Paprikaschote	½ Knoblauchzehe oder 1 Messersp. Knoblauchsalz
100 g durchwachsener Speck	
2 Essiggurken	
1 Teel. Öl	Pro Person etwa:
½ Teel. Salz	2130 Joule
1 Teel. Estragon, frisch oder getrocknet	510 Kalorien
1 Messersp. Pfeffer	Garzeit:
1 kleine Zwiebel	25 Minuten

Die Seehechtfilets kurz kalt waschen, trockentupfen, mit dem Zitronensaft beträufeln und 30 Minuten zugedeckt durchziehen lassen.
Die Paprikaschote halbieren, von Rippen und Kernen befreien, waschen und in Streifen schneiden. Den Speck und die Essiggurken ebenfalls in schmale, lange Streifen schneiden. Den Teelöffel Öl erhitzen und die Paprikastreifen, die Speckstreifen und die Gurkenstreifen etwa 4 Minuten darin anbraten.
Die Fischfilets trockentupfen, salzen, mit der glatten Seite nach oben nebeneinander legen und mit den Speck- und Gemüsestreifen belegen. Die Filets mit dem Estragon und dem Pfeffer bestreuen, aufrollen und mit Holzspießchen feststecken.
Die Zwiebel schälen und kleinwürfeln. Das Öl in einer großen Pfanne erhitzen, die Zwiebelwürfel darin anbraten, die Fischrouladen zugeben, von allen Seiten anbraten und zugedeckt bei milder Hitze in 15 Minuten garen; während der Garzeit die Rouladen hin und wieder wenden.
Inzwischen die Tomatensauce nach dem Rezept in diesem Buch zubereiten und mit der zerdrückten Knoblauchzehe oder dem Knoblauchsalz abschmecken. Die Tomatensauce über die Fischrouladen gießen und diese noch 5 Minuten darin ziehen, aber nicht mehr kochen lassen. Die Fischrouladen in der Sauce servieren.

Beilagen: Curryreis und Kopfsalat

Gebratene Makrelen

4 Makrelen zu je 250–300 g	Pro Person etwa: 2180 Joule
Saft von 1 Zitrone	520 Kalorien
1 Teel. Salz	
4 Eßl. Butter	Bratzeit:
2 Äpfel	25 Minuten
8 Eßl. saure Sahne	
1 Zitrone	

Die Makrelen innen und außen kalt abbrausen, trockentupfen, mit dem Zitronensaft beträufeln und 30 Minuten zugedeckt ziehen lassen.
Den Backofen auf 200° vorheizen.
Die Fische innen und außen mit dem Salz einreiben und in eine Bratreine legen. Die Butter erhitzen, über die Fische gießen und diese im vorgeheizten Backofen auf der mittleren Schiebeleiste 25 Minuten braten.
Die Äpfel schälen, mit einem Apfelausstecher das Kerngehäuse entfernen und die Äpfel in dünne Scheiben schneiden. Nach 5 Minuten Bratzeit die Apfelringe dachziegelartig auf die Makrelen legen und mitbraten. 5 Minuten vor Ende der Bratzeit die saure Sahne über die Apfelringe gießen. Die gebratenen Makrelen mit den Apfelringen auf einer vorgewärmten Platte anrichten. Die Zitrone waschen und in Scheiben schneiden; damit die Fische garnieren.

Beilagen: Salzkartoffeln und Dillsauce

Preiswert

Gebratene Heringe nach englischer Art

4 grüne Heringe zu je 250–300 g	Pro Person etwa: 2760 Joule
2 Eßl. Senf	660 Kalorien
125 g durchwachsener Speck in 8 dünnen, schmalen Scheiben	Bratzeit: 15 Minuten
4 Messersp. Salz	
2 Eßl. Öl	

SEEFISCHGERICHTE

Die Heringe an der offenen Bauchseite auseinanderdrücken, die Mittelgräte an der Kopfseite mit einer Messerspitze fassen und zum Schwanzende hin herausziehen. Die Heringe kurz unter kaltem fließendem Wasser gründlich waschen, trockentupfen und innen mit dem Senf bestreichen. Die Heringe zusammenklappen, sie mit je 2 Speckscheiben umwickeln und den Speck mit einem Holzspießchen feststecken. Die Heringe außen leicht salzen.
Das Öl in einer großen Pfanne erhitzen und die Heringe bei mittlerer Hitze von jeder Seite etwa 7 Minuten goldbraun braten. Die Fische während des Bratens nur einmal wenden.

Beilagen: warmer Kartoffelsalat und Endiviensalat

Fischkroketten

1 Brötchen	4 Eßl. Bratfett
¼ l Wasser	1 Zitrone
500 g Seefischfilet	½ Bund Petersilie
1 Zwiebel	
1 Teel. Butter	Pro Person etwa:
1 Eigelb	1560 Joule
½ Teel. Salz	370 Kalorien
1 Messersp. Pfeffer	
1 Eßl. kleine Kapern	Bratzeit:
1 Eiweiß	10 Minuten
6 Eßl. Semmelbrösel	

Das Brötchen in dem lauwarmen Wasser einweichen. Das Fischfilet waschen, trockentupfen und mit dem ausgedrückten Brötchen durch den Fleischwolf drehen.
Die Zwiebel schälen und in kleine Würfel schneiden. Die Butter in einer Pfanne zerlassen und die Zwiebelwürfel darin goldgelb braten. Die Fischmasse mit den gebratenen Zwiebelwürfeln, dem Eigelb, dem Salz, dem Pfeffer und den Kapern mischen. Aus dem Fischteig mit feuchten Händen kleine Kroketten formen.
Das Eiweiß in einem Teller leicht verquirlen. Die Fischkroketten zuerst im Eiweiß, dann in den Semmelbröseln wenden; die Semmelbrösel leicht andrücken. Das Bratfett in der Pfanne zerlassen und die Fischkroketten darin von allen Seiten in 10 Minuten knusprig braun braten.
Die Zitrone waschen, abtrocknen und in Schnitze schneiden. Die Petersilie waschen und abtropfen lassen. Die gebratenen Fischkroketten auf einer gut vorgewärmten Platte anrichten und mit den Zitronenschnitzen und der Petersilie garnieren.

Beilagen: Möhren-Erbsen-Gemüse oder Blumenkohl mit gerösteten Semmelbröseln bestreut und Dillsauce

---

Fischklößchen können Sie als Einlage in Fleischbrühe oder auch als Hauptgericht servieren. Für eine Suppeneinlage genügt es, die Fischklößchen aus der Hälfte aller Zutaten zu bereiten.

Preiswert
Fischklößchen

600 g Seefischfilet	Pro Person etwa:
1 Bund Petersilie	790 Joule
6 Eßl. Semmelbrösel	190 Kalorien
½ Teel. Salz	
1 Messersp. geriebene Muskatnuß	Garzeit:
	15 Minuten
3 l Wasser	
2 Teel. Salz	

Das Fischfilet kurz kalt waschen, trockentupfen und grob kleinschneiden. Nötigenfalls noch vorhandene Gräten entfernen. Die Petersilie waschen und etwas zerkleinern. Den Fisch, die Petersilie und die Semmelbrösel zusammen im Mixer zerkleinern oder durch den Fleischwolf drehen. Die Fischmasse mit dem Salz und dem Muskat abschmecken.
Das Wasser mit dem Salz zum Kochen bringen. Aus dem Fischteig mit feuchten Händen Klößchen formen, diese ins kochende Wasser legen und im offenen Topf garziehen – nicht kochen – lassen. Die Klößchen sind gar, wenn sie an die Oberfläche kommen. Die Fischklößchen gut abtropfen lassen und in einer vorgewärmten Schüssel servieren.

Beilagen: körnig gekochter Reis, Currysauce und gedünstete Erbsen

Unsere Tips: Die Fischklößchen können auch in der Pfanne in heißer Butter oder in Öl rundherum goldbraun gebraten werden.
Statt der Semmelbrösel kann man für die Fischklößchen auch ein eingeweichtes und gut ausgedrücktes Brötchen verwenden. Sollte der Teig sich beim Formen als zu weich erweisen, gibt man noch Semmelbrösel zu. Ist der Teig zu fest, etwas Eiweiß unter die Fischmasse mischen.
Probieren Sie die Fischklößchen auch einmal mit anderen frischen Kräutern wie Dill, Kerbel oder Schnittlauch. Werden die Klößchen in der Pfanne gebraten, kann man sie zuvor panieren.

Zum Bild rechts:

*Fischrouladen, wie sie auf unserem Bild zu sehen sind, stellen eine Zubereitung für Seefisch dar, die vom Gewohnten abweicht und manche Möglichkeit der geschmacklichen Abwandlung bietet. Man füllt Fischfilets beispielsweise, wie im Rezept angegeben, mit Streifen von roten Paprikaschoten, Speckstreifen und Essiggurke oder mit gemischten Gemüse-Juliennes oder mit Würfeln von Speck, grünen Oliven und hartgekochtem Ei. Je zarter die Filets, desto feiner die Füllung. So werden Rouladen aus Seezungenfilets – die klassischen Seezungenröllchen – mit einer Fischfarce und mit Gänseleberparfait gefüllt, oder nur mit kleingeschnittenen Kräutern und Garnelen bestreut gegart. Zu Fischrouladen gehört in jedem Fall eine sämige Sauce, die geschmacklich mit der jeweiligen Füllung harmonieren muß.
Das Rezept finden Sie auf Seite 117.*

SEEFISCHGERICHTE

Zum Bild links:

Forelle Müllerin Art, wie sie das Farbbild zeigt, ist nach »Forelle blau« die beliebteste Zubereitung für Forellen. Müllerin Art bedeutet, daß der gewürzte Fisch in Mehl gewendet und mit der feinen Mehlpanierung in Butter gebraten wird. Auf Speisekarten renommierter Gaststätten findet man Fisch Müllerin Art auch mit der französischen Bezeichnung angeboten, dann heißt er à la meunière. Diese Methode des Panierens und des Bratens ist nicht nur Forellen vorbehalten, alle Süßwasserfische, die Plattfische aus dem Meer, Scampi, Krabben und Froschschenkel werden so bereitet. Unerläßlich gehören beim Anrichten nach Müllerin Art Zitronenspalten und Petersilie auf die Servierplatte; will man sehr üppig verfahren, beträufelt man den gebratenen Fisch noch zusätzlich mit geschmolzener, leicht gebräunter Butter.
Das Rezept finden Sie auf Seite 123.

Gedünstetes Schollenfilet

500 g tiefgefrorene Schollenfilets	6 Eßl. saure Sahne
Saft von 1 Zitrone	2 Messersp. Salz
1 Teel. Salz	1 Messersp. Pfeffer
3 Eßl. Mehl	1 Tomate
2 Eier	
2 Eßl. Butter	Pro Person etwa:
1/4 l Weißwein	1590 Joule
1 Zwiebel	380 Kalorien
1 Apfel	
1 Eßl. Butter	Garzeit:
1/8 l Wasser	10 Minuten
3 Eßl. Speisestärke	

Den tiefgefrorenen Fisch aus der Packung nehmen und zugedeckt auftauen lassen. Die Filets dann mit dem Zitronensaft beträufeln, mit dem Salz bestreuen und in dem Mehl wenden. Die Eier mit 2 Eßlöffel Wasser verquirlen und die bemehlten Fischfilets von beiden Seiten in das Ei tauchen. Die Butter in einer großen Pfanne zerlassen und die Schollenfilets darin von beiden Seiten goldbraun anbraten. Den Weißwein über die Schollenfilets gießen, die Pfanne zudecken und die Filets bei milder Hitze 10 Minuten dünsten lassen.
Die Zwiebel und den Apfel schälen und in sehr kleine Würfel schneiden, in der zerlassenen Butter anbraten, das Wasser zugießen und 10 Minuten kochen lassen. Die Speisestärke in wenig kaltem Wasser anrühren, in die kochende Sauce gießen und unter Rühren einige Male aufkochen lassen. Die Sauce mit der sauren Sahne verfeinern und mit dem Salz und dem Pfeffer abschmecken.
Die Schollenfilets aus der Dünstflüssigkeit heben, auf eine vorgewärmte Platte legen und zugedeckt warm stellen. Den Weißweinfond vom Fisch mit der Sauce mischen. Die Tomate waschen, abtrocknen, in Achtel schneiden und die Fischplatte damit garnieren. Die Sauce über den Fisch gießen.

Beilagen: Salzkartoffeln oder Weißbrot und Kopfsalat oder Chicoréesalat

Gebratene Scholle

4 Schollen zu je 200 g	Pro Person etwa: 1210 Joule
Saft von 1 Zitrone	290 Kalorien
1 Teel. Salz	
2 Messersp. Pfeffer	Bratzeit:
100 g Butter	14 Minuten pro Scholle
1 Bund Petersilie	

Die küchenfertigen Schollen kurz kalt waschen, trockentupfen, mit dem Zitronensaft beträufeln und 30 Minuten zugedeckt ziehen lassen.
Das Salz und den Pfeffer mischen und die Schollen innen und außen damit einreiben. Jeweils 1/4 der Butter in einer großen Pfanne erhitzen und die Schollen einzeln nacheinander von jeder Seite etwa 7 Minuten bei Mittelhitze braten. Jede Scholle auf einem gut vorgewärmten Teller anrichten und mit Petersilie garnieren.

Beilagen: zerlassene Butter und Salzkartoffeln und Blattsalat

Unser Tip: Sie können auch alle Schollen gleichzeitig braten: Legen Sie ein großes Blatt Alufolie auf ein Backblech und bestreichen Sie die Folie mit zerlassener Butter. Die Ränder der Folie etwas hochbiegen und die vorbereiteten Schollen nebeneinander darauflegen. Die Schollen mit Butterflöckchen belegen und im vorgeheizten Backofen bei 200° auf der mittleren Schiebeleiste 20 Minuten garen.

Seewolf »bohèmien«

Bild Seite 110

Zutaten für 2 Personen:	100 g durchwachsener Speck in 10 dünnen Scheiben
1 Seewolf zu etwa 500 g	1/2 l herber Weißwein
Saft von 1 Zitrone	4 Tomaten
2 Zwiebeln	
2 grüne Paprikaschoten	Pro Person etwa: 1930 Joule
2 Eßl. Öl	460 Kalorien
2 Messersp. Salz	
1 Messersp. Pfeffer	Garzeit: 45 Minuten

Den küchenfertigen Fisch innen und außen waschen, trockentupfen, mit dem Zitronensaft beträufeln und 30 Minuten ziehen lassen.
Die Zwiebeln schälen und in Ringe schneiden. Die Paprikaschoten waschen und in Streifen schneiden.
Den Backofen auf 190° vorheizen.
Das Öl in einer feuerfesten Form erhitzen, die Zwiebelringe und die Schotenstreifen unter Umwenden etwa 5 Minuten darin anbraten. Den Seewolf innen und außen mit dem Salz und dem Pfeffer einreiben und auf das Gemüse legen. Die Speckscheiben dachziegelartig auf den Fisch legen, die Hälfte des Weißweins zugießen und den Fisch im Backofen in 45 Mi-

SEEFISCHGERICHTE

nuten garen. Während der Garzeit nach und nach den restlichen Weißwein zum Fisch gießen.
Die Tomaten häuten, halbieren, salzen und 10 Minuten vor Ende der Garzeit um den Fisch legen.

<u>Beilage</u>: Petersilienkartoffeln

Seezungenfilet mit Geflügelleber

12 Seezungenfilets (etwa 600 g)	¼ l kräftiger Weißwein
Saft von 1 Zitrone	3 Eßl. Speisestärke
1 große Zwiebel	6 Eßl. Milch
1 Bund Petersilie	3 Eßl. Mayonnaise
1 Eßl. Butter	8 Fleurons, fertiggekauft (etwa 125 g)
150 g Geflügelleber	
4 Eßl. Kapern	
4 Eßl. Krabben (Garnelen)	Pro Person etwa:
2 Messersp. Salz	2050 Joule
1 Messersp. Pfeffer	490 Kalorien
1 Teel. Butter für die Form	Garzeit:
½ Teel. Salz	20 Minuten

Die Seezungenfilets waschen, trockentupfen, mit dem Zitronensaft beträufeln und 30 Minuten ziehen lassen. Die Zwiebel schälen und würfeln. Die Petersilie waschen, abtropfen lassen und kleinschneiden. Die Geflügelleber, die Zwiebelwürfel, die Petersilie, die Kapern und die Krabben 3–4 Minuten in der Butter anbraten. Das Lebergemisch mit dem Salz und dem Pfeffer würzen und im Mixer zerkleinern.
Den Backofen auf 200° vorheizen. Eine große feuerfeste Form mit der Butter ausstreichen und 6 Seezungenfilets nebeneinander in die Form legen. Die Filets mit dem Salz bestreuen und mit der Geflügellebermasse bestreichen. Die restlichen Seezungenfilets auf die Geflügellebermasse legen, ebenfalls salzen und den Weißwein seitlich zugießen. Die feuerfeste Form schließen und die Filets im vorgeheizten Backofen 20 Minuten garen. Die garen Seezungenfilets auf einer vorgewärmten Platte warmstellen.
Den Weinfond aus der feuerfesten Form auf dem Herd einmal aufkochen lassen. Die Speisestärke mit der Milch anrühren, die Sauce damit binden, einmal aufkochen lassen und mit der Mayonnaise verrühren. Die Sauce um die Seezungenfilets gießen. Die Platte mit den Fleurons garnieren.

<u>Beilagen</u>: breite Nudeln oder Reis und Chicoréesalat mit Orangen

Eine Fondue ist meist eine rustikale und gesellige Angelegenheit. Jeder, der am Tisch sitzt, muß sich an der Zubereitung beteiligen. Wenig Vorarbeiten sind notwendig. Von der Ur-Fondue, dem geschmolzenen Käse (fondre heißt auf französisch schmelzen), haben auch Fleisch- und Fischfondue ihren Namen.

Fischfondue

800 g Seefischfilet	Pro Person etwa:
Saft von 1 Zitrone	1590 Joule
1 l Öl oder 1 kg reines Pflanzenfett	380 Kalorien (ohne Saucen und Beilagen)
2–3 Zitronen	
Salz, Pfeffer, Currypulver und Paprikapulver	

Das Fischfilet kurz kalt waschen, trockentupfen, mit dem Zitronensaft beträufeln und 30 Minuten zugedeckt ziehen lassen. Es dann trockentupfen, in mundgerechte Würfel schneiden und auf einer Platte anrichten.
Das Öl oder das Pflanzenfett im Fonduetopf auf dem Herd erhitzen. Das heiße Fett auf das brennende Rechaud stellen und darauf achten, daß das Fett heiß bleibt.
Bei Tisch spießt jeder Teilnehmer der Tafelrunde ein Fischstück auf eine Fonduegabel und legt diese so lange ins heiße Fett, bis der Fisch gar ist; das dauert pro Fischwürfel etwa 5 Minuten. Die Gabel herausnehmen, den Fisch abstreifen, mit Zitronensaft beträufeln, mit beliebigen Gewürzen bestreuen und zu einer kalten pikanten Sauce essen.

<u>Beilagen</u>: Kräuterremoulade, Zigeunersauce, Kapernsauce, Sauce Béarnaise, Tomatenketchup mit Kräutern, Mango Chutney, Weißbrot, Kartoffelsalat und Bohnensalat

Geeignet als Vorspeise

Pikantes Matjesfilet

2 Eier	2 Eßl. geriebener Meerrettich
8 Matjesfilets (etwa 450 g)	
½ saure Gurke	Pro Person etwa:
1 Eßl. Kapern	2010 Joule
⅛ l Sahne	480 Kalorien
1 Messersp. Salz	
1 säuerlicher Apfel	

Die Eier in 10 Minuten hart kochen, kalt abschrecken, schälen und in Achtel schneiden. Die Matjesfilets kurz kalt abbrausen, trockentupfen. Die saure Gurke in Scheiben schneiden und jede Scheibe in Breite der Matjesfilets halbieren. Auf jedes Matjesfilet 2 Gurkenscheiben legen und die Kapern darauf verteilen. Die Filets aufrollen, mit einem Holzspießchen feststecken und auf eine Platte stellen.
Die Sahne mit dem Salz steif schlagen. Den Apfel schälen und fein reiben. Den geriebenen Apfel mit dem geriebenen Meerrettich mischen und unter die Sahne heben. Die Apfel-Meerrettich-Sahne kranzförmig um die Matjesröllchen anrichten und mit den Ei-Achteln garnieren.

<u>Beilagen</u>: Pellkartoffeln, Petersilienkartoffeln oder Schwarzbrot und Kopfsalat oder Endiviensalat

Heringstopf nach Hausfrauen Art

8 Heringsfilets (etwa 600 g)	Pro Person etwa: 2090 Joule
2 Eßl. Weinessig	500 Kalorien
2 Teel. Zucker	
2 Äpfel	Marinier- und Kühlzeit:
2 Zwiebeln	
1 große Gewürzgurke	3 Stunden
¼ l saure Sahne	

Die Heringsfilets waschen und ein Stückchen davon probieren. Wenn die Filets zu salzig sind, 1–2 Stunden in Wasser legen und das Wasser mehrmals wechseln. Die gewaschenen oder gewässerten Filets in eine flache Schale legen. Den Weinessig mit dem Zucker gut verrühren, über die Heringe geben und diese 2 Stunden zugedeckt marinieren lassen. Die Äpfel und die Zwiebel schälen und in gleich dünne Scheiben schneiden. Die Gewürzgurke ebenfalls in dünne Scheiben schneiden. Die Apfelscheiben, die Zwiebelscheiben und die Gurkenscheiben auf die Heringe legen, mit der sauren Sahne übergießen und zugedeckt 1 Stunde im Kühlschrank durchziehen lassen.

<u>Beilagen</u>: Pellkartoffeln oder Salzkartoffeln und Rote-Bete-Salat

Alle Fische, die eine zarte schuppenlose Haut mit einer Schleimschutzschicht haben, eignen sich zum Blaubereiten. Allerdings müssen die Fische fangfrisch sein, also bis kurz vor dem Garen gelebt haben, sonst gelingt die

FORELLEN · AALRUTTE

Blaufärbung nur unzulänglich. Sind Sie nicht sicher, daß der Fisch wirklich fangfrisch ist, wählen Sie lieber eine andere Zubereitungsart.

Grundrezept
Forelle blau

4 küchenfertige Forellen zu je 250 g
8 Eßl. Weinessig
3 l Wasser
1/8 l Weinessig
1 Eßl. Salz
1 Zweig frischer Estragon oder Petersilie
1/2 Bund Petersilie
1 Zitrone

Pro Person etwa:
840 Joule
200 Kalorien

Garzeit:
12 Minuten

Die Forellen vorsichtig unter einem schwachen kalten Wasserstrahl innen und außen abspülen und auf eine Porzellanplatte legen. Jeden Fisch mit 2 Eßlöffel erhitztem Essig beträufeln und 5 Minuten ziehen lassen.
Das Wasser für den Sud entweder im Fischkessel oder in einem großen flachen Topf mit dem Essig und dem Salz zum Kochen bringen. Die Fische ins leicht kochende Wasser legen und die Hitze sofort zurückschalten. Die Fische 12 Minuten im Wasser garziehen – keinesfalls kochen – lassen. Die Forellen sind gar, wenn die Augen sich weiß gefärbt haben und hervorquellen und wenn man die Rückenflosse leicht abziehen kann.
Die Forellen entweder mit dem Siebeinsatz des Fischkessels aus dem Sud heben und abtropfen lassen oder mit ein oder zwei Schaumkellen aus dem Sud heben, abtropfen lassen und auf einer vorgewärmten Platte mit Zitronenspalten und Petersilie anrichten.

Beilagen: Salzkartoffeln, heiße Butter und Kopfsalat oder Feldsalat.

Unsere Tips: Durch den einfachen Sud wird der Eigengeschmack der Forelle nicht überdeckt. Wenn Sie lieber einen herzhafteren Sud möchten, bereiten Sie ihn nach dem Rezept »Seefisch, gargezogen«.
Wenn Sie mehr Forellen garen möchten, als Ihr Fischkessel oder der Topf faßt, so garen Sie die Fische im Backofen. Den Backofen auf 180° vorheizen. Die Fische nebeneinander in die Bratenpfanne des Backofens legen, mit heißem Sud aus 1 Liter Wasser, 5 Eßlöffel Essig und 1 Eßlöffel Salz übergießen und im heißen Backofen 30 Minuten garziehen lassen.

Gelingt leicht
Forelle Müllerin Art

Bild Seite 120

4 Forellen zu je 250 g
Saft von 1 Zitrone
1 Teel. Salz
2 Tassen Mehl
4 Eßl. Butter
1/2 Bund Petersilie
1 Zitrone

Pro Person etwa:
2140 Joule
510 Kalorien

Bratzeit:
16 Minuten

Die Forellen innen und außen abbrausen, auf eine Platte legen, innen und außen mit dem Zitronensaft beträufeln und zugedeckt 30 Minuten ziehen lassen.
Das Mehl auf eine längliche Platte schütten. Die Fische innen mit dem Salz ausreiben und anschließend in dem Mehl wenden. Die Hälfte der Butter bei mittlerer Hitze schmelzen, aber nicht bräunen lassen. Die Forellen in die heiße Butter legen, die Hitze um eine Schaltstufe reduzieren und die Fische von jeder Seite 8 Minuten braten. Während des Bratens nach und nach die restliche Butter unter den Fischen schmelzen lassen. Ist die untere Seite der Forellen nach dem Wenden knusprig braun, so brauchen Sie diese Seite nicht mehr zu braten. Ist die Unterseite noch zu blaß, so lassen Sie die andere Seite länger braten und wenden die Forellen noch einmal. Mit Petersilie und Zitronenspalten garnieren.

Beilagen: Kartoffelsalat mit Mayonnaise angemacht und Endiviensalat

Unser Tip: Nach Müllerin Art können Sie alle Süßwasserfische und alle Plattfische zubereiten.

Grundrezept
Gegrillte Forellen

4 Forellen zu je 250 g
Saft von 1 Zitrone
1 Teel. Salz
3 Eßl. Butter
3 Eßl. Mandelblättchen
1 Zitrone
1/2 Bund Petersilie

Pro Person etwa:
1050 Joule
250 Kalorien

Grillzeit:
25 Minuten

Die küchenfertigen Forellen abbrausen, mit Zitronensaft beträufeln und zugedeckt 30 Minuten ziehen lassen.

Den Grill vorheizen.
4 Bogen Alufolie in der Größe der Fische zurechtschneiden. 1 Eßlöffel der Butter zerlassen und die Folie damit bepinseln. Die Forellen innen salzen, jede Forelle auf einen Bogen Alufolie legen und die Folie locker darüber schließen. Die Fische nebeneinander auf den Grillrost legen und diesen so hoch wie möglich unter die heißen Grillstäbe schieben. Die Fische 20 Minuten in der Folie grillen, dann herausnehmen und die Folie oben öffnen. Die Mandelblättchen und die restliche Butter in Flöckchen auf den Forellen verteilen, diese in der offenen Folie weitere 3–4 Minuten grillen und mit Zitronenspalten und etwas Petersilie garniert servieren.

Beilagen: Salzkartoffeln und Spargelsalat oder gekochter Fenchelsalat

Variante
Gegrillte Kräuterforelle

1/2 Bund Petersilie und 1 Bund Dill waschen, abtropfen lassen und kleinschneiden. Die Forellen innen salzen und mit den Kräutern ausstreuen. Die Forellen dann in mit Butter bestrichene Alufolie einschlagen und im Kühlschrank 30 Minuten ziehen lassen und anschließend grillen.

Man nennt diesen aalähnlichen, bis zu 50 cm langen Süßwasserfisch auch Trüsche, Quappe, Aalraupe oder Ruttaal. Sein weißes Fleisch gilt als besondere Delikatesse.

Raffiniert
Gebratene Aalrutte

1 Aalrutte von etwa 1200 g
Saft von 1 Zitrone
1 Teel. Salz
100 g Kräuterbutter
1/8 l saure Sahne
1 Teel. Butter
1 Prise Salz
1 Orange

Pro Person etwa:
1720 Joule
410 Kalorien

Bratzeit:
20 Minuten

Die Aalrutte, wenn nötig, ausnehmen, die Leber sorgfältig von der Galle trennen und beiseite legen. Den Fisch innen und außen gründlich kalt waschen, trockentupfen, innen und außen mit dem Zitronensaft beträufeln und 30 Minuten ziehen lassen.
Den Backofen auf 200° vorheizen.
Die Aalrutte innen und außen mit

FELCHEN · RENKEN · BARSCH · HECHT

dem Salz einreiben und mit der Kräuterbutter füllen. Den Fisch mit der Bauchseite nach unten in eine Bratreine legen (zerknüllte Alufolie oder eine geschälte Kartoffel zwischen den Bauchlappen stecken, damit der Fisch gut stehen bleibt). Die Aalrutte mit der sauren Sahne übergießen und auf der mittleren Schiebeleiste 20 Minuten braten.
Die Leber waschen, trockentupfen und in der zerlassenen Butter unter Umwenden 3–4 Minuten braten. Die Leber nach dem Braten salzen. Die Orange waschen, abtrocknen, schälen und in runde Scheiben schneiden. Den braungebratenen Fisch auf einer gut vorgewärmten Platte anrichten, mit den Orangenscheiben belegen und die Leber auf eine Orangenscheibe geben.

Beilagen: Salzkartoffeln oder Weißbrot und eine Salatplatte

Rund um den Bodensee heißen die zarten Fische mit dem saftigen, weichen Fleisch Felchen, westlich davon an den bayerischen Alpenseen werden sie Renken genannt. Sie gehören zur Familie der Lachsarten und werden vorwiegend wie Forellen zubereitet.

Gebratene Felchen vom Bodensee

4 Felchen zu je 250 g
Saft von 1 Zitrone
1 Teel. Salz
4 Eßl. Mehl
4 Eßl. Butter
1 Bund Petersilie
1 Zitrone

Pro Person etwa:
1170 Joule
280 Kalorien

Garzeit:
20 Minuten

Die küchenfertigen Fische abbrausen, trockentupfen, mit dem Zitronensaft beträufeln und zugedeckt 30 Minuten ziehen lassen. Die Fische dann salzen und in dem Mehl wenden.
Die Butter in einer großen Pfanne bei mittlerer Hitze zerlassen, die Fische hineinlegen und von jeder Seite etwa 10 Minuten braun braten. Nach etwa 5 Minuten Bratzeit die Hitze zurückschalten, da die Fische sonst zu rasch bräunen.
Die gebratenen Felchen mit Petersilie und Zitronenspalten garnieren.

Beilagen: Petersilienkartoffeln oder Weißbrot und Gurkensalat oder Chicoréesalat

---

Raffiniert
Überbackene Renken

4 Renken zu je 250 g
250 g frische Champignons
1 Teel. Butter
1 Teel. Salz
4 Eßl. Butter
6 Eigelbe
1½ Schnapsgläser Weinbrand oder Cognac (3 cl)
¼ Teel. Salz
1 Prise Pfeffer
1 Zitrone
6 Eßl. geriebener Goudakäse
½ Bund Petersilie

Pro Person etwa:
1800 Joule
430 Kalorien

Garzeit:
25 Minuten

Die küchenfertigen Renken abbrausen, trockentupfen, mit dem Zitronensaft beträufeln und zugedeckt 30 Minuten ziehen lassen.
Den Backofen auf 200° vorheizen.
Die Champignons putzen, waschen und in feine Blättchen schneiden. Eine feuerfeste Form mit der Butter ausstreichen. Die Renken salzen, nebeneinander in die Form legen, die Champignonblättchen und 2 Eßlöffel Butter als Flöckchen darauf verteilen und im vorgeheizten Backofen auf der mittleren Schiebeleiste in 20 Minuten garen.
Die Eigelbe mit dem Weinbrand oder dem Cognac, dem Salz und dem Pfeffer schaumig rühren – am leichtesten mit dem elektrischen Handrührgerät – und die Eicreme mit wenig Zitronensaft abschmecken. Die Eicreme über die Renken geben, den geriebenen Käse darüberstreuen und die restliche Butter in Flöckchen daraufsetzen. Die Fische weitere 4–5 Minuten überbacken. Die Petersilie waschen, abtropfen lassen, kleinschneiden und über die Fische streuen.

Beilagen: Salzkartoffeln oder Pariser Kartoffeln und Chicoréesalat oder Stangenselleriesalat

---

Gegrillter Wolfach-Barsch

4 Barsche zu je 250 g
2 Schalotten oder Zwiebeln
1 Bund Petersilie
4 Eßl. Öl
Saft von 2 Zitronen
1 Messersp. pulverisierter Thymian
1 Teel. Salz
2 Eßl. Butter
4 Eßl. Semmelbrösel
1 Teel. Öl
1 Zitrone
1 Tomate

Pro Person etwa:
1210 Joule
290 Kalorien

Grillzeit:
20 Minuten

Die küchenfertigen Barsche, wenn nötig, noch schuppen, innen und außen kalt waschen und trockentupfen. Die Schalotten oder die Zwiebeln schälen und in Ringe schneiden. Die Petersilie waschen, abtropfen lassen und die Hälfte davon kleinschneiden. Das Öl mit dem Zitronensaft, dem Thymian, der kleingeschnittenen Petersilie und den Zwiebel- oder Schalottenringen mischen, die Fische einlegen, gut darin wenden und 30 Minuten zugedeckt ziehen lassen. Die Fische während der Marinierzeit etwa alle 5 Minuten wenden.
Den Grill vorheizen.
Die Fische aus der Marinade nehmen, innen und außen mit Salz bestreuen und mit der zerlassenen Butter bepinseln. Die Fische in den Semmelbröseln wenden. Den Grillrost mit dem Öl bestreichen. Die Fische auf den Grillrost legen, im Abstand von 6 cm unter die Grillstäbe schieben und von jeder Seite 8–10 Minuten grillen. Die Fettpfanne unter die Fische schieben. Die Barsche auf einer gut vorgewärmten Platte anrichten und mit Zitronenspalten, Tomatenachteln und Petersilie garnieren.

Beilage: Kartoffelsalat

Variante
Gegrillter Weißfisch

4 Weißfische zu je 250 g nach dem Rezept vorbereiten, aber nicht schuppen. Die Grillzeit beträgt für jede Seite nur 6–8 Minuten.

Ein Edelfisch für Feinschmecker! Im 2. Lebensjahr – bei einem Gewicht von etwa 2 kg – ist das Fleisch vom Hecht besonders zart und wohlschmeckend.

Etwas schwierig
Hecht auf Patrizierart

1 Hecht von 1–1½ kg
100 g durchwachsener Speck
1 Teel. Salz
1 Messersp. Pfeffer
1 Zwiebel
1 Scheibe Weißbrot
1 Eßl. Butter
750 g Tomaten
12 grüne Oliven
1 Eßl. Mehl
2 Scheiben Ananas
2 Messersp. Kräutersalz
½ Bund Petersilie

Pro Person etwa:
1930 Joule
460 Kalorien

Garzeit:
30–40 Minuten

AAL · KARPFEN

Den küchenfertigen Hecht, wenn nötig, noch schuppen und innen und außen gründlich waschen. Den Hecht trockentupfen und die Rückenflosse abschneiden. Den Speck in lange dünne Streifen schneiden und den Hecht so damit spicken, daß die Speckstreifen an beiden Seiten des Rückens herausstehen. Den Fisch innen und außen mit Salz einreiben.

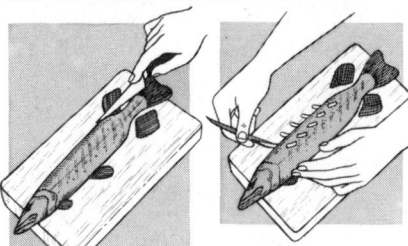

Rückenflosse und hintere Bauchflosse vom Hecht abschneiden.

Den Fisch so spikken, daß die Speckstreifen an beiden Seiten des Rückens herausstehen.

Den Backofen auf 200° vorheizen. Die Zwiebel schälen und in Achtel schneiden. Das Weißbrot würfeln. Die Zwiebelachtel und die Weißbrotwürfel in die Bauchhöhle des Fisches füllen und die Öffnung mit Holzspießchen zustecken. Die Butter in einem Fischbräter oder in der Bratreine zerlassen, den Hecht hineinlegen und auf der mittleren Schiebeleiste 40 Minuten braten.
Die Tomaten häuten und die Oliven abtropfen lassen. Wenn der Hecht braun wird, die Tomaten und die Oliven um den Hecht legen und den Fisch mit dem Mehl bestäuben. Die Ananasscheiben in gleich große Stücke schneiden, kurz vor Ende der Bratzeit auf dem Hecht verteilen und 2–3 Minuten weiterbraten.
Den Fisch mit dem Kräutersalz bestreuen. Die Tomaten, die Oliven, und die Petersilie um den Fisch anrichten.

Beilage: Kartoffelpüree

Aal in Champignonsauce

4 Aale zu je 250–300 g
3 Schalotten
300 g frische Champignons
1 Bund Dill
2 Eßl. Butter
¼ l Weißwein
¼ l Wasser
1 Teel. Salz
3 Eßl. Sahne

2 Eßl. Speisestärke
1 Eigelb
Saft von ½ Zitrone
2 Messersp. Salz

Pro Person etwa:
2470 Joule
590 Kalorien

Garzeit:
20 Minuten

Die küchenfertigen Aale innen und außen gründlich kalt waschen und trockentupfen. Die Aale rund dressieren. Die Schalotten schälen und in kleine Würfel schneiden. Die Champignons putzen, waschen, abtropfen lassen und blättrig schneiden. Den Dill waschen, abtropfen lassen und die Hälfte davon kleinschneiden. Die Butter in einem großen Topf zerlassen, die Zwiebelwürfel darin anbraten. Die Champignons, den kleingeschnittenen Dill, den Weißwein, das Wasser und das Salz zufügen und alles zum Kochen bringen. Die Aale in die kochende Sauce legen, die Hitze sofort reduzieren und die Aale 20 Minuten in der leicht siedenden Sauce garen – aber nicht kochen – lassen. Die Aale sind gar, wenn die Augen deutlich hervortreten. Die Fäden von den Aalen lösen.
Die Sahne mit dem Eigelb und der Speisestärke verrühren und den Fischsud damit binden. Die Sauce mit dem Salz und etwas Zitronensaft abschmecken und seitlich um die Aale gießen. Die Platte mit dem restlichen Dill garnieren.

Beilage: kleine Kartoffelklöße aus gekochten Kartoffeln

Die Karpfenzucht hat Tradition. Schon im 14. Jahrhundert legten die Ordensritter Karpfenteiche an. In den Monaten mit einem »r« sollen diese Fische besonders gut schmecken.

Grundrezept

Karpfen blau

Bild Seite 107

1 küchenfertiger Lederkarpfen von 1½–2 kg
1 große Kartoffel
1 Tasse Weinessig
1 l Wasser
3 Gewürzkörner
1 Lorbeerblatt
1 Zitrone
1 Eßl. Silberzwiebeln aus dem Glas

½ Teel. Salz
1 Zitrone
1 Bund Petersilie

Pro Person etwa:
2010 Joule
400 Kalorien

Garzeit:
30–40 Minuten

Den Karpfen innen und außen unter schwachem kaltem Wasserstrahl waschen. Die Kartoffel schälen und eine längliche Kappe abschneiden. Die Kartoffel in den Karpfenbauch stecken und den Karpfen damit in eine Bratreine stellen. Den Essig erhitzen und den Karpfen wiederholt damit beträufeln, bis er blau ist; das dauert etwa 15 Minuten.
Den Backofen auf 200° vorheizen. Das Wasser mit den Gewürzkörnern, dem Lorbeerblatt, 1 Zitronenscheibe, den Silberzwiebeln und dem Salz zum Kochen bringen. Den heißen Sud um den Karpfen gießen und diesen auf der zweiten Schiebeleiste von unten im Backofen 30–40 Minuten garen. Den Karpfen dann mit einem Fischheber oder zwei Schaumlöffeln aus dem Sud heben und auf einer vorgewärmten Platte anrichten. Den Karpfen mit Petersilie und Zitronenspalten garnieren.

Beilagen: Petersilienkartoffeln und Meerrettichsauce

Karpfen nach polnischer Art

1 küchenfertiger Karpfen von 1½ kg
¼ l Wasser
1 Bund Suppengrün
1 kleine Zwiebel
2 Pfefferkörner
2 Gewürzkörner
½ Teel. Salz
½ l Bier
1 Scheibe Zitrone
1 Teel. Zucker

3 Saucenlebkuchen (Honiglebkuchen)
1 Teel. Zitronensaft
2 Eßl. Butter

Pro Person etwa:
2200 Joule
500 Kalorien

Garzeit:
20 Minuten

Den küchenfertigen Karpfen wenn nötig noch schuppen, innen und außen gründlich kalt waschen und in Portionsstücke schneiden. Das Wasser zum Kochen bringen. Das Suppengrün waschen und grob kleinschneiden. Die Zwiebel schälen und achteln. Das Suppengrün, die Zwiebelachteln, die Pfefferkörner, die Gewürzkörner und das Salz in das kochende Wasser geben und 10 Minuten darin kochen lassen. Den Sud dann durch ein Sieb in einen anderen Topf gießen und mit dem Bier, der Zitronenscheibe und dem Zucker erneut zum Kochen bringen. Die Saucenlebkuchen zerbrökkeln und mit dem Zitronensaft zugeben. Die Sauce unter ständigem Rühren bei milder Hitze einige Male aufkochen lassen, noch einmal gut abschmecken. Die Karpfenstücke hineinlegen und bei milder Hitze im geschlossenen Topf 20 Minuten darin garziehen lassen. Die Sauce vor dem Servieren mit der Butter verfeinern.

Beilagen: Klöße aus gekochten Kartoffeln und Rotkohl oder Rosenkohl

Rind, Kalb, Schwein und Lamm

Über offenem Feuer gegart und mit Asche gesalzen, so beginnt wohl die Geschichte der Fleischgerichte. Als Mittelpunkt festlicher Tafeln wurden sie schließlich zu einem Stück Kulturgeschichte.

Die Kochkunst fängt mit dem Beherrschen des Feuers durch den Menschen an. Von den ungezählten Versuchen, Speisen immer schmackhafter und bekömmlicher zu bereiten, wissen wir wenig. Vermutungen und Phantasie lassen Bilder entstehen, wie es gewesen sein könnte. Erst über die Kochkunst der letzten Jahrtausende liegen uns überlieferte Aufzeichnungen und Rezepte vor, die alle beweisen, wie viel Mühe man seit langem darauf verwendet, möglichst wohlschmeckende und raffinierte Mahlzeiten aufzutischen, immer neue Kombinationen zu erfinden, vor allem, wenn es um Fleisch als Hauptzutat geht.

Pflanzliche Nahrungsmittel waren von jeher die Grundlage der Volksernährung, doch kamen Fische, Geflügel und Fleisch schon früh bei der Ernährung des Menschen zu hohen Ehren. Eine berühmte Geschichte der Kochkunst verfaßte der bekannte Franzose Brillat-Savarin und beginnt sie folgendermaßen: »Urahnen des Menschengeschlechtes, deren Feinschmeckerei Geschichte gemacht hat, die ihr euch wegen eines Apfels ins Verderben stürztet, was hättet ihr erst für einen getrüffelten Truthahn getan? Doch im irdischen Paradies gab es weder Köche noch Konditoren. Wie bedaure ich euch!«

Doch schon den frühen ägyptischen Dynastien braucht das Bedauern des großen Gourmets nicht mehr zu gelten. Wie Grabinschriften und bildliche Darstellungen bezeugen, wurden schon im alten Ägypten Rinder zur Fleischgewinnung gezüchtet, Fische bereicherten vor allem den Tisch des gemeinen Volks und die Gans gehörte – in glühender Asche oder am Spieß gebraten – zum beliebtesten Geflügel.

Das Gastmahl der Griechen ist uns heute noch ein Begriff. Sie tafelten nach streng geregelten Sitten und kannten neben den Feld- und Gartenfrüchten bereits Braten von gezüchteten Rindern, Schafen, Schweinen und Hühnern. In einer Papyrushandschrift aus dem dritten nachchristlichen Jahrhundert ist die Anweisung enthalten, nach der man beispielsweise eine Lende mit Salz, Koriander und Feigensaft braten soll.

Im frühen römischen Reich wurden vor Festtagen Schweine und Ziegen geschlachtet. Für die Zubereitung von Schweinefleisch waren bald 30 verschiedene Arten beliebt. Besondere Ehre genoß der Schweinekopf, die Attraktion großer Festessen. Im späteren Rom wird als besonderer Festschmaus das »troianische Schwein« serviert, ein ganzes Schwein, in dessen Bauch Teile von anderen Tieren gegart wurden. Genauere Auskunft über diese Füllung gibt das Kochbuch des Apicius. Es zählt auf, womit ein entbeintes Ferkel zu füllen sei: mit zerschnittenem Huhn, Krammetsvögeln, Feigendrosseln, den kleingeschnittenen Eingeweiden und dem Gekröse, mit Knackwürsten, entkernten Datteln, Traubenrosinen, Schnecken, Malven, roten Rüben, Lauch, Sellerie, Broccoli, allerlei Gewürzen, Eiern und Fischlake. An anderer Stelle erklärt Apicius wie Haselmäuse und Siebenschläfer mit einer Farce aus Schweinefleisch, Gewürzen und Fischlake zu füllen sind. »Man häutet, säubert und entbeint die Tierchen«, heißt es zu Beginn. Also keine mühelose Zubereitungsart!

Mittelalterliche Kochbücher zeigen, wie sehr man sich anstrengen mußte, um besonders feine und ausgefallene Fleischspeisen zu erfinden. So heißt es in einer Anleitung für das Bereiten von Biberschwanz: »Biberschwanz wird gut gebraten mit Ingwer bestreut aufgetragen. Willst du ihn aber sieden, mußt du eine Pfeffersauce oder eine Sauce, mit Lebkuchen gebunden (dazu reichen) und darauf wohlgestoßenen Pfeffer verteilen.« Weniger befremdlich klingt dagegen das Rezept für Schweinefleisch in Salbeisauce: »Nimm ein abgesengtes Schwein und vierteile es, koche es in Salzwasser und laß es kalt werden. Hacke Petersilie und Salbei klein, vermische sie mit geriebenem Brot und hartgekochten, gehackten Eidottern, schmecke diese Mischung mit Weinessig ab, gib die Stücke vom Schwein in einen Kessel, die Sauce darüber und serviere sofort.« Ein Gericht, das wir uns durchaus als wohlschmeckend vorstellen können.

Auch die Rezepte für Innereien und Hackbraten könnten noch heute unsere Eßlust anregen, wenngleich die Art der Zubereitung und der dafür nötige Zeitaufwand uns zu aufwendig erscheinen. Für die Innereien heißt es: »Nimm die Innereien von einem Hirsch oder einem anderen Tier, überbrühe sie, schneide sie klein und gib sie in die Brühe zurück – oder (wenn du hast) in bessere. Zerstoße Brot in der Brühe und füge eine gute Menge Essig dazu (nach Geschmack) gib auch Wein dazu, überbrühe Zwiebeln, schneide sie klein und gib sie dazu, färbe alles mit reinem Blut, salze, koche alles noch einmal auf und serviere sofort.«

Der Hackbraten – Tartee – entsteht folgendermaßen: »Zerhacke gekochtes Schweinefleisch und zerstoße es dann in einem Mörser. Gib Eier, Rosinen, Zucker, Ingwerpulver, milde Gewürze und kleine Vögel (Drosseln und so weiter) dazu und schließlich weißen Zypernwein (Süßwein). Lege den Boden einer Schüssel mit Pflaumen, Safran sowie Salz aus, gib die gut durchgemischte Fleischmasse darauf und backe sie.«

Mögen wir uns wundern, wieviele modern anmutende Zutaten wie Gemüse, Gewürze und Weine schon so bald in den europäischen Küchen verwendet wurden, wie vielerlei Klein- und Kleinsttiere für den Speisenzettel eine Rolle spielten, dieser Blick in die längst vergangene Küchenpraxis zeigt dennoch deutlich, wie problemlos wir heutzutage zu unserem Braten kommen. Die üblen Geschäfte dafür werden hinter den Mauern der Schlachthäusern erledigt. Längst sind wir nicht mehr darauf angewiesen, selbst zu töten was uns an Kleinvieh bei einem Gang über Land über den Weg läuft. Viele Tiere und auch viele Innerein unserer Schlachttiere, die noch vor einigen hundert Jahren durch aufwendiges Zubereiten zu Delikatessen wurden, betrachten wir als ungenießbar.

Scheuen wir also nicht die vergleichbar kleine Mühe, die wir für gelungene Braten und Fleischspeisen auf uns zu nehmen haben. Sie besteht im wesentlichen im bedachten Einkauf von Fleisch, in seiner sorgfältigen Vorbereitung und im geduldigen Garen mit der dabei nötigen Aufsicht und Betreuung.

Das Abhängen
Das Abhängen vor dem Verkauf ist für die spätere Qualität Ihres Steaks, Bratens oder Tafelspitzes äußerst wichtig; denn Rindfleisch wie Hammelfleisch muß unbedingt genügend lange abhängen, damit es später zart und mürbe gerät.
Für Rindfleisch zum Kochen genügen etwa 6 Tage, zum Braten oder Grillen sollte es aber mindestens 14 Tage abhängen, für Steaks schätzen Kenner Reifezeiten bis zu 25 Tagen.
Kalbfleisch braucht nur einige Tage abzuhängen.
Schweinefleisch sollte so frisch wie möglich verarbeitet werden.

Hammel- oder Lammfleisch wird erst richtig zart und schmeckt am besten, wenn eine Reifezeit von 7–8 Tagen eingehalten wurde.

Der Einkauf von Fleisch
Fleischkauf ist Vertrauenssache. Erstens muß der Fleischer Ihre Frage nach genügend lange abgehangenem Fleisch ehrlich beantworten. Da Fleisch beim Abhängen aber einen gewissen Gewichtsverlust durch Flüssigkeitsschwund erfährt, könnte ein Metzger natürlich lieber »schwereres Fleisch« verkaufen. Andererseits darf der Fleischer das von Ihnen gewünschte Stück nicht aus anderen – vielleicht ähnlichen – Teilen schneiden, ohne Sie gegebenenfalls davon zu unterrichten. Wichtig ist vor allem der Zuschnitt. Ein gewünschtes Fleischstück darf nämlich nicht etwa auch Teile von benachbarten Muskelpartien enthalten; denn die einzelnen Muskelpartien sind von unterschiedlicher Konsistenz und verlangen deshalb verschiedene Behandlung und garen unterschiedlich schnell. Am besten sagen Sie Ihrem Fleischer immer genau, für welches Gericht das Stück Fleisch vorgesehen ist.

Fleisch richtig lagern
Nach dem Einkauf wird Fleisch aus dem Papier genommen, weil dieses sonst anklebt, es sei denn, das Fleisch ist in Zellglasfolie verpackt. Bis zum Zubereiten lagert man Fleisch zugedeckt in einem nichtmetallischen Gefäß an der kältesten Stelle im Kühlschrank – aber niemals im Eiswürfelfach.

Schweine- und Kalbfleisch
Wie Sie bereits wissen, Schweinefleisch und Kalbfleisch sollten nach dem Einkauf nicht mehr lange lagern, weil es bereits die richtige Reife hat und frisch verbraucht am besten schmeckt.

Rindfleisch
Rindfleisch können Sie dagegen schon 3–5 Tage vor dem geplanten Essen kaufen und noch etwas reifen lassen. Reiben Sie das Fleisch dann rund herum mit Öl ein und legen Sie es zugedeckt unter das Eiswürfelfach.

Hammelfleisch
Hammelfleisch verträgt zum Nachreifen 2–3 Tage.

Marinieren
Eine weitere Möglichkeit, Fleisch bis zu 5 Tagen haltbar und zugleich mürber zu machen, ist das Einlegen in Marinade (allerdings darf tiefgefrorenes Fleisch niemals mariniert werden oder gar in Marinade auftauen, es würde völlig auslaugen). Für die Zutaten zur Marinade richtet man sich nach dem jeweiligen Rezept, da sie den Geschmack eines Gerichtes mitbestimmen. Grundzutat milder Marinaden ist Buttermilch, Rotwein oder eine Mischung aus Weißwein, Cognac und Öl. Kräftigere Marinaden bestehen aus einem Sud aus Essig – oder Weinessig – jeweils noch durch bestimmte Gewürze angereichert. Übergießt man Fleisch mit kochend heißer Marinade, nimmt es den Geschmack der Marinade stärker an; so entsteht beispielsweise Sauerbraten.

Fleisch einfrieren
Fleisch eignet sich gut zum Einfrieren. Mageres Fleisch läßt sich im Gefriergerät bis zu 12 Monaten lagern, fettes Fleisch 2–3 Monate. Nähere Angaben über das Einfrieren von Fleisch finden Sie im Kapitel über das Tiefkühlen.
In den folgenden Kapiteln mit Rezepten für Fleischgerichte finden Sie zu Beginn der speziellen Abschnitte stets noch alle Details erklärt, die zum Gelingen der bestimmten Zubereitungsart wichtig sind.

RIND · KALB

Rindfleisch

Der Sammelbegriff Rindfleisch umfaßt das Fleisch junger und ausgewachsener Rinder. Zum »Jungrind« zählen alle Rinder im Alter von 3 Monaten bis zu 2 Jahren. Als bestes gilt Mastochsenfleisch, das heute aus Rentabilitätsgründen immer mehr von Jungbullen- und Bullenfleisch verdrängt wird. (Ochsen sind kastrierte Bullen.) Sehr gut ist das Fleisch weiblicher Jungrinder vor dem Kalben (Färsen, Kalbinnen oder Sterken genannt). Das Fleisch abgemolkener Kühe und alter Bullen ist nicht sehr zu empfehlen, weil es fast immer zäh ist. Gutes Rindfleisch ist hell- bis dunkelrot, derbfasrig und fettarm. Kuhfleisch ist besonders hell.
Folgende Teile vom Rind werden für die genannten Fleischgerichte verwendet:

1 Hals oder Nacken:
Geeignet für Suppenfleisch oder Schmorgerichte.

2 Halsgrat, Kamm, Siegelstück oder Zungenstück:
Geeignet für saftige Braten, Sauerbraten oder roh als Tartar.

3 Hochrippe, Hohe Rippe, Fehlrippe oder Schorrippe:
Geeignet für Schmorbraten, für andere Braten, Grillgerichte oder als feines Kochfleisch.

4 Dicker Bug oder Dickes Bugstück:
Geeignet für geschmorte Rouladen, für Rollbraten oder Geschnetzeltes.

5 Schulternaht oder Bugschaufelstück:
Geeignet als bestes Kochfleisch.

5 a Mittelbug:
Geeignet als bestes Kochfleisch.

5 b Schulterspitz oder Falsches Filet:
Geeignet für Spick-

braten, Ragouts oder Pichelsteiner.

6 Beinfleisch, Wadenstück oder Hesse:
Geeignet als Suppenfleisch, Tellerfleisch oder als Beigabe zu Gulasch.

7 Brustspitze:
Geeignet als gekochte Rinderbrust und für Eintöpfe.

8 Brustkern:
Geeignet für gepökelte Rinderbrust und Suppenfleisch.

9 Nachbrust:
Geeignet als Suppenfleisch und für gebratene Rinderbrust.

10 Querrippe, Leiterstück oder Zwerchrippe:
Geeignet für Suppen und Eintöpfe.

10 a Abgedeckte Querrippe oder Abgedecktes Leiterstück:
Geeignet für Gulaschsuppe oder für Pfefferpotthast.

11 Bauchlappen oder Spannrippe:
Geeignet für Fleischbrühe und für Gemüseeintöpfe.

12 Roastbeef:
Geeignet zum Schmoren, Grillen und Braten.

12 a Filet:
Geeignet zum Braten, Grillen und zum Kurzbraten als Steaks (niemals kochen!).

12 b Lende:
wie Filet.

13 Hüfte:
Geeignet zum Grillen und Kurzbraten als Steaks und als geschmorte Rouladen.

13 a Runde Nuß oder Hüftdeckel:
Geeignet für Geschnetzeltes oder Wiener Rostbraten.

14 Blume, Rose oder Kugel:
Geeignet als Schmorbraten, geschmorte Rouladen oder für Fleischfondue.

14 a Bürgermeisterstück:
Geeignet für Schmorbraten, Sauerbraten oder Gulasch.

15 Unterschale oder Schwanzstück:
Geeignet für Rostbraten, Sauerbraten, Gulasch oder Tafelspitz. Der äußere Teil der Unterschale wird als Schwanzrolle (15 a) gesondert bezeichnet und behandelt.

15 a Schwanzrolle:
Geeignet zum Braten, Grillen, Schmoren, als Braten oder Spieße.

16 Oberschale oder Kluft:
Geeignet zum Kurzbraten als Steaks, für Fleischfondue, für geschmorte Rouladen oder roh als Tatar.

17 Ochsenschwanz:
Geeignet zum Kochen, Braten und Schmoren.

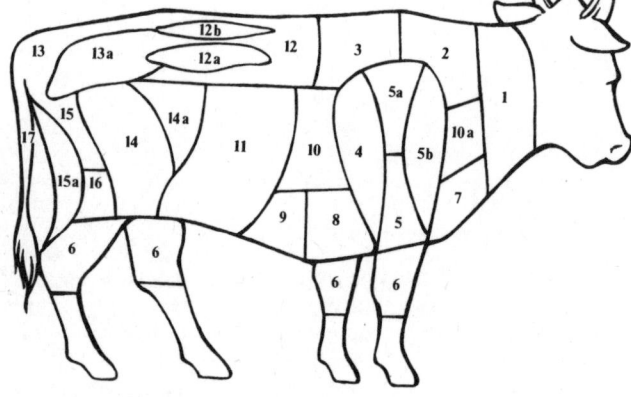

Kalbfleisch

Kalbfleisch ist das Fleisch von Rindern im Alter bis zu 3 Monaten. Kälber, die jünger als 14 Tage sind, eignen sich nicht zum Schlachten. Das typische Mastkalb ist 5–12 Wochen alt. Kalbfleisch ist weiß bis rosa oder gelblich-rot bei milcharmer Mast, mager und leicht verdaulich.
Folgende Teile vom Kalb werden für die genannten Fleischgerichte verwendet:

1 Haxe oder Bein:
Geeignet für Kalbsbrühe, Eintöpfe, Ragouts, Osso buco, gebratene und gegrillte Kalbshaxe. Achtung: Die Hinterhaxen sind schwerer und fleischiger, also besser als die Vorderhaxen geeignet zum Braten und Grillen.

2 Brustspitze oder dünne Brust:
Geeignet für eingemachtes Kalbfleisch, Ragouts und Haschees.

3 Brust oder Brüsterl:
Geeignet für Rollbraten, gefüllte Kalbsbrust und Ragouts. Tendrons (das sind die Brustknorpel) werden in der klassischen Küche für geschmorte Spezialitäten verwendet, sie befinden sich aber auch an der Unterseite der gefüllten Kalbsbrust.

4 Hals, Nacken oder Stich:
Geeignet für Suppen, Frikassees, Ragouts und Gulasch.

5 Kotelett, Kamm oder Mittelstück:
Geeignet für Koteletts und Kotelettbraten.

6 Nierenbraten, Karree oder Rücken:
Geeignet als flaches Bratenstück für Rollbraten, Nierenbraten oder Rückensteaks.

7 a Filet:
Geeignet als Lendenbraten oder für Medaillons, Lendenscheiben, Fleischfondue oder Spießchen.

7 b Lende:
wie Filet.

8 Blatt, Bug, Schulter oder Schäuferl wird in 8 a, 8 b und 8 c zerlegt:

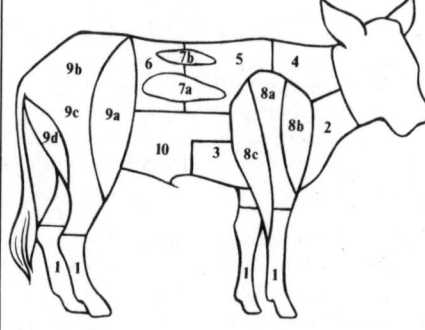

SCHWEIN · HAMMEL · LAMM

8 a Dicke Schulter: Geeignet für Kalbsbraten.

8 b Dicker oder flacher Bug: Geeignet für Ragouts oder als Schweizer Voressen.

8 c Schulterfilets: Geeignet für Spießchen, Geschnetzeltes, Ragoût fin, Gulasch oder Frikassees.

9 Keule oder Schlegel wird in 9 a, 9 b, 9 c und 9 d zerlegt:

9 a Nuß oder Rose: Geeignet für Rahmgulasch, Geschnetzeltes oder Schnitzel.

9 b Huft oder Hüfte: Geeignet für Schnitzel.

9 c Oberschale oder Frikandeau: Geeignet für Schnitzel, Geschnetzeltes oder für große Braten.

9 d Unterschale: Geeignet für Schnitzel, Spießchen, Rouladen und für große Braten.

10 Bauch oder Dünnung mit Lappen: Geeignet für Rollbraten mit eingewickeltem Schnitzelstück.

5 Filetkotelett: Geeignet als Koteletts oder Schnitzel.

5 a Filet: Geeignet als Lendenbraten, Medaillons, Spießchen, Fleischfondue oder Lendenschnitten.

5 b Flomen oder Grieben: Geeignet für Griebenschmalz.

5 c Lende: wie Filet.

6 Schulter, Schaufel, Bug, Blatt oder Bauernschinken: Geeignet für Vorderschinken; wird auch in 6 a und 6 b zerlegt.

6 a Dicke Schulter, Schulterstück oder Schulterfilet: Geeignet für besten Schweinebraten.

8 a Schinkenspeckstück: Geeignet als großer Braten, zum Räuchern, gekocht als Gemüsebeilage, zum Beispiel mit Grünkohl oder Sauerkraut, kalt als Aufschnitt.

8 b Nuß, Nußschinken oder Maus: Geeignet als großer Braten, für Schnitzel oder Fleischfondue; geräuchert kalt als Nußschinken.

8 c Unterschale oder Schinkenstück: Geeignet als großer Braten oder für Schnitzel, Steaks oder als Geschnetzeltes.

8 d Oberschale: Geeignet als großer Braten, als geschmorter Burgunderbraten oder für Schnitzel.

Hammel- und Lammfleisch

Hammelfleisch erfreut sich in Mitteleuropa steigender Beliebtheit: Es ist schmackhaft und preiswert.
Man muß unterscheiden zwischen »Hammel« im engeren Sinne, nämlich dem Fleisch des kastrierten männlichen Schafes, »Lamm«, dem Fleisch männlicher und weiblicher Schafe bis zum Alter von einem Jahr und »Schaf«, dem Fleisch älterer Schafe und Böcke. Letztere haben sehr kräftigen Artgeschmack und sind daher nicht jedermanns Sache. Hammelfett erstarrt nach dem Garen bereits bei 40 Grad und schmeckt dann talgig. Alle Hammelgerichte müssen deshalb sehr heiß serviert werden. Überflüssiges Fett schon vor dem Garen entfernen, Suppen und Saucen vor dem Binden entfetten.
Folgende Teile vom Hammel/Lamm werden für die genannten Gerichte verwendet:

Schweinefleisch

Mehr noch als bei Rind- und Kalbfleisch hängt beim Schweinefleisch der Geschmack von der Qualität des Mastfutters ab. Mit Fischmehl gemästete Schweine schmecken nach Tran. Das Geschlecht spielt für die Fleischqualität keine Rolle, ein wenig aber das Alter des Tieres. Das Fleisch von jungen Schweinen ist heller und feinfasriger als das von älteren, deren Koteletts auch sichtlich größer sind. Schweinefleisch hat einen ausgeprägten Artgeschmack und ist im allgemeinen etwas billiger als Fleisch vom Rind oder vom Kalb.
Spanferkel sind sehr junge Schweine, die noch gesäugt werden (nicht älter als 6 Wochen) und zwischen 10 und 12 kg wiegen.
Folgende Teile vom Schwein werden für die genannten Fleischgerichte verwendet:

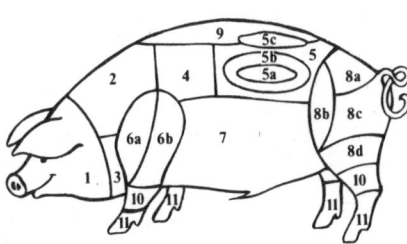

1 Kopf und Backe: Geeignet für Eintöpfe, Sülzen, Schweinskopfsülze, Wellfleisch, Zungenragout und gebratenes Hirn.

2 Nacken, Kamm, Hals, Halsgrat oder Zungenstück: Geeignet für Kotelettbraten, Rollbraten, Sauerbraten oder Schweinepfeffer.

3 Brust und Brustspitze: Geeignet für Gulasch, gefüllte Schweinerippe, Gemüseeintöpfe, zum Beispiel Pichelsteiner.

4 Kotelett, Karbonade, Karree oder Rippenspeer: Geeignet für Pökelfleisch, Kasseler Rippenspeer, Kasseler Rippchen, Koteletts oder Schnitzel.

6 b Flache Schulter: Geeignet für Schweinepfeffer, Ragouts, Serbisches Reisfleisch, Schweinerollbraten, Eintöpfe oder roh als Hackfleisch.

7 Wammerl oder Bauch: Geeignet als großer Braten, falsches Kotelett, für Eintöpfe, Wellfleisch oder Geräuchertes (durchwachsener Speck).

8 Keule, Hinterschinken oder Schlegel wird in 8 a, 8 b, 8 c und 8 d zerlegt:

9 Rückenspeck: Geeignet als Zutat zu Suppen und Eintöpfen, als Einlage für Rouladen, zum Spicken und Bardieren von Fleisch, Wild und Wildgeflügel.

10 Haxe, Eisbein oder Hämmchen: Geeignet für gebratene oder gegrillte Schweinshaxe, als geschmorte Haxe oder als Haxe blau.

11 Pfote oder Spitzbein: Geeignet für Sülzen, Suppen und roh oder gepökelt für Eintöpfe.

1 Brust und Spitzbrust: Geeignet für Ragouts, Irish Stew oder als gefüllte gebratene Hammelbrust.

2 Hals, Nacken oder Kamm: Geeignet vom Lamm als großer Braten, sonst gekocht für Eintöpfe, Stews oder als Ragouts.

3 Schulter, Bug oder Blatt: Geeignet für große Braten oder Rollbraten, für Spießchen oder feine Ragouts.

4 Rücken, Sattel oder Kotelettstück: Geeignet für Koteletts, als Rollbraten oder für Chops = 3 cm dicke Scheiben zum Kurzbraten.

5 Keule oder Schlegel: Geeignet für große Braten oder Steaks.

6 Bauch oder Flanke: Geeignet für Eintöpfe und Ragouts.

SCHNITZEL · KOTELETTS · ROULADEN

Schnitzel, Koteletts und Rouladen

Ob paniert oder naturell gebraten, gegrillt oder gefüllt und geschmort, diese Fleischscheiben haben eines gemeinsam: Sie gelingen auch dem Küchenanfänger leicht. Die Problemlosigkeit ihrer Handhabung macht Mut zum Variieren und Erfinden von interessanten Neuschöpfungen.

Schnitzel

Das Schnitzel der klassischen Küche ist ein Kalbsschnitzel, geschnitten aus der kleinen Nuß (Kugel, Rose) oder aus dem sogenannten Schnitzelfricandeau – das sind Teile der Kalbskeule. Längst hat sich aber auch das Schweineschnitzel einen guten Platz in der feineren Küche erobert; denn es ist preiswerter und häufig saftiger als das Kalbsschnitzel. Schweineschnitzel werden aus dem Filetkotelett, der Oberschale (Kluft) oder aus der Unterschale geschnitten. Ein Schnitzel wiegt etwa 125 g, ist etwa 1 cm dick und wird vor dem Braten noch leicht geklopft oder mit dem Handballen gleichmäßig flachgedrückt, wobei dikkere Stellen des Schnitzels verschwinden sollen. Häute an Rändern der Schnitzel werden mit einem scharfen Messer ausgeschnitten; den Fettrand bei Schweineschnitzeln schneidet man entweder in Abständen von 5 cm ein oder ganz weg, damit sich das Schnitzel beim Braten nicht wölbt.

Koteletts

Ob vom Schwein, Kalb, Hammel oder Lamm, das Kotelett wird aus dem Rippenstück geschnitten. Der Knochen des Schweinekoteletts besteht aus einem Stück Rückgrat und einer Rippe. Koteletts werden meist nicht so dick geschnitten wie die Rippen gewachsen sind, da die Scheiben für eine normale Portion von 180 g zu dick würden. So hat nur jedes zweite Kotelett einen Rippenknochen. Die Koteletts mit Rippenknochen sollten vor dem Garen mit einer Messerspitze zwischen Fleisch und Knochen etwas eingeschnitten werden, um das Fleisch zu lösen und der Hitze leichter Zutritt zu geben. Lammkoteletts wiegen nur 80 g, Hammel-, Kalb- und Schweinekoteletts wiegen 180 bis 200 g. Ein Kotelett wird niemals geklopft, der Fettrand aber in Abständen von 5 cm eingeschnitten, damit sich das Kotelett beim Braten nicht wölbt.

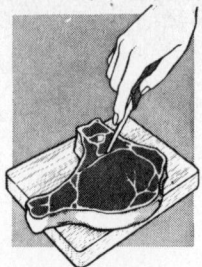

Koteletts vor dem Garen mit einem Messer zwischen Fleisch und Knochen leicht einschneiden.

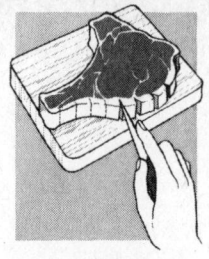

Vor dem Braten bei Koteletts den äußeren Fettrand in Abständen von 5 cm einschneiden, damit sich das Fleisch beim Braten nicht wölbt.

Rouladen

Die besten Rouladen vom Kalb oder Schwein werden aus Schnitzelfleisch bereitet; Rinderrouladen stammen aus dem Bugstück (dicke Schulter), aus der Hüfte (Rosenspitz), aus der Blume (Kugel, Kluft) oder aus der Oberschale (Kluft). Beim Einkaufen darauf achten, daß die etwa 100 g schweren Scheiben für die Rouladen lang und dünn sind. Zum Befestigen der Rouladen verwendet man Holzspießchen, Rouladennadeln oder Küchengarn. Ist kein echtes Küchengarn

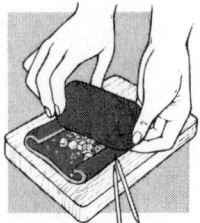

Bei Rouladen mit kleingeschnittener Füllung die Längsränder etwas einschlagen und die Rouladen aufrollen.

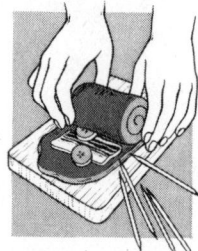

Besteht die Füllung aus größeren Stükken, müssen Sie die Längsseiten der Rouladen nicht einschlagen.

zur Hand, genügt auch Zwirn oder starker Faden. Benützen Sie jedoch niemals Kunststoffaden, der beim Schmoren schmelzen und das Fleisch ungenießbar machen könnte. Je nach Art der Füllung die Fleischscheiben beim Aufrollen an der Längsseite nach innen einschlagen, damit nichts von der Füllung herausfallen kann. Beim Feststecken der Rouladen darauf achten, daß Spießchen oder Nadeln gut das Rouladenende und die darunterliegende Fleischschicht erfassen. Wird die Roulade zum Beispiel mit einem gekochten Ei gefüllt, so bindet man sie am besten mit Küchengarn, damit das Ei nicht seitlich

Das Ende der Rouladen nach dem Aufrollen entweder feststecken oder die Roulade mit Küchengarn wie ein Päckchen binden.

herausrutscht; die Roulade dabei wie ein Päckchen schnüren, also das Garn auch über die Schmalseite führen.

Praktischer Rat

Fleischscheiben vor dem Zubereiten stets kurz kalt waschen. Die Scheiben gut trockentupfen, besonders wenn sie anschließend naturell – das heißt nicht in Mehl gewendet oder paniert – gebraten werden, damit das heiße Fett beim Einlegen nicht spritzt.
Salz entzieht dem Fleisch wertvollen Saft. Deshalb erst nach dem Braten oder Grillen salzen! Ausnahmen: Wird eine Fleischscheibe paniert, darf sie zuvor gesalzen werden, da die Panierung das rasche Ausfließen des Fleischsaftes verhindert. Auch Rouladen, die gefüllt oder mit einer Creme bestrichen werden, dürfen auf der Innenseite vor dem Schmoren gesalzen werden.

Würzen

Fleischscheiben soll man bereits vor dem Braten würzen. Man kann das Fleisch mit Pfeffer, Paprikapulver oder getrockneten Kräutern einreiben, oder man mischt Öl mit wenig roten Pfefferschoten oder mit zerriebenen getrockneten Kräutern und reibt die Fleischscheiben schon einige Stunden vor dem Braten damit ein (das Aroma teilt sich dem Fleisch dann mit, und das Fleisch wird mürber); oder man reibt die Scheiben mit wenig neutralem Öl ein und würzt sie dann mit Pfeffer, Curry, zerriebenen Kräutern oder Kräutermischungen; oder man bestreicht die Scheiben vor dem Braten mit Senf. Schnitzel und Koteletts können nach dem Würzen beidseitig in Mehl gewendet werden, was eine besonders intensive Bräunung verursacht (überflüssiges Mehl vor dem Braten aber abklopfen).

Sauce

Wird zu unpanierten Fleischscheiben Sauce gewünscht, löscht man den Bratensatz mit einer halben bis einer Tasse Flüssigkeit ab (Wasser, Wein, Milch, Sahne), würzt die Sauce leicht nach und kann sie auch mit einem

SCHNITZEL

halben oder einem Teelöffel Mehl oder Speisestärke binden. Das Mehl oder die Speisestärke kalt anrühren: mit Wasser oder Milch, wenn mit Sahne abgelöscht wurde; mit Milch oder Sahne, wenn mit Wasser oder Fleischbrühe abgelöscht wurde. Zum Schluß die Sauce unter Rühren einige Male aufkochen lassen.

Panieren
Fleischscheiben werden vor dem Panieren von beiden Seiten mit wenig Salz eingerieben und sofort in Mehl gewendet. Danach taucht man sie in mit Wasser verquirltes Ei und anschließend in reichlich Semmelbrösel.

Beim Panieren das Fleisch zuerst in Mehl, dann in verquirltem Ei und zuletzt in Semmelbröseln wenden.

Die Semmelbrösel leicht andrücken; Fleischscheiben aber vor dem Braten schütteln, damit die überschüssige Panierung abfällt. Abgefallene Semmelbrösel würden im heißen Fett rasch zu dunkel werden, verbrennen und den Geschmack verderben. Panierte Fleischscheiben sofort nach dem Panieren braten, da die Panierung sonst weich wird. Nachdem die Fleischscheiben vor dem Panieren schon gesalzen wurden, kann man das Mehl, aber auch die verquirlten Eier mit einem Gewürz mischen – etwa Pfeffer, Paprikapulver oder Currypulver. Ganz nach Belieben lassen sich die Semmelbrösel aber auch mit geriebenem Käse mischen, wodurch eine ganz eigenwillige Geschmacksnuance entsteht.

Das Bratfett
Zum Braten von Fleischscheiben in der Pfanne eignen sich nur reine Fette wie Öl, Schmalz, Kokosfett oder Erdnußfett. Sie sind frei von Wasser, Eiweißstoffen und anderen Zusätzen und daher hoch erhitzbar.
Ausnahme: Kalbsschnitzel können in der klassischen Küche auch mit Butter gebraten werden. Seit man allerdings die Nachteile von hocherhitzter Butter erkannt hat, geht man heute dazu über, kurz gebratenes Fleisch in reinem Fett zu braten und nachher – des Geschmacks wegen – die garen Schnitzel oder Koteletts aus der Pfanne zu nehmen, das Bratfett wegzuschütten und das Fleisch in zerlassener Butter zu wenden.

Hübsch anrichten
Schnitzel und Koteletts werden gerne mit Zitronenachteln oder Zitronenscheiben sowie Tomatenachteln und Petersilie garniert. Waschen Sie die Zitronen vor dem Zerschneiden heiß ab (die Tomaten kalt), trocknen Sie die Früchte gut ab und schneiden Sie sie dann in Achtel oder Scheiben. Die Petersilie braust man gut kalt ab, läßt sie gründlich abtropfen und verwendet sie als Sträußchen.

Das Natur-Schnitzel der Gastronomie muß – wenn nicht anders gekennzeichnet – vom Kalb stammen. Selbstverständlich können Sie aber auch aus Schweinefleisch ein Natur-Schnitzel zubereiten. An Stelle von Butter sollten Sie dann aber Öl oder anderes reines Pflanzenfett zum Braten verwenden. Achten Sie schon beim Einkauf darauf, daß die Schweineschnitzel möglichst mager sind.

Grundrezept

Natur-Schnitzel

4 Kalbsschnitzel zu je 125 g	Pro Person etwa: 840 Joule
½ Teel. Pfeffer	200 Kalorien
2 Eßl. Butter	
2 Messersp. Salz	Bratzeit:
½ Teel. Instant-Klarer-Bratensaft	8 Minuten
4 Eßl. Wasser	

Das Fleisch kurz kalt waschen und gut trockentupfen. Die Häute an den Rändern der Schnitzel mit einem scharfen Messer ausschneiden. Die Schnitzel leicht klopfen oder mit dem Handballen gleichmäßig flachdrücken und von beiden Seiten mit dem Pfeffer einreiben. Die Butter bei guter Mittelhitze zerlassen und die Schnitzel in der heißen Butter pro Seite 3–4 Minuten braten. Die Schnitzel nach dem Braten beidseitig salzen und auf einer vorgewärmten Platte anrichten. Den Instant-Bratensaft in dem Wasser auflösen, unter Rühren mit der verbliebenen Butter in der Pfanne mischen und dabei einmal aufkochen lassen. Die Schnitzel mit der Sauce übergießen und servieren.

Beilagen: körnig gekochter Reis mit Kräutern und Champignons oder Petersilienkartoffeln und Feldsalat oder Kopfsalat

Garzeiten für Schnitzel, Koteletts und Rouladen

	Braten je Seite	**Grillen** je Seite	**Schmoren** insgesamt
Kalbsschnitzel, unpaniert	3–4 Minuten	4–5 Minuten	—
Kalbsschnitzel, paniert	4–5 Minuten	—	—
Kalbsmedaillon	3 Minuten	4 Minuten	—
Kalbskotelett	4–5 Minuten	6 Minuten	—
Schweineschnitzel, unpaniert	5 Minuten	5–6 Minuten	—
Schweineschnitzel, paniert	6 Minuten	—	—
Schweinemedaillon	4 Minuten	5 Minuten	—
Schweinekotelett	6 Minuten	8 Minuten	—
Lammkotelett	4 Minuten	6 Minuten	—
Hammelkotelett	6 Minuten	8 Minuten	—
Kalbsrouladen	—	—	25–40 Minuten
Schweinerouladen	—	—	45–50 Minuten
Rinderrouladen	—	—	80–90 Minuten

SCHNITZEL

Rahmschnitzel

4 Schnitzel zu je 125 g vom Kalb oder Schwein
2 Messersp. Pfeffer
2 Eßl. Mehl
1 Eßl. Butter für Kalbschnitzel (für Schweineschnitzel 1 Eßl. Öl)
1 Teel. Mehl
1/8 l Sahne
1/8 l Fleischbrühe
etwas Streuwürze
1–2 Messersp. Salz
1 Zitrone
1/2 Bund Petersilie

Pro Person etwa:
1050 Joule
250 Kalorien

Garzeit:
15 Minuten

Das Fleisch kurz kalt waschen und trockentupfen. Kalbschnitzel häuten, bei Schweineschnitzeln den Fettrand in Abständen von 5 cm einschneiden. Die Schnitzel leicht klopfen oder mit dem Handballen gleichmäßig flachdrücken, pfeffern und in Mehl wenden. Die Schnitzel dann leicht schütteln, damit überschüssiges Mehl wieder abfällt und beim Braten nicht verbrennt. Die Butter bei guter Mittelhitze zerlassen und die Schnitzel in der heißen Butter von jeder Seite 3–5 Minuten goldgelb braten. Die Schnitzel nach dem Braten auf einer vorgewärmten Platte warm stellen. Das Mehl in der kalten Sahne anrühren. Die Fleischbrühe in die Pfanne gießen, den Bratensatz mit einem Schneebesen lösen und mit der Mehlsahne binden. Die Sauce einige Male aufkochen lassen, mit Salz und – nach Belieben – mit Streuwürze abschmecken. Die Schnitzel 5 Minuten in der Sauce erwärmen, die Sauce aber nicht mehr kochen lassen.
Die Schnitzel anrichten, mit etwas Sahnesauce begießen und mit Zitronenspalten und Petersilie garnieren. Restliche Sauce getrennt servieren.

Beilagen: körnig gekochter Reis, Kartoffelpüree, Kartoffelkroketten oder Kartoffelsalat und frischer Kopfsalat

Unser Tip: Tiefgefrorene Schnitzel sollten Sie vor dem Braten nicht auftauen, sondern noch gefroren in heiße Butter oder heißes Öl legen.

Es gibt kaum eine Gegend auf diesem Planeten, wo das Wiener Schnitzel nicht auf den Speisekarten ordentlicher Restaurants steht. Und wenn es gar keinen anderen Grund gäbe für den unsterblichen Ruhm der Donau-Metropole als das Wiener Schnitzel – dies wäre Grund genug dafür!

Grundrezept für paniertes Schnitzel

Wiener Schnitzel

Bild Seite 137

3 Eßl. Mehl
1 Ei
1 Eßl. Wasser
8 Eßl. Semmelbrösel
4 Kalbschnitzel zu je 125 g
1/2 Teel. Salz
1/2 Teel. Pfeffer
6 Eßl. Schweineschmalz
1 Zitrone
1/2 Bund Petersilie

Pro Person etwa:
1880 Joule
450 Kalorien

Bratzeit:
8 Minuten

Das Mehl in einen Suppenteller schütten. Das Ei mit dem Wasser in einem Suppenteller verquirlen. Die Semmelbrösel in einen dritten Suppenteller schütten.
Die Schnitzel kurz kalt waschen und gut trockentupfen. Die Haut an den Rändern ausschneiden, die Schnitzel leicht klopfen oder mit dem Handballen flachdrücken und mit dem Salz und dem Pfeffer einreiben.
Die Schnitzel zuerst in Mehl wenden, dann in das verquirlte Ei tauchen und zuletzt in den Semmelbröseln wenden. Die Semmelbrösel etwas andrücken, die Schnitzel aber nach dem Panieren schütteln, damit nicht haftende Semmelbrösel abfallen und nicht beim Braten verbrennen.
Das Schweineschmalz bei guter Mittelhitze zerlassen und die panierten Schnitzel im heißen Fett von jeder Seite etwa 4 Minuten goldgelb braten. Wiener Schnitzel werden ohne Sauce, nur mit Zitronenspalten oder mit Zitronenscheiben und mit Petersilie garniert, auf vorgewärmten Tellern serviert.

Beilagen: Kartoffelpüree und Kopfsalat oder Kartoffelsalat und Gurkensalat

Variante

Paniertes Schweineschnitzel

Schweineschnitzel können in der gleichen Art wie Wiener Schnitzel zubereitet werden. Braten Sie die panierten Schnitzel in Öl oder reinem Pflanzenfett, von jeder Seite aber etwa 6 Minuten. Zu panierten Schweineschnitzeln paßt ein herzhafter Salat, beispielsweise Tomatensalat mit viel Zwiebeln angemacht und knusprig gebratene Pommes frites.

Raffiniert

Saltimbocca
Schnitzel mit Salbei

4 Kalbschnitzel zu je 125 g
2 Messersp. Pfeffer
50 g kleine rohe Schinkenscheiben
4 kleine frische Salbeiblätter
2 Eßl. Mehl
1 Teel. Salz
3 Eßl. Bratfett
1 Teel. Butter

Pro Person etwa:
1260 Joule
300 Kalorien

Bratzeit:
12 Minuten

Die Schnitzel kurz kalt waschen, gut trockentupfen und klopfen, bis die Schnitzel etwa 1/2 cm dünn sind. Die Schnitzel mit dem Pfeffer einreiben. Jedes Schnitzel zur Hälfte mit einer Schinkenscheibe belegen und darauf ein Salbeiblatt geben. Die Schinkenscheiben sollen nicht über den Rand der Schnitzel ragen. Die Schnitzel zusammenklappen und mit Holzspießchen zusammenstecken. Das Mehl mit dem Salz mischen und die Schnitzel darin wenden. Das Bratfett in einer Pfanne erhitzen, die Schnitzel bei guter Hitze von jeder Seite etwa 1 Minute braun anbraten, dann bei milder Hitze von jeder Seite in 5 Minuten fertigbraten. Das Bratfett aus der Pfanne gießen, die Butter in der Pfanne aufschäumen lassen und die Schnitzel darin wenden.

Beilagen: Risotto oder frisches Stangenweißbrot und Kopfsalat oder Tomatensalat

Gelingt leicht

Käseschnitzel

4 Schnitzel zu je 125 g vom Kalb oder Schwein
2 Messersp. Pfeffer
je 1 Messersp. pulverisierter Rosmarin und pulverisierter Salbei
2 Eßl. Mehl
1 Eßl. Butter für Kalbschnitzel
(1 Eßl. Öl für Schweineschnitzel)
1 Messersp. Salz
150 g Käse in Scheiben (Chester, Edamer oder auch Camembert)
4 rotgefüllte Oliven

Pro Person etwa:
1390 Joule
330 Kalorien

Bratzeit:
15 Minuten

Das Fleisch kurz kalt waschen und gut trockentupfen. Kalbschnitzel häuten, bei Schweineschnitzel den Fettrand in Abständen von 5 cm einschneiden.

SCHNITZEL

Den Pfeffer mit dem Rosmarin und dem Salbei mischen und die Schnitzel von beiden Seiten damit einreiben. Die Schnitzel in dem Mehl wenden und nicht haftendes Mehl wieder abschütteln. Die Butter oder das Öl bei guter Mittelhitze zerlassen und die Schnitzel im heißen Fett von jeder Seite 3–5 Minuten goldbraun braten. Die Schnitzel nach dem Braten salzen und je mit 1 Scheibe Käse belegen. Die Pfanne zudecken und den Käse bei milder Hitze schmelzen lassen.
Die Oliven in dünne Scheibchen schneiden. Die Schnitzel auf einer vorgewärmten Platte anrichten und mit den Olivenscheibchen belegen.

Beilagen: Reis oder Nudeln, mit kleingeschnittenem rohem Schinken gemischt, und gedünstete Tomaten, Buttererbsen, Kopfsalat, Spinatsalat oder Kressesalat

Champignonschnitzel

500 g frische Champignons
½ kleine Zwiebel
4 Schnitzel zu je 125 g vom Kalb oder Schwein
knapp ½ Teel. Salz
2 Messersp. Pfeffer
3 Eßl. Mehl
1 Ei
1 Eßl. Wasser
8 Eßl. Semmelbrösel
6 Eßl. Butter für die Kalbsschnitzel (6 Eßl. Öl für Schweineschnitzel)

1 Teel. Butter je 2 Messersp. Pfeffer und Salz
einige Tropfen Zitronensaft
4 Eßl. Fleischbrühe
½ Bund Petersilie

Pro Person etwa:
2090 Joule
500 Kalorien

Garzeit:
30 Minuten

Die Champignons putzen, mehrmals waschen und große Pilze vierteln oder in Scheibchen schneiden. Die Zwiebel schälen und in Würfel schneiden. Die Schnitzel kurz kalt waschen, gut trockentupfen und die Haut an den Rändern der Kalbsschnitzel ausschneiden. Den Fettrand der Schweineschnitzel im Abstand von 5 cm einschneiden. Die Schnitzel leicht klopfen oder flachdrücken und mit dem Salz und dem Pfeffer einreiben. Die Schnitzel zuerst im Mehl wenden. Das Ei mit dem Wasser verquirlen und die Schnitzel in das verquirlte Ei tauchen. Die Schnitzel zuletzt in den Semmelbröseln wenden und die Semmelbrösel leicht andrücken. Die Butter oder das Öl erhitzen, Kalbsschnitzel von jeder Seite etwa 4 Minuten, Schweineschnitzel von jeder Seite etwa 6 Minuten goldgelb braten. Die Schnitzel aus der Pfanne nehmen und nicht zugedeckt warmstellen. Die Zwiebelwürfel in dem verbliebenen Bratfett in der Schnitzelpfanne anbraten, die Champignons zugeben, mit dem Pfeffer, dem Salz und dem Zitronensaft würzen, die Fleischbrühe zufügen und die Pilze zugedeckt in 15 Minuten bei milder Hitze weichdünsten. Den entstandenen Saft der Pilze in der offenen Pfanne etwas eindampfen lassen. Die Petersilie waschen, abtropfen lassen, kleinschneiden und zuletzt unter die Pilze mischen.
Die gebratenen Schnitzel auf einer vorgewärmten Platte anrichten und die Champignons darauf verteilen.

Beilagen: Kartoffelkroketten, Reis oder Teigwaren und Kopfsalat oder Chinakohlsalat

Variante

Champignon-Sahneschnitzel

Die Schnitzel wie Natur-Schnitzel ohne Panierung braten und warmstellen. Die Champignons in der gleichen Pfanne garen. ⅛ Liter Sahne mit 1 Teelöffel Mehl verrühren, unter die Champignons mischen, einige Male aufkochen lassen und abschmecken. Die Champignons auf den Schnitzeln verteilen.

Jäger-Schnitzel

1 Zwiebel
1 Paprikaschote
250 g frische Pfifferlinge oder Champignons
1 Eßl. Butter
1–2 Messersp. Salz
1 Messersp. Pfeffer
⅛ l saure Sahne
½ Bund Petersilie
4 Schnitzel zu je 125 g vom Kalb oder Schwein

1 Teel. Pfeffer
1 Eßl. Butterschmalz
1 Messersp. Salz

Pro Person etwa:
1300 Joule
310 Kalorien

Bratzeit:
20 Minuten

Die Zwiebel schälen und in Ringe schneiden. Die Paprikaschote halbieren, von Rippen und Kernen befreien, die Schotenhälften waschen und in Streifen schneiden. Die Pilze putzen, waschen, abtropfen lassen und große Pilze vierteln oder blättrig schneiden. Die Butter in einer Pfanne zerlassen und der Reihe nach die Zwiebelringe, die Paprikastreifen und die Pilze zufügen und zugedeckt bei mittlerer Hitze 10 Minuten garen. Die Paprikaschoten dürfen noch einen »Biß« haben. Das Gemüse mit Salz und Pfeffer würzen, die saure Sahne unterrühren und die Sauce etwas eindampfen lassen; dann zugedeckt warmstellen. Die Petersilie waschen, abtropfen lassen und klein schneiden. Die Schnitzel kurz kalt waschen und gut trockentupfen. Kalbsschnitzel häuten, bei Schweineschnitzeln den Fettrand in Abständen von 5 cm einschneiden. Die Schnitzel leicht klopfen oder gleichmäßig flachdrücken und von beiden Seiten mit Pfeffer einreiben. Das Butterschmalz bei guter Mittelhitze zerlassen und die Schnitzel von jeder Seite etwa 4–5 Minuten braten. Die Schnitzel salzen, auf einer vorgewärmten Platte anrichten und mit der Pilzmischung belegen.

Beilagen: Pommes frites und Bohnensalat, Kopfsalat oder Tomatensalat

Paprikaschnitzel

Bild Seite 138

4 Schnitzel zu je 125 g vom Kalb oder Schwein
2 Messersp. Pfeffer
2 Teel. Paprikapulver, edelsüß
2 Eßl. Mehl
1 Eßl. Schweineschmalz
2 Messersp. Salz
1 Zwiebel
⅛ l Fleischbrühe
1 Teel. Paprikapulver, edelsüß

1 Teel. Tomatenmark
⅛ l saure Sahne
2 Messersp. Salz
etwas Streuwürze
1 Tomate
½ Bund Petersilie

Pro Person etwa:
1260 Joule
300 Kalorien

Garzeit:
15 Minuten

Das Fleisch kurz kalt waschen und gut trockentupfen. Kalbsschnitzel häuten, bei Schweineschnitzeln den Fettrand in Abständen von 5 cm einschneiden. Die Schnitzel leicht klopfen oder gleichmäßig flachdrücken und mit dem Pfeffer und dem Paprikapulver einreiben. Die Schnitzel in Mehl wenden, überflüssiges Mehl wieder abschütteln und die Schnitzel in heißem Schweineschmalz von jeder Seite etwa 4 Minuten goldgelb braten. Die Schnitzel salzen und zugedeckt warm stellen. Die Zwiebel schälen. Den Bratensatz in der Pfanne unter Rühren mit der Fleischbrühe lösen. Die geschälte Zwiebel in die Sauce reiben. Mit dem Paprikapulver und dem Tomatenmark

SCHNITZEL

verrühren, gut durchkochen lassen und vom Herd nehmen. Die Sauce mit der Sahne mischen und mit dem Salz und nach Belieben mit der Streuwürze abschmecken.
Die Schnitzel in die Sauce legen und zugedeckt 5 Minuten darin erwärmen; die Sauce aber nicht mehr kochen lassen. Die Schnitzel auf einer vorgewärmten Platte anrichten, mit der Sauce begießen und mit Tomatenachteln und Petersilie garnieren.

Das paßt dazu: beliebige Teigwaren und Salat aus grünen Paprikaschoten

Grundrezept für fritiertes Schnitzel
Pariser Schnitzel

4 Kalbsschnitzel zu je 125 g	½ Teel. getrockneter Majoran
3 gehäufte Eßl. Mehl	1 kg Fritierfett
2 Messersp. Salz	
6–8 Eßl. Milch	Pro Person etwa:
2 Eier	2010 Joule
1 Eßl. Öl	480 Kalorien
½ Teel. Salz	
½ Teel. Pfeffer	Fritierzeit: 10 Minuten

Die Schnitzel kurz kalt waschen, gut trockentupfen, die Häute an den Rändern ausschneiden, die Schnitzel aber nicht klopfen.
Das Mehl und das Salz mit so viel Milch in einer Schüssel verrühren, daß ein dickflüssiger Teig entsteht. Erst dann die Eier und das Öl zufügen und alles glattrühren.
Das Salz, den Pfeffer und den zerriebenen Majoran mischen und die Schnitzel damit einreiben. Das Fritierfett in der elektrischen Friteuse auf 180° erhitzen. Steht keine elektrische Friteuse zur Verfügung, die Fettemperatur mit einem Weißbrotwürfelchen prüfen: wird das Weißbrotwürfelchen im heißen Fett rasch rundherum goldgelb, ist die Temperatur richtig. Die Schnitzel in den Teig wenden, ins heiße Fett legen und 10 Minuten fritieren. Während der Garzeit die Schnitzel einmal wenden. Die fertigen Schnitzel kurz auf saugfähigem Papier abtropfen lassen.

Beilagen: feines Gemüse wie Spargel, Schwarzwurzeln, Rosenkohl, Erbsen und junge Karotten

Unser Tip: Wenn Sie noch wenig Erfahrung mit dem Fritieren haben, so informieren Sie sich zuvor im einschlägigen Kapitel, in dem alle Einzelheiten genau erklärt werden.

»Cordon bleu« – wörtlich übersetzt »blaues Band« – ist französisch. Der Ausdruck stammt vom blauen Ordensband, das Heinrich III, dem Orden Saint Esprit gestiftet hat und der auf mancherlei hervorragende Leistungen übertragen wurde. So ist »Escalope à la cordon bleu« in Frankreich ein Schnitzel von besonders delikater Zubereitungsart!

Etwas schwierig
Cordon bleu
Schnitzel mit Schinken und Käse

4 dünne lange Kalbsschnitzel zu je 125 g	1 Ei
je 2 Messersp. Salz und Pfeffer	1 Eßl. Wasser
	8 Eßl. Semmelbrösel
100 g gekochter Schinken in 2 Scheiben	6 Eßl. Butter
	1 Zitrone
50 g Schweizer Käse in 2 Scheiben	½ Bund Petersilie
½ Teel. Paprikapulver, mild	Pro Person etwa: 2340 Joule 560 Kalorien
1 Essiggurke	
3 Eßl. Mehl	Bratzeit: 15 Minuten

Die Schnitzel kalt waschen, gut trockentupfen und die Häute an den Rändern ausschneiden. Die Schnitzel leicht klopfen oder mit dem Handballen flachdrücken und auf einer Seite mit dem Salz und Pfeffer einreiben. Die Schinken- und Käsescheiben halbieren. Je eine Schnitzelhälfte mit einer Schinkenscheibe und einer Käsescheibe belegen. Den Käse mit Paprikapulver bestreuen. Die Gurke längs in dünne Scheiben schneiden und auf jedes Schnitzel eine Gurkenscheibe legen. Die freien Schnitzelhälften über die belegten klappen und mit Holzspießchen feststecken.
Die Schnitzel zuerst in Mehl wenden. Das Ei mit dem Wasser verquirlen und die Schnitzel von beiden Seiten darin eintauchen. Die Schnitzel in den Semmelbröseln wenden und die Semmelbrösel leicht andrücken. Die Schnitzel dann schütteln, damit überschüssige Semmelbrösel abfallen. Die Butter in einer großen Pfanne erhitzen, aber nicht bräunen lassen. Die Schnitzel von jeder Seite 6–8 Minuten in der Butter braten.
Cordon bleu wird einzeln auf vorgewärmten Tellern serviert und mit Zitronenschnitzen und Petersilie garniert.

Beilagen: Kartoffelsalat und Tomatensalat

Mailänder Schnitzel

Für die Makkaroni:	1 Ei
3 l Wasser	1 Eßl. Wasser
1 Eßl. Salz	4 Eßl. Semmelbrösel
325 g Makkaroni	
125 g Champignons aus der Dose	2 Eßl. geriebener Parmesankäse
50 g gekochter Schinken	6 Eßl. Butter oder Öl
50 g gepökelte, gekochte Zunge	Pro Person etwa:
1 Eßl. Butter	3680 Joule
2 Eßl. geriebener Parmesankäse	880 Kalorien
Für die Schnitzel:	Garzeit für die Makkaroni: 12 Minuten
4 Kalbsschnitzel zu je 125 g	
½ Teel. Salz	Bratzeit für die Schnitzel: 8 Minuten
2 Messersp. Pfeffer	
2 Eßl. Mehl	

Das Wasser mit dem Salz zum Kochen bringen, die Makkaroni einlegen und im schwach sprudelnden Wasser in etwa 12 Minuten weich kochen. In ein Sieb schütten, mit kaltem Wasser überbrausen und abtropfen lassen. Die Champignons abtropfen lassen. Den Schinken, die Zunge und die Champignons kleinschneiden. Die Butter im Makkaroni-Topf zerlassen und die kleingeschnittenen Zutaten darin erhitzen.
Die Makkaroni untermischen und bei milder Hitze erwärmen. Ab und zu umrühren. Zuletzt den Parmesankäse unterziehen.
Die Schnitzel von den weißen Häutchen an den Rändern befreien, kurz kalt waschen, trockentupfen, leicht klopfen oder mit dem Handballen flachdrücken und mit dem Salz und dem Pfeffer würzen. Danach erst in Mehl, dann in dem mit Wasser verquirlten Ei und zum Schluß in den mit dem Parmesankäse vermengten Semmelbröseln wenden. Die Semmelbrösel leicht andrücken. Die Butter oder das Öl in einer Pfanne erhitzen und die Schnitzel in etwa 4 Minuten goldbraun braten. Die Makkaroni in einer Schüssel anrichten. Die Schnitzel darauflegen und servieren.

Dazu schmeckt: Tomatensalat mit Zwiebeln und Thymian

SCHNITZEL · KOTELETTS

Schnitzel Holstein

4 Kalbsschnitzel zu je 125 g
1 Prise Pfeffer
1 Eßl. Butter oder Butterschmalz
2 Messersp. Salz
1 Eßl. Butter
4 Eier
je 1 gute Prise Salz und Pfeffer
4 Sardellenfilets
1–2 Teel. Kapern

Pro Person etwa:
1260 Joule
300 Kalorien

Bratzeit:
15 Minuten

Das Fleisch kurz kalt waschen und gut trockentupfen. Die Häute an den Rändern der Schnitzel abschneiden und die Schnitzel leicht klopfen oder mit dem Handballen flachdrücken. Die Schnitzel mit dem Pfeffer einreiben und in heißem Fett von jeder Seite etwa 3 Minuten braten. Die Schnitzel salzen und zugedeckt warmstellen.
Die Butter in einer zweiten Pfanne erwärmen, die Eier aufschlagen, ins heiße Fett gleiten lassen und bei mittlerer Hitze etwa 7 Minuten braten. Die Eiweiße salzen und pfeffern. Die Schnitzel auf einer vorgewärmten Platte anrichten und auf jedes Schnitzel ein Spiegelei gleiten lassen. Aus den Sardellenfilets Röllchen formen und neben den Eiern auf die Schnitzel legen. Die Kapern über die Eier und die Schnitzel streuen.

Beilagen: Salzkartoffeln oder Bratkartoffeln und Salzgurken, Pfeffergurken, Rote-Bete-Salat oder Kopfsalat

Unser Tip: Sollten Sie eine spezielle Pfanne für Spiegeleier besitzen, dann braten Sie die Spiegeleier in dieser Pfanne, denn die Eier werden dann gleichmäßig rund und groß. Haben Sie keine spezielle Spiegeleierpfanne, so achten Sie darauf, daß das Eiweiß nicht zu breit läuft. Schieben Sie es mit dem Pfannenwender immer wieder an das Eigelb, bis es beginnt, etwas fest zu werden. Die Spiegeleier haben dann für die Schnitzel die richtige Größe und lassen sich leichter darauf anrichten.

Grundrezept für gegrilltes Schnitzel

Gefülltes Schnitzel vom Grill

4 Kalbsschnitzel zu je 125 g
2 Messersp. Salz
1 Messersp. Pfeffer
2 Eßl. Tomatenmark
8 Sardellenfilets
100 g geriebener Emmentaler Käse
2 Eßl. Butter
1 Tomate
½ Bund Petersilie

Pro Person etwa:
1340 Joule
320 Kalorien

Grillzeit:
10 Minuten

Den Elektrogrill vorheizen.
Das Fleisch kurz kalt waschen, gut trockentupfen, leicht klopfen und von einer Seite mit dem Salz und dem Pfeffer einreiben. Das Tomatenmark auf die gewürzte Seite der Schnitzel streichen. Je 2 Sardellenfilets auf die Schnitzel legen und diese reichlich mit dem geriebenen Käse bestreuen. Die Schnitzel zusammenklappen und mit einem Holzspießchen feststecken.

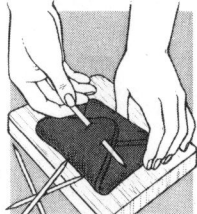

Gefüllte Schnitzel wie einen Briefumschlag falten und zusammenstecken.

Die Butter zerlassen, die Schnitzel von beiden Seiten damit bestreichen und im Abstand von 5 cm auf dem Grillrost unter die Grillstäbe schieben. Während des Grillens eine Fettpfanne unter die Schnitzel geben. Die Schnitzel nur einmal – nach etwa 5 Minuten Grillzeit – wenden und nochmals mit Butter bestreichen. Die Schnitzel sollten »durch« gegrillt werden; der austretende Fleischsaft muß farblos sein. Die fertigen Schnitzel mit Tomatenscheiben und Petersilie garnieren.

Beilagen: Kartoffelpüree oder Spaghetti und viel frischer grüner Salat

Grundrezept für gebratenes Kotelett

Hammelkotelett

4 Hammelkoteletts zu je 180 g
1 Knoblauchzehe
½ Teel. Pfeffer
1 Teel. Salz
1 Eßl. Bratfett

Pro Person etwa:
1890 Joule
450 Kalorien

Bratzeit:
12 Minuten

Die Koteletts kalt waschen, gut trockentupfen und das überflüssige Fett abschneiden. Die Knoblauchzehe schälen und mit einer Knoblauchpresse zerdrücken. Das Fleisch von beiden Seiten mit dem Knoblauchsaft einreiben und pfeffern.
Das Bratfett in der Pfanne bei guter Mittelhitze zerlassen und die Koteletts im heißen Fett pro Seite 6 Minuten braten. Die Hammelkoteletts nach dem Braten beidseitig salzen und auf einer vorgewärmten Platte anrichten.

Beilagen: grüne Bohnen oder Bohnensalat und junge Kartoffeln mit Petersilie bestreut

Manche mögen's heiß und gepfeffert. Wenn Sie dazu gehören, dann sollten Sie das folgende Rezept versuchen!

Grundrezept für gegrilltes Kotelett

Lammkotelett vom Grill

4 Lammkoteletts zu je 125 g
2 Messersp. Pfeffer (oder mehr!)
2 Eßl. Senf oder
4 Eßl. fertige Steaksauce (Rezept in diesem Buch)
2 Eßl. Öl
100 g feine Gänseleber- oder Leberwurst
2 Eßl. Weinbrand
½ Teel. Salz
einige Champignons aus der Dose
1 Tomate
½ Bund Petersilie

Pro Person etwa:
2260 Joule
540 Kalorien

Grillzeit:
10–12 Minuten

Die Koteletts kurz kalt waschen und gut trockentupfen. Die Fettränder der Koteletts im Abstand von etwa 5 cm einschneiden. Die Koteletts entweder mit dem Pfeffer einreiben, mit dem Senf bestreichen und mit dem Öl bepinseln oder dick mit der Steaksauce bestreichen und 20 Minuten zugedeckt ruhen lassen.
Den Elektrogrill vorheizen.
Den Grillrost mit Öl bestreichen. Die Koteletts auf den Rost legen und mit 6 cm Abstand unter die Grillstäbe schieben. Unter die Koteletts entweder die Fettpfanne oder Alufolie legen. Die Koteletts nach etwa 6 Minuten Grillzeit mit der Grillzange wenden. Das Fleisch ist gar, wenn es dem Druck der Zange nur mehr wenig nachgibt.
Während das Fleisch grillt, die Leberwurst mit dem Weinbrand sahnig rühren. Die fertigen Koteletts salzen, mit dieser Creme bestreichen und noch einmal so lange grillen, bis die Creme zu schmelzen beginnt. Die Koteletts auf einer vorgewärmten Platte anrichten und mit Tomatenachteln, Champignons und Petersilie garnieren.

KOTELETTS · ROULADEN

Beilagen: frisches Stangenweißbrot und italienische Sauce

Beilagen: grüne Bohnen, Spinatsalat mit Zwiebeln oder Feldsalat

Schweinekotelett in roter Sauce

Bild Seite 147

¾ l Wasser	1 Teel. Paprika-
½ Teel. Salz	pulver, mild
250 g Langkornreis	4 Eßl. süße oder
50 g durchwachse-	saure Sahne
ner Speck	1 Teel. Speise-
1 Zwiebel	stärke
4 Schweinekoteletts	1 Zitrone
zu je 180 g	
½ Teel. Salz	Pro Person etwa:
1 Eßl.	4100 Joule
Paprikapulver,	980 Kalorien
mild	
2 Eßl. Mehl	Garzeit:
1 Eßl. Bratfett	für den Reis
¼ l Fleischbrühe	20 Minuten,
2 Eßl. Tomaten-	für die Koteletts
mark	15 Minuten

Das Wasser mit dem Salz zum Kochen bringen, den gewaschenen Reis ins sprudelnd kochende Wasser schütten, zudecken und bei milder Hitze 20 Minuten quellen lassen. Den Speck in sehr kleine Würfel schneiden. Die Zwiebel schälen und kleinwürfeln. Das Fleisch kurz kalt waschen, gut trockentupfen und die Fettränder einschneiden. Das Salz mit dem Paprikapulver und dem Mehl in einem Teller mischen. Die Koteletts beidseitig darin wenden und nicht anhaftendes Mehl wieder abschütteln. Das Bratfett in einer großen Pfanne erhitzen, die Koteletts von beiden Seiten darin braun anbraten, dann bei milder Hitze von jeder Seite weitere 6 Minuten braten. Die Koteletts auf dem Reis anrichten und im Backofen warm stellen.
Die Speck- und Zwiebelwürfel im verbliebenen Bratfett der Koteletts unter Umwenden hellgelb braten. Nach und nach unter Rühren mit der Fleischbrühe aufgießen und den Bratensatz dabei lösen. Das Tomatenmark und das Paprikapulver verrühren, in die Sauce geben und alles einmal aufkochen lassen. Die Sahne mit der Speisestärke verrühren, in die Sauce geben und unter Rühren ebenfalls einige Male aufkochen lassen. Die Hälfte der Sauce über die Koteletts und den Reis gießen. Die restliche Sauce gesondert dazu reichen. Die Zitrone in Scheiben schneiden und die Koteletts damit garnieren.

Grundrezept

Geschmorte Rinderroulade

Bild Seite 148/149

4 dünne Scheiben	1 kleinere Zwiebel
Rindfleisch	20 g Speck
aus der Hüfte	2 Eßl. Bratfett
zu je 125 g	2 Eßl. Mehl
½ Teel. Salz	je 1 Messersp. Salz
2 Messersp. Pfeffer	und Pfeffer
1 Eßl. Senf	3 Eßl. saure Sahne
1 große Zwiebel	
1 Knoblauchzehe	Pro Person etwa:
60 g Speck	2090 Joule
1 kleine Gewürz-	500 Kalorien
oder Essiggurke	
¼–⅜ l Fleisch-	Schmorzeit:
brühe	80 Minuten

Das Fleisch kurz kalt waschen, gut trockentupfen und mit dem Salz und dem Pfeffer einreiben. Die Fleischscheiben nebeneinander auf ein Brett legen und mit dem Senf bestreichen. Die Zwiebel und die Knoblauchzehe schälen, mit dem Speck und der Gurke fein hacken und auf die Fleischscheiben verteilen. Die Längsränder der Rouladen einschlagen, die Fleischstücke aufrollen und mit Nadeln oder Holzspießchen feststecken.
Die Fleischbrühe erhitzen. Die zweite Zwiebel schälen und würfeln.
Den Speck ebenfalls in kleine Würfel schneiden. Das Bratfett in einem Schmortopf erhitzen. Die Rouladen rundherum in Mehl wenden und von allen Seiten im heißen Fett etwa 5 Minuten anbraten. Die Speck- und Zwiebelwürfel zugeben und mitbraten, bis die Zwiebeln gelb und der Speck leicht angebräunt ist. Die Hitze reduzieren, eine halbe Tasse heiße Fleischbrühe seitlich um die Rouladen gießen und alles zugedeckt bei milder Hitze 80 Minuten schmoren lassen. Nach Bedarf Fleischbrühe nachgießen.
Die garen Rouladen aus dem Topf nehmen und warm stellen. Die Sauce mit der restlichen Fleischbrühe bis zu ¼ Liter auffüllen und den Bratensatz unter Rühren vom Topfboden lösen. Die Sauce mit Salz und Pfeffer abschmecken und mit der Sahne verfeinern. Die Spießchen oder Nadeln aus den Rouladen ziehen, diese in einer vorgewärmten Schüssel anrichten und mit der Sauce übergießen.

Zum Bild rechts:

Panierte Schnitzel signalisieren gedanklich zumeist Wiener Schnitzel! Obgleich das nur bedingt zutrifft, denn echte Wiener Schnitzel sind immer Kalbsschnitzel. Dennoch gehören alle panierten Schnitzel zu den Fleischgerichten, die nicht gerade alltäglich sind und schon etwas Besonderes darstellen. Das Panieren macht etwas Mühe und erfordert Sorgfalt, hat aber den Vorteil, daß panierte Fleischscheiben während des Bratens nicht trocken werden und saftiger bleiben als unpanierte. Ob Sie Kalbsschnitzel, Schweineschnitzel, Koteletts, Wurstscheiben oder Frikadellen panieren – wichtig ist das gleichmäßige Umhüllen der Fleischscheiben mit Mehl, das dann das verquirlte Ei aufsaugt, und dieses läßt zuletzt die Semmelbrösel gut haften. Die Panierung sollte keine dicke Kruste bilden, sondern das Schnitzel lediglich als feine Schicht umgeben.
Das Rezept finden Sie auf Seite 132.

ROULADEN

Zum Bild links:

Paprikaschnitzel schmeckt würzig-feurig. Die leuchtendrote Sauce hält geschmacklich, was sie optisch verspricht. Dabei kann man die Schärfe leicht seinen persönlichen Wünschen anpassen, indem man das im Rezept vorgeschlagene Paprikapulver, edelsüß, zum Teil oder völlig durch Paprikapulver, mild oder scharf, ersetzt. Allerdings sollten Sie dann das Quantum vorsichtig und nicht etwa teelöffelweise dosieren.
Das Rezept finden Sie auf Seite 133.

Zürcher Kalbsgeschnetzeltes mit Rösti ist ein Schweizer Nationalgericht, das sich in ganz Europa großer Beliebtheit erfreut. Wenn das Kalbfleisch bereits geschnetzelt – in feine Streifen geschnitten – gekauft wird, läßt sich Geschnetzeltes in wenigen Minuten zubereiten. Die Rösti benötigen etwas mehr Zeit, gehören aber unbedingt zum Geschnetzelten und sollten nicht durch andere Beilagen ersetzt werden, von denen die meisten auch nicht schneller zuzubereiten sind.
Das Rezept für Geschnetzeltes finden Sie auf Seite 178, für Rösti auf Seite 314.

Schmorgut niemals direkt begießen sondern die Flüssigkeit immer am Topfrand entlang zum Fleisch geben.

Beilagen: Kartoffelpüree, Rotkohl, Grünkohl, Wirsing oder Broccoli

Variante

Rinderroulade in Burgundersauce

Belegen Sie hierfür die Fleischscheiben vor dem Einrollen mit je 4 geschälten, gewürfelten Schalotten und je 1 dünnen Scheibe durchwachsenem Speck. 4 weitere Schalotten zunächst im Bratfett anbraten, die Rouladen ebenfalls rundherum anbraten und die Fleischbrühe zum Ablöschen mit einem Glas Rotwein verfeinern. Die Sauce mit Petersilie, Thymian und 1 Lorbeerblatt würzen und zuletzt mit Zitronensaft abschmecken. Die Sauce mit 1 Eßlöffel kalt angerührter Speisestärke binden. Als Beilage passen dazu Spätzle oder Klöße aus gekochten Kartoffeln.

Schweineroulade mit Brät

4 dünne, lange Schweineschnitzel zu je 125 g
½ Bund Petersilie
200 g Kalbs- oder Rinderbrät
2 Messersp. Pfeffer
½ Teel. Salz
2 Messersp. Pfeffer
1 Eßl. Senf
125 g gekochter Schinken in 4 Scheiben
¼ l Fleischbrühe
2 Eßl. Bratfett
1 Eßl. Tomatenmark
3 Eßl. saure Sahne

Pro Person etwa:
2220 Joule
530 Kalorien

Schmorzeit:
45 Minuten

Die Schnitzel kurz kalt waschen und gut trockentupfen. Die Petersilie waschen, abtropfen lassen und fein hacken. Das Brät mit dem Pfeffer und der Petersilie vermengen. Die Schnitzel von einer Seite mit dem Salz, dem Pfeffer und dem Senf einreiben und die Brätmasse darauf streichen. Je eine Scheibe Schinken auf ein Schnitzel legen, die Schnitzel sorgfältig aufrollen und zustecken. Die Fleischbrühe erhitzen. Das Bratfett in einem Schmortopf erhitzen und die Rouladen rundherum etwa 5 Minuten darin anbraten.

Seitlich etwas heiße Fleischbrühe zugießen und die Rouladen 45 Minuten zugedeckt schmoren lassen. Von Zeit zu Zeit etwas heiße Fleischbrühe nachgießen und dabei das Fleisch beschöpfen.
Die fertigen Rouladen in einer vorgewärmten Schüssel warmstellen und die Nadeln entfernen. Den Bratensatz im Schmortopf mit der restlichen Fleischbrühe lösen und bis zu ¼ Liter Flüssigkeit (eventuell mit Wasser) auffüllen. Das Tomatenmark in die Sauce rühren, einmal aufkochen lassen und mit der Sahne verfeinern. Die Sauce über die Rouladen gießen.

Beilagen: Kartoffelpüree, Teigwaren oder Reis und gedünstete Tomaten oder Kohlrabi

Unser Tip: Wenn Ihnen eine Roulade übrigbleibt: Kalte Rouladen eignen sich vorzüglich – in dünne Scheiben geschnitten – als Bestandteil einer kalten Platte oder als Fleischzutat für eine Sülze.

Schweineroulade in pikanter Sauce

4 lange dünne Schweineschnitzel zu je 125 g
½ Teel. Salz
2 Messersp. Pfeffer
8 getrocknete Salbeiblätter
2 Eßl. Mehl
1 Eßl. Bratfett
⅛ l Weißwein
½ Tasse Wasser
1 Teel. Speisestärke
⅛ l saure Sahne
1–2 Messersp. Salz
etwas Streuwürze
1 Bund Petersilie

Pro Person etwa:
1480 Joule
350 Kalorien

Schmorzeit:
45 Minuten

Die Schnitzel kurz kalt waschen, gut trockentupfen, mit dem Salz und dem Pfeffer einreiben, mit je 2 Salbeiblättern belegen, aufrollen, in dem Mehl wenden und die Enden mit Holzspießchen feststecken. Das Bratfett erhitzen und die Rouladen darin etwa 5 Minuten rundherum braun anbraten. Seitlich etwas Wein zugießen, die Hitze reduzieren und die Rouladen bei milder Hitze 45 Minuten zugedeckt schmoren lassen. Von Zeit zu Zeit etwas Wein zugießen. Die garen Schweinerouladen warmstellen.
Den Bratensatz in der Pfanne mit dem Rest des Weines und mit dem Wasser lösen. Die Speisestärke mit der Sahne anrühren, die Sauce damit binden und einmal kräftig aufkochen lassen.

FLEISCHGERICHTE · STEAKS

Die Sauce mit etwas Salz und Streuwürze abschmecken. Die Petersilie waschen, abtropfen lassen und kleinschneiden. Aus den Rouladen die Spießchen entfernen, mit der Sauce begießen und mit der Petersilie bestreuen.

Beilagen: körnig gekochter Reis mit Kräutern und Kopfsalat

Vogelnester werden auf Kartoffelpüree serviert. Bereiten Sie das Püree nach dem Rezept in diesem Buch vor oder stellen Sie es aus einem Fertigprodukt her.

Vogelnester

4 Eier
125 g gekochter Schinken in 4 Scheiben
4 lange dünne Schnitzel vom Kalb oder Schwein zu je 100 g
½ Teel. Salz
2 Messersp. Pfeffer
2 Eßl. Mehl
¼–⅜ l Fleischbrühe
2 Eßl. Bratfett
3 Eßl. saure Sahne
1–2 Tomaten
½ Bund Petersilie

Pro Person etwa:
1630 Joule
390 Kalorien

Schmorzeit:
50 Minuten

Die Eier in kochendes Wasser legen. 10 Minuten kochen lassen, gut kalt abschrecken und schälen. Jedes Ei in eine Schinkenscheibe wickeln. Die Schnitzel kalt waschen, gut trockentupfen und mit dem Salz und dem Pfeffer einreiben. Die Eier in den Schinkenscheiben auf die Schnitzel legen, die Schnitzel aufrollen und gut mit Küchengarn binden, so daß die Eier nicht herausrutschen können. Die Rouladen von allen Seiten in Mehl wenden.
Die Fleischbrühe erhitzen. Das Bratfett in einem Schmortopf heiß werden lassen, die Rouladen von allen Seiten etwa 5 Minuten darin anbraten und seitlich heiße Fleischbrühe um die Rouladen gießen. Die Rouladen bei reduzierter Hitze zugedeckt 45 Minuten schmoren lassen; dabei ab und zu wenig Fleischbrühe nachgießen, damit die Sauce nicht verkocht.
Während die Rouladen garen, das Kartoffelpüree zubereiten.
Die fertigen Rouladen auf eine vorgewärmte Platte legen, den Faden entfernen und die Rouladen warmstellen. Den Bratensatz im Schmortopf mit etwas Fleischbrühe lösen, unter Rühren einmal aufkochen lassen, vom Herd nehmen und mit der Sahne verrühren.

Das Kartoffelpüree auf vier vorgewärmten Tellern verteilen, in die Mitte des Pürees mit einem Schöpflöffel eine Grube drücken und das »Rouladen-Ei« hineinlegen. Die Sauce über die Rouladen gießen und jede Portion mit Tomatenachteln und Petersilie garnieren.

Beilage: Leipziger Allerlei, Zucchini oder rohe Salate

Thüringer Kalbsvögerl

1 große Zwiebel
2 Tomaten
1 Stange Lauch
100 g gekochter Schinken
4 Eßl. Petersilie
3 Eßl. Butter
2 Eßl. Tomatenmark
4 Kalbsschnitzel zu je 100 g
½ Teel. Salz
1 Teel. Paprikapulver, edelsüß
50 g Speck in Streifen
3 Eßl. Mehl
½ Tasse Wasser
⅛ l saure Sahne

Pro Person etwa:
2240 Joule
530 Kalorien

Schmorzeit:
40 Minuten

Die Zwiebeln schälen und würfeln. Die Tomaten häuten und kleinschneiden. Den Lauch gut waschen und in kleine Streifen schneiden. Den Schinken ebenfalls in Streifen schneiden. Die Petersilie abbrausen und kleinschneiden. Die Hälfte der Butter in einer Kasserolle zerlassen, die Zwiebelwürfel, die kleingeschnittenen Tomaten, die Lauch- und Schinkenstreifen zufügen. Nach einigen Minuten unter Rühren das Tomatenmark und die Petersilie zugeben. Die Schnitzel kurz kalt waschen, gut trockentupfen, sehr dünn klopfen und mit dem Salz und dem Paprikapulver einreiben. Eine Seite der Schnitzel mit der Gemüsefüllung bestreichen, je 2 Speckstreifen darauflegen, die Schnitzel aufrollen und die Enden mit Holzspießchen feststecken. Die Kalbsrollen im Mehl wenden. Das Wasser erhitzen. In einer Pfanne die restliche Butter zerlassen und die Kalbsvögerl darin braun anbraten. Das heiße Wasser seitlich zugießen und die Rouladen bei mittlerer Hitze 40 Minuten zugedeckt schmoren. Die Kalbsvögerl in einer vorgewärmten Schüssel anrichten. Den Bratenfond mit der sauren Sahne lösen, mit etwas Salz abschmecken und darübergeben.

Beilagen: Salzkartoffeln und junge grüne Erbsen

Berühmte Steaks und ihre Varianten

Das englische Wort »Steak«, wie wir es auch im Deutschen verwenden, hat seinen Ursprung im altenglisch-altnordischen »steikja«, was »braten« oder genauer »auf den Bratspieß stecken« bedeutet.
Steaks sind dünnere oder dickere Fleischscheiben, die ausschließlich zum Braten oder Grillen bestimmt sind. Dementsprechend gibt es Steaks von allen eßbaren Großtieren: Rind, Kalb, Schwein und Lamm liefern über 99 % aller Steaks. In Wildrestaurants gehören aber auch Hirschsteaks auf die Tageskarte und in den Hochburgen der Feinkost findet der Gourmet zu angemessenen Preisen sogar Steaks von Bären, Löwen, Antilopen, Giraffen und Elefanten.
Vor allem die Rindersteaks – genaugenommen stammen die besten Steaks vom Ochsen – haben Namen, die auf ihre Größe oder die Körperpartie des Rindes, von der sie stammen, schließen lassen. Die großen Rückenmuskeln, die über und unter den Kreuzwirbeln liegen, werden aber in den verschiedenen deutschsprachigen Gebieten verschieden bezeichnet: Während man in Süddeutschland zwischen Lende (über den Wirbelknochen) und Filet (unter den Knochen fortsetzender Wirbel) unterscheidet, wird im Norden und Westen nicht so genau differenziert. Im Norden heißt die süddeutsche »Lende« zuweilen Roastbeef, das Filet vielleicht Beefsteak, das Filetsteak Lendenschnitte oder umgekehrt. Lassen Sie sich dadurch nicht beirren, oft verhelfen diese Bezeichnungen lediglich einer allzu einfachen Hotelküche zu vorgetäuschter Vielfalt.

Der Einkauf von Steaks
Ein richtiges Ochsensteak darf nie zu dünn geschnitten sein, da es sonst beim Braten im Nu »durch« wäre, und das wäre für den Steak-Liebhaber ein Unding. Von allen Rindfleisch- oder Ochsenfleischteilen muß das Fleisch für Steaks ganz besonders gut abgehangen sein. Nehmen Sie sich deshalb niemals vor, morgen muß es Rumpsteak oder Filetsteak geben. Fragen Sie erst Ihren Fleischer, für welche Steaks er das bestabgehangene Fleisch zu bieten hat, und davon machen Sie Ihren Entschluß abhängig. Wenn Sie ganz sicher gehen möchten,

STEAKS UND IHRE VARIANTEN

zarte, saftige Steaks servieren zu können, so kaufen Sie die vom Fleischer empfohlenen und lassen sie eingeölt und gut zugedeckt noch 1–3 Tage im Kühlschrank ruhen. Dies gilt besonders für Steaks aus der Keule. Die Steaks gut mit Öl einreiben, nebeneinander auf Alufolie legen, gut verpacken und das Paket bis zum Garen im Kühlschrank unter dem Verdampferfach aufbewahren.

Steaks vom Schwein, Kalb oder Lamm brauchen nicht abzuhängen, sie werden 1–2 Tage nach dem Schlachten des Tieres verkauft und können gleich zubereitet werden.

Eventuell läßt man sie leicht eingeölt über Nacht im Kühlschrank liegen oder man ölt sie 2–3 Stunden vor dem Zubereiten ein.

Gargrade für Steaks
Steaks vom Kalb, Schwein oder Lamm werden durchgegart serviert. Alle Ochsensteaks dagegen werden von Kennern in recht unterschiedlichen Gargraden geschätzt. Die einen mögen ihr Steak am liebsten fast roh, die anderen bevorzugen es halbdurch und wieder andere essen es nur, wenn es beim Inneren hellrosa ist. Für die verschiedenen Gargrade gibt es internationale Bezeichnungen, die man kennen sollte, will man seine Bestellung im Restaurant ohne Mißverständnis aufgeben. Deshalb hier eine kleine Aufstellung, was man sich unter welchem Begriff vorzustellen hat und mit welchen Garzeiten man den gewünschten Gargrad erreicht.

Steaks richtig vorbereiten
Steaks werden niemals geklopft und paniert. Steaks werden immer erst nach dem Braten oder Grillen gesalzen; würzen kann man Steaks jedoch schon vor dem Garen.

Entweder mischt man Öl mit Gewürz oder getrockneten, zerriebenen Kräutern und reibt die Steaks einige Stunden vor dem Braten damit ein; das Aroma teilt sich dem Fleisch dann mit, und das Fleisch wird mürber; oder man reibt die Steaks mit wenig neutralem Öl ein und bestreut sie dann mit Pfeffer, Currypulver oder zerriebenen Kräutern.

Statt Steaks mit Öl einzureiben, kann man sie auch einige Stunden vor dem Zubereiten in Steaksauce legen, das Rezept für die Steaksauce finden Sie in diesem Buch. Das Fleisch wird dadurch noch mürber, verliert aber ein wenig von seinem typischen, reinen Fleischgeschmack.

Steaks werden vor dem Zubereiten – entweder direkt vor dem Garen oder vor dem Einölen – mit einem feuchten Tuch abgerieben. Werden Steaks vor dem Garen in Öl oder Steaksauce eingelegt, tupft man vor dem Garen überflüssiges Öl von den Steaks ab, so daß sie nur leicht glänzen. Die Steaksauce wird gründlich von den Steaks abgetupft und die Steaks leicht mit Öl bestrichen.

Braten in der Pfanne
Steaks werden am besten in einer schweren Pfanne gebraten, die leer – also ohne Fett – bereits hoch erhitzt werden kann. Zum Erhitzen der Pfanne starke Temperaturen verwenden (hohe Gasflamme, Schaltstufe 3 bei der Elektroplatte, Schaltstufe 9–10 bei der Automaticplatte). Das Bratfett – das ist Öl oder reines, halbflüssiges oder festes Pflanzenfett – in der Pfanne heiß werden lassen; Probe: Läuft das heiße Fett beim Schräghalten der Pfanne in kleinen Strängen über den Pfannenboden, ist es heiß genug. (Beim Einlegen der Steaks brutzelt das Fett!). Die vorbereiteten und gut trockenen Steaks ins heiße Fett legen und die Hitze sofort zurückschalten (halbhohe Gasflamme, Schaltstufe 2 bei der Elektroplatte, Schaltstufe 9–10 bei der Automaticplatte) und die Steaks je nach gewünschtem Gargrad fertig braten. Die Pfanne gibt in den weiteren Bratminuten noch genügend starke Hitze ab, um ein Steak nach Wunsch darin auch nur raw oder saignant zu braten. Soll das Steak medium oder welldone gegart werden, muß die Hitze ohnehin mäßiger werden, damit das Steak während des Garens außen nicht verbrennt. Die Pfanne bleibt beim Braten von Steaks immer unbedeckt.

Steaks beim Wenden nicht mit der Gabel anstechen.

Faustregel: Je kürzer die Bratzeit, desto stärker muß die Hitze sein: das Steak verkrustet außen rasch und bleibt innen roh. – Je länger die Bratzeit, desto milder muß die Hitze sein: das Steak gart durch, ohne außen zu verbrennen.

Grillen im Elektrogrill
Den Grill je nach Typ genügend lange vorheizen. Die vorbereiteten Steaks von beiden Seiten mit Öl bepinseln, auf den geölten Grillrost legen und im gewünschten Abstand von den Grillstäben einschieben. Unter den Grillrost die Fettpfanne oder ein Stück Alufolie geben, damit tropfender Fleischsaft aufgefangen wird; man träufelt ihn vor dem Servieren über die Steaks. Steaks mit der Grillzange wenden, aber nicht mit der Gabel anstechen.

Faustregel: Je kürzer die Grillzeit, desto näher an den Grillstäben muß das Steak gegrillt werden: Es verkrustet außen rasch und bleibt innen roh. Je länger die Grillzeit, um so größer muß der Abstand zwischen Grillrost und Grillstäben sein: Das Steak verkrustet außen langsam und wird innen gut durchgegart.

Gargrade und Garzeiten

Gargrade, Brat- und Grillzeiten für Steaks von etwa 200 g Gewicht

bien, "english", très saignant, raw oder bleu =	very rare oder saignant =	medium, demi anglais oder à point =	well-done oder bien cuit =
innen roh, noch blutend, außen dünne braune Kruste.	Kern noch roh und blutig, darum herum rosa, außen braun.	das Innere ist noch rosa.	völlig durchgebraten.
Pfanne: sehr starke Hitze je Seite 1–2 Minuten	Pfanne: starke Hitze je Seite 2–3 Minuten	Pfanne: mittelstarke Hitze, je Seite 4–5 Minuten	Pfanne: mittelstarke Hitze, je Seite 5–6 Minuten
Grill: unmittelbar unter den Grillstäben, je Seite 2–3 Minuten	Grill: 3–4 cm unter den Grillstäben, je Seite 4–5 Minuten	Grill: 4–5 cm unter den Grillstäben, je Seite 5–6 Minuten	Grill: 5–6 cm unter den Grillstäben, je Seite 5–7 Minuten
Garprobe: Fleisch gibt auf Fingerdruck weich nach	Garprobe: Fleisch gibt in der Mitte auf Fingerdruck noch weich nach	Garprobe: Fleisch gibt auf Fingerdruck kaum noch nach	Garprobe: Fleisch gibt auf Fingerdruck nicht mehr nach

STECKBRIEFE DER STEAKS

Grillen über Holzkohle
Der Holzkohlengrill muß je nach Grilltyp ein bis zwei Stunden vor Grillbeginn angeheizt werden, bis sich graue Asche auf der glühenden Kohle gebildet hat. Halten Sie vor Grillbeginn die Hand etwa 10 cm hoch über den Rost. Zählen Sie. Müssen Sie Ihre Hand bereits bei 3 wegnehmen, ist die Hitze richtig! Die vorbereiteten Steaks auf den sehr heißen Grillrost legen; der Grillrost selbst wird nicht eingeölt, weil das Fleisch sonst leicht an ihm kleben bleibt. Je nach gewünschtem Garegrad das Steak pro Seite 1–5 Minuten grillen. Bei längerer Grilldauer das Steak aus der stärksten Hitzezone in der Mitte des Rostes mehr an den Rand des Rostes legen – oder den Grillrost nach oben verstellen, so daß die Hitzestrahlung gemildert einwirken kann.

Faustregel: Je kürzer die Grillzeit, desto stärker muß die Hitze auf das Steak einwirken: das Steak verkrustet außen rasch und bleibt innen roh. Je länger die Grillzeit, desto milder muß die Hitze sein: das Steak gart durch, ohne außen zu verbrennen.

Steckbriefe der Steaks

Filetsteak –
auch Lendenschnitte, Beefsteak, Filet-Beefsteak:
2 cm dick, 150–200 g schwer; aus dem dicken Ende des Filets geschnitten.
Nicht klopfen; alle weißen Häutchen ablösen, das Steak nach Wunsch dressieren, das heißt, das Steak horizontal mit Küchengarn binden, damit es gleichmäßig dick geformt ist.
Medium gegart: Je Seite 4–5 Minuten, danach salzen.

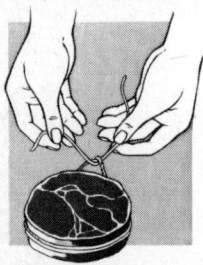

Durch horizontales Binden mit Küchengarn wird das Steak gleichmäßig dick geformt.

Chateaubriand –
auch doppeltes Filetsteak:
6 cm dick, 400–500 g schwer; aus der Mitte des Filets geschnitten.
Nicht klopfen, alle weißen Häutchen ablösen.
Medium gegart: Je Seite 1 Minute scharf anbraten, dann je Seite 7–8 Minuten bei mittlerer Hitze weiter garen; danach salzen.

Tournedos:
4 cm dick, 100 g schwer; aus dem schmalen Teil des Filets geschnitten.
Nicht klopfen, nach Wunsch dressieren, das heißt, horizontal mit Küchengarn binden, damit es gleichmäßig dick in Form bleibt.
Medium gegart: Je Seite 3–4 Minuten, danach salzen.

Porterhouse-Steak:
6 cm dick, 800–1000 g schwer; aus dem Roastbeef mit Knochen und Filet geschnitten.
Nicht klopfen; mit der Messerspitze das Fleisch den Wirbelknochen entlang etwas lösen, damit es sich beim Garen nicht wölbt.
Medium gegart: Je Seite 10–12 Minuten; danach salzen.

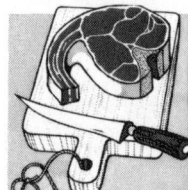

Das Porterhouse-Steak aus dem Roastbeef mit Knochen und dem Filet geschnitten.

T-Bone-Steak:
4 cm dick, 600 g schwer; aus Roastbeef und Filet (näher am Schwanzende) geschnitten, mit T-förmigem Knochen.
Nicht klopfen; mit der Messerspitze das Fleisch den Knochen entlang etwas lösen, damit es sich beim Garen nicht wölbt.
Medium gegart: Je Seite 5–7 Minuten; danach salzen.

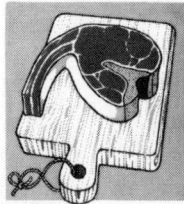

Das T-Bone-Steak mit dem T-förmigen Knochen, der viel spitzer verläuft als beim Porterhouse-Steak.

Rumpsteak:
2–3 cm dick, 200–300 g schwer; das echte Rumpsteak ist aus der Kluft (Keule) geschnitten; das häufigere »falsche« Rumpsteak ist aus dem verlängerten flachen Roastbeef geschnitten. Dieses muß einen einseitigen Fettrand haben.
Nicht klopfen, bei einem »falschen« Rumpsteak den Fettrand im Abstand von 1 cm einschneiden, das ergibt den »Hahnenkamm«, damit sich das Steak beim Braten nicht wölbt.
Medium gegart: Je Seite 4–5 Minuten; danach salzen.

Kluftsteak –
auch Beefsteak, Hamburger Steak:
3 cm dick, 200 g schwer; aus der Keule (Kluft) geschnitten. Kluftsteaks sind preiswerter als Filetsteaks, müssen aber ausdrücklich als Kluftsteaks gezeichnet sein. Kluftsteaks werden besonders zart, wenn man sie bis zu drei Tagen vor dem Zubereiten gut mit Öl bestreicht und im Kühlschrank lagert.
Nicht klopfen.
Medium gegart: Je Seite 4–5 Minuten; danach salzen.

Entrecôte –
auch Zwischenrippenstück:
6 cm dick, 400 g schwer; aus der Mitte des flachen Roastbeefs geschnitten.
Die kräftige Sehne der oberen Schicht durchschneiden, damit sich das Steak beim Braten nicht wölbt.
Medium gegart: Je Seite 6–8 Minuten; danach salzen.

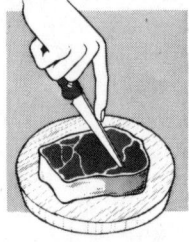

Beim Entrecôte die starke Sehne durchschneiden, damit sich das Fleisch beim Braten nicht wölbt.

Entrecôte double:
6 cm dick, 800 g schwer; aus dem flachen Roastbeef und dem dicken Ende des Filets geschnitten.
Die kräftige Sehne der oberen Schicht durchschneiden, damit sich das Steak beim Braten nicht wölbt.
Medium gegart: Je Seite 8–10 Minuten; danach salzen.

Sattelsteak:
3 cm dick, 200 g schwer; aus der Lende geschnitten.
Nicht klopfen.
Medium gegart: Je Seite 4–5 Minuten; danach salzen.

Rindermedaillon:
3 cm dick, 100–150 g schwer; runde Scheibe aus dem spitzen Ende des Filets geschnitten. Medaillons werden häufig aus anderen Fleischteilen ge-

STECKBRIEFE DER STEAKS

schnitten oder gestochen; man sollte immer seinen Fleischer fragen, ob es sich um ein Medaillon aus dem Filet handelt oder nicht.
Nicht klopfen.
Medium gegart: Je Seite 3–4 Minuten; danach salzen.

Kalbsmedaillon:
3 cm dick, 80 g schwer; aus dem Filet geschnitten.
Nicht klopfen; eventuell mit der Messerklinge etwas breit drücken; nach Belieben leicht bemehlen.
Durchgegart: Je Seite 3 Minuten; danach salzen.

Schweinemedaillon:
3 cm dick, 80–100 g schwer; aus dem Filet geschnitten.
Nicht klopfen.
Durchgegart: Je Seite 4–5 Minuten; danach salzen.

Filet Mignon:
2 cm dick, 80–100 g schwer; aus der Filetspitze geschnitten, die für Steaks zu klein ist. Filet Mignon wird aus dem Filet vom Rind, Kalb oder Schwein zubereitet.
Nicht klopfen.
Medium gegart: Je Seite 3–4 Minuten; danach salzen.
Durchgegart: Je Seite 4–5 Minuten; danach salzen.

Kalbssteak:
2 cm dick, 150 g schwer; aus dem Kalbsfilet oder Kalbsrücken geschnitten.
Nicht klopfen; eventuell mit der Messerklinge etwas breit drücken; nach Belieben leicht bemehlen.
Durchgegart: Je Seite 4–5 Minuten; danach salzen.

Schweinesteak:
1½ cm dick, 150 g schwer; aus der Lende oder dem Kotelettstück geschnitten.
Nicht klopfen.
Durchgegart: Je Seite 6 Minuten; danach salzen.

Schinkensteak:
2 cm dick, 150–200 g schwer; aus der gepökelten, gekochten Keule geschnitten.
Nicht klopfen.
Durchgegart: Je Seite 6–7 Minuten; danach salzen.

Lammsteak –
auch Lammkotelett:
2 cm dick, 80 g schwer; aus dem Rippenstück mit Knochen geschnitten.
Nicht klopfen.
Durchgegart: Je Seite 4 Minuten; danach salzen.

Steaklette:
Da die Nachfrage nach Steaks größer ist als die verfügbare Menge aller echten Steak-Teile, hat die Industrie Maschinen entwickelt, die auch aus anderen Fleischteilen durch Walzen, Stechen, Reißen oder Pressen Fleischscheiben herstellen, die wie Steaks zubereitet werden können. Solches Fleisch muß ausdrücklich als »gesteakt« gekennzeichnet sein. Der Metzger nennt diese falschen Steaks »Steakletten«.

Steaks richtig servieren
Steaks bis zu 400 g werden möglichst heiß sofort aus der Pfanne oder vom Grill auf gut vorgewärmten Tellern serviert.
Schwere Steaks, wie Entrecôte-double, Porterhouse-Steak oder T-Bone-Steak, werden möglichst am Tisch tranchiert. Zuvor läßt man sie aber zwischen zwei heißen Platten gut

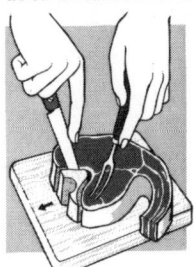

Ein Porterhouse-Steak tranchiert man auf einem Holzbrett mit Saftrinne. Zuerst löst man den Knochen heraus.

Das Porterhouse-Steak wird mit einem scharfen Messer im Abstand von 3 cm leicht schräg in Querscheiben geschnitten.

5 Minuten ruhen, damit beim Aufschneiden der Fleischsaft nicht sofort auf das Tranchierbrett läuft, sondern sich in den Muskelfasern festsetzen kann.
Zum Tranchieren am besten ein leicht geöltes Holzbrett mit einer Saftrinne verwenden, damit das Brett selbst keinen Fleischsaft aufsaugen kann.

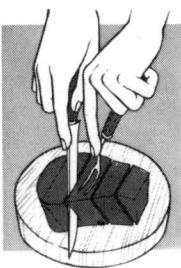

Tranchieren eines Entrecôte double. Dabei nicht mit den Zinken der Tranchiergabel ins Fleisch stechen, sondern das Steak mit dem Rücken der Gabel festhalten.

Das Steak mit einem großen, scharfen Tranchiermesser in etwa 3 cm dicke Querscheiben schneiden. Das Steak dabei nicht mit den Zinken der Gabel, sondern mit dem Rücken der Gabel festhalten.

Zu den Rezepten:
Die Garzeiten in den folgenden Steakrezepten sind für den Gargrad »medium« angegeben. Möchten Sie einen anderen Gargrad erreichen, so informieren Sie sich bitte in der Aufstellung über die Gargrade und Garzeiten.
Die verschiedenen Steakgerichte unterscheiden sich hauptsächlich durch die Beilagen und die Art, wie die Steaks mit diesen Beilagen angerichtet werden. Bei den meisten Rezepten können Sie sich in der Wahl der Steakart von Ihrem Geschmack, Ihrem Geldbeutel und dem Wohlwollen Ihres Fleischers leiten lassen.

Filetsteaks vom besten Rindfleisch – das ist höchster Fleischgenuß in reinster Form! Gerade deshalb sollten die Beilagen mit Bedacht ausgewählt werden, damit deren Geschmack nicht den des Fleisches übertönt.

Grundrezept
Gegrilltes Filetsteak

4 Filetsteaks zu je 200 g, 2 cm dick	Pro Person etwa: 1130 Joule
2 Eßl. Öl	270 Kalorien
1 Teel. Salz	
4 Messersp. frischgemahlener Pfeffer	Grillzeit: 10–12 Minuten

Den Grill vorheizen.
Die Steaks mit einem feuchten Tuch abreiben, gut trockentupfen und alle weißen Häutchen ablösen. Die Steaks von beiden Seiten mit Öl bepinseln und dressieren, das heißt, horizontal mit Küchengarn binden. Die Steaks auf dem geölten Grillrost im Abstand von 4 cm zu den Grillstäben einschieben. Die Fettpfanne oder Alufolie unter den Grillrost geben. Die Steaks von jeder Seite 5–6 Minuten grillen und mit der Grillzange wenden. Dann salzen und pfeffern und vor dem Servieren den Faden entfernen.

Beilagen: Kräuterbutter oder Sauce Hollandaise und gedünstete Tomaten, junge grüne Bohnen oder Spargel und Pommes frites

STEAKS

Der Kauf von echten Rumpsteaks – aus der gut abgehangenen Keule geschnitten – ist ausgesprochene Vertrauens- oder Glückssache. Ein Rumpsteak von gut gefütterten Tieren kann ein Filetsteak an Wohlgeschmack übertreffen.

Grundrezept
Rumpsteak

4 Rumpsteaks zu je 200 g	Pro Person etwa: 1130 Joule
2 Eßl. Öl	270 Kalorien
1 Teel. Salz	
4 Messersp. frischgemahlener Pfeffer	Grillzeit: 10–12 Minuten

Den Grill vorheizen.
Die Steaks mit einem feuchten Tuch abreiben und gut trockentupfen. Bei »falschen« Rumpsteaks – aus dem verlängerten flachen Roastbeef geschnitten – den weißen Fettrand im Abstand von 1 cm einschneiden. Beim echten Rumpsteak ist kein Fettrand vorhanden. Die Steaks von beiden Seiten mit Öl bepinseln und auf dem geölten Grillrost im Abstand von 4 cm zu den Grillstäben einschieben. Die Fettpfanne oder Alufolie unter den Rost geben. Die Steaks von jeder Seite 5–6 Minuten grillen; mit der Grillzange wenden. Die Steaks nach dem Grillen salzen und pfeffern.

Beilagen: Kartoffelpüree, Bratkartoffeln oder gegrillte Kartoffelscheiben und gegrillte Tomaten mit Maiskölbchen, gedünstete Pilze oder gebratene Zwiebelringe

Grundrezept
Flambiertes Steak

4 Filet- oder Rumpsteaks zu je 200 g	Pro Person etwa: 1510 Joule
2 Eßl. Öl	360 Kalorien
2 Messersp. Pfeffer	
1/2 Teel. Salz	Grillzeit:
4 Pfirsichhälften aus der Dose	10–12 Minuten
1 Eßl. Mandelstifte	
4 Eßl. 50%iger Rum	

Den Grill vorheizen.
Die Steaks mit einem feuchten Tuch abreiben, gut trockentupfen und bei Filetsteaks alle weißen Häutchen ablösen. Die Steaks von beiden Seiten mit Öl bepinseln, mit Küchengarn horizontal binden und pfeffern. Die Steaks auf dem geölten Grillrost im Abstand von 4 cm zu den Grillstäben einschieben. Die Fettpfanne oder Alufolie unter den Grillrost geben. Die Steaks von jeder Seite 5–6 Minuten grillen und mit der Grillzange wenden. Die Pfirsiche neben den Steaks 2 Minuten auf Alufolie mitgrillen. Die Steaks nach dem Grillen salzen. Die gegrillten Steaks auf vier vorgewärmte Teller geben, die Pfirsichhälften darauflegen und mit den Mandelsplittern bestreuen. Einen Eßlöffel leer erwärmen, nach und nach Rum in den Löffel geben, anzünden und brennend über die Steaks träufeln. Für jedes Steak dabei einen Eßlöffel voll Rum verwenden. Damit das Fleisch auch von unten flambiert wird, die Steaks dabei leicht anheben.

Beilagen: Kartoffelkroketten oder frisches Stangenweißbrot

Raffiniert
Pariser Pfeffersteak

4 Filetsteaks zu je 200 g	Pro Person etwa: 1410 Joule
2 Eßl. Öl	335 Kalorien
1–2 Eßl. grobgemahlener schwarzer Pfeffer	Grillzeit: 10–12 Minuten
1 Teel. Salz	
3 Eßl. Cognac	

Den Grill vorheizen.
Die Steaks mit einem feuchten Tuch abreiben, gut trockentupfen und alle weißen Häutchen ablösen. Die Steaks von beiden Seiten mit Öl bepinseln und horizontal mit Küchengarn binden. Die Steaks mit dem grobgemahlenen oder besser noch im Mörser zerkleinerten Pfeffer einreiben. Den Pfeffer mit der Messerklinge festdrücken. Dann die Steaks auf dem geölten Grillrost im Abstand von 4 cm zu den Grillstäben einschieben. Die Fettpfanne oder Alufolie unter den Grillrost geben. Die Steaks von jeder Seite 5–6 Minuten grillen, mit der Grillzange wenden; nach dem Grillen salzen.
Auf vier vorgewärmte Teller ein wenig Cognac gießen. Die Steaks sofort nach dem Grillen in den Cognac legen. Einen Eßlöffel leer erwärmen, den restlichen Cognac nach und nach auf den Löffel geben, anzünden und brennend über die Steaks träufeln. Die Steaks leicht anheben, damit sie auch von unten flambiert werden.

Beilagen: Pommes frites und junge grüne Bohnen (haricots verts) oder grüner Salat

Unser Tip: Wer ein milderes, leicht süßliches Aroma mag, kann auch Armagnac statt Cognac nehmen.

Feines Fleisch mit exotischen Früchten – eine ungewöhnliche Kombination, die auch von ungewöhnlichem Wohlgeschmack ist.

Filetsteak Hawaii

2 Bananen	2 Eßl. Öl
2 Scheiben Ananas aus der Dose	1 Teel. Salz
8 Maraschino- oder Sauerkirschen aus dem Glas oder frische Kirschen	2 Messersp. Pfeffer einige Stengel Petersilie
1 Eßl. Butter	Pro Person etwa: 1840 Joule
4 Teel. Weinbrand oder Cognac	440 Kalorien
4 Filetsteaks zu je 200 g	Grillzeit: 10 Minuten

Die Bananen schälen und in Scheiben schneiden. Die Ananas in Stückchen schneiden. Die Kirschen abtropfen lassen; frische Kirschen waschen und entstielen. Das Obst mit der Butter in einer kleinen Kasserolle zugedeckt erwärmen. Den Weinbrand oder den Cognac über das Obst gießen und die Kasserolle vom Herd nehmen.
Den Grill vorheizen.
Die Steaks mit einem feuchten Tuch abreiben, gut trockentupfen, von den weißen Häutchen befreien, nach Wunsch dressieren und von beiden Seiten mit dem Öl bestreichen. Die Steaks auf dem geölten Grillrost im Abstand von 4 cm von den Grillstäben einschieben und je Seite 5 Minuten grillen; mit der Grillzange wenden. Die Steaks nach dem Grillen salzen und pfeffern.
Die Petersilie waschen und fein schneiden. Die gegrillten Steaks auf einer vorgewärmten Platte anrichten, mit den Weinbrandfrüchten belegen und mit Petersilie bestreuen.

Beilagen: Curryreis, Mandelkroketten oder Zwiebelringe in Bierteig und Mango-Chutney

Ein Blitzgericht für jene duftigen Sommertage, an denen selbst die eingefleischteste Hausfrau lieber spazieren geht als in der Küche steht.

STEAKS

Steak mit Spargel und Champignons

500 g Spargel aus der Dose (besser 1 kg frischer Spargel)
375 g Champignons aus der Dose
1 Eßl. Butter
½ Bund Petersilie
4 Filet- oder Rumpsteaks zu je 200 g

2 Eßl. Öl
1 Teel. Salz
2 Messersp. Pfeffer

Pro Person etwa:
1380 Joule
330 Kalorien

Garzeit:
20 Minuten

Den Spargel und die Champignons gut abtropfen lassen. (Frischen Spargel schälen und garen.) Die Butter erhitzen und das Gemüse zugedeckt in der Butter erwärmen. Die Petersilie waschen, abtropfen lassen und kleinschneiden.
Den Grill vorheizen.
Die Steaks mit einem feuchten Tuch abreiben und gut trockentupfen. Von Filetsteaks die feinen Häute ablösen; die Steaks eventuell horizontal binden. Die Steaks von beiden Seiten mit Öl bepinseln, im Abstand von 4 cm auf dem geölten Rost unter die Grillstäbe schieben und von jeder Seite 5–6 Minuten grillen; mit der Grillzange wenden. Die Steaks nach dem Grillen salzen und pfeffern.
Die Steaks auf einer heißen Platte anrichten, mit dem Gemüse umlegen und mit der Petersilie bestreuen.

Beilage: Pommes frites

Steak »Casanova«

1 kleine Sellerieknolle
1 Eßl. Bratfett
2 Messersp. Salz
4 Filet- oder Rumpsteaks zu je 200 g
2 Eßl. Öl
1 Teel. Salz
1 Messersp. Pfeffer

50 g Petersilienbutter, Rezept in diesem Buch

Pro Person etwa:
1670 Joule
400 Kalorien

Garzeit:
20 Minuten

Die Sellerieknolle waschen, schälen und, wenn nötig, schlechte Stellen ausschneiden. Die Sellerieknolle in 1 cm dicke Scheiben schneiden. Das Bratfett erhitzen und die Selleriescheiben im nicht zu heißen Fett unter Umwenden etwa 10 Minuten hellgelb braten. Die Selleriescheiben auf vier sehr heiße Teller verteilen, salzen.
Den Grill vorheizen.
Die Steaks mit einem feuchten Tuch abreiben. Von Filetsteaks die Häutchen ablösen; eventuell horizontal binden. Die Steaks gut trockentupfen und beidseitig mit dem Öl bepinseln. Die Steaks im Abstand von 4 cm auf dem geölten Rost unter die Grillstäbe schieben und von jeder Seite 5 Minuten grillen; mit der Grillzange wenden. Die Steaks mit Salz und Pfeffer würzen und auf den Selleriescheiben anrichten. Jedes Steak mit einer Scheibe Petersilienbutter belegen.

Beilagen: Salzkartoffeln und Endiviensalat oder gedünsteter Lauch

Etwas schwierig

Steak »surprise«

je 250 g feine Erbsen, Spargel und grüne Bohnen, frisch oder aus der Dose
2 Eßl. Butter
100 g Mehl
8 Eßl. Selterswasser
2 Eier
½ Teel. Salz
1 Eßl. Bratfett
4 Filet- oder Rumpsteaks zu je 200 g

2 Eßl. Öl
½ Teel. Salz
2 Messersp. Pfeffer
4 Teel. Preiselbeermarmelade

Pro Person etwa:
2300 Joule
550 Kalorien

Garzeit:
30 Minuten

Das Gemüse putzen; Dosengemüse gut abtropfen lassen. Die Butter erhitzen, das Gemüse in der Butter zugedeckt garen oder erwärmen und anschließend bei sehr milder Hitze warm halten.
Das Mehl mit dem Selterswasser, den Eiern und dem Salz zu einem dickflüssigen Teig verrühren.
Den Grill vorheizen.
Die Steaks mit einem feuchten Tuch abreiben und gut trockentupfen. Von den Filetsteaks die feinen Häutchen ablösen. Die Steaks eventuell horizontal binden, von beiden Seiten mit Öl bestreichen und im Abstand von 4 cm auf dem geölten Rost unter die Grillstäbe schieben. Die Steaks von jeder Seite 5–6 Minuten grillen; mit der Grillzange wenden. Die Steaks nach dem Grillen salzen und pfeffern und auf einer sehr heißen Platte warm stellen. Das Bratfett in einer Pfanne zerlassen und aus dem Teig vier knusprige Eierkuchen backen.
Die Steaks auf heißen Tellern anrichten, mit dem Gemüse umlegen, und jedes Steak mit einem Eierkuchen bedecken. Auf jeden Eierkuchen einen Teelöffel Preiselbeermarmelade setzen.

Steak Weidmanns Art

1 kleine Dose Pfifferlinge
1 Teel. Butter
4 Birnenhälften aus der Dose
1 Tasse Weißwein
4 Filet- oder Rumpsteaks zu je 200 g
2 Eßl. Öl

½ Teel. Salz
1 Messersp. Pfeffer

Pro Person etwa:
1550 Joule
370 Kalorien

Garzeit:
15 Minuten

Die Pfifferlinge gut abtropfen lassen, feinhacken und in der zerlassenen Butter zugedeckt bei sehr milder Hitze erwärmen. Die Birnenhälften soweit wie möglich aushöhlen. Das herausgeschabte Birnenfleisch mit den Pfifferlingen mischen. Die Birnenhälften zugedeckt bei sehr milder Hitze in dem Weißwein erwärmen.
Den Grill vorheizen.
Von den Filetsteaks die Häutchen ablösen; horizontal binden. Die Steaks von beiden Seiten mit Öl bepinseln und im Abstand von 4 cm auf dem geölten Rost unter die Grillstäbe schieben. Die Steaks von jeder Seite 5–6 Minuten grillen; mit der Grillzange wenden. Die fertigen Steaks salzen und pfeffern und auf sehr heißen Tellern anrichten. Die Birnenhälften mit der Pilzmischung füllen und die Steaks damit garnieren.

Dazu schmeckt: Chicoréesalat mit Orangenspalten

Der Wilde Westen ist tot; geben Sie Ihren Gästen trotzdem scharfe Messer zum Porterhouse-Steak! Nicht zum Kampf um die besten Stücke – sondern weil gerade die besten Stücke dicht am Knochen sitzen.

Grundrezept

Porterhouse-Steak

125 g durchwachsener Speck in dünnen Scheiben
1 große Zwiebel
1 Knoblauchzehe
1 grüne Paprikaschote
250 g frische Champignons
2 Eßl. grüner Pfeffer aus dem Glas
1 Porterhouse-Steak von etwa 800–1000 g

2 Eßl. Öl
1 Teel. Salz
einige Tropfen Essig
3 Eßl. saure Sahne
2 Prisen frisch gemahlener Pfeffer

Pro Person etwa:
2300 Joule
550 Kalorien

Garzeit:
30 Minuten

TOURNEDOS

Die Speckscheiben in dünne Streifen schneiden. Die Zwiebel schälen und in Ringe schneiden. Die Knoblauchzehe schälen und fein hacken. Die Paprikaschote in dünne Streifen schneiden. Die Champignons putzen, waschen und in Scheiben schneiden. Den grünen Pfeffer abtropfen lassen. Den Grill vorheizen.

Das Porterhouse-Steak kurz kalt waschen, gut trockentupfen, an beiden Seiten mit einem spitzen Messer den Knochen entlang einschneiden und das Steak von beiden Seiten mit Öl bepinseln. Das Steak auf dem geölten Grillrost im Abstand von 6–7 cm unter die Grillstäbe schieben und von jeder Seite 12–15 Minuten grillen; mit der Grillzange wenden.

Das restliche Öl in einer Pfanne erhitzen, die Speckstreifen darin goldgelb anbraten, das kleingeschnittene Gemüse und den grünen Pfeffer zugeben und unter ständigem Rühren etwa 10 Minuten garen. Das Gemüse mit der Hälfte des Salzes und wenig Essig scharf abschmecken und mit der sauren Sahne verfeinern. Das gegrillte Steak salzen und pfeffern, auf einer vorgewärmten Platte einige Minuten ruhen lassen, dann mit der Speck-Gemüse-Mischung bergartig belegen.

Beilagen: Pommes frites oder Pariser Kartoffeln und grüne Bohnen in Butter geschwenkt oder gegrillte Tomaten

Grundrezept
Tournedo

4 Tournedos vom Rind zu je 100 g
2 Eßl. Öl
½ Teel. Salz
frisch gemahlener Pfeffer

Pro Person etwa:
670 Joule
160 Kalorien

Grillzeit:
8 Minuten

Den Grill vorheizen.
Die Tournedos mit einem feuchten Tuch abreiben, gut trockentupfen und die feinen Häute ablösen. Die Tournedos dressieren, das heißt, mit Küchengarn horizontal in Form binden. Das Fleisch von beiden Seiten mit Öl bepinseln, im Abstand von 4 cm auf dem geölten Rost unter die Grillstäbe schieben und von jeder Seite 3–4 Minuten grillen; mit der Grillzange wenden. Das Fleisch nach dem Grillen salzen und pfeffern.

Beilagen: frisches Weißbrot, Sauce Béarnaise und Spargelspitzen in Butter geschwenkt

Unser Tip: In der Gastronomie werden Tournedos sehr oft auf passend geschnittenen, getoasteten Weißbrotscheiben – den sogenannten Croûtons – serviert. Machen Sie sich diesen Trick zu eigen: Das Brot isoliert die Tournedos und hält sie dadurch warm.

Die Tournedos sind ein einfaches Beispiel für die Freude an Garnituren – überbieten Sie es mit Ihrer eigenen Schöpfung, die Sie dann »Tournedos à la maison« nennen können!

Garniertes Tournedo

¼ l Sauce Béarnaise Rezept in diesem Buch
1 Ei
4 Tournedos vom Rind oder Kalb zu je 100 g
½ Teel. Pfeffer
2 Eßl. Öl
4 Tomaten
200 g Spargelspitzen aus der Dose
4 Scheiben Toastbrot
4 Anchovisröllchen aus dem Glas

Pro Person etwa:
2640 Joule
630 Kalorien

Grillzeit:
8 Minuten

Die Sauce Béarnaise zubereiten und warm stellen. Das Ei in 10 Minuten hart kochen, kalt abschrecken und schälen.
Die Tournedos mit einem feuchten Tuch abreiben und gut trockentupfen; die feinen Häute ablösen. Die Tournedos dressieren, mit dem Pfeffer einreiben und mit dem Öl bepinseln.
Die Tomaten waschen, knapp das obere Drittel als Deckel abschneiden und die Tomaten aushöhlen. Die Spargelspitzen gut abtropfen lassen, in kleine Stücke schneiden und die Tomaten damit füllen.
Den Grill vorheizen.
Die Brotscheiben in Größe der Tournedos rund schneiden, toasten und in einem Tuch warm halten.
Die Tournedos im Abstand von 4 cm auf dem geölten Rost unter die Grillstäbe schieben und von jeder Seite 4–5 Minuten grillen; mit der Grillzange wenden.
Das Ei in 4 Scheiben schneiden. Das getoastete Brot auf einer heißen Platte anrichten, mit je einem Tournedo belegen und darauf je 1 Eischeibe und 1 Anchovisröllchen setzen. Die Tomaten zwischen den Tournedos anrichten und mit heißer Sauce Béarnaise füllen. Die restliche Sauce gesondert dazureichen.

Zum Bild rechts:

Schweinekotelett mit roter Sauce bringt Abwechslung in die sonst üblichen Zubereitungsarten für Koteletts. Die gebratenen Koteletts werden mit körnig gekochtem Reis und einer kräftig schmeckenden Tomaten-Speck-Sauce serviert. Wenn Sie dazu noch einen grünen Salat oder Bohnengemüse reichen, ist die Mahlzeit komplett und ausgewogen.
Das Rezept finden Sie auf Seite 136.

Zur folgenden Doppelseite:

Für gefüllte Rouladen gibt es eine Reihe von alten Rezepten, die ganz bestimmte Erwartungen an den Geschmack erfüllen. Nach diesen Rezepten gehören Speck und saure Gurke als Füllung in Rinderrouladen, ein hartgekochtes Ei, eingehüllt in eine Scheibe Schinken, in die Vogelnester und eine Gemüse-Schinken-Füllung in die Thüringer Kalbsvögerl. Eigenwillige Köche haben aber auch neue Füllungen für Rouladen erprobt, die sich mit den traditionellen messen können. So schmecken Kalbsrouladen mit frischem Salbei gefüllt wie eine italienische Spezialität. Rinderrouladen mit Speck, Schinken und Gewürzgurke, alles kleingewürfelt, weichen geschmacklich kaum vom althergebrachten Rezept ab, gewinnen aber eine feinere Konsistenz. Rouladen aus Schweineschnitzeln schmecken köstlich mit einer Füllung aus Brät oder mit einem feingehackten Gemisch aus getrockneten Aprikosen, frischen Äpfeln und Zwiebeln.
Rezepte für gefüllte Rouladen finden Sie auf den Seiten 136, 139 und 140.

MEDAILLONS

Zum Bild links:

Buntbestückte Spießchen, wie das Bild sie zeigt, wurden in den letzten Jahren zu Favoriten bei der Bewirtung von Gästen. Die Spießchen lassen sich gut vorbereiten, sind in wenigen Minuten gegrillt und können mit Weißbrot und Wein als leichtes Abendessen gereicht werden. Zudem darf man beim Zusammenstellen der Spießchen seine Phantasie walten lassen; wichtig ist nur, daß alle Zutaten annähernd die gleichen Garzeiten haben, geschmacklich zueinander passen und daß man ein wenig für farbliche Kontraste sorgt. Werden diese Punkte beachtet, kann man mit erprobten oder auch mit selbsterfundenen, etwas ausgefallenen Kombinationen aufwarten und seinen Gästen etwas Besonderes bieten. Je nach Länge der Spieße, Größe des Aufgespießten und der Beilagen rechnet man pro Person 1 bis 2 Spießchen, die verschieden bestückt sein dürfen. Reichen Sie Würzsaucen zur Wahl dazu und freuen Sie sich über Ihren Erfolg als Gastgeber.
Rezepte für Spießchen finden Sie auf den Seiten 153 und 154.

Medaillon »Mandarin«

1 Zwiebel
1 Mandarine
4 Maraschino- oder Sauerkirschen aus dem Glas
4 Schweinemedaillons zu je 100 g
2 Eßl. Öl
½ Teel. Salz
2 Messersp. Pfeffer

1 Eßl. Mayonnaise aus der Tube

Pro Person etwa:
1550 Joule
370 Kalorien

Grillzeit:
10 Minuten

Den Grill vorheizen.
Die Zwiebel und die Mandarine schälen und jede Frucht mit einem scharfen Messer in 4 gleich dicke Scheiben schneiden. Die Kirschen abtropfen lassen.
Die Medaillons mit einem feuchten Tuch abreiben, gut trockentupfen, von beiden Seiten mit Öl bepinseln und im Abstand von 4 cm auf dem geölten Rost unter die Grillstäbe schieben. Die Medaillons von jeder Seite 5 Minuten grillen; mit der Grillzange wenden. Die Medaillons nach dem Grillen salzen und pfeffern und auf sehr heißen Tellern anrichten. Jedes Medaillon mit einer Mandarinenscheibe belegen. Auf die Mandarinenscheiben je einen Tupfen Mayonnaise spritzen und darauf eine Zwiebelscheibe legen. Die Kirschen mit einem Holzspießchen auf die Zwiebelscheiben stecken.

Beilagen: Kartoffelpüree, Curryreis oder Weißbrot und Pilzremoulade oder Cumberlandsauce

Kalbsmedaillon mit Champignons

375 g Champignons aus der Dose
1 Teel. Butter
1 Zitrone
1 Bund Petersilie
4 Kalbsmedaillons zu je 80 g
2 Eßl. Öl

½ Teel. Salz
2 Messersp. Pfeffer

Pro Person etwa:
1240 Joule
290 Kalorien

Garzeit:
8 Minuten

Den Grill vorheizen.
Die Champignons abtropfen lassen, in Scheiben schneiden und in der zerlassenen Butter zugedeckt bei sehr milder Hitze erwärmen. Die Zitrone heiß waschen, abtrocknen und in hauchdünne Scheibchen schneiden. Die Petersilie waschen, abtropfen lassen und kleinzupfen.
Die Medaillons mit einem feuchten Tuch abreiben, gut trockentupfen, von beiden Seiten mit Öl bepinseln und im Abstand von 4 cm auf dem geölten Rost unter die Grillstäbe schieben. Die Medaillons von jeder Seite 4 Minuten grillen; mit der Grillzange wenden. Die Medaillons nach dem Grillen salzen und pfeffern und auf heißen Tellern anrichten. Die Champignons über den Medaillons verteilen und jeden Teller mit dünnen Zitronenscheiben und kleingezupfter Petersilie garnieren.

Beilagen: Kartoffelpüree oder Weißbrot und Kopfsalat

Schweinemedaillon mit Schinken

4 Tassen Wasser
1 Eßl. Öl
250 g Reis
1 Teel. Salz
4 Schweinemedaillons zu je 100 g
2 Eßl. Öl
½ Teel. Salz
2 Messersp. Pfeffer
100 g gekochter Schinken

1 Teel. Butter
50 g geriebener Parmesankäse

Pro Person etwa:
2370 Joule
560 Kalorien

Garzeit:
25 Minuten

Das Wasser zum Kochen bringen. Das Öl in einem genügend großen Topf erhitzen, den Reis unter Rühren darin glasig braten, mit dem Wasser auffüllen, das Salz zugeben und den Reis zugedeckt bei milder Hitze etwa 20–25 Minuten quellen lassen.
Den Grill vorheizen.
Die Medaillons mit einem feuchten Tuch abreiben, gut trockentupfen, von beiden Seiten mit dem Öl bepinseln und im Abstand von 4 cm auf dem geölten Rost unter die Grillstäbe schieben. Die Medaillons pro Seite 4–5 Minuten grillen; mit der Grillzange wenden. Die Medaillons nach dem Grillen salzen und pfeffern und warm stellen. Den Schinken in gleich kleine Würfel schneiden. Die Butter in einer Pfanne zerlassen und die Schinkenwürfel von allen Seiten darin anbraten.
Den garen Reis mit dem Parmesankäse mischen und auf einer gut heißen Platte als Sockel anrichten. Die Medaillons auf den Reis legen und mit den Schinkenwürfeln bestreuen.

Beilagen: Buttererbsen und gedünstete Tomaten

Etwas schwierig

Lamm-Medaillon »Noël«
Weihnachts-Lamm

Für die Medaillons:
8 Lamm-Medaillons zu je 80 g
1 Teel. getrockneter Oregano
2 Eßl. Öl
1 Teel. Salz
2 Messersp. Pfeffer
1 Eßl. Mintsauce aus dem Glas

Für den Reis:
4 Tassen Wasser
1 Eßl. Öl
250 g Langkornreis
½ Teel. Salz
2 Eßl. Rosinen
2 Eßl. Senffrüchte aus dem Glas
2 Eßl. Mandelstifte

Für die Zwiebelscheiben:
4 Eßl. Mehl
1 Ei
3 Eßl. Bier
1 Messersp. Salz
1 Zwiebel
Fritierfett

Pro Person etwa:
3100 Joule
740 Kalorien

Garzeit:
40 Minuten.

Die Medaillons feucht abreiben, gut trockentupfen und von beiden Seiten mit dem Oregano einreiben.
Für den Reis das Wasser zum Kochen bringen. Das Öl in einem genügend großen Topf erhitzen, den Reis darin glasig braten, mit dem Wasser auffüllen, das Salz zugeben und zugedeckt 20–25 Minuten quellen lassen. Die Rosinen waschen, 10 Minuten in lauwarmem Wasser quellen lassen und trockentupfen. Die Senffrüchte kleinschneiden. Den Reis mit den Rosinen, den Senffrüchten, den Mandelstiften mischen und warm stellen.
Für die Zwiebelscheiben das Mehl mit dem Ei, dem Bier und dem Salz verrühren. Die Zwiebel schälen und in Ringe schneiden.
Das Fritierfett auf 180° erhitzen; den Grill vorheizen.
Die Zwiebelringe nacheinander in den Bierteig tauchen und im heißen Fritierfett goldgelb fritieren.
Die Medaillons von beiden Seiten mit dem Öl bepinseln und im Abstand von 3 cm auf dem geölten Rost unter die Grillstäbe schieben. Die Medaillons von jeder Seite 4 Minuten grillen; mit der Grillzange wenden.
Den Reis als Sockel auf einer gut vorgewärmten Platte anrichten. Die Medaillons darauf legen, salzen, pfeffern und mit einem Hauch von Mintsauce bestreichen. Die Medaillons mit den gebackenen Zwiebelringen bedecken.

Dazu schmeckt: Currysauce und Apfelmus oder Butterbohnen

Beliebte Spießchen

Spieße sind typische Grillgerichte! Eigentlich kommt die Idee der kleinen Portionsspieße vom großen Drehspieß, auf dem ein Braten über Glut gart. Statt eines ganzen Bratens kann man aber auch einzelne, gleich große Fleischstücke im Wechsel mit Speck, Zwiebeln, Paprikaschoten und anderen Zutaten am Drehspieß grillen.
Der Vorteil: Kleinere Stücke sind rascher gar und die Grillmahlzeit ist danach gleich portioniert. Noch kürzere Garzeiten ergeben sich für noch kleinere Fleischstücke am Ein-Mann-Spieß.

Grill und Pfanne
Für Portionsspieße gehört bei vielen Typen vom Elektro-Tischgrill – manchmal sogar auch zur Grilleinrichtung des Backofens – die sogenannte Schaschlikgarnitur. Das sind zwei runde Scheiben, die am großen Drehspieß befestigt werden und in die man sechs bis acht kleine Spieße einhängen kann. Die Spieße rotieren dann in der Drehspießeinrichtung und erhalten alle gleichmäßige Strahlungshitze.

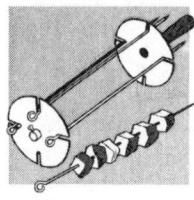

Die Schaschlikgarnitur besteht aus zwei am großen Drehspieß befestigten Scheiben, in die die kleinen Spieße eingehängt werden.

Werden Spieße in der Pfanne gegrillt, darauf achten, daß die Spieße flach auf dem Pfannenboden aufliegen, damit alle Grilladen gleichmäßig garen.

Steht die Dreheinrichtung nicht zur Verfügung, werden die Spieße auf dem Grillrost unter den Grillstäben, über Holzkohlenglut oder in einer möglichst schweren Eisen-Grillpfanne gegrillt. Die Pfanne muß allerdings groß genug sein, damit die Spieße flach auf dem Pfannenboden liegen und nicht etwa einseitig durch den Pfannenrand angehoben werden. Auf Rost und Pfanne müssen die Spieße während des Garens viermal gewendet werden, damit alle Seiten der Grilladen gleich lang und intensiv in die Strahlungshitze gelangen.

Grillpfanne und Rost des Elektro-Grills werden vor dem Einlegen der Spieße leicht mit Öl bepinselt, damit das Grillgut nicht anhängt; der Rost des Holzkohlengrills braucht nicht geölt zu werden, da seine extrastarke Hitze das Ankleben verhindert. Die Grilladen auf den Spießen werden aber in jedem Fall leicht mit Öl bepinselt, wenn sie nicht zuvor in einer Ölmarinade lagen, die noch anhaftet.

Die richtigen Spieße
Grillspieße sind gewöhnlich aus Metall. Wenn sie nicht zur Dreheinrichtung gehören, haben sie einen genügend langen Griff, damit man sie auf dem Rost oder in der Pfanne gut wenden kann. Achtung: Benützen Sie Grillhandschuhe oder Topflappen zum Anfassen; denn die Griffe können sich sehr erhitzen.
Wenn Sie Holzspieße verwenden, umwickeln Sie die »Griff«-Enden mit Alufolie, damit das unbesteckte Holz nicht verbrennen kann.
Achten Sie vor allem darauf, daß der Querschnitt der Spieße nicht rund ist. An runden Spießen dreht sich die Grillade nämlich nicht mit dem Spieß, sondern am Spieß, und das würde bedeuten, daß nicht alle Seiten in die

Die nichtbesteckten Enden von Holzspießen vor dem Grillen mit Alufolie umwickeln.

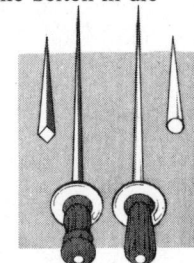

Spieße mit eckigem und rundem Querschnitt; die eckige verhindert, daß sich das Grillgut am Spieß dreht anstatt mit dem Spieß.

Strahlungshitze gelangen. Ist der Querschnitt dagegen rechteckig oder oval, halten alle Teile ihre Lage und werden mit dem Spieß gewendet.

Für Spieße geeignet
Fleisch mit kurzen Garzeiten wie Leber, Niere, Herz, Filet, Lende, Schnitzel- oder Kotelettstücke, Hackfleischbällchen oder -röllchen, Hühnerkeulen, Hühnerleber und Fleischkäse, Wurst, Würstchen, Schinken und Fischfilet, Scampi, Muscheln, Garnelen.

Speck wird bei fast allen Spießen aus zartem mageren Fleisch als »Puffer«

SPIESSCHEN

verwendet. Der Speck bringt nicht nur eine Geschmacksnuance, sondern schützt das Fleisch auch vor dem Austrocknen während des Grillens.

Zusätzlich werden außer Speck noch Zwiebeln in Achteln oder Scheiben, Perlzwiebeln, Gewürzgurken, Tomatenachtel, Paprikaschoten in Stücken, Oliven, Champignons, Cocktail- oder Weinbrandfrüchte, Käse in Würfeln zwischen das Fleisch gesteckt. Soll das Gemüse völlig gar sein, so muß man es vor dem Grillen schon halb gar dünsten, da in den kurzen Grillzeiten nur zartestes Gemüse oder Obst garen.

Achten Sie darauf, daß alle Stücke für einen Spieß etwa die gleiche Größe haben. Sie garen dann gleichzeitig. Bei unterschiedlichen Größen können überstehende Teile leicht an den Randzonen verbrennen.

Stecken Sie die Stücke nicht zu prall auf den Spieß, sonst dringt zu wenig Hitze in die Mitte, und die Grilladen garen dort nicht durch.

Mit Ausnahme von bereits vorgegartem Gemüse sollte ein Spieß nur mit Zutaten bestückt werden, die gleiche Garzeiten haben; sonst ist der Genuß einzelner Teile zweifelhaft.

Möchten Sie auf den berühmten »Mixed-Grill« nicht verzichten, dann garen Sie die üblicherweise verwendeten Fleischstücke, wie Rinderlende, Schweinelende, Kalbsnüßchen, Kalbsbries, Kalbsleber, Hammelkotelett und kleine Bratwürste, nicht gemischt, sondern jeweils an einem Spieß in der entsprechenden Garzeit, und »mixen« Sie die Grilladen erst auf den heißen Tellern.

Fünf-Minuten-Spieße

Bild Seite 150

4 Scheiben Schweine- oder Kalbsleber zu je 100 g
120 g durchwachsener Speck
100 g Fleischwurst
2 Messersp. Pfeffer
½ Teel. Paprikapulver, mild
1 Teel. getrockneter Thymian oder Oregano
100 g Tomatenpaprika aus dem Glas
1 Gewürzgurke
2 Eßl. Öl
2 Messersp. Salz
2 Eßl. grüne Oliven

Pro Person etwa:
2130 Joule
510 Kalorien

Grillzeit:
5 Minuten

Den Grill vorheizen.
Die Leber, den Speck und die Fleischwurst in gleich große Stücke schneiden und abwechselnd auf vier Spieße stecken. Das Fleisch mit dem Pfeffer, dem Paprikapulver, dem Thymian oder dem Oregano bestreuen. Die Tomatenpaprika in Streifen oder Scheiben schneiden.
Die Spieße und den Grillrost mit Öl bepinseln. Die Spieße auf den Rost legen, im Abstand von 5 cm unter die Grillstäbe schieben und 5 Minuten grillen. Die Leber ist gar, wenn beim Anstechen leicht rosa gefärbter Fleischsaft austritt. Die gegrillten Leberstücke salzen. Die Spieße mit den Tomatenpaprikastreifen, den Gewürzgurkenscheiben und den Oliven garnieren.

Beilagen: Paprikareis oder Risi-bisi (die Spieße darauf anrichten) und Tomatensalat oder Gurkensalat und Zigeunersauce oder Pilzremoulade.

Zigeuner-Spieße

Für die Marinade:
3 Eßl. Öl
1 Eßl. Paprikapulver, edelsüß
1 Eßl. Paprikapulver, ungarisch scharf
2 Messersp. Pfeffer

Für die Spieße:
550 g Schweinefilet
120 g durchwachsener Speck
1 grüne Paprikaschote
1 Zwiebel
1 Teel. Butter
2 Eßl. Öl
1 Eßl. Paprikapulver, edelsüß
2 Messersp. Salz

Pro Person etwa:
2300 Joule
550 Kalorien

Marinierzeit:
2–3 Stunden

Grillzeit:
12 Minuten

Das Öl mit dem Paprikapulver und dem Pfeffer in einer Schüssel verrühren. Das Schweinefilet waschen, gut trockentupfen (die Haut entfernen) und in 4 cm große und ½ cm dicke Scheiben schneiden. Die Fleischscheiben in der Marinade wenden und zugedeckt 2–3 Stunden ziehen lassen. Den Speck in 4 cm große Scheiben schneiden. Die Paprikaschote halbieren, von Rippen und Kernen befreien, waschen und abtrocknen. Die Schotenhälften in ebenso große Stücke wie die Speckscheiben schneiden. Die Zwiebel schälen, vierteln und in Blätter zerlegen. Die Butter erhitzen, die Paprikastücke 2 Minuten darin anbraten, die Zwiebelstücke zugeben und weitere 4 Minuten braten. Das Gemüse ist dann halb gar.
Den Grill vorheizen.

Die Fleischscheiben, die Speckscheiben, die Paprikastücke und die Zwiebelstücke abwechselnd auf vier Spieße stecken. Die Spieße und den Grillrost mit Öl bepinseln. Die Spieße auf dem Rost im Abstand von 5 cm unter den Grillstäben 10–12 Minuten grillen. Die Spieße viermal wenden und vor dem Servieren mit dem Paprikapulver und dem Salz bestreuen.

Beilagen: Weißbrot und gegrillte Tomatenscheiben oder Bohnensalat und Zigeunersauce

Raffiniert

Shish Kebab
Türkische Hammelspieße

Für die Marinade:
1 Zwiebel
3 Eßl. Öl
je ½ Teel. Salz, Pfeffer und getrockneter Oregano

Für die Spieße:
600 g mageres Hammelfleisch
2 Tomaten
1 grüne Paprikaschote
8 Champignons aus der Dose
1 Eßl. Öl

Pro Person etwa:
1670 Joule
400 Kalorien

Marinierzeit:
10 Stunden

Grillzeit:
15 Minuten

Die Zwiebel schälen, in eine Schüssel reiben und mit dem Öl, dem Salz, dem Pfeffer und dem Oregano mischen. Das Fleisch waschen, trockentupfen und 4 cm große Würfel schneiden. Die Fleischwürfel in der Marinade wenden und zugedeckt 10 Stunden im Kühlschrank durchziehen lassen. Dabei ab und zu umwenden.
Den Grill vorheizen.
Die Tomaten waschen und vierteln. Die Paprikaschote halbieren, von Rippen und Kernen befreien, die Schotenhälften waschen, abtrocknen und in nicht zu kleine Stücke schneiden. Die Champignons abtropfen lassen.
Die Fleischwürfel aus der Marinade nehmen und abwechselnd mit den Tomatenvierteln, den Paprikastücken und den Champignons auf vier Spieße stecken. Die Spieße und den Grillrost mit Öl bepinseln. Die Spieße auf dem Rost im Abstand von etwa 5 cm unter die Grillstäbe schieben und 15 Minuten grillen. Während des Grillens die Spieße viermal wenden.

Beilagen: Paprikareis und Tomatensauce

SPIESSCHEN

Die Urlaubsreisen von Millionen Touristen und die jugoslawischen Gastarbeiter haben dieser Balkanspezialität zu großer Popularität verholfen. Rasnići wird im Elektrogrill oder auf dem Holzkohlengrill zubereitet – bevorzugt für Gartenparties. Wenn Sie die Abwechslung lieben, würzen Sie Rasnići einmal mit feingehacktem Rosmarin und zerstoßenen Wacholderbeeren.

Raffiniert

Rasnići
Spieße mit Lammfleisch und Nieren

Bild Seite 150

Für die Marinade:
1 Eßl. frische Kräuter; bestehend aus je 1/2 Teel. Salbei und Basilikum und 1 1/2 Teel. Petersilie
Saft von 1 Zitrone
2 Eßl. Öl
je 1/2 Teel. Pfeffer und Salz

Für die Spieße:
375 g Lammfleisch
2 Lammnieren
125 g Schinkenspeck
2 große Zwiebeln
1/2 grüne Paprikaschote
3 Tomaten
1 Eßl. Öl

Pro Person etwa:
2550 Joule
610 Kalorien

Marinierzeit:
30 Minuten

Grillzeit:
10 Minuten

Die Kräuter waschen, abtropfen lassen, sehr fein schneiden und mit dem Zitronensaft, dem Öl, dem Pfeffer und dem Salz mischen.
Das Lammfleisch waschen, gut trockentupfen und in 3 cm große Würfel schneiden. Die Fleischwürfel mit der Marinade mischen und zugedeckt 30 Minuten durchziehen lassen; dabei ab und zu umrühren.
Die Lammnieren der Länge nach halbieren und von Fett und Röhren befreien. Die Nieren 10 Minuten wässern.
Den Grill vorheizen.
Den Schinkenspeck in Scheiben, dann in kleine Rechtecke schneiden. Die Zwiebeln schälen, vierteln und in Blätter zerlegen. Die Paprikaschote von Rippen und Kernen befreien, waschen, abtrocknen und in nicht zu kleine Stücke schneiden. Die Tomaten waschen und vierteln. Die Nieren trockentupfen und in Scheiben schneiden.
Die Lammfleischwürfel aus der Marinade nehmen und abwechselnd mit den Nierenscheiben, den Speckscheiben, den Paprikastücken, den Tomatenvierteln und den Zwiebelstücken auf vier Spieße stecken. Die Spieße und den Grillrost mit Öl bepinseln. Die Spieße auf dem Rost im Abstand von 5 cm unter die Grillstäbe schieben und 10 Minuten grillen. Die Spieße während des Garens häufig wenden.

Beilagen: körnig gekochter Reis oder Risotto mit schwarzen Oliven garniert und Meerrettich-Sahnesauce oder Zigeunersauce und Lauchsalat oder Kopfsalat mit reichlich Zwiebeln

Raffiniert

Schaschlik

Bild Seite 150

Für die Marinade:
4 Eßl. Öl
je 1/2 Teel. Pfeffer und Salz
6 Pfefferminzblätter oder 3 Messersp. getrockneter Rosmarin

Für die Spieße:
500 g mageres Hammelfleisch
150 g durchwachsener Speck
2 Zwiebeln
2 Tomaten
1 Eßl. Öl

Pro Person etwa:
2720 Joule
650 Kalorien

Marinierzeit:
10 Stunden

Grillzeit:
15 Minuten

Das Öl mit dem Pfeffer, dem Salz, den Pfefferminzblättern oder dem Rosmarin in einer Schüssel verrühren. Das Hammelfleisch kurz kalt waschen, gut trockentupfen und in 3–4 cm große und 1 cm dicke Scheiben schneiden. Die Fleischscheiben mit der Marinade mischen und zugedeckt 10 Stunden im Kühlschrank durchziehen lassen. Das Fleisch ab und zu in der Marinade wenden.
Den Grill vorheizen.
Den Speck in 1 cm dicke und 4 cm große Scheiben schneiden. Die Zwiebeln schälen, vierteln und in Blätter zerlegen. Die Tomaten waschen, abtrocknen und in Viertel schneiden. Die Fleischstücke aus der Marinade nehmen und abwechselnd mit den Zwiebelstücken, den Speckscheiben und den Tomatenvierteln auf vier Spieße stecken. Die Spieße und den Grillrost mit Öl bepinseln. Die Spieße auf dem Rost im Abstand von 5 cm unter die Grillstäbe schieben, 15 Minuten grillen und dabei viermal umwenden.

Beilagen: kalte Tomatensauce und Kopfsalat mit Paprikapulver und Sellerieblättern; Weißbrot oder körnig gekochter Reis

Etwas schwierig

Ratsherren-Spieße

Bild Seite 150

Für die Spieße:
2 tiefgefrorene Hähnchenkeulen
200 g Kalbsfilet
200 g Schweinefilet
je 2 Messersp. Rosmarin und Basilikum, pulverisiert
100 g Lachsschinken
4 Scheiben Weißbrot
2 Eßl. Öl
1/2 Teel. Salz

Für die Beilagen:
250 g Spargelspitzen
1 Teel. Butter
4 Scheiben Toastbrot
100 g getrüffelte Gänseleberpastete

Pro Person etwa:
2550 Joule
610 Kalorien

Grillzeit:
10 Minuten

Unter- und Oberschenkel der Keulen im Gelenk durchschneiden. Die Keulen längs aufschneiden und die Knochen herauslösen.

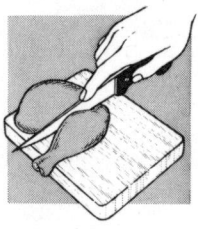 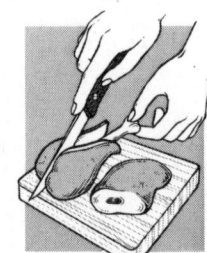

Die Hähnchenkeulen erst im Gelenk durchschneiden ...

... dann die Keulen längs aufschneiden und die Knochen herauslösen.

Den Grill vorheizen.
Das Filet in je acht Scheiben schneiden. Das Hähnchenfleisch ebensogroß schneiden. Das Fleisch mit den Gewürzen einreiben. Den Lachsschinken ebensogroß schneiden. Aus dem Weißbrot 8 Dreiecke schneiden. Auf jeden Spieß Weißbrot stecken, dann abwechselnd Lachsschinken, Hähnchen- und Filetscheiben und zuletzt wieder Weißbrot. Die geölten Spieße 10 Minuten unter Umwenden grillen.
Die Spargelspitzen in der Butter erwärmen. Die Toastbrote rund ausstechen und mit der Gänseleberpastete bestreichen.
Die Spieße salzen und mit den Broten anrichten. Die Spargelspitzen gesondert dazureichen.

BRATEN

Die großen Braten

Daß man Schnitzel, Kotelettes und Steaks in der Pfanne braten kann, wissen Sie bereits aus den vorigen Kapiteln. Hier geht es vor allem um den großen Braten. So ein Festtagsbraten ist der Stolz jeder Hausfrau, jedes Gastgebers. Wie man sich den Braten wünscht? Knusprig, saftig, zart! Und das erreicht man, wenn folgende Punkte beachtet werden: Welche Teile vom Fleisch Kalb, Schwein, Hammel und Lamm sich für einen großen Braten eignen, ersehen Sie aus den Erklärungen zu den Schnittzeichnungen der einzelnen Tiere zu Beginn des Fleisch-Kapitels. Beim Einkaufen sollten Sie Ihrem Fleischer genau sagen, welches Fleischstück Sie möchten und was daraus bereitet werden soll. Ein vertrauenswürdiger Fleischer wird das gewünschte Bratenstück dann aus einem Muskelstrang schneiden (nicht aus verschiedenen), damit die Struktur des gesamten Bratens gleich ist. Außerdem bitten Sie gegebenenfalls gleich darum, das Fleisch auszubeinen, eine Tasche zum Füllen einzuschneiden oder den Braten zu rollen. Selbstverständlich lassen Sie sich sagen, ob ein Bratenstück vom Rind oder Hammel auch genügend lange abgehangen hat; Fleisch vom Schwein und Kalb wird frisch verwendet.

Das Bratgeschirr

Das richtige Bratgeschirr ist für große Braten ebenso wichtig wie für kleine. In jedem Fall muß es groß genug sein, daß die heiße Luft von allen Seiten um den Braten zirkulieren kann; denn Braten ist Garen in heißer Luft. Ob Tontopf, Bräter mit Deckel oder offene Bratreine (Bratentopf/Bratenpfanne), das Fleisch muß genügend Platz darin haben, die Ränder dürfen nicht am Gefäß fest anliegen.

Das Bratgeschirr hat für den Braten die richtige Größe. Zwischen Braten und Bräter bleibt genügend Raum für die zirkulierende Luft.

Die Bratenpfanne des Backofens ist in den allermeisten Fällen viel zu groß für einen Braten. In einem so großen und fast randlosen Bratgefäß verdunstet der Fleischsaft im Nu, und selbst häufiges Nachgießen von Flüssigkeit kann das Austrocknen der Randzonen kaum verhindern. Handelt es sich allerdings um ein Spanferkel, einen Riesenputer oder um einen ganzen Schinken, so hat die Bratenpfanne oder der Rost über der Bratenpfanne für derartige Stücke gerade die geeignete Größe.

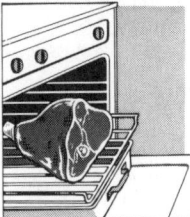

Einen großen oder sehr fetten Braten brät man auf dem Rost über der Bratpfanne des Backofens.

Die Bratenpfanne wird kalt ausgespült und noch feucht unter den auf dem Rost liegenden Braten geschoben oder der Braten direkt in die feuchte Bratenpfanne gelegt. Die feuchte Fläche entwickelt dann im heißen Backofen etwas Dampf und spendet somit Feuchtigkeit.

Für kleinere Bratenstücke gibt es gute Hilfsmittel:
den Tontopf oder
den Bräter aus Metall mit Deckel
und die Bratfolie.

Den Tontopf legt man vor Bratbeginn etwa 20–30 Minuten vollständig in Wasser. Der unglasierte Ton nimmt so genügend Feuchtigkeit auf, um sie während des Bratvorganges als Dunst wieder abzugeben. Das Austrocknen des Fleisches sowie das Verkrusten des ausgetretenen Bratensaftes wird dadurch verhindert, ohne daß der Braten mit Flüssigkeit beschöpft werden muß. Der Tontopf wird stets auf den Gitterrost am Boden des kalten Backofens gestellt und der Herd erst dann eingeschaltet.

Der Bräter aus emailliertem Metall oder aus schwerem Eisen mit Deckel

Im Doufeu-Bräter tropft der kondensierte Dampf als Wasser auf das Fleisch und schützt es vor Austrocknen und Schrumpfen.

ist praktisch ein Kleinstbackofen im Backofen und schützt den Braten vor dem Austrocknen und Schrumpfen, vor allem, wenn der Deckel Wasser oder Eiswürfel aufnehmen kann, wie beispielsweise beim französischen Doufeu-Bräter. Die kalte Flüssigkeit läßt den aufsteigenden Dampf im Inneren des Topfes wieder zurück auf das Fleisch tropfen, so daß der gleiche Effekt erzielt wird wie beim Tontopf. Auch der Bräter wird stets auf den Boden des kalten Backofens gestellt und der Herd erst dann eingeschaltet.

Ideal für kleinere Bratenstücke ist die Bratfolie. Als Planfolie, als Beutel oder als Schlauch erhältlich, wird dieses hitze- und kältebeständige Material lose um Fleisch, eventuelle Gemüsezusätze und Flüssigkeit gehüllt, fest verschlossen, durch Nadelstiche mit einigen Luftlöchern versehen und auf dem kalten Rost in den heißen Backofen geschoben. Alles brät – nach Wunsch auch im eigenen Saft und fettlos – mit der gewünschten braunen Kruste.

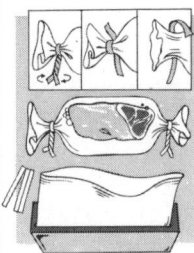

So wird die Bratfolie, die Fleisch, Gemüsezusätze und Flüssigkeit enthält, richtig verschlossen.

Letztlich kann ein kleines Bratenstück auch im Brattopf oder in der Deckelpfanne auf dem Herd gegart werden. Pfanne oder Topf werden zugedeckt, die sich im Gefäß sammelnde heiße Luft erhöht die Umgebungshitze. Allerdings sollte ein Teil des sich entwickelnden Dampfes durch den leichtgeöffneten Deckelschieber der Deckelpfanne oder durch einen Spalt zwischen Topf und Deckel abziehen können, damit sich nicht zuviel Flüssigkeit auf dem Bratgut niederschlägt.

Beim Braten im Brattopf muß ein Teil des Dampfes durch einen Spalt zwischen Deckel und Topf entweichen können.

Wichtig für die Wahl des Bratgeschirrs ist die Größe des Bratens. Zum Garen im Backofen sollte er mindestens 1 kg wiegen, da ein zu kleines Fleischstück leicht austrocknet und dann einschrumpft. Ganz besonders gut wird ein Braten, wenn er wie eine Haxe oder Keule einen Knochen enthält.

BRATZEITEN UND -TEMPERATUREN

Dadurch schrumpft das Fleisch nur geringfügig. Nur sehr große Knochen, wie beispielsweise bei einem ganzen Schinken, werden entfernt, da die Bratzeit mit Knochen zu lang wird.

Bratzeiten und -temperaturen (siehe Tabelle).
Im allgemeinen gelten folgende Faustregeln:
Je kleiner der Braten, desto stärker die Hitze; denn das Fleisch soll möglichst rasch von außen nach innen garen. Große Braten werden dagegen bei guter Mittelhitze längere Zeit gebraten. Ganz große Braten und sehr fette Stücke brät man nur bei mittlerer Temperatur mehrere Stunden lang, damit die Hitze den Braten durchdringen und eventuell überflüssiges Fett ausbraten kann.

Pro 5 cm Höhe eines Bratens mit Knochen rechnet man etwa 40 Minuten Bratzeit, ohne Knochen 30 Minuten; wiederum je kleiner das Fleischstück, desto stärker die Temperatur. Pro Kilogramm Fleisch ergibt sich eine Bratzeit für Roastbeef, Filet und Lende von 35–45 Minuten, für Rinderbraten (Keule, Hüfte) von 50–60 Minuten, für Kalbsbraten, Schweinebraten und Hammelbraten 1½ bis 2 Stunden, für Lammbraten 40–50 Minuten. Diese Mittelwerte müssen aber auf die Brateigenschaften des jeweiligen Herdes abgestimmt werden. »Durchgebraten« bedeutet nicht, daß das Fleisch schon weich ist. Es hat dann noch einen mehr oder weniger starken »Biß«. Weich wird der Braten erst, wenn er länger (etwa 1½ Stunden bei Schweine-, Kalbs- und Lammbraten und 2 Stunden bei Rinder- und Hammelbraten) gebraten wird. Weich wird ein Braten nur dann, wenn er häufig begossen und mit steter Zugabe von Flüssigkeit gegart wird.

Natürlich berücksichtigen diese Faustregeln nicht alle Finessen der klassischen Küche. Immer kommt es auch auf den persönlichen Geschmack an und auf die Qualität des Fleisches. Nur beste Teile vom Rind, wie Roastbeef, Hochrippe, Rippe oder Kugel, eignen sich zum Braten bei starker Hitze oder bei anfänglich starker Hitze und anschließend mäßigeren Temperaturen. Die Bratzeit hängt hierbei davon ab, ob das Fleisch innen blutig, rosa oder durchgegart gewünscht wird.

Andere Bratstücke von allen Schlachttieren werden am besten bei mäßiger Hitze langsam gebraten. Diese Methode sichert den geringsten Gewichtsverlust; das Fleisch bleibt bei jedem gewünschten Gargrad saftig und braucht nicht sehr häufig mit Flüssigkeit beschöpft zu werden.

Die Garzeit verlängert sich immer, wenn der Braten erst auf der Herdstelle angebraten und dann bei niedriger Temperatur (160°) im Backofen fertig gebraten wird, und zwar um etwa 1–2 Stunden – entsprechend der Temperatur.

Außerdem gibt es zwei wichtige Hilfen zum Prüfen des Gargrades: das Fleischthermometer und die manuelle Garprobe. Die temperaturempfindliche Spitze des Fleischthermometers zeigt die Temperatur im Inneren des Fleisches an. Bei 45° ist beispielsweise Roastbeef noch blutig (bleu); bei 60°

 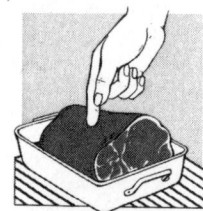

Die Spitze des Fleischthermometers bis in die Mitte des Bratens stecken.

Manuelle Garprobe: Gibt das Fleisch auf Fingerdruck kaum mehr nach, ist es durchgebraten.

ist es rosa (rare). Rinderbraten ist bei 70° halb durchgegart (medium) und bei 75° durchgebraten. Kalbfleisch ist bei 75° gar, Schweinefleisch bei 85°.

Brattabelle für den Backofen

Gewicht des Bratens Knochen	Normale Temperatur	Zeit	Besonders niedrige Temperatur	Zeit
1 kg Roastbeef*	230–250° (Gas Stufe 5)	35 Minuten	160° (Gas Stufe 1)	55 Minuten
1 kg Rinderfilet, -lende*	250° (Gas Stufe 5)	35 Minuten	160° (Gas Stufe 1)	55 Minuten
1 kg Rinderbraten*	230° (Gas Stufe 4)	50– 60 Minuten	160° (Gas Stufe 1)	120 Minuten
1 kg Kalbsbraten	200–220° (Gas Stufe 3–4)	80–100 Minuten	160° (Gas Stufe 1)	120 Minuten
1 kg Kalbsbrust, gefüllt	220–230° (Gas Stufe 4)	90–120 Minuten	160° (Gas Stufe 1)	120 Minuten
500 g Kalbsfilet	wie Schweinefilet		wie Schweinefilet	
1 kg Schweinebraten	200–220° (Gas Stufe 3–4)	90–120 Minuten	160° (Gas Stufe 1)	120 Minuten
500 g Schweinefilet	230–240° (Gas Stufe 4–5)	20 Minuten	160° (Gas Stufe 1)	35 Minuten
1 kg Lammbraten	240° (Gas Stufe 5)	40– 50 Minuten	160° (Gas Stufe 1)	80 Minuten
1 kg Hammelbraten	210–220° (Gas Stufe 3–4)	90–120 Minuten	160° (Gas Stufe 1)	110 Minuten

* Gargrad: medium

BRATEN RICHTIG BEHANDELN

Die manuelle Garprobe erfolgt durch Fingerdruck. Man drückt auf eine magere Stelle in der oberen Mitte des Bratens. Gibt er elastisch nach, ist das Innere noch roh. Reagiert er kaum mehr auf den Druck, ist er durchgebraten.

Stets ist aber auch die Leistung des jeweiligen Herdes ausschlaggebend. Deshalb muß man seinen Herd erproben und sich am besten eine Zeitlang Temperatureinstellungen und Bratzeiten notieren, um so die Werte der Tabelle mit dem eigenen Herd abstimmen zu können.

Bitte denken Sie daran, den Elektrobackofen 15–20 Minuten vor Backbeginn vorzuheizen; der Gasbackofen erreicht die benötigte Temperatur innerhalb weniger Minuten.
Wenn Ihnen der Braten im Backofen oben zu braun zu werden scheint, decken Sie ihn einfach mit einem Stück Alufolie ab.

Braten richtig behandeln
Vor dem Zubereiten wird Fleisch immer gewaschen, damit es nicht auslaugt, rasch unter fließendem kaltem Wasser! Sehr zartes Fleisch reibt man nur mit einem feuchten Tuch ab. In jedem Fall tupft oder reibt man das Fleisch danach mit einem Tuch oder mit saugfähigem Papier gut trocken.

Alle Fleischstücke, die mit weißen Häutchen umgeben sind, werden von diesen befreit. Man schneidet die Haut mit einem spitzen, dünnen Küchenmesser an und kann sie dann teilweise abziehen. Dabei werden auch alle Sehnen weggeschnitten.

Alle Braten sollten möglichst von gleichmäßiger Höhe und Länge sein, also keine besonders dünnen Enden und abstehenden Teile haben. Diese würden lange vor dem Hauptstück gar, trocken und hart. Das Bratenstück möglichst zurechtschneiden oder gegebenenfalls in Form binden.

Für Rollbraten kaufen Sie ein flaches Stück Fleisch. Die Innenseite wird je nach Rezept gewürzt; eventuell auch mit Füllung bestrichen oder belegt. Das Fleisch dann zur Rolle formen und mit doppeltem Küchengarn wie ein Päckchen verschnüren; wobei die Längsseite im Abstand von etwa 3 cm umwickelt wird.

Das Fleisch erst kurz vor dem Einschieben in den Backofen von allen

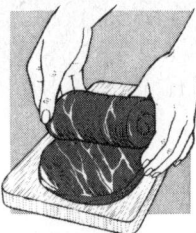

So formt man einen Rollbraten. Den Rollbraten dann…

… wie ein Päckchen verschnüren; die Querabstände der Schnur sind etwa 3 cm breit.

Seiten gut mit Salz einreiben oder mit etwas Zwiebelpulver oder einer anderen Würzmischung.

Fettes Fleisch ohne Fettzusatz braten. Mageres Fleisch vor dem Einschieben entweder mit flüssigem, heißem Bratfett übergießen oder mit Speckscheiben oder -streifen belegen und die Speckstreifen festbinden. Man nennt diese Vorkehrung bardieren. Wird mageres Fleisch im Bräter gegart, legt man diesen mit Speckscheiben aus.

Mageres Fleisch kann auch gespickt werden. Fürs Spicken gleich dünne Speckstreifen schneiden, diese im Kühl- oder Gefrierschrank sehr kalt werden lassen und im Abstand von etwa 3 cm mit der Spicknadel 1 cm tief unter die Haut ziehen. Beide Enden der Speckstreifen etwa 2 cm an der Oberfläche stehen lassen.

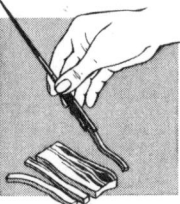
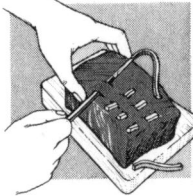

So faßt man mit der Spicknadel die dünnen Speckstreifen zum Spicken.

Beim Spicken ragen die Enden der Speckstreifen etwa 2 cm über die Fleischoberfläche hinaus.

Schweinebraten mit Schwarte behalten diese nur oben, an den Seiten wird sie abgeschnitten. Die Schwarte an der Oberseite rautenförmig einschneiden, bis zum Ende der Fettschicht. Je nach Wunsch kann die Schwarte mit Gewürznelken gespickt werden.

Große Braten werden nach der halben Bratzeit gewendet. Zu Beginn des Bratens legt man die obere Seite nach unten. Braten mit dickerer Fettschicht – oder mit Schwarte – immer erst mit der Fettseite nach unten auf den Rost oder in die Bratenpfanne legen und nach halber Garzeit wenden.

Die leichte Fettschicht beim Roastbeef vor dem Braten gitterartig einschneiden, das Fleisch aber mit der Fettschicht nach oben braten.

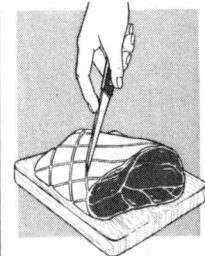

Gitterartiges Einschneiden der Fettschicht bei einem Roastbeef.

Würzende Zutaten für die Sauce werden immer erst 20–30 Minuten vor Ende der Garzeit in die Bratreine oder in die Fettpfanne gegeben. Ausnahme: Im Bräter mit Deckel können die Würzzutaten von Anfang an mitgegart werden. Meist sind das eine geschälte, geachtelte Zwiebel, einige Möhrenstückchen, 1–2 Tomaten, Pilze, getrocknete Kräuter, Knoblauchzehen oder/und Suppengrün. Damit diese Würzzutaten nicht verbrennen und dadurch den Geschmack beeinträchtigen, gießt man etwas heißes Wasser zu, wenn nicht genügend Bratenfond im Bratgeschirr ist.

Fleisch, das vor dem Garen längere Zeit in einer Marinade liegt, wird dadurch mürber und nimmt Geschmacksstoffe aus der Marinade auf. Zutaten zur Marinade nach dem jeweiligen Rezept verwenden.

Wer seinen Braten besonders knusprig mag, kann ihn etwa 10 Minuten vor dem Ende der Bratzeit wiederholte Male mit kaltem Salzwasser oder mit Bier bestreichen. Manche nehmen auch Zuckerwasser statt Salzwasser, und in den USA bestreicht man den Braten mit Ananassaft oder mit verdünntem Honig. Diese Kniffe vorsichtig ausprobieren! Wird der Braten an der Oberfläche zu rasch braun, decken Sie ihn mit einem Stück Folie ab.

Die Einschubhöhe für den Braten in den Backofen richtet sich nach seiner Höhe. Da der Braten während des Garens an Volumen zunimmt, muß genügend Raum nach allen Seiten zur Verfügung stehen. Große Braten deshalb auf der untersten Schiebeleiste braten, kleinere auf der zweiten oder mittleren Schiebeleiste.

BRATEN TRANCHIEREN UND SERVIEREN

Den Braten nach beendeter Garzeit 10–20 Minuten im abgeschalteten Backofen bei geöffneter Tür ruhen lassen, damit sich der Fleischsaft bei sinkenden Temperaturen gleichmäßig verteilt. Ist dieser sehr fetthaltig, wird das Fett zuerst abgeschöpft. Den Bratenfond mit möglichst wenig Wasser oder Fleischbrühe lösen, mild abschmecken und nach Belieben binden. Wurden Würzzutaten, wie Möhren oder Suppengrün, zugefügt, muß der gelöste Bratenfond durch ein Sieb gegossen oder passiert werden. Zum Binden 1–2 Teelöffel Mehl oder Speisestärke verwenden. Mehl oder Speisestärke mit kaltem Wasser, kalter Milch oder kalter Sahne anrühren und unter Rühren in der Sauce aufkochen lassen. Die Sauce kann je nach Bratenart und Geschmack mit Rotwein, Weißwein, mit süßer oder saurer Sahne abgerundet werden.

Braten tranchieren und servieren
Ob Sie den Braten schon in der Küche oder erst bei Tisch tranchieren, immer sollten Sie ein richtiges Tranchiermesser mit dünner, langer, scharfer Klinge verwenden oder ein elektrisches Messer. Die dazugehörende spitze Tranchiergabel wird beim Aufschneiden nur ausnahmsweise zum Anstechen des Fleisches benützt, denn dabei könnte wertvoller Fleischsaft verlorengehen. Man hält den Braten durch Druck mit dem Gabelrücken auf der Unterlage fest.

Die beste Unterlage zum Tranchieren ist ein großes Tranchierbrett mit Saftrinne. Spülen Sie es vor Gebrauch mit kaltem Wasser ab, damit das Holz keinen Fleischsaft aufsaugt. Der beim Aufschneiden austretende Saft sammelt sich in der Saftrinne und wird zuletzt über das Fleisch geträufelt. Wer kein Tranchierbrett besitzt, muß den Braten auf der Servierplatte schneiden; das ist etwas schwieriger, weil das Fleisch auf der glasierten Fläche leicht rutscht.

Grundsätzlich wird Fleisch quer zur Faser geschnitten; bei kleinen Braten in möglichst schräge Scheiben, damit diese größer ausfallen. Am besten schneidet man einen größeren Braten nur zum Teil auf, weil der Rest dann länger heiß bleibt.

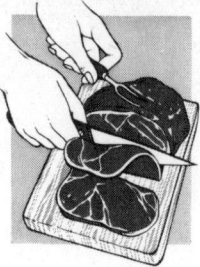

Beim Tranchieren eines Bratens das Fleisch quer zur Faser in Scheiben schneiden.

Harte Krusten oder Schwarten entfernt man vom Braten vor dem Tranchieren und verteilt die begehrte Kruste gerecht zu den Fleischscheiben.

Braten ohne Knochen können nach Belieben in sehr dünne oder auch dickere Scheiben geschnitten werden. Allerdings muß das Fleisch für dickere Scheiben sehr zart und weich sein. Roastbeef wird stets in dünne Scheiben geschnitten.

Der Schnitt von Braten mit Knochen wird durch den Verlauf des Knochens bestimmt. Einen Rückenbraten schneidet man zunächst beidseits des Rückgrats längs ein und die Fleischstränge dann in schräge Scheiben. Von einer Keule schneidet man entweder parallel zum Knochen das Fleisch in zwei Stücken ab oder waagerecht entlang dem Knochen und dann in Scheiben.

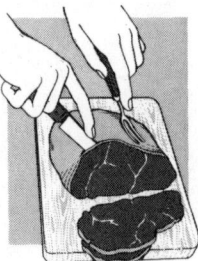 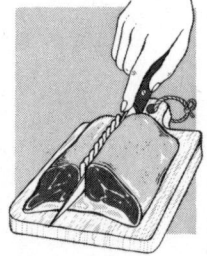

Roastbeef wird immer in besonders dünne Scheiben geschnitten.

Beim Tranchieren eines Rückens beidseitig des Rückgrats bis zu den Wirbelknochen einschneiden. Dann die Muskelstränge von außen zur Mitte in schräge Scheiben schneiden.

Bei einem Rippenbraten, Kotelettstück oder Kasseler läßt man vom Fleischer schon beim Einkaufen die Rippen so durchhacken, damit man später die einzelnen Kotelettscheiben leicht abschneiden kann.

Zum Bild rechts:

Für Feinschmecker bedeutet ein Filetsteak nicht einfach eine gebratene Scheibe Fleisch. Sie wissen um die feinen geschmacklichen Unterschiede, die sich selbst bei nur 1 Minute längerer oder kürzerer Bratzeit dieses edelsten Teiles vom Rind ergeben. Die Frage des Obers, ob sie ihr Steak »bien, saignant« oder »à point« gebraten wünschen, ruft bei Kennern keine Verwirrung hervor. Unser Farbbild zeigt Steaks dieser drei verschiedenen Gargrade. Das Steak oben im Bild ist »raw« oder auf Französisch – »très saignant« gebraten. Es hat eine dünne braune Kruste, ist aber innen noch vollkommen roh. Die Engländer mögen es so am liebsten, weshalb man diesen Gargrad auch mit »english« bezeichnet. – Das Steak in der Mitte hat eine braune Kruste, ist im Kern noch blutig aber um den Kern herum schön rosig. Dieses Steak ist »very rare« gebraten oder wie die Franzosen sagen »saignant«, was so viel heißt wie »noch sehr roh«. – »Medium« gebraten ist das Steak unten im Bild, zwar durch aber noch rosa. Die französische Bezeichnung für diesen Gargrad ist »à point«. Das bedeutet »gerade recht« und läßt darauf schließen, daß man in Frankreich die Steaks so am liebsten mag. Alles über Gargrade und Garzeiten von Steaks können Sie der Tabelle auf Seite 141 entnehmen.

TRANCHIEREN UND SERVIEREN · RINDERBRATEN

Zum Bild links:

Ein zartes, saftiges Steak, ob innen noch fast roh und blutig oder nur noch rosa, kann eine Versuchung für Vegetarier sein; wenn es nicht überwürzt, sondern mit Fingerspitzengefühl gesalzen und gepfeffert wurde, vermittelt es uns reinsten und höchsten Fleischgenuß. Die beste geschmackliche Ergänzung dazu bilden feine Gemüse, Pilze oder edle Früchte. Die Meister der Kochkunst übertrumpfen sich gegenseitig im Erfinden immer neuer Steakgarnituren und phantasievoller Namen für ihre Schöpfungen. Nur wenige dieser Zusammenstellungen sind als klassisch zu bezeichnen, so etwa das Pariser Pfeffersteak oder Steak Hawaii mit der obligatorischen Scheibe Ananas. Alle könnten jedoch das Prädikat »köstlich« erhalten. – Ob Sie ein Steak mit frischem Stangenspargel anrichten oder ihm eine mit Preiselbeeren gefüllte Williams-Christ-Birnenhälfte zugesellen – wie auf unserem Bild – ob Sie es mit frischen Pfifferlingen umkränzen oder in Butter geschwenkte, junge grüne Bohnen dazu reichen, ein Steak wird immer mit einer ebenbürtigen Beilage zu einem kulinarischen Ereignis.
Rezepte für Steak-Varianten finden Sie auf den Seiten 143 bis 146.

Das Fleisch einer Keule in zwei dicken Scheiben parallel zum Knochen abschneiden und in Scheiben schneiden.

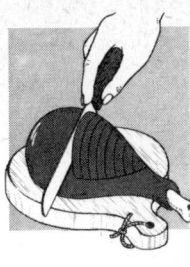

Man kann das Fleisch der Keule aber auch waagerecht zum Knochen schneiden.

Vor dem Servieren werden die fächerförmig gelegten Scheiben mit etwas Sauce oder Bratenfond beträufelt; die restliche Sauce reicht man gesondert in einer Sauciere.

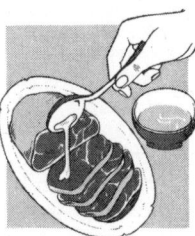

Überziehen der fächerförmig angerichteten Bratenscheiben mit Sauce.

So können Sie einen tranchierten Braten mit den Beilagen zusammen auf einer Platte anrichten.

Ganz nach Belieben kann der Braten auf einer großen Servierplatte mit Gemüse, eventuell auch mit den sonstigen Beilagen umlegt werden. Ist die Platte dafür nicht groß genug, so verziert man den Braten mit etwas Petersilie, mit ge-

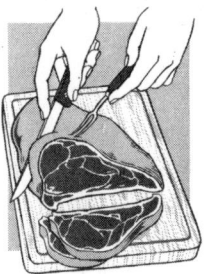

Aufschneiden eines Rippenbratens mit bereits vom Fleischer durchgehackten Rippenknochen.

grillten, gedünsteten oder auch rohen Tomaten, mit Eischeiben, Orangenscheiben, einigen Champignons oder gedünsteten Apfel- oder Birnenhälften. Allerdings müssen Sie bei der Wahl der Verzierung darauf achten, daß diese geschmacklich mit dem Braten, der Sauce und den Beilagen harmoniert.

Grundrezept
Rinderbraten

1 Zwiebel
1 Tomate
750 g Rinderlende oder -filet
je 1 Teel. Salz, Pfeffer und Paprikapulver, edelsüß
4 Eßl. Bratfett
¼ l Fleischbrühe
1 Eßl. Butter

Pro Person etwa:
1470 Joule
350 Kalorien

Bratzeit:
35 Minuten

Den Backofen auf 230° vorheizen. Die Zwiebel schälen und halbieren. Die Tomate waschen. Vom Fleisch die weißen Häutchen entfernen. Das Fleisch kalt waschen, abtrocknen, mit Salz, Pfeffer und Paprikapulver einreiben, in eine Bratreine legen, das Fett erhitzen und über das Fleisch gießen. Die Tomate und die Zwiebelhälften zugeben und den Braten auf der mittleren Schiebeleiste im Backofen 35 Minuten garen. Den Braten wenden, wenn er oben braun ist. Den Bratenfond häufig mit wenig heißer Fleischbrühe lösen und das Fleisch damit begießen.
Den fertigen Braten warm stellen. Den Bratensatz mit der restlichen Fleischbrühe lösen, die Sauce mit der Butter aufkochen lassen. Den Braten in dünne Scheiben schneiden, anrichten und mit etwas Sauce überziehen. Den Rest der Sauce gesondert dazureichen.

Beilagen: Kartoffelkroketten, Mandelkroketten oder Kartoffelpüree und feines Gemüse der Saison oder Pilze und eventuell salziges Blätterteig-Kleingebäck

---

Lendenbraten auf französische Art

750 g Rinderlende
2 Schalotten
1 Knoblauchzehe
½ Tasse Öl
2 Eßl. Zitronensaft
2 Messersp. getrockneter oder frischer Thymian
1 Lorbeerblatt
3 Pfefferkörner
½ Teel. Salz
100 g geräucherter Speck in Scheiben
¼ l Fleischbrühe

Pro Person etwa:
2180 Joule
520 Kalorien

Marinierzeit:
4–6 Stunden

Bratzeit:
35 Minuten

Die Rinderlende von den weißen Häutchen befreien, kurz kalt waschen

RINDERBRATEN

und abtrocknen. Die Schalotten schälen und vierteln. Die Knoblauchzehe schälen und kleinschneiden. Das Öl mit dem Zitronensaft, den Schalotten, dem Thymian, dem Lorbeerblatt, den Pfefferkörnern und den Knoblauchstückchen in einer Schüssel mischen, die Lende darin wenden und zugedeckt 4–6 Stunden marinieren; dabei einige Male wenden.
Den Backofen auf 220° vorheizen. Das marinierte Fleisch in eine Bratreine legen, salzen, mit den Speckscheiben belegen und auf der mittleren Schiebeleiste im Backofen 35 Minuten braten. Seitlich öfter etwas heiße Fleischbrühe zugießen, den Bratenfond lösen und die Speckscheiben damit beschöpfen. Den fertigen Braten warm stellen. Die Sauce in einem kleinen Topf mit der restlichen Fleischbrühe mischen und entfetten. Die Sauce gut erhitzen, mit Salz und Pfeffer abschmecken und durch ein Sieb gießen. Den Braten in Scheiben schneiden, mit dem Speck auf einer vorgewärmten Platte anrichten und sofort servieren.

Beilagen: Reis mit viel frischen Kräutern und Erbsen in Butter geschwenkt oder Kopfsalat mit Zitronenmelisse

Unser Tip: Wenn der Lendenbraten »englisch« zubereitet werden soll – also innen noch blutig sein soll –, darf während des Bratens weder Fleischbrühe noch Wasser zugegossen werden; der Bratenfond wird dann erst am Ende der Bratzeit nur mit wenig Fleischbrühe gelöst.

Filetbraten in der Pfanne

750 g Rinderfilet (Mittelstück)
½ Teel. Salz
1 Messersp. Pfeffer
5 Eßl. Steaksauce, Rezept in diesem Buch
2 Eßl. Öl
125 g Champignons aus der Dose
2 Zwiebeln oder Schalotten
3 Tomaten
1 Glas Weißwein
1 Teel. Speisestärke
1 Eßl. Wasser
2 Eigelbe
1 Eßl. Butter
½ Teel. Salz
2 Messersp. Pfeffer
Saft von 1 Zitrone
½ Bund Petersilie

Pro Person etwa:
1720 Joule
410 Kalorien

Bratzeit:
40 Minuten

Das Filet von der weißen Haut befreien, kurz kalt waschen, abtrocknen und mit dem Salz, dem Pfeffer und der Steaksauce einreiben. Das Öl in einer Pfanne erhitzen, das Fleisch darin bei starker Hitze rundherum anbraten, bei milder Hitze in 35 Minuten fertigbraten und dabei öfter wenden. Den fertigen Braten herausnehmen und warm stellen.
Die Champignons abtropfen lassen, einige Pilze zum Garnieren zurückbehalten, die restlichen Pilze halbieren. Die Zwiebeln oder die Schalotten schälen und würfeln. Die Tomaten häuten und in kleine Stücke schneiden. Die Zwiebeln und die Tomaten mit den halbierten Champignons im Bratfett in der Pfanne kurz anbraten, mit dem Weißwein aufgießen und etwa 10 Minuten dünsten. Die Speisestärke mit dem kalten Wasser anrühren, die Sauce damit binden und aufkochen lassen. Die Sauce vom Herd nehmen, die verquirlten Eigelbe und die Butter in Flöckchen unterrühren. Die Sauce mit dem Salz, dem Pfeffer und dem Zitronensaft abschmecken. Das Fleisch in dünne Scheiben schneiden, anrichten, mit etwas Sauce überziehen und mit Petersilie und den Champignonköpfen garnieren.

Beilagen: Pommes frites, Teigwaren, körnig gekochter Reis oder Petersilienkartoffeln und gebackene Selleriescheiben, Tomaten-Spargel-Salat oder Kopfsalat

Etwas schwierig

Gespicktes Rinderfilet

80 g Speck
750 g Rinderfilet (schmales Endstück)
2 Eßl. Öl
½ Teel. Salz
1 ½ Tassen Fleischbrühe
1 Glas Madeirawein
2 Eßl. Speisestärke
3 Eßl. Wasser

Pro Person etwa:
2010 Joule
480 Kalorien

Bratzeit:
35 Minuten

Den Backofen auf 220° vorheizen. Den Speck in dünne, etwa 5 cm lange Streifen schneiden. Das Filet von den weißen Häutchen befreien, kurz kalt waschen, gut abtrocknen und mit den Speckstreifen entlang dem »Kamm« spicken. Das Öl erhitzen. Das Fleisch im Bratgeschirr mit dem heißen Öl begießen, salzen und auf der mittleren Schiebeleiste im Backofen 35 Minuten braten. Während des Bratens öfter mit dem ausgetretenen Fett beschöpfen oder bestreichen.
Die Fleischbrühe erhitzen, den Bratenfond damit lösen, in einen kleinen Topf schütten und den Madeirawein zugeben. Die Speisestärke mit dem kalten Wasser anrühren, die Sauce damit binden und einmal kräftig aufkochen lassen. Das Filet in dünne Scheiben schneiden, anrichten und mit etwas Sauce überziehen. Die restliche Sauce getrennt dazureichen.

Beilagen: Paprika-Tomaten-Gemüse oder Weinkraut und Kartoffelpüree oder Kartoffelkroketten

Grundrezept

Roastbeef

Bild Seite 170/171

Zutaten für 6 Personen:
1 kg Roastbeef
1 Teel. Salz
½ Teel. Pfeffer
5 Eßl. Öl

Pro Person etwa:
1510 Joule
360 Kalorien

Bratzeit:
35 Minuten

Den Backofen auf 200° vorheizen. Das Roastbeef von den Häuten und Sehnen befreien, kurz kalt waschen, abtrocknen und die leichte Fettschicht gitterartig einschneiden. Das Fleisch mit dem Salz und dem Pfeffer einreiben.
Das Öl auf dem Herd in einem flachen Bratgeschirr stark erhitzen und das Fleisch darin von allen Seiten anbraten, damit sich die Fleischporen rasch schließen. Das Roastbeef mit der Fettseite nach oben in der Bratreine auf der zweiten Schiebeleiste im Backofen 35 Minuten braten, dabei wiederholt mit dem Öl übergießen. Das Roastbeef nach beendigter Bratzeit 10 Minuten im abgeschalteten Backofen bei geöffneter Tür ruhen lassen, dann aufschneiden und auf einer vorgewärmten Platte schuppenförmig anrichten.
Nach Belieben den Bratenfond mit einigen Eßlöffeln Wasser lösen und extra dazureichen.

Beilagen: Kartoffel-Mandel-Kroketten, Pommes frites oder salziges Blätterteig-Kleingebäck und eine Gemüseplatte mit gedünsteten Erbsen, Rosenkohl, Tomaten, Champignons, Pfifferlingen und/oder Spargel

Unser Tip: In England serviert man Yorkshire-Pudding zum Roastbeef. Das Rezept steht auf Seite 163 oben.

RINDERBRATEN

Yorkshire-Pudding
Bild Seite 170/171

Dazu aus 1 Tasse abgekochter Milch, 1 Tasse Mehl, 1 guten Prise Salz, 3 Eiern, geriebener Muskatnuß und Pfeffer mit dem Schneebesen einen Teig rühren. Den Teig eine Stunde kühl stellen. Den fertigen Braten zugedeckt warm stellen. Das zurückgebliebene Bratfett vom Roastbeef in eine feuerfeste Form gießen und erhitzen. Den Teig noch einmal kurz aufschlagen, ins Bratfett gießen, umrühren, erst 10 Minuten bei 225° bakken, danach 10 Minuten bei 170°. Den goldbraunen Yorkshire-Pudding in Streifen schneiden und sofort mit dem Braten servieren.

Etwas schwierig
Zigeunerbraten

Zutaten für 6 Personen:
150 g Paprikaspeck
1 kg Rinderlende oder -filet
1 Teel. Salz
1 Messersp. Pfeffer
1 Eßl. Paprikapulver, edelsüß
4 Eßl. Öl
3 Zwiebeln
3/8 l Fleischbrühe
4 Tomaten
1 rote Paprikaschote
2 Eßl. Butter
je 1 Messersp. Salz, Pfeffer und Zucker
8 Maiskölbchen aus dem Glas
1 Messersp. gekörnte Brühe
2 Messersp. Salz
4 Eßl. saure Sahne

Pro Person etwa:
2650 Joule
630 Kalorien

Bratzeit:
35 Minuten

Den Backofen auf 220° vorheizen. Den Paprikaspeck in dünne Scheiben schneiden. Das Fleisch von der weißen Haut befreien, kurz kalt waschen, abtrocknen, leicht klopfen und mit dem Salz, dem Pfeffer und dem Paprikapulver einreiben. Die Oberseite des Fleisches längs einschneiden, die Speckscheiben in die Einschnitte drücken und das Bratenstück mit Küchengarn umwinden.

Die Oberseite des Bratens so einschneiden, daß sich die Speckscheiben in die Einschnitte drücken lassen.

Das Öl in der Bratreine erhitzen, das Fleisch von allen Seiten kurz und scharf darin auf dem Herd anbraten, dann auf der mittleren Schiebeleiste im Backofen in 35 Minuten fertigbraten. Die Zwiebel schälen und in Ringe schneiden. Wenn der Braten zu bräunen beginnt, die Zwiebelringe zum Fleisch geben und so lange mitbraten, bis diese goldbraun sind. Die Fleischbrühe erhitzen und davon öfter seitlich zugießen, den Bratenfond lösen und den Braten damit begießen. Diesen Vorgang öfter wiederholen. Die Tomaten häuten und in Stücke schneiden. Die Paprikaschote halbieren, waschen, von Rippen und Kernen befreien und in Streifen schneiden. Die Paprikastreifen in 1 Eßlöffel Butter anbraten, die Tomatenstücke zufügen und mit dem Salz, dem Pfeffer und dem Zucker würzen. Die Maiskölbchen getrennt in der übrigen Butter erwärmen.
Den fertigen Braten warm stellen. Den Bratenfond bis zu 1/4 Liter mit Fleischbrühe auffüllen, mit gekörnter Brühe und Salz abschmecken, einmal aufkochen lassen und mit der sauren Sahne verfeinern. Den Braten aufschneiden, anrichten, mit wenig Sauce überziehen und mit dem Gemüse garnieren. Die restliche Sauce getrennt dazureichen.

Beilagen: Bandnudeln in wenig Butter geschwenkt und Feldsalat oder Spargelsalat

---

Südtiroler Rinderbraten

750 g Rindfleisch (Lende oder Roastbeef), einige Rinderknochen
1 Zwiebel
1 Bund Suppengrün
1 Eßl. Bratfett
1 Teel. Salz
1 Messersp. Pfeffer
1/4 l Fleischbrühe
1/4 l Rotwein
1/2 Teel. getrockneter Majoran
1 Messersp. getrocknetes Basilikum
1 Eßl. Speisestärke
3 Eßl. Wasser
1 hartgekochtes Ei

Pro Person etwa:
1930 Joule
460 Kalorien

Bratzeit:
35 Minuten

Den Backofen auf 230° vorheizen. Das Fleisch und die Knochen kurz kalt waschen und gut abtrocknen. Die Zwiebel schälen, das Suppengrün waschen, putzen und kleinschneiden. Das Bratfett in einem Bratgeschirr auf dem Herd erhitzen. Die Knochen, die Zwiebel und das Suppengrün dazugeben und alles unter Umwenden kräftig anbraten. Das Fleisch mit dem Salz und dem Pfeffer einreiben. Die Knochen und das Gemüse zur Seite schieben, das Fleisch in das Bratgeschirr legen und von allen Seiten anbraten. Den Braten auf der zweiten Schiebeleiste von unten im Backofen 35 Minuten braten. Die Fleischbrühe erhitzen. Den Rotwein, den Majoran und das Basilikum zufügen und nur wenig – etwa 1/2 Tasse – seitlich neben das Fleisch gießen. Dabei den Bratenfond lösen und den Braten öfter mit dem entstandenen Fond beschöpfen.
Den fertigen Braten warm stellen. Den Bratenfond mit dem Rest des Fleischbrühe-Rotwein-Gemisches lösen, bis zu 3/8 Liter gegebenenfalls mit Wasser auffüllen und durch ein Sieb in einen Topf streichen. Die Speisestärke mit dem kalten Wasser anrühren, die Sauce damit binden und einmal aufkochen lassen. Den Braten in dünne Scheiben schneiden, anrichten und mit dem in Scheiben geschnittenen harten Ei garnieren. Die Sauce getrennt dazureichen.

Beilagen: Rosenkohl oder Möhren und Salzkartoffeln

Katalanischer Rinderbraten

2 Zwiebeln
1 Knoblauchzehe
100 g roher Schinken
60 g Speck
750 g Rindfleisch (runde Nuß, Rose oder Unterschale)
1 Teel. Butter
2 Möhren
1/2 Bund Petersilie
4 Tomaten
3 Pfefferkörner
1 Teel. Salz
1/8 l Rotwein
1/4 l Wasser
1 Lorbeerblatt
je 1 Messersp. getrockneter Thymian, Majoran getrocknetes Basilikum
1/8 l Fleischbrühe
3 Eßl. saure Sahne

Pro Person etwa:
2800 Joule
670 Kalorien

Bratzeit:
60 Minuten

Die Zwiebeln schälen und kleinwürfeln, die Knoblauchzehe schälen und zerdrücken. Den Schinken in kleine Würfel schneiden. Den Speck in etwa 6 cm lange, dünne Streifen schneiden. Das Fleisch kurz kalt waschen, abtrocknen, von Häuten und Sehnen befreien und mit dem Speck rundherum spicken.
Den Backofen auf 230° vorheizen. Die Butter in einer Bratreine auf dem Herd erhitzen und die Zwiebelwürfel, die Knoblauchzehe und die Schinkenwürfel darin anbraten. Den Braten

SAUERBRATEN · SCHMORBRATEN

darauflegen und auf der zweiten Schiebeleiste von unten etwa 60 Minuten im Backofen braten.
Die Möhren schaben und kleinschneiden. Die Petersilie waschen, abtropfen lassen und feinhacken. Die Tomaten waschen, häuten und vierteln. Wenn der Braten gut braun ist, die Möhren mit der Petersilie, den Tomatenvierteln, den Pfefferkörnern und dem Salz zugeben, bräunen lassen und mit dem Rotwein ablöschen. Das Wasser erhitzen. Wenn der Rotwein fast verdampft ist, den Bratenfond mit dem heißen Wasser lösen und das Lorbeerblatt, den Thymian, den Majoran und das Basilikum zufügen. Den Braten öfter mit dem Bratenfond beschöpfen. Den fertigen Braten warm stellen. Den Bratenfond bis zu ¼ Liter mit der Fleischbrühe auffüllen, durch ein Sieb streichen, nach Belieben mit Salz und Pfeffer abschmecken, einmal aufkochen lassen, vom Herd nehmen und mit der sauren Sahne verfeinern. Den Braten aufschneiden und mit etwas Sauce überziehen. Den Rest der Sauce getrennt dazureichen.

Beilagen: Lyoner Kartoffeln und grüne Bohnen in Butter geschwenkt

Unser Tip: Wenn Sie einmal wenig Zeit haben: Alle Zutaten ohne Fleischbrühe und saure Sahne nach Rezept vorbereiten, alles mit dem Fleisch in einen geschlossenen Schmortopf in den auf 190° vorgeheizten Backofen geben! Dann müssen Sie sich erst nach 1 ½ Stunden Schmorzeit um den Braten kümmern, um aus dem Bratenfond, der Brühe und der Sahne die Sauce zu bereiten.

Das Beizen oder Marinieren ist auch heute noch eine recht praktische Methode der Fleischkonservierung für kurze Zeit. Sie schlagen damit drei Fliegen mit einer Klappe: Das Fleisch verdirbt nicht, es wird bekömmlich mürbe, und es erhält durch die Marinade einen charakteristisch pikanten Geschmack!

Sauerbraten auf rheinische Art

Zutaten für 6 Personen:

Für den Braten:
1 kg Rindfleisch (Halsgrat, Bürgermeisterstück oder Unterschale)
120 g geräucherter Speck
100 g Bratfett

Für die Marinade:
1 Möhre
1 Petersilienwurzel
1 Stück Sellerieknolle
1 Knoblauchzehe
1 Lorbeerblatt
3 Pimentkörner
3 Pfefferkörner
1 Zweig Thymian
1 l Burgunder Rotwein
1 Tasse Weinessig

Für die Sauce:
1 Eßl. Tomatenmark
1 Saucenlebkuchen
1 Scheibe Pumpernickel
100 g Apfelkraut
2 Eßl. Mehl
100 g Rosinen
2 Eßl. Mandelstifte

Pro Person etwa:
3350 Joule
800 Kalorien

Marinierzeit:
24 Stunden

Bratzeit:
2 Stunden

Das Fleisch waschen und abtrocknen. Den Speck in etwa 6 cm lange, dünne Streifen schneiden. Das Fleisch beidseitig mit dem Speck spicken. Für die Marinade die Möhre, die Petersilienwurzel und den Sellerie schaben oder schälen, waschen und kleinschneiden. Die Knoblauchzehe schälen, zusammen mit dem Gemüse, den Gewürzen und mit dem Rotwein zum Fleisch geben. Den Essig mit ¼ Liter Wasser aufkochen, abkühlen, über das Fleisch gießen und zugedeckt 24 Stunden kühl stellen.
Den Backofen auf 220° vorheizen. Das Fleisch aus der Marinade nehmen und abtrocknen. Das Bratfett in einer Bratreine auf dem Herd erhitzen und das Fleisch von allen Seiten kräftig darin anbraten. Die Marinade durchsieben und erhitzen. Die Gewürze aus der Marinade zum Fleisch geben und etwas anbräunen lassen. Das Tomatenmark ins Bratfett rühren und die Marinade nach und nach zugießen. Den Braten auf der untersten Schiebeleiste im Backofen zugedeckt 2 Stunden schmoren lassen. Nach 1 Stunde den Saucenlebkuchen und den Pumpernickel zerbröckeln und mit dem Apfelkraut zur Sauce um das Fleisch geben.
Den fertigen Braten aus der Sauce nehmen. Die Sauce durch ein Sieb passieren; ist sie zu dünn, das Mehl mit etwas Wasser anrühren, die Sauce damit binden. Die Rosinen waschen und mit den Mandelstiften in die Sauce geben. Die Sauce nach Belieben noch mit Salz, Zucker und Essig abschmecken. Sie muß kräftig süßsauer sein. Den Braten in der Sauce wieder gut erhitzen, dann in dicke Scheiben schneiden, anrichten und mit etwas Sauce überziehen. Den Rest der Sauce getrennt dazureichen.

Beilagen: Klöße aus gekochten Kartoffeln und ein beliebiger Salat

---

Ideal zum Tiefkühlen

Grundrezept

Schmorbraten

Zutaten für 6 Personen:
100 g Speck
1 kg Rindfleisch (Hochrippe, Rose, Bürgermeisterstück)
½ Teel. Salz
2 Messersp. Pfeffer
4 Schalotten oder 2 große Zwiebeln
1 Bund Suppengrün
1 Lorbeerblatt
einige Pfefferkörner
¼–⅜ l Fleischbrühe
1 Glas Rotwein
3 Eßl. saure Sahne
1 Teel. Speisestärke
eventuell ½ Fleischbrühwürfel
1 Messersp. Zucker

Pro Person etwa:
2130 Joule
510 Kalorien

Schmorzeit:
2 Stunden

Die Hälfte des Specks in etwa 6 cm lange Streifen, die andere Hälfte in Scheiben schneiden.
Das Fleisch von den Häuten und Sehnen befreien, kurz kalt waschen, abtrocknen und mit dem Salz und dem Pfeffer einreiben. Die Oberseite mit den Speckstreifen spicken. Die Speckscheiben im Bratentopf auf dem Herd bei mittlerer Hitze langsam ausbraten lassen, das gespickte Fleisch zugeben und im ausgebratenen Speckfett rundherum braun anbraten.
Die Schalotten oder die Zwiebeln schälen und grob schneiden. Das Suppengrün waschen, putzen und ebenfalls grob schneiden, mit dem Lorbeerblatt und den Pfefferkörnern zum Braten geben und mitbräunen lassen. Die Fleischbrühe erhitzen. Wenn das Gemüse gut braun ist, seitlich eine Tasse heiße Fleischbrühe zugießen, den Bratenfond damit lösen und den Braten im zugedeckten Topf etwa 2 Stunden bei mittlerer Hitze schmoren lassen, dabei ab und zu wenden. Den Braten öfters begießen und immer, wenn nötig, wenig heiße Fleischbrühe seitlich nachschütten.
Den fertigen Braten warm stellen. Die Sauce durch ein Sieb in einen kleinen Topf passieren und mit dem Rotwein bis zu ¼ Liter Flüssigkeit auffüllen. Die saure Sahne mit der Speisestärke verrühren, die Sauce damit binden, einmal kräftig aufkochen lassen und nach Geschmack mit Fleischbrühwürfel und dem Zucker (oder nur mit Zucker und etwas Salz) abschmecken. Den Braten in nicht zu dünne Scheiben schneiden, auf einer vorgewärmten Platte anrichten und mit etwas Sauce überziehen. Den Rest der Sauce getrennt dazureichen.

SCHMORBRATEN · ZWIEBELROSTBRATEN

Beilagen: Reis, Kartoffelpüree oder Nudeln und Paprikasalat, Chinakohlsalat oder Allgäuer Tomatensalat

Unser Tip: Wenn Sie den Schmorbraten einfrieren wollen, schneiden Sie ihn in Scheiben und frieren ihn portionsweise mit der entsprechenden Menge Sauce zusammen ein.

Schmorbraten in Burgundersauce

Zutaten für 6 Personen:

Für die Marinade:
2 Zwiebeln
8 Pfefferkörner
3 Pimentkörner
½ Teel. getrockneter Thymian
1 Lorbeerblatt
½ l Wasser
½ l Rotwein (Burgunder oder trockener Tiroler)

Für den Braten:
1 kg Rindfleisch (Rose, Hochrippe, Bürgermeisterstück)

½ Teel. Salz
2 Messersp. Pfeffer
¼–⅜ l Marinade
100 g Speck in Scheiben
1 Zwiebel
½ Scheibe Weißbrot
¼ l Fleischbrühe
½ Teel. Zucker

Pro Person etwa:
2130 Joule
510 Kalorien

Marinierzeit:
2–3 Tage

Schmorzeit:
2 Stunden

Die Zwiebel schälen, in Ringe schneiden und mit den übrigen Gewürzen im Wasser zugedeckt etwa 15 Minuten kochen, abkühlen lassen und den Rotwein zugießen. Das Fleisch kalt waschen, von den Häuten und Sehnen befreien und in die Marinade legen; die Marinade soll das Fleisch bedecken. Das Fleisch 2–3 Tage an einem kühlen Ort – oder im Kühlschrank – zugedeckt marinieren.
Zum Braten das marinierte Fleisch trockentupfen und mit dem Salz und dem Pfeffer einreiben. ⅜ l der Marinade erhitzen. Die Speckscheiben im Bratentopf auf dem Herd bei mittlerer Hitze ausbraten. Das Fleisch zugeben und rundherum braun anbraten. Die Zwiebel schälen und in Ringe schneiden, mit dem Weißbrot zum Fleisch geben und mitbräunen lassen. Wenn alles braun ist, seitlich eine Tasse voll heißer Marinade zugießen und den Bratenfond lösen. Das Fleisch bei mittlerer Hitze etwa 2 Stunden schmoren lassen, ab und zu wenden und öfters beschöpfen. Immer, wenn nötig, wenig heiße Marinade seitlich zugießen.
Den fertigen Braten warm stellen. Die Sauce durch ein Sieb in einen kleinen Topf passieren, bis zu ¼ Liter mit der Fleischbrühe auffüllen, mit dem Zucker abschmecken und einmal aufkochen lassen.
Den Schmorbraten aufschneiden, anrichten und mit etwas Sauce überziehen. Den Rest der Sauce getrennt dazu servieren.

Beilagen: Klöße aus gekochten Kartoffeln oder Spätzle und Weißkohl mit Tomaten und Paprika, Rotkohl oder gekochter Selleriesalat, Blumenkohl-Vinaigrette oder Bohnensalat

Zwiebelrostbraten

500 g Zwiebeln
½ Teel. Zucker
2 Messersp. Salz
2 Eßl. Butter
4 Scheiben Rindfleisch aus dem Zwischenrippenstück zu je 180 g
1 Teel. Salz
2 Messersp. Pfeffer
½ Teel. Paprikapulver, scharf

2 Eßl. Mehl
2 Eßl. Bratfett
⅛ l Fleischbrühe
½ Teel. Essig oder 1 Eßl. Rotwein

Pro Person etwa:
2510 Joule
600 Kalorien

Garzeit:
35 Minuten

Für den Zwiebelrostbraten brauchen Sie zwei Pfannen.
Die Zwiebeln schälen, in Ringe schneiden und mit dem Zucker und dem Salz mischen. Die Butter in einer Pfanne zerlassen und die Zwiebelringe darin unter häufigem Umwenden bei milder Hitze etwa 30 Minuten gleichmäßig hellbraun braten. Die Zwiebelringe dann bei mildester Hitze (eventuell eine Asbestplatte unter die Pfanne legen) warm halten, aber nicht zudecken.
Die Fleischscheiben kurz kalt waschen, abtrocknen und leicht klopfen oder mit dem Handballen flachdrücken. Die Gewürze mischen, das Fleisch damit einreiben und in dem Mehl wenden. Nicht festhaftendes Mehl wieder abschütteln. Das Bratfett in der anderen Pfanne erhitzen, die Fleischscheiben von jeder Seite kräftig 2 Minuten darin anbraten und bei milder Hitze von jeder Seite weitere 3 Minuten braten. Das Fleisch sofort aus der Pfanne nehmen und warm stellen. Den Bratensatz in der Pfanne mit der Fleischbrühe lösen, einmal aufkochen lassen und die Sauce mit dem Essig oder dem Rotwein abschmecken. Die Fleischscheiben anrichten, die gebratenen Zwiebelringe darauf verteilen und die Sauce gesondert dazureichen.

Beilagen: Bandnudeln, Salzkartoffeln oder Pommes frites und gemischter Salat

Nicht sehr üppig, aber sehr schmackhaft – Lendenschnitten in Sojasauce können Sie sich selbst dann leisten, wenn Sie Ihr Idealgewicht noch nicht wieder erreicht haben!

Lendenschnitten in Sojasauce

100 g Speck
3 Tomaten
2 grüne Paprikaschoten
500 g Rinder- oder Schweinelende
1 Teel. Salz
2 Messersp. Pfeffer
¼ l Wasser
2 Eßl. Sojasauce
1 Messersp. Zucker
1 Eßl. Speisestärke
3 Eßl. Wasser
1 Teel. Sojasauce

Pro Person etwa:
1260 Joule
300 Kalorien

Bratzeit:
6 Minuten

Garzeit für das Gemüse:
15 Minuten

Den Speck in kleine Würfel schneiden, die Tomaten häuten und vierteln. Die Paprikaschoten halbieren, waschen, von Kernen und Rippen befreien und in feine Streifen schneiden. Das Fleisch kurz kalt waschen, abtrocknen und in 4 etwa 1 cm dicke Scheiben schneiden. Das Salz mit dem Pfeffer mischen und die Fleischscheiben damit einreiben. Die Speckwürfel in einer Pfanne bei mittlerer Hitze ausbraten, die höchste Schaltstufe einstellen, die Fleischscheiben auf beiden Seiten je 2–3 Minuten in dem Speckfett braten und zugedeckt warm stellen.
Auf milde Hitze zurückschalten und das überschüssige Fett abgießen; es soll nur etwa 1 Eßlöffel voll in der Pfanne bleiben. Den Bratenfond mit dem Wasser lösen, aufkochen lassen, mit der Sojasauce und dem Zucker würzen. Die Tomatenviertel und Paprikastreifen zugeben und bei milder Hitze zugedeckt etwa 15 Minuten kochen lassen. Die Speisestärke mit dem kalten Wasser anrühren und die Sauce damit binden, einmal aufkochen lassen und je nach Geschmack mit Salz und der Sojasauce abschmecken. Die Fleischscheiben in die Sauce legen und 4 Minuten darin ziehen –, aber nicht mehr kochen lassen. Das Gericht wird in der Pfanne serviert.

Beilage: körnig gekochter Reis

KALBSBRATEN

Grundrezept
Kalbsbraten

Zutaten für 6 Personen:
1 kg Kalbfleisch (Schlegel, Nierenstück, Schulter)
½ Teel. Salz
1 Messersp. Pfeffer
3 Eßl. Butter
1 Bund Suppengrün
1 kleine Zwiebel
¼–⅜ l Fleischbrühe
1 Eßl. saure oder süße Sahne
2 Tomaten
½ Bund Petersilie

Pro Person etwa:
1050 Joule
250 Kalorien

Bratzeit:
1½–1¾ Stunden

Den Backofen auf 220° vorheizen. Das Fleisch von den weißen Häutchen befreien, kurz kalt waschen, abtrocknen, mit dem Salz und dem Pfeffer einreiben und in ein Bratgeschirr legen. Die Butter erhitzen und über das Fleisch gießen. Den Braten auf der zweiten Schiebeleiste von unten im Backofen etwa 1½–1¾ Stunden braten. Das Suppengrün waschen, putzen und grob kleinschneiden. Die Zwiebel schälen und achteln. Wenn der Braten zu bräunen beginnt, beides zugeben und mitbraten. Die Fleischbrühe erhitzen. Sobald das Suppengrün braun ist, seitlich etwas heiße Fleischbrühe zugießen, den Bratenfond damit lösen und den Braten von Zeit zu Zeit damit beschöpfen. Wenn nötig, öfter wenig Fleischbrühe nachgießen. Den fertigen Braten warm stellen. Die Sauce mit Fleischbrühe bis zu ¼ Liter auffüllen, durch ein Sieb gießen, mit Salz und Pfeffer abschmecken und mit der Sahne abrunden. Den Braten aufschneiden, anrichten und mit einem Teil der Sauce überziehen. Den Braten mit Tomatenachteln und Petersilie garnieren. Die restliche Sauce gesondert dazureichen.

Beilagen: Semmelknödel und frischer Salat oder Kartoffelpüree und feines Gemüse der Saison

Variante
Kalbsbraten auf Elsässer Art

Fertig gekaufte, ungesüßte Mürbeteigtörtchen mit erhitztem Weinkraut füllen und auf das Weinkraut je eine Scheibe knusprig gebratenen Bauchspeck legen. Den Kalbsbraten mit den Törtchen garnieren.

Etwas schwierig
Gefüllte Kalbsbrust

Zutaten für 6 Personen:

Für die Füllung:
2 Zwiebeln
2 Scheiben Weißbrot
1 Bund Petersilie
4 Eßl. Sahne
4 Eier
½ Teel. Salz
1 Messersp. geriebene Muskatnuß

Für den Braten:
1 kg Kalbsbrust
(Tasche zum Füllen eingeschnitten)
1 Teel. Salz
50 g Butter
¼ l Fleischbrühe
1 Teel. Mehl

Pro Person etwa:
1760 Joule
420 Kalorien

Bratzeit:
1–1½ Stunden

Die Zwiebeln schälen und kleinwürfeln. Das Weißbrot ebenfalls in kleine Würfel schneiden. Die Petersilie waschen, abtropfen lassen und kleinschneiden. Die Sahne in einem Topf erhitzen und die Zwiebelwürfel, die Brotwürfel und die Petersilie darin mischen. Den Topf vom Herd nehmen, die Eier, das Salz und den Muskat zugeben und alles zu einem geschmeidigen Brei verrühren; notfalls etwas Wasser zufügen.
Den Backofen auf 220° vorheizen. Die »Tasche« in der Kalbsbrust innen und außen kalt waschen und gut abtrocknen. Die »Tasche« mit der Weißbrotmasse nicht zu prall füllen, weil sonst die Kalbsbrust beim Braten aufplatzt. Die gefüllte Kalbsbrust mit Küchengarn zunähen und mit dem Salz einreiben.

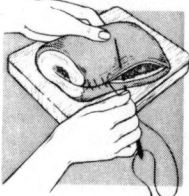

Die Tasche der gefüllten Kalbsbrust mit großen Stichen zunähen.

Die Butter erhitzen. Die Kalbsbrust mit der dickeren Fleischseite nach unten in das Bratgeschirr legen, mit der heißen Butter begießen und auf der untersten Schiebeleiste im Backofen 1–1½ Stunden braten. Während des Bratens nach und nach die heiße Fleischbrühe zugießen und den Braten damit beschöpfen. Die Kalbsbrust während des Bratens nicht wenden. Den fertigen Braten warm stellen. Den Bratenfond mit etwas Wasser lösen, in einen kleinen Topf gießen, das Mehl mit 2 Eßlöffel kaltem Wasser glattrühren, die Sauce damit binden, einige Male aufkochen lassen und mit Salz und Pfeffer abschmecken.
Die obere Fleischschicht der Kalbsbrust mit einem scharfen Messer im Abstand von 2 cm einschneiden, erst dann durch die Füllung und die untere Fleischschicht schneiden. Die Bratenscheiben anrichten und mit etwas Sauce überziehen. Den Rest der Sauce getrennt dazureichen.

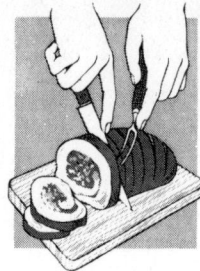

Die obere Fleischschicht der gefüllten Kalbsbrust im Abstand von 2 cm einschneiden. Dann die so markierten Scheiben ganz durchschneiden.

Beilagen: Kopfsalat, Feldsalat, Tomatensalat, Gurkensalat mit Dill angemacht, gedünstete Bohnen oder Möhrengemüse

Unser Tip: Sollte die Füllung nicht ganz in der »Tasche« der Kalbsbrust Platz haben, so formen Sie die übrige Masse zu Klößchen, lassen sie etwa 7 Minuten in Salzwasser gar ziehen und garnieren den Braten damit.

Dieser Braten wird vom Fleischer vorbereitet: Dazu rollt er das ausgelöste Rückenstück mit einem Teil der Flanke, einer gewässerten Kalbsniere und einer dünnen Schicht Nierenfett fest zusammen. Wer keine Nieren mag, kann sich auch einen einfachen Kalbsrollbraten bereiten lassen. Dafür verwendet der Fleischer nur die Flanke.

Kalbsnierenbraten

Zutaten für 6 Personen:
1 Knoblauchzehe
1 kg Kalbsnierenbraten
1 Teel. Salz
1 Messersp. Pfeffer
3 Eßl. Öl
⅜ l Fleischbrühe
2 Eßl. Tomatenmark
1 Teel. Speisestärke

Saft von ½ Zitrone
je 1 Prise Salz und Pfeffer
½ Tasse Weißwein

Pro Person etwa:
1340 Joule
320 Kalorien

Bratzeit:
1–1½ Stunden

Den Backofen auf 220° vorheizen. Die Knoblauchzehe schälen, halbieren und die Bratreine damit ausreiben. Das Fleisch kurz kalt waschen, abtrocknen und mit dem Salz und dem Pfeffer einreiben. Das Öl erhitzen, das Fleisch in die Bratreine legen und

KALBSHAXE · SCHWEINEBRATEN

mit dem sehr heißen Öl begießen.
Den Braten auf der zweiten Schiebeleisten von unten im Backofen 1 – 1½ Stunden garen.
Wenn der Braten zu bräunen beginnt, mit ½ Tasse heißer Fleischbrühe den Bratenfond lösen und den Braten damit beschöpfen. Diesen Vorgang öfter wiederholen.
Vom fertigen Braten die Fäden entfernen und den Braten warm stellen. Die Sauce in einen kleinen Topf gießen und mit Fleischbrühe und Wasser bis zu knapp ½ Liter auffüllen. Das Tomatenmark darin verrühren. Die Speisestärke mit wenig kaltem Wasser anrühren, die Sauce damit binden und einmal aufkochen lassen. Die Sauce mit dem Zitronensaft, Salz und Pfeffer und dem Weißwein abschmecken.
Das Fleisch in etwa 1½ cm dicke Scheiben schneiden und anrichten.
Die Sauce gesondert dazureichen.

<u>Beilagen:</u> Makkaroni mit Käse bestreut und Blumenkohlsalat, Tomatensalat oder Wildkräutersalat

Gebratene Kalbshaxe

1½ kg Kalbshaxe	einige Tropfen
1 Teel. Salz	Zitronensaft
½ Teel. Pfeffer	4 Eßl. saure Sahne
1 Möhre	
1 Stück Sellerieknolle	Pro Person etwa:
1 Zwiebel	1555 Joule
½ Tasse Wasser	370 Kalorien
80 g Butterschmalz	
¼ l Fleischbrühe	Garzeit:
1 Eßl. Mehl	2½ Stunden
6 Eßl. Wasser	

Die Kalbshaxe, wenn nötig, von der Haut befreien, kurz kalt abwaschen, abtrocknen und mit dem Salz und dem Pfeffer einreiben.
Den Backofen auf 200° vorheizen.
Die Möhre und den Sellerie waschen, putzen und kleinschneiden, die Zwiebel schälen. Das Wasser erhitzen. Das Butterschmalz in einem Bratgeschirr erhitzen, die Kalbshaxe auf dem Herd bei Mittelhitze rundherum darin braun anbraten. Das heiße Wasser seitlich um die Haxe gießen. Die Haxe auf der zweiten Schiebeleiste von unten 2½ Stunden im Backofen braten. Alle 15 Minuten mit dem Bratensaft beschöpfen. Die Haxe ab und zu wenden, aber kein Wasser nachfüllen. In den letzten 30 Minuten das Gemüse zur Haxe geben und mitbraten. Die Haxe warm stellen.
Den Bratenfond mit der Fleischbrühe lösen und erhitzen. Das Mehl mit kaltem Wasser anrühren, die Sauce damit binden, einige Male aufkochen lassen, mit Zitronensaft abschmecken und mit der Sahne verfeinern. Die Sauce durch ein Sieb passieren und getrennt dazureichen.

<u>Beilagen:</u> Semmelknödel oder Spätzle und viel grüner oder gemischter Salat

---

Für dieses Gericht die Kalbshaxe mit dem Knochen schon beim Metzger in 4 Scheiben sägen lassen. Das Knochenmark soll gut erhalten bleiben!

Ossobuco
Kalbshaxe auf italienisch

1 große Zwiebel	3 Eßl. Mehl
1 Stange Lauch	3 Eßl. Öl
½ kleine Sellerieknolle	1 Glas Weißwein
3 Möhren	4 Tomaten
1 Eßl. Öl	2 Eßl. Tomatenmark
½ Teel. Thymian	
½ Teel. Salz	2 Eßl. Zitronensaft
1 Messersp. Pfeffer	Pro Person etwa:
1½ Tassen Fleischbrühe	1880 Joule
1 kg Kalbshaxe (in Scheiben)	450 Kalorien
1 Teel. Salz	Garzeit:
2 Messersp. Pfeffer	1½ Stunden

Die Zwiebel schälen und würfeln, das Gemüse waschen, putzen und ebenfalls in Würfel schneiden. Das Öl in einem flachen Topf erhitzen, die Zwiebelwürfel und das Gemüse zugeben, anbraten und mit dem Thymian, dem Salz und dem Pfeffer würzen.
½ Tasse Fleischbrühe zugießen und zugedeckt bei milder Hitze etwa 15 Minuten dünsten lassen.
Die Fleischscheiben kurz kalt waschen, abtrocknen, mit dem Salz und dem Pfeffer einreiben und in dem Mehl wenden. Das Öl in einer Pfanne erhitzen. Die Fleischscheiben von beiden Seiten darin gut braun anbraten, auf das Gemüse legen, den Weißwein und die restliche Fleischbrühe zugießen und zugedeckt in etwa 75 Minuten gar dünsten. Nach etwa 1 Stunde die Tomaten häuten, in grobe Stücke schneiden, mit dem Tomatenmark und dem Zitronensaft unter die Sauce rühren. Ossobuco im Topf oder auf einer Platte servieren.

<u>Beilagen:</u> körnig gekochter Reis, Teigwaren, in Butter geschwenkt, oder Weißbrot und grüner Salat oder Tomatensalat

---

<u>Grundrezept für Schweinebraten</u>

Schweinebraten mit Birnen

Zutaten für 6 Personen:	je 1 Messersp. Salz und Pfeffer
Für den Braten:	Für die Birnen:
⅛ l Wasser	500 g Birnen
1 kg Schweinefleisch mit Schwarte (Oberschale oder Schulterstück)	8 Gewürznelken
	1 Eßl. Butter
	⅛ l Weißwein
	1 Teel. Zucker
1 Teel. Salz	½ Lorbeerblatt
8 Gewürznelken	3 Pfefferkörner
1 Eßl. Senf	
⅜ l Fleischbrühe	Pro Person etwa:
4 Eßl. Bier oder Salzwasser	2260 Joule
	540 Kalorien
1 Eßl. Mehl	
2 Eßl. Wasser	Bratzeit: 2 Stunden

Den Backofen auf 210° vorheizen. Das Wasser zum Kochen bringen. Das Fleisch kurz kalt waschen, abtrocknen, mit dem Salz einreiben und mit der Schwarte nach unten ins Bratgeschirr legen. Das kochende Wasser zugießen und das Fleisch auf der untersten Schiebeleiste 10 Minuten im Backofen »dämpfen«. Durch den sich entwickelnden heißen Dampf wird die Schwarte in ungefähr 10 Minuten weich.
Das Fleisch herausnehmen, das Wasser weggießen. Die Schwarte mit einem Messer karoförmig einschneiden und in die Schnittpunkte Gewürznelken stecken. Die Seite ohne Schwarte mit dem Senf bestreichen und das Fleisch jetzt mit der Schwarte nach oben fast 2 Stunden braten. Von Zeit zu Zeit seitlich wenig heiße Fleischbrühe zugießen, den Bratenfond lösen und das Fleisch damit beschöpfen.
Während das Fleisch brät, die Birnen schälen, halbieren, das Kerngehäuse entfernen und die Birnenhälften mit je einer Gewürznelke spicken. Die Butter, den Weißwein, den Zucker, das Lorbeerblatt und die Pfefferkörner mit den Birnenhälften in einen Topf geben und zugedeckt in 15 Minuten gar dünsten.
15 Minuten vor Ende der Bratzeit die Schwarte vom Schweinebraten mit kaltem Bier oder Salzwasser begießen. Sie wird dadurch besonders knusprig.
Den fertigen Braten warm stellen. Den Bratenfond mit etwas Fleischbrühe lösen, durch ein Sieb in einen Topf gießen, mit Fleischbrühe und eventuell etwas Wasser bis zu ⅜ Liter Flüssigkeit auffüllen. Das Mehl mit

SCHWEINEBRATEN

dem kalten Wasser anrühren, die Sauce damit binden, einige Male aufkochen lassen und mit dem Salz und dem Pfeffer abschmecken. Den Braten aufschneiden und die Nelken entfernen. Den Braten anrichten, mit etwas Sauce überziehen und mit den heißen Birnenhälften umlegen.
Den Rest der Sauce gesondert dazureichen.

Beilagen: Klöße aus rohen oder gekochten Kartoffeln oder Kartoffelpüree und Rotkohl oder Nudeln und Feldsalat

---

Etwas schwierig

Schweinefilet Wellington

Bild Seite 169

Für das Filet:	1 Messersp. frisch
300 g tiefgefrorener Blätterteig	gemahlener Pfeffer
750 g Schweinefilet	½ Teel. Paprikapulver, edelsüß
½ Teel. Salz	1–2 Messersp. Thymian
je 2 Messersp. Pfeffer und Knoblauchsalz	
2 Eßl. Bratfett	Für die Teighülle:
	1 Eiweiß
Für die Champignonsauce:	1 Eigelb
	1 Eßl. Milch
1 Zwiebel	
50 g magerer durchwachsener Speck	Pro Person etwa:
	3430 Joule
150 g Champignons	820 Kalorien
1 Teel. Butter	
1 Teel. Tomatenmark	Bratzeit:
⅛ l Wasser	30 Minuten
2 Eßl. Sherry oder Rotwein	Backzeit:
1 Eßl. Speisestärke	25 Minuten
1–2 Messersp. Salz	

Den Blätterteig nach Vorschrift auftauen lassen.
Das Schweinefilet von der weißen Haut befreien, kurz kalt waschen, abtrocknen und mit dem Salz, dem Pfeffer und dem Knoblauchsalz einreiben. Das lange dünne Ende des Filets umbiegen und mit Küchengarn festbinden. Das Fleischstück muß kurz und dick sein. Das Fett in einer Pfanne erhitzen. Das Filet bei Mittelhitze etwa 30 Minuten darin braten, bis es rundherum goldbraun ist. Das Filet herausnehmen und erkalten lassen.
Die Pfanne beiseite stellen, nicht ausspülen.
Die Zwiebel schälen und mit dem Speck in kleine Würfel schneiden. Die Champignons putzen, mehrmals waschen und kleinhacken. Die Butter in der Pfanne, in der das Fleisch gebraten wurde, erhitzen und die Speck- und Zwiebelwürfel darin glasig braten. Die Champignons und das Tomatenmark zufügen und das Wasser zugießen. Alles erhitzen und zugedeckt bei milder Hitze etwa 10 Minuten kochen. Den Sherry oder den Rotwein mit der Speisestärke verrühren und die Sauce damit binden und noch einmal aufkochen lassen. Mit dem Salz, dem Pfeffer, dem Paprikapulver und dem zerriebenen Thymian abschmecken.
Den Backofen auf 225° vorheizen.
4 der aufgetauten Blätterteigplatten zu einem Rechteck zusammenlegen. Die Ränder etwa 1 cm breit übereinanderlegen und den Teig ausrollen. Die 5. Platte bleibt für die Garnierung zurück. (Wenn es nur 4 Platten sind, schneiden Sie einfach einen Teigstreifen für die Garnierung ab.) 2 Eßlöffel der abgekühlten Sauce in die Mitte der Teigplatte geben. Das Küchengarn vom Filet lösen, das Filet auf den Teig setzen und die restliche Champignonsauce darauf verteilen. Die Teigränder mit dem Eiweiß bepinseln. Den Braten in den Teig einhüllen, die Ränder fest andrücken. Ein Backblech mit kaltem Wasser überbrausen. Den Braten darauflegen. Den restlichen Teig in Streifen oder Blätterform schneiden und als Garnierung auf die Rolle legen. Das Eigelb mit der Milch verquirlen und die Teigoberseite damit bepinseln. Mit einem Hölzchen einige Male einstechen. Den Braten auf der Mittelschiene etwa 25 Minuten backen, dann 15 Minuten im abgeschalteten Backofen bei geöffneter Tür ruhen lassen, aufschneiden und auf einer vorgewärmten Platte anrichten.

Beilagen: Broccoli und Sauce Hollandaise oder Prinzeßbohnen und gegrillte Tomaten

---

Variante

Filetbraten vom Schwein

Das Filet waschen, abtrocknen, salzen und pfeffern, in 2 Eßlöffel Bratfett anbraten und ohne Teighülle bei 240° auf mittlerer Einschubhöhe im Backofen 30–35 Minuten braten. Den Bratenfond mit heißer Fleischbrühe lösen und mit saurer Sahne zu einer Sauce abrunden.

Zum Bild rechts:

*Filet Wellington, das Bild zeigt ein wohlgelungenes, ist ein Begriff in Kennerkreisen und hohe Schule der klassischen Kochkunst, nämlich Filet in zarter Blätterteighülle. Für besonders festliche Anlässe und eine größere Tafelrunde wählt man Rinderfilet; Schweinefilet steht ihm jedoch geschmacklich kaum nach und ist nicht ganz so kostspielig. Es läßt sich außerdem leichter bereiten, weil Schweinefilet durchgegart wird und man daher hinsichtlich der Bratzeit weniger genau sein muß.
Das Rezept finden Sie auf dieser Seite.*

Zur folgenden Doppelseite:

*Eine ganze Hammelkeule reicht gut für 6 bis 8 Personen und zählt zu den deftigen, kräftigen Festtagsbraten von ganz eigenem Geschmack. Wer Knoblauch mag, sollte lieber mehr als weniger davon nehmen, denn kein anderes Gewürz ist so dafür geschaffen, einen Hammelbraten zum Hochgenuß zu machen. Ob Keule, Schulter oder Rücken, vom Hammel gerät jeder Braten zum Leibgericht für Schlemmer.
Das Rezept finden Sie auf Seite 176.*

*Roastbeef, Braten aus dem feinsten Teil des Rinderrückens, hat vor allem in England hohe Tradition. Als vollendet gelungen gilt der Braten nur, wenn sein Inneres noch saftig und rosa ist. Man muß also seinen Herd mehrfach erprobt haben und über einige Erfahrungen beim Braten verfügen, ehe man sich an diese köstliche Spezialität wagt. Steht Roastbeef aber auf dem Speiseplan für ein festliches Menü, dann reichen Sie auch Yorkshire-Pudding dazu; er vervollständigt das Nationalgericht stilgerecht.
Das Rezept für Roastbeef finden Sie auf Seite 162, das für Yorkshire-Pudding auf Seite 163.*

SCHWEINEBRATEN

Zum Bild links:

Wer an Gulasch denkt, das Bild zeigt eines im Entstehen, dem fallen Rindfleisch, Zwiebeln, Paprikaschärfe, Ungarn und Eisenkessel ein. Jede Gedankenverbindung hat seinen Ursprung und läßt sich auf Tatsachen zurückführen. Das Fleisch muß nicht ausschließlich vom Rind sein, auch vom Schwein und vom Hammel gibt es hervorragende »Gulasch«-Stücke. Aber Zwiebeln gehören unbedingt dazu; am besten schmeckt ein Gulasch, wenn sich die Anteile Fleisch und Zwiebeln die Waage halten. Der Hinweis auf Ungarn und Fleischkessel ist eindeutig: Ungarn ist das Ursprungsland, in dem Gulasch von Hirten und Landarbeitern einst über offenem Feuer im Eisenkessel bereitet wurde. Das Rezept für Ungarisches Gulasch existiert in unzähligen Varianten, andere Gulaschrezepte sind Legion. Probieren Sie, was Ihnen verlockend erscheint, und finden Sie dabei Ihr Lieblingsgulasch.
Rezepte für Gulasch finden Sie auf den Seiten 177 und 178.

Etwas schwierig

Jägerbraten

Zutaten für 6 Personen:
1 dünne lange Möhre
1 Essiggurke
1 Polnische Wurst
1 kg Schweinefleisch (Schlegel oder Schulter)
½ Teel. Salz
2 Messersp. Pfeffer
1 Eßl. Bratfett
1 Zwiebel
1 Bund Suppengrün
½ Sellerieknolle
3/8 l Fleischbrühe
1 Teel. Mehl
3 Eßl. saure Sahne
2 Eßl. Rotwein
2 Eßl. Preiselbeermarmelade

Pro Person etwa:
2430 Joule
580 Kalorien

Bratzeit:
2 Stunden

Die Möhre schaben, waschen und der Länge nach zu gleichem Umfang zurechtschneiden. Die Gurke längs halbieren. Die Polnische Wurst nach Belieben von der Haut befreien.
Den Backofen auf 220° vorheizen. Das Fleisch kurz kalt waschen, abtrocknen und mit einem langen scharfen Messer viermal längs einschneiden. In die Einschnitte die Möhre, die Gurkenhälften und die Wurst schieben. Das Fleisch salzen, pfeffern und in ein Bratgeschirr legen. Das Bratfett

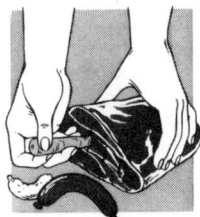

Das Fleisch des Jägerbratens in Faserrichtung so tief einschneiden, daß die Möhren, die Gurkenhälften und die Wurst ganz in den Einschnitten verschwinden.

erhitzen, über das Fleisch gießen und den Braten auf der zweiten Schiebeleiste von unten im Backofen 2 Stunden braten.
Die Zwiebel schälen und in Achtel schneiden. Das Suppengrün und den Sellerie waschen, putzen, grob kleinschneiden und mit den Zwiebelachteln nach 1½ Stunden Bratzeit zum Fleisch geben. Wenn das Fleisch gut braun ist, von Zeit zu Zeit seitlich etwas heiße Fleischbrühe zugießen, den Bratenfond lösen und den Braten häufig damit übergießen. Den fertigen Braten warm stellen. Die Sauce mit der restlichen Fleischbrühe und eventuell etwas Wasser bis zu 3/8 Liter Flüssigkeit auffüllen und durch ein Sieb in einen kleinen Topf passieren. Das Mehl mit der sauren Sahne verrühren, die Sauce damit binden und einige Male aufkochen lassen. Die Sauce mit dem Rotwein und der Preiselbeermarmelade abschmecken. Das

Fleisch aufschneiden, anrichten und mit etwas Sauce überziehen. Die restliche Sauce getrennt dazureichen.

Beilagen: Teigwaren und Kastanienpüree, Blumenkohlsalat oder Bohnensalat

Etwas schwierig

Schweinebraten – Norddeutsche Art

Zutaten für 8 Personen:
125 g gemischtes Backobst
1½ kg magerer Schweinebauch (Tasche vom Fleischer eingeschnitten)
1½ Teel. Salz
2 Messersp. Pfeffer
8 Gewürznelken
3/8 l Wasser
4 Teel. Speisestärke
3 Eßl. Wasser
1 Teel. Salz
2 Messersp. Pfeffer
½ Fleischbrühwürfel

Pro Person etwa:
3270 Joule
780 Kalorien

Einweichzeit für das Backobst:
12 Stunden

Bratzeit:
2 Stunden

Das Backobst mit Wasser bedeckt 12 Stunden einweichen; dann, wenn nötig, entsteinen.
Den Backofen auf 210° vorheizen. Das eingeweichte Backobst in ein Sieb schütten und gut abtropfen lassen. Die Schwarte vom Schweinebauch gitterartig einschneiden. Das Fleisch innen und außen kurz kalt waschen, abtrocknen, mit dem Pfeffer und dem Salz innen und außen einreiben und mit den Nelken bestecken.

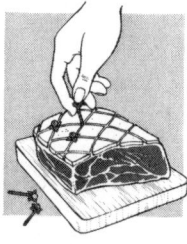

Die Schwarte des Schweinebratens karoförmig einschneiden, und die Gewürznelken in die Schnittpunkte der Karos stecken.

Das Wasser zum Kochen bringen. Die Tasche im Bratenstück mit dem Backobst nicht zu prall füllen und mit Küchengarn zunähen. Das Fleisch im Bratgeschirr mit 1 Tasse kochendheißem Wasser begießen und auf der unteren Schiebeleiste im Backofen 2 Stunden braten.
Wenn der Braten braun ist, mit 2 Tassen kochendheißem Wasser den Bratenfond lösen und den Braten damit häufig beschöpfen. Dann den fertigen Braten warm stellen. Den Bratenfond mit heißem Wasser lösen und bis zu

SCHWEINEBRATEN

½ Liter Flüssigkeit auffüllen. Die Speisestärke mit dem kalten Wasser anrühren und die Sauce damit binden, noch einmal aufkochen lassen und mit dem Salz, dem Pfeffer und dem Fleischbrühwürfel abschmecken. Die Fäden und die Nelken vom Braten entfernen, den Braten aufschneiden, anrichten und die Sauce gesondert dazureichen.

Beilagen: Klöße aus gekochten Kartoffeln oder Kartoffelkroketten und Sellerie- oder Wachsbohnensalat oder beliebiger Salat

Unser Tip: Genauso können Sie auch gefüllte Schweinebrust zubereiten.

Kasseler Rippenspeer ist gepökelt und geräuchert – also gewissermaßen vorgegart und muß deshalb nicht so lange garen wie andere Schweinebraten. Ursprünglich wurde das Rippenstück am Spieß – Speer – gegrillt. Seinen Namen hat es also vom Speer, sowie vom Fleischer Cassel, der in Berlin vor etwa 100 Jahren ein renommiertes Geschäft betrieb und nicht, wie oft gedacht wird, von der Stadt Kassel.

Kasseler Rippenspeer

⅛ l Wasser	Pro Person etwa:
1 kg Kasseler Rippenspeer	3140 Joule
8 Aprikosenhälften aus der Dose	750 Kalorien
½ Tasse Aprikosensaft	Bratzeit: 45 Minuten
1 Tasse Fleischbrühe	Zeit zum Überbakken:
1 Eßl. Mehl oder Speisestärke	10 Minuten
4 Eßl. Wasser	
1 Eßl. Weinbrand	

Den Backofen auf 230° vorheizen. Das Wasser zum Kochen bringen. Das Fleisch kurz kalt waschen, abtrocknen, in ein Bratgeschirr legen, mit dem kochenden Wasser begießen und im Backofen auf der zweiten Schiebeleiste von unten 45 Minuten braten. Das Fleisch soll innen rosa sein.
Die Aprikosen abtropfen lassen; den Saft auffangen und ½ Tasse davon abmessen.
Den garen Braten aus dem Backofen nehmen und den Backofen auf 250° aufheizen. Den Braten mit den Aprikosenhälften belegen, diese mit Holzspießchen feststecken, den Braten mit dem Aprikosensaft begießen und auf der mittleren Schiebeleiste 10 Minuten überbacken. Den Braten dann warm stellen. Den Bratenfond mit der heißen Fleischbrühe lösen und in einen Topf gießen. Das Mehl oder die Speisestärke mit dem kalten Wasser anrühren, die Sauce damit binden und einige Male aufkochen lassen. Die Sauce zuletzt mit dem Weinbrand verfeinern. Den Braten aufschneiden, mit den Aprikosen anrichten und mit etwas Sauce überziehen. Die restliche Sauce gesondert in einer Sauciere dazureichen.

Beilagen: Klöße aus rohen Kartoffeln oder Erbsenpüree und Sauerkraut, in Weißwein gedünstet

Schweinerippenbraten

1 kg Schweine- kotelettstück (Rippenknochen vom Fleischer durchsägen lassen)	2 Eßl. Bratfett
	⅜ l Fleischbrühe
	1 Bund Suppengrün
	1 Zwiebel
	2 Teel. Speisestärke
½ Teel. Salz	3 Eßl. Wasser
je 2 Messersp. Knoblauchsalz, Pfeffer, getrocknetes Basilikum und Paprikapulver, scharf	Pro Person etwa: 3940 Joule 940 Kalorien
	Bratzeit: 1½ Stunden

Den Backofen auf 220° vorheizen. Das Fleisch kurz kalt waschen und abtrocknen. Die Gewürze mischen und das Fleisch damit einreiben. Das Bratfett in einem Bratgeschirr zerlassen, das Fleisch hineinlegen und auf der zweiten Schiebeleiste von unten im Backofen 1½ Stunden braten. Die Fleischbrühe erhitzen. Wenn der Braten anfängt, braun zu werden, seitlich ½ Tasse heiße Fleischbrühe zugießen und den Braten alle 15 Minuten damit beschöpfen. Wiederholt von der Fleischbrühe um den Braten gießen, damit stets genügend Flüssigkeit im Bratgeschirr ist.
Das Suppengrün waschen, putzen und grob kleinschneiden. Die Zwiebel schälen und vierteln, nach 60 Minuten Bratzeit das Gemüse zum Braten geben. Den fertigen Braten warm stellen. Mit der restlichen Fleischbrühe den Bratenfond im Bratgeschirr lösen und durch ein Sieb in einen kleinen Topf passieren. Die Speisestärke mit dem Wasser anrühren, die Sauce damit binden und einmal kräftig aufkochen lassen. Den Braten tranchieren und die Sauce gesondert dazu reichen.

Beilagen: Klöße aus rohen oder gekochten Kartoffeln, Semmelknödel, Salzkartoffeln oder Nudeln und Bohnensalat, Endiviensalat, Weißkohlsalat oder gedünsteter Rotkohl

---

Gelingt leicht

Gebratene Schweinshaxe

2 hintere Schweinshaxen von insgesamt 1½ kg	Pro Person etwa: 2720 Joule 650 Kalorien
1 Teel. Salz	
½ Teel. Pfeffer	Bratzeit:
⅜ l Wasser	2½ Stunden.
1 Zwiebel	
⅛ l Bier oder Salzwasser	

Den Backofen auf 200° vorheizen. Die Haut der Schweinshaxen am besten gleich vom Fleischer rautenförmig einschneiden lassen. Die Haxen kalt waschen, abtrocknen und mit dem Salz und dem Pfeffer einreiben. ¼ Liter Wasser in ein Bratgeschirr schütten, die Haxen einlegen und auf der mittleren Schiebeleiste im Backofen 2½ Stunden braten. Während der gesamten Garzeit alle 15 Minuten die Haxen mit dem Bratenfond beschöpfen. Nötigenfalls etwas Wasser nachgießen, es sollte stets etwa ⅛ Liter Flüssigkeit im Bratgeschirr sein.
Die Zwiebel schälen und vierteln und nach gut 1½ Stunden Bratzeit zu den Haxen geben. 30 Minuten vor dem Ende der Garzeit die Temperatur auf 250° erhöhen. Das Fleisch dann wiederholt mit dem Bier oder dem Salzwasser bepinseln und fertigbraten. Die Haut wird dadurch besonders knusprig. Die fertigen Haxen warm stellen. Den Bratenfond mit wenig Wasser aus dem Bratgeschirr lösen, durch ein Sieb in einen Topf gießen, einmal aufkochen lassen, abschmecken und ungebunden zu den Haxen servieren.

Dazu schmecken: ein Salatteller mit Tomatensalat, Kopfsalat, Gurkensalat, Selleriesalat, Rote-Bete-Salat, Weißkohlsalat und Kartoffelsalat – und als Verdauungshilfe ein Gläschen klarer Schnaps

---

Braten im Tontopf hat dieselben Vorteile wie das Braten im Bräter oder in Bratfolie: Das Bratgut, gleichgültig ob Fleisch, Geflügel oder Fisch, kann ohne Fett gebraten werden, der Braten

SCHWEINEBRATEN

muß nicht begossen werden, und der Backofen bleibt sauber!

Grundrezept für Braten im Tontopf

Schweinerollbraten

Zutaten für
6 Personen:
1 Zwiebel
1 Tomate
1 kg Schweinerollbraten (bereits gerollt gekauft)
1 Teel. Senf
½ Teel. Salz
2 Messersp. Pfeffer
1 Teel. Speisestärke
2 Eßl. Wasser

Pro Person etwa:
2390 Joule
570 Kalorien

Garzeit:
2 Stunden

Den Tontopf vor dem Gebrauch 15 Minuten (vor dem ersten Gebrauch 30 Minuten) in kaltes Wasser legen, damit er sich voll Wasser saugen kann.
Die Zwiebel schälen und achteln. Die Tomate waschen und in Viertel schneiden. Das Fleisch kurz kalt waschen, abtrocknen, mit dem Senf bestreichen und mit dem Salz und dem Pfeffer würzen. Den Tontopf aus dem Wasser heben, kurz abtropfen lassen und das Fleisch hineinlegen. Die Zwiebelachtel und die Tomatenviertel zufügen, den Deckel auf den Topf legen und den Topf auf dem Rost auf den Boden des kalten Backofens schieben.
Den Backofen langsam auf 220° anheizen – beim Elektrobackofen dauert das Anheizen ohnehin 15–20 Minuten; beim Gasbackofen geht es dagegen wesentlich schneller. Deshalb muß der Gasbackofen stufenweise erhitzt werden, nämlich jeweils 5 Minuten auf Stufe 1, Stufe 2 und Stufe 3, dann erst auf Stufe 4 stellen. Das ist wichtig, weil der Tontopf sonst springen könnte.
Den Braten 1½ Stunden im Backofen garen. Danach den Bratenfond aus dem Tontopf in einen kleinen Topf gießen. Den Braten 20 Minuten im offenen Tontopf auf der zweiten Schiebeleiste von unten knusprig braun braten.
Den Bratenfond mit der in dem kalten Wasser angerührten Speisestärke binden und durchsieben. Den Braten in Scheiben schneiden, anrichten und mit der Sauce begießen.

Beilagen: Klöße aus gekochten und rohen Kartoffeln und Rotkohl mit glasierten Kastanien

Unsere Tips: Der Tontopf darf niemals starken Temperaturschwankungen ausgesetzt werden, weil er springen könnte. Den Tontopf deshalb immer in den kalten Backofen stellen. Nach dem Braten den Topf niemals auf eine heiße Platte stellen, auch nicht auf eine kalte Unterlage, sondern immer auf ein feuchtwarmes, mehrmals gefaltetes Tuch.
Den Tontopf mit heißem Wasser und einigen Tropfen Spülmittel ausbürsten, mit heißem, klarem Wasser nachspülen und an der Luft trocknen lassen.

Schinken mit Ostpreußischer Kirschsauce

Zutaten für
8 Personen:
1 gekochter Schinken mit Schwarte von etwa 1½ kg
450 g Apfelgelee
1 Eßl. scharfer Senf
4 Eßl. Rotwein
2 Eßl. Portwein
4 Eßl. Zucker
700 g Schattenmorellen aus dem Glas
4 Eßl. Sultaninen
je 1 Messersp. Zimt und gemahlene Gewürznelken
1 Eßl. Speisestärke

Pro Person etwa:
3180 Joule
760 Kalorien

Bratzeit:
1½ Stunden

Den Backofen auf 200° vorheizen. Den Schinken mit der Schwarte nach oben in die Bratenpfanne des Backofens legen, 3 Eßlöffel Wasser dazugießen und den Schinken auf der untersten Schiebeleiste im Backofen 1½ Stunden garen.
Das Gelee, den Senf, den Rotwein, den Portwein und den Zucker 2 Minuten erwärmen. Nach 10 Minuten Bratzeit den Schinken damit beträufeln. Diesen Vorgang im Abstand von 10 Minuten wiederholen, bis die Schwarte kroß und aufgeplatzt ist. Den gebratenen Schinken auf einer vorgewärmten Platte anrichten. Während der Bratzeit die Schattenmorellen in einem Sieb abtropfen lassen, den Saft auffangen und die Sultaninen waschen. Die Schattenmorellen, die Sultaninen, den Zimt und die gemahlenen Nelken mischen. ¼ Liter Kirschsaft in einer kleinen Kasserolle erhitzen. Die Speisestärke mit etwas kaltem Kirschsaft glattrühren und den erhitzten Kirschsaft damit binden. Schattenmorellen und Sultaninen in der Sauce erwärmen. Den Schinken mit der Sauce überziehen und umgießen.

Beilage: Pellkartoffeln

Etwas schwierig

Gebratenes Spanferkel

Zutaten für
16–20 Personen:
1 Spanferkel von etwa 5 kg (das sind knapp 4 kg Fleisch ohne Knochen)
2 Eßl. Salz
1 Teel. Pfeffer
1 Teel. getrockneter Majoran oder Thymian
1 Tasse Öl
½ l Bier
1 Zitrone
1 Bund Petersilie

Pro Person etwa:
1550 Joule
370 Kalorien
(bei 20 Personen)

Bratzeit:
3–4½ Stunden

Den Backofen auf 200° vorheizen. Das Spanferkel innen und außen kalt waschen und gut trockentupfen. Innen mit dem Salz, dem Pfeffer und dem Majoran oder dem Thymian, außen nur mit Salz einreiben. Die Ohren und die Enden der Hinterfüße mit geölter Alufolie umwickeln. Die Füße im Gelenk nach innen knicken und in dieser Stellung mit Küchengarn festbinden.

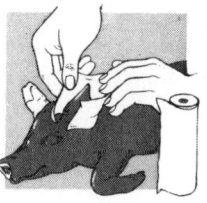 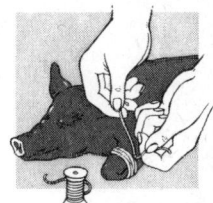

Die Ohren des Spanferkels mit Alufolie umwickeln. Das überstehende Ende der Folie zweimal umknicken und festdrücken.

Die Vorderfüße des Spanferkels nach hinten knicken und mit Küchengarn festbinden.

Das so vorbereitete Spanferkel in die Bratenpfanne des Backofens legen und 3–4½ Stunden auf der untersten Schiebeleiste braten. Das Ferkel während der ganzen Bratzeit häufig mit Öl bestreichen.
In den letzten 60 Minuten den Braten wiederholt mit Bier begießen. Wenn nötig, die auf der knusprig werdenden Haut entstehenden Blasen aufstechen. Das Spanferkel auf einer vorgewärmten Platte anrichten, mit den Zitronenscheiben und der Petersilie garnieren und möglichst erst bei Tisch tranchieren.

Beilagen: Klöße aus rohen oder gekochten Kartoffeln und Sauerkrautsalat mit Orangen oder Ananas, Bohnensalat, Weißkohlsalat oder roher Lauchsalat

LAMM- UND HAMMELBRATEN

Grundrezept
Lammbraten

Zutaten für 6 Personen:
- ¼ l Wasser
- 1 kg Lammfleisch (Rücken oder Keule)
- 1 Teel. Salz
- 1 Messersp. Pfeffer
- ¼ l Weißwein
- 1 Eßl. Speisestärke
- 150 g rotgefüllte grüne Oliven

Pro Person etwa: 2050 Joule 490 Kalorien

Bratzeit: 40–50 Minuten

Den Backofen auf 240° vorheizen. Das Wasser zum Kochen bringen. Das Fleisch kurz kalt waschen, abtrocknen, die Fettschicht einige Male einschneiden und das Fleisch mit dem Salz und dem Pfeffer einreiben. Den Braten mit der eingeschnittenen Seite nach oben in eine Bratreine legen, mit ½ Tasse kochendheißem Wasser begießen und auf der zweiten Schiebeleiste von unten im Backofen 40–50 Minuten braten. Während des Bratens wiederholt seitlich wenig heißes Wasser zuschütten und den Braten damit begießen. Den fertigen Braten warm stellen. Die Sauce mit Weißwein auffüllen; aber etwa 3 Eßlöffel Weißwein zurückbehalten. Die Speisestärke mit dem restlichen Weißwein anrühren, die Sauce damit binden und einmal kräftig aufkochen lassen. Den Braten in Scheiben schneiden, mit Sauce anrichten und mit Oliven garnieren. Den Rest der Sauce getrennt dazureichen.

Beilagen: Tomatenreis und glasierte Rübchen

Grundrezept
Hammelbraten

Bild Seite 170/171

- 1 Knoblauchzehe
- 1 kg Hammelfleisch (Keule, Schulter oder Rücken)
- 1 ½ Teel. Salz
- 1 Messersp. Pfeffer
- 2 Eßl. Senf
- 1 Eßl. Bratfett
- 1 Bund Suppengrün
- 1 Zwiebel
- ⅜ l Fleischbrühe
- Saft von ½ Zitrone
- 1 Eßl. Speisestärke
- 3 Eßl. Wasser
- 1 Gläschen Slibowitz (2 cl)
- ½ Zitrone
- ½ Bund Petersilie

Pro Person etwa: 1930 Joule 460 Kalorien

Bratzeit: 2 Stunden

Den Backofen auf 220° vorheizen. Die Knoblauchzehe schälen, kleinschneiden und zerdrücken. Das Fleisch waschen, abtrocknen, mit dem Knoblauch, dem Salz und dem Pfeffer einreiben und mit dem Senf bestreichen. Das Bratfett erhitzen, das Fleisch im Bratgeschirr mit dem heißen Fett begießen und auf der untersten Schiebeleiste im Backofen 2 Stunden braten.
Das Suppengrün waschen, putzen und grob hacken. Die Zwiebel schälen und achteln. Wenn das Fleisch braun ist, das Suppengrün und die Zwiebelachtel zugeben und mitbräunen lassen. Die Fleischbrühe erhitzen und seitlich ½ Tasse davon zugießen, den Bratenfond lösen und das Fleisch damit beschöpfen. Bis zum Ende der Garzeit häufig etwas Fleischbrühe zugießen und das Fleisch beschöpfen. Den fertigen Braten warm stellen.
Den Bratenfond mit etwas Fleischbrühe noch einmal lösen, durch ein Sieb in einen Topf gießen und mit Fleischbrühe bis zu ¼ Liter Flüssigkeit auffüllen. Die Sauce mit dem Zitronensaft abschmecken. Die Speisestärke mit dem kalten Wasser anrühren, die Sauce damit binden und einmal kräftig aufkochen lassen. Die Sauce zuletzt mit dem Slibowitz abschmecken. Den Braten in Scheiben schneiden, anrichten und mit etwas heißer Sauce überziehen, mit Zitronenachteln und Petersilie garnieren. Die restliche Sauce gesondert dazureichen.

Beilagen: Salz- oder Bratkartoffeln und Bohnengemüse

Unser Tip: Gleichmäßiger können Sie den Braten würzen, wenn Sie das Salz, den Pfeffer, den Senf, die zerdrückte Knoblauchzehe mit etwas Öl mischen und das Fleisch mit dieser Mischung rundherum einreiben.

Variante
Hammelkeule auf Jugoslawische Art

Die Hammelkeule mit 3 geschälten, in Stifte geschnittenen Knoblauchzehen spicken, dann weiterverarbeiten, wie im Rezept angegeben. Die gebratene Keule vor dem Servieren mit einem Gläschen Slibowitz begießen. Dazu passen gedünstete grüne Bohnen, süßsaures Maisgemüse (aus der Dose) und Kümmelkartoffeln.

Gulasch & Co.

Gulasch gehört zu den bekanntesten geschmorten Fleischgerichten. Und Co. – das sind seine Verwandten wie Ragout, Frikassee, Geschnetzeltes oder Stew, gleichfalls beliebte und bekannte Schmorgerichte. Natürlich zählen auch Schmorbraten, Sauerbraten und Rouladen von der Garmethode her zur Schmor-Familie, aber diese Gerichte finden Sie bei den großen Braten und bei den Rouladen. Hier geht es um die »Fleischtöpfe«, aus denen man bereits kleingeschnittenes Fleisch mit reichlich herzhafter oder auch pikanter Sauce schöpft. Von allen folgenden Rezepten können Sie unendlich viele Abwandlungen erfinden, indem Sie andere Fleischstücke verwenden, die Gewürze variieren oder andere Substanzen für die Sauce nehmen. Bedenken Sie aber immer, selten kommt zuletzt etwas Besseres aus dem Topf, als anfänglich hineingegeben wurde.

Die Fleischqualität

Natürlich muß man für ein Schmorgericht nicht die teuersten Stücke nehmen, es sei denn, man will etwas ganz Exquisites bieten. Durch das Schmoren werden auch weniger edle Fleischteile weich und schmackhaft. Dennoch sollte man darauf achten, daß die Fleischwürfel oder -scheiben alle aus Fleisch von dem gleichen Tier stammen, denn sonst hat man zuletzt weiche und zähe Bissen im Topf. Für eine Mischung aus verschiedenen Fleischstücken, wie etwa beim Pichelsteiner, muß ein gut erprobtes Rezept garantieren.
Ein gutes handfestes Gulasch entsteht aus Fleisch aus der Schulter und dem Nacken, der gerne etwas fettdurchwachsen sein darf. Kenner schmoren noch ein Stück Beinfleisch mit, das durch seinen Gallertgehalt die Sauce sämig macht.
Wenn Sie abgepacktes, bereits gewürfeltes Fleisch kaufen, dann schneiden Sie die Würfel so nach, daß alle gleich groß sind, und entfernen Sie dabei Sehnen, Häutchen und zu dicke Fettränder.
Müssen Sie das Fleisch selbst in Würfel, Scheiben oder Streifen schneiden, legen Sie es 1–2 Stunden zuvor ins Gefriergerät. Das Fleisch wird dann fest und hart und läßt sich leichter in gleichmäßige Stücke schneiden. Gute Hilfen sind dabei das elektrische Messer und der elektrische Allesschneider.

GULASCH

Wichtig beim Schmoren

Das Fleisch immer bei starker Hitze in heißem Fett von allen Seiten gut braun anbraten, dann erst Flüssigkeit zufügen. Die benötigte Flüssigkeit sollte möglichst heiß sein, damit die Temperatur nicht wieder absinkt. Wenn in einem besonderen Rezept kalte Flüssigkeit zugefügt wird, dann nur nach und nach dazuträufeln. Die Flüssigkeit niemals direkt über das Fleisch, sondern am Topfrand entlang zugießen. Das Schmorgericht dann bei milder Hitze zugedeckt langsam garen. Öfter kontrollieren, ob noch genügend Flüssigkeit im Topf ist, und gegebenenfalls ein wenig nachfüllen; niemals zuviel Flüssigkeit zugeben.
Beim Schmoren braucht man reichlich Fett, am besten Bratfett, das sich hoch erhitzen läßt ohne zu verbrennen. Zudem eignet sich fettdurchwachsenes Fleisch zum Schmoren besonders gut. Ehe Sie die Sauce zuletzt abrunden und abschmecken, sollten Sie möglichst viel vom Fett abschöpfen. Es hat dann seinen Zweck erfüllt, nämlich den Geschmack wohltuend zu beeinflussen. Essen muß man das Fett dann aber nicht unbedingt.
Schmorgerichte lassen sich auf Vorrat bereiten. Man kann sie gut noch einmal erwärmen, wodurch sie an Geschmack fast gewinnen.

Das Gulyás, in Ungarn geboren, ist weit in der Welt herumgekommen. Überall hat man ein wenig dazugetan oder weggenommen, ein wenig verändert und viele neue Namen erfunden. Das Gulasch ist eigentlich ein bäuerliches Mahl, für das man ja auch nur einen einzigen Topf braucht. Inzwischen hat es zwar viele Vettern und Basen in der feinen Gesellschaft, höchst reputierlich und angesehen, aber es kann doch seine Herkunft nicht verleugnen.

Grundrezept für geschmortes Fleisch

Magyar Gulyás
Ungarisches Gulasch

500 g Rindfleisch aus der Schwanzrolle
500 g Zwiebeln
2 Tassen Wasser
2 Eßl. Schweineschmalz
2 Eßl. Paprikapulver, edelsüß
1 Eßl. Tomatenmark
½ Teel. Salz
1 Messersp. Pfeffer
2 Eßl. saure Sahne

Pro Person etwa:
1300 Joule
310 Kalorien

Garzeit:
45 Minuten

Das Fleisch kalt abbrausen, gut trockentupfen und von allen Häuten und Sehnen befreien. Das Fleisch leicht klopfen und in 2 cm große Würfel schneiden. Die Zwiebeln schälen und in grobe Stücke schneiden (grobgeschnittene Zwiebeln verkochen gut!). Das Wasser zum Kochen bringen. Das Schmalz in einem großen flachen Topf erhitzen. Die Fleischwürfel darin anbraten und erst dann wenden, wenn die unterste Schicht gebräunt ist. Die Zwiebelstücke zum gut angebratenen Fleisch geben und mitbraten, bis sie glasig sind. Einen Teelöffel vom Paprikapulver und das Tomatenmark unterrühren, bis sich Paprikapulver und Tomatenmark mit dem Fett gemischt haben. ½ Tasse vom sehr heißen Wasser seitlich zugießen, das Salz

Schmorgut niemals direkt begießen, sondern die Flüssigkeit immer am Topfrand entlang zum Fleisch geben.

zufügen und das Gulasch bei milder Hitze im geschlossenen Topf 45 Minuten schmoren. Immer wenn es im Topf »brutzelt«, seitlich etwa ½ Tasse sehr heißes Wasser nachgießen. Das Gulasch zuletzt mit dem restlichen Paprikapulver und dem Pfeffer abschmecken. Die dickflüssige saure Sahne verquirlen und unter das Gulasch ziehen.

Beilagen: körnig gekochter Reis, Teigwaren oder Salzkartoffeln und grüner Salat mit Kresse, Feldsalat oder gemischter Salat

Unsere Tips: Sie können ein Gulasch auch aus Kalbfleisch (Schulterfilet) oder Schweinefleisch (Brustspitze) bereiten. Die Garzeit für ein Gulasch aus Kalbfleisch ist etwa 30 Minuten, für ein Gulasch aus Schweinefleisch 40 Minuten.
Wenn Sie Gulasch aus anderen Fleischteilen als den angegebenen bereiten, sollten Sie für Kalbfleischgulasch 60 Minuten und für Rind- und Schweinefleischgulasch 90 Minuten rechnen.
Bei Gulasch aus gemischtem Fleisch – also Kalb und Rind und Schwein – werden die Fleischwürfel mit der längsten Garzeit zuerst angebraten. Man kann auch das Fleisch mit der längeren Garzeit in kleinere Würfel schneiden.

Rindergulasch

Bild Seite 172

500 g Zwiebeln
3 Möhren
500 g Rindfleisch (Blume oder Hüfte)
2 Eßl. Schweineschmalz oder Öl
2 Tassen heißes Wasser
2 Eßl. Paprikapulver, mild
½ Teel. Paprikapulver, scharf
½ Teel. Salz
½ Teel. Pfeffer
1 Teel. Tomatenmark
2 Eßl. saure Sahne

Pro Person etwa:
1840 Joule
440 Kalorien

Garzeit:
2 Stunden

Die Zwiebeln schälen und würfeln. Die Möhren schaben, waschen und in gleich große Scheiben oder Stifte schneiden. Das Fleisch waschen, abtrocknen und in 2 cm große Würfel schneiden. Das Fett bei guter Hitze in einem flachen Topf heiß werden lassen und die Fleischwürfel von allen Seiten darin braun anbraten. Die Zwiebelwürfel und die Möhrenstückchen zufügen, mitbraten und etwas Saft ziehen lassen. Langsam mit 1 Tasse heißem Wasser aufgießen, das Paprikapulver, das Salz und den Pfeffer unterrühren und das Gulasch zugedeckt bei milder Hitze 2 Stunden schmoren lassen. Das restliche heiße Wasser mit dem Tomatenmark verrühren und während der Garzeit nach und nach ebenfalls zum Gulasch gießen. Das Gulasch zugedeckt so lange weiterschmoren lassen, bis das Fleisch weich ist. Das Gulasch dann vom Herd nehmen, die saure Sahne unterrühren und in einer vorgewärmten Schüssel servieren.

Beilagen: Pellkartoffeln, Kartoffelpüree oder frisches Stangenweißbrot (kein Toastbrot)

Wiener Kalbsgulasch

500 g Kalbsbrust ohne Knochen oder Kalbsnuß
3 Zwiebeln
1 Knoblauchzehe
⅜ l Fleischbrühe
1½ Eßl. Schweineschmalz
1 Eßl. Paprikapulver, mild
½ Teel. Salz
2 kleine Kartoffeln
250 g Tomaten
½ Teel. getrockneter Thymian
je 2 Messersp. gemahlener Kümmel und Paprikapulver, scharf
5 Eßl. saure Sahne
1 Teel. Mehl
1–2 Teel. Weinessig

Pro Person etwa:
1210 Joule
290 Kalorien

Garzeit:
60 Minuten

GESCHNETZELTES · GULASCH · STEW

Das Kalbfleisch waschen, abtrocknen und in 2 cm große Würfel schneiden. Die Zwiebeln schälen und würfeln; die Knoblauchzehe schälen und zerdrücken. Die Fleischbrühe erhitzen. Das Schweineschmalz in einem Schmortopf bei starker Hitze zerlassen und die Zwiebelwürfel und die Knoblauchstückchen darin glasig braten. Die Fleischwürfel zugeben und von allen Seiten gut 5 Minuten braun anbraten. Das Paprikapulver und das Salz über das Fleisch streuen und etwa 1/3 der heißen Fleischbrühe dazugießen. Das Gulasch zugedeckt bei milder Hitze 60 Minuten schmoren. Während der Garzeit immer wieder Brühe zugeben, bis sie verbraucht ist. Die Kartoffeln und Tomaten schälen, waschen und in kleine Würfel schneiden; beides mit dem Thymian, dem Kümmel und dem Paprikapulver in den letzten 20 Garminuten zum Fleisch geben und mitschmoren lassen. Wenn das Fleisch weich ist, den Deckel abnehmen und das Gulasch so lange weiterkochen lassen, bis die Sauce sämig ist. Die saure Sahne mit dem Mehl verrühren und die Sauce damit binden. Das Gulasch zuletzt mit dem Essig abschmecken und anrichten.

Beilagen: Semmelknödel, Grießklößchen oder breite Nudeln und Kopfsalat, Feldsalat oder Chinakohlsalat

Kalbsgeschnetzeltes Zürcher Art

Bild Seite 138

400 g Kalbfleisch (Nuß, Schulter oder Oberschale)	1/8 l Weißwein
	1/8 l Sahne
3 Zwiebeln	Pro Person etwa:
1/8 l Fleischbrühe	1260 Joule
1/2 Bund Petersilie	300 Kalorien
2 Eßl. Butter	
1/2 Teel. Salz	Garzeit:
1/2 Teel. Pfeffer	10 Minuten
1 Eßl. Mehl	

Das Fleisch waschen, abtrocknen und mit einem scharfen Messer zuerst in

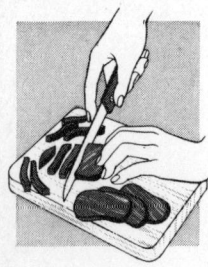

Schnetzelfleisch erst quer zur Faser in feine Blättchen und diese dann in Streifen schneiden.

feine Blättchen, dann in Streifen schneiden. Die Zwiebeln schälen und hacken. Die Fleischbrühe erhitzen. Die Petersilie waschen, abtropfen lassen und kleinschneiden.
Die Butter erhitzen und die Fleischstreifen von allen Seiten hellbraun darin anbraten. Das Fleisch aus der Butter nehmen, die Zwiebelstückchen darin hell anbraten, das Fleisch wieder zugeben und mit dem Salz und dem Pfeffer würzen. Das Mehl über das Fleisch stäuben und nach und nach unter Rühren mit dem Weißwein ablöschen. Die heiße Fleischbrühe seitlich zum Fleisch gießen, die Sahne unterrühren und alles einmal aufkochen lassen. Das Geschnetzelte in einer Terrine anrichten und mit der Petersilie bestreuen.

Beilagen: Zürcher Rösti und Kopfsalat, Endiviensalat oder Chicoréesalat

---

Gelingt leicht

Paprika-Sahnegulasch

375 g Schweinenacken oder -schulter	1 Eßl. Mehl
	1/2 Teel. Salz
	1/2 Teel. Streuwürze
3–4 Zwiebeln	
1/2 l Fleischbrühe	Pro Person etwa:
2 Eßl. Schmalz	1840 Joule
2–3 Eßl. Paprikapulver, mild	440 Kalorien
500 g grüne und rote Paprikaschoten	Garzeit:
1/8 l saure Sahne	1 Stunde und 10 Minuten

Das Fleisch waschen, gut abtrocknen und in 2 cm große Würfel schneiden. Die Zwiebeln schälen und in Ringe schneiden; die Fleischbrühe erhitzen. Das Schmalz bei starker Hitze in einem Schmortopf zerlassen und die Zwiebelringe darin goldgelb braten. Die Fleischwürfel zugeben, von allen Seiten gut anbraten und mit dem Paprikapulver bestäuben. Etwa 1/3 der heißen Fleischbrühe zugießen und das Gulasch zugedeckt bei milder Hitze 70 Minuten schmoren lassen. Während der Garzeit immer wieder etwas von der Brühe nachfüllen.
Die Paprikaschoten halbieren und von Rippen und Kernen befreien. Die Schotenhälften waschen, in Stücke schneiden und in den letzten 20 Garminuten mit dem Fleisch schmoren lassen. Die saure Sahne mit dem Mehl verrühren, die Gulaschsauce damit binden, mit dem Salz und der Streuwürze abschmecken und unter Rühren einige Minuten kochen lassen.

Beilage: körnig gekochter Reis oder Klöße aus rohen Kartoffeln

Irish Stew
Irischer Hammel-Eintopf

750 g Hammelschulter einige Knochen	1 Teel. Kümmel
	1 Lorbeerblatt
	2 Gewürzgurken
3/4 l Wasser	1/2 Bund Petersilie
1/2 Teel. Salz	
1 kg Weißkohl	Pro Person etwa:
750 g Kartoffeln	3060 Joule
2 Zwiebeln	730 Kalorien
1 Knoblauchzehe	
1 Eßl. Öl	Garzeit:
1 Teel. Salz	1 1/2 Stunden
2 Messersp. Pfeffer	

Das Fleisch waschen und abtrocknen. Das Fett vom Fleisch schneiden und kleinwürfeln. Das Fleisch in grobe Würfel schneiden.
Die Knochen waschen, mit dem Wasser und dem Salz kalt aufsetzen und zum Kochen bringen. Den sich bildenden Schaum in den ersten Kochminuten wiederholt abschöpfen. Die Knochen etwa 30 Minuten im offenen Topf kochen lassen.
Den Weißkohl in Streifen schneiden. Die Kartoffeln schälen, waschen und in Würfel schneiden. Die Zwiebeln schälen und kleinhacken. Die Knoblauchzehe schälen und zerdrücken. In einem hohen Topf (in diesem Topf wird das Stew auch serviert!) das Öl erhitzen und das Hammelfett darin hellbraun anbraten. Die Fleischwürfel zugeben, von allen Seiten braun anbraten, die Zwiebelwürfel und die zerdrückte Knoblauchzehe untermischen, mitbraten und das Ganze mit Salz und Pfeffer würzen. Lagenweise die Weißkohlstreifen und die Kartoffelwürfel über das Fleisch schichten und jede Schicht mit Salz, Pfeffer und Kümmel bestreuen.
Die durchgesiebte Knochenbrühe darübergießen – nicht umrühren! Das Lorbeerblatt und die Gewürznelken zufügen, den Topf schließen, das Ganze einmal aufkochen lassen, dann bei milder Hitze 60 Minuten garen. Die Petersilie waschen und kleinschneiden. Das Stew mit der Petersilie bestreuen und heiß im Topf servieren.

Unser Tip: Hammelgerichte müssen sehr heiß gegessen werden, weil lauwarmes Hammelfett leicht talgig schmeckt. Wer nicht so heiß essen mag oder darf, sollte das abgeschnittene Hammelfett durch 125 g durchwachsenen Speck ersetzen.

FLEISCHSPEZIALITÄTEN

Variante
Rinderstew

Anstatt des Hammelfleisches 750 g mageres, in Würfel geschnittenes Rindfleisch verwenden und anstelle des Hammelfettes 125 g kleingewürfelten Speck ausbraten. Zusätzlich 250 g gewaschene, geputzte und in Streifen geschnittene Möhren mitkochen und den Eintopf zuletzt mit Weißwein abschmecken.

Pichelsteiner

Bild Seite 46/47

250 g Möhren
1 kleine Sellerieknolle
1 Petersilienwurzel
2 Stangen Lauch
1 Zwiebel
500 g Weißkohl
500 g Kartoffeln
750 g gemischtes Fleisch vom Rind, Schwein, Kalb und Hammel (Schulter)
2 Eßl. Öl
je 1 Prise Salz und Pfeffer
1 Teel. getrockneter Majoran
½ Teel. Salz
½ Teel. Pfeffer
½ l Fleischbrühe
1 Bund Petersilie

Pro Person etwa:
2720 Joule
650 Kalorien

Garzeit:
1 Stunde und 10 Minuten

Die Möhren schaben, waschen und in Scheiben schneiden. Die Sellerieknolle unter fließendem Wasser bürsten, schälen, noch einmal waschen und in Stifte schneiden. Die Petersilienwurzel unter fließendem Wasser bürsten und grob zerschneiden. Den Lauch putzen, gründlich waschen und in Scheiben schneiden. Die Zwiebel schälen und würfeln. Den Weißkohl in Streifen schneiden. Die Kartoffeln schälen, waschen und in Würfel schneiden.
Das Fleisch waschen, abtrocknen und in 2 cm große Würfel schneiden. Das Öl in einem hohen Topf erhitzen, die Fleischwürfel von allen Seiten braun anbraten – das dauert etwa 10 Minuten – und mit Salz und Pfeffer bestreuen.
Das Gemüse in der angegebenen Reihenfolge über das Fleisch schichten und jede Lage mit Majoran, Salz und Pfeffer bestreuen. Die Kartoffelwürfel oben auflegen und die Fleischbrühe dazugießen – nicht umrühren! Das Ganze zum Kochen bringen und zugedeckt bei milder Hitze 60 Minuten garen. Die Petersilie waschen, abtropfen lassen, kleinschneiden und den Eintopf damit bestreuen.

Unser Tip: Natürlich können Sie auch andere Gemüsesorten wie Kohlrabi, grüne Bohnen oder Wirsing zum Pichelsteiner verwenden.

Raffiniert
Sukiyaki
Japanisches Nationalgericht

375 g Rinderfilet
3 Zwiebeln
je 1 rote und grüne Paprikaschote
½ Schote Pimiento (scharfer roter Paprika)
200 g Bambussprossen aus der Dose
200 g frische Pfifferlinge oder welche aus der Dose
1 Eßl. Öl oder Rinderfett
½ Teel. Salz
je 1 Messersp. Zucker und Pfeffer
1 Eßl. Sojasauce
2 Eßl. Weißwein
1 Tasse Fleischbrühe

Pro Person etwa:
840 Joule
200 Kalorien

Garzeit:
20 Minuten

Das Fleisch waschen, abtrocknen und quer zur Faser in sehr dünne Scheiben schneiden.
Die Zwiebeln schälen, halbieren und in Scheiben schneiden. Die Paprikaschoten und den Pimiento halbieren, von Rippen und Kernen befreien, waschen und die Schotenhälften in Streifen schneiden. Die Bambussprossen abtropfen lassen und in Stifte schneiden. Frische Pfifferlinge putzen und waschen, Dosenpfifferlinge abtropfen lassen.
Das Öl oder das Rinderfett in einer großen Pfanne erhitzen und die Filetscheiben bei starker Hitze von jeder Seite 1 Minute darin braten.
Die Pfanne vom Herd nehmen und das Fleisch in die Mitte der Pfanne häufeln. Die Zwiebel, die Paprikaschoten, den Pimiento, die Bambussprossen und die Pilze um das Fleisch verteilen. Das Ganze mit dem Salz,

Beim Sukiyaki brät man die dünnen Filetscheiben von den Gemüsesorten umgeben in der Mitte der Pfanne.

dem Zucker und dem frischgemahlenen Pfeffer bestreuen, mit der Sojasauce beträufeln, mit dem Wein und der Fleischbrühe umgießen, zugedeckt 15 Minuten dünsten und in der Pfanne servieren.

Beilage: Pommes frites oder Schloßkartoffeln

Unser Tip: Wenn Sie Schwierigkeiten beim Besorgen von Bambussprossen oder Pfifferlingen haben: Nehmen Sie statt der Bambussprossen ½ feingestiftelte Sellerieknolle und statt der Pfifferlinge Champignons.

Nicht weil das Geschlecht der Stroganow am Ural Bergbau betrieb und dem Zaren half, Sibirien zu erobern, ging es in die Geschichte ein, sondern weil Graf Grigorjewitsch Stroganow ein Gourmet war und das »Filet Stroganow« erfand.

Raffiniert
Govia Dina Stroganow
Filet Stroganow

500 g Rinderfilet
1 Eßl. Butterschmalz
½ Teel. Salz
1 Messersp. Pfeffer
5 Zwiebeln
2 Eßl. Butter
⅛ l Fleischbrühe
1–2 Teel. Senf
1 Eßl. Zitronensaft
1 Teel. Speisestärke
1 Eßl. Weinessig
je 1 Prise Salz und Pfeffer
⅛ l saure Sahne
2 Teel. Cognac
2 Eßl. Wasser

Pro Person etwa:
1380 Joule
330 Kalorien

Garzeit:
20 Minuten

Filet Stroganow wird in zwei Pfannen zubereitet.
Das Rinderfilet waschen, abtrocknen und quer zur Faser zuerst in etwa 1½ cm dicke Scheiben, danach diese Scheiben dann in Würfel schneiden. Das Butterschmalz in einer Pfanne stark erhitzen, die Fleischwürfel von allen Seiten darin etwa 2 Minuten anbraten. Es soll möglichst wenig Fleischsaft austreten, die Würfel sollen innen noch fast blutig sein. Das Fleisch salzen, pfeffern, vom Herd nehmen und warm stellen.
Die Zwiebeln schälen und würfeln. Die Butter in der zweiten Pfanne erhitzen, die Zwiebelwürfel darin hellgelb anbraten, mit der Fleischbrühe auffüllen und mit dem Senf und dem Zitronensaft würzen. Die Zwiebeln zugedeckt verkochen lassen. Die Speisestärke mit dem Essig anrühren, die Sauce damit binden und mit Salz und frischgemahlenem Pfeffer abschmecken. Die Sauce einmal aufkochen lassen, die Sahne unterrühren, die Sauce vom Herd nehmen und mit etwas Cognac verfeinern.

FLEISCHSPEZIALITÄTEN

Die Fleischwürfel in die heiße Sauce geben und 2 Minuten darin ziehen – keinesfalls kochen – lassen! Inzwischen den Fleischsaft aus der ersten Pfanne mit dem Wasser lösen, einmal aufkochen lassen, unter die Sauce rühren und das Filet Stroganow in einer gut vorgewärmten Schüssel servieren.

Beilagen: Bratkartoffeln und grüner Salat oder pommes frites und Tomatensalat

Serbisches Reisfleisch

500 g Schweinekeule oder -schulter
1 Knoblauchzehe
2 Eßl. Schweineschmalz
1 Eßl. Paprikapulver, edelsüß
1 Tasse Rotwein
200 g Langkornreis
½ l Wasser
2 Zwiebeln
3 rote Paprikaschoten

1 Teel. Salz
6 mittelgroße Tomaten

Pro Person etwa:
3170 Joule
755 Kalorien

Garzeit:
60 Minuten

Das Fleisch kurz kalt waschen, trockentupfen und in 2 cm große Würfel schneiden. Die Knoblauchzehe schälen und fein hacken. Das Schweineschmalz in einem flachen Topf erhitzen, die Fleischwürfel zugeben und von allen Seiten unter Umwenden scharf anbraten. Die Knoblauchstückchen und das Paprikapulver über die Fleischwürfel streuen und seitlich nach und nach den Rotwein zugießen. Das Fleisch zugedeckt bei milder Hitze 50 Minuten schmoren lassen. Während der Schmorzeit eventuell noch etwas Rotwein oder einige Eßlöffel Wasser zum Fleisch geben. Den Reis gut waschen und abtropfen lassen. Das Wasser zum Kochen bringen. Die Zwiebeln schälen und in Würfel schneiden. Die Paprikaschoten halbieren, von Kernen und Rippen befreien, die Schotenhälften waschen und in Streifen schneiden. Das Öl in einem Topf erhitzen, die Zwiebelwürfel und die Paprikastreifen darin anbraten. Den Reis zugeben und unter ständigem Rühren einige Minuten mitbraten. Das kochendheiße Wasser über den Reis gießen, das Salz zugeben, einmal gut umrühren und den Reis bei milder Hitze 20 Minuten zugedeckt garziehen lassen. Die Tomaten häuten, in Würfel schneiden und in den letzten 10 Minuten mit dem Reis garen.
Den Reis in einer großen vorgewärmten Schüssel mit dem geschmorten Fleisch mischen und dann heiß servieren.

Dazu schmeckt: Endiviensalat, Feldsalat oder Eisbergsalat

Szegediner Gulasch

800 g Schweinefleisch (Nacken)
4 Zwiebeln
1 Knoblauchzehe
2 grüne Paprikaschoten
1 Tomate
4 Eßl. Schweineschmalz
½ Teel. Salz
500 g Sauerkraut
2 Tassen Fleischbrühe

2 Teel. Paprikapulver, edelsüß
1 Teel. Kümmel
1 Messersp. Pfeffer
1 Tasse saure Sahne

Pro Person etwa:
3940 Joule
940 Kalorien

Garzeit:
30 Minuten

Das Schweinefleisch von Häuten und Sehnen befreien, waschen, trockentupfen und in nicht zu kleine Würfel schneiden. Die Zwiebeln schälen und grob zerschneiden; die Knoblauchzehe schälen und feinschneiden. Die Paprikaschoten halbieren, von den Rippen und Kernen befreien, waschen und in Streifen schneiden. Die Tomate häuten und in Stücke schneiden.
2 Eßlöffel Schmalz in einem Topf erhitzen und die Zwiebeln und die Knoblauchzehe bei milder Hitze darin goldgelb braten. In einer Pfanne das restliche Fett stark erhitzen, die Fleischwürfel darin rasch von allen Seiten gut braun braten, salzen und mit den Paprikaschoten, der Tomate und dem gut ausgedrückten Sauerkraut zu den Zwiebeln geben. Die Fleischbrühe dazugießen und alles im geschlossenen Topf in etwa 20 Minuten garen.
Das Gericht etwas abkühlen lassen, mit dem Paprikapulver, dem Kümmel und dem Pfeffer würzen und die saure Sahne unterrühren. Im offenen Topf noch einige Minuten erhitzen, damit die Flüssigkeit etwas verdampft. Das Gulasch in einer gut vorgewärmten Terrine oder direkt im gußeisernen Topf servieren.

Beilagen: Salzkartoffeln, Kartoffelpüree oder Klöße aus gekochten und rohen Kartoffeln

---

Zum Bild rechts:

Hackfleischgerichte gehören seit eh und je zu den am häufigsten bereiteten Hauptmahlzeiten. Ihre Beliebtheit hat Gründe: Hackfleisch ist preiswert, hat kurze Garzeiten und läßt sich vielfältig zubereiten. Die Reihe bekannter Hackfleischgerichte beginnt bei Fleischklößchen oder Klopsen, Frikadellen oder Bouletten und endet bei internationalen Spezialitäten wie Cevapčiči, Cannelloni, Musaká oder Pastizio.
Auch bei beachtlicher Länge könnte eine Liste nicht alle Hackfleisch-Varianten nennen. Zu den Stars einer solchen Liste gehört der Hackbraten, der oft auch »Falscher Hase« genannt wird. Noch reizvoller ist aber ein gefüllter Hackbraten, der aufgeschnitten – warm oder kalt serviert – besonders dekorativ wirkt.
Das Rezept finden Sie auf Seite 185.

HACKFLEISCH UND BRÄT

Zum Bild links:

Wiener Tafelspitz ist das beste Fleischgericht aus dem Suppentopf! Edles Rindfleisch, das man sonst als feinen Braten zubereitet, wird wie Suppenfleisch in Brühe gegart. Das Ergebnis ist butterweich, von zarter Konsistenz und von bestechendem Geschmack. Tafelspitz mit Meerrettichsauce kann als Hauptgang eines festlichen Menüs bestehen. Die Wiener mögen dazu Röstkartoffeln, hochdeutsch sind das Bratkartoffeln; eventuell auch sautierte Fisolen – grüne Bohnen –, besonders fein geschnitten.
Das Rezept finden Sie auf Seite 207.

Hackfleisch und Brät

Hackfleisch – auch Gehacktes, Gewiegtes oder Faschiertes – ist Frischfleisch vom Schwein, vom Rind, seltener vom Kalb oder Lamm. Früher wurde das rohe, von groben Sehnen befreite Fleisch gehackt, heute wird es maschinell zerkleinert. Die Fleischfaserstruktur wird durch das Zerkleinern so locker, daß Hackfleischgerichte besonders kurze Garzeiten haben.
Unter den folgenden Bezeichnungen wird Hackfleisch verkauft:

Hackfleisch halb und halb
Es besteht zu gleichen Teilen aus gehacktem Rindfleisch und gehacktem Schweinefleisch. Laut Lebensmittelgesetz darf es bis zu 35% Fettanteile haben.

Beefsteakhack
– auch Schabefleisch oder Tatar genannt – wird heute nur noch selten von Hand geschabt, sondern meist maschinell zerkleinert. Es muß aus schierem, fettlosem rotem Rindfleisch bestehen und darf nach dem Lebensmittelgesetz höchstens 6% Fett enthalten. Beefsteakhack kann gut roh verzehrt werden.

Mett
– auch Thüringer Mett oder Hackepeter genannt – ist bereits gewürztes grobes Hackfleisch vom Schwein.

Brät
– auch Wurstbrät genannt – ist rohe Wurstmasse aus bereits gewürztem Rind-, Kalb- oder Schweinefleisch und Ausgangsprodukt für Bratwürste.

Hackfleisch richtig aufbewahren
Alle obengenannten Arten von Hackfleisch sind hochempfindlich gegen Zersetzung und müssen am Tage der Herstellung verkauft und möglichst rasch verzehrt werden. Hackfleisch sollte nach dem Einkauf nicht länger als 12 Stunden im Kühlschrank (zugedeckt an der kältesten Stelle) aufbewahrt werden.
Industriell tiefgefrorenes Hackfleisch kann bei mindestens -18° im Gefriergerät bis zu 3 Monaten gelagert werden, vorausgesetzt, die Kühlkette wurde nicht durch langen Transport nach dem Kaufen unterbrochen.

Hacksteak, Pflanzerl, Frikadelle, Boulette oder Laiberl – so heißen die überaus beliebten »Bratlinge« aus Hackfleisch. So vielfältig die Namen für dieses einfache Pfannengericht sind, so bindend ist sein Grundrezept; denn reines Hackfleisch wird beim Braten zu fest, es muß deshalb stets mit einem bestimmten Anteil an lockernder Substanz (eingeweichtes Weißbrot, Eier) gemischt werden. Für alle Arten von Hackbraten und Frikadellen gibt es daher ein Grundrezept, nach dem der Fleischteig zubereitet wird. Je nach Angaben in den einzelnen Rezepten wird dieser Fleischteig dann etwas verändert und weiter verarbeitet.

Grundrezept

Frikadellen

1 altbackenes Brötchen	1 Messersp. getrockneter Thymian oder Oregano
¼ l lauwarmes Wasser	
1 kleine Zwiebel	3 Eßl. Öl
½ Bund Petersilie	
1 Teel. Öl	Pro Person etwa:
375 g Hackfleisch halb und halb	1880 Joule 450 Kalorien
1 Ei	
½ Teel. Salz	Bratzeit:
1 Messersp. Pfeffer	20 Minuten
2 Messersp. getrockneter Majoran	

Das Brötchen halbieren oder vierteln und in einer Schüssel in dem lauwarmen Wasser einweichen.
Die Zwiebel schälen und in sehr kleine Würfel schneiden. Die Petersilie waschen, abtropfen lassen und kleinschneiden. Das Öl in einem Topf erhitzen und die Zwiebelwürfel darin glasig und weich braten. Das Hackfleisch in eine Schüssel geben. Das eingeweichte Brötchen gut ausdrücken, das Wasser wegschütten. Das Hackfleisch mit dem Brötchen, dem Ei, dem Salz, den Gewürzen, den Zwiebelwürfeln und der Petersilie mischen und den Teig gut mit der Hand verkneten. Den Hackfleischteig noch einmal abschmecken und mit nassen Händen etwa 7 cm große Frikadellen (abgeflachte Kugeln, in der Mitte etwa 3 cm hoch) formen. Das Öl in einer Pfanne erhitzen und die Frikadellen von jeder Seite 2 Minuten kräftig anbraten, dann bei milder Hitze von jeder Seite etwa 8 Minuten fertigbraten. Sollten Sie die Frikadellen sehr dick geformt haben, müssen Sie die Bratzeit etwas verlängern.

HACKFLEISCHSPEZIALITÄTEN

Beilagen: Kartoffelsalat und Gurkensalat oder grüner Salat

Unsere Tips: Gerät der Fleischteig zu locker, gibt man noch etwas Semmelbrösel dazu.
Gerät der Fleischteig zu fest, gibt man noch ein Eiweiß oder etwas Milch dazu.
Wer die Frikadellen besonders knusprig mag, wendet sie vor dem Braten in Semmelbrösel.

Geeignet als Vorspeise

Bouletten à l'Orient
Orientalische Bouletten

4 kleine süßsaure Gurken
1 Knoblauchzehe
je ½ Teel. getrockneter Oregano und Basilikum
½ Teel. Salz
je 1 Messersp. Pfeffer und gemahlene Muskatnuß
250 g Hackfleisch vom Rind
4 Eßl. Kokosflocken
4 Eßl. Öl

40 g Mango-Chutney
100 g Doppelrahm-Frischkäse
4 Eßl. Sahne
2 Scheiben Toastbrot
1 Eßl. Butter

Pro Person etwa:
2550 Joule
610 Kalorien

Bratzeit:
10 Minuten

Die Gurken in sehr kleine Würfel schneiden. Die Knoblauchzehe schälen und zerdrücken. Die Gurkenwürfel, die Knoblauchstückchen und alle Gewürze mit dem Hackfleisch und den Kokosflocken vermengen. 4 flache, rechteckige Bouletten von der Größe eines halben Toastbrotes formen. Das Öl in einer Pfanne erhitzen

Die flachen, rechteckigen Bouletten entsprechen der Form einer halben Toastbrotscheibe.

und die Bouletten von jeder Seite etwa 5 Minuten goldbraun braten. Das Mango-Chutney sehr fein hacken oder mit der Gabel zerdrücken und mit dem Doppelrahm-Frischkäse und der Sahne verrühren. Die Toastbrote halbieren, mit der Butter bestreichen und auf 4 Teller legen. Auf jede Brotscheibe eine Boulette geben und diese mit der Mango-Chutney-Creme überziehen.

Hamburger Teufelshack

1½ Zwiebeln
1 grüne Paprikaschote
1 Pfefferschote
40 g Walnußkerne
2–3 kleine gekochte Kartoffeln vom Vortag
500 g Hackfleisch, halb und halb
1 Ei
1 Eßl. Kapern

½ Teel. Salz
2 Messersp. Pfeffer
4 Eßl. Öl
4 Teel. Paprikapulver, mild

Pro Person etwa:
2720 Joule
650 Kalorien

Bratzeit:
20 Minuten

Die Zwiebeln schälen, die halbe Zwiebel kleinwürfeln, die ganze Zwiebel in Ringe schneiden. Die Paprika- und die Pfefferschote waschen, abtrocknen und in Ringe schneiden; die Rippen und Kerne entfernen. Die Walnußkerne feinhacken. Die Kartoffeln schälen, in eine Schüssel reiben und mit dem Hackfleisch, den gehackten Walnußkernen, dem Ei, den Kapern, dem Salz, dem Pfeffer und den Zwiebelwürfeln zu einem geschmeidigen Teig verarbeiten.
3 Eßlöffel Öl in einer großen Pfanne, 1 Eßlöffel Öl in einer kleinen Pfanne erhitzen. Aus dem Hackfleischteig mit nassen Händen 8 gleich große Frikadellen formen und im heißen Öl von jeder Seite etwa 8 Minuten braten. Die Zwiebelringe, die Paprikaringe und die Pfefferschotenringe bei milder Hitze etwa 5 Minuten in der anderen Pfanne von beiden Seiten braten. Die fertigen Frikadellen auf vorgewärmten Tellern anrichten, mit dem Gemüse garnieren und dieses mit dem Paprikapulver bestreuen.

Dazu schmecken: Kräutersauce mit saurer Sahne und Stangenweißbrot.

Etwas schwierig

Cevapčići
Hackfleischwürstchen mit Zwiebeln

4 große Zwiebeln
300 g mageres Schweinefleisch
300 g mageres Hammelfleisch
1 Knoblauchzehe
½ Teel. Salz
1 Teel. Paprikapulver, scharf
je 1 Messersp. getrockneter Rosmarin und Salbei
1 Eßl. Öl

Pro Person etwa:
1300 Joule
310 Kalorien

Grillzeit:
5–6 Minuten

Die Zwiebeln schälen und in etwa ½ cm große Würfel schneiden. Die Zwiebelwürfel in eine Schüssel geben und zugedeckt aufbewahren. Das Fleisch zweimal durch die feinste Scheibe des Fleischwolfs drehen. Die Knoblauchzehe schälen, kleinschneiden und zusammen mit dem Salz mit dem Messerrücken zerdrücken. Das Fleisch in eine Schüssel geben und mit der zerdrückten Knoblauchzehe, dem Paprikapulver, dem zerriebenen Majoran und dem zerriebenen Salbei mischen.
Den Grill vorheizen und die Fettpfanne oder Alufolie unter den Grillrost schieben.
Aus dem Fleischteig mit nassen Händen etwa 2 cm dicke und 5 cm lange Würstchen formen. Die Würstchen von allen Seiten mit Öl bepinseln und im Abstand von 5 cm unter die Grillstäbe schieben. Die Würstchen während der Grillzeit von etwa 5 Minuten mit der Grillzange mehrmals wenden. Die Zwiebelwürfel auf 4 vorgewärmte Teller verteilen, die gegrillten Cevapčići dazugeben und möglichst heiß servieren.

Dazu schmeckt: Bauernbrot oder Vollkornbrötchen

Unser Tip: Bei den Cevapčići kommt es sehr darauf an, sie rechtzeitig vom Grill zu nehmen. Sie sollen außen braun und knusprig, innen durchgebraten, aber ja nicht trocken sein. Machen Sie sich ein etwa 10 cm langes »Testwürstchen«, das Sie zweimal zur Kontrolle anschneiden können.

Man tut ihm eigentlich unrecht, dem guten alten Hackbraten, wenn man ihn als »Falschen Hasen« bezeichnet. Ein echter Hackbraten ist ein ganz eigenständiges Gericht, das sich weder geschmacklich noch seiner Form wegen mit fremden Federn – Pardon! – einem fremden Fell schmücken müßte.

Ideal zum Tiefkühlen

Hackbraten
»Falscher Hase«

1 altbackenes Brötchen
¼ l lauwarmes Wasser
1 kleine Zwiebel
½ Bund Petersilie
1 Teel. Öl
500 g Hackfleisch halb und halb

2 Eier
½ Teel. Salz
1 Messersp. Pfeffer
2 Messersp. getrockneter Majoran
1 Messersp. getrockneter Thymian oder Oregano
3 Eßl. Mehl

HACKBRATEN · FLEISCHKLÖSSCHEN

3 Eßl. Butter
½ Bund Suppengrün
½ Zwiebel
⅜ l Fleischbrühe oder Wasser
3 Eßl. saure Sahne
1 Eßl. Senf
1–2 Eßl. Tomatenmark
1 Prise gekörnte Brühe

Pro Person:
2550 Joule
610 Kalorien

Bratzeit:
60 Minuten

Das Brötchen halbieren oder vierteln und in einer Schüssel mit dem lauwarmen Wasser einweichen.
Die Zwiebel schälen und kleinhacken. Die Petersilie waschen, abtropfen lassen und kleinschneiden. Das Öl in einem kleinen Topf erhitzen, die Zwiebelwürfel darin glasig und weich braten. Das Brötchen ausdrücken, das Wasser wegschütten. Das Hackfleisch in einer genügend großen Schüssel mit dem Brötchen, den Eiern, dem Salz, den Gewürzen, den Zwiebelwürfeln und der Petersilie mischen und gut verkneten.
Den Backofen auf 220° vorheizen. Auf einem leicht bemehlten Brett den Fleischteig zu einem Laib formen und rundherum in Mehl wenden. Die Butter zerlassen. Den Hackbraten in eine Bratraine legen, mit der Butter übergießen und auf der untersten Schiebeleiste 60 Minuten braten. Den Hackbraten öfter mit dem flüssigen Fett im Bratgeschirr bestreichen. Das Suppengrün waschen, putzen und grob kleinschneiden. Die Zwiebel schälen und achteln. Sobald der Hackbraten braun ist, die Zwiebelstücke und das Suppengrün zugeben und mitbraten lassen. Den Bratenfond mit einer halben Tasse heißer Fleischbrühe oder heißem Wasser lösen und den Braten öfter damit begießen. Kurz vor dem Ende der Bratzeit den Braten mit der sauren Sahne überziehen und noch kurze Zeit weiterbraten.
Den Braten auf einer vorgewärmten Platte warm stellen. Den Bratenfond mit der restlichen Fleischbrühe oder mit Wasser auf höchstens ¼ Liter Flüssigkeit auffüllen, durch ein Sieb streichen und mit dem Senf, dem Tomatenmark und der gekörnten Brühe abschmecken. Die Sauce noch einmal aufkochen lassen und getrennt zum Hackbraten reichen.

Beilagen: Kartoffelpüree und grüne Bohnen, Rosenkohl oder Wirsing

Unser Tip: Kalter Hackbraten, in dünne Scheiben geschnitten, bereichert jede kalte Platte und ist ein vorzüglicher Brotbelag, vor allem für dunkle Brotsorten.

Variante 1
Netzbraten

Wickeln Sie den fertiggeformten Hackbraten in ein genügend großes Darmnetz, das Sie beim Metzger kaufen können. Der Braten bräunt darin besonders schön und bleibt gut in Form.

Variante 2
Gefüllter Hackbraten

Bild Seite 181

Umhüllen Sie 2 hartgekochte, geschälte Eier, die längs hintereinander liegen sollen, mit dem Fleischteig, oder legen Sie 2–3 Wiener oder Frankfurter Würstchen längs in die Mitte des Hackbratens und braten Sie diese Füllung mit.

Die hartgekochten Eier liegen hintereinander im Hackbraten; das sieht beim Aufschneiden des Hackbratens besonders schön aus.

Variante 3
Hackbraten nach Gärtnerin Art

Den Fleischlaib vor dem Braten mit 100 g in dünne Streifen geschnittenem Speck belegen; dafür aber nicht mit saurer Sahne überziehen. Den fertigen Braten auf einer großen Platte aufgeschnitten mit kleinen Mengen von verschiedenen Gemüsen wie Erbsen, Bohnen, Möhren, Spargel, Champignons und Maiskörner anrichten und sofort servieren.

Unser Tip: Falls Sie frisches Gemüse für den Braten der Gärtnerin verwenden, legen Sie die Gemüsesorten getrennt auf ein Stück Alufolie, benetzen Sie es mit je einem Eßlöffel Salzwasser und schließen Sie die Alufolie gut zu einzelnen Päckchen. Alle Gemüsepäckchen zusammen in einem großen Topf mit wenig Wasser in etwa 20 Minuten garen, herausnehmen und auf eine Platte geben. Dann beträufeln Sie das gare Gemüse mit wenig zerlassener Butter.

Hackfleischbällchen sind eine äußerst praktische und vielseitig verwendbare Einlage in Suppen, Saucen, Aufläufen. Sie ergeben mit Teigwaren, Reis oder Kartoffelpüree auch ein selbständiges Gericht.

Grundrezept
Fleischklößchen in Tomatensauce

Für die Sauce:
2 Zwiebeln
40 g Butter
½ Tasse Wasser
500 g Tomaten
2 Eßl. Mehl
½ l Fleischbrühe
je ½ Teel. Salz und Zucker
3 Eßl. Sahne

Für die Fleischklößchen:
½ altbackenes Brötchen
¼ l Wasser

½ Zwiebel
½ Bund Petersilie
250 g Hackfleisch, halb und halb
1 Ei
2 Messersp. Pfeffer
1 Messersp. geriebene Muskatnuß
½ Teel. Salz

Pro Person etwa:
1720 Joule
410 Kalorien

Garzeit:
45 Minuten

Die Zwiebeln schälen und kleinwürfeln. Die Butter in einem genügend großen Topf zerlassen und die Zwiebelwürfel darin glasig braten. Das Wasser zugießen und die Zwiebelwürfel im offenen Topf 15 Minuten dünsten, bis das Wasser verkocht ist. Die Tomaten waschen und in Scheiben schneiden. Das Mehl über die Zwiebelwürfel stäuben und unter Rühren goldgelb braten. Die Tomatenscheiben zugeben, unter Rühren einige Minuten darin erhitzen und mit der Fleischbrühe auffüllen. Die Sauce 30 Minuten bei sehr milder Hitze im offenen Topf kochen lassen, dann durch ein Sieb passieren, mit dem Salz und dem Zucker abschmecken und mit der Sahne abrunden.
Für die Fleischklößchen während der Kochzeit der Sauce das Brötchen in dem lauwarmen Wasser einweichen. Die Zwiebel schälen und sehr klein würfeln. Die Petersilie waschen, abtropfen lassen und kleinschneiden. Das Hackfleisch in einer Schüssel mit dem gut ausgedrückten Brötchen, den Zwiebelwürfeln, der Petersilie, dem Ei, dem Pfeffer, der Muskatnuß und dem Salz zu einem geschmeidigen Teig verkneten.
Vom Fleischteig mit nassen Händen kleine, etwa 3 cm große Klößchen formen und in der fertigen Sauce bei milder Hitze 10–15 Minuten gar ziehen lassen.

HACKFLEISCHSPEZIALITÄTEN

Beilagen: Teigwaren wie Spaghetti oder Zöpfli und grüner Salat

Königsberger Klopse

Für die Klöpse:
1 altbackenes Brötchen
¼ l lauwarmes Wasser
6 Sardellenfilets
1 Zwiebel
500 g Hackfleisch, halb und halb
1 Eßl. geriebener Emmentaler oder Goudakäse
1 Ei
1 Messersp. geriebene Muskatnuß
½ Teel. Salz

Für die Kapernsauce:
2 Eßl. Butter
3 Eßl. Mehl
⅜ l Fleischbrühe
⅛ l Weißwein
2 Eßl. Kapern
2 Messersp. Salz
1 Teel. Zitronensaft
2 Eßl. Sahne
1 Eigelb

Pro Person etwa:
1470 Joule
350 Kalorien

Garzeit:
25 Minuten

Das Brötchen in dem Wasser einweichen. Die Sardellenfilets in sehr kleine Würfel schneiden. Die Zwiebel schälen und ebenfalls klein würfeln. Das Hackfleisch in eine Schüssel geben und mit dem gut ausgedrückten Brötchen, den Sardellenstückchen, den Zwiebelwürfeln, dem Käse, dem Ei, der Muskatnuß und dem Salz zu einem geschmeidigen Teig vermengen und 15 Minuten zugedeckt durchziehen lassen.
Für die Sauce die Butter zerlassen, das Mehl hineinstäuben und unter Rühren hellgelb anbraten. Nach und nach mit der Fleischbrühe aufgießen und einige Male unter ständigem Rühren aufkochen lassen. Den Weißwein und die Kapern zufügen, bei milder Hitze 8 Minuten kochen lassen. Die Sauce mit dem Salz und dem Zitronensaft abschmecken. Aus dem Fleischteig Klößchen formen, in die Sauce legen und bei sehr milder Hitze 15 Minuten darin ziehen lassen. Die Sahne mit dem Eigelb verquirlen, 2 Eßlöffel der heißen Sauce in das Eigelb-Sahne-Gemisch rühren, dieses unter die Sauce ziehen und die Sauce danach nicht mehr kochen lassen.

Beilage: Salzkartoffeln oder Kartoffelpüree und Endiviensalat

Unser Tip: Es muß nicht immer Kapernsauce sein, worin Fleischklößchen gar ziehen können. In jeder Sauce, die gebunden und aufgekocht wird, können Klopse garen; besonders gut eignen sich Tomatensauce, Senfsauce und Meerrettichsauce.

Etwas schwierig

Canneloni
Italienische Nudelröllchen

Für den Teig:
150 g Mehl
1 Ei
1 Eßl. Öl
1–2 Eßl. Wasser
2 Messersp. Salz
1½ l Wasser
1 Teel. Salz

Für die Füllung:
200 g gemischtes Hackfleisch vom Kalb und vom Schwein
2 Eßl. Semmelbrösel
1 Ei
1 Eßl. Wasser
je 2 Messersp. getrockneter Majoran und Basilikum
1 Messersp. Pfeffer
2 Eßl. geriebener Parmesankäse

Für die Sauce:
2 Eßl. Butter
2–3 Eßl. Mehl
¼ l Fleischbrühe

¼ l Milch
2 Messersp. Salz
2 Eßl. saure Sahne
1 Eßl. Tomatenmark

Für die Form:
1 Teel. Butter
4 Eßl. geriebener Parmesankäse
1 Eßl. Semmelbrösel

Pro Person etwa:
2090 Joule
500 Kalorien

Ruhezeit für den Teig:
1 Stunde

Garzeit für die Teigblätter:
7 Minuten

Backzeit:
20 Minuten

Das Mehl hügelartig auf ein Backbrett geben und in die Mitte eine Vertiefung hineindrücken. Das Ei, das Öl, das Wasser und das Salz in die Vertiefung geben und alle Zutaten rasch zu einem geschmeidigen Nudelteig verkneten. Den Teig zu einer Kugel formen und unter einer Schüssel 1 Stunde ruhen lassen.
Für die Füllung das Hackfleisch mit den Semmelbröseln, dem Ei, dem Wasser, den zerriebenen Kräutern, dem Pfeffer und dem Parmesankäse verkneten.
Für die Sauce die Butter in einem Topf zerlassen, das Mehl hineinstäuben und unter Rühren hellgelb anbraten. Nach und nach mit der Fleischbrühe und der Milch auffüllen, das Salz zugeben und unter Rühren einige Minuten kochen lassen. Die saure Sahne mit dem Tomatenmark verrühren, die Sauce vom Herd nehmen und die Tomatensahne unterrühren.
Den Backofen auf 200° vorheizen. Eine feuerfeste Form mit der Butter ausstreichen. Für die Teigwaren das Wasser mit dem Salz zum Kochen bringen.
Auf einem bemehlten Brett den Nudelteig dünn ausrollen und 8×10 cm große Rechtecke ausschneiden. Die Teigblätter ins kochende Wasser legen und in 7 Minuten gar ziehen lassen.

Die Teigblätter mit dem Schaumlöffel aus dem Wasser heben, in einem Sieb kalt abbrausen und abtropfen lassen. Die Teigblätter nebeneinander auf das Brett legen und mit der Fleischfüllung bestreichen. Die Teigblätter locker aufrollen und die Rollen nebeneinander mit der »Naht« nach unten in die Auflaufform legen. Die helle Sauce über die Röllchen gießen und den Parmesankäse und die Semmelbrösel darüberstreuen. Den Auflauf auf der mittleren Schiebeleiste 20 Minuten backen.

Für Canneloni die gefüllten Teigblätter nur locker aufrollen und mit der »Naht« nach unten in die Auflaufform legen.

Dazu schmeckt: Kopfsalat oder Tomatensalat mit Gurken und Oliven

Unser Tip: Schaffen Sie sich doch feuerfeste rechteckige Portionsförmchen an. In denen können Sie Gerichte wie Canneloni – aber auch eine Menge weiterer Spezialitäten – überbacken und gleich servieren. Das sieht gut aus, ist stilecht und praktisch, weil das jeweilige Gericht darin gut heiß bleibt.

Wenn Sie das miese Wetter einmal so richtig satt haben und sich nach der Costa Brava sehnen – versuchen Sie es mit dem Oliventiegel. Er hat schon so manche Sehnsucht nach südlicher Sonne für 1–2 Stunden gestillt.

Raffiniert

Oliventiegel
Spanischer Hackfleischtopf

4 Zwiebeln
250 g grobe Mettwurst
100 g rotgefüllte Oliven
2 Tomaten
1 Brötchen
3 Eßl. Olivenöl
250 g Rinderhackfleisch
½ Tasse tiefgefrorene Erbsen
¼ l Fleischbrühe

je ½ Teel. Salz und Pfeffer
1 Messersp. Zucker
2 rohe Bratwürste
4 Eßl. saure Sahne

Pro Person etwa:
3150 Joule
750 Kalorien

Garzeit:
25 Minuten

Die Zwiebeln schälen und in Ringe schneiden. Die Mettwurst in Scheiben

HACKFLEISCHSPEZIALITÄTEN

schneiden und die Haut abziehen. Die Oliven in Scheibchen schneiden. Die Tomaten häuten und in Stücke schneiden. Die Brötchen aushöhlen. Die Zwiebelwürfel in dem Öl glasig braten. Das Hackfleisch zugeben, gut darin anbraten und dabei zerstoßen. Die Olivenscheibchen, die Tomatenstücke, die kleingerissene Brötchenrinde, die Erbsen und die Mettwurstscheiben zugeben, alles mit der Fleischbrühe auffüllen, mit Salz, Pfeffer und Zucker abschmecken und zum Kochen bringen. Die Bratwurstmasse in kleinen Kugeln aus der Haut drücken. Die Bratwurstklößchen im Hackfleischtopf 25 Minuten gar ziehen lassen. Den Oliventiegel mit der sauren Sahne verrühren.

Beilage: Pommes frites

Raffiniert

Musaká
Hackfleischauflauf mit Auberginen

Für die Form:
1 Eßl. Butter
2 Eßl. Semmelbrösel

Für den Auflauf:
2 Kartoffeln
1 Teel. Butter
2 Eßl. geriebener Parmesankäse
1 kleine Zwiebel
1 Eßl. Öl
200 g Hackfleisch, halb und halb
1 Teel. Salz
1 Messersp. Pfeffer
1 Eßl. Tomatenmark
1/8 l Fleischbrühe
5 Eßl. Weißwein
1/2 Bund Petersilie
2 Eßl. geriebener Parmesankäse
1 mittelgroße Aubergine
1 Teel. Öl

Für die Sauce:
2 Eßl. Butter
3 Eßl. Mehl
3/8 l Wasser
1 Teel. Salz
1 Messersp. Pfeffer
2 Eßl. geriebener Parmesankäse
1 Eigelb
2 Eßl. Sahne

Zum Bestreuen:
2 Eßl. Semmelbrösel
2 Eßl. geriebener Parmesankäse
1 Eßl. Butter

Pro Person etwa:
2470 Joule
590 Kalorien

Backzeit:
40 Minuten

Eine Auflaufform mit der Butter ausstreichen und mit den Semmelbröseln ausstreuen. Die Kartoffeln schälen, waschen und in dünne Scheiben schneiden. Die Butter erhitzen, und die Kartoffelscheiben 5 Minuten darin anbraten, in der Auflaufform verteilen und mit dem Käse bestreuen.
Die Zwiebel schälen, kleinwürfeln und in dem Öl anbraten. Das Hackfleisch zugeben, ebenfalls anbraten mit dem Salz, dem Pfeffer, dem Tomatenmark, der Fleischbrühe und dem Weißwein verrühren und bei milder Hitze so lange kochen lassen, bis eine dicke Masse entstanden ist. Die Petersilie waschen, abtropfen lassen und kleinschneiden. Den Käse und die Petersilie unter das Hackfleisch mischen und dieses auf die Kartoffelscheiben streichen.
Die Aubergine waschen, in dünne Scheiben schneiden, im Öl 5 Minuten anbraten, auf das Hackfleisch geben. Den Backofen auf 200° vorheizen.
Für die Sauce die Butter in einem Topf zerlassen, das Mehl hineinstäuben, unter Rühren hellgelb braten. Nach und nach mit dem Wasser auffüllen, das Salz und den Pfeffer zufügen und unter ständigem Rühren einige Minuten kochen lassen. Den Parmesankäse unterrühren. Das Eigelb mit der Sahne verquirlen, 2 Eßlöffel von der Sauce unter die Eigelb-Sahne rühren, die Sauce vom Herd nehmen, mit der Eigelb-Sahne mischen und über den Auflauf gießen. Die Semmelbrösel und den Parmesankäse mischen, über den Auflauf streuen und die Butter in Flöckchen daraufsetzen. Den Auflauf im vorgeheizten Backofen auf der mittleren Schiebeleiste 40 Minuten backen.

Dazu schmeckt: gemischter Salat aus Tomaten, Gurken und Oliven

Unser Tip: Statt des Tomatenmarks und der Fleischbrühe können Sie frische Tomaten zum Auflauf geben: 4 Tomaten in Stücke schneiden, mit 2 Eßlöffel Wasser in einem zugedeckten Topf weich dünsten, durch ein Sieb passieren und zum Hackfleisch geben.

Raffiniert

Pastizio
Griechischer Hackfleischauflauf

Für die Form:
1 Eßl. Butter
2 Eßl. Semmelbrösel

Für den Auflauf:
2 l Wasser
1 Teel. Salz
200 g Makkaroni
1 Eßl. Butter
1 Eiweiß
2 Eßl. geriebener Parmesankäse
1 kleine Zwiebel
1 Eßl. Butter
250 g Hackfleisch, halb und halb
1 Teel. Salz
1 Messersp. Pfeffer
1/2 Stange Zimt
1/2 Tasse Weißwein
1 Eßl. Tomatenmark
1/8 l Fleischbrühe
1 gehäufter Eßl. Semmelbrösel
2 Eßl. geriebener Parmesankäse

Für die Sauce:
2 Eßl. Butter
3 Eßl. Mehl
3/8 l Wasser
1 Teel. Salz
1 Messersp. Pfeffer
3 Eßl. geriebener Parmesankäse
1 Eigelb
2 Eßl. Sahne

Zum Bestreuen:
2 Eßl. Semmelbrösel
2 Eßl. geriebener Parmesankäse
1 Eßl. Butter

Pro Person etwa:
3150 Joule
750 Kalorien

Backzeit:
40 Minuten

Eine Auflaufform mit der Butter ausstreichen und mit den Semmelbröseln ausstreuen.
Für den Auflauf das Wasser mit dem Salz zum Kochen bringen, die Makkaroni einlegen und im offenen Topf etwa 12 Minuten (oder nach Vorschrift auf der Packung) kochen lassen. Die Makkaroni dann in einem Sieb kalt abbrausen und abtropfen lassen. Die Butter in einem Topf zerlassen und die Makkaroni darin schwenken. Das Eiweiß zu steifem Schnee schlagen, mit dem Käse mischen und unter die Makkaroni heben. Die Hälfte davon in die vorbereitete Auflaufform geben, den Rest beiseite stellen.
Die Zwiebel schälen und in kleine Würfel schneiden. Die Butter in einer Pfanne zerlassen und die Zwiebelwürfel darin anbraten. Das Hackfleisch zugeben, mitbraten und dabei gut mit den Zwiebeln mischen. Das Salz, den Pfeffer, die Zimtstange, den Weißwein, das Tomatenmark und die Fleischbrühe zufügen, gut umrühren und in der offenen Pfanne bei milder Hitze solange braten, bis eine dicke Masse entstanden ist. Die Zimtstange entfernen. Die Semmelbrösel und den Käse unter das Hackfleisch mischen und dieses auf die Makkaroni in der Auflaufform verteilen. Die restlichen Makkaroni darübergeben.
Den Backofen auf 200° vorheizen.
Für die Sauce die Butter in einem Topf zerlassen, das Mehl hineinstäuben und unter Rühren hellgelb braten. Nach und nach mit dem Wasser aufgießen, das Salz und den Pfeffer zufügen und unter ständigem Rühren einige Minuten kochen lassen. Den Käse in die Sauce rühren. Das Eigelb mit der Sahne verquirlen, 2 Eßlöffel von der heißen Sauce in die Eigelb-Sahne rühren, die Sauce vom Herd nehmen und die Eigelb-Sahne unter die Sauce mischen. Die Sauce nicht mehr kochen lassen.
Die Käsesauce über den Auflauf gießen. Die Semmelbrösel mit dem geriebenen Käse mischen, über den Auflauf streuen und die Butter in Flöckchen daraufsetzen. Den Auflauf im vorgeheizten Backofen auf der mittleren Schiebeleiste 40 Minuten goldgelb backen.

TATAR · INNEREIEN

Dazu schmeckt: grüner Salat oder Tomatensalat

Ein interessantes Gericht:
Das einzige, bei dem zivilisierte Menschen noch heute ihr Schlachtvieh roh verzehren! Deshalb kommt es beim Tatar nicht aufs Kochen an, sondern auf die Kunst des Anrichtens; denn das Mischen der verschiedenen Zutaten will der Gourmet bei Tisch selbst vornehmen.

Beefsteak-Tatar

Zutaten pro Person:
150 g Beefsteakhack
1 Eigelb
1 kleine Zwiebel
je 1 Teel. Paprikapulver, edelsüß, Currypulver, Kapern, Salz, Pfeffer, Sardellenpaste oder gehackte Sardellen, Senf und gehackte Petersilie,
¼ Zitrone

Nicht portioniert für alle Tischpartner:
   Olivenöl,
   Worcestersauce,
   Sherry dry
   oder Cognac

Pro Person etwa:
1050 Joule
250 Kalorien
(ohne Saucen und Brot)

Große Teller aus Keramik oder Holz eignen sich gut zum Anrichten von Tatar. Das Fleisch locker hügelförmig in die Mitte des Tellers geben. In das Fleisch oben eine kleine Vertiefung drücken und das Eigelb hineingeben. Die Zwiebel schälen und aus dem Mittelstück 9 Zwiebelringe schneiden. Den Rest der Zwiebel in feine Würfel schneiden. Die Zwiebelringe kreisförmig um das Fleisch anordnen und in jeden Zwiebelring eines der Gewürze, die Petersilie und die Zwiebelwürfel geben. Die Zitrone auf den Teller legen.

Legen Sie die Zwiebelringe rund um das hügelförmig angerichtete Tatar und geben Sie in jeden Zwiebelring eines der Gewürze.

Das Öl, die Worcestersauce, den Sherry oder den Cognac für alle Teilnehmer der Tafelrunde erreichbar zur Selbstbedienung in die Mitte des Tisches stellen.

Dazu schmecken: alle Brotsorten, Butter, grüne Salate, Tartarsauce und beliebige fertige Würzsaucen

Gutes aus Innereien

Alle inneren Organe der Schlachttiere – aber auch von Wild und Geflügel – werden unter dem Begriff Innereien zusammengefaßt. Die meisten Organe eignen sich zum Genuß. Einige kommen nur deshalb nicht auf den Verbrauchermarkt, weil sie dringend zur Herstellung lebenserhaltender Arzneimittel benötigt werden, wie beispielsweise die Bauchspeicheldrüse, aus der Insulin für schwer Zuckerkranke gewonnen wird. Innereien sind hochwertige Nahrungsmittel und meistens preiswerter als Fleischteile.
Die wichtigsten Innereien sind Leber, Niere, Bries oder Kalbsmilch, Herz, Lunge, Zunge, Hirn, Milz, Kutteln und das sogenannte Kronfleisch (das sind die fleischigen Bestandteile von Zwerch- und Bauchfell).
Noch mehr als bei anderem Fleisch muß bei Innereien auf Sorgfalt und peinliche Sauberkeit beim Schlachten geachtet werden. Kaufen Sie Innereien daher nur in einem Fachgeschäft, zu dem Sie volles Vertrauen haben. Alle Innereien kommen so frisch wie möglich in den Handel; sie werden daher meistens nur am Schlachttag verkauft. Nach dem Einkaufen sollen sie im Haushalt sofort zubereitet werden. Für die Zeit vom Einkaufen bis zum Zubereiten lagert man sie gut zugedeckt in einer nichtmetallischen Schüssel an der kältesten Stelle des Kühlschrankes; aber nicht im Eiswürfel- oder Gefrierfach. So lassen sich Innereien notfalls 24 Stunden lagern.

Leber
Leber ist ein guter Lieferant von Vitamin A, am meisten davon enthält die Rinderleber. Außerdem enthält Leber die Vitamine des B-Komplexes, Vitamin D und wertvolle Mineralstoffe.
Die Leber von jungen Tieren ist immer zarter und milder als die von älteren. Kalbsleber liegt daher qualitativ an der Spitze; Lammleber wird selten angeboten, kann aber für alle Rezepte verwendet werden, für die Kalbsleber vorgesehen ist.

Rinderleber schmeckt kräftig, manchmal sogar leicht bitter; deshalb legt man sie vor dem Zubereiten etwa 1 Stunde in Milch, die der Leber Bitterstoffe entzieht.

Schweineleber schmeckt herzhaft, ist von feiner Konsistenz, aber im Anschnitt nicht so glatt wie Kalbsleber.

Leber vor dem Garen immer häuten: Mit einem dünnen, spitzen Messer unter die feinen Häutchen fahren und diese abziehen. Von Rinderleber

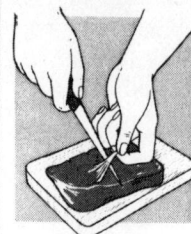

Mit einem spitzen, dünnen Messer unter die Häutchen der Leber fahren und diese abziehen.

außerdem noch die harten Blutgefäße herausschneiden.

Leber nach dem Waschen und Häuten kurz in Milch tauchen, dann erst in Mehl wenden oder panieren. Durch die Milch zieht sich Leber beim Garen nicht so sehr zusammen. Leber niemals vor dem Garen salzen, da sie sonst trocken und hart wird. Beim Wenden in Mehl oder beim Panieren das Mehl oder die Panade salzen und würzen und die Leber anschließend sofort braten. Leber in heißem, aber nicht hocherhitztem Fett braten. Nicht zu lange braten; Leberscheiben von 100 g, etwa 2 cm dick, insgesamt 4–5 Minuten. Am besten sehr dünne Scheiben oder Streifen nur 1–2 Minuten anbraten; dann in Sauce bei milder Hitze ziehen lassen.

Leber schmeckt am besten, wenn sie zart gewürzt wird, mit weißem Pfeffer, Paprikapulver, edelsüß, Majoran, Salbei oder Zitronensaft und sie harmoniert gut mit gebratenen Zwiebeln, gebratenen Apfelscheiben oder in einer sauren bis leicht süßsauren Sauce.

Nieren
Nieren enthalten viel Eisen, die Vitamine des B-Komplexes, Vitamin A und Vitamin C. Nieren von Kalb und Lamm sind besonders zart in Konsi-

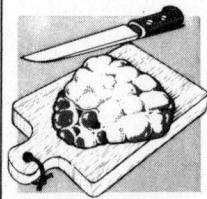 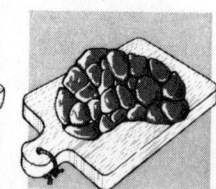

Die Kalbsniere ist noch von der äußeren Haut umhüllt; das Nierenfett ist bereits entfernt.

Bei der gehäuteten Kalbsniere sieht man die vielen zusammenhängenden Nierenlappen.

INNEREIEN

stenz und Geschmack. Rindernieren sind derber und leicht von strengem Nierengeschmack.

Rinder- und Kalbsnieren bestehen aus vielen zusammenhängenden Nierenlappen. Die Schweineniere hat als

Wie die Kalbsniere besteht auch die größere Rinderniere aus zusammenhängenden Nierenlappen.

einzige die typisch glatte Nierenform. Schweinenieren sind von zarter Konsistenz, aber haben leicht strengen Nierengeschmack.
Alle Nieren werden bereits vom Fleischer vom umgebenden Nierenfett befreit. Nur für Kalbsnierenbraten läßt er das Fett 1–2 cm dick um die Niere stehen.

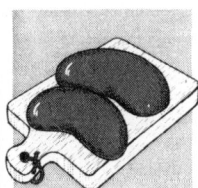

Die typische glatte Form der Schweineniere.

Rinder-, Kalbs- und Lammnieren vor dem Garen waagerecht halbieren, die zähen Häutchen und Röhren an der Innenseite ausschneiden oder saubere, frische Kalbsnieren in Scheiben schneiden und so braten. Die Nieren kurz kalt abbrausen. Kalbs- und Lammnieren 20–30 Minuten kalt wässern; das Wasser mehrmals wechseln. Rindernieren 30–40 Minuten in Milch oder Buttermilch legen, das mildert den strengen Geschmack, und das Fleisch wird zarter. Oder Rindernieren in einem Sieb 5 Minuten blanchieren und dann kalt abbrausen.
Schweinenieren längs halbieren, die Häutchen und Röhren im Inneren herausschneiden und die Nie-

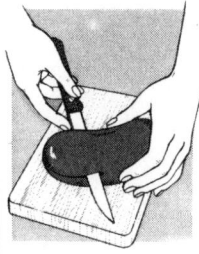

Schweinenieren zuerst immer längs halbieren.

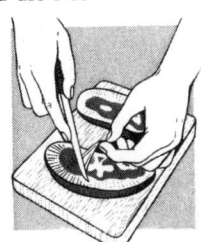

Die Häutchen und Röhren der Schweineniere werden vollständig herausgeschnitten.

renhälften in Milch, Buttermilch oder leichtes Essigwasser legen, oder wie Rindernieren blanchieren.
Nieren in Scheiben schneiden und bei nicht zu starker Hitze 4–5 Minuten braten oder größere Stücke 15–20 Minuten schmoren.
Nieren schmecken gut in Saucen mit Weinzusatz und harmonieren mit Zwiebeln und geräuchertem Speck.

Herz

Herz enthält vor allem viel Vitamin B 1 und Mineralstoffe. Die Konsistenz vom Herz von allen Schlachttieren ist so fein wie bei bestem Muskelfleisch. Kalbsherz und Schweineherz wiegen etwa 750 g, Lammherz etwa 400 g und Rinderherz 1500 g. Der Fleischer entfernt meist vor dem Verkauf gestocktes Blut aus den Herzen und beim Rinderherz das Fett an der oberen Öffnung und die sehr harten Blutgefäße.
Herz vor dem Zubereiten immer gut kalt waschen, alle Blutreste herausspülen und harte Blutgefäße, Sehnen und Fett wegschneiden. Herz wird

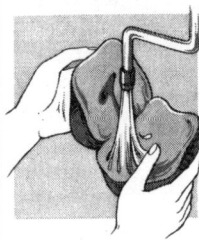

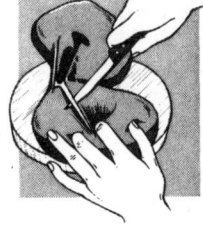

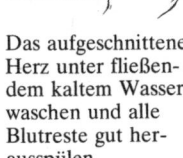

Das aufgeschnittene Herz unter fließendem kaltem Wasser waschen und alle Blutreste gut herausspülen.

Die harten Blutgefäße, Sehnen und das Fett im Innern des Herzens wegschneiden.

meistens geschmort, aber auch gekocht oder im Tontopf/Bräter im Backofen gegart. Das Herz vom Kalb und Lamm benötigt etwa 1 Stunde Garzeit, das vom Schwein 40 Minuten, das vom Rind 2½ Stunden. In Scheiben geschnitten brät sich Kalbs- und Schweineherz je nach Stärke der Scheiben in 10–15 Minuten.

Bries

Bries – auch Milcher oder Kalbsmilch – gibt es nur vom Kalb und vom Lamm. Es ist die Thymusdrüse, die das Wachstum des Jungtieres steuert und sich beim erwachsenen Tier zurückbildet. Bries wiegt 250–300 g und gilt als Delikatesse.
Bries vor dem Zubereiten 2 Stunden wässern, damit sich alle Blutreste lösen; das Wasser wiederholt dabei

erneuern. Bries dann entweder mit kochendem Wasser überbrühen und 10 Minuten im heißen Wasser liegen lassen oder in kaltem Wasser aufsetzen und 15 Minuten bei milder Hitze kochen lassen. Danach kalt abbrausen und die Haut abziehen.

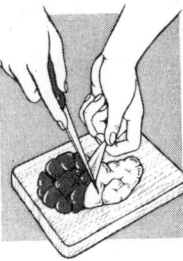

Die Haut vom überbrühten Bries mit einem spitzen Messer lösen.

Die Garzeit für geschmortes oder gebratenes Bries ist etwa 15 Minuten. Für alle Rezepte mit Bries kann auch Hirn verwendet werden.

Hirn

Hirn enthält nicht viele Vitamine, ist aber mineralstoffreich und leicht verdaulich. Daher hat es in der Ernährung für Kranke Bedeutung.
Hirn muß solange wässern, bis sich alles Blut gelöst hat; das Wasser mehrmals wechseln. Das Hirn danach in heißes schwaches Essigwasser legen, zum Kochen bringen und weitere 7 Minuten darin ziehen – nicht kochen – lassen. Die umhüllende feine Haut, sämtliche Blutgerinnsel und Äderchen entfernen und das Hirn, wie im jeweiligen Rezept beschrieben, weiterverarbeiten.

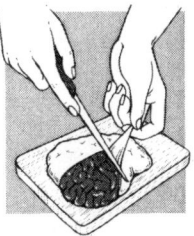

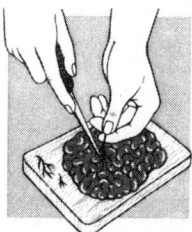

Die das Hirn umhüllende Haut mit einem spitzen Messer einritzen, ein Stückchen lösen und dann vorsichtig unter Zurhilfenahme des Messers mit der Hand abziehen.

Blutgerinsel und Äderchen mit einem spitzen Messer aus dem gehäuteten Hirn entfernen.

Für alle Rezepte mit Hirn kann auch Bries verwendet werden.

Milz

Milz wird nicht häufig beim Fleischer angeboten, weil sie vorwiegend zu Wurst verarbeitet wird.

LEBER

Die Milz steckt in einem Hautbeutel. Dieser wird gewaschen, aufgeschnitten und umgedreht. Das Fleisch der Milz von der Haut abschaben und ohne die Haut durch den Fleischwolf drehen

Den Hautbeutel der Milz mit einem scharfen Messer waagerecht so weit aufschneiden, daß er sich mühelos umdrehen läßt.

Die Milz aus ihrem aufgeschnittenen und umgedrehten Hautbeutel herausschaben.

oder fein hacken. Milz wird, gemischt mit Hackfleisch oder Brötchenmasse, für Füllungen verwendet, sowie als Zusatz für Leberknödel und für Suppen.

Kutteln
Kutteln – auch Kaldaunen, Pansen, Fleck oder Tripes – sind der Vormagen von Rindern. Die Zubereitung ist mühevoll, zeitraubend und nicht sehr appetitanregend. Deshalb kauft man Kutteln am besten bereits gekocht beim Fleischer; andernfalls müssen sie 6–10 Stunden lang gekocht werden. Kutteln enthalten viel Calcium und Phosphor. Gekochte Kutteln werden in Streifen geschnitten und anschließend je nach Rezept zubereitet.

Lunge
Lunge – auch Beuscherl – ist reich an Vitamin C und Natrium. Kalbs- und Schweinelunge wird bevorzugt; Rinderlunge ist mit sehr festen Röhren durchzogen, die man alle entfernen muß. Lunge wird in einem Sud mit Lorbeerblatt und Pfefferkörnern 60–90 Minuten gekocht. Danach wird sie zwischen 2 Holzbrettchen beschwert und ausgepreßt, in Streifen geschnitten und je nach Rezept zubereitet.
Lunge schmeckt gut in saurer Sauce, die mit Zitronensaft oder Weinessig gewürzt wird.

Zunge
Zunge wird frisch oder gepökelt im Ganzen angeboten. Gepökelte Zunge kocht man ohne Salz und wässert sie zuvor 8–10 Stunden. Eine Rinderzunge wiegt 1–2 kg und ergibt eine Mahlzeit für 8 Personen; Kalbszunge wiegt 500–600 g, Schweinezunge 350 g und Lammzunge etwa 200 g.

Geräucherte Pökelzunge wird auch wie Wurst als Aufschnitt angeboten und bereichert jede kalte Platte und Salate mit Wurstbestandteilen. Eine Rinderzunge muß 3 Stunden kochen, eine Kalbszunge 1 Stunde, Schweine- und Lammzunge etwa 40 Minuten. Zunge ist gar, wenn sich die Spitze leicht durchstechen läßt. In den Kochsud für Zunge gibt man ein Lorbeerblatt, Gewürznelken und Pfefferkörner.

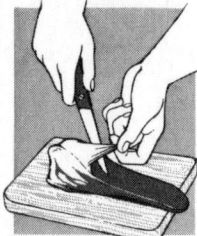

Von der gekochten und abgeschreckten Zunge läßt sich die Haut mit einem Küchenmesser leicht abziehen.

Vor dem Kochen wird Zunge gründlich gewaschen und abgebürstet. Nach dem Kochen die Zunge kalt abbrausen und rundherum die Haut abziehen und je nach Rezept weiterverarbeiten.

Grundrezept für gebratene Leber

Leber nach Berliner Art

Bild Seite 199

4 Scheiben Kalbsleber zu je 125 g, 2 cm dick
2 Messersp. Pfeffer
2 Eßl. Mehl
2 Zwiebeln
2 säuerlich schmeckende Äpfel, z. B. Jonathan oder Boskop
3 Eßl. Bratfett
je ½ Teel. Zucker und Salz
2 Eßl. Preiselbeermarmelade

Pro Person etwa:
1340 Joule
320 Kalorien

Bratzeit:
6 Minuten

Für die Berliner Leber brauchen Sie zwei Pfannen.
Die Leberscheiben kalt abbrausen, trockentupfen und von Häutchen und harten Strängen befreien. Die Leberscheiben von beiden Seiten mit Pfeffer einreiben. Das Mehl in einen Teller schütten und die Leberscheiben darin wenden. Die Zwiebeln schälen und in Ringe schneiden. Die Äpfel schälen, das Kerngehäuse mit einem Apfelausstecher ausstechen und die Äpfel in etwa 1 cm dicke Scheiben schneiden.

In einer Pfanne 2 Eßlöffel, in der anderen Pfanne 1 Eßlöffel Fett erhitzen. Die Zwiebelringe in der Pfanne mit 2 Eßlöffel Fett anbraten und an den Rand der Pfanne schieben. Die Apfelscheiben in die andere Pfanne legen und zugedeckt bei Mittelhitze darin 10 Minuten braten. Die Leberscheiben mit den Zwiebelringen bei mäßiger Hitze von jeder Seite 2–3 Minuten braten. Den Zucker über die Äpfel streuen.
Die gebratene Leber auf einer vorgewärmten Platte anrichten, salzen und mit den Zwiebelringen und den Apfelscheiben belegen. Die Apfelscheiben mit etwa 1 Eßlöffel Preiselbeermarmelade füllen.

Beilagen: Kartoffelpüree oder Pellkartoffeln und Kopfsalat oder Feldsalat

Variante

Leber mit Ananas

Anstatt der Zwiebeln und der Äpfel 4 Scheiben Ananas – am besten frische, sonst abgetropfte aus der Dose – in 1 Eßlöffel Butter erhitzen und auf den gebratenen Leberscheiben anrichten. Die Ananasscheiben mit etwa 1 Eßlöffel Preiselbeermarmelade oder Sauerkirschkompott füllen.

Gegrillte Leber

4 Scheiben Kalbs- oder Schweineleber zu je 125 g 2 cm dick
2 Messersp. Pfeffer
½ Teel. getrockneter Thymian, Majoran oder Oregano
½ Teel. Paprikapulver, edelsüß
2 Eßl. Öl
1 Eßl. Zitronensaft
2 Messersp. Salz

Pro Person etwa:
960 Joule
230 Kalorien

Grillzeit:
7 Minuten

Den Grill vorheizen.
Die Leberscheiben kurz kalt waschen, gut trockentupfen und von Häutchen und harten Strängen befreien. Den Pfeffer, den zerriebenen Thymian, Majoran oder Oregano, das Paprikapulver und das Öl mischen und die Leberscheiben von beiden Seiten damit bestreichen. Die Leber auf dem Grillrost 4 cm unter die Grillstäbe schieben und von jeder Seite 3½ Minuten grillen. Die Fettpfanne oder Alufolie zum Auffangen des herab-

LEBER

tropfenden Fettes unter den Grillrost legen. Die Leberscheiben nach dem Grillen mit dem Zitronensaft beträufeln und mit Salz bestreuen.

Beilagen: Paprikareis oder frisches Stangenweißbrot und gegrillte Tomatenscheiben, gedünstete Champignons, Mixed Pickles oder grüner Salat und Zigeunersauce, Cumberlandsauce oder Mayonnaise mit Oliven

Leber auf Mailänder Art

Für die Teigwaren:
2½ l Wasser
1 Teel. Salz
250 g Makkaroni oder Spaghetti
100 g gekochter Schinken
1 Eßl. Butter
200 g Champignons aus der Dose
3 Eßl. Tomatenmark
100 g geriebener Parmesankäse oder Schweizer Käse

2 Eßl. Mehl
2 Eßl. Bratfett
2 Messersp. Salz
1 Messersp. Pfeffer
1 Tomate

Pro Person etwa:
2890 Joule
690 Kalorien

Kochzeit:
12 Minuten

Bratzeit:
6 Minuten

Für die Leber:
4 Scheiben Kalbs- oder Schweineleber zu je 125 g, 2 cm dick

Das Wasser mit dem Salz zum Kochen bringen. Die Makkaroni oder die Spaghetti ins sprudelnd kochende Salzwasser geben und im offenen Topf 12 Minuten kochen lassen. Den Schinken in feine Streifen oder Würfel schneiden. Die Nudeln in ein Sieb schütten, kalt abbrausen und gut abtropfen lassen. Die Butter im Nudeltopf zerlassen, die abgetropften Nudeln, die abgetropften Champignons (einige zum Garnieren zurückbehalten) und den Schinken darin erhitzen und gut miteinander mischen. Die Nudeln zuletzt mit dem Tomatenmark und dem geriebenen Käse vermengen und warmstellen.
Die Leber kurz kalt waschen, gut trockentupfen und von Häuten und harten Strängen befreien. Die Leber in dem Mehl wenden. Das Bratfett in einer Pfanne erhitzen und die Leberscheiben darin von jeder Seite bei milder Hitze 2–3 Minuten braten. Die Leber nach dem Braten mit dem Salz und dem Pfeffer würzen.
Die heißen Nudeln auf einer vorgewärmten Platte anrichten und mit den Leberscheiben belegen. Die Leber mit den zurückbehaltenen Champignons und mit Tomatenachteln garnieren.

Beilagen: Tomatensauce oder Italienische Sauce und gedünstete Broccoli, Bohnensalat oder Kopfsalat

Preiswert
Saure Leber

375 g Rinderleber oder Schweineleber
2 Eßl. Butter
2 Eßl. Mehl
¼ l Fleischbrühe
¼ l Milch
2 Eßl. Zitronensaft
1 Eßl. Weinessig
1 Lorbeerblatt
2 Messersp. Pfeffer
½ Teel. Salz

3 Eßl. saure Sahne oder Dosenmilch

Pro Person etwa:
1260 Joule
300 Kalorien

Garzeit:
15 Minuten

Die Leber kurz kalt waschen, trockentupfen, von harten Strängen und Häutchen befreien und in etwa 1 cm dicke Scheiben schneiden.
Die Butter in einer tiefen Pfanne erhitzen, das Mehl einstäuben und unter Rühren hellgelb anbraten. Zunächst eßlöffelweise die Fleischbrühe unterrühren; wenn sich die Fleischbrühe gut mit dem Mehl und dem Fett verbunden hat, die restliche Fleischbrühe schneller nachgießen, die Milch zufügen und alles unter Rühren etwa 5 Minuten kochen lassen. Die Sauce mit dem Zitronensaft und dem Weinessig, dem Lorbeerblatt und dem Pfeffer verrühren, die Leberscheibchen hineinlegen und bei milder Hitze 5 Minuten in der Sauce ziehen lassen. Die Leber ist gar, wenn sie grau geworden ist. Die Sauce mit Salz abschmecken, mit der Sahne oder der Dosenmilch verrühren und das Lorbeerblatt entfernen.

Beilagen: Petersilienkartoffeln, Semmelknödel oder körnig gekochter Reis und frischer Salat

Variante
Saure Leber mit Zwiebeln

2 Zwiebeln schälen und in Ringe schneiden. Die Zwiebelringe in der Butter anbraten, das Mehl darüberstäuben, mit der Fleischbrühe und der Milch aufgießen und durchkochen lassen. Die Leberscheiben einlegen und wie im Rezept beschrieben zubereiten.

Panierte Schweineleber

4 Scheiben Schweineleber zu je 125 g, 2 cm dick
2 Eßl. Mehl
1 Ei
4 Eßl. Semmelbrösel
3 Eßl. Bratfett
½ Teel. Salz
1 Zitrone
4 Sardellenröllchen

6 rotgefüllte Oliven

Pro Person etwa:
1510 Joule
360 Kalorien

Bratzeit:
10 Minuten

Die Leber waschen, trockentupfen und von Häutchen und harten Strängen befreien. Die Leber in dem Mehl wenden. Das Ei mit 1 Eßlöffel Wasser verquirlen, die Leberscheiben von beiden Seiten hineintauchen und dann in Semmelbröseln wenden. Die Semmelbrösel etwas andrücken, die Leberscheiben dann aber schütteln, damit nicht festhaftende Panierung abfällt, da diese in der Pfanne sonst rasch zu dunkel würde. Das Bratfett in einer Pfanne zerlassen, die Leberscheiben von jeder Seite anbraten, bis die Panierung goldgelb ist, die Leber dann bei milder Hitze je Seite 3 Minuten fertigbraten.
Die Zitrone warm waschen, abtrocknen und in Achtel schneiden. Die Leber auf einer vorgewärmten Platte anrichten, salzen und mit den Zitronenachteln garnieren. Die Sardellenröllchen und die halbierten Oliven auf der Leber anrichten.

Beilagen: Feldsalat mit reichlich Zwiebeln, Kopfsalat mit frischen Sellerieblättern, Gurkensalat mit Dill-Sahne-Sauce, roher Kohlrabisalat oder Tomatensalat mit frischem Majoran und Pellkartoffeln oder frisches Stangenweißbrot

Leber mit Speck und Orangen

2 Zwiebeln
100 g durchwachsener Speck
1 Orange
1 Tomate
2 Eßl. Bratfett
4 Scheiben Rinder- oder Kalbsleber zu je 125 g, 2 cm dick

2 Eßl. Mehl
½ Teel. Salz
1 Messersp. Pfeffer

Pro Person etwa:
2050 Joule
490 Kalorien

Bratzeit:
10 Minuten

Für dieses Gericht brauchen Sie zwei Pfannen.
Die Zwiebeln schälen und in Ringe schneiden. Den Speck in sehr dünne

LEBER

Scheiben schneiden. Die Orange warm waschen, abtrocknen und 4 dicke Scheiben aus der Mitte schneiden. Die Tomate waschen, abtrocknen und in Viertel schneiden. ½ Eßlöffel Bratfett in einer Pfanne zerlassen, die Speckscheiben darin anbraten, an den Rand der Pfanne schieben und die Zwiebelringe darin goldgelb braten.
Die Leber kalt waschen, trockentupfen und von Häutchen und harten Strängen befreien. In der anderen Pfanne das restliche Fett erhitzen. Die Leberscheiben in Mehl wenden und bei milder Hitze in heißem Fett von jeder Seite 4–5 Minuten braten. Die Leber salzen und pfeffern und auf einer vorgewärmten Platte warm stellen. Die Orangenscheiben im verbliebenen Bratfett von der Leber kurz erwärmen. Die knusprig gebratenen Speckscheiben und die Zwiebelringe auf die Leber geben und mit den Orangenscheiben garnieren. Die Tomatenviertel daraufsetzen.

Beilagen: Kartoffelpüree und Kopfsalat, Endiviensalat oder Chicoréesalat

Leber Tiroler Art

100 g durchwachsener Speck
1 Zwiebel
375 g Schweineleber
1 Teel. Bratfett
1 Eßl. Mehl
¼ l Fleischbrühe
½ Teel. getrockneter Majoran
1 Messersp. Pfeffer
1 Eßl. Sahne oder Dosenmilch
1–2 Eßl. Rotwein

Pro Person etwa:
1470 Joule
350 Kalorien

Garzeit:
20 Minuten

Den Speck in kleine Würfel schneiden. Die Zwiebel schälen und ebenfalls würfeln. Die Leber kalt waschen, trockentupfen, von Häuten und harten Strängen befreien und in möglichst dünne Blättchen schneiden.
Das Fett in einer Pfanne erhitzen und die Speckwürfel unter Umwenden bei milder Hitze etwa 10 Minuten knusprig braun darin braten. Die Zwiebelwürfel zugeben und ebenfalls hellbraun braten. Die Leberscheibchen zum Speckgemisch geben und unter ständigem Umwenden 1 Minute anbraten. Das Mehl, den Majoran und den Pfeffer darüberstreuen und zunächst eßlöffelweise mit der Fleischbrühe verrühren. Zuletzt die ganze Fleischbrühe zugeben und die Sauce einmal kurz aufkochen lassen. Die Hitze reduzieren und die Leber 5 Minuten in der Sauce ziehen – nicht mehr kochen – lassen. Die Sauce mit der Sahne und dem Rotwein verrühren.

Beilagen: Kartoffelpüree oder Petersilienkartoffeln und Kopfsalat oder Feldsalat

Orientalisches Leberragout

500 g Rinder- oder Schweineleber
2 Zwiebeln
½ Bund Petersilie
2 Eßl. Bratfett
¼ l Fleischbrühe
200 g Champignons aus der Dose
1 Mandarine
1 Eßl. Mandelsplitter
½ Teel. Salz
1 Messersp. Pfeffer
½ Teel. getrocknetes Basilikum

Pro Person etwa:
1340 Joule
320 Kalorien

Garzeit:
15 Minuten

Die Leber kurz kalt waschen, trockentupfen, von Häuten und harten Strängen befreien und in 3 cm große Würfel schneiden. Die Zwiebeln schälen und in kleine Würfel schneiden. Die Petersilie waschen, abtropfen lassen und kleinschneiden.
Das Bratfett in einer Pfanne erhitzen, die Zwiebelwürfel darin kurz anbraten, die Leberwürfel zugeben und bei starker Hitze 1 – 2 Minuten mitbraten. Nach und nach die Fleischbrühe zur Leber gießen und alles bei milder Hitze 5 Minuten ziehen – nicht kochen – lassen.
Die Champignons abtropfen lassen. Die Mandarine schälen und in Schnitze teilen. Das Ragout mit den Champignons, den Mandarinenschnitzen und den Mandelsplittern mischen und mit Salz, Pfeffer und zerriebenem Basilikum abschmecken. Vor dem Servieren die Petersilie unter die Sauce rühren.

Beilagen: körnig gekochter Reis oder Teigwaren

Variante

Leberragout mit Bananen

Anstelle der Mandarine eine Banane in Scheiben schneiden und in die Sauce geben. 1 Eßlöffel Speisestärke mit ⅛ Liter Rotwein verrühren und das Leberragout damit binden.

Etwas schwierig

Leberpastete

250 g Schweineleber
250 g Rinderleber
250 g Schweineschnitzel
⅛ l Weißwein
3 Eßl. Cognac
1 Knoblauchzehe
½ Zwiebel
100 g Semmelbrösel
4–6 Eßl. Milch
1 Ei
1 Teel. Salz
1 Messersp. gemahlene Gewürznelken
200 g durchwachsener Speck
½ Bund Petersilie

Pro Pastetenscheibe etwa:
840 Joule
200 Kalorien

Marinierzeit:
12 Stunden

Garzeit:
2 Stunden

Die Leber waschen, trockentupfen, von Häuten und harten Strängen befreien und in Stücke schneiden. Das Fleisch ebenfalls in Stücke schneiden, mit der Leber durch die feine Scheibe des Fleischwolfes drehen, mit dem Weißwein und dem Cognac mischen und zugedeckt 12 Stunden kühl stellen.
Die Knoblauchzehe und die Zwiebel schälen, beides fein reiben, und mit Semmelbröseln, der Milch, dem Ei, dem Salz, den Gewürznelken und dem Fleischteig gut verkneten.
Den Backofen auf 200° vorheizen. Den Speck in dünne Scheiben schneiden und eine Kuchen-Kastenform damit auslegen. Die Pastetenmasse in die Form füllen, die Oberfläche glattstreichen und mit Speckscheiben abdecken. Ein genügend großes Blatt Alufolie auf die Form legen, die Ränder umschlagen und gut festdrücken. Die Form in die Fettpfanne des Backofens oder in eine Bratreine stellen.

 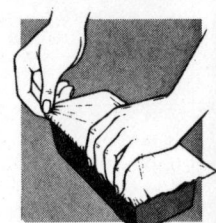

Die Leberpastete in der Form mit Speckscheiben abdecken.

Die Alufolie wird fest um den Rand der Kastenform geknifft.

Seitlich um die Form etwa 2 cm hoch Wasser gießen und auf der mittleren Schiebeleiste im vorgeheizten Backofen 2 Stunden garen. Ab und zu nachsehen, ob noch Wasser in der Fettpfanne oder der Bratreine ist und gegebenenfalls etwas Wasser nachgießen.

LEBER · NIEREN

Die Pastete nach der Garzeit in der Form abkühlen lassen. Die Pastete dann aus der Form stürzen und in 15 Scheiben schneiden. Die Scheiben auf einer Platte anrichten und mit Petersilie garnieren.

Dazu schmecken: beliebiges Brot und Kräuter- oder Pilzremoulade

Preiswert
Leberauflauf

¼ l Fleischbrühe
4 Brötchen
300 g Rinderleber
1 Zwiebel
½ Bund Petersilie
1 Eßl. Butter
3 Eier
1 Teel. getrockneter Majoran
1 Teel. Salz

Für die Form:
1 Teel. Butter

Pro Person etwa:
1470 Joule
350 Kalorien

Backzeit:
45 Minuten

Die Fleischbrühe erhitzen. Die Brötchen in Scheiben schneiden, in eine Schüssel geben und mit der heißen Fleischbrühe übergießen. Die Leber kurz kalt waschen, trockentupfen, von Häuten und harten Strängen befreien und in Stücke schneiden. Die Leber durch die feine Scheibe des Fleischwolfes drehen oder im Mixer zerkleinern. Die Zwiebel schälen und in kleine Würfel schneiden. Die Petersilie waschen, abtropfen lassen und kleinschneiden. Die Butter in einer Pfanne zerlassen und die Zwiebelwürfel und die Petersilie unter Umrühren darin anbraten, bis die Zwiebelwürfel glasig sind.
Den Backofen auf 200° vorheizen.
Die Eier in Eigelbe und Eiweiße trennen. Die durchgedrehte Leber, das Zwiebelgemisch und die Eigelbe mit den eingeweichten Brötchen mischen. Den zerriebenen Majoran und das Salz zugeben. Die Eiweiße zu steifem Schnee schlagen und unter die Auflaufmasse heben. Eine Auflaufform mit der Butter ausstreichen, die Lebermasse einfüllen, glattstreichen und auf der untersten Schiebeleiste 45 Minuten backen. Den Auflauf heiß servieren.

Dazu schmeckt: Leipziger Allerlei, gedünsteter Fenchel oder Lauchsalat, Blumenkohlsalat, Tomatensalat oder grüner Salat

Geeignet als Vorspeise
Geflügelleber mit Rühreiern

200 g Champignons aus der Dose
300 g Geflügelleber
1 Eßl. Bratfett
2 Messersp. Salz
⅛ l Madeirawein
6 Eier
6 Eßl. Milch
2 Messersp. Salz
1 Messersp. Pfeffer
2 Eßl. Butter
½ Bund Petersilie
4 Cocktailkirschen

Pro Person etwa:
1470 Joule
350 Kalorien

Bratzeit:
15 Minuten

Für dieses Gericht brauchen Sie zwei Pfannen.
Die Champignons aus der Dose abtropfen lassen. Die Geflügelleber kalt waschen, gut trockentupfen und von anhängenden Fetteilchen befreien.
Das Bratfett in einer Pfanne erhitzen, die Geflügelleber zugeben und bei milder Hitze unter Umwenden 5 Minuten braten. Die Leber auf einer vorgewärmten Platte anrichten, salzen und zugedeckt warm stellen.
Den Bratenfond der Geflügelleber mit 3 Eßlöffel Wasser lösen und einmal aufkochen lassen. Den Madeirawein und die Champignons hinzufügen und zugedeckt in der Pfanne bei milder Hitze erwärmen.
Die Eier mit der Milch, dem Salz und dem Pfeffer in einer Schüssel gut verquirlen. In der zweiten Pfanne die Butter zerlassen, das Eiergemisch hineingießen und bei milder Hitze stocken lassen. Nach etwa 3 Minuten die Eimasse mit einem Rührlöffel locker durchziehen, so daß flockiges Rührei entsteht. Wenn die Eimasse an der Oberfläche noch leicht glänzt, vom Herd nehmen und kranzförmig um die Leber anrichten.
Die Champignonsauce über die Leber gießen und das Gericht mit abgebrauster Petersilie und den Cocktailkirschen garnieren.

Beilagen: Kartoffelpüree oder Petersilienkartoffeln und in Butter geschwenkte Erbsen, Kopfsalat, Feldsalat oder Selleriesalat

Unser Tip: Wenn Sie die Geflügelleber als Vorspeise reichen möchten, genügt es, von 3 Eiern Rührei zu bereiten und es mit der Geflügelleber zu servieren.

Grundrezept
Gebratene Nieren

500 g Schweinenieren
¼ l Milch oder Buttermilch
⅜ l Fleischbrühe
2 Eßl. Mehl
1 kleine Zwiebel
1 Eßl. Bratfett
je 2 Messersp. Salz und Pfeffer
1 Eßl. Weinessig oder
3 Eßl. Rot- oder Weißwein
3 Eßl. saure Sahne

Pro Person etwa:
970 Joule
230 Kalorien

Zeit zum Wässern:
60 Minuten

Garzeit:
15 Minuten

Die Nieren längs halbieren und alle Harnstränge entfernen. Die Nieren gründlich waschen und 60 Minuten in Milch oder Buttermilch legen.
Die Fleischbrühe erhitzen. Die Nieren aus der Milch nehmen, kurz kalt abspülen und trockentupfen. Die Nieren in dünne Scheiben schneiden und in dem Mehl wenden. Die Zwiebeln schälen und in Ringe schneiden. Das Bratfett in einer Pfanne erhitzen, die Zwiebelringe darin glasig braten, die Nierenscheiben zugeben und unter Umwenden von allen Seiten 4 Minuten braten.
Die heiße Fleischbrühe zu den Nierenscheiben gießen und unter Rühren aufkochen lassen. Die Sauce mit dem Salz, dem Pfeffer, dem Weinessig oder dem Rot- oder Weißwein abschmecken und zuletzt die saure Sahne in die Sauce rühren.

Beilagen: Kartoffelpüree, Salzkartoffeln oder Teigwaren und Feldsalat, Chinakohlsalat oder Weißkohlsalat

Unser Tip: Sie können die Nieren mit 100 g Champignonscheiben oder mit 1 Tasse Erbsen verfeinern.

Saure Nierle

600 g Kalbs- oder Schweinenieren
2 Zwiebeln
¼ l Fleischbrühe
½ Teel. Salz
2 Eßl. Mehl
4 Eßl. Butter
1 Messersp. Pfeffer
1 Teel. Zitronensaft
je ½ Bund Petersilie und Schnittlauch
½ Tasse Sahne
1 Schuß Weißwein

Pro Person etwa:
2520 Joule
420 Kalorien

Zeit zum Wässern:
60 Minuten

Garzeit:
15 Minuten

NIEREN

Die Nieren längs halbieren, Röhren und Fett abschneiden, die Nieren waschen und 60 Minuten wässern. Die Zwiebeln schälen und in Scheiben schneiden. Die Fleischbrühe zum Kochen bringen. Die Nieren trockentupfen, in dünne Scheiben schneiden, salzen und in dem Mehl wenden. Die Butter erhitzen, die Zwiebelscheiben darin anbraten, die Nierenscheiben zugeben und in 4 Minuten goldbraun braten. Die heiße Fleischbrühe nach und nach seitlich zu den Nieren gießen und unter Rühren einmal aufkochen lassen. Die Sauce mit dem Pfeffer und dem Zitronensaft abschmecken. Die Petersilie und den Schnittlauch waschen, abtropfen lassen und kleinschneiden und in die Sauce rühren. Die Sauce mit der Sahne und dem Weißwein verrühren.

Beilagen: Kartoffelpüree oder körnig gekochter Reis und grüner Salat

Nieren-Gemüsetopf

600 g Schweine- oder Kalbsnieren
1/4 l Milch oder Buttermilch
2 Möhren
1 kleine Salatgurke
2 Zwiebeln
2 Stangen Sellerie
3/8 l Fleischbrühe
4 Tomaten
2 Eßl. Bratfett
1 Lorbeerblatt
1/2 Teel. Salz
2 Messersp. Pfeffer

Pro Person etwa:
1330 Joule
270 Kalorien

Zeit zum Wässern:
60 Minuten

Garzeit:
25 Minuten

Die Nieren längs halbieren Harnstränge und Fett entfernen. Die Nieren waschen und 60 Minuten in der Milch oder der Buttermilch ziehen lassen. Die Möhren schaben, waschen und in kleine Würfel schneiden. Die Gurke schälen, längs halbieren, entkernen und ebenfalls klein würfeln. Die Zwiebeln schälen und in Ringe schneiden. Den Stangensellerie waschen und in kleine Stücke schneiden. Die Fleischbrühe erhitzen, 1/4 Liter davon über das Gemüse schütten und dieses zugedeckt bei milder Hitze 20 Minuten kochen lassen. Die Tomaten häuten, in Viertel schneiden und während der letzten 10 Minuten mit dem Gemüse garen.
Die Nieren aus der Milch nehmen, kurz kalt abbrausen, trockentupfen und in dünne Scheiben schneiden. Die Nierenscheiben noch einmal gut trockentupfen. Das Bratfett in einer Pfanne erhitzen und die Nierenscheiben unter ständigem Umwenden bei mittlerer Hitze 4 Minuten braten, herausnehmen und warm stellen. Die restliche Fleischbrühe in die Pfanne gießen, den Bratensaft damit lösen und diese Brühe mit dem Lorbeerblatt zum Gemüse geben. Den Gemüsetopf mit Salz und Pfeffer abschmecken, und die Nierenscheiben noch einmal darin erwärmen.

Beilagen: Kartoffelpüree oder Salzkartoffeln

Raffiniert

Nieren in Ananassauce

600 g Schweine- oder Kalbsnieren
1/4 l Milch oder Buttermilch
2 Eßl. Butter
3 Eßl. Mehl
1/4 l Wasser
1/4 l Milch
200 g Ananasstückchen aus der Dose
1 Eßl. Currypulver
1/2 Teel. Salz
1 Prise Streuwürze nach Belieben

1/2 Teel. Zitronensaft oder 2 Eßl. Weißwein
1 Eßl. Bratfett

Pro Person etwa:
1670 Joule
400 Kalorien

Zeit zum Wässern:
60 Minuten

Garzeit:
15 Minuten

Die Nieren der Länge nach halbieren und alle Harnstränge entfernen. Die Nieren waschen und 60 Minuten in Milch oder Buttermilch legen. Die Butter in einem Topf zerlassen, das Mehl hineinstreuen und unter Rühren in dem Fett hellgelb anbraten. Nach und nach das Wasser und die Milch zugießen und unter Rühren zum Kochen bringen. Die Sauce bei milder Hitze 5 Minuten kochen lassen. Die Ananasstückchen aus der Dose abtropfen lassen und noch etwas kleiner schneiden. Die Sauce mit dem Currypulver, dem Salz und eventuell mit etwas Streuwürze abschmecken, den Zitronensaft oder den Weißwein zugeben und die Ananasstückchen in der Sauce erwärmen. Die Nieren aus der Milch nehmen, kalt abspülen, trockentupfen und in dünne Scheiben schneiden. Das Bratfett in einer Pfanne erhitzen, die Nierenscheiben zugeben und 4 Minuten unter Umwenden braten. Die Nierenstückchen in die Sauce geben und 5 Minuten darin ziehen – nicht kochen – lassen.

Beilagen: Reisrand oder Pellkartoffeln und Kopfsalat oder Feldsalat

---

Etwas schwierig

Kidney-pie
Nieren-Auflauf

Zutaten für 6 Personen:
150 g tiefgefrorener Blätterteig
500 g Kalbsnieren
400 g Roastbeef (roh)
1 Zwiebel
1/2 Bund Petersilie
3 Eßl. Mehl
1/2 Teel. Salz
2 Messersp. schwarzer Pfeffer
2 Eßl. Rindertalg
1 1/2 Tassen Wasser
1/2 Tasse trockener Sherry
2 Tropfen Worcestersauce
1 Eigelb
1 Eßl. Milch

Pro Person etwa:
1880 Joule
450 Kalorien

Zeit zum Wässern:
60 Minuten

Backzeit:
60 Minuten

Den Blätterteig auftauen lassen. Die Kalbsnieren längs halbieren, von allen Röhren und eventuell vorhandenem Fett befreien und 60 Minuten in Wasser legen; das Wasser während dieser Zeit mehrmals erneuern.
Die Nieren aus dem Wasser nehmen, trockentupfen und in kleine Würfel schneiden. Das Roastbeef kurz kalt abbrausen, ebenfalls trockentupfen und in ebenso kleine Würfel schneiden. Die Zwiebel schälen und würfeln. Die Petersilie waschen, abtropfen lassen und kleinschneiden. Das Mehl mit dem Salz und dem Pfeffer mischen und die Fleischwürfel gründlich darin wenden. Den Rindertalg in einer großen Pfanne erhitzen und die Zwiebelwürfel darin glasig braten. Das Fleisch zufügen, von allen Seiten hellbraun anbraten und vom Herd nehmen. Das Wasser erwärmen und mit dem Sherry, der Worcestersauce und der kleingeschnittenen Petersilie mischen, unter das Fleisch mengen und alles in eine feuerfeste Form füllen.
Den Backofen auf 220° vorheizen. Den Blätterteig auf einer leicht bemehlten Arbeitsfläche dünn ausrollen und über die Fleischfüllung in der Form legen. Den Teigrand etwa 2 cm überstehen lassen und abschneiden. Das Eigelb mit der Milch verquirlen, die Teigränder damit bestreichen und gut an die Form drücken. In die Mitte der Teigplatte ein rundes Loch schneiden, damit der sich bildende Dampf abziehen kann. Aus den Teigresten kleine Plätzchen ausstechen, diese auf der Unterseite mit Eigelb bestreichen und auf die Teigplatte setzen. Die ganze »vollbesetzte«

HERZ

Pie mit einer Blätterteigplatte abdecken und den Teig gut um den Rand drücken.

Die mit einem Loch versehene Teigplatte mit kleinen Plätzchen aus den Teigresten verzieren.

Teigplatte vorsichtig mit dem verquirlten Eigelb bestreichen und die Pie auf der mittleren Schiebeleiste 30 Minuten im Backofen backen. Den Backofen dann auf 180° zurückschalten und die Pie weitere 30 Minuten backen. Die Pie heiß in der Form servieren.

Beilage: Chicoréesalat oder Kopfsalat

Grundrezept
für geschmortes Herz

Herzragout

3/8 l Fleischbrühe
600 g Schweine-
    oder Kalbsherz
2 Messersp. Salz
1 Messersp. Pfeffer
2 Eßl. Mehl
1 Eßl. Bratfett
2 Eßl. Tomatenmark
1 Teel. Mehl
1/8 l saure Sahne
1 Teel. Paprika-
    pulver, edelsüß
1 Teel. Zitronensaft

Pro Person etwa:
1260 Joule
300 Kalorien

Garzeit:
50 Minuten

Die Fleischbrühe zum Kochen bringen. Die Herzen gründlich kalt waschen; dabei die Herzkammern gut ausspülen. Nötigenfalls große Adern herausschneiden, alle Knorpel und Fett und die harte Fettschicht entfernen. Die Herzen in gleich dicke Scheiben schneiden und trockentupfen. Die Scheiben mit Salz und Pfeffer einreiben und in Mehl wenden. Das Bratfett in einem Schmortopf erhitzen und die Herzscheiben bei mittlerer Hitze von beiden Seiten anbraten. Die Hälfte der kochend heißen Fleischbrühe seitlich zum Fleisch gießen und dieses zugedeckt bei milder Hitze 40 Minuten schmoren lassen. Während der Garzeit nach und nach die restliche heiße Fleischbrühe nachgießen.

Die Herzscheiben mit dem Schaumlöffel aus der Sauce heben und warm stellen. Das Tomatenmark in die Sauce rühren. Das Mehl mit der sauren Sahne verquirlen, in die Sauce rühren und einige Male aufkochen lassen. Die Sauce mit dem Paprikapulver und dem Zitronensaft abschmecken. Die Herzscheiben wieder in die Sauce legen, darin noch einmal gut erwärmen, aber nicht mehr kochen lassen.

Beilagen: Kartoffelpüree, Salzkartoffeln oder körnig gekochter Reis und Feldsalat, Kopfsalat oder Spinatsalat

Variante

Herzragout mit Speck

1 kleine Zwiebel schälen und würfeln. 1 Bund Suppengrün waschen, putzen und in sehr kleine Stücke schneiden. 100 g mageren durchwachsenen Speck würfeln und in wenig Fett goldgelb ausbraten. Das vorbereitete Herz in Würfel schneiden und mit den Speckwürfeln, den Zwiebelwürfeln und dem Suppengrün von allen Seiten gut anbraten. Mit heißer Fleischbrühe auffüllen und wie im Rezept beschrieben garen. Zuletzt die Sauce mit Rotwein statt mit Zitronensaft verfeinern.

Etwas schwierig

Gefülltes Schweineherz

Für das Herz:
500 g Schweineherz
1/2 Teel. Salz
2 Messersp. Pfeffer
3/8 l Fleischbrühe
1 Eßl. Bratfett
1 Eßl. Mehl
5 Eßl. saure Sahne

Für die Füllung:
200 g beliebige Pilze
1 kleine Zwiebel
1/2 Bund Petersilie
1 Teel. Butter
1 Ei

3–4 Eßl. Semmelbrösel
2 Messersp. Salz
je 1 Messersp. Pfeffer und getrockneter Majoran

Pro Person etwa:
1370 Joule
330 Kalorien

Garzeit:
1 1/2 Stunden

Das Schweineherz gründlich waschen und nötigenfalls alle Adern und die harte Fettschicht entfernen. Das Herz trockentupfen und aus dem Inneren etwas Fleisch herausschneiden und dieses kleinhacken.
Für die Füllung die Pilze putzen, waschen, abtropfen lassen und kleinschneiden. Die Zwiebel schälen und würfeln. Die Petersilie waschen, abtropfen lassen und hacken. Die Butter in einer Pfanne zerlassen, die Pilzstückchen, die Zwiebelwürfel und die kleingeschnittene Petersilie darin unter Umwenden anbraten und in eine Schüssel geben. Das Ei, das kleingeschnittene Herzfleisch und die Semmelbrösel mit der Pilzmasse mischen und mit Salz, Pfeffer und dem Majoran abschmecken. Das Herz füllen, mit Küchengarn oder starkem Nähfaden zunähen und mit Salz und Pfeffer einreiben.

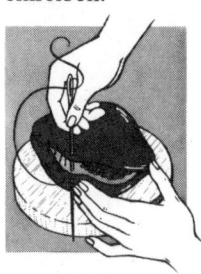
Das nicht zu prall gefüllte Herz wird mit Küchengarn zugenäht.

Die Fleischbrühe zum Kochen bringen. Das Bratfett in einem Schmortopf erhitzen und das Herz rundherum darin braun anbraten. Seitlich etwa die Hälfte der Fleischbrühe zugießen und das Herz zugedeckt bei milder Hitze 60–70 Minuten schmoren. Etwa alle 15 Minuten wenig von der heißen Fleischbrühe nachgießen und das Herz mit der entstandenen Bratflüssigkeit beschöpfen.
Nach Ende der Garzeit das Herz aus der Sauce nehmen und warm stellen. Den Bratenfond mit Wasser zu 1/4 Liter auffüllen und zum Kochen bringen. Das Mehl mit der sauren Sahne verquirlen, unter die Sauce rühren und unter Rühren einige Male aufkochen lassen. Die Fäden von dem Herz entfernen, das Herz mit der Füllung in Scheiben schneiden und auf einer vorgewärmten Platte anrichten. Einen kleinen Teil der Sauce über das Herz gießen und die restliche Sauce gesondert dazureichen.

Beilagen: Salzkartoffeln, Teigwaren oder körnig gekochter Reis und gegrillte oder gedünstete Tomaten, grüne Bohnen oder Blumenkohl mit gerösteten Semmelbröseln

Unser Tip: Anstelle von Schweineherz können Sie auch das größere Rinderherz zum Füllen nehmen. Das Rinderherz kann vor dem Füllen noch gespickt werden. Die Menge reicht dann für 6–8 Personen. Die Garzeit für das Rinderherz beträgt allerdings 2 – 2 1/2 Stunden.

Grundrezept
für das Zubereiten von Bries

Gebratene Briesscheiben

500 g Kalbsbries	Pro Person etwa:
2 l Wasser	1880 Joule
1 Eßl. Salz	450 Kalorien
3 Eßl. Essig	
2 Eier	Garzeit:
3 Eßl. Semmelbrösel	15 Minuten
3 Eßl. Parmesankäse	
½ Teel. Salz	
2 Messersp. Pfeffer	
6 Eßl. Bratfett	

Das Bries so lange wässern, bis sich alle Blutreste gelöst haben; das Wasser dabei mehrmals erneuern. Das frische Wasser mit dem Salz und dem Essig zum Kochen bringen, das Bries hineinlegen und bei milder Hitze 10 Minuten schwach kochen lassen. Das Bries mit dem Schaumlöffel aus dem Kochwasser heben und so lange in kaltes Wasser legen, bis es abgekühlt ist. Danach alle Häute sowie blutige und knorpelige Stellen entfernen. Das Bries abtrocknen und in Scheiben schneiden.
Die Eier verquirlen. Die Semmelbrösel mit dem Käse mischen. Die Briesscheiben salzen und pfeffern, in das verquirlte Ei tauchen, danach in den Semmelbröseln wenden und die Semmelbrösel etwas festdrücken. Das Bratfett in einer Pfanne erhitzen und die Briesscheiben von jeder Seite 2 Minuten bei Mittelhitze goldgelb braten.

Beilagen: Risotto und gedünstete Tomaten, Zuckererbsen oder gemischter Salat

Unser Tip: Wer den Käsegeschmack nicht besonders gern mag, kann den Parmesankäse auch weglassen und statt dessen 6 Eßlöffel Semmelbrösel nehmen.

Kalbsbries mit Pfifferlingen

500 g Kalbsbries	1 Eßl. Mehl
2 l Wasser	½ Teel. Salz
2 Eßl. Essig	
1 Eßl. Salz	Pro Person etwa:
200 g Pfifferlinge, frisch oder aus der Dose	800 Joule 190 Kalorien
½ Bund Petersilie	
1 Eßl. Butter	Garzeit:
¼ l Fleischbrühe	25 Minuten

Das Bries so lange wässern, bis sich alle Blutreste gelöst haben; das Wasser dabei mehrmals erneuern. Das frische Wasser mit dem Essig und dem Salz zum Kochen bringen, das Bries hineinlegen und bei milder Hitze 10 Minuten schwach kochen lassen. Das Bries mit dem Schaumlöffel aus dem Wasser heben, in kaltes Wasser legen, bis es abgekühlt ist. Das Bries von allen Häuten und blutigen und knorpeligen Stellen befreien.
Die Pfifferlinge putzen oder abtropfen lassen. Die Petersilie waschen, abtropfen lassen und kleinschneiden. Die Butter in einer Pfanne zerlassen. Das Kalbsbries von allen Seiten in der heißen Butter anbraten, nach und nach die Fleischbrühe zugießen, die frischen Pfifferlinge zugeben und alles zugedeckt bei milder Hitze 15 Minuten garen. (Pfifferlinge aus der Dose erst in den letzten 5 Minuten zugeben und nur noch in der Sauce erhitzen.) Das Mehl mit 3 Eßlöffeln kaltem Wasser anrühren, in die Sauce gießen und unter Rühren einige Male aufkochen lassen. Die Sauce mit dem Salz abschmecken und mit der feingeschnittenen Petersilie bestreuen.

Beilagen: Kartoffelpüree mit gerösteten Semmelbröseln und Erbsen-Karotten-Gemüse

Überbackenes Bries

600 g Kalbsbries	Pro Person:
2 l Wasser	1330 Joule
1 Eßl. Salz	320 Kalorien
3 Eßl. Essig	
½ Teel. Salz	Garzeit:
2 Eßl. Mehl	15 Minuten
2 Eßl. Bratfett	
¼ l Milch	Backzeit:
½ Teel. Salz	15 Minuten
2 Messersp. Ingwerpulver oder 1 Teel. Currypulver	
2 Eßl. geriebener Käse	
1 Ei	
½ Bund Petersilie	

Das Bries so lange wässern, bis sich alles Blut gelöst hat; das Wasser dabei mehrmals wechseln. Das frische Wasser mit dem Salz und dem Essig zum Kochen bringen, das Bries hineinlegen und bei milder Hitze 10 Minuten schwach kochen lassen. Das Bries anschließend in kaltes Wasser legen, bis es abgekühlt ist. Danach alle Häute und blutige und knorpelige Stellen entfernen. Das Bries in Scheiben schneiden, mit dem Salz bestreuen und in dem Mehl wenden. Das Bratfett in einer Pfanne erhitzen und die Briesscheiben von beiden Seiten kurz goldgelb braten. Die Briesscheiben in eine Auflaufform geben.
Den Backofen auf 200° vorheizen.
Den Bratenfond aus der Pfanne mit der Milch lösen und die Milch unter Rühren aufkochen lassen. Die Sauce mit Salz, dem Ingwerpulver oder dem Curry abschmecken. Den geriebenen Käse mit dem Ei verquirlen. Die Sauce vom Herd nehmen und das Käse-Ei-Gemisch in die Sauce rühren. Die Sauce über die Briesscheibe gießen und auf der mittleren Schiebeleiste im heißen Backofen 15 Minuten überbacken, bis die Sauce goldgelb ist. Den Auflauf mit Petersilie garnieren.

Beilagen: Curryreis, Erbsen in Weißwein gedünstet und Apfelscheiben

Grundrezept
für das Zubereiten von Hirn

Gebratenes Hirn

500 g Kalbs- oder Schweinehirn	Pro Person etwa: 750 Joule
1 l Wasser	180 Kalorien
2 Eßl. Essig	
1 kleine Zwiebel	Garzeit:
1 Eßl. Butter	15 Minuten
½ Teel. Salz	
1 Messersp. Pfeffer	
½ Bund Petersilie	
1 Zitrone	

Das Hirn gründlich waschen und so lange in kaltem Wasser liegen lassen, bis sich alles Blut völlig gelöst hat; das Wasser dabei öfter wechseln. Das frische Wasser mit dem Essig erhitzen, das Hirn hineinlegen und bei milder Hitze noch 7 Minuten im offenen Topf ziehen lassen. Das Hirn aus dem Wasser nehmen, in einem Sieb kalt abbrausen und die dünne Haut sowie sämtliche Blutgerinnsel und Äderchen entfernen.
Die Zwiebel schälen und in kleine Würfel schneiden. Die Butter in einer Pfanne zerlassen. Die Zwiebelwürfel darin goldgelb braten. Das vorbereitete Hirn in die Pfanne legen und von jeder Seite etwa 4 Minuten braten, bis es grauweiß geworden ist. Das Hirn nach dem Braten salzen und pfeffern, auf einer vorgewärmten Platte anrichten und mit Petersilie und Zitronenachteln garnieren.

HIRN · KUTTELN

Beilagen: Kartoffelschnee oder Kartoffelpüree und Tomatensauce oder Zitronensauce und grüner Salat

Variante
Gebratenes Hirn mit Ei

Das gebratene, gewürzte Hirn mit einem Pfannenwender zerstoßen und in einer Schüssel mit 2 verquirlten Eiweißen mischen. 1 Teelöffel Butter in einer Pfanne zerlassen und das Hirn zugedeckt darin braten, bis das Eiweiß fest ist. Das Hirn auf einer vorgewärmten Platte anrichten, 2 Mulden hineindrücken und in jede Mulde 1 Eigelb gleiten lassen.

Geeignet als Vorspeise
Paniertes Hirn

500 g Kalbshirn
1 l Wasser
2 Eßl. Essig
½ Zitrone
½ Teel. Salz
1 Messersp. Pfeffer
2 Eßl. Mehl
1 Ei
6 Eßl. Semmelbrösel
6 Eßl. Bratfett

Pro Person etwa:
1760 Joule
420 Kalorien

Garzeit:
15 Minuten

Das Hirn waschen und so lange in kaltes Wasser legen, bis sich alles Blut gelöst hat; das Wasser dabei öfter wechseln. Das frische Wasser mit dem Essig erhitzen, das Hirn hineinlegen und bei milder Hitze im offenen Topf 7 Minuten ziehen lassen. Das Hirn dann kalt abbrausen, alle Häute, Blutgerinnsel und Äderchen entfernen und das Hirn gut trockentupfen. Das Hirn in Scheiben schneiden, die Scheiben mit dem Zitronensaft beträufeln, mit dem Salz und dem Pfeffer einreiben und in dem Mehl wenden. Das Ei mit 1 Eßlöffel Wasser verquirlen und die Hirnscheiben hineintauchen. Die Scheiben anschließend in den Semmelbröseln wenden und die Semmelbrösel leicht andrücken. Das Bratfett in einer Pfanne erhitzen und die Hirnscheiben von jeder Seite in 4 Minuten goldgelb braten.

Beilagen: Kartoffelsalat und ein gemischter frischer Salat oder Kartoffelpüree und gedünsteter Blattspinat

Unser Tip: Wenn Sie das panierte Hirn als Vorspeise reichen, genügen 400 g Hirn und pro Portion 1 Eßlöffel Spinat.

Überbackene Hirn-Palatschinken

Für die Füllung:
350 g Kalbs- oder Schweinehirn
1 l Wasser
2 Eßl. Essig
1 kleine Zwiebel
½ Bund Petersilie
1 Eßl. Butter
½ Teel. Salz

Für die Palatschinken:
4 Eier
4 Eßl. Mehl
⅛ l Milch
3 Eßl. saure Sahne
3 Eßl. Mineralwasser
2 Messersp. Salz
1 Messersp. Pfeffer
3 Eßl. Bratfett

Zum Panieren und Garnieren:
1 Ei
1 Eßl. Wasser
6 Eßl. Semmelbrösel
½ Bund Petersilie
1 Zitrone

Pro Person etwa:
1920 Joule
460 Kalorien

Garzeit:
45 Minuten

Das Hirn waschen und so lange in lauwarmes Wasser legen, bis sich alles Blut gelöst hat; das Wasser mehrmals wechseln. Das frische Wasser mit dem Essig erhitzen, das Hirn hineinlegen und im offenen Topf bei milder Hitze 7 Minuten darin ziehen lassen. Das Hirn kalt abbrausen, häuten und von den Blutgerinnseln und Äderchen befreien. Die Zwiebel schälen und würfeln. Die Petersilie waschen, abtropfen lassen und fein schneiden. Die Butter in einer Pfanne zerlassen, das Hirn mit den Zwiebelwürfeln 6 Minuten unter Umrühren braten und dabei zerstoßen. Das Hirn salzen und mit der Petersilie verrühren.
Für die Palatschinken die Eier mit dem Mehl, der Milch, der sauren Sahne, dem Mineralwasser, dem Salz und dem Pfeffer zu einem Eierpfannenkuchenteig verrühren. Das Bratfett nach und nach in einer Pfanne erhitzen und aus dem Teig kleine dünne Eierpfannkuchen braten. Diese mit der Hirnmasse bestreichen und aufrollen.
Den Backofen auf 220° vorheizen. Zum Panieren das Ei mit dem Wasser verquirlen. Die Palatschinken in dem verquirlten Ei rollen und anschließend in den Semmelbröseln wenden. Die Semmelbrösel etwas festdrücken und die Palatschinken nebeneinander auf eine feuerfeste Platte legen. Die Palatschinken auf der oberen Schiebeleiste im heißen Backofen etwa 7 Minuten überbacken. Das Gericht auf der feuerfesten Platte servieren und diese mit Petersilie und Zitronenachteln garnieren.

Dazu schmeckt: Kopfsalat mit Kresse oder Kerbel oder ein anderer Blattsalat

---

Kutteln verkaufen viele Metzger auch küchenfertig, bereits in schmale Streifen geschnitten und gegart. So ersparen sie ihren Kunden das sehr mühevolle Säubern und eine 10stündige Kochzeit. Damit Kutteln gut schmecken, müssen sie in einer sehr kräftig abgeschmeckten Sauce ziehen – je länger sie ziehen, desto besser schmecken sie danach.

Preiswert
Kutteln in Tomatensauce

3 Zwiebeln
1 Knoblauchzehe
4 Eßl. Öl
1 kg Tomaten
2 Eßl. Tomatenmark
½ Teel. getrocknetes Basilikum
je 1 Teel. Salz und Zucker
1 Eßl. Mehl
5 Eßl. Wasser
½ Fleischbrühwürfel
1 Gewürzgurke

1 Eßl. Kapern
½ Bund Petersilie
375 g küchenfertige Kutteln

Pro Person etwa:
1365 Joule
325 Kalorien

Garzeit:
60 Minuten

Die Zwiebeln und die Knoblauchzehe schälen und in kleine Würfel schneiden. Das Öl in einem genügend großen Topf erhitzen und die Zwiebel- und Knoblauchwürfel darin etwa 7 Minuten bei milder Hitze anbraten. Die Tomaten waschen, grob kleinschneiden, in den Topf geben und zugedeckt 20 Minuten dünsten lassen. Den Tomatenbrei dann durch ein Sieb in einen anderen Topf passieren. Das Tomatenmark, das Basilikum, das Salz und den Zucker zufügen und alles im offenen Topf bei milder Hitze auf ¼ einkochen lassen. Das Mehl mit dem kalten Wasser anrühren und die Sauce damit binden. Die Sauce mit dem Fleischbrühwürfel kräftig abschmecken. Die Gewürzgurke und die Kapern kleinhacken. Die Petersilie waschen, abtropfen lassen und kleinschneiden. Alles zuletzt in die Sauce geben, die Kutteln einlegen und 30–40 Minuten darin ziehen, aber nicht kochen lassen.

Beilagen: Polenta mit Käse und grüner Salat

LUNGE · HERZ

Grundrezept
für das Zubereiten von Lunge
Saure Lunge

Für die Lunge:
600 g Kalbs- oder Schweinelunge
1 Bund Suppengrün
1½ l Wasser
1 Teel. Salz
3 Pfefferkörner
3 Lorbeerblätter
2 Eßl. Essig

Für die Sauce:
⅜ l Kochsud
2 Eßl. Butter
3 Eßl. Mehl

2 Eßl. Weinessig oder 1 Eßl. Zitronensaft und 3 Eßl. Weißwein
2 Messersp. Pfeffer
½ Teel. Salz
5 Eßl. saure Sahne

Pro Person etwa:
1220 Joule
290 Kalorien

Garzeit:
1 Stunde und 15 Minuten

Die Lunge gründlich kalt waschen. Das Suppengrün waschen, putzen und grob zerschneiden. Das Wasser mit dem Salz, den Pfefferkörnern, den Lorbeerblättern, dem Essig und dem Suppengrün zum Kochen bringen, die Lunge hineinlegen und bei milder Hitze im geschlossenen Topf 60 Minuten kochen lassen. Vorsicht, die Lunge schäumt anfangs sehr, der Kochsud läuft leicht über! Deshalb einen genügend großen Topf zum Kochen benützen und den Schaum anfangs mit dem Schaumlöffel häufig abschöpfen.
Die Lunge aus dem Sud heben und in einem Sieb abtropfen lassen. Die Lunge dann zwischen zwei Brettchen legen, mit einem Gewicht beschweren und so erkalten lassen. Den Sud durch das Sieb gießen und ⅜ Liter davon abmessen. Die erkaltete Lunge in nudelfeine Streifen schneiden. Für die Sauce die Butter in einem genügend großen Topf zerlassen, das Mehl hineinstäuben und unter Rühren darin hellgelb braten. Nach und nach mit dem Kochsud aufgießen, glattrühren und bei milder Hitze 5 Minuten kochen lassen. Die Sauce mit dem Essig oder Zitronensaft und Weißwein, dem Pfeffer und dem Salz abschmecken und die Lungenstreifen bei milder Hitze 15 Minuten zugedeckt darin kochen lassen. Die Sauce mit der sauren Sahne verfeinern.

Beilagen: Semmelknödel oder Salzkartoffeln und frischer grüner Salat

Unser Tip: Lunge läßt sich leichter schneiden, wenn sie bereits am Vortage gekocht und genügend lange zwischen zwei Brettchen ausgepreßt wird.

Preiswert
Kalbsbeuscherl

2 Zwiebeln
2 Möhren
2 Petersilienwurzeln
¼ Sellerieknolle
10 Pfefferkörner
2 Gewürznelken
2 Lorbeerblätter
1 Teel. getrockneter Thymian
1½ Teel. Salz
1½ l Wasser
500 g Kalbslunge
375 g Kalbsherz
3 gehäufte Eßl. Mehl
⅛ l kaltes Wasser
1–2 Zitronen

1 Teel. Zucker
2–3 Eßl. Weißwein oder
½ Teel. Weinessig
½ Fleischbrühwürfel
2 Eßl. Butter

Pro Person etwa:
1340 Joule
320 Kalorien

Garzeit:
1½ Stunden

Die Zwiebeln schälen und würfeln. Die Möhren, die Petersilienwurzeln und die Sellerieknolle schälen oder schaben, gründlich kalt waschen und kleinschneiden. Das kleingeschnittene Gemüse mit den Pfefferkörnern, den Gewürznelken, den Lorbeerblättern, dem Thymian, dem Salz und dem Wasser zum Kochen bringen.
Die Lunge und das Herz gründlich waschen, von allen Blutgerinnseln befreien und in den kochenden Sud legen. Nach dem Wiederaufkochen die Innereien bei milder Hitze 1 Stunde zugedeckt kochen lassen. Danach aus dem Sud nehmen und nach dem Erkalten in schmale Streifen schneiden.
Das Mehl in einem Topf unter ständigem Rühren hellgelb anrösten. Den Topf vom Herd nehmen, das Mehl abkühlen lassen und mit dem kalten Wasser verrühren. Den Kochsud durchsieben und ½ Liter davon abmessen. Den abgemessenen Sud in einem Topf erhitzen und mit dem angerührten Mehl binden. Die Sauce bei milder Hitze unter Rühren einige Minuten kochen lassen. Die Zitronen waschen und die Schale in die Sauce reiben. Den Zitronensaft auspressen und mit dem Zucker, dem Weißwein oder dem Weinessig und dem Fleischbrühwürfel in die Sauce rühren. Die Sauce darf nicht zu dick sein und soll schwach süßsauer schmecken. Die kleingeschnittene Lunge und das Herz in die Sauce geben und 10 Minuten darin ziehen lassen. Die Sauce zuletzt mit der Butter verfeinern.

Beilagen: Speckklöße oder Semmelknödel und grüner Salat

Zum Bild rechts:

*Für Liebhaber von Innereien ist die gebratene Leber Berliner Art ein besonderer Leckerbissen. Verwenden Sie dazu zarte Kalbsleber, so wird diese sonst eher bescheidene Mahlzeit zum Festessen. Gebratene Apfelstücke und Zwiebelringe gehören seit eh und je zur Leber. Wenn die Äpfel jedoch vor dem Braten in dicke Scheiben geschnitten und anschließend mit Preiselbeerkonfitüre oder Preiselbeerkompott gefüllt werden, gewinnt dieses Gericht an Geschmack. Probieren Sie statt der Äpfel gegrillte Pfirsichhälften, ebenfalls mit Preiselbeeren gefüllt. Oder gegrillte Ananasscheiben garniert mit gedünsteten Sauerkirschen. Diese raffinierten Beilagen sollten nicht nur dem Wildbret vorbehalten sein. Die fruchtige Süße bildet zu mancherlei pikant gewürztem Fleisch – wie gebratenem Kasseler, Geflügel aber auch Steaks einen reizvollen Kontrast.
Das Rezept finden Sie auf Seite 190.*

ZUNGE

Zum Bild links:

Choucroute ist ein Elsässer Nationalgericht. Die Bezeichnung »garniertes Sauerkraut«, wie Choucroute auch genannt wird, ist etwas irreführend, denn die Garnituren sind Kasseler Rippchen, durchwachsener Speck, geräucherte Würstchen und nach Belieben auch Leberknödel. Das Sauerkraut wird in Gänseschmalz angebraten und zünftig mit Wacholderbeeren, Lorbeerblatt und Pfeffer gewürzt. Äpfel, die mit dem Kraut gegart werden, nehmen ihm etwas von der aggressiven Säure. Weißwein und Kirschwasser runden es angenehm ab. Die Elsässer Sauerkrautschüssel ist nicht als Schlankheitsdiät geeignet, sie ist ein Gericht zum Schwelgen, für Leute mit gutem Appetit und gesundem Magen. Zur Abwechslung können die polnischen Würstchen auch durch frische Blut- und Leberwürste ersetzt werden, die aber in einem Extratopf erhitzt werden sollten. Statt Schweinerippchen kann man auch Wellfleisch (gekochten Schweinebauch) wählen. Erbsenpüree aus Schälerbsen und Kartoffelkroketten vertragen sich gut mit Choucroute. Wem das zuviel erscheint, reicht nur Salzkartoffeln dazu. Als passendes Getränk empfehlen wir ein herb-süffiges Pilsener Bier und als Abschluß einen sehr kalten klaren Schnaps.
Das Rezept finden Sie auf Seite 277.

Grundrezept
für die Zubereitung von Zunge

Gepökelte Rinderzunge mit Polnischer Sauce

Für die Zunge:
750 g leichtgepökelte Rinderzunge
1 Zwiebel
2 l Wasser
1 Lorbeerblatt
6 Wacholderbeeren

Für die Sauce:
2 Eßl. Butter
2 Eßl. Mehl
1/8 l Kochsud
1/4 l Rotwein
2 Eßl. Weinessig
1/2 Teel. Zucker
1–2 Messersp. Salz

2 Eßl. Rosinen
1 Eßl. Zitronat
2 Eßl. Mandelsplitter

Pro Person etwa:
2300 Joule
550 Kalorien

Garzeit:
2 1/2 Stunden

Die Zunge gründlich kalt waschen und die Oberseite abbürsten. Die Zwiebel schälen und vierteln. Das Wasser mit dem Lorbeerblatt, den Wacholderbeeren und den Zwiebelvierteln zum Kochen bringen, die Zunge einlegen und zugedeckt bei milder Hitze 2 1/2 Stunden kochen lassen. Die Zunge ist gar, wenn sich die Zungenspitze leicht durchstechen und die Haut lösen läßt.
Die Butter zerlassen, das Mehl einstäuben und hellgelb anbraten. Nach und nach den 1/8 Liter heißen Kochsud von der Zunge unterrühren, 5 Minuten kochen lassen und den Rotwein, den Essig, den Zucker und das Salz hinzufügen. Die Rosinen waschen, das Zitronat fein schneiden und mit den Mandelsplittern in die Sauce rühren. Die gare Zunge kalt abbrausen und die Haut abziehen. Gegebenenfalls das Zungenbein auslösen und den Schlund entfernen.

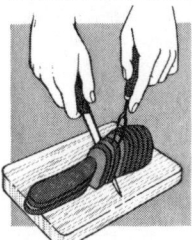

Den dicken Teil der Zunge in sehr feine Scheiben quer zur Faser, den dünnen Teil längs in Scheiben schneiden.

Die Zunge in Scheiben schneiden, fächerförmig anrichten, mit Sauce überziehen, und die restliche Sauce gesondert reichen.

Beilagen: Kartoffelpüree und gedünstete Erbsen oder Bohnen

Rinderzunge mit Gemüse

750 g leicht gepökelte Rinderzunge
1 Bund Suppengrün
1 Zwiebel
2 l Wasser
1 Lorbeerblatt
1 Teel. getrocknetes Basilikum
800 g tiefgefrorenes Gemüse-Allerlei oder beliebiges frisches Gemüse

1 Eßl. Butter
1/2 Teel. Salz

Pro Person etwa:
2090 Joule
500 Kalorien

Garzeit:
2 1/2 Stunden

Die Zunge gründlich waschen und die Oberseite abbürsten. Das Suppengrün waschen, putzen und grob kleinschneiden. Die Zwiebel schälen und vierteln. Das Wasser mit dem Suppengrün, den Zwiebelvierteln, dem Lorbeerblatt und dem Basilikum zum Kochen bringen, die Zunge einlegen und zugedeckt bei milder Hitze 2 1/2 Stunden kochen lassen. Die Zunge ist gar, wenn sich die Zungenspitze leicht durchstechen und die Haut lösen läßt. Das tiefgefrorene Gemüse nach Vorschrift auf der Packung garen und in der zerlassenen Butter schwenken. Frisches Gemüse waschen, putzen, dünsten und ebenfalls mit Butter verfeinern.
Die weichgekochte Zunge aus der Brühe nehmen, mit kaltem Wasser abbrausen und die Haut sofort abziehen. Gegebenenfalls das Zungenbein auslösen und den Schlund entfernen. Die Zunge in Scheiben schneiden und auf einer vorgewärmten Platte auf dem Gemüse anrichten.

Beilagen: Petersilienkartoffeln oder körnig gekochter Reis und Tomatensauce oder Sauce Béarnaise

Zunge auf Wiener Art

750 g nicht gepökelte Rinderzunge
1 Bund Suppengrün
1 Zwiebel
2 l Wasser
1 1/2 Teel. Salz
1 Lorbeerblatt
1 Teel. getrocknetes Basilikum
1 Ei
1 Eßl. Wasser
4 Eßl. Mehl
6 Eßl. Semmelbrösel
4 Eßl. Bratfett
1/2 Zitrone

8 rotgefüllte grüne Oliven
1/2 Bund Petersilie
1 Messersp. Salz

Pro Person etwa:
2670 Joule
640 Kalorien

Kochzeit:
2 1/2 Stunden

Bratzeit:
5 Minuten

ZUNGE

Die Zunge gründlich waschen und die Oberseite abbürsten. Das Suppengrün waschen, putzen und grob kleinschneiden. Die Zwiebel schälen und vierteln. Das Wasser mit dem Salz, dem Lorbeerblatt, dem Basilikum, den Zwiebelvierteln und dem Suppengrün zum Kochen bringen, die Zunge einlegen und zugedeckt bei milder Hitze 2½ Stunden kochen lassen. Die Zunge ist gar, wenn sich die Spitze leicht durchstechen und die Haut lösen läßt.
Die weichgekochte Zunge aus dem Kochsud heben, mit kaltem Wasser abbrausen und die Haut sofort abziehen. Gegebenenfalls das Zungenbein auslösen und den Schlund entfernen. Die Zunge in etwa 1 cm dicke Scheiben schneiden. Das Ei mit dem Wasser verquirlen. Die Zungenscheiben zuerst in dem Mehl wenden, dann in das verquirlte Ei tauchen und zuletzt in den Semmelbröseln wenden. Die Semmelbrösel leicht andrücken. Das Bratfett in einer Pfanne zerlassen und die panierten Zungenscheiben von beiden Seiten in etwa 5 Minuten goldbraun braten.
Die Zungenscheiben auf einer vorgewärmten Platte anrichten. Die Zitrone waschen und in Achtel schneiden. Die Oliven in Scheibchen schneiden. Die Petersilie waschen, abtropfen lassen und kleinschneiden. Die Zungenscheiben mit Zitronenachteln und Olivenscheibchen garnieren und mit der kleingeschnittenen Petersilie und etwas Salz bestreuen.

Beilagen: Kartoffelsalat und Kopfsalat oder anderer frischer Blattsalat und Zigeunersauce oder Pilzremoulade

Kalbszunge in Kapernsauce

Für die Zunge:
650 g Kalbszunge (2 Zungen)
½ Bund Petersilie oder 3 Stengel Selleriegrün
1½ l Wasser
1 Teel. Salz
1 Messersp. Pfeffer

Für die Sauce:
2 Eßl. Butter
3 Eßl. Mehl
⅜ l Kochbrühe

⅛ l Weißwein
2 Eßl. Kapern
2 Messersp. Salz
1 Teel. Zitronensaft
2 Eßl. Sahne
1 Eigelb
½ Bund Petersilie

Pro Person etwa:
1380 Joule
330 Kalorien

Garzeit:
60 Minuten

Die Zungen gründlich waschen. Die Petersilie oder das Selleriegrün kalt abbrausen. Das Wasser mit dem Salz, dem Pfeffer, der Petersilie oder dem Selleriegrün zum Kochen bringen, die Zungen einlegen und zugedeckt bei milder Hitze 60 Minuten kochen lassen. Die Zungen sind gar, wenn sich die Zungenspitzen leicht mit einer Gabel durchstehen lassen.
Für die Sauce die Butter in einem Topf zerlassen, das Mehl einstäuben und unter Rühren kurz anbraten. Nach und nach mit der durchgeseihten heißen Zungenbrühe aufgießen, mit dem Schneebesen glattrühren und zum Kochen bringen. Die Sauce bei milder Hitze etwa 5 Minuten kochen lassen. Den Weißwein und die Kapern zufügen und die Sauce mit Salz und Zitronensaft abschmecken. Die Sahne mit dem Eigelb verquirlen und 3 Eßlöffel heiße Sauce in die Eigelb-Sahne rühren. Die Sauce vom Herd nehmen, die Eigelb-Sahne unterrühren und die Sauce nicht mehr kochen lassen.
Die weichgekochten Zungen aus der Brühe nehmen und mit kaltem Wasser abbrausen. Die Haut von den Zungen abziehen, gegebenenfalls das Zungenbein auslösen und den Schlund entfernen. Die Zungen in dünne Scheiben schneiden, in die Sauce legen und darin noch einmal gut erwärmen, aber nicht mehr kochen lassen. Die Petersilie waschen, abtropfen lassen, kleinschneiden und über die Zunge streuen.

Beilagen: Kartoffelschnee, Kartoffelpüree, körnig gekochter Reis oder Blätterteiggebäck und Kopfsalat mit Kresse, Spargelsalat, Tomatensalat oder gekochter Selleriesalat

Variante 1
Zungenfrikassee

Die gekochte Zunge nicht in Scheiben sondern in Würfelchen schneiden und in der Sauce ziehen lassen. Das Zungenfrikassee in erwärmten Blätterteigpastetchen servieren.

Variante 2
Kalbszunge in Spargelsauce

Statt der Kapern 200 g Spargelspitzen frisch gegart oder aus der Dose – in der Sauce erwärmen und die Sauce zusätzlich mit einer Prise Zucker abschmecken.

Fleisch auf besondere Art

Viele sehr beliebte Fleischgerichte gehören weder zu den großen Braten noch zu den kleinen Gerichten aus Fleisch; sie brauchen eine ganz andere Art der Zubereitung. Die bekanntesten haben wir für Sie in diesem Kapitel zusammengefaßt.

Fondue kommt aus der Schweiz. »Fondue« bedeutet geschmolzen, denn die Ur-Fondue wurde aus geschmolzenem Käse bereitet. Inzwischen gibt es aber auch Fondues mit Fleisch, Fisch oder Meerestieren. Die Fondue Bourguignonne bereitet man aus zartestem Rindfleisch, das bei Tisch in heißem Fett gegart wird.
Für ein Fondue-Essen brauchen Sie aber einige besondere Gerätschaften:

Das Rechaud, auf dem die Flüssigkeit (Fett oder Brühe) zum Garen der Fleischstücke für die Fondue mit einem Spirituskocher erhitzt wird. Der kleine Kocher ist unter dem Haltering für den Fonduetopf angebracht.

Ein typischer Fondueteller, unterteilt für die diversen pikanten Beilagen und Saucen.

Für eine Fleischfondue einen Fonduetopf aus Metall oder aus Email und ein Rechaud, das ist eine regulierbare Heizquelle, meist formschön gestaltet, weil sie Mittelpunkt der Tafel ist. Am häufigsten wird das Rechaud mit Spiritus, seltener elektrisch beheizt. Außerdem brauchen Sie für jeden Gast 2 bis 3 langstielige Fonduegabeln und normales Besteck zum Essen. Für die Fleischfondue gibt es ganz besondere Fondueteller mit mehreren getrennten Abteilungen für die Würzsaucen.

Für Fondue-Fans noch ein Tip, wie aus einer »Fondue-Party« ein vergnügliches Gesellschaftsspiel werden kann: Wer seine Gabel leer aus dem Fonduetopf zieht, weil der Fleischwürfel nicht fest genug aufgespießt war und deshalb abgefallen ist, zahlt einen bestimmten

FONDUE · RAGOUT FIN

Betrag in die »Schlemmer-Kasse«; spendet einen Schnaps oder etwas Süßes; gibt ein Pfand her oder arbeitet seine gesammelten Minuspunkte beim Abwasch ab. Viel Spaß!

Raffiniert

Fondue Bourguignonne
Fleischfondue

Zutaten pro Person:
250 g Rinderfilet oder flaches Roastbeef

In den Fonduetopf für alle Teilnehmer am Fondue-Essen:
1 l geschmacksneutrales Öl oder
1 kg Pflanzenfett

Für das Fleisch ohne Saucen und Brot pro Person etwa:
2050 Joule
490 Kalorien

Das Fleisch kurz kalt abwaschen, gut trockentupfen, in 2 cm große Würfel schneiden und auf einer Platte anrichten. Die Würzsaucen und die kleinen Beilagen in Schüsselchen verteilen. Das Weißbrot in Stücke brechen und in einen Brotkorb legen. Alle Beilagen auf den Tisch stellen. Das Öl oder das Pflanzenfett auf der Herdplatte im Fonduetopf erhitzen, bis es leicht zu rauchen beginnt. Inzwischen das Rechaud anzünden und so einstellen, daß das Fett gut heiß bleibt. Den Fonduetopf auf dem Rechaud in die Mitte des Tisches stellen.
Jeder Tischpartner spießt auf ein oder zwei Gabeln ein Stück Fleisch, taucht die Gabel ins heiße Fett und läßt das Fleisch darin garen. Während die nächsten Fleischwürfel garen, werden die ersten bereits verzehrt, wozu sich jeder ganz nach Belieben verschiedene Saucen und würzige Beilagen nimmt.

Dazu schmecken: beliebige fertiggekaufte oder selbstgemachte Würzsaucen, z.B. Meerrettichsauce, Cumberlandsauce, Ketchup, Remoulade, und als Beilagen beliebige eingelegte Früchte und frisches Stangenweißbrot, dazu Rotwein oder Roséwein

Wer sich in einer geselligen Tafelrunde bei einer Fondue Bourguignonne wohlfühlt, sich aber nicht häufig ein so kalorienreiches Mahl genehmigen möchte, findet in der orientalischen Fondue einen wohlschmeckenden Kompromiß; denn bei dieser Fondue wird das Fleisch nicht in purem Fett, sondern in Fleischbrühe gegart.

Raffiniert

Orientalisches Fondue

Zutaten pro Person:
250 g gemischtes Fleisch aus Rinderfilet, Schweinefilet und Kalbsfilet

In den Fonduetopf für alle Teilnehmer am Fondue-Essen:
1 l Fleischbrühe
½ Glas Weißwein
1 Eßl Sojasauce
2 Tropfen Tabascosauce
Salz nach Geschmack

Für das Fleisch ohne Saucen und Brot pro Person etwa:
1425 Joule
340 Kalorien

Das Fleisch kurz kalt waschen, gut trockentupfen und in etwa 2 mm dünne, nicht zu große Scheibchen schneiden. Die Fleischscheiben nach Rinderfilet, Schweinefilet und Kalbsfilet getrennt auf einer großen Platte anrichten.
Die Fleischbrühe erhitzen und mit dem Wein, der Sojasauce, der Tabascosauce und nach Belieben mit Salz abschmecken und in einen Fonduetopf füllen. Das Rechaud anzünden, in die Mitte des Tisches stellen und die Fleischbrühe auf der Rechaudflamme ständig schwachsprudelnd kochen lassen.
Wie bei der Fondue Bourguignonne spießt jeder Teilnehmer der Tafelrunde auf seine Fonduegabel ein Scheibchen vom Fleisch und gart es etwa eine Minute in der heißen Fleischbrühe.

Dazu schmecken: kalte Würzsaucen wie Dillsauce, Remouladensauce, Meerrettichsauce, Senfsauce, Cumberlandsauce oder Apfelsauce und Senffrüchte, Mango-Chutney, Perlzwiebeln, Dillgurken, Senfgurken oder süßsaurer Kürbis und frisches Stangenweißbrot und Weißwein

Geeignet als Vorspeise

Königinpastetchen mit Ragoût fin

1 Bund Suppengrün
1 l Wasser
1 Teel. Salz
einige Pfefferkörner
1 Zitronenscheibe
150 g Kalbszunge
250 g Kalbfleisch (Schulterfilet)
150 g Kalbsbries
1 Eßl. Butter
2 Eßl. Mehl
⅜ l Kalbfleischbrühe
200 g Champignons aus der Dose
½ Glas Weißwein
1–2 Messersp. Salz
1 Eigelb
2 Eßl. Sahne
4 fertige Blätterteigpastetchen
½ Bund Petersilie

Pro Person etwa:
1875 Joule
450 Kalorien

Garzeit:
1 Stunde und 15 Minuten

Das Suppengrün waschen und putzen. Das Wasser mit dem Salz, den Pfefferkörnern, der Zitronenscheibe und dem Suppengrün zum Kochen bringen. Das Fleisch waschen. Die Zunge zuerst ins kochende Wasser legen. Nach 15 Minuten das Kalbfleisch und nach weiteren 45 Minuten das Bries ins kochende Wasser legen. Während der ersten Minuten wiederholt den sich bildenden Schaum abschöpfen. Alles im offenen Topf weitere 15 Minuten kochen lassen. Das Fleisch dann aus der Brühe nehmen. Die Brühe durchsieben und im offenen Topf auf ¼ Liter einkochen lassen. Das Bries und die Zunge häuten und mit dem Fleisch in sehr kleine Würfel schneiden. Das kleingeschnittene Fleisch warm stellen.
Den Backofen auf 150° vorheizen. Die Butter in einem Topf erhitzen, das Mehl darin glattrühren, bis es hellgelb ist, und nach und nach unter Rühren mit der Fleischbrühe aufgießen. Die Sauce unter Rühren bei milder Hitze einige Minuten kochen lassen. Die Champignons aus der Dose abtropfen lassen. 4 große Champignonköpfe zum Garnieren aufbewahren, die restlichen Pilze grob hacken und in die Sauce rühren. Die Sauce mit dem Weißwein und dem Salz abschmecken. Das Eigelb mit der Sahne verquirlen. Die Sauce vom Herd nehmen und 1–2 Eßlöffel davon in die Eigelb-Sahne rühren. Dieses Sahnegemisch unter die Sauce ziehen, die Fleischwürfel zugeben und 5 Minuten darin ziehen – keinesfalls kochen – lassen. Die Blätterteigpastetchen mit den Pastetendeckelchen auf der mittleren Schiebeleiste 10 Minuten im Backofen erwärmen.
Die heißen Pastetchen auf vorgewärmten Tellern anrichten, mit dem Ragout fin füllen, die Deckelchen auflegen und mit je einem Champignonkopf und der Petersilie garnieren.

Die heißen Blätterteigpastetchen auf den Tellern mit dem Ragoût fin füllen.

FLEISCHSPEZIALITÄTEN

Raffiniert
Süßsaures Schweinefleisch
Chinesisches Nationalgericht

Für das Fleisch:
600 g Schweineschnitzel

Für die Marinade:
2 Eßl. Sojasauce
2 Eßl. Reiswein
  oder Sherry
1 Prise Pfeffer

Für den Teig:
1 Ei
2 Eßl. Mehl
2 Eßl. Speisestärke
2 Eßl. Mineralwasser
½ Teel. Salz

Für die Sauce:
je 1 grüne und rote Paprikaschote
½ Tasse Mixed Pickles
½ Tasse Ananasstücke
1 Stück frische Ingwerwurzel
1 Knoblauchzehe
1 Eßl. Öl
⅛ l Hühnerbrühe

3 Eßl. Zucker
2 Eßl. Tomatenketchup
4 Eßl. Weinessig
2 Eßl. Sojasauce
1 Prise Salz
1 Eßl. Speisestärke
Zum Fritieren:
1 l Öl

Pro Person etwa:
2680 Joule
640 Kalorien

Marinierzeit:
20 Minuten

Garzeit:
30 Minuten

Das Schweinefleisch waschen, abtrocknen, in 2 cm große Würfel schneiden und dabei alles Fett entfernen. Die Zutaten für die Marinade mischen, über die Fleischwürfel gießen und diese zugedeckt 20 Minuten stehen lassen.
Für den Teig das Ei verquirlen, mit dem Mehl, der Speisestärke, dem Mineralwasser und dem Salz verrühren und 15 Minuten ruhen lassen. Für die Sauce die Paprikaschoten vierteln, von Rippen und Kernen befreien, waschen und in 1 cm große Würfel schneiden. Die Mixed Pickles feinhacken. Die Ananasstücke in 1 cm große Würfel schneiden. Die Ingwerwurzel und die Knoblauchzehe schälen und feinhacken.
Den Backofen auf 75° vorheizen. Das Fritieröl in einem Fritiertopf oder in der elektrischen Friteuse auf 180° erhitzen (für den Fritiertopf ein Fritierthermometer benützen). Die Fleischwürfel in den Ausbackteig tauchen, leicht abtropfen lassen und rasch hintereinander in das heiße Öl geben. Das Fleisch 6 Minuten fritieren, bis es rundherum knusprig braun ist. Nicht zuviel Fleisch auf einmal fritieren, da das Öl sonst zu schnell an Hitze verliert. Die garen Fleischwürfel mit dem Schaumlöffel aus dem Öl heben, auf saugfähigem Papier kurz abtropfen lassen und in einer Schüssel im Backofen warm halten. Nach und nach alle Fleischwürfel fritieren. Gut darauf achten, daß das Öl während des Fritierens nicht zu heiß wird, da das Fleisch sonst zu rasch verbrennt. Für die Sauce das Öl in einer Pfanne erhitzen, bis es zu rauchen beginnt. Die Hitze sofort reduzieren. Die Ingwer- und die Knoblauchstückchen und die Paprikawürfel (je 1 Eßlöffel rote und grüne Würfelchen zum Verzieren zurückbehalten) anbraten. Die gehackten Mixed Pickles und die Ananaswürfel zugeben und unter Umwenden 3 Minuten braten. Die Hühnerbrühe, den Zucker, das Ketchup, den Essig, die Sojasauce und das Salz zufügen und unter Rühren 1 Minute kochen lassen. Die mit wenig kaltem Wasser angerührte Speisestärke unter die Sauce rühren, einige Male aufkochen lassen und vom Herd nehmen. Die fritierten Fleischwürfel mit der Sauce in einer vorgewärmten Schüssel anrichten und mit den zurückbehaltenen Schotenwürfeln bestreuen.

Beilagen: körnig gekochter Reis und Sojabohnenkeime-Salat

Das »Böfflamott« ist in der Zeit der schnellen Küche etwas in Vergessenheit geraten. Schade, denn es ist ein ausgezeichnetes Gericht mit viel Charakter und Eigenart. In renommierten Restaurants findet man es heute noch auf der Speisekarte.
Wir haben das Rezept einem Kochbuch der »goldenen« zwanziger Jahre entnommen, die Zutaten aber ein wenig den heutigen Eßgewohnheiten angepaßt.

Etwas schwierig
Boeuf à la mode
Saures Saucenfleisch

Für das Fleisch:
700 g Rindfleisch
  (Schwanzstück
  oder Rosenspitze)
60 g Speck
1 Messersp. Pfeffer
2 Messersp. Salz
Für die Marinade:
½ l Wasser
½ l Weinessig
1 Zwiebel
1 Bund Suppengrün

1 Lorbeerblatt
3 Gewürznelken
je 10 Pfefferkörner
  und Wacholderbeeren
1 Stück Zitronenschale
½ Teel. Salz

Für die Sauce:
1½ Eßl. Butter
1 Teel. Zucker

3 Eßl. Mehl
¼ l der Marinade
¼ l Wasser
½ Glas Weißwein
  oder 1 Südweinglas
  Dessertwein

Pro Person etwa:
2180 Joule
520 Kalorien

Marinierzeit:
2 Tage

Kochzeit für das Fleisch:
2 Stunden

Kochzeit für die Sauce:
30 Minuten

Das Fleisch kurz kalt waschen, trockentupfen und klopfen. Den Speck in etwa 5 cm lange, fingerdicke Streifen schneiden. Die Speckstreifen in dem Salz und dem Pfeffer wenden und das Fleisch damit spicken, indem man mit einem Küchenmesser in das Fleisch sticht und den Speck hineindrückt. Das Wasser mit dem Weinessig in einen Topf gießen. Die Zwiebel schälen und feinwürfeln. Das Suppengrün waschen, putzen und ebenfalls kleinschneiden. Die Zwiebel mit dem Suppengrün, dem Lorbeerblatt, den Gewürznelken, den Pfefferkörnern, den Wacholderbeeren und der Zitronenschale zum Essigwasser geben, etwa 5 Minuten kochen und dann abkühlen lassen. Das gespickte Fleisch in eine Porzellanschüssel legen und mit der Marinade übergießen. Das Fleisch soll von der Flüssigkeit bedeckt sein. Die Schüssel mit einem Tuch zudecken und das Fleisch 2–3 Tage marinieren; dabei täglich wenden.
Das Fleisch aus der Marinade nehmen, mit dem Salz einreiben und mit der Marinade und allen Gewürzen in einen Topf geben. Soviel Wasser aufgießen, daß das Fleisch gut bedeckt ist und in 2 Stunden bei milder Hitze zugedeckt garen.
Nach dem Kochen das Fleisch aus der Brühe nehmen und warm stellen. Die Brühe abkühlen lassen, das Fett abschöpfen und mit der Butter zusammen in einer Kasserolle erhitzen. Das Mehl und den Zucker darüberstreuen und unter Rühren dunkelbraun werden lassen. ¼ Liter der durchgesiebten Marinade mit ¼ Liter Wasser mischen und die Einbrenne damit aufgießen, umrühren und bei milder Hitze etwa 30 Minuten kochen lassen. Die Sauce mit dem Weißwein oder dem Dessertwein abschmecken, nochmals gut erhitzen, aber nicht mehr kochen lassen. Das Fleisch in dünne Scheiben schneiden, in einer vorgewärmten Schüssel anrichten und mit der Sauce übergießen.

Beilagen: Klöße aus gekochten Kartoffeln, Semmelknödel oder in Butter geschwenkte Nudeln und grüner Salat

FLEISCHSPEZIALITÄTEN

Gedünstetes Kalbfleisch

1 dünne Stange Lauch
1 Petersilienwurzel
¼ Sellerieknolle
1 Möhre
1 kleine Zwiebel
¼ l Fleischbrühe
750 g Kalbfleisch
1 Teel. Salz
1 Eßl. Butter
1 Teel. Mehl
1 Eßl. saure Sahne
1 Eßl. Tomatenmark
Saft von ½ Zitrone

Pro Person etwa:
1260 Joule
300 Kalorien

Garzeit:
60 Minuten

Das Gemüse waschen, putzen, in kleine Würfel schneiden, die Zwiebel schälen und ebenfalls kleinwürfeln. Die Fleischbrühe erhitzen.
Das Kalbfleisch kurz kalt waschen, abtrocknen und mit dem Salz einreiben. Die Butter in einem Schmortopf erhitzen, das Kalbfleisch darin von allen Seiten leicht anbraten, damit sich die Poren schließen. Das Suppengrün und die Zwiebel zugeben und etwa 5 Minuten anbraten. Mit der heißen Fleischbrühe auffüllen, zum Kochen bringen und zugedeckt bei schwacher Hitze in etwa 60 Minuten weichdünsten. Das Fleisch dann warm stellen. Das Mehl mit der sauren Sahne und dem Tomatenmark verrühren, die Sauce damit binden, aufkochen lassen, mit dem Zitronensaft abschmecken. Das Kalbfleisch in dünne Scheiben schneiden und mit der heißen Sauce überzogen servieren.

Beilagen: körnig gekochter Reis, Kartoffeln, Kartoffelpüree oder Kartoffelschnee und Tomatengemüse oder Fenchel mit Butter

Kalbsfrikassee

1 l Wasser
1 Teel. Salz
500 g Kalbsschulter
3 Stengel Selleriegrün
2 Eßl. Butter
4 Eßl. Mehl
⅜ l von der Kalbfleischbrühe
1 Glas Weißwein
1–2 Messersp. Salz
2 Teel. Zitronensaft
½ Tasse Sahne
1 Eigelb
½ Bund Petersilie

Pro Person etwa:
1330 Joule
310 Kalorien

Garzeit:
1 Stunde und 20 Minuten

Das Wasser mit dem Salz zum Kochen bringen. Das Fleisch waschen und ins kochende Wasser geben. Die Selleriestengel waschen, zugeben und das Fleisch bei milder Hitze in etwa 70 Minuten weichkochen. Während der ersten Minuten wiederholt den sich bildenden Schaum abschöpfen. Das gare Fleisch aus der Brühe nehmen, die Brühe durchsieben und ⅜ Liter davon abmessen. Die Butter in einem genügend großen Topf zerlassen, das Mehl darin glattrühren, bis es leicht gelblich ist, und nach und nach mit wenig Fleischbrühe ablöschen. Die restliche Fleischbrühe unter Rühren zur Einbrenne gießen und bei milder Hitze einige Minuten kochen lassen. Den Weißwein zufügen und die Sauce mit dem Salz und dem Zitronensaft abschmecken. Die Sahne mit dem Eigelb verquirlen. Die Sauce vom Herd nehmen. Etwa 2 Eßlöffel der Sauce zur Eigelb-Sahne rühren und dieses Gemisch unter die Sauce ziehen. Nach dem Legieren nicht mehr kochen lassen.
Das Kalbfleisch nach Belieben in kleinere oder größere Würfel schneiden und 5 Minuten in der Sauce ziehen – keinesfalls kochen – lassen. Die Petersilie waschen, abtropfen lassen und kleinschneiden. Das Frikassee in einer vorgewärmten Schüssel anrichten und mit der Petersilie bestreuen.

Beilagen: Risi-Bisi, grüner Salat und Blätterteiggebäck (Fleurons)

Labskaus war früher das Standardgericht auf Deutschlands sündigster Straße: der Reeperbahn. Labskaus gehört zu den wenigen Dingen, die ein Hamburger Seemann braucht, wenn er an Land geht!

Labskaus

1 Salzhering
500 g gepökelte Rinderbrust
2 Zwiebeln
5 Gewürznelken
1 Bund Suppengrün
7 Pfefferkörner
1 Teel. Salz
1 l Wasser
Kartoffelschnee aus 1 kg Kartoffeln, Rezept in diesem Buch,
2 Zwiebeln
1 Eßl. Butter
je 2 Messersp. Pfeffer, Salz und Streuwürze
150 g Rote Bete aus dem Glas
1 große Salzgurke

Pro Person etwa:
2260 Joule
540 Kalorien

Garzeit für das Fleisch:
2 Stunden

Für den Kartoffelschnee:
20 Minuten

Den Salzhering wässern.
Das Fleisch kurz kalt waschen. Die Zwiebeln schälen und mit den Nelken spicken. Das Suppengrün waschen, putzen und kleinschneiden. Alles mit den Pfefferkörnern und dem Salz in dem Wasser zum Kochen bringen und bei milder Hitze in etwa 2 Stunden zugedeckt weichkochen lassen. Während der ersten Zeit den sich bildenden Schaum wiederholt abschöpfen. Währenddessen den Kartoffelschnee nach Rezept zubereiten. Die Brühe durch ein Sieb gießen. Das Fleisch und die Gewürze durch den Fleischwolf (grobe Scheibe) drehen, mit dem frischbereiteten Kartoffelschnee mischen und soviel von der Brühe zugeben, daß ein fester Brei entsteht. Die Zwiebeln schälen, feinschneiden und in der zerlassenen Butter goldgelb anbraten. Den gewässerten Salzhering entgräten, feinschneiden und mit den gebratenen Zwiebeln unter das Labskaus mischen. Mit Pfeffer, Salz und der Streuwürze abschmecken. Wenn Sie das Labskaus im Topf servieren wollen, mischen Sie vorher noch die Rote Bete und die in Würfel geschnittene Gurke unter. Wenn Sie Labskaus auf vorgewärmten Tellern auftragen, können Sie Rote Bete und Gurke als Garnierung verwenden.

Beilagen: Weißkohlsalat, Rotkohlsalat oder Sauerkrautsalat

Pfefferpothast

500 g Rindfleisch (Brust, Hochrippe)
1 Möhre
¼ einer kleinen Sellerieknolle
500 g Zwiebeln
1 Lorbeerblatt
1 Gewürznelke
½ Teel. Salz
½ l Fleischbrühe
⅛ l helles Bier
1 Eßl. Semmelbrösel
etwa ½ Teel. Pfeffer

Pro Person etwa:
1590 Joule
380 Kalorien

Garzeit:
1½ Stunden

Das Rindfleisch kurz kalt waschen, abtrocknen, in 3 cm große Stücke schneiden und in einen flachen Topf geben. Die Möhre und den Sellerie waschen, schälen, in sehr kleine Würfel schneiden und über das Fleisch streuen. Die Zwiebeln schälen, in halbe Ringe schneiden und auf dem Fleisch verteilen. Das Lorbeerblatt, die Gewürznelke und das Salz zufügen, mit der Fleischbrühe und dem Bier auffüllen und alles zum Kochen bringen; dann bei schwacher Hitze in etwa 90 Minuten garen. Die Semmelbrösel über das Fleisch streuen, um die Brühe leicht zu binden, und mit viel Pfeffer übermahlen.

EISBEIN · SÜLZE · TELLERFLEISCH

Beilagen: Klöße aus gekochten Kartoffeln und Gewürzgurken, Preiselbeerkompott oder Rote-Bete-Salat

Eisbein mit Erbsenpüree

Für das Erbsenpüree:
500 g gelbe Erbsen
1 Bund Suppengrün
1 Teel. Salz
2 Zwiebeln
100 g roher Schinken
1 Messersp. Pfeffer
1 Eßl. Butter

Für das Eisbein:
1 kg Schweinehaxe
1 Zwiebel
5 Gewürznelken
1 Lorbeerblatt
10 Pfefferkörner

Pro Person etwa:
3985 Joule
950 Kalorien

Zeit zum Einweichen:
12 – 16 Stunden

Garzeit für das Eisbein:
60 Minuten

Für das Erbsenpüree:
2 Stunden

Die Erbsen 12–16 Stunden in kaltem Wasser einweichen.
Das Suppengrün waschen, putzen und kleinschneiden. 1 Zwiebel schälen und würfeln, den Schinken würfeln. Die Erbsen mit soviel frischem Wasser aufgießen, daß sie etwa 1 cm mit Wasser bedeckt sind. Das Salz, das Suppengrün, die Zwiebelwürfel und den Schinken zugeben und bei milder Hitze etwa 2 Stunden zugedeckt kochen lassen. Ab und zu umrühren.
Wenn die Erbsen etwa 60 Minuten gekocht haben, die Haxen gut kalt waschen, in kaltem Wasser aufsetzen, aufkochen lassen und mehrmals abschäumen. Die Zwiebel schälen, mit den Nelken bestecken und mit dem Lorbeerblatt und den Pfefferkörnern zu den Haxen geben. Zugedeckt bei mittlerer Hitze etwa 60 Minuten kochen lassen. Das Fleisch darf nicht schwammig werden.
Wenn die Erbsen weich sind, durch ein Sieb passieren. Das fertige Püree nochmals mit Salz und Pfeffer abschmecken. Die 2. Zwiebel schälen, in Ringe schneiden und in der Butter goldbraun braten. Das Erbsenpüree in einer vorgewärmten Schüssel anrichten, in die Mitte eine Vertiefung drücken und die gebratenen Zwiebeln hineingeben.
Die Eisbeine (Haxen) auf einer Platte anrichten und mit dem Püree zusammen servieren.

Beilage: Sauerkraut

Eine der großen Attraktionen gewisser Landgasthöfe mit eigener Metzgerei ist Tellersülze. Dabei ist die Zubereitung weder so schwierig noch so langwierig, daß man nicht manchmal sein eigener »Landgasthof« sein könnte.

Tellersülze

2 Schweinepfoten
500 g Schweinefleisch (Brust, Kamm oder Halsgrat)
1 Zwiebel
2 Möhren
2 l Wasser
1½ Eßl. Salz
2 Pfefferkörner
2 Lorbeerblätter
¼ l Essig
2 Eier
2 Essiggurken
1 Teel. Pfeffer

Streuwürze
4 Zitronenscheiben
½ Bund Petersilie

Pro Person etwa
1970 Joule
470 Kalorien

Garzeit:
1 Stunde und 15 Minuten

Zeit zum Erstarren:
6 Stunden

Die Schweinepfoten und das Fleisch kurz kalt waschen. Die Zwiebel schälen und halbieren, die Möhren waschen und putzen. Das Wasser mit dem Salz, dem Pfeffer und den Lorbeerblättern zum Kochen bringen. Die Zwiebel, die Möhren, die Schweinefüße und das Fleisch zugeben, den Essig zugießen und alles bei milder Hitze 75 Minuten zugedeckt kochen lassen. In den ersten Kochminuten öfter den sich bildenden Schaum abschöpfen.
Die Eier in 10 Minuten hart kochen, kalt abschrecken und schälen.
Wenn das Fleisch gar ist, die Brühe durch ein Sieb gießen. Das Fleisch von den Schweinepfoten lösen, mit dem restlichen Fleisch in möglichst kleine Scheiben schneiden und auf 4 Suppentellern oder flachen Platten verteilen. Die Möhren, die Essiggurken und die Eier in Scheiben schneiden und auf das Fleisch legen.
Die Brühe durchsieben, kräftig mit Pfeffer und Streuwürze abschmecken, in die Teller gießen und abkühlen lassen. Die Sülze etwa 6 Stunden zum Erstarren in den Kühlschrank stellen. Nach etwa 5 Minuten in die Mitte jedes Tellers 1 Zitronenscheibe legen, daß sie gerade unter die Oberfläche sinkt. Den Tellerrand der erstarrten Sülze mit Petersilie garnieren.

Beilagen: Bratkartoffeln, Brot oder Kartoffelsalat mit viel Zwiebeln

Unser Tip: Normale Tellersülze braucht etwa 6 Stunden zum Erstarren. Wenn es schneller gehen soll: 2 Päckchen gemahlene weiße Gelatine in 12 Eßlöffel kaltem Wasser 10 Minuten quellen lassen und in der Brühe auflösen. So erstarrt die Sülze nach dem Auskühlen im Kühlschrank schon in etwa 2 Stunden.

Gelingt leicht

Tellerfleisch

1 Bund Suppengrün
1 l Wasser
½ Teel. Salz
500 g Rindfleisch (Hochrippe, Bugschaufelstück, Mittelbug oder Brustkern)
½ Bund Petersilie
2 Messersp. Salz

flüssige Suppenwürze
2 Eßl. geriebener Meerrettich

Pro Person etwa:
1260 Joule
300 Kalorien

Garzeit:
1½ Stunden

Das Suppengrün waschen und putzen. Das Wasser mit dem Suppengrün und dem Salz zum Kochen bringen. Das Fleisch kurz kalt waschen, einlegen und in etwa 90 Minuten weichkochen. In den ersten Minuten der Kochzeit wiederholt den Schaum abschöpfen. Die Petersilie kalt abbrausen, abtropfen lassen und feinschneiden. Das Fleisch herausnehmen, etwas abkühlen lassen und quer zur Faser in Scheiben schneiden. Die Fleischscheiben auf einer vorgewärmten Platte oder portionsweise auf vorgewärmten Tellern anrichten. Die Fleischbrühe noch mit Salz und etwas Suppenwürze abschmecken und einmal aufkochen lassen. Das angerichtete Fleisch mit etwas kochend heißer Brühe übergießen und mit dem Meerrettich und der Petersilie garnieren.

Beilagen: Salzkartoffeln und Wirsingkohl oder Broccoli

Preiswert

Haschee

375 g gekochtes Rindfleisch (Brustkern, Querrippe)
1 Zwiebel
2 Eßl. Butter
2 Eßl. Mehl
½ l Fleischbrühe
1 Lorbeerblatt
je 2 Messersp. Salz und Pfeffer

1–2 Eßl. Essig
1–2 Teel. Senf
½–1 Teel. Zucker

Pro Person etwa:
1340 Joule
320 Kalorien

Garzeit:
20 Minuten

Das Rindfleisch in kleine Würfel schneiden oder durch den Fleischwolf drehen. Die Zwiebel schälen und in

POT AU FEU · TAFELSPITZ

kleine Würfel schneiden. Die Butter in einem Topf erhitzen und die Zwiebelwürfel darin hellgelb braten. Das Mehl darüberstreuen, durchrühren, mit der Fleischbrühe auffüllen und bis zum Kochen ständig mit dem Schneebesen umrühren. Das Lorbeerblatt zufügen, bei milder Hitze im offenen Topf etwa 10 Minuten kochen lassen und dabei gelegentlich umrühren. Das Lorbeerblatt entfernen. Die Sauce mit dem Salz, dem Pfeffer, dem Essig, dem Senf und dem Zucker kräftig abschmecken. Das kleingeschnittene Rindfleisch mit der Sauce vermengen. Das Haschee nochmals erhitzen, aber nicht mehr kochen lassen. In einer vorgewärmten Schüssel servieren.

<u>Beilagen:</u> Gewürzgurken, pochierte Eier oder Spiegeleier und Salzkartoffeln oder Semmelknödel und grüner Salat

<u>Unser Tip:</u> Man kann 2 mittelgroße Gewürzgurken in dünne Scheiben geschnitten zum Haschee geben oder 2 Eßlöffel heißgewaschene Rosinen oder einen geschälten, in kleine Würfel geschnittenen Apfel in der Sauce mitkochen lassen, was dem Gericht eine pikante Note verleiht. Schmecken Sie das Haschee dann nicht mit Essig, sondern mit Rotwein ab.

Variante

Lungenhaschee

Anstelle des Rindfleisches 250 g Kalbslunge und 250 g Kalbsherz in 1 ½ l Salzwasser in etwa 1 Stunde weichkochen. Abtropfen lassen, in kleine Stücke schneiden, durch den Fleischwolf drehen und wie im Rezept beschrieben weiterverarbeiten.

Pot au feu
Gekochtes Rindfleisch mit Gemüse

Zutaten für
6 Personen:

Für das Fleisch:
1 l Wasser
750 g Markknochen
1 kg Rinderschulter
1 ¾ l Wasser
1 Teel. Salz
1 Zwiebel
1 Bund Suppengrün
5 Pfefferkörner
1 Zweig frischer oder ½ Teel. getrockneter Thymian
1 Lorbeerblatt
½ Fleischbrühwürfel

Für das Gemüse:
375 g Möhren
250 g weiße Rüben oder Teltower Rübchen
2 Pastinaken oder Petersilienwurzeln
4 Stangen Lauch
250 g Weißkohl
1 Bund Petersilie
50 g Butter

Pro Person etwa:
2010 Joule
480 Kalorien

Garzeit:
2 ½ Stunden

Das Wasser in einem großen Topf erhitzen und die Markknochen darin einige Male sprudelnd aufkochen lassen. Das Wasser dann wegschütten, die Knochen abspülen und den Topf ausspülen.
Das Rindfleisch waschen. 1 ¾ Liter Wasser mit dem Salz zum Kochen bringen. Die Zwiebel schälen und halbieren. Das Suppengrün waschen und putzen. Die Markknochen, das Rindfleisch, die Pfefferkörner, den Thymian, die Zwiebel, das Suppengrün und das Lorbeerblatt in das Salzwasser geben, erneut zum Kochen bringen, mehrmals abschäumen und bei milder Hitze 2 Stunden kochen lassen. Das Wasser muß schwach sprudelnd kochen. Zwischen Topf und Deckel einen Spalt offen lassen.
Die Möhren, die weißen Rübchen und die Pastinaken schaben oder schälen, waschen und in etwa 3 cm lange Stifte schneiden. Den Lauch putzen, der Länge nach vierteln, waschen und in ebenso lange Stifte schneiden. Den Weißkohl putzen, waschen, den Strunk entfernen und die Weißkohlblätter in etwa 3 cm lange Streifen schneiden. Die Petersilie waschen, abtropfen lassen und kleinschneiden.
Das gare Fleisch und die Markknochen aus der Fleischbrühe heben. Die Brühe durch ein Sieb in eine Schüssel gießen, den Topf erneut auswaschen, um vorhandene Knochensplitter zu entfernen. Die Fleischbrühe in den Topf zurückgießen und wieder erhitzen. Das Fleisch mit dem Gemüse in die Brühe geben und nach dem Aufkochen zugedeckt bei milder Hitze weitere 25 Minuten kochen lassen. Das Mark aus den Knochen mit einem spitzen Messer lösen, in dünne Scheibchen schneiden und beiseite stellen. Die Knochen wegwerfen. Das Fleisch aus der Brühe nehmen, in Scheiben schneiden und dachziegelartig auf einer vorgewärmten Platte anrichten. Das Gemüse mit dem Schaumlöffel aus der Brühe heben und um das Fleisch anrichten. Das Fleisch mit der Petersilie bestreuen. Die Butter in kleinen Flöckchen auf das Gemüse setzen und alles warm stellen. Von der Fleischbrühe die Fettaugen abschöpfen und die Brühe mit dem Fleischbrühwürfel kräftig abschmecken. Die Markscheiben in vorgewärmte Suppentassen legen, mit der Brühe auffüllen und als Vorsuppe zum Pot au feu reichen.

<u>Beilage:</u> Salzkartoffeln oder frisches Stangenweißbrot

Grundrezept
für gekochtes Rindfleisch

Wiener Tafelspitz

Bild Seite 182

Zutaten für
6 Personen:
1 kg Rindfleisch aus dem hinteren Teil der Lende, dem eigentlichen Tafelspitz, oder aus der Unterschale
1 ½ l Wasser
1 Teel. Salz
1 Lorbeerblatt
5 Pfefferkörner
½ Fleischbrühwürfel
2 Möhren
¼ Sellerieknolle
1 Petersilienwurzel
1 Stange Lauch

Pro Person etwa:
1340 Joule
320 Kalorien

Garzeit:
2 Stunden

Das Fleisch kurz kalt waschen. Das Wasser mit dem Salz, dem Lorbeerblatt, den Pfefferkörnern und dem Fleischbrühwürfel erhitzen, das Fleisch ins heiße Wasser legen und alles aufkochen lassen. Den sich bildenden Schaum während der ersten Kochminuten wiederholt mit dem Schaumlöffel abnehmen. Das Fleisch dann bei milder Hitze zugedeckt 2 Stunden kochen lassen, zwischen Topf und Deckel aber einen Spalt offenlassen. Die Möhren, die Sellerieknolle und die Petersilienwurzel schälen oder schaben, waschen und in gleichgroße Stifte schneiden. Den Lauch längs halbieren, waschen, die schlechten Stellen entfernen, und ihn in etwa 2 mm breite Streifen schneiden. Das Gemüse nach 1 ½ Stunden Kochzeit zum Fleisch geben und mitgaren. Das Fleisch aus der Brühe heben, in etwa 1 cm dicke Scheiben schneiden und auf einer vorgewärmten Platte anrichten. Das Gemüse mit dem Schaumlöffel aus der Brühe heben und auf die Fleischscheiben geben. Das Fleisch mit wenig heißer Fleischbrühe übergießen und servieren.

<u>Beilagen:</u> Salzkartoffeln und Meerrettichsauce, Senfsauce oder Sardellensauce und grüner Salat oder Rote-Bete-Salat

Wurst und Schinken

Was den Bürgern »Wurst« sein soll, bestimmt in einem ordentlichen Lande das Gesetz. Und das ist gut so, denn damit kann auch den schwarzen Schafen unter den Metzgern, Fleischern und Fabrikanten nicht mehr »Wurst« sein, woraus Wurst besteht:

Rohwürste
Rohwürste werden aus rohem Schweine- und/oder Rindfleisch immer ohne Innereien hergestellt. Es gibt sie luftgetrocknet und geräuchert.
Hauptsorten: Salami, Servelatwurst, Schlackwurst, Plockwurst, Schinkenwurst, Bauernbratwürste, Knackwürste, Krakauer, Depreciner, Landjäger, Mett- und Teewürste.
Rohwürste sind wochenlang haltbar, sollten aber luftig und kühl gelagert werden und gehören nicht in den Kühlschrank. Hat man keinen idealen Ort zum Lagern, kauft man sie in kleinen Mengen und bewahrt sie im Kühlschrank in Alufolie auf.

Brühwürste
Brühwürste bestehen aus Rind-, Kalb- oder Schweinefleisch oder einem Gemisch daraus; billige Ware enthält bis zu 6 % Schwarten, Sehnen und Häute. Nach dem Abfüllen werden die Würste gedämpft, geräuchert und gebrüht. Brühwürste sind keine Dauerwürste und sollten auch bei Lagerung im Kühlschrank in 1–2 Tagen verbraucht werden.
Hauptsorten: Lyoner, Mortadella, Rheinische Schinkenwurst, Kalbfleischwurst, Kochsalami; aber auch Wiener, Frankfurter, Regensburger, Fleischkäse und Leberkäse.
Frankfurter, Wiener und Regensburger Würstchen sowie Lyoner, erhitzt man je nach Dicke etwa 10 Minuten in sehr heißem Wasser. Das Wasser darf nie kochen, weil sonst die Würstchen platzen.

Bratwürste
Bratwürste sind den Brühwürsten ähnlich, aber immer in Naturdarm gefüllt. Manche werden vor dem Sieden leicht geräuchert.
Hauptsorten: Fränkische Bratwürste und – als Ausnahme, die nicht gebraten wird –, die berühmte Bayerische »Weißwurst«.
Bratwürste sollten nach dem Einkauf im Kühlschrank nicht länger als 1–2 Tage aufbewahrt werden. Bratwürste werden in wenig heißem Bratfett von allen Seiten braungebraten. Es gelingt am besten, wenn man die Würstchen vor dem Braten brüht oder in der heißen Pfanne erst ohne Fett von allen Seiten anbrät, herausnimmt, das Fett erhitzt und die Würstchen dann in der Pfanne fertigbrät. Wenn man die Haut dieser Würstchen einige Male mit einer Gabel einsticht, platzen sie nicht. Bratwürste eignen sich aber auch vorzüglich zum Grillen. Sie werden dazu erst gebrüht und dann mit Öl bepinselt.
Für manche Rezepte benötigt man Bratwurstmasse, auch Brät genannt; dazu den Inhalt der Würste mit dem Gabelrücken aus der Haut drücken.

Kochwürste
Kochwürste werden aus vorgegarten Zutaten hergestellt. Hauptbestandteile sind die Innereien, vor allem die Leber. In Würfel geschnittener Speck und gewürfelte Fleisch- oder Zungenstückchen verfeinern Geschmack und Aussehen, lassen die Wurst aber auch teurer werden.
Hauptsorten: Feine und grobe Leberwürste, Pasteten und ähnliche Zubereitungen wie Kalbsleberpastete, Kalbsleber-Pâtés, Gänseleberpastete, Geflügelleberpastete; außerdem Blutwurst, Speckblutwurst, Rotwurst, Griebenwurst, Zungenwurst, Zungen-Schwartenmagen, Preßsack, Preßkopf, Schweinskopfsülze.
Leber- und Blutwurst gehören nicht nur zu den ältesten Würsten, sondern auch heute noch zu den beliebtesten. Sie sind typische »Schlachtschüsselprodukte« und sollten möglichst frisch und warm verzehrt werden.
Leber- und Blutwürste erhitzen: Entweder soviel Salzwasser mit den Würsten zum Kochen bringen, daß die Würste schwimmen; sobald das Wasser kocht, den Topf vorübergehend vom Herd nehmen, auf sehr milde Hitze schalten und die Würste dann solange ziehen lassen, bis sie prall sind. (Je länger die Würste ziehen, desto mehr verlieren sie an Fett – allerdings auch an Geschmack! –). Oder die Würste an einem Ende aufschneiden und – je nach Geschmack einzeln oder auch gemischt – mit einer Gabel in eine Schüssel ausstreifen. Die Wurstmasse dann mit Zwiebelwürfel und ganz wenig Fett braten. Wenig Fett deshalb, weil Leber- und Blutwürste zu über 1/3 vom Gesamtgewicht aus Fett bestehen.
Leber- und Blutwürste eignen sich ausgezeichnet zum Kombinieren mit Sauerkraut, oder als gebratene Blutwurstmasse in Tiroler Gröstl.
Für eine Mahlzeit rechnet man pro Person 1 Blutwurst und 1 Leberwurst. Bedenken Sie, daß es ein sehr kalorienreiches Essen ist, denn eine Wurst wiegt 150–200 g, und 100 g haben 1890 Joule/450 Kalorien!

Für alle Wurstsorten gilt:
Wird Wurst in Frischhaltepackung gekauft, achte man immer auf das angegebene Haltbarkeitsdatum und auf den Lagerhinweis.
In Scheiben geschnittene Wurst lagert man am besten im Kühlschrank: die Scheiben dicht aufeinanderlegen und in Klarsichtfolie packen.
Wurst kann gut 2–3 Monate eingefroren werden. Ist die Wurst in Scheiben geschnitten, zwischen die Scheiben Klarsichtfolie legen, dann lösen sich die Scheiben noch gefroren voneinander und tauen rasch auf.

Schinken
Wie Wurst, so spielt auch Schinken in der Küche eine wichtige Rolle.
Echter Schinken stammt aus der Keule des Schweines. Er wird, je nach Art und Herkunft, am Knochen belassen oder ausgelöst, gepökelt, gesalzen oder geräuchert oder nur getrocknet. Einige Schinkensorten werden aus anderen Fleischteilen des Schweines geschnitten, so zum Beispiel aus der Vorderkeule oder aus ausgelösten Kotelettes. Im Handel sind folgende Sorten erhältlich:
Ardennenschinken: roher, entbeinter Rollschinken. Er ist mild gesalzen, unter Zugabe von Wacholder geräuchert und von zart-würzigem Geschmack.
Bayonner Schinken: ist eine Spezialität aus dem Baskenland; ein Knochenschinken von nußartigem Geschmack.
Gekochter Schinken: ist ausgelöstes, mild gepökeltes, kurz geräuchertes und anschließend gekochtes Fleisch aus der Schweinekeule.
Gekochter Vorderschinken: wird aus der Schweineschulter geschnitten und wie gekochter Schinken zubereitet; das Fleisch ist etwas grobfaseriger und fettreicher als das vom Keulenschinken und daher preiswerter.
Holsteiner Katenschinken: ist ein roher Knochenschinken, der mit Buchenholz geräuchert wird. Sein Geschmack ist mild-herb, leicht süßlich.
Knochenschinken: natürlich gewachsener Schinken mit Röhrenknochen, Speck und Schwarte. Knochenschinken sind roh, gesalzen und gepökelt,

WURST UND SCHINKEN

geräuchert oder auch nur getrocknet von kräftigem Geschmack und wird hauchfein geschnitten.
Lachsschinken: wird aus den besten Stücken der Kotelettstücke vom Schwein geschnitten, mit Speck umhüllt und fest verschnürt. Er wird roh warm geräuchert und ist besonders zart und weich. Vor dem Aufschneiden befreit man den Schinken von der Kunststoffhaut, läßt die Fettränder aber an den Schinkenscheiben.
Nuß-Schinken: wird ebenfalls aus dem Kotelettstück geschnitten. Er ist stark gepökelt, warm geräuchert und mild-würzig im Geschmack. Er wird wie Lachsschinken geformt, aber nicht mit Speck umwickelt.
Parma-Schinken: entbeinter roher Schinken aus dem Gebirge nahe von Parma. Sein einmaliges Aroma machten ihn weltbekannt.
Prager Schinken: wird leicht gepökelt, getrocknet und in Brotteig eingebakken. Er ist besonders schmackhaft.
Rollschinken: aus Fleischteilen, die aus der Keule geschnitten, zu einer festen Rolle gebunden werden; naß gepökelt oder geräuchert, mit kräftigem Rauchgeschmack.
Schwarzgeräuchertes: gekochte Stücke aus der Schweinekeule oder Schulter, mit Wacholder geräuchert.
Schwarzwälder Schinken: ausgebeinter, kantig geformter Schinken, stark gepökelt, luftgetrocknet, mit Tannenholz geräuchert, kernig, aber zart.
Westfälischer Katenschinken: ein Knochenschinken mit dunkler Schwarte von würzigem Geschmack.

Roher Schinken wird als Aufschnitt stets in dünnen Scheiben gereicht. Roher Schinken ist mehrere Monate haltbar. Wie Hartwurst gehört er aber dann nicht in den Kühlschrank, sondern an einen kühlen, luftigen Ort. Am besten hängt man ihn unverpackt im kühlen Keller auf. Eine leichte Grünfärbung der Schnittflächen bedeutet nicht, daß der Schinken verdorben ist, sondern nur, daß das beim Pökeln verwendete Salz austritt. Man sollte dann aber die erste »grüne Scheibe« nicht verzehren und den Schinken vor dem Aufschneiden mit einem feuchten Tuch abreiben.
Hat man keinen geeigneten Platz, den Schinken aufzuheben, kauft man nur kleine Mengen, die man auch für kurze Zeit im Kühlschrank aufbewahren kann. Man legt dazu die Schinkenscheiben dicht aufeinander, rollt sie in geölte Alufolie und verschließt diese fest. Bei unsachgemäßer Lagerung trocknet der Schinken rasch aus.

Wenn Sie einen Schinken oder ein größeres Schinkenstück als Braten zubereiten wollen, wie beispielsweise Prager Schinken oder Rollschinken, können Sie einen normal lange gereiften Schinken verwenden, allerdings sollten Sie ihn mehrere Stunden wässern. Saftiger und delikater wird ein gebratener Schinken, wenn man ihn bereits einige Tage vor dem geplanten Essen bestellt und vom Fleischer noch pökeln und leicht räuchern läßt. Den Schinken sollten Sie vor dem Braten oder Grillen fast gar kochen. Bei einem Schinken von 1 1/2–2 kg dauert das 1 1/2–2 Stunden, bei einem ganzen Schinken von 5–7 kg 2–3 Stunden. Gekochter Schinken eignet sich als Aufschnitt zu Füllungen und Salaten. Er hält sich nur wenige Tage im Kühlschrank. Gekochte Schinkenscheiben und Schinkenstücke bewahrt man wie rohen Schinken in Alufolie verpackt auf.

Speck, Geräuchertes
Aus anderen Teilen des Schweines geschnitten, mit größerem oder kleinerem Fleischanteil, aber immer mit Fett und Schwarte oder – wie bei Speckseiten – schieres Fett mit Schwarte; gepökelt und geräuchert. Speck wird in der Küche als fetter Speck beim Braten von magerem Fleisch oder Geflügel verwendet. Man spickt magere Braten mit Speckstreifen. Vor allem Wildgeflügel wird mit dünnen Speckscheiben umwickelt. Speck, in dem dünne Schichten Fleisch eingelagert sind, nennt man »durchwachsenen Speck«. Er gibt Eintöpfen einen herzhaften Geschmack. Auch als »Unterlage« für Spiegeleier eignet er sich gut. Bauernspeck oder auch Frühstücksspeck oder Schinkenspeck hat im Kern etwas Fleisch und außen eine dicke Fettschicht mit Schwarte. Bekannt ist der Südtiroler Bauernspeck. Er schmeckt vorzüglich zu kräftigem Brot und einem Obstschnaps. Kaufen Sie Speck am Stück oder nach Bedarf in mehr oder weniger dünne Scheiben geschnitten.
Für die Lagerung gilt das gleiche wie für rohen Schinken: kühl und luftig! Er hält sich auch im Kühlschrank, in Folie oder Pergamentpapier verpackt, länger als Schinken.

Rauchfleisch
Rauchfleisch ist gepökeltes oder geräuchertes Rindfleisch.

Bündner Fleisch
Auch Bündner Fleisch ist Rindfleisch: Längliche, magere Stücke aus der Keule junger Rinder werden in Salzlake eingelegt und trocknen dann ohne Rauch in der kalten, klaren Luft der Graubündner Berge. Bündner Fleisch muß fettfrei sein und wird hauchdünn geschnitten.

Bratwurst in Biersauce

500 g Bratwürste
1 Eßl. Bratfett
1/2 l helles Bier
3 Teel. Speisestärke
2 Eßl. Wasser
1/2 Teel. Salz
2 Messersp. Zucker
Saft von 1/2 Zitrone

Pro Person etwa:
2470 Joule
590 Kalorien

Bratzeit:
8 Minuten

Die Bratwürste kurz brühen und abtropfen lassen. Das Fett in der Pfanne erhitzen und die Bratwürste rundherum goldbraun anbraten.
Die Würste aus der Pfanne nehmen und das Bier unter Rühren langsam zum Bratfett gießen. Die Speisestärke mit dem kalten Wasser anrühren, die entstandene Flüssigkeit damit binden, einmal kräftig aufkochen lassen und mit dem Salz, dem Zucker und dem Zitronensaft abschmecken. Die Bratwürste in der heißen Sauce noch etwa 10 Minuten ziehen lassen, dann in einer vorgewärmten Terrine servieren.

Beilagen: Kartoffelpüree und Rotkohl

Preiswert

Mettwurst-Auflauf

750 g Kartoffeln
2 Zwiebeln
1 Staude Chicoree
250 g grobe Mettwurst
2 Eßl. Öl
1/2 Teel. Salz
1 Messersp. schwarzer Pfeffer
1 Teel. Öl
100 g geriebener Emmentaler Käse

Pro Person etwa:
2225 Joule
530 Kalorien

Garzeit für die Kartoffeln:
30 Minuten

Bratzeit:
10 Minuten

Backzeit:
10 Minuten

Die Kartoffeln waschen, mit der Schale in etwa 30 Minuten weichkochen, schälen und in Scheiben oder Streifen schneiden. Die Zwiebeln schälen und würfeln. Die Chicoreestaude waschen, abtrocknen, das Wurzelende keilförmig herausschneiden und den Chicoree in Streifen

WURSTGERICHTE

schneiden. Die Wurst häuten und in Scheiben schneiden.
Den Backofen auf 225° vorheizen. Die Wurstscheiben in einer Pfanne unter Wenden anbraten, aus der Pfanne nehmen und beiseite stellen. Das Öl in der Pfanne erhitzen, die Kartoffeln und die Zwiebelwürfel darin hellgelb braten und mit dem Salz und dem Pfeffer würzen.
Eine feuerfeste Form mit dem Öl ausstreichen, die Chicoreestreifen darin verteilen, die gebratenen Kartoffeln mit den Zwiebelwürfeln und die Wurstscheiben daraufgeben und mit dem Käse überstreuen. Den Auflauf auf der mittleren Schiebeleiste im Backofen etwa 10 Minuten überbakken, bis der Käse geschmolzen und goldbraun ist.

<u>Dazu schmeckt:</u> Möhren-Apfel-Rohkost

Wurstring im Ofen

1 Ring Fleischwurst von 500 g	Pro Person etwa: 2720 Joule
250 g Gouda- oder Edamer Käse	650 Kalorien
2 Eßl. Senf	Bratzeit:
1 Eßl. Öl	20 Minuten

Die Fleischwurst im Ring häuten und in Abständen von etwa 1 cm quer zur Wurst tief einschneiden, den Ring auf eine feuerfeste Platte oder auf ein Backblech setzen.
Den Backofen auf 200–225° vorheizen.
Den Käse in so viele Scheiben schneiden, wie Schnitte in der Wurst sind. Die Wurst mit dem Senf bestreichen und die Käsescheiben in die Einschnitte stecken. Die Wurst und den Käse mit Öl bepinseln. Im Backofen in etwa 20 Minuten knusprig braten.

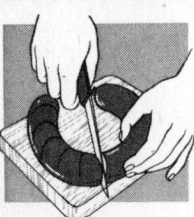

Für den Wurstring die Fleischwurst quer in kurzen Abständen tief einschneiden ...

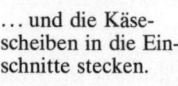

... und die Käsescheiben in die Einschnitte stecken.

<u>Beilagen:</u> Blumenkohl, Broccoli oder Rosenkohl und Bratkartoffeln

<u>Variante</u>
Wurstigel mit Curry

Die Fleischwurst häuten, den Ring in 4 gleichlange Stücke schneiden und die Wurststücke eng kreuzweise bis etwa zur Mitte des Durchmessers einschneiden. Die Wurststückchen dann in heißem Fett oder Öl in der Pfanne knusprig braten, bis sie wie Igel aussehen. Auf Tellern servieren und mit Curry oder Kräuter bestreuen.

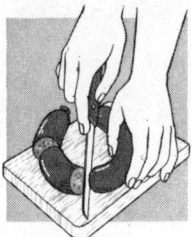 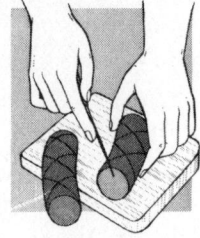

Für Wurstigel die Fleischwurst in 4 gleich große Stücke schneiden ...

... und die Wurststücke kreuzweise bis zur Mitte des Durchmessers einschneiden.

<u>Unser Tip:</u>
Servieren Sie die Wurstigel beim Kindergeburtstag, das geht schnell, ist preiswert und macht den kleinen Gästen Spaß. Reichen Sie als Beilage dann Kartoffelpüree, zur Hälfte mit heißem Ketchup überzogen.

Eine wohlschmeckende »Spielerei« – lustig anzusehen, schnell zubereitet – für das späte Frühstück am Sonntag!

Wurstschüsselchen

8 Scheiben Schinkenwurst mit Haut, insgesamt 600 g	Pro Person etwa: 2800 Joule 670 Kalorien
2 Teel. Öl	
8 rotgefüllte Oliven	Grillzeit:
½ Bund Petersilie	4 Minuten
4 Eier	
2 Messersp. Salz	
½ Tasse Wasser	
1 Eßl. Butter	

Den Grill vorheizen.
Die Haut an der Wurst lassen, weil sonst der Schüsseltrick nicht funktioniert. Die Wurstscheiben auf dem Grillrost dünn mit Öl bestreichen und nur von einer Seite solange grillen, bis sie sich zu Schüsselchen gewölbt haben.
Die Oliven in Scheiben schneiden, die Petersilie waschen, abtropfen lassen und feinschneiden. Die Eier, das Salz

So wölben sich die Wurstscheiben beim Grillen zu Schüsselchen.

und das Wasser verquirlen. Eine Pfanne leer erhitzen, die Temperatur um 1–2 Schaltstufen zurückschalten, die Butter in der Pfanne zerlassen und die verquirlten Eier hineingeben. Die Eimasse mit einem Löffel oder Holzspatel in der Pfanne leicht bewegen, bis sie zu großen weichen Flocken gestockt ist. Die Wurstschüsselchen mit dem Rührei füllen, mit Olivenscheiben und der feingeschnittenen Petersilie garnieren und auf vorgewärmten Tellern servieren.

<u>Dazu schmecken:</u> Mixed Pickles oder Rohkostsalate und Brot

Fränkischer Teller

2 Eßl. Bratfett	Pro Person etwa:
500 g Schweinsbratwürstchen oder 4 Paar Fränkische Bratwürstchen	2640 Joule 630 Kalorien
4 Eßl. Milch	Bratzeit:
2 Messersp. Salz	15 Minuten
1 Messersp. Pfeffer	
4 Eier	
1 Eßl. Butter	
1–2 Peperoni	
½ Bund Petersilie	

Für dieses Gericht brauchen Sie zwei Pfannen.
Das Fett in einer Pfanne erhitzen, die Bratwürstchen darin in 10 Minuten knusprig braun braten und in der Pfanne heiß stellen. Die Milch, das Salz, den Pfeffer und die Eier in einer Schüssel verquirlen. Die fertigen Bratwürste mit einem scharfen Messer in Scheiben schneiden. In der anderen Pfanne die Butter erhitzen, die verquirlten Eier einlaufen lassen, verrühren und kurz vor dem Stocken die heißen Bratwurstscheiben unterheben. Peperoni waschen und in Streifen schneiden.
Das Gericht auf vorgewärmten Tellern anrichten und mit den Peperonistreifen und Petersilie garnieren.

<u>Beilagen:</u> Krautsalat und Schwarzbrot mit Butter

SCHINKENGERICHTE

Fleischkäse-Pudding

4 Brötchen	Pro Person etwa:
500 g Fleischkäse	2850 Joule
1 Bund Petersilie	680 Kalorien
1 Zwiebel	
3 Eßl. Butter	Bratzeit:
4 Eier	10 Minuten
½ Teel. Salz	
je 2 Messersp.	Garzeit:
Pfeffer und	60 Minuten
geriebene	
Muskatnuß	
1 Teel. Butter	
1 Eßl. Semmelbrösel	

Die Brötchen in lauwarmem Wasser einweichen. Den Fleischkäse in Stücke schneiden und durch den Fleischwolf drehen. Die Petersilie waschen, abtropfen lassen und kleinschneiden. Die Zwiebel schälen und würfeln. Die Brötchen ausdrücken und das Wasser wegschütten.
Die Butter in einer großen Pfanne zerlassen, die Petersilie und die Zwiebelwürfel darin anbraten, die Brötchen zugeben und alles solange unter Rühren braten, bis sich die Masse vom Pfannenboden löst; dann in eine Schüssel geben und abkühlen lassen.
Die Eier in Eigelbe und Eiweiße trennen; die Eigelbe mit dem durchgedrehtem Fleischkäse unter das Brötchen-Zwiebel-Gemisch rühren und mit dem Salz, dem Pfeffer und der Muskatnuß würzen. Die Eiweiße steif schlagen und unterheben.
Die Puddingform mit der Butter ausstreichen und mit den Semmelbröseln ausstreuen. Die Puddingmasse einfüllen, die Form verschließen und 60 Minuten im Wasserbad auf dem Herd kochen. Den fertigen Fleischpudding auf eine vorgewärmte Platte stürzen.

Die mit Butter ausgestrichene Puddingform vor dem Einfüllen der Puddingmasse mit Semmelbröseln ausstreuen.

Für das Garen im Wasserbad die fest verschlossene Puddingform in einen Topf stellen und bis zu ³/₄ ihrer Höhe Wasser einfüllen.

Dazu schmecken: Champignon- oder Tomatensauce und gemischter Salat

---

Für Figurbewußte ein ausreichendes Abendessen, für andere eine köstliche Vor- oder Nachspeise.

Geeignet als Vorspeise

Bananen-Mango

4 Bananen	Pro Person etwa:
125 g roher	1130 Joule
Schinken	270 Kalorien
in 8 Scheiben	
1 Eßl. Butter	Backzeit:
4 Eßl. Mango-	5 Minuten
Chutney	

Den Backofen auf 250° vorheizen. Die Bananen schälen, längs halbieren und jede Hälfte mit einer Scheibe Schinken umwickeln. Je 2 Bananen-Hälften auf ein Stück Alufolie legen. Die Butter zerlassen, die Bananen damit bestreichen die Folienränder hochbiegen und alles auf ein Backblech stellen; auf der mittleren Schiebeleiste überbacken. Den Mango-Chutney darauf verteilen, weitere 2 Minuten überbacken und noch warm servieren.

Etwas schwierig

Schinken im Teig

Zutaten für	Pro Person etwa:
6 Personen:	3220 Joule
300 g tiefgefrorener	770 Kalorien
Blätterteig	
1 kg Rollschinken	Auftauzeit:
im Stück	2–3 Stunden
1 Ei	
3 Eßl. geriebener	Backzeit:
Parmesankäse	60 Minuten

Den Blätterteig auftauen lassen. Das Ei in Eigelb und Eiweiß trennen und etwas Eigelb fürs Bestreichen abnehmen. Das restliche Ei verquirlen und mit dem Käse verrühren. Den Backofen auf 200° vorheizen. Den Schinken waschen und abtrocknen. Den Blätterteig so groß ausrollen, daß der Schinken darin eingeschlagen werden kann. Den Schinken auf den Blätterteig legen und mit der Ei-Käse-Masse bestreichen. Den Blätterteig um den Schinken schlagen und die Ränder gut festdrücken. Ein Backblech kalt abbrausen. Den Schinken mit der Teig-»Naht« nach unten auf das feuchte Blech setzen und mit dem zurückbehaltenen Eigelb bestreichen. Auf der Oberseite etwa 2 mm tiefe Einschnitte im Blätterteig anbringen. Dadurch sieht der fertige Schinken besonders dekorativ aus! Den Schinken auf die zweite Schiebeleiste von unten in den Backofen geben und in etwa 60 Minuten goldgelb backen.

Beilagen: gedünsteter Weißkohl oder Sauerkraut

»Schmant« ist die niederdeutsche Bezeichnung für Sahne; »Schmant«-schinken ist Sahneschinken. In Ostpreußen richtet man ihn in einer Steingutschüssel an und serviert ihn mit neuen Kartoffeln und viel frischem grünem Salat.

Kurischer Schmantschinken

400 g roher Schinken	2 Eßl. Speisestärke
2 Zwiebeln	4 Eßl. Wasser
1 Eßl. Öl	
¼ l Milch	Pro Person etwa:
¼ l Sahne	2760 Joue
1 Messersp. Pfeffer	660 Kalorien
1 Ei	
½ Bund Schnitt-	Garzeit:
lauch	15 Minuten

Den Schinken in etwa 3 mm dicke Scheiben schneiden. Die Zwiebeln schälen und in Ringe schneiden. Das Öl in einer Pfanne erhitzen, die Schinkenscheiben und die Zwiebelringe darin kurz anbraten. Die Milch und die Sahne zugießen, mit dem Pfeffer würzen und zugedeckt bei milder Hitze etwa 15 Minuten kochen lassen.
Währenddessen das Ei in 10 Minuten hartkochen, abschrecken, schälen und in Scheiben schneiden. Die Schinkenscheiben und die Zwiebelringe mit einem Schaumlöffel aus der Sauce heben, in einer vorgewärmten Schüssel anrichten und die Eischeiben darüber verteilen.
Den Schnittlauch waschen, abtropfen lassen und kleinschneiden. Die Speisestärke mit dem Wasser anrühren, die Sauce damit binden und einige Male kräftig aufkochen lassen. Die Sauce mit dem Schnittlauch mischen, über die Schinkenscheiben gießen und heiß servieren.

Beilagen: Pellkartoffeln und Kopfsalat, Kressesalat, Endiviensalat oder Feldsalat

> *Mancher gibt sich viele Müh'*
> *mit dem lieben Federvieh;*
> *einesteils der Eier wegen,*
> *welche diese Vögel legen,*
> *zweitens: weil man dann und wann*
> *einen Braten essen kann...* (Wilhelm Busch)

Hausgeflügel

Seit es gelungen ist, Hühner, Enten und Gänse zu züchten, wird das anspruchslose Hausgeflügel auch in der kleinsten Kate gehalten, scharrt es im bescheidensten Auslauf und liefert dem Halter neben den begehrten Eiern wenigstens zu Feiertagen auch noch den Braten. Wie liebevoll Geflügel mit den jeweiligen typischen Produkten eines Landes bereitet wird, beweisen die entsprechenden Spezialitäten-Rezepte aus aller Welt.

Wer da glaubt, alles, was Federn hat, sei Geflügel, der irrt. Das Gesetz weiß es ganz genau: »Geflügel« ist nur »das zum Zwecke des Verzehrs geschlachtete und in den Handel gebrachte Haus- und Mastgeflügel wie Hühner, Gänse, Enten, Truthühner und Haustauben«. Wildvögel, wie Wachteln oder Fasane, gehören dagegen zum Federwild.

Als Marken- und Mastgeflügel dürfen nur erstklassige junge Tiere angeboten werden, während jedes alte, noch so zähe Suppenhuhn als Schlachtgeflügel verkauft werden darf. Trotzdem kann das dreimonatige, körnergefütterte Mistkratzer-Hähnchen eines Bauern als Schlachtgeflügel köstlicher schmecken als das fülligste Marken-Masthähnchen, das sein Gewicht vorwiegend dem Fischmehl verdankt.

Nur junges Geflügel hat zartes Fleisch. Ob Geflügel jung ist, sehen Sie aber nur an frischgeschlachteten, nicht an tiefgefrorenen Tieren. Beim Kauf von tiefgefrorenem Geflügel muß sich der Käufer auf die Angaben auf der Verpackung verlassen. Die Qualität von Mastgeflügel hängt außer vom Alter auch noch von der Art der Haltung und Fütterung ab. Der Geschmack aber offenbart sich auch beim zartesten Hähnchen erst nach dem Kauf – bei Tisch!

Außerdem wird zwischen weißfleischigem und schwarzfleischigem Geflügel unterschieden. Zum weißfleischigen gehören Huhn, Truthahn und Perlhuhn.

Junge, gesunde Tiere erkennt man am biegsamen, nicht verknöcherten Brustbein, den kräftigen Ständern (Füßen), der straffen, elastischen Haut an den Beinen, den scharfen, nicht abgewetzten Krallen und am hellroten Kamm.

Trübe, eingefallene Augen, streifige oder fleckige Verfärbung der Haut, sowie geruchliche Veränderungen sind Zeichen für alte oder schlechtgelagerte Tiere, auf deren Erwerb Sie verzichten sollten.

Die Geflügelarten

Weißfleischiges Geflügel

Küken – auch Stubenküken – (Hennen und Hähne) 4–8 Wochen alt, 250–500 g schwer, für 1–2 Personen ausreichend, nur frischgeschlachtet und selten angeboten, im Frühjahr.
Geeignet zum Füllen und Braten oder Schmoren.

Brathähnchen – auch Poulet – (Hennen und Hähne) 7–10 Wochen alt, 700–1150 g schwer, für 2–4 Personen ausreichend, frisch geschlachtet, vor allem im Frühjahr angeboten, tiefgefroren ganzjährig.
Geeignet zum Braten und Grillen.

Jungmasthuhn (Hennen und Hähne), 12–16 Wochen alt, durch Mast besonders fleischig, mit Fettansatz, 1,5–2 kg schwer, für 4–6 Personen ausreichend, frisch geschlachtet im Sommer und Herbst angeboten, tiefgefroren ganzjährig.
Geeignet zum Braten, Grillen und Schmoren.

Poularde – auch Masthuhn – (Hennen), 16–22 Wochen alt, besonders gemästete Hühner, 1150–1500 g schwer, für 4–6 Personen ausreichend, frisch geschlachtet im Herbst und Winter angeboten, tiefgefroren ganzjährig.
Beste Sorten: Poularde de Bresse aus Frankreich, Poularde de Bruxelles aus Belgien und Poularde de Houden aus Holland.
Geeignet zum Füllen, Braten und Grillen.

Kapaun (kastrierte Hähne) – sonst wie Poularde.

Suppenhuhn (Legehennen, selten Hähne), 12–18 Wochen alt, selten älter, 1,5 kg schwer, selten schwerer, für 4–6 Personen ausreichend, frisch geschlachtet und tiefgefroren ganzjährig angeboten.
Geeignet für Suppen, Eintöpfe und Frikassees, wegen des kräftigen Geschmacks für diese Gerichte beliebter als jüngeres Geflügel.

Puter – auch Truthahn oder Turkey – (Hennen und Hähne), etwa 1 Jahr alt, 3–10 kg schwer, für 8–16 Personen ausreichend, frisch geschlachtet im Winter angeboten, tiefgefroren ganzjährig.
Geeignet im Ganzen gefüllt zum Braten, Puterteile zum Braten und Schmoren.

Junger Puter (Hähne), bis zu 5 Monate alt, bis zu 3 kg schwer, für 5–10 Personen ausreichend, frisch geschlachtet im Herbst angeboten, tiefgekühlt ganzjährig. Junger Puter hat sehr mageres, ein wenig trockenes Fleisch und sollte während des Bratens reichlich mit Fett beschöpft werden.

Geeignet zum Füllen und Braten oder Grillen.

Perlhuhn (Hennen und Hähne), bis zu 6 Monate alt, 700 – 1000 g schwer, für 2–4 Personen ausreichend, frisch geschlachtet im Herbst bis Frühjahr angeboten, seltener tiefgefroren.
Der Geschmack von Perlhuhn erinnert leicht an den von Wild.
Geeignet zum Füllen und Braten oder Grillen.

Schwarzfleischiges Geflügel

Enten kommen hauptsächlich als Mastgeflügel im Alter bis zu einem Jahr auf den Markt. Sie wiegen dann etwa 1600 g–2 kg, für 4–6 Personen ausreichend, frisch geschlachtet von August bis Februar angeboten, tiefgefroren ganzjährig.
Geeignet zum Braten und Schmoren.

Jungmastgans, bis 5 Monate alt, etwa 3 kg schwer, für 8–10 Personen ausreichend, oder

Mastgans, etwa 1 Jahr alt, bis zu 6 kg schwer, für 8–12 Personen ausreichend, frisch geschlachtet wie Jungmastgans von Oktober bis Januar angeboten, tiefgefroren ganzjährig.
Geeignet gefüllt zum Braten oder Gänseteile zum Braten, Grillen und Schmoren.

Taube, 6–10 Wochen alt, 250–600 g schwer, für 1–2 Personen ausreichend, höchst selten als Mastgeflügel angeboten, frisch geschlachtet im Herbst, nicht tiefgefroren.
Nur wirklich junge Tiere eignen sich gefüllt zum Braten oder zum Grillen am Spieß. Obgleich die Taube zum schwarzfleischigen Geflügel zählt, ist ihr Fleisch weiß und zart. Ältere Tiere sind ungenießbar.

Geflügel in der Küche

Der Einkauf von Geflügel

Wenn Sie frischgeschlachtetes Geflügel kaufen, müssen Sie selbst entscheiden, ob für das geplante Gericht ein junges Tier mit zartem Fleisch geeignet ist oder besser ein schon älteres von kräftigerem Geschmack. Junges Geflügel wird vorwiegend gefüllt oder ungefüllt gebraten oder gegrillt. Älteres Geflügel wird hauptsächlich für Schmorgerichte verwendet, für Suppen, Eintöpfe, Terrinen oder Pasteten. Achten Sie bei frisch geschlachtetem Geflügel darauf, daß es bereits ausgenommen und sauber gerupft ist. Bei tiefgefrorenem Geflügel sollten Sie den Aufdruck auf der Verpackung lesen; Gewicht und Bezeichnung lassen ungefähr auf das Alter des Tieres schließen. Außerdem wird das Datum angegeben, vor dem das Gefriergut verbraucht sein sollte. Achten Sie auf die unbeschädigte Verpackung, auf gleichmäßige Färbung der Haut; dunkle Flecken, ausgetretenes Blut und Eiskristalle lassen auf unsachgemäßes Lagern und verminderte Qualität schließen.

Geflügel richtig lagern

Frisch geschlachtetes Geflügel lagert man nach dem Einkauf bis zum Zubereiten zugedeckt – nicht länger als 24–36 Stunden – im Kühlschrank. Tiefgefrorenes Geflügel kann im Gefriergerät oder im 3-Sternfach des Kühlschrankes bis zum Verfalldatum gelagert werden, im 2-Sternfach 1–2 Wochen, im 1-Sternfach höchstens bis zu 3 Tagen.

Geflügel richtig vorbereiten

Tiefgefrorenes Geflügel und Geflügelteile sind küchenfertig, das heißt, sie können ohne besondere Vorbehandlung zubereitet werden. Geflügelteile müssen nicht einmal auftauen, man gart sie angetaut oder noch gefroren. Ganze tiefgefrorene Tiere müssen aber vor dem Zubereiten auftauen. Dazu entfernt man die Verpackung, legt das Tier zugedeckt in eine Schüssel, läßt es – wenn es schnell gehen soll – bei Raumtemperatur, sonst im Kühlschrank auftauen. Das dauert bei Geflügel von 800–1000 g 12 Stunden bei 24° und 16–18 Stunden bei 3–6°, bei Geflügel von 1,5 kg 16–20 Stunden bei 24° und 26–30 Stunden bei 3–6°, bei Geflügel von 4–6 kg 20–26 Stunden bei 24° und 40–46 Stunden bei 3–6°.

Muß es einmal ganz außerordentlich schnell gehen, legt man das noch gefrorene Tier in der Verpackung unter fließendes kaltes Wasser. Dadurch spart man etwa 2–3 Stunden.

Bei tiefgefrorenem Geflügel liegen oft die Innereien, gesondert in Folie verpackt, im Körperinneren. Sie müssen vor dem Zubereiten entnommen werden, man gart sie mit oder verwendet sie für eine Füllung oder Sauce.

Nach dem Auftauen von Geflügel hat sich Blut in der Schüssel angesammelt. Es wird unbedingt weggegossen. Das Tier innen und außen gründlich kalt abspülen, außen gut abtrocknen.

Bei frischgeschlachtetem Geflügel prüft man zunächst, ob es sauber, das heißt vollständig ausgenommen und gerupft ist. Kleine stehengebliebene Federn rupft man aus, oder man hält das Tier über eine niedrige Flamme (Kerze, Gas) und »flämmt« Federnreste weg; danach die Haut noch einmal waschen. In der Bauchhöhle gegebenenfalls Reste des Lungengewebes am Rückgrat und die Nieren entfernen.

GEFLÜGEL IN DER KÜCHE

Auch die Fettdrüse oder Bürzeldrüse am Schwanzende wird abgeschnitten – aus ästhetischen Gründen. Geschmacklich beeinträchtigt das aus der Drüse austretende Fett nur bei manchem Wildgeflügel. Sollten die Beine und der Kopf noch am Geflügel sein, so schneidet man diese nicht verwertbaren Teile ab.

Geflügel vor dem Zubereiten innen und außen gründlich kalt waschen, dabei die Halsöffnung besonders sorgfältig behandeln. Danach außen gut abtrocknen.

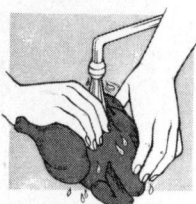
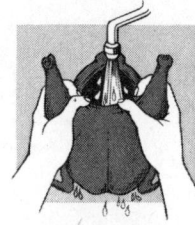

Geflügel vor dem Zubereiten gründlich außen ...

... und innen unter fließendem kaltem Wasser waschen.

Die Haut vom Geflügel wird niemals vor dem Braten gesalzen, weil sie sonst »ledern« wird.

Ausgezeichnet bekommt es aber vor allem jungen Hühnern, wenn sie vor dem Garen mariniert werden. Das oft durch unnatürliche Aufzucht und einseitige Ernährung sehr einheitlich schmeckende Fleisch gewinnt dadurch an Aroma. Entweder reibt man das Tier mit gewürztem Öl ein – das nennt man trockene Marinade – und läßt es einige Stunden bei Raumtemperatur oder über Nacht im Kühlschrank einwirken. Oder man legt das Huhn in eine flüssige, also nasse Marinade und wendet es wiederholt darin. Vor dem Braten oder Grillen wird das Geflügel dann aber abgetrocknet. Gewürztes Öl verwendet man während des Garens noch zum Bestreichen; flüssige Marinade wird als Bratzusatz, als Schmorflüssigkeit oder zum Bereiten einer Sauce gebraucht.

Für die trockene Marinade können Sie Öl mit Ihrem Lieblingsgewürz oder -kraut und etwas Zitronensaft mischen, allerdings nicht mehr als dreierlei Würzzutaten verwenden, sonst wird leicht eine Alptraum-Mischung daraus. Gehen Sie mit Ihren selbsterfundenen Würzmischungen vorsichtig um und richten Sie sich nach einem erprobten Rezept. Nasse Marinaden bestehen aus Wein oder Sherry oder Wasser und Weinessig oder Zitronensaft und Zwiebelstücken, Kräutern, Pfeffer und Nelken oder Ingwer oder Knoblauch oder Thymian oder Salbei oder Paprikapulver. Wichtig: In die Marinade gehört kein Salz, weil es das Fleisch trocken und die Haut »ledern« macht.

Würziger und saftiger wird Geflügel auch durch eine Füllung, die dann zugleich die beste Beilage zum Braten ist. Rezepte für Füllungen gibt es von einfacher Brotmasse über Hackfleisch-, Maisgrieß-, Apfel- oder Kastanienmischungen, stets angereichert mit jeweils bindenden und geschmacklich raffinierten Substanzen. Trotz der Füllung das Geflügel zuvor innen mit Salz und Pfeffer einreiben.

Die Bauchhöhle darf nicht prall voll Füllung gestopft werden, denn diese dehnt sich beim Garen, und die Geflügelhaut könnte dadurch platzen. Geflügel stets nur zu 2/3 füllen. Übriggebliebene Füllung in einer kleinen Form (Aluform) mit dem Geflügel im Backofen garen und gesondert dazu servieren.

Die Bauchöffnung von gefülltem Geflügel mit Küchengarn oder doppeltem starken Nähfaden zunähen oder mit Holzspießen zustecken und um die Spießchen Garn winden.

Geflügel, das im Ganzen gegart wird, immer vor dem Garen dressieren, das heißt in Form binden. Die Flügel werden dazu in den Gelenken gedreht und unter den Rücken gelegt. Die Keulen werden fest an den Körper gedrückt und Flügel und Keulen in dieser Lage mit Küchengarn festgebunden.

Mageres Geflügel vor dem Garen mit Speckscheiben belegen – das nennt man bardieren –, damit das Fleisch nicht austrocknet. Die Speckscheiben mit Küchengarn festbinden. 10–15 Minuten vor Ende der Garzeit den Speck entfernen, damit die Oberfläche bräunen kann. Den Speck nach Wunsch knusprig ausbraten und zum Geflügel servieren.

Für viele Schmorgerichte wird Geflügel roh in annähernd gleich große Teile zerlegt. Hierfür zunächst quer über den Rücken einen Schnitt anbringen. Dann längs entlang dem Rückgrat einschneiden und die beiden Fleischstücke mit der Haut vom oberen Querschnitt bis zum Längsschnitt lösen. Das Huhn wenden und die

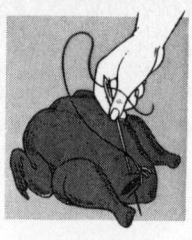
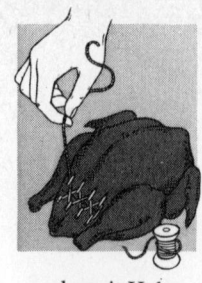

Die Öffnung von gefülltem Geflügel zunähen ...

... oder mit Holzspießchen senkrecht zum Einschnitt zustecken und die Spießchen mit Garn umwinden.

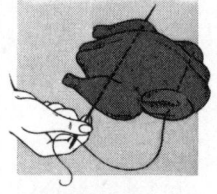
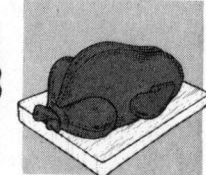

Beim Dressieren den Faden durch einen Flügel, den Brustkorb und den anderen Flügel ziehen, zum Schenkel führen und die Schenkel ebenso durchstechen. Die Fadenenden verknoten.

Ein Schnitt in der unteren Bauchhaut, durch den man die Keulen steckt, erspart die Mühe des Dressierens. Die Flügel werden dann im Gelenk gedreht und unter den Rücken gelegt.

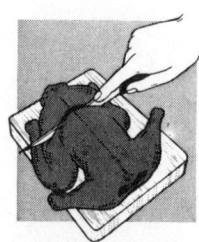
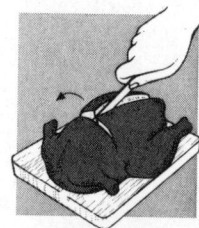

Beim Zerlegen von ungegartem Geflügel quer über den Rücken einen Schnitt anbringen ...

... dann längs entlang des Rückgrats einschneiden und die beiden Fleischteile mit der Haut lösen.

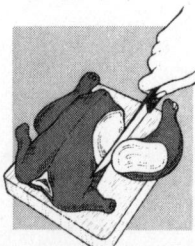
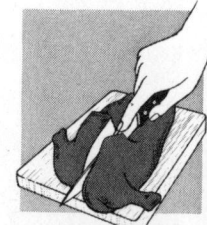

Den längs gespaltenen Rumpf auseinanderklappen, umdrehen und die Keulen abtrennen.

Beidseits von der oberen Brustbeinspitze diagonal bis unterhalb des Schultergelenks einen Teil der Brust und die Flügel abschneiden.

GEFLÜGEL IN DER KÜCHE

Keulen abtrennen. Den Rumpf längs spalten, umdrehen und auseinanderklappen. Danach beidseits diagonal von der oberen Brustbeinspitze bis unterhalb des Schultergelenks einen Teil der Brust mit den Flügeln abschneiden. Zuletzt die übrige Brust ablösen. Bei größeren Tieren als Hühnern kann man die Brust noch längs oder längs und quer teilen und eventuell die Oberschenkel und die Unterschenkel voneinander trennen.

Soll nach einem bestimmten Rezept rohes Geflügel auch schon entbeint werden, befolgen Sie unseren Rat und nicht das Rezept. Entbeinen Sie es nicht, das ist sehr mühevoll, und das Fleisch bleibt saftiger, wenn es etwas langsamer am Knochen gart.

Das Garen von Geflügel

Braten und fritieren

Kleines junges Geflügel kann im Ganzen, besser aber in Teilen, in der Pfanne in wenig heißem Bratfett gebraten werden. Dabei muß man es häufig wenden, damit alle Partien gleichmäßig garen. Besonders knusprig gerät das Geflügel, wenn es schon etwa eine Stunde vor dem Braten leicht in Mehl gewendet wird. Dann genügt aber nicht wenig Fett, sondern der Pfannenboden sollte etwa 1 cm hoch von Fett bedeckt sein. Große Stücke etwa 25 Minuten, kleine Stücke 15–20 Minuten bei Mittelhitze unter häufigem Wenden braten, dann die Pfanne zudecken, den Deckelschieber öffnen (oder einen Spalt offen lassen) und weitere 10 (kleine Stücke) bis 20 Minuten (große Stücke) fertigbraten. Den Bratensatz mit Wein, Fleisch- oder Geflügelbrühe lösen und eine Sauce daraus bereiten.

Nicht zu große Geflügelteile können auch paniert gebraten oder fritiert werden. Die Teile waschen, noch feucht zuerst in Mehl wenden, dann in verquirltes Ei tauchen und zuletzt in Semmelbröseln wenden. Die Semmelbrösel leicht andrücken, die Teile danach aber leicht schütteln, damit nicht festhaftende Panadeteilchen gleich abfallen und nicht erst im heißen Fett, wo sie rasch verbrennen würden.

Die panierten Teile dann in reichlich heißem Fett in der Pfanne oder in Fett schwimmend in der Friteuse garen. In der Pfanne häufig wenden.

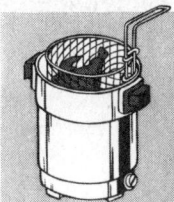

In der elektrischen Friteuse gart man rasch kleinere Geflügelteile im Fett schwimmend.

Die elektrische Friteuse auf 180° einstellen oder die Temperatur des Fettes mit dem Fritierthermometer prüfen. Geflügelteile in der Größe eines Hühnerschenkels mit Knochen brauchen in heißem Fett 15–20 Minuten zum Garen. Werden die Stücke zu schnell braun, muß die Hitze zurückgeschaltet werden, und umgekehrt. Größere Geflügelteile, wie etwa ein Puterschenkel, können nicht fritiert werden, da sie außen verbrennen und innen nicht gar würden.

Zum Fritieren können Sie unpanierte Geflügelteile auch in Ausbackteig tauchen. Den Ausbackteig aber vorher gut 60 Minuten ruhen lassen, damit er »entspannt« und besser haftet. Für den Teig Wasser oder Milch oder Wein oder Bier mit etwas Öl, Eiern und soviel Mehl verrühren, daß eine flüssige, aber nicht zu dünne Masse entsteht.

Die fritierten Geflügelteile auf saugfähigem Papier abtropfen lassen und erst vor dem Servieren salzen.

Braten im Backofen

Kleines Geflügel in der Bratreine, großes in der Bratenpfanne des Backofens garen, fettes Geflügel auf dem Rost über der Bratenpfanne, damit das Fett abtropfen kann.

Das Bratgeschirr muß so groß sein, daß zwischen Braten und Geschirr genügend Raum ist, daß man den Braten gut wenden und beschöpfen kann.

Mageres Geflügel vor dem Braten bardieren. Nicht bardiertes Geflügel vor und während des Bratens mit Öl bepinseln. Die Haut wird dadurch braun und knusprig, aber nicht trocken. Jedes Geflügel während des Bratens alle 10–15 Minuten mit dem entstandenen Bratenfond beschöpfen.

Geflügel immer zuerst mit der Brust nach unten braten, nach etwa der halben Bratzeit wenden und mit der Brust nach oben fertigbraten. Großes Geflügel sogar öfter wenden: von einer Brusthälfte zur anderen und von dort auf den Rücken.

Bräunt das Geflügel zu rasch, die Brattemperatur zurückschalten und den Braten mit Alufolie bedecken. Fettes Geflügel während des Bratens mit einer dicken Nadel oder mit einem Holzstäbchen seitlich mehrfach einstechen, damit das Fett abfließen kann.

Nach beendeter Bratzeit zur Garprobe mit einer dicken Nadel oder einem Holzstäbchen in die dickste Stelle des Schenkels stechen. Tritt weißer Fleischsaft aus, ist der Braten gar; ist der Fleischsaft noch rötlich gefärbt, muß der Braten länger garen.

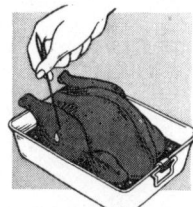

Zur Garprobe mit einer dicken Nadel oder einem Holzstäbchen in die dickste Stelle des Schenkels stechen. Der austretende Fleischsaft ist bei garem Geflügel farblos.

Kleines Geflügel oder Geflügelteile lassen sich auch im Tontopf, im Bräter mit Deckel oder in Bratfolie braten. (Den Tontopf vor Bratbeginn 15 Minuten in kaltes Wasser stellen.) Für mageres Geflügel werden Tontopf oder Bräter mit Speckscheiben ausgelegt; fettes Geflügel kommt auf einem Bett aus Gemüse, Orangenscheiben oder nur mit etwas Zwiebeln, Kräutern und den jeweiligen Gewürzen in den Topf – entsprechend auch in die Bratfolie oder leicht geölte Alufolie. Topf und Folie nach Vorschrift schließen, Bratfolie mit Einstichen versehen. Bräter und Tontopf auf den Rost auf den Boden des kalten Backofens stellen, Bratfolie und Alufolie auf dem kalten Rost in den vorgeheizten Backofen schieben. Im Tontopf, Bräter und Bratfolie bräunt der Braten normal, Alufolie, eventuell auch Tontopf und Bräter in den letzten 15 Garminuten öffnen und den Braten eine Schiebeleiste höher bräunen lassen.

Grillen

Zum Grillen am Drehspieß des Elektrogrills eignet sich wegen der Raumbegrenzung nur kleines Geflügel. Über Holzkohle kann auch größeres Geflügel bei genügend Zeit am Drehspieß gegrillt werden; idealerweise mit automatischer Dreheinrichtung.

GEFLÜGEL IN DER KÜCHE

Zum Grillen auf dem Rost zerlegt man Geflügel in Viertel oder noch kleinere Teile, die noch flachgedrückt

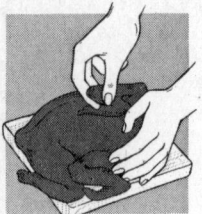
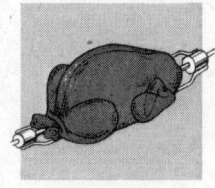

Wird Geflügel am Drehspieß gegart, zum Dressieren die Flügel im Gelenk drehen und auf den Rücken legen.

Die Keulen durch einen Schlitz an der unteren Bauchhaut stecken und den Körper mit den Halteklammern des Spießes befestigen.

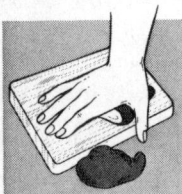

Geflügelteile, die auf dem Rost gegrillt werden, vorher mit dem Handballen flachdrücken.

werden, damit sie gleichmäßig garen. Vor dem Grillen sollte Geflügel mit einer trockenen Öl-Marinade behandelt werden, weil es dadurch vor dem Austrocknen besser geschützt ist. Während des Grillens wird es regelmäßig mit der Marinade bestrichen.

Ob Holzkohlengrill oder Elektrogrill, das Grillgut muß zur Hitzequelle mindestens 10 cm Abstand haben und sollte bei mittlerer Hitze garen, damit es weder verbrennen noch austrocknen kann.

Feine Aromen ergeben sich, wenn auf der Holzkohle frische Obstbaumzweige oder einige Wacholderzweige verglühen. Oder man legt kurz vor Ende der Grillzeit wenig frische Kräuter wie Rosmarin oder Salbei, auf die Glut.

Bei Geflügel am Drehspieß machen Sie die Garprobe wie beim Braten im Backofen, nämlich durch einen Stich in den Schenkel. Bei Geflügelteilen auf dem Rost gegart, prüft man den Garegrad durch Fingerdruck: Fühlt sich das Fleisch elastisch aber fest an, ist es gar; gibt es noch weich nach, ist es noch roh.
Für flachgedrückte größere Stücke auf dem Rost müssen Sie 20–25 Minuten Grillzeit rechnen, für kleinere Teile, wie Flügel oder Spießchen, 10–15 Minuten.

Schmoren und kochen

Für viele Gerichte von Weltruf wird Geflügel geschmort. Vielfach ist Wein die Schmorflüssigkeit, oft wird erst gewürfelter Speck angebraten oder Gemüse. In jedem Fall das Geflügel – kleines Geflügel im Ganzen, großes in Teilen – von allen Seiten gut im Schmortopf im Fett anbraten, mit wenig Mehl bestäuben und weiterbraten, bis es hellbraun ist.

Je nach Rezept das Fleisch nach dem Anbraten aus dem Topf nehmen, den Bratensatz mit Flüssigkeit lösen, aufkochen lassen, die Geflügelteile wieder einlegen und bei milder Hitze langsam gar schmoren. Oder die Schmorflüssigkeit seitlich zum Fleisch gießen; nicht die ganze Menge zu Beginn, sondern wiederholt einen Teil während der Schmorzeit. Wichtig ist die milde Hitze; denn das Geflügel soll nicht kochen, sondern sanft garen.

Gekochtes Geflügel ist landläufig ein Suppenhuhn, aus dem eine Suppe oder ein Eintopf entsteht. Man legt das vorbereitete Huhn in reichlich kochendes Salzwasser mit Suppengrün, einer Zwiebel und Gewürzen und läßt es im halbgeschlossenen Topf etwa 1½–2 Stunden kochen. Zu Beginn der Kochzeit muß wiederholt sich bildender Schaum abgeschöpft werden. Das gare Huhn wird von Haut und Knochen befreit, in kleine Stücke geschnitten und zum Teil als Suppen- oder Eintopfeinlage verwendet, zum Teil für Salate.

Feinschmecker lassen aber auch eine Poularde, ein Brathähnchen kochen oder besser gar ziehen, um daraus feine Frikassees, Salate oder Huhn als »Tellerfleisch« zu bereiten. Ein Suppenhuhn macht zwar die Brühe herzhafter, sein Fleisch erreicht aber niemals die Zartheit von jungem Geflügel. Das vorbereitete, dressierte und nach Wunsch gefüllte Geflügel knapp mit kaltem Salzwasser bedeckt aufsetzen und langsam zum Kochen bringen. Den Schaum mehrmals abschöpfen. Danach die Hitze reduzieren, ein Kräuterbündel zugeben und alles in etwa 1 Stunde bei milder Hitze gar ziehen lassen; die Oberfläche der Brühe darf dabei nicht sprudelnd kochen, sondern nur leicht Blasen werfen. Nach der halben Garzeit sorgfältig geschnittene und gebündelte Möhrenstifte und Lauchstangen einlegen und in der Brühe garen. Nach Wunsch auch einige gewürfelte Kar-

Zum Bild rechts:

Wenn Sie für ein Hühnerfrikassee – unser Bild zeigt ein solches im Entstehen – ein nicht zu schweres Suppenhuhn von etwa 1 kg Gewicht auswählen, so erhalten Sie neben einem verhältnismäßig preiswerten Essen zugleich die Gewißheit, daß das Huhn bei diesem Gewicht noch keine jahrelange Legetätigkeit hinter sich hat, also kein zähes Fleisch liefert, dafür aber intensiver nach Geflügel schmeckt als ein junges Masthuhn. Den letzten Pfiff bekommt das Hühnerfrikassee durch die Sauce. Sie muß liebevoll abgeschmeckt, sollte aber nicht überwürzt werden. Entweder die Sauce mit Wein, Zitronensaft und Sahne abrunden und grüne Erbsen, Spargelspitzen oder Champignons hineingeben oder die Sauce statt des Gemüses mit Ananasraspeln und Mandelblättchen anreichern und zart mit Currypulver abschmecken.
Das Rezept finden Sie auf Seite 220.

GEFLÜGEL IN DER KÜCHE

Zum Bild links:

Ein Gänsebraten gehört an einem Feiertag wie Kirchweih, Martini oder Weihnachten auf den Tisch. Ob die Gans gefüllt oder ungefüllt gebraten wird, sollte man nach den geplanten Beilagen entscheiden. Bei einer Weißbrotfüllung könnten zum Beispiel die obligatorischen Kartoffelklöße entfallen, dafür sollte der Rotkohl dann festlich mit Kastanien angereichert werden. Wird die Gans dagegen mit Pilzen oder Äpfeln gefüllt, sind die Klöße oder die Kartoffeln als Beilage wichtiger als zusätzliches Gemüse. Bei einer ungefüllten Gans sollte man mit Beilagen nicht geizen; denn einen Gänsebraten gibt es nicht so oft, da darf schon einmal wie in vergangenen Zeiten getafelt und geschlemmt werden. Wenn Sie im Tranchieren einer Gans noch wenig Übung haben, zerteilen Sie den Braten in der Küche. Bei Tisch könnte Ihnen bei dieser nicht ganz mühelosen Arbeit leicht ein Malheur passieren und die Festtagsstimmung trüben.
Rezepte finden Sie auf Seite 225.

toffeln mitkochen lassen. Die Brühe zuletzt durchsieben, abschmecken und als Vorsuppe servieren. Das Hähnchen tranchieren und mit dem Gemüse als Hauptgericht reichen.

Geflügel richtig tranchieren

Zum Tranchieren brauchen Sie ein scharfes, kräftiges Messer, eine zweizinkige Gabel und für großes Geflügel eventuell auch eine Geflügelschere (Küchenschere). Als Unterlage eignet sich ein großes Holzbrett.

Zuerst werden Keulen und Flügel mit dem das Gelenk umgebenden Muskelfleisch abgeschnitten. Den Körper dabei mit der Rundung der Gabel festhalten; nicht mit den Zinken durch Haut und Fleisch stechen, damit die Haut nicht reißt und nicht unnötig Fleischsaft austritt.

Den Körper danach längs halbieren – dazu eventuell die Geflügelschere benützen – und die Längshälften noch einmal quer durchschneiden. Bei großem Geflügel das Fleisch an den Längshälften in schräge Scheiben schneiden, ebenso die Schenkel längs des Knochens in Scheiben schneiden. Nicht zu große Brathähnchen, Poularden und Enten können aber auch einfach nur längs und quer in Viertel geteilt werden.

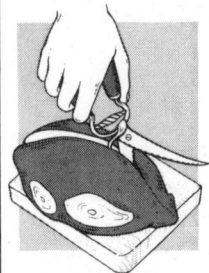

Den Rumpf mit der Geflügelschere längs halbieren und die Hälften dann noch einmal quer durchschneiden.

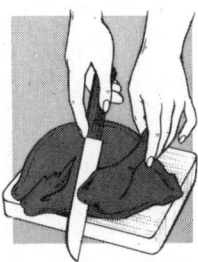
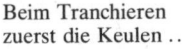
Beim Tranchieren zuerst die Keulen ...

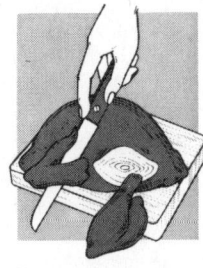
... dann die Flügel mit dem umgebenden Muskelfleisch abschneiden.

Bei großem Geflügel die Längsseiten in schräge Scheiben ...

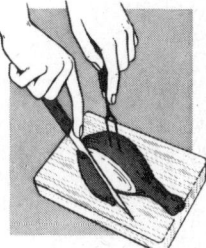
.. die Schenkel längs des Knochens in dünne Scheiben schneiden.

Brattabelle für Geflügel

Küken	250–500 g	220°	30–40 Minuten	
Taube	300–600 g	220°	35–45 Minuten	
Perlhuhn	700–1000 g	210°	45–55 Minuten	
Brathähnchen	900–1200 g	210°	50–60 Minuten	Nach dem Ende der Bratzeit das Geflügel im abgeschalteten Backofen bei geöffneter Backofentüre 10 Minuten ruhen lassen.
Poularde	1150–1500 g	210°	90–100 Minuten	
Kapaun	1500–1800 g	210°	90–110 Minuten	
Ente	1500–2000 g	210°	90–110 Minuten	
Gans*	3–4 kg	180°	3–3½ Stunden	
Puter*	3–4 kg	180°	3–3½ Stunden	

* Für großes Geflügel besser die längeren Bratzeiten wählen, da beim häufigen Beschöpfen stets Temperaturverlust eintritt.

Gefülltes Geflügel braucht je nach Größe 20–40 Minuten länger zum Braten als ungefülltes. Fettes Geflügel gegen Ende der Bratzeit mit Salzwasser oder Bier bestreichen, mageres Geflügel während der gesamten Bratzeit mit Butter oder Öl bestreichen. Den Elektrobackofen 15–20 Minuten vor Bratbeginn auf die benötigte Temperatur vorheizen; der Gasbackofen erreicht die Temperatur in 2–3 Minuten.

HUHN · HÄHNCHEN

Preiswert
Hühnerfrikassee

Bild Seite 217

2 l Wasser	2 Eßl. Zitronensaft
1 ½ Teel. Salz	1 gute Prise Salz
1 Suppenhuhn von etwa 1 kg	1 Glas Weißwein
½ Bund Petersilie	Pro Person etwa:
⅜ l Hühnerkochbrühe	2890 Joule 690 Kalorien
2 Eßl. Butter	
4 Eßl. Mehl	Garzeit:
3 Eßl. Sahne	2 Stunden
1 Eigelb	

Das Wasser mit dem Salz zum Kochen bringen. Das Huhn innen und außen gründlich waschen. Die Petersilie waschen. Das Huhn mit der Petersilie ins kochende Salzwasser legen, in der ersten Zeit mehrmals abschäumen und anschließend in einem spaltbreit geöffneten Topf knapp 2 Stunden leicht kochen lassen. Das Huhn ist gar, wenn sich die Keulen leicht herausdrehen lassen.
⅜ Liter von der heißen Hühnerbrühe abmessen. Das Fett von der Oberfläche abschöpfen. Die Butter in einem Topf zerlassen, das Mehl hineinstreuen und unter Rühren darin anbraten. Nach und nach mit der Geflügelbrühe aufgießen, glattrühren und unter Rühren etwa 10 Minuten kochen lassen. Das Huhn aus der Brühe nehmen, die Haut abziehen, das Fleisch von den Knochen lösen und in gleich kleine Stücke schneiden. Die Sahne mit dem Eigelb verquirlen, 2 Eßlöffel von der heißen Sauce in das Eigelb-Sahne-Gemisch rühren, die Sauce vom Herd nehmen und die Eigelbsahne unterziehen. Die Sauce mit dem Zitronensaft und etwas Salz abschmecken und zuletzt mit dem Weißwein mischen. Die Fleischstücke in die Sauce legen und 5 Minuten darin erwärmen – keinesfalls kochen! Das Hühnerfrikassee in einer vorgewärmten Schüssel servieren. Die Geflügelbrühe mit einer beliebigen Einlage zu einer anderen Mahlzeit als Suppe servieren.

Beilagen: körnig gekochter Reis und Kopfsalat mit Schnittlauch, Feldsalat, Champignonsalat oder Spargelsalat

Unser Tip: Je ½ Tasse Spargelspitzen aus der Dose, gut abgetropft und/oder tiefgefrorene Erbsen in der Sauce erhitzen (die Erbsen 6 Minuten vor dem Legieren bereits in der Sauce leicht kochen lassen). Oder – für den exotischen Geschmack – ½ Tasse Ananasstückchen und 1 Eßlöffel Mandelsplitter mit der Sauce mischen; die Sauce nach Belieben mit Currypulver abschmecken.

Grundrezept
Brathähnchen

Zutaten für 3–4 Personen:	Pro Person etwa: 1340 Joule
1 Brathähnchen von etwa 1200 g	320 Kalorien (pro Hähnchenviertel)
1 Bund Petersilie	
½ Teel. Salz	Bratzeit:
2 Messersp. Pfeffer	60 Minuten
3 Eßl. Butter	
1 Zitrone	
1 Tomate	

Den Backofen auf 210° vorheizen. Das Hähnchen innen und außen gründlich kalt waschen und abtrocknen. Die Petersilie waschen und abtropfen lassen. Das Hähnchen innen mit dem Salz einreiben und die Hälfte der Petersilie in die Bauchhöhle stecken. Das Hähnchen außen mit dem Pfeffer einreiben und dressieren, also Flügel und Schenkel fest an den Körper binden.
Das Hähnchen mit der Brust nach unten in eine Bratreine legen. Die Butter zerlassen, das Hähnchen von allen Seiten gut mit der Butter bestreichen, auf der zweiten Schiebeleiste von unten 60 Minuten im Backofen braten und während der ganzen Bratzeit alle 10 Minuten mit der Butter bestreichen. Nach 30 Minuten wenden. Das Hähnchen ist gar, wenn nach einem Einstich in den Schenkel farbloser Fleischsaft austritt. Das Hähnchen dann noch 10 Minuten im abgeschalteten Backofen bei geöffneter Tür ruhen lassen.
Die Zitrone und die Tomate waschen und abtrocknen. Die Zitrone in Spalten, die Tomaten in Achtel schneiden. Das Hähnchen mit einem scharfen, kräftigen Messer, mit der Geflügelschere oder der Küchenschere zunächst längs halbieren und die Hälften noch einmal quer halbieren. Die Hähnchenteile auf einer vorgewärmten Platte anrichten und mit der restlichen Petersilie, den Zitronenspalten und den Tomatenachteln garnieren.

Beilagen: Petersilienkartoffeln, Pommes frites, gegrillte Kartoffelscheiben, Brot oder Brötchen und Waldorfsalat oder beliebiger Blattsalat

Variante
Rosmarinhähnchen

Das Hähnchen statt mit Petersilie mit Apfelstücken und 2 Messerspitzen Rosmarin füllen. Dafür 1 Apfel schälen, vierteln, vom Kernhaus befreien und die Apfelviertel in kleine Stückchen schneiden. Zuletzt den Bratenfond mit 1 Tasse Fleischbrühe lösen und in einen Topf gießen. 2 Eßlöffel saure Sahne mit 1 Teelöffel Speisestärke verrühren, die Sauce damit binden und einmal kräftig aufkochen lassen. Die Apfelstückchen aus dem Inneren des Hähnchens mit der Sauce verrühren und dazu Kartoffelpüree reichen.

Unsere Tips: Wer Hähnchen besonders knusprig mag, bepinselt sie während der letzten 10 Bratminuten nicht mehr mit Butter, sondern mit Salzwasser oder Bier.
Hähnchen mit den Fingern essen ist praktisch, zünftig und erlaubt! Dann sollten aber Wasserschälchen mit Zitronenscheiben für die Finger und Ablageteller für die Knochen auf dem Tisch stehen.

Gefülltes Brathähnchen

1 Brathähnchen von 1200 g	3 Messersp. Pfeffer
1 Bund Petersilie	3 Eßl. Butter
100 g Edamer oder Emmentaler Käse	¼ l Fleischbrühe 2 Teel. Speisestärke
4 Eßl. Mandarinenspalten aus der Dose	Pro Person etwa: 2640 Joule
200 g gemischtes Hackfleisch	630 Kalorien
½ Teel. Salz	Bratzeit: 80 Minuten

Den Backofen auf 210° vorheizen. Das Hähnchen innen und außen gründlich kalt waschen und gut abtrocknen. Die Petersilie waschen, abtropfen lassen und die Hälfte davon kleinschneiden. Den Käse in sehr kleine Würfel schneiden. 1 Eßlöffel Mandarinenspalten zum Garnieren zurückbehalten, die restlichen Spalten in kleine Stückchen schneiden. Das Hackfleisch in eine Schüssel geben, mit den Käsewürfeln, der geschnittenen Petersilie, den kleingeschnittenen Mandarinen und der Hälfte des Salzes und des Pfeffers vermengen. Das Hähnchen innen mit dem restlichen Salz, außen mit dem restlichen Pfeffer einreiben. Das Hähnchen mit der Hackfleischmasse locker füllen und

HÄHNCHEN

die Öffnung mit Küchengarn zunähen. Das Hähnchen dann dressieren, also Flügel und Schenkel an den Körper binden.
Die Butter zerlassen, das Hähnchen von allen Seiten gut mit der Butter bestreichen, mit der Bauchseite nach unten in eine Bratreine legen und auf der zweiten Schiebeleiste von unten 80 Minuten im Backofen braten. Das Hähnchen während der Bratzeit alle 10 Minuten mit der zerlassenen Butter bepinseln und nach 40 Minuten wenden.
Das gare Hähnchen aus der Bratreine nehmen und auf einer vorgewärmten Platte im abgeschalteten Backofen bei geöffneter Tür 10 Minuten ruhen lassen. Den Bratenfond mit der Fleischbrühe lösen, in einen Topf gießen, mit der angerührten Speisestärke binden und einmal kräftig aufkochen lassen. Das Hähnchen in Viertel schneiden, auf einer vorgewärmten Platte anrichten und mit der restlichen Petersilie und den übrigen Mandarinenspalten garnieren. Die Sauce gesondert dazureichen.

Beilagen: körnig gekochter Reis oder Kartoffelpüree und gedünsteter Chicorée, Bohnengemüse, Selleriesalat oder Feldsalat

um die Hähnchenhälften legen und oben gut verschließen, auch die Seitenöffnungen gut zusammendrücken. Die beiden Pakete auf den Bratenrost des Backofens legen und auf der mittleren Schiebeleiste 40 Minuten im Backofen braten. Nach 40 Minuten die Päckchen aus dem Ofen nehmen, die Folie oben öffnen und die Hähnchenhälften mit Salzwasser bestreichen. Die Hähnchenteile offen wieder in den Backofen schieben und weitere 10 Minuten knusprig braun braten.

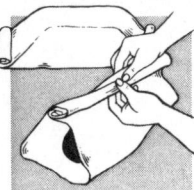 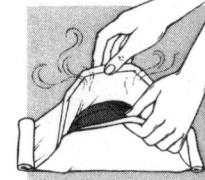

Beim Verschließen der Alufolie auch die Seitenöffnungen gut zusammendrücken und umknicken.

Vor Beendigung der Garzeit die Folie oben öffnen, damit die Hähnchen gut bräunen können.

Die Tomaten und die Petersilie waschen, die Tomaten abtrocknen, die Petersilie abtropfen lassen. Die Hähnchenhälften in der geöffneten Folie auf einer Platte servieren und mit den Tomaten und der Petersilie hübsch garnieren.

Dazu schmeckt: Kopfsalat mit Zitronensaft, Magerjoghurt und Dill angemacht oder Kartoffelsalat mit Mayonnaise angemacht

Hähnchen in Alufolie

Zutaten für 2 Personen:
1 Brathähnchen von 900 g
je 2 Messersp. Salz und getrockneter Rosmarin
1 Eßl. Öl
2 Tomaten
1/2 Bund Petersilie

Pro Person etwa:
2090 Joule
500 Kalorien

Bratzeit:
50 Minuten

Den Backofen auf 240° vorheizen. Das Hähnchen innen und außen gründlich kalt waschen und gut abtrocknen. Das Hähnchen halbieren und die Innenseiten mit dem Salz und dem Rosmarin einreiben.
2 genügend große Stücke Alufolie mit dem Öl bestreichen und die Hähnchenhälften mit der Hautseite nach oben darauflegen. Die Alufolie locker

Alufolie und Hähnchenhälften leicht mit Öl bestreichen bevor die Folie geschlossen wird.

Hähnchen in Currysauce

Zutaten für 2 Personen:
1 Brathähnchen von 900 g
je 1/2 Teel. Salz und getrockneter Majoran
1 Messersp. gemahlener Koriander
2 Eßl. Bratfett
2 Zwiebeln
1 Knoblauchzehe
2 Eßl. Butter
1 Eßl. Mehl
2 Tassen Kokosmilch oder Fleischbrühe

1 Eßl. Currypulver
2 Messersp. Salz
2 Eßl. Sahne
Saft von 1/2 Zitrone
2 Eßl. Cocktailkirschen oder Sauerkirschen aus dem Glas

Pro Person etwa:
3060 Joule
730 Kalorien

Garzeit:
40 Minuten

Das Hähnchen innen und außen gründlich kalt waschen und abtrocknen. Das Hähnchen in Viertel zerteilen. Das Salz mit dem Majoran und dem Koriander mischen und die Hähnchenteile damit einreiben. Das Bratfett in einer Pfanne erhitzen, die Hähnchenteile von allen Seiten darin gut anbraten, die Pfanne dann zudecken und die Hähnchen bei milder Hitze 30 Minuten braten.
Für die Sauce die Zwiebeln und die Knoblauchzehe schälen und beides in sehr kleine Würfel schneiden. Die Butter in einem Topf erhitzen und die Zwiebel- und Knoblauchwürfel darin glasig braten. Das Mehl darüberstäuben, ebenfalls kurz anbraten und nach und nach mit der Kokosmilch oder der Fleischbrühe aufgießen. Das Currypulver und das Salz hinzufügen und die Sauce bei milder Hitze unter Rühren 10 Minuten kochen lassen. Zuletzt die Sahne in die Sauce rühren und mit dem Zitronensaft abschmecken. Die Sauce durch ein Sieb streichen, wieder in den Topf geben, und die gebratenen Hähnchenviertel in der Sauce 10 Minuten ziehen lassen. Die Hähnchen mit der Sauce anrichten und mit den Kirschen garnieren.

Beilage: körnig gekochter Reis mit Schnittlauch bestreut oder Kartoffelpüree mit gebratenen Semmelbröseln

Geschmortes Paprikahähnchen

1 Brathähnchen von 900 g
1/2 Bund Petersilie
1/2 Teel. Salz
2 Messersp. Pfeffer
2 Messersp. Ingwerpulver
1/2 l Fleischbrühe
1 Eßl. Bratfett
2 grüne Paprikaschoten
1 Knoblauchzehe
2 Messersp. Salz
1 Teel. Butter
3 Tomaten
1/8 l Sahne
je 2 Messersp. Pfeffer und Kräutersalz
100 g Gouda oder Emmentaler Käse
1 Eßl. Butter

Pro Person etwa:
2300 Joule
550 Kalorien

Schmorzeit für das Hähnchen:
40 Minuten

Garzeit für das Gemüse:
20 Minuten

Zeit zum Überbacken:
10 Minuten

Das Hähnchen innen und außen kalt waschen und abtrocknen. Die Petersilie waschen, abtropfen lassen und kleinschneiden. Das Hähnchen längs halbieren. Das Salz mit dem Pfeffer und dem Ingwerpulver mischen, das Hähnchen damit einreiben und mit

HÄHNCHEN · TAUBE

der Petersilie bestreuen. Die Fleischbrühe zum Kochen bringen. Das Bratfett in einer großen Pfanne erhitzen und die Hähnchenhälften darin von beiden Seiten gut anbraten. Etwa 1 Tasse heiße Fleischbrühe seitlich um das Hähnchen gießen, einmal aufkochen lassen und die Hähnchenhälften mit dem entstandenen Bratenfond begießen. Den Rest der Brühe dazuschütten und die Hähnchenhälften zugedeckt bei milder Hitze 40 Minuten schmoren lassen.
Die Paprikaschoten halbieren, von Rippen und Kernen befreien, waschen und in Streifen schneiden. Die Knoblauchzehe schälen, in Stückchen schneiden und mit der Messerklinge mit dem Salz zerdrücken. Die Butter erhitzen, die Paprikastreifen und das Knoblauchsalz darin unter Rühren anbraten und zugedeckt bei milder Hitze 20 Minuten garen. Die Tomaten häuten, in Stücke schneiden und die letzten 5 Minuten mit den Paprikaschoten erhitzen.
Den Backofen auf 220° vorheizen. Die Sahne schlagen und mit dem Pfeffer und dem Kräutersalz verrühren. Den Käse reiben. Die Butter in Flöckchen schneiden. Die Hähnchenhälften in eine feuerfeste Form legen und mit dem garen Gemüse bedecken. Die geschlagene Sahne über das Gemüse verteilen, darüber den geriebenen Käse und zuletzt die Butterflöckchen geben. Die Hähnchenhälften solange überbacken, bis der Käse goldgelb ist.

Beilage: Risi-Bisi

Unser Tip: Wenn es einmal sehr eilt: Sie sparen eine Menge Zeit, wenn Sie ein fertiggegrilltes Hähnchen kaufen und nach diesem Rezept überbacken.

Grundrezept
Gegrilltes Hähnchen

Zutaten für 2 Personen:
1 Brathähnchen von 900 g
1 Bund Petersilie
½ Teel. Salz
2 Eßl. Butter oder Butterschmalz
2 Pfirsichhälften aus der Dose
2 Teel. Preiselbeermarmelade oder ½ Zitrone und 8 grüne Oliven

Pro Person etwa: 2890 Joule 690 Kalorien

Grillzeit: 60 Minuten

Den Grill vorheizen.
Das Hähnchen innen und außen gründlich kalt waschen und abtrocknen. Die Petersilie ebenfalls waschen und halbieren. Das Hähnchen innen mit dem Salz einreiben und die Hälfte der Petersilie in die Bauchhöhle legen. Das Hähnchen dressieren, also Flügel und Schenkel am Körper festbinden, und auf den Grillspieß stecken. Die Butter oder das Butterschmalz zerlassen und das Hähnchen von allen Seiten gut damit einpinseln. Das Hähnchen am Grillspieß 60 Minuten grillen und während der ganzen Grillzeit alle 10 Minuten mit Butter oder Butterschmalz bestreichen.
Das gegrillte Hähnchen halbieren oder in Viertel teilen und auf einer vorgewärmten Platte anrichten. Die Pfirsichhälften mit der Kernmulde nach oben auf die Platte legen und mit der Preiselbeermarmelade füllen oder die Zitrone in Scheiben schneiden, die Scheiben auf die Platte legen und die halbierten Oliven draufgeben. Die Hähnchenteile mit der restlichen Petersilie garnieren.

Dazu schmecken: Brötchen oder Weißbrot und Cumberlandsauce

Unser Tip: Besonders festlich wirkt das gegrillte Hähnchen, wenn Sie es unzerteilt servieren und bei Tisch noch flambieren: mit einem Gläschen etwas angewärmtem Weinbrand oder Cognac begießen, anzünden und ausbrennen lassen.

Das Wiener Backhendl ist wohl das »schnellste« Brathähnchengericht – außerdem macht es am wenigsten Arbeit. Da bleibt Zeit für eine gemütliche Plauderei nach Tisch – so recht nach Wiener Art.

Grundrezept für fritiertes Hähnchen
Wiener Backhendl

1 kg Fritierfett oder 1 l Öl
1 Brathähnchen von 900 g
½ Teel. Salz
2 Messersp. Pfeffer oder ½ Teel. Paprikapulver oder 1 Messersp. gemahlener Thymian oder 1 Messersp. gemahlener Rosmarin
1 Ei
1 Eßl. Wasser
3 Eßl. Mehl
6 Eßl. Semmelbrösel
1 Tomate
1 Zitrone
½ Bund Petersilie

Pro Person etwa: 2340 Joule 560 Kalorien

Fritierzeit: 15 Minuten

Das Fett in einem Fritiertopf oder in der elektrischen Friteuse auf 180° erhitzen.
Das Hähnchen innen und außen gründlich waschen, abtrocknen und in 8 Stücke zerteilen. Das Salz mit dem gewählten Gewürz mischen und die Hähnchenteile damit einreiben. Das Ei mit dem Wasser in einem Suppenteller verquirlen. Das Mehl und die Semmelbrösel jeweils auch in einen Suppenteller geben. Die Hähnchenteile zuerst in Mehl wenden, dann in dem verquirlten Ei und zuletzt in den Semmelbröseln. Die Semmelbrösel leicht andrücken; die Hähnchenteile danach aber abschütteln, damit die nicht festhaftende Panade abfällt und nicht im Fett verbrennt. Die Hähnchenteile ins heiße Fritierfett legen und 15 Minuten fritieren, dabei einige Male mit dem Schaumlöffel wenden.
Die fertigen Hendlstücke aus der Friteuse nehmen und auf saugfähigem Papier kurz abtropfen lassen. Die Tomate, die Zitrone und die Petersilie waschen, abtrocknen oder abtropfen lassen und die Tomate und die Zitrone in Achtel schneiden. Die Hähnchenteile auf einer vorgewärmten Platte mit den Tomatenachteln, den Zitronenachteln und der Petersilie anrichten.

Beilagen: Kartoffelsalat mit Mayonnaise und grüner Salat

Grundrezept
Gebratene Tauben

4 Tauben zu je 400 g
½ Teel. Salz
2 Messersp. Pfeffer
100 g geräucherter Speck in langen, breiten Scheiben
2 Eßl. Butter
¼ l Fleischbrühe
2 Teel. Speisestärke
2 Eßl. Wasser

Pro Person etwa: 2130 Joule 510 Kalorien

Bratzeit: 40 Minuten

Den Backofen auf 210° vorheizen.
Die Tauben innen und außen gründlich kalt waschen und abtrocknen. Das Salz und den Pfeffer mischen und die Tauben innen damit einreiben. Jede Taube mit einer Speckscheibe umwickeln und die Speckscheibe mit Küchengarn festbinden; die Tauben dabei dressieren.
Die Butter zerlassen, die Tauben von allen Seiten damit bepinseln. Mit der Brust nach unten in eine Bratreine

POULARDE · HÄHNCHEN

legen und die restliche Butter darüberträufeln. Die Tauben auf der mittleren Schiebeleiste 40 Minuten braten. Wenn der Speck und die Tauben braun zu werden beginnen. 1/2 Tasse Fleischbrühe um die Tauben gießen. Etwa alle 10 Minuten etwas Fleischbrühe nachgießen, die Tauben mit dem Bratenfond beschöpfen und nach 20 Minuten wenden.
Die fertigen Tauben auf einer vorgewärmten Platte im abgeschalteten Backofen bei offener Tür 10 Minuten ruhen lassen. Inzwischen den Bratenfond in einen Topf gießen, mit der mit Wasser angerührten Speisestärke binden und einmal kräftig aufkochen lassen. Den Speck und das Küchengarn von den Tauben entfernen, die Tauben anrichten und die Sauce gesondert dazureichen.

Beilagen: Kartoffelpüree, Kastanienpüree oder Spätzle und eine große Salatplatte

Flambierte Poularde in Sahnesauce

Zutaten für
6 Personen:
1 Poularde von
  1 1/2 kg
je 1/2 Teel. Salz
  und Pfeffer
1 Eßl. Zitronensaft
4 Eßl. Butter
1/8 l Wasser
1 Zwiebel
1 Teel. Butter
1 Eßl. Mehl
je 1/8 l Weißwein
  und Sahne
je 2 Messersp.
  Salz und Pfeffer
4 Eßl. Whisky
4 kandierte
  Kirschen

Pro Person:
1930 Joule
460 Kalorien

Bratzeit:
1 1/2 Stunden

Den Backofen auf 210° vorheizen. Die Poularde innen und außen kurz kalt waschen, gut abtrocknen, innen mit dem Salz und dem Pfeffer einreiben, außen mit dem Zitronensaft beträufeln. Die Gewürze kurz einziehen lassen. Die Butter zerlassen. Die Poularde dressieren, rundherum mit der zerlassenen Butter bepinseln, mit der Brustseite nach unten in eine Bratreine legen und auf der zweiten Schiebeleiste von unten 1 1/2 Stunden braten. Während der ganzen Bratzeit die Poularde alle 10 Minuten mit zerlassener Butter bestreichen und nach 45 Minuten wenden. Die gare Poularde auf einer vorgewärmten Platte im abgeschalteten Backofen bei geöffneter Tür 10 Minuten ruhen lassen. Den Bratenfond mit 1/8 Liter Wasser lösen. Die Zwiebel schälen und in Würfel schneiden. Den Teelöffel Butter zerlassen und die Zwiebelwürfel darin anbraten, mit Mehl bestäuben und nach und nach mit dem Bratenfond und dem Weißwein ablöschen. Die Sauce einige Male aufkochen lassen und mit der Sahne verfeinern. Die Sauce mit dem Salz und dem Pfeffer abschmecken.
Die Poularde tranchieren und auf einer vorgewärmten Platte anrichten. Den Whisky etwas anwärmen, über die Poularde träufeln und sofort anzünden. Die Sauce seitlich um die Poulardenstücke gießen. Die Kirschen in Scheibchen schneiden und die Poulardenstücke damit garnieren.

Beilagen: körnig gekochter Reis mit kleingeschnittenem Obst aus der Dose belegt und Kopfsalat oder Chicoréesalat

Huhn à la Marengo

1 Brathuhn von
  1200 g
2 Zwiebeln
1/4 l Fleischbrühe
1/2 Teel. Salz
2 Messersp. Pfeffer
2 Eßl. Öl
1 Eßl. Butter
1 Teel. Mehl
1/8 l Marsalawein
  oder Sherry
2 Eßl. Tomatenmark
1 Kräutersträußchen
  aus Petersilie,
  Thymian, Liebstöckel und Lorbeerblatt
  oder Petersilie, Dill und
  Estragon
200 g frische
  Champignons
1 Teel. Zitronensaft
1 Messersp.
  Cayennepfeffer
je 1 Messersp.
  Salz und Pfeffer
1/2 Bund Petersilie
2 hartgekochte Eier
1 Scheibe Weißbrot
1 Teel. Butter

Pro Person etwa:
2470 Joule
590 Kalorien

Schmorzeit:
1 1/2 Stunden

Das Huhn innen und außen gründlich kalt waschen, abtrocknen und in 4 Teile zerlegen. Mit einem dünnen, scharfen Messer die Haut vom Huhn abziehen: ein Stück Haut fassen, zwischen Haut und Fleisch mit dem Messer entlangschaben. Die Zwiebeln schälen und vierteln. Die Fleischbrühe erhitzen. Die Geflügelteile mit dem Salz und dem Pfeffer einreiben. Das Öl und die Butter in einer großen Bratpfanne erhitzen und die Hühnerstücke darin von allen Seiten anbraten. Die Zwiebelviertel zugeben. Das Mehl darüberstäuben, alles zusammen noch einige Male wenden und nach und nach mit der heißen Fleischbrühe aufgießen. Den Marsalawein oder den Sherry mit dem Tomatenmark verrühren, ebenfalls zum Huhn gießen und das Kräutersträußchen hinzufügen. Das Huhn bei milder Hitze zugedeckt 1 1/2 Stunden schmoren lassen.
Die Champignons putzen, waschen, große Köpfe halbieren, kleine ganz lassen, und während der letzten 20 Minuten mit dem Huhn garen. Die Sauce zuletzt mit dem Zitronensaft, dem Cayennepfeffer, dem Salz und dem Pfeffer abschmecken und das Kräutersträußchen herausnehmen.
Die Petersilie waschen, abtropfen lassen und kleinschneiden. Die Eier schälen und in Scheiben schneiden. Das Weißbrot würfeln. Die Butter zerlassen und die Weißbrotwürfel von allen Seiten hellbraun anbraten. Die Hühnerteile auf einer vorgewärmten Platte anrichten, ringsum die Eischeiben und die Brotwürfel legen und mit der Petersilie bestreuen. Die Sauce gesondert dazureichen.

Dazu schmeckt: frischer grüner Salat

Raffiniert
Coq au vin
Hähnchen in Wein

1 Brathähnchen von
  1200 g
50 g durchwachsener
  Speck
10 Schalotten
1/2 Knoblauchzehe
3 Eßl. Butter
3 Schnapsgläser
  Cognac (6 cl)
1/2 Teel. Salz
je 2 Messersp.
  schwarzer Pfeffer
  und getrockneter
  Thymian
1/2 Lorbeerblatt
1/8 l Fleischbrühe
1/4 l roter
  Burgunderwein
250 g Morcheln
  aus der Dose
1/2 Bund Petersilie
1 Eßl. Mehl
3 Eßl. Wasser
je 1 Messersp.
  Salz und Pfeffer

Pro Person etwa:
2780 Joule
660 Kalorien

Schmorzeit:
40 Minuten

Das Hähnchen innen und außen kalt waschen, abtrocknen und in Viertel teilen. Den Speck in Würfel schneiden. Die Schalotten schälen und halbieren oder vierteln. Die Knoblauchzehe schälen, in Stückchen schneiden und diese zerdrücken.
Den Speck in einem Schmortopf ausbraten, die Butter zugeben, zerlassen und die Hähnchenteile von allen Seiten gut darin anbraten. Den Cognac über die Hähnchenteile gießen, anzünden und ausbrennen lassen. Die Schalotten zugeben, ebenfalls anbraten, alles mit dem Salz, dem Pfeffer, dem Thymian, dem Knoblauch und dem Lorbeerblatt würzen und kurz weiterbraten. Die Fleischbrühe erhit-

zen, seitlich zu den Hähnchenteilen geben und diese zugedeckt bei milder Hitze 40 Minuten schmoren lassen. Während der Schmorzeit nach und nach den Rotwein zu den Hähnchenteilen gießen.
Die Morcheln aus der Dose gut abtropfen lassen. Die Petersilie waschen, abtropfen lassen und kleinschneiden. 10 Minuten vor Ende der Garzeit die Morcheln mit den Hähnchenteilen erhitzen. Das Mehl in dem kalten Wasser anrühren. Die Hähnchenteile aus der Sauce nehmen und in einer vorgewärmten Schüssel warm stellen. Das Lorbeerblatt entfernen. Die Sauce mit dem angerührten Mehl binden und einige Male kräftig aufkochen lassen. Die Sauce noch einmal mit Salz und Pfeffer abschmecken, über die Hähnchenteile gießen und mit der Petersilie bestreut servieren.

Beilagen: Kartoffelpüree und Kopfsalat oder Endiviensalat

Gelingt leicht
Putenschnitzel naturell

4 Putenschnitzel
  zu je 125 g
2 Eßl. Mehl
2 Eßl. Bratfett
1 Teel. Butter
½ Teel. Salz
  je Schnitzel
1 Prise Pfeffer

Pro Person etwa:
1050 Joule
250 Kalorien

Bratzeit:
8 Minuten

Die Schnitzel von allen Häuten befreien, kurz kalt waschen und gut trockentupfen. Die Schnitzel mit dem Handballen gleichmäßig flachdrücken, in dem Mehl wenden und dann leicht schütteln, damit alles überflüssige Mehl abfällt. Zurück bleiben soll nur ein zarter Mehlfilm.
Das Bratfett in einer großen Pfanne bei Mittelhitze gut heiß werden lassen, die Schnitzel einlegen – es muß dabei zischen – und von jeder Seite 1 Minute braun anbraten. Sofort nach dem Einlegen der Schnitzel auf sehr milde Hitze zurückschalten, damit die Brattemperatur zum Fertigbraten nicht zu hoch ist.
Nach dem beidseitigen Anbraten die Butter in die Pfanne geben und die Schnitzel von jeder Seite weitere 3 Minuten braten. Nun die fertigen Schnitzel mit dem Salz und dem Pfeffer bestreuen, auf einer vorgewärmten Platte anrichten und noch heiß servieren.

Beilagen: Curryreis und Chicoréesalat oder Kartoffelkroketten und beliebige Pilze in Sahnesauce

---

Ente – Stichwort für Kulinarisches. Berühmte Zeitgenossen haben mit ihrem Namen für ein spezielles Entenrezept herhalten müssen: Ente à la Molière, Ente nach Frédéric, Ente nach Eduard VII. und Ente nach Carmen. Kochkunst und Nationalstolz ließen außerdem noch zahlreiche Rezepte entstehen: Ente badisch, provenzalisch, russisch oder chinesisch, auf Béarner oder auf Burgunder Art.

Grundrezept
Gebratene Ente

Zutaten für
  6 Personen:
1 Ente von 2 kg
1 Teel. Salz
½ Teel. getrock-
  neter Majoran
⅜ l Fleischbrühe
1 Eßl. Mehl
3 Eßl. Wasser

je 2 Messersp.
  Salz und Pfeffer

Pro Person etwa:
2760 Joule
660 Kalorien

Bratzeit:
1½–2 Stunden

Den Backofen auf 210° vorheizen. Die Ente innen und außen gründlich kalt waschen, gut abtrocknen, innen mit dem Salz und dem Majoran einreiben und dressieren, also Flügel und Keulen am Körper festbinden. Mit der Bauchseite nach unten in ein Bratgeschirr legen. Die Ente auf der zweiten Schiebeleiste von unten im vorgeheizten Backofen 1½–2 Stunden braten. Die Fleischbrühe erhitzen. Wenn die Ente anfängt, braun zu werden, seitlich ½ Tasse Fleischbrühe zuschütten, den Bratenfond lösen und die Ente damit beschöpfen. Die Ente alle 10–15 Minuten während der ganzen Bratzeit beschöpfen und, wenn nötig, immer etwas heiße Fleischbrühe nachgießen. Die Ente nach 50 Bratminuten wenden und fertigbraten. Die fertige Ente auf eine vorgewärmte Platte legen und im abgeschalteten Backofen bei geöffneter Tür 10 Minuten ruhen lassen.
Den Bratenfond mit etwas Fleischbrühe lösen, in einen kleinen Topf gießen und mit der restlichen Fleischbrühe bis zu ¼ Liter auffüllen. Das Mehl mit dem kalten Wasser anrühren, die Sauce damit binden und einige Male aufkochen lassen. Die Sauce mit dem Salz und dem Pfeffer abschmecken. Die Ente tranchieren, auf einer vorgewärmten Platte anrichten, die Sauce getrennt dazureichen.

Beilagen: Salzkartoffeln oder Klöße aus rohen Kartoffeln und Sauerkraut mit Trauben und gedünsteten Äpfeln

Variante 1
Ente mit Orangensauce

Den Saft von 1 Orange und ½ Glas Sherry mit dem Bratenfond mischen. Mit Salz, Pfeffer und 2 Messerspitzen Zucker abschmecken und die tranchierte Ente damit begießen.

Variante 2
Ente mit Äpfeln gefüllt

2 Äpfel schälen, vierteln, das Kernhaus entfernen und die Apfelviertel noch etwas kleinschneiden. Die Apfelstücke in die Bauchhöhle der Ente geben und die Bauchhöhle zunähen. Die Ente dann, wie im Rezept beschrieben, 2 Stunden braten.

Variante 3
Ente mit Backpflaumen gefüllt

250 g Backpflaumen etwa 3 Stunden in kaltem Wasser einweichen, abtropfen lassen, entsteinen und mit 1 Eßlöffel Mandelsplittern mischen. Die Ente innen mit einer zerdrückten Knoblauchzehe oder mit Knoblauchsalz einreiben, mit der Mischung füllen und die Bauchhöhle zunähen. Die Ente dann, wie im Rezept beschrieben, 2 Stunden braten.

Unser Tip: Wer ungern fettreich ißt, kann den Bratenfond entfetten: Das Fett mit einem Eßlöffel von der Oberfläche abschöpfen und aufbewahren. Enten- oder Gänsefett schmeckt gut als Aufstrich und verfeinert Gemüse.

Ente auf Burgunder Art

Zutaten für
  6 Personen:
1 Ente von 2 kg
je ½ Teel.
  Salz und Pfeffer
⅛ l Wasser
¼ l Burgunder
  Rotwein
250 g Champignons
  aus der Dose

50 g durchwachsener
  Speck
1 Teel. Speisestärke
2 Eßl. Wasser

Pro Person etwa:
3100 Joule
740 Kalorien

Bratzeit:
1½–2 Stunden

GANS

Den Backofen auf 210° vorheizen. Die Ente innen und außen gründlich kalt waschen, gut abtrocknen, innen mit dem Salz und dem Pfeffer einreiben und dressieren. Mit der Brust nach unten in ein Bratgeschirr legen. Das Wasser zum Kochen bringen, die Ente damit begießen und im vorgeheizten Backofen auf der zweiten Schiebeleiste von unten 90–120 Minuten braten. Alle 10 Minuten die Ente mit dem Bratenfond beschöpfen und nach und nach den Rotwein zugießen, aber 3 Eßlöffel davon zurückbehalten. Die Ente nach 50 Minuten wenden und fertigbraten.
Die Champignons abtropfen lassen. Den Speck in kleine Würfel schneiden und in einer kleinen Pfanne ausbraten. Die Champignons ins Speckfett geben, ebenfalls kurz darin anbraten, und beides 10 Minuten vor Ende der Bratzeit in den Bratenfond geben. Die Ente gleichzeitig mit dem zurückbehaltenen kalten Rotwein bestreichen und fertigbraten. Die Ente auf einer vorgewärmten Platte im abgeschalteten Backofen bei geöffneter Tür 10 Minuten ruhen lassen.
Den Bratenfond lösen und in einen kleinen Topf seihen. Die Speisestärke mit dem kalten Wasser anrühren, die Sauce damit binden und einmal kräftig aufkochen lassen. Die Ente tranchieren, auf einer vorgewärmten Platte anrichten, mit einem Teil der Sauce begießen und mit den Champignons und den Speckwürfeln garnieren. Die restliche Sauce gesondert dazureichen.

Beilagen: In Butter geschwenkte Bandnudeln oder Kartoffelküchlein und frische grüne Salate

---

Grundrezept für gebratene Gans

Gans mit Champignons gefüllt

Bild Seite 218

Zutaten für 12 Personen:	je 2 Messersp. Salz und Pfeffer
1 Gans von 4 kg	
1 ½ Teel. Salz	Pro Person etwa:
½ Teel. Pfeffer	3460 Joule
750 g Champignons	820 Kalorien
1 l Wasser	
1 Eßl. Speisestärke	Bratzeit:
4 Eßl. kaltes Wasser	3–3 ½ Stunden

Die Gans innen und außen gründlich kalt waschen, abtrocknen und innen mit dem Salz und dem Pfeffer einreiben. Die Champignons putzen, waschen und größere Pilze halbieren. ¼ Liter Wasser zum Kochen bringen. Die Champignons in die Bauchhöhle der Gans füllen, mit starkem Küchengarn zunähen und die Gans dressieren. Die Gans mit der Brustseite nach unten auf den Rost des Backofens legen und mit der kalt ausgespülten Fett- oder Bratenpfanne darunter auf die unterste Schiebeleiste des kalten Backofens schieben. Das kochende Wasser über die Gans schütten und den Backofen auf 180° anheizen. Sobald die Gans zu bräunen beginnt, alle 10–15 Minuten mit dem Bratenfond aus der Fettpfanne beschöpfen. Dabei, wenn nötig, immer etwa ½ Tasse heißes Wasser in die Fettpfanne nachfüllen. Die Gans 3–3 ½ Stunden braten und nach 90 Minuten Bratzeit auf den Rücken drehen. Während des Bratens wiederholt das Fett vom Bratenfond mit einem Löffel abschöpfen. 20 Minuten vor Ende der Bratzeit den Backofen auf 240° anheizen, die Gans mehrmals mit kaltem Salzwasser bepinseln und fertigbraten. Die Haut wird dadurch besonders knusprig. Die gebratene Gans auf eine vorgewärmte Platte legen, die Fäden entfernen und die Gans 10 Minuten im abgeschalteten Backofen bei geöffneter Tür ruhen lassen.
Den Bratenfond in der Fettpfanne entfetten: Mit einem Eßlöffel das Fett von der Oberfläche abnehmen und aufbewahren (z. B. für Brotaufstrich). Den übrigen Bratenfond mit Wasser lösen, in einen Topf gießen und bis zu ¾ Liter mit Wasser auffüllen. Die Speisestärke mit dem kalten Wasser anrühren, den Bratenfond damit binden und einmal kräftig aufkochen lassen. Die Sauce mit Salz und Pfeffer abschmecken. Die Gans tranchieren und mit den Champignons auf einer vorgewärmten Platte anrichten. Etwas von der Sauce über die Gans gießen und den Rest gesondert dazureichen.

Beilagen: Hefeklöße, Böhmische Mehlklöße oder Klöße aus rohen oder gekochten Kartoffeln und Rotkohl

---

Variante

Gans mit Kastanien gefüllt

750 g Kastanien (Maronen) nach dem Rezept in diesem Buch vorbereiten und in Fleischbrühe fast weichkochen. Die Gans damit füllen, zunähen und wie im Rezept beschrieben braten.

Gans mit Äpfeln gefüllt

Zutaten für 12 Personen:	1 Teel. Salz
	1 l Wasser
	1 ½ Eßl. Speisestärke
Für die Füllung:	
750 g säuerliche Äpfel	5 Eßl. Wasser
2 Zwiebeln	1 Eßl. Apfelmus
1 Teel. Butter	1 Messersp. getrockneter Majoran
2 Messersp. Salz	
2 Teel. Zucker	
1 Teel. frischer Majoran oder ½ Teel. getrockneter Majoran	Pro Person etwa: 3890 Joule 930 Kalorien
Für die Gans:	Bratzeit:
1 Gans von 4 kg	3 ½ Stunden

Für die Füllung die Äpfel schälen, vierteln und vom Kerngehäuse befreien. Die Zwiebeln schälen, achteln und mit den Apfelvierteln bei milder Hitze etwa 7 Minuten in der Butter anbraten. Mit Salz, Zucker und Majoran würzen.
Den Backofen auf 180° vorheizen. Die Gans innen und außen gründlich kalt waschen und gut abtrocknen. Das Wasser zum Kochen bringen. Die Gans innen mit dem Salz einreiben und nicht zu prall mit der Apfelmischung füllen. Die Bauchseite mit Küchengarn zunähen und die Gans dressieren. Die Gans mit der Brustseite nach unten auf den Rost des Backofens legen und mit der kalt ausgespülten Fettpfanne darunter auf die unterste Schiebeleiste schieben. Etwa ¼ Liter des kochenden Wassers in die Fettpfanne gießen und die Gans 3 ½ Stunden braten. Während der ganzen Bratzeit alle 10–15 Minuten die Gans mit dem Bratenfond beschöpfen und, wenn nötig, immer etwas heißes Wasser nachfüllen. Die Gans nach etwa 90 Minuten umdrehen und fertigbraten. 10 Minuten vor Ende der Bratzeit ⅛ Liter kaltes Wasser mit 1 Teelöffel Salz mischen und die Gans mehrmals damit bestreichen.
Die Gans auf einer vorgewärmten Platte im abgeschalteten Backofen bei offener Backofentür 10 Minuten ruhen lassen. Das Fett vom Bratenfond abschöpfen und aufbewahren. Den Bratenfond mit etwas heißem Wasser lösen, in einen Topf gießen und bis ¾ Liter auffüllen. Die Speisestärke mit dem kalten Wasser anrühren, die Sauce damit binden und einmal kräftig aufkochen lassen. Die Sauce mit dem Apfelmus, dem Majoran und nach Belieben mit etwas Salz abschmecken. Die Fäden von der Gans

entfernen, die Gans tranchieren und die Sauce getrennt dazureichen.

Beilagen: Klöße aus rohen Kartoffeln und Rotkohl mit Kastanien

Unser Tip: Anstatt der Zwiebeln können Sie für die Füllung auch 100 g gewaschene Rosinen zu den Äpfeln geben.

Gänseklein in der Sauce 5 Minuten ziehen lassen.

Beilagen: Salzkartoffeln, Semmelknödel oder Klöße aus gekochten Kartoffeln und Kopfsalat oder ein anderer frischer Blattsalat

Unser Tip: Die Sauce kann zuletzt durch 2–3 Eßlöffel Weißwein und fein abgeriebener Zitronenschale verfeinert werden.

kochen lassen. Die Sauce zuletzt mit dem Rosmarin und dem Weißwein abschmecken. Die Ananasscheiben halbieren und in einer Pfanne erwärmen. Den Truthahn tranchieren, dabei die Fäden entfernen, auf einer vorgewärmten Platte anrichten und mit den Ananasscheiben und den Madeirakirschen garnieren.

Beilagen: Kartoffelkroketten und eine gemischte Salatplatte

Preiswert
Gänseklein polnische Art

1 kg Gänseklein (Kragen, Hals, untere Keulenenden, Flügel und Magen)
1 Bund Suppengrün
1 Bund Petersilie
1 Zwiebel
1 Lorbeerblatt
2 Gewürznelken
¾ l Wasser
1 Teel. Salz
3 Pfefferkörner
2 Eßl. Butter
3 Eßl. Mehl
½ l Kochbrühe vom Gänseklein
1–2 Eßl. Essig oder Zitronensaft

Pro Person etwa:
1220 Joule
290 Kalorien

Garzeit:
1½ Stunden

Das Gänseklein gründlich kalt waschen und große Stücke kleiner schneiden. Das Suppengrün putzen und waschen. Die Petersilie waschen und mit dem Suppengrün zusammenbinden. Die Zwiebel schälen und das Lorbeerblatt mit den Gewürznelken auf der Zwiebel feststecken. Das Wasser mit dem Salz und den Pfefferkörnern zum Kochen bringen, das Gänseklein, das zusammengebundene Suppengrün und die besteckte Zwiebel hinzufügen.
Alles erneut zum Kochen bringen und den sich bildenden Schaum wiederholt abschöpfen. Dann das Gänseklein zugedeckt bei milder Hitze 1½ Stunden kochen lassen.
Das gare Gänseklein mit dem Schaumlöffel aus der Brühe heben, das Fleisch von den Knochen lösen, den Magen häuten, alles in mundgerechte Stücke schneiden und beiseite stellen. Die Kochbrühe durchsieben und ½ Liter davon abmessen. Die Butter in einem Topf zerlassen, das Mehl hineinstäuben und unter ständigem Rühren hellgelb anbraten. Nach und nach mit der Kochbrühe vom Gänseklein auffüllen und bei milder Hitze unter Rühren einige Minuten kochen lassen, bis die Sauce cremig ist. Die Sauce mit dem Essig oder dem Zitronensaft abschmecken, das

---

Grundrezept
Gebratener Truthahn

Zutaten für 10 Personen:
1 Truthahn von 3 kg
1 Teel. Salz
½ Teel. Pfeffer
2 Eßl. Butter
½ l Fleischbrühe
2 Eßl. Speisestärke
4 Eßl. Wasser
2 Messersp. gemahlener Rosmarin
¼ l Weißwein
6 Scheiben Ananas
12 Madeirakirschen

Pro Person etwa:
2510 Joule
600 Kalorien

Bratzeit:
3 Stunden

Den Backofen auf 180° vorheizen. Den Truthahn innen und außen gründlich kalt waschen und gut abtrocknen. Den Truthahn dressieren, also Flügel und Keulen am Körper festbinden und innen mit dem Pfeffer und dem Salz einreiben. Die Butter zerlassen und den Truthahn von allen Seiten gut damit bestreichen. Den Truthahn mit der Brust nach unten in die Bratenpfanne des Backofens legen und auf der unteren Schiebeleiste 3 Stunden braten. Die Fleischbrühe erhitzen. Wenn der Truthahn zu bräunen beginnt, ⅛ Liter heiße Fleischbrühe seitlich um den Truthahn gießen, den Bratensatz lösen und den Truthahn damit beschöpfen. Während der ganzen Bratzeit den Truthahn alle 10–15 Minuten mit dem Bratenfond beschöpfen und nötigenfalls immer etwas heiße Fleischbrühe seitlich nachfüllen. Den Truthahn nach 1½ Stunden umdrehen und fertigbraten. Den garen Truthahn auf eine vorgewärmte Platte legen und im abgeschalteten Backofen bei geöffneter Tür 10 Minuten ruhen lassen. Mit der restlichen Fleischbrühe den Bratenfond in der Bratenpfanne gründlich lösen, in einen kleinen Topf gießen und mit Wasser zu ½ Liter Flüssigkeit auffüllen. Die Speisestärke mit dem kalten Wasser anrühren, die Sauce damit binden und einmal kräftig auf-

---

Pute à la Toledana
Pute mit Gemüse

Zutaten für 8 Personen:

Für die Marinade:
2 Zwiebeln
3 Knoblauchzehen
¾ l Weißwein
3 Lorbeerblätter
6 Pfefferkörner

Für die Pute:
1 Pute von 2½ kg
1 Teel. Salz
½ Teel. Pfeffer
2 Eßl. Öl

Für Gemüse und Sauce:
2 grüne Paprikaschoten
4 Tomaten

100 g Speck in dünnen Scheiben
2 Zwiebeln
340 g Maiskörner aus der Dose
½ l Marinade
je ½ Teel. Salz, Pfeffer und Zucker
3 Eßl. Öl

Pro Person etwa:
3350 Joule
800 Kalorien

Marinierzeit:
5 Stunden

Bratzeit:
2 Stunden

Für die Marinade die Zwiebeln schälen und in Scheiben schneiden. Die Knoblauchzehen schälen, in kleine Stückchen schneiden und zerdrücken. Den Weißwein mit den Lorbeerblättern, den Pfefferkörnern, den Zwiebelscheiben und dem zerdrückten Knoblauch mischen.
Die Pute längs halbieren, gründlich kalt waschen und in eine große Schüssel legen. Die Marinade über die Putenteile gießen und diese 5 Stunden darin ziehen lassen. Die Putenhälften öfter umwenden, damit die Marinade gleichmäßig einziehen kann.
Den Backofen auf 200° vorheizen. Die Putenteile abtrocknen, mit dem Salz und dem Pfeffer einreiben und von allen Seiten gut mit Öl bestreichen. Die Putenteile in ein Bratgeschirr legen und auf der mittleren Schiebeleiste 60 Minuten im Backofen braten.
Inzwischen die Paprikaschoten halbieren, von Rippen und Kernen befreien, waschen und in breite Streifen schneiden. Die Tomaten häuten und halbie-

ren. Den Speck in gleich kleine Streifen schneiden. Die Zwiebeln schälen und vierteln. Den Mais abtropfen lassen. Alles Gemüse mit den Speckstreifen mischen. ½ Liter von der Beize abmessen und mit Salz, Pfeffer und Zucker kräftig abschmecken. Die Pute nach 60 Minuten Bratzeit aus dem Bratgeschirr nehmen und tranchieren. Die Putenstücke zurück ins Bratgeschirr legen, die Gemüsemischung darauf verteilen und mit der abgeschmeckten Marinade übergießen. Das Öl über das Gemüse träufeln und alles im heißen Backofen weitere 60 Minuten garen.

Beilage: körnig gekochter Reis

Weihnachtstruthahn

Zutaten für
20 Personen:

Für den Truthahn:
1 Truthahn von 4 kg
Saft von 1 Zitrone
1 Schnapsglas
  Weinbrand (2 cl)

Für die Füllung:
der Magen des
  Truthahns
100 g Weißbrot oder
  2 Brötchen
¼ l Milch
1 Zwiebel
50 g Mandeln
½ Bund Petersilie
Leber und Herz des
  Truthahns
1 Ingwerwurzel
4 Eßl. Rosinen
500 g gemischtes
  Hackfleisch
2 Eier
Saft und Schale von
  1 Zitrone
1 Schnapsglas
  Weinbrand (2 cl)
2 Eßl. Kapern

je 1 Teel. Salz,
  Currypulver und
  Pfeffer
75 g Speck in
  dünnen, breiten
  Scheiben
2 Eßl. Butter
¾ l Wasser

Für die Sauce und
  zum Garnieren:
2 Eßl. Speisestärke
6 Eßl. Wasser
1 Schnapsglas
  Weinbrand (2 cl)
8 Eßl. saure Sahne
je 2 Messersp. Salz
  und Ingwerpulver
2 Zitronen
1 Bund Petersilie

Pro Person etwa:
2180 Joule
520 Kalorien

Kochzeit für den
Magen:
1½ Stunden

Bratzeit:
3½–4 Stunden

Den Truthahn innen und außen gründlich kalt waschen und abtrocknen. Den Zitronensaft und den Weinbrand mischen, den Truthahn innen damit begießen und das Gemisch einziehen lassen.
Den Magen des Truthahns mit Wasser bedeckt in 1½ Stunden fast weich kochen. Das Weißbrot oder die Brötchen in der Milch einweichen. Die Zwiebel schälen und grob kleinschneiden. Die Mandeln schälen. Die Petersilie waschen und abtropfen lassen. Die Haut vom gekochten Magen abziehen und den Magen mit der Leber und dem Herz, dem ausgedrückten Weißbrot oder den Brötchen, den Zwiebelstücken, den Mandeln, der Petersilie und der Ingwerwurzel durch den Fleischwolf drehen. Die Rosinen waschen und auf einem Küchentuch abtropfen lassen. Das Hackfleisch mit der durchgedrehten Masse in eine Schüssel geben, die Eier, den Zitronensaft, die Zitronenschale, den Weinbrand, die Kapern, die Rosinen, das Salz, das Currypulver und ½ Teelöffel Pfeffer zugeben und alles gut zu einer geschmeidigen Masse verkneten. Den Backofen auf 200° vorheizen. Den Truthahn mit der Masse füllen und die Bauchöffnung zunähen. Den Truthahn mit dem restlichen Pfeffer einreiben und Flügel und Keulen am Körper festbinden. Die Brust und die Keulen mit den Speckscheiben belegen und diese ebenfalls festbinden. Die Butter zerlassen und den Truthahn von allen Seiten gut damit bestreichen. Den Truthahn mit der Brustseite nach unten auf den Rost des Backofens legen und mit der Fettpfanne darunter auf die unterste Schiebeleiste geben. Das Wasser zum Kochen bringen, ¼ Liter davon in die Fettpfanne gießen und den Truthahn 3½–4 Stunden braten.
Wenn der Truthahn beginnt, braun zu werden, wieder heißes Wasser zugießen, den Bratensatz lösen und den Truthahn damit beschöpfen. Während der ganzen Bratzeit den Truthahn alle 10–15 Minuten mit Bratenfond begießen und nötigenfalls immer etwas heißes Wasser nachfüllen. Den Truthahn nach etwa knapp 2 Stunden wenden und unter häufigem Begießen fertigbraten. Den garen Truthahn auf einer vorgewärmten Platte 10 Minuten im abgeschalteten Backofen bei geöffneter Backofentür ruhen lassen. Den Bratenfond mit dem restlichen Wasser lösen, in einen Topf gießen und mit Wasser bis zu etwa 1 Liter Flüssigkeit auffüllen. Die Speisestärke mit dem kalten Wasser anrühren, die Sauce damit binden und einmal kräftig unter Rühren aufkochen lassen. Die Sauce mit dem Weinbrand, der sauren Sahne verfeinern und mit dem Salz und dem Ingwerpulver kräftig abschmecken.
Vom Truthahn die Fäden entfernen, den Truthahn tranchieren und mit der Füllung in Scheiben schneiden. Den Truthahn auf einer Platte anrichten und mit Zitronenspalten und Petersilie garnieren. Die Sauce gesondert dazureichen.

Beilagen: körnig gekochter Reis oder Kartoffelkroketten und ein gemischter Salatteller oder Rosenkohlgemüse

Putenteile auf Erbsen

1 kg tiefgefrorene
  Putenteile
100 g fetter Speck
¼ l Fleischbrühe
½ Teel. Salz
2 Messersp. Pfeffer
1 kleine Zwiebel
450 g tiefgefrorene
  Erbsen
2 Teel. Speisestärke
2 Eßl. Wasser

Pro Person etwa:
2990 Joule
710 Kalorien

Antauzeit:
3 Stunden

Bratzeit:
1½ Stunden

Die Putenteile etwa 3 Stunden bei Raumtemperatur antauen lassen, so daß man sie gut voneinander trennen kann. Die Teile dann kurz kalt waschen und gut abtrocknen.
Den Backofen auf 220° vorheizen. Den Speck in kleine Würfel schneiden und in einer Pfanne bei mittlerer Hitze ausbraten. Die Fleischbrühe erhitzen. Die Putenstücke salzen und pfeffern, in eine Bratreine legen, und die Speckwürfel mit dem Speckfett darauf verteilen. Die Putenteile auf der mittleren Schiebeleiste im Backofen 1½ Stunden braten. Wenn die Putenstücke anfangen braun zu werden, seitlich ½ Tasse heiße Fleischbrühe zugießen, den Bratensatz lösen und die Putenstücke damit beschöpfen. Während der Bratzeit alle 10 Minuten die Putenteile begießen und, wenn nötig, immer etwas heiße Fleischbrühe nachfüllen.
Die Zwiebel schälen und würfeln.
30 Minuten vor Ende der Bratzeit die Zwiebelwürfel in den Bratenfond geben. 15 Minuten vor Ende der Bratzeit die restliche heiße Fleischbrühe um die Putenstücke gießen und die tiefgefrorenen Erbsen um die Pute verteilen.
Die Putenstücke nach Ende der Bratzeit auf einer vorgewärmten Platte im abgeschalteten Backofen warm stellen. Den Bratenfond mit den Erbsen in einen Topf schütten. Die Speisestärke mit dem kalten Wasser anrühren, den Bratenfond damit binden, einmal kräftig aufkochen lassen und noch einmal abschmecken. Die Erbsen in einer Schüssel anrichten und mit den Puterstücken belegen.

Beilagen: Kartoffelkroketten, Reiskroketten, Kartoffelpüree oder Salzkartoffeln

Einstmals dem Menü für große Feste und Feiertage vorbehalten, hat Wild und Wildgeflügel heute Eingang in die bürgerliche Küche gefunden.

Wild und Wildgeflügel

Wild und Wildgeflügel gehören zu den wertvollsten Produkten, die wir in der Küche zur Verfügung haben. Das Fleisch von Wildbret und Federwild ist fettarm, eiweißreich und ohne »Falsch« durch zweifelhafte Aufzucht- und Futtermethoden. Wild und Wildgeflügel können nicht manipuliert werden, sie leben in ihrer naturgemäßen Umwelt und kommen höchstens geringfügig mit Schadstoffen in Berührung.

Das garantiert die besondere geschmackliche Qualität von Wild, das früher dem »Volk« kaum bekannt war, denn Jagd und Jagdbeute galten als Privilegien von Herrschern und adligen Personen. Doch gerade dieses Vorrecht reizte zum widerrechtlichen Genuß der fürstlichen Delikatessen und ließ verwegene Wilderer zu volkstümlichen Helden werden. So wuchsen auch im Volk die Begehrlichkeit und damit die Kenntnisse, Wild fürstlich zuzubereiten.

Vergleicht man die überlieferten Rezepte für Wildbret und Wildgeflügel aus einstigen Hofküchen, so läßt sich eine erstaunliche Übereinstimmung mit den Wildrezepten von heute feststellen. Die Zubereitungsmethoden, die typischen Gewürze und die wohlschmeckenden Beilagen zu Wild haben sich bewährt und daher kaum geändert. Uns stehen aber durch moderne Geräte – wie automatisch geregelte Herde und elektrische Grilleinrichtungen – Gartechniken zur Verfügung, die das Gelingen von Wildgerichten erleichtern. Für das Lagern der Beute von zeitlich beschränkten Jagden kommt uns die moderne Technik mit Kühlhäusern und Tiefgefrieranlagen zugute.

So hat sich demzufolge vor allem die Vorliebe für den »haut goût« gewandelt. Dieser ehemals geschätzte, weil oft unvermeidliche Geschmack und Geruch nach leichter Zersetzung des Fleischeiweißes ist heute nicht mehr gefragt. Wir schätzen die Braten, Ragouts, Pasteten und Suppen vom Wild, doch das durch entsprechendes Abhängen mürbe gewordene Fleisch soll für unsere Gaumen heute den edlen Geschmack frisch erlegter Beute haben.

Vom Wild

Zum Braten und Schmoren eignet sich vornehmlich das Fleisch junger Tiere. Ältere Tiere haben oft zähes, trockenes Fleisch, manchmal mit sehr starkem Eigengeschmack. Das Fleisch von jungem Wild ist von hellem, zartem Rot, Wildbret von alten Tieren ist kräftig rot bis dunkelrot.

Für gewöhnlich wird das Wild nach dem Schuß aufgebrochen, das heißt ausgenommen, und hängt dann in der Decke, das heißt im Fell, einige Tage ab, bis das Fleisch reif ist und »haut goût«, den typischen Geruch und Geschmack reifen Wildbrets, entwickelt.

Unter »haut goût« versteht man einen leichten Fäulnisgeruch, der von der Zersetzung des Fleischeiweißes kommt. Wird der Geruch sehr stark, ist das Fleisch ungenießbar. Der früher so geschätzte »haut goût« ist heute weniger gefragt. Man läßt Wild 8–10 Tage abhängen, das ist die Zeit der tatsächlichen Reife.

Am köstlichsten schmeckt Wild nach der Reifezeit frisch zubereitet. Damit Sie wissen, in welchen Monaten die Jagd offen ist und Wildbret frisch angeboten wird, hier eine Tabelle der Jagdzeiten: (zwischen den einzelnen Bundesländern bestehen geringfügige Abweichungen).

Männliches Rehwild (Böcke)	10. Mai bis 15. Oktober
Weibliches Rehwild und Jungtiere (Ricken und Kitze)	1. September bis 31. Januar
Rotwild (Hirsche, Hirschkühe, Schmaltiere und Kälber)	1. August bis 31. Januar
Gamswild	1. August bis 30. November (15. Dezember)
Hasen	1. (16.) Oktober bis 15. Januar
Wildkaninchen	ganzjährig
Schwarzwild (Wildschwein)	ganzjährig

Rehwild
Das sind Rehböcke, Rehweibchen, (Ricken und Jungtiere (Kitze). Erwachsene Tiere liefern bis zum 3. Lebensjahr schmackhaftes und zartes Wildbret. Das Fleisch von Jungtieren gehört zum höchsten Genuß.

Das Angebot an Rehwild
Rehrücken (1), er wiegt 2–3 Kilogramm und reicht für 8–10 Personen. Er wird ungespickt oder bereits gespickt, im Ganzen und in Teilen ver-

kauft. Aus dem Rücken werden auch Rehnüßchen und Rehmedaillons geschnitten.
Rehkeule (Schlegel) (2), sie wiegt 2½ Kilogramm und reicht für 9–10 Personen. Sie wird ungespickt oder bereits gespickt, im ganzen oder in Teilen, angeboten. Aus der Keule werden auch Schnitzel und Rouladenfleisch geschnitten.
Schulter (Blatt, Schäuferl) (3) wird selten im Ganzen angeboten, meist ausgelöst als kleinere Bratenstücke oder als Schmorfleisch. Bauch, Hals, Brust und Vorderläufe (4) werden als Kleinfleisch für Schmorgerichte wie Wildpfeffer, für Suppen, Pasteten und Terrinen verkauft.

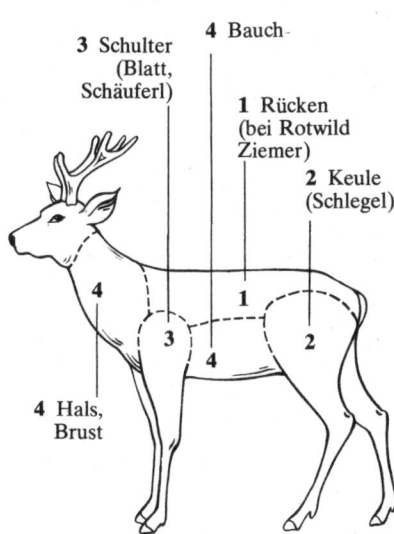

3 Schulter (Blatt, Schäuferl)
4 Bauch
1 Rücken (bei Rotwild Ziemer)
2 Keule (Schlegel)
4 Hals, Brust

Herz und Nieren werden großen Bratenstücken oft beigegeben oder mit dem Kleinfleisch verkauft. Diese Innereien für Saucen oder Füllungen verwenden. Rehleber wird selten verkauft. Diese Delikatesse bleibt meist dem Jäger vorbehalten. Rehleber wird wie Kalbsleber zubereitet.

Bei Wildbret vom Reh zu beachten:
Rücken von etwa einjährigen Tieren sollten nicht mariniert werden, um den zarten Eigengeschmack des Fleisches zu bewahren. Dagegen legt man Keule, Schulter sowie Kleinfleisch auch junger Tiere in eine milde Marinade.
Rehbraten sollte nicht völlig durchgebraten, sondern noch rosa verzehrt werden.

Garzeiten:
Rücken
1½–2 Kilogramm
40–50 Minuten
Keule 2 Kilogramm
60–90 Minuten

Schmorstücke
1–2 Kilogramm
70–110 Minuten

Rotwild
Das sind Hirsche, Hirschkühe, männliche Jungtiere (Spießer) und weibliche Jungtiere (Schmaltiere).
Rotwild liefert bis zum 2. Lebensjahr bis zu einem Gewicht von etwa 50 Kilogramm zarte und wohlschmeckende Braten, Steaks, Koteletts, Medaillons und Rouladen. Das Fleisch von älteren Tieren eignet sich besonders gut für Schmorgerichte wie Wildpfeffer, Hirschgulasch und für Suppen, Saucen und Terrinen.
Wildbret vom Hirsch ist nicht so zart wie das vom Reh, die Faserstruktur ist jedoch feiner als die von Rindfleisch. Grundsätzlich kann Hirschfleisch wie Rindfleisch behandelt und zubereitet werden, allerdings sollte man es marinieren und spicken oder bardieren.

Das Angebot an Rotwild
Entspricht dem vom Rehwild

Garzeiten:
Rücken (Ziemer)
1½–2 Kilogramm
80–100 Minuten
Keule 2 Kilogramm
90 Minuten

Schmorstücke
1–2 Kilogramm
80–110 Minuten

Schwarzwild
Das sind Keiler, also männliche Wildschweine, und Bachen, also weibliche Wildschweine, beide älter als zwei Jahre. Außerdem Überläufer, wie man bis zweijährige Jungtiere nennt, und Frischlinge, das sind bis einjährige Wildschweine.
Obgleich Wildschweine eine Fettschicht unter der Haut haben, ist das Fleisch nicht von Fett durchsetzt. Wildschweinrücken sollte daher stets gespickt oder bardiert gebraten werden, ebenso das fettfreie Bratenstück aus der Keule und der Schulter. Die Schwarte von der Wildschweinkeule wird nicht mitgebraten.

Das Angebot an Schwarzwild
Rücken ganz oder in Teilen.
Keule mit oder ohne Knochen, als Bratenstück, als Steaks oder Rouladen.
Schulter als Bratenstück.
Bauch, Hals und Brust werden als Kleinfleisch für Schmorgerichte wie Ragouts verkauft.
Die Innereien vom Wildschwein werden nicht verwendet.

Bei Wildbret vom Wildschwein zu beachten:
Ragouts sollten mit wenig geräuchertem, durchwachsenem, möglichst ungeräuchertem Speck bereitet werden, da Fleisch vom Wildschwein nicht sehr saftig ist.
Wildschweinkopf wird in der Gastronomie als besondere Spezialität gefüllt bereitet. Die Rezepte für diese Art der Zubereitung sind aber derart kompliziert und aufwendig, daß man im privaten Haushalt besser darauf verzichten sollte.
Braten vom Rücken und von der Keule von Frischlingen und Überläufern, also von 1–2jährigen Tieren, gehören mit zum begehrtesten Wildbret.

VOM WILD

Einmalig köstlich, aber selten zu bekommen, ist der Rücken von Frischlingen, sofort nach dem Erlegen des Tieres zubereitet, ehe das Muskelfleisch erstarrt ist.

Garzeiten:
Keule 2 Kilogramm
70–100 Minuten
Rücken
1½–2 Kilogramm
50–60 Minuten
Wildschweinfilet
500 Gramm
45 Minuten
Schmorstücke
1–2 Kilogramm
90–110 Minuten

Gamswild
Man unterscheidet Gamsböcke und Gemsen. Allerdings ergeben nur junge, schlanke Tiere bis zu einem Jahr mit weniger behaarten Läufen schmackhafte Braten.

Das Angebot an Gamswild
Gamswild wird selten in Wildspezialgeschäften angeboten, meist kommt man nur in den Genuß, wenn man einen Jäger kennt.

Bei Wildbret von Gamswild zu beachten:
Den besten Braten ergibt eine gut marinierte Keule (Schlegel). Das Fleisch sollte nicht durchgebraten, sondern noch rosa (à point) verzehrt werden:

Garzeiten:
Keule 1–2 Kilogramm
40–50 Minuten

Hase
Das sind Berg-, Bruch-, Feld- und Waldhasen. Sie wiegen 2–3½ Kilogramm, je nach Alter und Art. Am besten sind Hasen, die noch nicht 1 Jahr alt sind. Man erkennt junge Hasen im Fell am Flaum an der Bauchseite; die Ohren lassen sich leicht einreißen und die Rippen leicht und geräuschlos eindrücken. Das Fleisch junger Hasen ist hellrot; bei älteren Hasen ist es dunkelrot. Auch das Fleisch von älteren Hasen kann richtig zubereitet einen schmackhaften Braten oder gutes Hasenklein ergeben. Das Fleisch älterer Hasen wird zuerst mariniert und dann 1 Stunde länger gebraten oder geschmort als das von jungen Tieren. Die Garzeiten in den folgenden Rezepten gelten alle für junge Hasen.

Das Angebot an Hasen
Ganze Hasen im Fell (ausgenommen und abgehangen).
Ganze Hasen bereits abgezogen Hasen als Bratenstück: Rücken mit Keulen.
Rücken gespickt oder ungespickt Keulen paarweise.
Kleinfleisch aus Vorderläufen, Bauchlappen und Hals.

Bei Wildbret vom Hasen zu beachten:
Wenn Sie einen Hasen vom Jäger bekommen, müssen Sie ihn selbst ausnehmen und danach im Fell kühl und luftig 8–10 Tage abhängen lassen.

Beim Ausnehmen achtgeben, daß die Gallenblase, die in der Leber steckt, keinen Tropfen Galle abgeben kann; denn Galle macht das Fleisch ungenießbar.

Den Hasen nach dem Abhängen abbalgen, das heißt das Fell abziehen. Das geht nicht leicht, aber es ist zu schaffen: den Hasen an den Hinterläufen aufhängen, das Fell rings um die Pfoten einschneiden, die Hinterkeulen an der Innenseite aufschlitzen und »das Fell« vorsichtig und langsam »über die Ohren ziehen«.

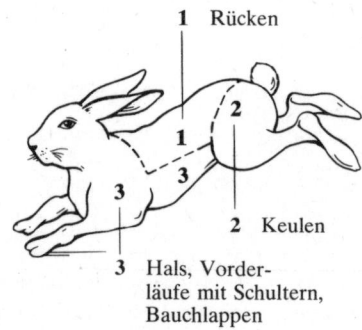

1 Rücken
2 Keulen
3 Hals, Vorderläufe mit Schultern, Bauchlappen

Dann wird der Hase folgendermaßen zerlegt:
Den Hals (Kopf wegwerfen), die Vorderläufe mit den Schultern und die Bauchlappen (3) mit den Rippen abschneiden und für Hasenpfeffer verwenden. Das Kleinfleisch stets kalt waschen, mit kochendem Wasser überbrühen und das Wasser wegschütten. Dann erst marinieren.

Beim Zerlegen eines Hasens oder eines Kaninchens die Vorderläufe mit den Schultern und den Bauchlappen mit den Rippen abtrennen. Die Keulen im Gelenk auslösen. Die gestrichelte Linie auf der Skizze zeigt die Schnittführung.

Die Keulen (2) im Gelenk auslösen. Die Keulen braten oder schmoren. Den unteren, fast fleischlosen Teil des Rückens abschneiden und für Saucen oder Suppen verwenden. Den Rücken (1) braten.

Alle Hasenteile vor dem Marinieren und dem Garen häuten: mit einem spitzen, sehr scharfen Messer die feinen Häute über den Muskelsträngen abziehen, nur die letzte feine Haut darf bleiben zum Schutz der Muskelfaser.

Hasenleber wird gesammelt und gesondert zum Kauf angeboten. Hasenleber zählt zu den besonderen Delikatessen und wird bei guter Hitze in reichlich heißem Fett von allen Seiten unter ständigem Wenden 2 Minuten gebraten. Andere Innereien vom Hasen werden nicht verwendet; höchstens Herz, Lunge und Nieren gut gereinigt für eine Farce, also Füllung, benützt.

Garzeiten:
ganzer Hase, gefüllt,
90–100 Minuten
ganzer Hase, ungefüllt,
70–90 Minuten
Hasenrücken, rosa,
25–35 Minuten
Hasenkeulen
60 Minuten
Hasenpfeffer
90–110 Minuten
Hasenfilets insges.
5 Minuten
Hasenleber insges.
2–3 Minuten

Wildkaninchen
Wildkaninchen wiegen etwa 2 Kilogramm und sind würziger im Geschmack als Zuchtkaninchen, die auch bis zu 3 Kilogramm schwer werden können. Kaninchenfleisch ist weiß und sehr zart und wird häufig lediglich zu Pasteten oder zu Wildpfeffer verarbeitet. Kenner schätzen jedoch Kaninchenbraten außerordentlich. Das Fleisch von Zuchtkaninchen kann leicht süßlich schmecken, deshalb sollte man Zuchtkaninchen immer vor dem Garen marinieren.

Das Angebot an Wildkaninchen
Entspricht dem vom Hasen

Bei Wildbret vom Wildkaninchen zu beachten:
Wildkaninchen sollte entweder im Ganzen oder in Teilen gebraten und zuvor bardiert werden.
Sonst wie Hase.

Garzeiten:
Gefülltes Kaninchen
75–90 Minuten
Ungefülltes Kaninchen
60 Minuten
Schmorstücke
60–70 Minuten

Wild in der Küche

Tiefgefrorenes Wildbret kann bei minus 18–21° ungespickt 5–7 Monate, gespickt 2–3 Monate lagern. Vor dem Zubereiten soll es ohne Verpackung zugedeckt bei Raumtemperatur oder im Kühlschrank auftauen.

Den beim Auftauen abfließenden Blutsaft wegschütten und das Fleisch gründlich kalt waschen.

Tiefgefrorenes Wildbret darf weder in einer Marinade auftauen noch nach dem Auftauen mariniert werden, da das Fleisch durch das Tiefkühlen bereits denaturiert (das heißt mürbe geworden) ist und in einer Marinade dann zuviel Saft verlieren und dadurch trocken würde.

In vielen Kochbüchern steht der Hinweis, Wildbret solle nicht gewaschen, sondern lediglich mit einem feuchten – essiggetränkten – Tuch ab- und ausgerieben werden, da Wildfleisch zu rasch auslaugen könnte. Moderne Köche widersetzen sich dieser Regel. Sie spülen Wildbret wie anderes Fleisch rasch unter fließendem kaltem Wasser gründlich ab und tupfen es sofort mit saugfähigem Papier gut trocken.

Wildbret muß vor dem Zubereiten von den feinen Häuten befreit werden, die die Muskelstränge umgeben. Außerdem entfernt man möglichst alle Sehnen und das Fett, das den Geschmack beeinträchtigen würde.

Je zarter Wildbret ist, desto weniger sollte es durchgegart, sondern noch rosa verzehrt werden. Von jeder Wildart bieten junge Tiere zarteres Fleisch als ältere Tiere. Von jedem Tier sind wiederum der Rücken und alle aus ihm geschnittenen Teile zarter als die Keulen, und diese sind zarter als die Schultern.

Wildbraten werden gemäß langjähriger Küchentradition gespickt, da Wildbret fettarm ist und deshalb leicht beim Braten austrocknet. Rücken und Keule werden meist dicht unter der Oberfläche gespickt. Die Speckstreifen dafür in das gezackte Ende der Spicknadel (2) klemmen, das Fleisch etwa 1 cm tief einstechen und beide Speckenden 1–2 cm an der Oberfläche überstehen lassen.
Wird eine große Keule oder ein dicker Wildbraten, vorwiegend von nicht mehr ganz jungen Tieren gespickt, durchzieht man diese Stücke im Abstand von etwa 3 cm durch und durch mit langen Speckstreifen. Dafür ist die dickere Spicknadel (1) geeignet, in die lange Speckstreifen eingelegt werden.

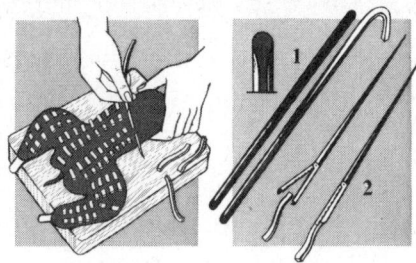

Bei Wildbraten Rücken und Keulen spicken. Die Speckstreifen etwa 1 cm unter der Oberfläche durch das Fleisch ziehen. Die Speckenden 1–2 cm überstehen lassen.

1 Dicke Spicknadel zum Spicken von dicken Braten mit langen Speckstreifen.
2 Spicknadel mit gezackter Klemme für kürzere Speckstreifen zum Spicken dicht unter der Oberfläche.

Nehmen Sie fetten geräucherten oder ungeräucherten Speck zum Spicken; geräucherter Speck ist aber salzhaltig, berücksichtigen Sie diesen Umstand beim Würzen. Man kann Wildbret auch bereits gespickt kaufen.

Moderne Köche gehen mehr und mehr dazu über, Wild zu bardieren statt es zu spicken, weil die feine Faserstruktur des Fleisches dadurch nicht zerstört wird. Den Braten dann also mit Speckscheiben belegen und diese mit Küchengarn festbinden. Der Speck wird in den letzten 15 Bratminuten entfernt, damit die Oberseite des Bratens gut bräunen kann. Es bleibt jedem selbst überlassen, ob er den Speck mitserviert oder nicht. Oft wird Speck auch in Würfeln oder Streifen im Brattopf ausgebraten und das Wildbret dann von allen Seiten im Speckfett angebraten.

Ob Sie zarte Teile von Wild marinieren möchten, ist eine Frage des Geschmacks; denn das Fleisch nimmt durch die Marinade Geschmacksstoffe auf. Außerdem läßt sich Wildbret in der Marinade einige Tage vor dem Verderben schützen. Kleinfleisch – nämlich alle Teile, die sich nicht zum Braten eignen – und Schulterstücke, oft auch Keulen und Fleisch von älteren Wildtieren, mariniert man, damit das Fleisch mürber wird und/oder um sehr intensiven Wildgeschmack zu mildern. Die Marinierzeit sollte etwa 3 Tage betragen.

Die Marinade wird vielfach auch Beize genannt. Während man früher unter marinieren – mariner ist französisch und bedeutete einpökeln – nur Einlegen von Fisch in Salzwasser verstand, bedeuten heute Marinade und Beize das gleiche. Eine Marinade ist eine saure Flüssigkeit, mit der Fleisch, Wildbret und Geflügel für einige Tage haltbar gemacht und auch geschmacklich verändert werden können. Die in der Marinade enthaltene Säure verhindert, daß das Fleisch rasch verdirbt. Das eingelegte Fleisch muß völlig von der Marinade bedeckt und umgeben sein. Während des Mariniervorganges reift das Fleisch, es wird mürber und zarter.

Der Grad und die Art der Säure richten sich nach dem persönlichen Geschmack. Sie können dazu Rotwein, Weinessig, Zitronensaft, Buttermilch oder Sauermilch verwenden. Letztere enthalten Milchsäure. Durch Zugabe von Gewürzen und Gemüse wird ein besonders pikanter Geschmack erzielt. Dabei unterscheidet man zwischen nasser und trockener Marinade.

Nasse Rotwein-Marinade
⅛ Liter Wasser mit 4 Pfefferkörnern, 3 Gewürzkörnern, 4 Wacholderbeeren, ½ Teelöffel getrocknetem, zerriebenem Thymian, 1 Lorbeerblatt und 2 in dünne Scheiben geschnittene Zwiebeln erhitzen, einmal sprudelnd aufkochen lassen und vom Herd nehmen. ½ l Rotwein in die Marinade gießen und diese abkühlen lassen. Das Fleisch in ein genügend großes Gefäß aus Kunststoff, unbeschädigtem Emaille, Porzellan oder Steingut legen. Das Gefäß muß so groß sein, daß das Fleisch die Wände des Gefäßes nicht berührt. Die Marinade über das Fleisch gießen. Das Fleisch muß von Marinade bedeckt sein. Je nach Größe des Fleischstückes müssen die Zutaten für die Marinade verdoppelt oder nur Wein zugegossen werden. Das Gefäß zudecken und an einem kühlen Ort oder im Kühlschrank 2–3 Tage marinieren. Das Wildbret mindestens einmal während des Marinierens umwenden und darauf achten, daß es stets von genügend Marinade bedeckt ist. Anstelle von Rotwein kann man auch ½ Liter Buttermilch oder Sauermilch (auch Joghurt) mit dem erkalteten Gewürzsud mischen.

Trockene Marinade
2 Zwiebeln oder auch 2 Petersilienwurzeln und 2 Möhren schälen, beziehungsweise schaben, und grob raspeln

REH

und mit den zerdrückten Gewürzen mischen. Das Fleisch von allen Seiten gut mit Öl bepinseln und die Gemüse-Gewürz-Mischung gut auf das Fleisch drücken. Das Fleisch in ein essiggetränktes, leicht ausgewundenes Tuch wickeln und im Kühlschrank 1–2 Tage marinieren. Während der Marinierzeit gut darauf achten, daß das Tuch feucht bleibt; nötigenfalls erneut mit Essig anfeuchten.

Fleisch von alten Tieren wird häufig zu Wildpfeffer verarbeitet. Dafür kann man das Wildbret in eine Wein-Essig-Marinade einlegen. Zur nassen Marinade geben Sie in diesem Fall eine halbe bis ganze Tasse Weinessig. Auch wenn der Essig verdünnt wird, verursacht die Marinade einen herben Geschmack, den man allerdings mildern kann, indem man nur wenig von der Marinade für die Sauce verwendet, statt dessen reichlich Sahne.

Denken Sie beim Garen von Wildbret auch an Bratfolie, Alufolie und an den Bräter. Das sehr empfindliche Fleisch wird in ihnen optimal vor dem Austrocknen geschützt.

Nach dem Braten soll Wildbret im abgeschalteten Backofen bei geöffneter Türe je nach Größe 10–20 Minuten ruhen, damit sich der Fleischsaft gleichmäßig in den Fasern verteilt und beim Aufschneiden nicht ausläuft.

Beim Tranchieren einer Wildkeule schneidet man den dickeren Teil quer zum Knochen in Scheiben und hebt diese dann vom Knochen ab. Der

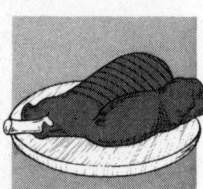 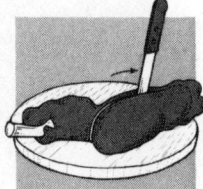

Beim Tranchieren den dickeren Teil der Wildkeule quer zum Knochen in Scheiben schneiden.

Den dünneren Teil längs zum Knochen abschneiden und in kleine Scheiben teilen.

dünnere Teil wird längs zum Knochen abgeschnitten und dann in kleine Scheiben geteilt. Wildrücken wird wie jeder andere Rückenbraten tranchiert. Beim Garen in Bratfolie und in Alufolie das Wildbret gut mit Öl bestreichen; beim Garen im Bräter oder im Tontopf das Wildbret bardieren.

Grundrezept
Rehrücken

Bild Seite 245

1 kg Rehrücken
¾ l Rotweinmarinade nach dem Rezept in diesem Buch
3 Wacholderbeeren oder ½ Teel. getrockneter Thymian
2 Messersp. Salz
50 g Butterschmalz
75 g mild geräucherter Speck in dünnen Scheiben
¼ l Fleischbrühe
je ⅛ l Marinade, Wasser und saure Sahne

1 Teel. Speisestärke
1 Eßl. Johannisbeergelee oder die abgeriebene Schale von 1 Orange

Pro Person etwa:
2850 Joule
680 Kalorien

Marinierzeit:
2–3 Tage

Bratzeit:
35–45 Minuten

Den Rehrücken kurz kalt waschen, gut trockentupfen und häuten: Die Haut an der Schnittkante lösen, etwas hochziehen, mit einem scharfen spitzen Messer darunterfahren und sie stückchenweise vom Fleisch ziehen. Den gehäuteten Rehrücken für 2–3 Tage in die abgekühlte Rotweinmarinade legen.
Die Wacholderbeeren zerdrücken oder den Thymian zerreiben. Den Rehrücken aus der Marinade nehmen, abtrocknen, mit dem zerkleinerten Gewürz von allen Seiten einreiben und ½ Stunde einwirken lassen. Das Gewürz anschließend wieder abreiben, damit es beim Braten nicht verbrennt. Das Fleisch mit dem Salz einreiben.
Den Backofen auf 220° vorheizen. Das Butterschmalz in einer Pfanne erhitzen und den Rehrücken rasch von allen Seiten kräftig darin anbraten. Den Rehrücken mit dem heißen Butterschmalz in eine Bratreine geben und mit den Speckscheiben belegen. Den Rehrücken auf der mittleren Schiebeleiste im Backofen 35–45 Minuten braten. Die Fleischbrühe erhitzen. Nach 15 Minuten Bratzeit ½ Tasse heiße Fleischbrühe um den Rehrücken gießen, den Bratensatz lösen und den Braten damit begießen. Während der ganzen Bratzeit den Braten alle 10 Minuten beschöpfen und, wenn nötig, immer wieder etwas heiße Fleischbrühe zugeben. Nach 30 Bratminuten die Speckscheiben in den Bratenfond legen und den Braten mit 3 Eßlöffeln der sauren Sahne bestreichen. Den Rehrücken noch solange weiterbraten, bis er außen schön braun ist, innen aber noch rosa.
Den Rehrücken auf eine vorgewärmte Platte legen, mit Alufolie abdecken und im abgeschalteten Backofen bei geöffneter Türe etwa 15 Minuten ruhen lassen. Den Bratenfond in der Bratreine mit der restlichen Fleischbrühe lösen und in einen Topf gießen. Die Marinade mit dem Wasser mischen, zum Bratenfond gießen und alles einmal aufkochen lassen. Die restliche saure Sahne mit der Speisestärke verrühren, die Sauce damit binden und einmal kräftig aufkochen lassen. Die Sauce mit Johannisbeergelee oder mit der abgeriebenen Orangenschale verfeinern.
Den Rehrücken tranchieren: Mit einem Messer an beiden Seiten des Rückgrats entlang das Fleisch von den Knochen lösen und die Fleischstreifen in schräge Scheiben schneiden. Die Scheiben wieder auf den Knochen legen oder fächerförmig auf einer Platte anrichten. Das Fleisch mit etwas heißer Sauce überziehen, die restliche Sauce gesondert dazu reichen.

Beilagen: Preiselbeermarmelade und glasierte Kastanien, Kastanienpüree oder Rotkohl und breite Nudeln, Spätzle, Mandelkroketten oder Kartoffelbällchen.

Unsere Tips: Die Sauce können Sie zuletzt mit etwas Zitronensaft und etwas Weißwein oder mit Cognac verfeinern.
Zum Garnieren des Rehrückens eignen sich Orangenkörbchen ausgezeichnet. Halbieren Sie zwei Orangen und höhlen Sie das Fruchtfleisch vorsichtig aus. Die Körbchen mit gewaschenen blauen und grünen Weintrauben füllen.

Variante
Rehkeule

Rehkeule oder Rehschlegel wird wie im Rezept für den Rehrücken zubereitet. Die Garzeit beträgt allerdings dann 1–1½ Stunden.

Rehgulasch

500 g Kleinfleisch vom Reh (ohne Knochen)
1 Knoblauchzehe
½ Teel. Salz

1 Messersp. Ingwerpulver
je ½ Messersp. getrockneter Majoran und gemahlener Kümmel

REH · HIRSCH

1 Eßl. Öl
¼ l Fleischbrühe
2 große Zwiebeln
60 g Schweine-
schmalz
1 Teel. Paprika-
pulver, mild
1 Eßl. Tomatenmark
1 Eßl. Mehl
⅛ l saure Sahne

Pro Person etwa:
1470 Joule
350 Kalorien

Schmorzeit:
1½–2 Stunden

Das Rehfleisch waschen, gut abtrocknen und in 2–3 cm große Würfel
schneiden. Die Knoblauchzehe schälen, zerdrücken und mit dem Salz,
den übrigen Gewürzen und dem Öl in
einer Schüssel mischen. Die Fleischwürfel gut in der Würzmischung wenden, zudecken und 1 Stunde einwirken lassen.
Dann die Fleischbrühe erhitzen. Die
Zwiebeln schälen und würfeln. Das
Schweineschmalz in einem Schmortopf zerlassen, die Zwiebelwürfel
darin goldgelb braten, die Fleischwürfel zugeben und bei starker Hitze von
allen Seiten gut anbraten. Dann die
Fleischwürfel mit dem Paprikapulver
und dem Tomatenmark würzen, die
Hälfte der heißen Fleischbrühe zugießen und das Gulasch zugedeckt bei
milder Hitze 1½–2 Stunden schmoren
lassen. Ab und zu nachsehen, ob noch
ausreichend Flüssigkeit im Topf ist
und gegebenenfalls immer wenig
heiße Fleischbrühe nachfüllen. Das
Mehl mit der sauren Sahne verrühren,
das Gulasch nach Beendigung der
Garzeit damit binden und einige Male
aufkochen lassen. Soviel von der
Fleischbrühe zugießen, bis eine gebundene Sauce entstanden ist.

Beilagen: Salzkartoffeln, Spätzle oder
Klöße aus gekochten Kartoffeln und
Tomatensalat, Champignonsalat
oder Rotkohlsalat

Unser Tip: Besondere Geschmacks-
nuancen können Sie erzielen, wenn
Sie die Sauce mit einigen Tropfen
Weinessig und Sojasauce und 1–2
Messerspitzen Zucker abschmecken.
Oder Sie braten 50 Gramm Speck-
würfel mit den Zwiebeln an und bin-
den zuletzt die Sauce mit in Rotwein
angerührtem Mehl. Die Sauce mit
Preiselbeermarmelade abschmecken.

Variante
Hirschgulasch

Hirschgulasch können Sie nach dem
Rezept für Rehgulasch zubereiten.

Flambiertes Rehschnitzel

4 Rehschnitzel zu
je 125 g
4 Teel. Öl
4 Pfirsichhälften
aus der Dose
40 g Mandelstifte
4 Scheiben Schwarz-
brot
½ Teel. Salz

2 Messersp. Pfeffer
4 Eßl. Weinbrand

Pro Person etwa:
2010 Joule
480 Kalorien

Bratzeit:
8 Minuten

Die Rehschnitzel kurz kalt waschen,
abtrocknen, häuten und mit dem Öl
bepinseln. Die Schnitzel aufeinanderlegen, in Alufolie oder Klarsichtfolie
einschlagen und 30 Minuten im Kühlschrank ruhen lassen. Die Pfirsichhälften abtropfen lassen, mit den Mandelstiften spicken und bei sehr milder
Hitze in einer Kasserolle zugedeckt
erwärmen. Sie dürfen auf keinen Fall
bräunen. Die Schwarzbrotscheiben
toasten und auf vorgewärmten Tellern
anrichten.
Eine Pfanne ohne Fett erhitzen, die
mit Öl bepinselten Rehschnitzel einlegen und bei mittlerer Hitze von jeder
Seite 4 Minuten braten. Die Schnitzel
mit Salz und Pfeffer würzen und auf
den getoasteten Schwarzbrotscheiben
anrichten. Jedes Schnitzel mit einer
Pfirsichhälfte belegen und servieren.
Den Weinbrand etwas anwärmen, bei
Tisch über die Pfirsiche und Schnitzel
gießen, anzünden und ausbrennen lassen.

Dazu schmecken: Pfifferlinge, Champignonsalat oder Kopfsalat

Raffiniert
Rehmedaillon mit Fruchtsalat

Bild Seite 236

Für den Fruchtsalat:
3 Scheiben Ananas
aus der Dose
2 Orangen
1 Banane
2 kleine Äpfel
3 Eßl. Johannis-
beergelee oder
Preiselbeer-
marmelade
2 Teel. Zucker
3 Eßl. Cognac

Für die Reh-
medaillons:
8 Scheiben Toast-
brot
500 g Rehfilet
50 g Butterschmalz
½ Teel. Salz
2 Messersp. Pfeffer

Pro Person etwa:
2600 Joule
620 Kalorien

Bratzeit:
4 Minuten

Für den Fruchtsalat die Ananasscheiben abtropfen lassen und in kleine
Würfel schneiden. Die Orangen, die
Banane und die Äpfel schälen und
das Fruchtfleisch ebenso kleinschneiden wie die Ananaswürfel. Das Johannisbeergelee oder die Preiselbeermarmelade mit dem Zucker und dem
Cognac verrühren, die kleingewürfelten Früchte unterheben und den Salat
zugedeckt bei Raumtemperatur
15 Minuten durchziehen lassen. Den
Fruchtsalat dann in vier kleinen
Schälchen anrichten.
Die Brotscheiben toasten, rund ausschneiden und nebeneinander auf eine
vorgewärmte Platte legen.
Für die Rehmedaillons das Rehfilet in
etwa 1½ cm dicke Scheiben schneiden. Das Butterschmalz bei guter
Hitze zerlassen und die Rehmedaillons von jeder Seite 2 Minuten rasch
braun braten. Sie sollen innen noch
rosa sein. Die Medaillons auf dem getoasteten Brot anrichten, mit wenig
Butterschmalz beträufeln und salzen
und pfeffern. Die Medaillons mit dem
Fruchtsalat sofort servieren.

Unser Tip: Überraschen Sie Ihre Gäste mit besonders dekorativ angerichteten Rehmedaillons. Nehmen Sie
statt der Ananasscheiben aus der
Dose frische Ananas. Von der Ananas
einen Deckel abschneiden, die Frucht
aushöhlen und etwa ⅓ des Fruchtfleisches für den Fruchtsalat verwenden.
Den Fruchtsalat in die Ananas füllen,
den Deckel auflegen und zu den
Rehmedaillons stellen.

Geschmorte Hirschkeule

Bild Seite 235

1 kg Hirschkeule
2 Eßl. Öl
¾ l Rotwein-
marinade
nach dem Rezept
in diesem Buch
50 g durchwachsener
Speck
2 Zwiebeln
1 Möhre
1 Stückchen
Sellerieknolle
½ l Fleischbrühe
½ Teel. Salz
3 Messersp. Pfeffer
1 Eßl. Schmalz
1 Lorbeerblatt
1 Gewürznelke
3 Wacholderbeeren

⅛ l Rotwein-
marinade
1 Eßl. Speisestärke
4 Eßl. Wasser
⅛ l saure Sahne
einige Tropfen
Zitronensaft
1 Messersp. Zucker

Pro Person etwa:
2090 Joule
500 Kalorien

Marinierzeit:
3–4 Tage

Schmorzeit:
1½ Stunden

Die Hirschkeule kurz kalt waschen,
abtrocknen, häuten und mit dem Öl
bepinseln. Die Keule in die abge-

HIRSCH

kühlte Rotweinmarinade legen und zugedeckt 3–4 Tage im Kühlschrank ziehen lassen. Das Fleisch während der Marinierzeit ab und zu wenden und kontrollieren, ob es noch von Marinade bedeckt ist.
Den Speck in Würfel schneiden. Die Zwiebeln schälen und ebenfalls würfeln. Die Möhre und die Sellerieknolle schälen, waschen und in Stücke schneiden. Die Fleischbrühe erhitzen. Das Fleisch aus der Marinade nehmen, abtrocknen und mit dem Salz und dem Pfeffer einreiben. Das Schmalz in einem genügend großen Schmortopf erhitzen, die Speckwürfel und die Hirschkeule darin von allen Seiten kräftig anbraten und die Hitze reduzieren. Die Zwiebelwürfel, die Karottenstückchen und die Selleriestückchen zugeben, mit anbräunen lassen und die Gewürze zufügen.
$1/8$ Liter heiße Fleischbrühe um die Hirschkeule gießen und diese zugedeckt bei milder Hitze im geschlossenen Topf $1 1/2$ Stunden schmoren lassen. Die Keule ab und zu umdrehen und, wenn nötig, etwas heiße Fleischbrühe nachfüllen. Das gare Fleisch zugedeckt warm stellen.
Den Bratenfond im Schmortopf mit der restlichen Fleischbrühe lösen, den Bratenfond durch ein Sieb in einen Topf passieren und $1/8$ Liter durchgesiebte Marinade zugießen. Die Speisestärke mit dem Wasser anrühren, die Sauce damit binden und einmal kräftig aufkochen lassen. Die Sauce mit der sauren Sahne, dem Zitronensaft und dem Zucker abschmecken.

Beilagen: Kartoffelpüree mit gebratenen Selleriescheiben oder Bratkartoffeln und Grünkohl oder Rosenkohl

Unser Tip: Wenn Sie einige Kalbsknochen mit etwas Fleisch daran anbraten und schmoren, wird die Sauce besonders kräftig im Geschmack.

Hirschsteak vom Grill

4 Hirschsteaks zu je 180 g
4 Eßl. Öl
1 Zwiebel
4 Wacholderbeeren
3 Eßl. Apfelessig
4 Eßl. Weinbrand
1 Teel. Senf
4 Scheiben Ananas aus der Dose
1 Teel. Marinade
$1/2$ Teel. Salz
2 Messersp. Pfeffer
2 Eßl. Preiselbeermarmelade

Pro Person etwa:
1510 Joule
360 Kalorien

Marinierzeit:
2 Tage

Grillzeit:
10 Minuten

Die Steaks kurz kalt waschen, gut trockentupfen, nebeneinander auf eine tiefe Platte legen und rundherum mit dem Öl bepinseln. Die Zwiebel schälen und reiben. Die Wacholderbeeren zerdrücken. Das Zwiebelmus mit den zerdrückten Wacholderbeeren mischen und die Steaks von beiden Seiten damit bestreichen. Den Apfelessig, den Weinbrand und den Senf mit dem restlichen Öl verrühren, alles über das Fleisch träufeln, mit Klarsichtfolie abdecken und 2 Tage im Kühlschrank durchziehen lassen. Während der Marinierzeit die Steaks hin und wieder in der Marinade wenden.
Den Grill vorheizen.
Die Steaks aus der Marinade nehmen, abtupfen und die Gewürze davon abreiben.
Die Ananasscheiben abtropfen lassen, trockentupfen und von beiden Seiten mit Marinade bepinseln. Die Steaks und die Ananasscheiben auf den Grillrost legen, die Fettpfanne darunterschieben und im Abstand von 6 cm zu den Grillstäben von jeder Seite 5 Minuten grillen. Die Steaks salzen und pfeffern, mit den Ananasscheiben belegen und diese mit der Preiselbeermarmelade füllen.

Beilagen: Butterreis oder Weißbrot und Chicorée- oder Salleriesalat

Unsere Tips: Sie können Hirschsteaks vor dem Grillen auch mit ungesalzenem, rohem Speck spicken.
Hirschsteaks vom Hirschkalb sind zarter als solche von erwachsenen Tieren und müssen nicht unbedingt mariniert werden.
Als Beilagen besonderer Art ist zu gegrillten Hirschsteaks folgendes gut geeignet:
200 g blaue oder grüne Weintrauben in einigen Eßlöffeln Weißwein erwärmt –
oder:
Sauerkirschen aus dem Glas in 2 Eßlöffeln Cognac oder Kirschlikör erwärmt –
oder:
In Apfelsaft weichgekochte Backpflaumen, abgetropft und in Zwetschgenwasser erwärmt.
Alle diese angegebenen Früchte können Sie auch auf den Steaks anrichten und mit der jeweils passenden Spirituose flambieren.
Hirschsteaks kann man auch in der Pfanne braten. Öl in der Pfanne hoch erhitzen und die Steaks darin von jeder Seite 8–10 Minuten garen.

Zum Bild rechts:

Ein Wildbraten, gehört zum Höhepunkt einer festlichen Tafel. Allerdings geht die Tendenz der modernen Küche mehr zum Bardieren, denn dabei wird die zarte Faser des Wildbrets nicht von der Spicknadel durchstochen, sondern nur schützend mit Speckscheiben umhüllt. Findige Köche ersannen folgenden Kompromiß: Sie lassen eine Wildkeule auslösen, formen das sorgsam marinierte Fleisch mit eingelegten Speckstreifen zur Rolle und garen es mit Speckwürfeln wie einen Rollbraten. So bleibt das Wildbret besonders saftig, trocknet nicht aus und gewinnt geschmacklich vom würzigen Aroma des Specks. Die Sahnesauce, aus dem Bratenfond und der Marinade bereitet, vollendet dieses exquisite Wildgericht. Das Rezept für »Geschmorte Hirschkeule« finden Sie auf Seite 233.

HIRSCH

Zum Bild links:

Wenn Sie Rehmedaillons mit Fruchtsalat wie auf dem Bild angerichtet servieren, können Sie mit jedem Grandhotel konkurrieren. Rehfilet, aus dem die Medaillons geschnitten werden, ist zartestes Wildbret von höchster Qualität. Der Anlaß für das Festessen, bei dem es Rehmedaillons gibt, darf von großer Bedeutung sein, Sie werden ihn mit diesem Gericht entsprechend würdigen. Garnieren Sie die Rehmedaillons nach Vorschlag auf dem Bild mit je einer halben Cocktailkirsche, einem kleinen Dreieck ungeschälter Orange und einem Kressezweig. Bereiten Sie die Garnitur und den Fruchtsalat vor, wärmen Sie Servierplatte und Teller, damit die Rehmedaillons nach dem Braten unverzüglich heiß gereicht werden können.

Das Rezept finden Sie auf Seite 233.

Hirschragout österreichische Art

1 große Zwiebel
1 Petersilienwurzel
2 kleine Möhren
1 Stück Sellerieknolle
3/8 l Fleischbrühe
750 g Kleinfleisch vom Hirsch (ohne Knochen)
4 Eßl. Bratfett
1/2 Teel. Salz
1 Teel. Zucker
6 Pfefferkörner
10 Pimentkörner
6 Wacholderbeeren
1 Lorbeerblatt
2 Messersp. getrockneter Thymian
je 1 Messersp. Ingwerpulver und geriebene Muskatnuß
2 Eßl. Mehl
1/8 l Wasser
1/16 l Rotwein
1/4 l saure Sahne
Saft von 1 Zitrone oder 1 Eßl. Weinessig
1 Eßl. Madeirawein

Pro Person etwa:
2340 Joule
560 Kalorien

Schmorzeit:
1 1/2–2 Stunden.

Die Zwiebel, die Petersilienwurzel, die Möhren und die Sellerieknolle schälen, putzen, waschen und in kleine Würfel schneiden. Die Fleischbrühe erhitzen. Das Hirschfleisch kurz kalt waschen, gut abtrocknen, von Sehnen und Häuten befreien und in etwa 3 cm große Würfel schneiden. Das Bratfett in einem genügend großen Topf erhitzen, die Fleischwürfel bei guter Hitze von allen Seiten anbraten, das Gemüse zugeben und unter ständigem Umrühren kurz mitbraten. Das Salz und den Zucker über das Fleisch streuen und alle Gewürze zufügen. 1/8 Liter heiße Fleischbrühe um das Fleisch gießen und dieses zugedeckt bei milder Hitze 1 1/2–2 Stunden schmoren lassen. Während der Schmorzeit ab und zu umrühren und, wenn nötig, immer ein wenig heiße Fleischbrühe nachgießen. Das gare Fleisch mit einem Schaumlöffel aus der Schmorflüssigkeit heben und in einer vorgewärmten Schüssel zugedeckt warm halten. Den Bratenfond mit der restlichen Fleischbrühe im Schmortopf lösen und durch ein Sieb in einen kleineren Topf passieren. Das Mehl mit dem Wasser anrühren, in die Sauce geben und unter Rühren einige Male aufkochen lassen. Den Rotwein, die saure Sahne, den Zitronensaft oder den Essig und den Madeirawein zugeben, die Sauce noch einmal gut erhitzen, aber nicht mehr kochen lassen, abschmecken und über das Hirschfleisch gießen.

Beilagen: Mehlklöße, Klöße aus gekochten Kartoffeln oder Spätzle und Rotkohl, der mit Rotwein verfeinert wurde

Variante 1
Rehragout

Rehragout können Sie nach dem gleichen Rezept wie dem für Hirschragout zubereiten.

Variante 2
Wildpfeffer

Wildpfeffer können Sie aus Kleinfleisch von Hirsch, Reh oder Hase bereiten. Die Fleischteile mit Knochen vom Hals, Schulter und die Vorderläufe sowie das Herz werden dafür verwendet. Das Fleisch zuerst in Salzwasser weichkochen, von den Knochen lösen und in kleinere Stücke schneiden. Die Sauce nach dem Rezept für Rehgulasch zubereiten, gut abschmecken und das gekochte Fleisch in der Sauce erhitzen.

Hirschrouladen Jagdmeister Art

Für die Füllung:
100 g Hirschfleischabschnitte
100 g mageres Schweinefleisch
1 Zwiebel
1/2 Bund Liebstöckel oder Petersilie
1 kleines Ei
2 Eßl. Semmelbrösel
1/2 Teel. Salz
2 Messersp. Pfeffer

Für die Rouladen:
1 Zwiebel
3/8 l Fleischbrühe
4 Hirschrouladen zu je 150 g
je 3 Messersp. Salz und Pfeffer
2 Eßl. Bratfett
50 g frische Pfifferlinge
2 Teel. Speisestärke
3 Eßl. Sahne

Pro Person etwa:
1760 Joule
420 Kalorien

Schmorzeit:
1 1/2 Stunden

Für die Füllung die Wildfleischabschnitte und das Schweinefleisch waschen und in Stücke schneiden. Die Zwiebel schälen und achteln. Das Fleisch und die Zwiebel durch den Fleischwolf drehen. Den Liebstöckel oder die Petersilie waschen, abtropfen lassen und kleinschneiden. Das durchgedrehte Fleisch mit den Kräutern, dem Ei und den Semmelbröseln mischen und mit dem Salz und dem Pfeffer abschmecken.
Die Zwiebel schälen und in Würfel schneiden. Die Fleischbrühe erhitzen. Die Hirschrouladen kurz kalt waschen, abtrocknen, klopfen und mit Salz und Pfeffer bestreuen. Die Füllung auf die Rouladen streichen, diese aufrollen und mit Küchengarn festbinden oder mit Holzspießchen fest-

WILDSCHWEIN

stecken. Das Bratfett in einem genügend großen Schmortopf erhitzen, die Rouladen von allen Seiten kräftig darin anbraten, die Zwiebelwürfel zugeben und mitbraten, bis sie glasig sind. 1/8 Liter heiße Fleischbrühe um das Fleisch gießen und die Rouladen zugedeckt bei milder Hitze 1 1/2 Stunden schmoren lassen. Ab und zu die Rouladen wenden und prüfen, ob noch genügend Flüssigkeit im Topf ist; gegebenenfalls wenig heiße Fleischbrühe nachfüllen. Die Pfifferlinge putzen, waschen und 15 Minuten vor Ende der Garzeit zum Fleisch geben.
Die Hirschrouladen aus der Schmorflüssigkeit nehmen, die Fäden oder Holzspießchen entfernen und in einer vorgewärmten Schüssel zugedeckt warm halten. Mit der restlichen Fleischbrühe den Bratenfond im Topf lösen. Die Speisestärke mit der Sahne anrühren, die Sauce damit binden und einmal kräftig aufkochen lassen. Die Sauce abschmecken und über die Hirschrouladen gießen.

Beilagen: beliebige Teigwaren und gedünstete Pfifferlinge mit viel frisch gehackter Petersilie

Unsere Tips: Anstelle der Pfifferlinge können Sie auch 150 g Selleriewürfel in der Sauce mitgaren.
Die Füllung wird herzhafter im Geschmack, aber auch wesentlich kalorienreicher, wenn Sie statt des mageren Schweinefleisches durchwachsenen Speck für die Füllung verwenden.

Variante
Rehrouladen

Rehrouladen können Sie nach dem gleichen Rezept wie für die Hirschrouladen bereiten.

Am zartesten ist ein Braten von Frischlingen oder Überläufern. Ein junges Wildschwein erkennt man an der weichen Schwarte; es braucht nicht mariniert zu werden. Fleisch von älteren Wildschweinen sollte aber unbedingt 4 Tage in Marinade liegen. Die Garzeit ist dann noch immer 50% länger.

Wildschweinbraten

1 Wildschweinkeule von 800 kg (ohne Knochen gewogen, den Knochen zerhackt mitnehmen)
je 1/2 l Teel. Salz und Pfeffer
1 Messersp. gemahlener Piment
5 Wacholderbeeren
1 Zwiebel
1 Petersilienwurzel
4 Eßl. Schweineschmalz
1/4 l Fleischbrühe
1 Lorbeerblatt
1/4 l Rotwein
2 Teel. Speisestärke
1/8 l saure Sahne

Pro Person etwa:
1800 Joule
430 Kalorien

Bratzeit:
60–80 Minuten

Das Fleisch von der Schwarte trennen und – falls der Wildbrethändler das noch nicht getan hat – den Knochen auslösen und zerhacken. Das Salz mit dem Pfeffer, dem Piment und den zerdrückten Wacholderbeeren mischen und das Fleisch von allen Seiten damit einreiben. Die Zwiebel und die Petersilienwurzel schälen oder schaben, putzen, waschen und in grobe Stücke schneiden.
Den Backofen auf 220° vorheizen. Das Schweineschmalz in einer großen Pfanne erhitzen. Die Wildschweinkeule auf dem Herd von allen Seiten im heißen Fett gut anbraten, in eine Bratreine legen und auf der untersten Schiebeleiste im Backofen 60–80 Minuten braten. Die Knochen waschen, abtrocknen und mit den Zwiebelstücken und der Petersilienwurzel zum Fleisch geben. Die Knochen, das Fleisch, die Zwiebeln und die Petersilienwurzel öfter wenden. Die Fleischbrühe erhitzen. Wenn die Zwiebeln braun sind, seitlich 1/8 Liter heiße Fleischbrühe zugießen und das Lorbeerblatt zufügen. Den Braten alle 10 Minuten mit dem entstandenen Bratenfond beschöpfen. Wenn die Flüssigkeit verdampft ist, jeweils noch wenig heiße Fleischbrühe nachfüllen. Den weichgeschmorten Braten auf eine vorgewärmte Platte legen, mit Alufolie zudecken und im abgeschalteten Backofen bei geöffneter Türe 10–15 Minuten ruhen lassen. Den Bratenfond in der Bratreine mit der restlichen Fleischbrühe lösen und in einen Topf passieren. Den Bratenfond mit dem Rotwein verrühren. Die Speisestärke mit der sauren Sahne verquirlen, die Sauce damit binden, einmal kräftig aufkochen lassen und noch einmal gut abschmecken. Den Braten in Scheiben schneiden und mit etwas Sauce überziehen. Die restliche Sauce gesondert dazu reichen.

Beilagen: Klöße aus rohen oder gekochten Kartoffeln oder Duchesse-Kartoffeln, Rosenkohlgemüse mit kleinen Speckwürfeln angereichert oder Broccoli in Butter geschwenkt

Wildschweinrücken mit feinem Gemüse

Für den Braten:
1 kg Wildschweinrücken
1/2 Teel. Salz
2 Messersp. Pfeffer
1 Messersp. getrockneter Thymian
4 Wacholderbeeren
80 g fetter, ungeräucherter, ungepökelter Speck in Scheiben
1/4 l Fleischbrühe

Für das Gemüse aus der Dose:
500 g Stangenspargel
je 280 g Maiskörner und Erbsen
je 200 g Karotten und Champignons

3 Eßl. Butter
1 Teel. Salz
2 Messersp. Pfeffer
1 Messersp. Paprikapulver, mild
1 Prise getrockneter Majoran
1/8 l Rotwein
3 Eßl. saure Sahne
1/2 Bund Petersilie

Pro Person etwa:
2260 Joule
540 Kalorien

Bratzeit:
50 Minuten

Zeit zum Erhitzen des Gemüses:
15 Minuten

Den Backofen auf 220° vorheizen. Das Fleisch kurz kalt waschen, gut abtrocknen und mit einem Gemisch aus dem Salz, dem Pfeffer, dem Thymian und den zerdrückten Wacholderbeeren einreiben. Den Braten in eine Bratreine legen, mit den Speckscheiben bedecken und auf der untersten Schiebeleiste im Backofen 50 Minuten braten. Die Fleischbrühe erhitzen. Wenn der Speck braun ist, seitlich 1/8 Liter heiße Fleischbrühe zugießen, den Bratensatz damit lösen und den Braten beschöpfen. Während der ganzen Bratzeit alle 10 Minuten den Wildschweinrücken mit dem Bratenfond beschöpfen und nötigenfalls immer wenig heiße Fleischbrühe zugießen, so daß stets etwa 1/8 Liter in der Bratreine ist.
Die einzelnen Gemüsesorten in einem Sieb abtropfen lassen. 5 genügend große Stücke Alufolie zurechtschneiden, die Ränder hochbiegen und jede Gemüsesorte auf ein Stück Alufolie geben. Die Butter auf die Gemüsepäckchen verteilen. Die Champignons und den Spargel mit Salz und Pfeffer, die Karotten mit Salz und dem Paprikapulver und die Erbsen mit Salz und dem zerriebenen Majoran würzen. Die Päckchen gut schließen. Etwa 2 cm hoch Wasser in einem großen Topf erhitzen, die Päckchen hineinlegen und im geschlossenen Topf bei milder Hitze 15 Minuten erwärmen. Nach 40 Minuten Bratzeit den Rotwein zum Wildschweinrücken gießen. Die Speckscheiben entfernen. Den Braten mit der sauren Sahne bestreichen und im Backofen gut bräunen

lassen. Das Fleisch herausnehmen, auf einer vorgewärmten Platte anrichten und zugedeckt im abgeschalteten Backofen bei geöffneter Türe warm stellen. Den Bratenfond in einen kleinen Topf sieben. Den Bratensatz in der Bratreine mit etwas Wasser lösen und zum Bratenfond schütten. Diesen noch einmal gut erhitzen und abschmecken. Die Petersilie waschen, abtropfen lassen und kleinschneiden. Das Fleisch in Scheiben schneiden und auf einer großen vorgewärmten Platte anrichten. Die Gemüsepäckchen aus dem Wasser nehmen, öffnen und die Ränder wie ein Nest um das Gemüse drücken. Das Gemüse in der Folie um den Braten anrichten und mit der Petersilie bestreuen. Die Sauce gesondert dazu reichen.

Beilage: Salzkartoffeln mit viel Kümmel gewürzt

Hasenbraten

Bild Seite 246/247

2 Hasenkeulen und 1 Hasenrücken	2 Pfefferkörner
Saft von 1 Zitrone	1/8 saure Sahne
1/2 Teel. Salz	1 Teel. Zitronensaft
2 Messersp. Pfeffer	Pro Person etwa:
120 g fetter, ungepökelter, ungeräucherter Speck in Scheiben	2600 Joule 620 Kalorien
50 g Butterschmalz	Marinierzeit:
1 Bund Suppengrün	4–16 Stunden
3/8 l Fleischbrühe	Bratzeit:
6 Wacholderbeeren	60 Minuten

Die Keulen vom Rücken trennen. Das Fleisch kurz kalt waschen, gut abtrocknen und sorgfältig häuten. Den Rücken und die Keulen mit dem Zitronensaft bestreichen und mindestens 4 Stunden, besser 16 Stunden im Kühlschrank zugedeckt durchziehen lassen.
Den Backofen auf 220° vorheizen.
Die Keulen und den Rücken mit etwas Salz und Pfeffer einreiben, mit Speckscheiben umwickeln und die Speckscheiben festbinden. Zunächst nur die Keulen in eine Bratreine legen. Das Butterschmalz zerlassen, über die Keulen gießen und auf der mittleren Schiebeleiste im Backofen 60 Minuten braten. Das Suppengrün waschen, putzen und grob kleinschneiden. Die Fleischbrühe erhitzen. Wenn der Speck auf den Keulen zu bräunen beginnt, das Suppengrün, die Wacholderbeeren und die Pfefferkörner zugeben und seitlich 1/8 Liter heiße Fleischbrühe zugießen. Das Fleisch alle 10 Minuten mit dem Bratenfond beschöpfen und, wenn nötig, wenig heiße Fleischbrühe nachfüllen. Nach 30 Bratminuten den Rücken zu den Keulen legen und mitbraten. Nach weiteren 20 Minuten Bratzeit die Speckscheiben von Rücken und Keulen abnehmen, das Fleisch mit der Hälfte der sauren Sahne überziehen und weitere 10 Minuten braten. Das Fleisch vom Rücken soll innen noch rosa sein.
Das Fleisch mit dem Speck auf eine vorgewärmte Platte legen und zugedeckt im abgeschalteten Backofen bei geöffneter Türe warm stellen. Den Bratenfond mit der restlichen Fleischbrühe lösen und in einen kleinen Topf passieren. Die Sauce einmal aufkochen lassen und mit der restlichen sauren Sahne und dem Zitronensaft abschmecken. Den Braten tranchieren, anrichten und mit etwas Sauce überziehen.

Beilagen: Breite Nudeln, Klöße aus gekochten Kartoffeln oder Kartoffelpüree und Apfelmus, Rotkohl mit Rotwein abgeschmeckt oder Ananaskraut

Unser Tip: Ganz reizvoll schmeckt die Sauce, wenn Sie sie zuletzt mit 1–2 Teelöffel Johannisbeergelee mischen.

Variante

Hasenbraten mit Backpflaumen

Den vorbereiteten Hasenrücken und die Keulen 2 Tage in Rotweinmarinade legen, nach dem Rezept in diesem Buch. Vor dem Braten aus der Marinade nehmen, gut abtrocknen, würzen, mit dem Speck umwickeln und wie im Rezept beschrieben braten; allerdings genügt dann eine Bratzeit von insgesamt 50 Minuten. Den Bratensatz mit 1/8 Liter Fleischbrühe und 1/8 Liter mit Wasser verdünnter Rotweinmarinade aufgießen.
10 Backpflaumen und einen Apfel, in Achtel geschnitten, in die Sauce legen. Den Braten oft beschöpfen und darauf achten, daß immer genügend Flüssigkeit in der Bratreine ist, da die Backpflaumen viel Flüssigkeit aufsaugen. Den Braten wie im Rezept beschrieben fertigbraten, die Sauce passieren und mit dem Obst servieren.

Hasenklein in Rotweinsauce

2 Zwiebeln	2 ungeschälte Zitronenscheiben
1 kleine Möhre	
1 Stückchen Sellerieknolle	1 Eßl. Essig
	3 Eßl. Mehl
1 kleine Petersilienwurzel	1/8 l Wasser
	3 Eßl. Preiselbeermarmelade
3/8 l Fleischbrühe	
1 kg Kleinfleisch vom Hasen, (Hals, Brust, Schulter und Vorderläufe)	1 Teel. Senf
	3 Eßl. Tomatenmark
	1/8 l Rotwein
	1/8 l saure Sahne
3 Eßl. Schweineschmalz	
	Pro Person etwa:
1 Messersp. getrockneter Thymian	1590 Joule 380 Kalorien
1 Lorbeerblatt	
8 Pfefferkörner	Schmorzeit:
1/2 Teel. Salz	1–1 1/2 Stunden
1 Messersp. Zucker	

Die Zwiebeln schälen und würfeln. Die Möhre, die Sellerieknolle und die Petersilienwurzel schaben oder schälen, waschen und in kleine Stücke schneiden. Die Fleischbrühe erhitzen. Das Hasenfleisch kurz kalt waschen, gut abtrocknen und in etwa 4 cm große Stücke schneiden; dabei Sehnen, Häute und Fett entfernen. Das Schweineschmalz in einem genügend großen Schmortopf erhitzen und die Fleischwürfel von allen Seiten bei starker Hitze gut darin anbraten. Die Zwiebel- und Gemüsestücke zum Fleisch geben und mitbraten. Den Thymian, das Lorbeerblatt, die Pfefferkörner, das Salz, den Zucker, die Zitronenscheiben und den Essig zufügen und etwa 1/4 Liter heiße Fleischbrühe um das Fleisch gießen. Das Hasenklein zugedeckt bei milder Hitze in 1–1/2 Stunden weichschmoren. Ab und zu nachsehen, ob noch genügend Flüssigkeit im Topf ist, nötigenfalls wenig heiße Fleischbrühe nachfüllen. Das Fleisch aus der Sauce heben und zugedeckt warm stellen. Die restliche Fleischbrühe zur Schmorflüssigkeit schütten. Das Mehl mit dem Wasser anrühren, die Sauce damit binden und unter Umrühren einige Male aufkochen lassen. Die Sauce mit der Preiselbeermarmelade, dem Senf, dem Tomatenmark und dem Rotwein abschmecken und zuletzt mit der sauren Sahne verfeinern. Das Hasenklein in die Sauce geben und 4 Minuten darin erhitzen, aber nicht mehr kochen lassen.

Beilagen: Semmelknödel oder Kartoffelpüree und grüner Salat

VOM WILDGEFLÜGEL

Gegrillter Hase

1 junger bratfertiger Hase von etwa 1800 g
Saft von 1 Zitrone
2 Messersp. Pfeffer
½ Teel. getrockneter Thymian
6 Wacholderbeeren nach Belieben
1 kleiner Tannenzweig
80 g Butter
½ Teel. Salz

Pro Person etwa:
1880 Joule
450 Kalorien

Zeit zum Marinieren:
12–16 Stunden

Grillzeit:
70 Minuten

Vom bratfertigen Hasen die Bauchlappen abschneiden (die Bauchlappen für eine Suppe verwenden). Den Hasen innen und außen kurz kalt waschen, gut trockentupfen und mit dem Zitronensaft beträufeln. Den Pfeffer und den zerriebenen Thymian mischen und den Hasen innen und außen damit einreiben. Die Wacholderbeeren zerdrücken, den Hasen außen damit einreiben. Nach Belieben den Tannenzweig waschen und in die Bauchhöhle des Hasen stecken. Den Hasen in Alufolie oder Klarsichtfolie einwickeln und 12–16 Stunden im Kühlschrank durchziehen lassen.
Den Grill vorheizen.
Alle Gewürzrückstände außen von der Haut des Hasen abreiben, damit sie beim Grillen nicht verbrennen. Gegebenenfalls den Tannenzweig aus der Bauchhöhle nehmen. Den Hasen auf den Grillspieß aufstecken und die Läufe fest an den Körper binden. Die Fettpfanne unter den Grillspieß schieben. Die Butter zerlassen und den Hasen gut von allen Seiten damit bepinseln. Den Hasen am Drehspieß 70 Minuten grillen. Während der Grillzeit möglichst häufig mit zerlassener Butter bestreichen und nach dem Grillen salzen.

Beilagen: Johannisbeergelee oder Preiselbeermarmelade verrührt mit 2 Eßlöffel Rum, Apfelmus oder Ananaskraut und kräftig gewürztes Zopfbrot oder Landbrot

Unsere Tips: Ganz junge Hasen, Wildkaninchen oder zahme Kaninchen von etwa 4 Monaten sind schon nach etwa 50 Minuten Grillzeit gar. Ältere und größere Hasen brauchen eine Grillzeit von 70 Minuten. Besonders festlich wird der gegrillte Hase, wenn Sie ihn beim Servieren mit einem Gläschen Cognac oder Rum übergießen und flambieren.

Vom Wildgeflügel

Von all den wilden Vögeln, deren Jagd oftmals Vorrecht der Fürsten war, sind nur noch wenige übriggeblieben. Trotzdem ist interessant, was einstmals den Falken des Herzogs oder der Flinte des Herrn Baron zum Opfer fiel: Auerhahn, Birkhuhn, Rakkelhuhn, Haselhuhn, Schneehuhn, Steinhuhn, Rebhuhn, Fasan, Wildtaube, Krickente, Knäckente, Wildgans, Wilder Schwan, Säger, Regenpfeifer, Schnepfe, Triel, Trappe, Bläßhuhn, Teichhuhn, Wasserralle, Wachtel, Wachtelkönig, Sumpfhuhn und Drossel.
Manche von ihnen sind am Aussterben, viele stehen unter Naturschutz und sind so selten geworden, daß sie nicht einmal mehr der Jäger zu Gesicht bekommt. Kein Koch gerät mehr in Verlegenheit, weil er eine große Trappe oder einen wilden Schwan nicht zuzubereiten versteht.

Nur mehr vier Arten eßbarer Wildvögel kann man heute kaufen: Fasan, Rebhuhn, Wachtel und Wildente. Die Schnepfe wird vielfach noch als angebotenes Federwild erwähnt, aber die Jagd auf sie ist derzeit verboten, sie steht unter Natur-, bzw. Jagdschutz. Federwild ist magerer als Hausgeflügel, junge Tiere sind von zartem Fleisch, alte meist trocken und zäh. Der Geschmack von jungem Federwild ist leicht herb-streng, es hat Wildgeschmack, und dieser entwickelt sich besonders stark beim Abhängen in den Federn. Allerdings schätzen moderne Feinschmecker mehr und mehr Federwild mit zartem Eigengeschmack und weniger »haut goût«! Haut goût nennt man den typischen Geschmack, der sich durch langes Abhängen bildet und streng genommen von leicht beginnender Fäulnis herrührt. Man läßt Wildgeflügel nicht mehr länger als 2–3 Tage abhängen; Wildente überhaupt nicht.

Fasan

Ein Fasan ist 800–1200 g schwer; Hennen sind immer etwas leichter als die Hähne.
Fasane sind nicht billig, deshalb rechnet man für 4 Personen 1 Hahn von 1200 g oder 2 kleinere Exemplare von je 800 g.
Der Fasan gehört zu den Wildhühnern und ist der häufigste jagdbare Wildvogel. Fasanhähne dürfen vom 16. 9. – 15. 1., Fasanhennen vom 1.10. – 15.1. geschossen werden.

Noch nicht einjährige Fasanhähne sind zu erkennen am stumpfen, kegelförmigen Sporn an der hinteren Fläche der Beine (Ständer), der bei älteren Hähnen spitz ist. Noch nicht einjährige Hennen haben statt des Sporns nur ein warzenähnliches Gebilde, bei älteren Hennen verlängert es sich spornähnlich. Junge Fasane haben ein weiches Brustbein.

Frische Fasane werden während der Zeit der offenen Jagd angeboten, küchenfertig oder nur ausgenommen, aber noch im Federkleid. Ganzjährig gibt es Fasane bratfertig tiefgefroren in Spezialgeschäften.

Junge Fasane werden vorwiegend gebraten: bei 210° 40–50 Minuten – für Spezialitäten auch 40–50 Minuten geschmort –, gefüllt jeweils 20 Minuten länger. Der feine aromatische Eigengeschmack sollte keinesfalls durch starke Gewürze oder durch zu hohes Dosieren eines Gewürzes übertönt werden. Ältere Fasane werden 60–80 Minuten geschmort und anschließend zu Klößchen, Terrinen oder Pasteten verwendet, wobei man das Fleisch durchgedreht verarbeitet.

Rebhuhn

Rebhühner wiegen 400–500 g, sie sind nicht billig, deshalb rechnet man für 4 Personen 2 Hühner, ausnahmsweise auch pro Person 1 Huhn.
Die etwa taubengroßen Rebhühner dürfen vom 25. 8.–30.11. gejagt werde. Erlegte Rebhühner werden sofort ausgenommen und hängen dann in den Federn ab.

Nur das junge Rebhuhn, das sogenannte Gabelhuhn, eignet sich zum Braten. Junge Tiere haben gelbe bis hellbraune Beine und einen schwarzen Schnabel, die äußeren Handschwingen laufen spitz zu, die Brustbeinspitze ist biegsam. Alte Tiere erkennen Sie an den dunkelgrauen Beinen, am helleren Schnabel und an den gerundeten Flügelspitzen. Rebhühner werden im Handel nicht häufig und nur während der Zeit der offenen Jagd angeboten, niemals tiefgefroren.

Die Bratzeit für junge Rebhühner beträgt bei 230° 30–35 Minuten, für gefüllte Hühner 45–55 Minuten; die Schmorzeit für ältere Hühner beträgt etwa 60 Minuten. Rebhühner sollen während des Bratens möglichst häufig gewendet werden. Ältere Hühner legt man vor dem Schmoren 2 Tage in eine Weißweinmarinade.

WILDGEFLÜGEL IN DER KÜCHE

Wachtel
Wachteln wiegen 200–300 g.
Wachteln werden häufig gefüllt bereitet, man rechnet dann pro Person 1 Wachtel, ungefüllt 2 Wachteln.

Die Wachtel ist das kleinste und köstlichste aller wilden Hühner. Früher wurde sie auf ihren Zügen zwischen der Ukraine und Nordafrika zu Millionen gefangen, heute ist die Wachtel seltener geworden. Sie darf im September und Oktober gejagt werden.

Die meisten im Handel angebotenen Wachteln kommen nicht mehr aus der freien Wildbahn, sondern von Farmen. Daher können die Tiere im für den Verzehr besten Alter geschlachtet werden; nämlich, wenn sie eine genügend dicke Fettschicht angesetzt haben. Junge Wachteln haben hellgelbe Beine. Wachteln werden ausschließlich küchenfertig angeboten, oft sogar bereits gebraten oder anderweitig zubereitet. Frische Wachteln am besten gerupft kaufen, dann können Sie die fettesten Tiere aussuchen.

Die Bratzeit beträgt bei 230° 20 Minuten für ungefüllte und 35 Minuten für gefüllte Wachteln, in der Alufolie gebraten 30–35 Minuten, die Schmorzeit beträgt 25–40 Minuten.

Wachteln haben unter der Haut eine natürliche Fettschicht; deshalb muß man sie nicht unbedingt bardieren, vor allem, wenn sie in Folie gegart oder geschmort werden.

Wildente
Wildenten wiegen je nach Art 1000–2000 g.
Man rechnet für 4 Personen 1 Ente, höchstens von sehr kleinen Exemplaren 2.
Vor allem die große Stockente und die kleine, aber delikate Krickente werden im Handel angeboten. Die Jagdzeit für diese beiden Arten geht vom 16.7. – 31.12.

Junge Wildenten erkennen Sie daran, daß man die Schwimmhäute leicht einreißen kann. Wildenten dürfen nicht abhängen, sondern werden frisch nach dem Erlegen zubereitet.

Die Bratzeit für nur rosa gebratene Enten beträgt bei 210° 50–70 Minuten. Ältere Tiere werden 1–2 Tage mariniert und dann etwa 1½ Stunden geschmort; gefüllt jeweils 20 Minuten länger.

Wildgeflügel in der Küche

Wenn Sie Wildgeflügel einmal direkt vom Jäger bekommen, dann lassen Sie Fasan unausgenommen 3 Tage im Federkleid abhängen, Rebhuhn ausgenommen im Federkleid 2 Tage.

Abhängen: an den zusammengebundenen Beinen an einem kühlen und luftigen Platz aufhängen. Wildente und Wachteln nicht abhängen lassen, frisch bereiten.

Wenn Sie Wildgeflügel im Federkleid kaufen, hat es bereits abgehangen. Rebhuhn ist dann auch schon ausgenommen, aber den Fasan müssen Sie selbst ausnehmen.

Das Rupfen
Beim Rupfen vom Hals zum Bürzel hin die Federn dicht über der Haut fassen und ruckartig in Abwärtsrichtung ausreißen. Das gerupfte Tier über niedriger Gas- oder Kerzenflamme »abflämmen«, also rundherum die Federnreste und herausragenden Kiele absengen. Die Haut danach gründlich abreiben, um alle Rückstände zu beseitigen.

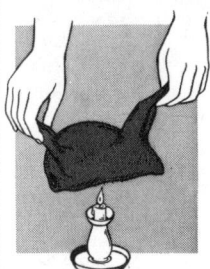

Gerupftes Federwild über einer Kerzenflamme rundherum abflämmen, um Kiele und Federreste zu entfernen.

Das Ausnehmen
Bei allen Arten von Federwild geht das Ausnehmen gleich vor sich: Kopf abschneiden. Hals ebenfalls abschneiden und Gurgel und Schlund herausziehen. Den Bauch quer vor dem After aufschneiden und sorgfältig alle Eingeweide ausnehmen. Die Bürzeldrüse über dem After am Ende des Rückens stets entfernen.
Den Körper innen und außen gründlich kalt waschen und abtrocknen.

Das Garen
Sind Sie nicht sicher, daß es sich bei Ihrem Federvieh um ein wirklich junges Tier handelt, schmoren Sie es lieber. Zuvor kann ein älteres Tier noch 2–3 Tage mariniert werden. Gut eignet sich eine Marinade aus Weißwein mit mildem Weinessig-Zusatz.

Federwild stets vor dem Garen im Ganzen wie Hausgeflügel dressieren. Nach dem Dressieren wird Federwild bardiert: Man bedeckt Brust und Schenkel, kleine Tiere völlig mit dünnen Scheiben aus ungeräuchertem fettem Speck und bindet diesen mit Küchengarn fest um den Körper.

Federwild wird niemals mit der Nadel gespickt.

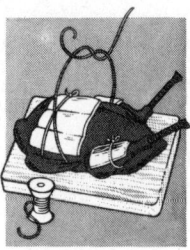 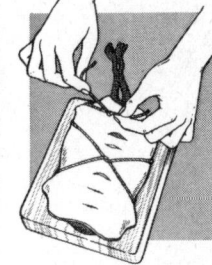

Zum Bardieren von Federwild Brust und Schenkel des Tieres mit dünnen Speckscheiben belegen und diese festbinden.

Kleinere Tiere vor dem Braten völlig mit Speckscheiben bedecken und diese fest um den Körper binden.

Beim Braten wendet man Federwild mindestens dreimal: ⅓ der Garzeit liegt es auf einer Schenkelseite, ⅓ der Garzeit auf der anderen Schenkelseite und während des letzten Drittels auf dem Rücken. Während der letzten 10 Bratminuten kann man den Speck entfernen und die Haut noch knusprig bräunen lassen; die Haut dabei nach Belieben mit Salzwasser bestreichen.

Beim Braten und beim Schmoren gibt man das Herz und den Hals des Tieres zum Bratenfond oder zur Schmorflüssigkeit.

Die zarte Leber wird während der Garzeit in Milch gelegt. Vor dem Servieren trocknet man die Leber ab, brät sie 2–3 Minuten in aufschäumender Butter.

Das Fleisch von Wildgeflügel gibt auf Fingerdruck elastisch nach, wenn es bis auf den Knochen durch, das Fleisch aber noch leicht rosa und saftig ist. Wird Wildgeflügel ganz durchgegart, tritt nach einem Einstich in den Schenkel farbloser Fleischsaft aus.

Wildgeflügel wird wie Hausgeflügel tranchiert; nur schneidet man für besonders festliche Gelegenheiten Fasanbrüste in schräge Scheiben. Wachteln werden unzerteilt serviert.

FASAN

Grundrezept
Gebratener Fasan

2 bratfertige Fasane zu je 800 g
½ Teel. Salz
2 Messersp. Pfeffer
Saft von ½ Zitrone
125 g ungeräucherter fetter Speck in 8 dünnen, breiten Scheiben
¼ l Fleischbrühe
⅛ l saure Sahne
1 Teel. Mehl

Pro Person etwa:
2220 Joule
530 Kalorien

Bratzeit:
40–50 Minuten

Den Backofen auf 210° vorheizen. Die Fasane innen und außen unter fließendem kaltem Wasser gründlich waschen und gut abtrocknen. Das Salz mit dem Pfeffer mischen, die Fasane innen mit dieser Mischung einreiben und außen und innen mit dem Zitronensaft beträufeln. Die Fasane dressieren, also Flügel und Keulen am Körper festbinden. Jede Brustseite und die Schenkel mit je einer Speckscheibe belegen und festbinden. Die Fasane auf eine Schenkelseite (seitliche Bauchlage) in ein Bratgeschirr legen – falls vorhanden auch die Herzen und die Hälse dazulegen – und im Backofen auf der zweiten Schiebeleiste von unten 40–50 Minuten braten. Die Fleischbrühe erhitzen. Nach 10 Minuten Bratzeit seitlich ½ Tasse heiße Fleischbrühe zugießen, den Bratenfond lösen und die Fasane damit beschöpfen. Diesen Vorgang alle 10 Minuten wiederholen und immer etwas heiße Fleischbrühe nachfüllen. Die Fasane nach jeweils 10 Minuten auf die andere Schenkelseite und zuletzt auf den Rücken legen. Etwa 10 Minuten vor Ende der Bratzeit die Speckscheiben abnehmen und neben die Fasane in die Sauce legen. Die Fasane mit saurer Sahne bestreichen und bräunen lassen. Nach 40 Minuten Bratzeit die Gareprobe machen: Die Fasane sind gar, das Fleisch aber noch rosa und saftig, wenn es auf Fingerdruck elastisch nachgibt. Die Fasane dann aus der Sauce nehmen, auf einer vorgewärmten Platte im abgeschalteten Backofen bei geöffneter Türe warm halten. Den Bratenfond mit der restlichen Fleischbrühe im Bratgeschirr lösen und in einen Topf sieben. Die saure Sahne mit dem Mehl verrühren, die Sauce damit binden, unter Rühren einige Male kräftig aufkochen lassen und abschmecken. Die Dressierfäden von den Fasanen entfernen, die Fasane in Längshälften tranchieren, anrichten und die Sauce getrennt dazu servieren.

Beilagen: glasierte Kastanien, Butterreis, Linsenpüree oder Kartoffelpüree und Rotkohl, Sauerkraut, mit Ananas oder gegrillte Apfelscheiben mit Preiselbeermarmelade oder in Rotwein gedünstete Äpfel

Variante
Fasan im Speckhemd

Etwa 200 g ungeräucherten fetten Speck in 2 cm breite lange Streifen schneiden. Aus den Speckstreifen ein korbartiges Gebilde flechten und die Fasane damit rundherum belegen, so daß lediglich die Keulenenden zu sehen sind. Die Fasane wie im Rezept

Für ein »Speckhemd« 2 cm breite, möglichst lange Speckstreifen wie eine Matte zusammenflechten und den Fasan so damit umhüllen, daß nur noch die Keulenenden hervorschauen.

beschrieben braten, das »Speckhemd« aber an den Fasanen lassen und diese so servieren. – Als Beilage paßt dazu Kartoffelpüree mit Sellerie: ½ kleine Sellerieknolle schälen, kleinwürfeln und gar dünsten. Kartoffelpüree mit den Selleriewürfeln mischen.

Grundrezept
Geschmorter Fasan

Bild Seite 246/247

Für die Füllung:
200 g Kastanien (Maronen)
2 kleine Kartoffeln
⅛ l Wasser
1 kleine Zwiebel
Schale von ½ Zitrone
½ Bund Petersilie
½ Teel. Salz
je 2 Messersp. Pfeffer, Currypulver und getrockneter Majoran
2 Eier
2 Eßl. Semmelbrösel

Für die Fasane:
2 junge Fasane zu je 800 g
½ Teel. Salz
je 2 Messersp. Pfeffer und Paprikapulver, scharf
100 g ungeräucherter fetter Speck in dünnen, breiten Scheiben
¼ l Fleischbrühe

Pro Person etwa:
3560 Joule
850 Kalorien

Schmorzeit:
60–70 Minuten

Den Backofen auf 220° vorheizen. Die Kastanien am spitzen Ende kreuzweise einritzen, auf ein Backblech legen und im Backofen erhitzen, bis die Schalen platzen; das dauert etwa 20 Minuten. Die Kartoffeln schälen, waschen, in kleine Würfel schneiden und im Wasser in 25 Minuten weich kochen. Die gerösteten Kastanien schälen, in kochendem Wasser in 25 Minuten garen und nach dem Rezept in diesem Buch pürieren. Die Zwiebel schälen und reiben. Die Zitronenschale abreiben. Die weichgekochten Kartoffeln zerdrücken und mit der Zitronenschale, den geriebenen Zwiebeln und dem Kastanienpüree mischen. Die Petersilie waschen, abtropfen lassen und kleinschneiden. Das Kastanienpüree mit der Petersilie, dem Salz, dem Pfeffer, dem Currypulver, dem Majoran und den Eiern vermengen. Sollte das Püree nicht fest genug sein, die Semmelbrösel untermischen.
Die Fasane innen und außen gründlich kalt waschen und abtrocknen. Das Salz mit dem Pfeffer und dem Paprikapulver mischen und die Fasane damit innen einreiben. Die Füllung gleichmäßig in die beiden Fasane verteilen, die Fasane zunähen und dressieren. Schenkel, Brust und Rücken der Fasane mit je einer Speckscheibe belegen und diese festbinden. Die Fleischbrühe erhitzen.
Die Fasane in einem großen Schmortopf oder in einer Deckelpfanne bei starker Hitze von allen Seiten kräftig anbraten, bis die Speckscheiben zu bräunen beginnen. ½ Tasse von der heißen Fleischbrühe seitlich um die Fasane gießen und diese zugedeckt bei milder Hitze 60–70 Minuten schmoren lassen. Alle 10–15 Minuten wenig heiße Fleischbrühe nachfüllen, die Fasane mit dem entstandenen Bratenfond beschöpfen und dabei wenden.
Die garen Fasane aus dem Bratentopf nehmen, die Fäden entfernen und mit den Speckscheiben auf einer vorgewärmten Platte anrichten. Den Fond als Sauce gesondert dazureichen.

Beilagen: Kartoffelpüree, Weinsauerkraut mit Ananas und in Weißwein gedünstete Apfelringe oder Duchesse-Kartoffeln und Champagnerkraut

Unsere Tips: Werden die Fasane untranchiert serviert, richtet man sie auf dem Weinsauerkraut an. Wer das Tranchieren aber nicht bei Tisch vornehmen will, reicht das Sauerkraut extra zu den Fasanenteilen.

FASAN · REBHUHN

Die Garzeit für geschmorte ungefüllte Fasane schwankt zwischen 60 und 80 Minuten, je nach dem Gewicht und dem Alter der Tiere. Da in dem Rezept aber junge Fasane als Zutat genannt wurden, genügt selbst mit Füllung die Schmorzeit von 60–70 Minuten.
Bei geschmorten Fasanen können Sie als Gareprobe auch die Keulen im Gelenk drehen, wenn dabei die Sehne einreißt, ist der Fasan gar.

Gegrillter Fasan

2 junge Fasane zu je 800 g
½ Teel. Salz
je 2 Messersp. Pfeffer und Paprikapulver, scharf
Saft von ½ Zitrone
100 g ungeräucherter fetter Speck in 8 dünnen, breiten Scheiben
2 Eßl. Butter

Pro Person etwa:
2930 Joule
700 Kalorien

Grillzeit:
50–60 Minuten

Den Grill vorheizen.
Die Fasane innen und außen kurz kalt waschen und abtrocknen. Das Salz mit dem Pfeffer und dem Paprikapulver mischen und die Fasane damit innen einreiben. Die Fasane innen und außen mit dem Zitronensaft beträufeln und dressieren. Beide Schenkel, Brust und Rücken jeweils mit einer Speckscheibe umwickeln und diese festbinden.
Die Fasane auf den Grillspieß stecken und mit den Haltegabeln befestigen. Die Butter zerlassen, die Fasane rundherum damit bestreichen und 50–60 Minuten grillen. Die Fettpfanne unter den Drehspieß stellen. Die Fasane während des Grillens alle 10 Minuten mit der zerlassenen Butter bepinseln.
Etwa 15 Minuten vor Ende der Grillzeit die Speckscheiben von den Fasanen nehmen und in die Fettpfanne legen. Die Fasane noch so lange grillen, bis sie rundherum knusprig braun sind. Die garen Fasane von den Dressierfäden befreien, tranchieren und auf einer vorgewärmten Platte mit den Speckscheiben anrichten.

Beilagen: Kartoffelpüree, Kastanienpüree oder frisches Weißbrot und gefüllte Artischockenböden oder kleine Blätterteigpastetchen mit blauen Trauben gefüllt

Grundrezept
Gebratenes Rebhuhn

2 bratfertige Rebhühner zu je 400 g
½ Teel. Salz
2 Messersp. Pfeffer
1 Eßl. Zitronensaft
1 säuerlicher Apfel
½ Bund Petersilie
100 g ungeräucherter fetter Speck in 8 dünnen Scheiben

¼ l Fleischbrühe
½ Bund Suppengrün
2 Eßl. Butter

Pro Person etwa:
2010 Joule
480 Kalorien

Bratzeit:
30–35 Minuten

Den Backofen auf 230° vorheizen.
Die Rebhühner innen und außen kurz kalt waschen und gut abtrocknen. Das Salz und den Pfeffer mischen und die Hühner damit innen einreiben. Die Hühner innen und außen mit dem Zitronensaft beträufeln. Den Apfel schälen, vierteln und das Kerngehäuse herausschneiden. Die Petersilie waschen, abtropfen lassen und kleinschneiden. Je 2 Apfelviertel und die Hälfte der Petersilie in die Bauchhöhle der Rebhühner geben. Die Hühner dressieren. Rücken, Bauch und beide Schenkel der Hühner mit Speckscheiben umwickeln und diese festbinden.
Die Rebhühner in einer Bratreine im Backofen auf der mittleren Schiebeleiste 30–35 Minuten braten. Die Fleischbrühe erhitzen. Das Suppengrün waschen, putzen und grob zerschneiden. Die Butter zerlassen. Wenn der Speck um die Rebhühner ausgebraten ist und zu bräunen beginnt, die Butter über den Speck träufeln, das Suppengrün zugeben und seitlich ½ Tasse heiße Fleischbrühe zugießen. Den Bratensatz mit der Fleischbrühe lösen, die Rebhühner alle 5 Minuten mit dem Bratenfond beschöpfen und jedesmal dabei wenden. Wenn nötig, immer etwas heiße Fleischbrühe nachfüllen. Nach 30 Minuten Bratzeit ist das Fleisch an den Knochen noch rosa, nach 35 Minuten ist das Fleisch durchgegart.
Die gebratenen Rebhühner auf einer vorgewärmten Platte im abgeschalteten Backofen bei geöffneter Türe warmhalten. Den Bratenfond mit der restlichen Fleischbrühe lösen, durch ein Sieb in einen kleinen Topf passieren, einmal aufkochen lassen und abschmecken. Die Rebhühner unzerteilt auf den Beilagen anrichten, das Küchengarn entfernen, den Speck wieder auf die Hühner legen und mitservieren. Die Sauce getrennt dazu reichen.

Beilagen: Kartoffelpüree und Ananaskraut oder Sauerkraut mit Weintrauben und Feldsalat oder Kopfsalat mit reichlich Petersilie oder Borretsch oder Estragon

Unser Tip: Wenn Sie Pikantes mögen, binden Sie die Sauce mit 3–4 Eßlöffeln saurer Sahne und schmecken mit Preiselbeermarmelade ab.

Rebhuhn mit Weintrauben

250 g blaue Weintrauben
150 g magerer gekochter Schinken
2 Eier
½ Teel. Salz
je 1 Messersp. Pfeffer und geriebene Muskatnuß
2 bratfertige Rebhühner zu je 400 g
100 g ungeräucherter fetter Speck in 8 dünnen Scheiben

1 Glas Rotwein
¼ l Fleischbrühe
⅛ l Sahne
je 1–2 Messersp. Salz und Pfeffer

Pro Person etwa:
2800 Joule
670 Kalorien

Bratzeit:
45–55 Minuten

Die Weintrauben waschen, halbieren und entkernen. Den Schinken in Würfel oder Streifen schneiden. Die Eier in einer Schüssel verquirlen und mit den Weintrauben und den Schinkenwürfeln mischen.
Den Backofen auf 230° vorheizen.
Das Salz mit dem Pfeffer und der Muskatnuß mischen. Die Rebhühner innen und außen kalt waschen, abtrocknen und innen mit der Gewürzmischung einreiben. Die Hühner mit der Weintraubenmischung füllen, zunähen und dressieren. Jeweils die Brust, den Rücken und die Schenkel mit Speckscheiben umwickeln und diese festbinden. Die Rebhühner in einer Bratreine im Backofen auf der mittleren Schiebeleiste 45–55 Minuten braten. Wenn der Speck zu bräunen beginnt, den Rotwein über die Hühner gießen und kurz weiterbraten. Die Fleischbrühe erhitzen und ½ Tasse heiße Fleischbrühe seitlich um die Hühner gießen, den Bratensatz lösen, die Rebhühner alle 5 Minuten damit beschöpfen und dabei wenden. Wenn nötig, wenig heiße Fleischbrühe nachfüllen.
Die gebratenen Rebhühner von allen Fäden befreien, auf einer vorgewärmten Platte im abgeschalteten Backofen bei geöffneter Türe warm halten. Mit der restlichen Fleischbrühe den Bratenfond lösen, durch ein Sieb in einen kleinen Topf passieren, mit der Sahne

verfeinern, salzen und pfeffern und gesondert zu den Rebhühnern und dem Speck servieren.

Beilagen: Salzkartoffeln und Weinsauerkraut

Rebhuhn Brabanter Art

375 g Rosenkohl	1 Teel. Bratfett
¼ l Fleischbrühe	1 Teel. Speisestärke
2 bratfertige Rebhühner zu je 400 g	2 Eßl. Wasser
½ Teel. Salz	Pro Person etwa:
2 Messersp. Pfeffer	2390 Joule
2 Eßl. Butterschmalz	570 Kalorien
1 Teel. Butter	
je 1 Messersp. Salz und geriebene Muskatnuß	Schmorzeit für die Rebhühner: 30 Minuten
½ Tasse Wasser	
4 Tomaten	Garzeit für das Gemüse:
1 Teel. Butter	20 Minuten
2 Messersp. Kräutersalz	
2 Rinderbratwürste oder 4 Schweinebratwürstchen, insgesamt 180 g	

Den Rosenkohl putzen und waschen. Die Fleischbrühe erhitzen. Die Rebhühner innen und außen waschen, abtrocknen und innen mit dem Salz und dem Pfeffer einreiben. Das Butterschmalz in einem Schmortopf erhitzen, die Rebhühner von allen Seiten bei starker Hitze auf der Herdplatte anbraten, ½ Tasse heiße Fleischbrühe seitlich zugießen und die Rebhühner bei milder Hitze zugedeckt 30 Minuten garen. Etwa alle 5 Minuten wenig heiße Fleischbrühe nachfüllen, die Rebhühner mit dem Bratenfond begießen und dabei immer wenden.
Die Butter in einem Topf zerlassen, den Rosenkohl hineingeben, kurz unter Umwenden darin anbraten, das Salz und den Muskat zugeben, das Wasser zugießen und zugedeckt bei milder Hitze 20 Minuten dünsten. Die Tomaten waschen, am stiellosen Ende kreuzweise einritzen und die Haut zu Krönchen etwas herunterziehen. Die Butter in einem Topf zerlassen, die Tomaten zugedeckt bei milder Hitze darin in etwa 15 Minuten garen, wenn nötig 1–2 Eßlöffel Wasser zugießen. Die garen Tomaten mit dem Kräutersalz bestreuen.
Die Bratwürste im heißen Bratfett in einer Pfanne von allen Seiten etwa 10 Minuten goldbraun braten.
Die garen Rebhühner auf einer vorgewärmten Platte anrichten und die Bratwürste in die Bauchhöhlen der Rebhühner stecken. Die Rebhühner mit dem Rosenkohl und den Tomaten umgeben und alles warm stellen. Mit der restlichen Fleischbrühe den Bratenfond im Schmortopf lösen. Die Speisestärke mit dem Wasser anrühren, die Sauce damit binden, einmal kräftig aufkochen lassen und noch einmal abschmecken. Die Sauce getrennt zu den Rebhühnern reichen.

Beilage: Petersilienkartoffeln oder Kartoffelkroketten

Geeignet als Vorspeise
Gegrillte Wachteln

Bild Seite 248

½ Teel. Salz	getrockneter Thymian
2 Messersp. Pfeffer	
4 bratfertige Wachteln zu je 200 g	2 Eßl. Butter
2 kleine Zwiebeln	Pro Person etwa:
½ Bund Petersilie	1150 Joule
½ Teel. frischer oder 2 Messersp.	275 Kalorien
	Grillzeit: 20 Minuten

Den Grill vorheizen.
Das Salz und den Pfeffer mischen. Die Wachteln innen und außen kurz kalt waschen und gut abtrocknen. Die Wachteln innen mit dem Gewürzgemisch einreiben. Die Zwiebeln schälen und kleinwürfeln. Die Petersilie waschen, abtropfen lassen und kleinschneiden. Die Zwiebelwürfel mit der Petersilie und dem Thymian mischen und in die Bauchhöhlen der Wachteln füllen. Die Bauchöffnungen zunähen und die Wachteln dressieren.
Die Wachteln auf den Grillspieß stecken, mit den Haltegabeln feststecken, 20 Minuten grillen und während der ganzen Grillzeit mit zerlassener Butter bestreichen. Die Fettpfanne unter den Grill schieben. (Fette Wachteln müssen nur viermal bestrichen werden.) Die fertiggegrillten Wachteln vom Spieß nehmen, die Fäden entfernen und auf einer vorgewärmten Platte anrichten.

Beilagen: Risi-Bisi und Kopfsalat mit reichlich frischen Kräutern

Unser Tip: Verwenden Sie das Bratfett keinesfalls für eine Sauce, da es manchmal tranig schmeckt.

Zum Bild rechts:

*Ein so festlich angerichteter Rehrücken wie ihn das Bild zeigt, könnte Mittelpunkt eines Galamenüs sein. Da er nicht gespickt, sondern bardiert und der Speck dann entfernt wurde, belastet das zarte, rosagebratene Fleisch weder den Magen noch das kalorienbewußte Gewissen. Mandelkroketten und Preiselbeerkompott ergänzen zusammen mit der sahnigen Sauce den edlen Braten. Die abgetropften Preiselbeeren passen geschmacklich ausgezeichnet zum Wildbraten und verraten – in den gezackten Orangenschalen angerichtet – die Hand des erfahrenen »Küchenmeisters«.
Das Rezept finden Sie auf Seite 232.*

Zur folgenden Doppelseite:

*Geschmorter Fasan auf Weinkraut mit Ananas ist ein wahrhaft fürstliches Essen, das einem vor allem im Herbst in den Sinn kommt. Denn ab Oktober geht's auf zur Fasanenjagd! Da die Tiere meist in Gehegen gezüchtet und eigens für das Jagdvergnügen in die freie Wildbahn entlassen werden, sind es vorwiegend einjährige Tiere, die auf den Markt kommen. Also ist ihr Fleisch zart und aromatisch und harmoniert mit mild abgeschmeckten Beilagen.
Das Rezept finden Sie auf Seite 242.*

*Hasenbraten können Sie im Fachgeschäft bereits fertig gespickt kaufen; dadurch entfällt die etwas mühevolle Vorbereitungsarbeit, und der Braten kann ohne besonderen Aufwand an Zeit gegart werden. Wenn Sie ungespickten Hasenbraten bevorzugen, so bardieren Sie Keulen und Rücken wie im Rezept beschrieben. Außer den Klößen und dem mit Rotwein bereiteten Rotkohl sind die mit Preiselbeerkonfitüre oder mit Johannisbeergelee gefüllten, gedünsteten Birnenhälften die ideale Ergänzung zu Hasenbraten.
Das Rezept finden Sie auf Seite 239.*

WILDENTE

Zum Bild links:

Gegrillte Wachteln, wie sie das Farbbild zeigt, können eine exquisite Vorspeise eines Menüs mit mehreren Gängen sein, aber auch Hauptgericht eines Essens für linienbewußte Gourmets. Ob man diese kleinen köstlichen Wildhühner am Spieß oder auf dem Rost, gefüllt oder ungefüllt grillt – die Hitze muß sorgfältig reguliert werden, damit eine knusprig braune Haut erzielt wird, ohne jedoch die kleinen Portionen zu verbrennen. Wer zur Vorsicht in den ersten Grillminuten Speck um die Wachteln wickelt, braucht keine zu starke Bräunung zu befürchten. Den Speck danach auf dem Grillrost ausbraten und zu den Wachteln servieren. Selbstverständlich können Sie Wachteln auch im Backofen in der Bratreine garen. Dann sollten die Vögel nach der halben Bratzeit gewendet und mehrmals mit Sahne bestrichen werden.
Das Rezept finden Sie auf Seite 244.

Grundrezept
Gebratene Wildente

1 bratfertige Wildente von 1½ kg
½ Teel. Salz
2 Messersp. Pfeffer
½ Teel. frischer Thymian oder 2 Messersp. getrockneter Thymian
3 kleine Äpfel
50 g ungeräucherter fetter Speck in 4 dünnen, breiten Scheiben
1 Zwiebel
¼ l Fleischbrühe

Pro Person etwa:
2260 Joule
540 Kalorien

Bratzeit:
1–1½ Stunden

Den Backofen auf 210° vorheizen. Die Wildente innen und außen kurz kalt waschen und gut abtrocknen. Die Ente innen mit dem Salz und dem Pfeffer einreiben, außen und innen mit dem Thymian würzen. Die Äpfel waschen, mit einem Apfelausstecher das Kerngehäuse ausstechen und die ganzen Äpfel in die Wildente stecken. Die Bauchöffnung zunähen und die Wildente dressieren. Brust, Rücken und die Schenkel der Wildente mit den Speckscheiben umwickeln und diese festbinden. Die Wildente auf einen Schenkel in eine Bratreine legen und auf der zweiten Schiebeleiste von unten im Backofen 1–1½ Stunden braten.
Die Zwiebel schälen und in Scheiben schneiden. Die Fleischbrühe erhitzen. Wenn der Speck, der um die Ente gewickelt ist, zu bräunen beginnt, die Zwiebelscheiben und ½ Tasse heiße Fleischbrühe um die Wildente geben, den Bratensatz lösen und die Wildente häufig mit dem entstandenen Bratenfond beschöpfen. Wenn nötig, immer etwas heiße Fleischbrühe nachfüllen. Nach 20 Bratminuten die Ente auf die andere Schenkelseite und nach weiteren 20 Bratminuten auf den Rücken legen und fertigbraten.
Die gebratene Wildente auf einer vorgewärmten Platte im abgeschalteten Backofen bei geöffneter Türe warm stellen. Mit der restlichen Fleischbrühe den Bratenfond in der Bratreine lösen, durch ein Sieb in einen kleinen Topf passieren, einmal aufkochen lassen und abschmecken. Die Fäden von der Ente lösen, die Ente tranchieren und mit den Äpfeln und dem Speck anrichten. Die Sauce getrennt dazu reichen.

<u>Beilagen:</u> Petersilienkartoffeln und Rotkohl

Unser Tip: Manche Feinschmecker schätzen Wildente »blutig«, nur die Keulen sollen gut durchgebraten sein. Wenn auch Sie die Ente lieber nicht ganz durchgegart haben möchten, braten Sie sie nur 60–70 Minuten.

Geschmorte Wildente

Zutaten für 6 Personen:

Zum Füllen:
100 g Backpflaumen
1 säuerlicher Apfel
je 1 Messersp. Salz, Rosmarin und Estragon

Für die Ente:
1 Wildente von 1½ kg
½ Teel. Salz
2 Messersp. Pfeffer
3 Eßl. Öl
¼ l Fleischbrühe

Für die Sauce:
50 g Speck

1 kleine Zwiebel
je ⅛ l Portwein und saure Sahne
1 Eßl. Preiselbeermarmelade
je 1 Messersp. Salz und Nelkenpulver

Pro Person etwa:
2600 Joule
600 Kalorien

Zeit zum Einweichen:
12 Stunden

Schmorzeit:
1½ Stunden

Die Pflaumen 12 Stunden mit kaltem Wasser bedeckt einweichen, abtrocknen, halbieren und entsteinen. Den Apfel schälen, vierteln, vom Kernhaus befreien, in Scheiben schneiden und mit den Pflaumen, dem Salz, dem Rosmarin und dem Estragon mischen. Die Ente innen und außen kurz waschen, abtrocknen, innen mit dem Salz, außen mit dem Pfeffer einreiben, füllen und die Bauchöffnung zunähen. Das Öl in einem Schmortopf erhitzen und die Ente unter Wenden darin scharf anbraten. Die Fleischbrühe erhitzen. 1 Tasse Fleischbrühe um die Ente gießen und die Ente bei milder Hitze 1½ Stunden schmoren. Wiederholt von der Fleischbrühe nachfüllen. Die Ente dabei beschöpfen und wenden. Den Speck und die Zwiebel in Würfel schneiden. Die Ente im Backofen warmstellen. Die Schmorflüssigkeit mit Wasser zu ¼ Liter auffüllen. Den Speck und die Zwiebel im Schmortopf ausbraten, nach und nach mit der Schmorflüssigkeit auffüllen und einmal aufkochen lassen. Den Portwein, die saure Sahne, das Salz und das Nelkenpulver in die Sauce rühren. Die Wildente in 6 Stücke teilen in der Sauce noch einmal erhitzen.

<u>Beilagen:</u> Duchesse-Kartoffeln oder Kartoffelpüree und Rotkohl mit Kastanien oder Kastanienpüree

Kraut und Rüben waren die ersten Gemüsearten, die die alten Germanen kultivierten.

Gemüse, Pilze, Hülsenfrüchte

Vorbei die Zeiten, da Gemüse und Pilze als bloße Beilage zu Fleisch und Hülsenfrüchte als billiges Samstagsessen ein Schattendasein fristeten. Man wünscht sie sich heute so oft wie möglich als Hauptgericht; denn für viele Menschen entsprechen die vorwiegend fleischbetonten Mahlzeiten nicht mehr dem Trend der Zeit. Das gilt vor allem, wenn das Gemüse aus eigener Ernte stammt und das Pilzesammeln zum Naturerlebnis wird.

Vom Gemüse

Die bekanntesten Gemüsepflanzen sind alphabetisch aufgeführt. Sie erfahren, was Sie beim Einkauf, bei der Lagerung und bei der Vorbereitung von Gemüse beachten sollten. Außerdem finden Sie jeweils am Schluß der Beschreibungen Gewürze und Kräuter zur Auswahl, die besonders gut mit dem Eigengeschmack der Gemüsepflanze harmonieren.

Gemüse von A–Z

Artischocken
Die bei uns frisch angebotenen Artischocken sind die runden, seltener auch länglichen Blütenknospen einer Riesendistel. Die dachziegelförmig

Eine Artischocke im Ganzen – mit gekürzten Blattspitzen – und ein Artischockenboden. Auf der Schnittzeichnung erkennt man die Blütenfäden, das Heu.

übereinanderliegenden Blütenhüllblätter sind je nach Sorte von violetter (frühe Artischocken) oder grüner Farbe. Sie umschließen die ungenießbaren Blütenfäden (das Artischockenheu) die auf dem Artischockenboden wachsen. Der Boden ist der wohlschmeckendste Teil der Pflanze. Unter den äußeren Blättern der jungen Artischocke verbirgt sich das Artischockenherz, das aus den inneren Blättern besteht.
Einkaufen: Von September bis Mai frisch, Artischockenböden und -herzen ganzjährig in Dosen oder Gläsern. Für ganze Artischocken als Vorspeise junge Pflanzen wählen. Je kleiner die Artischocke im Verhältnis zu ihrem Stiel ist, desto jünger ist sie. Für zu füllende Artischockenböden rundköpfige Sorten wählen, weil deren Böden größer sind.
Lagern: Frische Artischocken halten sich in Klarsichtfolie verpackt bis zu 1 Woche im Gemüsefach des Kühlschranks.
Zubereiten: Artischocken von Salzwasser bedeckt mit einem Schuß Essig oder Zitronensaft je nach Größe in 30–40 Minuten kochen.

Auberginen
(Melanzanen, Eierfrüchte). Länglich ovale Früchte mit glänzender, violetter Schale von leicht bitterem Geschmack.
Einkaufen: Juni bis September. Nur Früchte mit glatter, glänzender Schale wählen. Das Fruchtfleisch gibt auch bei reifen Früchten auf Fingerdruck nicht nach.
Lagern: Nicht länger als 3 Tage im Gemüsefach des Kühlschranks. Unreife Auberginen bei Zimmertemperatur nachreifen lassen.
Zubereiten: Für gebratene oder gegrillte Auberginen das Gemüse ungeschält in Scheiben schneiden, mit Salz bestreuen und 15 Minuten stehen lassen. Das Salz, das die Bitterstoffe bindet, abspülen. Probieren Sie ein kleines Stückchen Aubergine, bevor Sie diese zubereiten. Schmeckt die Frucht nicht bitter, können Sie sich das zeit- und vitaminraubende Salzen ersparen.

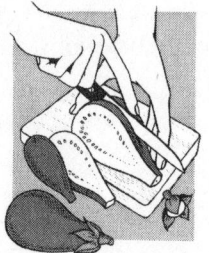

Sollen Auberginen gebraten werden, die Früchte ungeschält in Scheiben schneiden.

Für gefüllte Auberginen die Eierfrüchte aushöhlen, dabei einen 1 cm dicken Fruchtfleischrand stehenlassen.

Bataten
siehe Süßkartoffeln

Bleichsellerie
siehe Sellerie

Blumenkohl
(Karfiol). Blumenkohl ist die übergroße, noch geschlossene Blüte der Kohlpflanze.
Einkaufen: Blumenkohl wird ganzjährig angeboten. Auf dichtgeschlossene Röschen von weißer bis gelblicher Farbe ohne Flecken achten.
Lagern: Nicht länger als 3 Tage im Gemüsefach des Kühlschranks.
Zubereiten: Blumenkohl nach Rezept im Ganzen in etwa 25–30 Minuten gardämpfen oder kochen oder in Röschen zerteilt in etwa 15–20 Minuten. Wird Blumenkohl in Wasser gekocht, dem Wasser kein Salz zufügen, damit die Röschen weiß bleiben.

Bohnen
Man unterscheidet grüne und gelbe Bohnen – die noch unreifen Früchte dieser Hülsenfruchtart – und Trockenbohnen, den reifen Samen (siehe Kapitel »Von den Hülsenfrüchten«). Bohnen wachsen als Rankengewächse an Stangen – Stangenbohnen, Hochbohnen oder Kletterbohnen genannt – oder als niedrige, buschige Pflanze – Buschbohnen, Strauchbohnen oder Fisolen. Schwertbohnenhülsen sind

Tiberius ließ sich die Mohrrüben aus Germanien schicken, weil sie bedeutend größer waren als die einheimischen.

platt, Flageolettbohnen flach-oval und Brechbohnen rund-oval.
Prinzeß- oder Delikateßbohnen sind sehr kleine Brechbohnen. Besonders kleine Delikateßbohnen sind die Fadenbohnen oder auch die Keniabohnen.
Brechbohnen mit dickfleischigen, runden Hülsen werden vor dem Garen in Stücke gebrochen. Ihr Fruchtfleisch ist kernig, aber von zarter Konsistenz. Wie Delikateßbohnen haben sie selten Fäden.
Schnittbohnen haben flache, grobfleischige Hülsen und oft einen starken Faden. Schnittbohnen werden vor dem Garen in feine, schräge Scheibchen geschnitten.
Die gelben Wachsbohnen werden wie die grünen Brechbohnen behandelt. Sie sind etwas zarter und werden gern für Bohnensalat verwendet.
Dicke Bohnen haben eine große, faserige, grüne Hülse, die man nicht essen kann. Ihre großen, nierenförmigen, etwas herben Kerne schmecken am besten, wenn sie noch jung sind.
Unter Palbohnen versteht man die ausgepalten frischen Bohnenkerne.
Einkaufen: Grüne Bohnen werden frisch, tiefgefroren und in Dosen oder Gläsern konserviert ganzjährig angeboten. Am preiswertesten und aromatischsten sind sie jedoch frisch im Juli.
Lagern: Im Gemüsefach des Kühlschranks nicht länger als 2 Tage.
Zubereiten: Von grünen Bohnen und Wachsbohnen Stiel- und Blütenende abschneiden, dabei, wenn nötig, die Fäden abziehen und, je nach Beschaffenheit, die Bohnen im Ganzen lassen, brechen oder kleinschneiden. Dicke Bohnen enthülsen, nach Belieben die weiße Haut von den Bohnenkernen abziehen. Welkgewordene grüne Bohnen erholen sich, wenn man sie unzerkleinert etwa 15 Minuten in kaltes Wasser legt.
Kräuter und Gewürze: Bohnenkraut, Majoran, Oregano, Salbei, Thymian.

Braunkohl
siehe Grünkohl

Broccoli
(Spargelkohl, Bröckelkohl). Eine dem Blumenkohl verwandte, dunkelgrüne bis grünviolette Kohlart. Der Kopf (Blüte) besteht aus locker verzweigten Kohlröschen. Broccoli erinnern auch im Geschmack etwas an Blumenkohl, sind aber feiner in ihrem Aroma und ihrer Konsistenz.
Einkaufen: Frisch von Oktober bis Mai, tiefgefroren ganzjährig. Auf dunkelgrüne, möglichst geschlossene Röschen und feste Stiele achten.
Lagern: Im Gemüsefach des Kühlschranks bis zu 3 Tagen.
Zubereiten: Man ißt die Blütenröschen und die Stiele. Die Stiele vor dem Garen schälen. Broccoli in ko-

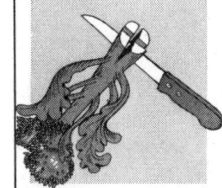

Die Broccolistiele kreuzweise einschneiden, so daß sie etwas aufspringen und gleichzeitig mit den Blättern garen.

chendem Wasser in 20–25 Minuten garen.
Gewürze: Knoblauch, geriebene Muskatnuß, Pfeffer, Zitronensaft.

Cardy
(Spanische Artischocke). Cardy ist wie die Artischocke ein Distelgewächs. Von Cardy werden nicht die Blütenknospen verzehrt, sondern die breiten, fleischigen Stiele. Im Geschmack erinnert Cardy stark an Artischocken.
Einkaufen: September bis Dezember. Cardystauden mit ganz hell gebleichten Stielen sind besonders zart.
Lagern: Im Gemüsefach des Kühlschranks nicht länger als 2 Tage.
Zubereiten: Um den Bittergeschmack der Cardypflanze zu mildern, wird Cardy 15–20 Minuten in Essigwasser vorgekocht, bis sich die faserige Haut abziehen läßt. Den Cardy dann in 30–40 Minuten ganz gar kochen.
Gewürze: Gemahlener Pfeffer, Zitronensaft, Zwiebeln.

Chicorée
(Brüsseler Endivie). Unter der Erde getriebene Blattsprossen einer Zichorieart. Chicorée schmeckt auch gegart zartbitter.
Einkaufen: Oktober bis April. Festgeschlossene Stauden wählen.
Lagern: Chicorée im Gemüsefach des Kühlschranks nicht länger als 3 Tage aufbewahren.
Zubereiten: Vor dem Garen aus dem Wurzelende einen 2 cm langen Keil herausschneiden, weil dieser Pflanzenteil bitterer schmeckt als die übrige Pflanze. Die Chicoréestaude im Ganzen oder halbiert in 20–25 Minuten weich dünsten.
Gewürze: geriebene Muskatnuß, Zitronensaft.

Chinakohl
(Pekingkohl, Blätterkohl). Längliche Kohlstaude mit zarten Blättern bis zu 1 Kilogramm schwer. Chinakohl ist leichter verdaulich als Weißkohl und hat einen weniger intensiven Kohlgeschmack.
Einkaufen: Oktober bis März. Auf grüne Blätter und eine möglichst geschlossene Staude achten.
Lagern: Im Gemüsefach des Kühlschranks bis zu 10 Tagen. Chinakohl auch blattweise verbrauchen.
Zubereiten: Hobeln und auf gleiche Weise wie Weißkohl zubereiten; oder die Blätter einzeln lösen, in Stücke schneiden und sautieren (unter Umrühren im heißen Fett in der Pfanne braten) oder unter Zugabe von wenig Flüssigkeit schmoren.
Kräuter und Gewürze: Basilikum, Borretsch, Koriander, Kümmel, gemahlener schwarzer Pfeffer.

GEMÜSE VON A – Z

Courgettes
siehe Zucchini

Erbsen
Frische und unreife Samen dieser Pflanze. Man unterscheidet die dünnhülsigen, feinen Zuckererbsen mit kaum ausgebildeten Samen, runde Palerbsen, die würfelförmigen Markerbsen und die gelblichen bis zu 1 cm großen Kichererbsen. Zuckererbsen werden fast immer im Ganzen mit der Schote gegessen. Von Palerbsen und Markerbsen werden frisch nur die jungen Samen gegessen.
Einkaufen: Frische Erbsen von Juni bis August, tiefgefrorene, in Gläsern oder Dosen konservierte ganzjährig. Bei frischen Erbsen auf grüne, geschlossene Schoten achten.
Lagern: Frische Erbsen in der Schote nicht länger als 2 Tage im Gemüsefach des Kühlschranks aufbewahren.
Zubereiten: Erbsen immer erst kurz vor dem Garen aus den Schoten nehmen. In wenig Salzwasser mit einer

Zum Auspalen von frischen Erbsen die Schoten aufdrücken und die Erbsen herausstreifen.

Prise Zucker je nach Dicke der Erbsen in 5–20 Minuten weich dünsten. Zuckererbsen wie Bohnen von Fäden befreien, in kochendes Wasser geben. Sie sind meist gar, wenn das Wasser danach wieder kocht.
Kräuter und Gewürze: Kerbel, Minze, geriebene Muskatnuß, gemahlener schwarzer Pfeffer, Tripmadam.

Fenchel
(Gemüsefenchel, Finocchi). Feste, gelblich-weiße Knollen mit fleischigen Stielen und zartgrünen, gefiederten Blättchen. Fenchel hat einen zarten Anisgeschmack.
Einkaufen: Frische Fenchelknollen von Oktober bis Mai; feste Knollen wählen.
Lagern: Im Gemüsefach des Kühlschranks bis zu 3 Tagen.
Zubereiten: Die Stiele abschneiden, zartes Blattgrün aufbewahren und fein gehackt an das fertige Gericht geben. Von den äußeren Blättern mit einem Küchenmesser die harten Rippen abziehen. Die Knollen halbieren oder vierteln, in Salzwasser in 20–25 Minuten weich dünsten.

Gewürze: Pfeffer, Zitronensaft, abgeriebene Zitronenschale.

Grünkohl
(Braunkohl). Winterkohl mit krausen, derben, dunkelgrünen Blättern. Grünkohl ist besonders schmackhaft, wenn er nach Frost geerntet wird.
Einkaufen: Dezember bis März. Tiefgefroren ganzjährig. Auf dunkelgrüne, kleine, dickfleischige Blätter achten. Grünkohlblätter gibt es auch bereits von den Stielen gezupft in Folienbeuteln verpackt. Wird Gründkohl als ganze Pflanze gekauft, muß man mit 50 % Abfall rechnen.
Lagern: Grünkohl möglichst frisch verbrauchen. Im Gemüsefach des Kühlschranks nicht länger als 1 Tag lagern.
Zubereiten: Grünkohl von den Strünken zupfen, grobe Rippen und angewelkte Blätter entfernen. Den Kohl einige Male in kaltem Wasser waschen. In wenig Salzwasser etwa 10 Minuten blanchieren und abtropfen lassen. Das Kochwasser aufbewahren. Den Grünkohl grob hacken und unter Verwendung des Kochwassers 1 Stunde und 15 Minuten garen.

Gurke
Als Gemüse eignen sich die bis zu 45 cm langen, dicken Schälgurken (Schmorgurken, Gemüsegurken) am besten. Anfangs sind sie grün und fest wie die Salatgurken. Ältere Gurken nehmen eine gelbliche Farbe an, werden weicher und sind dann zum Einlegen als Senfgurken geeignet.
Einkaufen: Hauptangebotszeit ist von Juni bis Oktober. Bei Schälgurken auf festes Fruchtfleisch und eine glänzende, unverletzte Schale achten.
Lagern: Im Gemüsefach des Kühlschranks nicht länger als 5 Tage.
Zubereiten: Bei überreif geernteten oder lange gelagerten Schälgurken können die Stielenden bitter schmekken. Damit die Bitterstoffe nicht durch das Schälen über die ganze Gurke verteilt werden, stets vom Blütenansatz zum Stielende hin schälen. Ein Stück vom Stielende probieren, scheibchenweise so viel abschneiden, daß alles Bittere entfernt ist. Für

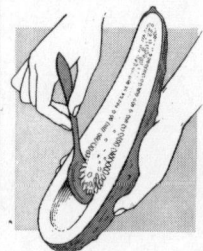

Gurken längs halbieren und die Kerne mit einem kleinen scharfkantigen Löffel herauskratzen.

Gurkengemüse die Gurke in Würfel schneiden und in etwa 25 Minuten weich dünsten. Für gefüllte Gurken die Gurke halbieren und entkernen.
Kräuter und Gewürze: Basilikum, Borretsch, Dill, Majoran.

Karotten
siehe Möhren

Kartoffeln
siehe Kapitel »Köstliche Kartoffel«

Kohl
siehe einzelne Kohlsorten

Kohlrabi
(Oberrüben, Oberkohlrabi). Kohlrabi ist die knollenartige Verdickung der Kohlrabipflanze und nicht, wie oft vermutet wird, deren Wurzelknolle. Weiße und rotviolette Sorten unterscheiden sich weder im Geschmack noch im Nährwert. Holzig werden beide Arten nur, wenn sie zu spät geerntet oder zu lange gelagert wurden.
Einkaufen: Angeboten werden Kohlrabi von Februar bis Oktober. Im Juni und Juli werden die Freilandkohlrabi geerntet. Zu dieser Zeit haben Kohlrabi das beste Aroma und sind am preisgünstigsten zu haben. – Auf Knollen ohne Risse mit frischem Blattgrün achten. Aufgeplatzte Kohlrabi sind öfter holzig.
Lagern: Kohlrabi frisch verbrauchen; höchstens 3 Tage im Gemüsefach des Kühlschranks aufbewahren.
Zubereiten: Welke und große Blätter entfernen. Zartes Blattgrün aufbewahren. Kohlrabischeiben in wenig Salzwasser in 5–10 Minuten garen. Ganze Kohlrabiknollen für später gefüllte Kohlrabi in 30–40 Minuten garen. Das zarte Blattgrün sehr fein hacken und unter das fertige Gericht mengen.
Kräuter und Gewürze: Liebstöckel, Muskatnuß, Paprikapulver, Petersilie, weißer Pfeffer, Pimpinelle.

Kürbis
Kürbisse sind die Beerenfrüchte der Kürbispflanze. Die großen gelben Riesenkürbisse können ein Gewicht von 1 Zentner oder mehr erreichen. Von kleineren Sorten, die unreif geerntet und als Sommerkürbisse bezeichnet werden, sind auch Schale und Kerne eßbar. Zu ihnen zählen Zucchini, Eierkürbis und der krumm- und geradhalsige Gartenkürbis.
Einkaufen: Die bei uns angebauten Sorten gibt es im September und Oktober, süßsauer eingelegte Kürbisstücke sind ganzjährig zu haben.

GEMÜSE VON A – Z

Lagern: Kürbisstücke gut in Frischhaltefolie einschlagen, nicht länger als 2 Tage im Gemüsefach des Kühlschranks aufbewahren.
Zubereiten: Sommerkürbis ungeschält in Stücke oder Scheiben schneiden, blanchieren und in Öl oder Butter braten oder im Teigmantel fritieren. Größere Exemplare halbieren, entkernen, füllen und im Backofen backen. Große Winterkürbisse in Segmente schneiden, entkernen, schälen und in Stücke schneiden, in Wasser in 15–20 Minuten nicht zu weich kochen und dann pürieren.
Kräuter und Gewürze: Chillipulver, frischer Ingwer, Gewürznelken, Kardamom, Knoblauch, Paprikapulver.

Lauch
(Porree). Der Lauch ist eng verwandt mit der Zwiebel. Die Zwiebelknolle ist wenig ausgeprägt. Die Pflanze bildet aus ihr einen Scheinstengel mit langem grünen Laub, von dem die zarten, hellen Blätter mitverwendet werden. Der runde Sommerlauch ist nicht ganz so kräftig in seinem Geschmack wie der dickere, ovale Winterlauch.
Einkaufen: Lauch wird ganzjährig angeboten. Auf unbeschädigte Stangen ohne braune Stellen achten. Für Gerichte aus ganzen Lauchstangen möglichst lange, weiße, mitteldicke, für Gerichte aus zerschnittenem Lauch dicke Stangen wählen. Da bei Lauch mit viel Abfall zu rechnen ist, ungefähr das Doppelte der Menge Lauch einkaufen, die für die Zubereitung benötigt wird.
Lagern: Lauchstangen von den überflüssigen Blättern befreien und gut in Haushaltsfolie oder Zeitungspapier verpackt bis zu 3 Tagen im Gemüsefach des Kühlschranks, aber nicht mit geruchsempfindlichen anderen Gemüse- oder Salatpflanzen, Obst oder Butter zusammen lagern.
Zubereiten: Die Lauchstangen von den groben äußeren Blättern befreien, harte, dunkelgrüne Blattspitzen abschneiden. Lauch sorgfältig waschen, weil sich zwischen den Blättern während des Wachsens Sand und Erde ansammeln. Die Lauchstangen von den Blattspitzen bis kurz vor dem Wurzelansatz einschneiden und unter fließendem kaltem Wasser waschen. Dabei die aufgeschnittene Stange auseinanderbiegen. Sehr gut schmeckt Lauch, wenn man ihn in Fett schmort. Blanchiert man ihn vorher, wird er milder im Geschmack und gart rascher. In wenig Salzwasser gekocht, ist Lauch, je nachdem, ob in größere

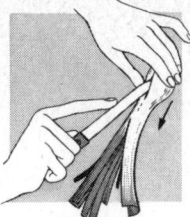

Lauchstangen vor dem Waschen bis kurz vor dem Wurzelansatz einschneiden.

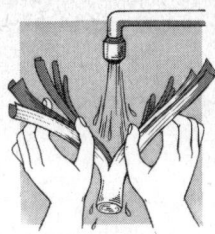

Die aufgeschnittenen Lauchstangen unter kaltem Wasser waschen; dabei etwas auseinanderbiegen.

Stücke oder klein geschnitten, in 8–10 oder 1–2 Minuten gar.
Kräuter und Gewürze: Estragon, Kerbel, Knoblauch, Liebstöckel, Muskatnuß, Thymian.

Mais
(Kukuruz, Türkenkorn, Welschkorn). Die blattumhüllten Kolben des 2 bis 5 Meter hohen Grasgewächses. Gegessen werden die noch unreifen Samenkörner, die an den Maiskolben von seidigen Fäden und von einer dichten Schutzhülle aus grünen, festen Blättern umgeben wachsen.
Einkaufen: Frischer Mais am Kolben wird im August und September angeboten; in Dosen konserviert oder tiefgefrorene Maiskörner ganzjährig. – Bei frischem Mais darauf achten, daß die die Kolben umhüllenden Blätter fest geschlossen und noch grün sind. Die Maiskörner haben den richtigen Reifegrad, wenn sie an der Spitze der Kolben noch klein und unausgebildet, die übrigen etwa erbsengroß und von weißlichgelber Farbe sind.
Lagern: Mais frisch verbrauchen, nicht länger als 2 Tage im Gemüsefach des Kühlschranks aufbewahren. Sind die Kolben geerntet, wandelt sich der in den Körnern enthaltene Zucker rasch in Stärke um.
Zubereiten: Soll Mais am Kolben gereicht werden, die Kolben von den Blättern und Fäden befreien, die Stiele abbrechen und den Mais in reichlich sprudelnd kochendem Salzwasser in etwa 20 Minuten garen.

Die Maiskolben vor dem Garen von den Hüllblättern befreien.

Wird frischer Mais als Gemüse serviert, die Körner mit einem scharfen Küchenmesser abschaben. Die Maiskörner in ungesalzenem Wasser unter Zugabe von etwas Zucker in 10–15 Minuten garen.
Gewürze: Chillipulver, Currypulver, edelsüßes Paprikapulver, Rauchsalz (zu gekochtem Mais) oder gemahlener Pfeffer.

Mangold
Ein Stengel- und Blattgemüse ähnlich dem Spinat; Blätter und Stiele sind jedoch gröber. Mangold hat einen kräftigen, eigenartig herben Geschmack.
Einkaufen: Juni und Juli sind die Erntemonate, in denen Mangold reichlicher angeboten wird.

Melanzanen
siehe Auberginen

Möhren
(Mohrrüben, gelbe Rüben, Wurzeln, Karotten). Karotten sind die kleinen kugeligen Frühmöhren. Sommer- und Herbstmöhren sind längliche Wurzeln.
Einkaufen: ganzjährig, Hauptangebotszeit Juni bis Dezember. Bei den ab Juni angebotenen Sommermöhren, die in Bündeln mit Blattgrün verkauft werden, darauf achten, daß das Laub frisch und grün ist. Bei allen Möhrensorten auf unbeschädigte Wurzeln ohne Risse achten.
Lagern: Im Gemüsefach des Kühlschranks bis zu 10 Tagen. Späte Sorten können in einem kühlen Kellerraum auf einem Lattenrost über den Winter gelagert werden.
Zubereiten: Junge Möhren nur unter fließendem kaltem Wasser bürsten, ältere schaben oder sehr dünn schälen. Karotten und junge Möhren im Ganzen in wenig schwachgesalzenem Wasser in etwa 10 Minuten weich dünsten. Ältere Möhren müssen vor dem Garen zerkleinert werden. Dabei das oft verholzte, helle Innere entfernen. Dafür die Möhre längs halbieren und den Kern vom Ende der Möhre her mit der Messerklinge herausheben. Die Möhre in Würfel, kurze Stifte oder dünne Scheiben schneiden,

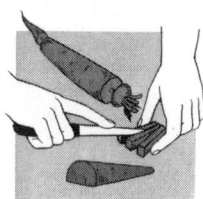

Möhren halbieren und die Hälften in Stifte...

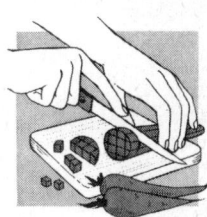

...oder in Würfel schneiden.

GEMÜSE VON A – Z

in etwa 20 Minuten in Salzwasser garen und nach Rezept verarbeiten.
Kräuter und Gewürze: Ingwer, Koriander, Petersilie, frische Pfefferminze.

Okras
(Eßbarer Eibisch, Ladyfinger). Fingerlange, leicht gebogene, kantige Kapseln mit grüner, von weichem Flaum überzogene Haut. Bei alten Früchten: zähe stopplige Haut. Okras haben keinen ausgeprägten Eigengeschmack. Sie erinnern entfernt an

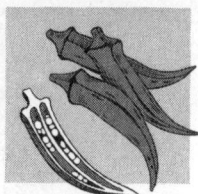

Die kantigen Okraschoten haben im Innern kleine Kerne.

Stachelbeeren und sind leicht herb.
Einkaufen: Okra werden frisch von November bis August angeboten; in Dosen konserviert ganzjährig. Nur junge, unverletzte Früchte mit weicher Oberfläche wählen.
Lagern: Im Gemüsefach des Kühlschranks nicht länger als 3 Tage aufbewahren.
Zubereiten: Okras entwickeln kleingeschnitten beim Kochen eine schleimige Flüssigkeit. Um eine zu große Absonderung zu verhindern, nur einige Millimeter vom Stielansatz abschneiden, so daß die Frucht möglichst unverletzt bleibt. Den Flaum mit einem trockenen Tuch abreiben, die Okras waschen, trockentupfen und in heißem Fett in einer zugedeckten Pfanne etwa 5 Minuten braten. Oder die ganzen Okras etwa 5 Minuten kochen. Die Okras abkühlen lassen, in Scheiben schneiden und nach Rezept weiterverarbeiten. Durch das kurze Anbraten oder Kochen im Ganzen wird die Schleimbildung weitgehend unterbunden. Dann gibt man die Okras kleingeschnitten zu den übrigen Zutaten. Okras garen je nach Art der Zubereitung in 10–20 Minuten.
Gewürze: Chilli, Currypulver, Ingwer, Knoblauch, Koriander, Pfeffer, Zitronensaft.

Paprikaschoten
(Gemüsepaprika, Pfefferschote). Paprikaschoten werden bei uns als grüne (noch unreife), gelbe oder rote Früchte angeboten. Rote und gelbe Paprikaschoten sind ausgereift, sie haben deshalb ein intensiveres, fruchtigeres Aroma als die grünen Schoten.
Einkaufen: Frische, grüne Paprikaschoten werden ganzjährig angeboten, rote und gelbe im Spätsommer und Herbst. Bei frischen Paprikaschoten auf eine glatte und glänzende Haut achten.
Lagern: Frische Paprikaschoten im Gemüsefach des Kühlschranks bis zu 4 Tagen aufbewahren.
Zubereiten: Für Paprikagemüse die Schoten längs halbieren und von den weißen Rippen und Kernen befreien und halbieren. Die Hälften innen und außen waschen, nochmals der Länge nach durchteilen und in Strei-

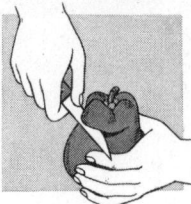
Sollen Paprikaschoten gefüllt werden, vom Stielende eine Kappe abschneiden...

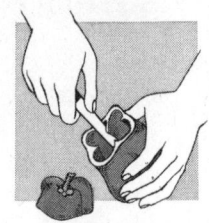
... und die Kerne und Rippen mit einem Messer oder Löffel herauslösen.

fen schneiden und nach Rezept in 20–30 Minuten weich dünsten.
Für gefüllte Paprikaschoten vom Stielende der Schoten eine Kappe abschneiden, Kerne und Rippen herauslösen, füllen und weiterverarbeiten.
Kräuter und Gewürze: Knoblauch, Paprikapulver, schwarzer Pfeffer.

Pastinaken
(Pastanaken, Hammelmöhren). Ein bei uns nur wenig bekanntes und nicht häufig angebotenes weißes bis gelbliches Wurzelgemüse. Pastinaken sind eine Kreuzung aus Möhren und Petersilie. Sie schmecken angenehm süßlich.
Einkaufen: Pastinaken kommen als Wintergemüse auf den Markt. Auf unbeschädigte feste Wurzeln ohne Faulstellen achten.
Lagern: Im Gemüsefach des Kühlschranks bis zu 10 Tagen.
Zubereiten: Wie Wintermöhren dünn schälen, in Streifen oder Scheiben schneiden und in leicht gesalzenem Wasser in 10–15 Minuten gardünsten oder 20 Minuten dämpfen.

Porree
siehe Lauch

Rosenkohl
(Sprossenkohl, Brüsseler Kohl). Der Rosenkohl ist die kleinste Kohlart. Rosenkohl ist ein typisches Wintergemüse. Schwache Frosteinwirkung begünstigt die Aroma-Entwicklung.
Einkaufen: Rosenkohl wird frisch von Oktober bis März angeboten; tiefgefroren ganzjährig. Kleine, dunkelgrüne Kohlröschen wählen. Welke Außenblätter zeigen an, daß Rosenkohl nach der Ernte zu lange gelagert wurde.
Lagern: Im Gemüsefach des Kühlschranks bis zu 1 Woche.
Zubereiten: Den Strunk kürzen, bei größeren Kohlröschen kreuzweise einschneiden, welke und schlechte Blätter entfernen und den Rosenkohl in

Von den Kohlröschen die Strünke kürzen...   ... und die äußeren schlechten Blätter entfernen.

wenig kochendem Salzwasser in etwa 10–15 Minuten weich dünsten.
Kräuter und Gewürze: geriebene Muskatnuß, Salbei.

Rote Bete
(Ranen, Rote Rüben). Runde bis längliche, außen grau-rote, innen tiefrote Rüben.
Einkaufen: Rote Beten werden ganzjährig angeboten. Möglichst mittelkleine bis höchstens mittelgroße unverletzte Knollen wählen.
Lagern: Im Gemüsefach des Kühlschranks roh bis zu 3 Wochen.
Zubereiten: Für Gemüsegerichte aus Roten Beten müssen die Rüben oft vor dem Garen geschält werden. Dafür Gummihandschuhe anziehen. Besser ist es jedoch, die Rüben ungeschält im Ganzen in reichlich Wasser in 60–80 Minuten zu garen. So bleibt außer den verschiedenen Mineralstoffen und Vitaminen auch weitgehend der rote Farbstoff erhalten.
Kräuter und Gewürze: Kümmel, Lorbeerblatt, Zitronensaft.

Rotkohl
(Blaukraut). Mittelgroße, sehr feste, blaugrüne bis blaurote Kohlköpfe.
Einkaufen: Rotkohl ist das ganze Jahr über frisch erhältlich.
Lagern: Rotkohl kann man in einem kühlen, luftigen Keller auf einem Lattenrost etwa 2 Monate lagern oder 10 Tage im Gemüsefach des Kühlschranks.
Zubereiten: Den Kohlkopf von den

GEMÜSE VON A – Z

äußeren schlechten Blättern befreien, den Strunk kürzen und den Kohlkopf vierteln. Die Kohlviertel möglichst fein hobeln oder schneiden und in 40–60 Minuten weich schmoren.
Kräuter und Gewürze: Basilikum, Kümmel, Wacholderbeeren, Zwiebel mit Lorbeerblatt und Gewürznelke gespickt. Zur intensiven Rotfärbung Essig oder Zitronensaft an den geschmorten Kohl geben.

Sauerkraut
Sauerkraut ist gehobelter Weißkohl, der mit Salz zum Gären gebracht wird. Dabei wird der im Kohlsaft enthaltene Zucker in Milchsäure umgewandelt. Der Kohl erhält dadurch den typischen frisch-säuerlichen Geschmack. Weinsauerkraut wird während der Gärung Wein zugesetzt.
Einkaufen: Sauerkraut wird das ganze Jahr über vom Faß, in Klarsichtfolie abgepackt oder in Dosen konserviert angeboten.
Lagern: Sauerkraut hält sich im Faß bis zu 9 Monaten. Nicht sterilisiertes, abgepacktes Sauerkraut muß jedoch bald verbraucht werden. In Dosen konserviertes Sauerkraut hält sich etwa 4 Jahre.
Zubereiten: Rohes Sauerkraut nach Belieben 20–30 Minuten dünsten – nach dieser verhältnismäßig kurzen Garzeit ist das Kraut noch nicht ganz weich – oder 1 Stunde bei milder Hitze weich dünsten.
Gewürze: Paprikapulver, Wacholderbeeren.

Schwarzwurzeln
Lange, höchsten 2 cm dicke Wurzeln mit schwarzer, selten mit weißlichgelber Schale. Schwarzwurzeln haben ein milchigweißes Fleisch von spargelähnlichem, feinem Geschmack.
Einkaufen: Von November bis März. Auf knackige, ungegabelte Stangen achten. Schwarzwurzeln dürfen sich nicht biegen lassen.
Lagern: Im Gemüsefach des Kühlschranks bis zu 10 Tagen.
Zubereiten: Gründlich unter fließendem Wasser bürsten, dünn vom dicken Ende zur Wurzelspitze hin schälen oder schaben. Die Stangen bis zum Garen in Essigwasser, dem Mehl zugefügt wurde, legen. So färben sich die Wurzeln nicht braun. Oder die Schwarzwurzeln ungeschält in sprudelndem Salzwasser 20–30 Minuten kochen, die Haut abziehen, die Wurzeln in weiteren 10–20 Minuten fertiggaren.
Gewürze: Macis, geriebene Muskatnuß, Paprikapulver.

Sellerie
Sellerie ist als Wurzelknolle, als Stangen-, auch Stauden- oder Bleichsellerie genannt, und als Schnittsellerie auf dem Markt. Als Gemüse haben nur Knollensellerie und Stangensellerie Bedeutung.
Einkaufen: Knollensellerie wird frisch und in Dosen oder Gläsern konserviert ganzjährig angeboten. Frischer Stangensellerie wird von Oktober bis März angeboten. Möglichst solche Sellerieknollen wählen, die keine weichen Stellen haben. Sehr große Knollen sind oft innen hohl. Bei Stangensellerie auf frisches Blattgrün und knackige Stangen achten.
Lagern: Ganze Sellerieknollen – oder Teile einer Knolle – in Frischhaltefolie verpackt, im Gemüsefach des Kühlschranks bis zu 14 Tagen, Stangensellerie bis 3 Tage im Gemüsefach des Kühlschranks aufbewahren.
Zubereiten: Knollensellerie unter fließendem Wasser bürsten; zartes Blattgrün aufbewahren. Die Knollen schälen, in etwa 1,5 cm dicke Scheiben schneiden, von Salzwasser bedeckt mit einem Schuß Essig oder etwas Zitronensaft in 10–12 Minuten garen. Ganze Knollen, beispielsweise für gefüllte Sellerieknollen, geschält, von Salzwasser bedeckt unter Zusatz von Essig oder Zitronensaft je nach Knollengröße in 30–45 Minuten garen.
Kräuter und Gewürze: gemahlener weißer Pfeffer, feingehackte Sellerieblätter, Selleriesalz.
Stangensellerie unter fließendem Wasser waschen; dabei die Stangen auseinanderbiegen. Feines Blattgrün an den Stangen lassen. Die Staude in einzelne Stangen teilen. Von den äußeren Stangen die groben Rippen abziehen. Die Stangen in Stücke schneiden und diese in wenig Salzwasser in etwa 10 Minuten garen. Oder die Staude im Ganzen lassen, die Stangen um etwa 1/3 kürzen. Den übrigen Teil, das Sellerieherz, halbieren und in 15–20 Minuten schmoren oder weichdünsten. Die abgeschnittenen Blattspitzen später zu einem Salat oder Gemüse verwenden.
Kräuter und Gewürze: Petersilie, gemahlener weißer Pfeffer.

Spargel
Spargel sind die unterirdischen Sprossen der Spargelpflanze. Spargelstangen werden gestochen, sobald die Spargelköpfe die Erdschicht von unten anheben. Wird Spargel auch nur 1 Stunde zu spät gestochen, färben sich die Köpfe rosa bis violett, was unter Feinschmeckern als Qualitätsminderung gilt. Läßt man die Sprossen an der Erdoberfläche wachsen, so daß sie dem Tageslicht ausgesetzt sind, färben sie sich grün. Grüner Spargel ist in der Struktur zarter, aber kräftiger im Geschmack.
Einkaufen: Spargelsaison ist bei uns von Ende April bis Ende Juni. Sie endet traditionell mit Johanni am 24. Juni. In einigen Mittelmeerländern wird der Spargel schon Wochen vorher geerntet, so daß es bei uns auch schon im März frischen Spargel gibt. Spargel von höchster Qualität ist nicht zu dick und nicht zu dünn. Die Stangen sind 17–22 cm lang, gleichmäßig gewachsen, nicht hohl und nicht gespalten. Die Spargelköpfe sind weiß, dicht geschlossen und unbeschädigt. Beim Einkauf von Spargel vor allem auf die Spargelenden achten. Sie dürfen nicht geschrumpft oder verhärtet sein. Drückt man einen Spargel zusammen, darf der austretende Saft nicht sauer schmecken. Blauköpfiger Spargel schmeckt oft bitter. Sein hoher Wassergehalt läßt frischen Spargel »knirschen«, wenn die Stangen aneinander gerieben werden. Werden für ein Spargelgericht nicht unbedingt Spargelstangen benötigt, kann man auch weniger gleichmäßig gewachsenen, preiswerteren Spargel wählen. Für ein Spargelessen muß man pro Person 500 g Spargel einkaufen. Als Beilage rechnet man etwa 250 g pro Person.
Lagern: Spargel möglichst am Einkaufstag verwenden. In ein feuchtes Tuch eingeschlagen, kann man ungeschälten Spargel bis zu 24 Stunden im Gemüsefach des Kühlschranks aufbewahren.
Zubereiten: Den Spargel waschen und sorgfältig schälen. Dazu am besten ein Spargelschälmesser oder ein sehr scharfes Küchenmesser benutzen. Von grünem Spargel braucht nur das untere Drittel der Stangen geschält zu werden. Ob Spargel vom Kopf zum Stangenende hin geschält wird oder umgekehrt, ist ohne Bedeutung; wichtig ist, daß das Ende der Spargelstange etwas dicker geschält wird, weil dort die Schale robuster ist. Außerdem dürfen keine Schalenreste auf der Stange stehen bleiben. Eine gut und sparsam geschälte Spargelstange bleibt rund. Das Ende kürzen, soweit es trocken oder gar holzig ist. Die Spargelabfälle aufbewahren, auskochen und den Sud für eine Suppe oder Sauce verwenden.
Für Gerichte aus Spargelstangen die Spargel bündeln; jeweils etwa 10 Stangen mit Küchengarn zusam-

GEMÜSE VON A – Z

menbinden. So läßt sich der Spargel nach dem Garen leichter aus dem Kochsud heben. Die Gefahr, daß dabei die weichen Köpfe verletzt werden, ist geringer. Die Bündel in einem großen Topf in reichlich Salzwasser, dem eine Prise Zucker und etwas Zitronensaft zugefügt werden, in etwa 25–35 Minuten je nach Dicke der Stangen garen.

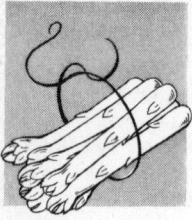

Für Gerichte aus ganzen Spargelstangen die Spargel mit Küchengarn bündeln...

...und die Spargelbündel in kochendes Salzwasser einlegen.

Spinat

Man unterscheidet nach der Zeit der Ernte Frühjahrs-, Herbst- und Winterspinat. Früher Spinat (April bis Juli) und Herbstspinat (September bis November) sind feinblättriger als Winterspinat (März und April), der für die Ernte im Frühjahr auf den Feldern überwintert. Außerdem unterscheidet man nach der Art der Ernte Blattspinat – einzelne Blätter mit der Hand geerntet – und Wurzelspinat, ganze Pflanzen werden maschinell oberhalb des Wurzelstocks abgeschnitten.
Einkaufen: Spinat wird frisch von März bis November angeboten. Tiefgefrorenen Spinat gibt es in sehr guter Qualität ganzjährig. Auf unverfärbte, nicht verwelkte Blätter achten.
Lagern: Spinat möglichst gleich nach dem Einkaufen verarbeiten. Muß Spinat länger gelagert werden, die Blätter mit kaltem Wasser abspülen, abtropfen lassen und locker in ein feuchtes Tuch einschlagen. Nicht länger als 24 Stunden im Gemüsefach des Kühlschranks lagern.
Zubereiten: Den Spinat verlesen, das heißt schlechte und welke Blätter entfernen, grobe Stiele abschneiden und gründlich in einer Schüssel mit kaltem Wasser waschen. Das Wasser mehrmals wechseln. Den Spinat mit den Händen herausheben und mit dem anhaftenden Wasser in etwas Fett in 5–10 Minuten dünsten. Reste von Spinatgerichten sollen nicht mehr gegessen werden. Das im Spinat enthaltene Nitrat wandelt sich in gegartem Spinat durch Aufbewahren und Wiedererwärmen in gesundheitsschädliches Nitrit um.
Kräuter und Gewürze: Knoblauch, geriebene Muskatnuß, gemahlener weißer Pfeffer, Zwiebeln.

Süßkartoffeln

(Bataten). Süßkartoffeln werden in allen warmen Gegenden der Erde angebaut. Sie sind die Wurzelknollen eines Windengewächses. Süßkartoffeln sind sehr stärkehaltig, sie schmecken mehlig und leicht süßlich. Man unterscheidet weiße, rote und gelbe Süßkartoffeln. Die gelben gelten als die besten. Maniok und Yam sind Verwandte der Süßkartoffel. Sie schmecken ähnlich wie Kartoffeln und werden bei der Zubereitung gekocht oder gebacken.

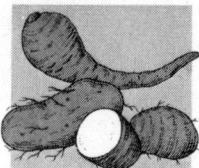

Die spitzzulaufende Süßkartoffel, die leichtbehaarte Maniokwurzel und die dickschalige Yam.

Einkaufen: Süßkartoffeln werden bei uns ganzjährig angeboten. Feste Knollen ohne Faulstellen wählen.
Lagern: Trocken und luftig aufbewahrt, halten sich die Süßkartoffeln 2–3 Wochen.
Zubereiten: Süßkartoffeln werden wie Kartoffeln zubereitet. Man salzt sie allerdings weniger. In Amerika werden sie so gewürzt, daß ihr süßes Eigenaroma unterstrichen wird. Man reicht sie wie Kartoffeln als Beilage, aber auch als selbständiges Gericht, beispielsweise als Auflauf.
Kräuter und Gewürze: Soll der Eigengeschmack der Süßkartoffel unterstrichen werden, kann man eine Honigglasur, pulverisierten oder frischen, geriebenen Ingwer oder abgeriebene Orangenschale verwenden; wer herzhaft gewürzte Speisen vorzieht, nimmt Cayennepfeffer, edelsüßes Paprikapulver oder pulverisierten oder frischen Rosmarin.

Tomaten

Der Anbau in Gewächshäusern ermöglicht es, daß Tomaten das ganze Jahr über bei uns auf dem Markt sind. Wirklich aromatisch sind aber nur die bei uns geernteten, aus Freilandkulturen stammenden Früchte. Von den verschiedenen Tomatensorten sind für Gemüsegerichte die aus Italien stammenden großen, gerippten Fleisch-

---

Zum Bild rechts:

Gefüllte Artischocken sind etwas Besonderes. Man muß für die Zubereitung und zum Garen im Backofen genügend Zeit einplanen. Die Mühe wird belohnt durch den exquisiten Geschmack dieser Speise. Die benötigten Zutaten sind nicht einmal ausgefallen oder kostspielig – das Geheimnis liegt in ihrer Komposition; wie bei vielen Gerichten, die auch ausgesprochene Gourmets befriedigen. Semmelbrösel, gemischt mit würzigem Reibekäse, reichlich Knoblauch, Zwiebel und schwarzer Pfeffer bilden die wenig aufwendige Füllung. Sie wird mit den Fingern zwischen die auf ein Drittel ihrer Länge gekürzten Blätter gefüllt und festgedrückt. Das Raffinierte an diesem Gericht ist die Flüssigkeit, in der die gefüllten Artischocken im Backofen garen und mit der sie während dieser Zeit fleißig begossen werden müssen: Olivenöl und trockener Weißwein. Überraschen Sie ihre Gäste mit gefüllten Artischocken als Vorspeise. Reichen Sie dazu den Wein, der auch zum Garen der Artischocken verwendet wurde.
Das Rezept finden Sie auf Seite 295.

GEMÜSE VON A – Z

Zum Bild links:

Broccoli, der grüne Verwandte des Blumenkohls, schmeckt wie eine Mischung aus Blumenkohl und Spargel. Er gilt zu Recht als feines Gemüse. Vor einigen Jahren war er bei uns noch fast unbekannt. Jetzt ist er so beliebt, daß er auch hierzulande angebaut wird. – Zum Dünsten und Dämpfen ist dieser Kohl weniger geeignet. Man kocht ihn am besten in Salzwasser. Zuvor müssen jedoch der Stiel und die Stengel, an denen die Kohlröschen wachsen, geschält werden. Broccoli kann im Ganzen, wie es unser Bild zeigt, oder in Röschen zerteilt gegart werden. Die dicken Stiele müssen eingeschnitten werden oder in kleine Stücke geschnitten werden, damit sie gleichzeitig mit den zarteren Pflanzenteilen gar werden. – Die richtige Ergänzung zu Broccoli sind feine Saucen; etwa eine Hollandaise – wie auf dem Bild – oder eine Sauce mousseline, aber auch mit zerlassener Butter und gehackten Eiern oder einer Buttermischung wie Sardellenbutter, Kräuterbutter mit Knoblauch oder Krabbenbutter ist er ein Genuß. Broccoli ist eine vortreffliche Beilage zu Steaks, Kalbsmedaillons, Kalbsbraten und Roastbeef, aber auch zu gargezogenem edlem Fisch wie Loup, Zander oder Lachs.
Das Rezept finden Sie auf Seite 276.

tomaten geeignet. Sie haben festes Fleisch und verhältnismäßig wenig Kerne. Zum Füllen eignen sich die großen, runden Sorten besser. Sie haben viel Kerne und Saft und lassen sich leicht aushöhlen. Die aus Italien stammenden Birnen- oder Flaschentomaten sind bei uns nur selten erhältlich. Roh schmecken sie leicht mehlig, gekocht jedoch fruchtig-süßlich und sehr aromatisch.
Nur ausgereifte Früchte verwenden. Grüne Pflanzenteile unreifer Tomaten enthalten das giftige Solanin.
Saison: Einheimische Tomaten aus Freilandkulturen August; eingeführte Ware ganzjährig.
Einkaufen: Reife, aber feste, unverletzte Früchte wählen. Makellose runde Form und fleckenlose Haut gelten zu Unrecht als Qualitätsmerkmale. Für Gemüsegerichte eignen sich auch weniger attraktive Früchte, die preiswerter sind.
Lagern: Bis zu 5 Tagen bei Raumtemperatur. Noch stellenweise grüne Tomaten reifen in dieser Zeit nach. Kühlschranktemperaturen schaden dem Tomatenaroma.
Zubereiten: Für Tomatengemüse die Früchte vor dem Garen schälen. Die Tomaten am stiellosen Ende kreuzweise einritzen und 2–3 Minuten in kochendheißem Wasser liegenlassen oder mit kochendem Wasser überbrühen. Die locker aufgesprungene Tomatenhaut läßt sich dann leicht abziehen. Geschälte Tomaten immer erst in den letzten 5 Garminuten zu einem Gericht geben. Tomaten garen in wenigen Minuten und zerfallen rasch. Für gefüllte, gedünstete Tomaten die Früchte nicht schälen.
Kräuter und Gewürze: Basilikum, Estragon, Knoblauch, Majoran, Rosmarin, Thymian oder Ysop.

Weinblätter
Blätter des Weinstocks.
Einkaufen: Frische Weinblätter werden hin und wieder in den Sommermonaten angeboten. In Dosen, in Salzlake konserviert, bekommt man sie ganzjährig. Frische Weinblätter sollen jung und zart sein.
Lagern: Am besten gleich verbrauchen. Falls das nicht möglich ist, locker in Klarsichtfolie eingeschlagen im Gemüsefach des Kühlschranks höchstens 1 Tag aufbewahren.
Zubereiten: Frische Weinblätter 2–3 Minuten kochen und dann abtropfen lassen. Weinblätter aus der Dose mit kochendem Wasser überbrühen und abtropfen lassen. Nach Rezept füllen und garen.

Weiße Rüben
(Wasserrüben). Weiße rundliche bis längliche Wurzeln einer Gemüsepflanze, die es in verschiedenen Zuchtformen gibt. Leider werden diese wohlschmeckenden und gesunden Speiserüben nur selten angeboten. Einige unbekanntere Vertreter dieses Gemüses sind die Mairübe, die Tellerrübe und die bayerische Rübe.
Teltower Rübchen, eine kleine, runde Rübenart, sind seit langem berühmt und gelten auch heute noch als Delikatesse. Früher wurden sie in der Mark Brandenburg gezüchtet; heute werden sie in Norddeutschland (Vierlanden) angebaut.
Saison: Weiße Rüben werden nur in geringen Mengen hin und wieder im Juli und August angeboten.
Einkaufen: Unverletzte, feste Rüben mit frischem Blattgrün wählen.
Lagern: im Gemüsefach des Kühlschranks bis zu 3 Tagen.
Zubereiten: Die Rüben vom Blattgrün befreien, waschen, dünn schälen und nach Rezept weiterverarbeiten. Größere runde Sorten können wie Kohlrabi gefüllt werden. Teltower Rübchen werden meistens wie Karotten glasiert.

Weißkohl
(Weißkraut, Kraut, Kappes). Große, feste, hellgrüne bis grüne Kohlköpfe.
Einkaufen: Weißkohl wird vom Spätsommer bis zum Spätherbst geerntet, ist aber aufgrund seiner guten Lagerfähigkeit ganzjährig am Markt.
Lagern: Im Gemüsefach des Kühlschranks läßt sich Weißkohl bis zu 1 Woche aufbewahren. Auf einem Lattenrost im kühlen, luftigen Keller hält sich Weißkohl etwa 2 Monate.
Zubereiten: Siehe Rotkohl.
Gewürze und Kräuter: Beifuß, Borretsch, Koriander, Kümmel, Lorbeer.

Wirsingkohl
(Welschkohl, Welschkraut). Wirsingkohl ist eine krause Form des Weißkohls mit grünen Außenblättern und gelben inneren Blättern. Er ist etwas strenger im Geschmack, vor allem ältere Pflanzen mit dunkelgrünen Blättern.
Einkaufen: Wirsing wird bei uns ganzjährig frisch angeboten. Beim Einkauf darauf achten, daß die Köpfe möglichst fest geschlossen sind.
Lagern: Im Gemüsefach des Kühlschranks bis zu 1 Woche.
Zubereiten: Wirsing wird am besten gedünstet. Sind die Blätter jedoch schon dunkelgrün, ist es besser, Wirsing vor dem Dünsten 3 Minuten zu

PRAKTISCHER RAT

blanchieren. Den Wirsingkohl in feine Streifen schneiden, gegebenenfalls blanchieren, in Fett anbräunen und mit wenig Wasser in 25–35 Minuten weich dünsten.
Gewürze: Kümmel, schwarzer Pfeffer.

Zucchini
(Courgettes). Zur Familie der Kürbisse zählende gurkenartige Früchte, die meist zwischen 10 und 20 cm lang sind.
Einkaufen: Zucchini werden wie fast alle Sommerkürbisse halbreif geerntet. Die Schale muß noch weich sein und sich mit dem Daumennagel leicht einritzen lassen. Nur feste Früchte wählen, die bei Druck nicht nachgeben.
Lagern: Im Gemüsefach des Kühlschranks höchstens bis zu 1 Woche aufbewahren.
Zubereiten: Die Stielansätze abschneiden und die Zucchini ungeschält je nach Rezept in Scheiben schneiden und etwa 10 Minuten in Öl braten. Oder die Zucchini im Ganzen 10–15 Minuten kochen, längs durchschneiden, die Kerne herauskratzen, die Hälften füllen und 10 Minuten im Backofen überbacken.

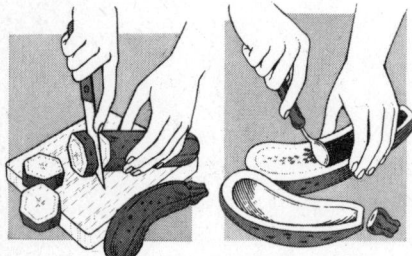

Zucchini ungeschält in Scheiben schneiden...

... oder zum Füllen mit einem scharfkantigen Löffel aushöhlen.

Kräuter und Gewürze: Cayennepfeffer, Dill, Petersilie, gemahlener weißer Pfeffer, frische Pfefferminze, Zitronensaft.

Zwiebeln
Zwiebeln gibt es in vielen Größen und Farbschattierungen. Die Geschmacksskala reicht von stechend scharf bis süßlich mild.
Einige Zwiebelsorten werden das ganze Jahr über angeboten. Die kleine weiße Frühlings- oder Lauchzwiebel gibt es nur im Sommer. Für Gemüsegerichte aus Zwiebeln oder gefüllte Zwiebeln verwendet man wegen ihres milden Geschmacks gern die große Gemüsezwiebel, die in südeuropäischen Ländern bevorzugt wird. Aber auch die etwas schärfere Haushalts- oder Küchenzwiebel, die hauptsächlich zum Würzen verwendet wird, eignet sich dafür.
Schalotten werden von Feinschmeckern wegen ihres feinen Aromas nicht nur zum Würzen von Salaten und Saucen bevorzugt. Man reicht sie gern als Beilage in Butter gedünstet oder glasiert zu feinen Fleischgerichten.
Einkaufen: Trockene, feste Zwiebeln ohne sichtbare Triebansätze wählen. Bei Frühlings- oder Lauchzwiebeln darauf achten, daß die Lauchstengel frisch und grün sind.
Lagern: Trocken, luftig und kühl – aber nicht unter +4°C lagern. Frühlingszwiebeln bald verbrauchen. Höchstens bis zu 3 Tagen im Gemüsefach des Kühlschranks aufbewahren. Zuvor welke und schlechte Blätter entfernen.
Zubereiten: Den Wurzelansatz und die Spitze abschneiden. Beim Abziehen der Schale strömen schwefelhaltige ätherische Öle aus, die das Brennen in den Augen verursachen. Deshalb Zwiebeln am besten unter fließendem Wasser schälen. Kleine Zwiebeln schälen sich leichter, wenn man sie zuvor etwa 1 Minute in kochendes Wasser legt, abtropfen und etwas abkühlen läßt. Immer muß auch die dünne Haut unter der Schale entfernt werden. – Für Zwiebelgemüse die geschälten Zwiebeln in Scheiben schneiden, in Fett anbraten, mit Flüssigkeit auffüllen und in 20–30 Minuten weich dünsten. – Für gefüllte Zwiebeln von den geschälten Zwiebeln eine Kappe abschneiden, das Innere aushöhlen, die Zwiebeln mit einer Farce, dafür möglichst das ausgehöhlte Zwiebelfleisch mitverwenden, füllen. Die gefüllten Zwiebeln in heißem Fett anbraten, mit Flüssigkeit auffüllen und in etwa 45 Minuten weich schmoren.
Kräuter und Gewürze: Knoblauch, Oregano, Petersilie, Salbei.

Praktischer Rat

Wer die im Gemüse enthaltenen Wertstoffe – Vitamine, Mineralstoffe, Spurenelemente, Aromastoffe – und damit auch den frischen typischen Geschmack weitmöglichst auch im gegarten, fertigen Gemüsegericht erhalten möchte, sollte folgende Ratschläge für den Umgang mit Gemüse beachten:

Beim Einkauf stets darauf achten, daß das Gemüse frisch geerntet, wenn das nicht möglich ist, wie beispielsweise bei verschiedenen Kohlarten, jedoch sachgemäß gelagert wurde.

Gemüse nicht auf Vorrat kaufen, es sei denn, es wird eingefroren, sondern möglichst noch am gleichen Tag verbrauchen. Viele Gemüsesorten – vor allem Blattgemüse – büßen schon wenige Stunden gelagert einen großen Teil der in ihnen enthaltenen Vitamine ein.

Gemüse nach dem Einkauf bis zum Verbrauch auch für kurze Zeit stets kühl und zugedeckt aufbewahren, am besten im Gemüsefach des Kühlschranks. Wurzel- und Kohlgemüse ist weniger empfindlich und kann auch in einem trockenen, luftigen Raum aufbewahrt werden.

Gemüse immer erst nach dem Waschen putzen. Blattgemüse nach dem Verlesen mehrmals in stehendem Wasser waschen.

Bei manchen Gemüsearten wie jungen Möhren, Karotten, Rübchen genügt es, wenn sie gründlich unter fließendem Wasser gebürstet werden. Die Schale enthält besonders viele Vitamine und ist gleichzeitig ein Schutz gegen Wertstoffverlust. Geschältes Gemüse nicht im Wasser liegen lassen, wenn nötig, nur noch einmal kurz abspülen. Die Nährstoffe können vom Wasser ausgeschwemmt werden.

Zerkleinertes Gemüse vor dem Garen nicht lange und nur zugedeckt stehenlassen. Lichteinwirkung und Sauerstoff sind Feinde vieler Vitamine.

Die schonendste Garmethode hängt von der Gemüseart selbst ab. Die allgemeine Regel heißt: Gemüse in möglichst wenig Flüssigkeit in möglichst kurzer Zeit bei milder Hitze garen. Bei einigen wenigen Gemüsesorten, wie beispielsweise Spargel, läßt es sich nicht umgehen, Gemüse in reichlich kochendem Wasser zu garen. Bei dieser Methode muß das Gemüse stets ins sprudelnd kochende Wasser gegeben werden, um die Kochzeit so kurz wie möglich zu halten. Gemüsekochwasser sollte nicht weggegossen, sondern wenigstens zum Teil für eine Sauce, Suppe oder einen Eintopf verwendet werden.

Dämpfen ist immer bei solchem Gemüse die schonendste Methode, das auch bei längeren Garzeiten wenig Schaden nimmt, das heißt weder

MÖHREN · KAROTTEN

Farbe noch Aromastoffe verliert, wie beispielsweise ungeschälte Rote Bete oder Blumenkohl. Gedämpft wird im Siebeinsatz im aufsteigenden Dampf über kochendem Wasser im geschlossenen Topf.

Das Dünsten, Garen mit etwas Fett in wenig Flüssigkeit, ist die gesündeste und schonendste Zubereitungsart für die meisten Gemüsesorten. Mineralstoffe und Vitamine bleiben am besten erhalten. Dafür zunächst das Fett in einem Topf zerlassen, das Gemüse zufügen, umrühren, mit der Flüssigkeit (Wasser, Brühe, Milch, Wein) aufgießen und das Gemüse zugedeckt bei milder Hitze garen. Hin und wieder den Topf leicht schwenken, damit das Gemüse gleichmäßig gart. Einige wasserreiche Sorten wie Gurken, Tomaten, Spinat können im eigenen Saft nur mit dem vom Waschen anhaftenden Wasser ebenfalls unter Zugabe von wenig Fett gedünstet werden. Die Flüssigkeitsmenge sollte so bemessen sein, daß bei Ende der Garzeit keine Flüssigkeit im Topf ist, oder nur noch wenig, die mitverzehrt wird.

Sautieren – kurzes Braten unter häufigem Wenden – bewahrt weitgehend Aroma-, Farbstoffe und Festigkeit des Gemüses, verlangt aber etwas mehr Arbeitsaufwand. Das Gemüse in gleichmäßig kleine Stücke oder Scheiben schneiden. Junge Zuckererbsenschoten und feine grüne Bohnen können im Ganzen sautiert werden. Gemüsearten mit besonders langer Garzeit vor dem Sautieren blanchieren. Das Gemüse, bevor es ins heiße Fett gegeben wird, trockentupfen. Heißes Fett – besonders Öl – spritzt leicht, wenn es mit Wasser in Berührung kommt. Das Gemüse dann unter häufigem Wenden mit einem Holzspatel oder durch Rütteln der Pfanne 3–5 Minuten sautieren. Sautiertes Gemüse hat so viel eigenes Aroma, daß es nur milde gewürzt werden sollte. Dafür sind frische Kräuter oder etwas Zitronensaft geeignet.

Beim Fritieren trocknet Gemüse nicht aus, wenn es zuvor in einem Ausbackteig gewendet wird. Dafür größeres Gemüse gleichmäßig in kleinere Stücke schneiden. Blumenkohl und Broccoli in Röschen zerteilen. Blattgemüse unzerkleinert fritieren. Sollen verschiedene Gemüsesorten fritiert werden, erst alles Gemüse entsprechend vorbereiten. Gemüse, das eine längere Garzeit benötigt, blanchieren oder in Wasser kochen, bis es fast gar ist. Dann in den Ausbackteig tauchen und im heißen Fett bei 190°C schwimmend ausbacken.

Gemüse nicht zu weich garen. Als fertiges Gericht soll es noch etwas Biß haben.

Artischocken, Mangold, Schwarzwurzeln, Sellerie und Spargel können in Aluminium- oder Eisentöpfen einen metallenen Geschmack annehmen oder sich verfärben. Deshalb dieses Gemüse in Edelstahltöpfen, emaillierten Töpfen oder in feuerfestem Glasgeschirr garen.

Jedes Gemüsegericht kann mit etwas geriebenem oder geraspeltem rohem Gemüse der gleichen Sorte, das man zurückbehalten hat, aufgewertet werden. Eignet sich Gemüse nicht zum Reiben, gibt man an das fertige Gericht frische, gehackte Kräuter. Petersilie paßt zu beinah jeder Gemüseart.

Dosengemüse nur im Notfall verwenden. Es schmeckt meist fade und wäßrig und enthält, verglichen mit frischem Gemüse, wenig Vitamine. Besser ist es, wenn keine Zeit zum Vorbereiten von Gemüse bleibt oder wenn das Angebot an frischem Gemüse unbefriedigend ist, tiefgefrorene Ware zu kaufen.

Gemüsegerichte nicht zu reichlich bemessen. Reste kühl und zugedeckt aufbewahren und rasch wieder erwärmen. Gemüse nie längere Zeit auf der Herdplatte warm halten.

Im allgemeinen rechnet man für Gemüse als Beilage pro Person 200–250 g geputztes und/oder verlesenes Gemüse; als Hauptgericht 250–300 g.

Grundrezept
Gedünstete Möhren

1 kg Möhren	Pro Person etwa:
1 Eßl. Butter	330 Joule
je ½ Teel. Zucker und Salz	80 Kalorien
½–1 Tasse Wasser	Garzeit:
½ Bund Petersilie	20–45 Minuten

Die Möhren waschen, Blattansatz und Wurzelspitze abschneiden; die Möhren schaben und in Stifte, Würfel oder Scheiben schneiden.
Die Butter in einem Topf zerlassen.

Von den Möhren den Blattansatz und das Wurzelende abschneiden und die Möhren in Scheiben schneiden.

Die Möhren zufügen und unter ständigem Umrühren bei mittlerer Hitze etwa 3 Minuten in der Butter andünsten, bis sie glänzen. Den Zucker und das Salz zufügen und ½ Tasse Wasser dazugießen. Das Gemüse bei milder Hitze zugedeckt in 20–45 Minuten weich dünsten. Die Dünstzeit richtet sich nach dem Alter der Möhren. Ab und zu umrühren und, wenn nötig, etwas Wasser nachgießen. Zuletzt sollte keine oder nur noch ganz wenig Flüssigkeit im Topf sein.
Die Petersilie waschen, abtropfen lassen und fein schneiden. Das Gemüse anrichten und mit der Petersilie bestreuen.

Paßt gut zu: Kalbsbraten, feinen Bratwürsten, Frikadellen oder Hackbraten und Kartoffelpüree oder Salzkartoffeln

Variante
Gebundenes Möhrengemüse

Die Möhren wie im Grundrezept für gedünstete Möhren zubereiten. 1 Teelöffel Mehl mit 2 Eßlöffel Wasser, Milch oder Sahne anrühren, das Gemüse damit binden und noch einmal aufkochen lassen. Mit Petersilie oder Schnittlauch bestreuen.

Glasierte Karotten

1 kg Karotten oder junge Möhren	einige Blätter frische Pfefferminze
3 Eßl. Butter	
1 Tasse Wasser	Pro Person etwa:
2 Eßl. Zitronensaft	670 Joule
½–1 Teel. Salz	160 Kalorien
2 Eßl. Farinzucker	
1 Prise geriebene Muskatnuß	Garzeit: 25–30 Minuten

Die Karotten oder Möhren vom Stiel- und Wurzelende befreien, unter fließendem kaltem Wasser waschen, sehr kleine Karotten im Ganzen lassen, größere ebenso wie Möhren halbieren und in etwa 3 cm lange Stücke schneiden.

MÖHREN · ROTE BETE

2 Eßlöffel Butter in einem Topf zerlassen und die Karotten oder Möhren mit dem Wasser, 1 Eßlöffel Zitronensaft und ½ Teelöffel Salz zufügen. Die Karotten oder Möhren zugedeckt bei milder Hitze etwa 15 Minuten dünsten. Dann bei starker Hitze unter Umrühren im geöffneten Topf weiterkochen lassen, bis alle Flüssigkeit verdampft ist. Die restliche Butter, den Zitronensaft, den Zucker und den Muskat zufügen. Bei milder Hitze so lange rühren, bis der Zucker sich aufgelöst hat und die Gemüsestücke rundherum mit Glasur überzogen sind. Wenn nötig, noch etwas salzen. Die Pfefferminzblätter waschen, abtropfen lassen und fein geschnitten über das Gemüse streuen.

Paßt gut zu: kurzgebratenem Fleisch

Möhren auf römische Art

Bild Seite 267

750 g Möhren
1 Eßl. Butter
1 Teel. Salz
⅛ l Wasser
⅛ l Sahne
⅛ l saure Sahne
1 Eigelb
je 1 Messersp. Pfeffer und pulverisierter Fenchelsamen
½ Teel. Zucker
½ Bund Schnittlauch

Pro Person etwa:
1040 Joule
250 Kalorien

Garzeit:
30 Minuten

Die Möhren waschen, wenn nötig, schaben oder schälen und in etwa 1 cm dicke Scheiben schneiden. Die Butter in einem Topf zerlassen, die Möhren darin andünsten. Das Salz und das Wasser zufügen und das Gemüse zugedeckt bei milder Hitze in etwa 30 Minuten weich dünsten. Wenn nötig, ab und zu etwas Wasser nachfüllen. Inzwischen die süße Sahne mit der sauren Sahne und dem Eigelb mischen und im heißen Wasserbad oder auf der Automatikplatte bei sehr milder Hitze umrühren, bis die Sauce sämig wird. Das gedünstete Gemüse mit dem Pfeffer, dem Fenchelsamen und dem Zucker abschmecken und anrichten. Den Schnittlauch waschen, abtropfen lassen, fein schneiden und unter die Sauce rühren. Die Hälfte der Sauce über die Möhren gießen; den Rest getrennt dazureichen.

Paßt gut zu: Fleischspießchen oder Fleischgrilladen

Raffiniert
Möhrenpüree

400 g Möhren
100 g Langkornreis
je ½ Teel. Salz und Zucker
150 g Butter
3 Tassen Wasser
½–1 Tasse Fleischbrühe oder Sahne
1 Prise Pfeffer
2 Scheiben Weißbrot
1 Teel. Butter

Mit Fleischbrühe pro Person etwa:
1930 Joule
460 Kalorien
mit Sahne:
2270 Joule
540 Kalorien

Garzeit:
20–30 Minuten

Die Möhren waschen, wenn nötig, schaben oder schälen und in dünne Scheiben schneiden. Den Reis waschen, bis das abfließende Wasser klar bleibt. Die Möhren und den Reis in einem Topf mischen, das Salz, den Zucker und 50 g Butter zufügen und mit dem Wasser auffüllen. Zugedeckt bei mittlerer Hitze in etwa 20 Minuten garen.
Das Gemisch dann durch ein Haarsieb in einen flachen Topf pürieren und unter Wenden bei starker Hitze »trocknen« lassen. Das Püree von der Herdplatte nehmen, die restliche Butter, die Brühe oder Sahne unterrühren, mit dem Pfeffer würzen, anrichten und warmstellen.
Die Weißbrotscheiben in der Butter braten und um das Möhrenpüree legen.

Paßt gut zu: Steaks oder Kalbsbraten

Etwas schwierig
Möhren-Zwiebel-Pie mit Fleischklößchen

Bild Seite 267

Für den Teig:
200 g Mehl
½ Teel. Salz
1 Ei
1–2 Eßl. Wasser
80 g Schweineschmalz

Für die Füllung:
100 g durchwachsener Speck
500 g Möhren
250 g Zwiebeln
1 Teel. Butter
Fleischklößchen,

Rezept in diesem Buch
1 Teel. Butter
2 Eßl. Milch
½ l Tomatensauce Rezept in diesem Buch oder als Halbfertigprodukt

Pro Person etwa:
3520 Joule
840 Kalorien

Backzeit:
45 Minuten

Das Mehl in eine Schüssel geben. Das Salz, das Ei und das Wasser zufügen; das Schmalz in Flöckchen daraufsetzen. Alles rasch zu einem Knetteig verarbeiten und in Alufolie verpackt 1 Stunde kühlstellen.
Inzwischen den Speck in dünne Scheiben schneiden. Die Möhren schaben oder schälen, waschen und in kleine Würfel schneiden. Die Zwiebeln schälen und würfeln. Die Butter in einer Pfanne zerlassen, die Speckscheiben einlegen, kurz anbraten und wieder herausnehmen. Die Möhren- und Zwiebelwürfel im Speckfett zugedeckt bei milder Hitze 10–15 Minuten dünsten. Wenn nötig 1–2 Eßlöffel Wasser zufügen.
Die Fleischklößchen wie im Rezept beschrieben zubereiten.
Den Backofen auf 200° vorheizen. Eine runde Auflaufform mit der Butter ausstreichen. Den Teig zu einer runden, 2–3 mm dicken Platte ausrollen und Boden und Rand der Form damit auslegen. Den oberen Teigrand zu Rüschchen formen. Den Teigboden mit einer Gabel öfter einstechen und mit der kalten Milch bepinseln. Den Teig im Backofen auf der mittleren Schiebeleiste 10–12 Minuten backen. Inzwischen die Tomatensauce, wie im Rezept beschrieben, zubereiten.
Die Auflaufform aus dem Backofen nehmen, das Gemüse und die Fleischklößchen in der Form verteilen, mit der Tomatensauce übergießen und mit den Speckscheiben belegen. Die Pie in etwa 30 Minuten auf der mittleren Schiebeleiste fertigbacken.

Preiswert
Rote-Bete-Gemüse

500 g kleine Rote Beten
½ l Wasser
1 Zwiebel
1 Eßl. Butter
1 Teel. Mehl
⅛ l Wasser
½ Teel. Zucker
2 Messersp. Salz
1 Messersp. gemahlener Kümmel
1 Eßl. Essig
½ Bund Schnittlauch

Pro Person etwa:
340 Joule
80 Kalorien

Garzeit:
1½–2 Stunden

Die Roten Beten vom Wurzelansatz befreien, unter fließendem Wasser bürsten und in 1 Stunde und 20 Minuten bis 2 Stunden im Wasser weich kochen oder dämpfen. Mit kaltem Wasser überbrausen, schälen und in Scheiben oder Würfel schneiden. Die Zwiebel schälen, kleinschneiden und in der Butter glasig braten. Das Mehl zufügen und unter Rühren mit dem Wasser aufgießen. Die Sauce aufkochen

SCHWARZWURZELN · SELLERIE

lassen und mit dem Zucker, dem Salz, dem gemahlenen Kümmel und dem Essig abschmecken. Die Roten Beten einlegen und im geschlossenen Topf bei milder Hitze 10 Minuten durchziehen lassen. Den Schnittlauch waschen, abtropfen lassen, kleinschneiden und das Gemüse damit bestreuen.

Paßt gut zu: Fischfilet in Bierteig ausgebacken

Eine »Pfahlwurzel«, die Sie als Gemüse oder Salat verwenden können, mit spargelähnlichem Geschmack und sehr eiweißhaltig. Die Schwarzwurzel kannte man schon vor 150 Jahren unter dem Namen Scorzener-Wurzel, eine volkstümliche Abwandlung des lateinischen Namens Scorzonera hispanica. Sie wurde früher auch als Heilpflanze verwendet.

Schwarzwurzelgemüse

Für das Gemüse:	
1 kg Schwarzwurzeln	½ l Schwarzwurzel-Kochsud
1½ l Wasser	1–2 Messersp. Salz
1 Teel. Salz	1 Eigelb
½ Teel. Zucker	½ Bund Petersilie
1 Eßl. Zitronensaft oder 2 Eßl. Essig	
1 Messersp. geriebene Muskatnuß oder Macis	Pro Person etwa: 800 Joule 190 Kalorien
Für die Sauce:	Garzeit: 20–30 Minuten
2 Eßl. Butter	
2–3 Eßl. Mehl	

Die Schwarzwurzeln unter fließendem Wasser bürsten. Das Wasser mit dem Salz, dem Zucker, dem Zitronensaft oder Essig und dem Muskat oder Macis in einen großen, flachen Topf geben. Die Schwarzwurzeln schaben oder schälen, abspülen, in den Kochsud legen, damit sie sich nicht verfärben, und in etwa 30 Minuten zugedeckt weich kochen. Die gegarten Schwarzwurzeln in ein Sieb schütten, abtropfen lassen – den Kochsud auffangen – und in etwa 5 cm lange Stücke schneiden.
Für die Sauce die Butter zerlassen, das Mehl darüberstäuben und rühren, bis eine homogene Masse entstanden ist. Unter Rühren den Kochsud dazugießen, die Sauce bei milder Hitze noch etwa 10 Minuten kochen lassen und mit Salz abschmecken. Das Eigelb mit etwas Sauce verrühren und das Gemisch unterrühren. Die Petersilie waschen, abtropfen lassen und fein schneiden. Die Schwarzwurzeln in die Sauce einlegen und etwa 2 Minuten ziehen – aber nicht mehr kochen – lassen. Das Gemüse anrichten und mit der Petersilie bestreuen.

Paßt gut zu: Rinderbraten, Rinderlende, Jägerbraten, Schweinebraten mit Birnen, Brathähnchen, Wildgeflügel oder Hackbraten

Unser Tip: Übergießen Sie die gekochten Schwarzwurzeln mit heißer Butter und bestreuen Sie sie mit 1 Eßlöffel in Butter angerösteter Semmelbrösel.

Grundrezept für fritiertes Gemüse

Fritierte Schwarzwurzeln

Für die Schwarzwurzeln:	1 Prise Salz
750 g Schwarzwurzeln	1½ Eßl. Öl
1 l Wasser	¾ Tasse Bier (10 cl)
1 Teel. Salz	Zum Fritieren:
½ Teel. Zucker	500 g Fritierfett
2 Eßl. Essig	
	Pro Person etwa: 2010 Joule
Für den Teig:	480 Kalorien
125 g Mehl	
½ Teel. Backpulver	Garzeit:
2 Eier	30 Minuten

Die Schwarzwurzeln unter fließendem Wasser bürsten. Das Wasser mit dem Salz, dem Zucker und dem Essig in einen großen flachen Topf geben. Die Schwarzwurzeln schaben oder schälen, abspülen und in den Kochsud legen, damit sie sich nicht verfärben. Die Schwarzwurzeln zugedeckt in etwa 25 Minuten weich kochen, in ein Sieb schütten, abtropfen, abkühlen lassen und in 5 cm lange Stücke schneiden. Während die Schwarzwurzeln garen, das Mehl mit dem Backpulver in eine Schüssel sieben. Die Eier in Eigelbe und Eiweiße trennen. Die Eigelbe mit dem Salz dem Öl zugeben und alles mit dem Rührbesen des elektrischen Handrührgeräts glattrühren. Nach und nach das Bier unterrühren. Die Eiweiße zu steifem Schnee schlagen und unter den Bierteig heben.
Das Fett in einer Friteuse oder einem Topf erhitzen; es hat die richtige Temperatur, wenn ein Weißbrotwürfel darin in 5 Sekunden rundherum goldbraun brät. Die Schwarzwurzelstücke in den Ausbackteig tauchen. Jeweils nur so viele Schwarzwurzelstücke in den Topf geben, daß sie, ohne sich zu berühren, im heißen Fett schwimmen und rundherum goldbraun braten. Die fritierten Schwarzwurzeln auf saugfähigem Papier abtropfen lassen und auf einer vorgewärmten Platte anrichten.

Dazu schmecken: Pellkartoffeln oder Petersilienkartoffeln

Unser Tip: Garnieren Sie fritiertes Gemüse mit Petersilienzweiglein, die – gewaschen und gut abgetropft – einige Sekunden ins heiße Fritierfett gegeben werden.

Preiswert

Sellerie in heller Sauce

1–2 Sellerieknollen (750 g–1 kg)	3 Eßl. saure Sahne einige Sellerieblätter
1 Eßl. Butter	
¼ l Wasser	
je 1 Messersp. Zucker und Pfeffer	Pro Person etwa: 590 Joule
½ Teel. Salz	140 Kalorien
1 Eßl. Mehl	
½ Tasse Wasser	Garzeit:
Streuwürze	20–30 Minuten
1–2 Messersp. Salz	
1 Eigelb	

Die Knollen waschen – einige zarte Sellerieblätter aufbewahren –, schälen, in Scheiben und diese dann in Würfel schneiden. Die Butter in einem Topf zerlassen und die Selleriewürfel darin andünsten. Das Wasser zugießen und mit dem Zucker, dem Pfeffer und dem Salz würzen. Das Gemüse zugedeckt bei milder Hitze in 20–30 Minuten weich dünsten. Das Mehl darüberstäuben, unter Rühren das Wasser zugießen. Das Gemüse einmal aufkochen lassen und mit Streuwürze und Salz abschmecken. Das Eigelb mit der sauren Sahne verrühren und das Eigelb-Sahne-Gemisch unter die nicht mehr kochende Sauce rühren. Die Sellerieblätter waschen, abtropfen lassen, feinschneiden und über das Gemüse streuen.

Paßt gut zu: Wild, Braten, gebratenem Fisch oder Fisch in Folie

Unser Tip: Variieren Sie das Selleriegemüse, indem Sie 2 säuerliche Äpfel schälen, vom Kerngehäuse befreien, kleinschneiden und mit den Selleriewürfeln zusammen andünsten. Schmecken Sie die Sauce dann mit 1 Teelöffel Zitronensaft ab.

SELLERIE · RÜBEN

Raffiniert
Gebratene Sellerriescheiben

1 Sellerieknolle (600 g)	Pro Person etwa: 1340 Joule
1 l Wasser	320 Kalorien
½ Teel. Salz	
2 Messersp. Zucker	Garzeit:
3 Eßl. Mehl	10–12 Minuten
2 Eßl. Wasser	
1 Ei	Bratzeit:
5 Eßl. Semmelbrösel	6 Minuten
6–8 Eßl. Bratfett	
Selleriegrün	

Den Sellerie unter fließendem Wasser bürsten, schälen und in etwa 1 cm dicke Scheiben schneiden; zartes Selleriegrün aufbewahren. Das Wasser mit dem Salz und dem Zucker zum Kochen bringen und die Selleriescheiben darin zugedeckt in 10–12 Minuten weich kochen.
Das Mehl, das mit dem Wasser verquirlte Ei und die Semmelbrösel in je 1 tiefen Teller geben. Die gegarten Selleriescheiben aus dem Sud heben, abtropfen und etwas abkühlen lassen. Das Fett in einer Pfanne erhitzen. Jede Selleriescheibe erst in Mehl, dann im Ei und zuletzt in den Semmelbröseln wenden. Die Semmelbrösel etwas festdrücken. Die panierten Selleriescheiben leicht schütteln, damit lose Semmelbrösel abfallen und im heißen Fett in etwa 6 Minuten von beiden Seiten goldbraun braten. Mit den gewaschenen Sellerieblättchen garniert servieren.

Dazu schmecken: Tomatensahnesauce und Pellkartoffeln

Gedünsteter Stangensellerie

2 Stauden Stangensellerie	Pro Person etwa: 540 Joule
2 Eßl. Butter	130 Kalorien
½ Teel. Salz	
½ Tasse Wasser	Garzeit:
1 Messersp. Pfeffer	20 Minuten
4 Eßl. Sahne	
1 Eigelb	

Von den Selleriestangen das Wurzelende und das Blattgrün abschneiden und das Blattgrün und die Stangen unter fließendem kaltem Wasser waschen und abtropfen lassen. Das Blattgrün kleinschneiden und aufbewahren. Die Selleriestangen in etwa 5 cm lange Stücke schneiden. Die Butter in einem Topf zerlassen, die Selleriestückchen mit dem Salz zufügen und unter Wenden andünsten. Das Wasser zum Kochen bringen, über die Selleriestückchen gießen und das Gemüse zugedeckt bei milder Hitze etwa 20 Minuten dünsten. Den Pfeffer, die Sahne und das Eigelb miteinander verquirlen, den Sellerie vom Herd nehmen und das Eigelb-Sahne-Gemisch unter das Gemüse rühren. Die Sellerieblättchen zuletzt unter das Gemüse geben.

Paßt gut zu: Steaks oder Rinderbraten

Preiswert
Kohlrüben-Kartoffel-Gemüse

750 g Kohlrüben	½ Bund Petersilie
1 l Wasser	1 Messersp. Pfeffer
1 Zwiebel	
1 Eßl. Schweineschmalz	Pro Person etwa: 1000 Joule
1 Teel. Salz	240 Kalorien
1 Teel. Zucker	
½ l Fleischbrühe	Garzeit:
500 g Kartoffeln	45–50 Minuten

Die Kohlrüben unter fließendem Wasser bürsten, schälen, abspülen und in etwa 1 cm große Würfel schneiden. Das Wasser zum Kochen bringen, die Kohlrüben zufügen, einmal aufkochen und dann im Durchschlag abtropfen lassen.
Die Zwiebel schälen und in kleine Würfel schneiden. Das Schmalz in einem Topf zerlassen und die Zwiebelwürfel darin glasig braten. Die Kohlrübenwürfel zugeben, kurz mit anbraten und das Salz und den Zucker darüberstreuen. Die Fleischbrühe zugießen, die Rüben zum Kochen bringen und bei mittlerer Hitze zugedeckt 30 Minuten dünsten.
Inzwischen die Kartoffeln schälen, waschen, ebenfalls in kleine Würfel schneiden, zu den Kohlrüben geben und alles in weiteren 15–20 Minuten weich dünsten.
Die Petersilie waschen, abtropfen lassen und kleinschneiden. Das Gemüse anrichten und mit der Petersilie und dem Pfeffer bestreuen.

Paßt gut zu: Bratwurst oder Hammelbraten

Raffiniert
Glasierte Teltower Rübchen

500 g Teltower Rübchen	Pro Person etwa: 380 Joule
2 Teel. Zucker	90 Kalorien
1 Eßl. Butter	
⅛ l Fleischbrühe	Garzeit:
2 Messersp. Salz	25 Minuten

Die Rübchen schaben oder dünn schälen und waschen. Große Rüben halbieren oder vierteln. Den Zucker in einen Topf geben und unter Rühren bei starker Hitze hellgelb werden lassen. Den Topf vom Herd nehmen und die Butter und die Rübchen zufügen. Den Topf wieder auf den Herd stellen und die Rübchen unter Wenden andünsten. Die Fleischbrühe erhitzen und zugießen. Das Salz darüberstreuen. Nach dem Aufkochen zugedeckt bei milder Hitze 15 Minuten dünsten. Danach im offenen Topf bei starker Hitze kochen lassen, bis alle Flüssigkeit verdampft ist und die Rübchen glänzen. Dabei den Topf ab und zu leicht rütteln, damit die Rübchen nicht anbrennen.

Paßt gut zu: Bratwürsten, gebratenen Speckscheiben und Petersilienkartoffeln oder Pellkartoffeln

Leipziger Allerlei

1 kleiner Blumenkohl	1 Eßl. Butter
1 Eßl. Essig	¼ l Gemüsebrühe
1 Eßl. Salz	2 Messersp. Salz
250 g frischer Spargel	1 Prise Pfeffer
500 g Erbsen in der Schote	50 g Morcheln aus der Dose
250 g Karotten	Pro Person etwa:
½ l Wasser	630 Joule
½ Teel. Salz	150 Kalorien
1 Tasse Wasser	
2 Teel. Mehl	Garzeit: 25 Minuten

Den Blumenkohl vom Strunkende und den grünen Blättern befreien und mit den Röschen nach unten 20 Minuten in kaltes Essig-Salz-Wasser legen. Den Spargel schälen und in etwa 3 cm lange Stücke schneiden. Die Erbsen auspalen. Die Karotten waschen und, wenn nötig, leicht schaben. Das Wasser mit dem Salz zum Kochen bringen und die Spargelstücke darin bei milder Hitze zugedeckt in etwa 20 Minuten garen. Nach 5 Mi-

ERBSEN · BOHNEN

nuten Garzeit die Karotten zufügen und nach weiteren 5 Minuten die Erbsen.
Inzwischen den Blumenkohl in den Siebeinsatz des Dampftopfs mit den Röschen nach oben legen, 1 Tasse Wasser darübergießen und zum Kochen bringen. Den Blumenkohl in etwa 20 Minuten weich dämpfen. Das gedünstete gemischte Gemüse in einem Sieb abtropfen lassen, die Garflüssigkeit auffangen und 1/4 Liter davon abmessen. Den gegarten Blumenkohl in kleine Röschen zerlegen. Das Mehl mit der Butter verkneten. Die abgemessene Gemüsebrühe zum Kochen bringen, mit der Mehl-Butter binden und einige Male aufkochen lassen. Die Sauce mit dem Salz und dem Pfeffer abschmecken. Das gemischte Gemüse und den Blumenkohl zufügen und bei sehr milder Hitze einige Minuten in der Sauce erwärmen. Die Morcheln abtropfen lassen, in Scheibchen schneiden und unter das Leipziger Allerlei mischen.

Dazu schmecken: Petersilienkartoffeln und kurzgebratenes Fleisch

Grundrezept
Gedünstete Erbsen

1 1/2 kg Erbsen in den Schoten
1 Eßl. Butter
je 2 Messersp. Salz und Zucker
1/8 l Gemüsebrühe
1 Bund Petersilie

Pro Person etwa:
800 Joule
190 Kalorien

Garzeit:
20 Minuten

Die Erbsen aus den Schoten herausstreifen, in einem Sieb kurz kalt überbrausen und abtropfen lassen. Die Butter in einem Topf zerlassen und die Erbsen darin unter Rühren einige Minuten andünsten. Mit dem Salz und dem Zucker bestreuen, mit der Brühe aufgießen und die Erbsen zugedeckt bei milder Hitze in etwa 15 Minuten weich dünsten. Die Petersilie waschen, abtropfen lassen, fein schneiden und über die Erbsen streuen.

Paßt gut zu: Braten oder gekochter Zunge

Unsere Tips: Die Erbsen schmecken herzhafter, wenn sie mit einer in Butter angedünsteten, kleingeschnittenen Zwiebel gemischt werden. Würzen Sie das Gemüse dann mit Salz und je 2 Messerspitzen Pfeffer und Majoran.

Wenn Sie das Erbsengemüse gebunden vorziehen, rühren Sie 1 Teelöffel Mehl mit 3 Eßlöffeln Wasser oder Sahne an, geben das Gemisch zu den Erbsen in die Brühe und lassen unter Rühren noch einige Male aufkochen.

Variante 1
Möhren-Erbsen-Gemüse

300 g geputzte und kleingeschnittene Möhren mit 300 g frischen Erbsen andünsten, mit Salz und Zucker abschmecken, mit Brühe aufgießen und zugedeckt weich dünsten

Variante 2
Florentiner Erbsen

1/2 Bund Petersilie und 1 Bund Kerbel waschen, abtropfen lassen und fein schneiden. Die Erbsen dünsten und mit 2 Eßlöffel Tomatenmark und den Kräutern mischen

Püree aus grünen Erbsen

1 1/2 kg Erbsen in den Schoten
1/4 l Wasser
1 Teel. Salz
1 Messersp. Zucker
5 Eßl. Butter
je 2 Zweige Dill, Petersilie und Kerbel
2 Eßl. Sahne
1/2 Bund Petersilie

Pro Person etwa:
1260 Joule
300 Kalorien

Garzeit:
20 Minuten

Die Erbsen auspalen. Das Wasser mit dem Salz, dem Zucker und 1 Eßlöffel Butter zum Kochen bringen. Die Kräuter waschen, zusammenbinden und mit den Erbsen ins kochende Wasser geben. Die Erbsen zugedeckt bei milder Hitze in 15–20 Minuten weich dünsten. Die Kräuter entfernen und die Erbsen mit der Kochflüssigkeit durch ein feines Sieb in einen anderen Topf streichen. Das Püree bei mittlerer Hitze unter Rühren etwas trocknen lassen. Die Hitze reduzieren und die Butter stückchenweise unterarbeiten. Zuletzt die Sahne unterrühren. Die Petersilie waschen, abtropfen lassen und kleinschneiden. Das Erbsenpüree in einer Schüssel anrichten und mit der Petersilie bestreuen.

Paßt gut zu: kurz gebratenem Fleisch

Raffiniert
Pariser Erbsen

1 1/2 kg frische junge Erbsen in den Schoten
oder
450 g tiefgefrorene Perlerbsen
1 junger Kopfsalat
1/2 Tasse Wasser
1/4 Teel. Salz

2 Eßl. Butter
1/2 Teel. Zucker

Pro Person etwa:
670 Joule
160 Kalorien

Garzeit:
10 Minuten

Frische Erbsen aus den Schoten herausstreifen, in einem Sieb kurz kalt überbrausen und abtropfen lassen. Den Salat in einzelne Blätter zerteilen. Die zarten inneren Blätter waschen, abtropfen lassen und in sehr feine Streifen schneiden; grobe äußere Blätter nicht mitverwenden. Das Wasser mit dem Salz zum Kochen bringen. Die frischen oder gefrorenen Erbsen in den Topf schütten, die Butter, den Zucker und die Salatstreifen zugeben und das Gemüse zugedeckt bei ganz milder Hitze etwa 10 Minuten dünsten. Während der Dünstzeit, den geschlossenen Topf hin und wieder schütteln, damit das Gemüse nicht ansetzt.

Paßt gut zu: feinem, kurz gebratenem Fleisch wie Kalbsmedaillons oder Kalbsschnitzeln oder Steaks

Grundrezept für Bohnen
Gedünstete Bohnen

750 g grüne Bohnen
1 Zwiebel
1 Eßl. Butter
1/2 Teel. Salz
1/8 l Fleischbrühe
einige Stengel frisches Bohnenkraut oder
2 Messersp. getrocknetes Bohnenkraut
1/2 Bund Petersilie

Pro Person etwa:
420 Joule
100 Kalorien

Garzeit:
20 Minuten

Die Bohnen waschen und abtropfen lassen. Die Stielenden und die Blütenansätze knapp abschneiden und – wenn nötig – die Fäden abziehen. Die Zwiebel schälen und in kleine Würfel schneiden. Die Butter in einem weiten Topf zerlassen, die Zwiebelwürfel zugeben und glasig braten.
Inzwischen die Bohnen ein- oder zweimal durchbrechen, zu der Zwie-

bel geben, andünsten, mit dem Salz bestreuen und mit ½ Tasse Brühe aufgießen. Das Bohnenkraut waschen, zusammenbinden und zu den Bohnen geben. Das Gemüse bei milder Hitze zugedeckt in etwa 15 Minuten weich dünsten. Hin und wieder prüfen, ob noch genügend Flüssigkeit im Topf ist, gegebenenfalls wenig Brühe nachfüllen, aber nicht umrühren. Das Bohnenkraut nach Beendigung der Garzeit herausnehmen. Die Petersilie waschen, abtropfen lassen, fein schneiden und über die angerichteten Bohnen streuen.

Paßt gut zu: Rinderbraten, Schweinekoteletts oder Bratwurst

Unser Tip: Die Bohnen schmecken herzhafter, wenn Sie anstelle der Butter 1–2 Scheiben Speck in kleine Würfel schneiden, im Topf ausbraten, dann die Bohnen zugeben und weich dünsten.

Variante
Bohnen in heller Sauce

Die Bohnen wie im Rezept beschrieben dünsten, in einen Sieb schütten, das Bohnenwasser auffangen und bis zu ⅛ l Flüssigkeit auffüllen. 1 Teelöffel Speisestärke mit 3 Eßlöffeln saurer Sahne verrühren und das Bohnenwasser damit binden. Die Bohnen einlegen und einige Minuten darin ziehen lassen; anrichten und mit feingeschnittener Petersilie bestreuen.

Prinzeßbohnen

600 g Prinzeßbohnen	Pro Person etwa:
1 Eßl. Butter	340 Joule
2–3 Messersp. Salz	80 Kalorien
1 Stengel Bohnenkraut	
⅛ l Wasser	Garzeit:
½ Bund Petersilie	20 Minuten

Die Bohnen waschen, abtropfen lassen und die Stiele und Blütenansätze abschneiden. Die Butter in einem Topf zerlassen. Die Bohnen im Ganzen – möglichst nebeneinander – hineinlegen, das Salz darüberstreuen und das Bohnenkraut obenauf legen. Das Wasser zugießen und die Bohnen bei milder Hitze zugedeckt in etwa 20 Minuten garen. Die Bohnen nicht zu weich werden lassen – sie sollten noch einen »Biß« haben. Die Petersilie waschen, abtropfen lassen und fein schneiden. Das Bohnenkraut entfernen. Falls noch Flüssigkeit im Topf ist, diese bei starker Hitze im offenen Topf in kurzer Zeit verdampfen lassen. Das Gemüse auf einer vorgewärmten Platte anrichten und mit der Petersilie bestreuen.

Paßt gut zu: Steaks, Koteletts, Hammel- oder Schweinebraten, Frikadellen und Bratkartoffeln

Unser Tip: Dekorativ sehen die Bohnen aus, wenn Sie beim Anrichten um jede Portion gedünsteter Prinzeßbohnen einen schmalen Streifen angebratenen Speck wickeln.

Gelingt leicht
Dicke Bohnen mit Speck

1 ½ kg junge Dicke Bohnen oder 600 g tiefgefrorene dicke Bohnen	1–2 Messersp. Salz 1 Prise Pfeffer 1 Zweig Bohnenkraut
1 l Wasser	1 Bund Petersilie
1 Teel. Salz	
200 g magerer, durchwachsener Speck	Pro Person etwa: 1720 Joule 410 Kalorien
1 Teel. Butter	
1 Zwiebel	Garzeit:
1 ½ Eßl. Mehl	35 Minuten
⅜ l Gemüsebrühe	

Die Dicken Bohnen enthülsen und im Wasser mit dem Salz in etwa 20 Minuten weich kochen. Tiefgekühlte Bohnen gefroren ins kochende Salzwasser geben. Die gegarten Bohnen abgießen und die Kochbrühe dabei auffangen.
Den Speck in kleine Würfel oder Streifen schneiden und in der Butter in einem Topf hellbraun braten. Die Zwiebel schälen, in kleine Würfel schneiden, zum Speck geben und glasig braten. Das Mehl darüberstäuben und unter Rühren das Gemüsewasser zugießen. Mit einem Schneebesen umrühren, bis die Sauce kocht. Die Bohnen einlegen und alles nochmals zugedeckt bei milder Hitze 10 Minuten kochen lassen.
Das Bohnenkraut und die Petersilie waschen, abtropfen lassen und fein schneiden. Das Gemüse mit dem Salz und dem Pfeffer abschmecken und mit dem Bohnenkraut und der Petersilie bestreuen.

Dazu schmecken: Salzkartoffeln oder Kartoffelpüree

Zum Bild rechts:

Französisches Bohnengemüse (im Bild oben) wird aus sehr jungen, grünen Bohnen und weißen Bohnenkernen bereitet. Ausgelassener Speck und frisches Bohnenkraut geben die Würze. Das Rezept finden Sie auf Seite 271.

Möhren auf römische Art (Bildmitte), in Sahne gebettet, mit Zucker und Fenchelsamen mild gewürzt, mit frischem Schnittlauch angereichert – eine vollkommene Beilage zu Grilladen. Das Rezept finden Sie auf Seite 262.

Möhren-Zwiebel-Pie (im Bild unten), ein herzhafter, warmer »Kuchen« aus Mürbeteig, belegt mit Möhren und Fleischklößchen, mit Tomatensauce übergossen und mit gebratenen Speckscheiben abgedeckt, ist eine deftige Wintermahlzeit. Das Rezept finden Sie auf Seite 262.

Zur folgenden Doppelseite:

Einige Gemüsesorten wie Fenchel, Artischocken, Staudensellerie werden bei uns angebaut; andere werden importiert.

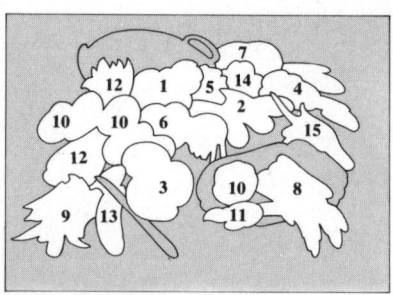

1 *Artischocken*
2 *Auberginen*
3 *Avocados*
4 *Bataten (Süßkartoffeln)*
5 *Chillis (Pfefferschoten)*
6 *Fenchelknollen*
7 *Gartenkürbis*
8 *Grüner Spargel*
9 *Okras*
10 *Paprikaschoten (Gemüsepaprika – rote, grüne und gelbe Schoten)*
11 *Sojasprossen*
12 *Staudensellerie (Stangensellerie, Bleichsellerie)*
13 *Zucchini*
14 *Broccoli*
15 *Maiskolben*

Wissenswertes über Gemüsepflanzen finden Sie auf den Seiten 250 bis 261.

BOHNEN · WEISSKOHL

Zum Bild links:

Überbackener Fenchel schmeckt in der abgebildeten Zubereitungsart sicher auch denen, die ihr Vorurteil gegen das liebliche Aroma dieses Gemüses noch nicht ablegen konnten. Die kaum wahrnehmbare Süße von Fenchel harmoniert wunderbar mit dem fruchtigen Geschmack der Tomaten und mit dem herzhaften von Schinken und Käse. – Weißbrotwürfel, auf die das Gemüse in der Form gebettet wird, saugen die Garflüssigkeit aus Gemüsebrühe, Fleischbrühe und Wein auf und nehmen dabei den köstlichen Geschmack dieser Mischung an. Gleichzeitig wird verhindert, daß die dicke Käse-Sahne-Sauce, mit der man das Gemüse übergießt, während des Überbackens zu flüssig wird. – Das Gericht ist auch ohne Schinkenwürfel delikat. Wer den Fenchelgeschmack liebt und ihn unverfremdet genießen will, läßt die Tomaten weg und dünstet stattdessen eine Fenchelknolle mehr mit. Nicht verzichten sollte man jedoch auf das frische Fenchelgrün, das vor dem Servieren über den Auflauf gestreut wird. Wer mag, ißt frisches Weißbrot dazu.
Das Rezept finden Sie auf Seite 293.

Französisches Bohnengemüse

Bild Seite 267

2 l Wasser
1 Eßl. Salz
300 g feinste grüne Bohnen (haricots verts, Keniabohnen)
50 g durchwachsener Speck
200 g weiße Bohnenkerne aus der Dose
1 Teel. Butter
2 Stengel Bohnenkraut
1–2 Messersp. Salz

Pro Person etwa:
970 Joule
230 Kalorien

Garzeit:
20 Minuten

Das Wasser mit dem Salz zum Kochen bringen. Inzwischen die grünen Bohnen waschen, abtropfen lassen und die Enden knapp abschneiden. Den Speck würfeln; die weißen Bohnen abtropfen lassen.
Die grünen Bohnen ins kochende Salzwasser geben und zugedeckt bei mittlerer Hitze in 10–15 Minuten garen, aber nicht zu weich werden lassen. In einem zweiten Topf die Speckwürfel in der Butter anbraten, die weißen Bohnen dazugeben und in 10 Minuten bei milder Hitze erwärmen. Das Bohnenkraut waschen, abtropfen lassen, die Blätter von den Stengeln zupfen und mit dem Salz über die Bohnenkerne streuen. Die grünen Bohnen mit einem Schaumlöffel aus dem Kochwasser heben, abtropfen lassen und mit den weißen Bohnen mischen. Das Gemüse noch einmal erwärmen.

Paßt gut zu: gegrillten Hammelkoteletts und Bratkartoffeln

Wer zählt die Köpfe, nennt die Namen – in vielen Sprachen und Mundarten. Auf seinem Siegeszug durch die europäische Küche hat der Kohl vor keiner Grenze haltgemacht. Der Urahne war der Meerkohl; man findet ihn übrigens heute noch vereinzelt wildwachsend an der Ost- und Nordseeküste.

Grundrezept für Weißkohl
Gedünsteter Weißkohl

750 g Weißkohl (1 kleiner Kopf)
1 Zwiebel
1 Eßl. Schweineschmalz
1 Eßl. Zucker
1 Teel. Kümmel
½ Teel. Salz
2 Messersp. Pfeffer
¼ l Fleischbrühe
2 Eßl. Essig

Pro Person etwa:
420 Joule
100 Kalorien

Garzeit:
30 Minuten

Den Weißkohl von den schlechten äußeren Blättern befreien und den Strunk abschneiden. Den Kohlkopf vierteln, die Strunkteile keilförmig herausschneiden, und die Kohlviertel in feine Streifen schneiden oder hobeln. Die Zwiebel schälen und in kleine Würfel schneiden. Das Schmalz in einem Topf erhitzen. Die Zwiebeln und den Zucker unter ständigem Rühren im heißen Fett leicht anbräunen. Den Weißkohl dazugeben und andünsten. Den Kümmel, das Salz, den Pfeffer, die Fleischbrühe und den Essig zufügen, umrühren und den Weißkohl bei milder Hitze im geschlossenen Topf in etwa 30 Minuten weich dünsten.

Paßt gut zu: Schweinebraten; Rindsbratwürsten; Pfannkuchen mit Leber gefüllt

Unsere Tips: Gedünsteter Weißkohl wird milder im Geschmack, wenn Sie 1 geschälten und in Scheiben geschnittenen Apfel mitdünsten oder das Gemüse zuletzt mit 3–4 Eßlöffel saurer Sahne verfeinern.
Kerniger schmeckt das Gemüse, wenn Sie den Kohl nicht hobeln, sondern die einzelnen Blätter in Stücke reißen oder schneiden und etwa 10 Minuten im heißen Fett anbraten, bevor Sie mit Brühe auffüllen.

Variante
Bayerisches Kraut

Den Kohl wie im Rezept beschrieben, aber ohne Kümmel und Essig, zubereiten. Dafür mit 3–4 Eßlöffel Weißwein abschmecken.

Etwas schwierig
Gefüllter Weißkohl

1 ½ l Wasser
1 Eßl. Salz
1 kg Weißkohl (1 mittelgroßer Kopf)
½ l Wasser
60 g Reis
200 g ungeräucherter, durchwachsener Speck
1 Kopfsalat
100 g frische enthülste oder tiefgefrorene Erbsen
3 Eßl. Öl
½ Teel. Salz
2 Messersp. frischgemahlener, schwarzer Pfeffer
je ½ Bund Petersilie und Kerbel
Speckschwarte
2 l Fleischbrühe

Pro Person etwa:
2270 Joule
540 Kalorien

Garzeit:
2 Stunden und 20 Minuten

WEISSKOHL · ROTKOHL

Das Wasser mit dem Salz zum Kochen bringen. Vom Kohlkopf die schlechten äußeren Blätter und den Strunk entfernen, den Kohlkopf ins kochende Salzwasser legen und zugedeckt etwa 15 Minuten kochen lassen. Inzwischen das Wasser für den Reis zum Kochen bringen. Den Reis unter kaltem Wasser waschen, ins kochende Wasser geben, 10 Minuten sprudelnd kochen lassen, in ein Sieb schütten und abtropfen lassen.
Den Kohl aus dem Wasser heben, abtropfen lassen und mit dem Strunkende nach unten auf einer Arbeitsplatte auf eine große Serviette legen. Die großen äußeren Blätter vorsichtig auseinanderbiegen, bis das »Herz« – die inneren Kohlblätter – freiliegt. Diese herausschneiden, fein hacken und gut ausdrücken. Vom Speck die Schwarte abschneiden und aufbewahren; den Speck in kleine Würfel schneiden. Den Kopfsalat in einzelne Blätter zerlegen, die Blätter waschen, abtropfen lassen und in feine Streifen schneiden. Den blanchierten Reis mit den Kohlblättern, dem Speck, den Salatstreifen, den Erbsen, dem Öl, dem Salz und dem Pfeffer gut mischen. Die Farce in die Mitte des Kohlkopfs füllen, kugelig formen und mit einem großen Kohlblatt – das sich beim Blanchieren gelöst hat oder eigens abgelöst wird – bedecken. Die Blätter lagenweise von innen nach außen um die Füllung legen, so daß der gefüllte Kohlkopf wieder eine runde Form erhält. Die Serviette straff über dem Kohlkopf zusammenfassen und die Enden des Tuches miteinander verknoten oder zusammendrehen und mit Küchengarn zusammenbinden.
Die Petersilie und den Kerbel waschen. Die Speckschwarte mit der Petersilie und dem Kerbel auf den Boden eines Topfes, in den der Kohlkopf gerade hineinpaßt, legen. Den Kohlkopf in der Serviette – Verschluß nach oben – daraufsetzen. Die Brühe einfüllen, zum Kochen bringen und den gefüllten Kohlkopf bei milder Hitze 2 Stunden kochen lassen.
Den Kohl in der Serviette aus der Brühe heben. Die Brühe bei starker Hitze im offenen Topf noch etwas einkochen lassen. Den gefüllten Kohlkopf aus der Serviette in eine vorgewärmte Schüssel legen. Die Brühe durch ein Sieb gießen und den Kohlkopf mit der Brühe übergießen.

<u>Dazu schmecken:</u> Salzkartoffeln, Klöße aus gekochten Kartoffeln oder Kartoffelpüree und Tomatensauce

<u>Unser Tip:</u> Wenn Sie den Kohlkopf mit einer Farce aus Hackfleisch füllen wollen, verwenden Sie Schweinehackfleisch. Es bleibt während der langen Garzeit saftiger als Hackfleisch vom Rind.

Etwas schwierig
Kohlrouladen

Für den Kohl:
1 ½ l Wasser
1 Eßl. Salz
1 kg Weißkohl (1 mittelgroßer Kohlkopf)

Für die Füllung:
1 Brötchen
½ Zwiebel
375 g Hackfleisch halb und halb
1 Ei
½ Teel. Salz
2 Messersp. Pfeffer
½ Teel. getrockneter Majoran oder Thymian

Zum Schmoren und für die Sauce:
2 Eßl. Fett
¼–⅜ l Fleischbrühe
1 Eßl. saure Sahne
1 Teel. Mehl
1–2 Eßl. Tomatenmark
1 Teel. Paprikapulver, edelsüß
1–2 Messerp. Salz
2 Messersp. Pfeffer

Pro Person etwa:
2010 Joule
480 Kalorien

Garzeit:
50 Minuten

Das Wasser mit dem Salz zum Kochen bringen. Den Kohlstrunk abschneiden und die schlechten äußeren Blätter vom Kohl entfernen. Den Kohlkopf ins kochende Wasser legen und bei mittlerer Hitze 5–10 Minuten kochen lassen, bis sich die Blätter leicht voneinander lösen. Den Kohlkopf aus dem Wasser heben und abtropfen lassen. Die großen Blätter ablösen, ohne sie zu beschädigen. Dicke Blattrippen mit einem Messer abflachen. Die kleinen Kohlblätter im Kochwasser in etwa 15 Minuten weich kochen, herausnehmen und abtropfen lassen.
Für die Füllung das Brötchen in lauwarmem Wasser einweichen. Die Zwiebel schälen und in kleine Würfel schneiden. Den weichgekochten Kohl sehr fein hacken. Das Brötchen gut ausdrücken und in eine Schüssel geben. Die Zwiebel, den Kohl, das Hackfleisch und das Ei zufügen. Alles gut vermengen und mit dem Salz, dem Pfeffer, dem Majoran oder Thymian würzen. Etwa 1 Eßlöffel voll Fleischteig auf jedes Kohlblatt legen, die Ränder einschlagen, die Blätter aufrollen und die Rouladen mit Küchengarn umwickeln oder mit Rouladennadeln feststecken.
Das Fett in einer tiefen Pfanne oder einem flachen Topf erhitzen. Die Kohlrouladen einlegen und von allen Seiten anbraten, bis sie rundherum braun sind. Die Fleischbrühe seitlich dazugießen. Die Kohlrouladen bei milder Hitze in etwa 30 Minuten weich schmoren. Dann aus der Sauce nehmen, die Fäden oder Nadeln entfernen und die Rouladen warm stellen. Die saure Sahne mit dem Mehl verrühren und die Sauce damit binden und bei milder Hitze einige Minuten kochen lassen. Das Tomatenmark zugeben und mit dem Paprikapulver, dem Salz und dem Pfeffer abschmecken. Die Rouladen in der Sauce servieren.

<u>Dazu schmecken:</u> Kartoffelpüree, Pellkartoffeln, Salzkartoffeln oder Bratkartoffeln

Grundrezept für Rotkohl
Gedünsteter Rotkohl

750 g Rotkohl (1 kleiner Kopf)
1 Zwiebel
2 Gewürznelken
1 Lorbeerblatt
1 Apfel
1 Eßl. Schweine- oder Gänseschmalz
1–2 Teel. Zucker
½–1 Teel. Salz
⅛ l Wasser

2 Eßl. Essig
3–4 Eßl. Rotwein

Pro Person etwa:
540 Joule
130 Kalorien

Garzeit:
80 Minuten

Vom Rotkohl die schlechten äußeren Blätter entfernen und den Strunk kürzen. Den Kohl waschen, vierteln, den Strunk keilförmig herausschneiden und die Kohlviertel hobeln oder in feine Streifen schneiden. Die Zwiebel schälen und mit den Gewürznelken und dem Lorbeerblatt bestecken. Den Apfel schälen, vierteln und das Kerngehäuse entfernen. Das Schmalz in einem großen Topf erhitzen, den Zucker zugeben und unter ständigem Rühren hellbraun braten. Den Rotkohl zufügen und andünsten. Die besteckte Zwiebel, die Apfelviertel und das Salz zugeben. Das Wasser zugießen und umrühren. Den Rotkohl zum Kochen bringen und zugedeckt bei milder Hitze in etwa 1 Stunde und 20 Minuten weich dünsten. Ab und zu prüfen, ob noch genügend Flüssigkeit im Topf ist. Wenn nötig, etwas Wasser nachgießen.
Kurz vor Beendigung der Garzeit den Essig unterrühren. Dadurch wird der Kohl rot. Das Gemüse mit dem Rotwein verfeinern und mit Zucker und Salz abschmecken.

WIRSING · GRÜNKOHL · KOHLRABI

Paßt gut zu: Rinderbraten, Enten- oder Gänsebraten, Wild oder Wildgeflügel, Debrecziner Würstchen

Unsere Tips: Rühren Sie 1 Teelöffel Speisestärke in 2 Eßlöffeln kaltem Wasser an und binden Sie den Rotkohl damit. Oder verwenden Sie anstelle von Schmalz 60 g gewürfelten Speck. Oder nehmen Sie nur 500 g Kohl und 4 Äpfel anstelle von einem. Schmecken Sie den Rotkohl zuletzt statt mit Zucker mit Johannisbeergelee ab.

Raffiniert
Rotkohl mit Kastanien

500 g Eßkastanien	1 Eßl. Johannisbeergelee
750 g Rotkohl (1 kleiner Kopf)	2 Messersp. frischgemahlener schwarzer Pfeffer
100 g ungeräucherter, durchwachsener Speck	
1 Zwiebel	Pro Person etwa:
1 Glas trockener Rotwein	2180 Joule 520 Kalorien
1/8 l Fleischbrühe	
2 Eßl. Weinessig	Kochzeit für die Kastanien:
je 1 Messersp. geriebene Muskatnuß und Nelkenpulver	10 Minuten
je 1/2 Teel. Salz und Zucker	Garzeit: 80 Minuten

Die Kastanien am spitzen Ende kreuzweise einschneiden, 10 Minuten in kochendes Wasser geben, abtropfen, etwas abkühlen lassen, die Schale und die braune Haut abziehen.
Vom Rotkohl die schlechten äußeren Blätter und das Strunkende entfernen. Den Kohl waschen, vierteln, den Strunk keilförmig herausschneiden und die Kohlviertel hobeln oder in feine Streifen schneiden. Den Speck in kleine Würfel schneiden und in einem Schmortopf ausbraten. Die Speckwürfel aus dem Fett nehmen und beiseite stellen. Die Zwiebel schälen, kleinhacken und im ausgelassenen Fett unter Rühren glasig braten. Den Kohl zufügen und bei milder Hitze 10 Minuten andünsten. Den Rotwein mit der Fleischbrühe, dem Essig, dem Muskat und dem Nelkenpulver, dem Salz und dem Zucker, dem Johannisbeergelee und dem Pfeffer zufügen, umrühren und zugedeckt bei milder Hitze 30 Minuten schmoren lassen.
Dann die Kastanien zugeben, vorsichtig unterrühren und das Gericht zugedeckt bei milder Hitze in etwa 40 Minuten fertiggaren. Hin und wieder prüfen, ob noch genügend Flüssigkeit im Topf ist und, wenn nötig, noch etwas Brühe oder Rotwein nachgießen. In einer vorgewärmten Schüssel anrichten.

Wirsingkohl nach holländischer Art

Bild Seite 290/291

1 l Wasser	1 Messersp. geriebene Muskatnuß
2 Teel. Salz	2–3 Messersp. Salz
750 g Wirsingkohl (1 mittelgroßer Kopf)	
3/8 l Milch	Pro Person etwa: 880 Joule
2 Eigelbe	210 Kalorien
2 Eßl. Speisestärke	
2 Eßl. Butter	Garzeit:
1–2 Eßl. Zitronensaft	40 Minuten

Das Wasser mit dem Salz zum Kochen bringen. Den Wirsing von den welken äußeren Blättern befreien, waschen, vierteln und den Strunk herausschneiden. Die Wirsingviertel ins kochende Salzwasser legen und im geschlossenen Topf bei milder Hitze in etwa 40 Minuten weichkochen.
In einem kleinen Topf die Milch mit den Eigelben und der Speisestärke verrühren. Bei sehr milder Hitze unter ständigem Rühren erhitzen, bis die Sauce anfängt dick zu werden. Einmal aufkochen lassen und den Topf vom Herd ziehen. Die Butter in kleinen Stückchen unterrühren. Die Sauce mit dem Zitronensaft, dem Muskat und dem Salz würzen.
Den gekochten Wirsing abtropfen und etwas abkühlen lassen, in große Stücke schneiden und in der Sauce erwärmen – nicht mehr kochen lassen.

Paßt gut zu: gebratener Leber, Hackbraten oder Bratwürsten

Grünkohl mit Pinkel

Bild Seite 290/291

1 kg Grünkohl	(eine norddeutsche Spezialität) oder Kochwurst
1 Zwiebel	
3 Eßl. Schweine- oder Gänseschmalz	
1/2 Teel. Salz	Pro Person etwa:
1–2 Messersp. Pfeffer oder geriebene Muskatnuß	2390 Joule 570 Kalorien
1/4 l Fleischbrühe	Garzeit:
500 g Pinkelwurst	60 Minuten

Den Grünkohl waschen, die Blätter von den Stielen streifen, tropfnaß in einem geschlossenen Topf erhitzen, bis der Grünkohl zusammenfällt, abtropfen lassen und grob hacken.
Die Zwiebel schälen und in kleine Würfel schneiden. Das Schmalz im Topf erhitzen und die Zwiebelwürfel darin hellgelb braten. Den Grünkohl zufügen und andünsten. Das Salz, den Pfeffer oder Muskat darüberstreuen. Die Fleischbrühe zugießen. Das Gemüse zum Kochen bringen und bei milder Hitze im geschlossenen Topf 45 Minuten dünsten. Die Kochwürste waschen und auf den Grünkohl legen. Bei milder Hitze noch weitere 15 Minuten dünsten, bis der Kohl weich genug ist.

Unsere Tips: Wenn Sie den Grünkohl mit 1 Eßlöffel Mehl in 2–3 Eßlöffeln Sahne angerührt binden, so schmeckt er milder.
Grünkohl ist hervorragend zum Tiefkühlen geeignet. Dafür den Grünkohl 2 Minuten blanchieren, grob hacken und, jeweils in Portionen bis zu 500 g, in Gefrierdosen oder -beutel verpackt einfrieren.

Kohlrabi in heller Sauce

750 g Kohlrabi (4–6 Stück)	oder 2 Messersp. Pfeffer
1/4 l Wasser	1/2 Bund Petersilie
1/2 Teel. Salz	
1 Eßl. Butter	Pro Person etwa:
1 Eßl. Mehl	590 Joule
1/8 l Kochsud	140 Kalorien
1/8 l Milch	
3–4 Eßl. Sahne	Garzeit:
1–2 Messersp. Salz	20 Minuten
1 Messersp. geriebene Muskatnuß	

Von den Kohlrabi die Stiele und großen Blätter abschneiden. Die kleinen Blättchen waschen, abtropfen lassen, kleinschneiden und zugedeckt aufbewahren. Die Kohlrabi schälen, vierteln und in gleichmäßig dünne Stifte

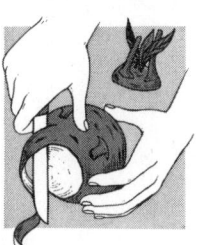

Die Kohlrabi rundherum spiralförmig schälen,...

... vierteln und die Kohlrabiviertel in Stifte schneiden.

KOHLRABI · ROSENKOHL

schneiden. Das Wasser mit dem Salz erhitzen, die Kohlrabi einlegen und zugedeckt bei milder Hitze in etwa 20 Minuten weich kochen. Die Kohlrabi in einem Sieb abtropfen lassen und das Kochwasser auffangen.
Die Butter in einem Topf zerlassen, das Mehl darüberstäuben und rühren, bis eine glatte Masse entstanden ist. Unter Rühren mit dem Schneebesen den Kochsud und die Milch zugießen und einige Male aufkochen lassen. Mit der Sahne verfeinern und mit dem Salz und dem Muskat oder Pfeffer abschmecken. Den Kohlrabi und die kleingeschnittenen Kohlrabiblättchen zugeben, vorsichtig umrühren und kurz in der Sauce ziehen lassen. Die Petersilie waschen, abtropfen lassen, fein schneiden und das Gemüse vor dem Servieren damit bestreuen.

Paßt gut zu: Kalbs- oder Rinderbraten, Hackfleischgerichten, gebratenem Fisch, Eierspeisen

---

Etwas schwierig
Gefüllte Kohlrabi

½ l Wasser	1 Eßl. Öl
½ Teel. Salz	⅛ l saure Sahne
4 große Kohlrabi	1 Eßl. Mehl
1 Brötchen	
1 kleine Zwiebel	Pro Person etwa:
½ Bund Petersilie	1630 Joule
1 Teel. Butter	390 Kalorien
250 g Hackfleisch (vom Schwein)	Garzeit:
1 Ei	45 Minuten
2–3 Messersp. Salz	

Das Wasser mit dem Salz zum Kochen bringen. Von den Kohlrabi die Stiele und großen Blätter abschneiden. Die jungen Blätter zurückbehalten und waschen. Die Kohlrabi schälen, mit den Blättern ins kochende Salzwasser einlegen und bei milder Hitze in etwa 20 Minuten garen, aber nicht zu weich werden lassen.
Inzwischen das Brötchen in lauwarmem Wasser einweichen. Die Zwiebel schälen und in kleine Würfel schneiden, die Petersilie waschen, abtropfen lassen und fein schneiden. Die Zwiebelwürfel und die Petersilie in der Butter andünsten. Das eingeweichte Brötchen ausdrücken. Mit dem Hackfleisch, dem Ei, den Zwiebelwürfeln und der Petersilie vermengen und mit dem Salz abschmecken.
Die Kohlrabi abgießen und das Kochwasser aufbewahren. Von jeder Kohlrabiknolle einen kleinen Deckel abschneiden, die Knollen dann mit einem scharfkantigen Teelöffel aushöhlen und mit Fleischteig füllen; die Deckel wieder auflegen. Das Kohlrabifleisch und die Blätter fein schneiden. Das Öl in einem weiten, flachen Topf erhitzen und die Kohlrabi etwa 5 Minuten darin andünsten. Das Kohlrabifleisch und die Blätter zugeben und 2–3 Minuten mitdünsten. Eine Tasse Kochsud zugießen, zum Kochen bringen und bei milder Hitze zugedeckt etwa 20 Minuten dünsten. Die Füllung ist gar, wenn beim Einstechen klarer Saft herausläuft.
Die Kohlrabi auf einer vorgewärmten Platte anrichten. Die saure Sahne mit dem Mehl anrühren und die Flüssigkeit damit binden. Unter Rühren 5 Minuten kochen lassen, mit etwas Salz abschmecken und die gefüllten Kohlrabi mit der Sauce überziehen.

Dazu schmecken: Kartoffelpüree, Salz- oder Pellkartoffeln mit feingeschnittener Petersilie, Bratkartoffeln oder körnig gekochter Reis

Unser Tip: Besonders gut schmecken die gefüllten Kohlrabi, wenn Sie sie mit 2 Eßlöffel geriebenem Käse und ein wenig Paprikapulver bestreuen.

»Gemüse unter dem Schnee« hat man den Rosenkohl und den Grünkohl genannt. Durch mäßigen Frost gewinnen die Blätter an Geschmack und sind auch bekömmlicher.

Grundrezept für Rosenkohl
Gedünsteter Rosenkohl

750 g Rosenkohl	Pro Person etwa:
1 Eßl. Butter	500 Joule
2 Messersp. Salz	120 Kalorien
1 Messersp. geriebene Muskatnuß	Garzeit:
⅛ l Fleischbrühe	25 Minuten
½ Bund Petersilie	

Den Rosenkohl von den welken oder schlechten äußeren Blättern befreien, waschen und die Strünke abschneiden. Die Butter in einem Topf erhitzen, den Rosenkohl zugeben und unter Wenden andünsten. Mit dem Salz und dem Muskat würzen. Die Fleischbrühe zugießen und den Rosenkohl bei milder Hitze zugedeckt in etwa 25 Minuten weich dünsten. Die Petersilie waschen, abtropfen lassen, fein schneiden und über das fertige Gericht streuen.

Paßt gut zu: Rindsrouladen, Rinderbraten, Rindsbratwürsten oder Wild

Variante
Rosenkohl mit Speck und Käse

100 g durchwachsenen Speck in ganz kleine Würfel schneiden. Bei mittlerer Hitze in einem Topf glasig braten und 1 Eßlöffel Zwiebelwürfel darin andünsten. Den Rosenkohl zugeben und wie im Rezept beschrieben weich dünsten. Das Gemüse mit 2 Eßlöffeln geriebenem Käse überstreuen.

Dazu schmeckt: Kartoffelpüree

Rosenkohl nach Brüsseler Art

750 g Rosenkohl	½ Teel. Zitronensaft
¼ l Wasser	
1 Teel. Salz	
1 Eßl. Butter	Pro Person etwa:
2 Eßl. Mehl	960 Joule
⅛ l Kochsud	230 Kalorien
⅛ l Milch	
4 Eßl. Sahne	Garzeit:
2 Eigelbe	30 Minuten
je 1 Messersp. geriebene Muskatnuß und Pfeffer	

Den Rosenkohl von den welken oder schlechten äußeren Blättern befreien, waschen und die Strunkenden kürzen. Das Wasser mit ½ Teelöffel Salz zum Kochen bringen. Den Rosenkohl hineinschütten und bei milder Hitze zugedeckt in etwa 25 Minuten weich kochen. Den Rosenkohl abgießen und den Kochsud aufbewahren. Die Butter in einem Topf zerlassen, das Mehl darüberstäuben und rühren, bis eine glatte Masse entstanden ist. Unter Rühren nach und nach den Kochsud und die Milch zugießen, aufkochen und etwa 5 Minuten bei milder Hitze kochen lassen.
Die Sahne mit dem Eigelb verrühren und das Gemisch unter die Sauce rühren. Nicht mehr kochen lassen. Mit dem Salz, dem Muskat, dem Pfeffer und dem Zitronensaft würzen. Den Rosenkohl in einer vorgewärmten Schüssel anrichten und mit der Sauce übergießen.

Paßt gut zu: gekochtem Rindfleisch und Petersilienkartoffeln

ROSENKOHL · BLUMENKOHL

Speck-Rosenkohl mit Klößchen

½ l Wasser
½ Teel. Salz
750 g Rosenkohl
125 g geräucherter fetter Speck
2 Messersp. Salz
1 Prise geriebene Muskatnuß
2 Tassen Kochsud
1 kleine Dose Champignons
100 g rohe Schweinsbratwurst

Pro Person etwa:
1800 Joule
430 Kalorien

Garzeit:
35 Minuten

Das Wasser mit dem Salz zum Kochen bringen. Den Rosenkohl putzen, waschen und im Salzwasser 5 Minuten kochen lassen. Das Kochwasser abgießen und auffangen. Den Speck in Würfel schneiden, die Speckwürfel in einem Topf glasig braten, den Rosenkohl zufügen und mit dem Salz und dem Muskat unter Wenden einige Minuten anbraten. Den Kochsud zugießen und das Gemüse bei mittlerer Hitze zugedeckt etwa 30 Minuten lang kochen lassen. Die Champignons abtropfen lassen und unter das Gemüse mischen. Die Bratwurst aus der Hülle in kleinen, kugeligen Portionen in die kochende Flüssigkeit drücken, bei milder Hitze etwa 5 Minuten darin ziehen lassen und dann unterrühren.

Dazu schmecken: Salzkartoffeln oder Kartoffelpüree

Grundrezept für Blumenkohl

Gedämpfter Blumenkohl

750 g Blumenkohl (1 mittelgroßer Kopf)
1 ½ l Wasser
1 Eßl. Salz
1 Eßl. Essig
¼–½ l Wasser
2 Messersp. Salz
1 Messersp. geriebene Muskatnuß

Pro Person etwa:
170 Joule
40 Kalorien

Garzeit:
20 Minuten

Vom Blumenkohl die äußeren großen, grünen Blätter lösen und den Strunk abschneiden. Hellgrüne, kleine Blätter zurückbehalten, waschen und kleinschneiden. Um eventuell vorhandenes Ungeziefer auszuschwemmen, den Blumenkohl ½ Stunde lang in das mit dem Salz und dem Essig gemischte Wasser legen. ¼–½ Liter Wasser im Dampftopf zum Kochen bringen. Den Blumenkohl kalt überbrausen, mit dem Strunkende nach unten in den Siebeinsatz legen und diesen in das kochende Wasser stellen. Das Wasser im Topf darf den Blumenkohl nicht berühren. Das Salz und den Muskat

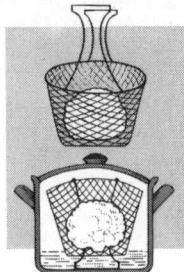
Den Blumenkohl mit den Röschen nach oben in den Siebeinsatz legen und im geschlossenen Topf über dem kochenden Wasser garen.

über den Blumenkohl streuen, den Topf verschließen, die Hitze etwas reduzieren und den Blumenkohl in etwa 20 Minuten gar dämpfen. Das Wasser soll während der Garzeit ständig leicht sprudelnd kochen. Ab und zu nachsehen, ob noch genügend Wasser im Topf ist und, wenn nötig, heißes Wasser nachfüllen. Der Blumenkohl ist gar, wenn das Strunkende beim Einstechen kaum noch Widerstand bietet. Den gedämpften Blumenkohl herausheben und auf einer vorgewärmten Platte anrichten.

Dazu schmecken: Käsesauce und Salzkartoffeln oder Bratkartoffeln aus rohen Kartoffeln

Variante

Blumenkohl auf polnische Art

Den Blumenkohl wie im Grundrezept für gedämpften Blumenkohl weich dämpfen. Inzwischen 2 Eier hart kochen, abschrecken, schälen und hakken. 1 Bund Petersilie waschen, abtropfen lassen und feinschneiden. 4 Eßlöffel Semmelbrösel mit 2 Eßlöffel Butter in einer Pfanne goldbraun braten. Den gegarten Blumenkohl in einer vorgewärmten Schüssel anrichten, mit den feingehackten Eiern und der Petersilie bestreuen und mit den gebratenen Semmelbröseln bedecken.

Gedünsteter Blumenkohl

750 g Blumenkohl (1 mittelgroßer Kopf)
1 ½ l Wasser
1 Eßl. Salz
2 Eßl. Essig
1 Eßl. Butter
½ Teel. Salz
1 Messersp. geriebene Muskatnuß, Macis oder Pfeffer
⅛ l Wasser
½ Bund Petersilie

Pro Person etwa:
330 Joule
80 Kalorien

Garzeit:
20 Minuten

Vom Blumenkohl die äußeren grünen Blättchen lösen und den Strunk abschneiden. Hellgrüne kleine Blättchen zurückbehalten, waschen und kleinschneiden. Um eventuell vorhandenes Ungeziefer auszuschwämmen, den Blumenkohl ½ Stunde in das mit dem Salz und Essig gemischten Wasser legen. Den Blumenkohl herausholen und in mundgerechte Röschen teilen. Die Butter in einem Topf zerlassen. Die Blumenkohlröschen und die feingeschnittenen Blätter zugeben und unter Wenden einige Minuten andünsten. Das Salz, den Muskat, den Macis oder den Pfeffer darüberstreuen und ⅛ Liter Wasser zugießen. Den Blumenkohl zugedeckt bei milder Hitze in etwa 20 Minuten weich dünsten. Die Petersilie waschen, abtropfen lassen, kleinschneiden und über den angerichteten Blumenkohl streuen.

Paßt gut zu: Hackfleischgerichten, kurz gebratenem Fleisch, Bratwurst, gekochtem Rindfleisch

Unser Tip: Die gedünsteten Blumenkohlröschen mit einem Schaumlöffel herausheben und in eine Schüssel geben. 1 Teelöffel Mehl oder Speisestärke mit 2 Eßlöffel kaltem Wasser oder Sahne verrühren, den Kochsud damit binden, aufkochen lassen und die Sauce über den Blumenkohl gießen.

Blumenkohlauflauf

750 g Blumenkohl (1 mittelgroßer Kopf)
½ l Wasser
½ Teel. Salz
5 Eßl. Butter
½ Tasse Milch
3 Eßl. Mehl
¼ l Milch
2 Teel. Butter
1 Messersp. Salz
1 Messersp. Pfeffer
1 Prise geriebene Muskatnuß
3 Eier
2 Eßl. geriebener Parmesankäse

Pro Person etwa:
1640 Joule
390 Kalorien

Garzeit:
20 Minuten
Backzeit:
30 Minuten

Den Blumenkohl wie im Grundrezept für Blumenkohl beschrieben vorbereiten, in Essig-Salz-Wasser legen und dann in kleine Röschen zerteilen. Das Wasser mit dem Salz zum Kochen bringen, die Blumenkohlröschen 5 Minuten sprudelnd darin kochen; dann gut abtropfen lassen.

BROCCOLI · CHINAKOHL · SAUERKRAUT

2 Eßlöffel Butter in einem Topf zerlassen, die Blumenkohlröschen darin unter Wenden anbraten, die Milch zugießen, den Blumenkohl zugedeckt bei milder Hitze weitere 15 Minuten garen, dann durch ein Sieb streichen. Den Backofen auf 190° vorheizen. Die restliche Butter zerlassen, das Mehl darüberstäuben und rühren, bis eine glatte Masse entstanden ist. Unter Rühren mit dem Schneebesen die Milch zugießen und rühren, bis die Sauce aufkocht und dick wird. Mit dem Salz, dem Pfeffer und dem Muskat würzen. Die Sauce mit dem pürierten Blumenkohl mischen und die verquirlten Eier und den Parmesankäse unterrühren.
Eine Auflaufform mit der Butter ausstreichen. Die Masse einfüllen, mit Pergamentpapier oder Alufolie abdecken und auf der mittleren Schiebeleiste im Backofen 30 Minuten backen. In der Form servieren.

Dazu schmeckt: ein beliebiger frischer grüner Salat

Grundrezept
Broccoli

Bild Seite 258

750 g Broccoli
½ l Wasser
½ Teel. Salz
2 Eßl. Butter
1 Messersp. Salz

Pro Person etwa:
500 Joule
120 Kalorien

Garzeit:
15 Minuten

Die Broccoli waschen, den Strunk etwas kürzen, den Strunk und die kleinen Stiele bis zum Ansatz der Röschen schälen. Die Broccoli in Röschen zerteilen; den Strunk und die Stiele in ebenso große Stücke wie die Röschen schneiden. Das Wasser mit dem Salz zum Kochen bringen. Die Broccoli einlegen, bei milder Hitze zugedeckt in etwa 15 Minuten garen, mit dem Schaumlöffel herausheben und abtropfen lassen. Die Butter in einem Topf zerlassen, das Gemüse zufügen und vorsichtig darin wenden. Wenn nötig, noch etwas Salz zufügen.

Paßt gut zu: Steaks, Kalbsbraten oder Hackbraten und Kartoffelpüree und Sauce Hollandaise

Unser Tip: Überstreuen Sie die in Butter geschwenkten Broccoli mit 1–2 Eßlöffeln geriebenem Käse.

Broccoli in Weißwein

750 g Broccoli
½ l Wasser
½ Teel. Salz
½ kleine Zwiebel
1 Knoblauchzehe
2 Eßl. Olivenöl
Saft und abgeriebene Schale von 1 Orange
1 Tasse trockener Weißwein
2–3 Messersp. Salz

Pro Person etwa:
500 Joule
120 Kalorien

Garzeit:
20 Minuten

Die Broccoli waschen, schälen, im Salzwasser in etwa 10 Minuten nicht zu weich kochen und gut abtropfen lassen.
Inzwischen die Zwiebel schälen und in kleine Würfel schneiden. Die Knoblauchzehe schälen, kleinschneiden und mit etwas Salz zerdrücken. Das Olivenöl erhitzen, dann die Zwiebelwürfel und den Knoblauch unter Rühren etwa 3 Minuten darin anbraten. Den Saft und die abgeriebene Schale der Orange mit dem Weißwein zufügen, salzen und die Sauce im offenen Topf bei starker Hitze unter Rühren sämig kochen lassen. Die Broccoli mit der Sauce übergießen.

Gedünsteter Chinakohl

1 Zwiebel
600 g Chinakohl (1 mittelgroßer Kopf)
1 Eßl. Butter
½ Teel. Salz
⅛ l Weißwein
½ Bund Petersilie

Pro Person etwa:
330 Joule
80 Kalorien

Garzeit:
20 Minuten

Die Zwiebel schälen und in kleine Würfel schneiden. Den Chinakohl längs halbieren, den Strunk und schadhafte Stellen entfernen. Die Blätter waschen und in etwa fingerlange Stücke schneiden. Die Butter zerlassen und die Zwiebelwürfel darin glasig braten. Den Chinakohl zugeben, unter Wenden kurz mit andünsten, das Salz und den Weißwein zufügen. Das Gemüse im geschlossenen Topf bei milder Hitze in etwa 15 Minuten nicht zu weich dünsten. Die Petersilie waschen, abtropfen lassen, feinschneiden und das fertige Gericht damit bestreuen.

Paßt gut zu: Bratwurst, gebratenen Schinkenscheiben, gebratenem oder gebackenem Fisch

Gedünstetes Sauerkraut

750 g Sauerkraut
½ Zwiebel
1 Eßl. Schweineschmalz
½ Teel. Salz
2 Messersp. Pfeffer
6 Wacholderbeeren oder 1 Teel. Kümmel
1 Teel. Zucker
1 Apfel
¼ l Wasser oder Fleischbrühe
1–2 Eßl. Essig oder 2–4 Eßl. Weißwein

Pro Person etwa:
510 Joule
120 Kalorien

Garzeit:
20–30 Minuten

Das Sauerkraut in einer Schüssel mit 2 Gabeln auflockern. Die Zwiebel schälen und in kleine Würfel schneiden. Das Schmalz in einem Topf erhitzen und die Zwiebelwürfel darin glasig braten. Das Sauerkraut daraufgeben und unter Wenden mit andünsten. Das Salz, den Pfeffer, die Wacholderbeeren und/oder den Kümmel und den Zucker zufügen. Den Apfel schälen, vierteln, das Kerngehäuse herausschneiden und die Apfelviertel auf das Sauerkraut legen. Das Wasser oder die Fleischbrühe zugießen, das Kraut zum Kochen bringen und bei milder Hitze in 20–30 Minuten zugedeckt gardünsten.
Die Garzeit richtet sich danach, ob frisches Sauerkraut oder Sauerkraut aus der Dose verwendet wurde. Sauerkraut aus der Dose gart rascher. Ab und zu prüfen, ob noch genügend Flüssigkeit im Topf ist; gegebenenfalls etwas Flüssigkeit nachgießen. Das gedünstete Kraut mit dem Essig oder dem Weißwein abschmecken.

Paßt gut zu: Kasseler Rippenspeer, gekochten oder gegrillten Würstchen, Blut- und Leberwurst, gekochtem Schweinebauch oder Speckklößen

Unsere Tips: Variieren Sie Sauerkraut, indem Sie es mit Ananasstückchen und Ananassaft mischen, anstatt es mit Essig oder Weißwein abzuschmecken; es schmeckt besonders zu Wildgerichten.
Oder erhitzen Sie 250 g halbierte und entkernte Weintrauben im gedünsteten Kraut. Sauerkraut mit Weintrauben ist eine klassische Beilage zu Fasan. Rühren Sie 1 kleine Dose Tomatenmark unter das Sauerkraut, es paßt gut zu Schinkennudeln, Gulasch oder Kartoffelpuffern.
Ersetzen Sie das durch Dünsten verlorengegangene Vitamin C wenigstens teilweise, indem Sie ¼ des rohen Krautes vor dem Dünsten abnehmen und es zuletzt ans gegarte Kraut geben und darin erhitzen.

SAUERKRAUT · SPINAT

Variante 1
Ungarisches Sauerkraut

Anstelle von Schmalz 100 g Speck in kleine Würfel schneiden. Die Speckwürfel in einem Topf bei mittlerer Hitze so lange braten, bis sie goldgelb sind. Das Sauerkraut zugeben, andünsten und mit 2 Eßlöffel mildem Paprikapulver bestreuen. Das Gericht dann weiterverarbeiten wie im Rezept beschrieben. Unter das fertiggedünstete Sauerkraut 1/8 Liter saure Sahne mischen.

Variante 2
Champagnerkraut

Anstelle von Schmalz 150 g Speck in Scheiben schneiden und in einem Topf goldgelb braten. Das Sauerkraut zugeben, andünsten und mit 1/8 Liter Fleischbrühe und 1/8 Liter Weißwein aufgießen. 1 geschälte, mit 1 Lorbeerblatt und 2 Gewürznelken gespickte Zwiebel zum Kraut geben und zugedeckt fertig dünsten. Die Speckscheiben und die Zwiebel herausnehmen und das Kraut mit 1 Glas Sekt oder Champagner verfeinern.

Das Sauerkraut ist keineswegs eine Erfindung der Deutschen, der »Sauerkrautesser«. Lange bevor die Chinesen ihre große Mauer bauten, machten sie Kohl mit Weißwein haltbar. In Frankreich zum Beispiel ist der Weißkohl heute – am besten mit einer fetten Bouillon und zusätzlich einer Mohrrübe – als deftiger und sättigender Eintopf der bürgerlichen Küche beliebt.

Choucroute
Elsässer Sauerkrautschüssel

Bild Seite 200

1 kg Sauerkraut
1 Zwiebel
2 Eßl. Gänse- oder Schweineschmalz
10 Wacholderbeeren
1 Lorbeerblatt
5 Pfefferkörner
1 Tasse Fleischbrühe
2 Äpfel
4 Schweinerippchen zu je 125 g
200 g durchwachsener Speck in 4 Scheiben
4 kleine Würstchen, z.B. Polnische, Knoblauchwürstchen oder Landjäger
1/4 l trockener Weißwein
2 Schnapsgläser Kirschwasser (4 cl)

Pro Person etwa:
4690 Joule
1120 Kalorien

Garzeit:
35 Minuten

Das Sauerkraut in einer Schüssel mit 2 Gabeln auflockern. Die Zwiebel schälen, halbieren und in Scheiben schneiden. Das Schmalz in einem Topf erhitzen und die Zwiebel darin hellgelb braten. Das Sauerkraut, die Wacholderbeeren, das Lorbeerblatt und den Pfeffer zufügen und kurz andünsten. Die Brühe zugießen. Die Äpfel schälen, auf einer groben Reibe zum Sauerkraut reiben, umrühren und zugedeckt bei milder Hitze 10 Minuten dünsten.
Die Schweinerippchen, den Speck und die Würstchen auf das Kraut legen und den Eintopf bei milder Hitze in etwa 20 Minuten gar dünsten. Die Fleischbeilagen und das Lorbeerblatt herausnehmen. Den Weißwein unter das Sauerkraut mischen, in einer vorgewärmten Schüssel anrichten, mit dem Kirschwasser übergießen und mit den Rippchen, den Speckscheiben und den Würstchen belegen.

Beilage: Pellkartoffeln

Sauerkrautauflauf

500 g gepökelter Schweinenacken
1/2 l Milch
750 g Sauerkraut
1/8 l Wasser
500 g Kartoffeln
1/2 l Wasser
1/2 Teel. Salz
200 g Trauben
2 Zwiebeln
2 Eßl. Öl
1/2 Teel. Pfeffer
1 Messersp. geriebene Muskatnuß
4 Eßl. Graubrotbrösel
1 Eßl. Butter

Pro Person etwa:
3820 Joule
910 Kalorien

Garzeit:
40 Minuten

Das Fleisch in dicke Würfel schneiden und in die Milch legen.
Das Sauerkraut mit 2 Gabeln locker auseinanderzupfen und mit dem Wasser bei milder Hitze zugedeckt 20 Minuten dünsten. Die Kartoffeln waschen, schälen, in kleine Stücke schneiden und im Wasser mit dem Salz zugedeckt bei milder Hitze in etwa 20 Minuten weich kochen und abgießen.
Den Backofen auf 200° vorheizen. Die Trauben waschen, halbieren und entkernen. Die Kartoffeln zerstampfen und abkühlen lassen. Die Zwiebeln schälen, in Ringe schneiden und mit 1 Eßlöffel Öl in einer Pfanne anbraten. Das Sauerkraut abtropfen lassen und mit den Zwiebeln mischen. Die Fleischwürfel aus der Milch nehmen, 1/8 Liter Milch in die Kartoffelmasse rühren und mit dem Pfeffer und dem Muskat würzen.

Eine Auflaufform mit dem restlichen Öl ausstreichen. Die Hälfte des Kartoffelpürees einfüllen, die Hälfte vom Sauerkraut daraufgeben und die Fleischwürfel darauf verteilen. Auf die Fleischwürfel das restliche Kartoffelpüree streichen und mit dem Rest des Sauerkrauts bedecken. Die Trauben obenaufgeben, mit den Brotbröseln bestreuen und die Butter in Flöckchen daraufsetzen. Den Auflauf 20 Minuten auf der mittleren Schiebeleiste im Backofen backen.

Diesem Blattgemüse geht der Ruf voraus, besonders gesund zu sein; bei 10 Vitaminen und 13 Mineralstoffen kein Wunder. Weil es die Verdauung in angenehmer Weise anregt, nennen es die Franzosen »den Besen des Magens«.

Grundrezept für gedünsteten Spinat
Blattspinat

1 kg Spinat
2 Eßl. Butter
1/2 Teel. Salz
1 Messersp. Zucker
3 Eßl. Sahne
je 1 Prise geriebene Muskatnuß oder Knoblauchpulver

Pro Person etwa:
590 Joule
140 Kalorien

Garzeit:
5–10 Minuten

Den Spinat verlesen, das heißt, welke und schlechte Blätter herauslesen und grobe Stiele entfernen. Die Spinatblätter mehrmals in reichlich kaltem Wasser waschen, aber nicht abtropfen lassen.
Die Butter in einem Topf zerlassen, den Spinat tropfnaß mit dem Salz und dem Zucker zugeben und zugedeckt bei milder Hitze in 5–10 Minuten weich dünsten. Die Dünstzeit richtet sich nach der Spinatsorte. Winterspinat benötigt eine längere Garzeit als zarter Treibhausspinat. Den Spinat dann mit der Sahne verfeinern und mit dem Muskat oder dem Knoblauchpulver würzen.

Paßt gut zu: ungesüßten Pfannkuchen, Rühr- oder Spiegeleiern, Schinkenrollen, gebratener Leber

Unsere Tips: Sie können den gedünsteten Blattspinat auch grob hacken, 2 Teelöffel Speisestärke mit der Sahne glattrühren und den Spinat damit binden.
Würziger schmeckt der Spinat, wenn Sie anstatt des Muskats etwas frisches gehacktes oder getrocknetes zerriebenes Liebstöckel verwenden.

SPINAT

Variante
Spinat mit Schinken und Käse

Den Spinat wie im Rezept beschrieben dünsten. 125 g Schinken oder Speck in kleine Würfel schneiden, glasig braten und unter den gedünsteten Spinat rühren. Mit 50 g geriebenem Käse bestreuen.

Etwas schwierig
Spinatsoufflé

Zutaten für 6 Personen:
1 l Wasser
1 Teel. Salz
1½ kg Spinat
1 Bund Frühlingszwiebeln
½ Bund Dill
1 Eßl. Öl
1 Teel. Kräuteressig
⅛ l Milch
3 Eßl. Butter
4 Eßl. Mehl
je 1 Prise geriebene Muskatnuß und Cayennepfeffer
6 Eigelbe
3 Eßl. geriebener Parmesankäse
½ Teel. Salz
1 Messersp. frischgemahlener schwarzer Pfeffer
7 Eiweiße
5 Eßl. Wasser
1 Teel. Butter

Pro Person etwa:
1260 Joule
300 Kalorien

Garzeit:
45 Minuten

Das Wasser mit dem Salz zum Kochen bringen. Den Spinat verlesen, das heißt, welke und schlechte Blätter herauslesen und die Blätter von groben Stielen befreien. Den Spinat mehrmals gründlich in kaltem Wasser waschen, abtropfen lassen, ins kochende Salzwasser geben und 1 Minute sprudelnd kochen lassen. Die Spinatblätter dann mit dem Schaumlöffel aus dem Kochwasser heben, in einen Durchschlag geben, etwas ausdrücken und noch abtropfen lassen. Den Spinat durch den Fleischwolf – feine Scheibe – drehen, im Mixer pürieren oder sehr fein hacken.
Die Frühlingszwiebeln und den Dill waschen, abtropfen lassen und fein schneiden. Das Öl in einem Topf erhitzen, die Zwiebeln darin unter Rühren anbraten, den Spinat, den Dill und den Essig zufügen.
Die Milch erhitzen. Die Butter in einem Topf zerlassen, das Mehl darüberstäuben und rühren, bis eine glatte Masse entstanden ist. Unter Rühren mit dem Schneebesen die Milch zugießen und die Sauce einige Male aufkochen lassen. Mit dem Muskat und dem Cayennepfeffer kräftig würzen.
Den Backofen auf 175° vorheizen. Den Topf vom Herd nehmen und die Eigelbe einzeln unter die Sauce ziehen. Den Topf wieder auf die Herdplatte stellen und bei sehr milder Hitze den Parmesankäse unterrühren. Den Topf nochmals vom Herd nehmen, das Spinatgemisch unter die Sauce rühren und mit dem Salz und dem Pfeffer abschmecken. Die Eiweiße mit dem Wasser zu sehr steifem Schnee schlagen. Ein Viertel des Eischnees unter den Spinat rühren und den Rest vorsichtig unterheben. Eine Auflaufform, die mindestens 2 Liter faßt, mit der Butter ausstreichen, die Soufflémasse einfüllen und auf einer Schiebeleiste unter der Mitte 35 bis 40 Minuten im Backofen goldbraun backen.

Dazu schmeckt: Sauce Hollandaise

Überbackener Blattspinat

1 kg Spinat
1 Zwiebel
1 Eßl. Butter
2 Messersp. Salz
je 1 Messersp. geriebene Muskatnuß und Pfeffer
4 Eier
100 g geriebener Edamer Käse
125 g roher Schinken

Pro Person etwa:
1510 Joule
360 Kalorien

Garzeit:
10 Minuten

Zeit zum Überbacken:
10 Minuten

Den Spinat verlesen, waschen und sehr gut abtropfen lassen.
Den Backofen auf 180° vorheizen. Die Zwiebel schälen, in kleine Würfel schneiden und in der Butter goldgelb braten. Den Spinat, das Salz, den Pfeffer und den Muskat zufügen und alles bei mittlerer Hitze zugedeckt 8 Minuten dünsten. Die Eier mit dem Käse verquirlen.
Den gedünsteten Spinat in 4 feuerfeste Förmchen verteilen und das Ei-Käse-Gemisch darübergießen. Die Förmchen auf der mittleren Schiebeleiste in den Backofen stellen und die Eimasse etwa 10 Minuten stocken lassen. Inzwischen den Schinken in feine Streifen schneiden und 3 Minuten vor Beendigung der Backzeit in jedes Förmchen ¼ der Schinkenstreifen geben. Das Gericht in den Förmchen servieren.

Dazu schmecken: dünne, geviertelte, in Butter gebratene Graubrotscheiben

---

Zum Bild rechts:

*Das erste Spargelessen im Frühling ist ein Festessen. Wie es entsteht, ist auf unserem Farbbild festgehalten: Die knackigen Stangen mit den festgeschlossenen weißen Köpfen müssen sehr sorgfältig geschält werden, damit nicht etwa stehengebliebene harte Schalenstücke oder holzige Enden den Genuß schmälern. Wer es ganz perfekt machen will, bündelt jeweils etwa 10 Spargelstangen mit Küchengarn zusammen, bevor er sie ins Kochwasser einlegt. – Spargel zählt zu den wenigen Gemüsearten, für die als Garmethode nur das Kochen in reichlich Wasser geeignet ist. Dafür ist die Auswahl, wie und vor allem mit welchen Beilagen Spargel angerichtet werden kann, um so größer. Klassisch serviert wird er mit zerlassener Butter, mit rohem oder gekochtem Schinken und Pellkartoffeln aus neuen, möglichst kleinen Kartoffeln. Nach polnischer Art wird Spargel mit hartgekochtem Eigelb bestreut und mit Semmelbröseln in zerlassener Butter übergossen. In Baden liebt man frischen Spargel mit kleinen, sehr dünnen Pfannkuchen belegt. Dort ißt man Schwarzwälder Schinken dazu. Außerdem wird Spargel als Salat oder als Bestandteil eines Salates geschätzt, im Leipziger Allerlei oder in einer Essig-Öl-Sauce mariniert, in dünne Schinkenscheiben gewickelt oder auch mit einer Sauce Hollandaise. – Die Spargelschalen und -enden kann man in der Garflüssigkeit der Spargelstangen auskochen und aus dem dadurch intensiv nach Spargel schmeckenden Sud noch eine ganz vorzügliche Suppe bereiten.
Das Rezept finden Sie auf Seite 282.*

SPINAT · MANGOLD

Zum Bild links:

Für gefüllte Paprikaschoten eignen sich alle Sorten von Gemüsepaprika. Rote und gelbe Sorten von fruchtigem, leicht süßem Geschmack sind etwas teurer als grüne, die jedoch besonders reich an Vitamin C sind. Hübsch sieht eine Mischung aus allen drei Sorten aus. – Wir sind es gewöhnt, Paprikaschoten mit einem Hackfleischteig, mit Weißbrot gelockert, zu füllen. Unser Bild zeigt zwei ausgefallene Varianten: Für die Füllung oben im Bild wird ausgelassener, durchwachsener Speck mit Rinderhackfleisch und Zuckermaiskörnern gemischt. Die Füllung unten im Bild besteht aus körnig gekochtem Reis, Schweinehackfleisch, Zwiebelwürfeln, Tomatenstückchen und frischen Kräutern. – In Balkanländern liebt man es, den Reis für die Füllung mit Pinienkernen und Rosinen zu mischen und mit einigen frischen Pfefferminzblättchen zu würzen. Dort gart man die Schoten in Tomatensaft und reichlich Olivenöl. Diese Methode sei demjenigen empfohlen, der Öl gut verträgt. Leichter, aber nicht weniger schmackhaft, wird die Sauce, wenn Sie Fleischbrühe verwenden, die Sie zuletzt mit saurer Sahne abrunden. – Reichen Sie zu Paprikaschoten, deren Füllung Reis enthält, körnig gekochten Reis, zu Paprikaschoten mit einer Füllung aus herkömmlichem Hackfleischteig, Kartoffelpüree.
Das Rezept finden Sie auf Seite 284.

Spinat-Reis-Auflauf

2 l Wasser
1 Teel. Salz
300 g Langkornreis
750 g Spinat
1 Zwiebel
2 Eßl. Öl
½ Teel. Salz
3 Eßl. Sahne
150 g gekochter Schinken
3 Eier
2 Messersp. Salz
1 Eßl. Butter

Für die Form:
1 Teel. Butter

Zum Garnieren:
1 Scheibe Schinken
1 Tomate

Pro Person etwa:
2890 Joule
690 Kalorien

Garzeit für den Reis:
18 Minuten

Backzeit:
40 Minuten

Das Wasser mit dem Salz zum Kochen bringen. Den Reis in einem Sieb unter fließendem kaltem Wasser waschen, ins kochende Salzwasser einstreuen und bei mittlerer Hitze 18 Minuten sprudelnd kochen lassen. Inzwischen den Spinat verlesen, waschen und in Streifen schneiden. Die Zwiebel schälen und in kleine Würfel schneiden. Das Öl in einem großen Topf erhitzen. Die Zwiebelwürfel darin anbraten, den Spinat zufügen und bei milder Hitze 5 Minuten dünsten. Mit dem Salz abschmecken und mit der Sahne verfeinern.
Den gekochten Reis in einem Sieb mit kaltem Wasser überbrausen und abtropfen lassen. Den Schinken in kleine Würfel schneiden. Eine Auflaufform mit der Butter ausstreichen. Den Backofen auf 200° vorheizen. Die Eier mit dem Salz verquirlen, unter den Reis mischen und das Reisgemisch abwechselnd mit dem gedünsteten Spinat und den Schinkenwürfeln in die Auflaufform schichten – die oberste Lage ist Reis. Den Auflauf mit Butterflöckchen belegen und auf der mittleren Schiebeleiste in 30–40 Minuten im Backofen goldbraun backen. Die Schinkenscheibe zusammenrollen, die Tomate waschen und in Scheiben schneiden. Den Auflauf mit den Tomatenscheiben und der Schinkenrolle vor dem Servieren garnieren.

Dazu schmeckt: Käsesauce

Mangold-Gemüse

1 kg Mangold
¼ l Wasser
2 Messersp. Salz
1 kleine Zwiebel
1 Eßl. Butter
2 Eßl. Mehl
⅛ l Kochsud
1 Messersp. Salz
2 Eßl. Sahne oder
1 Eßl. Butter

Pro Person etwa:
500 Joule
120 Kalorien

Garzeit:
5–10 Minuten

Die Mangoldblätter von den Stielen und Rippen streifen und waschen. Das Wasser mit dem Salz in einem großen Topf zum Kochen bringen und die Mangoldblätter darin bei milder Hitze zugedeckt in 5–10 Minuten weich kochen. Die Garzeit richtet sich nach dem Alter der Mangolds. Das Gemüse aus dem Kochsud heben und kleinhacken oder im Mixer zerkleinern. Die Zwiebel schälen und in kleine Würfel schneiden. Die Butter in einem Topf zerlassen, die Zwiebelwürfel darin glasig braten, das Mehl darüberstäuben und rühren, bis eine glatte Masse entstanden ist. Den Kochsud unter Rühren zugießen und die Sauce einmal aufkochen lassen. Den Mangold zufügen, umrühren und mit dem Salz abschmecken. Das Gemüse mit der Sahne oder der Butter verfeinern.

Mangold auf Toast

500 g junger Mangold
¼ l Wasser
2 Messersp. Salz
8 Scheiben Toastbrot
2 Eßl. Butter
4 Eier
2 Eßl. Milch
1 Messersp. Salz
1 Eßl. Butter
100 g geriebener Emmentaler Käse

Pro Person etwa:
1840 Joule
440 Kalorien

Garzeit:
10 Minuten

Zeit zum Überbacken:
10 Minuten

Den Mangold von den Stielen und groben Rippen streifen und waschen. Das Wasser mit dem Salz zum Kochen bringen, die Mangoldblätter einlegen und bei milder Hitze zugedeckt in 5–10 Minuten weich kochen. Die Mangoldblätter dann in einem Sieb abtropfen lassen, mit Küchenkrepp noch etwas abtupfen und in feine Streifen schneiden.
Die Weißbrotscheiben goldgelb toasten, dünn mit der Butter bestreichen und dann mit den Mangoldstreifen belegen.
Den Backofen auf 220° vorheizen. Die Eier mit der Milch und dem Salz verrühren. Die Butter in einer Pfanne zerlassen, die Eiermasse zugießen, leicht stocken lassen und mit einem Holzspatel zerteilen. Die Rühreier auf dem Mangold verteilen und den Käse darüberstreuen. Die Brotscheiben auf den Backrost legen und auf der ober-

MANGOLD · SPARGEL

Raffiniert

Mangoldstiele mit Schinkenremoulade

Für den Mangold:	einige Tropfen
1 ½ kg Mangold	Zitronensaft
1 Teel. Salz	100 g gekochter
½ l Wasser	Schinken
	½ Bund Petersilie

Für die Schinken-	
remoulade:	Pro Person etwa:
50 g Mayonnaise	1090 Joule
3 Eßl. saure Sahne	260 Kalorien
je 1–2 Messersp.	
Salz und Pfeffer	Garzeit:
	10 Minuten

Den Mangold waschen. Die Blätter von den Rippen und Stielen streifen und in etwa 10 cm lange Stücke schneiden (die Blätter einfrieren oder wie Spinat verwenden). Harte Stiele schälen oder schaben. Das Wasser mit dem Salz zum Kochen bringen und die Mangoldstiele und -rippen einlegen. Bei milder Hitze zugedeckt in 5–10 Minuten weich kochen. Die Garzeit richtet sich danach, ob das Gemüse jung und zart oder etwas härter ist.
Für die Schinkenremoulade die Mayonnaise mit der sauren Sahne verrühren, mit dem Salz, dem Pfeffer und dem Zitronensaft abschmecken. Den Schinken in feine Streifen schneiden. Die Petersilie waschen, abtropfen lassen, feinschneiden und mit den Schinkenstreifen und der Mayonnaise mischen. Den Mangold aus dem Salzwasser heben, abtropfen lassen und wenn nötig mit Küchenkrepp noch etwas abtupfen. Das Gemüse in einer flachen vorgewärmten Schüssel anrichten und mit der Schinkenremoulade überziehen.

Paßt gut zu: gegrilltem Fleisch, gebratenem Fisch, Eierspeisen oder einer Aufschnittplatte

---

Die Heimat des Spargels ist der Orient. Vor mehr als 4000 Jahren verzehrten bereits die Ägypter die wohlschmekkenden Stangen. 1568 soll der Spargel zum ersten Mal in Deutschland gestochen worden sein.

Grundrezept für gekochten Spargel

Spargel mit Butter

Bild Seite 279

2 kg frischer	Pro Person etwa:
Spargel	380 Joule
1 ½ l Wasser	90 Kalorien
je ½ Teel. Salz	
und Zucker	Garzeit:
1 Eßl. Zitronensaft	20–30 Minuten
½ Bund Petersilie	
2 Eßl. Butter	

Die Spargelstangen mit einem Spargelmesser oder scharfen Küchenmesser rundherum sorgfältig, nicht zu dünn, schälen und die Enden abschneiden. Darauf achten, daß dabei alle holzigen Teile entfernt werden. Die Stangen zu 4 Bündeln zusammenbinden. Das Wasser in einem großen, flachen Topf zum Kochen bringen. Das Salz, den Zucker und den Zitronensaft zufügen und die Spargelbündel einlegen; zugedeckt bei milder Hitze in 20–30 Minuten weich kochen. Die Garzeit richtet sich nach der Dicke der Stangen. Die Petersilie waschen, abtropfen lassen und fein schneiden. Die Butter zerlassen. Den gekochten Spargel aus dem Sud heben, abtropfen lassen und auf einer vorgewärmten Platte anrichten. Die Fäden lösen und die Spargelstangen mit der zerlassenen Butter begießen. Die Schnittenden mit der feingeschnittenen Petersilie bestreuen.

Beilagen: roher oder gekochter Schinken und neue Kartoffeln

Unser Tip: Garnieren Sie den angerichteten Spargel mit Kräuterbutterscheiben. Legen Sie die Kräuterbutter auf Tomatenscheiben.

Variante 1

Spargel nach badischer Art

Den Spargel wie im Grundrezept für gekochten Spargel beschrieben schälen, garen, aus dem Sud heben und auf einer Platte warm stellen. Aus 150 g Mehl, 2 Eiern, ¼ Liter Mineralwasser und 1 Messerspitze Salz einen dünnflüssigen Pfannkuchenteig bereiten und mit 2–3 Eßlöffel Bratfett nacheinander in einer kleinen Pfanne dünne, handtellergroße, hellgelbe Pfannkuchen braten. Den angerichteten Spargel damit belegen, mit Petersilie bestreuen und mit Schwarzwälder Schinken servieren.

Variante 2

Spargel nach polnischer Art

Den Spargel wie im Grundrezept für gekochten Spargel beschrieben schälen, garen und auf einer vorgewärmten Platte anrichten. 4 Eier hart kochen, die Eigelbe herauslösen, kleinhacken, mit 1 Teelöffel feingehackter Kräuter mischen und über die Spargelköpfe streuen. 100 g Butter zerlassen, mit 1 Eßlöffel Semmelbröseln mischen und über den Spargel gießen.

Unser Tip: Heutzutage begehen Sie keinen »faux-pas« mehr, wenn Sie Spargel mit Messer und Gabel essen, die Stangen also kleinschneiden. Auch ist es erlaubt, die Stangen in der Mitte mit der Gabelkante zu knicken und auf diese Art zu einem mundgerechten Bissen zusammenzulegen. Wer jedoch Spargel stilgerecht essen will, ergreift mit drei Fingern das Ende der Spargelstange und führt die Spargelspitze auf der Gabel zum Mund. Wird Spargel mit der Hand gegessen, muß bei jedem Gedeck eine Fingerschale stehen.

Spargel in heller Sauce

1 kg Spargel	Pro Person etwa:
¾ l Wasser	420 Joule
je ½ Teel. Salz	100 Kalorien
und Zucker	
1 Eßl. Zitronensaft	Garzeit:
1 Eßl. Butter	40 Minuten
1–2 Eßl. Mehl	
¼ l Kochsud	
1 Eigelb	
½ Bund Petersilie	

Den Spargel schälen, waschen und in etwa 3 cm lange Stücke schneiden. Das Wasser zum Kochen bringen. Die Spargelstücke mit dem Salz, dem Zucker und dem Zitronensaft ins kochende Wasser geben und bei milder Hitze in 20–30 Minuten weich kochen. Die Spargelstücke dann in einem Sieb abtropfen lassen und den Kochsud auffangen.
Die Butter zerlassen, das Mehl darüberstäuben und rühren, bis eine glatte, hellgelbe Masse entstanden ist. Nach und nach den Kochsud dazurühren und die Sauce bei milder Hitze etwa 10 Minuten kochen lassen. Den Topf von der Herdplatte nehmen, das Eigelb mit 2–3 Eßlöffeln der Sauce verrühren und die Sauce mit dem Eigelbgemisch legieren. Die Spargel-

TOMATEN

stücke in die Sauce einlegen und 2 Minuten ziehen lassen.
Die Petersilie waschen, abtropfen lassen und feinschneiden. Den Spargel in der Sauce in einer Schüssel anrichten und mit der Petersilie bestreuen.

Paßt gut zu: Kalbsbraten, mageren Schweinebraten, Rinderbraten, Schinken- und Eiergerichten

---

Die Tomatensaison beginnt ... im November! In dieser Zeit verzehren wir frische Tomaten aus Spanien, von den Kanarischen Inseln, aus Nordafrika. Bei den peruanischen Indianern in den Anden beginnt ihre Geschichte. »Tomate«, das heißt Schwellfrucht, nannten die Azteken in Mexiko die rote Frucht. Nach 600 Jahren hat der »Liebesapfel« als Volksnahrung das ganze Jahr über einen festen Platz auf unserem täglichen Speisezettel.

Gedünstete Tomaten

750 g Tomaten (etwa 8 Stück)
1 Eßl. Butter
2 Messersp. Salz
1–2 Messersp. getrockneter Thymian oder Rosmarin oder Oregano
1 Tasse Wasser
3 Eßl. Tomatenmark
½ Teel. Paprikapulver, mild

Pro Person etwa:
330 Joule
80 Kalorien

Garzeit:
20 Minuten

Die Tomaten häuten und den Stielansatz herausschneiden. Die Butter in einem weiten, flachen Topf zerlassen. Die Tomaten mit dem stiellosen Ende nach unten hineinsetzen, anbraten und mit dem Salz, dem Thymian oder Rosmarin oder Oregano bestreuen. Das Wasser zugießen, zum Kochen bringen und die Tomaten bei milder Hitze zugedeckt in 15–20 Minuten gar dünsten. Das Tomatenmark und das Paprikapulver unterrühren und die gedünsteten Tomaten 2–3 Minuten darin ziehen lassen.

Paßt gut zu: Fleisch- oder Fischgerichten oder/und Reis

Geeignet als Vorspeise

Tomaten auf Husarenart

8 Tomaten
½ Teel. Salz
2 Zwiebeln
1 Eßl. Öl
100 g gekochter Schinken
100 g Champignons aus der Dose
3 Eßl. Semmelbrösel
je 2 Messersp. Salz und Paprikapulver, mild

Pro Person etwa:
710 Joule
170 Kalorien

Backzeit:
20 Minuten

Die Tomaten waschen – vom stiellosen Ende eine Kappe abschneiden –, mit einem scharfkantigen Teelöffel aushöhlen und innen mit dem Salz bestreuen.

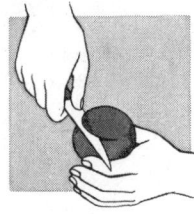 

Sollen Tomaten gefüllt werden, vom stiellosen Ende eine Kappe abschneiden...

... und das weiche Fruchtfleisch und die Kerne mit einem Teelöffel aushöhlen.

Die Zwiebeln schälen und in Würfel schneiden. Das Öl in einer Pfanne erhitzen und die Zwiebeln darin anbraten. Den Schinken fein schneiden. Die Champignons abtropfen lassen, grob zerhacken und mit den Semmelbröseln und dem Schinken zu den Zwiebeln geben. Die Pfanne vom Herd nehmen.
Den Backofen auf 190° vorheizen. Das Gemisch mit dem Salz und dem Paprikapulver würzen und in die Tomaten füllen. Jede Tomate auf ein Stück Alufolie – etwa 12 × 12 cm groß – setzen, die Folie wie ein Nest um die Tomaten formen. Die Tomaten in der Folie auf ein Backblech setzen und auf der mittleren Schiebeleiste 20 Minuten im Backofen backen.

Gebackene Tomaten

3 Zwiebeln
½ Bund Schnittlauch
1 Knoblauchzehe
1 Eßl. Öl
750 g Tomaten
2 Scheiben Weißbrot
1 Teel. Salz
1 Messersp. Pfeffer
150 g geriebener Emmentaler Käse
1 Eßl. Butter
⅛ l Sahne

Pro Person etwa:
1590 Joule
380 Kalorien

Backzeit:
25 Minuten

Die Zwiebeln schälen und in Würfel schneiden. Den Schnittlauch waschen, abtropfen lassen und fein schneiden. Die Knoblauchzehe schälen und halbieren. Eine längliche feuerfeste Form mit den Knoblauchhälften ausreiben. Das Öl zufügen und die Zwiebelwürfel und den Schnittlauch im Öl in der Form anbraten.
Den Backofen auf 200° vorheizen. Die Tomaten häuten und in die Form setzen. Das Weißbrot in Würfel schneiden. Die Weißbrotwürfel auf den Tomaten verteilen und mit dem Salz und dem Pfeffer bestreuen. Die Tomaten auf der mittleren Schiebeleiste im Backofen backen. Nach 15 Minuten den Käse darüberstreuen, die Butter in Flöckchen daraufsetzen und die Sahne darübergießen. Die Tomaten noch etwa 10 Minuten überbacken, bis sich eine goldgelbe Kruste gebildet hat.

Beilagen: Pellkartoffeln mit frischem Thymian, Majoran oder Petersilie, Gurkensalat mit Joghurt und Dill oder Paprikareis

Unser Tip: Wandeln Sie das Gericht ab, indem Sie 125–250 g gekochten Schinken in Würfel geschnitten mit den Zwiebelwürfeln und dem Schnittlauch anbraten.

Tomaten mit Käsehäubchen

8 Tomaten
½ Teel. Kräutersalz
250 g vollreifer Rahm-Camembert
6 Eßl. Sahne
2 Eßl. Semmelbrösel

Pro Person etwa:
1430 Joule
340 Kalorien

Backzeit:
20 Minuten

Den Backofen auf 190° vorheizen. Die Tomaten waschen und vom stiellosen Ende jeweils eine Kappe abschneiden. Die Tomaten aushöhlen und innen mit dem Kräutersalz bestreuen. Den Camembert mit einer Gabel zerdrücken und mit der Sahne mischen. Die Käsemasse in die Tomaten füllen und die Semmelbrösel auf die Füllung streuen. Jede Tomate auf ein Blatt Alufolie – etwa 12 × 12 cm groß – setzen und die Folie wie ein Nest um die Tomaten drücken. Die Tomaten auf ein Backblech setzen und 20 Minuten auf der mittleren Schiebeleiste im Backofen backen. In der Folie servieren.

Dazu schmeckt: Kopfsalat mit Kresse, Spinatsalat mit Zwiebeln oder Lauchsalat und Weißbrot

TOMATEN · PAPRIKASCHOTEN

Raffiniert
Provenzalische Tomaten

8 Tomaten
½ Teel. Salz
2 Bund Petersilie
4 Knoblauchzehen
8 Eßl. Semmelbrösel
½ Teel. Salz
2 Messersp. frischgemahlener schwarzer Pfeffer
5 Eßl. Olivenöl

Pro Person etwa:
930 Joule
220 Kalorien

Backzeit:
20 Minuten

Den Backofen auf 190° vorheizen. Die Tomaten waschen und vom stiellosen Ende jeweils eine Kappe abschneiden. Die Tomaten aushöhlen und innen mit dem Salz bestreuen. Die Petersilie waschen, abtropfen lassen und fein schneiden. Die Knoblauchzehen schälen und hacken. Die Semmelbrösel mit der Petersilie, dem Knoblauch, dem Salz und dem Pfeffer mischen, in die Tomaten füllen und mit dem Olivenöl beträufeln. Die gefüllten Tomaten in eine flache Auflaufform setzen und auf der mittleren Schiebeleiste 20 Minuten im Backofen überbacken.

Grundrezept
Gedünstete Paprikaschoten

600 g Paprikaschoten
1 Eßl. Öl
1 Messersp. Pfeffer
2 Messersp. Salz
1 Teel. Paprikapulver, mild oder
½ Teel. Paprikapulver, scharf nach Belieben
1 Messersp. Cayennepfeffer
⅛ l Wasser
1 Teel. Speisestärke
1 Eßl. Wasser
⅛ l saure Sahne
1–2 Messersp. Salz

Pro Person etwa:
500 Joule
120 Kalorien

Garzeit:
20–30 Minuten

Die Paprikaschoten halbieren, den Stiel, die Kerne und die weißen Rippen im Inneren entfernen. Die Schotenhälften waschen und in Streifen schneiden. Das Öl in einem Topf erhitzen und die Schoten darin andünsten. Mit dem Pfeffer, dem Salz, dem Paprikapulver und nach Belieben mit dem Cayennepfeffer würzen. Das Wasser zugießen und das Gemüse bei milder Hitze zugedeckt in 20–30 Minuten gar dünsten.
Die Speisestärke mit dem Wasser anrühren, zum Paprikagemüse geben, umrühren und kurz aufkochen lassen. Den Topf von der Herdplatte nehmen und die saure Sahne unterrühren. Die Schoten gegebenenfalls noch mit etwas Salz abschmecken.

Paßt gut zu: Hackfleischgerichten, Fleischstrudel, Sauerbraten, Hähnchen oder Schinkennudeln

Gefüllte Paprikaschoten

Bild Seite 280

Für die Füllung:
1 Brötchen
½ Zwiebel
½ Bund Petersilie
1 Teel. Butter
250 g Hackfleisch halb und halb
1 Ei
je 1 Messersp. Pfeffer, getrockneter Thymian oder Oregano
2 Messersp. Salz

Für die Paprikaschoten:
4 große, grüne Paprikaschoten

2 Messersp. Salz
1 Eßl. Bratfett

Für die Sauce:
⅛ l Fleischbrühe
½ Teel. Paprikapulver, mild
2 Eßl. saure Sahne
2 Eßl. Tomatenmark

Pro Person etwa:
1550 Joule
370 Kalorien

Garzeit:
40 Minuten

Für die Füllung das Brötchen in lauwarmem Wasser einweichen. Die Zwiebel schälen und in kleine Würfel schneiden. Die Petersilie waschen und fein schneiden. Die Butter zerlassen, die Zwiebelwürfel und die Petersilie darin anbraten. Das Brötchen ausdrücken, mit der Zwiebel und der Petersilie, dem Hackfleisch, dem Ei, dem Pfeffer, dem Thymian oder dem Oregano vermengen und salzen.
Von jeder Paprikaschote am Stielende eine Kappe abschneiden, die Schoten von den Rippen und Kernen befreien, waschen, innen mit dem Salz bestreuen und den Fleischteig einfüllen. Das Fett in einem flachen Topf erhitzen, die Schoten von allen Seiten darin andünsten, aber nicht bräunen lassen. Die Paprikaschoten aufstellen und die abgeschnittenen Kappen auflegen. Die Brühe seitlich zugießen und die Schoten zugedeckt bei milder Hitze in etwa 40 Minuten garen. Die fertigen Paprikaschoten in einer vorgewärmten Schüssel anrichten. Das Paprikapulver und das Tomatenmark unter die Sauce rühren, alles mit der sauren Sahne verfeinern und seitlich zu den Paprikaschoten gießen.

Beilage: Kartoffelpüree

Raffiniert
Fritierte Paprikaringe

500 g grüne oder rote Paprikaschoten
2 Eier
2 Eßl. Mehl
2 Messersp. Salz
1 Messersp. Pfeffer
½ Bund Petersilie
4–6 Eßl. Semmelbrösel
500 g Fritierfett

Pro Person etwa:
1340 Joule
320 Kalorien

Fritierzeit:
15–20 Minuten

Von den Paprikaschoten jeweils am oberen Ende einen Deckel abschneiden. Die Stiele, Kerne und weißen Rippen entfernen. Die Schoten waschen und in etwa 1 cm dicke Ringe schneiden.
Die Eier in einer Schüssel schaumig schlagen, mit dem Mehl, dem Salz und dem Pfeffer verrühren. Die Petersilie waschen, abtropfen lassen, fein schneiden und unter den Teig rühren. Die Semmelbrösel in einen Suppenteller schütten. Die Paprikaringe einzeln mit einer Gabel durch den Ausbackteig ziehen, kurz abtropfen lassen und so lange in den Semmelbröseln wenden, bis sie ganz von diesen umgeben sind.
Den Backofen auf 75° vorheizen. Das Fritierfett in einem Topf oder einer Friteuse auf 190° erhitzen. Die panierten Ringe darin ausbacken und im Backofen warmstellen, bis alle Ringe ausgebacken sind.

Dazu schmeckt: Kopfsalat, Endiviensalat oder Feldsalat

Ein würzig schmeckender, vitaminreicher Eintopf aus Ungarn. Der Umgang mit Cayennepfeffer verlangt Fingerspitzengefühl: Cayennepfeffer ist die schärfste aller Pfefferarten. Im benachbarten Österreich reicht man zu Lesco nach alter Art noch einen Grießsterz oder Geräuchertes.

Lesco

500 g Zwiebeln
4 grüne Paprikaschoten
500 g Tomaten
2 Eßl. Öl oder Schweineschmalz
2 Eßl. Paprikapulver, edelsüß
1 Messersp. Cayennepfeffer oder
½ Teel. Paprikapulver, scharf
2 Messersp. Salz

Pro Person etwa:
800 Joule
190 Kalorien

Garzeit:
35 Minuten

AUBERGINEN

Die Zwiebeln schälen und in kleine Würfel schneiden. Die Paprikaschoten halbieren, von den weißen Kernen und Rippen befreien, die Schotenhälften waschen und in feine Streifen schneiden. Die Tomaten häuten und in Schnitze schneiden. Das Öl oder Schweineschmalz in einer feuerfesten Form erhitzen und die Zwiebelwürfel darin bei milder Hitze zugedeckt 5 Minuten braten. Dabei hin und wieder umrühren. Die Paprikaschoten und die Tomaten zugeben, mit dem Paprikapulver, dem Cayennepfeffer und dem Salz bestreuen und in der geschlossenen Form bei milder Hitze etwa 30 Minuten, dann in der offenen Form, bis die Flüssigkeit verdampft ist, dünsten. Das Gemüse gegebenenfalls noch mit etwas Salz abschmecken, bevor es in der Form serviert wird.

Paßt gut zu: Debracziner Würsten und Reis

Auberginen auf sizilianische Art

750 g Auberginen
Saft von ½ Zitrone
2 Zwiebeln
2 Knoblauchzehen
300 g Tomaten
2 Eßl. Öl
1 Bund Petersilie
4 Stengel Thymian oder ½ Teel. getrockneter Thymian
2 Stengel Basilikum oder 1 Teel. getrocknetes Basilikum
2 Eigelbe
⅛ l saure Sahne
2 Eßl. Weinessig
½ Teel. Zucker
1 Messersp. Pfeffer
½ Teel. Salz

Pro Person etwa:
880 Joule
210 Kalorien

Garzeit:
20 Minuten

Von den Auberginen den Stiel abschneiden, die Früchte waschen und in 2 cm dicke Scheiben schneiden. Die Scheiben mit dem Zitronensaft beträufeln und etwa 15 Minuten stehen lassen. Die Zwiebeln schälen, kleinwürfeln. Die Knoblauchzehen schälen und zerdrücken. Die Tomaten häuten und in Scheiben schneiden.
Das Öl in einem weiten, flachen Topf erhitzen und die Zwiebeln etwa 5 Minuten darin anbraten. Den Knoblauch und die Auberginen- und Tomatenscheiben daraufgeben und zugedeckt bei milder Hitze in etwa 20 Minuten gar dünsten. Die Petersilie, den frischen Thymian und das frische Basilikum waschen, abtropfen lassen und fein schneiden. Den Topf von der Herdplatte nehmen. Die Eigelbe mit der sauren Sahne verrühren und mit den Kräutern – getrocknete Kräuter zwischen den Fingern zerreiben – unter das Gemüse rühren. Mit dem Weinessig, dem Zucker, dem Pfeffer und dem Salz abschmecken. Im Topf servieren.

Dazu schmeckt: Weißbrot

Unser Tip: Herzhafter schmeckt das Gemüse, wenn Sie 200 g Salami in kleine Würfel schneiden und vor dem Servieren unterrühren.

Gefüllte Auberginen

Für die Auberginen:
500 g Auberginen (2 Stück)
1 Zwiebel
1 Knoblauchzehe
1 Eßl. Öl
250 g Hackfleisch halb und halb
1 Ei
2 Eßl. Semmelbrösel
1 Messersp. getrockneter Thymian
½ Teel. Salz
2 Messersp. Pfeffer
4 Eßl. geriebener Parmesankäse

Für die Sauce:
½ Zwiebel
1 Eßl. Öl
4 Eßl. Tomatenmark
¼ l Wasser
½ Fleischbrühwürfel
1 Bund Petersilie

Pro Person etwa:
1420 Joule
340 Kalorien

Garzeit:
35 Minuten

Die Auberginen waschen, den Stielansatz abschneiden, die Auberginen längs halbieren und das Fruchtfleisch zuerst mit einem Küchenmesser lockern und dann mit einem scharfkantigen Teelöffel herauslösen.
Die Zwiebel und die Knoblauchzehe schälen und in kleine Würfel schneiden. Das Fruchtfleisch der Auberginen ebenfalls kleinschneiden. Das Öl in einem Topf erhitzen. Die Zwiebel- und Knoblauchwürfel und das Fruchtfleisch darin unter ständigem Rühren etwa 3 Minuten braten. Das Gemisch in eine Schüssel geben. Das Hackfleisch mit den Semmelbröseln und dem Ei zufügen. Die Masse mit dem Thymian, dem Salz und dem Pfeffer abschmecken, in die ausgehöhlten Auberginenhälften füllen und den Käse darüberstreuen.
Die halbe Zwiebel schälen und in kleine Würfel schneiden. Das Öl in einer großen Pfanne erhitzen – gegebenenfalls 2 Pfannen verwenden – und die Zwiebelwürfel darin anbraten. Das Tomatenmark und das Wasser zufügen und unter Rühren mit dem Schneebesen erhitzen. Den Fleischbrühwürfel unterrühren. Die gefüllten Auberginenhälften hineinsetzen und zugedeckt bei milder Hitze in etwa 30 Minuten weich dünsten. Die Petersilie waschen, abtropfen lassen und die gegarten Auberginen damit bestreuen.

Dazu schmeckt: körnig gekochter Reis oder Risotto

Variante 1

Auberginen mit Pilzfüllung

Anstatt des Hackfleisches 250 g frische Champignons putzen, waschen, kleinschneiden und mit dem Zwiebel-Knoblauch-Fruchtfleisch-Gemisch dünsten. 2 Eßlöffel grüne Oliven 1 Teelöffel Kapern, 2 Sardellenfilets kleinschneiden und untermischen. Mit den übrigen Zutaten vermengen, in die ausgehöhlten Auberginenhälften füllen und wie im Rezept beschrieben dünsten.

Variante 2

Überbackene gefüllte Auberginen

Die Auberginenhälften wie im Rezept beschrieben aushöhlen und mit dem Hackfleischteig füllen. Die gefüllten Auberginenhälften dann mit 1 Eßlöffel Bratfett 5 Minuten in einer Pfanne anbraten, in die Fettpfanne des Backofens setzen, ¼ Liter Fleischbrühe zugießen und die Auberginen bei 200° (eine Schiebeleiste über der Mitte) 30 Minuten im Backofen garen. Die Auberginen dann mit 2 Eßlöffel geriebenem Käse bestreuen und nochmals etwa 5 Minuten überbacken. Die Auberginen auf einer vorgewärmten Platte anrichten und warm stellen. Die Brühe in einen Topf schütten, 2 Eßlöffel Mehl mit ½ Tasse Wasser und 2 Eßlöffeln Tomatenmark anrühren, die Brühe zum Kochen bringen, damit binden und mit etwas Salz abschmecken. Die Sauce zu den Auberginen reichen.

Auberginen verleiten zu einer Entdeckungsreise. Diese »Eierfrucht« mit ihrer violett-lackglänzenden Schale, eine Schwester der Tomate, bietet zahllose Varianten in der Verarbeitung: Zum Braten, Backen, Pürieren oder als Salat, gefüllt mit Sardellen und Oliven

GURKEN · ZUCCHINI

schätzen sie die Sizilianer, mit Reis und Tomaten kennt man sie in Piemont, mit Hammelfleisch und Knoblauch nennt man sie »Aubergines à l'orientale«. Auberginen sind auch ein Hauptbestandteil des »Ratatouille«, einer Spezialität aus Nizza.

Ratatouille

500 g Auberginen
Saft von ½ Zitrone
250 g Zwiebeln
250 g Tomaten
250 g Zucchini
2 Knoblauchzehen
2 EBl. Olivenöl
½ Teel. Paprikapulver, mild
2 Messersp. Salz
je 1 Messersp. getrockneter Thymian und getrocknetes Basilikum

⅛ l Wasser
2 EBl. saure Sahne
1–2 Messersp. Salz

Pro Person etwa:
670 Joule
160 Kalorien

Garzeit:
25 Minuten

Die Auberginen von den Stielenden befreien, waschen, in Würfel schneiden und mit dem Zitronensaft beträufeln. Die Zwiebeln schälen und grob hacken. Die Tomaten häuten, die Zucchini waschen und mit den Tomaten in Scheiben schneiden. Die Knoblauchzehen schälen und sehr fein schneiden.
Das Öl in einem Topf erhitzen, die Zwiebeln zufügen und unter Rühren anbraten, aber nicht bräunen lassen. Die Auberginenwürfel und die Zucchini- und Tomatenscheiben daraufschichten. Den Knoblauch mit dem Paprikapulver, dem Salz, dem Thymian und dem Basilikum darüberstreuen. Das Wasser erhitzen und zugießen. Das Gemüse nicht mehr umrühren und zugedeckt bei milder Hitze in etwa 20 Minuten gardünsten. Mit der sauren Sahne verfeinern und wenn nötig mit etwas Salz abschmecken. Dabei möglichst nur einmal wenden.

Grundrezept
Gurkengemüse

1 ½ l Wasser
1 Teel. Salz
1 kg Gemüsegurken
3 EBl. Butter
je 2 Messersp. Salz und Zucker
1 Messersp. Pfeffer
1 Tasse Sahne
2 Eigelbe

1 Teel. Zitronensaft
1 Bund Dill

Pro Person etwa:
1000 Joule
240 Kalorien

Garzeit:
15 Minuten

Das Wasser mit dem Salz zum Kochen bringen, die Gurken schälen, längs vierteln, entkernen, und die Gurkenviertel in etwa 5 cm lange Stücke schneiden. Die Gurkenstücke 2–3 Minuten in kochendem Salzwasser blanchieren, abgießen und in einem Sieb abtropfen lassen.
Die Butter in einem Topf zerlassen und die Gurken 5 Minuten unter Wenden darin anbraten; mit dem Salz, dem Zucker und dem Pfeffer bestreuen, die Sahne zugießen und die Flüssigkeit dann etwas einkochen lassen. Die Eigelbe mit dem Zitronensaft verrühren. Den Topf von der Herdplatte nehmen, die Eigelbe mit 1 EBlöffel heißer Sauce mischen und das Eigelbgemisch unter die Sauce rühren. Das Gemüse noch einmal langsam erhitzen, aber nicht mehr kochen lassen. Den Dill waschen, abtropfen lassen, fein schneiden und unter das fertige Gemüse mischen.

Dazu schmecken: Salzkartoffeln und Rindsbratwurst

Variante
Gurken-Tomaten-Gemüse

Statt 1 kg Gurken nur 500 g verwenden. 500 g Tomaten häuten, vierteln, die Kerne und das weiche Innere entfernen, dann die Tomaten mit den blanchierten Gurkenstücken dünsten. Statt der Sahne 1 Tasse heiße Fleischbrühe zugießen. Die Flüssigkeit mit 2 Teelöffel mit wenig kaltem Wasser angerührter Speisestärke binden und das Gericht mit Zucker und Weinessig abschmecken.

Gefüllte Gurke

1 Brötchen
½ Bund Petersilie
250 g Rinderhackfleisch
1 Ei
2 Messersp. Salz
½ Teel. gemahlener Dillsamen
1 Salatgurke
2 Messersp. Salz

1 EBl. Butter
1 Tasse Fleischbrühe

Pro Person etwa:
1170 Joule
280 Kalorien

Garzeit:
30 Minuten

Das Brötchen in lauwarmem Wasser einweichen. Die Petersilie waschen, abtropfen lassen und fein schneiden. Das Brötchen gut ausdrücken und mit dem Hackfleisch, dem Ei, dem Salz, der Petersilie und dem Dillsamen zu einem Fleischteig verarbeiten.
Den Backofen auf 200° vorheizen.

Die Gurke schälen, von der Längsseite etwa ⅓ als langen Deckel abschneiden. Aus beiden Gurkenteilen mit einem EBlöffel die Kerne herauskratzen. Die Gurkenteile innen mit dem Salz bestreuen. Den Fleischteig in das Gurkenstück mit der größeren Höhlung füllen. Ein ausreichend großes Stück Alufolie mit der Butter bestreichen. Die Gurke daraufsetzen und das abgeschnittene ausgehöhlte Gurkenstück als Deckel auflegen. Die Folie wie ein Nest um die Gurke drücken. Die Gurke in die Fettpfanne des Backofens legen und auf der mittleren Schiebeleiste in etwa 30 Minuten im Backofen garen. Die Fleischbrühe erhitzen und die Gurke während der Garzeit öfters mit Brühe begießen. In der Alufolie servieren.

Beilagen: Kartoffelpüree, Kartoffelkroketten oder Bratkartoffeln und Tomatensalat oder Dillsauce

Unser Tip: Wandeln Sie das Rezept ab, indem Sie die fertiggegarte Gurke mit 2 EBlöffel geriebenem Käse überstreuen und noch einmal im heißen Backofen überbacken, bis der Käse schmilzt, oder überziehen Sie die Gurke vor dem Servieren mit 2 EBlöffel saurer Sahne und bestreuen Sie die Sahne mit 1 EBlöffel kleingeschnittenem Dill.

Überbackene Zucchini

750 g Zucchini
1 EBl. Butter
½ Tasse Wasser
4 EBl. saure Sahne
2 EBl. Tomatenketchup
2 EBl. Cognac
2 Messersp. Salz
2 EBl. geriebener Parmesan- oder Schweizer Käse
1 Teel. Butter

Pro Person etwa:
590 Joule
140 Kalorien

Garzeit:
10 Minuten

Zeit zum Überbacken:
7 Minuten

Die Zucchini waschen und die Blütenansätze und Stielenden abschneiden. Ältere Früchte schälen, kleine Zucchini ungeschält in Scheiben schneiden. Große Scheiben halbieren. Den Backofen auf 220° vorheizen. Die Butter in einer Auflaufform zerlassen und die Zucchini darin 2 Minuten anbraten. Das Wasser zugießen und die Zucchini bei milder Hitze in etwa 8 Minuten gar, aber nicht zu weich dünsten. Die saure Sahne mit dem Tomatenketchup und dem Cognac unter das Gemüse rühren und

ZUCCHINI · KÜRBIS · ZWIEBELN

mit dem Salz abschmecken. Den Käse über die Zucchini streuen und die Butter in Flöckchen daraufsetzen. Den Auflauf auf der mittleren Schiebeleiste etwa 7 Minuten im Backofen überbacken, bis der Käse geschmolzen und goldgelb ist.

Paßt gut zu: gebratenem oder gegrilltem Hähnchen, Schweinerollbraten, gedünstetem Seefischfilet oder Hackfleischgerichten

Zucchini auf Toskanaer Art

1 kg sehr kleine Zucchini
125 g Butter
4 Eßl. Wasser
2 Messersp. Salz
1 Messersp. frischgemahlener schwarzer Pfeffer
½ Bund Petersilie
2 Teel. Zitronensaft

Pro Person etwa:
1300 Joule
310 Kalorien

Garzeit:
8 Minuten

Die Zucchini waschen, abtropfen lassen und die Blüten- und Stielansätze abschneiden. Die Butter in einem Topf zerlassen. Die Zucchini zugeben und 3 Minuten in der Butter anbraten. Dabei den Topf ab und zu rütteln. Das Wasser, das Salz und den Pfeffer zufügen und die Zucchini zugedeckt bei milder Hitze in etwa 5 Minuten gar-, aber nicht zu weich dünsten. Sie sollen noch einen »Biß« haben. Die Petersilie waschen, abtropfen lassen und fein schneiden. Die Zucchini auf einer vorgewärmten Platte anrichten, mit dem Zitronensaft beträufeln und mit der Petersilie bestreuen.

Fritierte Zucchini

500 g kleine Zucchini
2 Messersp. getrockneter Thymian oder getrocknetes Basilikum
1 Messersp. getrockneter Salbei
2 Messersp. Knoblauchpulver
½ Teel. Salz
2 Messersp. Pfeffer
500 g Fritierfett
2 Eier
6 Eßl. Mehl

Pro Person etwa:
1340 Joule
320 Kalorien

Zeit zum Fritieren:
7 Minuten

Die Zucchini waschen, abtropfen lassen, die Stielenden und Blütenansätze abschneiden und die Zucchini längs halbieren oder vierteln. Den Thymian oder das Basilikum und den Salbei zerreiben und mit dem Knoblauchpulver, dem Salz und dem Pfeffer mischen. Die Zucchinistücke mit der Schnittfläche nach oben auf eine Platte legen, mit der Gewürzmischung bestreuen und 15 Minuten durchziehen lassen.
Das Fett in einem Topf oder einer Friteuse auf 190° erhitzen.
Die Eier in einem Suppenteller verquirlen. Das Mehl in einen zweiten Teller geben. Die Zucchinistücke einzeln mit der Gabel zuerst ins Ei tauchen, abtropfen lassen, dann im Mehl wenden und erneut durchs verquirlte Ei ziehen. Die Zucchini im heißen Fett in etwa 7 Minuten goldgelb backen. Mit der Schaumkelle herausheben, auf saugfähigem Papier abtropfen lassen, auf einer vorgewärmten Platte warm stellen, bis alle Zucchinischeiben ausgebacken sind.

Dazu schmecken: Tomatensauce, Parmesankäse, Polenta, Reis oder Nudeln und grüner Salat

Unser Tip: Fritierte Zucchini schmecken auch gut, wenn man sie mit Parmesankäse und Tomatensauce in eine Auflaufform schichtet und im Backofen überbäckt

Kürbis-Gemüse

1 kg Kürbis
1 Zwiebel
1 Eßl. Butter
2 Teel. Paprikapulver, mild
½ Teel. Salz
1 Eßl. Mehl
⅛ l saure Sahne
1 Eßl. Weinessig
2 Messersp. Pfeffer
1–2 Messersp. Salz

Pro Person etwa:
640 Joule
150 Kalorien

Garzeit:
35 Minuten

Den Kürbis schälen, das weiche Fruchtfleisch und die Kerne entfernen. Das feste Fruchtfleisch grob reiben oder in feine Streifen schneiden. Die Zwiebel schälen und in kleine Würfel schneiden. Die Butter in einem Topf zerlassen, die Zwiebelwürfel zufügen und goldgelb braten. Den Kürbis zugeben und mit dem Paprikapulver und dem Salz würzen. Den Topf zudecken und den Kürbis bei milder Hitze ohne Flüssigkeitszugabe in etwa 20 Minuten weich dünsten. Das Mehl mit der sauren Sahne verquirlen und das Kürbisgemüse damit binden. Mit dem Essig, dem Pfeffer und dem Salz abschmecken und zugedeckt noch etwa 10 Minuten bei milder Hitze kochen lassen.

Paßt gut zu: Hackbraten, Sauerbraten oder Schmorbraten

Unser Tip: 1 Eßlöffel voll Tomatenmark, der sauren Sahne zugegeben, macht das Kürbisgemüse noch kräftiger im Geschmack.

Geröstete Zwiebeln geben manchem Gericht noch eine geschmackliche Abrundung; sie sind zugleich eine dekorative Garnierung. Kenner verzehren sie sogar kalt.

Geröstete Zwiebelringe

4 Zwiebeln
4 Eßl. Bratfett

Insgesamt etwa:
480 Joule
150 Kalorien

Bratzeit:
5 Minuten

Die Zwiebeln schälen und in etwa 2 mm dünne Ringe schneiden. Das Fett in einer Pfanne erhitzen. Die Zwiebeln in heißem Fett auf beiden Seiten bräunen, dabei mit einer Gabel vorsichtig wenden.

Paßt gut zu: gegrilltem Fleisch oder Rostbraten

Variante

Zwiebelringe im Bierteig

Die Zwiebeln schälen und in nicht zu dünne Ringe schneiden. 2–3 Eßlöffel Mehl, 4 Eßlöffel Bier, 1 Eigelb und 1 Messerspitze Salz verrühren, 1 Eiweiß zu Schnee schlagen und unterheben. Die Zwiebelringe darin wenden und in reichlich Fett ausbacken. Diese knusprigen Zwiebelringe passen besonders gut zu Curry-Hähnchen.

Braunglasierte Zwiebeln

1 ½ l Wasser
600 g kleine Zwiebeln
4 Eßl. Butter
1 Teel. Salz
1 Eßl. Zucker
1 Tasse Fleischbrühe

Pro Person etwa:
1050 Joule
250 Kalorien

Garzeit:
30 Minuten

Das Wasser zum Kochen bringen, die Zwiebeln 1–2 Minuten ins kochende Wasser legen, abtropfen und abkühlen lassen. Die Wurzelansätze nicht zu kurz abschneiden, damit die Zwiebeln

LAUCH

während des Garens nicht auseinanderfallen. Die Zwiebeln schälen. Die Butter in einer schweren Pfanne zerlassen. Die Zwiebeln hineingeben, mit dem Salz bestreuen und in der offenen Pfanne bei mittlerer Hitze in etwa 20 Minuten weich dünsten. Die Pfanne dabei hin und wieder rütteln, damit die Zwiebeln gleichmäßig garen und nicht am Pfannenboden anhängen. Wenn die Zwiebeln etwas Farbe angenommen haben, den Zucker darüberstreuen und bei milder Hitze karamelisieren lassen. Wenn das Gemüse goldbraun ist, etwas Brühe zugießen. Die Pfanne ständig rütteln, damit der Karamel nicht ansetzt und die Zwiebeln gleichmäßig dick von der glänzenden, sirupartigen Flüssigkeit bedeckt werden. In einer vorgewärmten Schüssel servieren.

Paßt gut zu: Rinderbraten, Hirschbraten, Ente oder Gans

Preiswert
Gedünsteter Lauch

750 g Lauch
2 Eßl. Butter
1 Tasse Wasser
½ Teel. Salz
¼ Teel. Pfeffer

Pro Person etwa:
460 Joule
110 Kalorien

Garzeit:
20 Minuten

Von den Lauchstangen die dunklen und schadhaften Blattspitzen abschneiden. Die Lauchstangen der Länge nach halbieren, so daß das Wurzelende gerade noch zusammenhängt. Die Stangen gründlich waschen, dabei die langen Blätter gut auseinanderbiegen. Vor dem Zubereiten dann auch die Wurzelenden abschneiden. Den Lauch abtropfen lassen und in Scheiben schneiden. Die

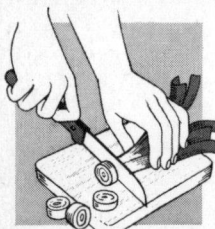

Die geputzten und gewaschenen Lauchstangen auf einem Küchenbrett in Scheiben schneiden.

Butter in einem Topf erhitzen und die Lauchstücke darin anbraten. Das Wasser zum Kochen bringen und über den Lauch gießen. Das Salz und den Pfeffer zufügen und den Lauch zugedeckt bei milder Hitze in etwa 20 Minuten gar dünsten.

Paßt gut zu: Bratwurst, Fleischklößchen, Frikadellen oder paniertem Fisch

Unser Tip: Soll das Lauchgemüse gebunden werden, 1 gestrichenen Eßlöffel Mehl in Milch oder Sahne anrühren, unter das Gemüse rühren, einmal aufkochen lassen und das Gemüse zugedeckt bei sehr milder Hitze noch 5 Minuten ziehen lassen.

Lauch mit Bratklößchen

750 g Lauch
750 g Kartoffeln
1 Teel. Salz
2 Messersp. Pfeffer
1 l Fleischbrühe
100 g Semmelbrösel
1 Tasse Wasser
1 Bund Petersilie
300 g Kalbs- oder Rinderbrät
½ Teel. Salz

2 Eßl. Bratfett
2 Eßl. Speisestärke
⅛ l saure Sahne

Pro Person etwa:
2680 Joule
640 Kalorien

Garzeit:
30 Minuten

Vom Lauch die harten, dunkelgrünen Blätter abschneiden. Die Stangen gründlich waschen, abtropfen lassen und in etwa 2 cm breite Streifen schneiden. Die Kartoffeln schälen, waschen, größere Kartoffeln halbieren und in etwa 2 cm dicke Scheiben schneiden. Den Lauch und die Kartoffeln mischen und in eine feuerfeste Form füllen. Mit dem Salz und dem Pfeffer würzen. Die Fleischbrühe zugießen und die Kartoffeln mit dem Lauch zugedeckt bei milder Hitze in etwa 30 Minuten weich kochen. Die Semmelbrösel in einer Schüssel mit dem kalten Wasser übergießen und verrühren. Die Petersilie waschen und fein schneiden. Das Kalbs- oder Rinderbrät mit der Petersilie zu den eingeweichten Semmelbröseln geben, gut mischen und mit dem Salz abschmecken. Mit angefeuchteten Händen Klößchen formen.
Das Fett in einer Pfanne erhitzen und die Klößchen darin braten, bis sie rundherum braun sind. Die Speisestärke mit der sauren Sahne verrühren, das Lauch-Kartoffel-Gemüse damit binden und einmal aufkochen lassen. Die Klößchen auf dem Gemüse verteilen und das Bratfett darübergießen. Das Gericht in der Form servieren.

Unser Tip: Anstelle von Bratklößchen Bratwürstchen oder Wiener Würstchen braten, in Scheiben schneiden und auf dem Gemüse verteilen.

Zum Bild rechts:

Daß uns das ganze Jahr über eine große Auswahl an frischem Kohl angeboten wird, verdanken wir den Züchtern. Ihnen ist es im Laufe der Zeit gelungen, frühe, mittlere und späte Sorten von fast jeder Kohlart zu ziehen. Auch die moderne Lagerung in Kühlräumen ermöglicht ein in jeder Hinsicht verbraucherfreundliches Kohlangebot.

Unser Bild zeigt die wichtigsten Kohlarten:

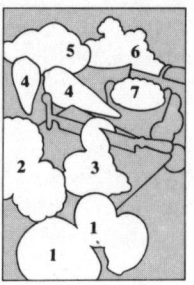

1 Rotkohl
2 Blumenkohl
3 Weißkohl
4 Spitzkohl
5 Wirsingkohl
6 Grünkohl
7 Rosenkohl

Zur folgenden Doppelseite:

*Grünkohl mit Pinkel (links), eine fette Grützwurst, die es in Norddeutschland gibt, ist ein um Bremen beheimatetes Gericht. Fett- und vitaminreich ist dieses typische Winteressen. Dazu gibt es Bratkartoffeln oder kleine in Butter und Semmelbröseln gebratene Salzkartoffeln.
Das Rezept finden Sie auf Seite 273.*

*Wirsingkohl nach holländischer Art (rechts) ist ein verhältnismäßig leichtes und bekömmliches Kohlgericht. Die cremige Sauce aus Milch und mit viel Eigelb zubereitet mildert den manchmal recht strengen Kohlgeschmack. Zitronensaft, mit dem die Sauce abgeschmeckt ist, mag in Verbindung mit Kohl etwas ungewohnt erscheinen, ist hier jedoch das berühmte »Tüpfelchen auf dem i«.
Das Rezept finden sie auf Seite 273.*

FENCHEL

Zum Bild links:

Linsenpüree (im Bild oben) und Püree aus Trockenerbsen (im Bild unten) stellen jeweils die hoffähige Variante von Linsengemüse und dickem Erbseneintopf dar. Wenn Sie dazu nicht Erbsen oder Linsen aus Konservendosen verwenden wollen, die nicht gegart werden müssen, haben Sie etwas mehr Arbeit. Es lohnt sich: Im Geschmack sind die »frischen« Hülsenfrüchte viel besser! Erbsen brauchen Zeit zum Quellen – etwa 12 Stunden, wenn sie beizeiten gar sein sollen. Linsen müssen zwar nicht unbedingt eingeweicht werden, danken es aber durch eine erheblich verkürzte Garzeit. Das bei Linsenpüree unvermeidliche Durchpassieren, können Sie beim Erbsenpüree umgehen, indem Sie Schälerbsen kochen, die im Mixer püriert werden können. – Erbsenpüree wird mit in reichlich Butter gebratenen Zwiebelringen vollendet. Püree aus Linsen schmeckt mit gehackter Petersilie gut. Die Butter wird hier unter das Püree gerührt; sie gibt ihm eine feine Konsistenz. – Beide Gerichte sind eine geschätzte Beilage zu Kasseler Rippenbraten oder Rippchen, zu Schweinekoteletts, zu gut gewürzten, geräucherten Würstchen. Erbsenpüree gehört außerdem unbedingt zum Eisbein, oder, wie man in Süddeutschland sagt, zur Surhaxe.
Die Rezepte finden Sie auf Seite 302.

Fenchel ist Heilmittel, Gewürz und Gemüse zugleich. Fenchelöl mit Honig hilft gegen Husten. Aus seinem Samen erhält man Tee gegen Magenverstimmung und ein Back- und Einmachgewürz. Kenner zählen Fenchel – die knollenartigen dicken Stengel – zu den feinsten Gemüsen. Der intensive Geschmack und der Duft erinnern an Anis.

Fenchel mit Butter

750 g Fenchelknollen (2–4 Stück)
½ l Wasser
2 Eßl. Weißwein
1 Teel. Salz
1 Messersp. geriebene Muskatnuß oder 2 Messersp. Pfeffer
½ Bund Petersilie
2 Eßl. Butter

Pro Person etwa:
640 Joule
150 Kalorien

Garzeit:
30 Minuten

Von den Fenchelknollen die Stiele abschneiden, äußere braune Stellen entfernen und die harten Rippen der Außenblätter abziehen. Etwas Fenchelgrün waschen, abtropfen lassen, fein schneiden und zugedeckt aufbewahren. Die Fenchelknollen gründlich waschen und halbieren. Das Wasser mit dem Weißwein, dem Salz und dem Muskat oder Pfeffer zum Kochen bringen. Die Fenchelknollen einlegen und zugedeckt bei milder Hitze in etwa 30 Minuten weichkochen. Die Petersilie waschen und fein schneiden. Die weichgekochten Fenchelknollen aus dem Kochsud heben, abtropfen lassen und in einer vorgewärmten Schüssel anrichten. Die Butter zerlassen und über die Fenchelhälften gießen. Mit der Petersilie und dem Fenchelgrün bestreut servieren.

Paßt gut zu: gebratenem oder gegrilltem Fleisch und Geflügel

Wenn Sie Gästen etwas besonders Exquisites bieten wollen, dann überraschen Sie sie mit überbackenem Fenchel. Am besten servieren Sie jede Portion in einem separaten Pfännchen.

Raffiniert
Überbackener Fenchel

Bild Seite 270

2 Scheiben Weißbrot
750 g Fenchelknollen (4 Stück)
1 kleine Zwiebel
1 Eßl. Butter
½ Teel. Salz
1 Prise Pfeffer
⅛ l Weißwein
⅛ l Fleischbrühe
1 Eßl. Mehl
3 Eßl. Wasser
2 Eßl. saure Sahne
50 g geriebener Parmesankäse
1–2 Eßl. Zitronensaft
2 Tomaten
250 g gekochter Schinken
2 Eßl. Semmelbrösel
1 Eßl. Butter
Fenchelgrün

Pro Person etwa:
1970 Joule
470 Kalorien

Garzeit:
40 Minuten

Das Weißbrot in kleine Würfel schneiden und in eine große, flache feuerfeste Form geben. Vom Fenchel die Stiele und den Wurzelansatz abschneiden, braune Stellen entfernen und die harten Rippen der Außenblätter abziehen. Den Fenchel gründlich waschen, etwas Fenchelgrün aufbewahren. Die Fenchelknollen vierteln. Die Zwiebel schälen und in kleine Würfel schneiden. Die Butter in einem Topf zerlassen und die Zwiebelwürfel darin anbraten. Die Fenchelviertel zugeben, mit dem Salz und dem Pfeffer bestreuen, den Wein und die Fleischbrühe zugießen und den Fenchel zugedeckt bei milder Hitze 15 Minuten dünsten. Den Fenchel mit einer Schaumkelle herausheben und auf den Weißbrotwürfeln anrichten. Das Mehl mit dem Wasser und der sauren Sahne verrühren, die Fenchelbrühe damit binden, aufkochen und 5 Minuten kochen lassen. Den Käse untermischen und mit dem Zitronensaft abschmecken.
Den Backofen auf 210° vorheizen. Die Tomaten häuten, halbieren und auf den Fenchel setzen. Den Schinken in Würfel schneiden und auf das Gemüse streuen. Die Käsesauce darübergießen, die Semmelbrösel daraufstreuen und die Butter in Flöckchen darauf verteilen. Das Gericht auf der mittleren Schiebeleiste im Backofen in etwa 20 Minuten goldbraun backen. Das Fenchelgrün fein hacken und den überbackenen Fenchel damit bestreuen.

Dazu schmeckt: Weißbrot

Ein Obergärtner im Botanischen Garten in Brüssel namens Brezier gilt seit 1845 als der »Vater des Chicorée«. Unser Gemüse-Chicorée ist eine veredelte Abart der Kaffee-Zichorie. Es war ein weiter Weg von den ersten Zuchtversuchen in dunklen, warmen Kellern bis zu den heutigen verfeinerten Anbaumethoden in Containern und Aquakulturen.

CHICORÉE · ARTISCHOCKEN

Überkrusteter Chicorée

750 g Chicorée
½ Teel. Salz
1 Lorbeerblatt
1 l Wasser
1 Eßl. Butter
½ Teel. Rauchsalz
100 g Tilsiter Käse in Scheiben
150 g magerer durchwachsener Speck in langen, dünnen Scheiben

Pro Person etwa:
1550 Joule
370 Kalorien

Garzeit:
15 Minuten

Zeit zum Überbacken:
10–15 Minuten

Am Chicorée die welken äußeren Blätter und schlechten Stellen entfernen. Mit einem Küchenmesser einen etwa 3 cm langen Kegel aus dem Strunkende schneiden und den Chicorée waschen. Das Salz und das Lorbeerblatt ins Wasser geben und das Wasser zum Kochen bringen. Die Chicoréestauden einlegen und zugedeckt bei milder Hitze in etwa 15 Minuten nicht zu weich kochen.
Den Backofen auf 210° vorheizen. Das Gemüse mit einem Schaumlöffel herausheben und abtropfen lassen. Eine feuerfeste Form mit der Butter ausstreichen. Den Chicorée nebeneinander einlegen, mit dem Rauchsalz bestreuen und mit den Käsescheiben bedecken. Die Speckscheiben auf den Käse legen und das Gericht auf der mittleren Schiebeleiste 10–15 Minuten im Backofen überbacken, bis der Käse goldgelb und der Speck knusprig braun ist.

Beilage: körnig gekochter Reis, Kartoffelpüree mit gehackter Petersilie oder getoastetes Weißbrot

Brüsseler Chicorée

1 kg Chicorée (4 dicke Stauden)
1 Eßl. Butter
⅛ l Fleischbrühe
½ Bund Petersilie
150 g magerer, roher Schinken

Pro Person etwa:
710 Joule
170 Kalorien

Garzeit:
20 Minuten

Den Backofen auf 200° vorheizen. Die Chicoréestauden von den äußeren welken Blättern und schlechten Stellen befreien, waschen, längs halbieren und die Strünke kegelförmig herausschneiden. Eine feuerfeste Form mit der Butter ausstreichen. Den Chicorée mit der Schnittfläche nach unten in die ausgebutterte Form legen. Die Brühe erhitzen und darübergießen. Die Form mit Alufolie abdecken. Den Chicorée auf der mittleren Schiebeleiste in etwa 20 Minuten im Backofen garen.
Die Petersilie waschen, abtropfen lassen und fein hacken. Den Schinken grob zerschneiden und mit der Petersilie über den gegarten Chicorée streuen. Das Gemüse in der Form servieren.

Beilagen: Pellkartoffeln, Salzkartoffeln, in Butter geschwenkt, Curryreis oder Weißbrot

---

Artischocken reicht man häufig als Vorspeise, verschiedentlich auch als Beilage, beispielsweise zu gegrilltem Fleisch. Zu dem im Geschmack milden Blattfleisch und den butterweichen Artischockenböden gehören eine gutgewürzte Sauce, eine geschmacksintensive Mayonnaise oder eine Vinaigrette.

Geeignet als Vorspeise

Artischocken mit Zitronenmayonnaise

4 Artischocken
1 l Wasser
1 Teel. Salz
1 Eßl. Zitronensaft
100 g Salatmayonnaise,
2–3 Teel. Zitronensaft

Pro Person etwa:
1340 Joule
320 Kalorien

Garzeit:
30–40 Minuten

Von den Artischocken die Stiele abbrechen und welke oder harte äußere Blätter entfernen. Von den verbliebenen Blättern mit der Küchenschere die Spitzen – etwa ein Drittel der Blätter – abschneiden. Die Artischocken unter fließendem kaltem Wasser waschen.

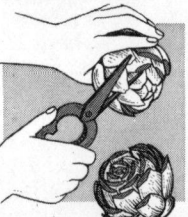

Von den Artischocken die Stiele und die Blattspitzen abschneiden.

Das Wasser mit dem Salz zum Kochen bringen. Den Zitronensaft zufügen, die Artischocken mit dem Stielansatz nach unten einlegen und im offenen Topf bei mittlerer bis milder Hitze in etwa 40 Minuten im leicht sprudelnd kochenden Wasser garen. Die Artischocken sind gar, wenn der Boden auf Druck nachgibt und ein Blatt sich leicht herausziehen läßt.

Die gegarten Artischocken aus dem Kochsud heben und mit dem Stielansatz nach oben auf saugfähigem Papier abtropfen lassen.
Die Mayonnaise mit dem Zitronensaft abschmecken. Die Artischocken auf Tellern anrichten und die Zitronenmayonnaise getrennt dazureichen.

Ganze Artischocken ißt man so: Man zupft am äußeren Blattkranz beginnend Blatt für Blatt ab, hält es an der Spitze, taucht das weiche Ende in die Sauce und streift das Fleisch mit den Zähnen ab. Sind alle Blätter verspeist, stößt man auf die Blütenfäden, das »Heu«. Man nimmt es mit der Gabel ab und ißt den delikaten Artischockenboden mit Messer und Gabel.

Unsere Tips: Artischocken weder in Eisen- noch in Aluminiumtöpfen kochen, sondern in Emailtöpfen oder Glasgeschirr. Artischocken reagieren mit Metall chemisch, was Geschmack und Aussehen beeinträchtigt. Artischocken schmecken warm am besten. Reichen Sie statt der Zitronenmayonnaise eine Sauce Hollandaise, Sauce Béarnaise oder auch einmal eine Vinaigrette dazu.

Geeignet als Vorspeise

Überbackene Artischockenböden

500 g Artischockenböden aus der Dose
½ Teel. Salz
2 Messersp. Pfeffer
1 Eßl. Zitronensaft
125 g geriebener Parmesan- oder Schweizer Käse
1 Eßl. Butter

Pro Person etwa:
920 Joule
220 Kalorien

Zeit zum Überbacken:
5 Minuten

Die Artischockenböden abtropfen lassen, mit dem Salz und dem Pfeffer bestreuen und mit dem Zitronensaft beträufeln.

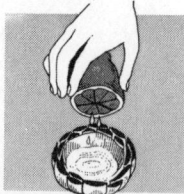

Frische Artischockenböden ebenso wie Artischockenböden aus der Dose vor der weiteren Zubereitung mit Zitronensaft beträufeln.

Den Backofen auf 220° vorheizen. Die Artischockenböden in eine flache, feuerfeste Form setzen, mit dem Käse bestreuen und die Butter in Flöckchen

ARTISCHOCKEN · MAISKOLBEN · WEINBLÄTTER

daraufsetzen. Dann auf der mittleren Schiebeleiste im Backofen so lange überbacken, bis der Käse goldgelb geworden ist.

Paßt gut zu: Filetbraten, Kalbsbraten oder gegrilltem Fleisch

---

Raffiniert
Gefüllte Artischocken

Bild Seite 257

4 große Artischocken	6 Eßl. Olivenöl
125 g Greyerzer- oder Parmesankäse	¼ l trockener Weißwein
1 Zwiebel	
2 Knoblauchzehen	Pro Person etwa:
4 Eßl. Semmelbrösel	2180 Joule
½ Teel. Salz	520 Kalorien
2 Messersp. frischgemahlener schwarzer Pfeffer	Garzeit: 60–80 Minuten

Von den Artischocken die Stiele und etwa 3 cm von der Spitze abschneiden. Die stehengebliebenen Blätter der Artischocken mit der Küchenschere um etwa ein Drittel kürzen. Die Artischocken waschen und mit dem Stielende nach oben abtropfen lassen. Die Artischocken umdrehen, auf eine feste Unterlage drücken und die Blätter auseinanderbiegen.
Den Käse grob raspeln. Die Zwiebel und die Knoblauchzehen schälen und sehr fein schneiden. Die Semmelbrösel mit dem Käse, der Zwiebel, dem Knoblauch, dem Salz und dem Pfeffer mischen.
Den Backofen auf 190° vorheizen. Die Mischung mit einem Teelöffel beim untersten Blattkranz beginnend zwischen die Artischockenblätter und in die Mitte der Artischocken füllen. Die Füllung mit den Fingern etwas festdrücken.
Eine feuerfeste Form, in die die 4 Artischocken gerade nebeneinander hineinpassen, mit 1 Teelöffel Öl ausstreichen. Die Artischocken in die Form setzen und mit je 1 Eßlöffel Öl beträufeln. Den Wein und das restliche Öl zufügen und die Artischocken in 60–80 Minuten auf der mittleren Schiebeleiste im Backofen backen. Dabei öfter mit der Flüssigkeit in der Form begießen. Die Backzeit richtet sich nach der Größe und dem Alter der Artischocken.

Unser Tip: Gefüllte Artischocken werden mit Messer und Gabel gegessen.

Gelingt leicht
Gekochte Maiskolben

2 l Wasser	Pro Person etwa:
8 junge Maiskolben	1430 Joule
125 g gekühlte Butter	350 Kalorien
Salz	Garzeit:
nach Belieben Pfeffer	10–15 Minuten

Das Wasser zum Kochen bringen. An den Maiskolben die grünen Hüllblätter, die inneren Seidenfäden und die Stiele entfernen. Die Kolben kurz kalt überbrausen, in einen genügend großen Topf legen und mit dem kochenden Wasser übergießen. Das Wasser erneut zum Kochen bringen und die Maiskolben darin in 10–15 Minuten garen. Frisch geernteter Mais gart rascher als Mais, der schon einige Tage gelagert wurde. Inzwischen die Butter zu Kugeln oder Locken formen und in kleine Schälchen verteilen. Zu jedem Gedeck ein Schälchen mit Butter und einen Salzstreuer stellen. Den Mais auf einer vorgewärmten Platte anrichten und heiß servieren.

Unser Tip: Zum Essen von Maiskolben gibt es kleine Spießchen zum Halten der heißen Kolben. Man bestreicht den Mais mit Butter, bestreut ihn mit Salz und nach Belieben mit Pfeffer und knabbert die Körner mit den Zähnen vom Kolben.

Variante
Gegrillte Maiskolben

Die Maiskolben wie im Rezept beschrieben vorbereiten, mit Butter bestreichen und in der Grillpfanne möglichst dicht unter die Grillstäbe des vorgeheizten Elektrogrills schieben. In etwa 10 Minuten rundherum hellbraun grillen. Dabei häufig wenden und öfter mit Butter bestreichen, damit die Kolben gleichmäßig gar und braun werden. Den Mais dann mit Salz und Paprikapulver bestreuen, auf einer Platte auf frischen Salatblättern anrichten und frische Butter dazureichen.

Unser Tip: Sind die Maiskolben nicht mehr ganz jung und zart, vor dem Grillen etwa 10 Minuten im kochenden Wasser garen und gut abtropfen lassen.

Raffiniert
Gefüllte Weinblätter

50 g Reis	1 Eßl. Zitronensaft
¼ l Wasser	je 2 Messersp. Salz und Pfeffer
250 g Weinblätter frisch oder aus der Dose	50 g Butter
1 Zwiebel	½ Teel. Salz
1 Bund Dill	
2 Tomaten	Pro Person etwa:
500 g Hackfleisch (Rindfleisch oder Lammfleisch)	2510 Joule 600 Kalorien
2 Eßl. Olivenöl	Garzeit: 50 Minuten

Den Reis waschen, abtropfen lassen, ins kochende Wasser geben, in etwa 18 Minuten nicht zu weich garen und abtropfen lassen.
Frische Weinblätter waschen, von den Stielen befreien, übereinanderlegen und 5 Minuten in kochendem Wasser blanchieren. Die Weinblätter aus dem Wasser heben und abtropfen lassen. Weinblätter aus der Dose in einem Sieb mit kochendem Wasser überbrühen und abtropfen lassen.
Die Zwiebel schälen und würfeln. Den Dill waschen, abtropfen lassen und kleinschneiden. Die Tomaten häuten und ebenfalls kleinschneiden. Das Hackfleisch mit dem Reis, der Zwiebel, dem Dill, den Tomatenstückchen, dem Olivenöl, dem Zitronensaft, dem Salz und dem Pfeffer zu einem Fleischteig verarbeiten.
Den Boden eines Topfes mit Weinblättern auslegen. Von der Hackfleischmischung jeweils 1 Eßlöffel voll abnehmen und zu kleinen Röllchen formen. Die restlichen Weinblätter mit der Unterseite nach oben auf eine Arbeitsplatte legen und auf das untere Ende jedes Weinblattes 1 Fleischröllchen legen. Die Seitenteile der Weinblätter über die Füllung schlagen und die Blätter vom Stielende her aufrollen. Die gefüllten Weinblätter dicht nebeneinander in Schichten auf die Weinblätter im Topf legen. Die Butter zerlassen, mit dem Salz und so viel Wasser über die gefüllten Weinblätter geben, daß diese gerade von der Flüssigkeit bedeckt sind. Die Weinblätter, mit einem Deckel beschwert, der etwas kleiner als der Topf ist, zum Kochen bringen und zugedeckt bei milder Hitze 35 Minuten kochen lassen. Die gefüllten Weinblätter auf einer Platte anrichten und heiß oder kalt servieren.

Dazu schmecken: Sauce Hollandaise, Weißbrot und Schafkäse

OKRA · CARDY · BATATEN

Raffiniert
Okra-Tomaten-Gemüse

500 g Okra	Pro Person etwa:
250 g Zwiebeln	550 Joule
1 Knoblauchzehe	130 Kalorien
1 Peperone	
5 Tomaten	Garzeit:
2 Eßl. Butter	30 Minuten
1 Teel. Salz	
1 Messersp. frischgemahlener schwarzer Pfeffer	

Die Okra unter fließendem kaltem Wasser waschen und mit einem Küchenmesser den Flaum von den Schalen abreiben. Nur so viel von den Stielenden und den Spitzen abschneiden, daß die Okraschoten nicht verletzt werden. Die Zwiebeln und die Knoblauchzehe schälen und fein hacken. Die Peperone-Schote halbieren, von den Kernen befreien, waschen und sehr fein schneiden. Die Tomaten häuten, halbieren, Kerne und Inneres herausdrücken, die Tomaten in kleine Stücke schneiden.
Die Butter in einem flachen Topf zerlassen, die Zwiebeln zufügen und glasig braten. Den Knoblauch mit der Peperone-Schote und den Tomatenstückchen zufügen und zugedeckt bei milder Hitze in 5 Minuten weitergaren. Die Okraschoten mit dem Salz und dem Pfeffer zugeben, einige Male wenden und zugedeckt bei milder Hitze in 15–20 Minuten weich dünsten.

Paßt gut zu: Kalbsschnitzel natur oder Lammkotelett und Reis

Raffiniert
Überbackener Cardy

1 l Wasser	Pro Person etwa:
1 Teel. Salz	1550 Joule
1 Cardystaude (etwa 2 kg)	370 Kalorien
3 Eßl. Essig	Garzeit:
1 Eßl. Mehl	30 Minuten
½ l Fleischbrühe	
1 Zwiebel	Zeit zum
3 Eßl. Butter	Überbacken:
2 Eßl. Mehl	30 Minuten
2 Eier	
100 g geriebener Emmentaler Käse	

Das Wasser mit dem Salz zum Kochen bringen. Die Cardystaude in einzelne Stangen zerlegen. Das Blattgrün, die dünnen, hohlen Enden und die stacheligen Ränder abschneiden. Die harten Rippen von den Stangen abziehen. Das Gemüse in etwa 6 cm lange Stücke schneiden und gleich ins kochende Salzwasser legen. Den Essig mit dem Mehl verrühren, beides zufügen, die Cardystücke im offenen Topf 10 Minuten kochen lassen, aus dem Sud heben und etwas abkühlen lassen. Die faserige Haut abziehen.
Die Fleischbrühe zum Kochen bringen, die Cardystücke einlegen und in etwa 20 Minuten zugedeckt bei milder Hitze gar kochen. Die Zwiebel schälen und in kleine Würfel schneiden. Die garen Cardystücke aus der Fleischbrühe nehmen und in eine feuerfeste Form legen.
Den Backofen auf 200° vorheizen. Die Butter in einem Topf zerlassen, die Zwiebel darin glasig braten und das Mehl darüberstäuben. Rühren, bis eine glatte Masse entstanden ist. Unter ständigem Rühren die Fleischbrühe zugießen und die Sauce bei milder Hitze 5 Minuten kochen lassen, dabei ab und zu umrühren. Die Eier in Eiweiße und Eigelbe trennen. Den Topf vom Herd nehmen. Die Eigelbe mit 3 Eßlöffel Sauce verrühren und die Sauce mit dem Eigelbgemisch legieren. Den Käse unterrühren. Die Eiweiße zu steifem Schnee schlagen und unter die Käsesauce heben. Die Cardystücke damit überziehen und auf der mittleren Schiebeleiste 30 Minuten im Backofen überbacken.

Paßt gut zu: Kalbs- oder Filetbraten

Bambussprossen sind ein spargelähnliches Gemüse, das bei uns nur als Konserve im Handel ist. Würzen Sie Speisen mit Bambussprossen immer sehr behutsam; vor allem sollten Sie mit Curry und Paprika sparsam umgehen, damit der zarte Eigengeschmack der Sprossen nicht überdeckt wird.

Bambussprossen-Pilz-Gemüse

250 g frische Champignons oder andere Pilze	1 Eßl. Sojasauce
	1 Teel. Speisestärke
1 Eßl. Öl	3 Eßl. Gemüsewasser
350 g Bambussprossen aus der Dose	
	Pro Person etwa:
½ Teel. Zitronensaft	330 Joule
	80 Kalorien
2–3 Messersp. Salz	
½ Teel. Zucker	Garzeit: 15 Minuten

Die Stiele der Pilze etwas kürzen, gegebenenfalls die braune Haut abziehen. Die Pilze waschen und halbieren. Das Öl in einer großen Pfanne erhitzen und die Pilze unter Wenden darin anbraten. Bei milder Hitze zugedeckt in etwa 10 Minuten weich dünsten. Die Bambussprossen in einem Sieb abtropfen lassen – das Wasser dabei auffangen – und in etwa 2 cm breite Stücke schneiden. Mit den Pilzen in der Pfanne mischen und bei sehr milder Hitze etwa 5 Minuten darin erhitzen. Mit dem Zitronensaft, dem Salz, dem Zucker und der Sojasauce abschmecken. Die Speisestärke in dem Gemüsewasser anrühren und unter das Gemüse mischen. Die Sauce einmal aufkochen lassen.

Paßt gut zu: süßsaurem Schweinefleisch, gebratenem oder gegrilltem Geflügel

---

Raffiniert
Gebackene Bataten
Gebackene Süßkartoffeln

4 mittelgroße Bataten, etwa 600 g	Pro Person etwa: 1180 Joule 280 Kalorien
2 Eßl. Butter	
½ Tasse Sahne	Garzeit:
½ Teel. Salz	40 Minuten
2 Schnapsgläser trockener Sherry (4 cl)	Zeit zum Überbacken: 5 Minuten

Den Backofen auf 200° vorheizen. Die Bataten unter fließendem kaltem Wasser bürsten, abtrocknen und auf dem Grillrost des Backofens auf der mittleren Schiebeleiste in etwa 40 Minuten weich backen. Die Bataten dann längs halbieren, die Hälften mit einem Teelöffel aushöhlen und dabei einen etwa 1 cm dicken Rand stehenlassen. Das ausgehöhlte Fleisch der Süßkartoffeln durch ein Sieb streichen, die Butter in Stückchen unterrühren, die Sahne mit dem Salz und dem Sherry zufügen und alles gut miteinander vermengen. Den Backofen auf 250° schalten. Die Bataten mit der Masse füllen, auf ein Kuchenblech setzen und auf der obersten Schiebeleiste so lange überbacken, bis sich eine hellbraune Kruste gebildet hat.

Paßt gut zu: Puter, gebratenem Hähnchen oder glasiertem gekochtem Schinken

Von den Pilzen

Pilze sind in den Wäldern in Großstadtnähe kaum noch zu finden. Alle Pilzarten werden seltener. Pilze reagieren höchst empfindlich auf Umweltveränderungen. Autoabgase, Insektizide, Herbizide setzen ihnen mehr zu als die Menschen, die sich ihre Mahlzeit pilzesammelnd verdienen.

Es lohnt sich aber, vor allem bei günstiger »Pilzwitterung« – an warmen Tagen nach Regenperioden – etwas weiter hinauszuziehen und Pilze zu suchen. Es gibt viele eßbare, wohlschmeckende Speisepilze, an denen der Laie, dessen Kenntnis sich meist auf Pfifferlinge, Steinpilze und vielleicht noch Maronenröhrlinge beschränkt, vorbeigeht. Dabei handelt er vernünftig. Oberstes Gebot für den Pilzsammler ist, keinen Pilz zu essen, den man nicht eindeutig als Speisepilz erkennt. Wen es als Laien nach einem leckeren Pilzgericht gelüstet, kauft sich die Hauptzutaten dafür besser bei einem guten Gemüsehändler.

Was wir als Pilze bezeichnen, ist nur der sporentragende Fruchtkörper der eigentlichen Pflanze, die in feinen Fäden – Myzel – weitverzweigt unter der Erde, unter Laubschichten oder auch in Holz wächst. Die häufigste Erscheinungsform dieser Fruchtkörper ist der Hutpilz. Auf der Unterseite des Hutes erkennt man Lamellen (Blätterpilze), Röhren (Röhrlinge), Leisten (Leistenpilze) bei einigen auch kleine stachelartige Erhebungen oder Poren, die alle die Aufgabe haben, die Oberfläche der Hutunterseite stark zu vergrößern, damit dort möglichst viele Sporen gebildet werden können.

Röhren, Lamellen, Leisten und Stacheln an der Unterseite des Hutes sind wichtige Unterscheidungsmerkmale bei Pilzen.

Weniger häufig vertreten sind die Bauchpilze, z. B. die Boviste, rundliche, ganz geschlossene Pilze, die ohne erkennbaren Stielansatz aus dem Boden wachsen. Bei ihnen befinden sich die Sporen im Inneren des Fruchtkörpers.

Es würde zu weit führen, alle in Mitteleuropa vorkommenden Speisepilze zu beschreiben. Wir müssen uns auf einige bekannte und wohlschmeckende Arten beschränken, die es auch häufig zu kaufen gibt.

Wichtige Speisepilze

Champignon
(Kulturchampignon, Gartenchampignon). Er ist weiß bis bräunlich gefärbt und wird meist noch kugelig geschlossen geerntet. Er hat einen dicken kurzen Stiel und als junger Pilz rosarote Lamellen, die sich bei älteren Pilzen dunkelbraun färben. Sein Fleisch ist zart, von feinem, nicht sehr ausgeprägtem Aroma. Beim Einkauf von Zuchtchampignons auf feste, nicht strohig ausgetrocknete Stielenden achten. Zuchtchampignons sind fast für alle Zubereitungsarten geeignet, z. B. mit Sahne (siehe Bild S. 309).

Wiesenchampignon
(Feldchampignon). Der Hut ist weiß bis hellbraun, manchmal schuppig. Die Haut läßt sich leicht abziehen. Bei jungen Exemplaren sind die Lamellen rosa, im Alter braun bis braunschwarz. Das Fleisch ist zart, weiß. Der Wiesenchampignon ist vielseitig verwendbar; gebraten oder in einer Sahnesauce als Fleischbeilage.

Hallimasch
Sein Hut ist dünnfleischig, hell- bis mittelbraun, die Lamellen gelblich bis hellbräunlich. Junge Hüte sind fast kugelig und durch eine weiße Hülle mit dem Stiel verbunden. Der Hallimasch ist roh giftig. Er muß etwa 10 Minuten gekocht werden. Sein Aroma ist würzig und kräftig. Er ist besonders gut für Gerichte aus Mischpilzen geeignet.

Parasol
(Riesenschirmling). Sein Hut kann einen Durchmesser von 30 cm erreichen. Auf der hellgrundigen Haut bilden sich Schuppen. Junge Parasole sind kugelig bis eiförmig geformt. Die Lamellen sind weiß bis cremefarben, später leicht rosa. Vom Parasol ist nur der Hut, dessen Fleisch etwas nußartig schmeckt, zum Verzehr geeignet. Parasole brät man am besten. Für Mischpilzgerichte eignen sich nur junge, noch geschlossene Hüte.

Steinpilz
Der Steinpilz gehört zu den Röhrenpilzen. Sein Hut ist dickfleischig, von weißlich-heller bis dunkelbrauner Farbe. Die Röhren sind bei jungen Steinpilzen weißlich, später gelb bis olivgrün. Das Fleisch von Hut und Stiel ist fest, schmeckt mild und ist für alle Zubereitungsarten geeignet, z. B. mit Sahne (siehe Bild S. 309).

Maronenröhrling
Der Hut ist dunkelbraun, bei jungen Pilzen matt und samtig, bei alten glatt und bei Nässe schmierig. Die Röhren sind bei jungen Pilzen gelblich und später gelbgrünlich, der Stiel bräunlich. Das Fleisch der Maronenpilze ist weiß bis blaßgelblich, fest, von charakteristisch ausgeprägtem Aroma. Aus Maronen bereitet man hervorragende Einzelgerichte, als Mischpilze wirken sie geschmacksverbessernd.

Butterpilz
Der Hut ist gelbbraun bis schokoladenbraun. Die Haut ist bei jungen Pilzen schleimig, später glatt und glänzend. Sein Fleisch ist gelb und weich. Butterpilze sind für Mischpilzgerichte geeignet.

Birkenpilz
Der weichfleischige Hut ist hell- bis dunkelbraun, die Röhren sind weißlich bis grau. Sein Fleisch ist weißlich, bei jungen Pilzen fest, später weich bis schwammig. Nur junge, feste Exemplare ergänzen Mischpilzgerichte.

Pfifferling
(Reherl). Er gehört zu den Leistenpilzen und ist einer der würzigsten Speisepilze. Pfifferlinge eignen sich gut zum Würzen von Mischgerichten und sind eine geschätzte Beilage zu Fleisch-, speziell zu Wildgerichten. Ältere Exemplare sind zäh und müssen vor dem Garen feinblättrig geschnitten oder gehackt werden.

Speisemorchel
Morcheln gehören zu den Hutpilzen und bilden keine Schirme, sondern mehr oder weniger spitze Kappen. Der ganze Pilz ist hohl, sein Fleisch wächsern und von hervorragendem Geschmack. Die Kappe der Speisemorchel ist hellbraun gefärbt. Morcheln sind aromatische Beigabe zu

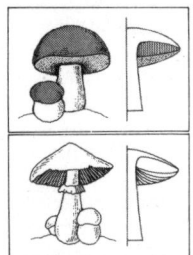
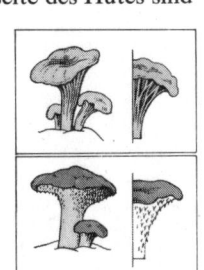

Röhrenpilz (oben) und Blätter- oder Lamellenpilz (unten) als ganze Pilze und im Längsschnitt

Leistenpilz (oben) und Stachelpilz (unten) als ganzer Pilz und im Längsausschnitt

CHAMPIGNONS

Pilzmischgerichten, als würzende Zutat für Suppen, Saucen und Ragouts. Morcheln spielen vor allem in der chinesischen Küche eine Rolle.

Riesenbovist
Junge Boviste – nur diese sind genießbar – haben eine weiße, leicht filzige Haut. Im Alter sind Boviste graubraun und bröckelig. Das Fleisch von jungen Bovisten ist weiß und fest, Boviste werden geschält, aber nicht gewaschen, in fingerdicke Scheiben geschnitten, und wie Schnitzel paniert und gebraten.

Trüffel
Der edelste aller Speisepilze ist die Trüffel; man zahlt für 1 Kilogramm etwa 1000 DM. Die ledrige Haut, die gelbweißlich, rötlich oder grauschwarz sein kann, ist mit kleinen, warzenähnlichen Gebilden überzogen. Sie wachsen in Laubwäldern unter der Erde. Bei uns gibt es Trüffeln nur selten frisch zu kaufen, ganzjährig jedoch in Dosen konserviert mit 25 oder 50 g Fruchtfleischinhalt. Das Aroma von konservierten Trüffeln reicht nicht an das der frischen heran. Sie dienen in erster Linie zum Würzen von Pasteten, Galantinen, Fleisch- und Geflügelgerichten und zum Garnieren.

Praktischer Rat
Die folgenden Hinweise, Einkauf, Lagerung und Zubereitung betreffend, gelten für die meisten Pilzarten. Wenn eine besondere Behandlung erforderlich ist, wird dies in den Rezepten eigens gesagt.

Beim Einkauf von Pilzen darauf achten, daß sie nicht von Maden (»Würmern«) befallen sind, keine schimmeligen Stellen aufweisen und nicht weich oder glitschig sind. Nur feste und trockene Pilze kaufen. Pilze nie in Plastiktüten transportieren, sondern offen, am besten in einem Korb. Pilze frisch verarbeiten, grundsätzlich auf einem Tuch oder Papier ausgebreitet und nicht viel länger als 12 Stunden lagern.

Das Vorbereiten geschieht bei den meisten Pilzen auf die gleiche Weise: Die Haut von der Kappe abziehen oder schlechte Stellen anschneiden. Den Stiel schaben und das Stielende abschneiden. Die Pilze kurz, aber gründlich in reichlich kaltem Wasser waschen und in einem Sieb abtropfen lassen. Für die meisten Gerichte werden Pilze, wenn sie nicht ganz klein sind, fein(blättrig) aufgeschnitten.

Große Pilze vierteln. Stiele quer zur Faser in dünne Scheibchen schneiden.

Pilze garen in 10–15 Minuten. Längere Koch- oder Bratzeiten machen sie nicht weicher, sondern eher zäh.

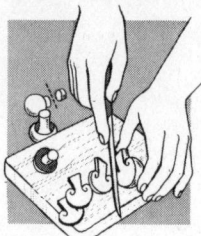

Von den Pilzen die Stielenden abschneiden und kleine Pilze in dünne Scheiben schneiden.

Ein einmaliges Aufwärmen von Pilzgerichten ist nicht gesundheitsschädlich, vorausgesetzt, sie waren bis zum Wiedererwärmen im Kühlschrank.

Das Einfrieren ist für die meisten Pilzarten die beste Konservierungsmethode. Große Pilze putzen, waschen und in Scheiben schneiden. Kleine Pilze im Ganzen lassen und 3 Minuten im kochenden Wasser blanchieren. Oder die geputzten Pilze in Scheiben schneiden und in etwas Butter und wenig Wasser, Salz und Pfeffer 7–8 Minuten dünsten. Blanchierte Pilze noch gefroren dünsten. Bereits gedünstete Pilze vor der Weiterverarbeitung etwas antauen lassen.

Eine der Standardbeilagen in der Gastronomie. Von dezentem Wohlgeschmack, kalorienarm, zu jeder Jahreszeit verfügbar.

Gedünstete Champignons

500 g Zuchtchampignons oder 750 g Wiesenchampignons
½ kleine Zwiebel
2 Eßl. Butter
1 Eßl. Mehl
½–1 Teel. Salz
1 Messersp. Pfeffer
5 Eßl. Wasser

½ Bund Petersilie
3 Eßl. saure Sahne

Pro Person etwa:
500 Joule
120 Kalorien

Garzeit:
10 Minuten

Von den Zuchtchampignons nur die Stielenden abschneiden und die Haut der Stiele leicht abschaben. Von Wiesenchampignons außerdem die ledrige Haut der Kappen mit einem Küchenmesser vom Rand her abziehen, schlechte Stellen aus den Kappen herausschneiden, die Stiele abschaben und schlechte Stielenden abschneiden.

Die Pilze gründlich in reichlich kaltem Wasser waschen und gut abtropfen lassen. Große Pilze halbieren oder vierteln und die Pilzstücke und die kleineren ganzen Pilze sowie die Pilzstiele in Scheibchen schneiden.
Die Zwiebel schälen und sehr fein schneiden. Die Butter in einem flachen Topf zerlassen, die Zwiebel zufügen und glasig braten. Die Pilze zugeben, 3 Minuten anbraten, das Mehl darüberstäuben und das Salz und den Pfeffer darüberstreuen. Unter Rühren 2–5 Eßlöffel Wasser zufügen und zugedeckt bei milder Hitze in etwa 5 Minuten gar dünsten. Dabei ab und zu umrühren und, wenn nötig, wenig Wasser zugießen.
Die Petersilie waschen, abtropfen lassen, fein schneiden und mit der Sahne unter die gegarten Pilze rühren. Vor dem Servieren nochmals mit etwas Salz abschmecken.

Paßt gut zu: allen Arten von Steaks, Grilladen, Pfannengerichten, Lendenbraten und Naturschnitzeln

Champignons nach griechischer Art

300 g kleine Zwiebeln
3 Eßl. Olivenöl
3 große Tomaten
3 Lorbeerblätter
1 Eßl. Weinessig
2–3 Stengel Petersilie
300 g Champignons
½ Tasse trockener Weißwein

je ½ Teel. Salz und Pfeffer

Pro Person etwa:
670 Joule
160 Kalorien

Garzeit:
35 Minuten

Die Zwiebeln schälen, das Öl in einem flachen Topf erhitzen, die Zwiebeln zufügen und rundherum goldgelb braten. Dabei ab und zu wenden. Inzwischen die Tomaten häuten, grob zerschneiden und mit den Lorbeerblättern und dem Essig zu den Zwiebeln geben. Die Petersilie waschen, abtropfen lassen, fein schneiden und über die Zwiebeln und die Tomaten streuen. Das Gemüse zugedeckt bei milder Hitze in etwa 25 Minuten weich dünsten.
Die Pilze putzen, waschen und nach Belieben blättrig schneiden. Sobald die Zwiebeln weich sind, die Champignons und den Wein zufügen, umrühren und zugedeckt in etwa 10 Minuten fertig dünsten. Vor dem Servieren mit dem Salz und dem Pfeffer abschmecken.

Dazu schmecken: Weißbrot und sehr dünn geschnittener roher Schinken

Unser Tip: Champignons auf griechische Art schmecken auch kalt hervorragend.

Variante
Pilztoast

Das Gericht wie im Rezept beschrieben zubereiten. 8 Weißbrotscheiben toasten, dünn mit Olivenöl bestreichen und »Champignons auf griechische Art« darauf verteilen. Die Weißbrotscheiben dann dick mit geriebenem Emmentaler Käse oder zerbröseltem Schafkäse bestreuen und im Backofen hellgelb überbacken.

Grundrezept für gedünstete Pilze
Gedünstete Pfifferlinge

500 g frische Pfifferlinge
1 Zwiebel
2 Eßl. Butter
½ Bund Petersilie
½ Teel. Salz
2 Messersp. Pfeffer

Pro Person etwa:
380 Joule
90 Kalorien

Garzeit:
15 Minuten

Die Stiele der Pfifferlinge abschaben und die Stielenden etwas abschneiden. Die Pilze behutsam von anhaftenden Moosresten und Tannennadeln befreien, madige und schlechte Stellen entfernen. Die Pilze dann – wenn nötig mehrmals – in reichlich kaltem Wasser waschen, bis sich kein Sand mehr am Boden der Schüssel absetzt. Die Pfifferlinge in einem Durchschlag abtropfen lassen. Große Pilze halbieren. Die Zwiebel schälen und in kleine Würfel schneiden. Die Butter in einem Topf zerlassen und die Zwiebelwürfel darin bei mittlerer Hitze glasigbraten. Die Pilze zugeben und zugedeckt bei milder Hitze in etwa 15 Minuten weich dünsten. Die Petersilie waschen, abtropfen lassen und kleinhacken. Die Pfifferlinge mit dem Salz und dem Pfeffer würzen und mit der gehackten Petersilie mischen.

Paßt gut zu: Wildgerichten und kurzgebratenem Rindfleisch

Unser Tip: Pilze aus der Dose nur abtropfen lassen, zu den glasiggebratenen Zwiebelwürfeln geben und zugedeckt etwa 5 Minuten erwärmen.

Für Pilzsammler ein sehr preiswertes, für Käufer im Feinkostladen ein nicht ganz billiges – für beide aber ein köstliches – Gericht von ausgeprägter Eigenart und »rustikalem« Charme.

Pfifferlinge mit Ei

750 g Pfifferlinge
2 große Zwiebeln
1 Bund Petersilie
2 Eßl. Butter
4 Eier
4 Eßl. Wasser
1 Teel. Salz

Pro Person etwa:
750 Joule
180 Kalorien

Garzeit:
20 Minuten

Die Pilze putzen, waschen, abtropfen lassen und kleinschneiden. Die Zwiebeln schälen und fein hacken. Die Petersilie waschen, abtropfen lassen und ebenfalls fein hacken.
Die Butter in einer Pfanne zerlassen, die Zwiebelwürfel zufügen und glasig braten. Die Petersilie zugeben und andünsten. Die Pilze dazuschütten und zugedeckt bei milder Hitze in etwa 10 Minuten weich schmoren. Dabei hin und wieder umrühren. Inzwischen die Eier mit dem Wasser und dem Salz mit einer Gabel verrühren und über die Pilze in der Pfanne gießen. Das Rührei in der Pfanne unter Wenden mit einem Holzspatel oder Bratenwender stocken lassen, bis es feucht glänzt. Es soll nicht zu trocken, aber auch nicht mehr flüssig sein.

Beilagen: Butterbrot und Kopfsalat

»Schwammerl mit Knödeln« sind ein bayerisches Nationalgericht. Wie alle Nationalgerichte »wehrt sich« auch dieses gegen alle Verfremdungsversuche und »Abmagerungskuren«: Wer nicht bereit ist, einige Kalorien in Kauf zu nehmen, muß auf Schwammerl mit Knödeln verzichten.

Schwammerl mit Knödeln

1 kg gemischte Pilze (Röhrlinge, Steinpilze, Maronenpilze, Rotkappen, Champignons und einige Pfifferlinge)
1 kleine Zwiebel
2 Eßl. Butter
4 Eßl. Mehl
¼–⅜ l Wasser
½ Fleischbrühwürfel
1 Messersp. Salz
1 Bund Petersilie

⅛ l saure Sahne
Semmelknödel nach dem Rezept in diesem Buch

Pro Person etwa:
920 Joule
220 Kalorien
(ohne Semmelknödel)

Garzeit:
20 Minuten

Die Pilze putzen, waschen, abtropfen lassen und in sehr feine Blättchen schneiden. Die Zwiebel schälen und fein hacken. Die Butter in einem genügend großen Topf zerlassen und die gehackte Zwiebel darin glasig braten. Die Pilze zugeben und mit der Butter und der Zwiebel mischen. Die Pilze im eigenen Saft zugedeckt bei sehr milder Hitze etwa 10 Minuten schmoren lassen.
Das Mehl mit ⅛ Liter Wasser anrühren, unter Rühren nach und nach so viel davon mit den Pilzen zum Kochen bringen, daß eine sämige Sauce entsteht. Das Gericht mit dem Fleischbrühwürfel und dem Salz abschmecken und die Pilze zugedeckt bei sehr milder Hitze in etwa 5 Minuten fertig garen. Die Petersilie waschen, abtropfen lassen, fein schneiden und mit der sauren Sahne unter die Pilze ziehen. Die »Schwammerlsuppe« warm stellen. Die Knödel nach dem Rezept in diesem Buch bereiten. Das Pilzgericht in vorgewärmten Suppentellern mit je einem großen Knödel pro Person stilecht servieren.

Unser Tip: »Schwammerl mit Knödeln« werden mit dem Löffel gegessen.

Pilzrisotto

300 g gemischte Pilze (keine Champignons)
⅛ l Wasser
250 g Langkornreis
1 Zwiebel
1 Eßl. Butter
½ l Wasser
1 Teel. Salz

3 Eßl. geriebener Parmesankäse

Pro Person etwa:
1340 Joule
320 Kalorien

Garzeit:
30 Minuten

Die Pilze putzen, waschen, abtropfen lassen, in feine Blättchen schneiden und mit ⅛ Liter Wasser zugedeckt bei milder Hitze in etwa 10 Minuten weich kochen.
Den Reis unter fließendem kaltem Wasser waschen und gut abtropfen lassen. Die Zwiebel schälen und in kleine Würfel schneiden. Die Butter in einem Topf zerlassen und die Zwiebelwürfel darin hellgelb braten. Den Reis zufügen und bei milder Hitze unter Wenden etwa 5 Minuten anbraten.
Die Pilze in einem Sieb abtropfen lassen und den Pilzsud auffangen. Den Reis mit dem Pilzsud und ½ Liter Wasser auffüllen, das Salz zufügen und den Reis zugedeckt bei milder Hitze in etwa 20 Minuten garen. Die Pilze un-

PARASOL · REIZKER · SCHWEFELKOPF

terheben, das Gemisch in einer vorgewärmten Schüssel anrichten und den geriebenen Parmesankäse darüberstreuen.

<u>Dazu schmeckt:</u> Kopfsalat oder ein anderer grüner Blattsalat

<u>Unser Tip:</u> Pilzrisotto können Sie auch aus getrockneten Pilzen zubereiten. Dafür 20–30 g Trockenpilze etwa 60 Minuten in ½ Liter Wasser quellen lassen, dann darin weich kochen und wie Frischpilze weiterverwenden.

Das ist ein Gericht für Pilzkenner- und -sammler; denn so richtig herzhaft schmeckt die Pilzpfanne erst, wenn sich die verschiedensten frischen Pilze des Waldes darin treffen!

Lothringer Pilzpfanne

500 g gemischte Pilze	1 Tasse Fleischbrühe
3 Eßl. Öl	½ Tasse Weißwein
2 Zwiebeln	1 Teel. Salz
je 1 rote und grüne Paprikaschote	
1 Tomate	Pro Person etwa:
1 Knoblauchzehe	1520 Joule
100 g durchwachsener Speck in dünnen Scheiben	360 Kalorien
	Garzeit: 20 Minuten

Für dieses Gericht brauchen Sie zwei Pfannen.
Die Pilze putzen, waschen und nicht zu feinblättrig schneiden. Das Öl in einer Pfanne erhitzen und die Pilze darin bei mittlerer Hitze 5 Minuten anbraten. Dabei ab und zu umrühren. Inzwischen die Zwiebeln schälen, die Paprikaschoten halbieren, von den Kernen und Rippen befreien und waschen. Die Tomate waschen, die Zwiebeln und die Tomate in dicke Scheiben, die Paprikaschoten in Stückchen schneiden. Die Knoblauchzehe schälen und fein schneiden.
In einer zweiten Pfanne den Speck glasig braten. Dann die Zwiebeln, die Paprikaschoten, die Tomate und den Knoblauch zugeben und bei starker Hitze hellbraun braten. Das angebratene Gemüse zu den Pilzen geben, die Fleischbrühe und den Wein zugießen und alles zusammen zugedeckt bei milder Hitze in etwa 15 Minuten gar dünsten. Das fertige Gericht leicht salzen und in der Pfanne servieren.

<u>Dazu schmeckt:</u> Butterreis mit Petersilie bestreut

Parasol-Pilze oder Schirmlinge tragen »Hüte«, von denen sie ihren Namen haben: ähnlich einem Schirm und nicht selten bis zu 30 cm im Durchmesser. Die klassische Zubereitung: paniert wie Wiener Schnitzel. Die angegebene Menge ist als Vorspeise gedacht – oder als leichte Mahlzeit.

Geeignet als Vorspeise

Parasol-Schnitzel

4 große Parasolhüte	Pro Person etwa:
½ Teel. Salz	1050 Joule
2–3 Eßl. Mehl	250 Kalorien
2 Eier	
2 Eßl. Wasser	Bratzeit für einen
4 Eßl. Semmelbrösel	Parasol-Hut:
4 Eßl. Butter	10 Minuten
4 Zitronenschnitze	

Von den Parasolen anhaftende Schmutzteilchen absammeln und die Hüte vorsichtig mit einem Küchentuch abreiben. Die Pilze nicht waschen! Jede Hutseite mit etwas Salz bestreuen und die Pilze erst im Mehl wenden, dann in den mit dem Wasser verrührten Eiern und zuletzt in den Semmelbröseln wenden.
Die Butter in einer Pfanne zerlassen und die Parasole darin bei mittlerer Hitze von beiden Seiten in etwa 10 Minuten goldbraun braten. Auf vorgewärmten Tellern mit je einem Zitronenschnitz servieren.

<u>Dazu schmecken:</u> Kräuterbutter, Dillsauce oder Remoulade und ein grüner Blattsalat

---

Reizker

650 g Blutreizker	Pro Person etwa:
100 g durchwachsener Speck	1470 Joule
2 Eßl. Butter	350 Kalorien
½ Bund Petersilie	Garzeit:
4 Eier	20 Minuten
½–1 Teel. Salz	

Die Reizker putzen, waschen, mit einem Küchentuch trockentupfen und blättrig schneiden. Den Speck in Scheiben und diese dann in Streifen schneiden. Die Butter in einer Pfanne zerlassen und die Speckstreifen darin glasigbraten. Die Pilze zugeben und unter öfterem Umrühren in etwa 20 Minuten weichschmoren. Die Petersilie waschen, abtropfen lassen und fein schneiden. Die Eier mit einer Gabel verrühren, unter die Pilzmasse mi-

schen und mit dem Salz abschmecken. Die Eier stocken, aber nicht zu trocken werden lassen. Das Gericht in der Pfanne oder in einer vorgewärmten Schüssel mit der Petersilie bestreut servieren.

<u>Dazu schmecken:</u> Kartoffelpüree und Kopfsalat

<u>Unser Tip:</u> Reizker sondern einen Milchsaft ab, der Flecken macht und aus manchen Geweben sehr schwer zu entfernen ist.

Wenn Legionen von Pilzsammlern jeden noch so winzigen Steinpilz erbarmungslos ausreißen, bleibt der unscheinbare Wiesen- oder Nelkenschwindling unbeachtet stehen. Und wenn die meisten Pilzfreunde ihrem Hobby der Kälte wegen längst entsagt haben, wachsen in den Wäldern die köstlichen rauchgrünblättrigen Schwefelköpfe in Scharen. Es lohnt sich, beide Pilze genau kennenzulernen.

Schwindlings- oder Schwefelkopf-Gemüse

500–700 g Schwindlinge oder rauchblättrige Schwefelköpfe	3 Eßl. süße oder saure Sahne
	1–2 Messersp. Salz
2 große Zwiebeln	Pro Person etwa:
2 Eßl. Butter	1500 Joule
3 Eßl. Mehl	360 Kalorien
bis ⅛ l Fleischbrühe	Garzeit:
½ Bund Petersilie	20 Minuten
150 g feine Salami im Stück	

Die Pilze putzen, waschen, abtropfen lassen und nach Belieben in Blättchen oder Stücke schneiden oder auch ganz lassen.
Die Zwiebel schälen und in Würfel schneiden. Die Butter in einem Topf zerlassen und die Zwiebelwürfel darin glasig braten. Die Pilze zugeben und 5 Minuten andünsten. Das Mehl darüberstäuben, mit so viel Brühe aufgießen, daß eine sämige Sauce entsteht. Das Gericht zugedeckt bei milder Hitze in etwa 15 Minuten gar dünsten. Die Petersilie waschen, abtropfen lassen, fein schneiden und unter die Pilze rühren.
Die Salami häuten und erst in dicke Scheiben, dann in Würfel schneiden. Die Salamiwürfel zu den Pilzen geben und unter Rühren einmal aufkochen lassen. Mit der Sahne verfeinern und mit dem Salz abschmecken.

Unser Tip: Salzen Sie die Pilze nicht, ehe die Salami ihr Salz in das Pilzgemüse abgegeben hat, damit das Gericht nicht am Ende versalzen ist. Sehr empfehlenswert ist das Pilzgemüse als Pfannkuchenfüllung.

Maronenpilze sind im Wald verhältnismäßig häufig, auf dem Markt billiger als Steinpilze – und selten madig. Pilzkenner und Gourmets schätzen sie für manche Gerichte sogar höher als Steinpilze ein.

Raffiniert
Überbackene Maronenpilze

500–750 g Maronenpilze	Pro Person etwa: 920 Joule
½ Zwiebel	220 Kalorien
2 Eßl. Butter	
2 Eßl. Mehl	Garzeit:
1 Tasse Brühe	15 Minuten
½ Bund Petersilie	
½–1 Teel. Salz	Zeit zum
1 Tomate	Überbacken:
4 Scheiben Chesterkäse	5 Minuten

Die Pilze putzen, waschen, abtropfen lassen und in feine Blättchen schneiden. Die Zwiebel schälen und fein hacken. Die Butter in einem flachen Topf zerlassen und die Zwiebel darin glasig braten. Die Pilze zufügen und 5 Minuten mit andünsten. Das Mehl darüberstäuben, die Brühe unter Rühren zugießen und die Pilze bei milder Hitze zugedeckt in etwa 10 Minuten weich dünsten. Die Petersilie waschen, abtropfen lassen und fein schneiden. Die Pilze mit dem Salz abschmecken und die Petersilie untermischen.
Den Backofen auf 220° vorheizen. Die Tomate waschen, abtrocknen und in 4 Scheiben schneiden. Das Pilzgemüse in 4 große Suppentassen verteilen, mit je 1 Scheibe Chesterkäse belegen und mit 1 Tomatenscheibe garnieren. Im Backofen auf der mittleren Schiebeleiste etwa 5 Minuten überbacken, bis der Käse geschmolzen ist. Die überbackenen Maronen in den Suppentassen servieren.

Dazu schmecken: frisches Weißbrot und Butter

Unser Tip: Nach diesem Rezept können Sie alle Röhrlinge (Steinpilze, Ziegenlippen, Rotkappen) zubereiten.

Von den Hülsenfrüchten

Genau genommen sind die Früchte der Bohnen, Erbsen oder Linsen mit den in ihnen enthaltenen Kernen die Hülsenfrüchte. Wir bezeichnen jedoch als Hülsenfrüchte nur die getrockneten reifen Samen.
Heutzutage ist der Konsum von Hülsenfrüchten rückläufig. Wir fürchten ihren hohen Anteil an Kohlenhydraten (etwa 60 %). Vergessen wir aber nicht, was Hülsenfrüchte an Eiweiß, B-Vitaminen, Mineralstoffen und nicht zuletzt auch an Ballaststoffen zu bieten haben.
Viele unserer Mitbürger nennen, nach ihrem Lieblingsessen gefragt, spontan ein Gericht aus Hülsenfrüchten. Machen wir uns mit gutem Gewissen hin und wieder eine Freude mit einer Bohnenpfanne, einem Püree aus getrockneten Erbsen oder einem süßsauren Linsengemüse.
Die nachfolgende Übersicht gibt Auskunft darüber, welche Arten von Hülsenfrüchten bei uns erhältlich sind, welche unterschiedlichen Sorten es wiederum von den einzelnen Arten gibt und welche Gewürze und Kräuter am besten dazu passen. Wichtige Hinweise über Einkauf, Lagerung und Zubereitung aller Hülsenfrüchte finden sie im darauffolgenden Abschnitt »Praktischer Rat«.

Wichtige Hülsenfrüchte

Bohnen
Getrocknete Samen verschiedener Bohnensorten. Sie werden fast ausschließlich aus wärmeren Ländern importiert.

Weiße Bohnen werden bei uns am häufigsten angeboten und sind wegen ihres milden Geschmacks und ihrer verhältnismäßig dünnen Schale die beliebtesten ihrer Art. Sie kochen mehlig und zerfallen leicht, sind also gut für Eintöpfe und Suppen geeignet. Zu den weißen Bohnen gehören auch die Schmalzbohnen und die Riesenbohnen. Beide kochen mehlig, wobei die Schmalzbohnen völlig zerkochen.

Wachtelbohnen sehen ein wenig wie gesprenkelte Wachteleier aus. Sie haben ähnliche Kocheigenschaften wie weiße Bohnen.

Limabohnen sind sehr klein, dunkelrot oder braun und fast rund. Sie sind aromatisch, behalten beim Kochen ihre Form und sind für Gemüsegerichte besonders gut geeignet, aber auch teuer!

Schwarze Bohnen sind länglich und klein, besonders aromatisch und etwas herb im Geschmack. Sie kommen aus Mexiko. Wie aus Limabohnen bereitet man auch aus schwarzen Bohnen am besten Gemüsegerichte.

Feuerbohnen sind groß, rötlich gefärbt mit schwarzen Punkten. Sie zerfallen leicht beim Kochen und sind deshalb gut für Püree geeignet.

Sojabohnen unterscheiden sich von den übrigen Bohnen durch die in ihnen enthaltenen Nährstoffe. Sie sind reich an hochwertigem Eiweiß (37 %) und Fetten (18 %) – davon 10 % ungesättigte Fettsäuren. Der Anteil an Kohlenhydraten beträgt etwa 30 %. Sojabohnen enthalten wenig Stärke. Sie haben auch gegart eine feste Konsistenz und sind von eigenartigem, aber sehr aromatischem Geschmack. Sojabohnen sind bei uns in Reformhäusern erhältlich.
Geeignete Kräuter und Gewürze: Cayennepfeffer, Chilipulver, gemahlener Ingwer, Knoblauch, Petersilie, Sojasauce, weißer Pfeffer, Tabascosauce, Thymian.

Erbsen
(Trockenerbsen). Reife, getrocknete Samen der Pflanze. Es werden grüne und gelbe Erbsen – beide Sorten auch geschält – und Kichererbsen angeboten. Geschälte Erbsen garen bedeutend rascher als ungeschälte. Sie zerfallen oft in 2 Hälften, die aussortiert werden und als Splittererbsen auf den Markt kommen. Geschälte Erbsen sind gut für Püree geeignet. Für Gemüsegerichte und Eintöpfe ungeschälte Erbsen verwenden.
Geeignete Kräuter und Gewürze: Knoblauch, Majoran, Petersilie, weißer Pfeffer, Piment, Salbei, Thymian.

Linsen
Die runden und leicht gewölbten, reifen getrockneten Samen der mit der Wicke verwandten Pflanze. Linsen gibt es in verschiedenen Größen. Der Durchmesser beträgt bei Riesenlinsen mehr als 7 mm, bei Tellerlinsen 6–7, bei Mittellinsen 4,5–6 und bei Zuckerlinsen weniger als 4,5 mm. Bei uns werden fast ausschließlich die »blonden Linsen« angeboten, manchmal auch die aus Frankreich importierten »roten Linsen«.

ERBSENPÜREE · LINSENPÜREE

Große Linsen sind teurer als kleinere Sorten, jedoch weniger gut im Geschmack. Der Grund dafür ist, daß die Geschmackstoffe bei Linsen in den Schalen enthalten sind, deren Anteil bei kleinen Linsen größer ist. Frischgeerntete Linsen sind hellgrün. Durch Lichteinfluß verfärben sie sich allmählich und werden schließlich braun. Der Geschmack wird dadurch nicht beeinträchtigt.
Geeignete Kräuter und Gewürze: Essig, Lorbeerblatt, Paprikapulver, weißer Pfeffer, Zitronensaft, Zucker.

Hülsenfrüchte werden industriell zu einer Vielzahl von Fertigprodukten verarbeitet, die in Tüten aus Alufolie, in Kartons oder als Naßkonserven (auch als Fertiggerichte) in Dosen auf den Markt kommen. Diese Erzeugnisse haben den Vorteil, daß sie nur kurze Garzeiten benötigen. In Dosen konservierte Hülsenfrüchte brauchen nur erwärmt zu werden. Der Nachteil bei fast allen durch Konservieren und industrielle Bearbeitungsmethoden denaturierten Lebensmitteln ist eine Wertstoffminderung. Diese Gerichte sollten durch reichliche Zugabe von frischen Kräutern aufgewertet werden.

Praktischer Rat
Beim Einkaufen von Hülsenfrüchten darauf achten, daß sie frei von Schädlingsbefall, nicht gebrochen und nicht überaltert sind. Alte Hülsenfrüchte erkennt man an einer schrumpeligen Schale. Achten Sie auf das Verfalldatum auf der Packung. Hülsenfrüchte sollen nicht länger als 1 Jahr – möglichst dunkel und luftig – gelagert werden.

Alle ungeschälten Hülsenfrüchte benötigen eine lange Garzeit. Damit sie überhaupt weich werden, müssen sie, mit Ausnahme von Linsen, zuvor mindestens 12 Stunden eingeweicht werden. Zum Einweichen am besten abgekochtes Wasser nehmen, weil es weicher ist. Vor dem Einweichen die Hülsenfrüchte in kaltem Wasser waschen, dabei die sich an der Wasseroberfläche absetzenden schlechten Bohnen, Erbsen oder Linsen herauslesen. Die Hülsenfrüchte dann in kaltem Wasser einweichen.

Hülsenfrüchte stets im Einweichwasser zugedeckt bei sehr milder Hitze je nach Art und Sorte in 1–2 Stunden garen. Werden sie jedoch im Dampfdrucktopf gekocht, so verkürzt sich diese angegebene Garzeit um etwa zwei Drittel.

Geschälte Hülsenfrüchte nicht einweichen, wie ungeschälte Hülsenfrüchte in 30–60 Minuten garen.

Hülsenfrüchte immer erst nach dem Garen salzen, weil sie sonst, ähnlich wie ganze Getreidekörner, nicht recht weich werden.

Kein Natron zusetzen. Es verkürzt zwar die Garzeit, schadet aber den Vitaminen und gibt Gerichten, die mit Schweinefleisch oder fetter Wurst zubereitet werden, einen leicht seifigen Geschmack.

Das in Hülsenfrüchten mit Ausnahme von Sojabohnen enthaltene Eiweiß ist nicht so wertvoll wie tierisches Eiweiß. Es wird sinnvoll durch Milch-, Sahne- oder Fleischzugabe ergänzt. Auch eine Quarkspeise als Dessert ist eine gute Ergänzung.

Würzen Sie Hülsenfrüchte reichlich mit Kräutern und Gewürzen. Die Gerichte werden dadurch leichter verdaulich. Auch Essig und Fruchtsäure sind aus diesem Grund passende würzende Zutaten. Probieren Sie auch einmal, ob Ihnen Kümmel oder Koriander beispielsweise in Bohnengerichten schmecken. Beides sind Gewürze, die sonst schwerverdauliche Gerichte verträglicher machen.

Pro Person werden 90 g rohe Hülsenfrüchte für ein Hauptgericht benötigt. Die Menge ergibt im fertigen Gericht mit verschiedenen Zutaten wie Gemüse, Fleisch oder Wurst und Kartoffeln etwa 500 g. Als Beilagen genügen 50–70 g getrocknete Hülsenfrüchte.

Gerichte aus getrockneten Erbsen gehören zur deftigen Hausmannskost und zählen zu den beliebtesten Speisen aus Hülsenfrüchten.

Grundrezept für gekochte Hülsenfrüchte

Püree aus Trockenerbsen

Bild Seite 292

300 g Trockenerbsen	1 Fleischbrühwürfel
1½ l Wasser	1 Zwiebel
1 Bund Suppengrün	1 Eßl. Butter
60 g Speck	
1 Eßl. Mehl	Pro Person etwa:
½ l Wasser	1890 Joule
½ Teel. Salz	450 Kalorien

Zeit zum Einweichen:	Garzeit
12 Stunden	für die Erbsen: 1½–2 Stunden, für die Sauce: 10 Minuten

Die Erbsen in kaltem Wasser waschen. Dabei die sich an der Wasseroberfläche absetzenden schlechten Erbsen herauslesen. Die gewaschenen Erbsen in frischem kaltem Wasser 12 Stunden einweichen.
Vom Suppengrün die schlechten Stellen abschneiden, die Gemüsestücke waschen und wieder zusammenbinden. Die gequollenen Erbsen mit dem Einweichwasser in einen Topf schütten, gegebenenfalls noch etwas Wasser zufügen. Die Erbsen sollen etwa 1 cm vom Wasser bedeckt sein. Das Suppengrün zugeben und bei starker Hitze zum Kochen bringen. Den sich bildenden Schaum mit einem Schaumlöffel abnehmen und die Erbsen bei milder Hitze zugedeckt in 1½–2 Stunden weich kochen.
Den Speck in kleine Würfel schneiden und in einem Topf bei mittlerer Hitze anbraten, bis Fett austritt. Das Mehl zugeben, unter Rühren leicht anbraten und mit dem Wasser aufgießen. Die Sauce unter Rühren aufkochen und bei milder Hitze 10 Minuten kochen lassen.
Das Suppengrün aus dem Topf nehmen, die weichgekochten Erbsen durch ein grobes Sieb passieren und den Brei mit der Sauce mischen. Mit dem Salz und dem Fleischbrühwürfel abschmecken und nochmals erhitzen. Ist das Püree zu fest geraten, noch etwas Brühe oder Wasser zufügen.
Die Zwiebel schälen und in Scheiben schneiden, die in Ringe zerfallen. Die Butter in einer Pfanne zerlassen und die Zwiebelringe darin in etwa 5 Minuten goldbraun braten. Die Erbsen in einer vorgewärmten Schüssel anrichten und mit den gebratenen Zwiebelringen garnieren.

Paßt gut zu: Kasseler, durchwachsenem Speck oder Würstchen und Sauerkraut

Variante

Linsenpüree

Bild Seite 292

Die Linsen wie im Rezept für Püree aus getrockneten Erbsen beschrieben vorbereiten und weich kochen, jedoch ohne Suppengrün. Die Linsen mit einer heißen, gegarten, geschälten Kartoffel durch ein Sieb streichen. 3 Eß-

LINSEN · WEISSE BOHNEN · ERBSEN

löffel Butter unterrühren, mit 1 Eßlöffel Madeirawein abrunden und das Püree mit Petersilie bestreuen.

Preiswert
Linsengemüse

375 g Linsen	Pro Person etwa:
1 ½ l Wasser	3150 Joule
100 g durchwachsener Speck	750 Kalorien
1 Zwiebel	Zeit zum
1 Bund Suppengrün	Einweichen:
1 Lorbeerblatt	12 Stunden
½ Teel. Salz	
1 Messersp. Zucker	Garzeit:
1 Prise Cayennepfeffer	40–60 Minuten
300 g Kochwurst	
2 Eßl. saure Sahne	

Die Linsen waschen und 12 Stunden in dem Wasser einweichen. Den Speck würfeln, die Zwiebel schälen und fein hacken. Das Suppengrün waschen, putzen und kleinschneiden. Den Speck in einem großen Topf anbraten, die Zwiebel zugeben und glasig werden lassen. Die Linsen mit dem Quellwasser zugeben. Das Suppengrün und das Lorbeerblatt zufügen und die Linsen bei milder Hitze zugedeckt 40–60 Minuten kochen lassen. 10 Minuten vor Ende der Garzeit die Wurst zum Gemüse geben. Das Linsengemüse mit dem Salz, dem Zucker und dem Cayennepfeffer abschmecken. Die Wurst herausnehmen und in Scheiben schneiden. Das Linsengemüse mit der Sahne verfeinern, in einer vorgewärmten Schüssel anrichten und mit den Wurstscheiben garnieren.

Dazu schmecken: hausgemachte Spätzle oder Salzkartoffeln

Variante
Linsengemüse mit Backpflaumen

200 g Backpflaumen zur gleichen Zeit wie die Linsen in ½ Liter Wasser einweichen. Die Linsen wie im Rezept beschrieben mit der Zwiebel und dem Speck garen, jedoch kein Lorbeerblatt zufügen. Die Backpflaumen abtropfen lassen, entkernen, in Viertel schneiden und 20 Minuten vor Beendigung der Garzeit zu den Linsen geben. Das Gericht fertig garen, mit Essig abschmecken, aber keine saure Sahne unterrühren.

Weiße Bohnen mit Tomaten

300 g weiße Bohnen	Pro Person etwa:
1 ½ l Wasser	1340 Joule
4 Tomaten	320 Kalorien
1 Zwiebel	
1 Teel. Mehl	Zeit zum
1 Eßl. Butter	Einweichen:
1 Teel. Salz	12 Stunden
1 Eßl. Essig	
1 Teel. Paprikapulver, mild	Garzeit: 1 ½ Stunden
1 Bund Petersilie	

Die Bohnenkerne waschen und im Wasser 12 Stunden einweichen. Im Einweichwasser in etwa 1 ½ Stunden garen.
Die Tomaten waschen und vierteln. Die Zwiebel schälen und in Stücke schneiden. Die Tomatenviertel und Zwiebelstücke mit dem Mehl im Mixer pürieren. Die Butter in einem weiten, flachen Topf zerlassen, das Püree zufügen und unter Rühren zum Kochen bringen. Die Bohnenkerne in ein Sieb schütten und etwas Kochwasser auffangen. Die weißen Bohnen in dem Püree bei milder Hitze erwärmen. Wenn nötig mit etwas Bohnenwasser verdünnen. Mit dem Salz, dem Essig und dem Paprikapulver abschmecken. Die Petersilie waschen, abtropfen lassen, fein schneiden und über das Bohnengericht streuen.

Paßt gut zu: gekochtem oder gebratenem Rindfleisch, geräuchertem Bauchfleisch oder Würstchen

Raffiniert
Baked beans
Gebackene Bohnen

500 g weiße Bohnen aus der Dose	4 Eßl. Ahornsirup oder Rübensirup
200 g magerer durchwachsener Speck	1–2 Eßl. Essig
½ Zwiebel	2–3 Messersp. Salz
1 Tasse Tomatenketchup	½ Bund Petersilie
1 Eßl. Senf	Pro Person etwa: 2430 Joule
1 Teel. Paprikapulver, mild	580 Kalorien
	Backzeit: 40 Minuten

Den Backofen auf 200° vorheizen. Die Bohnen in ein Sieb schütten und das Bohnenwasser auffangen. Den Speck in dünne Scheibchen schneiden und eine Auflaufform damit auslegen. Die abgetropften Bohnen hineinschütten. Die Zwiebeln schälen und kleinwürfeln. Das Bohnenwasser mit dem Tomatenketchup, dem Senf, dem Paprikapulver, dem Sirup, dem Essig und den Zwiebelwürfeln verrühren. Mit dem Salz abschmecken, über die Bohnen gießen und zugedeckt im Backofen 40 Minuten backen.
Die Petersilie waschen, abtropfen lassen, fein schneiden und über die Bohnen streuen.

Dazu schmeckt: Stangenweißbrot

Gelbe Erbsen mit Schweinenacken

350 g geschälte gelbe Erbsen	2 Messersp. Pfeffer
1 große Zwiebel	je 1 Messersp. getrockneten
1 ½ l Wasser	Rosmarin,
600 g Schweinenacken	Thymian und getrocknetes Basilikum
2 Eßl. Öl	
2 Zwiebeln	
1 große Paprikaschote	Pro Person etwa: 3610 Joule
2 Eßl. Mehl	860 Kalorien
¼ l Fleischbrühe	
1 Tasse trockener Weißwein	Garzeit: 1 Stunde und
½–1 Teel. Salz	40 Minuten

Die Erbsen waschen und die Zwiebeln schälen und vierteln. Die Erbsen mit der Zwiebel im Wasser in etwa 1 ½ Stunden zugedeckt bei milder Hitze garen.
Das Fleisch in 4 Scheiben und diese in sehr feine Streifen schneiden. Das Öl in einer großen Pfanne erhitzen und die Fleischstreifen darin rundherum kräftig anbraten. Die Zwiebeln schälen und in Würfel schneiden. Die Paprikaschote halbieren, von den weißen Kernen und Rippen befreien, waschen und in feine Streifen schneiden. Die Zwiebelwürfel und die Paprikaschote zum Fleisch geben und kurz mitschmoren lassen. Das Mehl darüberstäuben, unter Rühren die Brühe und den Weißwein zugeben, aufkochen und zugedeckt bei milder Hitze noch 5 Minuten kochen lassen. Die Erbsen abtropfen lassen und unter das Gemüse-Fleisch-Gemisch rühren. Mit dem Salz und den getrockneten, zerriebenen Kräutern abschmecken. Alles noch einmal kurz aufkochen lassen und in einer vorgewärmten Schüssel anrichten.

Dazu schmecken: Salzkartoffeln

Köstliche Kartoffel

Die Kartoffel kam im 16. Jahrhundert aus Südamerika zu uns.

Das Wort Kartoffel leitet sich aus der im 17. Jahrhundert in Italien für die damals noch fremde Frucht gebrauchte Bezeichnung »tartufolo« ab, was Trüffel bedeutet. Im deutschen Sprachgebrauch wurde daraus Kartoffel, früher auch Erdtoffel, was beweist, wie kostbar die Kartoffel den Menschen anfangs erschien. Heute wird sie in manchen Gegenden auch noch Erdapfel, Erdbirne oder Grundbirne genannt. Dennoch war die Kartoffel nicht überall von Anfang an so beliebt wie heute. Friedrich der Große verschaffte ihr erst durch einen Trick Ansehen bei seinen Untertanen. Er ließ die auf seinen Befehl angebauten Kartoffelfelder von Militär bewachen, wodurch das bis dahin herrschende Mißtrauen gegen die noch fremde Frucht in Begehren umschlug. Der König hatte die Bedeutung der Kartoffel als preiswertes Volksnahrungsmittel erkannt.

Noch heute ist die Kartoffel in weiten Teilen der Welt eines der wichtigsten Grundnahrungsmittel. Die Kartoffel ist reich an Stärke, Vitamin C und Mineralstoffen und hat hohen Sättigungswert. Der Eiweißgehalt ist gering; er beträgt etwa 2 %. Da dieses Eiweiß aber biologisch hochwertig ist, hat es ernährungsphysiologisch eine besondere Bedeutung. Eier, Milch und Milchprodukte bilden auf Grund ihres Eiweißes eine hervorragende Ergänzung zu Kartoffelgerichten.

Speisekartoffeln
Außer Speisekartoffeln gibt es noch Saat-, Fabrik- und Futterkartoffeln. Die Speisekartoffeln werden auf zweierlei Weise in verschiedene Klassen eingeteilt. Man unterscheidet:
a) nach den Erntezeiten,
b) nach den Kocheigenschaften.

Es ergeben sich dann folgende Kennzeichnungen:

a) Ernte bis 20. Juni – sehr frühe Sorte; Ernte von Anfang Juni bis Anfang August – frühe Sorte; Ernte ab Anfang August – mittelfrühe Sorte; Ernte ab Anfang September – späte Sorte.

b) Kocheigenschaften (vom Stärkegehalt abhängig):
1. festkochende (speckige) auch Salatkartoffeln genannt; sie sind – daher der Name – besonders für Kartoffelsalate, außerdem für Bratkartoffeln, geeignet.
2. Vorwiegend festkochende Kartoffeln (zwischen speckig und mehlig) sind als Pellkartoffeln, Salzkartoffeln, für Kartoffelpuffer, für Klöße und für Röstis aus rohen Kartoffeln gut geeignet.
3. Mehlig kochende Kartoffeln; aus ihnen werden Salzkartoffeln, Kartoffelpüree, Suppen und Klöße aus gekochten Kartoffeln bereitet.

Praktischer Rat
Zweckmäßig ist es, immer zwei Sorten mit unterschiedlichen Kocheigenschaften im Hause zu haben. Probieren Sie verschiedene Sorten aus und finden Sie die für Sie geeignete heraus; denn die verschiedenen Kartoffelsorten unterscheiden sich auch geschmacklich voneinander.

Kartoffeln nach dem Einkauf aus der Verpackung nehmen und in einem Korb möglichst kühl, luftig und dunkel lagern. So halten sie sich, wenn kein Keller vorhanden ist, auch in der Küche bis zu 3 Wochen.
Steht ein unbeheizter Kellerraum zur Verfügung, lohnt es sich, Kartoffeln für den Winter einzukellern. Beginnen sie damit nicht vor Mitte Oktober und wählen Sie eine späte Sorte. Sie halten sich bis zum März. Nehmen Sie zur Einlagerung nur trockene, reife, unverletzte Ware. Zerschneiden Sie zur Probe eine Kartoffel von der Sorte, die Sie einkellern wollen: Aus den Hälften darf bei Druck keine Flüssigkeit austreten; wenn Sie beide Hälften mit den Schnittflächen aneinanderreiben, müssen sie unter leichter Schaumbildung am Rand aneinanderkleben.

Am besten lagern Kartoffeln in einer Horde. Das ist ein Lattengestell, in dem sie auch von unten Luft bekommen. Die ideale Temperatur zum Einkellern liegt bei etwa +4°C. Höhere Temperaturen und zuviel Feuchtigkeit fördern Fäulnis und Keimung. Achten Sie darauf, daß die Temperatur nie unter den Gefrierpunkt sinkt und der Raum gut durchlüftet ist.

Kartoffeln, die Frost bekommen haben, schmecken unangenehm, leicht süßlich und sind nicht mehr zu verwenden.
Schlechte Knollen müssen regelmäßig ausgelesen und nicht ganz einwandfreie bald verbraucht werden. Bevor die Kartoffeln verarbeitet werden, müssen die weißen Keime, die sich bilden, entfernt werden. Sie enthalten ebenso wie grüne Knollenteile das giftige Alkaloid Solanin.

Groß ist die Anzahl der industriell hergestellten Trockenkartoffelprodukte, die als Fertig- oder Halbfertigerzeugnisse auf den Markt kommen. Bei den für diese Produkte notwendigen Veredelungsprozessen treten Verluste an Wertstoffen auf. Die Verluste, die bei der Verarbeitung von frischen Kartoffeln im Haushalt entstehen, können aber ähnlich hoch sein. Der große Vorteil der Kartoffelfertigprodukte liegt in der Arbeitszeitverkürzung für die Hausfrau.

Beim Einkauf von Kartoffelfertigprodukten achten Sie bitte auf das Verfalldatum auf der Packung. Angebrochene Packungen sollten innerhalb von 3 Wochen verarbeitet werden.

*Sie ist so vielseitig verwendbar,
daß jeden Tag im Jahr
ein anderes Kartoffelgericht
auf dem Speisezettel stehen kann.*

Alle aus Fertigmischungen bereiteten Kartoffelgerichte bald verzehren, möglichst nicht einmal aufwärmen. Durch Zugabe von frischen Kräutern kann man sie mit Vitaminen anreichern.

Um die in der Kartoffel enthaltenen Nährstoffe weitgehend zu erhalten, sollte man einige wichtige Regeln für die Zubereitung beachten. In Pellkartoffeln ist der Verlust an Vitaminen und an Mineralstoffen am geringsten. Sind es gesunde Knollen, bürstet man sie gründlich unter fließendem Wasser und gart sie mit der Schale in wenig Wasser, besser noch in einem Dämpfer oder Dampfdrucktopf. Junge Kartoffeln ißt man gern als Pellkartoffeln mit der Schale, oder man zieht die Schale vor dem Verzehr ab.

Im Dämpfer garen die Kartoffeln über dem kochenden Wasser im heißen Dampf.

Nützliche Geräte

Eine praktische und preiswerte Hilfe ist ein Kartoffelschälmesser. Mit ihm kann man Kartoffeln – auch Gurken, Möhren und Äpfel – gleichmäßig dünn schälen und mit seiner Spitze die schädlichen Kartoffelaugen (Keimlingsansätze) ausstechen.

Eine Kartoffelpresse benötigt man zum Bereiten von Kartoffelschnee und zur Herstellung von Teig für Kartoffelkroketten, Kartoffelküchlein und Kartoffelnudeln.

Das mühsame, zeitraubende Schneiden von Kartoffeln für Pommes frites erleichtert der Pommes-Frites-Schneider. Er schneidet eine Kartoffelhälfte auf einmal in gleich große Stäbchen.

Mit dem Kartoffelstampfer zerkleinert man gegarte Kartoffeln für ein Püree.

Um dünne Kartoffelscheiben für rohe Bratkartoffeln und Aufläufe herzustellen, benötigt man einen Gemüsehobel.

Kartoffelnester werden in speziellen Sieben, die es in Haushaltsgeschäften gibt, in heißem Fett ausgebraten.

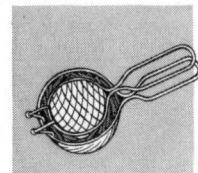

Im Doppelsieb werden geschälte, kleingeschnittene Kartoffeln zu Nestern geformt und im heißen Fett ausgebacken.

Zur Herstellung der nur haselnußgroßen Pariser Kartoffeln gibt es Kugelausstecher, kleine halbkugelförmige Löffel aus Metall. Mit ihnen kann man auch Melonenfleisch für Obstsalate ausstechen.

Pellkartoffeln werden in der Schale gekocht oder gedämpft und erst nach dem Garen geschält (gepellt). Für Pellkartoffeln als Hauptgericht sollten nur beste Kartoffeln verwendet werden.

Grundrezept
Pellkartoffeln

1 kg Kartoffeln
   gleicher Größe
2 Tassen Wasser
1 Teel. Salz

Pro Person etwa:
880 Joule
210 Kalorien

Garzeit:
25–30 Minuten

Die Kartoffeln gründlich unter fließendem Wasser bürsten, mit dem Wasser in einen Topf – oder in den Dämpfereinsatz über das Wasser – geben, mit dem Salz bestreuen und zugedeckt bei milder Hitze in etwa 30 Minuten garen. Werden die Kartoffeln im Dampfdrucktopf gegart, beträgt die Garzeit nur etwa 10 Minuten, im Dämpfereinsatz gegart etwa 40 Minuten; sie schwankt je nach Sorte und Größe. Zur Gareprobe sticht man die Kartoffeln mit einer Gabel oder mit einem Hölzchen bis zur Mitte an; spürt man keinen Widerstand mehr, sind sie gar.
Das Wasser abgießen und die Kartoffeln bei sehr milder Hitze im offenen

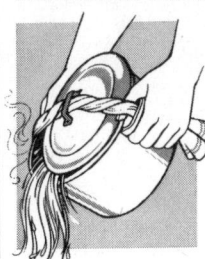

Zum Abgießen des Kartoffelwassers ein zusammengedrehtes Küchentuch durch die Topfhenkel und den Griff des Deckels ziehen. Der Deckel kann so nicht abrutschen

Topf noch etwa 2 Minuten ausdämpfen lassen, bis die Schalen trocken sind. Werden die Pellkartoffeln für Salat, Bratkartoffeln oder einen Kartoffelteig weiterverarbeitet, die Kartoffeln sofort nach dem Garen mit kaltem Wasser überbrausen, noch heiß schälen und dabei die Schadstellen entfernen. Pellkartoffeln als

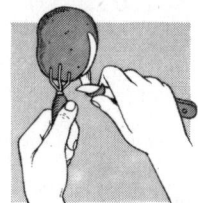

Heiße Pellkartoffeln zum Schälen auf eine möglichst dreizinkige Gabel stecken.

Hauptgericht sehr heiß in einer Schüssel, einer Holzschale oder einem Korb mit einem Tuch bedeckt servieren und erst bei Tisch schälen.

<u>Dazu schmecken:</u> gekühlte Butter und körniges Salz, eine Butter- oder Quarkmischung mit frischen Kräutern.

GEKOCHTE KARTOFFELN · KARTOFFELPÜREE

Unser Tip: 1 Teelöffel Kümmel ins Kochwasser geben. Das Kümmelaroma durchdringt beim Garen die Kartoffelschalen und macht die Pellkartoffeln besonders würzig.

Variante
Pellkartoffeln mit Butter und Petersilie

Die gegarten Kartoffeln schälen und zugedeckt warm stellen. 2 Bund Petersilie abbrausen, abtropfen lassen und kleinschneiden. 2 Eßlöffel Butter in einem Topf zerlassen, die Petersilie und ½ Teelöffel Salz unterrühren und die Kartoffeln darin wenden.

Salzkartoffeln kann man als Beilage zu sehr vielen Gerichten servieren. Sie sind schnell zubereitet und eine gute Ausgangsbasis für viele Varianten.

Grundrezept
Salzkartoffeln

1 kg mehlig kochende Kartoffeln	Pro Person etwa: 750 Joule 180 Kalorien
1–2 Tassen Wasser ½ Teel. Salz	Garzeit: 25 Minuten

Die Kartoffeln dünn schälen, alle »Augen« (Keimansätze) ausstechen und Schadstellen entfernen. Große

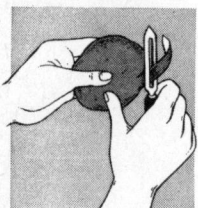

Mit dem Kartoffelschälmesser werden rohe Kartoffeln gleichmäßig dünn geschält.

Die Augen (Keimansatzstellen) mit der Spitze des Kartoffelschälmessers ausstechen.

Kartoffeln halbieren oder vierteln, kleine ganz lassen – die Kartoffeln sollen ungefähr gleich groß sein – und mit kaltem Wasser abbrausen. Die Kartoffeln mit dem Wasser und dem Salz in einen Topf geben, das Wasser zum Kochen bringen und die Kartoffeln bei milder Hitze zugedeckt in etwa 25 Minuten garen; oder die Kartoffeln in den Dämpfereinsatz geben, mit dem Salz bestreuen und über dem kochenden Wasser im Dampf garen. Zur Gareprobe sticht man die Kartoffeln mit einer Gabel oder einem Hölzchen bis zur Mitte an; spürt man keinen Widerstand, sind sie gar. Das Wasser dann abgießen, die Kartoffeln bei sehr milder Hitze 1 Minute im offenen Topf ausdämpfen lassen und in einer vorgewärmten Schüssel anrichten.

Variante 1
Petersilienkartoffeln

Die Salzkartoffeln wie im Rezept beschrieben garen. Ein Bund Petersilie kurz kalt abbrausen, abtropfen lassen, kleinschneiden und über die angerichteten Kartoffeln streuen.

Variante 2
Kartoffelschnee

Die Salzkartoffeln wie im Rezept beschrieben garen und durch eine Kartoffelpresse in eine vorgewärmte Schüssel drücken. Mit zerlassener Butter übergießen und mit Paprikapulver oder feingeschnittener Petersilie überstreuen. Für Kartoffelschnee eignen sich besonders mehlige oder bereits länger gelagerte Kartoffeln.

Grundrezept
Kartoffelpüree

1 kg mehlige Kartoffeln	Pro Person etwa: 1170 Joule 280 Kalorien
1–2 Tassen Wasser ½ Teel. Salz ¼ l Milch 1 Eßl. Butter 2 Messersp. Salz 1 Prise geriebene Muskatnuß	Garzeit: 25–30 Minuten

Die Kartoffeln dünn schälen, Augen ausstechen, schlechte Stellen entfernen und kurz mit kaltem Wasser abbrausen. Die Kartoffeln in Stücke schneiden, in einem Topf mit dem Wasser und dem Salz zum Kochen bringen und zugedeckt in etwa 25 Minuten bei milder Hitze garen. Inzwischen die Milch erhitzen. Wenn die Kartoffelstücke weich sind, das Wasser abgießen und gegebenenfalls zum Bereiten einer Suppe oder einer Sauce aufbewahren. Die Kartoffeln mit einem Stampfer zerdrücken. Nach und nach die heiße Milch zugießen und mit dem Schneebesen unterrühren. Nicht zu viel Milch verwenden! Das Püree soll die Konsistenz einer festen Creme haben. Je gründlicher das Kartoffelpüree geschlagen wird – mindestens 5 Minuten –, desto lockerer wird es. Die Butter unterrühren, mit dem Salz und dem Muskat abschmecken und in einer vorgewärmten Schüssel anrichten.

Paßt gut zu: Fleischgerichten mit Sauce wie Ragouts und Frikassees, zu Innereien wie Nierchen oder gebratener Leber. Kartoffelpüree ergibt mit Rohkostsalaten, mit Gemüse oder/und Fleischsauce ein sättigendes Hauptgericht.

Unsere Tips: Gesünder, aber mit etwas mehr Zeitaufwand zubereitet, ist Kartoffelpüree aus Pellkartoffeln. Dazu die Pellkartoffeln wie im Rezept beschrieben garen, abziehen und durch eine Kartoffelpresse oder durch ein Sieb in eine vorgewärmte Schüssel drücken. Die Kartoffelmasse dann mit der heißen Milch verrühren, die Butter hinzufügen und mit dem Salz und dem Muskat abschmecken.
Wenn Sie Kartoffelpüree aus Salzkartoffeln bereiten und keine andere Verwendung für das Kartoffelwasser haben, zerstampfen Sie die Kartoffelstücke im Kochwasser und geben nur wenig Milch oder Sahne zu (bei Sahnezugabe die Butter weglassen). So gehen wertvolle Vitamine und Mineralstoffe nicht verloren.
Werten Sie Kartoffelpüree folgendermaßen auf: 1 Eßlöffel Butter zerlassen, 2 Eßlöffel Semmelbrösel hinzufügen, goldgelb braten und auf dem Kartoffelpüree verteilen.

Variante
Kartoffelrand

Kartoffelpüree wie im Rezept beschrieben zubereiten. Den Backofen auf 200° vorheizen. Eine Ringform mit Butter ausstreichen und mit Semmelbröseln ausstreuen. Das Kartoffelpüree einfüllen, festdrücken und glattstreichen. Mit einigen Butterflöckchen belegen und auf der mittleren Schiebeleiste 15–20 Minuten im Backofen überbacken. Den Kartoffelrand auf eine vorgewärmte Platte stürzen und ein Gericht mit viel Sauce wie Gulasch, Kalbsfrikassee oder Pilzgemüse einfüllen.

GEDÜNSTETE KARTOFFELN · KARTOFFELKROKETTEN

Gedünstete Kartoffeln

1 kg Kartoffeln
1 Eßl. Butter
1/4 l Fleischbrühe
2 Messersp. Salz
2 Messersp. Pfeffer oder getrockneter Majoran

Pro Person etwa:
1000 Joule
240 Kalorien

Garzeit:
20 Minuten

Die Kartoffeln schälen, kalt abbrausen und in Würfel schneiden. Die Butter in einem Topf zerlassen. Die Kartoffelwürfel zugeben und kurz anbraten. Etwas Brühe zugießen und mit dem Salz, dem Pfeffer oder dem Majoran bestreuen.
Die Kartoffelwürfel bei milder Hitze in etwa 25 Minuten zugedeckt weich dünsten. Dabei öfter Brühe nachgießen, bis sie verbraucht ist.

Brühkartoffeln

1 kg Kartoffeln
1 Bund Suppengrün
3/4 l Fleischbrühe

Pro Person etwa:
840 Joule
200 Kalorien

Garzeit:
25–30 Minuten

Die Kartoffeln dünn schälen, dabei alle »Augen« ausstechen, schlechte Stellen entfernen; die Kartoffeln kurz mit kaltem Wasser überbrausen und in Würfel schneiden. Das Suppengrün waschen, putzen und sehr fein schneiden. Die Kartoffelwürfel mit der kalten Fleischbrühe und dem Suppengrün zum Kochen bringen und zugedeckt bei mittlerer Hitze in etwa 25 Minuten garen.

Dazu schmeckt: gekochtes oder geschmortes Rindfleisch

Unser Tip: Verfeinern Sie das Gericht vor dem Servieren mit einem Bund feingeschnittener Petersilie oder kleingeschnittenen Sellerieherzblättern.

Etwas schwierig

Pommes duchesse
Herzoginkartoffeln

Für das Backblech:
1 Teel. Butter

Für die Kartoffelmasse:
750 g mehlig kochende Kartoffeln
2 Tassen Wasser
1 Teel. Salz
1 Eßl. Butter
1 Ei
1 Eigelb
je 2 Messersp. Salz und geriebene Muskatnuß

Zum Bestreichen:
1 Eigelb
1 Eßl. Milch

Pro Person etwa:
880 Joule
210 Kalorien

Garzeit:
30 Minuten

Backzeit:
15 Minuten

Das Backblech mit Butter einfetten. Die Kartoffeln schälen, waschen und kleinschneiden. Die Kartoffelstücke mit dem Wasser und dem Salz zum Kochen bringen und bei milder Hitze zugedeckt in etwa 30 Minuten sehr weich kochen. Das Wasser abgießen und gegebenenfalls für eine Suppe oder eine Sauce weiterverwenden. Die Kartoffeln im offenen Topf bei milder Hitze ausdämpfen lassen, durch eine Presse drücken und abkühlen lassen. Die Masse mit der Butter, dem Ei und dem Eigelb vermengen und mit Salz und Muskat abschmecken.
Den Backofen auf 190° vorheizen. Den Kartoffelbrei in einen Spritzbeutel mit großer Sterntülle füllen und kleine Kränze, Rosetten oder Bordüren auf das Blech spritzen. Das Eigelb mit der Milch verquirlen, die Herzoginkartoffeln damit bepinseln und auf der mittleren Schiebeleiste etwa 15 Minuten überbacken.

Paßt gut zu: Fleischgerichten mit Sauce

Unser Tip: Die Kartoffelmasse in Törtchen- oder Kränzchenform auf das Blech spritzen, überbacken, anrichten und mit Pilzragout oder Zungenragout füllen. Genausogut eignet sich eine ausgebutterte Ringform. Den Kartoffelbrei einfüllen, glattstreichen und den Ring nach dem Backen mit einem Ragout füllen.

Kartoffelkroketten sind zwar kein Hauptgericht – aber sie gehören zu manchen Hauptgerichten wie das Tüpfelchen auf das »i«; vor allem zu Wild und Wildgeflügel-Spezialitäten.

Kartoffelkroketten

650 g vorwiegend festkochende Kartoffeln
1 Tasse Wasser
1/2 Teel. Salz
3 Eßl. Semmelbrösel
3 Eigelbe
1/2 Teel. Salz
1 Messersp. geriebene Muskatnuß
2 Eßl. Mehl
1 Eiweiß
3 Eßl. Semmelbrösel
4 Eßl. Bratfett

Pro Person etwa:
1590 Joule
380 Kalorien

Garzeit:
für die Kartoffeln
25 Minuten

Bratzeit:
5–10 Minuten

Die Kartoffeln schälen, kurz kalt überbrausen und in Stücke schneiden. Die Kartoffelstücke mit dem Wasser und dem Salz zum Kochen bringen und bei milder Hitze zugedeckt in etwa 25 Minuten weich kochen. Das Kartoffelwasser abgießen und die heißen Kartoffeln durch eine Kartoffelpresse in eine Schüssel drücken. Den Kartoffelschnee mit den Semmelbröseln und den Eigelben mischen und mit dem Salz und dem Muskat abschmecken.
Auf einem bemehlten Brett aus dem Teig eine Rolle von etwa 6 cm Durchmesser formen und davon etwa 1–1 1/2 cm dicke Scheiben abschneiden. Die Teigscheiben zu etwa 5 cm langen, daumendicken Rollen mit stumpfen Enden formen. Diese Rollen zuerst in Mehl, dann im leicht verquirlten Eiweiß und zuletzt in den Semmelbröseln wenden.
Das Bratfett in einer Pfanne erhitzen, die Kroketten einlegen und bei mittlerer Hitze rundherum goldbraun braten. Die Kartoffelkroketten auf einer vorgewärmten Platte anrichten.

Unsere Tips: Zu Wild und Kroketten Preiselbeermarmelade reichen! Servieren Sie Kindern Kartoffelkroketten mit Apfelmus als Hauptgericht.

Kartoffel-Mandelbällchen

500 g Kartoffeln
1 Tasse Wasser
1/2 Teel. Salz
4 Eßl. Butter
5 Eigelbe
1/2 Teel. Salz
1 Messersp. geriebene Muskatnuß
2 Eßl. Mehl
1–2 Eiweiße
100 g geriebene Mandeln
500 g Fritierfett

Pro Person etwa:
2730 Joule
650 Kalorien

Garzeit:
25–30 Minuten

Fritierzeit:
10–15 Minuten

Die Kartoffeln mit dem Wasser und dem Salz wie im Grundrezept für Pellkartoffeln beschrieben garen. Inzwischen die Butter schaumig rühren und nach und nach die Eigelbe, das Salz und den Muskat unterrühren. Die weichgekochten Pellkartoffeln schälen, mit der Kartoffelpresse noch heiß in eine Schüssel pressen und abkühlen lassen. Die abgekühlte Kartoffelmasse eßlöffelweise unter die Butter-Eigelb-Masse rühren. Aus dem Kartoffelteig mit bemehlten Händen eine Rolle von etwa 5 cm Durch-

POMMES FRITES

messer formen und diese in etwa 1 – 1½ cm dicke Scheiben schneiden. Das Fritierfett erhitzen.
Die Kartoffelteigscheiben zu Bällchen formen, zuerst in dem verquirlten Eiweiß, dann in den geriebenen Mandeln wenden, ins heiße Fett geben und in etwa 10 Minuten rundherum goldbraun werden lassen. Die fritierten Bällchen mit einem Schaumlöffel aus dem Fett heben, etwas abtropfen lassen und warm stellen, bis alle Kartoffelbällchen ausgebacken sind.

<u>Paßt gut zu:</u> Kalbsbraten, Rehrücken, gebratenem Fisch, Fleischrouladen, oder Ragout fin

<u>Unsere Tips:</u> Wenn der Kartoffelteig zu weich ist, 1–2 Eßlöffel Semmelbrösel oder geriebenen Käse unter den Teig rühren.
Anstatt der geriebenen Mandeln kann man auch Mandelblättchen zum Panieren nehmen.

Grundrezept
Pommes frites

1 kg längliche Kartoffeln	Pro Person etwa: 1470 Joule
1 kg Fritierfett oder Öl	350 Kalorien
1 Teel. Salz	Fritierzeit für eine Portion: 7 Minuten

Die Kartoffeln schälen, alle »Augen« ausstechen und schlechte Stellen entfernen. Die geschälten Kartoffeln unter fließendem kaltem Wasser abbrausen und mit einem Messer oder mit einem Pommes-frites-Schneider in etwa ½ cm dicke Stäbchen schneiden. Die Kartoffelstäbchen waschen, damit die anhaftende Stärke abgespült wird, abtropfen lassen und mit einem Küchentuch trockentupfen.
Das Fett in einer elektrischen Friteuse oder in einem Topf auf 180° erhitzen.

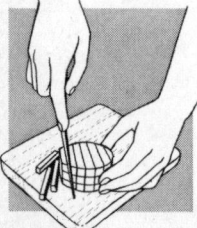

Die Kartoffeln für Pommes frites in Scheiben und diese dann in ebenso dicke, gleichlange Stifte schneiden.

Das Fritierfett hat die richtige Temperatur, wenn ein Weißbrotwürfel darin in wenigen Sekunden rundherum goldbraun wird. Die Kartoffelstäbchen portionsweise im Fritierkorb ins heiße Fett hängen. – Nur soviel Kartoffelstäbchen auf einmal hereingeben, daß sie einzeln darin schwimmen und nicht aneinanderkleben. Den Korb während des Fritierens leicht hin- und herbewegen, damit die Pommes frites gleichmäßig bräunen. Keinen Deckel auflegen. Die Pommes frites goldbraun ausbacken, mit dem Korb aus dem heißen Fett heben, kurz abtropfen lassen, auf saugfähiges Papier

Pommes frites immer in einem Fritiersieb garen und nach dem Ausbacken im Sieb abtropfen lassen.

schütten, salzen und in eine gut vorgewärmte Schüssel geben. Die nächste Portion Kartoffelstäbchen erst dann ins Fett geben, wenn es wieder die nötige Temperatur erreicht hat.

<u>Paßt gut zu:</u> gegrilltem Fleisch, Geflügel oder Fisch, zu Steaks, Bratwurst oder Frikadellen

<u>Unsere Tips:</u> Wenn Sie größere Mengen von Pommes frites benötigen, fritieren Sie die einzelnen Portionen zunächst nur goldgelb. Kurz vor dem Servieren die Pommes frites portionsweise noch einmal ins heiße Fett geben, bis sie goldbraun und knusprig sind.
Tiefgefrorene Pommes frites sind bereits halbgar und bräunen deshalb rascher. Man läßt sie kurz vor dem Servieren nach Vorschrift auf der Packung im heißen Fritierfett bräunen. Sie lassen sich auch im Backofen fertiggaren. Dazu den Backofen auf 200° vorheizen. Die Pommes frites auf ein Backblech schütten, dabei darauf achten, daß sie nicht aufeinander liegen. 1–2 Eßlöffel Öl darüberträufeln und in etwa 30–40 Minuten goldbraun backen.

Variante
Pommes allumettes

Auf Deutsch heißen die beliebten französischen Pommes allumettes Streichholzkartoffeln. Die rohen Kartoffeln werden buchstäblich so dünn und so lang wie Streichhölzer geschnitten und dann wie Pommes frites fritiert. Sie garen im heißen Fett in 2–3 Minuten.

Zum Bild rechts:

*Frische Pilze in Sahnesauce – ein Essen, mit dem Sie nicht nur Vegetarier erfreuen. Der Steinpilz ist der Favorit; gut geeignet sind auch Champignons, junge Pfifferlinge, Maronen, Rotkappen, Birkenpilze und andere Röhrlinge. Wer mag, schneidet die geputzten und gewaschenen Pilze nicht feinblättrig, sondern in etwas größere Stücke. Brät man außer Zwiebelwürfeln auch gewürfelten durchwachsenen Speck mit an, wird das Gericht herzhafter. Champignons vertragen besonders gut einen Hauch von Geräuchertem. Die Pilze sollen im eigenen Saft garen. Dabei bildet sich reichlich Flüssigkeit, die noch etwas eindicken muß, bevor sie mit Mehl gebunden wird. Geben Sie Sahne – süße oder saure – erst zuletzt an die gedünsteten Pilze. Diese noch einmal erhitzen aber nicht mehr kochen. Einige Spritzer flüssige Küchenwürze, etwas Zitronensaft, wenig Salz, eine Prise weißer Pfeffer und feingehackte Petersilie runden das Gericht ab.
Weitere Pilzrezepte finden Sie auf den Seiten 298 bis 301.*

Zur folgenden Doppelseite:

*Tiroler Gröstl (links) ist ein preiswertes, schmackhaftes Gericht. Pellkartoffeln vom Vortag finden gute Verwendung. Speck, Hackfleisch oder Rindfleisch gut angebraten, sorgen für Nährstoffe und herzhaften Geschmack. Majoran ist das richtige Gewürz.
Das Rezept finden Sie auf Seite 314.*

*Der Kartoffelgratin (Mitte) ist von solch raffinierter Schlichtheit in der Zusammensetzung der Zutaten wie im Geschmack, daß auch anspruchsvolle Feinschmecker begeistert sind.
Dabei ist er preiswert und einfach zuzubereiten.
Schneiden Sie die Kartoffeln dafür in sehr dünne Scheiben. Sie garen dann rascher und nehmen die Aromastoffe der Zutaten besser auf.
Das Rezept finden Sie auf Seite 317.*

*Kartoffeln mit Geräuchertem gefüllt (rechts) bringen noch mehr Abwechslung in die Kartoffelküche. Wählen Sie für dieses Gericht gleichmäßig gewachsene, große, etwas längliche Knollen. Da die gefüllten Kartoffeln sehr nahrhaft sind, sind sie nur mit einer leichten, frischen Beilage zu ergänzen.
Das Rezept finden Sie auf Seite 316.*

KARTOFFELN IN DER FOLIE · BRATKARTOFFELN

Zum Bild links:

Kartoffelpuffer nennt man das abgebildete Kartoffelgericht in Berlin und Norddeutschland. Im Rheinland und in Westfalen heißt es Reibekuchen, und in Bayern sagt man zu den kleinen, knusprigen Pfannkuchen aus rohen, geriebenen Kartoffeln Reiberdatschi. So richtig gut schmecken sie, wenn man sie brutzelnd heiß aus der Pfanne auf den Teller bekommt. Sie können sehr sparsam mit Mehl und nur einem Ei bereitet werden. Etwas saure Sahne und die doppelte Menge Eier erhöhen jedoch den Genuß. Klassische Beilagen sind Apfelmus oder Sauerkraut. Probieren Sie sie auch einmal mit grünem Salat in einer Speckmarinade oder streuen Sie Zucker auf die Puffer und servieren Sie Preiselbeerkompott dazu. Reichen Sie Kartoffelpuffer auch einmal als Beilage zu Wildragout. – Eine besonders leckere Variante ist im Vordergrund auf dem Bild zu sehen: überbackene Kartoffelpuffer. Die gebratenen Puffer werden schuppenförmig in eine flache feuerfeste Form gelegt, mit geriebenem Käse bestreut und im Backofen überbacken, bis der Käse geschmolzen und goldgelb geworden ist. Zu überbackenen Kartoffelpuffern schmeckt am besten Kopfsalat.
Das Rezept finden Sie auf Seite 314.

Raffiniert
Kartoffeln in der Folie

750 g große Kartoffeln
1 Eßl. Öl
½ Teel. Salz
1 Eßl. Butter

Pro Person etwa:
670 Joule
160 Kalorien

Backzeit:
50–60 Minuten

Die Kartoffeln gründlich unter fließendem kaltem Wasser bürsten und abtrocknen. Den Backofen auf 220° oder den Grill vorheizen.
Die Kartoffeln auf einer Längsseite kreuzweise einschneiden. Für jede Kartoffel ein genügend großes Stück Alufolie auf der glänzenden Seite mit dem Öl bepinseln und die Kartoffel mit der eingeschnittenen Seite nach oben daraufsetzen. Die Alufolie um die Kartoffel schlagen und durch mehrmaliges Umknicken der Ränder gut verschließen. Die Kartoffeln auf

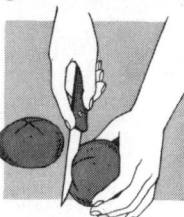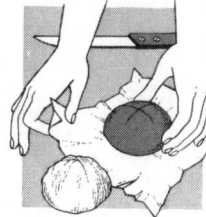

Für Folien-Kartoffeln die Knollen erst kreuzweise einschneiden und...

...locker in die geölte Alufolie einschlagen.

ein Backblech oder auf den Rost des Grills setzen und in etwa 50 Minuten im Backofen oder im Grill garen. Die Kartoffeln in der ungeöffneten Folie leicht zwischen Daumen und Zeigefinger drücken. Dazu ein Tuch benutzen. Geben sie nach, etwa wie gegarte Pellkartoffeln, sind sie gar.

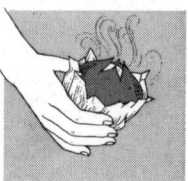

Die Einschnitte der gegarten Kartoffeln durch Druck mit den Fingern erweitern.

Die Folie öffnen und die Einschnitte in der Kartoffel durch Druck mit den Händen etwas erweitern. Die Kartoffeln mit dem Salz bestreuen und in die Öffnungen ein Stückchen Butter geben, heiß in der Folie servieren.

Dazu schmecken: grüne Sauce oder eine würzige Quarkmischung und grüner Salat mit Specksauce

Unsere Tips: Eine echte Schlemmerei sind Kartoffeln in der Folie, wenn statt der Butter 1–2 Eßlöffel saure Sahne und 1 Eßlöffel Kaviar in die Öffnung gefüllt werden.
Kartoffeln in Alufolie können Sie auch am Rand auf der Glut des Holzkohlengrills garen, dabei mehrmals mit der Grillzange wenden.

Bratkartoffeln aus gekochten Kartoffeln

750 g Kartoffeln
1 ½ Tassen Wasser
1 Teel. Salz
3 Eßl. Bratfett
½ Teel. Salz
2 Messersp. Pfeffer oder Kümmel

Pro Person etwa:
880 Joule
210 Kalorien

Garzeit:
30 Minuten

Bratzeit:
10 Minuten

Die Kartoffeln in der Schale, wie im Grundrezept für Pellkartoffeln beschrieben, garen, schälen, vierteln oder in Scheiben schneiden. Das Bratfett in einer Pfanne erhitzen, die Kartoffelstücke zufügen, mit dem Salz und dem Pfeffer oder dem Kümmel bestreuen und in etwa 10 Minuten unter häufigem Wenden von allen Seiten goldbraun braten.

Dazu schmecken: Spinat und Spiegelei, Regensburger Würstchen oder Sülze und Kräuterremoulade

Unsere Tips: Bereiten Sie Bratkartoffeln aus kalten Kartoffeln. Sind die Kartoffelstücke heiß, saugen sie zuviel Fett auf.
Bestreuen Sie die Bratkartoffeln nach dem Anbraten mit ein wenig Zucker; sie bekommen dadurch einen schönen Glanz.
Werten Sie Bratkartoffeln als Hauptgericht auf, indem Sie 100 g fetten oder durchwachsenen Speck und Zwiebelwürfel anbraten, dann die Kartoffeln hinzufügen und fertigbraten.

Bratkartoffeln aus rohen Kartoffeln

750 g Kartoffeln
1 Zwiebel
3 Eßl. Bratfett
½ Teel. Salz
1–2 Teel. Kümmel
½ Bund Petersilie

Pro Person etwa:
930 Joule
220 Kalorien

Bratzeit:
20 Minuten

KARTOFFELGERICHTE

Die Kartoffeln dünn schälen, alle »Augen« ausstechen und schlechte Stellen entfernen. Die geschälten Kartoffeln kurz unter fließendem kaltem Wasser abbrausen und in sehr dünne Scheiben schneiden. Die Kartoffelscheiben mit saugfähigem Papier trockentupfen. Die Zwiebel schälen und kleinwürfeln.
Das Bratfett in einer Pfanne erhitzen und die Zwiebelwürfel darin glasig braten. Die Kartoffelscheiben mit dem Salz zugeben und 10 Minuten bei mittlerer Hitze zugedeckt braten lassen. Dann den Kümmel unter die Kartoffeln mischen und alles unter wiederholtem Wenden in der offenen Pfanne noch weitere 10 Minuten bei milder Hitze braten; die Petersilie abbrausen, abtropfen lassen, kleinschneiden und darüberstreuen.

Dazu schmeckt: Feldsalat, Endiviensalat oder Apfel-Möhren-Rohkost

---

Preiswert
Tiroler Gröstl

Bild Seite 310/311

750 g Kartoffeln	Pro Person etwa:
1 Zwiebel	2070 Joule
100 g geräucherter fetter Speck	510 Kalorien
250 g Hackfleisch halb und halb	Garzeit: 30 Minuten
je 2 Messersp. Pfeffer und Majoran	Bratzeit:
½ Teel. Salz	15 Minuten
½ Bund Petersilie	

Die Kartoffeln in der Schale, wie im Grundrezept für Pellkartoffeln beschrieben, garen, schälen und in dünne Scheiben schneiden. Die Zwiebel schälen und kleinwürfeln. Den Speck ebenfalls in kleine Würfel schneiden und in einer Pfanne glasig braten. Die Zwiebelwürfel zufügen und mit dem Speck goldgelb braten. Das Hackfleisch zugeben und mit 2 Gabeln zerteilen. Die Kartoffelscheiben zufügen, mit dem Pfeffer, dem Majoran und dem Salz würzen und bei mittlerer Hitze etwa 8 Minuten »rösten«, bis alles leicht gebräunt ist. Die Petersilie kurz kalt abbrausen, abtropfen lassen, fein schneiden, das Gröstl mit der Petersilie bestreuen und in der Pfanne servieren.

Dazu schmeckt: Rote-Bete-Salat, Tomatensalat oder Feldsalat

Preiswert
Kartoffelschmarrn

750 g Kartoffeln	Pro Person etwa:
1 ½ Tassen Wasser	1760 Joule*
1 Teel. Salz	420 Kalorien
150 g Mehl	
1 Teel. Salz	Garzeit:
1 Messersp. Pfeffer	30 Minuten
4 Eßl. Bratfett	Bratzeit: 5–10 Minuten

Die Kartoffeln in der Schale mit dem Wasser und dem Salz, wie bei Pellkartoffeln beschrieben, garen, schälen und noch heiß durch die Kartoffelpresse in eine Schüssel drücken und mit dem Mehl, dem Salz und dem Pfeffer mischen. Das Bratfett in einer Pfanne erhitzen, das Kartoffelgemisch hineingeben und unter wiederholtem Wenden bei milder Hitze in etwa 10 Minuten hellbraun braten.

Beilagen: Rotkohl oder Wirsingkohl

Zürcher Rösti

Bild Seite 138

1 kg Pellkartoffeln vom Vortag	Pro Person etwa: 1670 Joule
½ Zwiebel	400 Kalorien
100 g Butter	
½ Teel. Salz	Bratzeit:
2 Messersp. Pfeffer	30–35 Minuten

Die Pellkartoffeln schälen und grob reiben. Die Zwiebel schälen und in kleine Würfel schneiden.
1 Eßlöffel Butter in einer großen Pfanne zerlassen und die Zwiebel darin glasig braten. Die geriebenen Kartoffeln zugeben und bei mittlerer Hitze unter häufigem Wenden anbraten, dabei immer wieder mit wenig Salz und Pfeffer bestreuen, so daß die Kartoffeln durch und durch gewürzt werden. Einen weiteren Eßlöffel Butter in die Pfanne geben und die angebratenen Kartoffeln mit einem Bratenwender oder Messer kuchenartig fest zusammendrücken. Solange braten, bis sich auf der Unterseite eine zusammenhängende knusprig braune Kruste gebildet hat. Den Kartoffelkuchen vorsichtig mit Hilfe eines großen Tellers oder Topfdeckels wenden. Die restliche Butter in die Pfanne geben und die andere Seite des Kartoffelkuchens braun braten. Die Pfanne dabei nie zudecken.

Beim Zürcher Rösti den Kartoffelkuchen mit Hilfe eines Topfdeckels wenden.

Paßt gut zu: Geschnetzeltem, allen Schnitzeln und Koteletts, vor allem mit einer gebundenen Sauce

Unser Tip: Das Zürcher Rösti gelingt am besten, wenn die Pellkartoffeln bereits 2 Tage alt sind. Die Kartoffeln haben dann Flüssigkeit verloren, und die Masse hält besser zusammen.

Preiswert
Kartoffelpuffer
Reibekuchen, Reiberdatschi

Bild Seite 312

1 ½ kg Kartoffeln	Pro Person etwa:
⅛ l saure Sahne und 3 Eßl. Mehl oder 2 Eier und 2 Eßl. Mehl	2270 Joule 540 Kalorien
1 Teel. Salz	Bratzeit: 15 Minuten
5–6 Eßl. Bratfett	

Die Kartoffeln dünn schälen, waschen und fein reiben. Wird dazu ein elektrischer Entsafter benutzt, den Kartoffelsaft auffangen und zuletzt wieder mit den geriebenen Kartoffeln mischen. Die geriebenen Kartoffeln rasch mit der sauren Sahne und dem Mehl oder mit den Eiern und dem Mehl mischen und mit dem Salz abschmecken.
2 Eßlöffel Fett in einer Pfanne erhitzen. Jeweils 1 Schöpflöffel voll Kartoffelteig in das heiße Fett geben und bei mittlerer Hitze daraus kleine, runde Fladen braten. Die Fladen erst wenden, wenn die Unterseite goldbraun gebraten ist. Die Kartoffelpuffer auf einer vorgewärmten Platte anrichten und so lange warm stellen, bis alle Puffer gebraten sind.

Dazu schmeckt: Sauerkraut oder Apfelmus

Unser Tip: 1 Teelöffel Kümmel oder 1 Eßlöffel feingeschnittene Petersilie im Kartoffelteig machen die Puffer herzhafter. Das schmeckt gut zu Sauerkraut.

KARTOFFELKLÖSSE

Grundrezept
Klöße aus gekochten Kartoffeln

1 kg mehlig oder vorwiegend mehlig kochende Kartoffeln
80–150 g Mehl je nach Bindekraft der Kartoffeln
2 Eier
½ Teel. Salz
1 Messersp. geriebene Muskatnuß
3 l Wasser
1 Teel. Salz
1 Brötchen
1 Eßl. Butter

Pro Person etwa:
1510 Joule
360 Kalorien

Garzeit:
20 Minuten

Die Kartoffeln, wie im Grundrezept für Pellkartoffeln beschrieben, garen, schälen, sofort durchpressen und sehr locker auf ein Backbrett oder auf eine Arbeitsfläche streuen. Zunächst ⅔ des Mehls darüberstäuben, die Eier mit dem Salz und dem Muskat verquirlen und dazugeben. Die Kartoffelmasse zusammendrücken und zu einem lockeren Teig kneten. Dabei rasch arbeiten, weil sonst der Teig leicht klebrig wird. Die Arbeitsfläche immer wieder mit dem Teigschaber sauberschaben und wenn nötig, nach und nach noch so viel Mehl unterkneten, daß ein nicht zu feuchter Teig entsteht. Mit bemehlten Händen eine Rolle von 7 cm Durchmesser daraus formen. Das Wasser mit dem Salz zum Kochen bringen. Das Brötchen in Würfel schneiden und in der Butter goldgelb braten.
Von der Teigrolle etwa 2 cm dicke Scheiben abschneiden. Mit bemehlten Händen Klöße daraus formen. Dabei in jeden Kloß einige Brötchenwürfel drücken. Die Klöße ins leicht sprudelnd kochende Salzwasser legen, einmal aufwallen lassen und im offenen Topf bei milder Hitze in etwa 20 Minuten gar ziehen lassen. Die Klöße sind gar, wenn sie wieder an die Wasseroberfläche steigen. Sie sollen seidig glänzen und innen locker und flockig sein. Die fertigen Klöße mit dem Schaumlöffel aus dem Wasser heben, abtropfen lassen.

Paßt gut zu: Sauerbraten, Zigeunerbraten oder Wildbraten

Unser Tip: Zuerst einen Probekloß garen. Behält er nach einigen Minuten Kochzeit seine Form, können alle Klöße eingelegt werden. Verliert er an Volumen oder zerfällt, dem Teig etwas Mehl oder Grieß hinzufügen.

Grundrezept
Klöße aus rohen Kartoffeln

350 g Pellkartoffeln vom Vortag
1 Brötchen
1 Eßl. Butter
1½ kg rohe Kartoffeln
¼ l Milch
3 l Wasser
2 Teel. Salz
2 Eßl. Speisestärke

Pro Person etwa:
1800 Joule
430 Kalorien

Garzeit:
30 Minuten

Die Pellkartoffeln schälen und fein reiben. Das Brötchen in Würfel schneiden. Die Butter zerlassen und die Brötchenwürfel darin goldgelb braten.
Die rohen Kartoffeln schälen, kalt überbrausen, in längliche Stücke schneiden und in eine Schüssel mit kaltem Wasser reiben. (Das kalte Wasser verhindert, daß sich die Kartoffeln dunkel färben.) Die geriebene Kartoffelmasse in einem Tuch sehr kräftig auspressen. Das Kartoffelwasser stehen lassen, damit sich die Stärke absetzen kann. Die Milch erhitzen. Das Wasser mit der Hälfte des Salzes zum Kochen bringen.
Die ausgepreßten Kartoffeln in eine Schüssel geben. Das Kartoffelwasser abgießen und die abgesetzte Stärke zusammen mit der Speisestärke, den geriebenen gekochten Kartoffeln und dem restlichen Salz unter die Kartoffelmasse rühren. Die heiße Milch darübergießen und alles gut vermengen. Aus dem Teig mit nassen Händen etwa 12 Klöße formen; dabei jeweils in die Mitte einige gebratene Brotwürfel drücken.
Die Klöße in das kochende Salzwasser legen, einmal aufwallen lassen und bei milder Hitze in etwa 30 Minuten im offenen Topf gar ziehen lassen. Die Klöße sind fertig, wenn sie wieder an die Oberfläche steigen und sich leicht drehen. Sie müssen außen glänzen und innen locker sein. Die Klöße mit dem Schaumlöffel aus dem Wasser heben, abtropfen lassen und in einer Schüssel anrichten. Wenn man einen flachen Teller umgedreht in die Schüssel legt, kann sich das restliche Tropfwasser darunter sammeln.

Paßt gut zu: Schweinebraten, Rinderbraten, Wildbraten oder Ragouts

Unsere Tips: Die rohen Kartoffeln können auch im elektrischen Entsafter gerieben werden. Die Kartoffelmasse aus der Maschine nehmen und die abgesetzte Stärke des Kartoffelwassers dazugeben.
Übriggebliebene Klöße lassen sich folgendermaßen gut verwenden: Die Klöße in dünne Scheiben schneiden, in Fett anbraten, mit Kümmel oder Majoran würzen, mit verquirlten Eiern übergießen und diese stocken lassen, dann servieren. Zu den »gerösteten« Klößen beliebigen frischen Salat reichen.

Preiswert
Zwetschgenknödel

1 kg Kartoffeln
80–125 g Mehl
2 Eier
½ Teel. Salz
1 Messersp. geriebene Muskatnuß
10 Zwetschgen
10 Stück Würfelzucker
3 l Wasser
1 Teel. Salz
2 Eßl. Butter
4 Eßl. Semmelbrösel
2 Eßl. Zucker

Pro Person etwa:
1970 Joule
470 Kalorien

Garzeit:
20 Minuten

Aus den Kartoffeln, dem Mehl, den Eiern, dem Salz und dem Muskat einen Kartoffelteig nach dem Grundrezept für Klöße aus gekochten Kartoffeln herstellen.
Während die Kartoffeln kochen, die Zwetschgen waschen, abtropfen lassen, entsteinen und in jede Zwetschge ein Stück Würfelzucker stecken. Wenn der Teig zubereitet ist, das Wasser mit dem Salz zum Kochen bringen. Den Kartoffelteig zu einer Rolle von etwa 7 cm Durchmesser formen, die Rolle in 10 Scheiben schneiden und mit je einer Zwetschge belegen. Mit bemehlten Händen Klöße daraus formen, ins leicht sprudelnd kochende Salzwasser einlegen, einmal aufwallen lassen und im offenen Topf bei milder Hitze in etwa 20 Minuten gar ziehen lassen. Die garen Klöße mit dem Schaumlöffel aus dem Wasser heben und abtropfen lassen. Die Butter in einer Pfanne zerlassen und die Semmelbrösel darin goldbraun braten. Die Zwetschgenknödel in den Semmelbröseln wenden, in einer vorgewärmten Schüssel anrichten und mit dem Zucker bestreuen.

Unser Tip: Anstelle der Zwetschgen können Sie mit Würfelzucker gefüllte Marillen (Aprikosen) oder Renekloden verwenden.

KARTOFFELGERICHTE

Preiswert
Kartoffelküchlein

1 kg Pellkartoffeln vom Vortag	Pro Person etwa: 2210 Joule
80–150 g Mehl	530 Kalorien
2 Eier	
½ Teel. Salz	Bratzeit:
1 Messersp. geriebene Muskatnuß	15 Minuten
6 Eßl. Bratfett	
3 Messersp. Salz	

Aus den Kartoffeln, dem Mehl, den Eiern, dem Salz und dem Muskat einen Kartoffelteig herstellen. Dabei rasch arbeiten, damit der Teig nicht klebrig wird.
Mit bemehlten Händen aus dem Teig eine Rolle von etwa 7 cm Durchmesser formen und in 1–1 ½ cm dicke Scheiben schneiden. Sie sollen gleichmäßig dick, glatt und rund sein. Den Backofen auf 150° vorheizen. Einen Teil des Bratfettes in einer großen Pfanne erhitzen, die Kartoffelscheiben dicht nebeneinander einlegen und bei mittlerer Hitze in etwa 6 Minuten von beiden Seiten goldbraun braten. Dabei nur einmal wenden. Die fertiggebratenen Kartoffelküchlein auf einer Platte anrichten und im Backofen so lange warm stellen, bis alle Küchlein gebraten sind. Die Backofentür dabei offenlassen, damit die Kartoffelküchlein knusprig bleiben. Die fertigen Küchlein salzen.

Beilage: gedünstetes Sauerkraut, Weißkohl, Broccoli, Rosenkohl oder Sauerkrautsalat, Apfelmus, Kompott oder Zimt-Zucker

Unser Tip: Den Kartoffelteig mit feingeschnittenen Kräutern oder mit gekochtem Schinken mischen oder jede Kartoffelteigscheibe etwas dicker schneiden und mit einer Scheibe Fleischwurst füllen.

Variante
Kartoffelnudeln

Einen Kartoffelteig wie im Grundrezept für Klöße aus gekochten Kartoffeln beschrieben bereiten, zur Rolle formen und in Scheiben schneiden. Die Kartoffelteigscheiben zu etwa 5 cm langen, daumendicken Röllchen (Nudeln) mit spitzen Enden formen, in Semmelbröseln wälzen und rundherum knusprig braten.

Ein rustikales Gericht, würzig im Geschmack, mit Überraschungseffekt: Geräuchertes mit saurer Sahne

Kartoffeln mit Geräuchertem gefüllt

Bild Seite 310/311

8 große, längliche Kartoffeln	⅛ l Fleischbrühe
1 Zwiebel	1 Messersp. Salz
250 g geräucherte Rippchen	Pro Person etwa: 2680 Joule
½ Bund Petersilie	640 Kalorien
1 Eßl. Bratfett	
1 Tasse saure Sahne	Garzeit: 30 Minuten

Die Kartoffeln dünn schälen, waschen und von der Längsseite je einen Deckel abschneiden. Die Kartoffeln mit einem scharfkantigen Teelöffel aushöhlen und mit kochendheißem Wasser überbrühen. Die Zwiebel schälen

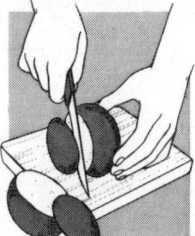

Von der Längsseite der geschälten Kartoffeln je eine Kappe abschneiden.

und kleinwürfeln; das Geräucherte ebenfalls in kleine Würfel schneiden. Die Petersilie kalt abbrausen, abtropfen lassen, fein schneiden; sie mit dem Geräucherten und den Zwiebelwürfeln mischen, und in die Kartoffeln füllen. Die Deckel aufsetzen.

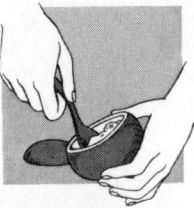 

Die Kartoffeln mit einem Teelöffel aushöhlen...   ...und die Füllung in die ausgehöhlte Kartoffel geben.

Das Bratfett in einem Topf erhitzen, die Kartoffeln anbraten. Die saure Sahne die Brühe und das Salz zugeben, zum Kochen bringen und zugedeckt in etwa 25 Minuten garen.

Beilage: Kopfsalat, Feldsalat, Chinakohl, Rotkohl oder Sauerkraut

---

Preiswert
Béchamelkartoffeln

750 g Kartoffeln	je 1 Prise Pfeffer und geriebene Muskatnuß
1–2 Tassen Wasser	
1 Teel. Salz	⅛ l saure Sahne
1 Zwiebel	
50 g durchwachsener Speck	Pro Person etwa: 1870 Joule
2 Eßl. Butter	470 Kalorien
3 Eßl. Mehl	
¼ l Fleischbrühe	
¼ l Milch	Garzeit:
½ Teel. Salz	35 Minuten

Die Kartoffeln, wie im Grundrezept für Pellkartoffeln beschrieben, garen. Inzwischen die Zwiebeln schälen und kleinwürfeln. Den Speck ebenfalls in kleine Würfel schneiden. Die Butter in einem Topf zerlassen. Die Speck- und Zwiebelwürfel zugeben und goldbraun braten. Das Mehl darüberstäuben und rühren, bis sich eine glatte, hellgelbe Masse gebildet hat. Unter ständigem Rühren mit dem Schneebesen zuerst die Fleischbrühe und dann die Milch zugießen. Die Sauce bei milder Hitze etwa 10 Minuten kochen lassen. Dabei öfters umrühren. Mit dem Salz, dem Pfeffer und dem Muskat abschmecken und mit der sauren Sahne verfeinern. Die Sauce warm halten, aber nicht mehr kochen lassen. Die gegarten Kartoffeln schälen, in nicht zu dünne Scheiben schneiden und mit der heißen Béchamelsauce mischen.

Dazu schmeckt: Rote-Bete-Salat

Kartoffeln auf Lyoner Art

750 g Pellkartoffeln vom Vortag	Pro Person etwa: 1090 Joule
2 große Zwiebeln	260 Kalorien
4 Eßl. Butter	
½ Teel. Salz	Bratzeit:
frisch gemahlener Pfeffer	30 Minuten
½ Bund Petersilie	

Die Pellkartoffeln schälen und in Scheiben schneiden. Die Zwiebeln schälen und in dünne Ringe schneiden. Die Hälfte der Butter in einer Pfanne zerlassen, die Kartoffelscheiben hineingeben, mit dem Salz und Pfeffer bestreuen und bei mittlerer Hitze langsam rundherum braun braten. Dabei ab und zu wenden. Inzwischen die restliche Butter in einer

KARTOFFELGERICHTE

zweiten Pfanne erwärmen und die Zwiebelringe darin goldgelb braten. Die Petersilie kalt abbrausen, abtropfen lassen und fein schneiden. Die Kartoffelscheiben und die Zwiebelringe mischen, in einer vorgewärmten Schüssel anrichten und mit der Petersilie bestreuen.

<u>Paßt gut zu:</u> Steaks, Bratwürstchen oder Spiegeleiern mit Bohnensalat

---

Preiswert
Kartoffelgulasch

750 g Kartoffeln
2 Zwiebeln
½ l Fleischbrühe
2 Eßl. Öl
1 kleine Dose Tomatenmark
1 Teel. Paprikapulver, edelsüß
1 Eßl. Essig
je 1 Teel. Salz und getrockneter Majoran
100 g durchwachsener Speck
½ Bund Schnittlauch
1 Teel. Speisestärke
4 Eßl. Sahne
2 Teel. Zitronensaft

Pro Person etwa:
1760 Joule
420 Kalorien

Garzeit:
25 Minuten

Die Kartoffeln dünn schälen, alle »Augen« ausstechen, schlechte Stellen entfernen und kurz mit kaltem Wasser abbrausen. Die Kartoffeln in Würfel schneiden. Die Zwiebel schälen und kleinschneiden.
Die Fleischbrühe erhitzen. Das Öl in einem Topf erhitzen und die Zwiebelwürfel darin goldgelb braten. Das Tomatenmark mit dem Paprikapulver, dem Essig, dem Salz und dem Majoran zufügen, rasch verrühren und etwas durchbraten lassen. Die Kartoffelwürfel daraufschichten, die Fleischbrühe über die Kartoffeln gießen und alles zugedeckt bei milder Hitze 25 Minuten schmoren lassen. Inzwischen den Speck in Würfel schneiden; den Schnittlauch abbrausen, abtropfen lassen und kleinschneiden. Die Speisestärke mit der Sahne verrühren, kurz vor Beendigung der Garzeit das Kartoffelgulasch damit binden; noch einmal aufkochen lassen. Mit dem Zitronensaft abschmecken. Die Speckwürfel in einer Pfanne auslassen und goldbraun braten. Das Kartoffelgulasch mit den Speckwürfeln und mit dem Schnittlauch bestreuen.

<u>Dazu schmecken:</u> Debrecziner Würstchen und Feldsalat

Hoppel-Poppel ist eine Berliner Spezialität!
Hoppel-Poppel

600 g Pellkartoffeln vom Vortag
1 Zwiebel
2 Eßl. Bratfett
½ Teel. Salz
je 2 Messersp. Pfeffer und Majoran
250 g Rinderbraten (Rest)
⅛ l Bratensauce
2 Gewürzgurken
1 Bund Petersilie
4 Eier
4 Eßl. saure Sahne
2 Messersp. Salz
1 Messersp. geriebene Muskatnuß

Pro Person etwa
1800 Joule
430 Kalorien

Bratzeit:
30 Minuten

Die Pellkartoffeln schälen und in Scheiben schneiden. Die Zwiebel schälen und in kleine Würfel schneiden. Das Fett zerlassen und die Zwiebelwürfel darin glasig braten. Die Kartoffelscheiben zugeben, mit dem Salz, dem Pfeffer und dem Majoran würzen. Rundherum knusprig braun braten; den Bratenrest in Streifen schneiden und in der Sauce erwärmen. Die Gewürzgurken ebenfalls in Streifen schneiden, mit dem Fleisch erhitzen und unter die Bratkartoffeln heben. Die Petersilie kurz kalt abbrausen, abtropfen lassen und fein schneiden.
Die Eier mit der sauren Sahne, dem Salz, dem Muskat und der Hälfte der Petersilie verquirlen, über die Bratkartoffeln gießen und bei milder Hitze stocken lassen. Das Hoppel-Poppel mit dem Rest der Petersilie bestreuen.

Gelingt leicht
Himmel und Erde

1 kg Kartoffeln
1 l Wasser
1 Teel. Salz
1 kg Äpfel
1 Tasse Wasser
2 Eßl. Zucker
125 g durchwachsener Speck
2 große Zwiebeln
je 2 Messersp. Salz und Pfeffer
375 g Blutwurst

Pro Person etwa:
4070 Joule
970 Kalorien

Garzeit:
20 Minuten

Bratzeit:
5 Minuten

Die Kartoffeln waschen, schälen, in Stücke schneiden und mit dem Wasser und dem Salz in etwa 20 Minuten zugedeckt bei milder Hitze gar kochen. Inzwischen die Äpfel waschen, schälen, vierteln, vom Kerngehäuse befreien und mit dem Wasser und dem Zucker in einem zweiten Topf in etwa 15 Minuten zugedeckt bei milder Hitze kochen, bis sie zerfallen. Die Kartoffeln abgießen und zerstampfen. Die Äpfel mit dem Schneebesen unter die Kartoffeln rühren. Den Speck würfeln und ausbraten. Die Zwiebeln schälen, in Scheiben schneiden und im Speckfett bräunen lassen. Die Zwiebeln mit dem Speck unter den Kartoffel-Apfel-Brei rühren. Das Gericht mit dem Salz und dem Pfeffer würzen und warm stellen. Die Blutwurst in Scheiben schneiden, in etwa 5 Minuten knusprig braten und »Himmel und Erde« damit belegen.

Gelingt leicht
Kartoffelgratin
Kartoffelauflauf

Bild Seite 310/311

1 kg Kartoffeln
125 g Lyoner Wurst
4 Eßl. Butter
je ½ Teel. Salz, Kümmel und Pfeffer
100 g geriebener Emmentaler Käse
⅛ l Sahne
⅛ l Milch
1 Ei

Pro Person etwa:
2650 Joule
630 Kalorien

Backzeit:
35 Minuten

Die Kartoffeln dünn schälen, und die geschälten Kartoffeln in dünne Scheiben hobeln. Die Kartoffelscheiben in einem Sieb oder Durchschlag gut unter fließendem kaltem Wasser waschen, abtropfen lassen. Die Wurst häuten und in Würfel schneiden. Den Backofen auf 200° vorheizen. Eine flache Auflaufform mit 1 Teelöffel der Butter ausstreichen. Die Hälfte der Kartoffelscheiben einschichten und mit etwas Salz, Kümmel und Pfeffer bestreuen. Die Wurstwürfel daraufgeben. Die Hälfte des Käses darüberstreuen. Die übrigen Kartoffelscheiben gleichmäßig auf dem Käse verteilen und mit dem restlichen Salz, dem Kümmel und dem Pfeffer würzen. Mit der 2. Hälfte des Käses bestreuen. Die Sahne mit der Milch und dem Ei verquirlen und über die Kartoffeln gießen. Die restliche Butter in Flöckchen obenaufsetzen. Den Auflauf auf der mittleren Schiebeleiste im Backofen 35 Minuten backen.

<u>Dazu schmeckt:</u> frischer grüner Salat

Von Korn und Mehl

Die Bitte um das »tägliche Brot« beweist es: Produkte aus Korn und Mehl sind von alters her die Grundlage unseres Essens schlechthin.

Wir wissen es alle, je dunkler das Mehl, desto höher der Anteil an unverzichtbaren Wertstoffen. Dennoch überwiegen in unserer täglichen Nahrung noch immer Produkte aus hellem Mehl. Machen wir also den Versuch, mehr und mehr Vollkornprodukte zu verwenden. Der Beginn könnte das Frühstücksmüsli aus Schrot sein. Getreidemühlen ermöglichen es, den Feinheitsgrad des Vollkorns selbst zu bestimmen. Bei vielen Rezepten des folgenden Kapitels lassen sich außerdem die herkömmlichen »extra feinen« Getreideprodukte gegen Vollkornmehl oder -schrot austauschen. Selbst für Gerichte mit Teigwaren gibt es im Reformhaus kernige Nudeln aus dunklem Mehl.

Das keimfähige Getreidekorn enthält alle Nähr- und Aufbaustoffe, die unser Organismus braucht: Kohlenhydrate, Eiweiß, Fette, Vital- und Ballaststoffe. Diese ernährungsphysiologisch wichtigen Bestandteile sind vollständig nur im Vollkorngetreide, zum größten Teil in den Randschichten des Getreidekorns, enthalten. Da gemahlenes Vollkorngetreide sehr leicht verdirbt, sind die meisten im Handel angebotenen Getreideprodukte mehr oder weniger von den Randschichten befreit und haltbar gemacht. Dabei bleibt der Mehlkörper übrig, der fast nur aus Stärke und Klebereiweiß besteht und der zu Mehl, Grieß und Graupen verarbeitet wird.

Getreidearten und -produkte

Die in den Rezepten dieses Kochbuches angegebenen Getreideprodukte entsprechen den Konsumgewohnheiten des Verbrauchers und sind fast ausnahmslos in Lebensmittelgeschäften und Supermärkten erhältlich. Hier eine kurze Beschreibung der Getreidearten und -produkte, die wir in der Küche nutzen.

Weizen
Weizenmehl enthält nur noch in kleinen Mengen die im Weizenkorn vorhandenen Vitalstoffe. Dieses Mehl hat die besten Backeigenschaften und wird dem Verbraucher als Weizen-Auszugsmehl hauptsächlich unter der Type 405 angeboten; seltener die Typen 550, 630 und 813.
Die Typenbezeichnung des Mehls ergibt sich aus seinem Mineralstoffgehalt: Entzieht man dem Mehl das Wasser – es enthält 14–15 % –, bleibt die Trockensubstanz übrig. Um den Mineralstoffgehalt zu ermitteln, werden 100 g Mehl-Trockensubstanz völlig verbrannt und die Asche gewogen, die der mineralische Rückstand ist. Bei Weizenmehl der Type 405 erhält man beispielsweise 0,405 g Asche aus 100 g Trockensubstanz. Die Typenzahl gibt somit Auskunft über den Ausmahlungsgrad. Mehl der Typenzahl 405 ist niedrig ausgemahlen; das heißt, daß aus dem gereinigten Mahlgetreide eine geringere (niedrigere) Menge Mehl gewonnen wird als bei einem Mehl mit einer höheren Typenzahl, bei dem die mineralstoffhaltigen Randschichten zum Teil mit vermahlen werden.

Dunkleres Mehl, das zum Brotbacken verwendet wird, stellt man vorwiegend aus ganzen Weizen- oder Roggenkörnern her. Es erreicht eine Typenzahl von 1800. Ernährungswissenschaftler und Ärzte weisen immer wieder darauf hin, daß man Brote, die aus dunklem Mehl gebacken sind, besonders Vollkornbrote, bevorzugt essen soll. Dunkle Mehlsorten eignen sich aber nicht für feine Backwaren. Dieses Mehl enthält weniger Kleber als das Weizen-Auszugsmehl. Kleber bewirkt das Verkleistern der Stärke und festigt damit das durch Triebmittel gelockerte »Teiggerüst«.

Griffiges Mehl oder »Dunst« ist in der Körnung etwas gröber als Weizen-Auszugsmehl und wird für geschmeidige Teige wie Hefe- oder Strudelteig empfohlen. Es nimmt die Flüssigkeit nicht so schnell auf. Teig aus diesem Mehl wird beim Ruhen immer noch etwas fester. Wegen seines anderen Volumens sollte man Mengen von »griffigem Mehl« nicht mit dem Meßbecher ermitteln, sondern wiegen.

Instantmehl ist ein Feinmehl, das aufgrund eines Herstellungsverfahrens nicht klumpt oder staubt. Es läßt sich auch ohne Anrühren leicht und gleichmäßig mit Flüssigkeiten mischen. Wie »griffiges Mehl« sollte es abgewogen und nicht im Meßbecher abgemessen werden.

Weizengrieß wird in verschiedenen Korngrößen (grob, mittel und fein) hergestellt, indem gereinigte, geschälte und entkeimte Weizenkörner zu bestimmten Körnungen vermahlen werden. Man unterscheidet Hart- und Weichweizengrieß. Aus Hartweizengrieß lassen sich Teigwaren und Klöße herstellen, Weichweizengrieß eignet sich für Suppen und Süßspeisen.

Weizenkleie entsteht als »Abfallprodukt«, wenn Getreide niedrig ausgemahlen wird. Sie bildet die Grundlage der Kleiediät, die entschlackend wirkt.

Weizenkeime enthalten hochwertige Vitamine: E, B 1 und B 2. Sie sind geschmacksintensiv, schon kleine Mengen können ein Gericht ernährungsphysiologisch aufwerten.

Hafer
Hafer enthält besonders viel Eiweiß und Fett, außerdem die Vitamine E,

B 1, B 2, B 6 und das Hautvitamin H. Haferprodukte sind leicht verdaulich und steigern die körperliche und geistige Leistungsfähigkeit.

Haferflocken werden aus geschältem Spelzhafer hergestellt, der dann gedämpft, gedarrt (geröstet) und in verschiedenen Feinheitsgraden gewalzt wird. Da in Haferflocken die Randschichten des Korns enthalten sind, müssen sie zur Haltbarmachung erhitzt werden.
Besonders feine Haferflocken werden als Hafermark angeboten. Hafermehl entsteht aus vorbehandelten, feingemahlenen Haferkörnern. Hafermehl und Hafermark sind sehr nahrhaft, leicht verdaulich.

Roggen
Roggen enthält, wie die meisten Getreidesorten, die wichtigsten Vitamine des B-Komplexes, Kalium, Phosphor, Fluor und Kieselsäure. Die Eisenwerte sind im Roggen höher als bei anderen Getreidesorten. Roggenmehl wird fast nur zum Brotbacken gebraucht und spielt in unserer Küche kaum noch eine Rolle.

Gerste
Gerste ist wichtiger Rohstoff zur Herstellung von Bier, Whisky und Malzkaffee. Für den Haushalt kauft man sie als
Rollgerste oder auch Graupen, geschälte, polierte und rund oder länglich geschliffene Gerstenkörner. Man unterscheidet A-Graupen (ganz rund), B-Graupen (halbrund) und C-Graupen (Rollgerste, länglich). Die Größe der Körner wird von grob bis fein angegeben. Für Suppen und Eintöpfe verwendet man die feinste Körnung.

Hirse
Als Speisehirse wird bei uns die Rispenhirse verwendet. Hirse enthält einen hohen Anteil an Mineralien, die im ganzen Korn, nicht nur in den Randschichten, enthalten sind. Mit 50 g Hirse kann man seinen täglichen Eisenbedarf decken. Hirse ist leicht verdaulich und wohlschmeckend. Sie kann pikant zubereitet beispielsweise als Beilage zu Geflügelgerichten gereicht werden. Süßer Hirsebrei, bekannt aus vielen Märchen, ist dem Grießbrei vorzuziehen, da Hirse mehr Vitalstoffe bietet. Hirse kann man gemahlen, geschrotet oder als ganze Körner in Reformhäusern kaufen.

Grünkern
Grünkern wird aus Dinkel, einer alten Weizenart, hergestellt. Die Körner werden nach dem Darren von den Spelzen befreit. Grünkern ist ein wertvolles Kräftigungs- und Aufbaumittel, mit dem man wohlschmeckende Getreidespeisen und Suppen zubereiten kann.

Reis
Mehr als die Hälfte der Weltbevölkerung ernährt sich von Reis. Reis wurde schon vor über 4000 Jahren in China angebaut. Von dort nahm er seinen Weg um die ganze Welt. Das Reiskorn ist von einer festen Samenhülle umschlossen, die entfernt wird. Zur Haltbarmachung befreit man auch die Körner von dem sie umschließenden Silberhäutchen und dem Keimling. Anschließend wird der Reis gepudert und poliert. Durch diese Behandlung verliert der Reis viel von seinen wertvollen Mineralstoffen und Vitaminen, vor allem die B-Vitamine. Darum sollte man möglichst statt des polierten weißen Reises den ungeschälten Naturreis, auch Braunreis genannt, essen.

Wilder Reis wächst als Rispengras an den Ufern nordamerikanischer Seen. Seine langen Körner schmecken herzhaft. Er wird nur in geringen Mengen geerntet und ist entsprechend teuer.

Naturreis, das Ausgangsprodukt des weißen, geschälten und polierten Reises, gibt es in 3 Sorten, die sich in der Form und in der Kocheigenschaft der Reiskörner unterscheiden:

Langkornreis hat längliche, schmale und glasige Körner, die sauber und nicht gebrochen sein sollen. Er bleibt beim Kochen körnig und trocken und ist gut als Beilage für Fleisch-, Fisch- und Eiergerichte geeignet, auch als Suppeneinlage. Der bei uns angebotene Langkornreis ist meist Patnareis aus Vorderindien. Andere Langkornreissorten sind der Siamreis und der Karolinareis aus Nordamerika.

Rundkornreis, auch nach seiner häufigen Verwendung Milchreis genannt, mit kleinen, runden Körnern, gibt beim Kochen klebrige Stärke in die Garflüssigkeit ab, die bindend wirkt. Er eignet sich deshalb für Süßspeisen und Aufläufe. Auch Risotto wird aus Rundkornreis bereitet. Rundkornreis wird aus Italien, Spanien und Afrika importiert.

Mittelkornreis ist länglich und etwas dicker als Langkornreis. Er hat etwa die gleichen Kocheigenschaften wie Rundkornreis.

Parboiled-Reis ist ein vitaminschonend vorbehandelter Reis aus den USA. Dieser Reis ist kochfest und bleibt auch in gegartem Zustand schneeweiß.

Reisflocken, Reismehl, Produkte aus vermahlenem Reis. Sie spielen vor allem in der Säuglingsernährung eine Rolle, weil sie sehr leicht verdaulich sind.

Schnellkoch-Reis ist vorgekocht und gart deshalb in extrem kurzer Zeit. Er wird in dem Plastikbeutel gekocht, in dem er auch verpackt ist.

KOCHEN MIT GETREIDEPRODUKTEN

Mais
Mais, reich an Kalium, Phosphor, Magnesium und Eisen, wird in allen Gegenden der gemäßigten bis tropischen Klimazonen angebaut. Mais schätzt man als Gemüse in Form von Maiskolben oder Maiskörnern, gemahlen als Maisgrieß und feingemahlen als Maismehl.

Maisgrieß wird für Aufläufe verwendet. Bekannt ist die italienische Polenta, die rumänische und serbische Mamaliga oder der türkische Kukuruz, ein würziger Maisbrei, mit Wasser gekocht und mit zerlassener Butter verfeinert.

Maismehl spielt in einigen europäischen Ländern als Zusatz zu anderen Brotgetreiden eine Rolle. In Lateinamerika backt man Tortillas, das sind Fladen aus purem Maismehl, die meist gefüllt werden. Sie gehören dort zur täglichen Nahrung.

Maisstärke ist heute die am meisten verwendete Speisestärke. Sie ist Bestandteil von Puddingpulvern und Backfertigmischungen. Sie wird zum Binden von Suppen und Saucen und für feines Gebäck gebraucht. Maisstärke kommt hauptsächlich als Markenware in den Handel.

Cornflakes sind gewalzte und gedarrte Maiskörner. Sie werden unter Zusatz von Zucker, Malz und Salz hergestellt und ergeben mit Zucker, Milch und Früchten eine bei Kindern beliebte und nahrhafte Speise.

Buchweizen
Buchweizen, auch Heidenkorn genannt, ist kein Getreide, sondern eine Knöterichpflanze, deren bucheckernförmige Samenkörner zu Mehl oder Grütze gemahlen werden. Aus Buchweizenmehl oder -grütze backt man Brot und Gebäck, oder man bereitet Süßspeisen und Suppen daraus.

Sago
Sago ist ebenfalls kein Getreideerzeugnis, sondern wird aus dem Mark oder den Wurzelknollen verschiedener Pflanzen gewonnen. Der beste Sagolieferant ist die Sagopalme. Die aus dem Mark gelöste Stärke wird als teigartige Masse durch ein Sieb gedrückt. Dabei entstehen die Sagokörner, die in heißer Flüssigkeit aufquellen und stark binden. Sago ist geschmacksneutral und wird zu Grützen, Kaltschalen oder als Suppeneinlage verwendet.

Teigwaren
Teigwaren, Getreide-Endprodukte, werden im Handel in einer fast unüberschaubaren Auswahl angeboten. Hartgrieß-Teigwaren sind besonders bißfest, aber auch Weichgrieß-Teigwaren kochen kernig. Mehlteigwaren kochen weich. Je mehr Eier in den Teigwaren enthalten sind, desto lockerer sind sie fertig gegart.

Getreideprodukte richtig lagern
Wird Mehl einer niedrigen Typenzahl kühl und trocken aufbewahrt, hält es sich etwa ein Jahr.

Mehl nicht neben geruchsintensiven Lebensmitteln lagern, da es leicht Fremdgeruch annimmt; auch nicht in unmittelbarer Nähe von Nüssen, Mandeln und Schokolade; diese locken Ungeziefer an.

Vollkornmehle sind aufgrund ihres Fettgehaltes nur 3–4 Wochen haltbar. Nur kleine Mengen kaufen oder das Getreide jeweils selbst mahlen. Es gibt dafür Handgetreidemühlen oder elektrisch betriebene Mühlen im Fachhandel. Ganze Getreidekörner kann man kühl und luftig bis zu einem Jahr lagern.

Grieß, Haferflocken und Graupen sind kühl und trocken aufbewahrt mehrere Monate haltbar, geschälter und polierter Reis fast unbegrenzt, Teigwaren in der verschlossenen Originalpackung einige Monate.

Kochen mit Getreideprodukten

Mehl wird in der Küche von allen Getreideprodukten am häufigsten verwendet, vor allem beim Binden, bei dem Mehl Flüssigkeit aufnimmt und Geschmacksstoffe abgibt. Dafür gibt es mehrere Methoden.

Einbrenne
Einbrenne wird auch Mehlschwitze oder Einmach genannt.
Für das Binden von ½ Liter Flüssigkeit 2 Eßlöffel Fett zergehen lassen, 2 Eßlöffel Mehl darüberstäuben und unter ständigem Rühren solange braten, »schwitzen« lassen, bis sich das Mehl und das Fett zu einer homogenen Masse verbunden haben, dann unter ständigem Rühren die kalte oder lauwarme Flüssigkeit (Wasser, Gemüsebrühe, Fleischbrühe oder Milch) zugeben und unter Rühren im offenen Topf 5–10 Minuten kochen lassen.

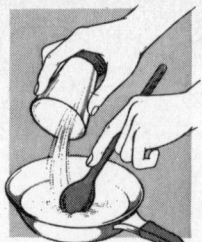

Wenn sich Fett und Mehl zu einem gleichmäßig glatten Brei verbunden haben, unter ständigem Rühren nach und nach die Flüssigkeit zugießen.

Soll eine dunkle, keine helle Masse, entstehen, 4 Eßlöffel Fett mit etwa 6 Eßlöffeln Mehl unter Rühren goldbraun braten. Die helle wie die dunkle Einbrenne ist auch Ausgangsprodukt für gebundene Suppen. Soll es keine reine Mehlsuppe werden, sondern lediglich eine gebundene und mit anderen Bestandteilen angereicherte Suppe, genügt entsprechend weniger Mehl.

Mehl-Fett-Kloß
Mit dem Mehl-Fett-Kloß werden bereits gegarte Gerichte, 1 Kilogramm Gemüse, 1 Liter Suppe oder ½ Liter Sauce gebunden. Man verknetet mit der Gabel 2 Eßlöffel Butter mit 2 Eßlöffel Mehl, gibt den Kloß in das Gericht und rührt mit dem Schneebesen, bis sich der Kloß aufgelöst und das Gericht noch einige Minuten aufgekocht hat.

Soll ein gegartes Gericht mit einem Mehl-Fett-Kloß gebunden werden, das Mehl und die Butter mit einer Gabel zu einem Kloß verkneten.

Kaltangerührtes Mehl
Je nach gewünschter Konsistenz der Bindung werden 1–2 Eßlöffel Mehl mit soviel kalter Flüssigkeit mit dem Schneebesen oder Löffel verrührt oder im Schüttelbecher gemischt, bis das Mehl und die Flüssigkeit einen dünnflüssigen Teig ergeben. Dann das angerührte Mehl mit dem Schneebesen in die nicht kochende Flüssigkeit mischen.

Zum Binden mit angerührtem Mehl das Mehl in die stets kalte Flüssigkeit einstreuen und mit dem Schneebesen oder Löffel rühren, bis ein dünnflüssiger Teig entstanden ist.

Rühren Sie dann von der Flüssigkeit erst ein wenig in die zu bindende Speise und lassen Sie sie unter Rüh-

KOCHEN MIT GETREIDEPRODUKTEN

ren einmal aufkochen. Sie sehen dann rasch, ob das Gericht genügend gebunden ist oder ob Sie mehr Bindeflüssigkeit nachgießen müssen. Bedenken Sie, daß Mehl etwa 10 Minuten zum Ausquellen benötigt. Für ½ Liter Sauce rechnet man etwa 2–3 Eßlöffel Mehl, für 1 Liter Suppe etwa 3–4 Eßlöffel Mehl.

Stäuben
Sollen Speisen nur schwach gebunden werden, wenig Mehl über die bereits gegarten Gemüse- oder Fleischstückchen stäuben, mit Flüssigkeit aufgießen und das Gericht noch einmal durchkochen lassen.

Binden mit Speisestärke
Speisestärke kennen Sie unter den Markennamen Gustin, Maizena, Mondamin oder auch als Kartoffelstärke, Weizenstärke, Tapioca oder Pfeilwurzelmehl (Arrowroot). Speisestärke gibt kein Eigenaroma ab. Sie quillt nicht so sehr beim Erhitzen, sondern vorwiegend während des Abkühlens. Speisestärke wird vor allem zum Binden bevorzugt für Speisen, die durchsichtig bleiben sollen oder die kalt verzehrt werden. Speisestärke wird wie Mehl stets in kalter Flüssigkeit angerührt, unter ständigem Rühren in die kochende Speise gegeben, die unter ständigem Weiterrühren etwa 2 Minuten kochen soll, ehe sie vom Herd genommen wird.
Für das Binden von ½ Liter Sauce rechnet man ungefähr 1–2 Eßlöffel Speisestärke, für 1 Liter Suppe etwa 2–3 Eßlöffel.

Praktischer Rat
Reis gewinnt beim Garen an Volumen; gekochter Reis ergibt die dreifache Menge von rohem Reis. Pro Person rechnet man als Suppeneinlage 25 g, als Beilage 60 g und als Hauptgericht 100 g rohen Reis (1 Tasse roher Reis sind etwa 125 g). Diese Mengenangaben sollen ein Anhaltspunkt sein. Sie werden sicher bald herausfinden, ob Sie für Ihre Familie etwas mehr oder weniger Reis kochen müssen. Übrig gebliebenen, körnig gekochten Reis können Sie mehrere Tage im Kühlschrank aufbewahren und für Salate oder als Suppeneinlage verwenden.

Weißen Reis vor dem Kochen in einem Sieb unter fließendem kaltem Wasser waschen, bis das abfließende Wasser klar bleibt. Die Reiskörner sind nämlich von losem Stärkepulver umgeben, die den Reis sonst klebrig machen. Parboiled-Reis, Schnellkochreis und braunen Reis braucht man nicht zu waschen. Parboiled-Reis benötigt besonders viel Flüssigkeit zum

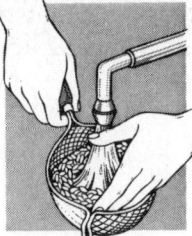

Weißen Reis – außer Parboiled-Reis und Schnellkochreis – unter stark fließendem kaltem Wasser waschen.

Garen; pro Tasse rohen Reis 3 Tassen Flüssigkeit. Grundrezepte zu den 3 Methoden, Reis körnig zu kochen, finden Sie im Rezeptteil.

Bereits gegarten, erkalteten Reis am besten in einem Sieb über Dampf wieder erwärmen.

Gegarten Reis in einem Sieb über Wasserdampf wieder erwärmen.

Für Getreidegerichte aus ganzen Körnern, wie Roggen, Weizen, Hirse, Mais und Grünkern (aber nicht Reis), die Körner über Nacht einweichen; im Einweichwasser zum Kochen bringen und bei milder Hitze langsam ausquellen lassen.

Vollkornmehl oder -schrot entweder in kaltem Wasser aufsetzen und unter Rühren aufkochen lassen oder gleich in die kochende Flüssigkeit einstreuen und umrühren. Vollkornmehl klumpt nicht, muß also nicht angerührt werden. Gerichte aus Vollkornmehl oder Schrotgerichte einmal aufkochen und bei sehr milder Hitze ausquellen lassen.

Alle Teigwaren werden nach der gleichen Methode in ausreichend kochendem Salzwasser im offenen Topf gegart. Die auf den Packungen angegebene Garzeit der Hersteller einhalten; Teigwaren sollen nicht zu weich kochen. Aus Italien kennen wir den Begriff »al dente«, das bedeutet, daß die Nudeln kernig gekocht sind und noch einen »Biß« haben. Gekochte Teigwaren kurz lauwarm abbrausen, in einem Sieb abtropfen lassen.

Überbraust man die Teigwaren mit Wasser, wird die ausgetretene Stärke abgespült und ein Aneinanderkleben vermieden.

Überbraust man Teigwaren gleich nach dem Garen mit lauwarmem Wasser, kleben sie nicht aneinander.

Lange Nudeln (Makkaroni) kann man vor dem Garen zerbrechen. Spaghetti werden unzerbrochen gegart. Damit sie beim Einlegen ins Kochwasser nicht brechen, langsam am Topfrand entlang hineingleiten lassen. Im kochenden Wasser werden sie rasch weich und biegen sich dann.

Spaghetti am Topfrand entlang ins kochende Wasser gleiten lassen.

Als Beilage rechnet man 50 g, als Hauptgericht 100 g Teigwaren pro Person.

Grundrezept
Hausgemachte Nudeln

300 g Mehl	Pro Person etwa:
2 Eier	1770 Joule
3 Eßl. Wasser	420 Kalorien
½ Teel. Salz	
3 l Wasser	Garzeit:
1 Teel. Salz	10 Minuten

Das Mehl auf eine Arbeitsplatte geben. Eine Vertiefung in die Mitte drücken und die Eier, das Wasser und das Salz darin verrühren. Alles zu einem mittelfesten Teig verarbeiten; dabei darauf achten, daß die Arbeitsfläche trocken ist (eventuell immer wenig Mehl unter den Teigkloß streuen). Den Teig so lange kneten, bis er vollkommen glatt ist. Auf der wenig bemehlten Fläche etwa 2 mm dünne Stücke ausrollen und etwas trocknen lassen. Die Teigstücke in der Mitte teilen, die Hälften aufeinanderlegen, zusammenrollen, quer für Bandnudeln in 1 cm, oder beliebig breite Streifen schneiden und gut trocknen lassen.

TEIGWARENGERICHTE

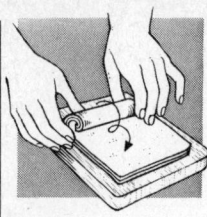
Die Nudelteigstücke aufeinanderlegen, zusammenrollen...

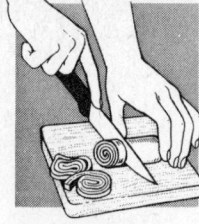
... und von der Teigrolle – je nach gewünschter Nudelbreite – Streifen abschneiden.

Das Wasser mit dem Salz zum Kochen bringen. Die Nudeln hineingeben und im offenen Topf im leicht sprudelnd kochenden Wasser in etwa 10 Minuten garen. Die gegarten Nudeln in ein Sieb schütten, kurz warm überbrausen, abtropfen lassen und in einer vorgewärmten Schüssel anrichten oder weiterverarbeiten.

Paßt gut zu: Fleischgerichten mit Sauce

Unser Tip: Teigwaren auf Vorrat ohne Salz herstellen, gut trocknen lassen und trocken aufbewahren.

Grundrezept
Nudeln als Beilage

2 ½ l Wasser
1 Teel. Salz
250 g beliebige Nudeln

Pro Person etwa:
1050 Joule
250 Kalorien

Garzeit:
8–12 Minuten

Das Wasser mit dem Salz in einem genügend großen Topf zum Kochen bringen. Die Teigwaren hineinschütten oder einlegen. Spaghetti und unzerbrochene Makkaroni dabei am Topfrand entlang ins Wasser gleiten lassen, umrühren und einmal kräftig aufkochen lassen. Die Hitze reduzieren und die Teigwaren nach der auf der Packung angegebenen Garzeit je nach Sorte 8–12 Minuten leicht sprudelnd im offenen oder halb bedeckten Topf kochen lassen. Dabei ab und zu umrühren. Die Teigwaren sind gar, wenn sie so weich sind, daß man sie ohne festen Widerstand mit einer Gabel »zerschneiden« kann. Beim Kauen sollen sie noch einen »Biß« haben. Die Teigwaren in einen Durchschlag schütten, kurz lauwarm überbrausen, gut abtropfen lassen und in einer vorgewärmten Schüssel anrichten.

Unsere Tips: 1 Teelöffel Öl ins kochende Wasser geben, die Teigwaren einstreuen und garen. Durch das Öl schäumt das Wasser nicht so stark, und die Nudeln bleiben nicht am Topfboden hängen.
Nudeln schmecken besser und sehen besonders appetitlich aus, wenn man sie mit in Butter gebratenen Semmelbröseln oder Zwiebelringen, mit feingeschnittener Petersilie, mit Schnittlauch oder geriebenem Käse bestreut.

Variante
In Butter geschwenkte Teigwaren

Die Teigwaren nach Vorschrift garen, kalt abbrausen und abtropfen lassen. 1 Eßlöffel Butter im Nudeltopf zerlassen und die Teigwaren darin unter öfterem Wenden wieder erhitzen; nach Belieben zusätzlich mit geriebenem Käse mischen.

Preiswert
Schinkennudeln mit Ei

4 l Wasser
1 Teel. Salz
375 g Schinkennudeln, Bandnudeln oder Hörnchen
250 g gekochter Schinken
1 Eßl. Butter
4 Eier
2 Messersp. Salz
1 Prise Pfeffer

½ Bund Petersilie oder ½ Teel. getrockneter Majoran
2 Messersp. Paprikapulver, edelsüß

Pro Person etwa:
2680 Joule
640 Kalorien

Garzeit:
25 Minuten

Das Wasser mit dem Salz zum Kochen bringen, die Teigwaren einstreuen und nach den Angaben auf der Packung garen.
Inzwischen den Schinken kleinschneiden, die Butter in einer großen Pfanne erhitzen, den Schinken zugeben und unter Wenden leicht braun braten. Die Eier verquirlen und mit dem Salz und dem Pfeffer würzen. Die gegarten Teigwaren in einen Durchschlag schütten, kurz kalt abbrausen, abtropfen lassen, zum Schinken geben und unter Wenden 5 Minuten wieder gut erhitzen. Die verquirlten Eier darübergießen und in etwa 10 Minuten bei mittlerer Hitze stokken lassen. Die Petersilie waschen, abtropfen lassen und feinschneiden. Die Schinkennudeln anrichten, mit der Petersilie oder dem Majoran und dem Paprikapulver bestreuen.

Beilagen: Tomatensauce und Kopfsalat mit Kerbel, Spinatsalat mit Zwiebeln oder andere frische Salate

Spaghetti nach Neapolitaner Art

500 g Tomaten
1 große Zwiebel
2 Knoblauchzehen
1 Eßl. Öl
je 2 Messersp. getrockneter Thymian und Rosmarin
4 l Wasser
2 Teel. Salz
400 g Spaghetti
250 g Hühnerleber
1 Eßl. Öl
abgeriebene Schale und Saft von ½ Zitrone

2 Messersp. Pfeffer
½ Teel. Salz
1 Eßl. Butter
100 g geriebener Parmesankäse

Pro Person etwa:
2720 Joule
650 Kalorien

Garzeit:
15 Minuten

Die Tomaten häuten und kleinschneiden. Die Zwiebel schälen und kleinwürfeln. Die Knoblauchzehen schälen und zerdrücken. Das Öl in einem Topf erhitzen, die Zwiebelwürfel und den Knoblauch zugeben und glasig braten. Die Tomaten zugeben, den Thymian und Rosmarin zerreiben, darüberstreuen und alles in etwa 15 Minuten zugedeckt musartig zerkochen lassen.
Das Wasser mit dem Salz zum Kochen bringen und die Spaghetti nach Vorschrift auf der Packung darin garen.
Die Hühnerleber kurz kalt waschen, gut trockentupfen und in etwas kleinere Stücke schneiden. Das Öl in einer Pfanne erhitzen, die Leberstücke unter Wenden kurz darin anbraten und dann bei milder Hitze in etwa 5 Minuten durchbraten.
Die Spaghetti kalt abbrausen und gut abtropfen lassen. Die Tomatensauce mit der Zitronenschale, dem Zitronensaft, dem Pfeffer und dem Salz abschmecken.
Die Butter im Nudeltopf zerlassen, die Spaghetti unter öfterem Wenden darin erhitzen und in vorgewärmten Suppentellern anrichten. Jeweils eine Vertiefung in die Mitte der Spaghetti drücken, die Hühnerleber hineingeben, die Spaghetti mit der Tomatensauce überziehen und mit dem geriebenen Parmesankäse bestreuen.

Dazu schmeckt: Kopfsalat

TEIGWARENGERICHTE

»Pasta« ist der italienische Sammelbegriff für alle Arten von Teigwaren. Mit »Pasta asciutta« sind immer Spaghetti gemeint, die nicht als Beilage, sondern als Vorspeise oder Hauptgericht serviert werden.
Man kann sie mit vielen verschiedenen Saucen bereiten. Unser Rezept mit Hackfleischsauce ist die bekannte Bologneser Art.

Pasta asciutta

Bild Seite 330/331

Für die Hackfleischsauce:
2 Eßl. Öl
250 g Hackfleisch
1 Zwiebel
3 kleine Dosen Tomatenmark
¼ l Fleischbrühe oder 300 g Tomatenketchup und
⅛ l Fleischbrühe
1 Knoblauchzehe
½ Teel. Salz
je 2 Messersp. Zucker und Pfeffer
1 Eßl. Paprikapulver, edelsüß
½ Teel. Paprikapulver, scharf

2 Messersp. getrockneter Rosmarin

Für die Spaghetti:
4 l Wasser
1½ Teel. Salz
375 g Spaghetti
100 g geriebener Parmesankäse
1 Eßl. Butter

Pro Person etwa:
2890 Joule
690 Kalorien

Garzeit:
20 Minuten

Das Öl in einem Topf erhitzen, das Hackfleisch zugeben, dabei ständig mit dem Spatel zerteilen und wenden. Die Zwiebel schälen, würfeln und etwa 5 Minuten bei milder Hitze mit dem Hackfleisch zusammen braten. Das Tomatenmark und ¼ Liter Fleischbrühe oder den Ketchup und ⅛ Liter Fleischbrühe zum Hackfleisch schütten, gut durchrühren und die Sauce bei milder Hitze zugedeckt etwa 15 Minuten kochen lassen. Die Knoblauchzehe schälen, zerdrücken und mit dem Salz, dem Zucker, dem Pfeffer, dem Paprikapulver und dem zerriebenen Rosmarin in die Sauce rühren. Während die Tomatensauce kocht, das Wasser mit dem Salz zum Kochen bringen und die Spaghetti darin nach Vorschrift garen. Die Spaghetti abbrausen, gut abtropfen lassen und auf vorgewärmte Teller geben. Die Sauce darüber verteilen, mit etwas Käse bestreuen, je etwas Butter darauflegen. Den übrigen Käse dazu reichen.

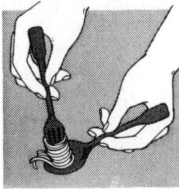

Stilecht Spaghetti essen: Die Nudeln um eine Gabel wickeln. Die Gabel dabei im Löffel aufstützen; so können die aufgewickelten Spaghetti nicht abgleiten.

Dazu schmeckt: Kopfsalat mit Zwiebeln und feingeschnittenem Sellerie oder Gurkensalat mit einer Dill-Joghurt-Sauce

Unsere Tips: Mit frischen Tomaten zubereitet, schmeckt die Sauce am besten. Dazu 1 kg Gemüsetomaten waschen, kleinschneiden und mit 1–2 Eßlöffel Wasser bei milder Hitze zugedeckt weich kochen, durchpassieren und zu dem Hackfleisch und den Zwiebeln geben.
Pasta asciutta gibt es auch als vollständiges Fertiggericht aus der Packung. Die Sauce können Sie noch mit Fleischklößchen nach dem Rezept in diesem Buch anreichern.

Gelingt leicht

Spaghetti mit Fleischsauce

Für die Fleischsauce:
50 g durchwachsener Speck
1 Zwiebel
1 kleine Möhre
1 Stückchen Sellerieknolle
1 Eßl. Öl
250 g Hackfleisch, halb und halb
1 kleine Dose Tomatenmark
½ l Fleischbrühe
3 Eßl. Weißwein

2 Messersp. Salz
1 Messersp. Pfeffer

Für die Spaghetti:
4 l Wasser
½ Eßl. Salz
400 g Spaghetti

Pro Person etwa:
3050 Joule
730 Kalorien

Garzeit:
45 Minuten

Den Speck sehr klein würfeln. Die Zwiebel schälen und in kleine Würfel schneiden. Die Möhre und den Sellerie schälen oder schaben, waschen und ebenfalls in kleine Würfel schneiden. Das Öl in einem Topf erhitzen und die Speckwürfel darin glasig braten. Das Hackfleisch zugeben, anbraten, und dabei fein zerstoßen. Wenn das Hackfleisch durchgebraten ist, die Zwiebel-, die Möhren- und die Selleriewürfel zugeben und etwa 3 Minuten unter ständigem Wenden mitbraten. Das Tomatenmark, die Fleischbrühe und den Wein zufügen, die Sauce salzen und pfeffern und bei milder Hitze 15 Minuten zugedeckt, dann etwa 20 Minuten im offenen Topf einkochen lassen. Die Fleischsauce soll dicklich und sämig sein. Inzwischen für die Spaghetti das Wasser mit dem Salz zum Kochen bringen und die Spaghetti nach Vorschrift in etwa 10–12 Minuten garen, in einem Sieb abtropfen lassen und sofort mit der Sauce servieren.

Dazu schmecken: Kopfsalat oder anderer grüner Salat und geriebener Käse

Variante

Grüne Nudeln nach Bologneser Art

Eine Fleischsauce wie im Rezept beschrieben herstellen. Statt der Spaghetti 400 g grüne Nudeln im Salzwasser nach Vorschrift garen, in vorgewärmten Tellern anrichten und die Fleischsauce auf die Nudeln geben.

Dazu schmeckt: Tomatensalat mit Basilikum und Knoblauch gewürzt, Radicchio- oder Kopfsalat

Unser Tip: Wenn Sie grüne Nudeln selber herstellen wollen, mischen Sie Nudelteig mit 2–3 Eßlöffel fein püriertem und durch ein Tuch gedrücktem Spinat.

Preiswert

Spaghetti alla Milanese
Spaghetti nach Mailänder Art

Für die Tomatensauce:
1 Zwiebel
500 g Tomaten
1 Eßl. Butter
⅛ l Wasser
1 kleine Dose Tomatenmark
2 Messersp. getrocknetes Basilikum oder getrockneter Oregano
je ½ Teel. Salz und Zucker
1 Messersp. Pfeffer

Für die Spaghetti:
4 l Wasser
1 Eßl. Salz

400 g Spaghetti
100 g gekochter Schinken
50 g gepökelte Zunge
1 kleine Dose Champignons
1 Eßl. Butter
50 g geriebener Käse

Pro Person etwa:
2640 Joule
630 Kalorien

Garzeit:
40 Minuten

Die Zwiebel schälen und würfeln. Die Tomaten waschen und vierteln. Die Butter in einem Topf zerlassen und die Zwiebelwürfel darin anbraten. Die Tomaten mit dem Wasser, dem Tomatenmark und den Gewürzen zugeben, unter Rühren aufkochen und im geschlossenen Topf 20 Minuten kochen lassen. Die Sauce dann durch ein

TEIGWARENGERICHTE

Sieb passieren und im offenen Topf bei ganz milder Hitze noch etwas eindampfen lassen.
Inzwischen das Wasser mit dem Salz zum Kochen bringen und die Spaghetti darin nach Vorschrift in 10 bis 12 Minuten garen, in einem Sieb kurz kalt überbrausen und abtropfen lassen. Den Schinken und die Zunge in feine Streifen schneiden. Die Champignons abtropfen lassen und in Scheiben schneiden. Die Butter im Nudeltopf zerlassen und den Schinken, die Zunge und die Champignons darin anbraten. Die Spaghetti zugeben und bei milder Hitze unter ständigem Rühren erwärmen. Die Spaghetti in einer vorgewärmten Schüssel anrichten, mit dem Käse bestreuen und die Tomatensauce dazureichen.

Dazu schmeckt: frischer grüner Salat

Variante
Spaghetti mit Kräutersauce

150 g Spinat verlesen, waschen und kleinschneiden. 1 Zwiebel würfeln, mit dem Spinat in 6 Eßlöffel Wasser garen und mit 1 zerdrückten Knoblauchzehe, Salz, Pfeffer, 1 Bund Petersilie und ½ Bund Basilikum – kleingeschnitten – mischen. Die Sauce mit den gekochten Spaghetti vermengen.

Raffiniert
Lasagne al forno
Italienischer Nudelauflauf

Bild Seite 330/331

Für die Nudeln:
4 l Wasser
2 Teel. Salz
375 g Lasagnenudeln

Für die Fleischsauce:
1 Zwiebel
½ Knoblauchzehe
200 g frische Champignons (oder aus der Dose)
2 Eßl. Öl
250 g Hackfleisch
150 g tiefgefrorener Spinat
2 Eßl. Tomatenmark
⅛ l Fleischbrühe
⅛ l Weißwein
½ Teel. Oregano
3 Eßl. geriebener Parmesankäse

2 Messersp. Salz
1 Messersp. Pfeffer
1 Eßl. Mehl
5 Eßl. Wasser

Für die Bechamelsauce:
2 Eßl. Butter
2 Eßl. Mehl
¼ l Milch
⅛ l Sahne
½ Teel. Salz
1 Messersp. geriebene Muskatnuß

Für die Form:
1 Teel. Butter

Zum Bestreuen:
50 g geriebener Parmesankäse

Pro Person etwa:
3980 Joule
950 Kalorien

Garzeit:
30 Minuten

Zeit zum Überbacken:
30 Minuten

Das Wasser mit dem Salz zum Kochen bringen und jeweils 2–3 Nudelplatten darin nach Angabe auf der Packung garen. Die Lasagnenudeln mit einer Schaumkelle aus dem Wasser heben, kurz kalt abbrausen, abtropfen lassen und nebeneinander auf eine feuchte Arbeitsplatte legen.
Für die Fleischsauce die Zwiebel und die Knoblauchzehe schälen und kleinschneiden. Die frischen Champignons putzen, waschen – Champignons aus der Dose abtropfen lassen – und blättrig schneiden. Das Öl in einem Topf erhitzen. Das Hackfleisch darin bei mittlerer Hitze anbraten und zerstoßen. Die Zwiebel und den Knoblauch zufügen und mitbraten. Die Champignons, den Spinat, das Tomatenmark, die Fleischbrühe, den Weißwein und den zerriebenen Oregano zugeben und zum Kochen bringen. Die Sauce erst bei milder Hitze im geschlossenen Topf 20 Minuten kochen, gut umrühren, dann im offenen Topf noch etwas einkochen lassen, den Parmesankäse zufügen und mit dem Salz und dem Pfeffer abschmecken. Das Mehl mit dem Wasser anrühren, in die kochende Sauce gießen und 5 Minuten unter Rühren bei milder Hitze kochen lassen.
Für die Bechamelsauce die Butter in einem Topf zerlassen, das Mehl darüberstäuben und unter Rühren hellgelb braten. Unter ständigem Rühren nach und nach die Milch und die Sahne zugießen, einmal aufkochen, bei milder Hitze noch einige Minuten weiterkochen lassen und mit dem Salz und dem Muskat abschmecken.
Den Backofen auf 175° vorheizen. Eine flache, feuerfeste Form mit der Butter ausstreichen.
¼ der Fleischsauce einfüllen, mit ¼ der Nudeln bedecken, darauf ¼ der Bechamelsauce streichen. Diesen Vorgang noch dreimal wiederholen, bis alle Zutaten verbraucht sind. Die oberste Schicht ist Bechamelsauce; diese mit dem Parmesankäse bestreuen. Den Auflauf 30 Minuten auf der mittleren Schiebeleiste im Backofen überbacken.

Dazu schmeckt: grüner Salat, Radicchiosalat oder römischer Salat

Unser Tip: Anstatt der Fleischsauce mit Spinat können Sie auch Spaghetti mit Fleischsauce nach dem Rezept in diesem Buch bereiten.

Gelingt leicht
Nudelauflauf mit Schinken

Bild Seite 330/331

Für die Form:
2 Teel. Butter

Für den Auflauf:
2 ½ l Wasser
1 Teel. Salz
250 g Makkaroni, Hörnchen oder Zöpfli
1 kleine Zwiebel
200 g gekochter Schinken
125 g Champignons aus der Dose
1 Eßl. Butter
3 Eier
⅛ l saure Sahne
2 Messersp. Salz

je 1 Messersp. geriebene Muskatnuß und Pfeffer
50 g geriebener Parmesankäse
1 Eßl. Butter

Pro Person etwa:
2810 Joule
670 Kalorien

Garzeit für die Nudeln:
10–12 Minuten

Backzeit:
30 Minuten

Eine Auflaufform mit der Butter ausstreichen.
Das Wasser mit dem Salz zum Kochen bringen und die Nudeln nach der Vorschrift auf der Packung nicht zu weich kochen, da sie beim Überbacken weitergaren. Die Nudeln in ein Sieb schütten, kurz kalt abbrausen und abtropfen lassen. Die Zwiebel schälen und würfeln, den Schinken kleinschneiden, die Champignons abtropfen lassen und blättrig schneiden. Den Backofen auf 200° vorheizen. Die Butter in einer Pfanne zerlassen, die Zwiebelwürfel darin glasig braten, den Schinken und die Champignons zugeben und unter Wenden einige Minuten mitbraten. Die Nudeln abwechselnd mit dem Schinken-Champignon-Gemisch in die Auflaufform füllen. Die unterste und die oberste Schicht sollen Nudeln sein. Die Eier mit der sauren Sahne, dem Salz, dem Pfeffer und dem Muskat verquirlen und gleichmäßig über den Auflauf gießen. Den geriebenen Käse darüberstreuen, mit Butterflöckchen besetzen und 30 Minuten auf der mittleren Schiebeleiste im Backofen backen.

Dazu schmeckt: Tomatensalat

Unsere Tips: Bratenreste anstatt des Schinkens verwenden. Auch gegarte grüne Erbsen und/oder Möhren oder gedünstete Tomatenscheiben schmecken gut im Nudelauflauf.

GLASNUDELN · SPÄTZLE · KLÖSSE

Die Eier-Sahne mit einem Eßlöffel Ketchup, feingeschnittenem Schnittlauch oder etwas zerriebenem getrocknetem Oregano abwandeln. Anstatt des Parmesankäses 5 Minuten vor Beendigung der Backzeit den Auflauf mit Käsescheibletten belegen.

Glasnudeln sind fadenähnliche Nudeln aus Mungobohnen oder Meeresalgen, die beim Kochen glasklar werden. Sie eignen sich als Suppeneinlage oder als Beilage zu Fleischgerichten mit Sauce.

Chinesische Glasnudeln

2 l Wasser	Pro Person etwa:
1 Teel. Salz	1180 Joule
200 g Glasnudeln	280 Kalorien
1 kleine Zwiebel	
2 Eßl. Schweine-	Garzeit:
schmalz	5 Minuten
½ Teel. Salz	
1 Teel. Sojasauce	

Das Wasser mit dem Salz zum Kochen bringen, die Glasnudeln in etwa 5 Minuten weich und glasklar kochen, in einem Sieb kurz mit heißem Wasser überbrausen und abtropfen lassen. Die Zwiebel schälen und in feine Ringe schneiden. Das Schweineschmalz in der Pfanne zerlassen, die Zwiebelringe darin anbraten, die Glasnudeln zugeben und bei starker Hitze unter Rühren so lange braten, bis sie knusprig sind. Mit dem Salz und der Sojasauce würzen.

Unser Tip: Die gekochten, sehr gut abgetropften Nudeln etwa ½ Minute fritieren. So werden sie besonders kroß. Mit gehackten, gesalzenen Nüssen überstreuen und sofort servieren.

Grundrezept
Spätzle

375 g Mehl	Pro Person etwa:
(griffiges Mehl	1550 Joule
oder Dunstmehl)	370 Kalorien
⅛ l Wasser	
2 Eier	Garzeit:
½ Teel. Salz	10 Minuten
Zum Aufkochen:	
4 l Wasser	
1 Teel. Salz	

Das Mehl in eine Schüssel geben, das Wasser dazugießen und mit dem Mehl verrühren. Die Eier einzeln über einer Tasse aufschlagen, prüfen, ob sie gut sind, und mit dem Salz in die Schüssel geben. Alles zu einem weichen, aber nicht dünnflüssigen Teig verarbeiten; bei Bedarf noch etwas Wasser zufügen. Wenn Sie ein elektrisches Handrührgerät benutzen, können Sie die Eier gleich mit dem Wasser zum Mehl geben und alle Zutaten auf einmal mit den Knethaken verrühren. Das Wasser mit dem Salz zum Kochen bringen. Den Spätzleteig in kleinen Portionen nach und nach auf ein angefeuchtetes Holzbrett geben, etwas auseinanderstreichen und mit einem langen Messer in feinen Streifen ins kochende Salzwasser schaben. Man kann den Teig auch durch ein Spätzlesieb oder mit einem Spätzlehobel ins Wasser drücken. (Werden die Spätzle vom Brett geschabt, soll der Teig eine etwas festere Konsistenz haben.) Ein-

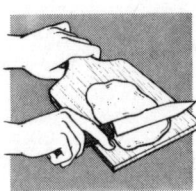

Spätzleteig mit dem Messerrücken auf einem Holzbrett flach streichen ...

... und die Spätzle in feinen Streifen ins kochende Wasser schaben.

mal kräftig aufkochen lassen. Die Spätzle sind gar, wenn sie an der Wasseroberfläche schwimmen. Die Spätzle mit dem Schaumlöffel aus dem Wasser heben, in einem Sieb abtropfen lassen und warm stellen. Werden sie anschließend in heißer Butter geschwenkt, die Spätzle vor dem Abtropfen im Sieb mit kaltem Wasser überbrausen.

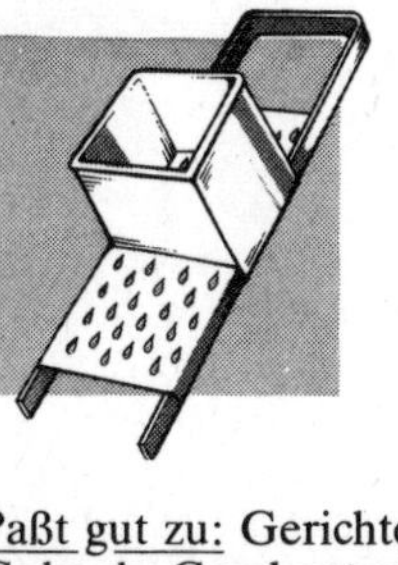

Ein Spätzlehobel erleichtert die Arbeit. Drückt man den Teig mit diesem Gerät ins Wasser, bekommen die Spätzle eine gleichmäßigere Form.

Paßt gut zu: Gerichten mit Sauce wie Gulasch, Geschnetzeltes oder Rahmschnitzel, aber auch zu Rinderbraten, Rehrücken und Hirschbraten

Unser Tip: Wenn Sie den Spätzleteig mit Milch zubereiten, werden die Spätzle lockerer.

Käsespätzle

Bild Seite 352/353

Für die Form:	Zum Aufkochen:
1 Teel. Butter	4 l Wasser
	1 Teel. Salz
Für die Spätzle:	
150 g alter Emmen-	Pro Person etwa:
taler Käse	2430 Joule
2 Zwiebeln	580 Kalorien
1 Eßl. Butter	
375 g Mehl	Garzeit:
⅛ l Wasser	10 Minuten
2 Eier	
½ Teel. Salz	Zeit zum
	Überbacken:
	15 Minuten

Eine Auflaufform mit der Butter ausstreichen.
Den Käse reiben, die Zwiebeln schälen und in Ringe schneiden. Die Butter in der Pfanne zerlassen und die Zwiebelringe darin goldbraun braten. Aus dem Mehl, dem Wasser, den Eiern und dem Salz einen nicht zu weichen Spätzleteig herstellen.
Das Wasser mit dem Salz zum Kochen bringen, die Spätzle darin garen, mit dem Schaumlöffel herausheben und abtropfen lassen.
Den Backofen auf 180° vorheizen. Die Spätzle lagenweise in die Form geben, jede Lage mit Zwiebelringen belegen und mit Käse bestreuen. Die unterste und die oberste Schicht soll aus Spätzle bestehen; nur die Hälfte der Zwiebelringe verbrauchen. Die Spätzle auf der mittleren Schiebeleiste 15 Minuten im Backofen überbacken. Die restlichen Zwiebelringe daraufgeben und in der Form servieren.

Dazu schmeckt: gedünstetes Sauerkraut, Sauerkrautsalat mit Feldsalat garniert oder Kopfsalat mit American Dressing

Grundrezept
Mehlklöße

500 g Mehl	Pro Person etwa:
3 Teel. Backpulver	2300 Joule
1 Teel. Salz	550 Kalorien
3 Eier	
⅛ l Milch	Garzeit:
Zum Aufkochen:	20 Minuten
3 l Wasser	
2 Teel. Salz	

Das Mehl mit dem Backpulver und dem Salz in einer Schüssel mischen und in die Mitte eine Vertiefung

MAULTASCHEN · STERZ

drücken. Die Eier verquirlen, mit der Milch in die Vertiefung gießen und alle Zutaten von der Mitte aus mit einem Kochlöffel oder den Knethaken des elektrischen Rührgerätes zu einem Teig verarbeiten, der schwer und reißend vom Löffel fällt.
Das Wasser mit dem Salz zum Kochen bringen. Mit einem großen Löffel, der immer wieder ins kochende Wasser getaucht wird, Klöße vom Teig abstechen, mit zwei Löffeln formen und in das leicht kochende Wasser einlegen. Den Topf zudecken, das Wasser wieder zum Kochen bringen und die Klöße dann im offenen Topf in etwa 20 Minuten garen. Die Klöße mit dem Schaumlöffel aus dem Wasser heben und abtropfen lassen. Die Klöße sollen außen flaumig und weiß, innen gelblich und weich sein.

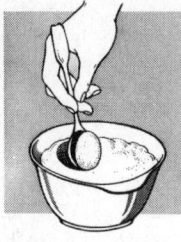
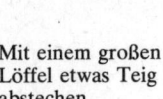

Mit einem großen Löffel etwas Teig abstechen ...

... und mit Hilfe eines zweiten Löffels zu Klößen formen.

Paßt gut zu: Schlesischem Himmelreich oder Braten mit Sauce und Salat

Variante
Böhmische Knödel

Den Teig durch etwas mehr Milch etwas weicher halten, mit 3 gewürfelten Brötchen mischen und 1 Stunde stehen lassen. 2 dicke Rollen daraus formen. Die Rollen im leicht kochenden Salzwasser garziehen lassen, in Scheiben schneiden und als Beilage zu Braten und Sauce, Ragouts, Frikassees oder Gemüse reichen.

Schwäbische Maultaschen

Zutaten für
6 Personen:

Für den Teig:
400 g Mehl
1 Prise Salz
½ Tasse Wasser
1 Eßl. Essig
5 Eßl. Öl

Für die Füllung:
250 g Spinat
1 ½ altbackenes Brötchen
1 Zwiebel
½ Bund Petersilie
250 g Hackfleisch
250 g Bratwurstbrät
2 Eier
1 Messersp. Salz
je 1 Prise Pfeffer und geriebene Muskatnuß

Für die Brühe:
1 ½ l Fleischbrühe
1 Zwiebel
1 Eßl. Butter

Pro Person etwa:
2870 Joule
680 Kalorien

Garzeit:
20 Minuten

Das Mehl mit dem Salz auf ein Backbrett geben. Das Wasser – lauwarm – mit dem Essig und dem Öl mischen und nach und nach unter das Mehl kneten. Den Teig gut schlagen, bis er glänzt, dann zu einer Kugel formen und unter einer angewärmten Schüssel 20 Minuten ruhen lassen. Inzwischen den Spinat waschen, verlesen und in wenig kochendem Salzwasser zugedeckt 3 Minuten ziehen lassen. Die Brötchen in lauwarmem Wasser einweichen. Die Zwiebel schälen und kleinwürfeln. Die Petersilie waschen, abtropfen lassen und feinschneiden. Den Spinat mit einem Schaumlöffel aus dem Wasser heben, abtropfen lassen und kleinschneiden oder wiegen. Die Brötchen ausdrücken. Das Hackfleisch und das Bratwurstbrät in einer Schüssel mit dem Spinat, den Brötchen, den Zwiebelwürfeln, der Petersilie, den Eiern, dem Salz, dem Pfeffer und dem Muskat verkneten.
Den Maultaschenteig in 2 Partien auf dem bemehlten Backbrett etwa 3 mm dick ausrollen, Quadrate von 15 cm Seitenlänge daraus schneiden und jeweils einen Löffel der Füllung daraufgeben. Die Quadrate zu einem Dreieck zusammenklappen und die Ränder gut festdrücken.

Den Maultaschenteig dünn ausrollen und in gleich große Quadrate schneiden.

Jedes Teigquadrat mit einem Löffel der Füllung belegen und diagonal zu Dreiecken – den Maultaschen – zusammenklappen.

Die Fleischbrühe zum Kochen bringen und die Maultaschen darin im offenen Topf bei milder Hitze in etwa 10 Minuten gar ziehen lassen, bis sie wieder an die Oberfläche kommen. Während dessen die Zwiebel schälen, in der Butter goldgelb braten und, zu den Maultaschen in die Brühe geben.

Heidensterz, diese Spezialität aus Buchweizenmehl mit Speck, hat uns Frau Scherz einmal in Murau in der Steiermark aufgetischt. Wir waren begeistert und bekamen das Rezept! Der Name Heidensterz ergibt sich aus der österreichischen Bezeichnung Sterz für Brei und die »Heiden« deuten wohl auf die Tataren oder Türken, die den Buchweizen auf ihren Kriegszügen ins Land brachten.

Steirischer Heidensterz

Zutaten für
6 Personen:
2 l Wasser
½ Teel. Salz
360 g Buchweizenmehl
100 g Schweineschmalz
100 g Speck

Pro Person etwa:
2190 Joule
520 Kalorien

Garzeit:
40 Minuten

Das Wasser mit dem Salz zum Kochen bringen. Das Buchweizenmehl auf einmal, ohne umzurühren, hineinschütten. Die Hitze um 1–2 Schaltstufen reduzieren und den dicken Kloß, der sich gebildet hat, im geschlossenen Topf 10 Minuten kochen lassen. Dann den Kloß im Wasser wenden, mit einem Kochlöffelstiel durchstechen und noch einmal 10 Minuten kochen lassen. Danach das Wasser in ein Gefäß abgießen und aufbewahren. Den Kloß mit zwei Gabeln zerreißen und nach und nach das Kochwasser wieder dazugießen. Es wird völlig von der Sterzmasse aufgesogen.
Das Schweineschmalz zerlassen, unter den Buchweizenbrei rühren und den Sterz weitere 15 Minuten bei milder Hitze im zugedeckten Topf ausquellen lassen. Den Speck in Würfel schneiden und ausbraten. Größere Sterzstücke noch einmal im Topf zerstoßen. Den Heidensterz mit dem ausgelassenen Speck übergießen.

Dazu schmeckt: grüner Salat

In Osteuropa wird Buchweizenmehl zu Brot, Gebäck und Plinsen (kleinen Pfannkuchen) verarbeitet, während man aus Buchweizengrütze einen dicken Brei (Kascha oder Grütze

GRÜTZE · GRIESSGERICHTE

genannt) bereitet und als Beilage zu pikanten Gerichten serviert.

Buchweizengrütze
Preiswert

1 l Wasser	Pro Person etwa:
125 g Buchweizengrütze (geschroteter Buchweizen)	710 Joule 170 Kalorien
¾ l Wasser	Garzeit:
1 Teel. Salz	70 Minuten
2 Eßl. Butter	

Das Wasser zum Kochen bringen und die Buchweizengrütze damit in einem Sieb übergießen und abtropfen lassen. Das Wasser zum Bereiten der Grütze mit dem Salz zum Kochen bringen und die Buchweizengrütze darin unter ständigem Rühren 15 Minuten sprudelnd kochen lassen. Dann im geschlossenen Topf bei sehr milder Hitze in etwa 50 Minuten ausquellen lassen. Die Butter zerlassen und die Buchweizengrütze vor dem Servieren damit übergießen.

Paßt gut zu: Fleisch-, Fisch- und Gemüsegerichten mit Sauce

Grießbrei
Grundrezept

1 l Milch	Pro Person etwa:
1 Messersp. Salz	1420 Joule
Schale von ¼ Zitrone	340 Kalorien
125 g Grieß	Garzeit:
1 Eßl. Butter	15 Minuten
2 Eßl. Zucker	

Die Milch mit dem Salz und der Zitronenschale in einem großen Topf zum Kochen bringen. Die Zitronenschale entfernen, den Grieß unter Rühren mit dem Schneebesen in die kochende Milch einstreuen und einige Male aufwallen lassen. Die Hitze reduzieren und den Grieß bei sehr milder Hitze in etwa 15 Minuten ausquellen lassen. Dabei ab und zu umrühren, denn Grießbrei brennt leicht an. Die Butter und den Zucker unter den heißen Grießbrei rühren.

Dazu paßt: Zimt-Zucker, Fruchtsauce, frisches Beerenobst oder Kompott

Unsere Tips: Legieren Sie den Grießbrei mit 2 Eigelben oder mischen Sie ⅛ Liter flüssige oder geschlagene Sahne unter. Reichern Sie den Brei mit 150 g rohen oder gekochten, kleingeschnittenen Früchten an.
Wenn es ganz schnell gehen soll, bereiten Sie Grießbrei aus Instant-Grieß. Dafür nur die Milch erwärmen, Instant-Grieß einstreuen und einige Sekunden quellen lassen.

Grießklöße

¼ l Milch	Pro Person etwa:
¼ l Wasser	1630 Joule
2 Messersp. Salz	390 Kalorien
50 g Butter	
250 g Grieß	Garzeit:
3 Eier	25 Minuten
2 ½ l Wasser	
2 Teel. Salz	

Die Milch mit dem Wasser, dem Salz und der Butter zum Kochen bringen. Den Grieß unter ständigem Rühren einstreuen und etwa 10 Minuten bei sehr milder Hitze ausquellen lassen. Die Eier verquirlen und unter den heißen Brei rühren.
Das Wasser mit dem Salz zum Kochen bringen. Mit angefeuchteten Händen aus der Grießmasse Klöße formen, ins schwach kochende Wasser einlegen und in etwa 15 Minuten gar ziehen lassen.

Dazu schmeckt: Zwetschgen- oder Johannisbeerkompott

Unser Tip: Grießklöße als Beilage zu Fleisch mit gehackter Petersilie, gebratenen Semmelbröseln oder gebratenen Zwiebelringen bestreuen.

Grießschmarren

2 Eier	Pro Person etwa:
¼ l Milch	1300 Joule
1 Messersp. Salz	310 Kalorien
6 Eßl. Grieß	
4 Eßl. Butter oder Schweineschmalz	Bratzeit: 30 Minuten

Die Eier mit der Milch, dem Salz und dem Grieß verquirlen und etwa 30 Minuten quellen lassen. Eine Pfanne erhitzen, das Gemisch hineinschütten und etwa 10 Minuten erhitzen. Dabei verdampft ein Teil der Flüssigkeit an der Oberfläche. Sobald der Grießschmarren fest wird, die Masse mit einem Spatel zerstoßen und dabei nach und nach die Butter oder das Schmalz zugeben. Den Schmarren unter häufigem Wenden weitere 20 Minuten goldgelb braten; dabei größere Stücke zerstoßen.

Dazu schmeckt: Zimt-Zucker, beliebiges Kompott oder in ausgebratenem Speck gebräunte Zwiebelwürfel

---

Couscous ist eine nordafrikanische Spezialität aus Grieß, der Fleisch-, Fisch- und Gemüseragouts beigemischt werden oder die man mit Butter vermengt als Beilage reicht. Für Couscous kann man sowohl groben Weizengrieß als auch Weizenschrot nehmen. Weizenschrot im Gegensatz zum Grieß heiß überbrühen, anschließend 7 Minuten stehen lassen und danach wie Grieß garen.

Couscous mit Fleischragout

500 g mageres Hammelfleisch	¼ l Wasser
2 Zwiebeln	¾ l Kochwasser
2 grüne Paprikaschoten	200 g Kichererbsen aus der Dose
3 Möhren	¼–½ l Fleischbrühe
4 Eßl. Öl	½ Bund Petersilie
¼ l Fleischbrühe	Pro Person etwa:
300 g tiefgefrorene Erbsen	3220 Joule 770 Kalorien
½ Teel. Salz	
2 Messersp. Cayennepfeffer	Garzeit: 50 Minuten
250 g grober Grieß	

Das Fleisch waschen, abtrocknen und in etwa 2 cm große Würfel schneiden. Die Zwiebeln schälen und in halbe Ringe schneiden. Die Paprikaschoten halbieren, von den Kernen und Rippen befreien, waschen und in Streifen schneiden. Die Möhren waschen, schaben und in dünne Scheibchen schneiden.
Die Fleischwürfel im heißen Öl rundherum kräftig anbraten, die Zwiebelringe zufügen und bei mittlerer Hitze mitbräunen lassen. Die Fleischbrühe erhitzen, zugießen und alles etwa 20 Minuten zugedeckt schmoren lassen. Danach die Möhren, die Paprikastreifen und die Erbsen zugeben. Salz und Cayennepfeffer darüberstreuen und weitere 30 Minuten bei milder Hitze schmoren lassen.
Inzwischen den Grieß in eine Schüssel geben und tropfenweise soviel heißes Wasser unterrühren, bis sich lauter kleine Klümpchen gebildet haben. Die ¾ Liter Wasser in einem Topf erhitzen. Den Grieß in ein Sieb geben und über dem kochenden Wasser hängend

GRIESSGERICHTE

zugedeckt in etwa 15 Minuten im aufsteigenden Wasserdampf – nicht im Wasser – garen.

Für Couscous das Wasser tropfenweise unter den rohen Grieß rühren, so daß eine lockere, körnige Masse entsteht.

Den Grieß im Sieb über Wasserdampf garen.

Die abgetropften Kichererbsen unter das Ragout mischen, gegebenenfalls noch mit etwas Salz und Cayennepfeffer abschmecken und den Couscous untermengen. Die Fleischbrühe erhitzen, zugießen und das Gericht mit feingehackter Petersilie überstreuen.

Ein Nationalgericht der Italiener; manche Bauern in den Abruzzen und in Venezien kochen Polenta noch heute im Kupferkessel über offenem Feuer. Sie essen den Brei aus Maismehl oder Maisgrieß oft nur mit Wasser und Salz gekocht! Am liebsten aber nach dem folgenden Festtagsrezept mit Tomatensauce und Speck, Salami oder Schafkäse.

Polenta

½ l Milch
½ l Fleischbrühe oder Wasser
250 g Maisgrieß
4 Eßl. geriebener Parmesankäse
½ Teel. Salz
3 Eigelbe
4 Eßl. Sahne

Pro Person etwa:
1800 Joule
430 Kalorien

Garzeit:
30 Minuten

Die Milch mit der Fleischbrühe oder dem Wasser zum Kochen bringen, unter ständigem Rühren den Maisgrieß einstreuen, 1–2 Minuten kochen und bei sehr milder Hitze 20–30 Minuten ausquellen lassen. Den Käse unter den Maisbrei mischen und mit dem Salz abschmecken. Die Eigelbe mit der Sahne verquirlen und unter den Brei ziehen. Eine Schüssel mit kaltem Wasser ausspülen, die heiße Polenta einfüllen, glattstreichen und auf eine vorgewärmte Platte stürzen.

Dazu schmecken: Zigeuner- oder Tomatensauce und gebratene Schinkenspeck-Scheiben

Unser Tip: Die Polenta ohne Parmesankäse zubereiten, stürzen, erkalten lassen, in dicke Scheiben schneiden und in Öl in der Pfanne braten. Mit dem Parmesankäse überstreuen und mit zerlassener Butter übergießen.

Preiswert
Süße Grießschnitten

Für den Grießbrei:
1 l Milch
1 Messersp. Salz
Schale von ¼ Zitrone
250 g Grieß
2 Eßl. Zucker
2 Eier

Für die Grießschnitten:
2 Eier
¼ Tasse Milch
4 Eßl. Bratfett
6 Eßl. Semmelbrösel
2 Eßl. Zucker
2 Messersp. gemahlener Zimt

Pro Person etwa:
3350 Joule
800 Kalorien

Garzeit für den Grießbrei:
15 Minuten

Zeit zum Festwerden:
1–2 Stunden

Bratzeit:
30 Minuten

Die Milch mit dem Salz und der Zitronenschale in einem hohen Topf zum Kochen bringen. Die Zitronenschale wieder herausnehmen und den Grieß unter Rühren einstreuen. Den Brei einige Male aufkochen und dann bei sehr milder Hitze etwa 10 Minuten ausquellen lassen. Der Brei muß sehr dick sein. Den Topf vom Herd nehmen, den Zucker und die verquirlten Eier sofort unterrühren.
Ein großes angefeuchtetes Arbeitsbrett oder eine flache Porzellanplatte etwa 3 cm dick mit dem Brei bestreichen und 1–2 Stunden stehen lassen. Aus der erkalteten Masse etwa 5×7 cm große Schnitten schneiden. Die Eier in einer Schüssel verquirlen und mit der Milch verrühren. Das Bratfett löffelweise in einer Pfanne erhitzen. Die Semmelbrösel in einen tiefen Teller geben, die Grießschnitten in der Eiermilch, dann in den Semmelbröseln wenden, im heißen Fett von jeder Seite etwa 4 Minuten goldbraun braten und warm stellen, bis alle Grießschnitten gebraten sind. Zucker und Zimt mischen und die Grießschnitten damit bestreuen.

Dazu schmeckt: Kompott

Zum Bild rechts:

Das abgebildete Reisgericht ist ein indonesisches und heißt: Nasi Goreng. Dieser Name bedeutet »gebratener Reis«. Ein bescheidener Titel für ein anspruchsvolles und wohlschmeckendes Gericht! Nasi Goreng enthält neben der Grundzutat Reis das zarte Brustfleisch von Geflügel, saftiges Schweinefleisch und Krabben zu gleichen Teilen, verschiedene Gemüsearten und eine gut kombinierte Mischung exotischer Gewürze – Sambal, Curry, Ingwer und Muskatnuß. Krönen Sie das Ganze mit Spiegeleiern, reichen Sie stilecht dazu gebratene Ananasstückchen und Bananenscheiben, verschiedene Saucen und Chutneys, geröstete Erdnüsse und Kroepoek, das leichte, knusprige Gebäck aus Krabbenmehl. Das Rezept finden Sie auf Seite 335.

Zur folgenden Doppelseite:

*Lasagne al forno, aus den breiten italienischen Lasagnenudeln, einer Fleischsauce und einer Béchamelsauce (oben) ist auch bei uns ein beliebter Nudelauflauf. Saucen und Nudeln werden in einer flachen Form in dünnen Lagen übereinandergeschichtet, dick mit geriebenem Parmesankäse bestreut und al forno – im Ofen – überbacken.
Das Rezept finden Sie auf Seite 324.*

*Nudelauflauf mit Schinken (Mitte) ist die nicht weniger reizvolle deutsche Variante überbackener Nudeln. Das Gericht läßt sich auf vielerlei Arten abwandeln. Statt der im Rezept angegebenen Champignons kann man grüne Erbsen oder Möhren oder in Stücke geschnittene Tomaten verwenden; statt des Schinkens Lyoner-Wurst oder Bratenreste und zum Bestreuen Emmentaler Käse oder einen anderen geriebenen Hartkäse.
Das Rezept finden Sie auf Seite 324.*

*Pasta asciutta heißen in Italien alle Spaghettigerichte, die nicht als Beilage, sondern als selbständiges Gericht serviert werden, zusammen mit einer Sauce aus Hackfleisch oder Tomaten, verschiedenen Gemüsen, Schinken, Speck oder einer Kräutersauce mit Knoblauch. Die abgebildete Pasta asciutta (unten) sind die berühmten Spaghetti bolognese, die mit einer schlichten, aber raffiniert gewürzten Hackfleischsauce serviert werden.
Das Rezept finden Sie auf Seite 323.*

GRIESSGERICHTE

Zum Bild links:

Vorbei sind die Zeiten, in denen sich das deutsche Nudel-Repertoire auf Bandnudeln, Makkaroni, Spaghetti und kleine Nudelformen für Suppeneinlagen beschränkte. Mit der wachsenden Beliebtheit Italiens als Urlaubsland nahm bei uns der Appetit auf ausgefallene Teigwaren zu.
Das nebenstehende Bild zeigt eine Auswahl verschiedener Nudelarten. Für einige von ihnen gibt es außer den Phantasienamen der deutschen Herstellerfirmen keine offizielle Bezeichnung. In dem Fall ist nur der italienische Name angegeben.

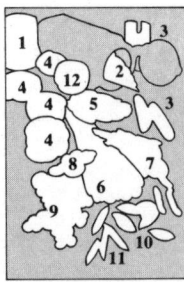

1 Rigatoni
2 Spaghetti
3 Cannelloni
4 Tagliatelle (Bandnudeln in verschiedenen Farben)
5 Taglierini (schmale Bandnudeln, Suppennudeln)
6 Spaghetti verdi (grüne Spaghetti)
7 Spirelli (Krausbandnudeln, bekannt als »Zöpfli«)
8 Tortellini
9 Gabelspaghetti
10 Gnocchi (Muscheln)
11 Penne (Stifte)
12 Capellini

Römische Grießschnitten

1 l Milch
1 Teel. Butter
1 Messersp. Salz
180 g Grieß
200 g geriebener Emmentaler Käse
2 Eigelbe
1 Messersp. geriebene Muskatnuß
2 Eßl. Butter

Pro Person etwa:
2560 Joule
610 Kalorien

Garzeit:
10 Minuten

Zeit zum Überbacken:
10 Minuten

Die Milch mit der Butter und dem Salz zum Kochen bringen. Unter ständigem Rühren den Grieß einstreuen und bei sehr milder Hitze etwa 5 Minuten ausquellen lassen. Den Topf vom Herd nehmen und die Hälfte des geriebenen Käses, die Eigelbe und den Muskat unter den Grießbrei rühren. Ein Arbeitsbrett oder eine Platte mit kaltem Wasser abspülen, den Brei etwa 1 cm dick daraufstreichen, mit dem restlichen Käse bestreuen und auskühlen lassen. Den Backofen auf 200° vorheizen. Aus der festgewordenen Masse dann entweder 5 × 7 cm große Streifen schneiden oder mit einer Tasse Scheiben ausstechen. Eine längliche Auflaufform mit etwas Butter ausstreichen und die Grießschnitten schuppenförmig einlegen. Die restliche Butter zerlassen und darübergießen. Die Grießschnitten auf der mittleren Schiebeleiste etwa 10 Minuten goldbraun überbacken.

Dazu schmeckt: Endiviensalat mit Äpfeln

Grießbrei »Burgerhof«

1 l Milch
1 Messersp. Salz
Schale von ¼ Zitrone
1 Teel. Aniskörner
125 g Grieß
2 Eßl. Rosinen
1 Eßl. Rum
30 g bittere Schokolade
3 Eßl. Erdbeer- oder Zwetschgenmarmelade
1 Eßl. Butter
2 Eßl. Zucker

30 g geriebene Haselnüsse
3 Eßl. Sahne
Zum Garnieren:
1 Eßl. Schokoladenstreusel
1 Teel. Marmelade

Pro Person etwa:
2340 Joule
560 Kalorien

Garzeit:
15 Minuten

Die Milch mit dem Salz und der Zitronenschale in einem hohen Topf zum Kochen bringen. Die Aniskörner dabei in einem Tee-Ei vom Topfrand aus in die Milch hängen. Die Zitronenschale und die Aniskörner herausnehmen, den Grieß unter Rühren einstreuen, einige Male aufwallen lassen und bei sehr milder Hitze in etwa 15 Minuten ausquellen lassen. Während der Grießbrei quillt, die Rosinen mit heißem Wasser überbrausen, gut abtropfen lassen und in eine Glasschüssel geben, die mindestens 1 ½ Liter faßt. Die Rosinen mit dem Rum beträufeln. Die Schokolade in sehr kleine Stücke schneiden. Die Marmelade glattrühren.
Den heißen Grießbrei mit der Butter und dem Zucker mischen, ein Viertel der Masse auf die Rosinen geben und glattstreichen. Die Schokoladenstückchen daraufstreuen, mit einem weiteren Viertel des Grießbreies bedecken und mit den geriebenen Nüssen bestreuen. Wieder eine Schicht Grießbrei darauf verteilen und mit der Marmelade bestreichen. Den Rest des Breis auf die Marmelade streichen, mit der Sahne übergießen und mit den Schokoladenstreuseln und der Marmelade verzieren.

Grießauflauf mit Kirschen

½ l Milch
1 Messersp. Salz
die Schale von ¼ Zitrone
175 g Grieß
200 g frische Kirschen
30 g Butter
2 Eier
80 g Zucker

Pro Person etwa:
2090 Joule
500 Kalorien

Garzeit für den Grießbrei:
15 Minuten

Zeit zum Backen:
60 Minuten

Für die Form und zum Belegen:
3 Teel. Butter

Aus der Milch, dem Salz, der Zitronenschale und dem Grieß einen Grießbrei kochen, vom Herd nehmen und abkühlen lassen. Die Kirschen waschen und entsteinen. Die Butter weich werden lassen. Die Eier in Eigelbe und Eiweiße trennen und die Butter mit den Eigelben und dem Zucker schaumig rühren.
Den Backofen auf 200° vorheizen. Den Grießbrei löffelweise unter die Schaummasse heben. Die Eiweiße steifschlagen und unter die Grießmasse ziehen. Eine Auflaufform mit Butter ausstreichen, die Auflaufmasse schichtweise mit den Kirschen in die Form füllen, glattstreichen, mit But-

REIS ALS BEILAGE

terflöckchen belegen und den Auflauf auf einer Schiebeleiste unter der Mitte 60 Minuten im Backofen überbacken.

<u>Dazu schmeckt:</u> Kirschsauce, Schokoladen- oder Vanillesauce

<u>Unser Tip:</u> Besonders gut schmeckt der Auflauf, wenn Sie 50 g geriebene Nüsse, den Saft von 2 Orangen, 1 Zitrone und 1 Päckchen Vanille- oder Mandelpuddingpulver unter den Auflauf rühren und nach Geschmack noch etwas nachsüßen.

<u>Grundrezept</u>
Wasserreis

250 g Langkornreis	Pro Person etwa
2 l Wasser	970 Joule
1 Teel. Salz	230 Kalorien
	Garzeit: 20 Minuten

Den Reis in einem Sieb so lange unter fließendem kaltem Wasser waschen, bis das abfließende Wasser klar bleibt; dann abtropfen lassen. (Parboiled-Reis oder Schnellkochreis werden nicht gewaschen.) Das Wasser mit dem Salz in einem genügend großen Topf zum Kochen bringen. Den Reis einstreuen, umrühren und 20 Minuten leicht sprudelnd kochen lassen. Die Reiskörner sollen sich dabei im Wasser bewegen. Den gegarten Reis in einem Sieb abtropfen lassen, wieder in den Topf geben und bei sehr milder Hitze oder auf der ausgeschalteten Elektroplatte etwa 5 Minuten ausdämpfen lassen. Dabei den Reis einige Male mit einer Fleischgabel lockern.

<u>Unsere Tips:</u> Klebt Reis nach dem Kochen zusammen, kann man ihn mit kochend heißem Wasser überbrausen. Zum Ausdämpfen eignet sich am besten eine beschichtete Pfanne oder ein beschichteter Topf; der Reis klebt darin nicht an.
Parboiled-Reis (bereits vorgegart) bleibt immer körnig und locker, auch wenn er einige Zeit warm gehalten werden muß.
Bei Schnellkochreis sparen Sie Zeit. Der Reis im perforierten Kunststoff-Kochbeutel wird nur in kochendem Wasser 3–5 Minuten gegart. Den prallgefüllten Kochbeutel kurz in kaltem Wasser abschrecken.

<u>Grundrezept</u>
Quellreis

250 g Langkornreis	Pro Person etwa:
½ l Wasser	970 Joule
1 Teel. Salz	230 Kalorien
	Garzeit: 25 Minuten

Den Reis in einem Sieb unter fließendem kaltem Wasser so lange waschen, bis das abfließende Wasser klar bleibt und abtropfen lassen. (Parboiled-Reis und Schnellkochreis brauchen nicht gewaschen zu werden.) Das Wasser mit dem Salz zum Kochen bringen und den Reis in das sprudelnd kochende Wasser schütten. Den Topf zudecken und den Reis bei sehr milder Hitze oder im Backofen bei 150° 20–25 Minuten ausquellen lassen.

<u>Unser Tip:</u> Bei der im Grundrezept angegebenen Wassermenge ist der Reis gerade »durch«. Bevorzugen Sie einen harten Reiskern, nehmen Sie eine ½ Tasse Wasser weniger. Soll der Reis gut weich gekocht sein, geben Sie ½ Tasse Wasser zu.

<u>Variante 1</u>
Reistimbale

4 Tassen oder Becher mit kaltem Wasser ausspülen, den gegarten Reis einfüllen, fest eindrücken (die Form soll voll sein) und auf eine vorgewärmte Platte stürzen. Die Reisköpfchen zum Hauptgericht passend mit Dill, Champignons, Oliven, Krabben oder Sardellen garnieren.

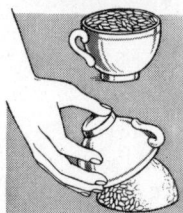

Reistimbale, eine besonders hübsche Art, Reis zu servieren: Tassen oder entsprechende Förmchen mit Reis füllen, den Reis festdrücken und stürzen.

<u>Variante 2</u>
Reisrand

Den Backofen auf 150° vorheizen. Eine Reisrandform mit Öl auspinseln, den gegarten Quellreis einfüllen, fest eindrücken (die Form muß voll sein) und im Backofen 10 Minuten erhitzen. Dann vorsichtig auf eine vorgewärmte Platte stürzen und füllen. In einen Reisrand kann man Mischgemüse, Pilze, Gulasch oder Ragout füllen.

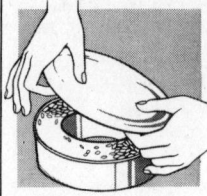

Für Reisrand eine Ringform mit Reis füllen und den Reis gut festdrücken. Die Form mit einer Platte bedeckt vorsichtig stürzen.

Den Reisrand eßlöffelweise mit einem passenden Gericht wie Gulasch oder Ragout füllen.

<u>Variante 3</u>
Risi-Bisi

250 g tiefgefrorene Erbsen nach Vorschrift garen oder Erbsen aus der Dose in einem Sieb abtropfen lassen und in etwas Butter erwärmen. Den fertig gegarten Reis untermengen und mit Salz und Pfeffer abschmecken. Risi-Bisi paßt zu allen Fleischgerichten mit Sauce.

<u>Variante 4</u>
Curryreis

Unter den fertiggegarten Reis 1–2 Teelöffel Currypulver, 1 Eßlöffel Mandelblättchen und ½ Tasse Weißwein mischen, mit Streuwürze oder Salz abschmecken und den Reis zugedeckt noch 5 Minuten ziehen lassen.

<u>Grundrezept</u>
Risotto

½ l Fleischbrühe	Pro Person etwa:
1 Zwiebel	1050 Joule
2 Eßl. Butter oder Öl	250 Kalorien
250 g Rundkornreis	Garzeit: 25 Minuten

Die Fleischbrühe zum Kochen bringen. Die Zwiebel schälen und würfeln. Die Butter oder das Öl in einem Topf erhitzen und die Zwiebel darin hellgelb braten. Den Reis unter fließendem Wasser waschen, bis das ab-

REISGERICHTE

fließende Wasser klar bleibt; sehr gut abtropfen lassen, zu den Zwiebeln geben und unter Wenden anbraten, bis die Reiskörner glasig sind. Mit der kochenden Fleischbrühe auffüllen, einmal umrühren und zugedeckt bei sehr milder Hitze in etwa 20–25 Minuten ausquellen lassen.

Dazu schmecken: Tomatensauce und geriebener Parmesankäse

Variante
Paprikareis

50 g kleingewürfelten Speck in einem Topf hellbraun braten und 2 Eßlöffel Zwiebelwürfel darin glasig werden lassen. Den gewaschenen, gut abgetropften Reis zugeben und so lange rühren, bis er glasig ist. Mit 1 bis 1 ½ Eßlöffel Paprikapulver, edelsüß, und 1 Messerspitze Salz würzen, die Fleischbrühe zugießen und wie in dem Grundrezept garen.

Risotto alla neapolitana

Für den Risotto:
375 g Rundkornreis
¾ l Fleischbrühe
2 Zwiebeln
½ grüne Paprikaschote
3 rote Peperoni
3 Eßl. Öl
½ Teel. Salz
200 g Krabben (Garnelen)

Zum Garnieren:
2 Tomaten
50 g Krabben (Garnelen)
3 Eßl. geriebener Parmesankäse
½ Bund Petersilie

Pro Person etwa:
2390 Joule
570 Kalorien

Garzeit:
40 Minuten

Den Reis waschen und abtropfen lassen. Die Fleischbrühe zum Kochen bringen. Die Zwiebel schälen und würfeln. Die Paprikaschote und die Peperoni halbieren, von den Rippen und Kernen befreien, waschen und in feine Streifen schneiden. Das Öl in einem Topf erhitzen, die Zwiebelwürfel darin glasig braten und die Paprika- und Pfefferschotenstreifen kurz mitbraten. Den Reis zugeben, unter Wenden glasig braten, mit ⅓ der kochend heißen Fleischbrühe auffüllen und unter Rühren 2–3 Minuten sprudelnd kochen. Den Reis bei milder Hitze im offenen Topf etwa 25 Minuten ausquellen lassen, dabei nach Bedarf wiederholt von der heißen Fleischbrühe nachfüllen. Den Risotto mit dem Salz abschmecken, die Krabben untermischen und auf einer vorgewärmten Platte anrichten. Die Tomaten waschen, in Scheiben schneiden und den Risotto mit den Tomatenscheiben und den Krabben belegen, mit dem Parmesankäse bestreuen und mit der Petersilie garnieren.

Dazu schmeckt: Kopfsalat mit Italian Dressing und Zwiebeln

Nasi Goreng
Indonesisches Reisgericht

Bild Seite 329

250 g tiefgefrorene Hühnerbrüstchen oder Truthahnfleisch
250 g Schweinefleisch aus der Keule
2 Zwiebeln
2 Knoblauchzehen
je 1 rote und grüne Paprikaschote
250 g Krabben (Garnelen) aus der Dose
5 Eßl. Öl
1 Teel. Salz
½ Teel. Pfeffer
¾ l Wasser
2 Messersp. Salz
1 Hühnerbrühwürfel
½ Fleischbrühwürfel
250 g Langkornreis

½ Teel. Sambal Oelek
1 Eßl. Currypulver
½ Teel. Ingwerpulver
2 Messersp. geriebene Muskatnuß
1 Eßl. Öl
4 Eier
1 Messersp. Salz
½ Bund Petersilie

Pro Person etwa:
3720 Joule
860 Kalorien

Zeit zum Auftauen:
2 Stunden

Garzeit:
60 Minuten

Das Hühner- oder Truthahnfleisch auftauen lassen und in etwa 2 × ½ cm große Streifen schneiden. Das Schweinefleisch kurz kalt waschen, trockentupfen, von den weißen Häutchen befreien und in ebenso große Streifen schneiden. Die Zwiebeln schälen und klein würfeln, die Knoblauchzehe schälen und zerdrücken. Die Paprikaschoten halbieren, von den Kernen und Rippen befreien, waschen und in kleine Würfel schneiden. Die Krabben abtropfen lassen.
2 Eßlöffel Öl in einer Kasserolle rauchend heiß werden lassen und das Geflügelfleisch etwa 2 Minuten bei starker Hitze unter Wenden darin braten. Mit Salz und Pfeffer würzen und aus der Kasserolle nehmen. Den Bratenfond mit 2 Eßlöffel Wasser lösen und die Bratensauce über das Hühnerfleisch gießen. Nochmals 2 Eßlöffel Öl stark erhitzen und das Schweinefleisch ebenso in 2 Minuten darin braten, würzen und zum Hühnerfleisch geben.
Das Wasser mit dem Salz und den Brühwürfeln zum Kochen bringen. Den Reis waschen und in die kochende Brühe geben. Die Hitze reduzieren und den Reis zugedeckt in etwa 20 Minuten garen. Kurz vor Beendigung der Garzeit den Sambal Oelek, das Curry- und Ingwerpulver und den Muskat zufügen. Inzwischen 1 Eßlöffel Öl in der Kasserolle erhitzen, die Zwiebel- und Paprikawürfel mit dem Knoblauch darin bei mittlerer Hitze unter Rühren 7 Minuten braten. Den gegarten Reis mit den Fleischstreifen, den Krabben und den gebratenen Zwiebel- und Paprikawürfeln mischen und bei milder Hitze unter Wenden braten, bis alle Flüssigkeit verdampft ist und der Reis leicht bräunt.
Das Öl in einer Pfanne erhitzen, darin aus den Eiern Spiegeleier braten und salzen. Die Petersilie waschen, abtropfen lassen und kleinschneiden. Nasi Goreng in einer vorgewärmten Schüssel anrichten, die Spiegeleier daraufsetzen und die Petersilie darüberstreuen.

Dazu schmeckt: Mango-Chutney, Sambal Oelek, Exotik-Relish, Chilisauce, kleingeschnittene frische Gurken, Senfgurken, Ananas, gebratene Bananenscheiben, geröstete Erdnüsse, Cashewnüsse und Kroepoek

Grundrezept
Milchreis

250 g Rundkornreis
1 ¼ l Milch
1 Messersp. Salz
Schale von ¼ Zitrone
¼ Vanilleschote
2 Eßl. Zucker
2 Eßl. Butter

Zum Bestreuen:
1 Eßl. Zucker
2 Messersp. gemahlener Zimt

Pro Person etwa:
2220 Joule
530 Kalorien

Garzeit:
35 Minuten

Den Reis in einem Sieb so lange unter kaltem Wasser waschen, bis das abfließende Wasser klar bleibt. Die Milch mit dem Salz, der Zitronenschale, der aufgeschnittenen Vanilleschote und dem gewaschenen Reis unter ständigem Rühren zum Kochen bringen. Den Reis dann bei sehr milder Hitze in etwa 30 Minuten zugedeckt ausquellen lassen. Dabei nicht umrühren.
Die Zitronenschale und die Vanilleschote entfernen und den Zucker unterrühren. Die Butter zerlassen; den Reis in einer Schüssel anrichten und

REISGERICHTE

mit der Butter begießen. Den Zucker mit dem Zimt mischen und gesondert dazureichen.

<u>Dazu schmeckt:</u> Kompott, Fruchtsauce oder Obstsalat

<u>Unser Tip:</u> Milchreis können Sie verfeinern, indem Sie geriebene Schokolade oder Nüsse darüberstreuen, ½ Tasse Rosinen untermischen oder den Brei mit 1 Eigelb legieren.

Diplomaten mögen es süß! Jedenfalls hat Graf von Trauttmansdorff dieser Süßspeise seinen Namen gegeben. Als kaiserlicher Gesandter, Minister und Oberkämmerer am Wiener Hof des vorigen Jahrhunderts hatte er Gelegenheit, Europas Reiskochkunst zu bewundern.

<u>Etwas schwierig</u>

Reis Trauttmansdorff

100 g Rundkornreis	¼ l Sahne
½ l Milch	1 Päckchen
1 Messersp. Salz	Vanillinzucker
abgeriebene Schale	1 Orange
von ½ Orange	
1 Vanilleschote	Pro Person etwa:
8 Blätter farblose	2010 Joule
Gelatine	480 Kalorien
¾ l Wasser	
50 g Zucker	Garzeit:
1 Päckchen	35 Minuten
Vanillinzucker	
2 Eßl. Arrak	Zeit zum Erstarren:
Saft von 1 Orange	2–3 Stunden

Den Reis waschen und mit der Milch, dem Salz, der Orangenschale, der aufgeschnittenen Vanilleschote unter ständigem Rühren zum Kochen bringen und bei sehr milder Hitze zugedeckt in etwa 30 Minuten garen und etwas abkühlen lassen.
Die Gelatine in dem kalten Wasser einweichen, 10 Minuten quellen lassen und in ein Sieb schütten. Die Vanilleschote entfernen und den noch heißen Reisbrei mit der Gelatine mischen.
Den Zucker, den Vanillinzucker, den Arrak und den Orangensaft unterrühren. Die Reisspeise abkühlen lassen; dabei ab und zu umrühren. Der Reis soll noch nicht steif gelieren.
Die Sahne mit dem Vanillinzucker steif schlagen und bis auf einen kleinen Rest unter den kalten Reisbrei heben. Eine Puddingform mit kaltem Wasser ausspülen, den Reis einfüllen und 2–3 Stunden im Kühlschrank erstarren lassen.

Die Orange schälen und in dünne Scheiben schneiden. Den erstarrten Reis Trauttmansdorff auf eine Platte stürzen und mit den Orangenscheiben und der restlichen Schlagsahne garnieren.

<u>Unser Tip:</u> Legen Sie die Puddingform mit Orangenscheiben aus, bevor Sie den Reis einfüllen; der Reis sieht dann nach dem Stürzen besonders hübsch aus.

Reisauflauf mit Aprikosen

1 l Milch	Pro Person etwa:
1 Messersp. Salz	3470 Joule
1 Stückchen	830 Kalorien
Zitronenschale	
250 g Rundkornreis	Garzeit für den
1 kleine Dose	Reisbrei:
Aprikosenhälften	35 Minuten
50 g Haselnüsse	
2 Eier	Backzeit:
4 Eßl. Butter	45 Minuten
4 Eßl. Zucker	

Für die Form und zum Belegen:
2 Eßl. Butter

Die Milch mit dem Salz und der Zitronenschale erhitzen. Den gewaschenen, abgetropften Reis zugeben, 2 Minuten unter Rühren sprudelnd kochen und dann bei sehr milder Hitze zugedeckt ausquellen lassen. Die Zitronenschale entfernen. Den Reisbrei abkühlen lassen und dabei öfter umrühren. Die Aprikosen aus der Dose abtropfen lassen und den Saft aufbewahren. Die Nüsse reiben oder im Mixer zerkleinern.
Die Eier in Eigelbe und Eiweiße trennen. Die Butter mit dem Zucker und den Eigelben in einer Schüssel schaumig rühren, den abgekühlten Reisbrei und die geriebenen Nüsse untermischen.
Den Backofen auf 200° vorheizen. Die Eiweiße steif schlagen und unter den Reisbrei ziehen. Die Auflaufform mit 1 Eßlöffel Butter ausstreichen. Den Reisbrei lagenweise mit den Aprikosenhälften in die Auflaufform schichten. Unterste und oberste Schicht sind Reisbrei. Die oberste Schicht Reisbrei so über die Aprikosenhälften streichen, daß die Kuppen noch herausschauen. Die Form darf nur ¾ voll sein. Die restliche Butter in Flöckchen auf den Auflauf setzen, den Auflauf auf mittlerer Schiebeleiste 45 Minuten backen.

<u>Dazu schmeckt:</u> der abgetropfte Saft von Aprikosen aus der Dose

---

Mandarinenreis

125 g Langkornreis	Pro Person etwa:
250 g Mandarinen	1210 Joule
aus der Dose	290 Kalorien
¼ l Weißwein	
75 g Zucker	Garzeit:
1 Päckchen Vanillin-	35 Minuten
zucker	

Den Reis waschen. Die Mandarinen abtropfen lassen und den Saft auffangen. Den Wein mit der Hälfte des Mandarinensaftes, dem Zucker und dem Reis unter Rühren zum Kochen bringen und den Reis bei sehr milder Hitze zugedeckt 30 Minuten ausquellen lassen. Den Vanillinzucker unterrühren.
Vier Förmchen oder Tassen mit kaltem Wasser ausspülen, den Reis hineindrücken, abkühlen lassen und auf Dessertteller stürzen. Den Mandarinenreis mit dem restlichen Saft begießen und mit den Mandarinenschnitzen garnieren.

Reis-Rosinen-Betti

1 ½ l Wasser	Pro Person etwa:
2 Messersp. Salz	1210 Joule
125 g Langkornreis	290 Kalorien
250 g säuerliche	
Äpfel	Garzeit:
¼ l Apfelsaft	20 Minuten
125 g Rosinen	
1 Eßl. Zucker	
1 Teel. Butter	

Das Wasser mit dem Salz zum Kochen bringen. Den Reis waschen, unter Rühren in das kochende Wasser einstreuen und in etwa 20 Minuten garen.
Inzwischen die Äpfel waschen, schälen, vom Kerngehäuse befreien und in kleine Würfel schneiden. Die Apfelwürfel mit dem Apfelsaft 2–3 Minuten kochen. Die Rosinen waschen, abtropfen lassen und mit dem Zucker unter die Äpfel rühren. Das Apfelkompott in ein Sieb schütten und den Saft im Topf auffangen. Die Butter zufügen und den Saft etwa 5 Minuten einkochen lassen.
Den gekochten Reis kurz kalt abbrausen, abtropfen lassen und mit dem Apfel-Rosinen-Gemisch vermengen. Den Apfelreis mit dem heißen Saft übergießen.

HAFERFLOCKENGERICHTE

Unsere Tips: Verwenden Sie Farinzucker. Er ist von geringerer Süßkraft als weißer Zucker, aber kräftiger im Geschmack.
Wenn Sie die Reis-Rosinen-Betti mit einer Vorsuppe als Hauptgericht servieren, ziehen Sie 1/8–1/4 Liter geschlagene Sahne unter den Reis.

Grundrezept
Haferflockenbrei

1 l Milch
2 Messersp. Salz
125 g Haferflocken
1 Eßl. Butter
2 Eßl. Zucker

Pro Person etwa:
1260 Joule
370 Kalorien

Garzeit:
10 Minuten

Zum Bestreuen:
1 Eßl. geriebene Nüsse

Die Milch in einen Topf gießen, das Salz und die Haferflocken einstreuen, unter ständigem Rühren zum Kochen bringen und einige Male aufkochen, dann bei sehr milder Hitze unter Rühren etwa 5 Minuten ausquellen lassen. Die Butter und den Zucker untermischen und den Haferflockenbrei vor dem Servieren mit den geriebenen Nüssen bestreuen.

Preiswert
Haferflockenschnitzel

1/2 l Fleischbrühe oder Gemüsebrühe
175 g Haferflocken
1 Zwiebel
1 Eßl. Butter
1 Bund Petersilie
2 Eier
2 Messersp. Salz
1 Messersp. Pfeffer
1 Teel. Streuwürze
1 Ei
1 Eßl. Wasser
3 Eßl. Mehl
4 Eßl. Semmelbrösel
4 Eßl. Bratfett

Pro Person etwa:
1880 Joule
450 Kalorien

Garzeit:
10 Minuten

Zeit zum Festwerden:
12 Stunden

Bratzeit:
8 Minuten

Aus den Haferflocken und der Fleisch- oder Gemüsebrühe einen dicken Brei kochen, abkühlen lassen und dabei ab und zu umrühren. Die Zwiebel schälen, kleinwürfeln und in der Butter goldbraun braten. Die Petersilie kalt abbrausen, abtropfen lassen und kleinschneiden. Die Eier verquirlen und mit den Zwiebelwürfeln und der Petersilie unter den Brei mischen. Mit Salz, Pfeffer und Streuwürze abschmecken.
Eine Kastenform mit Pergamentpapier auslegen. Das Papier anfeuchten, den Brei einfüllen und zugedeckt 12 Stunden im Kühlschrank festwerden lassen. Die Form danach auf ein angefeuchtetes Arbeitsbrett stürzen, das Pergamentpapier abziehen und die Masse in etwa 4 cm dicke Scheiben schneiden. Das Ei mit dem Wasser verquirlen. Die Scheiben zuerst im Mehl, dann im Ei und zuletzt in den Semmelbröseln wenden. Das Bratfett in einer Pfanne erhitzen und die Haferflockenschnitzel auf jeder Seite etwa 4 Minuten darin goldgelb braten.

Beilagen: gedünsteter oder gedämpfter Blumenkohl, kleine Karotten, Zigeunersauce oder Kräuterremoulade

Haferflockenspeise

1/4 l Milch
1 Eßl. Honig
125 g grobe Haferflocken
2 Eßl. Mandelsplitter
1/8 l Sahne
einige frische oder kandierte Kirschen

Pro Person etwa:
1380 Joule
330 Kalorien

Zeit zum Quellen:
2 Stunden

Die Milch erwärmen und den Honig darin auflösen. Die Haferflocken einstreuen, umrühren und 2 Stunden in der Honigmilch quellen lassen. Vor dem Servieren die Mandelsplitter untermischen. Die Sahne steif schlagen und bis auf einen Rest unterheben. Die Speise mit der restlichen Schlagsahne und den Kirschen garnieren.

Porridge

3/4 l Wasser
200 g Haferflocken
2 Messersp. Salz
2 Eßl. Zucker
1/4 l Sahne oder Milch

Pro Person etwa:
1900 Joule
430 Kalorien, wenn mit Sahne gereicht wird

Garzeit:
10 Minuten

Das Wasser mit den Haferflocken und dem Salz unter ständigem Rühren zum Kochen bringen, einige Male aufkochen und bei sehr milder Hitze in etwa 5 Minuten ausquellen lassen. Den Haferflockenbrei in Suppenteller verteilen, bei Tisch mit dem Zucker mischen und mit der Sahne oder der Milch übergießen.

Unser Tip: Die Haferflocken über Nacht in kaltem Wasser einweichen. Das Porridge wird dadurch sämiger.

Ein kräftiges Frühstück für die ganze Familie. Es enthält viel Vitamine und Mineralstoffe und ist einfach anzurichten. Kinder können es selbst zubereiten.

Müsli

Zutaten für 2 Personen:
100 g grobe Haferflocken
5 Eßl. Milch
1 Apfel
1 Eßl. Sultaninen
1 Banane
1 Eßl. gehackte Nüsse oder Mandeln

1 Eßl. Zucker
1 Teel. Zitronensaft
Saft von 1/2 Orange

Pro Person etwa:
1590 Joule
380 Kalorien

Die Haferflocken in einer Schüssel mit der Milch begießen und etwa 15 Minuten stehen lassen. Den Apfel waschen, mit der Schale und dem Kerngehäuse in die Haferflocken reiben und gleich unterrühren. Die Sultaninen waschen und gut abtropfen lassen. Die Banane schälen, in Scheiben schneiden und mit den Sultaninen und den Nüssen oder den Mandeln unter die Haferflocken mischen. Das Müsli mit Zucker, Zitronensaft und Orangensaft abschmecken.

Unsere Tips: Bereiten Sie Ihr Müsli anstatt mit Haferflocken mit im Reformhaus erhältlichem Weizenschrot oder Sechskornschrot. Müsli aus Vollkornschrot schmeckt gut und hat alle wichtigen Vitalstoffe, die in den Randschichten des Getreides enthalten sind. Vollkornschrot über Nacht einweichen.
Anstelle der Milch 4 Eßlöffel Sahne und anstelle des Zuckers 1 Eßlöffel in der erwärmten Sahne aufgelösten Honig verwenden.
Müsli kann in einer geeigneten Dose als zweites Frühstück in die Schule oder ins Büro mitgenommen werden.

Brotgerichte

Viele schmackhafte Gerichte werden auch aus Brot zubereitet: mit frischem Brot als überbackene Toasts oder aus altbackenem Brot zu Klößen oder Puddings. Die Rezepte dafür stehen in »Alles über Backen« nach dem Abschnitt über selbstgebackenes Brot, siehe Seite 497/499.

Alles vom Ei

*Aus Eiern lassen sich im Handumdrehen
leichte und bekömmliche Gerichte zubereiten,
die in vielen Varianten zu servieren sind.*

Eier sind gesund; sie enthalten Eiweiß, Fett, wertvolle Mineralstoffe und Vitamine und sind Grundlage vieler köstlicher Gerichte. Dennoch sollte man nicht mehr als zwei Eier täglich essen, da sie den Cholesterinspiegel im Blut ungünstig erhöhen.

Der Verbraucher versteht üblicherweise unter Ei ein Hühnerei. Das Gewicht von Hühnereiern kann 35–80 Gramm betragen. Im Durchschnitt wiegt ein Ei 56 Gramm, davon entfallen 6 Gramm auf die Schale, etwa 32 Gramm auf das Eiweiß und 18 Gramm auf das Eigelb.

Güteklassen
Eier werden nach Güteklasse und Gewicht gehandelt. Ein Ei der obersten Güteklasse ist ein echtes Frischei.

Frischeier kommen in den Güteklassen A und B auf den Markt. Ein Ei der Güteklasse A muß eine saubere, unverletzte Schale haben. Es muß frei sein von fremdem Geruch und darf nicht gereinigt sein. Die Luftkammer darf nicht über 6 mm betragen. Das Eiweiß muß klar und fest sein. Das Eigelb soll kugelig sein.

Eier der Güteklasse B müssen nahezu die gleichen Merkmale wie die der Klasse A aufweisen. Sie dürfen aber gewaschen sein und die Luftkammer darf bis zu 9 mm betragen.

Ob A- oder B-Eier, ein Ei der Gewichtsklasse 1 wiegt 70 g und mehr. Ein Ei der Gewichtsklasse 2 wiegt 65–70 g; eines der Gewichtsklasse 3 wiegt 60–65 g. Bis zur Gewichtsklasse 7 verringert sich das Gewicht je Klasse um 5 g. Eier unter 40 g dürfen nicht als Frischeier verkauft werden.

In einer Qualität weit unter den Frischeiern rangiert das Kühlhausei. Es wird bei Temperaturen unter +5° eingelagert, ist billiger und soll nach dem Kauf schnell verbraucht werden.

Eier lassen sich gut konservieren, weil sie von Natur aus im Inneren steril sind. Man kann die poröse Schale durch Einlegen in Kalkwasser, in verdünntes Wasserglas oder durch Überziehen mit Paraffin undurchlässig machen. Heute werden Eier vorwiegend eingefroren.

Richtig einkaufen, richtig lagern
Beim Einkaufen von Eiern sollten Sie auf das Abpackdatum achten, das die Legewoche angibt. Trägt eine Packung eine Banderole mit dem Vermerk »EXTRA«, handelt es sich um besonders frische Eier.

Tierfreunde bevorzugen Eier von Legehennen, die in naturgemäßer Bodenhaltung leben; auch das besagt ein Aufdruck auf oder in der Packung.

Die Frische von Eiern ist in kaltem Wasser leicht zu überprüfen. Frische Eier bleiben auf dem Boden liegen. Stellt sich ein Ei auf, so daß die stumpfe Seite nach oben zeigt, hat es bereits eine größere Luftkammer und ist etwa 3 Wochen alt. Verdorbene Eier schwimmen an der Oberfläche. Bei aufgeschlagenen, alten Eiern ist das Eigelb flach und das Eiweiß läuft wäßrig auseinander.

Eier im Eierfach des Kühlschranks aufbewahren. Dort behalten sie die typischen Eigenschaften von frischen Eiern bis zu 12 Tagen. Nach dieser Zeit sind sie als Frühstückseier nicht mehr zu empfehlen, sie sind aber weitere 4 Wochen noch für Eierspeisen geeignet.

Eier, die nicht vom Haushuhn stammen
Enteneier sind größer und fettreicher als Hühnereier. Weil sie Salmonellenträger sein können, müssen sie hartgekocht – mindestens 12 Minuten – oder völlig durchgebacken werden.
Gänseeier haben bei Kennern Tradition. Sie wiegen bis zu 160 Gramm! Das Eiweiß ist leicht glasig. Die Kochzeit beträgt 8–12 Minuten.
Perlhuhneier haben einen aromatisch-würzigen Geschmack. Ihre Schale ist mittelbraun und besonders hart. Die Kochzeit beträgt 3–3½ Minuten; die Eier sind dann weich.
Puteneier haben ein feines, mildes Aroma. Die Kochzeit für weiche Puteneier beträgt 6–8 Minuten.
Möweneier zählen zu den begehrten Delikatessen. Sie dürfen nur bis zum 15. Juni gesammelt werden, danach ist die Brut geschützt. Weil man bei Möwen- und anderen Wildvogeleiern den Herkunftsort und das Legedatum nicht feststellen kann und unter Umständen angebrütete Eier erhält, legt man sie zur Probe in ein Liter warmes Wasser, das man mit 120 Gramm Salz mischt. Bleiben die Eier flach am Boden liegen, sind sie frisch. Weil Möwen Salmonellenträger sein können und weil das Eiweiß dieser Eier schwer gerinnt, sollen sie 12–15 Minuten gekocht werden.
Wachteleier wiegen nur etwa 10 Gramm. Man rechnet 3–4 Eier pro Person.

Das Ei in der Küche

Eiergerichte sind sehr schnell zubereitet und lassen sich in vielen Varianten servieren. Sind Eier als Hauptgericht gedacht, sollten möglichst Kartoffeln oder Brot als sättigende und Salate als erfrischende Beilagen dazu gereicht werden.

Werden für eine Eierspeise mehrere Eier gebraucht, schlägt man sie nacheinander einzeln in eine Tasse, um zu prüfen, ob jedes Ei einwandfrei ist.

Ein einziges schlechtes Ei verdirbt alle Zutaten.

Das Eiweiß vom Eigelb trennen, indem man die Schale an einen Schüsselrand schlägt, auseinander bricht und das Eigelb von einer Schalenhälfte in die andere kippt. Das Eiweiß tropft in eine darunterstehende Schale ab. Dabei sollte der sogenannte »Hahnentritt«, das Hagelschnürchen, ein gallertartiges Gerinnsel am Rande des Eigelbes, entfernt werden. Je kühler die Eier sind, um so geringer ist die Gefahr, daß das Eigelb zerläuft.

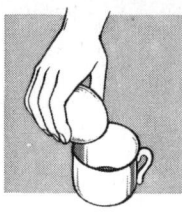

Zum Trennen von Eiweiß und Eigelb das Ei möglichst in der Mitte leicht an einen Schüssel- oder Tassenrand schlagen, so daß ein Knick entsteht.

Die Eierschale über dem Gefäß im Knick auseinanderbrechen. Das Eigelb behutsam von einer Schalenhälfte in die andere gleiten lassen.

Eischnee aus Eiweiß gelingt nur, wenn keine Spuren vom Eigelb ins Eiweiß geraten sind. Schüssel und Schneebesen müssen zum Schlagen von Eiweiß stets fettfrei sein. Gibt man einen Teelöffel kaltes Wasser pro Eiweiß zu, wird der Eischnee besonders steif. Steifen Eischnee nicht noch länger schlagen, sonst fällt er wieder zusammen. Für Süßspeisen 1–2 Teelöffel Zucker unter den steifen Eischnee rühren, für andere Speisen eine Prise Salz, so bleibt der Eischnee gut steif. Eischnee stets zuletzt unter den Teig oder unter die Creme heben, nicht rühren, weil sonst die feinen Luftbläschen zerstört werden.

Eischnee ist richtig steif, wenn eine mit dem Schneebesen spitz nach oben gezogene Haube aus Eischnee senkrecht stehen bleibt.

Wollen Sie Eier kochen, so stechen Sie vorher das Ei am runden Ende mit einer Nadel oder mit dem Eipikker ein, dann platzt es nicht.

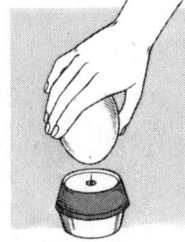

Eischnee ist steif, wenn eine mit dem Schneebesen nach oben gezogene Haube senkrecht stehen bleibt.

Bevor Eier in kochendes Wasser gegeben werden, das runde Ende des Eis mit einem Eipicker anstechen.

Legen Sie stets alle Eier auf einmal ins kochende Wasser – eventuell dafür ein Drahtkörbchen verwenden –; nur so erreichen Sie für alle Eier den gleichen Garegrad.

Die Garzeit mit der Eieruhr oder mit dem Kurzzeitwecker prüfen. Wachsweiche Eier 3½–4 Minuten kochen lassen, weiche Eier 4–4½ Minuten, harte Eier 10–12 Minuten. Im elektrischen Eierkocher werden die Eier im gewünschten Gargrad in weniger oder mehr Wasser gegart.

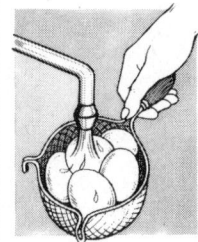

Eier nach Beendigung der Garzeit gleich in einem Sieb unter fließendem kaltem Wasser abschrecken.

Gekochte Eier sofort nach Beendigung der Kochzeit abgießen und unter fließendem kaltem Wasser abschrecken. Der Garvorgang wird unterbrochen. Von abgeschreckten Eiern läßt sich außerdem die Haut unter der Schale mühelos abziehen.

Wenn Sie gekochte und rohe Eier gleichzeitig im Kühlschrank aufbewahren und erkennen wollen, welches Ei roh und welches bereits gekocht ist, so lassen Sie die Eier auf dem Tisch »kreiseln«. Gekochte Eier drehen sich wie ein Kreisel; rohe Eier trudeln dabei, weil das flüssige Innere leicht hin und her schwappt.

Eierpfannkuchen sind Favoriten der schnellen Küche. Sie sollen möglichst dünn und ganz nach Wunsch hell bis goldbraun gebraten werden.

Grundrezept

Eierpfannkuchen

4 Eier	Pro Person etwa:
⅛ l Milch	1360 Joule
1 Prise Salz	325 Kalorien
150 g Mehl	
2 Eßl. Bratfett	Bratzeit: 40 Minuten

Die Eier mit der Milch und dem Salz verquirlen und löffelweise das Mehl unterrühren. Der Teig soll zähflüssig, beim Rühren ein deutlicher Widerstand spürbar sein. Gegebenenfalls noch etwas Milch zufügen. Den Teig 30 Minuten ruhen lassen.
Das Bratfett portionsweise bei mittlerer Hitze in der Pfanne erhitzen, den Teig durchrühren und nacheinander 8 dünne Pfannkuchen braten.
Dafür jeweils ⅛ des Teiges mit einem Schöpflöffel in die Pfanne gießen, diese anheben und leicht drehen, da-

EIERPFANNKUCHEN

mit sich der Teig gleichmäßig verteilt. Wenn die Masse zu stocken beginnt und an der Oberfläche nur noch leicht glänzt, den Pfannkuchen mit einem Pfannenwender leicht anheben und erst wenden, wenn die Unterseite knusprig gebraten ist. Die Pfanne leicht rütteln, damit sich der Pfannkuchen löst. Den Pfannkuchen auf einen großen Topfdeckel gleiten lassen und ihn dann mit Schwung vom Deckel in die Pfanne stürzen, oder mit einem möglichst breiten Pfannenwender in der Pfanne umdrehen und die andere Seite knusprig braten.

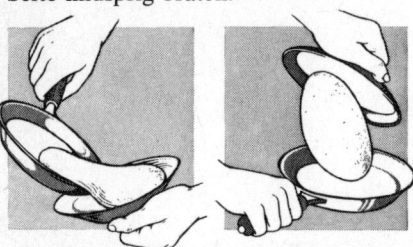

Den Pfannkuchen auf die Unterseite eines großen Topfdeckels gleiten lassen ...

... und dann vom Deckel wieder in die Pfanne stürzen.

Das Braten dauert pro Pfannkuchen etwa 5 Minuten. Die frisch gebratenen Pfannkuchen in einer feuerfesten, flachen Form auf der Automatikplatte (Einstellbereich 2–3) oder im Backofen (100–150°) warm halten, bis alle Pfannkuchen gebraten sind.

Beilagen: Zu süßen Pfannkuchen alle Arten von Kompott oder Apfelmus; zu salzigen Pfannkuchen Gemüse oder grüner Salat

Unsere Tips: Die Pfannkuchen werden besonders locker, wenn man die Hälfte der Milch durch Mineralwasser ersetzt oder wenn eine Messerspitze Backpulver unter den Teig gerührt wird.
Den Teig niemals zu lange rühren – die Pfannkuchen werden sonst leicht »brüchig«.
Die Pfanne immer nur dünn einfetten. Der Teig haftet dadurch besser; nach dem Wenden eventuell noch etwas Fett zugeben.
Ist der Teig für Eierpfannkuchen zu aufwendig, kann man Pfannkuchen aus einem Teig von 250 g Mehl, 1/4–1/2 Liter Milch, 1 Messerspitze Salz, 2 Eiern und 2 Eßlöffel Bratfett bakken. Der Arbeitsvorgang ist der gleiche wie im Grundrezept. Die Masse ergibt 8–12 Pfannkuchen.

Eigentlich ist ein »Pfannkuchen« zu etwas Höherem geboren – gemeint ist hier die Füllung! Man schätzt ihn mit Trüffeln, geräuchertem Lachs, mit feinen Kräutern, mit schaumiggerührter Butter, mit gemahlenen Haselnüssen gefüllt; Kochkunst und Phantasie sind kaum Grenzen gesetzt!

Eierpfannkuchen mit Marmelade

Für die Pfannkuchen:
4 Eier
1/8 l Milch
1 Prise Salz
150 g Mehl
2 Eßl. Bratfett

Pro Person etwa:
1930 Joule
460 Kalorien

Bratzeit:
40 Minuten

Für die Füllung:
160 g Marmelade
2 Eßl. Rum
2 Eßl. Puderzucker

Aus den Eiern, der Milch, dem Salz und dem Mehl einen Pfannkuchenteig herstellen, mit dem Bratfett 8 dünne Pfannkuchen braten und warm stellen. Die Marmelade glattrühren, mit dem Rum mischen, die Pfannkuchen damit bestreichen, zusammenrollen und mit dem Puderzucker überziehen.

Variante

Eierpfannkuchen mit Himbeeren gefüllt

250 g frische Himbeeren verlesen – tiefgefrorene Himbeeren auftauen lassen und etwas erwärmen –, mit einem Eßlöffel Zucker mischen und die Pfannkuchen wie im Rezept angegeben damit füllen.

Eierpfannkuchen mit Beerenquark

Für die Pfannkuchen:
4 Eier
1/8 l Milch
1 Prise Salz
150 g Mehl
2 Eßl. Bratfett

1 Päckchen Vanillinzucker
Schale 1/2 Zitrone
2 Eßl. Puderzucker

Für die Füllung:
200 g Johannisbeeren, Himbeeren, Erdbeeren oder Brombeeren
1 Eßl. Zucker
1 1/2 Tassen Milch
500 g Magerquark
80 g Zucker

Pro Person etwa:
2510 Joule
600 Kalorien

Bratzeit:
40 Minuten

Zeit zum Überbacken:
10 Minuten

Zum Bild rechts:

*Eine Baskische Omelette, schmeckt ausgezeichnet und ist ein rasch zubereitetes, leichtes Gericht, das keine großen Anforderungen an die Kochkunst stellt. Die Zutaten zu dieser Omelette sind ausgesprochen reich an Vitaminen – grüne Paprikaschoten, Tomaten und frische Kräuter –, aber kalorienarm. Deshalb kann sie den Speisezettel derjenigen bereichern, die abnehmen, aber nicht hungern wollen. Baskische Omelette können Sie auch variieren, indem Sie statt der Paprikaschote Zucchini- und/oder Auberginenscheiben mit den Tomatenstücken garen. Etwas gehaltvoller wird die Omelette, wenn Sie gekochten Schinken fein würfeln und mit dem Gemüse anbraten und/oder auf die fast gestockte Eimasse geriebenen Käse streuen und diesen schmelzen lassen. Zum Schlankschlemmen können Sie pro Person 50 Gramm Garnelen (Krabben) unter das Gemüse mischen, bevor Sie die Eier dazugeben.
Zu dieser Omelette schmeckt am besten frisches Stangenweißbrot und ein weißer französischer Landwein, der aber auch durch Tomatensaft ersetzt werden kann.
Das Rezept finden Sie auf Seite 345.*

EIERPFANNKUCHEN

Zum Bild links:

Gefüllte Schaumomelette, vor allem süß mit Puderzucker bestreut, gehört für viele zu den glücklichen Kindheitserinnerungen. Das ist einer der Gründe, weshalb sie auch meist für Erwachsene nichts von ihrem Reiz verloren hat. – Hier das Geheimnis, eine Schaumomelette so zu braten, daß sie gleichmäßig locker aufgeht, nicht zu dunkel wird und dennoch auf der Oberseite durchgebraten, das heißt trocken ist: Verwenden Sie eine eiserne Pfanne, die nur trocken ausgewischt – nie ausgewaschen – und nur zum Omelette braten benutzt wird. – Auch ungefüllt mit Zucker bestreut ist dieses zarte Schaumgebilde eine Köstlichkeit. Mit frischen Himbeeren, leicht mit Himbeergeist parfümiert, mit Walderdbeeren oder Blaubeeren gefüllt, wird es unwiderstehlich. Zur vollwertigen Mahlzeit wird die Schaumomelette, wenn Sie sie mit Sahne-Champignons, Pfifferlingen, mit Spargelspitzen oder Schinkenwürfeln füllen und dazu kleine neue, in Butter geschwenkte Kartoffeln reichen. Gefüllt mit Muscheln in Sahnecremesauce, wird die Omelette zu einem festlichen Ereignis, besonders wenn sie bei Tisch noch mit Cognac oder Whisky flambiert wird. Süße Schaumomeletten werden mit Rum, mit Cointreau oder je nach Füllung mit einem passenden Obstschnaps flambiert.
Das Rezept finden Sie auf Seite 345.

Aus den Eiern, der Milch, dem Salz und dem Mehl einen Pfannkuchenteig herstellen und mit dem Bratfett nacheinander bei mittlerer Hitze 8 dünne Pfannkuchen braten.
Die Beeren verlesen, kurz kalt abbrausen, abtropfen lassen und mit dem Zucker mischen. Die Milch erwärmen und in einer Schüssel mit dem Quark, dem Zucker und dem Vanillinzucker glattrühren. Die Zitrone heiß waschen, abtrocknen, die Hälfte der Schale in den Quark reiben und die Beeren unterheben.
Den Backofen auf 180° vorheizen.
Die Pfannkuchen jeweils zur Hälfte mit der Quarkcreme bestreichen, zusammenklappen und dachziegelförmig in eine flache, feuerfeste Form legen. Auf der mittleren Schiebeleiste etwa 10 Minuten im Backofen überbacken. Den Puderzucker darübersieben und in der Form servieren.

Eierpfannkuchen nach Tiroler Art

Für die Pfannkuchen:
4 Eier
1/8 l Milch
1 Prise Salz
150 g Mehl
2 Eßl. Bratfett

Für die Füllung:
200 g Blutwurst oder Speckblutwurst
1 Zwiebel
1 Teel. Butter
50 g geriebener Emmentaler Käse

1 Messersp. Pfeffer
1/2 Teel. Salz

Pro Person etwa:
2510 Joule
600 Kalorien

Bratzeit:
40 Minuten

Zeit zum Überbacken:
10 Minuten

Aus den Eiern, der Milch, dem Salz und dem Mehl einen Pfannkuchenteig herstellen und mit dem Bratfett 8 dünne Pfannkuchen braten.
Die Blutwurst in kleine Würfel schneiden. Die Zwiebel schälen, in Ringe schneiden und in der Butter goldbraun braten.
Den Backofen auf 180° vorheizen.
Auf jeden Pfannkuchen einen Streifen der Blutwurstwürfel geben und mit Käse bestreuen, die Pfannkuchen zusammenrollen, in eine feuerfeste Form schichten, jede Schicht mit Zwiebelringen, Pfeffer und Salz bestreuen und auf der mittleren Schiebeleiste etwa 10 Minuten im Backofen überbacken. In der Form servieren.

Beilagen: roher Sauerkrautsalat, gedünstetes Weißkraut oder Erbsengemüse mit Petersilie

Eierpfannkuchen mit Champignons

Für die Füllung:
250 g frische Champignons
1/2 Bund Petersilie
1 Eßl. Butter
2 Messersp. Salz

Für die Pfannkuchen:
4 Eier
1/8 l Milch
1 Prise Salz
1 Messersp. Pfeffer
150 g Mehl
2 Eßl. Bratfett
1/2 Bund Petersilie
1 Zitrone

Pro Person etwa:
1510 Joule
360 Kalorien

Garzeit für die Champignons:
10 Minuten

Bratzeit:
40 Minuten

Die Champignons putzen, gut waschen, abtropfen lassen und in feine Blättchen schneiden. Die Petersilie waschen, abtropfen lassen und kleinschneiden. Die Butter erhitzen, die Champignons etwa 10 Minuten darin garen, bis die Flüssigkeit verdampft ist, mit dem Salz abschmecken und die Petersilie untermengen.
Aus den Eiern, der Milch, dem Salz, dem Pfeffer und dem Mehl einen Pfannkuchenteig bereiten und mit dem Bratfett 8 dünne Pfannkuchen braten, mit den Champignons füllen, auf einer vorgewärmten Platte anrichten und mit Petersilie und Zitronenschnitzen garnieren.

Beilage: Tomatensalat, Feldsalat oder Kopfsalat mit Kresse

Variante

Eierpfannkuchen mit Sahne-Champignons

Für den Pfannkuchenteig anstelle von Milch Wasser verwenden. Für die Füllung 5 Eßlöffel Sahne und 1 Teelöffel Speisestärke verrühren und die Champignons damit binden. Mit einem Eßlöffel Weißwein oder einigen Tropfen Zitronensaft verfeinern.

Unser Tip: Füllen Sie die Eierpfannkuchen verschiedenartig; gut geeignet sind Pfifferlinge oder Steinpilze, gedämpfte Blumenkohlröschen, in etwas Butter erwärmt, mit Salz und geriebener Muskatnuß gewürzt, mit feingeschnittener Petersilie vermengt – gedünsteter Spinat mit geriebenem Parmesankäse bestreut oder gekochter Spargel in etwas Butter erwärmt.

KAISERSCHMARRN · CREPES · OMELETTE

Preiswert
Kaiserschmarrn

4 Eier	Pro Person etwa:
½ l Milch	2340 Joule
1 Messersp. Salz	560 Kalorien
250 g Mehl	
100 g Rosinen	Bratzeit:
2 Eßl. Bratfett	20 Minuten
2 Eßl. Puderzucker	

Die Eier in Eiweiße und Eigelbe trennen. Die Eigelbe mit der Milch und dem Salz verquirlen und löffelweise das Mehl unterrühren. Die Eiweiße steif schlagen und den Eischnee unter die Teigmasse ziehen. Die Rosinen waschen und in einem Küchentuch trockenreiben.
Das Bratfett in einer Pfanne zerlassen, die Teigmasse hineingeben und bei mittlerer Hitze etwas stocken lassen. Die Rosinen daraufstreuen, den Teig mit einem breiten Bratenwender umdrehen und mit zwei Gabeln zerpflücken oder mit dem Bratenwender zerstoßen. Den Schmarrn anrichten und den Puderzucker darübersieben.

Dazu schmeckt: Apfelmus

Variante
Kirschenmichel

Den Schmarrnteig bereiten. 500 g entkernte Kirschen untermischen, in eine gefettete flache feuerfeste Form geben und bei 190–210° im vorgeheizten Backofen etwa 40 Minuten backen. Mit Vanillesauce servieren.

Grundrezept für Crêpes
Crêpes Suzette
Flambierte Eierküchlein

Für den Teig:	½ Zitrone
4 Eier	4 Eßl. Butter
⅛ l Milch	je 2 Gläschen Grand
1 Eßl. Puderzucker	Marnier (4 cl) und
1 Prise Salz	Cognac (4 cl)
100 g Mehl	
2 Eßl. Butter	Pro Person etwa:
	2230 Joule
Für die Sauce:	530 Kalorien
2 Orangen	
12 Stück Würfel-	Bratzeit:
zucker	30 Minuten

Die Eier mit der Milch, dem Puderzucker und dem Salz verquirlen. Nach und nach das Mehl zugeben und alles zu einem flüssigen Teig verrühren. Wird ein elektrisches Handrührgerät benützt, können diese Zutaten zusammen verquirlt werden. 1 Eßlöffel Butter zerlassen, unter den Teig rühren und den Teig 30 Minuten ruhen lassen. Eine kleine Bratfanne erhitzen, dünn mit Butter ausstreichen und aus dem Teig nacheinander mit der restlichen Butter 10–12 kleine, sehr dünne Pfannkuchen in jeweils etwa 3 Minuten von beiden Seiten hellgelb braten. Die Pfannkuchen zu Vierteln falten und im Backofen bei 100° oder auf der Automatikplatte Schaltstufe 2 warm stellen.
Für die Sauce die Orangen (unbedingt unbehandelte) waschen und trockenreiben. Mit dem Würfelzucker die Orangenschale abreiben. Aus den Orangen und der Zitrone den Saft auspressen. Die Butter in einer Flambierpfanne zerlassen und den Würfelzucker mit der anhaftenden Orangenschale unter Rühren darin zergehen lassen. Den Orangen- und Zitronensaft zufügen, die Sauce solange rühren, bis sie sämig geworden ist, und mit dem Grand Marnier würzen. Die Pfannkuchen einlegen, mit der Orangensauce beträufeln und gut erhitzen. Den Cognac über die Crêpes gießen, anzünden und brennend servieren.

Raffiniert
Crêpes du palais
Crêpes mit Krokantsahne gefüllt

Zutaten für	1 Gläschen Grand
6 Personen:	Marnier (2 cl)
	1 Eßl. Puderzucker
Für die Füllung:	
100 g Zucker	Zum Flambieren:
50 g Mandelstifte	1 Gläschen Cognac
¼ l Sahne	(2 cl)
Für den Teig:	
4 Eier	Pro Person etwa:
⅛ l Milch	1740 Joule
1 Eßl. Puderzucker	450 Kalorien
1 Prise Salz	
100 g Mehl	Bratzeit:
2 Eßl. Butter	30 Minuten

Den Zucker in einer Pfanne bei starker Hitze unter ständigem Rühren hellbraun werden lassen – karamelisieren. Die Mandelstifte zugeben, umrühren und die Masse auf einem genügend großen Stück Alufolie erkalten lassen. Die erstarrte Krokantmasse im Mixer grob zerkleinern oder auf einem Küchenbrett zerstoßen. Die Sahne steif schlagen und kalt stellen. Aus den Eiern, der Milch, dem Puderzucker, dem Salz, dem Mehl und einem Eßlöffel zerlassener Butter einen dünnflüssigen Teig herstellen und 30 Minuten ruhen lassen.
Mit der restlichen Butter nacheinander 10–12 sehr dünne kleine Pfannkuchen daraus braten. Die Crêpes mit dem Grand Marnier beträufeln. Den Krokant mit der Schlagsahne mischen, auf jeden Pfannkuchen einen Eßlöffel Krokant-Sahne geben und die Pfannkuchen über der Füllung zu einem Rechteck zusammenschlagen. Die gefüllten Crêpes mit der »Naht« nach unten auf eine vorgewärmte Platte legen, mit dem Puderzucker überstäuben, mit dem Cognac beträufeln, anzünden und brennend servieren.

Grundrezept
Omelette

Zutaten für	Pro Person etwa:
2 Personen:	960 Joule
4 Eier	230 Kalorien
2 Messersp. Salz	
1 Teel. Zitronensaft	Bratzeit:
1 Eßl. Butter	10 Minuten

Die Omelettes brät man am besten in zwei Pfannen, weil sie dann fast gleichzeitig fertig werden.
Die Eier mit dem Salz und dem Zitronensaft leicht schaumig rühren. Die Pfannen gut erhitzen und in jeder Pfanne ½ Eßlöffel Butter zerlassen. Die Eimasse zu gleichen Teilen in die Pfannen geben und den Herd auf milde Hitze schalten. Wenn nötig, die Teigmasse mit dem Löffelrücken glattstreichen. Die Pfanne während des Bratens ständig leicht hin und her bewegen, damit die Unterseite der Omelette bräunt ohne anzusetzen. Wenn die Oberseite nach etwa 10 Minuten festzuwerden beginnt, aber noch glänzt, den Stiel der Pfanne leicht anheben und die Omelette an den Rand gleiten lassen – je nach Rezept sofort die Füllung auf eine Hälfte geben. Mit einem Pfannenwender die Omelette zusammenklappen und auf einen vorgewärmten Teller gleiten lassen. Dann gleich die andere Omelette ebenso fertigbraten.
Die Omelettes sollen locker, saftig und goldbraun sein.
Wird nur eine Pfanne benutzt, die erste Omelette in dem Deckel einer feuerfesten Form auf der Herdplatte warm stellen. Die zweite Omelette braten, beide Omelettes zusammen-

OMELETTES

klappen und in zugedeckter Pfanne noch einige Minuten erwärmen.

Beilagen für ungefüllte Omelettes: feine gedünstete Erbsen, Karotten, junger Spinat, Spargel oder frischer grüner Salat

Kräuteromelette

Zutaten für	4 Eier
2 Personen:	2 Messersp. Salz
1 Bund Petersilie	1 Eßl. Butter
½ Bund Schnittlauch	
2 Stengel Dill	Pro Person:
4 frische Rosmarinblätter oder ½ Teel. getrockneter Rosmarin	1000 Joule 240 Kalorien
	Bratzeit für 1 Omelette: 10 Minuten
1 Stengel Estragon oder 1 Messersp. getrockneter Estragon	

Die Petersilie, den Schnittlauch, den Dill, die Rosmarinblätter und den Estragon abbrausen, abtropfen lassen und feinschneiden (etwas Petersilie zum Garnieren zurückbehalten). Den getrockneten Rosmarin und Estragon zerreiben.
Die Eier mit dem Salz leicht schaumig rühren und die Kräuter unterziehen. Mit der Butter zwei Omelettes aus dem Eigemisch braten. Die Omelettes auf vorgewärmten Tellern anrichten und mit Petersilie garnieren.

Beilagen: Tomatensauce und Weißbrot

Variante 1

Käseomelette

Statt der Kräuter 50 g geriebenen Emmentaler Käse unter die Eimasse ziehen, die Omelettes braten und mit 50 g geriebenem Käse, ½ Teelöffel edelsüßem Paprikapulver und 1 Eßlöffel feingeschnittener Petersilie bestreuen, zusammenklappen, mit roten Paprikaschotenstreifen aus dem Glas und Olivenscheiben oder Tomatenschnitzen und je 1 Zitronenscheibe garnieren.

Variante 2

Schinkenomelette

4 Eier mit 1 Messerspitze Salz leicht schaumig rühren.

200 g gekochten Schinken in sehr kleine Würfel schneiden. Die Hälfte davon statt der Kräuter unter den Teig ziehen, die Omelettes braten, mit dem restlichen Schinken und 2 kleingewürfelten Gewürzgurken belegen, zusammenklappen und zugedeckt in der Pfanne erwärmen.

Bretonische Fischomelette

Zutaten für	Pro Person etwa:
2 Personen:	2180 Joule
250 g Räucherfisch (Makrele, Rotbarsch, Goldbarsch oder Aal)	520 Kalorien
	Bratzeit für 1 Omelette: 10 Minuten
½ Tasse saure Sahne	
2 Eßl. geriebener Parmesankäse	Zeit zum Überbacken: 5 Minuten
4 Eier	
je 2 Messersp. Salz und Pfeffer	
1 Eßl. Butter	

Den Räucherfisch von der Haut und den Gräten befreien und in etwa 3 cm große Stückchen zerpflücken. Die saure Sahne mit dem Parmesankäse vermengen.
Den Backofen auf 200° vorheizen. Die Eier mit dem Salz und dem Pfeffer leicht schaumig schlagen und mit der Butter zwei Omelettes daraus braten. Die Omelettes nicht zusammenklappen, auf einer feuerfesten Platte anrichten, den Räucherfisch darauf verteilen, den Käse-Sahne-Gemisch überziehen und im Backofen auf der mittleren Schiebeleiste etwa 5 Minuten überbacken.

Beilagen: Weißbrot und Kopfsalat mit rotem Paprika

Geeignet als Vorspeise

Baskische Omelette

Bild Seite 341

Zutaten für	1 Teel. Speisestärke
2 Personen:	1 Eßl. Öl
4 Tomaten	
2 grüne Paprikaschoten	Pro Person etwa: 970 Joule
je 1 Bund Petersilie und Dill	230 Kalorien
3 Eier	
2 Messersp. Salz	Bratzeit:
1 Messersp. Pfeffer	15 Minuten

Die Tomaten waschen und in Sechstel schneiden. Die Paprikaschoten vierteln, von den Kernen und Rippen befreien, waschen und in feine Streifen schneiden. Die Kräuter kalt abbrausen, abtropfen lassen, fein schneiden und zugedeckt aufbewahren.
Die Eier mit dem Salz, dem Pfeffer und der Speisestärke schaumig schlagen. Das Öl in einer Pfanne erhitzen und die Tomaten und Paprikaschoten bei mittlerer Hitze in etwa 10 Minuten darin fast weichdünsten. Die Eimasse daraufgießen und in weiteren 5 Minuten in der zugedeckten Pfanne stocken lassen. Die Omelette mit den Kräutern bestreuen und servieren.

Grundrezept

Gefüllte Schaumomelette

Bild Seite 342

Zutaten für	4 Eßl. kaltes
2 Personen:	Wasser
	40 g Zucker
Für die Füllung:	1 Eßl. Zitronensaft
100 g frische oder tiefgefrorene Himbeeren	1 Eßl. Butter
	1 Eßl. Puderzucker
1 Eßl. Zucker	
1 Spritzer Himbeergeist	Pro Person etwa: 1630 Joule 390 Kalorien
Für die Omelettes:	Bratzeit für
4 Eier	1 Omelette: 10 Minuten

Die Himbeeren verlesen, waschen, abtropfen lassen – tiefgefrorene auftauen lassen – mit dem Zucker mischen, mit Himbeergeist aromatisieren.
Die Eier in Eiweiße und Eigelbe trennen. Die Eiweiße mit dem Wasser zu sehr steifem Schnee schlagen. Die Eigelbe mit dem Zucker und dem Zitronensaft schaumig rühren, bis der Zucker sich gelöst hat. Die Eimasse unter den Eischnee heben.
Die Butter in zwei Pfannen erhitzen. Den Omelette-Teig einfüllen, die Pfannen zudecken und die Omelettes bei milder Hitze solange braten, bis die Luftbläschen an der Teigoberfläche geplatzt sind und die Teigoberseite eine kräftig gelbe Farbe angenommen hat. Dabei die Pfannen leicht hin und her bewegen, damit die Unterseite golden bräunt ohne anzusetzen. Die Pfannen dann anheben, daß die Omelettes ein wenig über den Rand rutschen. Die Himbeeren auf die Omelettes geben, den freien Teil

SPIEGELEIER · RÜHREIER

der Omelettes mit dem Bratenwender über die belegte Hälfte klappen. Die Omelettes auf vorgewärmte Teller gleiten lassen und mit dem Puderzucker überstäuben.

Preiswert
Eier in Kapernsauce

6 Eier	Pro Person etwa:
2 Eßl. Butter	1170 Joule
2 Eßl. Mehl	280 Kalorien
3/8 l Fleischbrühe	
4 Eßl. Kapern	Garzeit:
2 Eßl. saure Sahne	15 Minuten
1 Messersp. Salz	

Die Eier in 10 Minuten hart kochen, abschrecken, schälen und längs halbieren.
Die Butter bei mittlerer Hitze zerlassen, das Mehl darüberstäuben und unter Rühren goldgelb braten. Die Fleischbrühe zugießen und mit dem Schneebesen ständig weiterrühren, bis die Sauce aufkocht. Dann bei milder Hitze etwa 15 Minuten kochen lassen. Inzwischen die Kapern abtropfen lassen und die Hälfte davon kleinschneiden. Alle Kapern mit der sauren Sahne unter die Sauce rühren und mit dem Salz abschmecken. Die heiße Sauce über die Eihälften gießen.

Beilagen: Kartoffelpüree oder Kartoffelnudeln und Tomatensalat oder Kopfsalat mit Zwiebeln

Unser Tip: Probieren Sie auch einmal Eier in Senfsauce; das Rezept für die Senfsauce finden Sie in diesem Buch.

Grundrezept für Spiegeleier
Spiegeleier auf Speck

1 Eßl. Butter	Pro Person etwa:
100 g Frühstücks-	1550 Joule
speck in 8 dünnen	370 Kalorien
Scheiben	
8 Eier	Bratzeit:
1/2 Teel. Salz	10 Minuten
2 Messersp. Pfeffer	

Die Butter bei mittlerer Hitze in der Pfanne zerlassen und den Speck darin knusprig braten. Die Eier nacheinander über einer Tasse aufschlagen, prüfen, ob sie nicht verdorben sind und auf die Speckscheiben gleiten lassen. Die Temperatur eine Schaltstufe zurückschalten. Die Eiweiße mit dem Salz und dem Pfeffer bestreuen, sobald die Ränder fest und weiß sind. Wenn die Eiweiße fest sind, die Spiegeleier mit dem Bratenwender oder einem Messer in vier Portionen teilen und aus der Pfanne auf vorgewärmte Teller heben.

Beilagen: Salzkartoffeln und Spinat oder Kartoffelsalat und Gurkensalat

Unsere Tips: Wenn Sie Spiegeleier »blind« mögen, träufeln Sie während des Bratens etwas heißes Bratfett über die Eigelbe. Der Eiweißfilm darauf gerinnt dann zu einer dünnen weißen Schicht. Oder: Wenden Sie die fertigen Spiegeleier und braten Sie sie noch kurz von der anderen Seite. Die Eigelbe, die sonst noch fast roh sind, werden dann fest und gar. Wenn die Spiegeleier eine runde Form haben sollten, braten Sie sie in einer Spiegelei-Pfanne. Der Pfannenboden hat dafür runde Vertiefungen, in die die Eier hineingleiten. Oder schieben Sie die Eiweiße während des Bratens mit dem Bratenwender von allen Seiten immer wieder zu den Eigelben hin. Das verhindert ein Auseinanderlaufen der Eiweiße, bis sie fest geworden sind. Es gibt aber auch Metallringe, die man auf die Pfanne legt und die die Spiegeleier in Form halten, was vorteilhaft ist, wenn Sie die Eier als Garnierung brauchen, z.B. für Schnitzel Holstein.

Amerikanische Spiegeleier

4 Scheiben Weißbrot	Pro Person etwa:
1 Eßl. Butter	1340 Joule
100 g roher Schin-	320 Kalorien
ken in Scheiben	
2 Bananen	Bratzeit:
1 Teel. Butter	10 Minuten
4 Eier	
2 Messersp. Salz	

Für dieses Rezept brauchen Sie zwei Pfannen.
Die Weißbrotscheiben auf Teller legen. Die Butter in einer Pfanne zerlassen, die Schinkenscheiben darin anbraten, auf die Weißbrotscheiben legen und warm stellen. Die Bananen schälen, längs und quer halbieren, die Bananenviertel bei milder Hitze in der Pfanne erwärmen und auf den Schinkenscheiben verteilen. Inzwischen in einer zweiten Pfanne die Butter zerlassen und aus den Eiern Spiegeleier darin braten. Die Spiegeleier auf die Bananenscheiben geben und das Eiweiß mit dem Salz bestreuen.

Dazu schmecken: Tomatenscheiben mit Kresse belegt

Grundrezept
Rühreier

8 Eier	Pro Person etwa:
4 Eßl. Wasser	840 Joule
1/2 Teel. Salz	200 Kalorien
2 Messersp. Pfeffer	
1 Eßl. Butter	Bratzeit:
	5 Minuten

Die Eier nacheinander über einer Tasse aufschlagen, prüfen, ob sie nicht verdorben sind, in eine Schüssel geben und mit dem Wasser, dem Salz und dem Pfeffer verquirlen. Die Pfanne auf dem Herd gut heiß werden lassen. Die Temperatur um eine Schaltstufe zurücknehmen, die Butter in der Pfanne zerlassen und die verquirlten Eier hineingeben. Die Eimasse etwas stocken lassen und dann mit einem Holzspatel oder Löffel leicht bewegen – nicht rühren! Rühreier sollen großflockig, weich und glänzend sein.

Unser Tip: Selterswasser anstatt Wasser macht Rühreier noch lockerer, Milch oder Sahne verfeinert den Geschmack und hebt den Nährwert.

Variante 1
Rühreier mit Kräutern

1–2 Eßlöffel gehackte Kräuter, wie Petersilie oder Schnittlauch, oder 1/2 Teelöffel getrockneten, zerriebenen Majoran unter die verquirlten Eier mischen und dann die Rühreier wie im Rezept beschrieben zubereiten.

Variante 2
Rühreier mit Pilzen

125–250 g gewaschene und geputzte frische Pilze oder Pilze aus der Dose kleinschneiden, mit 1 Teelöffel Butter anbraten, mit je 1 Messerspitze Salz und Pfeffer würzen, unter die verquirlten Eier mischen und wie im Rezept beschrieben braten.

EIERSTICH · POCHIERTE EIER

Variante 3
Rühreier mit Schinken

100–125 g rohen Schinken in kleine Würfel schneiden, kurz in der im Rezept angegebenen Butter anbraten, die verquirlten Eier zugeben und stocken lassen.

Variante 4
Rühreier in Tomaten

8 mittelgroße Tomaten waschen, aushöhlen, innen mit 1 Prise Salz würzen und in wenig Fett im geschlossenen Topf 8–10 Minuten bei milder Hitze garen. Die Tomaten mit Rührei oder Schinken-Rührei füllen und mit gehacktem Dill überstreuen.

Gelingt leicht
Eier in Förmchen

1 Teel. Butter	1 Teel. Paprikapulver, edelsüß
200 g gekochter Schinken, Kalbsbraten oder Fleischwurst	
	Pro Person etwa:
	1530 Joule
100 g Edamer Käse	365 Kalorien
4 Eier	
je 2 Messersp. Salz und Pfeffer	Backzeit: 15 Minuten
⅛ l Sahne	
1 Eigelb	

Für dieses Rezept brauchen Sie vier feuerfeste Förmchen. Die Förmchen mit der Butter ausstreichen.
Den Backofen auf 200° vorheizen.
Den Schinken, den Kalbsbraten oder die Fleischwurst und den Käse in gleichmäßig kleine Würfel schneiden, mischen und in die Förmchen verteilen. Je 1 aufgeschlagenes Ei auf die Schinken-Käse-Würfel geben und die Eier mit Salz und Pfeffer würzen. Die Sahne mit dem Eigelb verquirlen, auf die Eier gießen und mit Paprikapulver bestreuen. Die Eier im Förmchen auf der mittleren Schiebeleiste 15 Minuten im Ofen backen.

Dazu schmecken: Toast und grüner Salat

Unser Tip: Diese Förmchen gibt es auch mit Deckel und Verschließklammer. Darin können die Eier in kochendem Wasser gegart werden.

Grundrezept
Eierstich

1 Teel. Öl	Pro Person etwa:
2 Eier	210 Joule
2 Eßl. Fleischbrühe	50 Kalorien
2 Messersp. Salz	
je 1 Messersp. geriebene Muskatnuß und Pfeffer	Garzeit: 25 Minuten

In einem genügend großen Topf Wasser für das Wasserbad erhitzen. Ein Förmchen – am besten ein verschließbares – oder eine große Tasse mit dem Öl ausstreichen. Die Eier mit der Fleischbrühe, dem Salz, der geriebenen Muskatnuß und dem Pfeffer verquirlen, in das Förmchen oder die Tasse füllen, verschließen – Tasse mit Alufolie – und im ganz leicht – kei-

Eierstich stets in einer gut verschlossenen Tasse oder Form im Wasserbad stocken lassen.

nesfalls sprudelnd – kochenden Wasser 25 Minuten im geschlossenen Topf stocken lassen. Der Wasserspiegel soll etwa so hoch sein wie der Spiegel der Eimasse in der Form, damit der Eierstich gleichmäßig garen kann. Vor dem Stürzen auf Festigkeit prüfen.

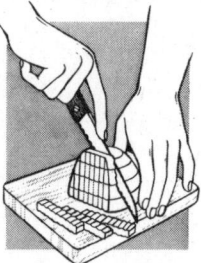

Den gestürzten Eierstich mit dem Buntmesser erst in nicht zu dünne Scheiben und diese dann in Würfel schneiden.

Rauten erhält man, wenn man die Eierstichscheiben erst senkrecht und dann schräg in Streifen schneidet.

Den fertigen Eierstich abkühlen lassen, auf ein Brett stürzen und mit einem Buntmesser in Würfel oder Rauten schneiden; in heißer Fleischbrühe oder in größeren Streifen mit Räucheraal belegt als Häppchen servieren.

Grundrezept
Pochierte Eier

Zutaten für	730 Joule
1 Person:	175 Kalorien
1 Eßl. Essig	
1 Messersp. Salz	Garzeit:
2 Eier	5 Minuten

Einen Topf etwa 15 cm hoch mit Wasser füllen, den Essig und das Salz zugeben und zum Kochen bringen. Die Eier nacheinander in einen Schöpflöffel oder eine Untertasse schlagen und ins kochende Wasser gleiten lassen. Das Eiweiß im Wasser mit einem Löffel möglichst an das Eigelb schieben, bis es beginnt, fest zu werden. Nach dem Einlegen eines Eis stets warten, bis das Wasser wieder leicht – keinesfalls sprudelnd – kocht.

Damit pochierte Eier eine möglichst runde Form bekommen, die rohen Eier vom Schöpflöffel ins Wasser gleiten lassen.

Wenn alle Eier im Wasser sind, den Topf vom Herd nehmen und die Eier noch 5 Minuten im heißen Wasser ziehen lassen. Die Eier mit dem Schaumlöffel aus dem Wasser heben, in kaltes Wasser tauchen, abtropfen lassen und die Eiweißränder glattschneiden.

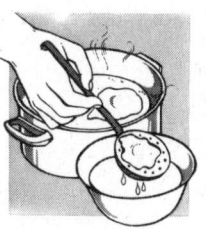 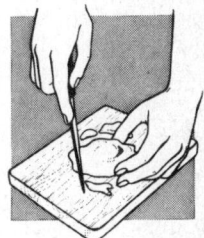

Die gegarten Eier mit einem Schaumlöffel aus dem Wasser heben, sofort in kaltes Wasser tauchen, abtropfen lassen und ...

... dann die Ränder glatt und rund schneiden.

Unser Tip: Verlorene Eier schmecken gut auf Toast mit würzigen Saucen oder in einer Senf- oder Meerrettichsauce mit Salzkartoffeln oder Kartoffelpüree und grünem Salat.

Hier geht es um die Milch und um das, was daraus von alters her in allen Ländern der Erde gewonnen wird, um Butter und Käse.

Milch, Butter, Käse

Von der Milch

Durch ihre Zusammensetzung ist Milch ein wertvolles Nahrungsmittel. Kuhmilch, nur diese ist bei uns im Handel, enthält alle Wertstoffe, die der Mensch für seine Ernährung braucht, und das in einer denkbar günstigen Kombination: hochwertiges Eiweiß, Baustein für die Zellen; Milchfett und Kohlenhydrate – letztere in der leichtverdaulichen Form des Milchzuckers – als Energiespender und die Vitamine A, die des B-Komplexes, D, E und K.
Milch, die der Bauer an die Molkerei liefert, nennt man Rohmilch. Sie muß unbedingt aus TBC-freien Rinderbeständen stammen. Aus ihr entstehen folgende

Milchsorten und Milchprodukte

Vollmilch mit einem Fettgehalt von 3,5% darf in Milchgeschäften, die strengen hygienischen Kontrollen unterliegen, offen verkauft werden. Sie wird durch Pasteurisieren, d.h. Erhitzen auf 74°, nahezu keimfrei. Wertstoffe und Vitamine bleiben dabei fast vollständig erhalten.
Markenmilch ist homogenisierte Vollmilch, d.h. durch mechanische Behandlung wird das Milchfett emulgiert. Dadurch erfährt Markenmilch eine geschmackliche Verbesserung, und die Sahnebildung wird verhindert.
Vorzugsmilch ist Rohmilch, ihr Gehalt an Nähr- und Aufbaustoffen ist höher als bei Vollmilch. Sie stammt von garantiert gesunden Tieren, wird unter besonders hygienischen Bedingungen gewonnen und muß innerhalb von 24 Stunden – natürlich verpackt – auf dem Markt sein.
Fettarme und fettfreie Milch ist pasteurisierte Milch, der das Fett bis auf 1,5% oder auch 0,3% entzogen wurde. Alle anderen wichtigen Bestandteile der Milch bleiben in ihr erhalten. Diese Milch sollte wegen ihrer niedrigen Kalorienwerte von Erwachsenen bevorzugt getrunken werden.
H-Milch ist ultrahocherhitzte Milch, in 2–3 Sekunden auf 135°, und homogenisiert. Sie ist völlig keimfrei und bei Zimmertemperatur in ungeöffneter Packung 6 Wochen haltbar.
H-Milch wird als Vollmilch, als fettarme und fettfreie Milch ausschließlich verpackt angeboten.
Buttermilch fällt beim Zentrifugieren der gesäuerten Sahne zur Buttergewinnung an. Sie darf zusätzlich bis zu 10% Wasser oder 15% Magermilch enthalten.
Reine Buttermilch darf keinerlei Zusätze – Wasser oder Magermilch – haben ihr Fettgehalt darf höchstens 1% betragen.
Sauermilch, Dickmilch, Schwedenmilch ist durch Bakterienkulturen gesäuerte Trinkmilch. Sie ist in den Fettstufen von 0,3–3,5% erhältlich und je nach Säuregrad dünn- oder dickflüssig.
Joghurt wird aus pasteurisierter Milch unter Zusatz von verschiedenen Milchsäurebakterien (Joghurtkulturen) hergestellt.
Kefir wird aus pasteurisierter Milch oder Sahne unter Zusatz eines Hefepilzes gewonnen. Dadurch bildet sich in der Milch Kohlensäure und ein wenig Alkohol.
Sterilmilch ist durch Erhitzen unter Druck sterilisierte Vollmilch. Sie wird in Flaschen angeboten und ist bei ungeöffneter Verpackung auch ungekühlt mindestens 6 Monate haltbar.
Kondensmilch wird durch Verdampfen Wasser entzogen, wodurch der Fettgehalt auf 7,5% oder 10% steigt. Neuerdings gibt es sie auch mit nur 2% Fettgehalt. Diese Kondensmilch ist nahezu unbegrenzt haltbar.

Praktischer Rat

Beim Einkaufen von Milch sollten Sie auf das Haltbarkeitsdatum auf der Packung achten.
Milch bewahrt man am besten bei einer Temperatur von +4° auf, also im Kühlschrank. Offene Milch dabei gut abdecken, sie nimmt leicht fremde Gerüche an. Stets saubere Gefäße verwenden. Milch vor Licht, auch vor Leuchtstoffröhren-Licht, schützen, da verschiedene Bestandteile lichtempfindlich sind. Homogenisierte Milch kann man im Gefriergerät einfrieren. Sie hält sich so bis zu einem Monat, ist aber dann nicht mehr als Trinkmilch zu verwenden.

Milch sollte roh, höchstens lauwarm, verwendet werden, da beim Erhitzen viele Wertstoffe verlorengehen.

Fällt im Sommer der Kühlschrank aus, so kocht man die Milch allerdings besser doch, denn dabei werden Bakterien getötet, die sonst zu einem raschen Säuerungsprozeß führen. Muß Milch zum Bereiten von besonderen Milchspeisen gekocht werden, benützt man dafür am besten einen Milchtopf, in dem nichts anderes gekocht wird. Das Anbrennen läßt sich verhindern, indem man zunächst einige Millimeter hoch Wasser im Topf kocht und die Milch ins kochende Wasser gießt.

Milch, ob natürlich gesäuert oder mit Zitronensaft, kann man nicht erhitzen. Das Eiweiß flockt dabei aus, es gerinnt. Deshalb eignet sich Joghurt auch nicht zum Verfeinern von heißen Saucen.

Süße Sahne, saure Sahne

Sahne, auch Rahm oder Obers genannt, entsteht durch Abscheiden der Magermilch von der Milch oder durch Anreicherung ihres Fettgehaltes auf mindestens 10%. Sie wird pasteurisiert und in besonderem Kälteverfahren homogenisiert, damit die Fettmoleküle beim Schlagen nicht zusammenklumpen und die Sahne körnig wird. Sie enthält keine chemischen Zusätze.

Trinksahne oder Kaffeesahne muß einen Mindestfettgehalt von 10% haben. Kaffeesahne ist sterilisiert und damit haltbarer. Man verwendet sie auch zum Kochen. Wegen ihres niedrigen Fettgehaltes läßt sie sich aber nicht steif schlagen.
Sterilisierte Sahne ist ultrahocherhitzt, wird luftdicht verpackt und hat einen Fettgehalt von mindestens 33%.
Süße Sahne oder Schlagsahne hat einen Fettgehalt von 30–35%. Beim Schlagen wird sie durch die Verbindung der verschiedenen in ihr enthaltenen Moleküle mit Luft zu einer steifen Masse.
Saure Sahne hat meist einen Fettgehalt von 10%. Mit einem höheren Fettanteil wird saure Sahne stichfest und als saurer Rahm bezeichnet.
Crème fraîche ist aus frischer, pasteurisierter Milch durch natürliche Reifung und unter Zusatz von Fermenten eingedickte Sahne von leicht säuerlichem Geschmack mit einem Fettanteil von 35%. Crème fraîche hält sich in verschlossenen Bechern im Kühlschrank bis zu 5 Wochen.

Praktischer Rat
Nur Sahne kaufen, die vorschriftsmäßig kühl gelagert wurde. Sahne verdirbt bei Zimmertemperatur schnell. Becher mit süßer Sahne, deren Deckel hochgewölbt sind, unabhängig vom Haltbarkeitsdatum stehen lassen, denn die Sahne kann bereits sauer sein. Sahne bis zum angegebenen Verfalldatum verbrauchen.

Sahne nach dem Einkaufen sofort in den Kühlschrank stellen. Auch gekühlt ist sie nur 5 Tage haltbar. Sahne stets verschlossen aufbewahren, weil sie leicht Fremdgerüche annimmt; angebrochene Verpackung mit Folie verschließen.

Süße Sahne läßt sich ungeschlagen oder geschlagen, mit etwas Zucker verrührt, in gutschließenden Gefrierdosen einfrieren. Bei –18° kann man sie 3 Monate lagern. Nach dem Auftauen im Kühlschrank wie frische Sahne verwenden, jedoch nicht mehr als Kaffeesahne und nicht erhitzen!

Schlagsahne muß beim Schlagen kalt sein, sonst wird sie nicht steif. Vor allem im Sommer die Sahne aus dem Kühlschrank nehmen und sie gleich in einem kalt ausgespülten Gefäß schlagen oder das Gefäß in eine Schüssel mit Eiswasser stellen.

Sahne am besten mit den Quirlen des Handrührgerätes schlagen; zuerst bei mittlerer Schaltstufe, wenn die Sahne fest zu werden beginnt, auf die niedrigste Tourenzahl umschalten.

Den Zucker zu Beginn des Schlagens zugeben. Schlagsahne soll locker und glatt sein. Die ideale Festigkeit ist erreicht, wenn ein Messerschnitt an der Oberfläche sichtbar bleibt oder wenn die Schlagsahne beim Durchziehen mit dem Rührbesen nach oben haubenförmig stehenbleibt. Schlägt man Sahne zu lange, entsteht Butter.

Schlagsahne hat die richtige Festigkeit, wenn sie beim Durchziehen mit dem Rührbesen nach oben haubenförmig stehen bleibt.

Geschlagene Sahne bleibt im Kühlschrank 2–4 Stunden steif. Im Handel sind Sahnesteifmittel erhältlich, die Sahne länger steif halten und verhindern, daß sich Flüssigkeit absetzt. Diese Steifmittel sind eine gute Hilfe beim Füllen und Verzieren von Torten mit Sahne, die längere Zeit vor dem Servieren zubereitet werden. Mit Sahnesteifmittel zubereitete Sahne kann man jedoch nicht einfrieren.

Wird für ein Rezept fettreiche, saure Sahne wie Crème fraîche benötigt, können Sie süße Sahne auch mit etwas Zitronensaft säuern.

Geschlagene Sahne läßt sich beliebig mit Zucker, Vanillinzucker oder echter Vanille, aber auch mit Fruchtmus, abgeriebener Zitronen- oder Orangenschale abschmecken. Zu einigen Fisch- und Fleischgerichten reicht man Schlagsahne mit geriebenem Meerrettich gemischt.

Von der Butter

Wird Sahne über das Schaumstadium hinaus oder bei höheren Temperaturen geschlagen, so zerfällt die Emulsion »Milch« in kleine Fettklümpchen – nämlich Butter – und in wäßrige Flüssigkeit – nämlich Buttermilch. Heute wird Butter mit Hilfe moderner Maschinen in modernen Verfahren entweder direkt aus Süßrahm gewonnen oder aus mit Milchsäurebakterien geimpftem Sauerrahm.
Auf den europäischen Märkten wird in erster Linie Sauerrahmbutter angeboten. Sie entspricht den Geschmackserwartungen des Konsumenten.

Butter richtig aufbewahren
Butter wird am besten in der verschlossenen Originalpackung oder in einer Butterdose im Butterfach des Kühlschrankes aufbewahrt. Sie hält sich so 2–3 Wochen, kann aber ihren Geschmack schon nach 10 Tagen verändert haben. Wie Milch und Sahne nimmt auch Butter leicht Fremdgerüche an. Deshalb sollte sie stets gut verpackt und nicht in unmittelbarer Nähe von geruchsintensiven Lebensmitteln gelagert werden.

Ungesalzene Süßrahmbutter läßt sich gut bis zu 5 Monaten im Gefriergerät

VON DER BUTTER

einfrieren. Die Butter dazu in der Originalverpackung zusätzlich in extra starke Alufolie wickeln. Sauerrahmbutter oder gesalzene Butter eignet sich nicht gut zum Einfrieren.

Praktischer Rat
Butter aus dem Kühlschrank muß eine gewisse Zeit bei Zimmertemperatur lagern, bis sie streichfähig ist. Wenn die Butter sofort zum Streichen benötigt wird, taucht man das Messer wiederholt in heißes Wasser.

Butter sollte nie zu hoch erhitzt werden, weil sonst die in ihr enthaltenen Eiweißteilchen verbrennen und dadurch nachteilig auf das Wohlbefinden wirken können. Für Speisen, die bei hoher Temperatur gegart werden, stets Bratfett oder Öl nehmen und erst das fertige Gericht mit Butter verfeinern.

Bei allen Rezepten, für die Butter benötigt wird, können Sie stets auch Margarine verwenden. Ausführliches über Margarine finden Sie im Kapitel über Speisefette.

Soll Butter gefällig zur Selbstbedienung serviert werden, streicht man mit dem runden gerillten Butterformer über den sehr kalten Butterwürfel und formt so kleine Butterlocken. Oder man sticht mit einem Teelöffel kleine Portionen Butter ab und rollt sie zwischen 2 gerillten Holzbrettchen zu kleinen Kugeln. Butterlocken oder Butterkugeln werden am besten auf kleinen Glastellern angerichtet, die in einer größeren Schale mit Eiswürfeln stehen.

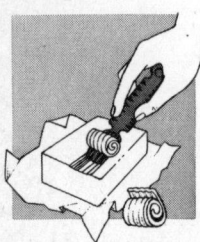
Butter mit dem Butterformer zu kleinen Locken ...

... oder zwischen zwei gerillten Holzbrettchen zu kleinen Kugeln formen.

Buttermischungen

Bild Seite 351

Butter läßt sich gut mit verschiedenen Zutaten zu einem schmackhaften Brotaufstrich mischen. Gewürzte Butter schmeckt auch gut als verfeinernde Beigabe zu Fleisch, Fisch, Geflügel, Gemüse und Kartoffeln. Die Butter einige Zeit bei Zimmertemperatur weich werden lassen und mit Sardellenpaste, mit Tomatenmark oder Ketchup, mit Meerrettich, Senf, Kapern oder verschiedenen Kräutern mischen. Hier einige Vorschläge für beliebte Buttermischungen:

Knoblauchbutter
Alle Zehen einer Knoblauchknolle schälen, blanchieren, sehr fein hacken und mit 125 g schaumig gerührter Butter mischen. Die Butter mit Salz und Pfeffer abschmecken; wenn eine besonders feine Konsistenz gewünscht wird, die Butter durch ein Haarsieb streichen. Paßt gut zu kurzgebratenem Fleisch, Fisch und zu Schnecken, mit Knoblauchbutter überbacken.

Grüne Knoblauchbutter
2 Knoblauchzehen schälen, sehr fein hacken, ½ Zwiebel in ganz kleine Würfel schneiden, ½ Bund Petersilie fein hacken, alles mit 125 g schaumiggerührter Butter mischen und mit Salz und Pfeffer abschmecken.

Krabbenbutter
100 g Krabben (Garnelen) aus der Dose abtropfen lassen, fein wiegen und mit 125 g schaumig gerührter Butter mischen. Die Butter mit Salz, Pfeffer, 1 Teelöffel Zitronensaft und einigen Tropfen Tabascosauce würzen; nach Belieben durch ein Haarsieb streichen. Schmeckt gut als Brotaufstrich und zu Fischdelikatessen.

Kräuterbutter
100 g schaumig gerührte Butter mit 1 Bund feingehackter Petersilie und/oder 1 Bund frischem Dill und Estragon, ½ Teelöffel Salz und etwas Zitronensaft mischen.

Tomatenbutter
125 g schaumiggerührte Butter mit 1–2 Eßlöffeln Tomatenmark, je 1 Messerspitze getrocknetem gemahlenem Estragon und Pfeffer und 1–2 Messerspitzen Salz gut verrühren.

Senfbutter
100 g schaumiggerührte Butter mit 1–2 Teelöffel Senf mischen und mit 1 Messerspitze Zucker, 1 Prise Salz und einigen Tropfen Zitronensaft abschmecken.

Heringsbutter
2 Salzheringfilets oder 1 gewässerten, geputzten Salzhering, 2 Sardellenfilets, 1 Teelöffel Kapern, 3 Stengel Petersilie, 1 kleine Zwiebel und einige Senfkörner sehr fein hacken und mit 1 hartgekochten, zerdrückten Eigelb und 125 g schaumiggerührter Butter mischen. Sollte der Hering ein Rogner sein, den Rogen mit etwas Zitronensaft mischen und ebenfalls unter die

Zum Bild rechts:

Unser Bild zeigt die beliebtesten Buttermischungen. Sie sind nicht nur als schmackhafte Brotaufstriche zu verwenden, sondern auch als delikate Beigabe zu Fleisch, Fisch, Geflügel, Gemüse und Kartoffeln.

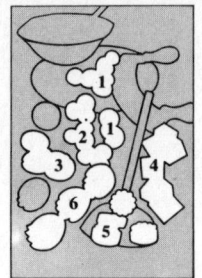

1 Kräuterbutter
2 Tomatenbutter
3 Krabbenbutter
4 Heringsbutter
5 Knoblauchbutter
6 Senfbutter

Die Rezepte finden Sie auf dieser Seite.

Zur folgenden Doppelseite:

Quiche lorraine, der würzige Lothringer Mürbeteigkuchen, belegt mit herzhaften Zutaten wie Schinken, Zwiebeln, Knoblauch und geriebenem Käse, wird heiß serviert. Eine gute geschmackliche Ergänzung dazu bildet ein Lothringer Rosé- oder trockener Elsässer Weißwein.
Das Rezept finden Sie auf Seite 360.

Käsespätzle sind nicht nur im Schwabenlande beliebt, wo man sie gerne als Hauptgericht ißt. Ob man die wechselweise mit Käse übereinandergeschichteten Spätzle zum Schluß überbäckt, ist Geschmackssache. Auf jeden Fall sollen sie mit vielen braungebratenen Zwiebelringen aufgetragen werden. Ein frischer grüner Salat schmeckt gut dazu und wertet dieses deftige Gericht durch Vitamine auf.
Das Rezept finden Sie auf Seite 325.

BERÜHMTE KÄSESORTEN

Zum Bild links:

Ursprünglich war die Käsefondue, ein Schweizer Hirtengericht. »Fondue« ist französisch und bedeutet »geschmolzen«. Der Käse schmilzt im Caquelon, einer irdenen Kasserolle auf einem Spirituskocher, dem Rechaud. Wir veredeln heutzutage den geschmolzenen Käse mit Weißwein, Kirschwasser, Pfeffer und Muskatnuß, kredenzen einen trockenen Weißwein und reichen Weintrauben oder Oliven dazu. Wie die Hirten in den Schweizer Bergen tunken aber auch wir heute noch Weißbrotstückchen in den Topf mit der geschmolzenen Käsemasse – nicht mehr mit den Fingern, sondern mit langen, breitzinkigen Gabeln. – Ein Essen mit Atmosphäre, so recht geeignet, einen kleinen Kreis von Gästen zu bewirten und zu erfreuen. Die berühmteste aller Käsefondues ist die Fondue Neuchâteloise, die Neuenburger Fondue. Sie wird aus Greyerzer und Emmentaler Käse bereitet. In anderen Kantonen der Schweiz bilden örtliche Käsesorten die Hauptzutat. So bevorzugen die Appenzeller ihren Appenzeller Käse, die Freiburger den Vacherin, einen halbweichen, milden Käse, und die Genfer eine Mischung aus Raclette-Käse und Greyerzer Käse. Fast alle Süßmilchkäse eignen sich für eine Fondue. Erfinden Sie durch Mischen und Ausprobieren ihre Lieblings-Käsefondue!

Das Rezept finden Sie auf Seite 359.

Butter rühren. Die Heringsbutter ist sehr geschmacksintensiv und ergibt einen würzigen Brotaufstrich, paßt aber auch gut zu gedünstetem Fisch.

Buttermischungen kann man 2–3 Tage im Kühlschrank aufbewahren. Dazu die Buttermischung auf Pergamentpapier zu einer Rolle formen, die Rolle in das Pergamentpapier einwik-

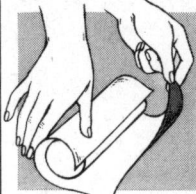

Buttermischung zum Aufbewahren auf Pergamentpapier zu einer Rolle formen und fest in das Papier einwickeln.

keln und gut verschließen. Zum Servieren das Papier entfernen und die Butter in Scheiben schneiden.

Berühmte Käsesorten

Bild Seite 364

Die schier unendliche Vielfalt der Käse-Spezialitäten läßt zwar das Herz des Feinschmeckers höher schlagen, aber sie würde in diesem Buch kaum Platz finden. Der Bedarf des normalen, ja anspruchsvollen Wochenend-Gourmets ist mit 15–20 verschiedenen Sorten mehr als hinreichend gedeckt.
Käse wird aus Milch von Kuh, Schaf und Ziege hergestellt. Durch Fermente (Labferment aus dem Kälbermagen) oder natürliche Säuren läßt man das in der Milch gelöste Eiweiß gerinnen. Dabei schließen die gerinnenden Eiweißflöckchen das feinverteilte Milchfett mit ein. Durch Filtern, Zentrifugieren oder Rühren wird der Eiweißkuchen von der Molke getrennt. Der so erhaltene Quark oder Frischkäse reift dann unter spezifischen Bedingungen und mit Hilfe von Bakterien und Schimmelpilzen zu köstlichem Camembert, duftendem Roquefort oder herzhaftem Emmentaler.
Die Produktion großer, edler Käsesorten ist das Geheimnis der Hersteller – und der Natur, der man viel Zeit läßt, ihr Wunder zu wirken.
Die Fülle des Angebotes an Käsesorten und Käsearten läßt sich zunächst in die beiden Gruppen Naturkäse und Schmelzkäse gliedern. Schmelzkäse hat zwar einen hohen Marktanteil, spielt aber in der Vielfalt der Arten eine untergeordnete Rolle.

Naturkäse

In der großen Gruppe der Naturkäse-Arten fällt der kleinere Teil unter die Sauermilchkäse, der überwiegende unter die Süßmilchkäse. Alle Naturkäse reifen in kürzerer oder längerer Zeit heran und werden nicht noch anderweitig verarbeitet oder gemischt. Alle Naturkäse – Süßmilchkäse und Sauermilchkäse – werden nach ihrer Festigkeit in die Gruppen Hartkäse, Schnittkäse, halbfeste Schnittkäse, Weichkäse und Frischkäse unterteilt.
Die Festigkeit eines Käses ist von seinem Gehalt an Trockenmasse abhängig. Trockenmasse bildet die festen Bestandteile des Käses und enthält Eiweißstoffe, Kohlenhydrate, Fett Vitamine, Mineralien und Spurenelemente. Je größer der Anteil an Trockenmasse, desto härter ist der Käse. Der Fettanteil wird in Prozenten von der Trockenmasse angegeben. Kennt man den Anteil der Trockenmasse nicht, besagen die angegebenen Fettprozente in der Trockenmasse (Fett % i. Tr.) nichts über den tatsächlichen Fettgehalt eines Käses. Der Anteil an Trockenmasse ergibt folgende 5 Gruppen:

Hartkäse mit mindestens 60 % Tr.
Schnittkäse mit 49–57 % Tr.
Halbfester
Schnittkäse mit 44–55 % Tr.
Weichkäse mit 35–52 % Tr.
Frischkäse mit 20–44 % Tr.

Der Fettanteil wird mit folgenden Bezeichnungen ausgedrückt:
Doppelrahmstufe,
mindestens 60 % Fett i. Tr.
Rahmstufe,
mindestens 50 % Fett i. Tr.
Vollfettstufe,
mindestens 45 % Fett i. Tr.
Fettstufe, mindestens 40 % Fett i. Tr.
Dreiviertelfettstufe,
mindestens 30 % Fett i. Tr.
Halbfettstufe,
mindestens 20 % Fett i. Tr.
Viertelfettstufe,
mindestens 10 % Fett i. Tr.
Magerstufe, unter 10 % Fett i. Tr.

Süßmilchkäse

Der weitaus größte Teil aller Käsesorten wird aus süßer Kuhmilch hergestellt. Ziegen- oder Schafkäse müssen als solche gekennzeichnet sein.

Hartkäse

Die berühmtesten unter ihnen sind aufgrund ihres hohen Anteils an Trockenmasse besonders lange lagerfähig. Trotzdem müssen sie nach dem Anschnitt vor dem Austrocknen ge-

BERÜHMTE KÄSESORTEN

schützt werden. Hartkäse eignet sich gut für warme Käsegerichte wie Fondue, Raclette oder Käsespätzle. Die bekanntesten Sorten sind:

Bergkäse: Er wird auf Almen aus frischer Rohmilch hergestellt und hat 45–49,5% Fett i.Tr. Leider ist er bei uns nur selten im Handel erhältlich. Er ähnelt dem Emmentaler Käse, ist aber intensiver im Geschmack.
Cheddar: In England der meistverbreitete Käse von herzhaftem Geschmack und 45 oder 50% Fett i.Tr. Er ist Ausgangspunkt für Schmelzkäse, wird in seinem Ursprungsland aber als Naturkäse bevorzugt.
Chester: In England unbekannt; der englische Cheshirekäse wird in den Importländern als Chesterkäse angeboten. Cheddar und Chester sind einander ähnlich im Geschmack und werden oft gerieben für Aufläufe und Käsegebäck verwendet. Chester hat 40 oder 50% Fett i.Tr.
Emmentaler Käse: Er wird in runden großen Laiben hergestellt und hat mindestens 45% Fett i.Tr. Emmentaler reift in mehr als 3 Monaten und schmeckt dann mild, aromatisch; je älter er wird, desto kräftiger wird auch sein nußartiger Geschmack. Angeschnitten hält er sich bei kühler Lagerung etwa 4 Wochen. Sein Ursprungsland ist die Schweiz; er wird aber auch in Österreich, in Frankreich und im Allgäu hergestellt.
Greyerzer Käse oder französisch »Gruyère«: Ein Schweizer Hartkäse mit kräftig würzigem Geschmack und mindestens 45% Fett i.Tr.
Parmesan: Ein italienischer Hartkäse, 2–3 Jahre alt, 32% Fett i.Tr. Er wird gerieben zum Würzen verwendet, weniger zum Überbacken, da er wegen seiner trockenen Konsistenz kaum schmilzt.
Sbrinz: Ein extraharter Käse aus der Schweiz mit 1–3 Jahren Reifezeit; 45% Fett i.Tr. Von kräftig würzigem Geschmack.
Walliser Käse: Besonders für Raclette geeignet. Er hat mindestens 50% Fett i.Tr. und schmeckt würzig mild.

Schnittkäse
Ihre Ursprungsländer liegen im nördlichen Mitteleuropa. Die bei uns beliebten Sorten sind:

Edamer Käse: Er kommt in Brotform oder als Kugel auf den Markt und ist zum Schutz gegen das Austrocknen mit einer Paraffinschicht überzogen. Edamer Käse wird mit 30, 40, 45 und 50% Fett i.Tr. hergestellt.
Geheimratskäse: Ein kleiner, kugeliger Käse mit 45% Fett i.Tr., oft gelb oder rot paraffiniert, von mildem, leicht säuerlichem Geschmack.
Gouda: Er stammt ursprünglich aus Holland. Für Form und Gewicht gibt es keine spezielle Vorschrift. Er hat 45–50% Fett i.Tr. Junger Gouda ist 1–2 Monate alt und schmeckt mild, sahnig. Mittelalter Gouda ist 3–5 Monate alt und schmeckt kräftig, würzig. Alter Gouda ist 5–8 Monate alt und schmeckt herzhaft.
Tilsiter Käse: Ein Käse mit 30, 40, 45 und 50% Fett i.Tr., leicht säuerlich im Geschmack. Er wird heute in Schleswig-Holstein oder im Allgäu mit und ohne Rinde hergestellt.

Halbfeste Schnittkäse
Es gibt sie mit und ohne Schimmelbildung. Die bekanntesten Sorten ohne Schimmelbildung sind:

Bel Paese: Ein italienischer Butterkäse mit 50–52% Fett i.Tr., von etwas säuerlichem Geschmack. Er ist gut zum Überbacken geeignet.
Butterkäse: Er wird in Laibform mit gelbbrauner bis rötlicher Rinde hergestellt und hat 45–55% Fett i.Tr. Butterkäse schmeckt leicht süßsäuerlich und eignet sich für Käsetoasts.
Port Salut: Ein französischer Käse mit mindestens 40% Fett i.Tr. Er schmeckt schwach aromatisch, am besten zu kräftigem Rotwein.
In Deutschland hergestellt, heißt er Trappistenkäse.
Weißlacker: Ein rindenloser Käse mit glänzender, gelblicher Schmiere als Oberfläche, in großen und kleinen Würfeln hergestellt. Er hat 40–50% Fett i.Tr. und schmeckt scharf.

Edelpilzkäse
Zu den halbfesten Schnittkäsen gehören bekannte Sorten mit Schimmelbildung wie Blue oder White Castello, Bresse Bleu, Danablu oder der Deutsche Edelpilzkäse. Die wichtigsten bei uns angebotenen Sorten sind:

Bavaria Blue: Er wird in Tortenform hergestellt. Hat 70% Fett i.Tr. und ist gleichmäßig von echtem Camembertschimmel bedeckt. Innen ist er gelb, von blauen Edelpilzadern durchzogen. Er schmeckt je nach Alter sahnig-aromatisch und mild oder würzig.

Blauer Stilton: Ein englischer Käse mit Innenschimmel, 54% i.Tr., in Zylinderform. Er ist cremig, von violett-grünem Schimmel durchzogen und pikant im Geschmack.
Gorgonzola: Ein italienischer Schimmelkäse mit mindestens 48% Fett i.Tr. Er ist von blau-violettem Schimmel durchsetzt, schmeckt süßlich pikant und paßt auch gut zu frischem gemischtem Salat.
Roquefort: Der bekannteste französische Blauschimmelkäse. Als einziger dieser Sorten wird er aus Schafmilch hergestellt. Er kommt in Laibform auf den Markt und hat mindestens 40% Fett i.Tr. Er ist rindenlos, von cremiger Farbe, von blau-grünen Schimmeladern durchzogen und schmeckt würzig-pikant.

Weichkäse
Sie sind vor allem in Frankreich, Italien und Süddeutschland zu Hause. Auch Balkanländer produzieren Weichkäse, dann aber meist aus Ziegen- oder Schafmilch, die leider nicht überall erhältlich sind. Zu den wichtigsten Sorten gehören:

Brie: Ein Käse in großer flacher Tortenform mit 50% Fett i.Tr. Gewöhnlich wird er in Segmente verpackt verkauft. Er ist von einer Weißschimmelschicht überzogen. Je nach Reifegrad schmeckt er süßlich bis scharf-pikant. Brie ist auch bei kühler Lagerung nur 1 Woche haltbar.
Französischer Brie: Er wird in Tortenform hergestellt und vom Stück verkauft und hat 45,5 oder 60% Fett i.Tr. Ausgereifter Französischer Brie schmeckt mild aromatisch, besonders gut zu rotem Burgunder Wein.
Limburger: Es gibt ihn mit 20–50% Fett i.Tr. Er hat eine schmierige, gelb-braune bis rötliche Oberfläche, schmeckt würzig-pikant und riecht stark. Sein Vorbild war der belgische Herve, der als alter Käse scharf und leicht salzig schmeckt.
Münster-Käse: Er wird in verschiedenen Formen mit 30–50% Fett i.Tr. hergestellt. Seine Oberfläche ist von einer gelblich-roten Schmiere überzogen. Er schmeckt mild-fein bis pikant. Den französischen Munster – auch Géromé genannt – gibt es nur als Vollfettkäse mit 45% Fett i.Tr. Er ist leicht säuerlich im Geschmack.
Pyrenäen-Käse: Er entspricht dem französischen Catalou. Er hat 50% Fett i.Tr., wird bei uns aus Kuhmilch hergestellt – der Original-Catalou auch aus Schafmilch –, hat eine tiefschwarze Rinde oder ist braun paraffiniert. Er schmeckt mild.
Romadur: Er ähnelt im Aussehen und Aroma dem Limburger, ist aber im Geschmack etwas milder. Es gibt ihn mit 20–60% Fett i.Tr.

BERÜHMTE KÄSESORTEN

Weinkäse: Er hat die Form eines kleinen Laibs und wird mit 40–50% Fett i. Tr. hergestellt. Weinkäse schmeckt mild, vollmundig.

Frischkäse

Zu Frischkäse gehört eine große Zahl von unterschiedlichen, nicht gereiften Naturkäsesorten mit leicht säuerlichem Geschmack. Frischkäse wird in allen Fettstufen hergestellt, also von der Mager- bis zur höchsten Fettstufe.

Speisequark: Der beliebteste Frischkäse, den es als Magerquark mit 10% Fett i. Tr. oder darunter, mit 20, 40 und als Sahnequark mit 60% Fett i. Tr. gibt. Quark ist ein preiswertes Nahrungsmittel mit hohem Eiweißgehalt und vielseitig verwendbar.

Schichtkäse: Er besteht aus zwei fettarmen Schichten und einer gelblichweißen fettreichen Schicht. Er ähnelt dem Speisequark, ist aber im Geschmack etwas milchsauer und von festerer Konsistenz.

Cottage cheese: Bei uns wird er auch Hüttenkäse genannt und ist von körniger Beschaffenheit. Wegen seines milden Geschmacks läßt er sich sowohl mit herzhaften als auch mit süßen Zutaten mischen.

Doppelrahm-Frischkäse und Rahm-Frischkäse: Sie müssen mindestens 60 bzw. 50% Fett i. Tr. haben. Doppelrahm-Frischkäse ist trockener als Quark, aber gut streichfähig und läßt sich mit feingeschnittenen Zwiebeln, Kräutern, Paprikaschoten, Tomaten, Kapern oder Oliven und mit Gewürzen mischen. Bekannte Sorten sind Philadelphia, Gervais und Cheesy.

Sauermilchkäse

Er entsteht durch Reifung aus Sauermilchquark, seltener aus Labquark oder aus einem Gemisch von beiden. Sauermilchkäse gibt es nur in der Magerfettstufe. Die bekanntesten Sauermilchkäse sind:

Harzer oder Mainzer Käse: Sie werden nur in der Magerstufe als kleine Laibe hergestellt, haben eine ockerfarbene Oberfläche und je nach Alter einen hellen oder sandfarbenen Kern. Man ißt sie als Tischkäse auf Schweine- oder Gänseschmalz oder in einer Essig-Öl-Sauce mit Zwiebeln.

Olmützer Quargel: Er ist dem Harzer Käse ähnlich, stammt aus Mähren und wird jetzt vorwiegend in Süddeutschland hergestellt.

Kochkäse: Er wird durch Schmelzen von Sauermilchkäse hergestellt und mit Kümmel gewürzt.

Schmelzkäse

Schmelzkäse ist ein aus Naturkäse durch Erhitzen unter Zusatz von Schmelzsalzen hergestelltes Produkt. Je nach Fettgehalt ist er unterschiedlich streichfähig. Man kauft ihn in Ecken oder in Scheiben als Scheibletten. Schmelzkäse in Scheiben eignet sich vor allem zum Füllen, Überbacken oder Grillen.

Schmelzkäse wird auch als Käsezubereitung mit Pilzen, Schinken, Salami, Gemüse oder Kräutern angeboten.

Der Einkauf von Käse

Ein Käsefreund kauft im Fachgeschäft oder auf dem Markt am Käsestand. Der Käufer wird vom Fachmann beraten und kann den Käse kosten. Man sollte möglichst nicht mehr Käse kaufen, als in wenigen Tagen verzehrt werden kann. Naturkäse ist keine Konserve. Er lebt und verändert sich.

Käse richtig aufbewahren

Alter, gereifter Käse ist besonders köstlich, wenn er richtig gelagert wurde.

Es ist eine erprobte Regel, daß Käse kühl und luftig aufbewahrt werden soll. Der beste Ort ist ein Lattenrost in einem kühlen Keller. Die Luft kann dort von allen Seiten an den Käse heran. Große Käsestücke sollte man noch in ein feuchtes Tuch einschlagen, um sie vor dem Austrocknen zu schützen. Perforierte Haushaltsfolie erfüllt denselben Zweck; wichtig ist, daß der Käse »atmen« kann. In einer gut durchlüfteten Speisekammer lagert Käse auch gut. Viele Haushalte haben aber weder Keller noch Speisekammer. Dann muß Käse im Kühlschrank aufbewahrt werden.

Weichkäse kann – auch angebrochen – in der Originalverpackung verbleiben. Abgepackten anderen Käse wickelt man nach dem Anschnitt in perforierte Folie. Der beste Platz für Käse ist das Gemüsefach des Kühlschranks, weil es dort nicht so kalt ist wie unter dem Kühlaggregat.

Vollreifen Schimmelkäse kann man bis zu 3 Tagen unter der Käseglocke bei Zimmertemperatur – nicht im Kühlschrank – aufbewahren.

Nur Schmelzkäse kann in der Originalverpackung 3–4 Wochen im Kühlschrank gelagert werden.

Käse entfaltet sein volles Aroma erst bei Zimmertemperatur, deshalb stets eine Stunde vor dem Servieren aus dem Kühlschrank nehmen.

Tiefkühlung unterbricht bei Naturkäse den Reifungsprozeß und schadet dem Geschmack. Darum nur durchgereiften Käse einfrieren und entsprechend verpacken. Geriebener Hartkäse läßt sich gut einfrieren. Weichkäse benötigt bei Zimmertemperatur eine Stunde zum Auftauen und zur Entfaltung des vollen Aromas.

Praktischer Rat

Hierzulande ist Käse in erster Linie Brotbelag, Abschluß einer Mahlzeit, eines Menüs und wichtiger Bestandteil eines kalten Büfetts.

Pro Person wird von aufgeschnittenem Käse zum Frühstück oder Abendbrot 30–50 g gerechnet. 100 g Käse reichen pro Person für eine Käseplatte. Lädt man zu Wein und Käse ein, sollte es pro Person 200–300 g Käse geben.

Eine Käseplatte sollte mit verschiedenen Käsesorten belegt sein: milde und würzige Käsesorten, Käsesorten mit unterschiedlichem Fettgehalt, harte und weiche Käse von unterschiedlicher äußerer Form. Den Käse auf der Käseplatte so anrichten, daß sich die einzelnen Sorten nicht berühren. Die Platte – auch ein großes Holzbrett eignet sich gut – mit Radieschen, Petersilie, Nüssen und Salzbrezeln garnieren. Mehr Abwechslung bringen Gurkenscheiben, Mixed Pickles, Oliven und getrocknete Feigen.

Beliebt sind Käsewürfel aus Schweizer Käsesorten oder Gouda, auf die mit einem Spießchen blaue Weintrauben, Ananasstücke, Mandarinenspalten oder gefüllte grüne Oliven gesteckt sind.

Zur Käseplatte passen Schwarzbrot, Pumpernickel, frisch aufgebackenes französisches Weißbrot, Knäckebrot und Kräckers.

Mit Haushaltsfolie abgedeckt und kühl aufbewahrt bleiben Käseplatten mehrere Stunden frisch.

Je älter (reifer) ein Käse ist, desto besser schmilzt er. Fettreicher Käse zerfließt leichter als fettarmer Käse.

Zum Überbacken (Gratinieren) eignet sich geriebener fettreicher alter Käse besonders. Jungen, geriebenen Emmentaler Käse oder ähnliche Sorten mit Semmelbrösel mischen, mit Butterflöckchen überstreuen. Zum Käsereiben eine eigens für Käse bestimmte Reibe gebrauchen.

KÄSEGERICHTE

Zum Schmelzen junge, vollfette Käse – wenn es schnell gehen soll, auch Schmelzkäse – verwenden. Schmelzkäse und grob geraspelter Hart- oder Schnittkäse sind für Käsesaucen geeignet. Käse stets bei milder Hitze schmelzen lassen.

Zum Binden von Teigwaren, Reis oder Gemüse geriebenen Parmesankäse, Emmentaler, Gouda oder zerbröckelten Schafkäse nehmen.

Zum Backen am besten milde und leicht schmelzende Käsesorten nehmen wie jungen Emmentaler, Gouda, Port Salut oder Butterkäse.
Für Käsemürbeteig oder -blätterteig sind nur Käsesorten geeignet, die sich gut raspeln lassen.

Zum Würzen eignen sich schärfere, pikante Sorten, vor allem Edelpilz- und andere Blauschimmelsorten.

Geeignet als Vorspeise

Käsebirnen

4 Kopfsalatblätter
2 Birnen oder
 4 Birnenhälften
 aus der Dose
Saft von 1 Zitrone
125 g Camembert

4 Eßl. Mayonnaise
4 Eßl. Sahne

Pro Person etwa:
1260 Joule
300 Kalorien

Die Salatblätter waschen, abtropfen lassen, etwas kleinzupfen und auf vier Dessertteller verteilen. Die Birnen waschen, schälen, halbieren, vom Kerngehäuse befreien – Birnen aus der Dose abtropfen lassen –, mit der Schnittfläche nach oben auf die Salatblätter legen und mit dem Zitronensaft beträufeln. Den Käse in dünne Scheiben schneiden und die Birnen damit belegen. Die Mayonnaise mit der Sahne verrühren und die Käsebirnen damit überziehen.

Dazu schmeckt: Toast

Variante
Roquefortbirnen

100 g Roquefort mit der Gabel zerdrücken, geschmeidig rühren, mit 1 Tasse steifgeschlagener Sahne mischen und mit einem Spritzbeutel mit weiter Tülle in die 4 Birnenhälften füllen.

Ramequin
Käse-Weißbrot-Auflauf

Für die Form:
1 Teel. Butter

Für den Auflauf:
12 Toastbrotscheiben
250 g Emmentaler
 Käse in Scheiben
3 Eier
½ l Milch
½ Teel. Salz

je 1 Messersp.
 Pfeffer und geriebene Muskatnuß

Pro Person etwa:
2470 Joule
590 Kalorien

Backzeit:
30 Minuten

Den Backofen auf 200° vorheizen. Eine feuerfeste Form mit der Butter ausstreichen. Die Weißbrot- und Käsescheiben abwechselnd dachziegelförmig in die Form legen. Die Käsescheiben sollen dabei etwas hervorstehen. Die Eier mit der Milch verquirlen, mit dem Salz, dem Pfeffer und dem Muskat würzen und über die Brot- und Käsescheiben gießen. Auf der mittleren Schiebeleiste in etwa 30 Minuten im Backofen backen und in der Form heiß servieren.

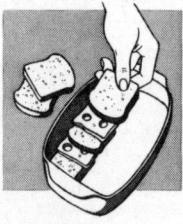 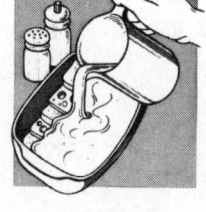

Für Ramequin die Weißbrot- und die Käsescheiben abwechselnd dachziegelförmig in die Form legen, …

… mit der Eiermilch übergießen und im Backofen garen.

Dazu schmeckt: Chinakohlsalat oder Kopfsalat in einer Dill-Joghurt-Sauce

Käseauflauf

Für die Form:
1 Teel. Butter

Für den Auflauf:
1 Eßl. Butter
1 Eßl. Mehl
⅓ l Milch
4 Eier
100 g geriebener
 Emmentaler Käse
1–2 Messersp. Salz

1 Messersp. Pfeffer
1 Prise geriebene
 Muskatnuß

Pro Person etwa:
1000 Joule
240 Kalorien

Backzeit:
30 Minuten

Eine Auflaufform mit der Butter ausstreichen.
Für den Auflauf die Butter in einem Topf zerlassen, das Mehl darüberstäuben und rühren, bis eine goldgelbe, glatte Masse entstanden ist. Die Milch zugießen, die Sauce unter Rühren zum Kochen bringen, einige Male aufwallen lassen, den Topf von der Herdplatte nehmen und die Sauce abkühlen lassen. Damit sich keine Haut bildet, ab und zu umrühren.
Den Backofen auf 200° vorheizen. Die Eier in Eigelbe und Eiweiße trennen. Die Eigelbe einzeln in die Sauce rühren, den Käse unterrühren und die Käsecreme mit dem Salz, dem Pfeffer und der Muskatnuß abschmecken. Die Eiweiße sehr steif schlagen und unterziehen. Die Masse in die Auflaufform füllen und auf der mittleren Schiebeleiste in etwa 30 Minuten im Backofen backen.

Dazu schmeckt: Tomatensalat mit Thymian, Feldsalat, italienischer Spinatsalat, Salat aus gedünstetem Lauch oder gedünsteter Spinat

Unser Tip: Der Käseauflauf geht gleichmäßiger auf, wenn die etwas fest gewordene Oberfläche im Abstand von etwa 2 cm zum Rand ringsherum eingeschnitten wird.

Damit der Käseauflauf gleichmäßig aufgeht, den Rand ringsherum einschneiden.

Käsekroketten

300 g kalte
 Pellkartoffeln
150 g Emmentaler
 oder Greyerzer
 Käse
125 g Mehl
2 Eier
2 Messersp. Salz
1 Messersp. geriebene Muskatnuß
3 Eßl. Bratfett

Pro Person etwa:
2010 Joule
480 Kalorien

Bratzeit:
6 Minuten

Die kalten Pellkartoffeln schälen, auf ein Arbeitsbrett reiben und zu einem etwa 1 cm hohen Rechteck formen. Den Käse darüberreiben und das Mehl darübersieben. Die Eier mit dem Salz und der Muskatnuß verquirlen und gleichmäßig auf dem Mehl verteilen. Die Zutaten mit den Händen zusammenkneten und den Teig zu einer Rolle formen. Etwa fingerdicke

KÄSEGERICHTE

Scheiben davon abschneiden und diese zu Röllchen formen.
Das Fett nur schwach erhitzen, die Kroketten darin zunächst von allen Seiten hellgelb braten und auf eine Platte legen. Dann das Fett stark erhitzen und die Kroketten darin goldbraun braten.

Dazu schmeckt: Leipziger Allerlei, Rosenkohl, Tomatensalat, Gurkensalat oder Blattsalate

---

Preiswert
Camembert-Kroketten

1 Eßl. Butter	Pro Person etwa:
3 Eßl. Mehl	1000 Joule
⅛ l Milch	240 Kalorien
180 g Camembert	
1–2 Messersp. Salz	Garzeit:
1 Messersp. Pfeffer	5 Minuten
5–6 Eßl. Semmelbrösel	
500 g Fritierfett	Fritierzeit:
2 Eßl. Mehl	7 Minuten
1 Ei	

Die Butter in einem Topf zerlassen. Das Mehl darüberstäuben und so lange rühren, bis eine glatte, hellgelbe Masse entstanden ist. Die Milch dazugeben, unter Rühren aufkochen und bei milder Hitze 5 Minuten leicht kochen lassen. Die Sauce von der Herdplatte nehmen und abkühlen lassen. Den Camembert im Mixer zerkleinern, durch den Fleischwolf drehen oder mit einer Gabel zerdrücken und gut mit der Sauce vermengen. Die Käsemasse mit dem Salz und dem Pfeffer abschmecken. Soviel Semmelbrösel unterziehen, daß sich die Masse formen läßt. Die restlichen Semmelbrösel zum Panieren beiseite stellen. Mit angefeuchteten Händen pflaumengroße Kugeln formen. Das Fritierfett in der Friteuse oder einem Fritiertopf erhitzen.
Die Käsekugeln zuerst in Mehl, dann in verquirltem Ei und zuletzt in den Semmelbröseln wenden und im heißen Fett schwimmend in etwa 7 Minuten goldbraun backen. Nicht zu viele Kugeln auf einmal ins Fett geben, weil dieses sonst zu stark abkühlt. Es hat die richtige Temperatur, wenn ein Weißbrotwürfel darin in 15 Sekunden rundherum braun wird. Die fertigen Kroketten auf einem saugfähigen Papier abtropfen lassen, ein Körbchen mit einer Papierserviette auslegen und die Camembert-Kroketten darin anrichten.

Dazu schmeckt: Kopfsalat, Zigeunersalat, Rettichsalat oder Tomatensalat mit reichlich Zwiebeln

---

Geeignet als Vorspeise
Camembert-Eier

2 Teel. Butter	Pro Person etwa:
125 g Rahmcamembert	960 Joule
	230 Kalorien
4 Eier	
2 Stengel Petersilie	Garzeit:
1 Messersp. Paprikapulver, edelsüß	10 Minuten
2 Teel. Tomatenketchup	

Vier verschließbare Förmchen oder Tassen mit der Butter ausstreichen. Den Käse in dünne Scheiben schneiden und den Boden der Förmchen damit auslegen. Je 1 Ei daraufschlagen. Die Petersilie waschen, abtropfen lassen, feinschneiden und mit dem Paprikapulver auf die Eier streuen. Die Förmchen verschließen – Tassen gut mit Alufolie abdecken – in einen großen flachen Topf stellen, seitlich bis zur halben Höhe der Förmchen mit Wasser füllen und zudecken. Das Wasser zum Kochen bringen und die Eier in etwa 10 Minuten stocken lassen. Die Eier in den Förmchen mit Tomatenketchup verziert servieren.

Dazu schmecken: Toastbrot mit Butter und frischer Orangensaft

---

Preiswert
Panierte Käsescheiben

300 g Räucherkäse in 4 Scheiben	1 Zitrone
	½ Bund Petersilie
je 1 Messersp. Salz und Pfeffer	
1 Ei	Pro Person etwa:
2 Eßl. Wasser	1720 Joule
2 Eßl. Mehl	410 Kalorien
3 Eßl. Semmelbrösel	Bratzeit:
2 Eßl. Bratfett	6 Minuten

Die Rinde vom Käse abschneiden und die Scheiben von beiden Seiten mit dem Salz und dem Pfeffer einreiben. Das Ei mit dem Wasser verquirlen und die Käsescheiben erst im Mehl, dann im verquirlten Ei und zum Schluß in den Semmelbröseln wenden. Die Semmelbrösel etwas festdrücken. Die Schnitzel leicht schütteln, damit lose Panadeteilchen abfallen und nicht im heißen Fett verbrennen. Das Fett erhitzen und die Käsescheiben darin auf jeder Seite in etwa 3 Minuten goldbraun braten. Die Käsescheiben mit Zitronenachteln und Petersilie garnieren.

Beilagen: Kartoffelsalat, Petersilienkartoffeln oder Weißbrot und Tomatensalat, Blumenkohlsalat, Selleriesalat oder Bohnensalat

Variante
Käse-»Cordon bleu«

300 g Käse in 8 Scheiben schneiden lassen. 4 Scheiben mit gekochtem Schinken belegen und mit süßem oder mildem Senf oder Tomatenketchup bestreichen, mit den restlichen Käsescheiben abdecken, panieren und braten wie im Rezept beschrieben.

Unser Tip: Räucherkäse eignet sich am besten für Käseschnitzel, weil er nicht schmilzt.

»Fondue isch guet und git e gueti Luune« sagen die Schweizer zu ihrem Leib- und Magengericht. Zur besseren Verdauung goutieren sie während des Mahles ein Gläschen Kirschwasser. Und bei einem derartigen Schmaus wird sogar das strengste Gesicht langsam heiter.

Käsefondue Sankt Gallen

Bild Seite 354

1 Knoblauchzehe	je 2 Messersp. Salz und Pfeffer
je 200 g Emmentaler und Greyerzer Käse	1–2 Messersp. geriebene Muskatnuß
knapp ½ Flasche (0,7 l) trockener Weißwein	8 Scheiben Weißbrot
2 Teel Speisestärke	Pro Person etwa:
1 Gläschen Kirschwasser (2 cl)	2930 Joule
	700 Kalorien

Zu diesem Gericht braucht man besondere Geräte: ein Rechaud, einen Fonduetopf aus Steingut und für jeden Teilnehmer eine langstielige Gabel mit drei Zinken.
Die Knoblauchzehe schälen, halbieren und mit den Schnittflächen den Fonduetopf ausreiben. Den Emmentaler und den Greyerzer Käse in den Topf reiben, den Weißwein zugießen und unter ständigem Rühren in Form einer Acht den Käse bei milder Hitze im Weißwein schmelzen lassen. Sobald die Masse zähflüssig wird und

KÄSEGERICHTE

Blasen wirft, die Speisestärke mit dem Kirschwasser verrühren und unterziehen. Mit dem Salz, dem Pfeffer und dem Muskat würzen. Das Rechaud auf eine Metall- oder Porzellanplatte in die Mitte des Tisches stellen, anzünden und den Fonduetopf daraufsetzen. Die Temperatur muß so reguliert werden, daß die Käsemasse flüssig bleibt, aber nicht kocht.
Die Weißbrotscheiben in etwa 2 cm große Würfel schneiden und zur Fondue stellen. Jeder Tischpartner spießt nun mit seiner Gabel einen Weißbrotwürfel auf, tunkt ihn in die heiße Käsecreme, zieht die Gabel mit einer drehenden Bewegung heraus und läßt den Käse etwas abkühlen.

Dazu schmeckt: trockener Weißwein, Obstschnaps oder heißer, ungesüßter schwarzer Tee

Variante
Käsefondue nach Neuenburger Art

Sie ist eine von Kennern bevorzugte üppigere Art der Sankt Gallener Fondue. Dazu von jeder Käsesorte 350 g nehmen und die Speisestärke mit 3 Gläschen Kirschwasser anrühren. Geschmacklich ist sie ausgezeichnet, nur leider sehr kalorienreich.

Unsere Tips: Die Temperatur des Rechauds läßt sich leichter regulieren, wenn der Brenner nicht ganz mit Spiritus gefüllt wird. Das Drahtsieb soll nicht mit Spiritus bedeckt sein.
Die Fondue brennt während des Essens nicht an, wenn man ab und zu mit einem Weißbrotwürfel auf dem Boden des Topfes entlangfährt.

Das Raclette-Essen haben wir den Walliser Bergbauern abgeschaut, die ihren Bergkäse über dem offenen Holzkohlenfeuer im Kamin schmelzen und zu Pellkartoffeln essen. Für eine Raclette-Party braucht man mehr – vor allem, wenn man nicht über einen Kamin verfügt –, ein Raclette-Gerät.

Raclette

Zutaten für
12 Personen:
3 kg Kartoffeln
3 kg Walliser Käse
Pfeffer
Salz

Pro Person etwa:
4910 Joule
1170 Kalorien

Die Kartoffeln waschen, in der Schale kochen und warm halten. Die Rinde vom Käse etwas abschaben oder unter fließendem kaltem Wasser bürsten und trockenreiben. Den Käse in das Raclette-Gerät einspannen. Den Käse vor das Heizelement schwenken und das Raclette-Gerät einschalten. Sobald der Käse nach einigen Minuten schmilzt, die erste Portion mit einem breiten Messer oder Küchenspatel auf einen vorgewärmten Teller schaben. Dann gleich weitergrillen. Man ißt den Käse, auch die gegrillte Rinde, zu heißen Pellkartoffeln und frisch gemahlenem Pfeffer und Salz. Als Getränk reicht man zu diesem Essen trockenen Weißwein oder heißen schwarzen Tee.

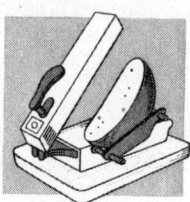 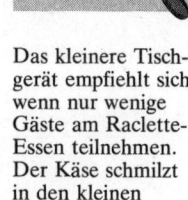

In das große Raclette-Gerät läßt sich ein halber Walliser Käse einspannen.

Das kleinere Tischgerät empfiehlt sich, wenn nur wenige Gäste am Raclette-Essen teilnehmen. Der Käse schmilzt in den kleinen Pfännchen.

Unser Tip: Stellen Sie Bündnerfleisch, dünn geschnittene Pfeffersalami, Mixed Pickles, Perlzwiebeln, Cornichons und ein großes, frisches Bauernbrot auf den Tisch. Weil immer nur ein Teilnehmer mit Raclettekäse bedient werden kann, können die anderen Gäste in der Zwischenzeit von diesen Extras essen.

Welsh Rarebits
Walisische Käsetoasts

5 Eßl. helles Bier
250 g geriebener Chesterkäse
1 Eßl. Mehl
1 Eßl. Butter
je 1 Teel. Worcestersauce und scharfer Senf
einige Tropfen Tabascosauce
4 Toastbrotscheiben

Pro Person etwa:
1470 Joule
350 Kalorien

Zeit zum Überbacken:
10 Minuten

Den Backofen auf 220° vorheizen. Das Bier bei milder Hitze in einer Kasserolle erwärmen und den Käse darin schmelzen lassen. Unter Rühren das Mehl darüberstäuben und die Butter zufügen. Mit der Worcestersauce, dem Senf und etwas Tabascosauce würzen. Die Toastbrotscheiben leicht rösten, die Käsemasse daraufstreichen und auf der zweiten Schiebeleiste von oben 10 Minuten überbacken.

Dazu schmecken: frischer grüner oder Tomatensalat und Bier

Quiche lorraine
Lothringer Käsetorte

Bild Seite 352/353

Zutaten für
8 Personen:

Für den Teig:
125 g Butter
200 g Mehl
3 Eßl. Wasser
¼ Teel. Salz
1 Messersp. Pfeffer
1 Eßl. geriebener Emmentaler Käse

Für die Form:
1 Teel. Butter

Für den Belag:
500 g gekochter Schinken in etwa ½ cm dicken Scheiben

100 g milder roher Schinken
3 mittelgroße Zwiebeln
3 Knoblauchzehen
je 1 Bund Petersilie und Schnittlauch
6 Eier
¼ Teel. Salz
1 Messersp. Pfeffer
200 g geriebener Emmentaler Käse
knapp ¼ l Sahne

Pro Person etwa:
3460 Joule
825 Kalorien

Backzeit:
60 Minuten

Die Butter weich werden lassen und mit dem Mehl, dem Wasser, dem Salz, dem Pfeffer und dem Käse zu einem Mürbeteig verkneten. Den Teig in Alufolie einschlagen und 60 Minuten im Kühlschrank ruhen lassen. Boden und Rand einer Springform mit der Butter ausstreichen.
Inzwischen den Schinken würfeln. Die Zwiebeln und die Knoblauchzehen schälen. Die Zwiebeln hacken und die Knoblauchzehen zerquetschen. Die Kräuter waschen, abtropfen lassen und fein schneiden und mit dem Schinken, den Zwiebeln und dem Knoblauch mischen.
Den Backofen auf 200° vorheizen. Die Eier aufschlagen, mit dem Salz, dem Pfeffer und dem Käse verrühren und die Sahne unterziehen.
Den Teig dünn ausrollen. Den Boden der Springform damit belegen und einen etwa 2 cm hohen Rand formen. Den Mürbeteig auf der mittleren Schiebeleiste 10 Minuten im Backofen vorbacken. Die Form dann heraus-

KÄSEGERICHTE

nehmen und den Backofen auf 250° schalten. Den Schinken mit den Kräutern auf den Mürbeteigboden geben und die Eier-Käse-Sahne darübergießen. Die Quiche lorraine auf der mittleren Schiebeleiste in etwa 50 Minuten im Backofen fertig backen.

Dazu schmeckt: ein Lothringer Rosèwein oder ein trockener Elsässer Wein

---

Geeignet als Vorspeise

Stangensellerie mit Roquefortfüllung

1 Selleriestaude	Pro Person etwa:
100 g Butter	1320 Joule
100 g Roquefortkäse	350 Kalorien
2 Teel. Cognac	
2 Spritzer Tabascosauce	

Von der Selleriestaude den Strunk und die oberen Enden mit den Blättern abschneiden. Die einzelnen Stangen gut kalt waschen, abtrocknen und in etwa 5 cm lange Stücke schneiden. Die Butter schaumig rühren, den Käse mit der Gabel zerdrücken, unter die Butter rühren und mit dem Cognac und der Tabascosauce würzen. Die Höhlung der Selleriestücke damit füllen.

Unser Tip: Als Partyhappen zu Wein reichen.

Herzhafte Käsetorte

Für die 1. Füllung:	Für den Tortenboden:
100 g Butter	
125 g Chesterkäse	8 Scheiben von einem runden Bauernbrot
1 kleine Dose Tomatenmark	
2 Messersp. Salz	Zum Garnieren:
4–5 Tropfen Tabascosauce	4 Scheiben Pumpernickel
½ Teel. Paprikapulver, edelsüß	4 Scheiben Chesterkäse
Für die 2. Füllung:	1 Eßl. Butter
100 g Butter	
150 g geriebener Parmesan- oder Emmentaler Käse	Pro Stück etwa: 1590 Joule 380 Kalorien
2 Messersp. Salz	
1 Messersp. Pfeffer	
1 Teel. Streuwürze	

Für die 1. Füllung die Butter schaumig rühren, den Chesterkäse dazureiben, das Tomatenmark, das Salz, die Tabascosauce und das Paprikapulver zufügen und alles gut miteinander vermengen.
Für die 2. Füllung die Butter schaumig rühren und mit dem geriebenen Parmesan- oder Emmentaler Käse, dem Salz, dem Pfeffer und der Streuwürze vermengen.
Das Bauernbrot halbieren, von jeder Hälfte 4 Scheiben und von diesen die Rinde abschneiden. Die ersten beiden Scheiben von jeder Hälfte mit der 1. Füllung bestreichen und mit den geraden Seiten zueinander auf ein großes Stück Alufolie legen. Die nächsten beiden Scheiben mit der 2. Füllung bestreichen, mit den geraden Seiten zueinander diagonal auf die ersten Scheiben legen und etwas andrücken. Die dritten beiden Brot-

Bevor die Brotscheiben mit der Käsemasse bestrichen werden, die Rinden rundherum abschneiden.

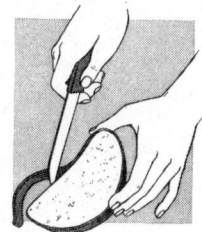

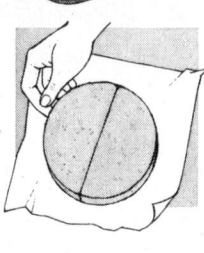

Die beiden mit der 1. Füllung bestrichenen Brotscheiben mit den geraden Seiten dicht zusammen auf ein großes Stück Alufolie legen.

Die beiden nächsten, mit der 2. Füllung bestrichenen Scheiben mit den geraden Seiten zueinander diagonal auf die ersten Scheiben legen.

scheiben wieder mit der 1. Füllung bestreichen, quer zur untersten Tortenschicht auflegen und andrücken. Die letzten beiden Scheiben mit der 2. Füllung bestreichen und wiederum diagonal auflegen, so daß die vorstehenden runden Enden der Brotscheiben die Form einer Blume bilden. Die Käsetorte mit dem Rest der Füllungen bestreichen und auf der Oberseite 12 Tortenstücke markieren.
Für die Garnierung aus dem Pumpernickel Kreise, Sterne oder Ovale schneiden, die kleiner sind als die Tortenstücke. Aus den Chesterkäse-Scheiben jeweils dazu passende, noch etwas kleinere Formen schneiden, auf einer Seite mit Butter bestreichen und mit der Butterseite auf den Pumper-

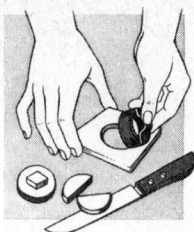

Die Käsetorte mit kleinen, aus Pumpernickelscheiben gestochenen Formen verzieren, die mit noch kleineren, dazu passenden, aus Käse geschnittenen Formen belegt werden.

nickel setzen. Die Torte damit garnieren, in die Alufolie schlagen und 1–2 Stunden kalt stellen.

Grundrezept für Soufflé

Käse-Krabben-Soufflé

Bild Seite 363

½ l Milch	Für die Form:
6 Eßl. Butter	1 Eßl. Butter
12 Eßl. Mehl	½ Tasse Semmelbrösel
je 1 Prise Salz, Pfeffer und geriebene Muskatnuß	
6 Eier	Pro Person etwa: 3430 Joule 820 Kalorien
140 g Krabben (Garnelen) aus der Dose	
100 g geriebener mittelalter Goudakäse	Backzeit: 50 Minuten
100 g geriebener Sbrinzkäse oder Emmentaler Käse	

Die Milch erwärmen. Die Butter schmelzen lassen, das Mehl unter Rühren darin anbraten. Die Milch, das Salz, den Pfeffer und den Muskat zugeben und unter Rühren so lange kochen, bis sich die Masse vom Topfboden löst. Danach abkühlen lassen. Die Eier in Eiweiße und Eigelbe trennen und die Eiweiße zu steifem Schnee schlagen. Die Krabben kalt abbrausen und abtropfen lassen.
Den Backofen auf 180° vorheizen. Die Eigelbe nacheinander und den Käse löffelweise unter die abgekühlte Masse rühren. Den steifen Eischnee und die Krabben zuletzt unterheben. Die Auflaufform mit der Butter ausstreichen und mit den Semmelbröseln ausstreuen, die Soufflémasse einfüllen und auf der mittleren Schiebeleiste in 50 Minuten goldgelb backen. Den Backofen während der ersten 30 Minuten keinesfalls öffnen. Das Soufflé sofort in der Form servieren.

Dazu schmeckt: Grüner Salat oder Tomatensalat

QUARKGERICHTE

Grundrezept für Quarkmischung
Kräuterquark

½ Tasse Milch
250 g Magerquark
½ Teel. Salz
je 1 Bund Petersilie und Schnittlauch
1 Stengel Thymian oder Majoran
¼ Knoblauchzehe
1 Bund Radieschen

Pro Person etwa:
290 Joule
70 Kalorien

Die Milch erwärmen, aber nicht heiß werden lassen. Den Quark mit der Milch und dem Salz mit dem Rührbesen des Handrührgerätes oder mit dem Schneebesen in einer Schüssel schaumig rühren. Die Kräuter kurz kalt abbrausen und abtropfen lassen. ½ Bund Schnittlauch zurückbehalten, die restlichen Kräuter auf einem Küchenbrett feinhacken. Die Knoblauchzehe schälen und zerdrücken und mit den Kräutern unter den Quark rühren. Die Radieschen waschen, von den Stielen und der Wurzel befreien und in feine Scheiben schneiden. Den restlichen Schnittlauch feinschneiden. Den Kräuterquark mit den Radieschenscheiben verzieren und mit dem Schnittlauch bestreuen.

Paßt gut zu: kaltem Braten, Pellkartoffeln, paniertem Schnitzel oder Fisch oder als Brotaufstrich zu Mischbrot, Schwarzbrot, Vollkornbrot, Pumpernickel oder Knäckebrot

Unser Tip: Wenn Quarkmischungen etwas cremiger gerührt werden, die Milchmenge in der Grundmasse verdoppeln.

Variante 1
Pikant gewürzte Quarkcreme

Den Magerquark mit der Milch und dem Salz schaumig rühren und mit je 1 Messerspitze Currypulver und Pfeffer, ½ Teelöffel Worcestersauce oder einigen Tropfen Sojasauce, ½ Teelöffel Senf und 1 Teelöffel kleingeschnittener Zwiebel würzen.

Variante 2
Sahne-Dill-Quark

Unter die schaumiggerührte Quarkmasse ⅛ Liter steifgeschlagene Sahne, 1 Bund feingeschnittenen Dill, 30 g zerdrückten Gorgonzolakäse und 2 Eßlöffel Weißwein ziehen. Mit einigen Dillblättern garnieren.

Sardellenquark

4 Eier
1 kleine Zwiebel
5 Eßl. Milch
250 g Magerquark
1 Teel. Senf
1 Teel. Öl
3 Teel. Sardellenpaste
je 2 Messersp. Paprikapulver, edelsüß, und Salz
2 Gewürzgurken

Pro Person etwa:
840 Joule
200 Kalorien

Die Eier hart kochen und schälen. Die Zwiebel schälen und in sehr kleine Würfel schneiden. Die Milch erwärmen, aber nicht heiß werden lassen. Den Quark mit der Milch schaumig rühren. Zwei Eier halbieren, das Eigelb herauslösen, mit der Gabel zerdrücken und zusammen mit dem Senf, dem Öl und der Sardellenpaste mit dem Quark mischen. Mit dem Paprikapulver und dem Salz abschmecken. Die restlichen Eier in Scheiben schneiden, die Gewürzgurken fächrig schneiden und den Sardellenquark damit verzieren.

Paßt gut zu: Pellkartoffeln oder Brot

Preiswert
Quarksoufflé

1 Teel. Butter
1 Bund Schnittlauch
500 g Magerquark
¼ l Milch
2 Eier
½ Teel. Salz
1 Prise Cayennepfeffer

Pro Person etwa:
850 Joule
200 Kalorien

Backzeit:
60 Minuten

Den Backofen auf 200° vorheizen. Eine große Auflaufform mit der Butter ausstreichen. Den Schnittlauch waschen, abtropfen lassen und feinschneiden. Den Quark mit der Milch und den Eiern mit dem Schneebesen cremig rühren. Die Quarkcreme mit dem Salz und dem Cayennepfeffer abschmecken und den Schnittlauch unterrühren. Die Quarkmasse in die Form füllen, auf einer Schiebeleiste unter der Mitte 1 Stunde im Backofen backen. Das Soufflé sofort servieren.

Beilagen: Pellkartoffeln und Kopfsalat mit Kresse oder andere grüne Salate

Zum Bild rechts:

Ein Käsesoufflé ist nichts anderes als ein besonders feiner Käseauflauf. Wenn wohlgelungen, ist es hochaufgegangen, knusprig und goldbraun gebacken. Die Zubereitung eines Soufflés ist nicht schwierig. Wichtig ist, daß der Eischnee möglichst steif geschlagen wurde, bevor man ihn unter die Käsemasse zieht – nicht rührt. Das Servieren ist das größere Problem. Schützen Sie das Käsesoufflé vor Zugluft, wenn Sie es auftragen; auch große Temperaturunterschiede nimmt es übel. Servieren Sie es sofort, nachdem Sie es aus dem Ofen genommen haben. Reichen Sie ein Soufflé, wenn Sie Gäste haben, am besten als Vorspeise. So ist gewährleistet, daß es nicht zu lange im Backofen verbleiben muß, weil der erste Gang noch nicht beendet und abgetragen ist. Der Anblick eines Soufflés ist so vollkommen, daß man auf eine Garnierung oder Verzierung verzichten kann. Leider fällt die Pracht etwas zusammen, sobald sich der erste Gast bedient hat. Am Familientisch werden Sie mit einem Käsesoufflé als Hauptgericht Begeisterung hervorrufen. Reichen Sie zuvor eine cremige Tomatensuppe und zum Soufflé zarten Kopfsalat.

Das Rezept für ein Käse-Krabben-Soufflé finden Sie auf Seite 361.

QUARKGERICHTE

Zum Bild links:

In einem wohlsortierten Käseladen gerät der Käsefreund und -kenner ins Schwelgen. Die verschiedenen Käsesorten bilden ein internationales Stelldichein vieler Berühmtheiten. Zu den bekanntesten und beliebtesten ihrer Art zählen:

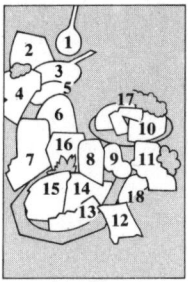

1 Provolone
2 Emmentaler Käse
3 Quark
4 Edelpilzkäse
5 Geheimratskäse
6 Gouda-Käse
7 Edamer Käse
8 Bergkäse
9 Harzer Käse
10 Torten-Brie
11 Weißlacker
12 Frischkäse
13 Romadur
14 Tilsiter Käse
15 Schinken-Schmelzkäse
16 Greyerzer Käse
17 Camembert
18 Olmützer Quargel

Die Käsesorten werden auf den Seiten 355 bis 357 erläutert.

Sächsische Quarkkeulchen

400 g Pellkartoffeln
50 g Rosinen
2 Eier
2–3 Eßl. Mehl
1 Messersp. Salz
300 g Magerquark
5 Eßl. Zucker
abgeriebene Schale
  von ½ Zitrone
3 Eßl. Bratfett

Pro Person etwa:
1920 Joule
460 Kalorien

Bratzeit:
30 Minuten

Die Kartoffeln schälen und durch den Fleischwolf drehen oder fein reiben. Die Rosinen waschen und gut abtropfen lassen. Die Kartoffelmasse mit den Rosinen, den Eiern, dem Mehl, dem Salz, dem Quark, dem Zucker und der Zitronenschale zu einem geschmeidigen Teig verarbeiten. Mit bemehlten Händen »Keulchen« – Teigplätzchen von etwa 5 cm Durchmesser – formen. Das Fett in der Pfanne erhitzen und die Keulchen nacheinander darin in etwa 8 Minuten von beiden Seiten goldbraun braten.

Dazu schmeckt: Zimt-Zucker, Apfelmus oder Preiselbeerkompott

Unser Tip: Sie können die Kartoffeln im Mixer auch gleich mit den Eiern und ganz wenig Wasser zusammen pürieren.

Quarkauflauf

1 Teel. Butter
1 kg Magerquark
2 Päckchen Vanille-
  pudding-Pulver
abgeriebene Schale
  von 1 Zitrone
3 Eier
200 g Zucker
50 g Rosinen
1 Eßl. Milch

Pro Person etwa:
2470 Joule
590 Kalorien

Backzeit:
60 Minuten

Den Backofen auf 200° vorheizen. Eine Auflaufform mit der Butter ausstreichen. Den Quark mit dem Puddingpulver und der abgeriebenen Zitronenschale mit dem elektrischen Handrührgerät auf niedrigster Schaltstufe verrühren. Die Eier nacheinander über einer Tasse aufschlagen – ½ Eigelb zum Bestreichen zurückbehalten –, mit dem Zucker zum Quark geben und mit dem Handrührgerät cremig rühren. Die Rosinen waschen, abtropfen lassen und unter die Quarkmasse mischen. Die Auflauf-form damit ⅔ hoch füllen. Das Eigelb mit der Milch verrühren und den Auflauf damit bestreichen. Den Auflauf eine Schiebeleiste unter der Mitte in etwa 60 Minuten im Backofen backen und gleich servieren.

Beilage: Fruchtmark von Blaubeeren oder Himbeeren, Schokoladensauce, Kompott oder mit etwas Rum glattgerührte Marmelade

Unsere Tips: Wandeln Sie den Quarkauflauf ab, indem Sie zusätzlich 50 g gehackte Haselnüsse oder Walnüsse unter die Masse rühren, oder verteilen Sie 100–150 g frische Beeren, Aprikosenhälften oder Pfirsichhälften auf dem Boden der Form, bevor Sie die Quarkmasse einfüllen. Wenn Sie kein elektrisches Handrührgerät besitzen: Die Eier in Eiweiße und Eigelbe trennen, die Eiweiße steifschlagen und zum Schluß unter die Auflaufmasse ziehen.

Preiswert

Quarkklöße

500 g Magerquark
2 Eier
2 Messersp. Salz
abgeriebene Schale
  von ½ Zitrone
125 g Grieß
2 Eßl. Rum
2–3 Eßl. Semmel-
  brösel
2½ l Wasser
2 Teel. Salz

1 Eßl. Butter
3 Eßl. Semmelbrösel
1 Eßl. Zucker

Pro Person etwa:
1380 Joule
330 Kalorien

Garzeit:
20 Minuten

Den Quark, die Eier, das Salz, die Zitronenschale, den Grieß und den Rum miteinander verrühren und etwa 30 Minuten zum Quellen stehenlassen. Soviel Semmelbrösel dazugeben, daß ein formbarer, weicher Teig entsteht. Das Wasser mit dem Salz zum Kochen bringen. Aus der Quarkmasse mit angefeuchteten Händen kleine Klöße formen, ins leicht kochende Salzwasser legen und in etwa 20 Minuten gar ziehen lassen. Die Butter bei milder Hitze zerlassen und die Semmelbrösel und den Zucker darin goldbraun braten. Die gegarten Klöße mit dem Schaumlöffel aus dem Wasser nehmen, abtropfen lassen und mit den gebratenen Semmelbröseln bestreuen.

Dazu schmecken: frische Heidelbeeren oder Heidelbeerkompott

Bunte Kalte Küche

In der Kalten Küche ist die Phantasie die wichtigste Zutat, Qualität und Frische sind oberstes Gebot. Dann ist für jeden etwas dabei.

Kalte Platten, belegte Brote, Salate, Pasteten, Sülzen, kalte Braten und raffinierte Häppchen machen die Kalte Küche zur vielfältigsten aller Kochregionen. Für jede Gelegenheit, für jede Geschmacksrichtung, für jede Küchenkapazität läßt sich leicht das geeignete Programm finden. Zudem macht es Spaß, alles gefällig zu arrangieren, selbst bescheidene Speisen als Augenweide zu servieren und auch einmal zu improvisieren. Die Kalte Küche ermöglicht es jedem, eigene Ideen zu verwirklichen und Kreativität zu beweisen.

Qualität und Frische, vor allem aber Einfachheit der Mittel, im Gegensatz zu der früher oft übertrieben geübten Dekorationsfreude, sind oberstes Gebot. In diesem Sinne ist die Kalte Küche unentbehrlich für die täglichen Mahlzeiten, für gepflegte Gastlichkeit und nach wie vor für viele festliche Gelegenheiten.

Im täglichen Zyklus der Mahlzeiten ist das kalte Abendessen in vielen Familien obligatorisch und deshalb so beliebt, weil seine Zubereitung unkompliziert erscheint. Leider wird es trotz seiner Beliebtheit oft recht eintönig dargeboten. Dabei kann das Einerlei aus Wurst und Käse durch Salate, rohes Gemüse wie Gurken, Paprikaschoten, Radieschen, Tomaten, durch Quarkmischungen, garnierte oder gefüllte Eier, mehrere Brotsorten und kleine Extras wie gewürztes Gelee, eingelegte Früchte, Würzsaucen und Buttermischungen aufgewertet werden.

Der gepflegten Gastlichkeit kommt die Kalte Küche vielfältig zugute; beispielsweise durch feine Schnittchen, belegte Kräcker und klassische Canapés, als kleine Stärkung bei Empfängen, an Spiel- oder Fernsehabenden, zum Cocktail oder zu Bier und Wein nach dem Abendessen. Mit belegten Broten, mit Wurst- und Käseplatten, kalten Fischspezialitäten, Sülzen, Pasteten, Terrinen oder Cocktails, diesen salatähnlichen Mischungen aus erlesenen Zutaten, kann man Gäste je nach Art des Anlasses angemessen bewirten. – Für große Feste ist ein Kaltes Bufett mit einer Zusammenstellung vieler kalter Gerichte das entsprechende kulinarische Angebot.

Gefälliges Anrichten

Das gefällige Anrichten der Speisen ist für die Kalte Küche wichtiger als für alle anderen Koch-Ressorts! Sie kann weniger durch den Duft warmer Gerichte anregen, dafür aber verstärkt durch optische Reize wirken. Dem Garnieren wurde in diesem Buch ein eigenes Kapitel gewidmet. Was beim Anrichten in der Kalten Küche besonders zu beachten ist, geben wir im folgenden Überblick:

Das Geschirr

Ob Kalte Küche oder Warme Küche, Braten wird auf einer Bratenplatte angerichtet, Sauce in der Sauciere und Beilagen in den entsprechenden Schüsseln. Paßt das Serviergeschirr zum Speiseservice, gibt es keine Stilprobleme. Dagegen passen Teller aus ländlichem Steingut oder Holz schlecht zu silbernen Servierplatten oder feinen Porzellanschüsseln. Man muß unbedingt darauf achten, daß alles Geschirr für eine Mahlzeit miteinander harmoniert.

Sorgen Sie dafür: Platte, Schüssel oder Teller muß groß genug sein, um die angerichtete Speise auftragen oder herumreichen zu können, ohne am Rand mit dem Inhalt in Berührung zu kommen.

Bei farbenfrohen Platten und Schüsseln kann es passieren, daß sich der Farbton der Speise nicht mit dem des Geschirrs verträgt. Zum Beispiel sehen Schinken, Wurst, Roastbeef, Radicchiosalat, Tomaten oder Radieschen auf einer leuchtend roten Platte wenig einladend aus. Auch Grüntöne müssen zusammenpassen, soll das Ganze nicht leicht giftig wirken. Am besten weichen Sie auf Holzbretter, farbneutrales Steingut-, Porzellan- oder Metallgeschirr aus. Ist kein passender Ersatz zur Hand, können Sie die Wirkung unharmonischer Farben mildern, indem Sie die Platte mit Salatblättern oder Brotscheiben, bei schlecht passenden Grüntönen mit Tomaten- oder Eischeiben auslegen.

Belegte Platten

In der Kalten Küche ist vor allem das Arrangieren von Speisen auf den Platten von Bedeutung. Was immer Sie in Scheiben auf einer Platte anrichten, sollte so liegen, daß man die ordnende Hand erkennt: die Scheiben dachziegelartig übereinander, die Reihen längs, quer oder diagonal, aber stets nach einem bestimmten Prinzip. Bestehen die Scheiben aus unterschiedlichen Substanzen, beispielsweise aus verschiedenen Wurstsorten, mehreren Käse- oder Fleischarten, oder Broten, so können Sie jeweils eine Gruppe zusammen oder in Reihen abwechselnd anrichten.

Sollen mehrere Salate auf einer großen Platte serviert werden, ordnen Sie jeden Salat für sich je nach Konsistenz auf kleinen »Schüsselchen« aus Salatblättern an.

Für Wurstplatten entfernt man am besten vor dem Aufschneiden der Wurst bereits die Haut. Wenn die Haut erst nach dem Aufschneiden entfernt wird, reißen die dünnen Scheiben leicht ein. Streichwurst für Kalte Platten wird mit der Haut in dicke Scheiben geschnitten. Das sieht besser aus. Hartwurst wird ebenfalls mit der Haut in dünne Scheiben geschnitten, denn Hartwurstscheiben ohne Haut sehen nicht gut aus. Wurst- und Schinkenscheiben kann man zu Röllchen oder Tütchen drehen und ungefüllt oder gefüllt mit Salaten, Meerrettichsahne oder Cocktailsaucen servieren.

Für eine Käseplatte sollte man milde und würzige Käsesorten, Käsesorten mit unterschiedlichem Fettgehalt, harte und weiche Käse von unterschiedlicher äußerer Form auswählen. Den Käse am besten auf eine große, flache Platte oder ein Holzbrett legen. Schneiden Sie die verschiedenen Käse nicht vollständig in Scheiben, sondern überlassen Sie es Ihren Gästen, sich mit mehr oder weniger großen Stücken zu bedienen. Aufgeschnittener Käse trocknet rasch aus. Appetitlich angerichteter Käse verschiedener Sorten verlocken zum Probieren. Bemessen Sie die Stücke großzügig.

Käseplatten lassen sich mit allen Dingen hübsch garnieren, die gut zum Käse schmecken, beispielsweise mit Radieschen, Nüssen, Salzbrezeln, Gurkenscheiben, Mixed Pickles, Oliven, Weintrauben, Mandarinenspalten, Ananasstücken oder Feigen.

Das Kalte Bufett

Wie reichhaltig Sie ein Kaltes Bufett bestücken müssen kommt auf die Zahl der Gäste an und auf den Anlaß. Grundsätzlich sollte der lukullische Mittelpunkt aber ein kalter Braten sein, gleichgültig ob Roastbeef, Kalbsbrust, Wild oder Geflügel. Für große Anlässe sollte auch eine Platte mit kaltem Fisch, einem festlich wirkenden Hummer oder einer Languste nicht fehlen. Statt der großen Fischplatte kann man aber auch Fischsalate, geräucherten Fisch, Heringsspezialitäten oder Cocktails mit Garnelen servieren. Außerdem gehören auf das Kalte Bufett eine Wurstplatte, eine reichhaltige Käseplatte und mehrere Salate.

Plazieren Sie die Speisen auf einem länglichen oder einem großen runden Tisch. Stellen Sie alles Gebotene so auf, daß man sich leicht bedienen kann; also eventuell die innen oder hinten stehenden Schüsseln und Platten etwas erhöht. Sorgen Sie für genügend Servierbesteck – am besten immer gleich 2 Löffel oder 2 Gabeln pro Platte oder Schüssel. Ordnen Sie jede Kalte Platte so an, daß man gut von ihrer Vielfalt wählen kann, ohne das Arrangement zu zerstören.

Halten Sie für Ihre Gäste reichlich Teller, Besteck und Servietten bereit; man möchte nach einem Fischgang oder vor dem Dessert Besteck und Teller wechseln. Suppe, Desserts und Salate können gegebenenfalls auch gleich in Portionsschalen angerichtet werden. Sorgen Sie dafür, daß Ihre Gäste zum Essen bequem sitzen können und genügend Abstellfläche für das Gedeck und ein Glas haben.

Lassen Sie nach dem ersten Sturm auf das Kalte Bufett den Inhalt halbgeleerter Platten und Schüsseln auf unbenutzte kleinere legen; so sieht das Bufett wenig später wieder frisch und appetitlich aus. Oder stellen Sie die Speisen in 2 Schüben auf das Bufett; eine Käseplatte, eine Obstschale und das Dessert erst zuletzt. Reichen Sie zu den kalten Gerichten Brote verschiedener Sorten, Butter, Gewürze, Würzsaucen, Mixed Pickles, Gürkchen, Radieschen, Tomatenachtel oder Oliven.
Vergrößern Sie die in den Rezepten dieses Kapitels für ein Kaltes Bufett angegebenen Mengen so, daß es für die erwartete Zahl der Gäste ausreicht.

Gelingt leicht
Belegte Brote

Bild Seite 373

Zutaten für jeweils 1 Brot:

Für das Zungenbrot:

1 Scheibe Graubrot
1 Teel. Butter
1 Blatt Kopfsalat
50 g geräucherte Zunge in Scheiben
1 hartgekochtes Ei
2 gefüllte Oliven

Pro Person etwa:
1670 Joule
400 Kalorien

Das Brot mit der Butter bestreichen. Das Salatblatt waschen, trockentupfen und auf das Brot legen. Die Zungenscheiben fächerförmig auf dem Salatblatt anrichten. Das Ei in Scheiben schneiden und die Eischeiben auf die Zungenscheiben legen. Die Oliven halbieren und auf das Brot legen.

Für das Roastbeefbrot:

1 Scheibe Graubrot
1 Teel. Butter
1 Blatt Kopfsalat
40 g kaltes Roastbeef in dünnen Scheiben
⅛ hartgekochtes Ei
½ Teel. geriebener Meerrettich
etwas Petersilie

Pro Person etwa:
1210 Joule
290 Kalorien

Das Brot mit der Butter bestreichen. Das Salatblatt waschen, trockentupfen und auf das Brot legen. Das Roastbeef fächerförmig auf das Salatblatt legen und mit der Eispalte, dem Meerrettich und der Petersilie garnieren.

Für das Knäckebrot:

1 Scheibe Knäckebrot
1 Teel. Butter
1 Tomate
je 1 Prise Salz und Pfeffer

30 g Edelpilzkäse
1 Walnußkern

Pro Person etwa:
1130 Joule
270 Kalorien

BELEGTE BROTE · CANAPÉS

Das Brot mit der Butter bestreichen. Die Tomate waschen, abtrocknen und in Scheiben schneiden. Die Tomatenscheiben auf das Knäckebrot legen und mit Salz und Pfeffer bestreuen. Die Käsescheibe halbieren, auf die Tomate legen und mit je ½ Walnußkern garnieren.

Für das Aalbrot:

2 Eier	60 g geräucherter Aal
1 Teel. gemischte, tiefgefrorene Kräuter	1 dünne Scheibe geräucherter Lachs
je 1 Prise Salz und Pfeffer	
1 Eßl. Butter	Pro Person etwa:
1 Scheibe Graubrot	2510 Joule
1 Blatt Kopfsalat	600 Kalorien

Die Eier mit den Kräutern, dem Salz und dem Pfeffer verquirlen und in der Hälfte der Butter zu Rührei stocken lassen. Das Brot mit der restlichen Butter bestreichen. Das Salatblatt waschen, trockentupfen und auf das Brot legen. Das Brot halbieren. Das abgekühlte Rührei auf den beiden Brothälften verteilen. Den geräucherten Aal häuten, die beiden Filetstücke von der Mittelgräte lösen und auf einer Brothälfte anrichten. Die Lachsscheibe aufrollen und auf die andere Brothälfte legen.

Für das Geflügelbrot:

1 Blatt Kopfsalat	1 Eßl. Salatmayonnaise
1 Scheibe Landbrot	
1 Teel. Butter	etwas Petersilie
100 g gekochte Hähnchenbrust	
1 Pfirsichhälfte aus der Dose	Pro Person etwa: 1840 Joule 440 Kalorien

Das Salatblatt waschen und trockentupfen. Das Brot mit der Butter bestreichen und mit dem Salatblatt belegen. Die Hähnchenbrust häuten, in dünne Scheiben schneiden und fächerförmig auf dem Salatblatt anrichten. Die Pfirsichhälfte abtropfen lassen, in dünne Spalten schneiden und auf dem Geflügelfleisch anrichten. Mayonnaise-Tupfen auf die Pfirsichspalten spritzen. Die kleingeschnittene Petersilie auf die Mayonnaise streuen.

Für das Tatarbrot:

1 Scheibe Weißbrot	Pro Person etwa:
1 Teel. Butter	1170 Joule
1 Sardellenfilet	280 Kalorien
60 g Tatar	
1 Teel. Kapern	
je 1 Prise Salz und Cayennepfeffer	
½ Zwiebel	

Das Brot mit der Butter bestreichen. Das Sardellenfilet fein hacken und auf die Butter streuen. Das Tatar mit den Kapern, dem Salz und dem Cayennepfeffer mischen. Die Zwiebel schälen und in kleine Würfel schneiden. Das Tatar auf das Brot streichen und mit den Zwiebelwürfeln bestreuen.

Canapés sind Schnittchen, besonders delikat belegt und liebevoll garniert, die bei Empfängen zu Wein oder Sekt gereicht werden.

Canapés

Bild Seite 374/375

Zutaten für jeweils 8 Schnittchen:

Für Schinkencanapés:

4 Weißbrotscheiben	8 dünne Scheiben Senfgurke
4 Teel. Sardellenbutter	1 Zweig Dill
100 g gekochter Schinken in Scheiben	
2 Eßl. saure Sahne	Pro Schnittchen etwa: 500 Joule
1 Eßl. Estragon- oder englischer Senf	120 Kalorien

Von den Brotscheiben die Rinde abschneiden und aus jeder Scheibe 2 gleich große Rechtecke schneiden. Die Rechtecke mit der Sardellenbutter bestreichen. Die Hälfte der Schinkenscheiben sehr fein hacken, durch den Fleischwolf drehen oder im Mixer zerkleinern und mit der sauren Sahne und dem Senf vermengen. Die Schinkencreme auf die Sardellenbutter streichen. Die übrigen Schinkenscheiben exakt in der Größe der Canapés schneiden und auf die Schinkencreme legen. Mit einer Gurkenscheibe und einem winzigen Dillzweig garnieren.

Für Käsecanapés:

4 Scheiben Vollkornbrot	Pro Schnittchen etwa:
2 Eßl. Butter	710 Joule
2 Eßl. Buttermilch	170 Kalorien
150 g Roquefortkäse	
50 g Lachsschinken oder Bündnerfleisch in dünnen Scheiben	
8 gefüllte Oliven	

Die Rinde von den Brotscheiben entfernen und 8 gleich große Rauten aus den Brotscheiben schneiden. Die Butter mit der Buttermilch und dem Roquefort mischen und auf die Rauten streichen. Den Lachsschinken oder das Bündnerfleisch blütenartig formen, auf die Brote setzen, und mit einer Olive mit Holzspießchen auf die Käsecreme stecken.

Für Kaviarcanapés:

4 Weißbrotscheiben	Pro Schnittchen etwa:
4 Teel. Sardellenbutter	420 Joule
1 Döschen Kaviar (28,5 g)	100 Kalorien
½ Zitrone	

Die Rinde von den Brotscheiben abschneiden und 8 gleich große Kreise aus den Brotscheiben stechen. Die Kreise mit der Sardellenbutter bestreichen und den Kaviar darauf verteilen. Die Zitrone in 4 hauchdünne Scheiben schneiden. Die Scheiben halbieren und jedes Canapé mit ½ Zitronenscheibe belegen.

Für Geflügelcanapés:

4 Weißbrotscheiben	2 Teel. Salatmayonnaise aus der Tube
150 g gebratenes oder gegrilltes Truthahn- oder Hähnchenfleisch	8 Kapern
3 Eßl. Remouladensauce	Pro Schnittchen etwa: 630 Joule
1 hartgekochtes Ei	150 Kalorien

Von dem Weißbrot die Rinde abschneiden und aus den Brotscheiben 8 gleichgroße Dreiecke schneiden. Das Geflügelfleisch in winzige Würfel schneiden und mit der Remouladensauce mischen. Die Mischung auf die Weißbrotecken häufen. Das Ei schälen, in Scheiben schneiden und jedes Canapé mit einer Eischeibe bedecken. Die Eischeiben mit einem kleinen Tupfen Mayonnaise bespritzen, jeden Tupfen mit einer Kaper garnieren.

Gefüllte Tomaten

4 mittelgroße, feste Tomaten	1 Eßl. Mandelsplitter
½ Teel. Kräutersalz	6–8 Maiskölbchen aus dem Glas
200 g gekochtes oder gebratenes Geflügelfleisch	1 Eßl. Tomatenketchup
100 g Champignons	
4 grüne Oliven	Pro Person etwa: 1050 Joule
100 g Salatmayonnaise	250 Kalorien
1 Teel. Zitronensaft	Zeit zum Durchziehen:
je 1 Messersp. Salz und Zucker	60 Minuten

Die Tomaten waschen, abtrocknen und von jeder Tomate am stiellosen

GEFÜLLTE FRÜCHTE · KÄSEPLATTE · FISCH

Ende eine Kappe abschneiden. Die Tomaten mit einem Teelöffel aushöhlen und innen mit dem Kräutersalz bestreuen.
Das Geflügelfleisch kleinschneiden. Die Champignons putzen, waschen und feinblättrig schneiden. Die Oliven hacken.
Die Mayonnaise mit dem Zitronensaft, dem Salz und dem Zucker verrühren und mit dem Geflügelfleisch, den Champignons, den Oliven und den Mandelsplittern mischen. Den Salat zugedeckt 60 Minuten im Kühlschrank durchziehen lassen.
Den Salat danach noch einmal mit etwas Salz abschmecken, ihn in die Tomaten füllen und die Kappen wieder auf die Tomaten setzen. Die Tomaten mit den Maiskölbchen umlegen und diese mit Tomatenketchup garnieren.

Geeignet als Vorspeise
Gefüllte Artischockenböden

8 Artischocken-
  böden aus der
  Dose
200 g Thunfisch
  aus der Dose
2 hartgekochte Eier
3 Eßl. Salat-
  mayonnaise
je 1 Prise Salz und
  Pfeffer
einige Tropfen
  Zitronensaft
1 Messersp.
  Cayennepfeffer

100 g Krabben
  (Garnelen)
  aus der Dose
½ kleine Zitrone
einige Blätter
  Kopfsalat
1 kleines Glas
  deutscher Kaviar

Pro Person etwa:
1630 Joule
390 Kalorien

Die Artischockenböden und den Thunfisch gut abtropfen lassen. Die Eier schälen und kleinwürfeln. Den Thunfisch und die Eier mit der Gabel zerdrücken oder im Mixer pürieren. Nach und nach die Mayonnaise zufügen. Die Mischung mit dem Salz und dem Pfeffer, dem Zitronensaft und dem Cayennepfeffer abschmecken. Die Krabben auseinanderzupfen, abbrausen und abtropfen lassen. Die Zitrone waschen, abtrocknen und in dünne Scheiben schneiden. Die Zitronenscheiben halbieren. Die Salatblätter waschen, abtropfen lassen und eine Platte damit auslegen. Die Artischockenböden auf den Salatblättern anrichten und mit der Thunfischmayonnaise füllen. Die Krabben auf der Füllung verteilen. Jeden Artischockenboden mit einer Zitronenscheibe und etwas Kaviar garnieren.

Geeignet als Vorspeise
Gefüllter Staudensellerie

1–2 Stangen
  Staudensellerie
200 g Doppelrahm-
  Frischkäse
4 Eßl. Sahne
1 Teel. Paprika-
  pulver, edelsüß
1 Messersp. Pfeffer

1 Prise Selleriesalz
1 Messersp.
  Ingwerpulver
2 Cornichons

Pro Person etwa:
1000 Joule
240 Kalorien

Den Staudensellerie waschen, abtrocknen und die Stangen in etwa 8 cm lange Stücke schneiden. Den Frischkäse mit der Sahne, dem Paprikapulver, dem Pfeffer, dem Selleriesalz und dem Ingwerpulver verrühren. Die Käsecreme in einen Spritzbeutel mit kleiner Sterntülle füllen und auf die Selleriestangen spritzen. Die Cornichons in Scheibchen schneiden und die Käsecreme damit belegen. Die Selleriröllchen mit Klarsichtfolie überziehen und etwa 15 Minuten im Kühlschrank durchziehen lassen.

Gefüllte Avocados

1 große Orange
1 kleine Grapefruit
100 g entsteinte
  grüne Oliven
12 Walnußkerne
1 Knoblauchzehe
3 Eßl. Öl
1 ½ Eßl. Weinessig
je 1 Messersp. Salz
  und Pfeffer

einige Spritzer
  Tabascosauce
½ kleiner Kopf-
  salat
2 Avocados

Pro Person etwa:
1840 Joule
440 Kalorien

Die Orange und die Grapefruit schälen, das Fruchtfleisch in Spalten teilen und diese in feine Scheiben schneiden; dabei die Kerne entfernen. Die Oliven ebenfalls in Scheiben schneiden. Die Walnußkerne grob hacken. Die Knoblauchzehe schälen, zerdrücken und mit dem Öl, dem Essig, dem Salz, dem Pfeffer und der Tabascosauce mischen. Den Kopfsalat putzen, waschen und abtropfen lassen. Die Salatblätter in kleine Stücke reißen, auf einer Platte anrichten und mit 2 Eßlöffel der Marinade beträufeln. Restliche Marinade mit den Orangen-, den Grapefruit-, den Olivenscheiben und den Walnüssen mischen. Die Avocados waschen, abtrocknen, längs halbieren und den Stein herauslösen. Die halben Früchte auf die Salatblätter legen und den Fruchtsalat daraufüllen.

Käseplatte

Bild Seite 374/375

Zutaten für
8 Personen:

Für die Käseplatte:
250 g Emmentaler
  Käse
150 g Tilsiter Käse
150 g Edelpilzkäse
125 g Camembert

Zum Garnieren:
grüne und schwarze
  Oliven
Weintrauben,
Walnußkerne
Mandarinen-
  spalten
Kleine Salzbrezeln

Für die Käsecreme:
150 g Gorgonzola-
  käse
50 g Butter
1 Eigelb
1 Eßl. Sahne
1 Messersp.
  Cayennepfeffer
1 Eßl. gemischte
  gehackte Kräuter
1 dicke Scheibe
  gekochter
  Schinken
zu 100 g

Ohne Garnierung
pro Person:
2010 Joule
480 Kalorien

Vom Emmentaler Käse eine dicke Scheibe abschneiden, den Rest in dünne Scheiben schneiden. Den Tilsiter Käse ebenfalls in dünne Scheiben schneiden. Die dicke Scheibe Emmentaler in Würfel schneiden und mit Weintrauben, Walnußkernen, Oliven oder Mandarinenspalten bestecken. Die garnierten Würfel und die Scheiben auf die Käseplatte legen. Den Edelpilzkäse in 2 cm hohe und 5 cm lange Streifen schneiden. Den Camembert in Ecken schneiden und ebenfalls auf dem Käsebrett anrichten. Die Käseplatte mit den restlichen Garnierfrüchten und den Salzbrezeln belegen. Den Gorgonzola mit der Butter, dem Eigelb und der Sahne zu einer geschmeidigen Masse verrühren. Die Käsecreme mit dem Cayennepfeffer und den Kräutern mischen. Den Schinken in kleine Würfel schneiden und unter die Käsecreme mengen. Diese in einer kleinen Schale anrichten und zu den anderen Käsesorten auf das Käsebrett stellen.

Dazu schmecken: Weißbrot, Schwarzbrot, Pumpernickel und Butter

---

Heringssalat

Bild Seite 374/375

4 Bismarckheringe
3 Zwiebeln
4 Cornichons
2 Teel. Kapern
100 g Salat-
  mayonnaise
1 Prise Pfeffer
½ Bund Petersilie

Pro Person etwa:
1760 Joule
420 Kalorien

Zeit zum
Durchziehen:
1–2 Tage

KALTER FISCH

Die Bismarckheringe in etwa 2 cm breite Streifen schneiden. Die Zwiebeln schälen und in dünne Ringe schneiden. Die Cornichons in dünne Scheiben schneiden. Die Zwiebelringe, die Gurkenscheiben und die Kapern mit den Heringsstücken in einem Steintopf mischen.
Die Mayonnaise mit Pfeffer abschmecken. Die Petersilie waschen, abtropfen lassen, kleinschneiden und unter die Mayonnaise mischen. Die Mayonnaise unter die Heringsstücke heben und den Salat zugedeckt 1–2 Tage im Kühlschrank oder an einem anderen kühlen Ort durchziehen lassen. Den Heringssalat vor dem Servieren noch einmal durcheinandermengen und abschmecken.

Unser Tip: Besonders mild-pikant schmeckt der Heringssalat, wenn Sie noch einen Apfel in kleine Würfel schneiden und unter den Heringssalat mischen.

Etwas schwierig
Getrüffelte Languste

2 gekochte Langusten zu je 600 g
30 g Trüffeln aus der Dose
5 Eßl. Zitronensaft
½ Teel. Salz
1 Prise weißer Pfeffer
0,2 l Sahne
1 Eßl. grüne Pfefferkörner aus dem Glas
5 kleine Tomaten
2 Eßl. Salatmayonnaise aus der Tube
einige Zweige Dill

Pro Person etwa:
1590 Joule
380 Kalorien

Das Fleisch der Langusten so auslösen, daß eine der beiden Karkassen zum Anrichten erhalten bleibt. Das Schwanzfleisch in 8–12 gleichdicke Scheiben schneiden. Jede Scheibe mit einem Stückchen Trüffel belegen. Eine Langustenkarkasse auf einer Platte anrichten und mit den getrüffelten Fleischscheiben belegen. Den Zitronensaft mit dem Salz und dem Pfeffer verrühren. Die Sahne langsam zugeben und alles zu einer glatten Creme verrühren. Die Pfefferkörner zerdrücken und unter die Zitronensahne mischen. Die Creme gesondert zur Languste reichen. Die Tomaten waschen, abtrocknen und Deckelchen abschneiden. Die Tomaten aushöhlen und mit Langustenfleischresten aus dem Brustraum und mit der cremigen Substanz aus der Languste füllen. Die Tomaten mit einem Mayonnaisenhäubchen zuspritzen und ebenfalls mit Trüffelstückchen und mit Dillzweigen garnieren.

Garnierter Zander

Bild Seite 374/375

Zutaten für 8 Personen:
1 Zander von 2 kg
Saft von 1 Zitrone
2 Zwiebeln
1 Teel. Salz
1 Teel. Dillsamen
2 Eßl. Öl
¼ l Weißwein
¼ l Wasser
1 Döschen Tomatenmark
6 ungesüßte Mürbeteigschiffchen (fertig gekauft)
4 Anchovisfilets
4 Eßl. Kaviar
1 Pfefferschote
12 rotgefüllte Oliven
1 Tomate
6 kleine ungesüßte Mürbeteigtortelettes (fertig gekauft)
⅛ l Sahne
3 Eßl. geriebener Meerrettich
einige Kopfsalatblätter

Pro Person etwa:
2090 Joule
500 Kalorien

Garzeit:
40 Minuten

Den küchenfertigen Zander, wenn nötig, schuppen, innen und außen unter fließendem kaltem Wasser gründlich waschen und trockentupfen. Den Fisch innen und außen mit dem Zitronensaft beträufeln und zugedeckt 30 Minuten ziehen lassen.
Die Zwiebeln schälen und in dünne Ringe schneiden. Den Fisch innen und außen salzen und mit dem gemahlenen oder zerstoßenen Dillsamen einreiben. Das Öl in einem großen, flachen Topf erhitzen, die Zwiebelringe darin hellgelb anbraten, den Weißwein und das Wasser dazugießen, das Tomatenmark unterrühren und alles zum Kochen bringen. Den vorbereiteten Zander in den kochenden Sud legen, die Hitze sofort reduzieren, damit der Sud nicht mehr kocht, sondern nur leicht siedet. Den Fisch im geschlossenen Topf 40 Minuten gar ziehen, danach im Sud abkühlen lassen.
2 der Mürbeteigschiffchen mit den Anchovisfilets füllen. 2 weitere Schiffchen mit dem Kaviar füllen. Die Pfefferschote in feine Ringe schneiden, die Kerne und Rippen von den Ringen entfernen, die Ringe waschen und abtropfen lassen. Die Oliven in Scheiben schneiden. Die Tomate häuten, halbieren, entkernen und in kleine Würfel schneiden. Die Schotenringe, die Olivenscheiben und die Tomatenwürfel mischen und in die beiden übrigen Schiffchen geben.
Für die Mürbeteigtortelettes die Sahne steif schlagen, mit dem Meerrettich mischen und mit dem Spritzbeutel in die Tortelettes füllen. Die Salatblätter waschen und trockentupfen. Den abgekühlten Zander mit 2 Schaumlöffeln auf eine längliche Platte heben und mit den Salatblättern umlegen. Die gefüllten Törtchen auf den Salatblättern anrichten.

Beilagen: Toast, frische Brötchen oder frisches Weißbrot und Kopfsalat mit Borretsch und Schnittlauch

Etwas schwierig
Fischsülze

¾ l Wasser
1 Teel. Salz
2 Teel. Pfeffer
½ Bund Petersilie
1 kleine Zwiebel
Saft von 1 Zitrone
2 Eßl. Essig
1 Teel. Worcestersauce
750 g Seefischfilet
1 Päckchen gemahlene farblose Gelatine
½ Teel. Öl
3 Eßl. gefüllte Oliven
3 Eßl. Krabben (Garnelen)

Pro Person etwa:
800 Joule
190 Kalorien

Garzeit:
15 Minuten

Zeit zum Erstarren:
4–5 Stunden

Das Wasser mit dem Salz und dem Pfeffer in einem flachen, großen Topf zum Kochen bringen. Die Petersilie waschen. Die Zwiebel schälen und halbieren und mit der Petersilie in das Salzwasser geben. Das Wasser 5 Minuten bei milder Hitze kochen lassen, dann den Zitronensaft, den Essig und die Worcestersauce zugeben.
Das Fischfilet waschen, in den Sud legen und bei milder Hitze in 15 Minuten gar ziehen lassen. Den Fisch aus dem Sud heben, den Fischsud noch einmal aufkochen und etwas stehen lassen, damit sich trübende Bestandteile absetzen. Vom Sud vorsichtig ½ Liter abgießen, den Rest mit dem Satz wegschütten.
Die Gelatine nach Vorschrift in 5 Eßlöffel kaltem Wasser quellen lassen. Eine Kastenkuchenform dünn mit dem Öl ausstreichen. Den Fischsud mit der gequollenen Gelatine unter Rühren erwärmen, bis sich die Gelatine völlig gelöst hat. Den Aspik, wenn nötig, mit etwas Salz und Essig kräftig abschmecken. Von der Aspikflüssigkeit etwa ½ cm hoch in die Kastenform gießen und diesen sogenannten »Spiegel« im Kühlschrank erstarren lassen.

KALTER FISCH · GARNIERTE EIER

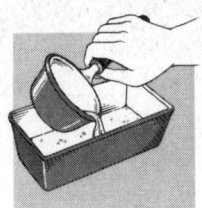

Die Kastenform etwa ½ cm hoch mit der Aspikflüssigkeit ausgießen und diesen sogenannten »Spiegel« im Kühlschrank erstarren lassen.

Die Oliven in Scheiben schneiden. Die Krabben abbrausen und abtropfen lassen. Die Olivenscheiben und die Krabben auf dem Aspik-Spiegel anordnen, wieder mit etwas Aspik begießen und auch diese Schicht im Kühlschrank erstarren lassen.

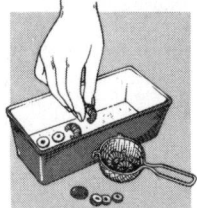

Die Olivenscheiben und die Krabben gefällig auf dem erstarrten Aspikspiegel anordnen, mit Aspik begießen und diese Schicht wiederum erstarren lassen.

Den Fisch in kleine Stücke zerteilen, mit dem restlichen Aspik mischen, in die Form füllen und etwa 4 Stunden im Kühlschrank erstarren lassen. Die Form vor dem Servieren kurz in heißes Wasser tauchen und die Sülze auf eine Platte stürzen.

Die Form vor dem Servieren kurz in heißes Wasser tauchen und die Sülze vorsichtig auf eine genügend große Platte stürzen.

Dazu schmecken: getoastetes Weißbrot und Meerrettichsahne

Raffiniert

Gravad Laks
Marinierter Lachs

Zutaten für 6 Personen:	Pro Person etwa: 1760 Joule 420 Kalorien
1½ kg frischer Lachs (Mittelstück) 2 Bund Dill 1½ Eßl. grobes Salz ½ Eßl. Zucker 1 Eßl. Pfeffer	Zeit zum Marinieren: 3 Tage

Den geschuppten, küchenfertigen Lachs längs halbieren und die Mittelgräte entfernen. Die Lachshälften kurz kalt waschen und abtrocknen. Ein Filet mit der Hautseite nach unten in eine große Schüssel legen. Den Dill waschen, abtropfen lassen, grob hacken und über das Filet streuen. Das Salz, den Zucker und den Pfeffer mischen, ebenfalls über das Filet streuen und das zweite Filet mit der Hautseite nach oben darauflegen. Den Fisch mit Alufolie abdecken und mit einem Brett und 2 gefüllten Konservendosen beschweren. Den Lachs 3 Tage im Kühlschrank marinieren lassen. Die Lachsfilets etwa alle 12 Stunden wenden und beide Seiten mit dem sich bildenden Saft bestreichen.
Zum Servieren die Lachsfilets mit der Hautseite nach unten auf ein Holzbrett legen. Den Dill sowie die Gewürze abschaben. Mit einem scharfen dünnen Lachsmesser jeweils 10–15 cm der Haut hauchdünn lösen und das Filet in sehr dünne, schräge Scheiben schneiden.

Dazu schmecken: Zitronenspalten, kalte Senfsauce und Toast

Soleier mit Tomaten-Chutney

Zutaten für 6 Personen:	
Für das Tomatenchutney: 500 g Tomaten 2 mittelgroße rote Paprikaschoten 3 mittelgroße Zwiebeln ⅛ l Rotweinessig 180 g Farinzucker je 1 Teel. Salz, grüne Pfefferkörner aus dem Glas und mittelscharfer Senf	½ Teel. Paprikapulver, edelsüß 1 Messersp. Nelkenpulver **Für die Soleier:** 3 Eßl. Salz 12 Eier Pro Person etwa: 1380 Joule 330 Kalorien Garzeit: 20 Minuten Zeit zum Marinieren: 2–3 Tage

Die Tomaten häuten und in grobe Stücke schneiden. Die Paprikaschoten waschen, halbieren, von Rippen und Kernen befreien und in 1 cm große Stücke schneiden. Die Zwiebeln schälen und würfeln. Das Gemüse mit dem Essig in einem Topf bei milder Hitze so lange kochen lassen, bis nur noch wenig Flüssigkeit im Topf ist. Den Zucker, das Salz, die grünen Pfefferkörner, den Senf, das Paprikapulver und das Nelkenpulver unterrühren und das Chutney bei starker Hitze unter ständigem Rühren 8 Minuten sprudelnd kochen lassen. Das heiße Chutney in heißgespülte, abgetropfte Gläser füllen, die Gläser mit Einmachzellophan schließen und das Chutney abkühlen lassen.
Für die Soleier 1 ¼ Liter Wasser mit dem Salz zum Kochen bringen. Die Eier ins kochende Wasser legen und 12 Minuten darin kochen lassen. Die Eier aus dem Salzwasser nehmen, kalt abschrecken und die Schalen etwas anschlagen. Das Salzwasser abkühlen lassen. Die Eier in ein großes Glas oder in einen Steinguttopf legen, mit dem abgekühlten Salzwasser übergießen, zugedeckt 2–3 Tage im Kühlschrank durchziehen lassen. Die Eier mit dem Tomatenchutney servieren.

Dazu schmecken: Butterbrote

Garnierte Eier

Bild Seite 374/375

4 Eier 2 kleine Gewürzgurken oder Cornichons 4 rotgefüllte Oliven 2 Teel. Kaviar 2 Perlzwiebeln 5 Teel. Salatmayonnaise aus der Tube	4 Streifen roter Paprika aus dem Glas ½ Bund Petersilie Pro Person etwa: 710 Joule 170 Kalorien Garzeit: 10 Minuten

Die Eier in 10 Minuten hart kochen, abschrecken, schälen, der Länge nach halbieren, auf einer Platte anrichten. Die Gewürzgurken oder die Cornichons fächerartig einschneiden. Die Oliven in Scheiben schneiden. 2 Eihälften mit je einem Teelöffel Kaviar belegen und eine Perlzwiebel auf den Kaviar geben. Auf 6 Eihälften etwas Mayonnaise spritzen, davon 2 mit den Gewürzgurken (oder den Cornichons), 2 mit den Paprikastreifen und die restlichen 2 schuppenartig mit den Olivenscheiben belegen. Die garnierten Eihälften mit der Petersilie verzieren.

Dazu schmeckt: Pumpernickel oder Knäckebrot, mit Butter bestrichen und mit Kresse bestreut

---

Geeignet als Vorspeise

Russische Eier

4 Eier 2 Eßl. Öl 2 Messersp. Salz 1 Teel. Senf 4 Teel. Kaviar 2 Sardellenfilets	Pro Person etwa: 710 Joule 170 Kalorien Garzeit: 10 Minuten

KLEINE SÜLZEN

Die Eier in 10 Minuten hart kochen, abschrecken, schälen und längs halbieren. Die Eigelbe mit einem Teelöffel aus den Eiweißhälften lösen, durch ein Sieb streichen und mit dem Öl, dem Salz und dem Pfeffer glattrühren. Die Eiweißhälften mit der Masse füllen und auf einer Platte anrichten. Auf jede Eihälfte einen Tupfen Kaviar setzen. Die Sardellenfilets längs halbieren und jeweils einen Streifen auf ein Ei legen.

<u>Dazu schmecken:</u> gemischter Gemüsesalat mit Mayonnaise angemacht und frisches Stangenweißbrot

<u>Unser Tip:</u> Besonders appetitlich sehen die Eier aus, wenn man die Eicreme in die Eiweishälften spritzt.

Etwas schwierig
Eier in Aspik
Bild Seite 374/375

8 Eier	3 Eßl. Mayonnaise
1 Päckchen farblose gemahlene Gelatine	3 Tomaten
5 Eßl. Wasser	Pro Person etwa: 1130 Joule
½ l Fleischbrühe	270 Kalorien
2 Eßl. Essig	
je 1 Messersp. Salz und Pfeffer	Garzeit: 10 Minuten
½ Teel. Öl	
300 g tiefgefrorene Erbsen	Zeit zum Erstarren: 2 Stunden

Die Eier in 10 Minuten hartkochen, kalt abschrecken, schälen und in Scheiben schneiden. Die Gelatine in dem Wasser 10 Minuten quellen lassen. Die Fleischbrühe entfetten, erhitzen, mit dem Essig, dem Salz und dem Pfeffer abschmecken und die Gelatine in der heißen, aber nicht kochenden Brühe auflösen. Die Fleischbrühe etwas abkühlen lassen.
4 gleichgroße Förmchen – Tassen, Becher oder Glasschalen – hauchdünn mit dem Öl ausstreichen. Etwa 1 cm hoch kalte Gelatinebrühe in die Förmchen füllen und im Kühlschrank erstarren lassen.
Die Eischeiben fächerförmig auf die Aspikschicht (Gelatineschicht) legen, die restliche Aspikbrühe darübergießen und wiederum erstarren lassen. Die Erbsen nach Vorschrift auf der Packung garen, abkühlen lassen und mit der Mayonnaise mischen. Die Tomaten waschen, abtrocknen und in Achtel schneiden. Die Förmchen auf eine Platte stürzen, mit den angemachten Erbsen umlegen und mit den Tomatenachteln garnieren.

<u>Dazu schmeckt:</u> Kartoffelsalat oder getoastetes Weißbrot mit Butter

Etwas schwierig
Käsesülzchen »Manhattan«
Bild Seite 374/375

3 Blätter farblose Gelatine	½ kleiner Kopfsalat
100 g Edamer Käse	½ Teel. Kräutersalz
1 kleine Zwiebel	
⅛ l Milch	1 Tomate
½ Teel. scharfer Senf	½ Bund Petersilie
je 1 Messersp. Salz, Currypulver und Paprikapulver, scharf	Pro Person etwa: 1340 Joule 320 Kalorien
1 Teel. Zitronensaft	Zeit zum Erstarren: 2–3 Stunden
¼ l Sahne	

Die Gelatine in reichlich kaltem Wasser einweichen und 10 Minuten quellen lassen. Den Käse in eine Schüssel reiben. Die Zwiebel schälen und zum Käse reiben. Die Käsemischung mit der Milch, dem Senf, dem Salz, dem Curry, dem Paprikapulver und dem Zitronensaft mischen. Die gequollene Gelatine in einem Sieb abtropfen lassen. In einem kleinen Topf 4 Eßlöffel Wasser erhitzen, die Gelatine darin unter Rühren auflösen und mit einigen Eßlöffeln Käsecreme verrühren. Die Gelatine mit der restlichen Creme in der Schüssel mischen und die Käsecreme kalt stellen, bis sie am Rand der Schüssel zu gelieren beginnt. Die Sahne steifschlagen und unter die fast gelierte Käsecreme ziehen. 4 Tassen oder gleich große Portionsschälchen kalt ausspülen, mit der Käsecreme füllen und im Kühlschrank erstarren lassen.
Die Salatblätter putzen, waschen, abtropfen lassen, auf 4 Portionstellern verteilen und mit dem Kräutersalz bestreuen. Die Käsesülzchen auf die Salatblätter stürzen. Die Sülzchen mit Tomatenachteln und mit Petersilie garnieren.

<u>Dazu schmecken:</u> Toast mit Butter und Gemüsesalat aus Erbsen und Karotten, mit Zwiebeln und Mayonnaise angemacht

Zum Bild rechts:

Beim Betrachten unseres Farbbilds können Sie fast miterleben, wie reich belegte, phantasievolle Brote und Schnittchen entstehen. Am besten legt man alles bereit, was sich zum Bestreichen, Belegen und Garnieren eignet. Der erste Aufstrich auf das Brot muß nicht immer Butter oder Margarine sein, man kann auch gewürzte Butter, Schmalz, Quark, Mayonnaise oder Sandwichspread nehmen. Natürlich müssen die daraufolgenden Zutaten sowie die Garnitur untereinander und mit dem ersten Aufstrich geschmacklich harmonieren. Ist das der Fall, gilt die Devise: »Erlaubt ist was gefällt«. Rezepte für belegte Brote finden Sie auf den Seiten 367 und 368.

Zur folgenden Doppelseite:

Beim Zusammenstellen eines festlichen Kalten Buffets können Sie ganz nach eigenen Wünschen oder nach den Neigungen Ihrer Gäste vorgehen. Unser Farbbild zeigt ein Buffet mit vorwiegend leichten, bekömmlichen Gerichten, die nicht belasten, nicht ermüden.

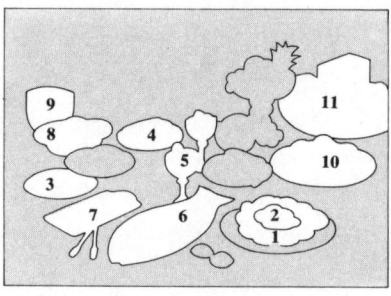

1 Canapés für den Begrüßungsdrink, Rezept auf Seite 368
2 Garnierte Eier, Rezept auf Seite 371
3 Matjes-Cocktail, Rezept auf Seite 379
4 Heringssalat, Rezept auf Seite 369
5 Melonen-Cocktail, Rezept auf Seite 379
6 Garnierter Zander, Rezept auf Seite 370
7 Eier in Aspik, Rezept auf dieser Seite,
8 Zungensalat, Rezept auf Seite 380
9 Kalbfleischsalat, Rezept auf Seite 379
10 Käsesülzchen »Manhattan«, Rezept auf dieser Seite,
11 Käseplatte, Rezept auf Seite 369

Glasierte Kalbsmedaillons

4 Scheiben Toastbrot	einige Tropfen Zitronensaft
4 Kalbsmedaillons zu je 50 g	1/8 l Madeiragelee, (Rezept in diesem Buch)
2 Eßl. Öl	4 Cocktailkirschen
je 1 Prise Salz und Pfeffer	
1/2 Kopfsalat	Pro Person etwa: 1300 Joule 310 Kalorien
2 Eßl. Salatmayonnaise	
3 Eßl. Sahne	Bratzeit: 6 Minuten
je 1 Prise Salz, Paprikapulver, edelsüß und Zucker	Zeit zum Erstarren: 60 Minuten

Aus den Brotscheiben mit einer runden Ausstechform »Taler« von etwa 5 cm Durchmesser ausstechen. Die Brottaler beidseitig rösten und abkühlen lassen. Die Fleischscheiben kalt waschen und gut abtrocknen. Das Öl erhitzen und die Medaillons von jeder Seite 3 Minuten darin braten, dann aus der Pfanne nehmen, das überflüssige Öl abtupfen, die Medaillons salzen, pfeffern und erkalten lassen. Den Salat putzen, waschen, abtropfen lassen und in Streifen schneiden. Die Mayonnaise mit der Sahne, dem Salz, dem Paprikapulver, dem Zucker und dem Zitronensaft verrühren. Die Salatstreifen unter die Sauce mischen und auf die Brottaler verteilen. Die Kalbsmedaillons darauflegen. Die Medaillons mit dem Madeiragelee bestreichen und das Gelee im Kühlschrank fest werden lassen. Die Cocktailkirschen halbieren und jedes Medaillon mit 2 Kirschhälften verzieren.

Nappiertes Hähnchen

1 gebratenes Hähnchen	1 Teel. Zitronensaft
den Bratensaft vom Hähnchen	3 Eßl. Mandarinenspalten aus der Dose
3 1/2 Blätter farblose Gelatine	
je 1 Messersp. Salz und Pfeffer	Pro Person etwa: 1090 Joule 260 Kalorien

Das nach dem Rezept in diesem Buch gebratene Hähnchen abkühlen und im Kühlschrank durchkühlen lassen. Den Bratensaft ebenfalls abkühlen lassen, das Fett abschöpfen, den Bratensaft durchsieben und mit Wasser bis zu 1/4 Liter Flüssigkeit auffüllen. Die Gelatine in kaltem Wasser einweichen und 10 Minuten quellen lassen. Den Bratensaft erhitzen, mit dem Salz, dem Pfeffer und dem Zitronensaft abschmecken. Die Gelatine ausdrücken und unter Rühren im heißen Bratensaft auflösen. Die Sauce im Kühlschrank halbfest erstarren lassen. Das Hähnchen in 4 Portionen teilen und auf einer Platte anrichten. Die Mandarinenspalten abtropfen lassen und die Hähnchenstücke damit garnieren. Die Sauce noch einmal durchrühren und eßlöffelweise über die Hähnchenteile ziehen. Dabei in der Mitte beginnen und die Sauce langsam nach unten und außen laufen lassen. Das nappierte Hähnchen so lange in den Kühlschrank stellen, bis die Sauce restlos erstarrt ist.

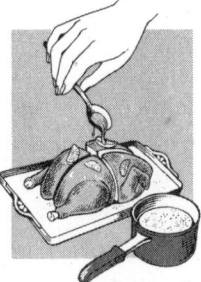

Die bereits gelierende Sauce eßlöffelweise über die Hähnchenteile ziehen. Das nappierte Hähnchen dann in den Kühlschrank stellen, bis die Sauce restlos erstarrt ist.

Dazu schmecken: Chicoréesalat mit Früchten oder gefüllte Artischockenböden und frisches Stangenweißbrot

Zum Bild links:

Hübsch arrangierte Kalte Platten wie auf unserem Farbbild bedürfen keines Rezepts. Sie können eine Platte nur mit Aufschnitt belegen, nur mit Schinken, nur mit kaltem Braten, nur mit Käse, nur mit Salaten, oder Sie können auf einer großen Platte eine Mischung aus allem bieten. Wichtig ist vor allem die übersichtliche und gefällige Anordnung. Legen Sie von jeder Art und Sorte Reihen oder Halbkreise. Achten Sie auf gleichmäßig geschnittene Scheiben, Würfel, Ecken, Rollen oder Tütchen und auf das farbliche Zusammenpassen aller Bestandteile und Garnituren. Geschmacklich nicht harmonierende Dinge sollten auf der Platte separat angerichtet werden; also beispielsweise Wurst und Käse durch kleine Salzbrezeln oder durch Radieschen voneinander getrennt, Salate in Schüsselchen aus Salatblättern oder in ausgehöhlten Früchten auf die Platte geben. Immer ist es besser, zwei oder drei kleinere Platten zu arrangieren als eine große zu überladen. Schließlich soll man sich von allem Gebotenen bedienen können, ohne dabei »Unordnung« zu stiften.

Etwas schwierig

Reh-Terrine

400 g Rehkeule ohne Knochen	Für die Form und zum Belegen:
300 g mageres Schweinefleisch	350 g frischer Speck in dünnen Scheiben
1 Zwiebel	je 1 Zweig getrockneter Rosmarin und Thymian
40 g Butter	
1 Teel. Salz	
je 1/2 Teel. getrockneter Thymian und getrocknetes Basilikum	4 Lorbeerblätter 6 Wacholderbeeren
1/4 Teel. getrockneter Rosmarin	Bei 10 Scheiben pro Scheibe etwa: 3010 Joule
1 Lorbeerblatt	720 Kalorien
4 Wacholderbeeren	
1 Knoblauchzehe	
40 g trockenes Schwarzbrot ohne Rinde	Garzeit: 60 Minuten
1 Eiweiß	Zeit zum Marinieren: 12 Stunden
4 Eßl. Sahne	
100 g Kalbsleber	
300 g frischer Speck	

Das Rehfleisch und das Schweinefleisch in feine Streifen schneiden und mischen. Die Zwiebel schälen und in Ringe schneiden. Die Butter zerlassen

REH-TERRINE · PASTETEN

und die Zwiebelringe unter Umwenden darin glasig braten. Die Zwiebelringe mit dem Salz, dem zerriebenen Thymian und Basilikum, dem Rosmarin, dem Lorbeerblatt, den Wacholderbeeren und der geschälten und zerdrückten Knoblauchzehe mit den Fleischstreifen mischen. Das Schwarzbrot über die Füllung reiben. Das Eiweiß mit der Sahne verquirlen, über das geriebene Brot gießen und die Füllung zugedeckt 12 Stunden im Kühlschrank marinieren lassen.
Die Kalbsleber in Würfel schneiden. Den frischen Speck in Stücke schneiden. Das marinierte Fleisch mit den Leberwürfeln und den Speckstücken zweimal durch die feine Scheibe des Fleischwolfes drehen, mit der Hand durchkneten und dabei alles mischen. Die Füllung muß während des gesamten Bearbeitens ständig kühl sein. Deshalb die Schüssel mit der Füllung wiederholt in den Kühlschrank stellen. Zuletzt die Füllung in eine größere Schüssel mit Eiswürfeln stellen und so lange kräftig rühren, bis die Masse sichtbar glänzt.
Den Backofen auf 220° vorheizen. Eine feuerfeste Form oder eine Kastenkuchenform mit den dünnen Speckscheiben nahtlos auslegen, die Füllung hineingeben und glattstreichen. Die Füllung auf der Oberseite mit Speckscheiben abdecken und auf die Speckscheiben die getrockneten Gewürzzweige, die Lorbeerblätter und die Wacholderbeeren legen. Gefettetes Butterbrotpapier locker auf die Terrine legen.
Einen genügend großen Topf, in dem die Terrine gut stehen kann, mit kochendheißem Wasser füllen. Die Terrine hineinstellen; der Wasserspiegel soll bis zwei Fingerbreit unter den Rand der Terrine reichen. Den Topf mit dem heißen Wasser und der Terrine auf den Rost des Backofens auf die unterste Schiebeleiste in den Backofen schieben. Die Temperatur auf 180° zurückschalten und den Inhalt der Terrine in 60 Minuten garen. Das Wasserbad soll während der Garzeit nicht heißer als 80° werden. Diese Temperatur mit einem Einkochthermometer oder mit dem Fleischthermometer wiederholt prüfen und die Backofentemperatur gegebenenfalls regulieren.
Die gare Terrine aus dem Wasserbad heben, in der Form erkalten lassen und vor dem Servieren in 10 gleichgroße Scheiben schneiden. Den die Terrine umhüllenden Speck nach Belieben entfernen.

Etwas schwierig
Hasenpastete

Für den Teig:
300 g tiefgefrorener Blätterteig

Für die Form:
1 Teel. Butter

Für die Füllung:
375 g rohes Hasenfleisch
Herz und Leber des Hasen oder
225 g Hühner- oder Truthahnleber und -herzen
200 g Schweinefleisch vom Bug
150 g durchwachsener geräucherter Speck
2 kleine Zwiebeln
1 Teel. Butter

2 Eier
5 Eßl. Madeirawein oder Sherry
2 Eßl. Cognac
1/8 l Sahne
1/2 Zitrone
3–4 Eßl. Semmelbrösel
1/2 Teel. fertiges Pastetengewürz
2 Messersp. Pfeffer
1/2–1 Teel. Salz

Pro Pastetenscheibe etwa:
2180 Joule
520 Kalorien

Garzeit:
70 Minuten

Den Blätterteig nach Vorschrift auftauen lassen. Eine Kastenkuchenform mit der Butter ausfetten.
Alles Fleisch kalt waschen, abtrocknen und mit dem Speck in Stücke schneiden. Die Zwiebeln schälen, würfeln und in der Butter glasig braten. Die Fleischstücke, die Speckstücke und die Zwiebelwürfel zweimal durch die feine Scheibe des Fleischwolfes drehen und mit den Eiern, dem Madeirawein oder dem Sherry, dem Cognac, der Sahne, der abgeriebenen Zitronenschale und dem Zitronensaft mischen. Den weichen Fleischteig mit Semmelbröseln zu einer geschmeidigen Masse verkneten und mit Pastetengewürz, Pfeffer und Salz kräftig abschmecken.
Den Backofen auf 180° vorheizen. Die Blätterteigstücke auf einer leicht bemehlten Arbeitsfläche so zu einem Rechteck zusammenlegen, daß die Ränder etwa 1 cm übereinander liegen. Den Teig gleichmäßig dünn ausrollen. Alle Seiten der gefetteten Kastenkuchenform mit 2/3 des Blätterteiges auslegen. Im Teig darf weder eine dünne Stelle noch ein Riß sein. Die Fleischfüllung in die Teighülle geben und glattstreichen. Aus dem restlichen Blätterteig einen passenden Deckel schneiden, auf den Fleischteig legen und die Ränder gut zusammendrücken. Die Teigdecke mit einem Holzspießchen mehrmals einstechen. Aus übriggebliebenem Teig Streifen schneiden und gitterförmig auf die Pastete legen. Diese auf der zweiten Schiebeleiste von unten im vorgeheizten Backofen 70 Minuten backen.

Die Pastete in der Form 10–15 Minuten abkühlen lassen. Die Pastete dann aus der Form auf ein Kuchengitter stürzen und völlig erkalten lassen. Die Pastete möglichst erst nach 12 Stunden in 8 Scheiben schneiden, da sonst der Teig leicht bricht.

Etwas schwierig
Hackfleischpastete

Für die Teigkruste:
250 g Mehl
100 g Butter
1 Teel. Salz
1 Ei

Für die Füllung:
2 kleine Zwiebeln
150 g Champignons
1 Bund Petersilie
40 g Butter
500 g Rinderhackfleisch
je 100 g gekochter und roher Schinken
1/2 Brötchen
1 Ei
1 Schnapsglas Cognac (2 cl)
1 Teel. Salz

je 1 Messersp. schwarzer Pfeffer, geriebene Muskatnuß und Majoran
1/2 Teel. abgeriebene Zitronenschale

Zum Bestreichen:
1 Eigelb

Bei 10 Pastetenscheiben pro Scheibe etwa:
1840 Joule
440 Kalorien

Backzeit:
65 Minuten

Das Mehl auf ein Backbrett sieben und in die Mitte eine Mulde drücken. Die Butter in Flöckchen auf dem Mehlrand verteilen. In die Mulde das Salz und das Ei geben. Das Mehl mit allen Zutaten rasch zu einem geschmeidigen Teig verkneten, zu einer Kugel formen und eingewickelt im Kühlschrank ruhen lassen.
Die Zwiebeln schälen und feinhacken. Die Champignons putzen und waschen. Die Petersilie ebenfalls waschen. Die Champignons und die Petersilie kleinhacken. Die Butter erhitzen, die Zwiebeln darin glasig braten, die Champignons zugeben und kurz mitbraten. Die kleingeschnittene Petersilie und das Hackfleisch zugeben und so lange braten, bis die Flüssigkeit verdampft ist. Den Schinken in kleine Würfel schneiden. Das Brötchen einweichen, ausdrücken und mit den Schinkenwürfeln, dem Ei, dem Cognac, dem Salz, dem Pfeffer, dem Muskat, dem Majoran und der Zitronenschale unter die Hackfleischmischung kneten.
Den Backofen auf 200° vorheizen. Den Teig halbieren und daraus 2 gleich große runde Platten ausrollen. Eine Teigplatte auf ein Backblech legen und die Hackfleischfüllung dar-

COCKTAILS · KALBFLEISCHSALAT

auf häufen. Die zweite Teigplatte darüberlegen und die Ränder zusammendrücken. Die obere Teigplatte mehrmals mit einem Holzstäbchen einstechen. Aus den Teigresten vom Rand kleine Ornamente ausstechen. Die Teigplatte und die Ornamente mit dem verquirlten Eigelb bestreichen, die Ornamente auf die Pastete setzen und die Pastete im vorgeheizten Backofen auf der zweiten Schiebeleiste von unten 60–65 Minuten backen. Die Pastete dann auf einem Kuchengitter erkalten lassen und in 10 Scheiben schneiden.

Geeignet als Vorspeise

Hummer-Cocktail

440 g Hummerfleisch aus der Dose	je 1 Messersp. Cayennepfeffer und Salz
2 Dillzweige	1 Prise Zucker
4 Kopfsalatblätter	2 Eßl. Armagnac
2 Eßl. Tomatenketchup	1/8 l Sahne
2 Spritzer Tabascosauce	Pro Person etwa: 920 Joule 220 Kalorien

Das Hummerfleisch in gleichmäßig kleine Stücke zerteilen, kurz kalt abbrausen und abtropfen lassen. Den Dill und die Salatblätter waschen, abtropfen lassen und die Salatblätter in Streifen schneiden. 4 Cocktailschalen mit den Salatstreifen auslegen. Das Tomatenketchup mit der Tabascosauce, dem Cayennepfeffer, dem Salz, dem Zucker und dem Armagnac verrühren. Die Sahne halbsteif schlagen, unter die Salatsauce ziehen und das Hummerfleisch unterheben. Den Cocktail auf den Salatstreifen anrichten und jeden Cocktail mit einem kleinen Dillzweig garnieren.

Geeignet als Vorspeise

Matjes-Cocktail

Bild Seite 374/375

4 Matjesfilets	1/2 Bund Petersilie
einige Kopfsalatblätter	1 Stengel Estragon
100 g Salatmayonnaise	2 Eßl. Tomatenketchup
1/2 Teel. Worcestersauce	1 kleine Zwiebel
1 Eßl. Weinessig	Pro Person etwa:
2 Eßl. Cognac	1630 Joule
2 Messersp. Pfeffer	390 Kalorien

Die Matjesfilets 1 Stunde lang in Milch oder Wasser legen, dann herausnehmen, abspülen und abtropfen lassen. Die Salatblätter waschen, abtropfen lassen und 4 Cocktailgläser damit auslegen. Die Mayonnaise mit der Worcestersauce, dem Essig, dem Cognac und dem Pfeffer verrühren. Die Petersilie und die Estragonblättchen waschen, gut abtropfen lassen, fein schneiden und unter die Mayonnaise mischen.
Die Mayonnaisensauce auf den Salatblättern verteilen. Die Matjesfilets längs halbieren, in etwa 2 cm breite Stücke schneiden und in die Cocktailgläser füllen. Jede Portion mit 1/2 Eßlöffel Tomatenketchup beträufeln. Die Zwiebel schälen, in dünne Ringe schneiden und die Cocktails mit den Zwiebelringen garnieren.

Geeignet als Vorspeise

Mango-Cocktail

2 Mangofrüchte	1 Eßl. frisch geriebener Meerrettich
1 rote Paprikaschote	einige Blättchen Pfefferminze
100 g Krabben (Garnelen aus der Dose)	
3 Eßl. Salatmayonnaise	Pro Person etwa: 1090 Joule
4 Eßl. Sahne	260 Kalorien
1 Teel. Zucker	
1 Teel. Zitronensaft	
1 Teel. grüne Pfefferkörner aus dem Glas	

Die Mangofrüchte waschen, abtrocknen und längs halbieren. Den Stein herauslösen, die Fruchthälften bis auf 1/2 cm aushöhlen und das ausgelöste Fruchtfleisch in kleine Würfel schneiden. Die Paprikaschote waschen, abtrocknen und so lange grillen oder auf der heißen Herdplatte unter Umwenden erhitzen, bis die Haut platzt. Die Haut abziehen, die Schote halbieren, von Rippen und Kernen befreien und die Schotenhälften in dünne Streifen schneiden. Die Krabben auseinanderzupfen, abbrausen und abtropfen lassen. Die Mayonnaise mit der Sahne, dem Zucker, dem Zitronensaft, dem grünen Pfeffer und dem Meerrettich mischen. Das Mangofleisch und die Krabben unter die Mayonnaise mengen und den Cocktail in die Mangohälften füllen. Jede Portion reichlich mit den Paprikastreifen belegen und gefällig mit Pfefferminzblättchen garnieren.

Geeignet als Vorspeise

Melonen-Cocktail

Bild Seite 374/375

400 g Fruchtfleisch einer Honigmelone	1/2 Eßl. Zitronensaft
1 Eßl. Zitronensaft	1–2 Messersp. Salz
150 g Krabben (Garnelen aus der Dose)	1 Prise Zucker
150 g Emmentaler Käse	Pro Person etwa: 880 Joule 210 Kalorien
1 Eßl. Tomatenketchup	Zeit zum Durchziehen:
einige Kopfsalatblätter	30 Minuten

Das Fruchtfleisch mit einem Kugelausstecher auslösen und mit dem Zitronensaft beträufeln. Die Krabben kalt abbrausen und abtropfen lassen. Den Käse in kleine Würfel schneiden. Die Krabben mit dem Käse, dem Tomatenketchup und den Melonenkugeln mischen, dann 30 Minuten durchziehen lassen. Die Salatblätter waschen, mit dem Zitronensaft beträufeln und 4 Cocktailgläser damit auslegen. Den Cocktail mit Salz und Zucker abschmecken und auf den Salatblättern anrichten.

Kalbfleischsalat

Bild Seite 374/375

2 Salzgurken	500 g gegarter Kalbsbraten
2 rote Paprikaschoten	je 2 Eßl. gehackter Dill, Kerbel und gehacktes Basilikum
2 Zwiebeln	
je 4 Eßl. Essig, Wasser und Öl	
1 Eßl. Zucker	Pro Person etwa:
1/2 Teel. Salz	1420 Joule
1/2 Tasse Maiskörner aus der Dose	340 Kalorien

Die Gurken schälen und in Scheiben schneiden. Die Paprikaschoten in feine Streifen schneiden. Die Zwiebeln schälen und in dünne Ringe schneiden. Den Essig mit dem Wasser, dem Öl, dem Zucker und dem Salz verrühren, erhitzen und heiß über die Gurken-Paprika-Zwiebel-Mischung gießen. Die Maiskörner abbrausen, abtropfen lassen und unter den Salat mischen. Den Braten in etwa 3 cm lange Streifen schneiden. Die Fleischstreifen und die Kräuter unter den Salat heben.

ZUNGENSALAT · GEWÜRZTE GELEES · MEERRETTICH

Zungensalat

Bild Seite 374/375

1 l Wasser	2 Messersp. Salz
1 Teel. Salz	1 Eßl. Weinessig
500 g Schweine- oder Kalbszunge	½ Bund Petersilie
½ kleine Sellerie- knolle	Pro Person etwa: 1670 Joule
2 mittelgroße Kartoffeln	400 Kalorien
2 Eier	Garzeit:
2 Tomaten	60 Minuten
4 Cornichons	
100 g Salat- mayonnaise	Zeit zum Durchziehen:
1 Eßl. Senf	30 Minuten

Das Wasser mit dem Salz zum Kochen bringen. Die Zunge unter fließendem Wasser bürsten, ins kochende Salzwasser geben und in 60 Minuten darin garen.
Den Sellerie bürsten, waschen, schälen und in 1 cm dicke Scheiben schneiden. Die Kartoffeln ebenfalls schälen und in Scheiben schneiden. Die Sellerie- und Kartoffelscheiben zusammen in wenig Salzwasser zugedeckt bei milder Hitze in etwa 25 Minuten nicht zu weich kochen. Die Eier hartkochen, abschrecken, schälen und in Achtel schneiden. Die Kartoffel- und Selleriescheiben abgießen, abkühlen lassen und in Streifen schneiden. Die gegarte Zunge aus dem Sud heben, kalt abbrausen, häuten und gegebenenfalls das Zungenbein entfernen. Die Zunge erst in Scheiben und diese dann in Streifen schneiden. Die Tomate waschen, abtrocknen und achteln. Die Cornichons der Länge nach vierteln.
Die Mayonnaise mit dem Senf, dem Salz und dem Essig verrühren, unter die kleingeschnittenen Zutaten heben und den Salat zugedeckt 30 Minuten durchziehen lassen.
Die Petersilie waschen, abtropfen lassen, kleinschneiden, über den Salat streuen und mit Eiachteln garnieren.

Das Zubereiten von gewürztem Gelee ist etwas mühsam, doch lohnt sich der Aufwand, wenn es darum geht, etwas Besonderes zu servieren. Jede kalte Platte gewinnt, wenn kleingewürfeltes, gewürztes Gelee zum Garnieren und ebenso als geschmackliche Nuance verwendet wird.
Selbstzubereitetes Gelee hält sich im Kühlschrank eine Woche lang. Grundlage für Gelee kann Fleischbrühe, Geflügelbrühe, Wildbrühe oder Fischbrühe sein. Die Brühe sollte möglichst nicht nur aus dem jeweiligen Fleisch entstehen, sondern zu einem Teil auch aus zugehörigen Knochen oder Gräten; am besten kocht man einige Kalbsknochen mit, weil diese viel Gelierstoff abgeben.

Grundrezept für gewürztes Gelee

Weißweingelee

100 g Eiweiß	35 g Aspikpulver
1 kleine Zwiebel	oder 15 Blätter
50 g Lauch	farblose Gelatine
50 g Sellerieknolle	
2 Petersilienzweige	Pro Liter Gelee
1 Teel. Salz	etwa:
8 Pfefferkörner	800 Joule
1 Stückchen Lorbeerblatt	190 Kalorien
1 l entfettete, klare Fleischbrühe	Garzeit: 60 Minuten
¹/₁₀ l Weißwein	

Das Eiweiß halbsteif schlagen. Die Zwiebel schälen und kleinwürfeln. Das Gemüse waschen, putzen oder schälen und ebenfalls kleinwürfeln. Das kleingeschnittene Gemüse mit dem Salz, den Pfefferkörnern und dem Lorbeerblatt unter das Eiweiß rühren. Die Fleischbrühe erhitzen. Die Eiweiß-Gemüse-Mischung in die Brühe rühren und alles bei starker Hitze zum Kochen bringen. Dabei kräftig mit dem Schneebesen rühren und am Topfboden kreisen, damit sich das Eiweiß dort nicht festsetzen kann. Wenn das Eiweiß geronnen ist und an der Oberfläche schwimmt, den Weißwein zugießen und die Brühe 40–50 Minuten bei milder Hitze im offenen Topf ziehen – nicht kochen – lassen. Die geklärte Brühe durch ein feines Haarsieb – besser durch ein Mulltuch – gießen.
Das Aspikpulver in wenig kaltem Wasser, die Blattgelatine in reichlich kaltem Wasser einweichen und 10 Minuten quellen lassen. Das Aspikpulver mit dem Einweichwasser in die heiße Fleischbrühe rühren; oder die Blattgelatine ausdrücken, in die heiße Fleischbrühe geben und unter ständigem Rühren in der Fleischbrühe auflösen. Sollte die Fleischbrühe durch das Filtern nicht mehr heiß genug sein, muß man sie vor dem Auflösen der Gelatine noch einmal erhitzen, aber nicht kochen lassen. Die Brühe dann unter öfterem Umrühren erkalten lassen, entweder für das vorgesehene Rezept verwenden, oder in eine Schüssel oder auf eine Platte füllen und im Kühlschrank restlos erstarren lassen.

Variante 1
Portweingelee

Das Portweingelee wie das Weißweingelee herstellen, nur statt des Weißweins Portwein verwenden.

Variante 2
Sherrygelee

Sherrygelee wie Weißweingelee herstellen, jedoch statt des Weißweins Sherry verwenden.

Variante 3
Madeiragelee

Madeiragelee wie Weißweingelee herstellen, jedoch statt des Weißweins Madeirawein verwenden.

Meerrettichsahne

⅛ l Sahne	Pro Person etwa:
1 Prise Zucker	420 Joule
1 Messersp. Salz	100 Kalorien
1 Eßl. geriebener Meerrettich	

Die Sahne mit dem Zucker und dem Salz steifschlagen und den Meerrettich unter die geschlagene Sahne ziehen.

Paßt gut zu: geräucherten Forellenfilets, Lachsröllchen, kaltem Roastbeef, Schinken und gemischter kalter Bratenplatte

Variante
Apfel-Meerrettich-Sahne

Die Meerrettichsahne wie im Rezept beschrieben herstellen und mit ½–1 geschälten geriebenen, Apfel mischen. Die Apfel-Meerrettich-Sahne je nach Geschmack noch mit etwas Salz und Zucker, eventuell auch mit etwas mehr Meerrettich, abschmecken.

Unser Tip: Für die Meerrettichsahne frischen Meerrettich verwenden; dann wird der Meerrettichgeschmack intensiver als bei Meerrettichsahne mit geriebenem Meerrettich aus dem Glas oder der Tube. Je nach Intensität des Geschmacks vom Meerrettich etwas mehr oder weniger davon unter die Sahne mischen.

Saucen-Brevier

Nirgends kann man seine Liebe zur Kochkunst besser beweisen, als bei der Zubereitung einer Sauce.

Saucen waren zeitweilig verpönt! Nämlich immer dann und dort, wo man sich gedankenlos kulinarischem Wohlstand hingab und als Ergebnis davon Figur-Sorgen hinnehmen mußte. Dann wurde die Sauce zum Sündenbock erklärt, weil sie angeblich soviele unbemerkte Kalorien enthält. Sicherlich traf und trifft das auf manche Saucen zu. Das sind aber vor allem jene, die in ärmeren Zeiten das fehlende Fleisch ersetzen mußten; also dicke Fett-Mehl-Mischungen, oft vorzüglich gewürzt, die Kartoffeln, Teigwaren oder Reis zu einer sättigenden Mahlzeit aufwerteten.

Übergewicht durch Sauce ist aber heutzutage nicht das Problem, sondern eher das Zuviel von allem, was gut schmeckt. Wer sich damit auseinandersetzen muß, sollte seinen Speiseplan mit Bedacht und Vernunft zusammenstellen, aber nicht auf die Köstlichkeit »Sauce« verzichten.

Zudem, die Ur-Sauce, nämlich der pure Bratensaft, ist nicht nur das beste vom Braten, sie enthält auch alle wertvollen Aroma- und Vitalstoffe als Konzentrat. Aber auch alle anderen Saucen der feinen Küche schmecken »schlank« am besten und wurden längst entfettet und entmehlt. Man wünscht gebundene Saucen leicht samtig bis sämig, nicht dick, zähflüssig. Und das ist mit einem Minimum an bindendem Mehl zu erreichen. Natürlich gehört auch etwas Fett in die Sauce, aber nur wenig, bloß als geschmacksgebende, homogenisierende Substanz. Die Vollendung einer Sauce, wird durch weitere exquisite Zutaten erreicht, wie frische Kräuter, harmonierende Gewürze, aromatisierende Spirituosen, durch Wein, Sahne, Eigelb, Gemüse oder Früchte.

Erinnern wir uns also der herrlichen Saucen-Kreationen, die schon der Küche unserer Großmutter Ehre machten, die zur Tradition internationaler Kochkunst gehören und die – etwas modernisiert und mäßig gereicht – nicht dick machen, sondern eine Mahlzeit genußvoll abrunden.

Von den Saucen

Alle Saucenrezepte der Welt würden ein dickes Buch füllen. Trotzdem gäbe es dann Stimmen, die diese oder jene Sauce in der Sammlung vermißten. Denn von den etwa 600 erfaßten klassischen Saucen erbringen kleine Abwandlungen und geringfügige Ergänzungen immer noch weitere Saucen-Erfindungen und damit neue Saucenrezepte.

Dennoch basieren alle warmen Saucen auf nur drei Grundsaucen, nämlich auf der hellen oder der weißen Grundsauce, der dunklen oder der braunen Grundsauce, seltener auf der Buttersauce. Von letzterer kennen Sie verfeinerte Varianten als Sauce Hollandaise und Sauce Béarnaise. Buttersaucen und ihre Varianten sind natürlich durch den erheblichen Anteil an Butter kalorienreich. Aber sie werden bevorzugt in kleinen Portionen zu zartem Gemüse gereicht, zu magerem Fleisch, Fisch oder Krustentieren, also zu kalorienarmen Speisen.

Die meisten aller gebundenen Saucen gehen aus der hellen oder der dunklen Grundsauce hervor. Diese schmeckt am besten, wenn die benötigte Flüssigkeit wie beim Saucier – dem Saucenkoch in der Kochbrigade eines exquisiten Hotels – aus Jus, Glace oder Fond besteht.

Jus ist entfetteter, leichtgelierender Bratensaft, Glace ist dick eingekochte Fleischbrühe und Fond ist Fleisch-, Fisch-, Geflügel-, Knochen-, Wild- oder Gemüsebrühe, aber ebenfalls durch längeres Einkochen reduziert und daher besonders geschmacksintensiv. Im privaten Haushalt steht eine dieser professionellen Saucengrundlagen sicher nur dann zur Verfügung, wenn ohnehin ein entsprechendes Fleisch- oder Fischgericht bereitet wird. Für Gerichte, deren Hauptzutaten keinen Fond ergeben, muß man sich mit Instant-Fleischbrühe, mit Fleischbrühwürfeln oder mit Fleischextrakt behelfen.

Nützen Sie aber in jedem Fall das Gefriergerät und lagern Sie in Würfel gefrorene, stark reduzierte Brühe von Fleisch, Knochen, Fisch, Gemüse, Wild oder Geflügel für Ihre Saucen ein, wenn beim Kochen einmal mehr als sofort gebraucht davon anfällt.

Praktischer Rat

Von einer gebundenen Sauce, die den Geschmack eines Gerichtes ergänzen soll, rechnet man für vier Personen ein Viertelliter; für ein ausgesprochenes Saucengericht wie beispielsweise Königsberger Klopse, ein Ragout oder ein Spaghetti-Essen drei achtel bis einen halben Liter; von klaren Bratensaucen genügt ein Achtelliter.

Je feiner eine Sauce, desto sparsamer geht man mit Gewürzen um. Immer daran denken, die Sauce soll ein Gericht ergänzen, nicht übertönen oder verfremden. Verwenden Sie für eine Sauce höchstens 2 verschiedene Gewürze und geben Sie das Gewürz sparsam zu – in kleinen Prisen –. Lieber nachwürzen, als die Sauce durch ein Zuviel an Gewürz verderben.

Kräuter immer erst zuletzt in die Sauce mischen, nicht mitkochen, es sei denn, ein besonderes Rezept erfordert dies.

HELLE SAUCEN

Salzen Sie auch vorsichtig, besonders wenn bereits gesalzene Brühe oder Fond verwendet wurde.

Saucen, die mit Mehl gebunden werden, müssen etwa 10 Minuten unter Rühren bei milder Hitze kochen, damit das Mehl richtig ausquillt.

Helle Saucen können mit Sahne abgerundet werden; sie erhalten dadurch eine besonders zarte Konsistenz.

Dunkle Saucen gewinnen an feinem Geschmack, wenn man sie mit 1–2 Eßlöffel trockenem Sherry oder Portwein abschmeckt. Wenn eine Sauce mit Wein, Cognac, Obstgeist oder Likör abgerundet wird, den Wein oder die Spirituosen stets zuletzt zugeben, sonst verflüchtigt sich das Aroma.

Soll eine Sauce mit Wein verfeinert werden – helle Saucen mit Weißwein, dunkle Saucen mit Rotwein –, dann verwenden Sie dafür keinen sogenannten Kochwein, sondern den, der auch bei Tisch serviert wird. Der Wein soll die Sauce ja nicht »strecken«, sondern veredeln, und das kann nur ein edler Wein.

Grundrezept
Helle Sauce
Weiße Sauce

25 g Butter (knapp 2 Eßlöffel)
35 g Mehl (knapp 4 Eßlöffel)
³⁄₈ l Fleischbrühe, Fischbrühe, Geflügelbrühe, Knochenbrühe oder Gemüsebrühe

je 1 Prise Salz und Pfeffer

Pro Person etwa:
310 Joule
75 Kalorien

Garzeit:
10 Minuten

Die Butter in einem Topf bei milder Hitze zerlassen, das Mehl darüberstäuben und mit einem Kochlöffel umrühren, bis es sich völlig mit der Butter verbunden hat. Das Butter-Mehl-Gemisch unter Rühren erhitzen; das Mehl darf dabei hellgelb werden, aber nicht bräunen. Nach und nach in kleinen Mengen langsam unter ständigem Rühren mit dem Schneebesen die Brühe zugießen, unter ständigem Rühren zum Kochen bringen und bei sehr milder Hitze 10 Minuten kochen lassen. Dabei oft umrühren. Die Sauce zuletzt mit dem Salz und dem Pfeffer abschmecken. Die helle Grundsauce wird meistens mit weiteren geschmacksgebenden Zutaten für ein bestimmtes Gericht abgerundet.

Variante
Dillsauce

Die heiße, aber nicht mehr kochende helle Sauce mit 1 Teelöffel Zitronensaft und 2 Eßlöffel Sahne mischen. 1 Bund gewaschenen, abgetropften, kleingeschnittenen Dill vor dem Servieren in die Sauce rühren.

Paßt gut zu: gekochtem oder gedünstetem Fisch, gekochtem Rindfleisch, hartgekochten oder pochierten Eiern

Sauce Béchamel
Béchamelsauce

1½ Eßl. Butter
2 Eßl. Mehl
⅛ l Fleischbrühe, am besten Kalbfleischbrühe
⅛ l Milch
⅛ l Kaffeesahne (10 %)
2–3 Messersp. Salz

je 1 Messersp. geriebene Muskatnuß und Pfeffer

Pro Person etwa:
580 Joule
130 Kalorien

Garzeit:
10 Minuten

Die Butter bei milder Hitze zerlassen, das Mehl hineinstäuben, gut mit der Butter verrühren, nach und nach mit der Fleischbrühe aufgießen und zum Kochen bringen. Die Milch und die Kaffeesahne in die Sauce rühren und bei mittlerer Hitze unter ständigem Rühren 10 Minuten kochen lassen. Die Sauce mit dem Salz, dem Muskat und dem Pfeffer abschmecken.

Paßt gut zu: Chicorée, Gurken, Blumenkohl, Kartoffeln, Rosenkohl oder Broccoli

Variante
Specksauce

Bild Seite 385

1 kleine Zwiebel und 50 g durchwachsenen Speck würfeln, beides in der Butter anbraten, das Mehl darüberstäuben und mit der Fleischbrühe aufgießen. Die Sauce wie im Rezept beschrieben fertigstellen und vorsichtig salzen, denn Speck ist oft sehr salzig.

Paßt gut zu: grünen Bohnen, Lauch oder Rosenkohl

Sahnesauce

Bild Seite 385

2 Eßl. Butter
2 Eßl. Mehl
¼ l Milch
⅛ l Sahne
½ Teel. Salz
2 Messersp. Pfeffer
1–2 Messersp. geriebene Muskatnuß
einige Tropfen Zitronensaft

2 Eßl. geschlagene Sahne

Pro Person etwa:
1000 Joule
240 Kalorien

Garzeit:
10 Minuten

Die Butter in einem Topf zerlassen, das Mehl hineinstäuben und unter Rühren anbraten, aber nicht bräunen lassen. Die Milch nach und nach unter Rühren zugießen, einmal aufwallen und bei milder Hitze 10 Minuten kochen lassen. Die Sahne zufügen und die Sauce mit dem Salz, dem Pfeffer, dem Muskat und dem Zitronensaft abschmecken. Den Topf vom Herd ziehen und die Schlagsahne unterheben.

Paßt gut zu: Blumenkohl, Spargel, Champignons, Steaks, gedünstetem Kalbfleisch, Geflügel oder Fisch

Currysauce

1 große Zwiebel
1 großer Apfel
1 Eßl. Butter
1–2 Eßl. Currypulver
2–3 Messersp. Salz
½ Teel. Zucker
³⁄₈ l Fleischbrühe
1 Eßl. Mehl
2 Eßl. Wasser

2 Eßl. Sahne
½ Teel. Zitronensaft

Pro Person etwa:
420 Joule
100 Kalorien

Garzeit:
30 Minuten

Die Zwiebel schälen und in Würfel schneiden. Den Apfel waschen, vierteln und das Kerngehäuse entfernen. Die Apfelviertel raspeln. Die Butter in einem Topf zerlassen, die Zwiebelwürfel und die Apfelraspeln zugeben und bei mittlerer Hitze etwa 5 Minuten dünsten. Danach das Currypulver, das Salz und den Zucker darüberstreuen, kurz mitdünsten und mit der Fleischbrühe auffüllen. Bei milder Hitze zugedeckt etwa 25 Minuten kochen lassen. Alles durch ein Sieb passieren. Das Mehl mit dem Wasser und der Sahne verrühren, die Sauce damit binden, mit dem Zitronensaft und eventuell noch mit Curry, Salz und Zucker pikant abschmecken.

Paßt gut zu: gegrilltem Hähnchen oder gedünstetem Fischfilet

DUNKLE SAUCEN

Unser Tip: Die Currysauce bekommt eine exotische Note, wenn Sie nur ½ Apfel, dafür aber noch ½ Banane und 2 Aprikosen zur Sauce geben.

Kapernsauce

2 Eßl. Butter
3 Eßl. Mehl
⅜ l Fleischbrühe
⅛ l saure Sahne
1 Eigelb
1–2 Messersp. Salz
1 Messersp. Zucker
½ Teel. Zitronensaft
2 Messersp. Pfeffer
2–3 Eßl. Kapern

Pro Person etwa:
630 Joule
150 Kalorien

Garzeit:
15 Minuten

Die Butter zerlassen, das Mehl zugeben und unterrühren. Die Fleischbrühe nach und nach zugießen und umrühren, bis alles kocht. Die Sauce bei milder Hitze etwa 10 Minuten kochen lassen. Die saure Sahne mit dem Eigelb verquirlen. Den Topf vom Herd ziehen. Die Sauce mit dem Eigelbgemisch legieren und mit dem Salz, dem Zucker, dem Zitronensaft und dem Pfeffer kräftig abschmecken. Die Kapern abtropfen lassen, kleinschneiden und mit der Sauce vermengen.

Paßt gut zu: gekochtem Rindfleisch, Fisch oder Fleischklößchen

Zwiebelsauce

200 g Zwiebeln
1 ½ Eßl. Butter
2 Eßl. Mehl
⅜ l Fleischbrühe
1–2 Teel. Essig oder Zitronensaft
½–1 Teel. Zucker
2–3 Messersp. Salz
einige Tropfen Tabascosauce

Pro Person etwa:
420 Joule
100 Kalorien

Garzeit:
30 Minuten

Die Zwiebeln schälen und in Stücke schneiden. Die Butter in einem Topf zerlassen, die Zwiebeln zugeben und bei sehr milder Hitze im geschlossenen Topf etwa 20 Minuten sehr weich dünsten. Das Mehl darüberstäuben, unterrühren, mit der Fleischbrühe aufgießen und bis zum Aufkochen umrühren. Die Sauce bei milder Hitze im offenen Topf noch 10 Minuten kochen lassen, durch ein Sieb passieren und mit dem Essig oder dem Zitronensaft, dem Zucker, dem Salz und der Tabascosauce abschmecken.

Paßt gut zu: gedünstetem Kalbfleisch, Rindfleisch oder Geflügel

Weißweinsauce

2 Zwiebeln
2 Eßl. Butter
1 leicht gehäufter Eßl. Mehl
⅛ l Fleischbrühe
1 Stück Zitronenschale
¼ l Weißwein
je 2 Messersp. Salz und Pfeffer

Pro Person etwa:
500 Joule
120 Kalorien

Garzeit:
etwa 15 Minuten

Die Zwiebeln schälen, in kleine Würfel schneiden und in der Butter in einem geschlossenen Topf bei milder Hitze in etwa 5 Minuten weich dünsten. Das Mehl über die Zwiebelwürfel streuen und unterrühren. Die Fleischbrühe und die Zitronenschale zufügen und unter Rühren im offenen Topf bei milder Hitze 10 Minuten kochen lassen. Die Zitronenschale entfernen. Die Sauce mit dem Weißwein verrühren, salzen und pfeffern und durch ein Sieb passieren.

Paßt gut zu: gedünstetem Fisch, Kalbfleisch oder Fleischklößchen

Grundrezept
Dunkle Sauce
Braune Sauce

2 Eßl. Butter oder Butterschmalz
4 Eßl. Mehl
½ l Fleischbrühe
1 kleine Zwiebel
1 Lorbeerblatt
1 Gewürznelke
etwas Essig
je 1 Messersp. Salz, Pfeffer und Paprikapulver, scharf

Pro Person etwa:
540 Joule
130 Kalorien

Garzeit:
15 Minuten

Die Butter oder das Butterschmalz in einem Topf erhitzen, das Mehl zufügen und langsam unter ständigem Rühren hellbraun braten. Den Topf vom Herd ziehen. Die Fleischbrühe nach und nach unter Rühren zugießen, die Sauce wieder auf den Herd geben und einmal aufwallen lassen. Die Zwiebel schälen, mit dem Lorbeerblatt und der Gewürznelke bestecken und in die Sauce legen. Die Sauce bei milder Hitze etwa 15 Minuten kochen lassen, dabei ab und zu umrühren. Die Sauce mit Essig, Salz, Pfeffer und Paprikapulver abschmecken und durch ein Sieb passieren.

Paßt gut zu: Hackbraten, Rinderbraten, Rinderzunge oder Pilzgerichten

Sauce bourguignonne
Burgunder-Sauce

2 Eßl. Butter oder Butterschmalz
4 Eßl. Mehl
¼ l Fleischbrühe
¼ l Rotwein
2 Schalotten oder 1 Zwiebel
1 Lorbeerblatt
1 Gewürznelke
1 Eßl. Johannisbeergelee
je 2 Messersp. Salz, Pfeffer und Zucker
1–2 Messersp. Paprikapulver, scharf

Pro Person etwa:
750 Joule
180 Kalorien

Garzeit:
25 Minuten

Die Butter oder das Butterschmalz in einem Topf erhitzen, das Mehl hineinschütten und unter Rühren hellbraun braten. Die Fleischbrühe und den Rotwein unter Rühren langsam zugießen und weiterrühren, bis die Sauce kocht. Die Schalotten oder die Zwiebel schälen, mit dem Lorbeerblatt und der Gewürznelke bestecken, zur Sauce geben und diese bei milder Hitze 20 Minuten kochen lassen. Die Sauce durchseihen und mit dem Johannisbeergelee, dem Zucker, dem Salz, dem Pfeffer und dem Paprikapulver abschmecken.

Paßt gut zu: gekochtem Schinken, Rinderzunge oder Rinderschmorbraten

Chilisauce

1 Knoblauchzehe
2 Zwiebeln
2 Eßl. Öl
250 g Tomaten
125 g Aprikosen, frisch oder aus der Dose
je 1 Messersp. gemahlener Zimt, Nelkenpulver und Ingwerpulver
1 Eßl. Zucker
2–3 Messersp. Salz
⅛ l Fleischbrühe
¼–½ Teel. Chilipfeffer
einige Tropfen Weinessig

Pro Person etwa:
500 Joule
120 Kalorien

Garzeit:
35 Minuten

Die Knoblauchzehe und die Zwiebeln schälen, kleinschneiden und in dem Öl im geschlossenen Topf bei milder Hitze in etwa 10 Minuten weich dünsten – aber nicht bräunen lassen. Die Tomaten waschen und kleinschneiden. Die Aprikosen waschen und entsteinen, Dosenfrüchte abtropfen lassen und die Aprikosen kleinschneiden. Die Tomaten, die Aprikosen, den Zimt, das Ingwerpulver, das Nelkenpulver, den Zucker, das Salz und die Fleischbrühe zufügen und vorsichtig

DUNKLE SAUCEN

mit dem Chilipfeffer würzen. Die Sauce mit etwas Essig abschmecken und unter Umrühren bei milder Hitze so lange kochen lassen, bis die Masse auf 1/3 eingekocht ist. Die Sauce durch ein Sieb passieren und mit noch etwas Zucker, Salz, Essig und Chilipfeffer abschmecken.

Paßt gut zu: kurz gebratenem Fleisch oder Grilladen

Hackfleischsauce

2 Eßl. Öl	1 Teel. Paprika-
250 g Hackfleisch	pulver, edelsüß
1 große Zwiebel	
3 kleine Dosen Tomatenmark	Pro Person etwa: 1210 Joule
3/8 l Fleischbrühe	290 Kalorien
1 Knoblauchzehe	
2–3 Messersp. Salz	Garzeit:
1–2 Messersp. Pfeffer	25 Minuten
je 1 Messersp. Rosmarin und Thymian	

Das Öl in einem Topf erhitzen, das Hackfleisch zugeben, anbraten und dabei immer wieder zerteilen und wenden. Die Zwiebel schälen und in kleine Würfel schneiden, zum Hackfleisch geben und bei milder Hitze mitbraten. Das Tomatenmark und die Fleischbrühe zufügen, durchrühren und bei milder Hitze etwa 20 Minuten kochen lassen. Die Knoblauchzehe schälen, mit dem Salz zerdrücken und mit dem Pfeffer, dem Rosmarin, dem Thymian und dem Paprikapulver zur Sauce geben.

Paßt gut zu: Spaghetti oder Reis

Italienische Sauce

80 g durchwachsener Speck	2–3 Messersp. Salz
1 Zwiebel	2 Messersp. Pfeffer
1/2 Knoblauchzehe	1/2 Bund Petersilie
1 Eßl. Öl	
1 Eßl. Tomatenmark	Pro Person etwa: 840 Joule
50 g Champignons	200 Kalorien
1/4 l Fleischbrühe	
1/8 l Weißwein	Garzeit:
2 Teel. Speisestärke	10 Minuten

Den Speck in kleine Würfel schneiden. Die Zwiebel schälen und ebenfalls kleinwürfeln. Die Knoblauchzehe schälen und zerdrücken. Das Öl erhitzen, die Speck- und Zwiebelwürfel darin anbraten, den Knoblauch und das Tomatenmark zufügen. Die Champignons waschen, große Köpfe vierteln oder blättrig schneiden, kleine Köpfe halbieren und ebenfalls kurz in dem Speck-Zwiebel-Gemisch anbraten. Nach und nach mit der Fleischbrühe aufgießen und unter Rühren zum Kochen bringen. Die Sauce im geschlossenen Topf bei milder Hitze 10 Minuten kochen lassen. Den Weißwein in die Sauce rühren. Die Speisestärke mit 2 Eßlöffel kaltem Wasser anrühren, die Sauce damit binden und einmal aufkochen lassen. Die Sauce mit dem Salz und dem Pfeffer abschmecken und mit der kleingeschnittenen Petersilie mischen.

Paßt gut zu: Frikadellen, Kohlrouladen oder Schinkenreis

Madeirasauce

50 g fetter Speck	1–2 Messersp. Zucker
1 Zwiebel	1 kleine Dose Champignons
1 Suppengrün	
3 Eßl. Mehl	
1/4 l Fleischbrühe	
1 Lorbeerblatt	Pro Person etwa:
1 Gewürznelke	840 Joule
1/8 l Madeirawein	200 Kalorien
1 Messersp. Salz	
je 2 Messersp. Pfeffer und Paprikapulver, mild	Garzeit: 15 Minuten

Den Speck in kleine Würfel schneiden. Die Zwiebel schälen und in kleine Würfel schneiden. Das Suppengrün putzen, waschen und kleinschneiden.
Die Speckwürfel in einer Pfanne erhitzen, bis Fett austritt. Die Zwiebelwürfel zugeben und beides unter Rühren hellbraun braten. Das Mehl darüberstreuen und alles bei mittlerer Hitze braten, bis auch das Mehl hellbraun, aber nicht zu dunkel ist. Das Suppengrün zugeben. Die Fleischbrühe nach und nach unterrühren und die Sauce aufkochen lassen. Das Lorbeerblatt und die Gewürznelke einlegen. Die Sauce bei milder Hitze etwa 15 Minuten kochen lassen, durch ein Sieb streichen, mit dem Madeira verfeinern und wenn nötig mit dem Salz (Vorsicht, der Speck kann sehr salzig sein!), dem Pfeffer, dem Paprikapulver und dem Zucker abschmecken. Die Champignons in einem Sieb abtropfen lassen, in feine Scheiben schneiden und zur Sauce geben.

Paßt gut zu: Prager Schinken, Rinderzunge oder Rinderbraten

Zum Bild rechts:

Die drei klassischen warmen Saucen sind (auf unserem Bild von oben nach unten) eine Tomatensauce, eine Estragonsauce und eine Specksauce. Die Tomatensauce ist durch die Zugabe von Zwiebeln, Knoblauch, Oregano und Basilikum so dominierend und würzig im Geschmack, daß man sie mit Teigwaren, Reis oder Polenta und mit Fleischklößchen und einem Salat als selbständige Mahlzeit reichen kann. Die Estragonsauce ist eine Variante der hellen Sahnesauce, die mit frischen, nur grob zerkleinerten Estragonblättern angereichert wurde. Sie paßt zu kurz gebratenem Fleisch, zu Lammbraten, zu Geflügelgerichten, zu gedünstetem Fisch und zu zartem Gemüse. Auch die Specksauce basiert auf dem Rezept für eine helle Sauce, der Béchamelsauce, die aber nach Belieben kräftiger gefärbt ausfallen kann, indem man das Mehl im Speckfett etwas dunkler anbrät.
Die Rezepte finden Sie für Tomatensauce auf Seite 387, Sahnesauce auf Seite 382, Specksauce auf Seite 382.

BUTTERSAUCEN

Zum Bild links:

Kalte Saucen können vielen Eier-, Fleisch-, Fisch- und Geflügelgerichten eine besondere Geschmacksnuance verleihen; und nirgends läßt sich beim Kochen mit ein wenig Fingerspitzengefühl ein Rezept so leicht nach eigenen Vorstellungen abwandeln, wie bei den kalten Saucen. Oben im Bild die rote Zigeuner-Sauce, oft auch als Feuersauce bezeichnet, die an Schärfe nichts zu wünschen übrig läßt, denn sie wird mit Cayennepfeffer – der schärfsten Pfefferart – abgeschmeckt. Die Barbecue-Sauce in der Bildmitte paßt in erster Linie zu gegrillten Steaks aber auch zu anderem gegrillten Fleisch. Sie wird nicht nur zu fertigen Steaks gereicht, sondern man behandelt die Steaks auch schon vor und während des Grillens mit ihr. Die berühmte Knoblauchsauce, Aioli, im Bild unten, ist eine besonders feine, selbstgerührte und intensiv mit Knoblauch angereicherte Mayonnaise. Liebhaber von Knoblauch mögen sie gern zu gekochtem Rindfleisch, zu hartgekochten Eiern, zu gedünstetem Fisch und zu allen Arten von gedünstetem Gemüse.
Die Rezepte finden Sie für Zigeuner-Sauce auf Seite 388, Barbecue-Sauce auf Seite 389, Aioli auf Seite 389.

Tomatensauce

Bild Seite 385

1 kleine Zwiebel
1 Knoblauchzehe
2 Eßl. Mehl
1 kg Tomaten
1 kleine Dose Tomatenmark
je 1 Messersp. getrockneter Oregano und getrocknetes Basilikum
1 kleines Lorbeerblatt
1 Prise Pfeffer
1 Teel. Zucker
½ Teel. Salz

Pro Person etwa:
450 Joule
130 Kalorien

Garzeit:
60 Minuten

Die Zwiebel und die Knoblauchzehe schälen und sehr klein würfeln. Das Öl in einem großen Topf erhitzen und die Zwiebel- und Knoblauchwürfel darin glasig braten. Die Tomaten waschen, grob zerschneiden und ins Öl geben. Das Tomatenmark, den Oregano, das Basilikum, das Lorbeerblatt zufügen und alles unter Rühren zum Kochen bringen. Den Topf dann zudecken und die Tomaten in 15–20 Minuten weich kochen. Die Sauce durch ein Sieb passieren, wieder in den Topf schütten und bei milder Hitze im geöffneten Topf so lange kochen lassen, bis die Sauce beginnt cremig zu werden. Dabei öfter umrühren. Die Sauce mit Pfeffer, Zucker und Salz abschmecken.

Paßt gut zu: Spaghetti, Makkaroni, Reis, Polenta und Fleischklößchen

Grundrezept für Buttersauce
Sauce Bastard
Buttersauce

¼ l Wasser und ½ Teel. Instant-Fleischbrühe oder ¼ l Gemüse- oder Fischbrühe
1 Eßl. Butter
1 Eßl. Mehl
je 1 Messersp. Salz und Pfeffer
1 Teel. Zitronensaft
1 Eigelb
1 Eßl. Sahne
2 Eßl. Butter

Pro Person etwa:
540 Joule
130 Kalorien

Garzeit:
20 Minuten

Das Wasser zum Kochen bringen und die Instant-Fleischbrühe darin auflösen. Oder die Gemüse- bzw. Fischbrühe erhitzen. Die Butter zerlassen, das Mehl darüberstäuben und mit der Butter zu einer homogenen Masse verrühren. Nach und nach löffelweise die erhitzte Brühe unterrühren und die Sauce bei milder Hitze unter ständigem Rühren 10 Minuten kochen lassen. Die Sauce mit dem Salz, dem Pfeffer und dem Zitronensaft abschmecken. Das Eigelb mit der Sahne verquirlen. Die Sauce vom Herd nehmen, einige Eßlöffel heißer Sauce in das Eigelb-Sahne-Gemisch rühren und dieses dann unter die Sauce ziehen. Die Sauce nicht mehr kochen lassen. Die 2 Eßlöffel Butter in Flöckchen schneiden und mit dem Schneebesen unter kräftigem Rühren unter die Sauce ziehen.

Paßt gut zu: gekochtem oder gedünstetem Fisch (dann mit Fischbrühe zubereiten); gekochtem Geflügel oder Kalbfleisch; Blumenkohl, Erbsen, grünen Bohnen oder Broccoli

Raffiniert
Sauce Hollandaise
Holländische Sauce

½ Zwiebel
2 frische Estragonblätter oder 1 Messersp. getrockneter Estragon
4 Eßl. Weißwein
4 Eßl. Wasser
4 Pfefferkörner
2 Eigelbe
160 g Butter
2 Messersp. Salz
1 Teel. Zitronensaft
1 Prise geriebene Muskatnuß
nach Belieben:
1 Prise Cayennepfeffer

Pro Person etwa:
1380 Joule
330 Kalorien

Garzeit:
20 Minuten

Die Zwiebel schälen und kleinwürfeln. Die Zwiebelstücke, die Estragonblätter oder den getrockneten Estragon mit dem Weißwein, dem Wasser und den Pfefferkörnern in einem kleinen offenen Topf so lange kochen lassen, bis nur etwa 2 Eßlöffel von der Flüssigkeit übrig sind. Die Flüssigkeit durch ein Sieb gießen und erkalten lassen.
Die Eigelbe mit der kalten Flüssigkeit verquirlen und im heißen, nicht kochenden Wasserbad, mit einem Schneebesen so lange schlagen, bis eine cremige Masse entstanden ist. Die Butter inzwischen in einem anderen Topf bei sehr milder Hitze zerlassen, nicht erhitzen. Die Schüssel aus dem Wasserbad nehmen und die flüssige, lauwarme Butter zunächst tropfenweise, dann teelöffelweise unter die Eicreme rühren. Die Sauce mit dem Salz, dem Zitronensaft, dem Muskat und nach Belieben noch mit dem Cayennepfeffer abschmecken.

FRUCHTSAUCEN

Paßt gut zu: Artischocken, Broccoli, Spargel, gekochtem Fisch oder Schal- und Krustentieren

Unsere Tips: Die Eicreme können Sie statt im Wasserbad auch auf der Automatikplatte rühren. Der Einstellbereich der Automatikplatte ist dann 2–3.
Muß die Sauce Hollandaise bis zum Servieren warm gehalten werden, so stellen Sie sie in ein handwarmes – nicht heißes – Wasserbad.

Variante 1
Sauce Bavaroise

Unter die fertige Sauce Hollandaise 2 Eßlöffel Schlagsahne heben. Etwa 40 g Krebsschwänze (aus der Dose) sehr feinhacken oder im Mixer pürieren und in die Sauce rühren. Weitere 40 g Krebsschwänze kleinschneiden und unter die Sauce heben.

Paßt gut zu: gedünstetem Heilbutt, Seezunge, gegrilltem Lachs oder Kalbsragout

Variante 2
Sauce Chantilly

Chantilly ist das französische Wort für Schlagsahne. Die Sauce Hollandaise wird zur Sauce Chantilly, wenn Sie kurz vor dem Servieren 2–3 Eßlöffel Schlagsahne unter die Sauce heben. Sauce Chantilly wird auch Schaumsauce oder Mousselinesauce genannt.

Paßt gut zu: Roastbeef oder gekochter Rinderbrust

Diese französische, genauer eigentlich baskische, Sauce, gehört zum ABC der feinen Küche.

Raffiniert
Sauce Béarnaise
Béarner Sauce

3 Schalotten
4 weiße Pfefferkörner
1 Eßl. Estragonblätter
1 Zweig Kerbel
3 Eßl. Estragonessig
4 Eßl. Weißwein
2 Eigelbe
100 g Butter
1–2 Messersp. Salz

je ½ Eßl. kleingehackte Kerbel- und Estragonblätter

Pro Person etwa:
1000 Joule
240 Kalorien

Garzeit:
20 Minuten

Die Schalotten schälen und kleinhacken. Die Pfefferkörner zerdrücken. Die Schalottenwürfel, den zerdrückten Pfeffer mit den Estragon- und den Kerbelblättern, dem Essig und dem Wein mischen und in etwa 10 Minuten zugedeckt weich kochen. Die Flüssigkeit durch ein Sieb schütten und abkühlen lassen. Den Herd auf milde Temperatur zurückschalten. Die Eigelbe mit der abgekühlten Flüssigkeit verquirlen und im heißen – nicht kochenden – Wasserbad cremig schlagen. Die Schüssel aus dem Wasserbad heben. Die Butter in Flöckchen unter die warme Sauce rühren. Die Sauce mit dem Salz abschmecken und mit den Kräutern verrühren.

Paßt gut zu: kurz gebratenem Fleisch oder gargezogenem Fisch

Englische Apfelsauce

4 säuerliche Äpfel
6 Eßl. Weißwein
6 Eßl. Wasser
1–2 Eßl. Zucker
1–2 Teel. Zitronensaft
1 Teel. Calvados oder 2 Messersp. Ingwerpulver

Pro Person etwa:
460 Joule
110 Kalorien

Garzeit:
25 Minuten

Die Äpfel waschen, vierteln, vom Kerngehäuse befreien und mit dem Wein und dem Wasser zugedeckt bei mittlerer Hitze in etwa 25 Minuten sehr weich dünsten. Die Äpfel dann durch ein feines Haarsieb passieren. Die Apfelsauce mit dem Schneebesen rühren, bis sie glatt ist, und mit dem Zucker, dem Zitronensaft und dem Calvados oder dem Ingwer abschmecken. Die Sauce heiß servieren.

Paßt gut zu: Spanferkel oder Schweinenackenbraten, gebackenem Schinken, Entenbraten oder Gänsebraten

Meerrettichsauce

5 Brötchen vom Vortag
3/8 l Milch
100 g frisch geriebener Meerrettich
½ Teel. Salz

1 Teel. Zucker
etwa ½ Teel. Zitronensaft

Pro Person etwa:
630 Joule
150 Kalorien

Die Rinde von den Brötchen abreiben. Die Brötchen in Scheiben schneiden, mit der kalten Milch übergießen und etwa 15 Minuten stehenlassen.

Die Brötchenmasse unter Rühren bis zum Aufkochen erhitzen. Den Topf vom Herd ziehen und den Meerrettich untermischen. Die Sauce mit dem Salz, dem Zucker und dem Zitronensaft abschmecken und heiß servieren.

Paßt gut zu: gekochtem Rindfleisch

Zigeuner-Sauce
Feuersauce

Bild Seite 386

5 Eßl. Tomatenketchup
1 Eßl. mittelscharfer Senf
3 Eßl. Öl
1 kleine Zwiebel
je ½ Bund Petersilie und Schnittlauch
4 Sardellenfilets

je 1 Messersp. Salz und Cayennepfeffer
½ Teel. Paprikapulver, mild oder scharf

Pro Person etwa:
450 Joule
110 Kalorien

Das Ketchup, den Senf und das Öl verrühren. Die Zwiebel würfeln und mit gehackten, gewaschenen Kräutern und den fein geschnittenen Sardellenfilets untermischen und mit den Gewürzen abschmecken.

Paßt gut zu: Steaks oder Hackbraten

Unser Tip: Cayennepfeffer macht die Feuersauce »feurig«. Geben Sie erst die halbe Menge zu und lassen Sie die Sauce 10 Minuten ziehen. Kosten Sie und fügen Sie nach Geschmack den Rest des Cayennepfeffers hinzu.

Mintsauce
Pfefferminzsauce

1 Tasse frische Pfefferminzblätter
½ Tasse Wasser
4 Eßl. Weinessig
2 Eßl. Zucker
2 Messersp. Salz
2 Messersp. Pfeffer

Pro Person etwa:
170 Joule
40 Kalorien

Die Pfefferminzblätter waschen und fein hacken. Das Wasser zum Kochen bringen, über die Pfefferminzblätter gießen und mit dem Essig, dem Zucker, dem Salz und dem Pfeffer mischen. Die Sauce erkalten lassen und noch einmal abschmecken.

Paßt gut zu: Lammbraten oder Hammelkeule

KALTE SAUCEN

Grüne Sauce

4 Eier	2 Blätter Borretsch
2 Eßl. Öl	2 Blätter Sauer-
2 Teel. Zitronensaft	ampfer
½ Teel. Salz	2 Blättchen
3 Messersp. Pfeffer	Pimpinelle
¼ Teel. Zucker	2 Zwiebelröhrchen
1 Teel. Senf	
½ l saure Sahne	Pro Person etwa:
1 Bund Petersilie	1260 Joule
1 Bund Schnittlauch	300 Kalorien
½ Bund Dill	
1 Handvoll Kerbel oder Kresse	

Die Eier hart kochen, abschrecken, schälen und halbieren. Die Eigelbe zerdrücken. Das Öl, den Zitronensaft, das Salz, den Pfeffer, den Zucker, das Eigelb, den Senf mit der sauren Sahne vermengen. Die Eiweißhälften kleinschneiden und mit den feingehackten Kräutern unter die Sauce rühren. Die Sauce noch mit Salz, Pfeffer und Zitronensaft abschmecken.

Paßt gut zu: gekochtem Rindfleisch oder neuen Kartoffeln

Barbecue-Sauce
Steaksauce

Bild Seite 386

1 Knoblauchzehe	Pro Person etwa:
½ Teel. Salz	680 Joule
1 Zwiebel	140 Kalorien
4 Eßl. Öl	
5 Eßl. Zitronensaft	Zeit zum
½ Teel. Pfeffer	Durchziehen:
3 Tropfen Tabascosauce	12 Stunden
je 2 Messersp. getrockneter Thymian und Rosmarin	

Die Knoblauchzehe schälen und mit dem Salz zerdrücken. Die Zwiebel schälen und fein reiben und den Knoblauch, das Öl, den Zitronensaft, den Pfeffer, die Tabascosauce, den Thymian sowie den Rosmarin unterrühren. Die Sauce zugedeckt 12 Stunden im Kühlschrank durchziehen lassen.

Paßt gut zu: gegrilltem Fleisch

Unser Tip: Anstatt des Zitronensaftes können Sie auch ½ Tasse Tomatenketchup mit 4 Eßlöffel Essig und 1 Eßlöffel scharfem Senf vermengen und zur geriebenen Zwiebel geben.

Aioli
Knoblauchsauce

Bild Seite 386

Zutaten für 6 Personen:	3 Messersp. Pfeffer
5 Knoblauchzehen	¼ l Olivenöl
½ Scheibe hartes Weißbrot	½–1 Teel. Zitronensaft
3 Eigelbe	Pro Person etwa:
1 Teel. Weinessig	1720 Joule
knapp ½ Teel. Salz	410 Kalorien

Die Knoblauchzehen schälen und in kleine Stücke schneiden. Von der Brotscheibe die Rinde entfernen und das Innere fein zum Knoblauch reiben. Beides mit einem Stößel zu einem glatten Brei zerquetschen. Die Eigelbe nach und nach unterrühren und den Essig, das Salz und den Pfeffer zufügen. Das Öl zuerst tropfenweise, dann teelöffelweise unterrühren. Die Sauce wird dick wie eine Mayonnaise. Die Knoblauchsauce zuletzt noch mit Salz, Pfeffer und Zitronensaft abschmecken.

Paßt gut zu: gedünstetem Gemüse, gekochten Eiern, gedünstetem Fisch oder gekochtem Rindfleisch

Raffiniert

Chaudeau
Weinschaumsauce

3 Eier	Pro Person etwa:
100 g Zucker	840 Joule
1 Teel. Speisestärke	200 Kalorien
¼ l Weißwein	
2 Teel. Zitronensaft	Garzeit:
½ Teel. abgeriebene Zitronenschale	10 Minuten

2 Eier in Eigelbe und Eiweiße trennen. Die Eigelbe mit dem ganzen Ei, dem Zucker und der Speisestärke in einem kleinen Topf schaumig rühren. Den Weißwein und den Zitronensaft zufügen, den Topf ins heiße – nicht kochende – Wasserbad stellen und so lange schlagen, bis eine cremige Masse entstanden ist. Die Creme im Wasserbad warm halten, aber vom Herd nehmen. Die Eiweiße zu steifem Schnee schlagen, unter die warme Sauce ziehen und diese sofort servieren.

Paßt gut zu: Pudding, Roter Grütze, Dampfnudeln oder gut gekühltem Obstsalat

Vanillesauce

½ l Milch	Pro Person etwa:
1 ½ Eßl. Speisestärke	630 Joule
1 Eigelb	150 Kalorien
2 Eßl. Zucker	Garzeit:
½ Vanilleschote	5 Minuten

Von der Milch 4 Eßlöffel abnehmen und die Speisestärke mit dem Eigelb mit der Milch verrühren. Die übrige Milch mit dem Zucker in einem Topf mischen. Die Vanilleschote aufschneiden, das Mark mit einem Messerrücken herausstreichen und zur Milch geben. Die Milch unter Rühren zum Kochen bringen, die angerührte Speisestärke in die Milch geben und einmal aufkochen lassen. Die Sauce vom Herd nehmen und unter wiederholtem Umrühren erkalten lassen.

Paßt gut zu: Roter Grütze, dickgekochtem Rhabarberkompott, Schokoladenflammeri oder Pudding

Karamelsauce

75 g Zucker	Pro Person etwa:
etwa ½ Tasse Wasser	920 Joule
½ l Milch	220 Kalorien
1 leicht gehäufter Eßl. Speisestärke	Garzeit: 5 Minuten
1 Eigelb	
½ Päckchen Vanillinzucker	
2 Eßl. Schlagsahne	

Den Zucker in einen Topf geben und unter ständigem Rührern bei milder Hitze langsam hell- bis mittelbraun karamelisieren. Damit der Zucker nicht weiter bräunt, den Topf sofort vom Herd ziehen und das Wasser zugießen. Vorsicht, es entwickelt sich starker Dampf! Den Topf zurück auf die Kochstelle schieben und auf milde Hitze schalten. Wenn sich der Zucker gelöst hat, ⅜ l Milch zugießen und unter Rühren erhitzen. Die restliche Milch mit der Speisestärke, dem Eigelb und dem Vanillinzucker verrühren, in die kochende Karamelmilch rühren und einige Male aufkochen lassen. Bis zum Abkühlen gelegentlich umrühren, damit sich keine Haut bildet. Die Schlagsahne unterheben.

Paßt gut zu: gekochtem Pudding, Auflauf, Ananaskompott oder Eiscreme

Süße Desserts

Das süße Dessert ist der krönende Abschluß einer gepflegten Mahlzeit. Phantasievoll angerichtet macht es jedes Essen zum Festmenü und Schlemmergericht.

Das Dessert, ob Pudding, Creme, Eisspeise, flambierte Früchte oder Crêpes rundet eine Mahlzeit ab, es ist das Pünktchen auf dem »i«. Sei es zu Hause am Familientisch oder beim Schlemmen im Restaurant, dem Dessert sehen groß und klein freudig entgegen. Natürlich bestimmen alle vorausgegangenen Speisen eines Essens, wie üppig es ausfallen darf. Um den Familienwunsch nach reichlichen Dessertportionen zu erfüllen, kann der Hauptgang des Essens auch einmal lediglich eine leichte Gemüsesuppe, ein Salat sein. So lassen sich »süße« Wünsche durchaus mit dem Willen zur schlanken Linie vereinen.

Auch Käse reicht man als Dessert. Dieses Kapitel handelt aber vom süßen Abschluß. Rezepte für Obstdesserts, wie Kompott, flambierte Früchte oder Obstsalate finden Sie im Kapitel »Obst aus aller Welt«.

Der »Pudding« ist von Kindertagen an der Inbegriff der Nachspeise. Was man gemeinhin darunter versteht, ist aber kein Pudding, sondern ein Flammeri. Er wird mit Milch, seltener auch mit Sahne oder Wasser, und mit Speisestärke, Grieß, Reis oder anderen Getreideprodukten auf der Herdplatte – der Flamme – gegart und zuletzt kalt serviert.

Der echte Pudding, süß oder salzig, wie ein Fleisch- oder Gemüsepudding, wird im Wasserbad in einer geschlossenen Form gegart, gestürzt und meist warm verzehrt. Jede Auflaufmasse läßt sich wie Pudding im Wasserbad garen und jede Puddingmasse als Auflauf im Backofen backen. Der Pudding hat viel Tradition, aber auch eine lange Garzeit.

Creme ist feiner und eleganter als Flammeri und Pudding. Sie wird im Wasserbad oder bei milder Hitze auf der Herdplatte bis zum Kochen gerührt (abgeschlagen). Ihre Grundsubstanz besteht meistens aus Eiern, Zucker, Sahne oder Milch. Aber auch mit Speisestärke (Puddingpulver) oder Gelatine bereitete abgeschlagene Süßspeisen heißen Cremes.

Garen im Wasserbad: Der Topf mit der Crememasse steht in einem größeren Topf, der etwa zur Hälfte mit Wasser gefüllt ist.

Im Handel gibt es viele verschiedene Fertigmischungen für Flammeris und Cremes (Puddingpulver), die kurze Garzeiten haben oder nur in kalte Milch eingerührt werden müssen (Instant-Puddingpulver).

Eiscremes und Sorbets (Fruchteis ohne Sahne- oder Milchzusatz) gehören zu den beliebtesten Desserts. Industriell hergestelltes Speiseeis unterliegt strengen Bestimmungen und Kontrollen bei der Herstellung, der Verpackung und der Lagerung. Dieses Kapitel enthält Rezepte, nach denen man Eiscreme selbst bereiten kann. Eisdesserts können aber auch mit fertiggekauftem Speiseeis oder mit Eis aus Instantpulver bereitet werden. Eiscremes und Sorbets sind im Gefriergerät mehrere Monate haltbar.

Süße Nachspeisen haben es auf Grund ihres meist hohen Zuckergehaltes in sich. Wenn Sie Kalorien sparen wollen, nehmen Sie statt Zucker flüssigen Süßstoff. Richten Sie sich dabei genau nach der Vorschrift auf der Packung. Wird Süßstoff richtig angewendet, bestehen kaum geschmackliche Unterschiede zwischen den mit synthetischem Süßstoff und den mit Zucker gesüßten Speisen.

Flammeris und Cremes, als Fertigmischung, haben einen geringeren Kalorienwert als selbstzubereitete.

Dessert, hübsch angerichtet

Süßspeisen lassen sich auf vielerlei Arten anrichten und mit wenigen Hilfsmitteln hübsch verzieren.

Für die bei Kindern beliebten Flammeris, die nach dem Erkalten gestürzt werden, gibt es Schüsseln in Gugelhupfform oder in Tierformen. Man kann Flammeris mit Kirschen, Erdbeeren oder anderen frischen Früchten oder auch mit Dosenobst umlegen und mit Fruchtsauce übergießen, mit Schokoladenstreuseln oder geriebenen Nüssen bestreuen.

Gelees mit Schlagsahne – möglichst aus dem Spritzbeutel – und mit frischen Früchten verzieren.

Gelee- und Gelatinespeisen kommen in Glasschalen gut zur Geltung. Verzieren Sie sie mit Schlagsahnetupfen aus dem Spritzbeutel und/oder mit farblich dazupassenden frischen Beeren oder anderem Obst wie Mandarinen- oder Orangenschnitzen. Auch halbierte Walnußkerne eignen sich.

Cremes wirken besonders festlich in hochstieligen, schalenförmigen Gläsern (Sektschalen). Man verziert sie mit kleinen Makrönchen, Schokoladen-Mokkabohnen, einer Spur geraspelter Bitterschokolade, einem Geleetupfen und natürlich auch mit Schlagsahne. Reichen Sie zu zarten Cremes feines Teegebäck.

Zarte Cremes wirken in hochstieligen Gläsern besonders festlich, vor allem wenn man sie reizvoll garniert.

Zum Verzieren von Eiscreme gibt es dünne Eiswaffeln oder Hohlhippen. Außerdem eignen sich frische oder kandierte Früchte, gehackte Pistazien, geraspelte Schokolade, feinzerstoßener Krokant und Schlagsahnetupfen zum Garnieren.

Vom Umgang mit Gelatine

Gelatine hat die Fähigkeit, heiße und kalte Flüssigkeiten zu binden und sogar schnittfest zu machen. Sie ist geschmacksneutral und trübt klare Flüssigkeiten wie Wasser, Wein oder Fruchtsäfte nicht. Gelatine wird gemahlen in Pulverform im Päckchen zu etwa 13 g oder in Blattform, jeweils farblos oder rotgefärbt angeboten; sie schmilzt bei Temperaturen ab 30°C.

Bei Speisen, die mit Gelatine zubereitet werden, muß man sich genau an die Angaben im Rezept halten. Zuviel Gelatine läßt Gelees und Cremes »zäh« werden, zu wenig genügt nicht zum Festwerden oder Gelieren.

Um eine feste Substanz zu erhalten, benötigt man für ½ l Flüssigkeit 1 Päckchen gemahlene oder 6 Blätter Gelatine. Für Geleespeisen, die viel Säure enthalten, wie Zitronensaft, Orangensaft oder auch Essig rechnet man 7 Blätter (14 g) Gelatine.

Blattgelatine quillt rascher, je nach Qualität in 2–10 Minuten, und ist leichter zu dosieren als gemahlene Gelatine. Blattgelatine in kaltem Wasser (etwa 1 l für 6 Blätter) einweichen, quellen lassen, bis auch die Ränder weich sind, das Wasser abgießen, die Gelatine ausdrücken oder in einem Sieb abtropfen lassen. Die Gelatine in heißer – niemals kochender – Flüssigkeit auflösen.

Wird eine Speise mit kalter Flüssigkeit bereitet, wie etwa Sauerrahmspeise, muß die eingeweichte und ausgedrückte Blattgelatine zuvor in etwas heißem Wasser aufgelöst werden. Man nimmt 2 Eßlöffel Wasser für 6 Blätter Gelatine. Gelöste Gelatine mit einigen Eßlöffeln von der Flüssigkeit, aus der die Speise bereitet wird, mischen und das Gelatine-Gemisch unter die restliche Flüssigkeit rühren. Gibt man die gelöste Gelatine direkt in die kalte Flüssigkeit, bilden sich leicht Schlieren, und die Speise wird nicht gleichmäßig fest.

Gemahlene Gelatine muß ebenfalls etwa 10 Minuten quellen. Man rechnet für 1 Päckchen Gelatine 5 Eßlöffel kaltes Wasser. Das Wasser wird von der Gelatine aufgesogen. Die gequollene gemahlene Gelatine bei sehr milder Hitze unter Rühren erwärmen, bis sie flüssig geworden ist, dann weiterverarbeiten wie Blattgelatine.

Zum Stürzen von Geleespeisen die Schüssel vorher kurz in heißes Wasser tauchen, den Rand gegebenenfalls mit einem Messer lockern und auf eine Platte oder auf Dessertteller stürzen.

Würzen mit Vanilleschote

Das Aroma der echten Vanilleschote (Vanillestange) ist feiner als das des synthetischen, aromatisierten Vanillinzuckers. Das Mark der Vanilleschote ist auch intensiver im Geschmack als Vanillezucker, der nicht chemisch aromatisiert wird, sondern einen Anteil von echter Vanille enthält. Deshalb wird die Vanilleschote als Gewürz für Desserts bevorzugt. Man kann sie für Speisen, die gegart werden, aber auch für solche, die aus rohen Zutaten bereitet werden, gleichermaßen gut verwenden. Es gibt dafür zwei Möglichkeiten:

Für Breie, Flammeris und Auflaufmassen die Vanilleschote mit einem spitzen Messer längs aufschlitzen, in die Milch geben, diese zum Kochen bringen und die Vanilleschote entfernen, bevor die Milch gebunden wird.

Für feine Cremes die Vanilleschote aufschlitzen und das Mark mit einem Messerrücken in die Schaummasse oder Milch kratzen. Die feinen Körner des Vanillemarks sind dann als dunkle Punkte in der Speise sichtbar. Diese Methode wendet man auch bei roh zubereiteten Desserts an.

Vor dem Stürzen das Gelee vorsichtig mit einem Messer vom Rand des Förmchens lösen...

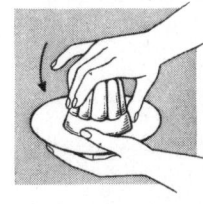
...und auf einen Dessertteller stürzen. Zum Schluß nach Belieben verzieren.

Die Vanilleschote mit einem scharfen, spitzen Messer der Länge nach aufschlitzen...

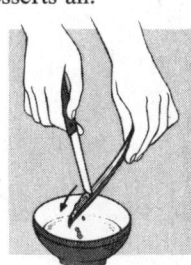
...und das Mark mit dem Messerrücken herauskratzen.

CREMES · FLAMMERI

Vanillezucker, mit dem man beispielsweise Schlagsahne, Quarkcremes, Eierschaum und Kuchenteig aromatisiert, kann selbst zubereitet werden. Dafür 1–2 aufgeschlitzte Vanilleschoten senkrecht in ein Schraubglas stellen, mit Streuzucker auffüllen, bis die Vanilleschoten völlig vom Zucker bedeckt sind, und das Glas verschließen. Nach 8 Tagen hat der Zucker bereits das volle Aroma aufgenommen. Immer wieder neuen Zucker nachfüllen; die Vanilleschoten geben einige Monate lang Aromastoffe ab.

Grundrezept
Vanillecreme

2 Eier
50 g Zucker
1 Vanilleschote
2 ½ Eßl. Speisestärke
½ l Milch
1 Eßl. Schokoladenstreusel

Pro Person etwa:
960 Joule
230 Kalorien

Garzeit:
10 Minuten

Die Eier in Eigelbe und Eiweiße trennen. Die Eigelbe mit dem Zucker in einem Edelstahltopf oder emaillierten Topf mit dem elektrischen Handrührgerät oder dem Schneebesen schaumig rühren. Die Vanilleschote mit einem spitzen Messer aufschlitzen, das Mark herauskratzen und zu der Schaummasse geben. Die Speisestärke in wenig Milch anrühren. Die restliche Milch und die angerührte Speisestärke in die Creme rühren, auf der Herdplatte bei mittlerer Hitze abschlagen, das heißt kräftig rühren, bis die Creme dicklich geworden ist und einige Male aufgekocht hat. Dabei mit dem Schneebesen öfter am Topfboden entlangziehen, damit die Masse nicht anbrennt. Den Topf dann vom Herd nehmen.
Die Eiweiße steif schlagen und nach und nach unter die heiße Vanillecreme ziehen. Die Vanillecreme in eine Schüssel füllen und mit den Schokoladenstreuseln bestreuen.

Unser Tip: Wenn Sie sich langes Rühren ersparen wollen – die Eigelbe und den Zucker in einer Schüssel schaumig schlagen, das Vanillemark, die Speisestärke und ½ Tasse Milch damit verrühren. Die restliche Milch zum Kochen bringen und nach und nach mit dem Schneebesen unter das Eigelbgemisch rühren. Die Creme zurück in den Topf schütten, einige Male aufkochen lassen und den Eischnee nach und nach unterziehen.

Variante 1
Vanille-Obstbecher

250 g Beeren und 1 Eßlöffel Zucker mischen. Die halbe Menge der Zutaten des Grundrezeptes für Vanillecreme bereiten und abwechselnd mit den eingezuckerten Beeren in Gläser oder Schälchen füllen.

Variante 2
Schokoladencreme

Eine Creme wie Vanillecreme, jedoch ohne Vanilleschote, bereiten. 80 g halbbittere Schokolade in kleine Stücke schneiden und in die erwärmte, aber noch nicht kochende Creme rühren; je nach Geschmack mit Rum oder abgeriebener Orangenschale aromatisieren und mit Schlagsahne oder geriebener Schokolade verzieren.

Variante 3
Nußcreme

Eine Vanillecreme wie im Rezept beschrieben bereiten. Anstatt der Vanilleschote jedoch 50 g gemahlene Nüsse in die kalte Milch geben.

Variante 4
Mokkacreme

Eine Vanillecreme wie im Rezept beschrieben zubereiten, anstelle der Vanilleschote jedoch 1 Eßlöffel Kakaopulver mit 1 Eßlöffel Wasser anrühren und mit der kalten Milch mischen. Unter die heiße Creme 4 Teelöffel Instant-Kaffee mischen, den Eischnee unterheben und die fertige Mokkacreme mit Aprikosen- oder Preiselbeerkonfitüre, Mokkabohnen und Schlagsahne verzieren.

Variante 5
Rumcreme

Eine Vanillecreme wie im Rezept beschrieben, jedoch ohne Vanilleschote zubereiten. Die heiße Creme mit 2 bis 4 Eßlöffel Rum mischen, Eischnee unterziehen, und die Creme mit Weinbrandbohnen und Schlagsahne verzieren.

Gelingt leicht
Vanilleflammeri

1 Päckchen Vanille-Puddingpulver
½ l Milch
40 g Zucker

Pro Person etwa:
670 Joule
160 Kalorien

Garzeit:
10 Minuten

Kühlzeit:
3 Stunden

Das Puddingpulver mit 6 Eßlöffel Milch verrühren. Die restliche Milch zum Kochen bringen und den Topf vom Herd nehmen. Das Puddingpulver-Milch-Gemisch in die kochendheiße Milch rühren, den Topf wieder auf die Kochstelle stellen und die Milch unter Rühren einige Male aufkochen lassen. Den Topf vom Herd nehmen und den Zucker unterrühren. Eine Schüssel kalt ausspülen, den Flammeri einfüllen und nach etwa 3 Stunden auf eine Platte stürzen.

Unser Tip: Wenn Sie den Flammeri bis zum Erkalten hin und wieder umrühren, bildet sich keine Haut.

Ananascreme

250 g Ananas aus der Dose
2 Eßl. Speisestärke
80 g Zucker
Saft von 1 Zitrone
¼ l Sahne
1 Eßl. Zucker

Pro Person etwa:
1670 Joule
400 Kalorien

Garzeit:
5 Minuten

Kühlzeit:
60 Minuten

Die Ananas in einem Sieb abtropfen lassen. Den Saft auffangen und, wenn nötig, auf ¼ Liter Flüssigkeit mit Wasser auffüllen. Die Speisestärke mit dem Zucker und dem Saft gut verquirlen, unter Rühren zum Kochen bringen, einmal aufkochen lassen und vom Herd nehmen.
Die Ananasscheiben in sehr kleine Stücke schneiden. 2 Eßlöffel Ananas zum Garnieren aufbewahren. Die übrige Ananas unter die heiße Creme mischen, mit dem Zitronensaft abschmecken und unter öfterem Umrühren abkühlen lassen. 1 Stunde in den Kühlschrank stellen.
Vor dem Servieren die Sahne mit dem Zucker steif schlagen. 4 Eßlöffel Schlagsahne zum Garnieren aufbe-

CREMES · ROTE GRÜTZE

wahren. Die übrige Schlagsahne unter die kalte Creme ziehen, diese in Schälchen füllen und mit Schlagsahne und Ananasstückchen garnieren.

Quark-Sanddorn-Creme

1/8 l Milch
200 g Magerquark
3 Eßl. Honig
4 Eßl. ungesüßter Sanddornsaft
50 g Cashewkerne

Pro Person etwa:
800 Joule
190 Kalorien

Die Milch nach und nach zum Quark geben und die Masse mit dem Honig und dem Sanddornsaft schaumig schlagen.
Die Hälfte der Cashewkerne mahlen, unter die Quarkmasse mengen und kühl stellen. Die Creme zum Servieren in Gläser füllen. Die restlichen Nüsse feinblättrig schneiden und die Portionen der Quark-Sanddorn-Creme damit verzieren.

Quarkcreme mit Früchten

Zutaten für 6 Personen:
250 g frische oder tiefgefrorene Erdbeeren oder andere Beeren
1 Eßl. Zucker
1/8 l Milch
500 g Magerquark
4 Eßl. Zucker
Saft von 1 Zitrone
1/8 l Sahne

Pro Person etwa:
880 Joule
210 Kalorien

Garzeit:
10 Minuten

Die Beeren verlesen, waschen, die Stiele abzupfen – größere Beeren zerschneiden – und mit dem Zucker mischen. Tiefgefrorene Beeren auftauen lassen und mit dem Zucker mischen. Die Milch etwas erwärmen und mit dem Quark, dem Zucker und dem Zitronensaft schaumig rühren. Die Sahne steif schlagen und unter die Quarkcreme heben. Die Creme mit den Beeren mischen und mit einigen zurückbehaltenen Früchten verzieren.

Unsere Tips: Die Hälfte der Beeren pürieren und zusammen mit den ganzen Früchten unter die Quarkcreme rühren.
Für Erwachsene die Quarkcreme – je nach verwendeten Früchten – mit Kirschwasser, Himbeergeist oder anderen Spirituosen aromatisieren.

Sauerrahmspeise

1/4 l saure Sahne
2 Becher Magermilchjoghurt
125 g Zucker
1 Päckchen Vanillinzucker
Saft von 1 Zitrone
2 Eßl. Rum, Arrak oder Kirschwasser
6 Blätter farblose Gelatine
1 l Wasser

125 g Erdbeeren, Himbeeren oder Kirschen

Pro Person etwa:
1000 Joule
240 Kalorien

Zeit zum Gelieren:
1 1/2 Stunden

Die saure Sahne mit dem Joghurt, dem Zucker, dem Vanillinzucker und dem Zitronensaft mischen und mit dem Rum, dem Arrak oder dem Kirschwasser abschmecken.
Die Blattgelatine in etwa 1 Liter kaltem Wasser einweichen, 10 Minuten quellen, in einem Sieb abtropfen lassen und erwärmen, bis sie flüssig ist. Den Topf vom Herd nehmen und einige Eßlöffel Sauerrahmgemisch mit der flüssigen Gelatine vermengen, dieses mit dem Schneebesen unter das Sauerrahmgemisch rühren. Die Sauerrahmspeise in kalt ausgespülte Schälchen füllen und in 1 1/2 Stunden im Kühlschrank erstarren lassen. Die Erdbeeren, Himbeeren oder Kirschen waschen, gegebenenfalls von den Stielen und den Steinen befreien, abtropfen lassen und die Speise damit verzieren.

Variante 1
Sauerrahmspeise mit Früchten

Die Rahmspeise wie im Rezept beschrieben bereiten und so lange kalt stellen, bis sich ein etwa 5 cm breiter, gelierter Rand gebildet hat. Dann 375 g nicht zu klein geschnittene, frische Früchte unterrühren und die Speise weiter gelieren lassen.

Variante 2
Ambrosia-Creme

Die Sauerrahmspeise wie im Rezept beschrieben, jedoch mit 3 Blättern farbloser und 3 Blättern roter Gelatine, bereiten. Die Creme vor dem Gelieren mit 2–3 Eßlöffel Rum und 50 g geriebenen Nüssen oder in Würfel geschnittenem Obst mischen.

Zitronencreme

1 Päckchen gemahlene farblose Gelatine
1/2 Tasse Wasser
3 Stück Würfelzucker
Schale von 1 Zitrone
2 Eier
175 g Zucker
Saft von 2 Zitronen
1/4 l Apfelsaft oder Weißwein

1/8 l Sahne
2 Mandarinen oder 1 Orange

Pro Person etwa:
1590 Joule
380 Kalorien

Zeit zum Gelieren:
1 1/2 Stunden

Die Gelatine mit dem Wasser verrühren und 10 Minuten quellen lassen. Den Würfelzucker an der Zitronenschale reiben, bis er gelb geworden ist. Die Eier in Eiweiße und Eigelbe trennen. Die Eigelbe mit dem Würfelzucker und dem Zucker in einer Schüssel schaumig rühren. Die Zitronen auspressen, den Saft durchseihen und mit dem Apfelsaft oder dem Weißwein zur Schaummasse geben. Die gequollene Gelatine erwärmen, bis sie aufgelöst ist, und nach und nach unterrühren. Die flüssige Creme kühl stellen, bis sich ein etwa 5 cm breiter gelierter Rand gebildet hat. Eiweiße und Sahne steif schlagen und unter die gelierte Speise heben. In eine kalt ausgespülte Glasschale füllen und im Kühlschrank erstarren lassen. Die Mandarinen oder die Orange schälen, in Scheiben schneiden und die Creme damit garnieren.

Unser Tip: Üppiger und wohlschmeckender wird die Zitronencreme, wenn Sie 5 Eier dazu verwenden.

Ein beliebtes Fruchtdessert, das seit Generationen bekannt und als Nachtisch begehrt ist. Zu Großmutters Zeiten gab man zur Geschmacksabrundung »1 Quart Rheinwein« dazu.

Rote Grütze

Bild Seite 396/397

250 g Johannisbeeren
250 g Himbeeren
1 Tasse Wasser
100 g Zucker
2 1/2 Eßl. Speisestärke
1 Eßl. Zitronensaft

Pro Person etwa:
750 Joule
180 Kalorien

Garzeit:
15 Minuten

Kühlzeit:
1 1/2 Stunden

Die Beeren verlesen, waschen, die Stiele abzupfen; einige Beeren zum Garnieren aufbewahren. Das übrige

WEINGELEE · CRÈME BAVAROISE

Obst mit dem Wasser ein paarmal aufkochen lassen und durch ein Sieb streichen. ½ Liter von diesem Fruchtmark abmessen, in einen Topf schütten, mit dem Zucker vermengen und wieder erhitzen.

Die Speisestärke mit kaltem Wasser anrühren, unter ständigem Rühren zu der Fruchtmasse geben und so lange aufkochen lassen, bis diese wieder klar ist. Dabei gut umrühren. Den Topf vom Herd nehmen, die Fruchtcreme mit dem Zitronensaft abschmecken, in eine kalt ausgespülte Schale füllen und abkühlen lassen. Vor dem Servieren mit den zurückbehaltenen Beeren verzieren.

Dazu schmeckt: Vanillesauce oder flüssige Sahne.

Etwas schwierig
Orangen-Weingelee

Bild Seite 395

1 Zitrone	⅛ – ¼ l Weißwein
1 Orange	⅛ l Sahne
⅛ l Wasser	1 Eßl. Puderzucker
125 g Zucker	
1 Päckchen gemahlene farblose Gelatine	Pro Person etwa: 1380 Joule 330 Kalorien
1 Teel. gemahlene rote Gelatine	
6 Eßl. Wasser	Zeit zum Gelieren: 2 Stunden
Saft von 4 Orangen	

Die Zitrone, die unbehandelt sein muß, waschen, sehr dünn schälen, den Saft auspressen und in einen Meßbecher schütten. 1 unbehandelte Orange ebenfalls sehr dünn schälen. Die Zitronen- und Orangenschalen mit dem Wasser und dem Zucker bei milder Hitze 10 Minuten kochen.

Inzwischen die farblose und die rote Gelatine mit 6 Eßlöffel Wasser anrühren und 10 Minuten quellen lassen. Den heißen Sud aus den Zitronen- und Orangenschalen durch ein Sieb zur gequollenen Gelatine gießen, umrühren, bis diese aufgelöst ist. Den Saft von 4 Orangen zum Zitronensaft in den Meßbecher gießen, den Gelatine-Sud zufügen und mit dem Weißwein bis zu ½ Liter Flüssigkeit auffüllen. Von diesem Gemisch etwas durch ein Sieb in eine nicht zu große Form gießen – der Boden der Form soll etwa ½ cm hoch davon bedeckt sein – und im Kühlschrank gelieren lassen. Die geschälte Orange in dünne Scheiben schneiden und die Geleeschicht in der Form damit belegen. Die restliche Flüssigkeit darübergießen und die Speise im Kühlschrank fest werden lassen. Die Form kurz in heißes Wasser tauchen und das Orangen-Weingelee auf eine Platte stürzen. Die Sahne steif schlagen, mit dem Puderzucker mischen, in einen Spritzbeutel mit Sterntülle füllen, und das Gelee gefällig damit garnieren.

Raffiniert
Crème bavaroise
Bayerische Creme

Bild Seite 396/397

6 Blätter weiße Gelatine	Pro Person etwa: 1680 Joule
1 Vanilleschote	400 Kalorien
4 Eigelbe	
6 Eßl. Zucker	Zeit zum Gelieren: 2 Stunden
¼ l Milch	
¼ l Sahne	
1 Päckchen Vanillinzucker	

Die Gelatine in 1 Liter kaltem Wasser einweichen und 10 Minuten quellen lassen. Die Vanilleschote längs aufschlitzen und mit dem Messerrücken etwas flachklopfen. Die Eigelbe mit dem Zucker in einer hitzebeständigen Schüssel schaumig rühren, nach und nach die Milch zugießen und zuletzt die Vanilleschote zugeben. In einem Topf so viel Wasser zum Kochen bringen, daß die Schüssel zu ⅔ im Wasser steht. Sobald das Wasser kocht, die Hitze zurückschalten, die Schüssel ins Wasserbad stellen – das Wasser soll nur ganz leicht kochen – und die Creme so lange im Wasserbad rühren, bis sie beginnt, dickflüssig zu werden. Die Vanilleschote entfernen. Die Gelatine ausdrücken, sie in die heiße Creme geben, diese aus dem Wasserbad nehmen und die Gelatine unter Rühren in der Creme auflösen. Die Creme erkalten lassen; dabei öfter umrühren. Die Sahne mit dem Vanillinzucker steif schlagen, etwas Schlagsahne zum Verzieren zurückbehalten und den Rest unter die bereits abgekühlte Creme ziehen. Die Creme in kleine, kalt ausgespülte Förmchen füllen und im Kühlschrank völlig erstarren lassen. Die Förmchen vor dem Servieren kurz in heißes Wasser tauchen, den Rand der Creme mit einem Messer lösen, diese auf Portionsteller stürzen und mit der restlichen Schlagsahne verzieren.

Zum Bild rechts:

Ein Orangen-Weingelee bietet Gaumen und Augen gleichermaßen einen Hochgenuß. Dieses Dessert ist so gut, daß es den krönenden Abschluß eines Festmahls – sowohl eines offiziellen als auch eines familiären – bilden könnte. Das Gelee gelingt mit Sicherheit, wenn Sie die Zutaten dafür exakt abmessen. Das Rezept finden Sie auf dieser Seite.

Zur folgenden Doppelseite:

Mousse au chocolat (links), zu deutsch Schokoladenschaum, ist auf der Speisekarte jedes guten Restaurants zu finden. Mit Sahne bereitet, ist sie eine äußerst üppige Nachspeise, mit Eischnee verliert sie etwas von ihrer Gewichtigkeit, schmeckt aber dennoch verführerisch. Wenn Sie erwachsene Gäste mit einer Mousse au chocolat erfreuen wollen, parfümieren Sie die Eigelb-Schokoladen-Creme mit einem Gläschen Cognac, bevor Sie Schlagsahne oder Eischnee unterziehen. Das Rezept finden Sie auf Seite 399.

Rote Grütze (Mitte) ist in allen Ländern bekannt und beliebt, in denen Himbeeren und Johannisbeeren reifen. Im Sommer schmeckt die erfrischende, fruchtige Speise auch am besten. Mit Speisestärke gebunden bekommt die Grütze eine cremartige Konsistenz, mit Sago oder Grieß erhält sie eine etwas gröbere Beschaffenheit, die das Charakteristikum einer Grütze ist. Das Rezept finden Sie auf Seite 393.

Die Crème bavaroise (rechts) – eines der beliebtesten kalten süßen Desserts – ist die Grundform der feinen mit Gelatine bereiteten Cremes. Sie ist vielseitig abwandelbar. Mit Instant-Kaffeepulver wird sie zu Mokkacreme, mit Schokoladensirup oder zerlassener Blockschokolade zu Schokoladencreme. Mischen Sie die Masse, bevor sie erstarrt, zur Abwechslung auch einmal mit frischen Beeren, mit gehackten Mandeln oder ziehen Sie Pistazien und mit Maraschinolikör beträufelte Biskuitbrösel darunter. Wunderbar schmeckt die Crème bavaroise mit einer Fruchtsauce. Das Rezept finden Sie auf dieser Seite.

PUDDINGS · MOUSSE · KARAMELCREME

Zum Bild links:

Mit Eis-Desserts lassen sich im Handumdrehen kalte, heißbegehrte Träume zaubern, mit denen überraschender Besuch verwöhnt oder Ihr eigener Appetit auf eine besondere Süßspeise gestillt werden kann. Man braucht dazu nur eine Packung Speiseeis, die man im Gefrierfach des Kühlschranks oder besser noch im Gefriergerät vorrätig hält. Natürlich schmeckt Eiscreme besonders gut, wenn man sie selbst bereitet. Außerdem benötigt man für einen Eisbecher Früchte, am besten frische, die mit dem Eis zusammen in Kelchgläser oder hochstielige Glasschalen gefüllt werden. Mit ein paar Beeren oder Fruchtstücken, mit Schlagsahne, Schokoladenraspeln oder -streuseln, Nüssen jeder Art und kandierten Kirschen, lassen sich die Becher hübsch verzieren. – Dabei sollte man achtgeben, daß die einzelnen Zutaten auch geschmacklich miteinander harmonieren, angefangen beim Eis und den Früchten. Einen Eisbecher mit Mokkaeis verziert man beispielsweise passend mit Schokoladen-Mokkabohnen und einem Hauch Instant-Kaffeepulver, einen aus Himbeeren und Fruchteis mit einigen besonders schönen Himbeeren oder einem Tupfen Himbeerpüree. Fruchteisbecher für Erwachsene können mit einem Gläschen Obstschnaps wie Kirsch- oder Himbeergeist, mit etwas Rum oder einem passenden Likör parfümiert werden. Für Eisbecher, die keine Früchte enthalten, eignet sich zu diesem Zweck außer Likören auch Cognac.
Rezepte für Eis-Desserts finden Sie auf den Seiten 401 bis 403.

Kabinettpudding

Für die Form:
1 Eßl. Butter

Für den Pudding:
250 g Aprikosenhälften aus der Dose
50 g Rosinen
250 g Löffelbiskuits oder Gebäckreste

½ l Milch
2 Eßl. Zucker
4 Eier

Pro Person etwa:
2260 Joule
540 Kalorien

Garzeit:
60 Minuten

Die Butter zerlassen und die Form und den Deckel damit auspinseln. Die Aprikosen in einem Sieb abtropfen lassen. Die Rosinen warm waschen und abtropfen lassen. Die Biskuits oder die Gebäckreste in Stücke brechen und mit den Rosinen und den Aprikosenhälften lagenweise in die Puddingform schichten.
Die Milch mit dem Zucker und den Eiern schaumig schlagen, in die Puddingform gießen und 30 Minuten durchziehen lassen.
Einen hohen Topf mit so viel Wasser füllen, daß die Form bis zu ²/₃ ihrer Höhe im Wasser steht. Das Wasser erhitzen, die Puddingform fest verschließen, den Pudding im leicht sprudelnd kochenden Wasserbad in etwa 60 Minuten garen, etwas abkühlen lassen und auf eine Platte stürzen.

Dazu schmeckt: Weinschaumsauce

»Mohr im Hemd«
Schokoladenpudding mit Vanillesauce

Für die Form:
1 Eßl. Butter

Für den Pudding:
120 g ungeschälte Mandeln oder Haselnußkerne
1 Tafel halbbittere Schokolade
50 g Butter
5 Eier
100 g Zucker

eventuell
1 Eßl. Semmelbrösel

Pro Person etwa:
2720 Joule
650 Kalorien

Garzeit:
50 Minuten

Die Butter zerlassen und die Puddingform und den Deckel damit auspinseln. Die Mandeln oder die Haselnüsse und die Schokolade feinreiben. Die Butter in einer Schüssel schaumig rühren. Die Eier in Eiweiße und Eigelbe trennen. Die Eigelbe nach und nach wechselweise mit dem Zucker unter die Butter rühren und mit den geriebenen Mandeln oder Nüssen und der Schokolade mischen. Die Masse soll langsam reißend vom Löffel fallen. Wenn sie zu weich ist, etwa 1 Eßlöffel Semmelbrösel unterrühren.
Einen hohen Topf so weit mit Wasser füllen, daß die Puddingform bis zu ²/₃ ihrer Höhe im Wasser steht. Das Wasser erhitzen. Die Eiweiße zu steifem Schnee schlagen, unter die Schokoladenmasse heben; die Puddingform damit füllen und mit dem Deckel verschließen. Die Form ins leicht sprudelnd kochende Wasserbad stellen und den Pudding in etwa 50 Minuten garen. Die Form abkühlen lassen und den »Mohren« auf eine Platte stürzen. Als »Hemd« Vanillesauce darüber gießen.

Raffiniert
Mousse au chocolat

Bild Seite 396/397

100 g halbbittere Kuvertüre oder Blockschokolade
2 Eßl. Butter
3 Eier
3 Eßl. Zucker

Pro Person etwa:
1210 Joule
290 Kalorien

Zeit zum Erstarren:
60 Minuten

Die Kuvertüre mit der Butter im Wasserbad oder bei sehr milder Hitze auf der Herdplatte schmelzen und etwas abkühlen lassen. Oder die Blockschokolade reiben und mit der Butter schmelzen lassen.
Die Eier in Eigelbe und Eiweiße trennen. Die Eigelbe mit 2 Eßlöffel Zucker sehr schaumig rühren. Die Eiweiße mit dem restlichen Zucker zu sehr steifem Schnee schlagen. Die Schokoladenmasse unter den Eigelbschaum ziehen und den Eischnee unterheben. In einer Schüssel oder in Dessertschälchen im Kühlschrank in etwa 60 Minuten fest werden lassen.

Unser Tip: Mousse au chocolat kann man bis zu 24 Stunden zugedeckt im Kühlschrank aufbewahren.

Etwas schwierig
Echte Karamelcreme

4 Eßl. Zucker
¼ l Milch
½ Vanilleschote
3 Eier
1 Prise Salz
2 Eßl. Zucker
⅛ l Sahne
1 Eßl. Puderzucker

Pro Person etwa:
1400 Joule
330 Kalorien

Garzeit:
30 Minuten

PUDDINGS · CHARLOTTE MALAKOFF

Für dieses Rezept brauchen Sie 4 gleich große, feuerfeste Förmchen. Den Zucker in einer Kasserolle unter Rühren schmelzen und etwas bräunen lassen. Die Förmchen mit kaltem Wasser ausspülen, den karamelisierten Zucker hineingeben und die Förmchen so drehen und schwenken, daß die Innenwände ganz mit Karamel überzogen sind.

Die Innenwände der Förmchen gleichmäßig mit karamelisiertem Zucker überziehen.

Den Backofen auf 175° vorheizen. Die Milch mit dem Mark der Vanilleschote erhitzen. Die Eier mit dem Salz und dem Zucker schaumig rühren und die heiße Milch nach und nach unter ständigem Rühren mit dem Schneebesen zur Schaummasse gießen. Die Schälchen damit füllen und in eine feuerfeste Form stellen. So viel heißes Wasser einfüllen, daß die Förmchen zu 2/3 im Wasser stehen und die Karamelcreme in etwa 30 Minuten im Wasserbad auf der mittleren Schiebeleiste im Backofen stocken lassen. Die gegarte Creme abkühlen und dann im Kühlschrank kalt werden lassen. Die Sahne mit dem Puderzucker steif schlagen. Zum Servieren die Creme auf Dessertteller stürzen und mit der Schlagsahne verzieren.

Haselnußpudding

Für die Form:
1 Eßl. Butter
2 Eßl. Semmelbrösel

Für die Puddingmasse:
100 g ungeschälte Haselnußkerne
3 Eier
3 Eßl. Wasser
125 g Zucker
1 Päckchen Vanillinzucker

abgeriebene Zitronenschale
50 g Mehl
50 g Speisestärke
1 Teel. Backpulver

Pro Person etwa:
2090 Joule
500 Kalorien

Garzeit:
60 Minuten

Die Butter zerlassen, die Puddingform und den Deckel damit auspinseln und mit den Semmelbröseln ausstreuen. Für die Biskuitmasse die Haselnüsse reiben. Die Eier in Eiweiße und Eigelbe trennen. Die Eiweiße mit dem Wasser in einer Schüssel zu Schnee schlagen. Nach und nach den Zucker und den Vanillinzucker einrieseln lassen und weiterschlagen, bis die Masse glänzt. Die Eigelbe in einer Tasse verrühren und mit der abgeriebenen Zitronenschale auf den Eischnee geben. Das Mehl, die Speisestärke und das Backpulver auf die Eimasse sieben. Die geriebenen Nüsse daraufgeben und alles mit dem Rührlöffel unter den Eischnee ziehen. Die Biskuitmasse in die Form füllen, den Deckel schließen und in einen hohen Topf stellen. Seitlich kaltes Wasser bis unter den Deckelrand der Form zugießen. Das Wasser erhitzen und den Pudding im leicht sprudelnd kochenden Wasser in etwa 60 Minuten garen und auf eine Platte stürzen.

Dazu schmeckt: Schlagsahne, Vanillesauce oder Weinschaumsauce

Weihnachten ohne den traditionellen »Christmaspudding« ist für die Briten kaum vorstellbar. Lassen Sie sich durch die lange Garzeit nicht von diesem Kocherlebnis abhalten.

Plumpudding

Zutaten für 20 Personen:

Für die Puddingmasse:
250 g frisches Rindernierenfett
2 Eßl. Mehl
125 g Zitronat
125 g Orangeat
125 g Rosinen
125 g Korinthen
250 g Semmelbrösel
250 g Zucker
75 g Mehl
1/2 Teel. gemahlener Zimt
1/2 Teel. geriebene Muskatnuß

1/4 l Weinbrand
3 Eier

Für die Form:
1 Eßl. Butter
2 Eßl. Semmelbrösel

Zum Flambieren:
1/2 Tasse hochprozentiger Rum

Pro Person etwa:
1420 Joule
340 Kalorien

Garzeit:
3–4 Stunden

Das Rinderfett durch den Fleischwolf drehen oder fein hacken und mit dem Mehl mischen. Das Zitronat und Orangeat feinhacken. Die Rosinen und die Korinthen mit heißem Wasser waschen und gut abtropfen lassen. Das mit dem Mehl gemischte Rinderfett, das Zitronat, das Orangeat, die Rosinen, die Korinthen, die Semmelbrösel, den Zucker, das Mehl, den Zimt, den Muskat, den Weinbrand und die Eier in einer großen Schüssel verkneten.
Die Butter zerlassen, die Form damit ausstreichen und mit den Semmelbröseln ausstreuen. Den Teig einfüllen.

Die Form verschließen, in einen hohen Topf stellen und so viel Wasser zugießen, daß es unter den Deckelrand der Form reicht. Den Pudding im leicht sprudelnd kochenden Wasserbad in etwa 3–4 Stunden garen. Den heißen Pudding auf eine feuerfeste Platte stürzen, mit dem Rum begießen, anzünden und brennend servieren.

Beilage: Weinschaumsauce

Unsere Tips: Der Plumpudding schmeckt am besten, wenn er 3–4 Wochen durchziehen kann. Man wickelt den erkalteten Pudding gut in Alufolie und bewahrt ihn im Kühlschrank auf. Vor dem Servieren 1 Stunde in der Puddingform im Wasserbad erhitzen.
Der Plumpudding kann auch wie ein Serviettenkloß zubereitet werden. Die Puddingmasse als Kloß in eine bemehlte Serviette einbinden und 3–4 Stunden im Wasserdampf garen. Man bindet dazu das Tuch an einer Schnur fest, die man von Topfgriff zu Topfgriff spannt.

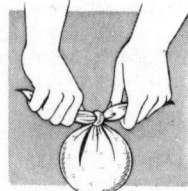 

Die Plumpuddingmasse rund formen und in eine mit Mehl bestreute Serviette einbinden.

Den Puddingkloß in der Serviette an einer Schnur festbinden und diese straff gespannt an den Topfhenkeln befestigen.

»Malakoff« – ein berühmter Name, der in der feinen Küche mit der bekannten Malakoff-Torte Einzug hielt.

Etwas schwierig

Charlotte Malakoff

250 g Löffelbiskuits
2 Päckchen farblose, gemahlene Gelatine
1/8 l Wasser
4 Eier
40 g Kakaopulver
1/2 l Milch
125 g Zucker
1 Päckchen Vanillinzucker
1/4 l Sahne

2 Teel. Zucker
2 Eßl. kandierte oder frische Kirschen

Pro Stück etwa:
1170 Joule
280 Kalorien

Zeit zum Gelieren:
2–3 Stunden

CHARLOTTE ROYAL · SABAYON · SAHNEEIS

Den Rand einer Springform von 24 cm Durchmesser auf eine Tortenplatte legen. An einem Ende der Löffelbiskuits etwa 1 cm abschneiden und die Abschnitte aufbewahren. Die Löffelbiskuits aufrecht nebeneinander um den inneren Rand der Springform stellen. Den Boden der Platte ebenfalls mit Löffelbiskuits belegen.

Die Löffelbiskuits aufrecht dicht nebeneinander um den inneren Rand der Springform stellen.

Die Gelatine in dem Wasser 10 Minuten quellen lassen. Die Eier in Eigelbe und Eiweiße trennen. Die Eigelbe mit dem Kakaopulver, der Milch, dem Zucker und dem Vanillinzucker in einer Kasserolle gut mischen, bei milder Hitze cremig rühren und vom Herd nehmen. Die gequollene Gelatine unter Rühren in der heißen Creme auflösen. Die Creme abgekühlt in den Kühlschrank stellen, bis sich ein etwa 5 cm breiter, gelierter Rand gebildet hat.
Die Eiweiße und die Hälfte der Sahne steif schlagen und beides mit den Löffelbiskuit-Abschnitten unter die Creme ziehen. Die Creme in den Springformrand füllen und 2–3 Stunden im Kühlschrank erstarren lassen. Vor dem Servieren die restliche Sahne mit dem Zucker steif schlagen. Frische Kirschen waschen und entsteinen.
Den Springformrand abnehmen und die Charlotte Malakoff mit der Schlagsahne und mit den Kirschen verzieren. Die Charlotte wie eine Torte in 12 Stücke schneiden.

Süßspeisen mit der Bezeichnung »Charlotte« erhielten ihren Namen von der englischen Königin Charlotte, der Frau Georgs III. Diese Süßspeisen wurden damals in einer zylindrischen Form, der »Charlottenform«, zubereitet. Die Form legte man dabei mit Biskuits oder Waffeln aus, bevor sie mit Gelee, Cremes oder Eis gefüllt wurde.

Etwas schwierig

Charlotte royal

Für das Backblech und für die Form:
1 Eßl. Butter

Für die Biskuitrolle:
4 Eier
125 g Zucker
1 Prise Salz
1 Vanilleschote
100 g Mehl
1 Päckchen Vanillepuddingpulver
500 g Kirschkonfitüre

Für die Creme:
6 Blätter farblose Gelatine
1/4 l Weißwein
100 g Zucker
1 Eßl. Zitronensaft
1 Prise Salz
1/4 l Sahne

Die Butter zerlassen. Mit der Hälfte der Butter 1 Stück Pergamentpapier einfetten und ein Backblech damit auslegen. Mit dem Rest der Butter eine Timbale-Form (Kesselform), die etwa 2 Liter faßt, ausstreichen.
Den Backofen auf 225° vorheizen.
Die Eier in Eiweiße und Eigelbe trennen. Die Eigelbe mit der Hälfte des Zuckers, dem Salz und dem Mark der Vanilleschote schaumig rühren. Die Eiweiße zu Schnee schlagen, dann den restlichen Zucker einrieseln lassen und weiterschlagen, bis der Eischnee steif ist. Den Eischnee auf die Eigelbmasse geben, das Mehl mit dem Backpulver und dem Vanille-Puddingpulver darübersieben und beides unter die Eigelbmasse heben.
Den Biskuitteig nun gleichmäßig auf das Pergamentpapier streichen und in etwa 8 Minuten auf der mittleren Schiebeleiste im Backofen goldgelb backen. Die Teigplatte auf ein Küchentuch stürzen und das Pergamentpapier abziehen. Die Teigplatte locker mit einem feuchten Küchentuch bedeckt abkühlen lassen. Die Kirschkonfitüre glattrühren, auf den Biskuitteig streichen, die Teigplatte mit Hilfe des Küchentuches, auf dem sie liegt, aufrollen, in 20 Scheiben schneiden und die Timbale-Form mit 15 Scheiben auslegen. Die Gelatine 10 Minuten einweichen. Den Wein mit dem Zucker, dem Zitronensaft und dem Salz erhitzen. Die Gelatine ausdrücken, in der heißen Flüssigkeit auflösen und im Kühlschrank so lange erstarren lassen, bis sich ein etwa 5 cm breiter Gelierrand gebildet hat. Die Sahne steif schlagen, 4 Eßlöffel zum Garnieren zurückbehalten. Die übrige Schlagsahne unter die gelierende Creme ziehen, in die Form füllen, mit den restlichen Rouladenscheiben belegen und im Kühlschrank völlig erstarren lassen. Die Charlotte auf eine runde Platte stürzen und mit der Schlagsahne und den halbierten Kirschen garnieren.

Zum Garnieren:
6 Cocktailkirschen

Pro Stück etwa:
1090 Joule
260 Kalorien

Backzeit:
8 Minuten

Zeit zum Gelieren:
3 Stunden

Raffiniert

Sabayon
Weinschaum

4 Eigelbe
4 Eßl. Puderzucker
2 Teel. Zitronensaft
2 Tassen Marsalawein

Pro Person etwa:
800 Joule
190 Kalorien

In einem Topf Wasser für das Wasserbad erhitzen. Die Eigelbe mit dem Puderzucker, dem Zitronensaft und dem Wein mit dem Schneebesen mischen. Dann im Wasserbad in wenigen Minuten schaumig rühren. Das Dessert in Gläser füllen und noch lauwarm servieren.

Grundrezept für Eiscreme

Vanille-Sahneeis

1/4 l Milch
1 Vanilleschote
75 g Zucker
3 Eigelbe
1/4 l Sahne

Pro Person etwa:
1510 Joule
360 Kalorien

Gefrierzeit:
2–3 Stunden

Die Milch in einen hohen Topf schütten. Die Vanilleschote aufschlitzen und das Mark mit dem Messerrücken herausstreifen. Das Vanillemark, den Zucker und die Eigelbe gut mit der Milch verrühren. Die Vanillemilch mit dem Schneebesen oder dem elektrischen Handrührgerät so lange schlagen, bis sie heiß ist und etwas cremig wird. Den Topf vom Herd nehmen und die Vanillecreme abkühlen lassen. Die Sahne steif schlagen und unter die Creme ziehen. Die schaumige Masse in Eisschalen geben und im Gefriergerät oder im Verdampferfach des Kühlschrankes in etwa 2–3 Stunden zu Eis werden lassen. Je cm der Schaummasse muß man 1 Stunde Gefrierzeit rechnen.

Unsere Tips: Um besonders cremiges und glattes Speiseeis zu erhalten, füllt man das erst halb gefrorene Eis in eine Schüssel und rührt es mit dem elektrischen Rührgerät cremig. Anschließend wieder in die Eisschalen geben; noch einmal 1–2 Stunden gefrieren lassen.
Um Mokka-Eis zu bereiten, die heiße Vanillecreme mit 2 Eßlöffel Instant-Kaffeepulver verrühren.

EIS-DESSERTS

Frucht-Sahneeis

500 g reife Früchte
wie Erdbeeren,
Himbeeren, Apri-
kosen, Pfirsiche
oder Ananas
2–3 Eßl. Zucker
1–4 Teel. Zitronen-
saft
¼ l Sahne

Pro Person etwa:
1170 Joule
280 Kalorien

Gefrierzeit:
2–3 Stunden

Die Früchte waschen, putzen – Aprikosen und Pfirsiche häuten und die
Ananas auslösen – und in Stücke
schneiden; im Mixer zerkleinern oder
durch ein Sieb drücken, mit dem
Zucker mischen und je nach Fruchtsorte mit 1–4 Teelöffel Zitronensaft
abschmecken.
Die Sahne steif schlagen und unter
den Fruchtbrei heben. Das Sahne-
Frucht-Gemisch in Eisschalen füllen
und im Gefriergerät oder im Verdampferfach des Kühlschrankes in
2–3 Stunden zu Eis werden lassen.

Unsere Tips: Ein zur Obstsorte passender Likör oder Branntwein unterstreicht den Geschmack von Fruchteis; z.B. 1 Eßlöffel Himbeergeist mit
den pürierten Himbeeren mischen,
oder Aprikoseneis mit Marillenlikör
verfeinern.
Kleine Obststücke oder Beeren sehen
unter dem Frucht-Sahneeis besonders
dekorativ aus: 2–3 Eßlöffel Beeren
oder kleingeschnittene Früchte mit
1 Eßlöffel Zucker und 1 Eßlöffel
Rum mischen, etwa 1 Stunde durchziehen lassen und dann mit der
Fruchtsahnemasse mischen. Die mit
Rum getränkten Früchte gefrieren
wegen ihres Alkoholgehalts nicht.

Nußeis

65 g Haselnüsse
2 Eigelbe
100 g Zucker
¼ l Milch
¼ l Sahne

Pro Person etwa:
1970 Joule
470 Kalorien

Gefrierzeit:
2–3 Stunden

Die Nüsse in einer Pfanne bei mittlerer Hitze unter ständigem Rühren so
lange rösten, bis sie hellbraun sind.
Dann auf ein Tuch schütten und die
Haut mit dem Tuch abreiben. Die
Nüsse mahlen.
Die Eigelbe mit dem Zucker in einem
hohen Topf schaumig rühren und die
geriebenen Nüsse und die Milch zugeben. Die Nußmilch bei mittlerer
Hitze mit dem elektrischen Handrührgerät oder dem Schneebesen so
lange schlagen, bis sie heiß und cremig wird. Den Topf vom Herd nehmen und die Creme abkühlen lassen.
Die Sahne steif schlagen, unter die
Creme heben, in Eisschalen füllen
und im Gefriergerät oder im Verdampferfach des Kühlschrankes in
2 Stunden zu Eis werden lassen.

Unser Tip: Die Creme ohne geriebene Nüsse herstellen und zuletzt mit
1–2 Eßlöffel fertig gekaufter, heller
oder dunkler Nußnougatmasse verrühren; abkühlen lassen und die
Sahne unterheben.

Raffiniert
Flammendes Eis

10 Löffelbiskuits
8 Eßl. Rum (12 cl)
4 Pfirsichhälften
aus der Dose
½ Tasse Sauerkir-
schen aus dem Glas
250 g Vanilleeis,
fertig gekauft

250 g Nuß- oder
Erdbeereis,
fertig gekauft
4 Stück Würfelzucker

Pro Person etwa:
1470 Joule
350 Kalorien

Die Löffelbiskuits auf dem Boden einer Flambierpfanne oder einer flachen
feuerfesten Form verteilen und mit
2 Eßlöffel Rum beträufeln. Die Pfirsichhälften und die Sauerkirschen abtropfen lassen. Das Eis in Würfel
schneiden und auf die Löffelbiskuits
häufen. Die Pfirsichhälften darauflegen und die Sauerkirschen zwischen
die Pfirsiche streuen. Auf jede Pfirsichhälfte ein Stück Würfelzucker legen und mit je ½ Eßlöffel Rum tränken. Bei Tisch mit dem restlichen
Rum flambieren.

*Wer die »schöne Helene« original-
getreu genießen möchte, der streue
noch ein paar kandierte Veilchenblü-
ten auf die Schokolade.*

Belle Hélène
Birne Helene

Bild Seite 408

4 Birnenhälften
aus der Dose
⅛ l süße Sahne
½ Päckchen
Vanillinzucker
4 Eßl. Kuvertüre

¼ l Vanilleeis
fertig gekauft

Pro Person etwa:
1210 Joule
290 Kalorien

4 flache Kompottschälchen kühl stellen, damit das Eis darauf nicht zu
rasch zerläuft. Die Birnenhälften abtropfen lassen. Die Sahne mit dem
Vanillinzucker steif schlagen. Die
Kuvertüre dann im Wasserbad
erwärmen. Das Eis in 4 gleich große
Würfel schneiden und in die Kompottschälchen verteilen. Die Birnenhälften mit der Schnittfläche nach unten daraufsetzen und mit der heißen
Kuvertüre überziehen. Die Schokola-
denbirnen mit der Sahne garnieren.

*Die berühmte Sängerin Helene Porta
Mitchell nannte sich – nach ihrer Ge-
burtsstadt Melbourne – Nellie Melba.
Ihr zu Ehren »komponierte« der Pariser
Kochkünstler Auguste Escoffier an-
läßlich einer Lohengrin-Premiere den
»Pfirsich à la Melba«.*

Pfirsich Melba

Bild Seite 408

2 Pfirsiche
1 Tasse Wasser
1 Teel. Zucker
½ Vanilleschote
oder ½ Päckchen
Vanillinzucker
⅛ l Sahne
½ Päckchen
Vanillinzucker
125 g frische oder
tiefgefrorene
Himbeeren

1 Teel. Zucker
¼ l Vanilleeis,
fertiggekauft

Pro Person etwa:
1130 Joule
270 Kalorien

Garzeit:
10 Minuten

Die Pfirsiche kurz in kochendes Wasser tauchen, die Haut abziehen, die
Früchte halbieren und die Steine herauslösen. Die Pfirsiche mit dem Wasser, dem Zucker, dem Mark der Vanilleschote oder dem Vanillinzucker
bei milder Hitze zugedeckt in etwa
10 Minuten weich dünsten und völlig
erkalten lassen.
Die Sahne mit dem Vanillinzucker
steif schlagen. Die Himbeeren verlesen, waschen, abtropfen lassen, im
Mixer pürieren oder durch ein Sieb
streichen – tiefgefrorene Himbeeren
auftauen lassen und pürieren – und
mit dem Zucker süßen. Das Vanilleeis
in kleine Würfel schneiden und in
4 hohe, weite Kelchgläser geben.
Darauf je eine Pfirsichhälfte mit der
Schnittfläche nach unten legen und
mit dem Himbeermark überziehen.
Die Schlagsahne in einen Spritzbeutel
mit weiter Tülle füllen und die Pfirsiche mit Schlagsahnetupfen garnieren.

EIS-DESSERTS

Raffiniert
Eiskaffee Wiener Art

4 Tassen Bohnen-
kaffee
1/8 l Sahne
1 Eßl. Puderzucker
1/4 l Vanilleeis,
  fertiggekauft
1 Teel. Schoko-
  ladenraspeln

Pro Person etwa:
840 Joule
200 Kalorien

Den Bohnenkaffee gut kühlen. Die Sahne mit dem Puderzucker steifschlagen. Das Vanilleeis in kleine Würfel schneiden und in 4 Gläser verteilen. Mit dem Kaffee aufgießen. Die Schlagsahne in einen Spritzbeutel mit weiter Tülle füllen, auf jeden Eiskaffee einen dicken Tupfen Schlagsahne spritzen und die Schokoladenraspeln darüberstreuen. Den Eiskaffee mit Strohhalmen servieren.

Tiefgefrorenes Eis – mit einer Eischneehülle kurz überbacken – ist ein ausgefallener Nachtisch.

Raffiniert
Omelette en surprise
Überbackenes Eis

1/4 l Sahne
5 Eßl. Puderzucker
1 Eigelb
1 Vanilleschote
1 Teel. Instant-
  Kaffeepulver
50 g zartbittere
  Schokolade
2 Eiweiße
100 g Zucker
125 g Löffelbiskuits
  oder Eiswaffeln
einige Kirschen

Pro Person etwa:
2390 Joule
570 Kalorien

Gefrierzeit:
2–3 Stunden

Grillzeit:
1–2 Minuten

Die Sahne mit dem Puderzucker steif schlagen und in 3 Portionen teilen. Eine Portion mit dem Eigelb und dem Mark der Vanilleschote mischen und in eine Eisschale ohne Würfeleinsatz füllen. Die Schale muß so groß sein, daß sie reichlich 1/4 Liter geschlagene Sahne faßt. Die zweite Portion Schlagsahne mit dem Instant-Kaffeepulver mischen und auf die Vanillesahne geben. Die letzte Portion mit der geriebenen Schokolade mischen und auf die Mokkaschicht streichen. Die Eiscreme in das Gefriergerät oder in das Verdampferfach des Kühlschranks stellen und in 2–3 Stunden gefrieren lassen.

Wenn das Sahneeis gefroren ist, die Eiweiße mit dem Zucker zu steifem Schnee schlagen.
Den Grill vorheizen.
Das Eis auf eine Porzellanplatte (besser feuerfeste Platte) stürzen; gegebenenfalls über den Boden der Eisschale kurz lauwarmes Wasser laufen lassen, damit sich der Eisblock leichter löst. Seiten und Oberfläche vom Eis mit den Löffelbiskuits bedecken, mit dem Eischnee bestreichen und mit Kirschen verzieren. Im Grill überbacken, bis sich die Baisermasse goldgelb gefärbt hat.

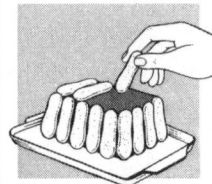

Den Eisblock völlig mit Löffelbiskuits bedecken.

Wenn Sie heiße Maroni (Eßkastanien) mögen – dann sollten Sie dieses Rezept einmal ausprobieren. Kastanieneis ist nichts Alltägliches, sondern etwas für einen besonderen Anlaß. Aber Sie müssen sich bei der Vorbereitung mit Geduld wappnen – Kastanien kochen, mit einer Reihe von Zutaten verarbeiten und gefrieren, das braucht Zeit.

Nesselroder Pudding
Kastanieneis

Für das
Kastanienpüree:
170 g Eßkastanien
2 Tassen Milch
2 Eßl. Zucker

Für den Pudding:
1 Ei
135 g Zucker
3 Tassen Milch
1 Eßl. Butter
1/2 Vanilleschote
35 g Sultaninen
35 g Rosinen
1 Eßl. Zitronat
1/2 Weinglas
  Maraschinolikör

1/8 l Sahne
1 Eßl. Puderzucker
1 Eßl. Maraschino-
  likör

Pro Person etwa:
2390 Joule
570 Kalorien

Garzeit für das
Kastanienpüree:
30 Minuten

Gefrierzeit:
3 Stunden

Den Backofen auf 200° vorheizen. Die Kastanienspitzen kreuzweise einschneiden und im heißen Backofen so lange rösten, bis die Schalen aufspringen. Die Kastanien schälen, in der Milch weich kochen, im Mixer zerkleinern oder durch ein Sieb streichen und den Zucker unterrühren.
Das Ei, den Zucker, die Milch, die Butter und das Mark der Vanilleschote gut verrühren und auf dem Herd bei mittlerer Hitze mit dem elektrischen Handrührgerät oder dem Schneebesen so lange schlagen, bis die Masse heiß und leicht cremig ist. Die Vanillemilch etwas abkühlen lassen und mit dem Kastanienpüree mischen. Die Kastanienmasse in eine Schüssel füllen, mit Folie abdecken und im Gefriergerät oder im Verdampferfach des Kühlschranks etwa 1 Stunde gefrieren lassen (im Verdampferfach dauert es etwa 3 Stunden).
Inzwischen die Sultaninen und die Rosinen waschen, abtropfen lassen, mit dem Zitronat kleinschneiden und mit dem Maraschinolikör beträufeln. Wenn die Eismasse halb gefroren ist, die Früchte untermischen und danach in 2–4 Stunden völlig durchfrieren lassen.
Die Sahne mit dem Puderzucker steif schlagen und mit dem Maraschinolikör abschmecken. Das Eis auf eine Platte stürzen und mit der Schlagsahne verzieren.

Grundrezept für Sorbet
Champagnersorbet

125 g Zucker
2 Tassen Wasser
1/2 Tasse frischer
  Zitronensaft
1/2 l Champagner

Pro Person etwa:
1000 Joule
240 Kalorien

Gefrierzeit:
3 Stunden

Sorbets werden mit Läuterzucker bereitet. Dafür den Zucker so lange mit dem Wasser kochen, bis er völlig gelöst und das Wasser klar ist. Das Zuckerwasser abkühlen lassen und den Zitronensaft zufügen. Die Flüssigkeit in eine Eisschale ohne Würfeleinsatz füllen, mit Folie abdecken und in etwa 3 Stunden im Gefriergerät oder im Verdampferfach des Kühlschrankes bei höchster Kältestufe gefrieren lassen. Wird das Sorbet in der Eismaschine bereitet, die Flüssigkeit erst im Kühlschrank gut durchkühlen, in den Einsatz der Eismaschine füllen und etwa 25 Minuten rühren, bis das Eis fest und trocken aussieht. Wurde das Sorbet im Gefriergerät gefroren, das Eis vor dem Servieren noch einmal kurz mit dem elektrischen Handrührgerät oder dem Schneebesen durchrühren. Sorbets sollen locker und nicht zu fest gefroren sein.
Das Sorbet in 4 gut gekühlte Kelchgläser geben und mit dem Champagner auffüllen.

Wie Obst zum beliebten Gericht, zur Vor- oder Nachspeise wird, zeigt das folgende Kapitel

Obst

Obst sollte man frisch und roh verzehren, besonders wenn es aus dem eigenen Garten stammt, aus nahegelegenen Anbaugebieten kommt oder mit Luftfracht aus exotischen Ländern eingeflogen wurde. Frisch wird es als Tafelobst, als Fruchtsalat, als Ergänzung zu Cremes, Puddings oder Quarkspeisen gereicht. Doch sollte man die schillernde Geschmacksskala bedenken, die Obst herzhaften Speisen, geschmort, gegrillt oder gebraten, als Beilage zu Fleisch vermitteln kann.

Das Wort »Obst« bedeutet eigentlich »Zuspeise« oder »Beilage« und bezog sich ursprünglich auf alle pflanzliche Zukost. Erst zur Zeit Karls des Großen gewinnt das Wort seine heutige engere Bedeutung durch die an Hof- und Klostertafel reichlich als Nach- oder Zuspeise verzehrten Früchte.

Neben dem Hauptanteil Wasser enthält Obst vor allem Kohlenhydrate wie Zucker und Pektine, aber auch Säuren, Mineralstoffe, Vitamine und Geschmacksstoffe. Obst wirkt verdauungsfördernd.

Der Handel bezeichnet als Obst nur Kernobst, Steinobst und Beerenobst. Zum Obst gehören aber auch alle Südfrüchte und exotischen Früchte und – manchem vielleicht ungewohnt – Nüsse und Eßkastanien. Sie zählen zur Gruppe Schalenobst.

Rhabarber, der streng genommen ein Gemüse ist, finden Sie auch in diesem Kapitel; dieses »Obst« wird wegen seines hohen Anteils an Fruchtsäuren stets mit viel Zucker zubereitet und ist als Gemüsebeilage, z.B. zu herzhaften Fleischgerichten, kaum geeignet.

Obwohl die meisten Obstarten, die bei uns angeboten werden, sicher bekannt sind, werden sie hier in Gruppen und alphabetisch geordnet aufgeführt und beschrieben. Dabei wird vor allem auch Wissenswertes über den Einkauf, die Lagerung und die Zubereitung gesagt.

Vom Kernobst

Zu unserem einheimischen Kernobst gehören Äpfel, Birnen und Quitten, Baumfrüchte, deren Samen (Kerne) in einem »Gehäuse« geschützt vom Fruchtfleisch umgeben sind.

Äpfel

Von den mehr als hundert verschiedenen Sorten von Äpfeln die allein bei uns in Mitteleuropa angebaut werden, spielen etwa 20 im Handel eine Rolle. Sie unterscheiden sich in Aussehen, Aroma, Beschaffenheit des Fruchtfleisches, in ihren Kocheigenschaften und in der Haltbarkeit.
Saison: Frische Äpfel sind bei uns ganzjährig auf dem Markt. Einheimische Sorten wie Golden Delicious, Champagner Reinette und der Winterglockenapfel halten sich richtig gelagert von der Ernte im September/Oktober bis zum Mai. Im Frühsommer und Sommer wird die beliebte Sorte Granny Smith importiert ebenso der Golden-Delicious-Apfel.
Einkaufen: Zum Rohessen, für Obstsalate, Kompotte und Apfelmus Äpfel nach dem eigenen Geschmack wählen. Für Apfelkuchen, Bratäpfel, als Bestandteil eines herzhaften Salates, als Zutat zu Rotkohl, Beilage zu gebratener Leber säuerliche Sorten wählen. Für Apfelgelee eignen sich am besten noch unreife Falläpfel.
Lagern: Äpfel halten sich je nach Sorte, bei Raumtemperatur aufbewahrt, bis zu 14 Tagen. Zum längeren Lagern – über den Winter – späte Sorten wie Boskoop oder Winterglokenäpfel wählen. In Regalen nebeneinander in einem kühlen, gut durchlüfteten Kellerraum lagern.

Zubereiten: Werden für ein Gericht ganze Äpfel oder Apfelringe benötigt, die Äpfel waschen, den Stiel und die Blüte entfernen und die Äpfel im Ganzen schälen. Das Kerngehäuse mit

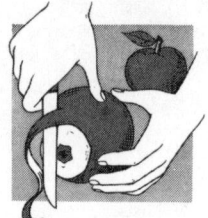

Werden für ein Gericht ganze Äpfel oder Apfelringe benötigt, die Äpfel spiralförmig schälen.

einem Apfelausstecher ausstechen und die geschälten Früchte nach Rezept weiterverarbeiten. Werden geschälte Äpfel nicht gleich gegart, die Äpfel mit Zitronensaft beträufeln, damit sie sich nicht braun verfärben. Die Gar-

Geschälte Äpfel sofort mit Zitronensaft beträufeln, damit sie sich nicht braun verfärben.

zeit für Äpfel hängt davon ab, ob sie im Ganzen oder in kleine Stücke zerteilt gegart werden, und natürlich auch von der Apfelsorte. Bratäpfel beispielsweise sind in etwa 25 Minuten weich, gedünstete oder gekochte Apfelstücke benötigen 5–10 Minuten.

Birnen

Wie Äpfel, unterscheiden sich auch Birnen in Aroma, Fruchtfleischkonsistenz, Saftgehalt und Schale.
Saison: Frische Birnen gibt es bei uns ganzjährig. Die Ernte einheimischer Birnen beginnt im August mit der Frühen von Trévoux; als letzte Birnensorte wird die Köstliche von Charneux im Oktober geerntet. Birnen werden aus verschiedenen Län-

aus aller Welt

dern das ganze Jahr über importiert.
Einkaufen: Für Kompott und zum Einlegen eignen sich Birnen festerer Sorten, die noch nicht ganz reif sind. Darauf achten, daß die Birnen keine Druckstellen aufweisen. Sehr weiche Birnen mit leuchtendgelber Farbe sind überreif und können nicht mehr gelagert werden.
Lagern: Reife Birnen bald verzehren. Noch unreife Birnen bei Raumtemperatur nachreifen lassen. Zum Lagern bis in den Dezember hinein eignen sich Conférence- und Alexander-Lucas-Birnen.
Zubereiten: Birnen waschen, halbieren oder vierteln, schälen und das Kerngehäuse herausschneiden. Geschälte Birnen, die nicht gleich gegart werden, mit Zitronensaft beträufeln, damit sich das Fruchtfleisch nicht bräunlich verfärbt. Birnen in wenig Flüssigkeit (Wasser, Wein) bei milder Hitze zugedeckt garen. Als Gewürze passen Gewürznelken und Zimtstangen besonders gut.

Quitten
Gelbe, flaumigbehaarte birnen- oder apfelförmige Früchte des Quittenbaumes mit hartem Fruchtfleisch und sehr fester Schale. Quitten sind roh ungenießbar, haben jedoch gegart ein sehr angenehmes, ausgeprägtes Aroma. Quitten sind wegen ihres hohen Pektingehaltes besonders für die Geleebereitung geeignet.
Saison: Quitten werden im September und Oktober geerntet. Sie werden nur zu dieser Zeit und nur in kleinen Mengen angeboten.
Einkaufen: Für Gelee und Quittenmark keine überreifen Quitten wählen, weil das in diesen enthaltene Pektin wieder abgebaut wird.
Lagern: Kühl, luftig und trocken, am besten im Keller auf dem Fußboden.
Zubereiten: Die Quitten mit einem trockenen Tuch abreiben, waschen, für Quittengelee und Quittenbrot ungeschält zerschneiden und mit dem Kerngehäuse nach Rezept in Wasser weich kochen. Für Quittensaft die Quitten geschält in Stücke schneiden, das Kerngehäuse herausschneiden und die Quitten nach Rezept garen. Kerngehäuse und Schale gesondert auskochen und den Sud zuletzt mit dem Quittensaft mischen. Für Quittenkompott die Quitten waschen, vierteln, schälen, vom Kerngehäuse befreien, in Schnitze schneiden. Quitten mit Stangenzimt, Zitronensaft und abgeriebener ungespritzter Zitronenschale würzen.

Vom Steinobst

Zum einheimischen Steinobst gehören Aprikose, Kirsche, Pfirsich und Pflaume. Nektarinen werden bei uns zwar angeboten, aber nicht angebaut.

Aprikosen
(Marillen). Die Frucht des wärmeliebenden Baumes wird zum größten Teil aus Griechenland, Frankreich und Ungarn importiert. Meist kommen Aprikosen halbreif auf den Markt. Vollreife Früchte sind transportempfindlich.
Saison: Frische Aprikosen von Mai bis August. Getrocknet und in Dosen konserviert ganzjährig.
Einkaufen: Zum Rohessen möglichst reife Früchte ohne Druckstellen wählen. Für Kompott, als Kuchenbelag und für Marmelade eignen sich auch nicht ganz reife Früchte.
Lagern: Vollreife Aprikosen rasch verbrauchen, nicht voll ausgereifte Früchte reifen bei Raumtemperatur an einem möglichst hellen Platz, 2–3 Tage aufbewahrt, noch etwas nach.
Zubereitung: Die Aprikosen waschen, längs aufschneiden, den Stein entfernen und die Aprikosen nach Rezept weiterverarbeiten. Für feine Obstsalate Aprikosen häuten: Die ganzen Früchte mit kochendheißem Wasser überbrühen und die Haut abziehen.

Kirschen
Sauerkirschen und Süßkirschen unterscheiden sich voneinander durch ihren Geschmack, Saftgehalt, den Gehalt an Vitaminen und Mineralstoffen. Die saftigen Herzkirschen und die hocharomatischen, festfleischigen Knorpelkirschen roh essen. Die beliebtesten Sauerkirschen sind die dunkelroten Schattenmorellen. Die sauren, aromatischen, rotbraunen Weichselkirschen werden zu Kompott verarbeitet.
Saison: Mai bis Juli. Die Ernte beginnt bei uns im Juni mit den Süßkirschen. Sauerkirschen werden etwa 3 Wochen später reif.
Einkaufen: Nur Kirschen mit Stielen kaufen, sie halten sich länger. Geplatzte Kirschen sind meist überreif.
Lagern: Kirschen bis zum Verzehr ausgebreitet nebeneinander liegend bei Raumtemperatur lagern.
Zubereiten: Erst nach dem Waschen entstielen und entsteinen. Kirschkompott mit einem Stück Zimtstange, mit Rotwein oder mit Vanille und Wasser bereiten.

Nektarinen
Die Nektarine ist eine Kreuzung aus Pflaume und Pfirsich. Ausgereifte Früchte haben einen feinen süß-säuerlichen Geschmack. Die Haut ist rot und gelb, glatt und glänzend. Nektarinen werden in Japan, Kalifornien und Südafrika angebaut, aber auch in südeuropäischen Ländern.
Saison: Mai bis August.
Einkaufen: Nektarinen haben auch vollreif recht festes Fruchtfleisch. Zu weiche Exemplare sind überreif und verderben rasch.
Lagern: Unreife Früchte bei Raumtemperatur an einem hellen Platz nachreifen lassen. Reife Nektarinen bis zu 2 Tagen im Gemüsefach des Kühlschranks aufbewahren.

Zubereiten: Nektarinen waschen, längs halbieren und den Stein herausnehmen, in Schnitze schneiden und am besten roh für einen Obstsalat verwenden. Für Nektarinenkompott wenig Flüssigkeit (Rotwein, Saft von Sauerkirschen) mit Zucker und Gewürzen nach Belieben (Macis, Zimtpulver, Vanille) aufkochen lassen, die Nektarinenhälften einlegen und zugedeckt unter dem Siedepunkt 10–15 Minuten ziehen lassen.

Pfirsiche
Pfirsiche werden hauptsächlich in südeuropäischen Ländern und in den USA (Kalifornien) angebaut.
Saison: Inlandspfirsiche werden von Juli bis September geerntet, ab Mai werden Pfirsiche aus Südeuropa angeboten; in Dosen gibt es sie konserviert ganzjährig.
Einkaufen: Pfirsiche ohne Druckstellen wählen.
Lagern: Reife Pfirsiche höchstens 2 Tage im Gemüsefach des Kühlschranks aufbewahren. Noch nicht ganz reife Pfirsiche reifen bei Raumtemperatur gelagert und hell in wenigen Tagen nach.
Zubereiten: Für Gerichte aus gegarten Pfirsischen, für Obstsalate und für Pfirsichbowle die Früchte häuten: Die ganzen Pfirsiche 2 Minuten in kochendheißes Wasser legen oder in einem Sieb mit kochendem Wasser überbrühen. Danach läßt sich die Haut leicht abziehen. Die Pfirsiche halbieren, den Stein herauslösen und die Pfirsichhälften nach Rezept weiterverarbeiten. Sollen ganze Pfirsiche ohne andere Zutaten roh gegessen oder etwa als Kullerpfirsiche serviert werden, die Früchte gründlich waschen aber nicht häuten.

Pflaumen
Zu den Pflaumen gehören nicht nur die großen blau-violetten, rundlich-ovalen Edelpflaumen und die etwas kleineren, spindelförmigen, blauen, bereiften Zwetschgen, sondern auch die runden, roten Eierpflaumen, die kleinen runden, gelben Mirabellen und die grün bis grüngelblichen Renekloden. Je nach Sorte sind Pflaumen süß oder aromatisch säuerlich.
Saison: Bei uns reifen die verschiedenen Pflaumensorten von Juli bis September und werden in dieser Zeit oft preisgünstig am Markt angeboten; als Dosenkonserve und Trockenobst (Backpflaumen) ganzjährig.
Einkaufen: Blaue Pflaumen einschließlich Zwetschgen sollen von einer weißlichen »Reifschicht« überzogen sein, das Fruchtfleisch soll nicht zu weich sein, aber auf Daumendruck elastisch nachgeben. Runzelige Haut am Stielende und intensiver Pflaumengeruch sind Zeichen für die richtige Reife. Bei allen Pflaumensorten nur Früchte mit trockener Haut wählen. Für Aufläufe, Suppen, Saucen und zum Rohessen eignen sich die frühen Sorten wegen ihres weicheren Fruchtfleisches. Als Kuchenbelag und zum Einkochen und Einfrieren sind spätere Sorten (Zwetschgen) besonders geeignet.
Zubereiten: Pflaumen waschen, halbieren und entsteinen – Mirabellen nur waschen. Für Kompott mit wenig Wasser, Zucker und Zimt dünsten. Als Kuchenbelag Zwetschgen längs aufschneiden, so daß die beiden Hälften noch zusammenhängen. Den Stein entfernen und das spitzere Ende der Fruchthälften noch einmal einschnei-

Für einen Kuchenbelag Zwetschgen längs aufschneiden, den Stein entfernen und die spitzen Enden der beiden Fruchthälften noch einmal einschneiden.

den. Renekloden und Mirabellen entweder roh essen oder ein Kompott daraus bereiten.

Zwetschgen
siehe Pflaumen

Vom Beerenobst

Beerenobst wird mundreif geerntet und ist nur kurze Zeit lagerfähig. Auf langen Transporten leidet es; deshalb kommen die Importe aus Nachbarländern. Der größte Teil des bei uns angebotenen Beerenobstes stammt jedoch aus der Inlandernte.

Blaubeeren
(Heidelbeeren, Schwarzbeeren, Waldbeeren, Bickbeeren). Die bei uns angebotenen Blaubeeren sind meist wild gewachsen. Die großen Beeren der angebauten Blaubeeren sind häufig weniger aromatisch.
Saison: Ende Juli bis Mitte August.
Einkaufen: Auf trockene, nicht gequetschte Beeren achten.
Lagern: Blaubeeren noch am Einkaufstag verzehren; höchstens 1–2 Tage im Kühlschrank lagern. Bei längerer Lagerzeit fallen die Früchte zusammen und werden unansehnlich.

Zum Bild rechts:

Bratäpfel (oben), ein Relikt aus alten Zeiten? Keineswegs, heutzutage werden sie in der Bratreine im Backofen gebraten. Sie duften und schmecken nicht minder gut. Bratäpfel können ungefüllt, nur mit Zucker bestreut, gegart werden und sind dann ein willkommener Imbiß und ein gesunder Ersatz für süßes Gebäck an kalten Winternachmittagen. Mit Marmelade oder Rosinen und gehackten Mandeln gefüllt, mit einigen Tropfen Rum aromatisiert, werden sie zum üppigen Dessert, vor allem wenn sie mit Schlagsahne oder heißer Vanillesauce gereicht werden. Das Rezept finden Sie auf Seite 417.

Für Apfelküchlein oder Apfelbeignets (unten) sollten Sie aromatische, leicht säuerliche Äpfel wählen. Besonders fein schmecken die Küchlein, wenn man die Apfelscheiben mit Rum beträufelt und mit Zucker bestreut, bevor man sie durch den Ausbackteig zieht. Den Rum kann man auch an den Ausbackteig geben. Streuen Sie statt Puderzucker auch einmal Zimtzucker darüber oder servieren Sie die heißen Küchlein mit heißer Vanillesauce. Das Rezept finden Sie auf Seite 416.

VOM BEERENOBST

Zum Bild links:

Pfirsich Melba (links) ist die berühmteste der von dem großen Escoffier kreierten Speisen. Ursprünglich wurden die mit Himbeerpüree überzogenen Pfirsichhälften nicht mit Schlagsahne gekrönt. Wer dieses Dessert in seiner klassischen Form servieren will, läßt also die Sahne fort. Verwenden Sie bitte für diese edle Speise keine Dosenpfirsiche, sonder pochieren Sie reife, gehäutete Pfirsiche in wenig Zuckerwasser. Ihr Aroma ist unvergleichlich intensiver. Gegen tiefgefrorene Himbeeren ist nichts einzuwenden. Sie schmecken aufgetaut wie frische.
Das Rezept finden Sie auf Seite 402.

Wem wir die Schöpfung der Belle Hélène – der schönen Helene – (rechts) zu verdanken haben, ist nicht mehr festzustellen. Seit langem gehört auch sie zu den klassischen Eis-Desserts. Unser Bild zeigt eine üppige, etwas modernisierte Form der Birne Helene. Im Originalrezept werden die Birnenhälften mit der Höhlung nach unten auf Vanilleeis gelegt und Eis und Birnenhälften mit sehr heißer Kuvertüre überzogen. Das Gericht muß sofort serviert werden, denn seinen Zauber macht auch die Mischung von Kalt und Heiß aus. Wenn die Kuvertüre kalt ist und das Eis zerfließt, verliert die »Schöne Helene« ihren Reiz.
Das Rezept finden Sie auf Seite 402.

Zubereiten: Blaubeeren in eine Schüssel mit kaltem Wasser geben. Unbeschädigte Beeren bleiben am Schüsselboden liegen, Blättchen und vertrocknete Beeren schwimmen an der Wasseroberfläche und können so leicht herausgelesen werden. Das Wasser mehrmals wechseln.

Brombeeren
An dornigen Büschen wildwachsende, in voller Reife sehr aromatische Früchte. Dornenlose Brombeeren werden auch in Heckenkulturen gezogen. Sie sind besonders saftig.
Saison: September.
Einkaufen: Auf gleichmäßig dunkelrote, fast schwarze, glänzende Beeren achten. Bei ganz reifen Früchten löst sich der Fruchtboden leicht ab.
Lagern: Möglichst am Einkaufstag verzehren. Frische, wildgewachsene Brombeeren sind nicht lange haltbar. Brombeeren aus Kulturen kann man ungewaschen und ausgebreitet an einem kühlen Ort bis zu einer Woche aufbewahren.
Zubereiten: Brombeeren verlesen; schlechte Beeren und Blättchen herauslesen, die Beeren mehrmals in kaltem Wasser waschen, abtropfen lassen und beliebig weiterverarbeiten.

Erdbeeren
Von den vielen verschiedenen Erdbeersorten, die bei uns frisch angeboten werden, haben die kleinsten, die Monats- oder Walderdbeeren, das stärkste Aroma. Im allgemeinen gilt, daß die kleinen, dunkelroten Sorten intensiver schmecken als die großen.
Saison: Mitte Mai bis Juli.
Einkaufen: Auf reife, trockene Früchte ohne Druckstellen achten.
Lagern: Frische Erdbeeren nicht aufbewahren, sondern möglichst am Einkaufstag verzehren. Höchstens bis zum nächsten Tag ungewaschen, ausgebreitet nebeneinander liegend an einem kühlen Ort, nicht aber im Kühlschrank, aufbewahren. Bei zu niedriger Temperatur gelagert, verlieren sie an Aroma.

Erdbeeren in kaltem Wasser behutsam waschen...

... und erst dann die Blütenansätze abzupfen.

Zubereiten: Blätter und schlechte Früchte herauslesen und die Beeren mit den Blütenansätzen in reichlich kaltem Wasser waschen; die Blüten abzupfen, große Früchte gegebenenfalls halbieren oder vierteln.

Himbeeren
Die nur selten angebotenen Waldhimbeeren sind zwar kleiner aber süßer und aromatischer als Gartenhimbeeren.
Saison: Frisch im Juli, ganzjährig tiefgefroren.
Einkaufen: Himbeeren sind äußerst druckempfindlich. Darauf achten, daß die Beeren nicht gequetscht oder von Maden befallen sind.
Lagern: Himbeeren möglichst bald zubereiten. Sie verlieren rasch ihre Frische und schimmeln mitunter schon nach Stunden. Läßt sich eine längere Lagerzeit, beispielsweise über Nacht, nicht umgehen, die Beeren ausbreiten, so daß sie nicht übereinanderliegen, und kühl stellen.
Zubereiten: Blätter und verdorbene Beeren herauslesen, in kaltem Wasser waschen. Werden Himbeeren eingezuckert, sollten sie am besten nur etwa 30 Minuten zugedeckt stehen, bevor sie serviert werden, weil sie nach verhältnismäßig kurzer Zeit zusammenfallen und unansehnlich werden.
Himbeeren stets als letzte Zutat an einen Obstsalat geben.

Johannisbeeren
(Ribiseln). Es gibt rote, schwarze und weiße Sorten. Schwarze Johannisbeeren haben einen besonders hohen Vitamin-C-Gehalt.
Saison: Juni bis Anfang September.
Einkaufen: Bei Johannisbeeren kontrollieren, ob es zu Schimmelbildung zwischen den Beeren gekommen ist; nur vollreife Früchte wählen. Die Beeren reifen nicht nach.
Lagern: Gleich zubereiten oder roh verzehren. Johannisbeeren sind wie die meisten Beeren nur kurze Zeit lagerfähig.
Zubereiten: Die Beeren unter fließendem kaltem Wasser waschen, abtropfen lassen und mit den Zinken einer Gabel von den Rispen streifen.

Preiselbeeren
(Kronsbeeren). Wild wachsende Waldbeeren von herbsauerem Geschmack. Preiselbeeren werden in Konserven als Kompott oder Marmelade angeboten.
Saison: Frisch im September, ganzjährig in Konserven.

RHABARBER · VON SÜDFRÜCHTEN UND EXOTEN

Einkaufen: Trockene, möglichst rotgefärbte Beeren wählen.
Lagern: Frische Preiselbeeren lassen sich aufgrund ihres geringen Saftgehaltes ausgebreitet und kühl gestellt etwa 3 Tage aufbewahren.
Zubereiten: Die Preiselbeeren in reichlich kaltem Wasser waschen. Dabei setzen sich die guten Beeren am Boden ab, schadhafte Beeren und Blättchen schwimmen an der Wasseroberfläche und lassen sich leicht herauslesen. Preiselbeeren mit wenig Wasser und viel Zucker zu einem dicken Kompott kochen.

Stachelbeeren
Die reifen Früchte sind weißlich, gelb, grün oder rötlich. Manche Sorten sind leicht behaart, andere haben eine glatte Haut.
Saison: Juni bis August.
Einkaufen: Für Kompott oder Marmelade unreife Früchte kaufen. Zum Rohessen jedoch vollreife Stachelbeeren wählen.
Lagern: Unreife oder halbreife Stachelbeeren wie andere Beeren ausgebreitet an einem kühlen Ort, aber nicht im Kühlschrank, bis zu 3 Tagen aufbewahren. Reife Stachelbeeren rasch verbrauchen.
Zubereiten: Den Stiel und die Blüte abschneiden, die Beeren waschen und halbiert an einen Obstsalat geben. Aus noch grünen, unreifen Beeren bereitet man Kompott oder Marmelade, man verwendet sie auch als Belag für einen Kuchen.

Weintrauben
(Tafeltrauben). Im Gegensatz zu den Keltertrauben, aus denen Wein gekeltert wird, sind die bei uns angebotenen weißen und blauen, meist großbeerigen Weintrauben Tafeltrauben, also zum Frischverzehr und zum Kochen bestimmt.
Saison: Einheimische Tafeltrauben von August bis November. Das ganze Jahr über kommen Tafeltrauben aus Italien, Frankreich, Israel, Nordafrika und Südafrika auf den bundesdeutschen Markt.
Einkaufen: Auf trockene, nicht geplatzte Beeren achten.
Lagern: Nur bis zu 3 Tagen im Kühlschrank aufbewahren. Weintrauben reifen auch bei Raumtemperatur gelagert nicht nach.
Zubereiten: Bevor Weintrauben roh verzehrt oder verarbeitet werden, müssen sie unbedingt gründlich unter fließendem lauwarmem Wasser gewaschen werden. Zum Schluß überspült man sie mit kaltem Wasser. Große, feste Weintrauben kann man auch schälen. Man zieht von den ganzen Beeren mit einem spitzen Messer vorsichtig die Haut ab, dann halbiert und entkernt man sie.

Außenseiter: Rhabarber
Eigentlich gehört der Rhabarber zu den Gemüsepflanzen. Wegen seines fruchtigen, sauren Geschmacks zählt man ihn jedoch eher zum Obst.
Saison: Treibhausrhabarber gibt es bereits ab März, Freilandrhabarber von Ende Mai bis Ende Juni.
Einkaufen: Rhabarberstangen sollen festfleischig sein. Keine gebrochenen Stangen kaufen.
Lagern: Die ganzen Stangen können ohne Qualitätsverlust 1–2 Tage im Gemüsefach des Kühlschranks aufbewahrt werden.
Zubereiten: Jungen Rhabarber unter fließendem kaltem Wasser waschen. Schadhafte und verfärbte Stellen sowie Blattansatz und Stielende abschneiden. Die Stangen ungeschält für Kompott und als Kuchenbelag in etwa 3–4 cm lange Stücke schneiden. Für Marmelade, Saft und Cremespeisen kleinere Stücke schneiden. Älterer Rhabarber muß je nach Beschaffenheit der Haut geschält werden. Rhabarber mit sehr wenig Wasser oder ganz ohne Wasserzugabe dünsten.

Von Südfrüchten und Exoten
Südfrüchte und Exoten – viele von ihnen sind lange nicht so »exotisch« wie zuweilen die Preise, zu denen sie im Handel angeboten werden. Datteln, Feigen, Zitronen, Orangen gehörten schon in Großmutters Küche.

Ananas
Scheinfrucht der Ananasstaude. Die auf den Azoren in Glashäusern gezüchtete Ananas ist besonders aromatisch und süßer und hat zur Zeit der Reife eine leuchtend rote Schale und rosarotes Fruchtfleisch. Sie ist aber transportempfindlich und nicht gut lagerfähig und deshalb teurer als die Früchte, die in anderen Überseeländern (Brasilien, Südafrika) in großen Freilandkulturen angebaut werden.
Saison: Oktober bis April frische Früchte, ganzjährig in Dosen.
Einkaufen: Reife Ananas erkennt man am intensiven Duft und daran, daß sich die inneren Rosettenblätter leicht herausziehen lassen.

Von Ananas die Blattrosette und das Stielende abschneiden. Den holzigen Strunk herausstechen, die Frucht in Scheiben schneiden und diese schälen.

Soll Ananas nicht gefüllt werden, kann man die Frucht auch zuerst schälen, dann halbieren oder vierteln und den Strunk herausschneiden.

Lagern: Frische, reife Ananas kann man im Gemüsefach des Kühlschranks bis zu 8 Tagen aufbewahren. Unreife Ananas am besten an der Blattrosette aufhängen und bei einer Temperatur von etwa 15° nachreifen lassen.

Apfelsinen
siehe Orangen

Bananen
Die Banane ist wohl die älteste »Südfrucht« in Europa. Bananen werden auch für den Eigenbedarf der Erzeugerländer stets grün, das heißt unreif, geerntet. Läßt man die Früchte am Baum reifen, verwandelt sich dabei der in ihnen enthaltene Zucker in Stärke und läßt die Bananen mehlig und trocken werden. Gemüsebananen (Planten) spielen nur in ihren Anbauländern als Nahrungsmittel eine Rolle. Sie schmecken schwach süßlich, enthalten kaum Fruchtsäuren, aber viel Stärke. Sie müssen für unseren Geschmack auf jeden Fall gegart werden.
Saison: ganzjährig.
Einkaufen: Darauf achten, daß die Bananen nicht zu weich sind und keine großen braunen Flecke aufweisen.
Lagern: Bananen nicht im Kühlschrank aufbewahren. Bei Temperaturen zwischen 12 und 20° und hoher Luftfeuchtigkeit reifen noch grüne Bananen gut nach.

Baumtomaten
(Tamarillos). Eiförmige Beerenfrüchte mit dünner rötlicher Schale von herbsüßem Geschmack.

Baumtomate – eine eiförmige Beerenfrucht mit geleeartigem Fruchtfleisch und kleinen Kernen.

VON SÜDFRÜCHTEN UND EXOTEN

Saison: Oktober bis April; nur in geringen Mengen angeboten.
Einkaufen: Die Frucht ist reif, wenn sie rot ist.
Lagern: Im Gemüsefach des Kühlschranks bis zu 3 Tagen aufbewahren.
Zubereiten: Vor dem Verzehr sollte man die leicht bitter schmeckende Schale abziehen. Man kann die Frucht auch durchschneiden und auslöffeln.

Cherimoyas

sind Baumfrüchte mit geschuppter, blaßgrüner bis bräunlicher Haut, weißem Fruchtfleisch und zahlreichen Kernen; im Geschmack mild, süßlich und aromatisch. Sie werden heute ausschließlich auf dem Luftweg von Israel eingeführt.

Chermoya hat eine mattgrüne Schale und weißes, von schwarzen Kernen durchsetztes Fruchtfleisch.

Saison: Oktober bis Februar.
Einkaufen: Reife Früchte haben eine dunkle, bräunliche Schale. Das Fruchtfleisch gibt auf Druck nach.
Lagern: Harte Früchte nachreifen lassen, am besten bei Temperaturen zwischen 12 und 18°. Bei richtiger Lagerung ist die Cherimoya 2–3 Wochen haltbar.
Zubereiten: Die Früchte längs halbieren, die Kerne herausholen und die Fruchthälften auslöffeln. Oder das Fruchtfleisch mit Likör und Zitronensaft beträufeln und kühl servieren.

Datteln

Beerenfrüchte der Dattelpalme. Bis vor wenigen Jahren kannten wir Datteln nur in getrockneter Form. Jetzt werden frische Datteln tiefgekühlt importiert, aufgetaut und als frische Datteln verkauft. Sie haben festes Fleisch, schmecken honigartig, aber weniger süß als getrocknete Datteln.

Frische Datteln längs aufschneiden und den Kern herauslösen.

Saison: Oktober bis Mai, getrocknete Datteln ganzjährig.
Lagern: Nicht länger als 2–3 Tage in Folie verpackt im Gemüsefach des Kühlschranks aufbewahren.

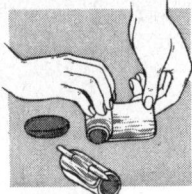

Datteln mit sehr dünnen Speckscheiben umwickeln, diese mit einem Holzspießchen feststecken und die Datteln kurz grillen.

Feigen

Frische, reife Feigen schmecken eigenartig süß. Es gibt Sorten mit gelber und solche mit blaugrüner bis violetter Schale.
Saison: September bis Oktober, getrocknete Feigen und in Dosen konservierte ganzjährig.
Einkaufen: Auf fleckenlose Haut ohne Druckstellen achten. Überreife Feigen schmecken nicht mehr gut.
Lagern: Feigen möglichst rasch verbrauchen. Gegebenenfalls kühl und ausgebreitet nebeneinander liegend bis zu 2 Tagen aufbewahren.
Zubereiten: Feigen warm waschen. Werden sie roh verzehrt, stets gekühlt servieren. Die ungeschälten Feigen durchschneiden, die Hälften mit Zitronensaft, Cognac oder einem Obstschnaps beträufeln und auslöffeln.

Die kranzförmig angeordneten kleinen Kerne der Feige mit dem Fruchtfleisch auslöffeln.

Granatäpfel

Apfelgroße, gelb bis leuchtend rote Scheinfrüchte des Granatapfelbaumes mit einer bis zu ½ cm dicken, festen Schale. Im Inneren besteht der Granatapfel aus einem sehr aromatischen Saft und saftigen, roten Kernen, die die eigentlichen Früchte des Baumes sind und die bei noch jungen Granatäpfeln mitgegessen werden können.

Granatapfel – der Querschnitt zeigt die in das Fruchtfleisch eingebetteten Kerne, die mitgegessen werden. Die weißen Zwischenhäute sind ungenießbar.

Saison: August bis Dezember, als Granatapfelsirup (Grenadine) ganzjährig in Flaschen konserviert.
Einkaufen: Auf eine glänzende, glatte Schale achten.
Lagern: Kühl und nicht zu trocken gelagert 2–3 Wochen.
Zubereiten: Die Frucht in der Hand etwas weich kneten, auspressen und den Saft durch ein Sieb gießen. Man kann die Früchte auch halbieren, nach Belieben mit Zitronensaft beträufeln und Kerne und Saft auslöffeln.

Grapefruit

Kreuzung zwischen Orange und Pampelmuse. Geschätzt wegen ihres feinen herb-bitteren Aromas. Grapefruit heißt auf deutsch Traubenfrucht; die Früchte wachsen in traubenartiger Häufung am Baum.
Saison: ganzjährig.
Einkaufen: Auf eine unverletzte Schale ohne Druckstellen achten.
Lagern: Im Gemüsefach des Kühlschranks bis zu einer Woche.
Zubereiten: Gekühlt und mit Honig oder Zucker gesüßt zum Frühstück oder als Vorspeise servieren. Dazu die Früchte quer halbieren und mit einem Grapefruitmesser oder einem scharfen Küchenmesser das Fruchtfleisch von der weißen Schale trennen. Dann das Fleisch der einzelnen Segmente an beiden Seiten des sie trennenden Häutchens mit einem Schnitt lockern. Mit einem Löffel aus der Schale essen. Grapefruits kann man auch an-

Bei Grapefruithälften das Fruchtfleisch vor dem Servieren mit einem Grapefruitmesser lockern.

statt mit Honig oder Zucker mit einer Prise Pfeffer oder Ingwerpulver würzen. Wird Grapefruit zu einem Salat verwendet, die Früchte filieren. Grapefruit schmeckt besonders gut mit Thunfisch oder Garnelen.

Guavas

(Guayaven). Apfel- oder birnenförmige Früchte eines immergrünen Baumes. Grüngelbe oder gelbe Schale und weißgrünes oder zart rosafarbenes Fruchtfleisch; es schmeckt süßsäuerlich. Das Aroma erinnert an Birne und Feige. In der Mitte sitzen von Fruchtschleim umgeben scharfkantige Kerne. Die Guava gehört zu den Früchten mit dem höchsten Vitamin-C-Gehalt. 100 g Guavas

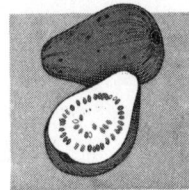

Guavas sind apfel- oder birnenförmig. Die scharfkantigen Kerne entfernt man am besten, indem man das Fruchtfleisch durch ein Sieb streicht.

VON SÜDFRÜCHTEN UND EXOTEN

enthalten durchschnittlich 200 mg Vitamin C.
Saison: Frische Guavas werden bei uns leider nur selten angeboten.
Lagern: Die kostbare Frucht nicht lagern, sondern möglichst frisch verzehren.
Zubereiten: Dünn schälen und roh verzehren. Nach Belieben das schleimige Fruchtfleisch herausschaben, durch ein Sieb streichen, um die Kerne zu entfernen.

Japanische Mispeln
(Wollmispeln, Loquat). Pflaumengroße, aprikosenfarbene Frucht immergrüner Sträucher oder Bäume. In Do-

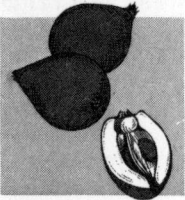

Japanische Wollmispel – pflaumengroße, birnenförmige Früchte mit aprikosenfarbenem Fruchtfleisch und 2–5 Kernen.

sen konserviert heißt die Frucht Loquat. Aromatisch süß im Geschmack und von erfrischender Säure.
Saison: Japanische Mispeln werden bei uns hin und wieder in den Monaten von Januar bis Juli frisch angeboten, in Dosen konserviert ganzjährig.
Einkaufen: Reife Früchte sind gelb oder aprikosenfarben. Das Fruchtfleisch gibt auf Fingerdruck nach.
Lagern: Japanische Mispeln bald verwenden. Sie sind nur begrenzt lagerfähig; am besten im Gemüsefach des Kühlschranks aufbewahren.
Zubereiten: Wie Pflaumen oder Kirschen essen; zuvor die Haut abziehen, die oft etwas bitter schmeckt.

Kakis
(als getrocknete Frucht Kakifeigen). Leuchtend orangefarbene Früchte in der Form von großen Tomaten. Geleeartiges, süßes Fleisch ohne starkes Aroma.

Kaki erinnert in Form und Farbe an eine große Tomate. Das geleeartige Fleisch mit Zitronensaft beträufelt auslöffeln.

Saison: November bis Mai.
Einkaufen: Reife Früchte haben eine glasige Schale und weiches Fruchtfleisch. Dunkle Früchte schmecken süßer.
Lagern: Noch nicht ganz reife Früchte sind im Gemüsefach des Kühlschranks bis zu 3 Wochen haltbar. Reife Kakis rasch verbrauchen.
Zubereiten: Geschält wie Äpfel essen oder halbiert auslöffeln.

Kaktusfeigen
(Indische Feigen, Stachelbirnen, Opuntias). Je nach Sorte sind die eiförmigen Früchte grün, rötlichbraun oder gelblich. Süß-säuerlich und sehr erfrischend im Geschmack.

Die eiförmigen Kaktusfeigen haben Stacheln. Zum Halbieren oder Schälen der Früchte Kaktusfeigen mit einer Serviette festhalten.

Saison: September bis Dezember.
Zubereiten: Kaktusfeigen roh essen.

Kapstachelbeeren
(Ananaskirschen). Stachelbeergroße, gelbe Beeren, von einer trockenen, papierähnlichen äußeren Hülle umgeben, mit glatter Haut und erfrischendem süß-säuerlichen Geschmack.

Kapstachelbeeren – die grüngelben oder leuchtendgelben kleinen Beeren sind von einer papierartigen Hülle umgeben, dem Blütenkelch der Pflanzen.

Saison: Bei uns nur selten angeboten. Frisch sind sie ab und zu in den Monaten Dezember bis Juli auf den Märkten oder in Feinkostgeschäften zu finden.
Einkaufen: Die Beeren sind reif, wenn sie rundherum gelb sind.
Lagern: Bis zum Verbrauch in den Hüllen lassen. Nicht lange – etwa 24 Stunden – im Gemüsefach des Kühlschranks aufbewahren.
Zubereiten: Frisch wie andere Beeren essen.

Karambolen
(Baumstachelbeeren). Längliche, grüngelbe Früchte mit scharfkantigen, tiefen Längsrippen. Sehr sauer im Geschmack.
Saison: Dezember bis April in geringen Mengen.

Karambolen – bis zu 10 cm große Früchte mit tiefen Längsrippen. Schneidet man sie in Scheiben, erhält man sternförmige Gebilde.

Zubereiten: Die Früchte können roh geschält oder ungeschält wie anderes Obst gegessen werden. Meist wird man sie aber zum Garnieren von Kuchen oder Süßspeisen verwenden. Schneidet man sie quer in Scheibchen, erhält man sternförmige kleine Gebilde, die in einem Glas Sekt sehr dekorativ wirken.

Kiwis
(Chinesische Stachelbeeren). Stachelbeerähnliche Früchte des Kiwistrauches. Bei uns werden meist die Riesenkiwis angeboten, etwa hühnereigroße, grünbraune, behaarte Früchte.
Saison: November bis Dezember.

Die Riesenkiwi hat eine braune, leicht behaarte Haut. Kiwis harmonieren mit vielen einheimischen Obstarten.

Einkaufen: Die Kiwi ist reif, wenn das Fleisch auf Fingerdruck nachgibt.
Lagern: Im Gemüsefach des Kühlschranks bis zu einer Woche. Unreife Kiwis in einer verschlossenen Tüte einige Tage nachreifen lassen.
Zubereiten: Die Kiwi ist vielseitig und problemlos verwendbar. Am einfachsten halbiert man die Frucht und löffelt sie mit etwas Zitronensaft beträufelt aus.

Kumquats
(Zwergorangen). Pflaumengroße Früchte mit orangefarbener, dünner Schale von säuerlich-herbem Geschmack, sehr aromatisch.

Kumquats sehen aus wie kleine Orangen. Man ißt sie roh mit der Schale oder mischt sie unter Obstsalate.

Saison: Juli bis Februar frisch, nur in geringen Mengen angeboten; ganzjährig in Dosen.
Zubereiten: Kumquats ißt man roh mit der Schale.

Limetten
Grüne, dünnschalige, sehr saftige Zitronenart, die bei uns mehr und mehr Anhänger findet. Eine Limette kann doppelt soviel Saft wie eine Zitrone enthalten und ist milder im Geschmack.
Saison: ganzjährig.

VON SÜDFRÜCHTEN UND EXOTEN

Zubereiten: Man verwendet ihren Saft wie Zitronensaft zum Würzen; ungeschälte, in Scheiben oder Schnitze geschnittene Früchte nimmt man zum Garnieren.

Litschis
(Lychees, Litschipflaumen, Chinesische Haselnüsse). Kleine runde Baumfrüchte, mit rötlicher, später bräunlicher, dünner rauher Schale. Die Früchte lassen sich leicht schälen. Ihr Fleisch ist fest, weiß, von lieblichem, muskatähnlichem Aroma, angenehm süß-säuerlich. Litschis werden auch in Dosen angeboten, schmecken aber konserviert leicht fade.

Lychees sind etwa taubeneigroß; sie haben eine rauhe, bräunliche Schale und festes, weißes Fruchtfleisch.

Saison: November bis Dezember.
Zubereiten: Gekühlte und frische Litschis ohne andere Zutaten verzehren oder als Obstsalat mit japanischer Mispel (Loquat), Mango oder Melone.

Mandarinen
Mandarinen, Clementinen, Satsumas, Tangerinen und Tangelos sind kleiner als Orangen, haben eine runde, abgeflachte Form und eine nicht festhaftende, leuchtend orangefarbene Schale. Sie unterscheiden sich in Aroma und Säuregehalt: Mandarinen sind saftig, süß und aromatisch, haben aber zahlreiche Kerne. Clementinen sind kernarm bis kernlos, sehr saftig und aromatisch. Satsumas haben weiches Fruchtfleisch, ein ausgeprägtes Aroma und sind relativ säurearm. Tangerinen sind die kleinsten mandarinenartigen Früchte. Sie haben wenig Kerne und zartes Fruchtfleisch. Tangelo ist eine Kreuzung zwischen Grapefruit und Mandarine; sie ist etwa so groß wie eine Orange, süß und aromatisch.
Saison: Oktober bis März.

Mangos
Früchte des indischen Mangobaumes. Mangofrüchte können bis zu 3 kg schwer werden. Sie sind länglich-rund und haben eine feste, hellgrüne oder rötlich-gelbe Schale. Ihr Fruchtfleisch ist fest, von süßem, leicht herbem Geschmack.
Saison: ganzjährig.
Einkaufen: Mangofrüchte sind reif, wenn das Fruchtfleisch auf Fingerdruck nachgibt. Auch am starken Duft, den die Früchte ausströmen, erkennt man die Reife.
Lagern: Feste Früchte bei Raumtemperatur nachreifen lassen. Reife Früchte bis zum Verzehr im Gemüsefach des Kühlschranks aufbewahren.
Zubereiten: Die Mango mit einem scharfen Messer halbieren, den Kern herausholen, das Fruchtfleisch mit einem Messerschnitt von der Schale lösen, aber darauf liegenlassen und durch Längs- und Querschnitte in kleine Stücke teilen. Nach Belieben mit etwas Zitronensaft beträufeln und wie eine Melone verzehren oder gebraten zu zartem Fleisch reichen.

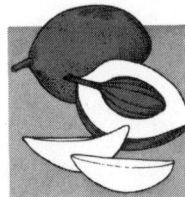

Die länglich-runde Mangofrucht halbieren, den Stein auslösen und die Fruchthälften schälen.

Melonen
Grundsätzlich unterscheiden wir zwischen Wasser- und Zuckermelonen.

Wassermelonen
Wassermelonen haben je nach Sorte eine dunkelgrüne oder hellgrüne, marmorierte Schale und hellrotes, leuchtendes Fruchtfleisch, in das dunkle Kerne eingebettet sind. Nur reife Früchte haben Aroma und Süße. Wassermelonen sind hervorragende Durstlöscher. Sie bestehen zu 95 % aus Wasser. Man schneidet sie in Segmente und ißt ihr Fleisch ohne weitere Zutaten.

Zuckermelonen
Zu den Zuckermelonen gehören Netzmelone, Honigmelone, Kantalupe und Ogenmelone.
Einkaufen: Melonen sind reif, wenn die Schale kleine Risse zeigt. Außerdem erkennt man eine reife Melone an ihrem starken Duft.
Lagern: Melonen reifen kaum nach; bis zum Verzehr kühl aufbewahren.
Zubereiten: Die gekühlte Melone halbieren, die Kerne entfernen, die Hälften in Segmente teilen und auf Tellern servieren, nach Belieben mit Zucker bestreuen und mit Schnaps beträufeln.

Orangen
1553 züchteten die Gärtner des Herzogs Antoine de Bourbon auf dessen Gütern im Süden Frankreichs die ersten China-Äpfel in Europa; heute ist die Orange die Südfrucht mit dem größten Umsatz in der Bundesrepublik. Jedermann weiß, wie Orangen aussehen und schmecken, wenige wissen, daß das »Orange« der Schale nicht durch die Sonne, sondern erst durch die »Kälte« hervorgerufen wird; denn Orangen reifen ja in den südlichen Wintern. Die Vielzahl der Apfelsinenarten ist verwirrend. Die erste Unterscheidung nach Jahreszeiten: Von November bis Juli Winterorangen aus den Mittelmeerländern, von Juni bis November (also mit Überschneidung) Sommerorangen aus Überseeländern. Im übrigen unterscheidet man Blondorangen mit Kernen (die »normalen« Orangen) und ohne Kerne (Navel-Orangen), Blutorangen (nur aus Mittelmeerländern, Schale und Fruchtfleisch dunkelrot) und Halbblutorangen (mit rotem Fruchtfleisch).
Saison: ganzjährig; in den Wintermonaten bei uns jedoch preiswerter als in den Sommermonaten.
Einkaufen: Farbe und Beschaffenheit der Farbe sagen wenig über die Qualität der Orange aus, zumal sie meist chemisch konserviert wird.
Zubereiten: Für Obstsalate die Orangen schälen, sorgfältig die weiße Haut entfernen, die Früchte mit einem Sägemesser in dünne Scheiben schneiden, diese halbieren und gegebenenfalls die Kerne entfernen.

Papayas
(Baummelonen). Die bei uns angebotenen Früchte sind klein und weniger süß und saftig als man sie in ihren Ursprungsländern kennt. Die Papaya ist empfindlich und verdirbt rasch. Die länglichen Früchte haben eine grüne bis gelblichgrüne Schale und im reifen Zustand rötlich-orangefarbenes Fruchtfleisch, das viele Kerne umschließt. Papayas schmecken vor allem süß und haben wenig Eigenaroma.
Saison: Oktober bis Juni und Dezember bis März.

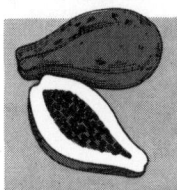

Die Papaya – eine grünlichgelbe, melonenartige Frucht mit hellrotem Fruchtfleisch und schwarzen Kernen.

Einkaufen: Die Papaya ist reif, wenn das Fruchtfleisch auf leichten Fingerdruck nachgibt und die Schale an einigen Stellen gelblich wird.
Lagern: Papayas zum Nachreifen nicht im Kühlschrank aufbewahren. Reife Früchte rasch verbrauchen.

VON NÜSSEN UND KASTANIEN

Zubereiten: Am besten halbiert man die ungeschälte, gekühlte, aber nicht eiskalte Frucht, entfernt die Kerne und beträufelt die Hälften mit reichlich Zitronen-, besser noch mit Limettensaft. Da das Fruchtfleisch meistens sehr weich ist, kann man es leicht auslöffeln.

Passionsfrüchte
Die etwa 7 cm lange Purpur-Granadilla und die etwas größere gelbschalige Granadilla, die beide als Passionsfrüchte bezeichnet werden, sind nicht die Früchte unserer Passionsblume, sondern die einer verwandten Pflanze. Die Früchte haben ein starkes Aroma, das an Erdbeeren und Aprikose erinnert, saftiges Fruchtfleisch und viele kleine Kerne, die man mitißt.

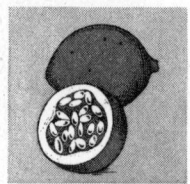
Passionsfrucht – etwas größer als eine Pflaume, je nach Sorte mit gelblicher, glatter oder dunkelroter bis bräunlicher, runzeliger Haut.

Saison: ganzjährig.
Einkaufen: Die angebotenen Früchte sind reif. Auf glatte Schalen achten. Aber auch Früchte mit leicht schrumpeliger Haut schmecken noch gut, nur sollten sie bald verbraucht werden.
Zubereiten: Die Passionsfrucht aufschneiden und auslöffeln. Nach Belieben mit Zitronensaft oder Maracuja-Likör beträufeln.

Zitronen
Sie unterscheiden sich in der Dicke der Schale, dem Saftanteil und auch im Geschmack. Dünnschalige Früchte sind meist saftreicher. Die Schale von Zitronen wird zum Schutz gegen Fäulnisbildung nach der Ernte mit chemischen Stoffen behandelt. Die Früchte werden in Reinigungsbädern mit bestimmten chemischen Zusätzen gewaschen und meist anschließend mit Wachs besprüht, das die in den Tauchbädern abgewaschene natürliche Wachsschicht ersetzen soll. Zitronen, die aus näher gelegenen Ländern importiert werden, haben diese Schalenkonservierung nicht nötig. Sie gelangen als »unbehandelte« Zitronen in den Handel.
Saison: ganzjährig.
Einkaufen: Zitronen sind reif, wenn ihre unbehandelte Schale – unabhängig von der Farbe – glänzt. Wird Zitronenschale zum Würzen gebraucht, unbedingt unbehandelte Zitronen kaufen.

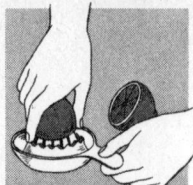
Schale und Saft der Zitrone sind unentbehrliche würzende Zutaten für viele Gerichte: Zitronensaft auspressen, …

… Zitronenschnitze aus der ganzen Frucht schneiden … … oder für Süßspeisen und verschiedene Longdrinks die Zitrone spiralförmig schälen.

Lagern: Zitronen nicht im Kühlschrank, sondern bei Raumtemperatur aufbewahren. Sie reifen gut nach.
Zubereiten: Um möglichst viel Saft zu erhalten, die ganzen Zitronen vor dem Auspressen in der Hand kneten oder fest auf der Tischplatte rollen. – Wird Zitronenschale zum Würzen verwendet, auch die unbehandelten Zitronen vor dem Schälen oder Abreiben warm waschen.

Von Nüssen und Kastanien

Man muß dieses »Obst«, nämlich die Schalenfrüchte, schon etwas genauer betrachten, um Ähnlichkeiten mit anderen Obstarten festzustellen. Einige Nüsse, wie beispielsweise die Walnuß oder die Kokosnuß, sind eigentlich Steinfrüchte. Der Samen ist von Fruchtfleisch umgeben, das aus einer harten Samen- und einer weicheren Außenschicht besteht. Bei anderen Nüssen, wie beispielsweise bei der Haselnuß, entwickelt sich der Samen ohne Fruchtfleischhülle. Gemeinsam haben alle Nüsse den ihnen eigenen Geschmack, die »kernige« Konsistenz ihres Inneren und einen hohen Gehalt an Nährstoffen: Fett, Eiweiß, Mineralstoffe und fast immer die Vitamine A1, B1 und B2.

Cashewnüsse
(Kaschunüsse, Acajounüsse). Bei uns gibt es nur die geschälten Kerne zu kaufen, die mandelartig und leicht süß schmecken. Cashewnüsse enthalten viel Vitamin E. Gesalzen sind sie eine beliebte Cocktailknabberei, ungesalzen passen sie zu vielen Süßspeisen, auch sind sie Bestandteil von Obstsalaten und herzhaften Geflügelsalaten.

Erdnüsse
Früchte der Erdnußpflanze, eine Hülsenfruchtpflanze, die in vielen tropischen Ländern angebaut wird. Nach dem Fruchtansatz neigen sich die Stengel mit den Früchten zur Erde. Die Früchte wachsen etwa 5 cm tief in den Boden hinein und reifen in der Erde aus.

Haselnüsse
Die Haselnuß ist botanisch eine echte Nuß, also eine Schließfrucht. Der Haselnußstrauch wächst in Deutschland wild; in Mittelmeerländern wird er angebaut. Von dort beziehen wir auch die bei uns angebotenen Haselnüsse – als ungeschälte und geschälte Kerne nach Größen sortiert. Haselnußkerne sind auch gemahlen oder gehackt im Handel. Sie sind in der Küche Bestandteil vieler Kuchen und Plätzchen. Man verwendet sie für Puddings oder streut sie über das Müsli.

Kokosnüsse
Steinfrüchte der Kokospalme. Die harte Schale umschließt das weiße, feste Fruchtfleisch. Es enthält einen Hohlraum mit dem Kokoswasser (der Kokosmilch). Im Handel erhältlich sind: ganze Kokosnüsse, Kokosraspeln und das in Dosen konservierte Kokosfleisch. Kokosfleischstücke und Kokosraspeln sind aufgrund ihres hohen Fettgehalts nur begrenzt lagerfähig. Kokosraspeln oder Flocken sollte man verschlossen aufbewahren und innerhalb von 3 Monaten verbrauchen. Kauft man eine ganze Kokosnuß, sollte man darauf achten, daß sie noch Kokoswasser enthält. Schüttelt man die Nuß, hört man das Kokoswasser gluckern. Kokosnußfleisch, das ausgetrocknet ist, schmeckt leicht seifig. Zum Öffnen der Kokosnuß zunächst zwei der auf der Schale erkennbaren Keimlöcher durchbohren und das herausfließende Kokoswasser auffangen. Die harte Schale dann mit einem Hammer zerschlagen oder die Nuß durchsägen. Das weiße Kokosfleisch läßt sich leicht mit einem Messer von der Schale ablösen.

Mandeln
Früchte des Mandelbaumes, der in Mittelmeerländern und Kalifornien kultiviert wird. Die Mandelkerne werden meist schon in den Erzeugerländern maschinell aus der Schale gebrochen. Der weiße, sehr ölhaltige

VON NÜSSEN UND KASTANIEN · GETROCKNETE FRÜCHTE

Mandelkern ist von einer rötlichbraunen Haut umgeben. Mandeln sind auch geschält, das heißt als weiße Mandeln, gestiftelt, gerieben, gehackt oder als Mandelblättchen auf dem Markt. Man unterscheidet süße Mandeln und Bittermandeln. Diese werden wegen ihres ausgeprägten Aromas in kleinen Mengen als würzende Zutat verwendet. Sie enthalten Blausäure und können, selbst in kleinen Mengen (bei Kindern genügen bereits 5–6 Stück) genossen, gefährliche Auswirkungen haben.

Krachmandeln sind süße Mandeln mit einer brüchigen, porösen Schale. Sie werden meist als ganze Mandeln mit der Schale angeboten. Entkernte, geschälte, zerkleinerte, zu Pulver gemahlene, gesalzene und geröstete Mandeln werden bei uns das ganze Jahr über angeboten.

Soll von Mandelkernen die Haut entfernt werden, legt man sie 2–3 Minuten in kochend heißes Wasser, schreckt sie ab und drückt die Mandeln dann mit Daumen und Zeigefinger aus der nun lockeren Haut.

Paranüsse
(Tucanüsse). Steinfrüchte des Paranußbaumes. Paranüsse wachsen in Büschel zu 25–40 Nüssen – in einer kugelförmigen, harten Fruchthülle. Sie haben eine harte, dreikantige Schale und werden geschält und ungeschält angeboten. Paranüsse sind sehr stark ölhaltig.
Als Zutat zu Gerichten werden sie kaum verwendet. Sie sind aber oft Bestandteil des beliebten Studentenfutters.

Pecannüsse
(Hickory-Nüsse). Früchte von verschiedenen Hickorybäumen. Schale, Kern und Aroma ähneln der Walnuß. Pecannüsse erfreuen sich bei uns wachsender Beliebtheit als Knabberartikel.

Pinienkerne
(Piniennüsse). Bei uns werden Pinienkerne, die geschälten länglichen, kleinen Samen des Pinienzapfens, im Handel angeboten. Sie schmecken süßlich, ähnlich wie Mandeln, sind aber zarter in der Konsistenz. Pinienkerne sind geeignet als Zutat für Obstsalate, aber auch für herzhafte Salate.

Pistazien
(Pistazienmandeln, grüne Mandeln). Steinfrüchte des Pistazienbaumes. Die Nüsse haben eine harte, gelblich-weiße Schale und einen grünen, von einer violetten Haut überzogenen Kern. Pistazien kann man geschält oder ungeschält kaufen. Sie eignen sich für Fleischfüllung und Pasteten, sind eine Zutat für kleines Gebäck, Eiscreme und andere Süßspeisen. Von geschälten, aber nicht gehäuteten Pistazienkernen kann man die Haut leichter abziehen, wenn man sie wie Mandeln heiß überbrüht.

Walnüsse
Steinfrüchte des Walnußbaumes. Die besten Walnüsse kommen aus Frankreich und aus den USA. Fast alle für den Export bestimmten Nüsse werden in einer Natriumlauge gebleicht und anschließend langsam getrocknet, damit sich ihre Haltbarkeit erhöht. Junge Walnüsse, die nicht getrocknet wurden, werden als »Schälnüsse« bezeichnet. Ihre Kerne sind besonders zart; jedoch sollte die sie umgebende feine Samenhaut abgezogen werden, weil sie etwas bitter schmeckt. Walnüsse werden auch geschält (Walnußkerne) im Handel angeboten. Noch nicht reife Walnüsse kann man in der grünen Fruchthülle süßsauer einlegen. Diese Spezialität gibt es auch im Handel zu kaufen.
Aufgrund ihres hohen Fettgehalts (60 % Nußöl) sind Walnüsse – auch getrocknet – nicht unbegrenzt haltbar. Deshalb möglichst keine Nüsse der Vorjahresernte kaufen. Walnüsse sollen kühl und trocken und nicht unmittelbar neben geruchsintensiven anderen Lebensmitteln gelagert werden.

Edelkastanien
(Eßkastanien, Maronen). Die bei uns angebotenen Edelkastanien kommen vorwiegend aus Mittelmeerländern. Maronen sind ebenfalls eßbare Kastanien, sie reifen etwas später als die Edel- oder Eßkastanien und sind dementsprechend länger haltbar. Dauermaronen werden erst im November geerntet. Sie können am längsten aufbewahrt werden.
Die grüne, stachelige Fruchthülle der Eßkastanien und Maronen enthält 3–4 Früchte, die reif eine glänzende braune Schale haben. Der Kern darunter ist nochmals von einer hellbraunen, behaarten, festen Haut umgeben.

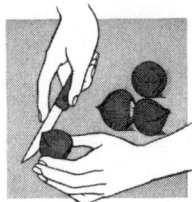

Eßkastanien am spitzen Ende kreuzweise einschneiden und in siedendes Wasser legen. So lassen sie sich leicht schälen.

Um die Kastanien aus ihrer Hülle zu schälen, schneidet man sie am spitzen Ende kreuzweise ein und legt sie 10 Minuten in siedendes Wasser oder gibt sie eingeschnitten auf einem Kuchenblech ebenfalls 10 Minuten in den heißen Backofen. Die Schale und die dünne Haut darunter lassen sich dann leichter abziehen. Die geschälten Edelkastanien und Maronen dünstet man in Fett und wenig Wasser oder Brühe und reicht sie als Beilage zu Wildgerichten. Sie werden glasiert oder zu einem Püree verarbeitet.

Getrocknete Früchte

Trockenobst
(Backobst, Dörrobst). Wird vorwiegend aus: Äpfeln, Birnen, Aprikosen, Pfirsichen und Pflaumen hergestellt. Durch langsames Trocknen wird dem Obst bis zu 80 % Wasser entzogen. Zucker und Aromastoffe bleiben in konzentrierter Form in den Früchten erhalten, der Vitamin- und Mineralstoffverlust ist bei den heutigen Methoden des Trocknens gering. Die Kalorienwerte liegen höher als bei frischem Obst. Trockenobst darf nur aus voll ausgereiften, gesunden Früchten hergestellt werden. Wird es geschwefelt oder mit Sorbinsäure behandelt, muß das auf der Packung vermerkt sein. Trockenobst wird gemischt (als Backobst) oder nach den einzelnen Obstarten sortiert in Packungen, aber auch lose, angeboten.
Trockenobst vor der weiteren Verarbeitung waschen und möglichst einige Stunden einweichen. Im Einweichwasser garen. Besonders gut schmeckt Backobst in Verbindung mit geräuchertem durchwachsenem Speck, mit Schweinebraten, Sauerbraten oder als Füllung für Geflügel. Als Kompott paßt es zu Hefeklößen, Dampfnudeln, Rohrnudeln und zu Pfannkuchen.

Rosinen
Bekanntlich werden sie aus getrockneten Weinbeeren hergestellt. Die bei uns angebotenen Rosinen stammen aus südeuropäischen Ländern und Kalifornien. Wir unterscheiden zwischen Korinthen (kleinbeerigen, dunkelgelben bis violettblauen Rosinen) und Sultaninen (goldgelben, realitiv großen, fleischigen Rosinen). Beide Sorten sind fast kernlos. – Rosinen sind meist stark geschwefelt und müssen deshalb stets gründlich mit warmem Wasser gewaschen werden. Rosinen schmecken besonders gut, wenn man sie mit Rum beträufelt ziehen läßt

APFELREZEPTE

oder einige Zeit in Rotwein einweicht, bevor man sie in einen Kuchenteig, in ein Kompott, in eine Süßspeise oder in eine Sauce gibt.

Apfelkompott

¼ l Wasser
2–3 Eßl. Zucker
1 Stück Zitronenschale
Saft von ½ Zitrone
¼ Zimtstange oder 2 Gewürznelken
500 g säuerliche Äpfel

Pro Person etwa:
460 Joule
110 Kalorien

Garzeit:
5–10 Minuten

Das Wasser mit dem Zucker, der Zitronenschale, dem Zitronensaft und der Zimtstange oder den Gewürznelken zum Kochen bringen.
Inzwischen die Äpfel waschen, schälen, in Viertel oder Achtel schneiden, das Kerngehäuse ausschneiden und die Äpfel in den kochenden Sud legen.

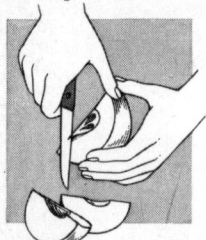

Für Kompott Äpfel waschen, vierteln oder achteln, schälen und das Kerngehäuse herausschneiden.

Die Apfelschnitze zugedeckt bei milder Hitze in 5–10 Minuten weich kochen. Die Apfelstücke sollen beim Kochen nicht zerfallen.
Die Zitronenschale, die Zimtstange oder die Gewürznelken herausnehmen. Das Kompott gegebenenfalls noch mit etwas Zucker abschmecken. Eine Kompottschüssel auf ein feuchtes Tuch stellen, das Kompott einfüllen und abkühlen lassen.

<u>Unsere Tips:</u> Garnieren Sie das Apfelkompott mit Zwetschgenvierteln, Mandarinenschnitzeln und entsteinten Kirschen.
Weichen Sie 2 Eßlöffel gewaschene Rosinen 2 Stunden in ½ Tasse Rotwein ein und geben Sie die Rosinen abgetropft zum Apfelkompott.

<u>Variante</u>

Apfelmus

Die Äpfel wie im Rezept beschrieben, jedoch ungeschält, etwa 15 Minuten dünsten, bis sich die Schale vom Fruchtfleisch löst. Die Zitronenschale, die Zimtstange (oder die Gewürznelken) herausnehmen und die Äpfel durch ein Sieb passieren. Das Mus bei Bedarf noch mit etwas Zucker abschmecken, in einer Glasschale anrichten und abkühlen lassen.

Vanille-Äpfel

Für die Äpfel:
¼ l Wasser
2–3 Eßl. Zucker
1 Eßl. Zitronensaft
¼ Stange Zimt
4 kleinere, säuerliche Äpfel
4 Teel. Johannisbeer- oder Himbeermarmelade

Für die Vanillecreme:
1 Ei
1 Eßl. Zucker
½ Vanilleschote
1 gehäufter Eßl. Speisestärke

¼ l Milch
1 Eiweiß
2 Teel. Johannisbeer oder Himbeermarmelade

Pro Person etwa:
1000 Joule
240 Kalorien

Garzeit:
15 Minuten

Das Wasser mit dem Zucker, dem Zitronensaft und der Zimtstange in einem weiten, flachen Topf erhitzen.
Die Äpfel waschen, schälen und das Kerngehäuse ausstechen. Die Äpfel unzerteilt in den kochenden Sud geben und zugedeckt bei milder Hitze in etwa 15 Minuten garen. Nach etwa 7 Minuten Garzeit die Äpfel wenden und fertigkochen. Sie sollen weich sein, aber noch ihre Form behalten. Die Äpfel aus dem Kochsud heben, abtropfen lassen, auf kleinen Tellern oder in Schalen anrichten und mit der Marmelade füllen.
Das Ei in Eigelb und Eiweiß trennen und das Eigelb und den Zucker in einem kleinen Topf schaumig rühren. Keinen Aluminiumtopf oder -schneebesen verwenden, damit die Creme nicht grau wird. Die Vanilleschote aufschlitzen, das Mark herauskratzen und mit der Speisestärke und der Milch zur Schaummasse geben. Mit dem Schneebesen oder mit dem elektrischen Handrührgerät durchrühren und bei milder Hitze zum Kochen bringen; dabei ständig weiterschlagen. Den Topf vom Herd nehmen.
Das Eiweiß sehr steif schlagen. Zuerst ein Drittel der heißen Creme eßlöffelweise und dann die übrige Creme unter den steifen Eischnee rühren. Die abgeschlagene Vanillecreme über die Äpfel gießen und mit einem Tupfen Marmelade verzieren.

Gegrillte Apfelscheiben mit Vanillesahne

¼ l Sahne
2 Eßl. Puderzucker
1 Päckchen Vanillinzucker
750 g säuerliche Äpfel
2–3 Eßl. Öl
150 g Sauerkirschen
½ Tasse Weinbrand
2 Eßl. Hagelzucker

Pro Person etwa:
1820 Joule
410 Kalorien

Grillzeit:
6 Minuten

Die Sahne steif schlagen, den Puderzucker und den Vanillinzucker unterrühren und die Sahne kalt stellen.
Die Äpfel waschen, schälen, das Kerngehäuse ausstechen und die Äpfel in etwa 7 mm dicke Scheiben schneiden. Den Grill vorheizen.
Die Apfelscheiben auf beiden Seiten mit dem Öl bestreichen und auf dem Grillrost in 8 cm Abstand zu den Grillstäben auf jeder Seite in 3 Minuten goldgelb grillen.
Die Sauerkirschen waschen, abtropfen lassen und entsteinen. Die Kirschen mit der Hälfte des Weinbrandes beträufeln. Die gegrillten Apfelscheiben auf einer vorgewärmten Platte anrichten, mit dem restlichen Weinbrand beträufeln und mit dem Hagelzucker bestreuen. Jede Apfelscheibe mit einer »Weinbrandkirsche« garnieren und sofort servieren. Dazu die kalte Vanillesahne reichen.

<u>Unser Tip:</u> Für Kinder statt Weinbrand Orangensaft verwenden. Die Scheiben mit Erdbeer-Sahne überziehen.

Apfelküchlein

Bild Seite 407

80 g Mehl
⅛ l Milch
2 Eier
1 Messersp. Salz
500 g säuerliche Äpfel
500 g Fritierfett
2 Eßl. Puderzucker oder 2 Eßl. Zucker und ½ Teel. gemahlener Zimt

Pro Person etwa:
1720 Joule
410 Kalorien

Fritierzeit für
1 Apfelküchlein:
6–10 Minuten

Aus dem Mehl, der Milch, den Eiern und dem Salz einen zähflüssigen Pfannkuchenteig rühren. Die Äpfel waschen, schälen und das Kerngehäuse ausstechen. Die Äpfel in etwa ½ cm dicke Scheiben schneiden.

APFELREZEPTE

Das Fritierfett auf 180° erhitzen. Die Apfelscheiben mit einer Gabel einzeln im Pfannkuchenteig wenden, kurz abtropfen lassen und im heißen Fett auf jeder Seite in 3–5 Minuten goldbraun ausbacken. Die Apfelküchlein warm stellen, bis alle Küchlein gebacken sind.
Vor dem Servieren die Apfelküchlein mit dem Puderzucker übersieben oder mit Zimtzucker bestreuen.

Wer denkt nicht an den »Mordsspaß« ihrer Zubereitung, an die Ofenröhre, an Omas Kachelofen, wenn er so richtig »spuckte«? Dann zog auch bald der Duft der gebratenen Äpfel durch die Stube.

Grundrezept
Bratäpfel

Bild Seite 407

4 große Äpfel
⅛ l Wasser
4 Teel. Zucker

Pro Person etwa:
420 Joule
100 Kalorien

Bratzeit:
25–30 Minuten

Den Backofen auf 200° vorheizen. Die Äpfel waschen, abtrocknen und die Stiele und Blütenansätze entfernen. Die Äpfel in eine Bratreine oder in die Fettpfanne des Backofens setzen, mit dem Wasser übergießen und auf der mittleren Schiebeleiste in etwa 25–30 Minuten im Backofen braten. Die Bratäpfel mit dem Zucker bestreuen und frisch aus dem Backofen servieren.

Variante
Gefüllte Bratäpfel

Die Äpfel waschen, abtrocknen und die Kerngehäuse ausstechen. 4 Tee-

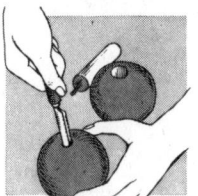

Für gefüllte Bratäpfel das Kerngehäuse aus den ungeschälten Äpfeln ausstechen.

löffel Orangenmarmelade mit 4 Teelöffel Rosengelee oder 4 Teelöffel feingehacktem Orangeat mischen und die Hohlräume damit füllen. Die Äp- fel wie im Rezept beschrieben braten und mit geschlagener, gesüßter Sahne servieren.

Meringen-Äpfel – ein beliebter Nachtisch vor allem für kalte Tage. Reichen Sie vorher eine kräftige Suppe, etwa Gulaschsuppe oder Erbsensuppe mit Wursteinlage. Ein komplettes »Wintermenü« für durchgefrorene Rodler, Skifahrer und Eisläufer.

Meringen-Äpfel

¼–⅜ l Wasser
2 Eßl. Zucker
Saft von 1 Zitrone
1 Stück Zitronenschale
2 Gewürznelken
4–6 Äpfel
1 Eßl. Butter
2–3 Eiweiße
1 Teel. Zitronensaft
2–3 Eßl. Zucker oder Puderzucker
4–6 Eßl. rote Marmelade (Erdbeer-, Himbeer-, Johannisbeermarmelade) oder Aprikosenmarmelade
2–3 Eßl. Rum

Pro Person etwa:
1000 Joule
240 Kalorien

Garzeit:
20 Minuten

Zeit zum Überbacken:
20 Minuten

Das Wasser mit dem Zucker, dem Zitronensaft, der Zitronenschale und den Gewürznelken in einem weiten, flachen Topf zum Kochen bringen. Die Äpfel waschen, schälen und das Kerngehäuse ausstechen. Die Äpfel in den kochenden Sud setzen und zugedeckt bei milder Hitze in 15–20 Minuten weich kochen. Nach etwa 8 Minuten wenden und fertiggaren. Die Äpfel dürfen aber nicht zu weich gekocht werden; sie müssen ihre Form behalten.
Den Backofen auf 210° vorheizen. Eine feuerfeste Form mit der Butter ausstreichen. Die Eiweiße mit dem Zitronensaft steif schlagen, den Zucker oder Puderzucker dazugeben und so lange rühren, bis die Masse glänzt. Die Äpfel aus dem Sud heben, kurz abtropfen lassen und in die feuerfeste Form setzen. Die Marmelade mit dem Rum verrühren, die Äpfel damit füllen und mit der Eischneemasse überziehen. Mit einem Teelöffel die Spitzen hochziehen oder Muster in die Meringenmasse drücken. Die Äpfel auf der mittleren Schiebeleiste im Backofen 15–20 Minuten überbacken, bis die Meringenmasse goldgelb ist.

Unser Tip: Aus dem Apfelsud bereiten Sie schnell und einfach ein pas- sendes Getränk zu diesem »Wintermenü«: Den Apfelsud durch ein Sieb gießen und mit der gleichen Menge heißem Rotwein auffüllen.

Ein köstlich schmeckendes Dessert, aber… bei dieser Nachspeise braucht man nicht nur eine Menge Zutaten, mehrere Töpfe und Schüsseln, sondern auch Zeit und Muße für die Zubereitung – mehr als 1 Stunde!

Apfelschaum

Zutaten für
6 Personen:

Für den Apfelbrei:
500 g säuerliche Äpfel
1 Tasse Wasser
Saft von ½ Zitrone
2 Eßl. Zucker
2 Eßl. Aprikosenmarmelade
1 Eßl. Butter

Für die Creme:
½ Päckchen gemahlene farblose Gelatine
4 Eßl. Wasser
2 Eier
1 Eigelb
1 Eßl. Zucker
½ l Sahne

Zum Garnieren:
2 Orangen
2 Eßl. Aprikosenmarmelade
2 Eßl. Wasser
1 Teel. Zucker

Pro Person etwa:
1840 Joule
440 Kalorien

Garzeit:
15 Minuten

Zeit zum Gelieren:
1 ½–2 Stunden

Die Äpfel waschen, schälen und vierteln. Das Kerngehäuse entfernen und die Apfelviertel in kleine Stücke schneiden. Die Apfelstückchen mit dem Wasser und dem Zitronensaft bei milder Hitze zugedeckt 10–15 Minuten kochen, bis sie ganz zerfallen sind. Dann den Zucker, die Aprikosenmarmelade und die Butter zugeben und rühren, bis eine cremige Masse entstanden ist. Die Gelatine in einem Topf mit dem kalten Wasser anrühren und 10 Minuten quellen lassen.
Das Wasser fürs Wasserbad erhitzen. Die Eier mit dem Eigelb und dem Zucker in einem Topf schaumig rühren, ins heiße Wasserbad oder auf die Automatikplatte (Schaltstufe 2–3) stellen und weiterrühren, bis eine dicke Creme entstanden ist. Den abgekühlten Apfelbrei eßlöffelweise unter diese Creme rühren.
Die gequollene Gelatine erwärmen, bis sie gelöst ist, und die Apfelcreme nach und nach unterrühren. Die Apfelspeise in den Kühlschrank stellen, bis sich ein etwa 3 cm breiter Gelierrand gebildet hat. ⅛ l Sahne steif schlagen und unter die Apfelcreme

APFEL- UND BIRNENREZEPTE

ziehen. Den Apfelschaum in eine Glasschüssel füllen und etwa 1 Stunde zum Gelieren in den Kühlschrank stellen.
Inzwischen die Orange schälen und in Schnitze teilen. Die Aprikosenmarmelade mit dem Wasser glattrühren. Die restliche Sahne mit dem Zucker steif schlagen. Den Apfelschaum kurz vor dem Servieren mit Orangenschnitzen umlegen, mit der Aprikosenmarmelade überziehen und mit Schlagsahnetupfen garnieren. Die übrige Sahne dazureichen.

Apfel im Schlafrock

Für den Teig:
100 g Zucker
200 g Butter
300 g Mehl
1 Prise Salz

Für die Äpfel:
8 mittelgroße, mürbe Äpfel
Saft von ½ Zitrone
4 Eßl. Rosinen

Für das Backblech:
1 Teel. Butter

Zum Bestreichen:
1 Ei
1 Eßl. Milch

Pro Apfel etwa:
2010 Joule
480 Kalorien

Zeit zum Ruhen lassen des Teigs:
1–2 Stunden

Backzeit:
25 Minuten

Den Zucker mit der Butter verkneten, das Mehl darübersieben, das Salz zugeben und alles rasch zu einem glatten Teig verkneten. Eine Kugel daraus formen, in Alufolie einwickeln und 1–2 Stunden im Kühlschrank ruhen lassen.
Inzwischen die Äpfel waschen, schälen, das Kerngehäuse ausstechen und die Äpfel mit dem Zitronensaft beträufeln. Die Rosinen waschen, abtropfen lassen und die Äpfel damit füllen.
Den Backofen auf 210° vorheizen. Ein Backblech mit der Butter einfetten. Den Teig messerrückendick ausrollen und mit einem Teigrädchen in 8 Quadrate teilen, die so groß sind, daß je 1 Apfel darin eingeschlagen werden kann. Auf jedes Quadrat einen gefüllten Apfel setzen. Das Ei in Eiweiß und Eigelb trennen. Die Teigränder mit dem Eiweiß bestreichen, über den Äpfeln zusammenschlagen und festdrücken. Das Eigelb mit der Milch verquirlen, die Äpfel im Schlafrock damit bepinseln, auf das Backblech setzen und auf der mittleren Schiebeleiste in etwa 25 Minuten im Backofen goldbraun backen.

Dazu schmeckt: Vanillesauce

Apfelauflauf

75 g Löffelbiskuits oder Kuchenreste
2 Eßl. Rum oder Weißwein
6 säuerliche Äpfel
Saft von 1 Zitrone
6 Eßl. Preiselbeermarmelade
1 Teel. Butter
4 Eier

¼ l Milch
80 g Zucker
1 Päckchen Vanillinzucker

Pro Person etwa:
2090 Joule
500 Kalorien

Backzeit:
50 Minuten

Die Löffelbiskuits oder Kuchenreste in einer Schüssel zerkrümeln. Mit dem Rum (oder dem Weißwein) beträufeln. Die Äpfel waschen, schälen, die Kerngehäuse ausstechen und die Äpfel in etwa 1 cm dicke Scheiben schneiden. Diese mit dem Zitronensaft beträufeln und mit der Preiselbeermarmelade bestreichen.
Den Backofen auf 210° vorheizen. Eine Auflaufform mit der Butter ausstreichen. Den Boden der Form mit Apfelringen belegen und etwa ein Drittel der Kuchenkrümel darauf verteilen. Die restlichen Äpfel und Krümel ebenso einschichten. Die oberste Lage bilden Äpfel.
Die Eier mit der Milch, dem Zucker und dem Vanillinzucker verrühren und gut verteilt über die Äpfel gießen. Den Auflauf im Backofen auf der untersten Schiebeleiste 50 Minuten backen.

Dazu schmeckt: Vanillesauce

Birnenkompott

500 g Birnen
¼ l Wasser
Saft von ½ Zitrone
1 Stück Zitronenschale
½ Zimtstange
2 Eßl. Zucker

Pro Person etwa:
420 Joule
100 Kalorien

Garzeit:
5–20 Minuten

Die Birnen waschen, vierteln, schälen und vom Kerngehäuse befreien. Das Wasser mit dem Zitronensaft, der Zitronenschale, der Zimtstange und dem Zucker in einem weiten, flachen Topf zum Kochen bringen. Die Birnenviertel in den kochenden Sud legen und zugedeckt bei milder Hitze in 15–20 Minuten garen. Die Garzeit richtet sich nach der Birnensorte. Die Birnen sollen dabei nicht zerfallen! Das fertige Birnenkompott etwas abkühlen lassen, die Zitronenschale und die Zimtstange entfernen.

Das Kompott nach Belieben noch mit Zucker und Zitronensaft abschmekken, in eine Kompottschüssel füllen und abkühlen lassen.

Birnen in Rotwein

500 g Birnen
⅛ l Rotwein
1 Teel. Zitronensaft
1 Eßl. Zucker
2 Teel. Rosinen
Gewürznelken
1 Eßl. Rum

Pro Person etwa:
540 Joule
130 Kalorien

Garzeit:
5–20 Minuten

Die Birnen waschen, entstielen, halbieren, und das Kerngehäuse herausschneiden. Die Birnenhälften schälen und mit je 1 Gewürznelke spicken. Den Rotwein mit dem Zitronensaft, dem Zucker und den Rosinen in einem Topf zum Kochen bringen. Die Birnenhälften einlegen und zugedeckt bei milder Hitze in 15–20 Minuten weich dünsten. Die Garzeit richtet sich nach der Birnensorte. Die Birnen dürfen dabei nicht zerfallen. Die fertiggegarten Birnen mit einem Schaumlöffel in eine Schüssel heben und die Gewürznelken entfernen. Den Kochsud noch mit etwas Zitronensaft und Zucker abschmecken, den Rum zufügen und über die Birnen gießen. Nach Belieben heiß oder kalt servieren.

Paßt gut zu: gebratenem Fleisch, Wildgeflügel, Wild

Curaçao-Birnen

375 g kleinere Birnen
1 Tasse Wasser
1 Tasse Zucker
2–3 Schnapsgläser Curaçaolikör
1 Päckchen Vanillinzucker

Pro Person etwa:
920 Joule
220 Kalorien

Garzeit:
10 Minuten

Die Birnen waschen, halbieren, schälen und die Kerngehäuse ausstechen. Das Wasser mit dem Zucker in einem flachen Topf erhitzen, die Birnenhälften einlegen und bei milder Hitze zugedeckt in etwa 10 Minuten nicht zu weich kochen.
Die Birnenhälften mit dem Schaumlöffel in eine Glasschale heben, mit dem Curaçaolikör begießen und etwa 10 Minuten ziehen lassen. Den Kochsud mit dem Vanillinzucker würzen und über die Birnen schütten.

QUITTEN- UND PFIRSICHREZEPTE

Quittenkompott

500 g Quitten
¼ l Wasser
3–4 Eßl. Zucker
½ Zimtstange oder
1 Päckchen Vanillinzucker

Pro Person etwa:
750 Joule
180 Kalorien

Garzeit:
30–40 Minuten

Die Quitten waschen, schälen, in Viertel schneiden und das Kerngehäuse entfernen. Das Wasser mit dem Zucker und der Zimtstange in einem Topf zum Kochen bringen. Die Quitten einlegen und zugedeckt bei milder Hitze garen. Die Quitten sollen weich sein, aber nicht zerfallen. Den Zimt aus dem Sud herausnehmen und gegebenenfalls den Vanillinzucker zugeben. Das Quittenkompott abkühlen lassen.

Unser Tip: Hängen Sie die Quittenschalen und Kerngehäuse in einem zugebundenen Mullsäckchen in den Sud und lassen Sie beide mitkochen. Das Kompott bekommt dadurch einen noch feineren Geschmack.

Für diese »schnittfeste« eingekochte Marmelade brauchen Sie 8–10 Tage Trockenzeit, bis sie kuchenartig fest geworden ist. Bei dem hohen Pektingehalt geliert Quittenmark sehr gut. »Quittenbrot« wurde zu Großmutters Zeiten mit Nelken, kleingeschnittenem Zitronat und eingemachten Orangenschalen geschmacklich verfeinert.

Quittenbrot

1 kg nicht ganz reife Quitten
¼ l Wasser
1 kg Zucker
1 Päckchen Vanillinzucker oder
1 Messersp. gemahlener Zimt
50 g grober Zucker

Pro Person etwa:
1600 Joule
380 Kalorien

Garzeit:
50 Minuten

Zeit zum Einkochen:
60 Minuten

Trockenzeit:
8–10 Tage

Die Quitten mit einem trockenen Tuch abreiben, waschen und in Stücke schneiden. Ungeschält mit den Kerngehäusen in einen hohen Topf schütten, das Wasser zugießen und die Quitten zugedeckt bei milder Hitze in etwa 50 Minuten weich kochen. Die Quitten durch ein Sieb passieren. Das Mus abwiegen und mit der gleichen Menge Zucker zurück in den Topf geben. Bei sehr milder Hitze im offenen Topf etwa 60 Minuten einkochen, bis das Mus eine feste Konsistenz hat. Dabei öfter umrühren. Den Vanillinzucker oder den Zimt zufügen. Eine große Kuchenplatte oder ein Stück Alufolie gleichmäßig mit grobem Zucker bestreuen. Die Paste etwa fingerdick daraufstreichen. In einem warmen Raum in 8–10 Tagen trocknen lassen und nach 4 Tagen wenden. Das getrocknete Quittenbrot in Streifen, Vierecke oder andere Formen schneiden, in grobem Zucker wenden und in einer Dose aufbewahren.

Unser Tip: Wenn das Trocknen schneller gehen soll, das Quittenmus auf ein kalt abgespültes Kuchenblech streichen, in den bei starker Hitze vorgeheizten Backofen schieben und mit sehr milder Hitze bei leicht geöffneter Backofentür trocknen lassen. Falls sich dabei Wassertropfen auf der Oberfläche bilden, ist die Hitze zu stark. Den Backofen dann eine Weile ganz ausschalten. Nach einigen Stunden das Quittenbrot auf dem Blech im Raum fertigtrocknen lassen.

Pfirsichkompott

1–2 l Wasser
500 g Pfirsiche
¼ l Wasser
2–3 Eßl. Zucker
½ Vanilleschote oder 1 Päckchen Vanillinzucker

Pro Person etwa:
420 Joule
100 Kalorien

Garzeit:
10 Minuten

Das Wasser zum Kochen bringen, die Pfirsiche 2–3 Minuten ins kochende Wasser legen, herausnehmen, mit kaltem Wasser überbrausen und die Haut abziehen. ¼ Liter Wasser mit dem Zucker und der Vanilleschote oder dem Vanillinzucker zum Kochen bringen. Die Pfirsiche halbieren, die Steine herauslösen und die Früchte in den kochenden Sud legen. Bei milder Hitze zugedeckt in etwa 10 Minuten weich kochen. Die Früchte sollen dabei nicht zerfallen. Die Vanilleschote herausnehmen, das Kompott gegebenenfalls noch mit etwas Zucker und Vanillinzucker abschmecken und dann erkalten lassen.

Variante

Aprikosenkompott

Von 500 g Aprikosen die Haut abziehen oder die Früchte nur waschen, halbieren und die Steine herauslösen. 2 Steine aufschlagen und die Kerne entnehmen. Das Wasser mit 1–2 Eßlöffel Zucker und den Aprikosenkernen zum Kochen bringen und die Aprikosen darin in 5–10 Minuten garen. Das Kompott gegebenenfalls noch mit etwas Zucker und Vanillinzucker abschmecken und erkalten lassen.

Unser Tip: Bereiten Sie Mischkompott, indem Sie nacheinander verschiedene, vorbereitete Obstsorten wie Äpfel, Aprikosen, Stachelbeeren, Kirschen im Sud garen, mischen und zuletzt mit dem Sud übergießen. Als Faustregel gilt dabei: Zuerst die hellen, dann die dunklen Früchte garen.

Gegrillte Pfirsiche

1–2 l Wasser
500 g Pfirsiche
1½ Eßl. Öl
1 Eßl. Puderzucker
2 Eßl. Rum

Pro Person etwa:
550 Joule
130 Kalorien

Grillzeit:
8 Minuten

Das Wasser zum Kochen bringen. Die Pfirsiche 2–3 Minuten ins kochende Wasser legen, herausnehmen, mit kaltem Wasser überbrausen und die Haut abziehen. Den Grill vorheizen. Die Pfirsiche halbieren und die Steine herauslösen. Ein Blatt Alufolie mit Öl bestreichen und auf den Grillrost legen. Die Pfirsichhälften mit den Schnittflächen nach unten daraufsetzen, mit dem restlichen Öl bepinseln und im Abstand von 6–8 cm zu den Grillstäben 5–8 Minuten grillen. Die gegrillten Pfirsiche auf einer vorgewärmten Platte anrichten, mit dem Puderzucker bestreuen und mit dem Rum beträufeln.

Paßt gut zu: gebratener Leber, panierten Schweinekoteletts oder Schinkenomeletts

Unser Tip: Auch als Dessert schmecken gegrillte Pfirsiche gut. Reichen Sie eine Obstsauce aus roten Beeren, Vanillesauce oder eine Weinschaumsauce dazu.

Sauerkirschkompott

500 g Sauerkirschen
⅛ l Wasser
½ Vanilleschote
4–6 Eßl. Zucker

Pro Person etwa:
670 Joule
160 Kalorien

Garzeit:
10 Minuten

KIRSCHEN- UND ZWETSCHGENREZEPTE

Die Sauerkirschen gründlich waschen, die Stiele abzupfen; die Früchte nicht entsteinen.

Das Wasser mit der Vanilleschote und dem Zucker zum Kochen bringen, die Kirschen einlegen und zugedeckt bei milder Hitze in etwa 10 Minuten weich kochen. Die Kirschen sollen dabei nicht zerfallen. Die Vanilleschote entfernen und das Kompott, wenn nötig, noch mit Zucker abschmecken.

Unser Tip: Kompott aus süßen Kirschen wird auf die gleiche Art zubereitet; jedoch dann etwas weniger Zucker nehmen.

Kirschen in Weinschaumcreme

4 Eier
50 g Zucker
Saft und abgeriebene Schale von
½ Zitrone
¼ l Weißwein
1 Päckchen Vanille-Saucenpulver
200–250 g Kirschen
4–6 Eßl. Rum

Pro Person etwa:
960 Joule
230 Kalorien

Garzeit:
3 Minuten

Die Eier mit dem Zucker, dem Zitronensaft und der abgeriebenen Zitronenschale, dem Weißwein und dem Saucenpulver in einem hohen Topf – nicht aus Aluminium – schaumig schlagen. Bei milder Hitze den Weinschaum ständig schlagen, bis die Creme aufkocht. Den Topf vom Herd nehmen und die Creme bis zum Erkalten weiterschlagen.
Die Kirschen waschen, die Stiele abzupfen, die Kirschen entsteinen und mit dem Rum beträufeln. Zuerst etwas Weinschaum in hohe Kelchgläser füllen, dann Kirschen und Weinschaumcreme abwechselnd einfüllen und gleich servieren.

Zwetschgenkompott

⅛–¼ l Wasser
½ Zimtstange
2 Gewürznelken
2–3 Eßl. Zucker
500 g Zwetschgen
2 Zwetschgenkerne

Pro Person etwa:
420 Joule
100 Kalorien

Garzeit:
5–10 Minuten

Das Wasser mit der Zimtstange, den Gewürznelken und dem Zucker zum Kochen bringen. Die Zwetschgen waschen, die Stiele abzupfen, die Früchte halbieren und die Steine herauslösen. 2 Steine aufschlagen und ihre Kerne zum Sud geben. Die Zwetschgen einlegen und bei milder Hitze zugedeckt in 5–10 Minuten weich kochen. Die Zwetschgen sollen dabei nicht zerfallen. Die Zimtstange, die Gewürznelken und die Zwetschgenkerne herausnehmen. Das Kompott abkühlen lassen und, wenn nötig, mit Zucker abschmecken.

Variante

Pflaumenpüree

Pflaumen (oder Zwetschgen) wie im Rezept beschrieben so lange kochen, bis sich das Fruchtfleisch von der Schale löst. Die Gewürze herausnehmen, die Früchte durch ein Sieb drücken und das Fruchtpüree mit Zucker abschmecken.

»Kirschpflaume« nennen die Engländer die kugelige, gelbrote Pflaumenart mit ihrem süßen und festen Fleisch, die sich besonders für Kompott eignet. Das Aroma der Mirabelle bestimmt auch die Eigenart des klaren »Mirabellengeistes«.

Mirabellenkompott

500 g Mirabellen
2 Mirabellenkerne
⅛ l Wasser
2–3 Eßl. Zucker

Pro Person etwa:
460 Joule
110 Kalorien

Garzeit:
10 Minuten

Die Mirabellen waschen, halbieren und entsteinen. 2 Mirabellensteine aufschlagen und die Kerne herauslösen. Das Wasser mit dem Zucker und den Mirabellenkernen zum Kochen bringen, die Mirabellen einlegen und bei milder Hitze zugedeckt in etwa 10 Minuten weich kochen. Das Obst soll dabei nicht zerfallen. Das Kompott etwas abkühlen lassen, nach Belieben mit Zucker abschmecken.

Wer mag, kann Kompott aus Beerenobst weiterhin mit Wasser und Zucker kochen. Es verliert dabei jedoch sein köstliches Aroma. – Wenn Beeren überhaupt gegart werden sollen, ist das Pochieren im eigenen Saft dafür die beste Methode.

Grundrezept
Pochierte Beeren

500 g frische Beeren
2–4 Eßl. Zucker

Pro Person etwa:
460 Joule
110 Kalorien

Garzeit:
5–15 Minuten

Die Beeren verlesen, waschen, von den Stielen zupfen und mit dem anhaftendem Wasser und dem Zucker in einen Topf geben. Bei sehr milder Hitze – Automatikplatte, Schaltstufe 1–2 – unter dem Siedepunkt im eigenen Saft zugedeckt in 5–15 Minuten gar ziehen lassen. Die Garzeit richtet sich nach der Obstsorte. Dabei den Topf ab und zu leicht rütteln. Wenn das Obst dabei zuviel Saft gezogen hat, mit einem Schaumlöffel in eine Schüssel heben, den Saft sprudelnd etwas einkochen lassen und dann über die Beeren gießen.

Unsere Tips: Für Kompott aus grünen Stachelbeeren 2–3 Eßlöffel Weißwein mit 4 Eßlöffel Zucker aufkochen lassen und die Beeren im Weißwein gar ziehen lassen.
Nach Belieben vor dem Garen etwas Zitronensaft oder Orangensaft, Vanillinzucker, 1 Prise gemahlenen Zimt oder gemahlenen Anis an das Obst geben. Sie können auch Beerenmischobst aus verschiedenen Beerensorten bereiten. Besonders gut schmeckt Kompott aus Beeren, wenn Sie zuletzt 50 g frische Beeren untermischen.

Brombeerbecher

1 Päckchen Bananen- oder Mandelpuddingpulver
2 Eßl. Zucker
½ l Milch
1 Ei
1 Schnapsglas Weinbrand (2 cl)
1 Teel. Butter
1 Päckchen Vanillinzucker

250 g frische Brombeeren
1 Teel. Zucker
1 Teel. Himbeersirup

Pro Person etwa:
1050 Joule
250 Kalorien

Garzeit:
5 Minuten

Das Puddingpulver mit dem Zucker und 6 Eßlöffel von der Milch verrühren. Die übrige Milch zum Kochen bringen. Das angerührte Puddingpulver dazugeben, unter Rühren kurz aufkochen lassen und den Topf vom Herd ziehen.
Das Ei in Eigelb und Eiweiß teilen.

BEERENREZEPTE

Den Weinbrand mit dem Eigelb und dem Vanillinzucker verrühren und mit der Butter unter den heißen Pudding mischen. Den Pudding abkühlen lassen und dabei ab und zu umrühren. Inzwischen die Brombeeren verlesen, in einem Durchschlag mit kaltem Wasser überbrausen und abtropfen lassen. Einige Brombeeren zum Garnieren zurückbehalten. Die Brombeeren und den Pudding schichtweise in Gläser füllen. Die oberste Schicht ist Pudding.
Das Eiweiß zu steifem Schnee schlagen. Den Zucker und den Himbeersirup unterziehen. Die Brombeerbecher mit dem Eischnee und den zurückbehaltenen Brombeeren verzieren.

Emsigen Züchtern ist es gelungen, von unserer Gartenerdbeere mehr als 1000 Sorten zu züchten. Erst vor reichlich 200 Jahren hat ein französischer Fregattenkapitän namens Frezier die Erdbeere aus Amerika in Frankreich, in Versailles, eingebürgert. Von Hof zu Hof wurden die Stecklinge in Europa weitergereicht.

Erdbeerschnee

250 g Erdbeeren
75 g Zucker
1 Päckchen Vanillinzucker
2 Eiweiße
1 Teel. Rum

Pro Person etwa:
500 Joule
120 Kalorien

Zeit zum Durchziehen:
60 Minuten

Die Erdbeeren waschen, die Stiele abzupfen und schlechte Stellen ausschneiden. Die Erdbeeren in kleine Stücke schneiden, mit dem Zucker und dem Vanillinzucker mischen und 60 Minuten zugedeckt im Kühlschrank ziehen lassen.
Einige Erdbeerstücke zum Garnieren zurückbehalten, die übrigen Beeren durch ein Sieb passieren oder im Mixer zerkleinern. Die Eiweiße zum Erdbeermus geben und mit dem elektrischen Handrührgerät oder im Mixer zu einer dickschaumigen Creme schlagen. Den Rum unterrühren. Die Erdbeerschnee in hohe Bechergläser füllen und mit den zurückbehaltenen Erdbeeren garnieren.

Unser Tip: Zerkleinern Sie die mit dem Zucker gemischten Erdbeeren im Mixer, geben Sie 1 Tasse voll Erdbeereis zu und mischen Sie Eis und Beeren wenige Sekunden auf höchster Schaltstufe.

Erdbeeren mit Käsecreme gefüllt

500 g große Erdbeeren
1 Eßl. Zucker
150 g Frischkäse
2 Eßl. Zucker
1 Eßl. Cognac
einige kleine Erdbeeren mit Stiel und Blättern

Pro Person etwa:
960 Joule
230 Kalorien

Für dieses Rezept eignen sich nur einwandfreie Früchte. Die Beeren waschen, von den Stielen zupfen, halbieren, die Hälften paarweise nebeneinanderlegen und mit etwas Zucker bestreuen.
Den Frischkäse mit dem Zucker und dem Cognac glattrühren. Etwa 1 Teelöffel voll Käsecreme auf die Schnittfläche einer Erdbeerhälfte streichen, die andere Hälfte darauflegen, leicht andrücken und beide Hälften mit einem Holzspießchen zusammenstecken. Auf diese Weise alle Erdbeeren »füllen«.
Die kleinen Erdbeeren mit den Blättern waschen, abtropfen lassen und die gefüllten Beeren damit garnieren.

Überbackene Erdbeeren

500 g Walderdbeeren oder kleine Gartenerdbeeren
4 Teel. Zucker
1 Schnapsglas (2 cl) Cognac
3 Eigelbe
3 Eßl. Zucker
1/8 l Weißwein
4 Eßl. Mandelblättchen
1 Eßl. Puderzucker

Pro Person etwa:
1130 Joule
270 Kalorien

Zeit zum Überbacken:
3 Minuten

Die Erdbeeren waschen, abtropfen lassen und von den Stielen zupfen. Die Erdbeeren in Suppentassen oder feuerfeste Förmchen geben und mit dem Zucker mischen. Den Cognac darüberträufeln. Wasser für das Wasserbad erhitzen.
Die Eigelbe, den Zucker und den Wein in eine Schüssel füllen und ins heiße Wasserbad stellen. Die Masse unter ständigem Rühren mit dem Schneebesen erhitzen bis sie cremig geworden ist.
Den Grill vorheizen.
Die Erdbeeren mit der Schaumcreme bedecken, mit den Mandeln und mit dem Puderzucker bestreuen und unter den Grillstäben in etwa 3 Minuten bräunen und sofort servieren.

Erdbeeren Romanow

500 g Erdbeeren
2 Eßl. Zucker
2 Schnapsgläschen Curaçaolikör (4 cl)
abgeriebene Schale und Saft von 1 Orange
1/4 l Sahne
2 Teel. Zucker
1/2 Päckchen Vanillinzucker

Pro Person etwa:
1300 Joule
310 Kalorien

Zeit zum Durchziehen:
2 Stunden

Die Erdbeeren waschen, die Stiele abzupfen, die Erdbeeren abtropfen lassen und in einer Schüssel mit dem Zucker, dem Curaçao, dem Saft und der abgeriebenen Schale der Orange mischen. Zugedeckt 2 Stunden im Kühlschrank durchziehen lassen.
Die Sahne mit dem Zucker und dem Vanillinzucker steif schlagen und abwechselnd mit den Erdbeeren in Gläser füllen.
Erdbeeren Romanow müssen gut gekühlt serviert werden.

Himbeeraspik

knapp 2 Päckchen rote, gemahlene, Gelatine
1/2 Tasse Wasser
500 g Himbeeren
1/4 l Weißwein
175 g Zucker
1/8 l Sahne
1 Eßl. Puderzucker
1 Eßl. Himbeergeist

Pro Person etwa:
1420 Joule
340 Kalorien

Zeit zum Gelieren:
4–6 Stunden

Die Gelatine mit dem Wasser verrühren und 10 Minuten quellen lassen. Die Himbeeren waschen und verlesen. Einige schöne Früchte zum Garnieren zurückbehalten. Die restlichen Beeren mit dem Zucker und dem Weißwein mischen, in einem Topf etwas erwärmen und die Beeren dabei zerdrücken. Den Himbeerbrei dann durch ein Sieb passieren. Die gequollene Gelatine so lange erwärmen bis sie sich aufgelöst hat, unter den Himbeerbrei rühren und im Kühlschrank in 4 bis 6 Stunden gelieren lassen.
Kurz vor dem Servieren die Sahne steif schlagen, mit dem Puderzucker und dem Himbeergeist mischen. Das Gelee mit der Sahne und den zurückbehaltenen Beeren verzieren und gleich auf den Tisch bringen.

Unser Tip: Ebenso wie Himbeeraspik können Sie auch Johannisbeeraspik zubereiten.

BEERENREZEPTE

Preiselbeerkompott

400 g Preiselbeeren
1/8 l Wasser
5 Eßl. Zucker
1 Stück Zimtstange

Pro Person etwa:
500 Joule
120 Kalorien

Garzeit:
10 Minuten

Die Preiselbeeren in reichlich kaltem Wasser waschen. Dabei die sich an der Wasseroberfläche absetzenden Blättchen und trockenen Beeren herauslesen und die Preiselbeeren abtropfen lassen. Das Wasser mit dem Zucker und der Zimtstange in einem Topf zum Kochen bringen. Die Preiselbeeren einlegen und bei sehr milder Hitze zugedeckt in etwa 10 Minuten gar ziehen lassen. Die Zimtstange herausnehmen. Das Kompott zuckern und abkühlen lassen.

Dazu schmeckt: Vanillesauce oder Schlagsahne

Die Zubereitung dieses Desserts erfordert bei dem zweimaligen Gelieren doch etwas Geduld. Mit ihrem herbsäuerlichen Geschmack stellt eine Creme aus Preiselbeeren, in Norddeutschland auch Kronsbeeren genannt, in dieser Form etwas ganz Besonderes dar.

Preiselbeercreme

300 g Preiselbeeren
1/2–1 Tasse Rotwein
6 Blätter rote oder farblose Gelatine
2 Eier
80–100 g Zucker
1/8 l Sahne
1 Eßl. Puderzucker

Pro Person etwa:
1260 Joule
300 Kalorien

Zeit zum Erstarren:
60 Minuten

Die Preiselbeeren waschen und verlesen. 2 Eßlöffel Preiselbeeren zum Garnieren zurückbehalten, die übrigen Beeren im Mixer zerkleinern und den Rotwein zufügen.
Die Gelatine in kaltem Wasser 10 Minuten lang quellen lassen. Die Eier in Eigelbe und Eiweiße trennen, die Eigelbe mit dem Zucker schaumig rühren und mit dem Preiselbeerbrei mischen. Die Gelatine ausdrücken und mit 3 Eßlöffel Wasser in einem Topf so lange erwärmen, bis sie sich aufgelöst hat. Das Preiselbeergemisch nach und nach einrühren und dann in einer Schüssel im Kühlschrank erstarren lassen, bis sich ein etwa 5 cm breiter Gelierrand gebildet hat.
Die Eiweiße zu Schnee schlagen. Die Preiselbeercreme durchrühren, den Eischnee unterheben und nochmals etwa 30 Minuten im Kühlschrank gelieren lassen. Die Sahne mit dem Puderzucker steif schlagen und die Creme mit der Schlagsahne und den zurückbehaltenen Preiselbeeren garnieren.

Unsere Tips: In gleicher Weise können Sie aus Erdbeeren oder Himbeeren eine Fruchtcreme zubereiten. Erdbeeren jedoch mit Weißwein mischen und Erdbeer- wie Himbeerbrei mit Zitronensaft abschmecken.
Wenn Sie die Creme weich und sahnig bevorzugen, nehmen Sie höchstens 4 Blätter Gelatine. Lassen Sie die Fruchtcreme nur etwa 15 Minuten im Kühlschrank stehen; sie wird dann nicht zu fest.

Stachelbeercreme auf englische Art

250 g grüne Stachelbeeren
1 Vanilleschote
200 g Zucker
1/8 l Wasser
1/4 l Sahne

Pro Person etwa:
1720 Joule
410 Kalorien

Garzeit:
10 Minuten

Die Stachelbeeren waschen und von den Stielen und Blütenresten befreien. Die Vanilleschote aufschlitzen und mit den Stachelbeeren, dem Zucker und dem Wasser in einen Topf geben. Alles zugedeckt bei milder Hitze etwa 10 Minuten kochen lassen. Die Vanilleschote herausnehmen. Einige Stachelbeeren zum Garnieren zurückbehalten, die übrigen durch ein Sieb passieren, abkühlen lassen und etwa 30 Minuten in den Kühlschrank stellen.
Die Sahne steif schlagen und unter den Beerenbrei ziehen. Die fertige Creme mit den zurückbehaltenen Stachelbeeren garnieren.

Obstsülze

125 g Himbeeren
125 g Johannisbeeren
1/2 l Wasser
120 g Zucker
1 Stückchen Zitronenschale
6 Blätter farblose Gelatine
1/8 l Sahne
1 Teel. Zucker
2 Messerp. Vanillinzucker

Pro Person etwa:
1090 Joule
260 Kalorien

Zeit zum Erstarren:
3 Stunden

Die Himbeeren verlesen, vorsichtig waschen und abtropfen lassen. Die Johannisbeeren waschen und von den Rispen streifen. Das Wasser mit dem Zucker und der Zitronenschale zum Kochen bringen. Die Beeren einlegen und zugedeckt bei milder Hitze in etwa 5 Minuten gar ziehen lassen. Inzwischen die Gelatine in kaltem Wasser einweichen, 10 Minuten quellen und im Sieb abtropfen lassen. Die Beeren mit einem Schaumlöffel aus dem Fruchtsaft heben und kalt stellen. Die Zitronenschale entfernen. Die Gelatine in den heißen Fruchtsaft geben und so lange rühren, bis sie sich aufgelöst hat. Den Saft abkühlen lassen und dann im Kühlschrank kalt stellen, bis sich ein etwa 5 cm breiter Gelierrand gebildet hat. Die Beeren unterheben. Das halbflüssige Fruchtgelee in kalt ausgespülte Förmchen füllen und im Kühlschrank erstarren lassen. Die Sahne mit dem Zucker und dem Vanillinzucker steif schlagen. Die Obstsülze aus den Förmchen stürzen und mit der Sahne hübsch garnieren.

Unsere Tips: Anstatt der Johannisbeeren und Himbeeren können Sie auch Stachelbeeren oder entsteinte Süßkirschen oder Himbeeren und Schattenmorellen nehmen.
Die Sülze wird leuchtend rot, wenn Sie 3 Blätter rote und 3 Blätter farblose Gelatine verwenden.

Hollerküchlein

1 Ei
1 Tasse Milch
1 Eßl. Öl
1 Prise Salz
100 g Mehl
12 Holunderblütendolden
500 g Butterschmalz
2 Eßl. Zucker
1 Teel. Zimt

Pro Person etwa:
1130 Joule
270 Kalorien

Backzeit für 1 Holunderküchlein:
1–2 Minuten

Das Ei mit der Milch, dem Öl und dem Salz verquirlen und das Mehl hineinrühren. So lange rühren, bis ein dickflüssiger, glatter Teig entstanden ist. Den Ausbackteig 30 Minuten ruhen lassen.
Inzwischen die Holunderblütendolden kurz kalt abbrausen und auf einem Küchentuch abtropfen lassen. Das Butterschmalz in einem Topf oder in der Friteuse erhitzen. Es hat die richtige Temperatur, wenn ein Weißbrotwürfel darin in etwa 5 Sekunden rundherum bräunt.

OBSTSALATE

Die Holunderdolden einzeln in den Ausbackteig tauchen und in 1–2 Minuten im heißen Butterschmalz schwimmend goldgelb ausbacken. Mit einem Schaumlöffel herausheben und auf saugfähigem Papier abtropfen lassen. Auf eine vorgewärmte Platte geben und im Backofen warm stellen, bis alle Hollerküchlein ausgebacken sind. Mit Zimt-Zucker bestreuen.

Tuttifrutti heißt »alle Früchte« –, das hat sich mittlerweile herumgesprochen. Mit diesem Gericht können Sie sich und Ihren Gästen beweisen, daß die süßesten Früchte nicht nur für die großen Tiere wachsen!

Tuttifrutti mit Vanillecreme

Für den Obstsalat:	Für die Vanillecreme:
2 Eßl. Zucker	1 Ei
2 Eßl. Zitronensaft	1 Eßl. Zucker
½ Päckchen Vanillinzucker	½ Vanilleschote
2 Pfirsiche	1 Eßl. Speisestärke
100 g Sauerkirschen	¼ l Milch
100 g Himbeeren	
100 g Erdbeeren	Pro Person etwa:
1 Apfel	1300 Joule
150 g Löffelbiskuits	310 Kalorien

Den Zucker mit dem Zitronensaft und dem Vanillinzucker gut verrühren. Die Pfirsiche häuten, halbieren und die Steine herauslösen. Die Sauerkirschen waschen, von den Stielen zupfen und entsteinen. Die Himbeeren und Erdbeeren verlesen, waschen und abtropfen lassen. Einige Kirschen, Erdbeeren und Himbeeren zum Garnieren zurückbehalten. Den Apfel waschen, schälen, vierteln, vom Kerngehäuse befreien und die Apfelviertel in Scheibchen schneiden. Die Apfelscheibchen mit der Zitronensaft-Zucker-Sauce mischen. Die Pfirsichhälften in kleine Stücke schneiden, große Erdbeeren halbieren oder vierteln. Die Pfirsiche, die Sauerkirschen, die Erdbeeren und die Himbeeren mit den Apfelscheibchen mischen. Den Obstsalat abwechselnd mit den Löffelbiskuits in eine große Glasschüssel schichten. Die oberste Lage ist Obst. Das Ei in Eigelb und Eiweiß trennen und das Eigelb mit dem Zucker in einem Topf – nicht aus Aluminium – schaumig rühren. Das Mark der Vanilleschote zufügen, die Speisestärke und die Milch unterrühren und die Creme auf der Herdplatte bei mittlerer Hitze schlagen, bis sie dicklich wird und einmal aufgekocht hat. Das Eiweiß zu steifem Schnee schlagen und unter die Creme ziehen. Die Vanillecreme über den Obstsalat gießen, abkühlen lassen und mit den zurückbehaltenen Beeren garnieren.

<u>Unsere Tips:</u> Sie können den Obstsalat aus 500 g beliebigen Früchten der Saison oder aus tiefgefrorenen Früchten bereiten.
Für Tuttifrutti können Sie Gebäckreste aus allen Biskuit- und Mürbeteigen verwenden.
Anstelle der Vanillecreme – oder zusätzlich – schmeckt als letzte Schicht auch Vanilleeis.

Obstsalat Orsini

½–1 Eßl. Zitronensaft	2 säuerliche Äpfel
2–3 Eßl. Zucker	125 g Brombeeren
½ Päckchen Vanillinzucker	1 Banane
	4 Eiswaffeln
2 Eßl. Himbeergeist oder Brombeerlikör	Pro Person etwa:
250 g Pflaumen	750 Joule
	160 Kalorien

Den Zitronensaft in einer Schüssel mit dem Zucker, dem Vanillinzucker und dem Himbeergeist oder dem Brombeerlikör mischen.
Die Pflaumen waschen, die Stiele abzupfen, die Früchte halbieren und die Steine herauslösen. Die Pflaumenhälften nochmals durchschneiden. Die Äpfel waschen, vierteln, vom Kerngehäuse befreien und grob zu den Pflaumen in die Schüssel reiben. Alles rasch miteinander mischen, damit die Äpfel nicht braun werden.
Die Brombeeren verlesen, waschen und abtropfen lassen. Die Banane schälen, in Scheiben schneiden und mit den Brombeeren unter das Apfelgemisch heben. Den Obstsalat in Schälchen anrichten und gut gekühlt mit je 1 Eiswaffel servieren.

Obstsalat »September«

1 Eßl. Zitronensaft	250 g Zwetschgen oder Pflaumen
2–3 Eßl. Zucker	2 kleine Äpfel
2 Eßl. Arrak oder Rum	
250 g helle Weintrauben	Pro Person etwa:
	670 Joule
	160 Kalorien

Den Zitronensaft mit dem Zucker und dem Arrak oder Rum in einer Schüssel verrühren.
Die Weintrauben warm waschen und die Stiele abzupfen. Die Beeren halbieren, von den Kernen befreien und zur Salatsauce geben. Die Zwetschgen oder Pflaumen waschen, entstielen, halbieren und die Steine herauslösen. Die Fruchthälften in Streifen schneiden und zu den Weintrauben geben. Die Äpfel waschen, vierteln, schälen, vom Kerngehäuse befreien, in kleine Würfel schneiden und mit dem Obst in der Schüssel mischen. Den Obstsalat zugedeckt etwa 20 Minuten durchziehen lassen. Wenn nötig, noch mit Zucker und etwas Arrak oder Rum abschmecken.

<u>Unsere Tips:</u> Besonders fein wirkt der Obstsalat, wenn Sie ihn mit Schlagsahne und einigen zurückbehaltenen Weintrauben garnieren.
Aus dem Obstsalat wird ein kräftiges Obstmüsli, wenn Sie 2–3 Eßlöffel feine oder auch grobe Haferflocken – in etwas Obstsaft eingeweicht – unter die Früchte mischen.

Verwöhnen Sie Ihre Gäste. Reichen Sie Salat Exquisit als raffinierten Kontrast zu Grilladen, kaltem Braten oder Aufschnittplatten und vor allem zu Wildgerichten.

Salat Exquisit

4 Eßl. Salatmayonnaise	½ Eßl. geriebener Meerrettich
3 Eßl. Joghurt	½ Teel. Paprikapulver, mild
1 Eßl. Sahne	
2 Äpfel	
2 Orangen	Pro Person etwa:
1 Banane	1130 Joule
¼ von einer kleinen Sellerieknolle	270 Kalorien

Die Mayonnaise mit dem Joghurt und der Sahne in einer Schüssel verrühren. Die Äpfel waschen, schälen und vom Kerngehäuse befreien; dann in die Mayonnaise-Joghurt-Sauce raspeln und untermischen.
Die Orangen sorgfältig schälen, in Spalten teilen und diese in kleine Stückchen schneiden. Die Banane schälen, in Scheiben schneiden und mit den Orangenstückchen unter die geraspelten Äpfel heben. Den Sellerie schälen, fein reiben und mit dem Meerrettich unter den Salat rühren. Den Fruchtsalat in einer Schüssel anrichten und mit dem Paprikapulver überstreuen. Vor dem Servieren etwa 30 Minuten zugedeckt im Kühlschrank ziehen lassen.

FLAMBIERTES OBST

Fruchtcreme-Bombe

Rezept für
8 Personen:
8 Blätter farblose Gelatine
375 g gedünstete Früchte oder 1 kleine Dose Obstcocktail
¾ l Sahne
2 Eßl. Puderzucker
4 Eßl. Wasser
4 Eßl. Aprikosenmarmelade
2 Eßl. Weißwein
½–1 Eßl. Zitronensaft
6 Scheiben Ananas
einige Pistazien
1 Tasse voll frische oder gedünstete Kirschen

Pro Person etwa:
1840 Joule
440 Kalorien

Zeit zum Erstarren:
2–3 Stunden

Die Gelatine in kaltem Wasser 10 Minuten quellen lassen. Die gedünsteten Früchte oder den Obstcocktail abtropfen lassen. Größere Obststücke kleinschneiden.
Die Sahne mit dem Puderzucker steif schlagen. Etwa ½ Tasse geschlagene Sahne zum Garnieren abnehmen.
Die eingeweichte Gelatine in einem Sieb gut abtropfen lassen, zurück in den Topf geben und mit dem Wasser so lange erwärmen, bis sie gelöst ist.
Den Topf vom Herd nehmen und die aufgelöste Gelatine mit 4–6 Eßlöffel steifgeschlagener Sahne mischen. Das Gelatine-Sahne-Gemisch unter die restliche Schlagsahne rühren.
Die Schüssel in den Kühlschrank stellen und die Sahne so lange erstarren lassen, bis sich ein etwa 5 cm breiter Gelierrand gebildet hat. In der Zwischenzeit die Aprikosenmarmelade glattrühren, mit dem Weißwein mischen und mit dem Zitronensaft und, wenn nötig, mit etwas Zucker abschmecken.
Das abgetropfte Obst mit der Aprikosenmarmelade vermengen und das Gemisch unter die gelierende Schlagsahne heben. Eine Form oder hohe Schüssel mit kaltem Wasser ausspülen, die Früchte-Sahne einfüllen und im Kühlschrank in etwa 2 Stunden völlig erstarren lassen.
Die kalte Fruchtcreme auf eine Platte stürzen (die Form dazu gegebenenfalls kurz in warmes Wasser tauchen) und mit Ananasscheiben oder -stückchen, Pistazien, Kirschen und mit Tupfen der zurückbehaltenen Schlagsahne garnieren.

Unsere Tips: Die »Bombe« können Sie auch mit anderen farbkräftigen Früchten verzieren.
Verrühren Sie die zurückbehaltene Sahne mit 1–2 Messerspitzen Sahnesteifmittel.

Grundrezept für flambierte Früchte
Flambierte Pfirsiche

8 Stück Würfelzucker
1 Orange
8 Pfirsichhälften aus der Dose
2 Eßl. Butter
2 Schnapsgläser Cognac (4 cl)
1 Schnapsglas (2 cl) Grand Marnier oder Cointreau

Pro Person etwa:
1130 Joule
270 Kalorien

Den Würfelzucker an der Orangenschale abreiben und mit etwas Orangensaft beträufeln. Die Pfirsichhälften abtropfen lassen und den Saft auffangen. Die Butter bei mittlerer Hitze in einer Flambierpfanne oder Bratpfanne zerlassen. Die Zuckerstückchen zugeben und unter Rühren karamelisieren lassen. Die Pfirsichhälften in die Pfanne legen und auf jeder Seite 1–2 Minuten in dem karamelisierten Zucker anbraten. Den Cognac und den Grand Marnier in einem kleinen Topf bei sehr milder Hitze etwas erwärmen, eßlöffelweise über die Früchte in der Flambierpfanne träufeln und anzünden. Nach einigen Sekunden den Deckel auf die Pfanne legen und die Flamme löschen. Die Pfirsiche auf vorgewärmten Tellern anrichten.
½ Tasse Pfirsichsaft zu der Flüssigkeit in der Pfanne geben, unter Rühren sämig einkochen lassen und über die Pfirsiche gießen.
Sollen die Pfirsiche bei Tisch flambiert werden, die Pfirsichhälften wie beschrieben in dem karamelisierten Zucker anbraten. Das Rechaud auf den Tisch stellen, anzünden und die Flambierpfanne mit den Pfirsichen auf das Rechaud stellen. Den Alkohol in einer Kelle über der Rechaudflamme erwärmen. Die Kelle etwas schräg halten, damit die Flamme den Alkohol entzünden kann, und brennend über die Früchte gießen.

Unsere Tips: Gießen Sie nie den Alkohol direkt aus der Flasche auf das zu flambierende Gericht. Beim Anzünden kann die Flamme in die Flasche schlagen und eine Explosion verursachen!
Nach Belieben können aber auch gemischte Früchte in einer Pfanne flambiert werden. Beerenfrüchte, Kirschen und Bananen können roh im karamelisierten Zucker erhitzt werden. Birnen, Pfirsiche, Aprikosen und Pflaumen sollte man vorher nicht zu weich dünsten.

Zum Bild rechts:

Obst aus südlichen Ländern. Ananas, Bananen und Orangen sind längst keine Fremdlinge mehr für uns; auch Melonen in ihren verschiedenen Formen und Farben sind uns vertraut. Immer häufiger jedoch werden Früchte angeboten, die uns bis vor wenigen Jahren völlig unbekannt waren und von denen auch heute noch ein exotischer Zauber ausgeht. Gängige Südfrüchte und kostbare Raritäten zeigt das nebenstehende Bild.

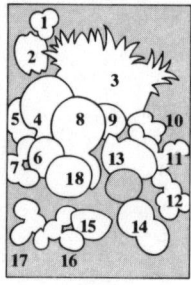

1 Orangen
2 Bananen
3 Ananas
4 russische Wassermelone
5 Grapefruit
6 Netzmelone
7 Limetten
8 Wassermelone
9 Zuckermelone
10 Kaktusfeige
11 grüne Feige
12 Passionsfrüchte
13 Papaya
14 Mango
15 Ogenmelone
16 Tamarillos
17 Kiwis
18 Kantalupemelone

Eine genaue Beschreibung exotischer Früchte finden Sie auf den Seiten 410 bis 414, Rezepte auf den Seiten 428 bis 431.

RHABARBERREZEPTE

Zum Bild links:

Ein exotischer Obstsalat, wie ihn das Bild zeigt, ist das Richtige für alle, die an Fernweh leiden. Er kann uns an Wintertagen trösten und auf den Urlaub in einem der warmen Länder, aus denen die Früchte dafür kommen, hoffen lassen. Exotische Obstarten werden bei uns vorwiegend reichlicher in der kalten Jahreszeit angeboten. – Zugegeben, diese fruchtige Komposition aus Mango, frischen Feigen, Kiwis, Ananas und Melone ist ein kostspieliges Vergnügen. Schälen Sie deshalb das Obst dafür dünn, aber sorgfältig, stechen Sie das Melonenfleisch in Kugeln aus und schneiden Sie die Früchte in gefällige gleichgroße Stücke oder Scheiben. – Die Sahne sollte nur halbsteif geschlagen und mit echter Vanille gewürzt werden. Richten Sie diesen Traum in einer besonders schönen Glasschale an.
Das Rezept finden Sie auf Seite 431.

Variante 1
Flambierte Himbeeren

2 Eßlöffel Zucker in 1 Eßlöffel heißer Butter leicht karamelisieren lassen. Den Saft von 1 Orange und ½ Zitrone zufügen und sämig einkochen lassen. 250 g verlesene, gewaschene und abgetropfte oder tiefgefrorene Himbeeren in die Pfanne geben, 2 Schnapsgläser erwärmten Himbeergeist mit 1 Schnapsglas Curaçao darübergießen und anzünden. Vanilleeis auf kleinen Tellern anrichten und die Himbeeren darübergeben.

Variante 2
Flambierte Sauerkirschen

250 g frische Sauerkirschen waschen, von den Stielen zupfen und entsteinen oder 250 g Sauerkirschen aus der Dose abtropfen lassen. 2 Eßlöffel Zucker in 1 Eßlöffel heißer Butter karamelisieren lassen. Die Kirschen zufügen und erhitzen. 1 Schnapsglas Kirschlikör unterrühren. 2 Schnapsgläser erwärmtes Kirschwasser darübergießen und anzünden. Die brennenden Kirschen zu Vanilleeiscreme servieren.

Rhabarber kennen wir heute als Kompott, verwenden ihn als Kuchenbelag oder für Torten, für Wein und Marmelade, mit einer Essig-Öl-Marinade sogar als Salat und in England für Suppen. Mit seinem säuerlich-herben Geschmack ist Rhabarber im Frühjahr eine willkommene Bereicherung des Küchenzettels. Als Stielgemüse zählt er zu den ältesten Gemüsearten. Bereits 2700 Jahre vor unserer Zeitrechnung ist der Rhabarber in China bekannt. Für die Medizin werden die Wurzeln genutzt.

Rhabarberkompott

500 g Rhabarber	Pro Person etwa:
150–200 g Zucker	840 Joule
1 Stückchen Zitronenschale	200 Kalorien
½–1 Tasse Wasser	Garzeit: 5 Minuten

Die Rhabarberstengel unter fließendem kaltem Wasser waschen. Von jungem Rhabarber nur den Blattansatz und das Stielende abschneiden und schlechte Stellen herausschnei-

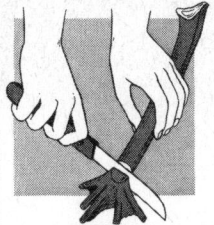
Von jungen Rhabarberstangen nur den Blattansatz und das Stielende abschneiden.

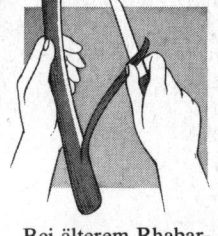
Bei älterem Rhabarber vom Blattansatz zum Stielende die Haut abziehen und Blatt- und Stielende abschneiden.

den. Von älteren Rhabarberstangen vom Blattansatz her die Haut abziehen. Dabei Blatt- und Stielenden mit abschneiden. Die Rhabarberstangen in 3–5 cm lange Stücke schneiden, in einem Topf – nicht aus Aluminium –

Die vorbereiteten Stangen auf einem Küchenbrett in Stücke schneiden.

mit dem Zucker mischen und zugedeckt 15–30 Minuten stehenlassen, bis sich Saft gebildet hat; dann die Zitronenschale und je nach Saftmenge ½–1 Tasse Wasser zufügen und den Rhabarber zugedeckt bei milder Hitze in etwa 5 Minuten weich dünsten. Die Zitronenschale entfernen. Das Kompott, wenn nötig, noch mit Zucker abschmecken, abkühlen lassen, in eine Schüssel füllen und vor dem Servieren zugedeckt 60 Minuten in den Kühlschrank stellen.

Variante 1
Rhabarber-Apfel-Kompott

250 g Rhabarber wie im Rezept beschrieben waschen, in Stücke schneiden, mit 125 g Zucker mischen und Saft ziehen lassen. 250 g Äpfel schälen, in Schnitze schneiden und mit dem Rhabarber und 1 Tasse Wasser zugedeckt bei milder Hitze in etwa 5 Minuten weichdünsten.

Variante 2
Rhabarber-Himbeer-Kompott

250 g Rhabarber in Stücke schneiden, mit 125 g Zucker mischen und zugedeckt 2 Minuten im eigenen Saft dün-

TROCKENOBSTREZEPTE

sten. ⅛ Liter heißes Wasser und 1 Teelöffel Zitronensaft zugeben, aufkochen, 250–500 g Himbeeren dazugeben und bei milder Hitze noch 5 Minuten ziehen lassen.

Feiner Rhabarberauflauf

500 g Rhabarber
50 g Zucker
1 Päckchen Vanillinzucker
3 Brötchen
¼ l Milch
3 Eier
1 Eßl. Zucker
abgeriebene Schale von ½ Zitrone
1 Teel. Butter
1 Eßl. Semmelbrösel
5 Eßl. Erdbeermarmelade
100 g Zucker

Pro Person:
1880 Joule
450 Kalorien

Garzeit:
5 Minuten

Backzeit:
30 Minuten

Zeit fürs Überbacken:
15 Minuten

Den Rhabarber waschen, gegebenenfalls schälen und in etwa 3 cm lange Stücke schneiden. In einem Topf mit dem Zucker mischen und zugedeckt 15–30 Minuten Saft ziehen lassen. Die Rhabarberstücke zugedeckt bei milder Hitze in etwa 5 Minuten im eigenen Saft weich dünsten. Den Vanillinzucker zufügen und das Kompott abkühlen lassen.
Die Brötchen in etwa 1 cm dicke Scheiben schneiden. Die Milch erwärmen und die Brötchen in einer Schüssel mit der warmen Milch übergießen und 20 Minuten stehenlassen. Den Backofen auf 175° vorheizen. Die Eier in Eigelbe und Eiweiße trennen. Die Eigelbe mit dem Zucker und der abgeriebenen Zitronenschale verrühren. Die Brötchenscheiben unterrühren. Eine große flache Auflaufform mit der Butter ausstreichen und mit den Semmelbröseln ausstreuen. Den Brötchenteig einfüllen und glattstreichen. Auf der mittleren Schiebeleiste 30 Minuten im Backofen backen.
Die Eiweiße flaumig schlagen, den Zucker einrieseln lassen und den Eischnee steif schlagen. Die Form aus dem Backofen nehmen. Die Erdbeermarmelade auf den gebackenen Boden streichen, den Rhabarber etwas abtropfen lassen und auf der Erdbeermarmelade verteilen. Zuletzt den Eischnee mit einem Spritzbeutel mit weiter Tülle aufspritzen. Den Auflauf noch einmal etwa 15 Minuten überbacken, bis der Eischnee hellbraun geworden ist. Heiß servieren.

Rhabarberflammeri

500 g Rhabarber
140 g Zucker
½ Vanilleschote oder 1 Päckchen Vanillinzucker
⅛ l Wasser
4 Eßl. Speisestärke
6 Eßl. Weißwein

Pro Person etwa:
970 Joule
230 Kalorien

Garzeit:
5 Minuten

Den Rhabarber waschen, gegebenenfalls schälen und in etwa 3 cm lange Stücke schneiden. In einem Topf – nicht aus Aluminium – mit der Hälfte des Zuckers mischen. Zugedeckt 15–30 Minuten Saft ziehen lassen. Die Vanilleschote oder den Vanillinzucker zugeben und den Rhabarber im eigenen Saft zugedeckt bei milder Hitze in etwa 5 Minuten weich dünsten. Die Vanilleschote entfernen. Das Wasser erhitzen und den restlichen Zucker darin auflösen. Das Kompott mit der Zuckerlösung abschmecken. Die Speisestärke mit dem Weißwein verrühren, unter Rühren zum Kompott gießen und einmal aufkochen lassen. Den Flammeri in eine Schüssel schütten und zugedeckt im Kühlschrank abkühlen lassen.

Dazu schmeckt: Vanillesauce

Kompott aus Trockenobst paßt zu süßen Aufläufen, zu Klößen, zu Gänse-, Enten- und Sauerbraten.

Trockenobst-Kompott

250 g Trockenobst wie Pflaumen, Aprikosen, Apfelringe, Birnen
80 g Zucker
1 Stück Zitronenschale
1–2 Teel. Speisestärke
2 Eßl. Wasser

Pro Person etwa:
1090 Joule
260 Kalorien

Einweichzeit:
12 Stunden

Garzeit:
30 Minuten

Das Trockenobst gründlich waschen und 12 Stunden in so viel kaltem Wasser einweichen, daß es gerade davon bedeckt ist. Dann den Zucker und die Zitronenschale zugeben und das Backobst im Einweichwasser zugedeckt bei milder Hitze in etwa 30 Minuten weich kochen.
Die Speisestärke mit dem kalten Wasser anrühren, unterrühren, einmal aufkochen lassen und das Kompott noch mit Zucker abschmecken und abkühlen lassen.

Unser Tip: Für das Kompott als Nachspeise genügen 60 g Trockenobst pro Person – bei Pflaumen mit Stein 75 g. Wird das Kompott als Bestandteil des Hauptgerichts zubereitet, beispielsweise zu Klößen, sollte man jedoch 100–125 g Trockenobst pro Portion rechnen.

Schlesisches Himmelreich

400 g Trockenobst
375 g durchwachsener Speck
1 l Wasser
Schale und Saft von ½ Zitrone
1 Zimtstange
1 Eßl. Speisestärke
3 Eßl. Wasser

Pro Person etwa:
3570 Joule
850 Kalorien

Einweichzeit:
12 Stunden

Garzeit:
50 Minuten

Das Trockenobst 12 Stunden in so viel kaltem Wasser einweichen, daß es gerade davon bedeckt ist. Das Wasser mit dem durchwachsenen Speck zum Kochen bringen und diesen bei milder Hitze zugedeckt in etwa 25 Minuten halb gar kochen. Die Zitrone zur Hälfte spiralförmig schälen und das Backobst mit der Zitronenschale und der Zimtstange im Einweichwasser zum Kochen bringen. Den vorgegarten Speck zugeben und alles zusammen in etwa 30 Minuten zugedeckt bei milder Hitze fertig garen. Vom Speck die Schwarte entfernen und den Speck in Scheiben schneiden. Die Speisestärke mit dem Wasser anrühren und das Backobst damit binden. Einmal aufkochen lassen, den Zitronensaft zufügen, das Backobst in einer Schüssel anrichten und mit den Speckscheiben belegt servieren.

Beilagen: Hefeklöße oder Klöße aus gekochten Kartoffeln

Gegrillte Ananasscheiben sind hübsch anzusehen, von eigenartig feinem Geschmack, und verleihen einem biederen Rehrücken einen Hauch von Südsee.

Gegrillte Ananasscheiben

4 Scheiben Ananas aus der Dose
1 ½ Eßl. Öl
4 Teel. Preiselbeermarmelade

Pro Person etwa:
630 Joule
150 Kalorien

Grillzeit:
4 Minuten

SÜDFRÜCHTEREZEPTE

Die Ananasscheiben mit saugfähigem Papier abtupfen und auf beiden Seiten mit Öl einpinseln.
Den Grill vorheizen.
Ein Stück Alufolie auf einer Seite mit Öl bestreichen und mit der bestrichenen Seite nach oben auf den Grillrost legen. Die Ananasscheiben auf die Alufolie legen und im Abstand von 5 cm zu den Grillstäben von jeder Seite etwa 2 Minuten grillen. Die gegrillten Ananasscheiben als Garnierung zu gegartem Fleisch, Wild oder Geflügel verwenden oder direkt auf Steaks legen und mit je 1 Teelöffel Preiselbeermarmelade füllen.

Paßt gut zu: Filetbraten, Wildbraten

Unsere Tips: Versuchen Sie zur Abwechslung als Füllung für die Ananasscheiben Sauer- oder Madeirakirschen, Johannisbeergelee oder Mango-Chutney.
Auf die hier beschriebene Weise können Sie auch geschälte und halbierte Bananen oder geschälte Orangenscheiben – sogar Zitronenscheiben – grillen und zum Garnieren verwenden. Bei Zitronen sollten Sie kurz vor Ende der Grillzeit die Scheiben mit je 1 Teelöffel Zucker bestreuen und nochmals kurz übergrillen.

Bananensalat mit Schinken

150 g Senfgurken aus dem Glas
125 g gekochter Schinken
1 Zitrone
2 säuerliche Äpfel
3 Bananen
1 rote Paprikaschote

Pro Person etwa:
800 Joule
190 Kalorien

Die Senfgurken abtropfen lassen und die Einlegflüssigkeit auffangen. Die Gurken in dünne Scheiben schneiden und mit 3 Eßlöffel der Flüssigkeit mischen. Den Schinken würfeln. Die Zitrone auspressen. Die Äpfel waschen, abtrocknen, vierteln und vom Kerngehäuse befreien. Die Apfelviertel ungeschält ebenfalls in dünne Scheiben schneiden und mit dem Zitronensaft beträufeln. Die Bananen schälen, in Scheiben schneiden und mit den Äpfeln mischen. Die Paprikaschote vierteln, von den Kernen und Rippen befreien, waschen und in feine Streifen schneiden. Alle Zutaten miteinander mischen.

Dazu schmeckt: Stangenweißbrot

Cherimoya-Dessert

2 Cherimoyas
Saft von ½ Zitrone
150 g frische Himbeeren
¼ l Sahne
2 Eßl. Puderzucker
2 Eßl. Cognac

Pro Person:
1590 Joule
380 Kalorien

Die Cherimoyas halbieren, das Fruchtfleisch mit einem Teelöffel herauslösen – dabei die Kerne entfernen – und mit dem Zitronensaft beträufeln. 4 schöne Himbeeren zum Garnieren auswählen, die anderen mit dem Cherimoyafleisch mischen. Die Sahne mit dem Puderzucker steif schlagen und den Cognac unterrühren. 4 Eßlöffel Schlagsahne aufbewahren und den Rest unter das Fruchtgemisch ziehen. Die Cherimoyacreme in Cocktailgläsern oder Glasschälchen anrichten und mit der restlichen Schlagsahne und den zurückbehaltenen Himbeeren garnieren.

Ein Geheimnis sei am Rande verraten: Die Grapefruit ist keine Pampelmuse. Diese nämlich, die dicke, plumpe Schwester der Grapefruit, wiegt bis zu 5 kg, wächst wild und wird vorwiegend zur Likör- und Fruchtsaftherstellung verwendet.

Grapefruitsalat

1 kleine Dose Sauerkirschen
1 kleine Dose Stachelbeeren
2 große Grapefruits
200 g Walnußkerne
6 Eßl. Obstsaft
1 Schnapsglas (2 cl) Curaçaolikör
2 Eßl. Zucker
⅛ l Sahne
1 Eßl. Puderzucker

Pro Person etwa:
2510 Joule
600 Kalorien

Zeit zum Durchziehen:
30 Minuten

Die Sauerkirschen und die Stachelbeeren abtropfen lassen und den Saft aufbewahren. Die Sauerkirschen entsteinen. Die Grapefruits halbieren, das Fruchtfleisch vorsichtig herauslösen und in kleine Stücke schneiden. Die Walnußkerne grob hacken. 12 Stachelbeeren zurückbehalten, die übrigen zusammen mit den Kirschen, dem Grapefruitfleisch und den Nüssen in einer Schüssel mit dem Zucker, dem Curaçaolikör und 6 Eßlöffel von dem Obstsaft mischen. 30 Minuten zugedeckt im Kühlschrank durchziehen lassen.
Die Sahne mit dem Puderzucker steif schlagen. Den Salat in 4 Schalen füllen und mit der Schlagsahne und den Stachelbeeren garnieren.

Gefüllte Grapefruits

4 Grapefruits
2 Bananen
150 g blaue Trauben
1 Orange
4 Eßl. Cognac
3 Spritzer Angostura Bitter
2 Messersp. Salz
2 Eßl. Zucker

Pro Person etwa:
760 Joule
180 Kalorien

Von den Grapefruits je einen Deckel abschneiden, das Fruchtfleisch, ohne die Grapefruitschale zu beschädigen, vorsichtig herauslösen, in Stückchen schneiden und dabei die Kerne entfernen. Die Bananen schälen und in Scheiben schneiden. Die Trauben warm waschen, die Beeren abzupfen, halbieren und entkernen. Die Orange schälen, in Stückchen schneiden und gegebenenfalls die Kerne entfernen. Die Früchte in einer Schüssel mischen und mit dem Cognac, dem Angostura Bitter, dem Salz und dem Zucker abschmecken. Den Salat in die ausgehöhlten Grapefruits füllen und gekühlt, aber nicht eiskalt, servieren.

Kaki mit Banane

Zutaten für 2 Personen:
2 Kakifrüchte
2 Bananen
Saft von ½ Zitrone
⅛ l Sahne
1 Eßl. Puderzucker
1 Teel. Krokant

Pro Person etwa:
1100 Joule
270 Kalorien

Die Kakifrüchte waschen und abtrocknen. Den Stielansatz ausschneiden, mit einem Sägemesser von jeder Kakifrucht eine Kappe abschneiden und das Fruchtfleisch mit einem Teelöffel behutsam aus der Schale lösen. Dabei einen etwa ½ cm breiten Fruchtfleischrand stehen lassen. Die ausgehöhlten Früchte auf Dessertteller setzen. Die Bananen schälen, in Scheiben schneiden und zusammen mit dem Kakifruchtfleisch und dem Zitronensaft im Mixer pürieren. Die Sahne mit dem Puderzucker steif schlagen. Das Püree mit der Hälfte der Schlagsahne mischen und die Fruchtschalen damit füllen. Schlagsahnehäubchen daraufsetzen und Krokant darüberstreuen. Die restliche Fruchtcreme getrennt zu den gefüllten Früchten servieren.

REZEPTE MIT EXOTISCHEM OBST

Die Litschi-Frucht (Lychee) kommt aus China, sieht ein wenig wie ein rotbraunes, warziges Ei aus und wird von den Chinesen als die »Königin der Früchte« geschätzt.

Lychee-Creme

300 g Lychees
 aus der Dose
1 Päckchen
 gemahlene
 farblose Gelatine
80 g Zucker
¼ l Sahne
1 Eßl. Puderzucker
1 Eßl. Haselnüsse

Pro Person etwa:
1590 Joule
380 Kalorien

Zeit zum Erstarren:
3 Stunden

Die Lychees in einem Sieb abtropfen lassen, den Saft auffangen und mit Wasser auf knapp ½ Liter auffüllen. Die Gelatine mit ½ Tasse vom Fruchtsaft in einem nicht zu großen Topf 10 Minuten quellen lassen. Den restlichen Saft und den Zucker zugeben und unter Rühren so lange erwärmen – keinesfalls kochen lassen –, bis Zucker und Gelatine gelöst sind. Das Gemisch abkühlen lassen und dann etwa 60 Minuten in den Kühlschrank stellen, bis sich ein etwa 5 cm breiter Gelierrand gebildet hat.
Die Lychees in kleine Stücke schneiden. Die Sahne mit dem Puderzucker steif schlagen; die Haselnüsse hacken. Das Gelatine-Gemisch mit den Fruchtstückchen verrühren und die Schlagsahne unterziehen. Die Speise in etwa 2 Stunden vollends im Kühlschrank erstarren lassen. Die Creme in 4 Cocktailgläser füllen und mit den gehackten Nüssen garnieren.

Flambiertes Mango-Dessert

2 Mangofrüchte
¼ l Sahne
1 Eßl. Zucker
2 Schnapsgläser
 hochprozentiger
 Rum (4 cl)

Pro Person etwa:
1340 Joule
320 Kalorien

Die Mangos schälen, halbieren, die Steine herauslösen und das Fruchtfleisch in kleine Würfel schneiden. Die Sahne steif schlagen und die Mangowürfel unter die Sahne ziehen. Die Mango-Sahne hügelförmig in einer feuerfesten Schüssel anrichten und mit dem Zucker bestreuen. Den Rum erwärmen, darübergießen, anzünden und das Dessert brennend servieren.

Portweinmelone

1 reife Honig- oder
 Netzmelone
8 Eßl. Portwein
2 Eßl. Zucker

Pro Person etwa:
340 Joule
80 Kalorien

Zeit zum Kühlen:
60 Minuten

Die Melone vor der Zubereitung 30 Minuten in den Kühlschrank legen. Dann längs halbieren und die Kerne mit einem Löffel herauskratzen. In jede Fruchthälfte 4 Eßlöffel Portwein gießen. Die Ränder mit dem Zucker bestreuen, die Melonenhälften mit Alufolie abdecken und nochmals 30 Minuten in den Kühlschrank stellen. Den Portwein abgießen. Die Melonenhälften noch einmal halbieren, auf Desserttellern anrichten und mit dem Portwein begießen.

Gefüllte Orangen

2 große Orangen
4 Blätter weiße
 Gelatine
2 Eier
75 g Zucker
1 Eßl. Speisestärke
2 kleine Orangen
2 Schnapsgläser
 Pomeranzenlikör
 (4 cl)
⅛ l Sahne
2 Eßl. Puderzucker
1 Eßl. Pistazien

Pro Person etwa:
1640 Joule
390 Kalorien

Zeit zum Erstarren:
2 Stunden

Grillzeit:
2–3 Minuten

Die großen Orangen halbieren und den Saft auspressen. Dabei die Schale nicht verletzen. Die Rückstände in den ausgepreßten Orangenhälften herauskratzen und die Schalenhälften aufbewahren. Den Orangensaft abmessen, gegebenenfalls bis zu ⅛ Liter mit Wasser auffüllen.
Die Gelatine in kaltem Wasser einweichen und 10 Minuten quellen lassen. Die Eier in Eigelb und Eiweiße trennen und die Eigelbe mit dem Zucker in einem Topf – nicht aus Aluminium – schaumig schlagen. Die Speisestärke mit dem Orangensaft verrühren und zur Eigelbmasse geben. Bei milder Hitze mit dem Schneebesen rühren, bis die Creme dicklich wird und einmal aufgekocht hat. Den Topf vom Herd nehmen. Die gequollene Gelatine gut ausdrücken, in die heiße Creme geben und rühren, bis sich die Gelatine aufgelöst hat. Die Masse abkühlen lassen und 60 Minuten in den Kühlschrank stellen, bis sich ein etwa 5 cm breiter Gelierrand gebildet hat.
Inzwischen die beiden kleinen Orangen filieren. Die Filets gegebenenfalls von den Kernen befreien und in kleine Stücke schneiden. 4 ganze Filets aufbewahren. Die Orangenstückchen mit dem Pomeranzenlikör mischen und in den ausgehöhlten Orangenhälften verteilen.
Die Sahne steif schlagen. Die gelierende Creme durchrühren und die Schlagsahne unterziehen. Die Creme auf die Orangenstückchen geben. Im Kühlschrank in etwa 60 Minuten fest werden lassen. Kurz vor dem Servieren den Grill vorheizen.
Die Eiweiße mit dem Puderzucker steif schlagen. Den Eischnee mit dem Spritzbeutel mit kleiner Lochtülle spiralförmig auf die Creme in den Orangen spritzen. Ein Stück Alufolie auf den Grillrost legen, die gefüllten Orangen daraufsetzen und im Abstand von etwa 8 cm zu den Grillstäben 2–3 Minuten grillen, bis die Baiserhauben leicht gebräunt sind. Mit den Pistazien und den Orangenschnitzen garniert servieren.

Passionsfruchtsalat

250 g Erdbeeren
2 Äpfel
1 Banane
3 frische Passions-
 früchte
50 g Zucker
1 Päckchen Vanillin-
 zucker
2 Eßl. Rum
2 Eßl. Rosinen

1 Eßl. Rum oder
2 Eßl. Früchte
 aus dem Rumtopf
⅛ l Sahne
1 Eßl. Puderzucker

Pro Person etwa:
1260 Joule
300 Kalorien

Die Erdbeeren waschen, von den Stielen zupfen und große Beeren halbieren oder vierteln. Die Äpfel waschen, vierteln, schälen, vom Kerngehäuse befreien und in kleine Würfel schneiden. Die Banane schälen und in Scheiben schneiden. Das zerkleinerte Obst in eine Schüssel füllen. Die Passionsfrüchte halbieren, das Fruchtmark mit einem Teelöffel herausschaben und zum Obst in die Schüssel geben. Den Salat behutsam mit dem Zucker, dem Vanillinzucker und dem Rum mischen.
Gegebenenfalls die Rosinen mit 1 Eßlöffel Rum beträufeln.
Die Sahne mit dem Puderzucker steif schlagen, unter den Obstsalat ziehen und den Passionsfruchtsalat in einer Schüssel anrichten. Mit den Rosinen oder den Rumfrüchten garnieren.

KASTANIENREZEPTE

Exotischer Obstsalat

Bild Seite 426

1 kleine frische Ananas	Saft von ½ Limette
1 Mango	¼ l Sahne
2 Kiwis	1 Vanilleschote
2 frische Feigen	1 Eßl. Zucker
1 kleine Netzmelone	
2 Schnapsgläser Grenadinesirup (4 cl)	Pro Person etwa: 760 Joule 180 Kalorien
1 Schnapsglas Cointreau (2 cl)	

Die Ananas schälen, in Scheiben schneiden, den Strunk herausschneiden und die Scheiben in kleine Stücke teilen. Die Mango waschen, schälen, halbieren und den Kern entfernen. Die Mangohälften in Scheibchen schneiden. Die Kiwis waschen, abtrocknen und ebenfalls in kleine Scheiben schneiden. Die Feigen schälen und in Stücke schneiden. Die Melone halbieren, die Kerne entfernen und das Fruchtfleisch mit einem Kugelausstecher herauslösen.
Den Grenadinesirup, den Cointreau und den Limettensaft mit den Früchten mischen und 30 Minuten im Kühlschrank durchziehen lassen. Die Sahne mit dem Vanillemark und dem Zucker halbsteif schlagen und über den Obstsalat geben.

Grundrezept
Gedünstete Kastanien

750 g Kastanien	Röstzeit für die ungeschälten Kastanien: 20 Minuten
¼ – ⅜ l Fleischbrühe	
2 Eßl. Butter	
Pro Person etwa: 1590 Joule 380 Kalorien	Garzeit: 45 Minuten

Den Backofen auf 250° vorheizen. Die Kastanien am spitzen Ende kreuzweise einschneiden und auf einem Backblech etwa 20 Minuten im Backofen rösten, bis die Schalen aufspringen.
Die Kastanien noch heiß schälen, dabei auch die innere braune Haut abziehen. Die Fleischbrühe zum Kochen bringen. Die Kastanien bei mittlerer Hitze in der Butter wenden, bis sie rundherum glänzen. Die Fleischbrühe zugießen und die Kastanien zugedeckt bei milder Hitze in etwa 45 Minuten weich dünsten. Dabei ab und zu vorsichtig umrühren und, wenn nötig, noch etwas heiße Fleischbrühe nachfüllen.

Dazu schmecken: gedünsteter Rosenkohl oder Sauerkraut und ausgebratene, dünne Scheiben Schinkenspeck

Unser Tip: Es gibt eine zweite Methode, Kastanien zu schälen: Die Kastanien ebenso kreuzweise einschneiden, etwa 20 Minuten in kochendheißem Wasser ziehen lassen, abtropfen lassen und noch heiß schälen.

Kastanienpüree mit Rotwein-Äpfeln

Für das Kastanienpüree:	⅛ l Rotwein
500 g Kastanien	1 Eßl. Zucker
1 Eßl. Butter	1 Teel. Speisestärke
¼ l Wasser	
⅛ l Sahne	Zum Bestreuen:
2–3 Eßl. Milch	1 Teel. Butter
1 Päckchen Vanillinzucker	1 Eßl. Mandelblättchen
2–3 Eßl. Zucker	Pro Person etwa: 2430 Joule 580 Kalorien
Für die Rotweinäpfel:	
500 g festkochende Äpfel	Garzeit: 45 Minuten
⅛ l Wasser	

Die Kastanien wie im Grundrezept für gedünstete Kastanien beschrieben schälen, in der zerlassenen Butter wenden, in Wasser weich kochen, abtropfen lassen. Die gegarten Kastanien mit einer Gabel zerdrücken und mit der Sahne und der Milch verrühren. Oder die Kastanien mit der Sahne und der Milch im Mixer pürieren. Das Kastanienpüree mit dem Vanillinzucker und dem Zucker abschmecken.
Die Äpfel waschen, vierteln, schälen und die Kerngehäuse herausschneiden. Das Wasser mit dem Rotwein und dem Zucker erhitzen. Die Äpfel einlegen und zugedeckt bei milder Hitze in 5–10 Minuten nicht zu weich kochen. Die Apfelviertel mit dem Schaumlöffel herausheben. Die Speisestärke mit 2 Eßlöffel kaltem Wasser verrühren und im Sud aufkochen lassen. Die Butter in einer Pfanne erhitzen. Die Mandeln einstreuen und goldgelb braten.
Das Kastanienpüree auf eine tiefe Platte häufen und die Äpfel darum legen. Die Mandeln darüberstreuen und die Sauce getrennt dazureichen.

Marone: geröstet oder gekocht, glasiert, püriert und zu süßer Maronencreme mit Milch, Butter und Kirschwasser verarbeitet; als Füllung zu Geflügel oder als Beigabe zu Rotkohl. Diese Beispiele zeigen, wie vielseitig verwendbar der Kastaniensamen ist.

Glasierte Kastanien

500 g Kastanien	Röstzeit für die ungeschälten Kastanien: 20 Minuten
2 Eßl. Butter	
100 g Zucker	
Pro Person etwa: 1670 Joule 400 Kalorien	Garzeit: 45 Minuten

Die Kastanien wie im Grundrezept schälen und in Wasser in etwa 45 Minuten weich dünsten. Die Butter in einer Pfanne zerlassen. Den Zucker einstreuen und unter Rühren schmelzen lassen. Die Kastanien zufügen und darin wenden, bis sie rundherum mit karamelisiertem Zucker überzogen sind und glänzen.

Variante
Flambierte Kastanien

Die Kastanien wie im Rezept beschrieben schälen, weich dünsten, glasieren und anrichten. Mit einer Tasse hochprozentigem Rum übergießen, anzünden und brennend servieren.

Madeira-Kastanien

500 g Kastanien	Röstzeit für die ungeschälten Kastanien: 20 Minuten
⅛ l Weißwein	
¼ l Madeirawein	
1–2 Messersp. Salz	
½ Teel. Zucker	
Pro Person etwa: 1090 Joule 260 Kalorien	Garzeit: 45 Minuten

Die Kastanien wie im Grundrezept schälen. Mit dem Weißwein zugedeckt bei milder Hitze in etwa 45 Minuten weich dünsten. Dabei ab und zu umrühren und, wenn nötig, etwas Madeirawein zugießen. Die gegarten Kastanien mit einer Gabel zerdrücken und den restlichen Madeirawein unterrühren. Oder beides im Mixer pürieren. Das Kastanienmus mit dem Salz und dem Zucker abschmecken.

Paßt gut zu: Wild und Wildgeflügel

Alles über Backen

Was wäre ein Geburtstag ohne Kuchen, Weihnachten ohne Stollen, ohne bunten Teller, die gemütliche Kaffeestunde ohne saftigen Obstkuchen und der Faschingsdienstag ohne Krapfen?

Backen gehört seit der geschichtlichen Frühzeit zur täglichen Bereitung von Nahrung. Zunächst stellte man Fladen aus zerstoßenen Getreidekörnern auf erhitzten Steinen her. In den heißen Ländern der Erde wird diese Methode noch heute von Naturvölkern praktiziert. Aus dieser Fertigkeit entwickelte sich der Bau von Backöfen, in denen wohlgeformte Laibe entstanden, Brot wie wir es heute noch schätzen. Dem folgte Gebäck mit feineren Zutaten wie Honig, getrockneten Früchten und Gewürzen. Erfindungsgabe, Geschick und immer raffiniertere Zutaten führten schließlich zur regelrechten Kunst des Backens, deren Krönung wohl die mehrstöckige Hochzeitstorte ist.

Viele Menschen sehen die Hausbäckerei auch als kreatives Vergnügen, als ein Gestalten und als Vorfreude auf eine gemütliche Kaffeestunde an. Obgleich wir inzwischen wissen, daß die beliebtesten Kuchen, Torten oder Plätzchen kleine Sünden gegen eine maßvolle Ernährung sind, möchten wir zuweilen diese süßen »Vergehen« doch genießen! Was wäre ein Geburtstag ohne Kuchen, Weihnachten ohne Stollen, ohne bunten Teller, die Kaffeerunde ohne den saftigen Obstkuchen oder der Faschingsdienstag ohne Krapfen? Zu besonderen Gelegenheiten dürfen wir uns durchaus mit Selbstgebackenem oder gar mit selbsthergestelltem Konfekt verwöhnen, mit Kuchen, die schon unsere Kindertage verzaubert haben, mit Torten, an die wir uns von Großmutters Kaffeetisch her erinnern.

Wer aber ernährungsbewußter backen möchte, kann mit Roggenmehl, Vollkornmehl oder Schrot backen; die Rezepte dafür finden Sie bei Rührkuchen, bei Kleingebäck und vor allem bei Brot und Brötchen. Dann folgen die überaus schmack- und nahrhaften Brotgerichte wie Aufläufe, Toasts, Knödel und Klöße.

Backgeräte und Backformen

In der folgenden Aufstellung werden vor allem jene Geräte beschrieben, die unbedingt zum Backen erforderlich sind, die Arbeit wesentlich erleichtern und zum Fertigstellen oder Garnieren des Gebäcks dienen.

Geräte zum Bereiten von Teig

Küchenwaage
Auf eine Küchenwaage sollten Sie nicht verzichten. Der Meßbecher ist nicht exakt genug, man kann nur bestimmte Zutaten – z.B. Flüssigkeiten, Zucker, Mehl – damit abmessen. Die Küchenwaage muß Gewichte von 5 g bis 1 kg zuverlässig wiegen. Vorteilhaft ist ein Modell, das man an die Wand montieren kann.

Meßbecher
Zum Abmessen von Flüssigkeit ist ein durchsichtiges Modell mit detaillierten Maßangaben unentbehrlich.

Geeichtes Schnapsglas
Kleine Flüssigkeitsmengen messen Sie am besten mit dem Schnapsglas. Es gibt in allen Kaufhäusern billige Gläser mit dem Eichstrich für 1 cl und 2 cl.

Rührschüsseln
Davon sollten Sie 3–4 verschiedene Größen besitzen. Man braucht sie nicht nur zum Backen, sondern auch für andere Kochvorgänge. Zum Backen sollte die Rührschüssel aber nicht aus Aluminium sein; denn Teig wird in Aluminium grau. Ideal sind Rührschüsseln aus Edelstahl oder aus schlagfestem, bruchfestem und hitzebeständigem Kunststoff. Sie haben oft am Boden einen dicken Gummiring, der Standfestigkeit gibt. Fehlt dieser Halterung, so legen Sie ein gefaltetes, feuchtes Tuch unter.

Backbrett
Das Backbrett ist die ideale Arbeitsfläche beim Backen. Es sollte aus hellem Hartholz sein und groß genug zum Ausrollen für Teig. Ersatzweise kann man aber auch auf einer glatten Arbeitsplatte aus Kunststoff Teig bereiten und ausrollen.

Rührlöffel
Sie brauchen 2–4 in verschiedenen Größen; ob aus Holz oder Kunststoff, ist Geschmackssache. 2 davon sollten ein Loch in der Höhlung aufweisen. Dadurch wird beim Rühren Luft in den Teig eingearbeitet.

Schneebesen
Kaufen Sie sich einen ganzen Satz in verschiedenen Größen, aus rostfreiem Metall mit hitzebeständigen Griffen, damit man sie in der Geschirrspülmaschine spülen kann. Schneebesen brauchen Sie zum Schlagen von Eischnee und Sahne, zum Rühren von dünnen Teigen, von Cremes und Quark, und nicht zuletzt zum Unterziehen von Eischnee oder Mehl.

Mehlsieb
Es gibt spezielle Mehlsiebe, die einen Griff haben, an dem man sie hin und her bewegt. Über den Boden des Siebs bewegt sich dabei eine Schiebeleiste hin und her, die das Mehl rasch durch das Sieb streicht. Schütten Sie das abgewogene Mehl – eventuell mit der Speisestärke und dem Backpulver zusammen – portionsweise in das Sieb, da es nur kleinere Mengen faßt.

Rollholz, Wellholz oder Teigrolle
Ob es mit glatter Holzoberfläche oder ob es kunststoffbeschichtet ist – es muß sich leicht um seine Achse drehen lassen.
Denken Sie beim Ausrollen daran: Den Teig nicht mit viel Kraft zerquetschen, sondern mit sanftem Druck in die Breite und in die Länge dehnen.

Backpinsel
Sie brauchen einen breiten Pinsel zum Bestreichen der Backformen oder des Backblechs mit Fett sowie 3 weitere Pinsel verschiedener Breiten mit möglichst zarten Borsten: einen zum Bestreichen von Gebäck mit Eiweiß, Eigelb oder Glasur; einen zum Bestreichen mit Wasser oder Milch; einen für »trockene Arbeiten«, nämlich um Brösel, Zucker oder Mehl vom Backblech oder der Arbeitsplatte zu entfernen. Kaufen Sie Pinsel mit Naturborsten und hitzebeständigen Griffen. Nach dem Gebrauch die Pinsel mit warmem Wasser abspülen – anschließend dürfen sie in der Maschine gespült werden. Verliert ein Pinsel seine Borsten, ersetzen Sie ihn sofort durch einen neuen. Sie verderben sonst das Gebäck durch ausgegangene Borsten.

Kleines Haarsieb
Es wird zum Durchsieben von Puderzucker und Kakaopulver gebraucht, ferner zum gleichmäßigen Besieben von Gebäck.

Teigrädchen
Leisten Sie sich 2, eines aus Kunststoff mit gezacktem Rand und eines aus Metall mit scharfem glattem Rand. Blätterteig und Mürbeteig werden am besten mit dem glatten Teigrädchen geschnitten. Soll eine Teigplatte in Streifen, Quadrate oder Rauten geteilt werden, so nehmen Sie das gezackte Rädchen. Die Teigränder erhalten durch die Zacken eine kleine Verzierung.

Teigspatel
Es werden 2 Arten angeboten: ein Kunststoffschaber in rechteckiger Form, dessen eine Seite sich verjüngt, und ein Gummispatel am Holzgriff. Beide kosten nur wenig Geld. Wenn Sie beide haben, können Sie mit dem Gummispatel Eischnee, Schlagsahne oder ähnliches aus einer hohen Schüssel oder aus dem Mixer schaben und mit dem breiten Kunststoffschaber schwere Teige aus großen, flachen Schüsseln und auf das Backblech streichen.

Kuchengitter
Kaufen Sie ein rundes und ein eckiges. Beide Formen werden für die entsprechenden Kuchen oder für Kleingebäck gebraucht.

Palette
Das lange, breite, aber dünne Metallblatt am Stiel soll möglichst stabil und scharfkantig sein. Die Palette brauchen Sie zum Abheben von Kleingebäck und Plätzchen vom Backblech und zum Glattstreichen von Füllungen und Glasuren.

Spritzbeutel
Er ist unerläßlich zum Verzieren von Torten und Kuchen sowie zum Spritzen von Windbeuteln und Baisergebäck. Spritzbeutel aus Stoff müssen zwar nach jedem Gebrauch ausgekocht werden, halten aber beim Spritzen den Druck von festen Teigen ohne weiteres aus; achten Sie darauf, daß die Naht des Stoffbeutels immer außen ist. Einwegspritzbeutel sind praktischer, denn sie werden nach jedem Gebrauch weggeworfen. Außerdem können Sie kräftige Plastikbeutel, wie sie zum Einfrieren verwendet werden, als Spritzbeutel benützen, indem Sie eine Ecke des Beutels abschneiden und die Spritztülle durch das Loch stecken. Die üblichen dünnen Frischhaltebeutel sind aber ungeeignet, sie halten dem Druck nicht stand und würden platzen.
Zum Spritzbeutel brauchen Sie Lochtüllen und Sterntüllen in verschiedenen Größen, damit Sie genügend Variationsmöglichkeiten haben. Welche Art Spritzbeutel Sie auch verwenden: Füllen Sie den Beutel immer nur halb, raffen Sie ihn mit der linken Hand über der Füllung zusammen und führen Sie die Tülle mit der rechten Hand – vorausgesetzt, Sie sind Rechtshänder; Linkshänder verfahren umgekehrt.

Gebäckspritze
Sie wird aus Kunststoff und Metall angeboten, oft mit mehreren Vorsätzen für verschiedene Formen. Die Arbeit mit ihr ist etwas mühevoll, und im Ergebnis bleibt der Spritzbeutel überlegen.

Garnierspritze
Sie ist für feine Verzierungen mit Zuckerguß gedacht, wird aber von der selbstgedrehten Spritztüte aus Pergamentpapier in der Funktionsfähigkeit übertroffen. Lediglich die ganz lange Spritztülle ist praktisch zum Füllen von gebackenen Krapfen.

Backtrennpapier
Es wird gebraucht zum Auslegen des Backblechs beim Backen von Plätzchen und Kleingebäck (dafür kann es mehrmals verwendet werden); zum Auslegen von Kuchenformen.

Elektrisches Rührgerät
Elektrisches Handrührgerät und elektrische Küchenmaschine sind beim Rühren von Teigen eine große Arbeitserleichterung. Das elektrische Handrührgerät bearbeitet problemlos Teigmengen bis zu 500 g Mehlanteil; die Küchenmaschine schafft die doppelte Menge. Beide Geräte sind mit Rührbesen und mit Knethaken ausgestattet. Die Rührbesen werden zum Schaumigrühren oder -schlagen von leichten, fast flüssigen Teigarten, für Eigelbmassen, für Biskuitteig, Eischnee, Schlagsahne oder für Cremes gebraucht. Die Knethaken werden zum Herstellen von festem Teig eingesetzt. Durch die Intensität, mit der das elektrische Rührgerät arbeitet, ist

WICHTIGE BACKFORMEN

selbst schwerer Teig in 8–10 Minuten fertig gerührt. Vermeiden Sie ein Überrühren von Teig, er wird dadurch leicht zäh.

Wichtige Backformen
Ob Sie Backformen aus Weißblech oder Schwarzblech, aus kunststoffbeschichtetem Metall, aus Kupfer, Steingut oder feuerfestem Glas bevorzugen, denken Sie daran, daß bestimmte Formen bestimmten Gebäckarten vorbehalten sind.

Kastenkuchenform
Sie wird für Rührkuchen, Sandkuchen, Hefekuchen, Königskuchen, Teekuchen und Früchtekuchen verwendet.

Gugelhupf- oder Napfkuchenform
In ihr wird der berühmte Gugelhupf oder Napfkuchen gebacken, gleichgültig, ob aus Hefeteig oder aus Rührteig, ebenso der Früchtekuchen und Marmorkuchen.

Kranzform
Sie ist Hefekränzen und Nußkränzen sowie dem Frankfurter Kranz vorbehalten. Man kann in ihr aber auch beliebige Rührkuchen backen.

Ringform
In ihr werden Sandkuchen, Rührkuchen und Savarins gebacken.

Rehrückenform
Sie wird für den berühmten Rehrücken, für Biskuitkuchen und Zwieback benötigt.

Obstkuchenform
In ihr werden flache Obstkuchen aus jeder Teigart gebacken.

Springform
Für Torten- und Kuchenböden, aber auch für »versunkene« Obstkuchen, ist die Springform richtig. Zu ihr gibt es einen auswechselbaren Boden für niedrige Kranzkuchen.

Backblech
Eines gehört jeweils zur Standardausrüstung Ihres Herdes. Wird viel Kleingebäck auf einmal gebacken, haben Sie bei nur einem Backblech lästige Wartezeiten. Kaufen Sie sich für solche Gelegenheiten und vor allem für die Weihnachtsbäckerei mindestens ein zweites Backblech. Stollen, Zöpfe und Laibe, die auf dem Backblech gebacken werden, können aus einer Teigmenge von etwa 1 kg Mehlanteil bereitet werden. Für einen Blechkuchen aus Hefeteig reicht eine Teigmenge von etwa 350 g Mehl, für Mürbeteig oder Honigkuchen aus 500 g Mehl; zum Auslegen eines Backblechs mit Blätterteig brauchen Sie etwa 600 g fertigen Teig.

Kleine Formen
Für Törtchen gibt es flache, runde Formen, mit glattem oder gezacktem Rand, sechseckige, solche in Schiffchenform, in Ringform, kleine Gugelhupfformen sowie Einwegformen aus Alufolie. Reichen die Förmchen für die Teigmenge einmal nicht aus, so drücken Sie in eines der Förmchen Alufolie und stellen auf diese Weise weitere Förmchen her.

Ausstechförmchen
Kaufen Sie sich einen ganzen Satz der verschiedensten Förmchen. Es gibt spezielle für Weihnachtsgebäck und andere wie Ringe, Kreise, stilisierte Blütenformen, Dreiecke und Quadrate. Für Verzierungen aller Art brauchen Sie vor allem die Quadrate, Dreiecke und Kreise auch in sehr kleinen Abmessungen.

Modeln
Modeln aus Holz brauchen Sie für bestimmte Gebäckarten, beispielsweise für Springerle oder Spekulatius. Modeln werden heute wieder in Haushaltungsgeschäften angeboten.

Größe und Inhalt der Backformen
Viele Kuchenformen gibt es in drei oder vier verschiedenen Größen. Runde Formen werden im Durchmesser von 20–30 cm angeboten, rechteckige Formen in Längen von 20–36 cm.
Der Rauminhalt von hohen und halbhohen Backformen wird nach Litern bemessen. Wenn Sie nicht wissen, wieviel Teig eine Form faßt, dann füllen Sie die Form mit Wasser und messen Sie die Wassermenge. Für eine Teigmenge aus 500 g Mehl brauchen Sie mindestens eine Form von 2 Liter Inhalt, da die Form nur zu ²/₃ mit Teig gefüllt werden darf; denn der Teig geht beim Backen auf.
Bei runden, flachen Formen ergibt sich aus dem Durchmesser der Form und aus der Teigmenge die Größe eines Kuchens oder einer Torte. Je nach Teigmenge erhalten Sie einen dünneren oder dickeren Boden.

Formen ausfetten
Am besten ist es, wenn Sie hierfür die Anweisungen im jeweiligen Rezept befolgen. Ob eine Form oder das Backblech ausgefettet, mit Mehl oder mit Semmelbröseln ausgestreut und mit Pergamentpapier ausgelegt wird, hängt nicht nur von der Teigart ab, sondern häufig auch von der benützten Form. Aus manchen Formen lassen sich die Kuchen schlecht lösen, vor allem aus der Kastenform. Legen Sie die Form deshalb mit Papier aus. Dazu knicken Sie das Papier von außen um die Form, schneiden überstehende Ränder ab und die Ecken ein und falten das Papier dann der Form entsprechend.

Für Teigarten, bei denen die Form ausgefettet wird, fetten Sie auch das Papier ein. Wenn Sie die Form vor dem Auslegen mit Papier ebenfalls mit etwas Fett bestreichen, rutscht das Papier in der Form nicht hin und her.

Blech, Formen oder Förmchen werden für die einzelnen Teigarten folgendermaßen behandelt:

Baisermasse
Backblech mit Pergamentpapier oder mit Backtrennpapier auslegen.
Biskuitteig
Boden der Springform ausfetten, gegebenenfalls mit Pergamentpapier oder Backtrennpapier auslegen und dieses einfetten; hohe Formen ausfetten und ausstreuen.
Blätterteig
Backblech oder Backformen kalt ausspülen.
Brandteig
Das Backblech nicht behandeln.
Hefeteig
Formen und Backblech ausfetten.
Honigkuchen
Formen und Backblech ausfetten.
Makronenmasse
Backblech mit Backtrennpapier, Pergamentpapier oder Oblaten belegen.
Mürbeteig
Backblech und Formen nicht ausfetten. Ausnahme: Fettarmer Mürbeteig.
Rührteig
Formen ausfetten und ausstreuen oder mit gefettetem Pergamentpapier oder Backtrennpapier auslegen.

Die Feinheiten beim Backen

Die folgenden Abschnitte des Backkapitels sind nach den Teigarten untergliedert. Dort werden alle wichtigen Details erläutert. Unabhängig davon wird aber jede Art von Gebäck meist noch in besonderen Arbeitsgängen fertiggestellt; nämlich zerteilt und/oder

GLASIEREN UND VERZIEREN

gefüllt, mit Glasur überzogen oder besonders verziert. Diese Feinheiten fassen wir in der folgenden Übersicht zusammen.

Gebäck glasieren
Glasuren verleihen jeder Art von Gebäck ein dekoratives Aussehen; je nach Zusammensetzung können Glasuren geschmacklich zum »Tüpfelchen auf dem i« werden. Außerdem schützt die Glasur Kuchen und Kleingebäck vor dem Austrocknen.

Puderzuckerglasur
200 g Puderzucker in eine Schüssel sieben und 4–5 Eßlöffel kochendheißes Wasser langsam unterrühren, bis eine dickflüssige, glatte, glänzende Glasur entstanden ist. Die Glasur sofort verwenden.

Zitronenglasur
Den Puderzucker mit 2–3 Eßlöffel durchgeseihtem Zitronensaft und 1–2 Eßlöffel kochendheißem Wasser dickflüssig und glattrühren.

Orangenglasur
Die Glasur mit durchgeseihtem Orangensaft und 1–2 Eßlöffel kochendheißem Wasser herstellen.

Rumglasur
2 Eßlöffel kochend heißes Wasser und 3 Eßlöffel Rum für die Glasur verwenden.

Schokoladenglasur
Zum Puderzucker etwa 2 Eßlöffel Kakaopulver oder Schokoladenpulver sieben und das heiße Wasser nach Belieben noch mit 1 Teelöffel Rum verfeinern.

Moccaglasur
Zum Puderzucker 1–1 ½ Eßlöffel Instant-Pulverkaffee mischen.

Zimtglasur
4–5 Messerspitzen gemahlenen Zimt mit dem Puderzucker mischen und den Zucker mit 2 Eßlöffel kochendheißem Wasser und 3 Eßlöffel erwärmten Weißwein anrühren.

Punschglasur
Den Puderzucker mit 1 Eßlöffel heißem, geseihtem Zitronensaft und 1 Eßlöffel heißem geseihtem Orangensaft, 1–2 Eßlöffel heißem Wasser und 1 Eßlöffel Rum verrühren.

Eiweiß-Spritzglasur
1 Eiweiß steifschlagen und mit 1–2 Eßlöffel Zitronensaft oder heißem Wasser und dem Puderzucker zu einer dickflüssigen Creme verrühren. Die Eiweiß-Spritzglasur ist nicht zum Überziehen, sondern zum Verzieren von Gebäck gedacht. Mit ihr lassen sich beliebige Figuren oder Schriften auf Kuchen oder Torten spritzen.

Fettglasur
Eine beliebige Puderzuckerglasur mit 25 g flüssigem, erhitztem Kokosfett mischen. Die Glasur im heißen Wasserbad warm halten, aber nicht kochen lassen! Die Glasur wird durch das Fett besonders glänzend und geschmeidig.

Beim Glasieren beachten
Puderzuckerglasur muß auf das warme Gebäck aufgetragen werden. Beim Abkühlen verdampft das in der Glasur enthaltene Wasser, und die Glasur erstarrt.

Puderzuckerglasur wird glänzender, wenn das bestrichene Gebäck 5 Minuten in den lauwarmen Backofen geschoben wird, bis sich auf der Glasur ein dünnes Häutchen gebildet hat; die Backofentür muß dabei einen Spalt offen bleiben. Das Gebäck dann herausnehmen und die Glasur an der Luft trocknen lassen.

Fettglasuren – ob fertig gekauft oder selbstbereitet – müssen immer erst im Wasserbad erwärmt werden, bis sie streichfähig sind. Fettglasuren werden stets auf das bereits erkaltete Gebäck gestrichen. Achten Sie darauf, daß die Glasur im Wasserbad nicht zu heiß wird; das Wasser darf nicht kochen. Die Glasur wird sonst grau und matt.

Glasuren, die auf noch warmes Gebäck aufgetragen werden, haben mehr Glanz und lassen sich leichter aufstreichen, wenn das Gebäck zuvor »aprikotiert« wird. Dafür Aprikosenmarmelade durch ein feines Haarsieb streichen und unter Rühren mit etwas Wasser zum Kochen bringen. Das noch warme Gebäck mit einem Pinsel mit der dünnflüssigen Marmelade bestreichen. Die Marmelade trocknen lassen, ehe man die Glasur aufträgt.

Jede Glasur erstarrt in kalten, trockenen Räumen am besten und schnellsten. In warmen, feuchten Räumen (dunstige Küche) erstarrt Glasur nur langsam; sie wird sogar manchmal stumpf.

Auf glatte Torten- oder Kuchenoberflächen streicht man die Glasur mit einem in warmes Wasser getauchten breiten Messer oder Spatel auf. Kleineres Gebäck oder Kuchen deren Oberfläche nicht glatt ist, wie beispielsweise Gugelhupfe, bepinselt man mit der Glasur; Plätzchen oder Konfekt werden ganz oder teilweise in die Glasur getaucht.

Gebäck verzieren
Im Grunde ist bereits das Überziehen von Gebäck mit einer Glasur ein gewisses Verzieren. Außerdem kann man mit der Eiweiß-Spritzglasur Muster, Namen, Zahlen auf dem Gebäck anbringen. Eine weitere Art des Verzierens ist das ganz einfache

Besieben und Bestreuen
Zum Besieben eignen sich Puderzucker und Kakaopulver. Geben Sie immer nur kleine Mengen Puderzucker oder Kakao in das kleine Haarsieb und besieben Sie das Gebäck durch gleichmäßiges Schwenken des Siebs.

Wenn Sie Tortenspitzen oder Spitzendeckchen aus Papier als Schablone auf den Kuchen oder die Torte legen, so ergibt sich auf der Oberfläche ein zartes Muster aus Puderzucker oder Kakao. Die Tortenspitze oder das Deckchen vorsichtig abheben.

Mit ein wenig Geschick können Sie selbst aus Papier Schablonen zum Besieben ausschneiden, beispielsweise Sterne, einen Tannenbaum, kleine Vögel, Blumen oder auch Buchstaben.

Zum Bestreuen eignen sich Zuckerstreusel, Schokoladenstreusel, Mandelblättchen, Mandelstifte, geraspelte Kokosnuß oder andere Nüsse, kleingehackte Trockenfrüchte oder Krokantstreusel.

Soll der Rand einer mit Creme überzogenen Torte »bestreut« werden, so dürfen Sie das Bestreuen nicht wörtlich nehmen. Am besten drücken Sie die Schokoladenstreusel oder die Mandelblättchen mit dem Teigschaber gleichmäßig um den Tortenrand.

Rosetten und Girlanden
Rosetten und Girlanden können Sie aus Schlagsahne oder Buttercreme

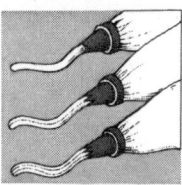

Girlanden, Tupfen und Rosetten werden am schönsten mit dem Spritzbeutel. Die verschiedenen Tüllen ergeben die verschiedensten Verzierungen.

spritzen. Dazu brauchen Sie einen Spritzbeutel mit Stern- oder Lochtülle. Je kleiner die Öffnung der Tülle, desto zarter wird das Spritzwerk. Aus der Lochtülle erhalten Sie glatte Stränge, aus der Sterntülle gezackte.

Spritzen Sie das geplante Muster zunächst einmal auf Alufolie (die Creme ist deshalb nicht vergeudet; Sie nehmen sie mit dem Messer von der Folie wieder ab und füllen sie zurück in den Beutel).

Beim Spritzen von Rosetten drücken Sie gleich große Tupfen aus dem Spritzbeutel mit Sterntülle. Eine größere Rosette kann mit einer Kirsche, einer Kaffeebohne oder mit einer Beere belegt werden.

Girlanden aus der Sterntülle können Sie strahlenförmig von innen nach außen auf jedes Tortenstück spritzen und jeweils mit einer Rosette oder Blüte abschließen und diese noch garnieren.

Girlanden können Sie aber auch als Kranz um den Tortenrand spritzen, ebenso als Herz oder in anderen beliebigen Formen.

Die Garprobe
Für die verschiedenen Gebäckarten gibt es besondere Arten von Garproben:
Bei Plätzchen genügt es, sich an der Oberflächenbräune zu orientieren. Ist ein Plätzchen gelb bis goldbraun, ist es auch durchgebacken.

Flache Honigkuchen oder Biskuitplatten hinterlassen keine Druckstelle, wenn sie durchgebacken sind. Bleibt der Fingerdruck auf der Kuchenplatte sichtbar, ist der Kuchen noch nicht durchgebacken.

Am wichtigsten ist die Stäbchenprobe. Kuchen in der Form, aber auch Stollen, Zöpfe und Laibe prüft man, ehe sie aus dem Backofen herausgenommen werden, ob sie durchgebacken sind. Stechen Sie an der höchsten Stelle des Gebäcks mit einem Holzstäbchen oder mit einem Zahnstocher ein; hängen keine Teigspuren am Holzstäbchen, ist das Gebäck durchgebacken. Bleiben Teigreste am Holzstäbchen zurück, sollten Sie das Gebäck noch 5–10 Minuten backen; vorsichtshalber ein Stück Pergamentpapier auf das Gebäck legen, damit es beim Nachbacken nicht allzu sehr bräunt.

Hefeteig

Für unsere Großmütter gehörte der Hefeteig noch zum alltäglichen Backprogramm. Heute scheuen viele Hausfrauen davor zurück, einen Hefekuchen zu backen; sie kaufen Hefegebäck lieber fertig beim Konditor. Gewiß, Hefeteig läßt sich nicht im Schnellverfahren herstellen, aber mit einem modernen Herd, mit einer elektrischen Knethilfe und in einer gleichmäßig temperierten Küche hält sich der Arbeitsaufwand in Grenzen. Hefeteig gelingt weitaus problemloser als oft befürchtet. Wer einmal den Versuch gewagt hat, wird danach bestimmt gerne die vielfältigen Backmöglichkeiten mit Hefeteig nützen und Anerkennung ernten. Man kann Hefeteig süß oder salzig würzen, mit Trockenfrüchten oder Nüssen mischen, mit Creme oder Hackfleisch füllen, mit Obst, Streuseln, Speck, Tomaten, Wurst oder Zwiebeln belegen, auf dem Blech, in der Form, im Backofen, auf dem Herd, in der Friteuse oder im Waffeleisen garen.

Bei Hefeteig wird zwischen leichtem, schwerem und gerührtem Teig unterschieden. Leichter Hefeteig eignet sich für Formgebäck wie Brötchen, Hörnchen, Schnecken, Zöpfe – nach Belieben gefüllt oder ungefüllt. Schweren Hefeteig, der mit größerem Fettanteil und mehreren anderen Zutaten bereitet wird, verarbeitet man beispielsweise zu Stollen. Der Hefeührteig gleicht dagegen dem leichten Hefeteig, doch werden mehr Eier und mehr Flüssigkeit zugegeben, so daß ein zähflüssiger, nicht formbarer Teig entsteht, den man in der Form bäckt, zum Beispiel als Napfkuchen.

In den folgenden Rezepten wird das Zubereiten des Hefeteigs nicht jedesmal so detailliert beschrieben, wie es Backanfänger wünschen. Deshalb geben wir im Grundrezept alle wichtigen Einzelheiten ausführlich an.

Vom Umgang mit der Hefe
Hefe ist eine lebendige Substanz aus Kleinstpilzen. In Verbindung mit Flüssigkeit und eventuell mit Zucker »sprossen« diese Kleinstpilze bei entsprechender Temperatur. Dabei entsteht Kohlensäure. Sie lockert und treibt den Teig zusammen mit der durch Schlagen oder Kneten eingearbeiteten Luft. Beachten Sie in der Praxis folgendes:

Abgepackte Hefe ist in Päckchen zu 40 g im Handel. Sie muß frisch sein. Frische Hefe fühlt sich geschmeidig weich an, ist hellgrau bis hellgelb und läßt sich bröckeln. Sie zeigt keine Risse. Ausgetrocknete Hefe ist hart, rissig und stellenweise dunkel gefärbt; sie hat ihre Triebkraft weitgehend eingebüßt.

Hefe sollte in einem kühlen Vorratsraum aufbewahrt werden. Ersatzweise lagert man sie zweifach in Alufolie gewickelt 3–4 Tage im Butterfach des Kühlschranks. Frische Hefe kann man auch einfrieren und etwa 4 Monate im Gefriergerät vorrätig halten. Nach dem Auftauen ist die Hefe dann allerdings breiig, besitzt jedoch dieselbe Triebkraft wie frische Hefe.

Der Inhalt eines Beutels Trockenhefe entspricht 25 g frischer Hefe. Sie behält kühlgelagert ihre Triebkraft bis zu dem auf dem Päckchen angegebenen Datum. Trockenhefe nach Vorschrift auf dem Beutel verwenden.

Am besten entwickelt Hefe ihre Triebkraft bei etwa 37° C. Deshalb soll die Hefe nach der Kühlschranklagerung oder nach dem Auftauen Raumtemperatur annehmen. Alle Backzutaten sollen ebenfalls zu Backbeginn Raumtemperatur haben, zu erwärmende Zutaten wie Milch oder Fett, die zum Teig gegeben werden, sollten eine maximal Temperatur von 40° C haben.

Die Hefe geht nicht auf, wenn sie direkt mit Salz, Eigelb und Fett in Berührung kommt. Das läßt sich vermeiden, indem man den Hefevorteig nur mit Milch (manchmal auch mit Zucker) und Mehl bereitet. Das spätere Mischen mit den genannten Zutaten schadet nicht mehr. Salz, Eigelb und Fett kommen erst dann zum Teig, wenn der Hefevorteig schon mit einer weiteren Mehlmenge vermengt wurde.

Den Hefevorteig – auch Hefeansatz oder Hefedämpfel genannt – rührt man meistens in einer Mulde an, die in das gesamte gesiebte Mehl gedrückt wird. Die Hefe wird für süße Teige mit etwas Zucker, für salzige Teige ohne Zucker zwischen den Fingern zerbröckelt und mit lauwarmer Milch (Wasser) und wenig Mehl verrührt. Dieser Hefebrei wird leicht mit Mehl bestäubt und muß zugedeckt gehen, bis das Mehl auf der Oberfläche starke Risse zeigt. Das dauert je nach Raumtemperatur 15–30 Minu-

HEFETEIG

ten. Wichtig ist aber nicht, wie lange man den Vorteig gehen läßt, sondern ob Risse auf der Mehloberfläche sichtbar sind.

»An einem warmen Ort gehen lassen«, heißt es in vielen Rezepten. Diese Anweisung stammt aus der Zeit, in der die Küche nur in unmittelbarer Nähe des Herdes die für die Hefe richtige Wärme bot. Die Raumtemperatur von 20–25° in heutigen Küchen genügt zum Gehenlassen des Hefevorteiges und des Hefeteiges. Mit einem Tuch sollte man den Teig aber immer zudecken, damit er vor Luftzug geschützt ist. Außerdem sammelt sich unter dem Tuch auch die Wärme.

Sollte die Küche einmal ungenügend temperiert sein, dann können Sie den Hefevorteig und später auch den Hefeteig zugedeckt auf der aufgeklappten Backofentür gehen lassen. Den Backofen auf 50° vorheizen, die Schüssel mit dem Teig zugedeckt auf die geöffnete Tür stellen und dort gehen lassen. Nach etwa 30 Minuten zeigt der Hefevorteig in der Mehlschicht deutlich Risse, oder der Hefeteig hat sein Volumen verdoppelt. Die Hefezellen sterben schon bei 60° ab; die Lockerung des Teiges erfolgt also vor dem Backen und nicht während des Backens. Dies ist zu bedenken, wenn der Hefeteig zum Gehenlassen auf die Backofentür gestellt wird, denn der Backofen könnte womöglich eine höhere Temperatur ausstrahlen. Auch das Gehenlassen auf einem zu heißen Heizkörper könnte nachteilig sein.

Im allgemeinen rechnet man für einen Kuchen aus 500 g Mehl 30–40 g Hefe. Je mehr Hefe im Verhältnis zum Mehl zugefügt wird, desto lockerer und höher gerät das Gebäck. Der benötigte Hefeanteil ist aber nicht allein von der Mehlmenge abhängig, sondern auch von der Schwere des Teiges.

Grundrezept
Hefeteig

Das folgende Rezept für den »Ur«-Hefeteig ist die Basis für alle Hefeteig-Varianten, gleichgültig, ob es sich um gesalzenen Teig mit Wasser für Brot oder Brötchen handelt, um leichten, süßen Teig für einen Frühstückszopf, um einen Blechkuchen oder um einen schweren Stollen mit vielerlei Zutaten. Grundsätzlich arbeitet man bei allen Phasen der Teigherstellung nach dem Grundrezept.
Unterschiede ergeben sich lediglich durch die »warme Führung« und die »kalte Führung«, wie der Fachmann das Bereiten des Teiges bei Temperaturen von 20–30° und bei Temperaturen von 3–18° nennt. Die warme Führung ist beim Hefeteig Tradition. Die kalte Führung ist aber in manchen Fällen vorteilhaft und kann auf jede Art von Hefeteig angewandt werden. Wir zeigen Ihnen deshalb beide Möglichkeiten am folgenden Rezept.

Warme Führung
Zutaten für die einfachste Art eines Hefeteigs, aus dem beispielsweise Brötchen gebacken werden:

500 g Mehl	Für das Backblech
30 g Hefe	oder die Form:
¼ l lauwarme Flüssigkeit (Milch oder Wasser)	Butter und Mehl
½ Teel. Salz (bei süßem Teig nur 1 Prise Salz)	

Alle Backzutaten in die Küche stellen, damit sie vor Backbeginn Raumtemperatur erreichen. Alle Backgeräte bereitstellen. Feste Backzutaten exakt abwiegen. Die Flüssigkeit abmessen oder ebenfalls wiegen und auf eine Temperatur von 35–37° bringen.

Das Mehl in eine Rührschüssel sieben. In die Mitte des Mehls eine Vertiefung drücken. Die Hefe in die Mulde bröckeln und mit einem Teil der lauwarmen Flüssigkeit und etwas Mehl zu einem dicken Brei verrühren (kommt Zucker in den Hefeteig, so wird die Hefe mit 2–3 Teelöffel Zucker gemischt und dann zum Hefevorteig verarbeitet).

Über den Hefevorteig etwas Mehl stäuben, die Schüssel mit einem doppelt gefalteten Tuch zudecken und den Hefevorteig so lange gehen lassen, bis deutlich sichtbare Risse in der Mehlschicht zu sehen sind. – Der Fachmann nennt das Gehenlassen des Hefevorteigs die erste Gare.

Den gut gegangenen Hefevorteig mit der gesamten Mehlmenge mischen, die restliche Flüssigkeit und das Salz zugeben und den Teig rühren, schlagen oder kneten, bis er Blasen wirft. Leichten Hefeteig schlagen, bis er Blasen wirft und sich vom Schüsselrand löst. Schweren Hefeteig so lange schlagen, bis er trocken wird und Blasen wirft. Heferührteig nur so lange rühren, bis er Blasen wirft. Zum Rühren einen starken Holzlöffel oder die Knethaken der Küchenmaschine des Handrührgerätes verwenden. Zum Kneten mit dem Knethaken oder mit den Händen arbeiten.

Den verkneteten Teig sollte man noch mit der Hand so lange schlagen, bis er die gewünschte Konsistenz annimmt. Bleibt der Teig feucht zwischen den Fingern haften, muß er weiterhin kräftig geschlagen werden. Wenn nötig, kann man noch einen Eßlöffel Mehl nach und nach unter den Teig arbeiten.

Den durchgearbeiteten Hefeteig in eine Schüssel geben, wiederum mit einer dünnen Schicht Mehl bestäuben und mit einem doppelt gefalteten Tuch bedecken. Der Teig soll beim zweiten Gehen sein Volumen verdoppeln. Der Fachmann nennt diesen Vorgang die zweite Gare.

Kommen außer den Grundzutaten noch Zucker, Fett, Eier, Trockenfrüchte oder andere Zutaten zum Teig, so werden sie folgendermaßen vor der zweiten Gare untergearbeitet: Den Hefevorteig mit einem weiteren kleinen Teil von dem Mehl verrühren. Den Zucker über den Teig streuen. Entweder das Fett geschmolzen, aber nicht heißer als etwa 35°, die Eier und die Gewürze auf dem verbliebenen Mehlrand verteilen und alle Zutaten mit dem gesamten Mehl und dem Hefevorteig verrühren. Oder, werden zusätzlich Trockenfrüchte zum Hefeteig gegeben, zuerst das Fett in Flöckchen auf dem Mehlrand verteilen (nicht geschmolzen) und unter den Teig kneten, ehe die Trockenfrüchte zugegeben werden. Anschließend die Eier und die Gewürze unter den Teig arbeiten und ihn so lange schlagen, bis er Blasen wirft. Erst dann die vorbereiteten Trockenfrüchte rasch unter den Teig kneten. Den Teig danach zur zweiten Gare ruhen lassen.

Die Backform oder das Backblech mit Butter ausstreichen und je nach Rezept noch mit Mehl ausstäuben.

Den gegangenen Hefeteig nach der zweiten Gare wie im Rezept erforderlich formen, ausrollen oder in eine Form geben, auf das Backblech legen, wiederum mit einem doppelt gefalteten Tuch bedecken und weitere

HEFETEIG

20–30 Minuten gehen lassen. (Wird ein Kuchenboden auf dem Blech oder in der Form mit Obst oder anderem Belag versehen, braucht er für die letzte Gare nicht mehr zugedeckt zu werden.) – Der Fachmann nennt dies die dritte Gare.

Den Backofen auf die im jeweiligen Rezept vorgeschriebene Temperatur vorheizen: für kleines Formgebäck, für flache Obstkuchen oder gerührten Hefeteig in der Form auf etwa 220°, für schweren Hefeteig auf etwa 200°. Das Gebäck mit verquirltem Eigelb, Milch und Salzwasser bestreichen oder/und bestreuen und im Backofen garen: flaches Gebäck auf der mittleren Schiebeleiste, mittelhohes Gebäck auf der zweiten Schiebeleiste von unten, hohes Gebäck auf der untersten Schiebeleiste.

Das Gebäck nach Zeitangabe im Rezept backen. Vor dem Herausnehmen aus dem Backofen mit einem Holzspießchen in die dickste Stelle des Gebäcks stechen. Haftet am Spießchen beim Herausziehen noch Teig, ist das Gebäck noch nicht durchgebacken. In diesem Fall das Gebäck nötigenfalls mit Pergamentpapier oder Alufolie abdecken und noch einige Minuten länger backen.
Hefegebäck kann je nach Konsistenz statt im Backofen auch in der Pfanne auf der Herdplatte gegart, im Waffeleisen gebacken oder schwimmend im heißen Fett fritiert werden.

Kalte Führung
Der Vorteil bei der kalten Führung liegt darin, daß die Hefe ihre Triebkraft nur sehr langsam entfaltet. Sie können daher einen Hefeteig 12 Stunden vor dem Backen zubereiten und dann ohne großen Arbeitsaufwand das gewünschte Gebäck daraus herstellen. Die kalte Führung bringt auch beim Plunderteig Vorteile.

Wir gehen beim Arbeitsablauf für die kalte Führung von denselben Zutaten aus, die auch für die warme Führung benötigt werden.

Die Hefe in der kalten – nicht erwärmten – Flüssigkeit auflösen und sofort mit der gesamten Mehlmenge und dem Salz verkneten. Den Teig zu einem Ballen formen und locker in Alufolie oder in Pergamentpapier einwickeln oder in eine Schüssel legen und diese zudecken. Den Teig im Kühlschrank bei +3 bis +4° nicht länger als 12 Stunden lagern.

Der Teig nimmt trotz der kalten Lagerung langsam, aber merklich an Volumen zu. Den Teig nach Belieben formen, ausrollen oder in eine Form füllen und vor dem Backen nochmals 20–30 Minuten bei Raumtemperatur gehen lassen.

Den Backofen vorheizen und das gegangene Gebäck im Backofen, im Waffeleisen, auf der Herdplatte oder in der Friteuse garen.

Praktischer Rat
Je länger Hefeteig geschlagen, gerührt oder geknetet wird, desto besser ist das Backergebnis. Mit dem Kochlöffel muß der Teig 15–20 Minuten, mit dem Knethaken der Küchenmaschine oder des Handrührgerätes etwa 10 Minuten bearbeitet werden.

Hefeteig muß zwar ausreichend lange gehen, sollte aber niemals zu lange gehen, da das Gebäck sonst zu intensiv nach Hefe schmeckt.

Statt Butter oder Margarine kann man für Hefeteig auch Schweineschmalz oder Öl verwenden. Schweineschmalz macht den Teig mürbe, Öl macht ihn elastisch.

Für einen Kuchenboden vom Backblech wird der Teig in der Größe des Backblechs auf einer leicht bemehlten Arbeitsfläche oder direkt auf dem Blech ausgerollt. Mit den Händen einen Rand formen.

Den Boden mit einer Gabel mehrmals in gleichmäßigen Abständen einstechen, damit er beim Backen keine Blasen wirft.

Teigböden mit einer Gabel mehrmals einstechen, damit der Teig beim Backen keine Blasen wirft.

Wenn die Gefahr besteht, daß ein sehr leichter Teig während des Backens von der offenen Seite des Backblechs tropfen könnte, dann schließt man das Backblech durch zweifach gefaltete Alufolie ab.

Werden dem Hefeteig Trockenfrüchte wie Orangeat, Zitronat, Nüsse oder Rosinen zugegeben, so mischt man diese Früchte möglichst schnell unter den fertig geschlagenen Teig, der sonst leicht eine graue Farbe annimmt. Nach dem Unterheben der Trockenfrüchte den Teig noch einmal gehen lassen.

Macht der Anteil der Trockenfrüchte mehr als die Hälfte der gesamten Mehlmenge aus, so werden sie am besten folgendermaßen unter den Teig gemischt: Den gesamten Hefeteig auf einer leicht bemehlten Arbeitsfläche zu einem großen Oval ausrollen. Die gemischten und gewürzten Trockenfrüchte auf das Teigblatt füllen, den Teig zusammenklappen, an den Enden und Rändern gut zusammendrücken und rasch durchkneten. Den Teig danach mindestens noch einmal 30 Minuten gehen lassen, ehe er in die gewünschte Form gebracht und gebacken wird.

Ein Tip für besonders mürben Hefeteig für einen Obstkuchen vom Blech: Binden Sie den ungezuckerten Teig vor der zweiten Gare in ein Tuch und hängen Sie den Teigballen in einen Eimer mit kaltem Wasser. Sobald der Teig an die Wasseroberfläche steigt, ist er genügend gegangen. Den Teig dann rasch mit etwa 3 Eßlöffel Zucker verkneten, ausrollen, belegen und vor dem Backen noch einmal gehen lassen.

Ideal zum Tiefkühlen

Hefezopf

Bild Seite 443

500 g Mehl	Zum Bestreichen:
30 g Hefe	1 Eßl. Milch
knapp ¼ l lauwarme Milch	
80 g Zucker	Für das Backblech: Butter
1 Eigelb	
abgeriebene Schale von 1 Zitrone	Bei 24 Scheiben pro Scheibe etwa: 800 Joule
80 g Butter	190 Kalorien
100 g Rosinen	
je 75 g Zitronat und Orangeat	Backzeit: 35–45 Minuten
100 g Haselnüsse oder geschälte Mandeln	
1 Eßl. Mehl	

Das Mehl in eine Schüssel sieben und in die Mitte eine Vertiefung drücken. Die Hefe in die Mulde bröckeln. Etwa die Hälfte der lauwarmen Milch mit 1 Teelöffel Zucker und etwas Mehl in der Mulde mit der Hefe verrühren. Etwas Mehl über den Hefevorteig streuen und den Hefevorteig

HEFEGEBÄCK

mit einem Tuch bedeckt gehen lassen, bis die Mehlschicht auf dem Hefevorteig deutlich Risse zeigt.
Das Eigelb halbieren und die Hälfte davon aufbewahren. Den restlichen Zucker, eine Hälfte des Eigelbes, die abgeriebene Zitronenschale und die weiche Butter in Flocken auf dem Mehlrand verteilen. Die restliche lauwarme Milch zum Hefevorteig geben und alle Zutaten miteinander verrühren. Den Teig dann mit einem großen Lochkochlöffel oder mit den Knethaken des elektrischen Handrührgerätes oder in der Küchenmaschine so lange schlagen, bis er glatt und glänzend ist und sich leicht von der Schüssel löst. Die Rosinen heiß abbrausen, abtropfen lassen, dann mit einem Küchentuch trockentupfen. Das Zitronat, das Orangeat und die Haselnüsse oder die Mandeln sehr fein hacken. Die Rosinen mit den kleingeschnittenen Zutaten und dem Eßlöffel Mehl mischen und unter den Hefeteig kneten. Den Teig erneut zugedeckt gehen lassen, bis er sein Volumen verdoppelt hat. Ein Backblech mit Butter bestreichen. Den gegangenen Hefeteig zu einer Rolle formen und diese in 3 gleich große Teile schneiden. Aus den 3 Teilen auf einer leicht bemehlten Arbeitsfläche 3 gleich große und gleich dicke Rollen formen. Die Rollen zu einem Zopf flechten, auf das Backblech legen und noch einmal zugedeckt gehen lassen.
Den Backofen auf 220° vorheizen. Das zurückbehaltene, restliche Eigelb mit der Milch verquirlen. Den gegangenen Zopf damit bestreichen und auf der zweiten Schiebeleiste von unten im Backofen 35–45 Minuten hellbraun backen. Den gebackenen Zopf einige Minuten auf dem Backblech ruhen lassen, dann auf einem Kuchengitter abkühlen lassen.

Variante
Dreifacher Osterzopf

Den Teig wie im Rezept für Hefezopf bereiten und nach der zweiten Gare folgendermaßen formen: Ihn in 9 gleich große Stücke schneiden. Aus

Das Zopfflechten mit mehr als drei Strängen sollten Sie vor dem Backen einmal mit dicker Wolle üben.

4 Stücken 4 gleich lange und gleich dicke Rollen formen und daraus einen Vierer-Zopf flechten. Den Vierer-Zopf auf das gefettete Backblech legen und mit Eigelb bestreichen. Aus weiteren 3 Rollen einen Dreier-Zopf flechten. Diesen auf den Vierer-Zopf legen und ebenfalls mit Eigelb bestreichen. Die letzten beiden Teigrollen zu einer Kordel drehen und auf den Dreier-Zopf legen. Den Zopf mit verquirltem Eigelb bestreichen und backen.

Beliebtes Weihnachtsgebäck
Weihnachtsstollen Dresdner Art

Bild Seite 483

375 g Rosinen
je 125 g Korinthen, Zitronat und Orangeat
250 g Mandeln
2 Schnapsgläser Rum (4 cl)
1 kg Mehl
120 g Hefe
325 ccm lauwarme Milch
175 g Zucker
325 g Butter
1 Päckchen Vanillinzucker
3 Eßl. Mehl

Zum Bestreichen und Bestreuen:
125 g Butter
100 g Puderzucker

Für das Backblech oder für die Stollenform:
Butter

Pro Scheibe zu je 100 g etwa:
1630 Joule
390 Kalorien

Zeit zum Durchziehen der Früchte:
12 Stunden

Backzeit:
80–90 Minuten

Die Rosinen und die Korinthen heiß waschen, abtropfen lassen und mit einem Küchentuch trockentupfen. Das Zitronat und das Orangeat sehr fein würfeln. Die Mandeln überbrühen, abziehen und hacken. Alle Früchte in einer Schüssel mischen, mit dem Rum übergießen und zugedeckt etwa 12 Stunden durchziehen lassen.
Das Mehl in eine Schüssel sieben und eine Mulde hineindrücken. Die Hefe mit etwa 1 Tasse lauwarmer Milch, 4 Eßlöffel Zucker und etwas Mehl in der Mulde zu einem Vorteig verrühren und diesen zugedeckt gehen lassen.
Die möglichst weiche Butter in Flöckchen auf dem Mehlrand verteilen, den restlichen Zucker, den Vanillinzucker und die restliche Milch zugeben und alles zu einem Hefeteig verkneten. Den Teig gehen lassen, bis er sein Volumen verdoppelt hat.

Den gegangenen Hefeteig noch einmal durchkneten und erneut kurz aufgehen lassen. Die mit Rum getränkten Früchte mit den 3 Eßlöffeln Mehl mischen. Den Hefeteig auf einer leicht bemehlten Arbeitsfläche zu einem Oval ausrollen, die Früchte in die Mitte geben, die Teigränder darüberschlagen und die Früchte rasch unter den Teig kneten. Den Teig zu einem etwa 3 cm dicken Rechteck ausrollen, die Teigplatte längs übereinanderklappen und zum Stollen formen.

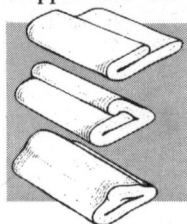

Beim Formen eines Stollens wird die Teigplatte dreimal übereinandergeschlagen. Die Oberseite wird mit den Handkanten leicht längs eingedrückt.

Ein Backblech oder die Stollenform mit Butter bestreichen und den Stollen auf das Backblech oder in die Form legen. Den Stollen ein weiteres Mal 15–20 Minuten gehen lassen. Den Backofen auf 200° vorheizen. Den Stollen mit lauwarmem Wasser bepinseln und auf der zweiten Schiebeleiste von unten backen. Nach etwa 20 Minuten den Backofen auf 180° zurückschalten. Sollte der Stollen dennoch zu rasch bräunen, mit gefettetem Pergamentpapier abdecken. Den garen Stollen noch heiß wiederholt mit der zerlassenen Butter bestreichen. Wenn die Butter verbraucht ist, den Stollen dick mit dem Puderzucker besieben und abkühlen lassen. Den Stollen dann locker in Alufolie einschlagen und 2 Wochen in einem kühlen Raum lagern. Erst danach hat sich das Aroma voll entfaltet.

Mohnrolle

Für den Teig:
375 g Mehl
25 g Hefe
180 ccm lauwarme Milch
60 g Zucker
1 Ei
1 Messersp. Salz
1 Päckchen Vanillinzucker
50 g Butter

Für die Füllung:
50 g Rosinen
⅛ l Milch
250 g gemahlener Mohn
100 g Zucker
1 ½ Eigelbe

2 Eiweiße
2 Eßl. kaltes Wasser

Zum Bestreichen:
½ Eigelb
1 Eßl. Milch

Für das Backblech:
Butter

Bei 24 Scheiben pro Scheibe etwa:
750 Joule
180 Kalorien

Backzeit:
35–45 Minuten

HEFEGEBÄCK

Das Mehl in eine Schüssel sieben und eine Vertiefung hineindrücken. Die Hefe in die Vertiefung bröckeln und mit 6 Eßlöffel lauwarmer Milch, 1 Teelöffel Zucker und etwas Mehl zu einem Hefevorteig verrühren. Den Hefevorteig zugedeckt gehen lassen. Die restlichen Zutaten für den Teig mit dem gesamten Mehl und dem Hefevorteig verkneten und den Teig wiederum zugedeckt gehen lassen, bis er sein Volumen verdoppelt hat.
Ein Backblech mit Butter bestreichen. Für die Füllung die Rosinen heiß waschen, abtropfen lassen und mit einem Küchentuch trockentupfen. Die Milch zum Kochen bringen, den Mohn unter Rühren einstreuen, einmal aufkochen lassen und den Topf vom Herd nehmen. Den Zucker, die Rosinen und die Eigelbe unterrühren. Die Mohnmasse abkühlen lassen. Das Eiweiß mit dem Wasser zu steifem Schnee schlagen und 4 Eßlöffel davon abnehmen. Den restlichen Eischnee unter die Mohnmasse heben.
Den gegangenen Hefeteig noch einmal durchkneten und auf einer leicht mit Mehl bestreuten Arbeitsfläche zu einem Rechteck ausrollen. Die Teigplatte mit 2 Eßlöffel vom zurückbehaltenen Eischnee bestreichen, die Mohnfüllung gleichmäßig darauf verteilen und diese wieder mit Eischnee abdecken. (Der Eischnee hält Teig und Füllung zusammen.) Die Teigplatte aufrollen und mit der »Nahtseite« nach unten auf das Backblech legen. Die Mohnrolle noch einmal 15–20 Minuten gehen lassen.
Den Backofen auf 220° vorheizen. Das Eigelb mit der Milch verquirlen und die Mohnrolle damit bestreichen und auf der zweiten Schiebeleiste von unten in 35–45 Minuten backen.

Gelingt leicht

Apfelkuchen vom Blech

Für den Teig:	50 g Rosinen
375 g Mehl	30 g Haselnüsse
25 g Hefe	
180 ccm lauwarme Milch	Zum Besieben: 3 Eßl. Puderzucker
60 g Zucker	
1 Ei	Für das Backblech:
1 Messersp. Salz	Butter
1 Päckchen Vanillinzucker	Bei 24 Stücken pro Stück etwa:
50 g Butter	630 Joule
	150 Kalorien
Für den Belag:	
1½ kg säuerliche Äpfel	Backzeit: 30–35 Minuten
Saft von 1 Zitrone	

Das Mehl in eine Schüssel sieben und eine Mulde hineindrücken. Die Hefe in die Mulde bröckeln und mit 6 Eßlöffel lauwarmer Milch, 1 Teelöffel Zucker und etwas Mehl zu einem Hefevorteig verrühren. Den Hefevorteig zugedeckt gehen lassen. Die restliche Milch und den restlichen Zucker mit dem Ei, dem Salz, dem Vanillinzucker und der Butter in Flöckchen auf dem Mehlrand verteilen und alle Zutaten mit dem gesamten Mehl und dem Hefevorteig zu einem Teig verkneten. Den gut durchgearbeiteten Teig zugedeckt gehen lassen, bis er sein Volumen verdoppelt hat.
Ein Backblech mit Butter bestreichen. Die Äpfel vierteln, schälen und vom Kerngehäuse befreien; die Apfelviertel in dünne Scheiben schneiden. Die Apfelscheiben mit dem Zitronensaft beträufeln. Die Rosinen mit heißem Wasser waschen, abtropfen lassen und mit einem Küchentuch trockentupfen. Die Nüsse hacken.
Den Backofen auf 220° vorheizen. Den gegangenen Hefeteig auf einer bemehlten Arbeitsfläche oder direkt auf dem Backblech ausrollen, gegebenenfalls auf das Backblech legen und einen kleinen Rand formen. Den Teigboden mit einer Gabel in gleichmäßigen Abständen mehrmals einstechen und die Apfelscheiben dachziegelartig darauflegen. Die Rosinen und die gehackten Nüsse über die Äpfel streuen. Den Apfelkuchen noch einmal gehen lassen und danach auf der mittleren Schiebeleiste 30–35 Minuten backen. Den Apfelkuchen noch heiß auf dem Backblech in 24 Stücke schneiden und diese auf einem Kuchengitter abkühlen lassen, dann mit dem Puderzucker besieben.

<u>Unser Tip:</u> Die Äpfel werden mit Sicherheit weich, wenn Sie den Kuchen während der halben Backzeit zunächst mit Folie bedecken.

Gefüllter Bienenstich

Für den Teig:	Für den Belag:
375 g Mehl	100 g Butter
25 g Hefe	150 g Zucker
180 ccm lauwarme Milch	150 g Mandelblättchen
60 g Zucker	2 Eßl. Milch
1 Ei	
1 Messersp. Salz	Für die Füllung:
1 Päckchen Vanillinzucker	¼ l Milch
50 g Butter	½ Päckchen Vanille-Puddingpulver
	1 Eßl. Zucker
	⅛ l Sahne

Für das Backblech:	Backzeit:
Butter	25–35 Minuten

Bei 24 Stücken pro Stück etwa:
920 Joule
220 Kalorien

Das Mehl in eine Schüssel sieben und in die Mitte eine Vertiefung drücken. Die Hefe in die Mulde bröckeln und mit 6 Eßlöffel Milch, 1 Teelöffel Zucker und etwas Mehl zu einem Hefevorteig verrühren. Den Hefevorteig zugedeckt gehen lassen. Die restliche Milch, den Zucker, das Ei, das Salz, den Vanillinzucker und die Butter in Flöckchen auf dem Mehlrand verteilen und alle Zutaten mit dem gesamten Mehl und dem Hefevorteig verkneten. Den Teig zugedeckt noch einmal gehen lassen, bis er sein Volumen verdoppelt hat.
Ein Backblech mit Butter bestreichen. Für den Belag die Butter bei milder Hitze zerlassen, mit dem Zucker, den Mandelblättchen und der Milch mischen und alles unter Rühren einmal aufkochen lassen. Den Topf vom Herd nehmen und den Belag abkühlen lassen. Den Hefeteig ausrollen, das Backblech damit belegen und den noch lauwarmen Mandelbelag mit einem Teigschaber gleichmäßig auf dem Hefeteig verteilen; den Teigschaber dabei wiederholt in kaltes Wasser tauchen, dann läßt sich der Belag mühelos streichen. Den Kuchen weitere 15 Minuten gehen lassen.
Den Backofen auf 220° vorheizen. Den Kuchen auf der mittleren Schiebeleiste in 25–35 Minuten goldgelb backen, noch heiß auf dem Blech in 24 gleich große Stücke schneiden und diese auf einem Kuchengitter abkühlen lassen.
Für die Füllung 5 Eßlöffel Milch mit dem Puddingpulver verrühren. Die restliche Milch mit dem Zucker unter ständigem Rühren zum Kochen bringen, das angerührte Puddingpulver einrühren und den Pudding einige Male aufkochen lassen. Den Pudding während des Abkühlens wiederholt umrühren, damit sich keine Haut bildet. Die Sahne steif schlagen und unter den kalten Pudding ziehen.
Die Bienenstichstücke waagerecht durchschneiden, mit der Vanillecreme füllen und wieder zusammensetzen.

<u>Unser Tip:</u> Anstatt mit Mandelblättchen können Sie den Bienenstich auch mit 150–200 g Kokosraspeln bereiten; Kokosraspel sind preiswerter als Mandeln.

HEFEGEBÄCK

Gelingt leicht
Streuselkuchen

Für den Teig:
375 g Mehl
25 g Hefe
180 ccm lauwarme
 Milch
60 g Zucker
1 Ei
1 Messersp. Salz
1 Päckchen
 Vanillinzucker
50 g Butter

Für die Streusel:
200 g Mehl
150 g Butter
175 g Zucker
1 Teel. gemahlener
 Zimt

Zum Besieben:
2 Eßl. Puderzucker

Für das Backblech:
Butter

Bei 24 Stücken pro
Stück etwa:
880 Joule
210 Kalorien

Backzeit:
25–35 Minuten

Das Mehl in eine Schüssel sieben und in die Mitte eine Vertiefung drücken. Die Hefe in die Mulde bröckeln und mit 6 Eßlöffel lauwarmer Milch, 1 Teelöffel Zucker und etwas Mehl zu einem Hefevorteig verrühren. Den Hefevorteig zugedeckt gehen lassen. Die restliche Milch, den Zucker, das Ei, das Salz, den Vanillinzucker und die Butter in Flöckchen auf dem Mehlrand verteilen und alle Zutaten verkneten. Den Teig zugedeckt so lange gehen lassen, bis er sein Volumen verdoppelt hat.
Ein Backblech mit Butter bestreichen.
Für die Streusel das Mehl in eine Schüssel sieben, die Butter in Flöckchen auf dem Mehl verteilen, den Zucker und den Zimt darüberstreuen, alles verkneten und dabei die Masse mit den Fingern zerkrümeln.
Den Hefeteig ausrollen und auf das Backblech legen. Den Teigboden mehrmals mit einer Gabel einstechen, die Streusel darauf verteilen und den Kuchen 15 Minuten gehen lassen.
Den Backofen auf 220° vorheizen.
Den Streuselkuchen auf der mittleren Schiebeleiste 25–35 Minuten backen und noch heiß in 24 gleich große Stücke schneiden. Die Kuchenstücke auf einem Kuchengitter abkühlen lassen und mit Puderzucker besieben.

Variante
Streuselkuchen mit Kirschen

Auf dem Teigboden 750 g entsteinte Kirschen verteilen. Die Streusel über die Kirschen streuen und den Kuchen wie im Rezept beschrieben backen.

Gugelhupf
Napfkuchen

500 g Mehl
40 g Hefe
1/8 l lauwarme Milch
120 g Zucker
180 g Butter
3 Eier
2 Eigelbe
abgeriebene Schale
 von 1/2 Zitrone
je 1 Prise Salz und
 geriebene
 Muskatnuß
3 Eßl. Sahne
50 g Rosinen
je 50 g Zitronat
 und Orangeat
50 g Mandeln
1 Eßl. Rum

Zum Besieben:
3 Eßl. Puderzucker

Für die Backform:
Butter und
 Semmelbrösel

Bei 20 Stücken
pro Stück etwa:
1 130 Joule
270 Kalorien

Backzeit:
50–60 Minuten

Das Mehl in eine Schüssel sieben und in die Mitte eine Vertiefung drücken. Die Hefe in die Mulde bröckeln und mit der lauwarmen Milch, 1 Teelöffel Zucker und etwas Mehl zu einem Hefevorteig verrühren. Den Hefevorteig zugedeckt gehen lassen.
Die Butter mit dem restlichen Zucker gut schaumig rühren. Nach und nach die Eier und die Eigelbe, die Zitronenschale, das Salz, den Muskat und die Sahne unterrühren. Die Rosinen heiß waschen, abtropfen lassen und auf einem Küchentuch trockentupfen. Das Zitronat und das Orangeat kleinwürfeln. Die Mandeln überbrühen, abziehen und hacken. Die kleingeschnittenen Früchte mit dem Rum mischen und einige Minuten durchziehen lassen.
Den Hefevorteig mit etwas Mehl verrühren, das Butter-Zucker-Gemisch zugeben und alles zu einem glatten, flaumigen Hefeteig verrühren. Die rumgetränkten Früchte rasch unter den Teig rühren.
Eine Gugelhupfform mit Butter ausstreichen und mit Semmelbröseln ausstreuen. Den Teig in die Form füllen und weitere 20–30 Minuten gehen lassen; er soll während dieser Zeit fast bis an den Rand der Form steigen.

Eine Form knapp zwei Drittel ihrer Höhe mit Hefeteig füllen. Nach dem Gehen ist der Teig fast bis an den Rand der Form gestiegen.

Den Backofen auf 200° vorheizen.
Den Gugelhupf auf der untersten Schiebeleiste 50–60 Minuten backen.

Den Kuchen in der Form etwas abkühlen lassen, dann auf ein Kuchengitter stürzen und noch warm dick mit dem Puderzucker besieben.

Als gastronomische Meditationen bezeichnete Anthelme Brillat-Savarin seine »Physiologie des Geschmacks« – feinsinnige, philosophische, humorvolle, ironische Abhandlungen über die Kultur der Tafelfreuden. Der Anwaltssohn und spätere Richter, von Frauen verwöhnter Junggeselle, Jäger und Musikliebhaber war bereits in jungen Jahren als Feinschmecker und Weinkenner bekannt. Nach ihm ist die folgende Spezialität benannt.

Raffiniert
Savarin

Für den Teig:
350 g Mehl
20 g Hefe
1/8 l lauwarme
 Milch
4 Eier
40 g Zucker
1 Päckchen
 Vanillinzucker
1 Prise Salz
150 g Butter

Zum Tränken:
1/8 l Weißwein
1/8 l Wasser
100 g Zucker
3 Schnapsgläser
 Himbeergeist (6 cl)

Zum Füllen:
375 g Himbeeren
1 Eßl. Zucker

Für die Form:
Butter und Mehl

Bei 20 Stücken pro
Stück etwa:
800 Joule
190 Kalorien

Backzeit:
40–50 Minuten

Das Mehl in eine Schüssel sieben und in die Mitte eine Vertiefung drücken. Die Hefe in die Mulde bröckeln und mit etwas Mehl und der lauwarmen Milch zu einem Hefevorteig verrühren und zugedeckt gehen lassen.
Die Eier mit dem Zucker schaumig rühren, den Vanillinzucker, das Salz und die geschmolzene Butter unterrühren. Den gegangenen Hefevorteig mit etwas Mehl verrühren, das Eier-Butter-Gemisch zugeben und alles zu einem glatten, fast flüssigen Teig verarbeiten. Den Teig zugedeckt noch einmal 15–25 Minuten gehen lassen.
Eine Kranzform mit Butter ausstreichen und mit Mehl ausstäuben. Den Hefeteig in die Form füllen und zugedeckt so lange gehen lassen, bis er die Form fast ausgefüllt hat.
Den Backofen auf 220° vorheizen.
Den Kuchen auf der untersten Schiebeleiste 40–50 Minuten backen, in der Form abkühlen lassen und dann auf ein Kuchengitter stürzen.

HEFEGEBÄCK

Den Weißwein mit dem Wasser und dem Zucker unter Rühren in einem Topf aufkochen lassen. Der Topf soll groß genug sein, daß der Savarin hinein gelegt werden kann. Den Topf vom Herd nehmen, den Himbeergeist unterrühren und den Savarin so lange in die Flüssigkeit legen, bis er sich völlig vollgesogen hat. Den Savarin dann auf eine Platte setzen. Die Himbeeren verlesen, abbrausen und abtropfen lassen. Die Himbeeren mit dem Zucker mischen und in die Mitte des Savarins füllen.

Unser Tip: Ein Savarin kann ebensogut mit Erdbeeren, Kirschen, Kompottfrüchten oder mit gekochtem Backobst gefüllt werden. Wählen Sie stets eine zum Obst passende Spirituose aus.

Raffiniert
Pariser Brioches

500 g Mehl	Für die Förmchen:
30 g Hefe	Butter
1 Teel. Zucker	
⅛ l lauwarme Milch	Pro Brioche etwa:
200 g Butter	540 Joule
4 Eier	130 Kalorien
½ Teel. Salz	
	Backzeit:
	20 Minuten

Zum Bestreichen:
1 Eigelb
1 Eßl. Milch

30 kleine Pasteten- oder Aluförmchen mit Butter ausstreichen.
Das Mehl in eine Schüssel sieben und eine Mulde hineindrücken. Die Hefe mit dem Zucker in die Mulde bröckeln und mit der Milch und etwas Mehl zu einem Vorteig verrühren und 20–30 Minuten gehen lassen.
Die Butter zerlassen. Die flüssige, aber nicht heiße Butter mit den Eiern und dem Salz auf dem Mehlrand verteilen und mit dem Hefevorteig und dem gesamten Mehl zu einem Hefeteig schlagen, bis er Blasen wirft. Den Teig zugedeckt weitere 30 Minuten gehen lassen.
Den Teig noch einmal kurz durchkneten und zu einer Rolle formen. 30 glcich große Stücke von der Rolle abschneiden und von jedem Teigstück wiederum ¼ abschneiden. Mit bemehlten Händen jeweils eine große und eine kleine Kugel aus dem Teig formen. Die großen Kugeln in die Förmchen legen. In die Mitte eine Vertiefung drücken und die Vertiefung mit dem mit der Milch verquirlten Eigelb bestreichen. Die kleinen Kugeln in die Mulden setzen und die Brioches dann 15–20 Minuten gehen lassen.
Den Backofen auf 220° vorheizen. Die gegangenen Brioches mit dem verquirlten Eigelb bestreichen und auf der zweiten Schiebeleiste von unten 20 Minuten backen. Die Brioches aus dem Backofen nehmen und auf einem Kuchengitter abkühlen lassen.

Preiswert
Bayerische Dampfnudeln

500 g Mehl	Für den Topf:
20 g Hefe	60 g Zucker
knapp ½ l lauwarme Milch	60 g Butter
80 g Zucker	Pro Stück etwa:
100 g Butter	2130 Joule
2 Eier	510 Kalorien
1 Prise Salz	
	Garzeit:
	30 Minuten

Das Mehl in eine Schüssel sieben und in die Mitte eine Vertiefung drücken. Die Hefe in die Mulde bröckeln und mit ½ Tasse lauwarmer Milch, 2 Telöffel Zucker und etwas Mehl zu einem Hefevorteig verrühren. Den Hefevorteig zugedeckt gehen lassen.
Den Hefevorteig mit einer weiteren Menge Mehl verrühren. ¼ Liter lauwarme Milch, den restlichen Zucker, die geschmolzene Butter, die Eier und das Salz auf dem Mehlrand verteilen und alles mit dem gesamten Mehl und dem Hefevorteig zu einem geschmeidigen Teig verrühren und den Teig solange schlagen, bis er Blasen wirft. Aus dem Hefeteig 8 gleich große Klöße formen und diese auf einem bemehlten Backbrett zugedeckt gehen lassen, bis sie ihr Volumen verdoppelt haben.
Die restliche Milch mit den 60 g Zukker und den 60 g Butter in einem breiten, flachen Schmortopf erwärmen. Die Dampfnudeln nebeneinander in den Topf setzen, ein feuchtes, gut ausgedrücktes Tuch über den Topf legen, den Deckel daraufsetzen und die Ränder des Deckels mit dem Tuch gut verschließen. Die Klöße bei mittlerer Hitze 30 Minuten im Dampf garen. Während dieser Zeit den Deckel nicht abnehmen, da die Dampfnudeln sonst zusammenfallen.

Dazu schmeckt: Weinschaumsauce

Zum Bild rechts:

Ein frischer Hefezopf zählt zu den verlockendsten Gebäckarten, auch wenn er nicht ganz so kunstvoll aus vier Strängen geflochten ist wie hier auf dem Bild. Das Flechten von drei-, vier- oder fünfsträngigen Zöpfen kann man mit dicker Wolle oder mit einem Teigrest üben; es gelingt dann leicht und man kann so die herrlichsten Zopfgebilde aus Hefeteig backen. Je nach Zusammensetzung des Teigs wird der Zopf wie Kuchen ohne Aufstrich oder mit Butter und Honig oder Marmelade zum Frühstück oder zum Nachmittagskaffee gereicht. Die Scheu vieler Hausfrauen vor Hefeteig ist unbegründet. Sie müssen sich nur ein erstes Mal daranwagen und dabei exakt nach dem Rezept arbeiten. Gebäck aus Hefeteig gehört dann bestimmt zu Ihrem festen Back-Repertoire. Die Variationen in Hefeteig reichen vom Kleingebäck wie Hörnchen, Krapfen oder Dampfnudeln über Gugelhupf, Savarin, Obstkuchen vom Blech bis zum festlichen Weihnachtsstollen. Überraschen Sie Ihre Familie, Ihre Freunde schon am nächsten Feiertag mit einem lockeren Hefezopf.
Das Rezept finden Sie auf Seite 438.

HEFEGEBÄCK

Zum Bild links:

Windrädchen, Hörnchen und Hahnenkämme (im Bild von unten nach oben), dieses beliebte Kleingebäck aus Hefeteig, ist nicht nur für Kinder und nicht nur zum Geburtstagskaffee größter Kuchen-Spaß, sondern auch für Erwachsene zu jeder Kaffeestunde. Werden die Hörnchen statt mit der süßen Nußmasse mit Schinken oder Hackfleisch gefüllt, passen sie auch gut zu Bier und Wein. Die Hahnenkämme können als Überraschung auch einmal statt mit Äpfeln mit Pflaumenmus oder Quarkcreme gefüllt werden.
Natürlich schmeckt das Gebäck am besten ofenfrisch. Gelingt es einmal nicht, es bald nach dem Backen auf den Tisch zu bringen, dann lassen Sie Glasur oder Puderzucker weg, backen die Stücke kurz vor dem Servieren noch einige Minuten im Backofen auf und verzieren Sie sie erst danach mit Glasur oder Puderzucker.
Die Rezepte für Windrädchen, Hörnchen und Hahnenkämme finden Sie auf Seite 446.

Rohrnudeln

500 g Mehl
30 g Hefe
¼ l lauwarme Milch
80 g Zucker
1 Eigelb
80 g Butter

Zum Bestreichen und Bestreuen:
2 Eßl. Milch
1 Eßl. Butter
2 Eßl. Puderzucker

Für die Form:
4 Eßl. Butter

Pro Stück etwa:
920 Joule
220 Kalorien

Backzeit:
25–30 Minuten

Das Mehl in eine Schüssel sieben und in die Mitte eine Vertiefung drücken. Die Hefe in die Mulde bröckeln und mit 6 Eßlöffel Milch, 1 Teelöffel Zucker und etwas Mehl zu einem Hefevorteig verrühren. Den Vorteig zugedeckt gehen lassen. Den Hefevorteig nach dem Gehen mit etwas Mehl verrühren, die restliche lauwarme Milch, den restlichen Zucker, das Eigelb und die Butter in Flöckchen auf dem Mehl verteilen und alles mit dem gesamten Mehl und dem Hefevorteig zu einem geschmeidigen Teig verkneten. Den Hefeteig zugedeckt noch einmal gehen lassen, bis er sein Volumen verdoppelt hat.
In einer Bratreine oder in einer Auflaufform die Butter zerlassen. Den gegangenen Hefeteig in 16 gleich große Stücke teilen, jedes Stück mit bemehlten Händen rund formen und im zerlassenen Fett in der Bratreine oder in der Auflaufform wenden. Die Nudeln dicht nebeneinander in die Form setzen, zudecken und nochmals 15–25 Minuten gehen lassen.
Den Backofen auf 220° vorheizen. Die Rohrnudeln auf der zweiten Schiebeleiste von unten 20 Minuten backen, mit der Milch bepinseln und in weiteren 5–10 Minuten fertig backen. Die Kruste wird durch die Milch glänzend und knusprig.
Die Rohrnudeln aus dem Backofen nehmen, 5 Minuten in der Form abkühlen lassen, dann auf ein Kuchengitter stürzen. Die noch heißen Rohrnudeln mit der weichen Butter bestreichen und mit Puderzucker besieben. Die Nudeln vorsichtig voneinander lösen und abkühlen lassen.

Variante
Zwetschgennudeln

Die 16 Teigkugeln flachdrücken und jeweils mit einer frischen, entsteinten Zwetschge belegen. Sollten dabei die Zwetschgen nicht süß genug sein, kann man in jede Zwetschge 1 Stück Würfelzucker stecken. Die Teigränder über der Zwetschge hochziehen und zusammendrücken. Die Zwetschgennudeln in der zerlassenen Butter in der Bratreine wenden, mit den Teigrändern nach unten nebeneinander in die Form setzen und wie im Rezept beschrieben backen.

Gelingt leicht
Augsburger Zwetschgendatschi

Für den Teig:
500 g Mehl
30 g Hefe
¼ l lauwarme Milch
80 g Butter
2 Eier
50 g Zucker
1 Prise Salz

Für den Belag:
1 ½ kg Zwetschgen
50 g Hagelzucker
½ Teel. gemahlener Zimt

Für das Backblech:
Butter

Bei 24 Stücken pro Stück etwa:
670 Joule
160 Kalorien

Backzeit:
20–30 Minuten

Das Mehl in eine Schüssel sieben, eine Mulde hineindrücken, die Hefe hineinbröckeln und in der Mulde mit ½ Tasse lauwarmer Milch und etwas Mehl zu einem Hefevorteig verrühren, mit etwas Mehl bestreuen und zugedeckt gehen lassen.
Die Butter zerlassen, aber nicht erhitzen. Den Hefevorteig mit einer weiteren Menge Mehl verrühren, die zerlassene Butter, die Eier, den Zucker, das Salz und die restliche lauwarme Milch auf dem Mehlrand verteilen und alles mit dem gesamten Mehl und dem Hefevorteig zu einem trockenen Hefeteig schlagen. Den Teig noch einmal zugedeckt 15 Minuten gehen lassen.
Ein Backblech mit Butter bestreichen. Die Zwetschgen waschen, entsteinen und zweimal längs so einschneiden, daß die 4 Viertel an einem Ende noch zusammenhängen.
Den Hefeteig in der Größe des Backblechs ausrollen, auf das Blech legen und mehrmals mit einer Gabel einstechen. Die Zwetschgen in Reihen dicht nebeneinander, dachziegelförmig auf den Hefeteig legen und den Kuchen weitere 15–20 Minuten gehen lassen. Den Backofen auf 220° vorheizen. Den Kuchen auf der mittleren Schiebeleiste 20–30 Minuten backen, aus dem Backofen nehmen und sofort mit

HEFEGEBÄCK

dem Hagelzucker und dem Zimt bestreuen. Den Zwetschgendatschi noch warm in 24 Stücke teilen und auf einem Kuchengitter abkühlen lassen.

Kleingebäck aus Hefeteig schmeckt am besten ofenfrisch. Deshalb sollte man es nicht schon am Tage vor dem Verzehr backen.

Etwas schwierig

Gefüllte Hahnenkämme

Bild Seite 444

Für den Teig:	Zum Bestreichen:
500 g Mehl	1 Eiweiß
30 g Hefe	
¼ l lauwarme Milch	Für den Guß:
80 g Zucker	100 g Puderzucker
1 Eigelb	1 Eßl. Zitronensaft
abgeriebene	1–2 Eßl. Wasser
Schale von	
1 Zitrone	Für das Backblech:
80 g Butter	Butter

Für die Füllung:	Pro Stück etwa:
3 Äpfel	1000 Joule
2 Eßl. Wasser	240 Kalorien
1 Eßl. Zucker	
1 Stückchen	Backzeit:
Zitronenschale	20–25 Minuten
1 Gewürznelke	

Das Mehl in eine Schüssel sieben und eine Mulde hineindrücken. Die Hefe in die Mulde bröckeln und mit 6 Eßlöffel lauwarmer Milch, 1 Teelöffel Zucker und etwas Mehl zu einem Hefevorteig verrühren. Den Hefevorteig zugedeckt gehen lassen. Den Hefevorteig dann mit einer weiteren Menge Mehl verrühren. Die restliche lauwarme Milch, den restlichen Zucker, das Eigelb, die abgeriebene Zitronenschale und die Butter in Flöckchen auf dem Mehlrand verteilen; alles mit dem gesamten Mehl und dem Hefevorteig verkneten und den Teig so lange schlagen, bis er Blasen wirft und sich vom Schüsselrand löst. Den Hefeteig zugedeckt weitere 20–30 Minuten gehen lassen, bis er sein Volumen verdoppelt hat. Für die Füllung die Äpfel schälen, vierteln, vom Kerngehäuse befreien und die Viertel in kleine Würfel schneiden. Die Apfelwürfel mit dem Wasser, dem Zucker, der Zitronenschale und der Nelke zugedeckt 10 Minuten bei milder Hitze dünsten. Die Äpfel in einem Sieb abtropfen und abkühlen lassen; die Zitronenschale und die Nelke entfernen. Ein Backblech mit der Butter bestreichen.

Den gegangenen Hefeteig auf einer bemehlten Arbeitsfläche etwa ½ cm dick ausrollen und 16 Quadrate von 10 × 10 cm ausschneiden. In die Mitte jedes Quadrates 1 Teelöffel der Füllung geben. Die Ränder der Teigquadrate mit Eiweiß bestreichen, die Quadrate zusammenklappen und die Ränder zusammendrücken. Die zusammengedrückten Teigränder mit einem Messer viermal 2–3 cm tief ein-

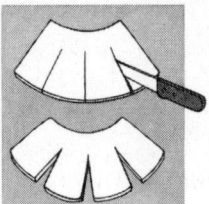

Für Hahnenkämme den zusammengedrückten Rand 2–3 cm tief einschneiden. Die Taschen dann an der gefüllten Seite leicht biegen.

schneiden. Die Teigtaschen auf das Backblech legen und leicht halbkreisförmig zu Hahnenkämmen biegen. Die Hahnenkämme zugedeckt weitere 15–20 Minuten gehen lassen. Den Backofen auf 220° vorheizen. Die Hahnenkämme auf der mittleren Schiebeleiste im Backofen in 20–25 Minuten goldgelb backen. Für den Guß den Puderzucker mit dem Zitronensaft und dem kochendheißen Wasser zu einer dünnflüssigen Glasur verrühren und die Hahnenkämme auf einem Kuchengitter mit dem Guß bestreichen.

Variante 1

Gebackene Schiffchen

Den Hefeteig wie im Rezept beschrieben zubereiten und in 16 Quadrate von 10 × 10 cm schneiden. Die Quadrate in der Mitte diagonal etwa 5 cm einschneiden und die beiden gegenüberliegenden Ecken der Quadrate durch den Schlitz ziehen. Die

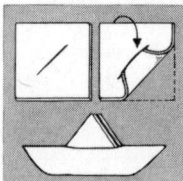

Zwei Ecken der Teigquadrate durch den Einschnitt ziehen und den Teig zu Schiffchen formen.

Schiffe wie im Rezept beschrieben backen und auf einem Kuchengitter abkühlen lassen. Die Glasur aus 200 g Puderzucker, 1 Eiweiß, 1 Eßlöffel Zitronensaft und 1–3 Eßlöffel kochendheißem Wasser bereiten. Die Glasur ist dann etwas dickflüssiger als die für die Hahnenkämme. Die Schiffe mit einem Muster aus Glasur verzieren.

Variante 2

Windrädchen

Bild Seite 444

Nach dem Rezept für Hahnenkämme einen Hefeteig zubereiten und 16 Quadrate von 10 × 10 cm daraus schneiden. Jedes Quadrat von den Ecken her diagonal fast bis zur Mitte

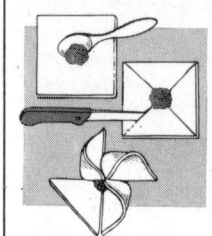

Für Windrädchen die vier Ecken des Teigquadrats einschneiden und jeweils die linke Spitze zur Mitte biegen.

hin einschneiden. In die Mitte der Quadrate jeweils einen Tupfen Marmelade geben. Jede links liegende Spitze über die Füllung zur Mitte ziehen und leicht andrücken. Die rechts liegengebliebenen Spitzen dürfen nicht zu lang sein, weil sie sonst beim Backen zu braun werden. Aus einem Teigrest 16 kleine Plätzchen ausstechen, mit etwas Eigelb bestreichen und auf die Windrädchen legen. Die Windrädchen noch einmal gehen lassen. ½ Eigelb mit 1 Eßlöffel Milch verquirlen, die Windrädchen damit bestreichen, backen, auf einem Kuchengitter abkühlen lassen und mit Puderzucker besieben.

Unser Tip: Zum Füllen von Kleingebäck eignet sich nur feste Marmelade, Gelee zerläuft beim Backen.

Nußhörnchen

Bild Seite 444

Für den Teig:	Zum Bestreichen:
500 g Mehl	½ Eigelb
30 g Hefe	1 Eßl. Milch
¼ l lauwarme Milch	
80 g Zucker	Für das Backblech:
½ Eigelb	Butter
80 g Butter	
	Pro Hörnchen etwa:
Für die Füllung:	1130 Joule
125 g Haselnüsse	270 Kalorien
1 Eßl. Rosinen	
2 Eßl. Zucker	Backzeit:
1 Eßl. Rum	15–20 Minuten
3–4 Eßl. Milch	

Das Mehl in eine Schüssel sieben und in die Mitte eine Vertiefung drücken. Die Hefe in die Mulde bröckeln und

HEFEGEBÄCK

mit 6 Eßlöffel Milch, 1 Teelöffel Zucker und etwas Mehl zu einem Hefevorteig verrühren. Den Hefevorteig zugedeckt gehen lassen.
Die restliche Milch und den restlichen Zucker zum Hefevorteig geben und mit etwas Mehl verrühren. Das halbe Eigelb und die Butter in Flöckchen auf dem Mehlrand verteilen. Alle Zutaten mit dem gesamten Mehl und dem Hefevorteig verkneten und den Hefeteig noch einmal zugedeckt gehen lassen.
Für die Füllung die Haselnüsse mahlen oder im Mixer zerkleinern. Die Rosinen heiß waschen und gut trockentupfen. Die Rosinen mit dem Zucker, dem Rum und der Milch zu den Haselnüssen geben und zu einer geschmeidigen Füllung verrühren.
Den gegangenen Hefeteig auf einer bemehlten Fläche etwa ½ cm dick ausrollen. Aus der Teigplatte 12 langschenkelige Dreiecke mit einer Basis von 12 cm Länge schneiden. Die Schmalseiten der Dreiecke in der Mitte etwa 1 ½ cm tief einschneiden, damit sich die Teigrollen besser zu Hörnchen formen lassen. Jeweils 1 Teelöffel der Nußfüllung über den Einschnitt auf die Teigdreiecke geben und die Dreiecke von der Schmalseite her aufrollen und auf ein gefettetes Backblech legen. Die Teigrollen zu Hörnchen formen und weitere 15–20 Minuten gehen lassen.
Den Backofen auf 220° vorheizen.
Das halbe Eigelb mit der Milch verquirlen, die Hörnchen damit bestreichen und auf der mittleren Schiebeleiste in 15–20 Minuten goldgelb backen. Die Hörnchen auf einem Kuchengitter abkühlen lassen.

Osterhasen, Osternester

Für den Teig:
500 g Mehl
30 g Hefe
¼ l lauwarme Milch
80 g Zucker
1 Eigelb
80 g Butter

Zum Bestreichen
und Verzieren:
1 Eigelb
2 Eßl. Milch
einige Rosinen
4 gefärbte, gekochte
  Ostereier

Für das Backblech:
Butter

Pro Figur etwa:
1630 Joule
390 Kalorien

Backzeit:
15–20 Minuten

Das Mehl in eine Schüssel sieben und in die Mitte eine Vertiefung drücken. Die Hefe in die Mulde bröckeln und mit 6 Eßlöffel Milch, 1 Teelöffel Zucker und etwas Mehl zu einem Hefevorteig verrühren. Den Hefevorteig zugedeckt gehen lassen.
Die restliche Milch und den restlichen Zucker zum Hefevorteig geben und diesen mit etwas Mehl verrühren. Das Eigelb und die Butter in Flöckchen auf dem Mehlrand verteilen, alles zu einem Hefeteig verkneten und diesen noch einmal zugedeckt gehen lassen.
Ein Backblech nicht zu dünn mit der Butter bestreichen.
Den gegangenen Hefeteig noch einmal kurz zusammenkneten, zu einer Rolle formen und diese in 8 gleich große Scheiben schneiden.
Für die Osterhasen 4 Teigscheiben zu Rollen formen, ⅓ jeder Rolle für den Kopf und die Ohren einkerben. Einen Einschnitt für die Ohren anbringen und im unteren Teil Einschnitte für Arme und Beine. Aus den Rollen nach der Zeichnung Hasen formen.

Für Osterhasen aus dem Teig Rollen formen und in die Rollen Einschnitte für die Ohren, die Arme und die Beine anbringen. Die Einschnitte auseinanderziehen und Hasen formen.

Die Hasen auf das Backblech legen. Für die Osternester die restlichen 4 Teigscheiben halbieren und zu 8 gleichlangen dünnen Strängen drehen. Je 2 Teigstränge wie eine Kordel umeinanderwickeln, die Enden miteinander verflechten und die Nester auf das Backblech legen. Die Öffnungen der Nester sollen nach dem Backen ein gefärbtes Osterei aufnehmen können. Die Figuren zugedeckt weitere 15 Minuten gehen lassen.
Den Backofen auf 220° vorheizen.
Das Eigelb mit der Milch verquirlen, die Osterhasen und die Nester damit bestreichen und den Osterhasen aus den Rosinen Augen und Nase einsetzen. Die Figuren auf der mittleren Schiebeleiste in 15–20 Minuten goldgelb backen und auf einem Kuchengitter abkühlen lassen. Die Hasen nach Belieben noch mit Eiweißspritzglasur verzieren.

Unser Tip: ½ Eischale außen mit Öl bestreichen, in die Mitte der Teigkränze setzen und die Schale mit einem kleinen Stein beschweren. So bleibt in der Mitte ein ausreichend großes Loch für das Osterei.

Krapfen
Berliner Pfannkuchen

Für den Teig:
500 g Mehl
40 g Hefe
⅛ l lauwarme Milch
80 g Zucker
1 Päckchen
  Vanillinzucker
½ Teel. Salz
3 Eigelbe
die abgeriebene
  Schale von
  ½ Zitrone
1 Schnapsglas Rum
  (2 cl)
60 g Butter

Zum Fritieren:
750 g Öl oder
  Plattenfett

Zum Füllen und
Bestreuen:
3 Eßl. Aprikosenmarmelade oder
  Pflaumenmus
1 Teel. Arrak
3 Eßl. Zucker oder
  Puderzucker

Pro Krapfen etwa:
670 Joule
160 Kalorien

Zeit zum Fritieren:
6–8 Minuten

Das Mehl in eine Schüssel sieben und in die Mitte eine Vertiefung drücken. Die Hefe in die Mulde bröckeln und mit der Milch, dem Zucker, dem Vanillinzucker und etwas Mehl zu einem Hefevorteig verrühren. Den Hefevorteig zugedeckt gehen lassen.
Das Salz, die Eigelbe, die abgeriebene Zitronenschale, den Rum mit der zerlassenen, aber nicht heißen Butter verrühren, auf den Mehlrand geben und alles mit dem gesamten Mehl und dem Hefevorteig zu einem glatten, glänzenden Hefeteig schlagen. Den Hefeteig zugedeckt gehen lassen, bis er sein Volumen verdoppelt hat.
Den Hefeteig danach noch einmal durchkneten und ein zweites Mal zugedeckt gehen lassen. Den Teig dann auf einer bemehlten Arbeitsfläche etwa 3 cm dick ausrollen und 24 Scheiben von etwa 7 cm Durchmesser ausstechen. Die Teigscheiben zugedeckt noch einmal so lange gehen lassen, bis sie doppelt so hoch aufgegangen sind. Das Fritierfett in der Friteuse auf 180° erhitzen.
Die Teigkugeln mit der Unterseite nach oben ins heiße Fett legen und darauf achten, daß die Oberseiten nicht mit Fett bespritzt werden. Die Friteuse schließen und die Krapfen fritieren, bis die Unterseiten goldgelb geworden sind. Die Krapfen dann wenden und im offenen Topf weitere 3–4 Minuten fritieren. Die Krapfen mit dem Schaumlöffel aus der Friteuse heben und auf saugfähigem Papier abtropfen lassen.
Für die Füllung die Marmelade mit dem Arrak verrühren, in einen Spritzbeutel mit langer, spitzer Tülle oder in eine Tortenspritze füllen und in die Krapfen spritzen.

HEFEGEBÄCK

Die noch warmen Krapfen in Zucker oder gesiebtem Puderzucker wenden. Die Krapfen sind gelungen, wenn sie einen weißen »Gürtel«, nämlich einen hellen Streifen, um die Mitte herum haben.

Unser Tip: Man kann Krapfen auch im Backofen garen. Die 24 Teigscheiben flachdrücken, jeweils mit 1/2 Teelöffel angerührter Marmelade belegen, den Teig um die Marmelade hochziehen und oben zusammendrücken. Die Bällchen mit der »Nahtseite« nach unten auf ein gefettetes Backblech legen und zugedeckt 15–20 Minuten gehen lassen. Die Krapfen dann im vorgeheizten Backofen auf 220° goldgelb backen. Die Krapfen noch heiß mit flüssiger Butter bestreichen, abkühlen lassen und mit Puderzucker besieben.

Variante

Kirchweihnudeln
Ausgezogene Fensterkücherl

Diese süddeutsche Spezialität läßt sich aus demselben Teig wie Krapfen herstellen. Kirchweihnudeln haben einen wulstigen Rand und in der Mitte ein »Fenster«, nämlich eine hauchdünne Teigschicht, die fast durchsichtig ist. Aus dem zweimal gegangenen Hefeteig etwas größere Kugeln formen. diese mit Fett bestreichen, noch einmal gehen lassen und die gegangenen Kugeln vor dem Fritieren mit eingefetteten Fingern so drehen, daß in der Mitte eine ganz dünne Schicht und außen ein wulstiger Rand entsteht. Die Kirchweihnudeln wie Krapfen fritieren.

Raffiniert

Käsewähe

Zutaten für 6 Personen:
250 g Mehl
25 g Hefe
1/8 l lauwarme Milch
1 Messersp. Salz
50 g Butter

Für den Belag:
200 g durchwachsener geräucherter Speck in dünnen Scheiben
50 g paprikagefüllte Oliven
je 125 g Emmentaler und Greyerzer Käse

Für den Guß:
3 Eier
1/8 l saure Sahne
2 Messersp. geriebene Muskatnuß
1/2 Teel. Paprikapulver, edelsüß

Für die Form:
Butter

Pro Person etwa:
2850 Joule
680 Kalorien

Backzeit:
35 Minuten

Das Mehl in eine Schüssel sieben und in die Mitte eine Vertiefung drücken. Die Hefe in die Mulde bröckeln und mit etwas Mehl und 6 Eßlöffel Milch zu einem Hefevorteig verrühren. Den Hefevorteig zugedeckt gehen lassen. Das Salz und die Butter in Flöckchen auf dem Mehlrand verteilen. Die restliche Milch zum Hefevorteig geben und alles mit dem gesamten Mehl zu einem geschmeidigen Hefeteig schlagen. Den Hefeteig zugedeckt noch einmal gehen lassen.
Eine Springform von 26 cm Durchmesser mit Butter ausfetten.
Den Hefeteig dünn ausrollen, in die Springform legen, einen Rand hochziehen und den Boden mit einer Gabel mehrmals einstechen.
Für den Belag die Speckscheiben in kleine Stücke schneiden und auf dem Teigboden verteilen. Die Oliven in Scheibchen schneiden und auf den Speck geben. Den Käse grob reiben, mischen und gleichmäßig über den Belag streuen. Den Kuchen zugedeckt noch einmal gehen lassen.
Den Backofen auf 200° vorheizen.
Für den Guß die Eier schaumig rühren, mit der sauren Sahne, dem Salz, dem Muskat und dem Paprikapulver mischen und löffelweise auf dem Belag verteilen. Die Wähe im vorgeheizten Backofen auf der mittleren Schiebeleiste 35 Minuten backen, auf eine Platte schieben und heiß servieren.

Unser Tip: Statt mit Hefeteig können Sie die Käsewähe auch mit tiefgefrorenem Blätterteig zubereiten. Den Blätterteigboden vor dem Belegen mit etwa 3 Eßlöffel Semmelbrösel bestreuen.

Zwiebelkuchen

Zutaten für 6 Personen:

Für den Teig:
250 g Mehl
25 g Hefe
1/2 Teel. Zucker
1/8 l lauwarmes Wasser
1 Ei
1 Teel. Salz
2 Messersp. Pfeffer
2 Eßl. Butter oder Schweineschmalz

Für den Belag:
100 g Speck oder Grieben
750 g Zwiebeln
4 Eier
4 Eßl. süße oder saure Sahne
1 Teel. frischer oder 1/2 Teel. getrockneter Thymian
1/2 Teel. Salz
1 Prise Pfeffer

Für die Form:
Butter

Pro Person etwa:
2090 Joule
500 Kalorien

Backzeit:
35 Minuten

Das Mehl in eine Schüssel sieben und in die Mitte eine Vertiefung drücken. Die Hefe mit dem Zucker in die Mulde bröckeln, mit dem lauwarmen Wasser und etwas Mehl verrühren und den Hefevorteig zugedeckt gehen lassen.
Das Ei, das Salz, den Pfeffer, die Butter oder das Schweineschmalz in Flöckchen auf dem Mehlrand verteilen und alles mit dem Hefevorteig und dem gesamten Mehl zu einem trockenen Hefeteig schlagen. Den Teig zugedeckt weitere 30 Minuten gehen lassen.
Den Speck in kleine Würfel schneiden. Die Zwiebeln schälen, in Ringe schneiden und die Ringe halbieren. Die Speckwürfel in einer Pfanne ausbraten, bis Fett austritt. Die Grieben nur erhitzen. Die Zwiebeln im Speckfett oder mit den Grieben hell glasig braten und in der Pfanne abkühlen lassen.
Eine Springform von 26 cm Durchmesser mit Butter ausstreichen. Den Backofen auf 220° vorheizen.
Den gegangenen Hefeteig ausrollen und den Boden und den Rand der Springform damit auslegen. Den Teigboden mehrmals mit der Gabel einstechen. Die Zwiebelmasse auf den Boden geben. Die Eier mit der Sahne, dem Thymian, dem Pfeffer und dem Salz verquirlen, über die Zwiebelmasse geben und den Kuchen im vorgeheizten Backofen auf der mittleren Schiebeleiste 35 Minuten backen, auf eine Platte geben und heiß servieren.

Die Neapolitaner behaupten, sie hätten die Pizza »erfunden«. Zweifellos zählt die Pizza alla napoletana zu den traditionellen Pizzen. – Oregano und Basilikum werden zum Würzen bevorzugt. Aber auch die Römer, die Venezianer, die Sizilianer, die Kalabreser – sie alle haben eigene Pizza-Spezialitäten. Frisch und ofenwarm serviert – so schmeckt die Pizza am besten. Die folgenden Rezepte ergeben jeweils 4 Pizzen von etwa 22 cm Durchmesser oder ein Backblech voll.

Pizza mit Tomaten, Schinken und Käse

Bild Seite 496

Für den Teig:
400 g Mehl
30 g Hefe
1/2 Teel. Zucker
225 ccm lauwarmes Wasser

1 Teel. Salz
4 Eßl. Öl

Für das Backblech:
1 Eßl. Mehl

HEFEGEBÄCK · RÜHRTEIG

Für den Belag:
1 ½ kg Tomaten
½ Teel. Salz
1 Prise Pfeffer
200 g Schinkenspeck oder magerer, roher Schinken
100 g Mozzarellakäse
50 g geriebener Parmesankäse
4 Eßl. Öl

Pro Teigboden ohne Belag etwa:
2 130 Joule
510 Kalorien

Pro Pizza etwa:
4190 Joule
1000 Kalorien

Backzeit:
15–20 Minuten

Das Mehl in eine Schüssel sieben. Die Hefe mit dem Zucker und dem Wasser in einer kleinen Schüssel verrühren, zum Mehl geben und mit dem Mehl verrühren. Das Salz und das Öl zufügen und alles zu einem glatten, geschmeidigen Hefeteig schlagen. Den Teig mit etwas Mehl bestreuen und zugedeckt 30 Minuten gehen lassen. Für den Belag die Tomaten häuten und in Scheiben schneiden. Den Schinkenspeck oder den Schinken in kleine Stücke schneiden. Den Käse reiben und mit dem geriebenen Parmesankäse mischen.
Das Backblech mit Mehl bestäuben. Den Backofen auf 220° vorheizen. Den gegangenen Hefeteig noch einmal zusammenkneten, in 4 Teile schneiden, und jeden Teil auf einer bemehlten Arbeitsfläche zu einem Kreis von 22 cm Durchmesser ausrollen. Die Kreise auf ein bemehltes Backblech legen. Oder den Teig direkt auf dem Backblech ausrollen; er sollte etwa 3 mm dick sein. Die Tomatenscheiben auf den Pizzaboden legen, salzen und pfeffern. Die Speck- oder Schinkenstückchen auf die Tomatenscheiben legen. Den geriebenen Käse darüberstreuen und alle Pizzen mit dem Öl beträufeln. Die Pizzen auf der untersten Schiebeleiste 15–20 Minuten backen. Die Pizzen warm servieren.

Unser Tip: Pizzaboden wird besonders knusprig, wenn man das Backblech direkt auf den Boden des Backofens schiebt. Weicher wird der Teig, wenn er auf einer Schiebeleiste gebacken wird.

Variante 1
Pizza romana
Römische Pizza

Bild Seite 496

Die ausgerollten Böden für die Pizzen mit Tomatenscheiben belegen, mit je ½ Teelöffel getrocknetem Basilikum und Oregano bestreuen, salzen und pfeffern. 200 g Mozzarellakäse kleinschneiden. 6 Sardellenfilets in kleine Stücke schneiden. Den Käse und die Sardellenstücke auf den Tomaten verteilen, den Belag mit Öl beträufeln und wie im Rezept beschrieben auf der untersten Schiebeleiste backen.

Variante 2
Pizza con funghi
Pizza mit Pilzen

Bild Seite 496

Die Teigböden mit Tomatenscheiben belegen und die Tomaten würzen. 500 g Champignons oder Steinpilze putzen, waschen und halbieren. 1 Zwiebel schälen und würfeln. Die Zwiebelwürfel in 1 Eßlöffel Öl glasig braten, die Pilze zugeben, salzen und pfeffern und 10 Minuten mit den Zwiebelwürfeln garen. Das Pilzgemisch auf den Tomatenscheiben verteilen, 125 g geriebenen Käse darüberstreuen und Öl darüberträufeln. Die Pizzen auf der untersten Schiebeleiste 12–20 Minuten backen.

Variante 3
Pizza alle quattro stagioni
Pizza „Vier Jahreszeiten"

Die Pizzaböden mit Tomatenscheiben belegen und diese würzen. 250 g kleingeschnittene Pilze und 200 g kleingeschnittenen gekochten Schinken auf den Tomaten verteilen, Käse darüberstreuen, Öl darüberträufeln und backen.

Variante 4
Pizza mit Kräuterquark

½ Bund Schnittlauch, ½ Bund Petersilie, 2 Stengel Selleriegrün und 1 Büschel Dill waschen, abtropfen lassen und kleinschneiden, 1 Eßlöffel der Kräutermischung beiseite stellen. Die restlichen Kräuter in eine Schüssel geben und 2 Gewürzgurken dazuraspeln. 750 g Quark, ¼ Liter saure Sahne, ½ Teelöffel Salz und etwas Pfeffer mit den Kräutern verrühren. Die Teigböden etwa 10 Minuten vorbacken, dann mit dem Kräuterquark bestreichen und im Backofen fertig garen. Die Pizzen mit Scheiben von je 1 hartgekochten Ei und etwa 4 Radieschen und den zurückbehaltenen Kräutern garnieren.

Rührteig

In alten Rezepten für feine Rührkuchen ist zu lesen: »Butter, Zucker und Eier 60 Minuten in immer gleicher Richtung rühren!« Wir schaffen es heute schneller, denn der Zucker ist nicht mehr so grobkörnig wie der damalige Haushaltszucker, der billiger als der feine Tafelzucker war und deshalb zum Backen verwendet wurde. Von Hand, mit dem Schneebesen oder dem Rührlöffel, muß ein Rührteig etwa 30 Minuten gerührt werden, mit dem elektrischen Handrührgerät oder mit der Küchenmaschine schafft man es in 5 Minuten.
Die Grundbestandteile eines Rührteiges sind Fett (Butter oder Margarine), Zucker, Eier und Mehl, das häufig mit einem Anteil von Speisestärke gemischt wird. Aber für ein feines Rührkuchenrezept genügen diese wenigen Grundbestandteile nicht. Es kommen noch weitere Zutaten dazu. Entspricht die Mehlmenge beim Rührkuchen etwa dem Gewicht von Fett und Zucker zusammen, so wird dem Teig Backpulver als Triebmittel zugegeben.

Grundrezept
Rührteig mit Backpulver

200 g Butter
200 g Zucker
1 Päckchen Vanillinzucker
4 Eier
⅛ l Milch
1 Messersp. Salz abgeriebene Schale von ½ Zitrone
500 g Mehl
1 Päckchen Backpulver

Zum Besieben:
2 Eßl. Puderzucker

Für die Form:
Butter und Semmelbrösel oder Mehl

Backzeit:
70 Minuten

Eine Backform wie Gugelhupf- oder Napfkuchenform, Kranzform, Springform oder Kastenkuchenform mit weicher Butter ausstreichen oder mit zerlassenem Fett auspinseln und mit Semmelbröseln oder Mehl ausstreuen. Die Butter rechtzeitig aus dem Kühlschrank nehmen, damit sie bei Backbeginn weich ist.
Den Ofen auf 180–190° vorheizen. Die Butter in Flöckchen in eine Rührschüssel schneiden, schaumig rühren und nach und nach den Zucker und den Vanillinzucker einrieseln lassen. Die Masse weißschaumig rühren.

RÜHRTEIG

Jedes Ei zunächst in eine Tasse aufschlagen und prüfen, ob es nicht verdorben ist. Die Eier dann jeweils mit 1 Eßlöffel Mehl unter die Fett-Zukker-Masse rühren. Das nächste Ei immer erst zugeben, wenn das letzte völlig untergemischt ist. Die Milch löffelweise mit jeweils etwas Mehl unter den Teig rühren und zuletzt das Salz und die abgeriebene Zitronenschale untermischen.
Das Mehl mit dem Backpulver mischen, über den Teig sieben und rasch unterrühren.

Für Rührkuchen ist das elektrische Rührgerät in allen Phasen eine ideale Hilfe. Nur Eischnee immer mit dem Rührlöffel von Hand unterheben.

Den Teig in die vorbereitete Backform füllen, die Oberfläche glattstreichen und den Kuchen auf der untersten oder auf der zweiten Schiebeleiste von unten etwa 1 Stunde und 10 Minuten im vorgeheizten Backofen backen. Während der ersten 15 Minuten den Backofen nicht öffnen. Nach etwa 2/3 der angegebenen Backzeit nachsehen, ob die Oberfläche des Kuchens bereits zu stark gebräunt ist. Ist dies der Fall, ein doppelt gefaltetes Stück Pergamentpapier auf den Kuchen legen; so kann die Oberfläche nur noch geringfügig weiterbräunen.
Gegen Ende der angegebenen Backzeit mit einem Holzspießchen in den Kuchen stechen. Bleibt am Spießchen kein Teigrückstand hängen, ist der Kuchen durchgebacken; gegebenenfalls muß er noch einige Minuten nachbacken.
Den Kuchen aus dem Backofen nehmen und etwa 10 Minuten in der Form abkühlen lassen. Den Kuchenrand mit einem Messer von der Form lösen und den Kuchen zum Auskühlen auf ein Kuchengitter stürzen. Den abgekühlten Kuchen mit dem Puderzucker besieben und 20 gleichgroße Stücke durch leichtes Einkerben an der Oberfläche markieren.

Auf Backpulver im Rührteig kann man verzichten, wenn das Gewicht von Fett und Zucker zusammen etwa ein Drittel höher liegt als das Gewicht des Mehls. In diesem Fall genügt dann die Triebkraft der Eier in Verbindung mit dem Fett und dem Zucker.

Grundrezept
Rührkuchen ohne Backpulver

200 g Butter
180 g Zucker
1 Päckchen Vanillinzucker
5 Eier
1 Prise Salz
abgeriebene Schale von 1/2 Zitrone
300 g Mehl

Zum Besieben:
2 Eßl. Puderzucker

Für die Form:
Butter und Semmelbrösel oder Mehl

Backzeit:
70 Minuten

Eine Backform mit Butter ausstreichen und mit Semmelbröseln oder Mehl ausstreuen. Die Butter rechtzeitig aus dem Kühlschrank nehmen, damit sie bei Backbeginn weich ist.
Den Backofen auf 180–190° vorheizen.
Die Butter in Flöckchen in eine Rührschüssel schneiden, schaumig rühren und nach und nach den Zucker und den Vanillinzucker einrieseln lassen. Weiterrühren, bis die Masse weißschaumig ist.
Jedes Ei einzeln aufschlagen, das Eiweiß in eine Schüssel abtropfen lassen und das Eigelb mit etwas Mehl unter den Teig rühren. Wenn das erste Eigelb völlig mit der Masse gemischt ist, das nächste Eigelb zufügen. Das Salz und die abgeriebene Zitronenschale unter den Teig mischen.
Die Eiweiße zu steifem Schnee schlagen, den Eischnee auf den Teig häufen und mit einem Rührlöffel – nicht mit einem elektrischen Rührgerät – unter den Teig heben. Mit dem Rührgerät würden die Luftbläschen im Eischnee zerstört, und damit wäre der Lockerungseffekt aufgehoben.
Das Mehl über den Teig sieben und mit dem Rührlöffel unter den Teig ziehen, nicht rühren! (Hierfür ebenfalls nicht das elektrische Rührgerät benützen.)
Den Kuchen in die vorbereitete Backform füllen, die Oberfläche glattstreichen und auf der unteren oder der zweiten Schiebeleiste von unten im vorgeheizten Backofen 70 Minuten backen.
Den Backofen während der ersten 15 Minuten nicht öffnen. Nach etwa 2/3 der angegebenen Backzeit nachsehen, ob die Oberfläche des Kuchens zu rasch braun geworden ist; gegebenenfalls ein doppelt gefaltetes Stück Pergamentpapier auf den Kuchen legen; so kann die Oberfläche nur noch geringfügig weiterbräunen.
Gegen Ende der angegebenen Backzeit mit einem Holzspießchen in den Kuchen stechen. Bleiben keine Teigreste am Holzspießchen haften, ist der Kuchen gar; gegebenenfalls noch einige Minuten nachbacken.
Den Kuchen aus dem Backofen nehmen und etwa 10 Minuten in der Form abkühlen lassen. Den Kuchenrand mit einem Messer von der Form lösen und den Kuchen auf ein Kuchengitter stürzen. Den etwas abgekühlten Kuchen mit dem Puderzucker besieben.

Praktischer Rat
Rührteig soll nicht dünnflüssig sein, aber auch nicht zu fest. Er hat die richtige Konsistenz, wenn er zähflüssig »reißend« vom Löffel fällt.

Wenn das gesamte Mehl unter den Teig gemischt ist, sollte der Teig nicht mehr gerührt werden, da er sonst leicht zäh wird.

Werden die Eier im Ganzen zum Kuchen gegeben oder sind die Eier noch zu kalt, kann die Fett-Zucker-Masse gerinnen. Die Zugabe von 1 Eßlöffel Mehl zu jedem Ei hilft dies verhindern. Gerinnt der Teig trotzdem und wird grießartig, so stellt man die Rührschüssel in ein warmes Wasserbad und rührt weiter. Das Fett wird in der Wärme weicher und verbindet sich leichter mit den Eiern zu einer cremigen Masse.

Werden für einen Rührteig die Eier in Eigelbe und Eiweiße getrennt, so nimmt man diesen Arbeitsgang am besten vor, wenn die Eier gerade aus dem Kühlschrank geholt wurden. Die Eigelbe beiseite stellen und die Eiweiße, solange sie kalt sind, zu steifem Schnee schlagen. Das Eiweiß schlagen, bis es weich und flaumig ist, dann 1–2 Eßlöffel Zucker langsam in das Eiweiß rieseln lassen und weiterschlagen, bis der Eischnee so steif ist, daß der Schnitt eines Messers darin sichtbar bleibt.

Sind für den Kuchen Trockenfrüchte vorgesehen (Rosinen, Orangeat, Zitronat, Nüsse), so werden sie mit etwas Mehl gemischt und unter den Teig gezogen. Dadurch kann man vermeiden, daß die Früchte beim Backen auf den Boden des Kuchens sinken.

Die Backform für den Rührkuchen mit Fett ausstreichen und mit Semmelbröseln oder mit Mehl ausstreuen.

GEBÄCK AUS RÜHRTEIG

Eine Kastenform kann man zuerst auch leicht mit Fett ausstreichen und dann mit Pergamentpapier auslegen.

Läßt sich das Pergamentpapier nach dem Backen und Stürzen des Kuchens schlecht abziehen, bestreicht man es mit etwas Wasser; es läßt sich dann mühelos abziehen.

Löst sich der Kuchen nach dem Backen beim Stürzen schlecht aus der Form, einige Minuten ein feuchtes Tuch über die Form legen und den Kuchen dann stürzen.

Ein Rührkuchen kann auch in der Springform gebacken werden. Auf den ungebackenen Teig entsteinte Kirschen, Stachelbeeren, Apfelscheiben, Rhabarberstücke oder anderes Obst legen. Das Obst sinkt während des Backens in den Teig ein. Sie erhalten auf diese Weise einen »versunkenen« Obstkuchen.

Ideal zum Tiefkühlen

Marmorkuchen

Bild Seite 461

250 g Butter
250 g Zucker
1 Päckchen
  Vanillinzucker
5 Eier
1 Messersp. Salz
⅛ l Milch
375 g Mehl
1 Päckchen
  Backpulver
2 ½ Eßl. Kakaopulver
1 Eßl. Zucker

Zum Besieben:
2 Eßl. Puderzucker

Für die Backform:
Butter und
  Semmelbrösel
  oder Mehl

Bei 20 Stücken
pro Stück etwa:
1050 Joule
250 Kalorien

Backzeit:
60 Minuten

Eine Gugelhupfform, eine Kranzform oder eine Kastenkuchenform mit Butter ausstreichen und mit Semmelbröseln oder Mehl ausstreuen.
Die weiche Butter mit dem Zucker und dem Vanillinzucker zu einer weißschaumigen Masse verrühren.
Den Backofen auf 190° vorheizen.
Die Eier einzeln aufschlagen, nacheinander unter den Teig rühren, das Salz zugeben und die Milch löffelweise untermischen. Das Mehl mit dem Backpulver mischen, auf die Schaummasse sieben und rasch unter den Teig ziehen.
⅔ des Teiges in die vorbereitete Kuchenform füllen. Den restlichen Teig mit dem Kakaopulver und dem Zucker verrühren und auf den hellen Teig geben. Die beiden Teigarten mit einer Gabel spiralförmig in der Form mischen. Dadurch entsteht die »Marmorierung«. Die Oberfläche glattstreichen. Den Kuchen auf der untersten Schiebeleiste im Backofen 60 Minuten backen. Den Kuchen in der Form 10 Minuten abkühlen lassen, dann auf ein Kuchengitter stürzen und erkalten lassen. Den Kuchen mit Puderzucker übersieben und in 20 Stücke teilen.

Unser Tip: Beim Backen wölbt sich die Oberseite des Kuchens. Damit sie nicht aufreißt, können Sie den Kuchen nach etwa 35 Minuten Backzeit mit einem dünnen Messer längs oder strahlenförmig einschneiden.

Ideal zum Tiefkühlen

Königskuchen

150 g Korinthen
250 g Rosinen
175 g Zitronat
200 g Butter
200 g Zucker
5 Eier
1 Messersp. Salz
abgeriebene
  Schale von
  ½ Zitrone
⅛ l Milch
1 Eßl. Rum
500 g Mehl
4 Teel. Backpulver

Zum Besieben:
2 Eßl. Puderzucker

Für die Form:
Butter und
  Semmelbrösel

Bei 30 Stücken
pro Stück etwa:
880 Joule
210 Kalorien

Backzeit:
80 Minuten

Die Korinthen und die Rosinen heiß abbrausen und gut abtropfen lassen. Das Zitronat in sehr kleine Würfel schneiden.
Eine Kastenkuchenform von etwa 34 cm Länge mit Butter ausstreichen und mit Semmelbröseln ausstreuen.
Den Backofen auf 180° vorheizen.
Die Butter mit dem Zucker schaumig rühren, nach und nach die Eier, das Salz und die abgeriebene Zitronenschale untermischen. Die Milch und den Rum zum Teig rühren. Das Mehl mit dem Backpulver sieben, mit den Korinthen, den Rosinen und dem Zitronat mischen. Das Mehl mit den Trockenfrüchten unter den Teig ziehen. Den Teig in die vorbereitete Form füllen und glattstreichen. Den Kuchen auf der zweiten Schiebeleiste von unten im vorgeheizten Backofen 80 Minuten backen.
Den Königskuchen nach dem Backen in der Form etwa 10 Minuten abkühlen lassen, auf ein Kuchengitter stürzen, erkalten lassen und mit dem Puderzucker besieben. Den Kuchen in 30 Stücke teilen.

Nußkuchen

250 g Haselnüsse
50 g edelbittere
  Schokolade
200 g Butter
200 g Zucker
1 Päckchen
  Vanillinzucker
4 Eier
1 Messersp. Salz
abgeriebene Schale
  von ½ Zitrone
2–4 Tropfen Bittermandel-Aroma
250 g Mehl
1 Päckchen
  Backpulver

Für den Guß:
200 g Puderzucker
4 Eßl. kochend
  heißes Wasser

1 Eßl. Arrak oder
3 Tropfen
  Arrak-Aroma

Für die Form:
Butter und
  Semmelbrösel
  oder geriebene
  Haselnüsse

Bei 20 Stücken
pro Stück etwa:
1260 Joule
300 Kalorien

Backzeit:
60 Minuten

Eine Kastenkuchenform von etwa 30 cm Länge mit Butter ausstreichen und mit Semmelbröseln oder geriebenen Nüssen ausstreuen.
Die Haselnüsse reiben oder im Mixer zerkleinern. Die Schokolade in sehr kleine Stücke schneiden.
Den Backofen auf 180° vorheizen.
Aus der Butter, dem Zucker und dem Vanillinzucker eine weiß-schaumige Masse rühren. Die Eier einzeln unter den Teig rühren. Das Salz, die abgeriebene Zitronenschale und das Bittermandel-Aroma untermischen. Das Mehl mit dem Backpulver über die Schaummasse sieben und mit den geriebenen Nüssen und den Schokoladenstückchen unter den Teig ziehen. Den Teig in die vorbereitete Backform füllen, die Oberfläche glattstreichen und den Kuchen auf der zweiten Schiebeleiste von unten im vorgeheizten Backofen 60 Minuten backen. Den Kuchen etwa 10 Minuten in der Form abkühlen lassen, vorsichtig auf ein Kuchengitter stürzen und erkalten lassen. Den Puderzucker sieben und mit dem kochendheißen Wasser und dem Arrak oder dem Arrak-Aroma verrühren. Den Kuchen mit dem Guß überziehen, erkalten lassen und in 20 Stücke teilen.

Ohne Zweifel – die Sachertorte ist eine der berühmtesten Torten. Franz Eduard Sacher präsentierte sie als

GEBÄCK AUS RÜHRTEIG

16jähriger Kochlehrling 1832 im Hause des Fürsten Metternich. Der begabte Lehrling gründete später das weltbekannte Hotel Sacher in Wien. Hotel und Torte sind indessen zu einem Begriff verschmolzen.

Raffiniert
Sachertorte

125 g Blockschokolade
125 g Butter
125 g Zucker
5 Eier
125 g Mehl
1 Teel. Backpulver

Zum Überziehen:
2 Eßl. Aprikosenmarmelade
125 g Schokoladenkuvertüre

Für die Form:
Butter und Mehl

Bei 12 Stücken pro Stück etwa:
1340 Joule
320 Kalorien

Backzeit:
30–40 Minuten

Eine Springform von 20–22 cm Durchmesser mit Butter ausstreichen und mit Mehl ausstreuen.
Die Blockschokolade in kleine Stücke brechen und im heißen Wasserbad zerlassen. Die Schüssel aus dem heißen Wasser nehmen, die Schokolade etwas abkühlen lassen, aber noch weich mit der Butter und dem Zucker schaumig rühren.
Den Backofen auf 180° vorheizen.
Die Eier in Eigelbe und Eiweiße trennen. Die Eiweiße zu steifem Schnee schlagen. Die Eigelbe einzeln nacheinander unter die Schaummasse rühren. Den Eischnee auf die Schokoladenmasse häufen und mit einem Rührlöffel unterheben. Das Mehl mit dem Backpulver über die Schaummasse sieben und rasch unterziehen.
Den Teig in die Springform füllen, die Oberfläche glattstreichen und den Kuchen auf der mittleren Schiebeleiste 30–40 Minuten backen.
Den Kuchen etwa 10 Minuten in der Form abkühlen lassen. Den Rand des Kuchens mit einem Messer lösen und den Ring der Springform abnehmen. Den Kuchen auf ein Kuchengitter stürzen, den Boden der Springform abheben und den Kuchen abkühlen lassen.
Die Aprikosenmarmelade erwärmen, durch ein Sieb passieren und die Oberfläche des Kuchens damit bestreichen; 30 Minuten einziehen lassen. Die Kuvertüre im Wasserbad erwärmen und den Kuchen damit überziehen. Die Kuvertüre trocknen lassen und in die Oberfläche 12 Tortenstücke markieren.

In seiner ursprünglichen Form zählte der Baumkuchen vor etwa 100 Jahren zur Kunstbäckerei. Auf einen langen »Baum« – einem Rundholz, das auf einem Drehspieß befestigt war – wurde über dem Feuer der Teig in vielen Schichten gegossen und gebacken; dabei bildeten sich unregelmäßige Spitzen und Verdickungen. So entstand ein wahres Kunstwerk. Unsere Baumkuchentorte kann sich optisch zwar nicht mit diesem Kunstwerk messen, geschmacklich steht sie ihm aber in nichts nach.

Etwas schwierig
Baumkuchentorte

200 g Butter
200 g Zucker
5 Eier
1 Eßl. Rum
1 Messersp. Salz
1 Teel. abgeriebene Zitronenschale
100 g Mehl
100 g Speisestärke

Für den Guß:
150 g Puderzucker
1–2 Eßl. Rum

Zum Belegen:
12 kandierte Kirschen

Für die Form:
Butter und Pergamentpapier

Bei 12 Stücken pro Stück etwa:
1420 Joule
340 Kalorien

Backzeit:
pro Schicht
8–10 Minuten

Eine Springform mit Butter ausstreichen und mit Pergamentpapier auslegen. Die Butter mit dem Zucker zu einer weiß-schaumigen Masse verrühren.
Den Backofen auf 190° vorheizen.
Die Eier in Eigelbe und Eiweiße trennen. Die Eiweiße zu steifem Schnee schlagen. Die Eigelbe nacheinander unter die Schaummasse rühren. Den Rum, das Salz und die Zitronenschale untermischen. Den Eischnee auf die Schaummasse häufen und mit dem Rührlöffel unterheben. Das Mehl mit der Speisestärke über die Schaummasse sieben und rasch unterziehen.
Etwa 2 Eßlöffel Teig in die Form füllen, glattstreichen und auf der mittleren Schiebeleiste im Backofen etwa 10 Minuten backen. Auf die goldgelb gebackene Schicht wiederum 1–2 Eßlöffel Teig streichen und diese Schicht in weiteren 9 Minuten backen. So fortfahren, bis aller Teig verbraucht ist. Die Torte dann aus der Form lösen und auf einem Kuchengitter abkühlen lassen.
Für den Guß den Puderzucker sieben und mit dem Rum zu einer dickflüssigen Creme verrühren. Die Torte mit der Glasur überziehen, 12 gleich große Tortenstücke in die Glasur markieren und jedes Stück mit einer kandierten Kirsche belegen.

Unser Tip: Schneller läßt sich die Torte herstellen, wenn der Teig in 2 gleich großen Formen gebacken wird. Eine Tortenhälfte dann mit Gelee bestreichen und beide Hälften zu einer Torte zusammensetzen.

Etwas schwierig
Frankfurter Kranz

Für den Teig:
100 g Butter
150 g Zucker
2 Eier
1 Messersp. Salz
die abgeriebene Schale von
½ Zitrone
150 g Mehl
50 g Speisestärke
2 Teel. Backpulver

Für die Buttercreme:
½ l Milch
1 Päckchen Vanille-Puddingpulver
3 Eßl. Zucker
150 g Butter

Für den Krokant:
125 g geschälte Mandeln
1 Teel. Butter
6 Eßl. Zucker
½ Teel. Öl

Für die Form:
Butter und Mehl

Bei 12 Stücken pro Stück etwa:
1880 Joule
450 Kalorien

Backzeit:
40–45 Minuten

Eine Kranzkuchenform mit Butter ausstreichen und mit Mehl ausstreuen. Den Backofen auf 190° vorheizen.
Die Butter mit dem Zucker schaumig rühren, nach und nach die Eier, das Salz und die Zitronenschale unterrühren. Das Mehl mit der Speisestärke und dem Backpulver über die Schaummasse sieben und rasch unter den Teig ziehen. Den Teig in die vorbereitete Form füllen und die Oberfläche so streichen, daß der Teig am Rand etwas höher ist als in der Mitte.
Den Kuchen auf der zweiten Schiebeleiste von unten 40–45 Minuten goldbraun backen.
Den Kuchen in der Form etwa 10 Minuten abkühlen lassen, dann auf ein Kuchengitter stürzen und erkalten lassen.
Für die Buttercreme aus der Milch, dem Vanille-Puddingpulver und dem Zucker einen festen Flammeri nach Anweisung auf dem Päckchen kochen. Den Flammeri abkühlen lassen und dabei öfter umrühren, damit sich keine Haut auf der Oberfläche bildet. Den Flammeri aber nicht kalt stellen! Die weiche Butter zerlassen und abgekühlt, aber gerade noch flüssig, tee-

GEBÄCK AUS RÜHRTEIG

löffelweise unter den Flammeri rühren. Bitte, achten Sie darauf, daß Flammeri und Butter die gleiche Temperatur haben, da die Buttercreme sonst leicht gerinnt.
Für den Krokant die Mandeln hacken. Die Butter und den Zucker in einer Pfanne unter ständigem Rühren erhitzen, bis der Zucker geschmolzen und goldgelb ist. Die gehackten Mandeln zufügen und weiter rühren, bis die Masse goldbraun ist. Die Pfanne sofort vom Herd ziehen. Eine Porzellanplatte mit Öl bestreichen, den noch heißen Krokant daraufstreichen und auskühlen lassen. Den harten Krokant in kleine Stücke brechen; am besten geht das, wenn Sie mit der Teigrolle darüberrollen.
Den abgekühlten Kuchen zweimal quer durchschneiden und mit der Hälfte der Buttercreme füllen. Den Kuchen wieder zusammensetzen, aussen rundherum mit der Buttercreme bestreichen und mit dem Krokant bestreuen. Den Kuchen in 12 Stücke teilen.

Unser Tip: Backen Sie den Kuchen am besten einen Tag vor dem Füllen; der Kuchen läßt sich dann leichter durchschneiden.

Rehrücken

50 g Blockschokolade
100 g ungeschälte Mandeln
200 g Butter
200 g Zucker
1 Päckchen Vanillinzucker
4 Eier
1 Messersp. Salz
2 Eßl. Rum
150 g Mehl
2 Eßl. Kakaopulver
2 Teel. Backpulver

Zum Füllen:
3 Eßl. Sauerkirsch- oder Johannisbeerkonfitüre

Zum Überziehen und Spicken:
150 g Schokoladenkuvertüre
40 g Mandelstifte

Für die Form:
Butter und Semmelbrösel

Bei 20 Stücken pro Stück etwa:
1170 Joule
280 Kalorien

Backzeit:
50–60 Minuten

Die Blockschokolade fein reiben. Die Mandeln reiben oder im Mixer zerkleinern.
Eine Rehrückenform mit Butter ausstreichen und mit Semmelbröseln ausstreuen.
Den Backofen auf 180° vorheizen. Die weiche Butter mit dem Zucker und dem Vanillinzucker schaumig rühren. Nach und nach die Eier, das Salz und den Rum unter die Schaummasse rühren. Das Mehl, das Kakaopulver und das Backpulver über die Schaummasse sieben. Die geriebene Schokolade und die Mandeln über das Mehl streuen und alles rasch unter den Teig ziehen. Den Teig in die vorbereitete Backform füllen, die Oberfläche glattstreichen und den Kuchen auf der zweiten Schiebeleiste von unten 50–60 Minuten backen.
Den Kuchen 10 Minuten in der Form abkühlen lassen, auf ein Kuchengitter stürzen und erkalten lassen.
Den Kuchen durchschneiden und die Schnittflächen mit glattgerührter Konfitüre bestreichen. Die Kuchenstücke wieder zusammensetzen. Die Schokoladenkuvertüre erwärmen, dann den Kuchen damit überziehen und in den erstarrten Guß in gleichmäßigen Abständen mit einem Holzspießchen Löcher stechen. Die Mandelstifte in die Löcher stecken und so »spicken«. Den Rehrücken in 20 Stücke teilen.

Ein kalorienreicher und ein haltbarer Kuchen. Seinen Ursprung hat er bei den Arabern. Sie mischen Datteln, Feigen und getrocknete Weintrauben unter den Teig – zum Dank für eine gute Ernte.

Früchtekuchen

125 g Haselnüsse
125 g ungeschälte Mandeln
125 g Sultaninen
125 g Korinthen
65 g Zitronat
65 g Orangeat
125 g Butter
100 g Zucker
3 Eier
1 Messersp. gemahlener Zimt
1 Messersp. gemahlener Ingwer
abgeriebene Schale von ½ Zitrone

125 g Mehl
½ Päckchen Backpulver

Für die Form:
Butter und Pergamentpapier

Bei 12 Stücken pro Stück etwa:
1590 Joule
380 Kalorien

Backzeit:
100 Minuten

Eine Kastenkuchenform mit Butter ausstreichen und mit Pergamentpapier auslegen.
Die Haselnüsse fein reiben, die Mandeln grob hacken oder im Mixer grob zerkleinern. Die Sultaninen und die Korinthen heiß waschen, abtropfen lassen und mit einem Tuch trockentupfen. Das Zitronat und das Orangeat sehr klein schneiden.
Den Backofen auf 160° vorheizen. Die Butter mit dem Zucker schaumig rühren. Nach und nach die Eier einzeln unter die Schaummasse rühren und den Zimt, den Ingwer und die Zitronenschale untermischen. Das Mehl mit dem Backpulver mischen, sieben und mit den vorbereiteten Trockenfrüchten vermengen. Das Mehl über die Schaummasse streuen und rasch unterziehen. Den Teig in die vorbereitete Form füllen, die Oberfläche glattstreichen und den Kuchen auf der unteren Schiebeleiste im vorgeheizten Backofen 100 Minuten backen.
Den Kuchen in der Form 10 Minuten abkühlen lassen, auf ein Kuchengitter stürzen, das Pergamentpapier abziehen, den Kuchen umdrehen und abkühlen lassen. Den Kuchen in 12 gleich große Stücke schneiden.

Unser Tip: Der Früchtekuchen schmeckt am besten, wenn er einige Tage lang in Alufolie verpackt durchziehen konnte.

Ideal zum Tiefkühlen
Quark-Napfkuchen

75 g geschälte Mandeln
100 g Rosinen
125 g Butter
200 g Zucker
3 Eier
200 g Magerquark
1 Messersp. Salz
abgeriebene Schale von ½ Zitrone
275 g Mehl
1 Päckchen Vanille-Puddingpulver
1 Päckchen Backpulver

Zum Besieben:
2 Eßl. Puderzucker

Für die Form:
Butter und Semmelbrösel

Bei 20 Stücken pro Stück etwa:
880 Joule
210 Kalorien

Backzeit:
60 Minuten

Eine Napfkuchenform mit Butter ausstreichen und mit Semmelbröseln ausstreuen.
Die Mandeln hacken oder im Mixer zerkleinern. Die Rosinen heiß waschen, abtropfen lassen und in einem Küchentuch trockentupfen.
Den Backofen auf 180° vorheizen. Die Butter mit dem Zucker schaumig rühren. Nach und nach die Eier, den Quark, das Salz und die Zitronenschale unterrühren. Das Mehl mit dem Puddingpulver und dem Backpulver mischen, dann mit den Mandeln und den Rosinen vermengen. Das Mehl über die Schaummasse geben und rasch unterziehen. Den Teig in die vorbereitete Form füllen, die Oberfläche glattstreichen und den Kuchen auf der untersten Schiebeleiste im vorgeheizten Backofen 60 Minuten backen.

GEBÄCK AUS RÜHRTEIG

Den Kuchen etwa 10 Minuten in der Form abkühlen lassen, auf ein Kuchengitter stürzen und mit dem Puderzucker besieben. Auf der Oberfläche des Kuchens durch leichtes Einkerben 20 gleich große Stücke markieren.

Aprikosenkuchen mit Nußhaube

Bild Seite 461

500 g entsteinte Aprikosen

Für die Nußhaube:
100 g Haselnüsse
2 Eiweiße
100 g Zucker
1 Päckchen Vanillinzucker
1 Eßl. Mehl
3 Tropfen Rum-Aroma

Für den Teig:
100 g Butter
100 g Zucker
2 Eier

1 Teel. Zitronensaft
1 Messersp. Salz
200 g Mehl
2 Teel. Backpulver

Für die Form:
Butter und Semmelbrösel

Bei 12 Stücken pro Stück etwa:
1260 Joule
300 Kalorien

Backzeit:
40 Minuten

Die gewaschenen und entsteinten Aprikosen auf einem Küchentuch abtropfen lassen.
Eine Springform mit der Butter ausstreichen und mit Semmelbröseln ausstreuen.
Für die Nußhaube die Haselnüsse reiben oder im Mixer zerkleinern, in einer Pfanne unter ständigem Wenden rösten und abkühlen lassen. Die Eiweiße steif schlagen, den Zucker und den Vanillinzucker einrieseln lassen und gut unterrühren. Die gerösteten Nüsse, das Mehl und das Rum-Aroma unter den Eischnee heben.
Den Backofen auf 180° vorheizen.
Die Butter mit dem Zucker schaumig rühren. Nach und nach die Eier, den Zitronensaft und das Salz unter die Schaummasse rühren. Das Mehl mit dem Backpulver über die Schaummasse sieben, rasch unterziehen und den Teig in die vorbereitete Springform füllen. Die Oberfläche glattstreichen und die Aprikosen darauf verteilen. Die Nußhaube auf die Aprikosen streichen. Den Kuchen auf der mittleren Schiebeleiste im vorgeheizten Backofen 40 Minuten backen; eventuell nach 20 Minuten mit Pergamentpapier abdecken.
Den Aprikosenkuchen 10 Minuten in der Form abkühlen lassen, dann auf einem Kuchengitter erkalten lassen.

Orangenkuchen

200 g Butter
200 g Zucker
1 Päckchen Vanillinzucker
3 Eier
1 Messersp. Salz abgeriebene Schale von ½ Orange
250 g Mehl
50 g Speisestärke
2 Teel. Backpulver

Zum Tränken:
3–4 Orangen
½ Zitrone

Für die Glasur:
3 Eßl. Orangensaft
1–2 Eßl. kochendheißes Wasser

Für die Form:
Alufolie

Bei 20 Stücken pro Stück etwa:
960 Joule
230 Kalorien

Backzeit:
70 Minuten

Eine 30 cm lange Kastenkuchenform mit Alufolie auslegen; den Rand etwa 4 cm breit überstehen lassen.
Den Backofen auf 180° vorheizen.
Die Butter mit dem Zucker und dem Vanillinzucker schaumig rühren. Die Eier nach und nach unterrühren und das Salz und die Orangenschale zufügen. Das Mehl mit der Speisestärke und dem Backpulver über die Schaummasse sieben und rasch unterziehen. Den Teig in die vorbereitete Kuchenform füllen, die Oberfläche glattstreichen und den Kuchen im vorgeheizten Backofen auf der zweiten Schiebeleiste von unten 70 Minuten backen.
Die Orangen und die Zitrone auspressen, den Saft sieben und abmessen. Den Orangenkuchen in der Form abkühlen lassen, mit einem Holzspießchen hineinstechen und ¼ Liter von dem Fruchtsaft über den Kuchen träufeln. Der Saft soll in den Kuchen einziehen. Den restlichen Saft für den Guß aufbewahren.
Für den Guß den Puderzucker sieben und mit dem erwärmten Orangensaft und etwas heißem Wasser mischen und zu einem dicken Brei verrühren. Den Kuchen aus der Form heben, auf ein Kuchengitter legen und die Folie seitlich abziehen. Den Kuchen mit der Glasur überziehen. Die Folie vor dem Anschneiden entfernen und den Kuchen in 20 Stücke teilen.

Ideal zum Tiefkühlen
Schlupfkuchen mit Äpfeln

Für den Belag:
750 g kleine säuerliche Äpfel
Saft von ½ Zitrone

Für den Teig:
125 g Butter
125 g Zucker
3 Eier

1 Messersp. Salz abgeriebene Schale von ½ Zitrone
200 g Mehl
2 Teel. Backpulver

Zum Besieben:
1 Eßl. Puderzucker

Für die Form:
Butter und Semmelbrösel

Bei 12 Stücken pro Stück etwa:
1000 Joule
240 Kalorien

Backzeit:
40–50 Minuten

Den Boden einer Springform mit Butter ausstreichen und mit Semmelbröseln ausstreuen. Die Äpfel schälen, vierteln und das Kerngehäuse entfernen. Die Apfelviertel außen in gleichmäßigen Abständen längs einschneiden und mit dem Zitronensaft beträufeln.
Den Backofen auf 200° vorheizen.
Die Butter mit dem Zucker schaumig rühren. Nach und nach die Eier, das Salz und die Zitronenschale untermischen. Das Mehl mit dem Backpulver über die Schaummasse sieben, rasch unterziehen und den Teig in die Springform füllen. Die Oberfläche glattstreichen und die Apfelviertel ringförmig auf den Kuchen legen.
Den Kuchen auf der mittleren Schiebeleiste im vorgeheizten Backofen 40–50 Minuten backen.
Den Kuchen etwa 10 Minuten in der Form abkühlen lassen, auf ein Kuchengitter heben und mit dem Puderzucker besieben.

Kuchen aus Vollkornmehl sind zwar ebenso kalorienreich wie Gebäck aus reinem Weizenmehl, enthalten aber auch wichtige Wertstoffe.

Vollkorn-Bananenkuchen

150 g Butter
160 g Farinzucker
3 Eier
3 Bananen
350 g Weizenvollkornmehl
3 Teel. Backpulver
½ Teel. Salz
100 g gehackte Walnüsse
das Innere von ½ Vanilleschote
reichlich ⅛ l Milch

Für die Form:
Butter

Bei 20 Stücken pro Stück etwa:
880 Joule
210 Kalorien

Backzeit:
50 Minuten

Eine Kastenkuchenform von 30 cm Länge mit Butter ausstreichen. Den Backofen auf 180° vorheizen.
Die Butter mit dem Zucker schaumig rühren und nach und nach die Eier

GEBÄCK AUS RÜHRTEIG

untermischen. Die Bananen schälen, mit einer Gabel zerdrücken und unter die Schaummasse mischen. Das Mehl mit dem Backpulver mischen und mit dem Salz, den Haselnüssen und dem Inneren der Vanilleschote abwechselnd mit der Milch unter den Teig rühren. Den Teig in die Kastenkuchenform füllen und den Kuchen auf der unteren Schiebeleiste im Backofen 50 Minuten backen.
Den Kuchen etwa 10 Minuten in der Form abkühlen lassen, auf ein Kuchengitter stürzen und in 20 Stücke schneiden.

Sesamplätzchen

Zutaten für 70 Stück:
200 g Butter
250 g Farinzucker
2 Eier
100 g Weizenschrot
200 g Sesamsamen
4 Eßl. Milch
150 g Weizenvollkornmehl
½ Teel. gemahlene Muskatnuß

Für das Backblech: Butter

Pro Plätzchen etwa:
290 Joule
70 Kalorien

Backzeit:
15 Minuten

Ein Backblech mit Butter bestreichen. Den Backofen auf 190° vorheizen. Die Butter mit dem Zucker schaumig rühren, die Eier, den Weizenschrot, den Sesamsamen und die Milch nach und nach unterrühren. Das Vollkornmehl und den Muskat über die Schaummasse schütten und rasch unter den Teig ziehen. Mit einem Teelöffel kleine Teighäufchen in genügend Abstand voneinander auf das Backblech setzen und mit einer Gabel flachdrücken.
Die Plätzchen auf der mittleren Schiebeleiste im vorgeheizten Backofen 15 Minuten backen und nach dem Herausnehmen sofort vom Backblech heben.

Beliebtes Weihnachtsgebäck

Spritzgebäck

Bild Seite 484

Zutaten für 60 Plätzchen:

Für den Teig:
125 g Butter
100 g Zucker
1 Päckchen Vanillinzucker
1 Ei
150 g Mehl
150 g Speisestärke

Für die Glasur:
200 g Puderzucker
2 Eßl. Kakaopulver
50 g Kokosfett
1 Teel. Rum

Für das Backblech: Butter und Mehl

Pro Plätzchen etwa:
250 Joule
60 Kalorien

Backzeit:
20 Minuten

Ein Backblech mit Butter bestreichen und mit Mehl bestreuen.
Die Butter mit dem Zucker, dem Vanillinzucker und dem Ei schaumig rühren. Das Mehl und die Speisestärke zusammen sieben, die Hälfte davon unter den Teig rühren und den Rest unterkneten.
Den Backofen auf 180° vorheizen. Den Teig in kleinen Portionen in eine Gebäckspritze füllen oder durch den Fleischwolf mit Vorsatz für Spritzgebäck drehen und verschiedene Formen wie Fragezeichen, Stäbchen oder Kränzchen auf das Backblech setzen. Die Plätzchen im vorgeheizten Backofen auf der mittleren Schiebeleiste in etwa 20 Minuten hellgelb backen.
Für die Glasur den Puderzucker und das Kakaopulver sieben. Das zerlassene Kokosfett und den Rum unterrühren. Die Glasur im heißen Wasserbad warm halten. Das abgekühlte Spritzgebäck jeweils zur Hälfte in die Glasur tauchen und zum Trocknen auf ein Pergamentpapier legen.

Kolatschen

Zutaten für 75 Plätzchen:
120 g Schweineschmalz
100 g Butter
140 g Zucker
3 Eigelbe
1 Messersp. Salz
abgeriebene Schale von ½ Zitrone
360 g Mehl

Zum Füllen und Glasieren:
4 Eßl. Johannisbeer- oder Sauerkirschmarmelade

100 g Puderzucker
1 Eßl. Wasser
1–2 Eßl. Rum

Für das Backblech: Butter und Mehl

Pro Plätzchen etwa:
250 Joule
60 Kalorien

Backzeit:
15 Minuten

Ein Backblech mit Butter bestreichen und mit Mehl bestäuben.
Das Schweineschmalz in einem Topf zerlassen und im kalten Wasserbad wieder erstarren lassen. Das Schmalz, die weiche Butter, den Zucker, die Eigelbe, das Salz, die Zitronenschale und die Hälfte des Mehls zu einem Rührteig verarbeiten. Das restliche Mehl darübersieben und unterkneten.
Den Backofen auf 170° vorheizen. Aus dem Teig eine etwa 3 cm dicke Rolle formen. Von der Rolle ½ cm dicke Scheiben abschneiden und daraus Kugeln formen. Die Kugeln auf das Backblech setzen, mit einem Kochlöffelstiel Grübchen hineindrücken und jedes Grübchen mit etwas Marmelade füllen. Die Kolatschen auf der mittleren Schiebeleiste im vorgeheizten Backofen 15 Minuten backen. Die Kolatschen auf einem Kuchengitter abkühlen lassen.
Für die Rumglasur den Puderzucker sieben, mit kochendheißem Wasser und dem Rum verrühren. Die Glasur soll dünnflüssig sein. Die noch heiße Marmelade in den Kolatschen mit einigen Tropfen Rumglasur beträufeln. Die Glasur erstarren und das Gebäck erkalten lassen.

Unser Tip: Die Kolatschen schmecken am besten, wenn man sie eine Woche in einer Blechdose aufbewahrt.

Sandwaffeln

Zutaten für 10 Waffelkreise:
175 g Kokosfett
175 g Zucker
1 Päckchen Vanillinzucker
4 Eier
1 Messersp. Salz
½ Fläschchen Rum-Aroma
200 g Mehl
50 g Speisestärke
½ Teel. Backpulver

Für das Waffeleisen: Öl

Zum Besieben:
2 Eßl. Puderzucker

Pro Waffelkreis etwa:
1590 Joule
380 Kalorien

Backzeit:
pro Waffelkreis 2 Minuten

Das Kokosfett zerlassen, abkühlen, aber nicht fest werden lassen und mit dem Zucker und dem Vanillinzucker schaumig rühren. Nach und nach die Eier, das Salz und das Rum-Aroma untermischen. Das Mehl mit der Speisestärke und dem Backpulver über die Schaummasse sieben und unterziehen. Das Waffeleisen etwa 10 Minuten lang vorheizen. Beide Platten des Waffeleisens vor jedem Backgang dünn mit Öl bepinseln. 2 Eßlöffel vom Rührteig in die Mitte des heißen Waffeleisens geben, den Deckel zuklappen (dadurch verteilt sich der Teig) und die Waffeln in etwa 2 Minuten goldgelb backen. Den übrigen Teig ebenso zu Waffeln verarbeiten. Die gebackenen Waffeln auf einem Kuchengitter abkühlen lassen und mit dem Puderzucker besieben.

Blätterteig

Blätterteig kann für salziges und für süßes Gebäck verwendet werden; er ist im Geschmack neutral.
Gelungenes Blätterteiggebäck ist lokker, zart und trocken. Der gebackene Teig gleicht vielen feinen, dicht übereinanderliegenden »Blättern«. Sie entstehen durch die Art der Teigzubereitung. Beim Blätterteig wird die Butter oder anderes wasserhaltiges Fett schichtweise in den Mehlteig eingearbeitet. Beim Backen schmilzt das Fett, das Wasser in ihm verdampft und hebt die einzelnen dünnen Teigschichten voneinander ab. Der Teig wird dadurch blättrig. Die aufwendige Zubereitung von Blätterteig kann nur mit viel Geduld gelingen und nur dann, wenn die erforderlichen Kühlzeiten zwischen den einzelnen Arbeitsgängen eingehalten werden. Wenn Sie nicht die Zeit haben, selbst Blätterteig herzustellen, brauchen Sie trotzdem nicht auf das herrliche Gebäck zu verzichten: Es gibt ausgezeichneten tiefgefrorenen Blätterteig, den man nur noch weiterzuverarbeiten braucht.

Tiefgefrorener Blätterteig
Tiefgefrorenen Blätterteig gibt es in Paketen zu 300 g. Der Inhalt besteht entweder aus einzelnen Teigblättern oder aus einem Teigblock. Tiefgefrorener Blätterteig muß vor dem Verarbeiten aus der Verpackung genommen werden und bei Raumtemperatur auftauen; er wird dann wie selbstbereiteter Blätterteig verarbeitet.

Grundrezept
Blätterteig

250 g Mehl
knapp 1/8 l kaltes Wasser
1 Messersp. Salz
250 g Butter

Backzeit: abhängig von Größe und Form der Gebäckstücke

Das Mehl auf ein Backbrett oder auf eine Arbeitsfläche sieben. Eine Vertiefung in das Mehl drücken; dann das Wasser und das Salz hineingeben. Alles zu einem glatten, festen und elastischen Teig verkneten. Der Teig soll nicht kleben, er soll sich vom Brett oder von der Arbeitsfläche und von den Händen lösen. Eine Kugel aus dem Teig formen, die Kugel oben kreuzweise einschneiden; durch die Einschnitte kann sich der Teig während der Ruhezeit »entspannen«. Den Teig zugedeckt 30 Minuten im Kühlschrank durchkühlen lassen.

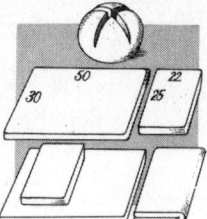

Für die Ruhezeit den Mehlteig kreuzweise einschneiden, damit der Teig »entspannt«. – Den Mehlteig 30 × 50 cm groß ausrollen und die Butterplatte darin einschlagen.

Die Butter zwischen Alufolie oder Pergamentpapier zu einem Rechteck von 22 × 25 cm ausrollen und mindestens 20 Minuten im Kühlschrank durchkühlen lassen.
Die Arbeitsfläche hauchdünn mit Mehl bestäuben. Den kalten Mehlteig darauf zu einem Rechteck von etwa 30 × 50 cm ausrollen. Die eiskalte, ausgerollte Butter auf die eine Hälfte der Teigplatte legen, die Teigplatte über der Butter zusammenklappen und die Ränder festdrücken. Den Teig zu einer Größe von etwa 30 × 60 cm ausrollen. Dabei nicht fest mit dem Rollholz aufdrücken, sondern mehr klopfen und ziehen. Beide Schmalseiten der Teigplatte zur Mitte hin einschlagen und die ganze Teigplatte noch einmal in der Mitte zusammenklappen. Den Teig erneut

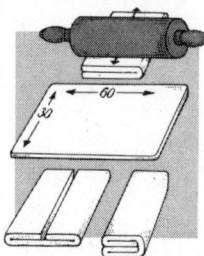

Den Teig dann zu einer Größe von 30 × 60 cm ausrollen, die Schmalseiten zur Mitte hin umlegen, noch einmal falten und in den Kühlschrank legen.

in Alufolie oder Pergamentpapier einschlagen und 30–40 Minuten in den Kühlschrank stellen, bis der Teig wieder ganz kalt und fest ist.
Nach der Ruhezeit den Teig erneut zu einer Größe von 30 × 60 cm ausrollen, wieder zusammenklappen und weitere 30–40 Minuten im Kühlschrank ruhen lassen. Diesen Vorgang noch dreimal wiederholen. Immer nur sehr wenig Mehl zum Ausrollen auf die Arbeitsplatte streuen, damit der Teig nicht zuviel Mehl aufnimmt.
Beim Herstellen von Blätterteig ist es am besten, in einem kühlen Raum zu arbeiten.
Nach der letzten Ruhepause den Teig zur benötigten Größe ausrollen und die gewünschten Formen ausschneiden oder ausstechen. Gegebenenfalls den Teig auch mit der Hand formen. Ein Backblech oder die benötigten Backformen mit kaltem Wasser ab- oder ausspülen, die Teigstücke darauf- oder hineinlegen und mindestens 15 Minuten möglichst kalt lagern. (Ideal wäre wiederum eine Lagerung im Kühlschrank.) Das kalte Abspülen des Backblechs oder der Backformen fördert beim Backen die Dampfentwicklung.
Blätterteig bei einer Temperatur wie im Rezept angegeben, mindestens aber bei 220° backen. Blätterteig verträgt starke Hitze, da er keinen Zucker enthält und deshalb nur langsam bräunt.
Blätterteiggebäck sofort nach dem Backen vom Blech nehmen oder aus der Form stürzen, und wie im einzelnen Rezept vorgesehen weiterverarbeiten.

Praktischer Rat
Blätterteig stets auf einer nur leicht bemehlten Arbeitsfläche ausrollen. Wichtig beim Ausrollen: Den Teig niemals nur in einer Richtung rollen, sondern stets in 2 Richtungen, nämlich von unten nach oben und von links nach rechts. Wird Blätterteig nur in einer Richtung ausgerollt, so schrumpft er beim Backen an einer Seite zusammen.

Blätterteig stets mit einem scharfen Messer oder Teigrädchen schneiden oder mit scharfen Ausstechförmchen ausstechen. Sind die Schneidwerkzeuge nicht scharf genug, werden die Teigschichten gedrückt, statt geschnitten; die Ränder kleben dann leicht aneinander und können beim Backen nicht gleichmäßig aufgehen.

Wenn Sie Blätterteig mit Eigelb bestreichen, so sparen Sie die Schnittkanten sorgfältig aus, da der Teig an den Kanten sonst zusammenklebt und das luftige Aufgehen verhindert wird; unter Umständen gerät das Gebäck dadurch schief.

Teigreste können übereinandergelegt, locker zusammengedrückt und nochmals ausgerollt werden. Sie gehen allerdings nicht so stark auf, eignen sich aber für kleine Plätzchen oder Streifen, mit denen man zum Beispiel Pasteten verziert. Sie werden mit Eigelb bestrichen und auf das größere Gebäck gesetzt.
Wird Blätterteig zum Auslegen einer Springform oder von Förmchen ver-

BLÄTTERTEIGGEBÄCK

wendet, so sollte der Teig zuerst in Streifen oder Stücke geschnitten, locker zusammengedrückt und dann erst ausgerollt werden. Er wird dadurch zwar nicht so blättrig und leicht, ist aber stabiler und fällt nicht so schnell zusammen, wenn eine Füllung oder Obst daraufkommt.

Blätterteig schmeckt ofenfrisch am besten. Er kann sogar gegessen werden, wenn er noch warm ist.

Etwas abgelagertes Blätterteiggebäck kann man auch überbacken, es wird dadurch wieder knusprig und frisch. Allerdings dürfen die Gebäckstücke dann nicht mit einer Glasur überzogen sein, da diese beim Aufbacken verbrennen würde.

Etwas schwierig
Blätterteigpastetchen

Zutaten für 4 Stück:
300 g tiefgefrorener Blätterteig
1 Eiweiß

Pro Pastetchen etwa:
1130 Joule
270 Kalorien

Backzeit:
30 Minuten

Für Blätterteigpastetchen, wie die sogenannten Königinpastetchen, sind scharfe Ausstecher nötig: ein runder von 7 cm Durchmesser und einer von 5 cm Durchmesser.
Den Blätterteig auftauen lassen. Den Teig auf einer leichtbemehlten Arbeitsfläche zu einer 3 cm dicken Platte von 16 × 16 cm ausrollen und 4 Kreise von 7 cm Durchmesser ausstechen. Mit dem kleineren Ausstecher die Kreise zu Ringen ausstechen und Ringe und Kreise zur Seite legen. Den übrigen Teig leicht zusammenkneten und zu einer 1 cm dicken Platte von 16 × 16 cm ausrollen. Aus dieser Platte 4 Böden im Durchmesser von 7 cm ausstechen.

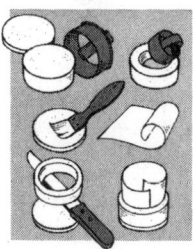
Aus 4 Teigkreisen Ringe ausstechen und auf die Böden legen. In die Ringe Kamine aus Alufolie stellen; die Kamine verhindern das schiefe Aufgehen der Ringe.

Ein Backblech mit kaltem Wasser abspülen, nicht abtrocknen und die Böden der Pastetchen darauflegen. Die Ringe auf einer Seite mit verquirltem Eiweiß bestreichen und auf die Böden setzen. Die obere Seite der Ringe ebenfalls mit Eiweiß bestreichen, aber darauf achten, daß kein Eiweiß auf den Rand gelangt; sonst können die Ringe nicht gleichmäßig aufgehen. Die Deckel ebenfalls mit Eiweiß bestreichen und mit der unbestrichenen Seite auf das Backblech legen. Den Blätterteig 15 Minuten an einem kühlen Ort ruhen lassen.
Den Backofen auf 230° vorheizen. Die Pastetchen auf der zweiten Schiebeleiste von unten im vorgeheizten Backofen 30 Minuten backen, sofort vom Blech nehmen, nach Belieben mit einem Ragout füllen und die Deckelchen auflegen.

Vol au vent nennt man eine große Blätterteigpastete in der Fachsprache. Sie wird noch heiß mit feinem Ragout aus Kalbfleisch, aus Zunge oder Geflügel gefüllt. Vol au vent kann aber auch kalt mit einer süßen Creme gefüllt serviert werden.

Etwas schwierig
Vol au vent
Pastetenhaus

Zutaten für 6 Personen:
600 g tiefgefrorener Blätterteig
2 Eigelbe

Pro Portion ohne Füllung etwa:
1590 Joule
380 Kalorien

Backzeit:
30–35 Minuten

Den Blätterteig auftauen lassen. Damit der Blätterteig nicht zu sehr treibt, wird er für das Pastetenhaus besonders behandelt: Die Teigstücke in 8–10 Streifen schneiden, schnell zusammenkneten und etwa 15 Minuten ruhen lassen.
Eine glockenförmige Schüssel von etwa 30 cm Durchmesser mit einem großen Stück Alufolie auskleiden und

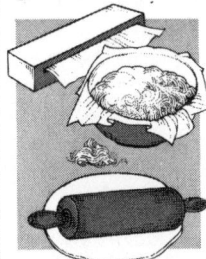
Mit Hilfe einer Schüssel aus Alufolie und Papierservietten eine Halbkugel formen.

mit kleingeschnittenen Papierservietten oder mit Osterwolle füllen. Die Alufolie über der Füllung zusammenlegen und zusammenkniffen. Die Halbkugel aus der Schüssel nehmen.
⅓ des Blätterteiges zu einer runden Platte von etwa 35 cm Durchmesser ausrollen. Ein Backblech mit kaltem Wasser abspülen, die Teigplatte darauflegen und mehrmals mit einer Gabel einstechen.
Die Folienhalbkugel auf den Teig legen. Den übrigen Teig etwa 2 mm dick zu einer großen Platte ausrollen. Den Teigboden rund um die Alufolie mit verquirltem Eigelb bestreichen. Die zweite Teigplatte über die Alukugel legen und den Rand der beiden Teigplatten zusammendrücken. Ent-

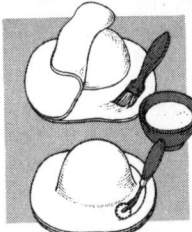
Die Halbkugel auf den Teigboden legen. Mit einem Teigblatt bedecken, den Rand am Boden festdrücken und im Abstand von 5 cm von der Halbkugel abschneiden.

stehende Falten ebenfalls zusammendrücken. Die überstehenden Teigreste mit einem Teigrädchen oder einem scharfen Messer in gleichmäßigem Abstand rundherum abschneiden; es soll ein Rand von 5 cm stehenbleiben. Diesen in Abständen von 2 cm strahlenförmig einschneiden.
Das Pastetenhaus mit verquirltem Eigelb bestreichen. Den restlichen Teig noch einmal zusammenkneten und ausrollen. Streifen aus dem Teig schneiden und Plätzchen ausstechen. Diese Verzierungen ebenfalls mit Eigelb bestreichen und auf das Pastetenhaus legen. Das Pastetenhaus 20–25 Minuten ruhen lassen.
Den Backofen auf 220° vorheizen. Die Pastete auf der untersten Schiebeleiste im vorgeheizten Backofen 30–35 Minuten backen, etwas abkühlen lassen und, solange sie noch warm ist, oben einen Deckel von etwa 8 cm Durchmesser herausschneiden. Die Papierfüllung und die Alufolie behutsam herausziehen. Die Pastete auf ei-

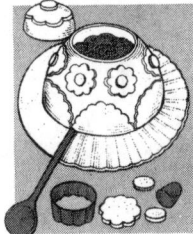
Aus der noch warmen Pastete einen Deckel von 8 cm Durchmesser schneiden und die Papierfüllung sowie die Alufolie behutsam herausziehen.

ner Platte anrichten, nach Belieben füllen und warm oder kalt servieren.

BLÄTTERTEIGGEBÄCK

Gefüllte Teeblätter

Zutaten für 6 Stück:
300 g tiefgefrorener Blätterteig
3 Eßl. Aprikosenmarmelade
¼ l Sahne
1 Eßl. Puderzucker
½ Teel. Vanillinzucker
1 Eßl. Rum
3 Eßl. Puderzucker zum Besieben

Pro Teeblatt etwa:
1550 Joule
370 Kalorien

Backzeit:
10 Minuten

Den Blätterteig auftauen lassen. Den Teig dann auf einer bemehlten Arbeitsfläche etwa 2 mm dick ausrollen und mit einem Teigrädchen 12 Kreise von etwa 6 cm Durchmesser ausrädeln. Die Kreise zu Ovalen von etwa 12 cm Länge ausrollen. Ein Backblech mit kaltem Wasser abspülen, die Teigovale darauflegen und 15 Minuten an einem kühlen Ort ruhen lassen.
Den Backofen auf 230° vorheizen. Die Teeblätter auf der mittleren Schiebeleiste im vorgeheizten Backofen 10 Minuten goldgelb backen, vom Blech nehmen und auf einem Kuchengitter abkühlen lassen.
Die Marmelade glattrühren. Die Sahne steif schlagen und mit dem Puderzucker, dem Vanillinzucker und dem Rum verrühren. Die Hälfte der Teeblätter zuerst dünn mit Marmelade bestreichen, dann dick mit der Schlagsahne. Die übrigen Teeblätter darauflegen und die Oberseiten mit dem Puderzucker übersieben.

Unser Tip: »Echt englisch« genießt man zum Tee eigentlich nur trockenes Gebäck. Die gefüllten Teeblätter sind deshalb eine recht kalorienreiche Abwandlung des Gebäcks. Wer es weniger aufwendig bevorzugt, wendet die Blätter nach dem Backen behutsam in feinem Zucker und serviert sie dann ungefüllt.

Variante
Gefüllte »Schuhsohlen«

Aus dem ausgerollten Blätterteig 10 Kreise von etwa 8 cm Durchmesser ausstechen. Den Teig auf einer mit Zucker bestreuten Arbeitsfläche zu Ovalen von 14–16 cm ausrollen. Diese »Schuhsohlen« mit der gezuckerten Seite nach oben auf ein kalt abgespültes Backblech legen, 15 Minuten ruhen lassen und dann wie die Teeblätter backen. Je 2 Schuhsohlen mit Schlagsahne so zusammensetzen, daß die gezuckerten Seiten außen sind.

Das Wort Fleuron kommt von dem französischen Verb fleurir, das blühen oder mit Blumen schmücken bedeutet. Kleines Blätterteiggebäck in Halbmondform oder in Blütenform wird Fleurons genannt. Man reicht sie zu feinen Suppen, Frikassees oder verwendet sie zum Garnieren von festlich angerichteten Bratenplatten.

Gelingt leicht
Fleurons

Zutaten für 32 Fleurons:
300 g tiefgefrorener Blätterteig
1 Eigelb
1 Eßl. Milch

Pro Fleuron etwa:
130 Joule
30 Kalorien

Backzeit:
10–15 Minuten

Den Blätterteig auftauen lassen. Ein Backblech mit kaltem Wasser abbrausen und nicht abtrocknen. Den Teig etwa 4 mm dick ausrollen und mit sehr kleinen Ausstechformen Halbmonde, Kreise oder Blüten ausstechen und auf das Backblech legen. Die Plätzchen 15 Minuten an einem kühlen Ort ruhen lassen.
Den Backofen auf 230° vorheizen. Das Eigelb mit der Milch verquirlen, die Teigfiguren damit dünn bestreichen und auf der mittleren Schiebeleiste im vorgeheizten Backofen 10–15 Minuten goldgelb backen. Die Fleurons vom Blech nehmen und warm oder kalt servieren.

Unser Tip: Wenn Sie Fleurons kalt zu Wein oder Bier reichen möchten, bestreuen Sie das Gebäck vor dem Backen nach dem Bestreichen mit verquirltem Eigelb noch mit grobem Salz, Kümmel, grob gemahlenem Pfeffer, Paprikapulver oder geriebenem, würzigem Käse.

Variante
Käsestangen

Den ausgerollten Blätterteig mit verquirltem Eigelb bestreichen und die Hälfte dünn mit geriebenem Käse und etwas Paprikapulver, edelsüß, bestreuen. Die Teigplatte zusammenklappen und mit der Teigrolle leicht darüberrollen. Den Teig dann in 1 cm breite und 10 cm lange Streifen schneiden, diese nach Belieben spiralförmig drehen, auf ein kalt abgespültes Backblech legen und vor dem Backen 15 Minuten ruhen lassen.

Etwas schwierig
Holländer Kirschschnitten

Bild Seite 472/473

Zutaten für 8 Schnitten:
300 g tiefgefrorener Blätterteig
500 g Sauerkirschen
¼ l Wasser
150 g Zucker
5 Blätter farblose Gelatine
½ l Sahne
2 Päckchen Sahnesteif
50 g Zucker
½ Schnapsglas (1 cl) Kirschwasser

Für die Glasur:
100 g Puderzucker
2 Eßl. kochendheißes Wasser
1–2 Eßl. Rum

Pro Schnitte etwa:
2050 Joule
490 Kalorien

Backzeit:
15 Minuten

Den Blätterteig auftauen lassen. Den Teig dann auf einer leicht bemehlten Arbeitsfläche ausrollen und 12 lebkuchengroße Rechtecke daraus schneiden. Ein Backblech mit kaltem Wasser abspülen, die Teigblätter darauflegen und 15 Minuten an einem kühlen Ort ruhen lassen.
Den Backofen auf 230° vorheizen. Die Teigblätter auf der mittleren Schiebeleiste im vorgeheizten Backofen 15 Minuten backen und auf einem Kuchengitter abkühlen lassen. Die Kirschen waschen, entsteinen und kleinschneiden. Das Wasser mit dem Zucker im offenen Topf bei milder Hitze auf etwa die Hälfte der Flüssigkeit einkochen lassen. Die Gelatine in reichlich kaltem Wasser einweichen. Die Kirschstücke in den kochenden Zuckersirup geben und darin 2–3 Minuten kochen lassen. Die Gelatine ausdrücken und in der heißen Kirschcreme auflösen. Die Kirschcreme im Kühlschrank zu einer noch streichfähigen Masse fest werden lassen. Die Sahne steif schlagen, mit dem Steifmittel und dem Zucker verrühren und das Kirschwasser untermischen.
6 der gebackenen Blätter zuerst mit der Kirschcreme, dann hoch mit der Schlagsahne bestreichen und im Kühlschrank fest werden lassen. Die restlichen 6 Blätter dünn mit Kirschcreme überziehen und diese trocknen lassen. Den Puderzucker mit dem heißen Wasser und mit soviel Rum verrühren, daß eine dickflüssige Glasur entsteht. Damit die mit Kirschcreme überzogenen Blätter bestreichen, trocknen lassen und vor dem Servieren auf die Schlagsahne legen.

Apfeltaschen

Bild Seite 472/473

Zutaten für 8 Stück:	Pro Stück etwa:
300 g tiefgefrorener Blätterteig	750 Joule 180 Kalorien
2–3 Äpfel	
1 Eßl. Zucker	Backzeit:
1 Messersp. gemahlener Zimt	20 Minuten
Saft von ½ Zitrone	
2 Eßl. Rosinen	
1 Eigelb	

Den Blätterteig auftauen lassen. Die Äpfel schälen und grob raspeln. Die Apfelraspeln mit dem Zucker, dem Zimt und dem Zitronensaft mischen. Die Rosinen heiß waschen, abtropfen lassen und unter die Apfelfüllung mengen.
Den Blätterteig auf einer leicht bemehlten Arbeitsfläche etwa 3 mm dünn ausrollen und 8 Quadrate von 10 × 10 cm daraus schneiden. Auf jedes Quadrat 1 Eßlöffel der Apfelfüllung geben. Die Teigränder mit verquirltem Eigelb bestreichen. Die Quadrate zusammenklappen, die Ränder zusammendrücken und die Oberflächen der Taschen mit verquirltem Eigelb bestreichen. Aus dem restlichen Teig schmale Streifen ausrädeln, diese ebenfalls mit Eigelb bestreichen und kreuzweise auf die Apfeltaschen legen. Die Apfeltaschen auf ein kalt abgespültes Backblech legen und -kühl- 15 Minuten ruhen lassen. Den Backofen auf 230° vorheizen. Die Apfeltaschen auf der mittleren Schiebeleiste 20 Minuten backen; auf einem Kuchengitter abkühlen lassen.

Variante
Nußecken

Für die Füllung der Nußecken 200 g Haselnüsse reiben oder im Mixer zerkleinern. 1 Eiweiß zu steifem Schnee schlagen. Den Eischnee mit 5 Eßlöffel Puderzucker, 1 Teelöffel Zitronensaft und den geriebenen Nüssen mischen. Die Füllung auf die Mitte der Teigquadrate verteilen. Die Ränder der Quadrate mit verquirltem Eigelb bestreichen. Die Quadrate übereck zusammenklappen und die Ränder festdrücken. Die Nußecken wie die Apfeltaschen backen und noch heiß mit passierter Aprikosenmarmelade überziehen. Wenn die Marmelade getrocknet ist, die Nußecken mit steifer Puderzuckerglasur bestreichen.

Plunderteig

Die Arbeitsweise für die Herstellung von Plunderteig entspricht der für Blätterteig. Der Teig wird 3–4mal wie Blätterteig zusammengeschlagen und 15 Minuten in den Kühlschrank gelegt. Soll das Gebäck besonders feinblättrig ausfallen, schlägt man den Teig mindestens 4mal zusammen und läßt ihn zwischen dem Ausrollen im Kühlschrank ruhen. Soll das Gebäck jedoch hoch aufgehen, schlägt man den Teig nur 2–3mal zusammen. Alle Feinheiten, die beim Bearbeiten von Blätterteig zu beachten sind, müssen auch beim Plunderteig berücksichtigt werden.
Im Gegensatz zu Blätterteig wird Plunderteig aber auf der Basis von leichtem Hefeteig hergestellt. Da Blätterteig und Plunderteig möglichst kühl bearbeitet werden müssen, bietet sich für das Bereiten des Hefeteigs, der als Grundlage für Plunderteig dienen soll, die kalte Führung an. Reicht jedoch die Zeit nicht für die 8–12stündige kalte Lagerung des Hefeteigs, stellt man den Hefeteig mit warmer Führung her und verlängert die Ruhezeiten im Kühlschrank zwischen dem Ausrollen und Zusammenschlagen des Teiges um jeweils 10 Minuten.

Grundrezept für Plunderteig
Croissants

Bild Seite 472/473

Zutaten für 14 Hörnchen:	50 g Mehl
500 g Mehl	1 Eigelb
30 g Hefe	
¼ l kalte Milch	Pro Hörnchen etwa:
50 g Butter	1070 Joule
1 Ei	260 Kalorien
1 Messersp. Salz	Backzeit:
200 g Butter	15–20 Minuten

Das Mehl in eine Schüssel sieben. Die Hefe in der Milch auflösen. Die Butter zerlassen und lauwarm mit dem Eigelb und dem Salz verrühren. Die Butter mit der aufgelösten Hefe und dem gesamten Mehl verkneten. Den Teig zu einer Kugel formen, locker in Pergamentpapier oder Alufolie wickeln und 8–12 Stunden – aber nicht länger als 12 Stunden – im Kühlschrank ruhen lassen.

Nach der Ruhezeit des Hefeteigs die 200 g Butter mit dem Mehl, möglichst mit kühlen Händen, rasch verkneten. Die Mehlbutter zu einer Kugel formen, in Pergamentpapier wickeln und mindestens 15 Minuten im Kühlschrank ruhen lassen.
Den Hefeteig auf einer schwach bemehlten Arbeitsfläche zu einer Platte von 20 × 25 cm ausrollen. Die Mehlbutter zwischen Pergamentpapier zu einer Platte von 15 × 15 cm ausrollen. Die Butterplatte auf die linke Seite des Hefeteigs legen, die rechte Seite darüberklappen, die Ränder mit Wasser bestreichen und zusammendrücken. Den Teig mit dem Rollholz jeweils von unten nach oben und von links nach rechts zu einer Größe von 30 × 40 cm ausrollen. Den Teig dann von der Schmalseite her zusammenklappen, in Pergamentpapier wickeln und weitere 20 Minuten im Kühlschrank ruhen lassen. Nach dieser Ruhezeit den Teig weitere 3–4mal erneut zu einer Größe von 30 × 40 cm ausrollen, zusammenklappen und im Kühlschrank ruhen lassen. Nach dem letzten Ruhenlassen den Teig auf einer schwach bemehlten Arbeitsfläche zu einer Größe von 25 × 80 cm ausrollen. 7 langgestreckte Dreiecke von 10 cm Basislänge und 25 cm Schenkellänge schneiden; dabei ergeben sich 14 Hörnchen! Die Dreiecke in der Mitte der Basisseite 1 cm hoch einschneiden und zu Hörnchen rollen.

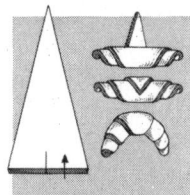

Die langschenkligen Dreiecke für Hörnchen an der Basismitte etwa 1 cm hoch einschneiden, damit sich die Hörnchen zuletzt gut biegen lassen.

Das Backblech braucht für Plunderteig nicht gefettet zu werden, da der Teig genügend Fett enthält. Die Hörnchen mit genügend Abstand voneinander auf das Backblech legen; sie gehen beim Backen noch sehr auf. Die Hörnchen zugedeckt noch so lange gehen lassen, bis sie doppelt so groß geworden sind.
Den Backofen auf 230° vorheizen. Das Eigelb mit etwas Wasser verquirlen und die Hörnchen damit bestreichen. Die Hörnchen auf der zweiten Schiebeleiste von unten 15–20 Minuten backen, einige Minuten auf dem Backblech abkühlen lassen und dann auf ein Kuchengitter legen. Die Croissants noch warm servieren.

MÜRBETEIG

Etwas schwierig
Kopenhagener Schnecken

Zutaten für
12 Schnecken:

Für den Teig:
450 g Mehl
30 g Hefe
¼ l lauwarme Milch
50 g Butter
1 Eigelb
1 Messersp. Salz
150 g Butter
50 g Mehl

Zum Füllen:
50 g Rosinen
2 Eßl. Farinzucker
¼ Teel. gemahlener Zimt

Pro Schnecke etwa:
1340 Joule
320 Kalorien

Backzeit:
15–20 Minuten

Aus dem Mehl, der Hefe, der Milch, der Butter, dem Ei und dem Salz einen Hefeteig mit kalter Führung bereiten. Den Teig in Alufolie oder Pergamentpapier einschlagen und 8–12 Stunden im Kühlschrank ruhen lassen. Nach der Ruhezeit des Hefeteiges die 150 g Butter mit dem Mehl verkneten, ebenfalls in Pergamentpapier einschlagen und 20 Minuten im Kühlschrank ruhen lassen. Den Hefeteig mit der Mehlbutter zu einem Plunderteig verarbeiten, den Plunderteig dreimal zusammenfalten und im Kühlschrank 15–20 Minuten ruhen lassen. Den Teig dann zu einer Größe von 36 × 50 cm ausrollen und mit etwas Wasser bestreichen. Die Rosinen waschen und mit einem Küchentuch trockentupfen. Die Rosinen auf die Teigplatte streuen, den Zucker und den Zimt darübergeben und die Teigplatte von beiden Schmalseiten her zur Mitte hin aufrollen. Den zweifach nach innen gerollten Teig in 3 cm breite Scheiben schneiden, die Scheiben mit genügend Abstand voneinander auf ein Backblech legen und solange zugedeckt gehen lassen, bis die Schnecken etwa doppelt so groß geworden sind.
Den Backofen auf 220° vorheizen.
Die Schnecken auf der zweiten Schiebeleiste von unten 15–20 Minuten backen, kurz auf dem Backblech abkühlen lassen und dann auf ein Kuchengitter legen.

Unser Tip: Probieren Sie die Kopenhagener Schnecken auch einmal mit folgender Füllung: 8 Eßlöffel Aprikosenmarmelade erhitzen, durch ein Sieb streichen und mit etwas Zitronensaft und Puderzucker zu einer dickflüssigen Masse verrühren. Die Füllung auf den Teig streichen und die Schnecken fertigstellen.

Mürbeteig

Mürbeteig ist leicht und schnell bereitet. Obgleich Zucker ein wesentlicher Bestandteil des Teiges ist, läßt sich auch salziger Mürbeteig herstellen. Dadurch reichen die Möglichkeiten mit Mürbeteig von herzhaften Pasteten, pikant gefüllten Törtchen und Schiffchen über zartes Käsegebäck, Böden für Obstkuchen und Torten bis zu raffiniertem Kleingebäck und den beliebten Weihnachtsplätzchen.
Das Grundrezept für Mürbeteig läßt sich auf die einfache Formel 1-2-3 bringen. Damit sind die Grundbestandteile gemeint, nämlich 1 Teil Zucker, 2 Teile Fett und 3 Teile Mehl. Je größer der Fettanteil gegenüber dem Mehlanteil ist, um so mürber gerät der Teig, um so schwerer läßt er sich aber auch zubereiten. Leichter lassen sich die Zutaten zusammenkneten, wenn man noch 1 Eigelb oder etwas Wasser oder Milch zum Teig gibt. Natürlich wird Gebäck aus Mürbeteig nicht nur nach dem klassischen Grundrezept bereitet; auch für Mürbeteig gibt es eine Menge von Varianten.

Grundrezept für Mürbeteig
Süßer Mürbeteig

300 g Mehl
100 g Zucker oder Puderzucker
200 g Butter

Zubereitung mit der Hand:
Das Mehl auf ein Backblech sieben und in die Mitte eine Mulde drücken. Den Zucker in die Mulde schütten. Die möglichst kalte Butter in Flöckchen auf dem Mehlrand verteilen. Alle Zutaten rasch mit kühlen Händen von außen nach innen zu einem geschmeidigen Teig verkneten.
Zubereitung mit der Küchenmaschine:
Das Mehl in eine Schüssel sieben. Die – möglichst weiche – Butter in Flöckchen auf dem Mehl verteilen und den Zucker dazuschütten. Alle Zutaten mit den Knethaken auf niedrigster Schaltstufe mischen. Dann auf mittlerer Schaltstufe so lange weiterkneten, bis eine krümelige Masse entsteht, an der kein Mehl mehr zu sehen ist. Die Krümel auf eine Arbeitsfläche schütten und rasch einen Teigkloß daraus kneten.

Zum Bild rechts:

Mit einem Marmorkuchen in der Form eines Gugelhupfs (Bild, oben) kann man Geburtstagskindern jeden Alters gratulieren. Ein Kuchen aus dieser Art lockerem Rührteig galt früher als »Gesundheitskuchen«, weil er für geschwächte Patienten Kraftnahrung war. Das wissen wir schon vom Rotkäppchen, das der Großmutter noch eine Flasche Rotwein dazu brachte.
Das Rezept für den Marmorkuchen finden Sie auf Seite 451.

Der Käsekuchen (Bildmitte) gehört zu den »einfachen« Kuchen aus Quark oder Magerquark und ist nicht durch Schlagsahne zur Torte aufgewertet worden. In der knusprigen Kruste aus Mürbeteig kommt die saftige, lockere Quarkmischung in ihrer Zartheit so recht zur Geltung.
Das Rezept finden Sie auf Seite 465.

Aprikosenkuchen mit Nußhaube (Bild, unten), ein lockerer Rührkuchen mit zerbrechlich-knuspriger Hülle, unter der sich die aromatischen Früchte verbergen. Mit frischen Aprikosen bereitet, ist der Kuchen geschmacklich am allerbesten, aber man kann ihn auch außerhalb der Saison mit feiner Aprikosenkonfitüre backen.
Das Rezept finden Sie auf Seite 454.

MÜRBETEIG

Zum Bild links:

Schwarzwälder Kirschtorte ein kunstvolles Gebilde aus Mürbeteig, Schokoladenbiskuit, Sahne, Sauerkirschen, Kirschwasser und Schokoladenspänen. Wie bei vielen Torten mit berühmten Namen, schwört jeder Konditor, sein Rezept sei das einzige Originalrezept. Dabei bekommt man diesen Tortentraum sogar in den feinsten Konditoreien der Städtchen und Orte des Schwarzwaldes in mehreren Abwandlungen serviert. Es ist nämlich nicht wichtig, auf welchem Tortenboden die Kirschen verteilt werden, wie hoch sich die Sahne dazwischen und darüber häuft, wichtig ist nur, daß die weißen, die roten und die schokoladenfarbenen Bestandteile der Torte wirkungsvoll zur Geltung kommen. Natürlich ist es nicht ganz leicht, alle Schichten und zuletzt den Rand und die Oberfläche so glatt und gleichmäßig zu bekommen wie auf dem Bild, aber mit den Schokoladenspänen können Sie manche Unebenheit verdecken, wenn nötig können Sie auch den Rand hinter Spänen verstecken. Die Sahnerosetten mit den leuchtendroten Kirschen sorgen letzlich für einen gelungenen festlichen Eindruck.
Das Rezept finden Sie auf Seite 477.

Wenn der Teig nach dem Kneten beim Zubereiten mit der Hand oder mit der Küchenmaschine klebrig ist, formt man ihn zu einer Kugel und läßt ihn 1–2 Stunden im Kühlschrank ruhen.
Den Teig danach wie in dem jeweiligen Rezept beschrieben weiterverarbeiten.
Da Mürbeteig genügend Fett enthält, ist es nicht nötig, Kuchenformen oder Backbleche einzufetten.
Mürbeteig stets in den vorgeheizten Backofen – er wird etwa auf 200° vorgeheizt – schieben.

Salziger Mürbeteig

250 g Mehl
125 g Butter
1 kleines Ei
2 Messersp. Salz
1–2 Eßl. Wasser

Das Mehl auf ein Backbrett sieben und in die Mitte eine Mulde drücken. Die Butter in Flöckchen auf dem Mehlrand verteilen. Das Ei und das Salz in die Mehlmulde geben. Alle Zutaten mit kühlen Händen rasch zu einem Teig verkneten und dabei nach und nach das Wasser zugeben.
Ist der Teig nach dem Zusammenkneten klebrig, legt man ihn 1–2 Stunden in den Kühlschrank.
Den Teig wie für das jeweilige Rezept erforderlich weiterverarbeiten.

Quarkmürbeteig wird auch »Quarkblätterteig« genannt. Ein Gebäck aus Quarkmürbeteig ist von sehr lockerer Beschaffenheit.

Quarkmürbeteig

125 g Mehl
1 Teel. Backpulver
1 Messersp. Salz
1 Päckchen
　Vanillinzucker
125 g Magerquark
125 g Butter

Das Mehl mit dem Backpulver zusammen auf eine Arbeitsplatte sieben. Eine Mulde in das Mehl drücken und das Salz, den Vanillinzucker und den Quark in die Mulde geben. Die Butter in Flöckchen darauf verteilen. Alle Zutaten mit den Händen rasch zu einem glatten Teig verkneten. – Oder das Mehl mit dem Backpulver, dem Salz, dem Vanillinzucker und dem Quark in eine hohe Schüssel geben, die Butter in Flöckchen darauf verteilen und alle Zutaten mit den Knethaken des Handrührgerätes zuerst auf niedriger Stufe, dann auf höchster Schaltstufe vermengen.
Den Teig zu einer dicken Rolle formen und zugedeckt 30 Minuten in den Kühlschrank stellen.

Je nach Rezept muß der Quarkmürbeteig wie Blätterteig mehrmals ausgerollt und zusammengefaltet werden: Die Teigrolle zu einem Rechteck ausrollen und beide Schmalseiten zur Mitte hin übereinanderschlagen. Den zusammengeschlagenen Teig dann so drehen, daß die Mittelnaht waagerecht liegt, und den Teig von oben nach unten wieder zu einem Rechteck ausrollen; dieses Rechteck wie einen dreifach gefalteten Briefbogen zusammenschlagen und wie im jeweiligen Rezept vorgeschrieben weiterverarbeiten.

Quark-Öl-Teig ist eiweißreich, fettarm und rasch zubereitet! Aus dem geschmeidigen Teig läßt sich süßes und salziges Gebäck gleichermaßen zubereiten. In jedem Fall schmeckt Gebäck aus Quark-Öl-Teig ofenfrisch am besten.

Quark-Öl-Teig

150 g Magerquark
6 Eßl. Milch
6 Eßl. Öl
80 g Zucker
1 Teel. abgeriebene
　Zitronenschale
1 Messersp. Salz
300 g Mehl
1 Päckchen Backpulver

Den Quark, die Milch, das Öl, den Zucker, die Zitronenschale und das Salz in eine hohe Schüssel geben. Alles mit dem Kochlöffel oder mit den Knethaken des elektrischen Rührgerätes verrühren. Das Mehl mit dem Backpulver mischen, die Hälfte davon über die Quarkmasse sieben und unterrühren. Den Rest des gesiebten Mehls darüberstreuen und rasch mit den Händen unterkneten. Der Teig soll trocken, glatt und geschmeidig sein. Den Teig wie im jeweiligen Rezept angegeben weiterverarbeiten.

Praktischer Rat
Ausrollen von Mürbeteig: Das Backbrett dünn mit Mehl bestäuben. Den Teigballen darauflegen und mit einem Rollholz einmal kurz darüberrollen. Danach den Teig von oben mit wenig Mehl bestäuben. Ihn weiter ausrollen,

MÜRBETEIGGEBÄCK

zwischendurch aber mit der flachen Hand unter den Teig fahren, ihn anheben und wieder etwas Mehl auf das Backbrett stäuben. So fortfahren, bis der Teig die gewünschte Größe hat. Dabei aber darauf achten, daß dennoch beim Ausrollen und Formen nicht zuviel Mehl unter den Mürbeteig gearbeitet wird.

Ausgerollter Mürbeteig: Größere Mürbeteigflächen lassen sich schlecht von der Arbeitsfläche zur Form oder zum Backblech transportieren. Teigplatten für eine runde Form deshalb einmal zusammenfalten und erst in der Form wieder auseinanderklappen. Teigplatten für das Backblech mit Alufolie belegen, den Teig mit der Folie aufrollen und auf dem Blech wieder auseinanderrollen.

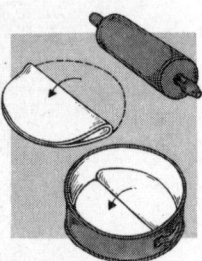

Den Teigboden für eine runde Form nach dem Ausrollen und dem Zurechtschneiden zusammenlegen und in der Form wieder auseinanderklappen.

Kuchenböden ohne Bläschen: Kuchen- oder Tortenböden aus Mürbeteig vor dem Backen mehrmals mit einer Gabel einstechen, um Blasenbildung beim Backen zu vermeiden. Bilden sich während des Backens trotzdem Luftblasen, so können diese nach dem Backen durch Einstechen beseitigt werden.

Frischgebackener Mürbeteig bricht leicht. Er soll daher immer einige Minuten abkühlen, ehe er aus der Form gestürzt oder mit einem breiten Messer oder Spatel vom Backblech gehoben wird. Keinesfalls soll Mürbeteig auf dem Backblech oder in der Backform vollständig erkalten, weil das ausgetretene Fett fest würde und die Gebäckstücke dadurch an der Form haften blieben.

Auslegen der Springform: Den Mürbeteig etwa 5 cm größer als die Springform ausrollen. Die Springform dann in die Mitte des Teigblattes legen und mit dem Messer am Rand der Form entlang einen Kreis ausschneiden. Den Boden der Form damit auslegen. Aus den Teigresten einen Streifen für den Rand schneiden. Den Rand in die Form legen und mit dem Boden etwas zusammendrücken.

Am besten schmeckt Apfelkuchen frisch – ja sogar warm! Am allerbesten aber mit Schlagsahne.

Preiswert

Apfelkuchen

Für den Teig:
125 g Mehl
1 Messersp. Backpulver
30 g Zucker
½ Päckchen Vanillinzucker
1 Prise Salz
1 Eigelb
60 g Butter

Zum Belegen:
750 g Äpfel
Saft von ½ Zitrone

Zum Besieben:
2 Eßl. Puderzucker

Für die Form:
Butter und Semmelbrösel

Bei 8 Stücken pro Stück etwa:
880 Joule
210 Kalorien

Backzeit:
30 Minuten

Das Mehl mit dem Backpulver auf ein Backbrett sieben und eine Mulde in das Mehl drücken. Den Zucker, den Vanillinzucker, das Salz und das Eigelb in die Mitte geben. Die kalte Butter in Fläckchen gleichmäßig darauf verteilen und alles rasch zu einem geschmeidigen Teig verkneten, eventuell 1 Eßlöffel kaltes Wasser unter den Teig kneten.
Den Boden und den Rand einer Springform von 22 cm Durchmesser mit Butter ausstreichen und mit Semmelbröseln ausstreuen. Den Teig ausrollen, den Boden der Springform damit auslegen. Aus dem Teigrest 2 dünne Rollen formen. Die Rollen zu einer Kordel drehen, als Rand in die Springform legen und am Boden etwas festdrücken. Den Boden mehrmals mit einer Gabel einstechen.

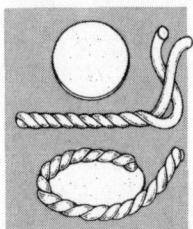

Besonders fest wird der Rand eines Mürbeteigkuchens, wenn man ihn aus zwei Teigsträngen zu einer Kordel dreht.

Den Backofen auf 200° vorheizen. Die Äpfel schälen, vierteln, vom Kerngehäuse befreien, und die Apfelviertel in jeweils 4 Schnitze schneiden. Die Apfelschnitze mit den Zitronensaft beträufeln und ringförmig von der Mitte nach außen auf dem Mürbeteigboden legen. Den Apfelkuchen auf der zweiten Schiebeleiste von unten im vorgeheizten Backofen 30 Minuten backen, 5 Minuten in der Form etwas abkühlen lassen und zum Abkühlen auf ein Kuchengitter schieben. Den Kuchen mit dem Puderzucker besieben und in 8 Stücke schneiden.

Ideal zum Tiefkühlen

Gedeckter Apfelkuchen

Zum Belegen:
1 ½ kg Äpfel
2–3 Eßl. Wasser
2 Eßl. Zucker
40 g Haselnüsse
40 g Rosinen
½ Fläschchen Rum-Aroma

Für den Teig:
375 g Mehl
4 Teel. Backpulver
75 g Zucker
1 Päckchen Vanillinzucker
1 Ei
5 Eßl. Milch
150 g Butter

Zum Bestreichen:
1 Eigelb
2–3 Eßl. Milch

Für das Backblech:
Butter

Bei 20 Stücken pro Stück etwa:
960 Joule
230 Kalorien

Backzeit:
35 Minuten

Die Äpfel schälen, vierteln, vom Kerngehäuse befreien und die Apfelviertel fein hobeln. Das Wasser mit dem Zucker zum Kochen bringen. Die Apfelschnitze darin 5 Minuten zugedeckt dünsten. Den Topf vom Herd nehmen, die Äpfel in einem Sieb abtropfen und abkühlen lassen. Die Nüsse hacken oder reiben. Die Rosinen heiß waschen und mit einem Küchentuch trockentupfen. Die Nüsse und die Rosinen mit dem Rum-Aroma unter die gedünsteten Äpfel mischen. Das Mehl mit dem Backpulver auf ein Backbrett sieben und in die Mitte eine Mulde drücken. Den Zucker, den Vanillinzucker, das Ei und die Milch in die Mulde geben. Die Butter in Fläckchen darüber verteilen und alles rasch zu einem Mürbeteig verkneten. Den Teig einwickeln und 30–60 Minuten im Kühlschrank ruhen lassen.
Den Backofen auf 200° vorheizen. Ein Backblech mit Butter bestreichen. ⅔ des Mürbeteiges auf dem Backblech ausrollen und einen kleinen Rand formen. Den Teigboden gleichmäßig mit einer Gabel einstechen und mit der Apfelmischung belegen. Den übrigen Mürbeteig auf einer bemehlten Arbeitsfläche in der Größe des Backbleches ausrollen, auf die Apfelfüllung legen und die Teigdecke mehrmals mit einer Gabel einstechen. Das Eigelb mit der Milch verquirlen

MÜRBETEIGGEBÄCK

und den Apfelkuchen damit bestreichen.
Den Kuchen auf der mittleren Schiebeleiste im vorgeheizten Backofen 35 Minuten backen, 10 Minuten auf dem Blech abkühlen lassen, in 20 Stücke schneiden und die Kuchenstücke auf einem Kuchengitter erkalten lassen.

Gelingt leicht

Erdbeerkuchen

Für den Teig:
125 g Mehl
1 Messersp. Backpulver
30 g Zucker
½ Päckchen Vanillinzucker
½ Teel. abgeriebene Zitronenschale
1 Prise Salz
1 Eigelb
60 g Butter

Zum Belegen:
750 g Erdbeeren

Zum Überziehen:
½ Päckchen roter Tortenguß
⅛ l Wasser
1 Eßl. Zucker

Zum Verzieren:
⅛ l Sahne
½ Eßl. Puderzucker

Für die Form:
Butter und Semmelbrösel

Bei 8 Stücken pro Stück etwa:
960 Joule
230 Kalorien

Backzeit:
15 Minuten

Den Backofen auf 220° vorheizen. Eine Springform von 22 cm Durchmesser mit Butter ausstreichen und mit Semmelbröseln bestreuen.
Aus den Zutaten für den Teig einen Mürbeteig bereiten, diesen ausrollen und den Boden der Springform damit auslegen. Den Boden mehrmals mit einer Gabel einstechen und auf der mittleren Schiebeleiste im vorgeheizten Backofen in 15 Minuten goldgelb backen. Den Kuchenboden etwa 10 Minuten in der Form abkühlen, dann auf einem Kuchengitter völlig erkalten lassen.
Die Erdbeeren waschen, putzen und abtropfen lassen.
Den kalten Kuchenboden auf eine Tortenplatte schieben und gleichmäßig mit den Erdbeeren belegen.
Den Tortenguß mit dem Wasser und dem Zucker nach Anweisung auf dem Päckchen zubereiten und die Erdbeeren damit überziehen. Den Kuchen bis zum Verzehr kühl stellen.
Die Sahne steif schlagen, den Puderzucker unterrühren, den Kuchen mit Sahnetupfen oder Sahnegirlanden verzieren und in 8 Stücke schneiden.

Rhabarberkuchen mit Baiserdecke

Für den Teig:
125 g Mehl
1 Messersp. Backpulver
30 g Zucker
½ Päckchen Vanillinzucker
1 Prise Salz
1 Eigelb
60 g Butter

Zum Belegen:
1 Päckchen farblose, gemahlene Gelatine
750 g Rhabarber
2 Eßl. Zucker

Für die Baiserdecke:
2 Eiweiße
100 g Zucker

Für die Form:
Butter und Semmelbrösel

Bei 8 Stücken pro Stück etwa:
920 Joule
220 Kalorien

Backzeit:
40 Minuten

Den Rand und den Boden einer Springform von 22–25 cm Durchmesser mit Butter ausstreichen und mit Semmelbröseln ausstreuen.
Aus den Zutaten für den Teig einen Mürbeteig bereiten und den Boden und den Rand der Springform damit auslegen. Den Teigboden mehrmals mit der Gabel einstechen und mit dem Gelatinepulver bestreuen; die Gelatine saugt den Fruchtsaft auf.
Den Backofen auf 200° vorheizen.
Den Rhabarber putzen, waschen, dünn schälen und in 1–2 cm lange Stücke schneiden. Die Stücke mit dem Zucker mischen und gleichmäßig auf dem Teigboden verteilen. Den Kuchen auf der mittleren Schiebeleiste im vorgeheizten Backofen 30 Minuten backen.
Die Eiweiße zu steifem Schnee schlagen, den Zucker einrieseln lassen und so lange weiterschlagen, bis sich der Zucker gelöst hat und der Eischnee glänzt. Den Kuchen nach 30 Minuten aus dem Ofen nehmen, mit dem Eischnee überziehen und weitere 10 Minuten backen.
Den Kuchen 10 Minuten in der Form abkühlen, dann auf einem Kuchengitter restlos erkalten lassen und in 8 Stücke schneiden.

Käsekuchen

Bild Seite 461

Für den Teig:
250 g Mehl
1 Messersp. Backpulver
60 g Zucker
1 Teel. abgeriebene Zitronenschale
1 Messersp. Salz
1 Ei
125 g Butter
1–2 Eßl. kaltes Wasser

Zum Füllen:
750 g Magerquark
⅛ l saure Sahne
125 g Zucker
3 Eier
Saft und abgeriebene Schale von ½ Zitrone
1 Päckchen Vanillinzucker
1 Teel. Backpulver
40 g Rosinen

Für die Form:
Butter und Semmelbrösel

Bei 12 Stücken pro Stück etwa:
1340 Joule
320 Kalorien

Backzeit:
40 Minuten

Den Rand und den Boden einer Springform von 26 cm Durchmesser mit Butter bestreichen und mit Semmelbröseln ausstreuen.
Aus den Zutaten für den Teig einen Mürbeteig herstellen und den Boden und den Rand der Springform damit auslegen. Der Teigrand muß fast bis an den oberen Rand der Springform reichen. Den Teigboden mehrmals mit der Gabel einstechen.
Den Backofen auf 190° vorheizen.
Für die Füllung den Quark mit der Sahne, dem Zucker, den Eiern, der Zitronenschale, dem Zitronensaft, dem Vanillinzucker und dem Backpulver verrühren. Die Rosinen heiß waschen, trockentupfen und unter den Quark heben.
Die Quarkfüllung so auf dem Teigboden verteilen, daß in der Mitte ein kleiner Hügel entsteht; die Füllung flacht während des Backens zur Mitte hin ab. Den Kuchen im vorgeheizten Backofen auf der zweiten Schiebeleiste von unten 40 Minuten backen, 10 Minuten in der Form abkühlen, dann auf einem Kuchengitter erkalten lassen und in 12 Stücke schneiden.

Raffiniert

Linzer Torte

Für den Teig:
200 g Mehl
1 Teel. Backpulver
125 g Zucker
1 Päckchen Vanillinzucker
2–3 Tropfen Bittermandelöl
2 Messersp. gemahlene Gewürznelken
1 Teel. gemahlener Zimt
1 Ei
125 g Butter
125 g geriebene Mandeln oder Haselnüsse

Zum Bestreichen:
125 g Himbeer-, Preiselbeer- oder Johannisbeermarmelade

Zum Besieben:
2 Eßl. Puderzucker

Für die Form:
Butter und Semmelbrösel

Bei 12 Stücken pro Stück etwa:
1260 Joule
300 Kalorien

Backzeit:
30 Minuten

MÜRBETEIGGEBÄCK

Den Boden einer Springform mit Butter bestreichen und mit Semmelbröseln ausstreuen.
Aus den Zutaten für den Teig einen Mürbeteig bereiten, eine dicke Rolle daraus formen und diese 30–60 Minuten in den Kühlschrank stellen.
Die Marmelade bei milder Hitze erwärmen und glattrühren.
Den Backofen auf 200° vorheizen. Knapp die Hälfte der Teigrolle abschneiden und in der Größe der Springform ausrollen. Aus dieser Teigplatte mit dem Teigrädchen etwa 1 cm breite Streifen schneiden. Die Streifen beiseite legen. Den restlichen Teig ebenfalls in Größe der Springform ausrollen und den Boden damit belegen. Den Teigboden mehrmals mit einer Gabel einstechen und mit der Marmelade bestreichen. Die Teigstreifen gitterförmig über die Marmelade legen und den Kuchen im vorgeheizten Backofen auf der mittleren Schiebeleiste 30 Minuten backen. Gegen Ende der Backzeit prüfen, ob der Kuchen nicht zu dunkel wird; die Linzer Torte schmeckt leicht bitter, wenn sie zu dunkel gebacken wird. Die Torte eventuell einige Minuten früher aus dem Backofen nehmen.
Die Torte 10 Minuten in der Form abkühlen, dann auf einem Kuchengitter mit dem Puderzucker besieben und in 12 Stücke schneiden.

Ideal zum Tiefkühlen
Nußrolle

Für den Teig:
250 g Mehl
1 Teel. Backpulver
75 g Zucker
1 Päckchen
  Vanillinzucker
1 Eigelb
1 Eßl. Milch
100 g Butter

Zum Füllen:
200 g Haselnüsse
100 g Zucker
abgeriebene
  Schale von
  ½ Zitrone
2 Eiweiße

½ Eigelb
3–4 Eßl. Rum

Zum Bestreichen:
½ Eigelb
2 Eßl. Milch

Für das Backblech:
Butter

Bei 12 Stücken
pro Stück etwa:
1670 Joule
400 Kalorien

Backzeit:
30–40 Minuten

Aus den Zutaten für den Teig einen Mürbeteig bereiten, diesen in Pergamentpapier einwickeln und 30 Minuten im Kühlschrank ruhen lassen.
Die Nüsse reiben und mit dem Zucker, der Zitronenschale, den Eiweißen, dem Eigelb und dem Rum zu einer weichen Füllung verrühren.
Das Backblech mit Butter bestreichen. Den Backofen auf 180° vorheizen. Den Mürbeteig auf extrastarker Alufolie zu einem Rechteck ausrollen, dessen Längsseite etwa so lang ist, wie das Backblech breit. Die Nußfülle mit einem in Wasser getauchten Teigschaber auf den Teig streichen. Die Folie an der Längsseite anheben und den Teig so zur Rolle formen. Die Rolle von der Folie auf das Blech gleiten lassen. Die Oberfläche der Teigrolle im Abstand von 2 cm etwa ½ cm tief einschneiden. Das Eigelb mit der Milch verquirlen und die Nußrolle damit bestreichen, im vorgeheizten Backofen auf der mittleren Schiebeleiste in 30–40 Minuten goldgelb backen. Die Nußrolle 10 Minuten auf dem Blech abkühlen, dann auf einem Kuchengitter erkalten lassen und in 12 gleichgroße Scheiben schneiden.

Beliebtes Weihnachtsgebäck
Feine Butterplätzchen

Bild Seite 484

Zutaten für
40 Plätzchen:

Für den Teig:
250 g Mehl
125 g Zucker
1 Päckchen
  Vanillinzucker
2 Eigelbe
125 g Butter

Zum Besieben:
3 Eßl. Puderzucker

Zum Bestreichen:
50 g Schokoladenglasur

Für das Backblech:
Butter

Pro Plätzchen etwa:
290 Joule
70 Kalorien

Backzeit:
7–10 Minuten

Aus den Zutaten für den Teig einen Mürbeteig bereiten, den Teig in Pergamentpapier wickeln und 30 Minuten im Kühlschrank ruhen lassen.
Den Backofen auf 200° vorheizen. Das Backblech dünn mit Butter bestreichen.
Den Mürbeteig auf einer leicht bemehlten Arbeitsfläche etwa 3 mm dünn ausrollen. Mit beliebigen Ausstechförmchen 40 Plätzchen ausstechen. Die Plätzchen auf das Backblech legen und auf der mittleren Schiebeleiste im vorgeheizten Backofen in 7–10 Minuten goldgelb backen.
Die Plätzchen sofort mit einem Spatel oder mit einem breiten Messer vom Blech heben, auf einem Kuchengitter abkühlen lassen und nach Belieben mit dem Puderzucker besieben oder mit der Schokoladenglasur bestreichen.

Beliebtes Weihnachtsgebäck
Spitzbuben

Zutaten für
20 Plätzchen:

Für den Teig:
70 g ungeschälte
  Mandeln
250 g Mehl
100 g Zucker
1 Päckchen
  Vanillinzucker
1 Ei
125 g Butter

Zum Bestreichen:
1 Päckchen
  Vanillinzucker

3 Eßl. Zucker
3 Eßl. Himbeeroder Erdbeermarmelade

Für das Backblech:
Butter

Pro Plätzchen etwa:
670 Joule
160 Kalorien

Backzeit:
10 Minuten

Die Mandeln reiben oder im Mixer zerkleinern und mit dem Mehl, dem Zucker, dem Vanillinzucker und dem Ei in eine Schüssel geben. Die Butter in Flöckchen darauf verteilen und alles rasch zu einem Mürbeteig verarbeiten. Den Backofen auf 220° vorheizen. Das Backblech dünn mit Butter bestreichen. Den Teig etwa messerrückendick ausrollen 40 gleich große, runde Plätzchen ausstechen. Aus der Hälfte der Scheiben Ringe herstellen, indem man mit einem Apfelausstecher oder mit einem Fingerhut Löcher in die Mitte sticht. Die Scheiben und die Ringe auf das Backblech legen und auf der mittleren Schiebeleiste im vorgeheizten Backofen in etwa 10 Minuten goldgelb backen.
Die Marmelade erwärmen und glattrühren. Den Zucker und den Vanillinzucker mischen. Die gebackenen Plätzchen sofort vom Backblech heben und die Ringe noch heiß mit der Oberseite leicht in den Zucker drücken. Die Scheiben mit Marmelade bestreichen, mit Ringen belegen und leicht andrücken.

Kokosringe

Zutaten für
30 Plätzchen:
125 g Kokosraspeln
250 g Mehl
125 g Zucker
1 Päckchen
  Vanillinzucker
1 Ei
1 Eßl. Sahne
125 g Butter

Zum Überziehen:
100 g Schokoladenkuvertüre

Für das Backblech:
Butter

Pro Plätzchen etwa:
500 Joule
120 Kalorien

Zeit zum Rösten
der Kokosraspeln:
10 Minuten

Backzeit:
10 Minuten

MÜRBETEIGGEBÄCK

Den Backofen auf 200° vorheizen. Das Backblech leicht mit Butter bestreichen.
Die Kokosraspeln gleichmäßig auf das Backblech streuen und auf der mittleren Schiebeleiste im heißen Backofen in etwa 10 Minuten goldgelb rösten. Die Kokosraspeln herausnehmen, vom Blech schütten und abkühlen lassen.
Aus den Zutaten für den Teig mit den abgekühlten Kokosraspeln einen Mürbeteig herstellen und den Teig portionsweise in eine Gebäckspritze füllen oder durch den Fleischwolf mit Spezialvorsatz drehen. Etwa 15 cm lange Teigstreifen auf das Backblech spritzen und zu Ringen formen.
Die Kokosringe auf der mittleren Schiebeleiste im vorgeheizten Backofen in etwa 10 Minuten goldgelb backen und auf einem Kuchengitter abkühlen lassen. Die Kuvertüre erwärmen und die Ringe zur Hälfte in Kuvertüre tauchen und auf Pergamentpapier trocknen lassen.

Beliebtes Weihnachtsgebäck
Ischler Törtchen

Bild Seite 484

Zutaten für
20 Plätzchen:
100 g ungeschälte Mandeln
200 g Mehl
100 g Zucker
100 g Butter

Zum Bestreichen und Besieben:
3 Eßl. Himbeermarmelade
5 Eßl. Puderzucker

Für das Backblech:
Butter

Pro Plätzchen etwa:
630 Joule
150 Kalorien

Backzeit:
etwa 7 Minuten

Die Mandeln reiben oder im Mixer zerkleinern. Aus den Zutaten für den Teig mit den geriebenen Mandeln einen Mürbeteig herstellen und diesen 30 Minuten zugedeckt im Kühlschrank ruhen lassen.
Den Backofen auf 200° vorheizen. Das Backblech dünn mit Butter bestreichen.
Den Teig etwa 2 mm dick ausrollen und daraus 20 runde Plätzchen und 20 gleich große Ringe ausstechen, auf das Backblech legen und im vorgeheizten Backofen auf der mittleren Schiebeleiste in 7 Minuten goldgelb backen. Die Marmelade erwärmen und glattrühren.
Die Plätzchen auf einem Kuchengitter abkühlen lassen. Die Ringe mit dem Puderzucker besieben. Die runden Plätzchen mit der Marmelade bestreichen und die Ringe daraufsetzen.

Beliebtes Weihnachtsgebäck
Vanillehörnchen

Bild Seite 484

Zutaten für
50 Plätzchen:
125 g geschälte Mandeln
250 g Mehl
100 g Zucker
200 g Butter

Zum Bestreuen:
1 Päckchen Vanillinzucker
3 Eßl. Zucker

Für das Backblech:
Butter

Pro Plätzchen etwa:
290 Joule
70 Kalorien

Backzeit:
7 Minuten

Die Mandeln reiben oder im Mixer zerkleinern. Aus den Zutaten für den Teig mit den geriebenen Mandeln einen Mürbeteig herstellen.
Den Backofen auf 200° vorheizen. Ein Backblech mit Butter bestreichen. Aus dem Mürbeteig eine etwa 4 cm dicke Rolle formen. 1 cm dicke Scheiben davon abschneiden und die Scheiben halbieren (so werden alle Hörnchen gleich groß), 6 cm lange Würstchen drehen, in Hörnchenform auf das Backblech legen und im vorgeheizten Backofen auf mittlerer Schiebeleiste in 7 Minuten goldgelb backen. Den Vanillinzucker mit dem Zucker mischen. Die noch heißen Hörnchen darin wenden und auf einem Kuchengitter abkühlen lassen.

Beliebtes Weihnachtsgebäck
Walnußplätzchen

Bild Seite 484

Zutaten für
40 Plätzchen:
100 g Walnußkerne
250 g Mehl
125 g Zucker
1 Messersp. Salz
1 Schnapsglas Rum (2 cl)
200 g Butter

Zum Bestreichen und Belegen:
3 Eßl. Himbeer- oder Erdbeermarmelade
200 g Puderzucker

2-3 Eßl. heißes Wasser
2 Eßl. Rum
40 halbe Walnußkerne

Für das Backblech:
Butter

Pro Plätzchen etwa:
590 Joule
140 Kalorien

Backzeit:
7 Minuten

Die Walnußkerne reiben oder im Mixer zerkleinern. Aus den Zutaten für den Teig mit den geriebenen Walnüssen einen Mürbeteig bereiten.
Den Backofen auf 200° vorheizen. Das Backblech dünn mit Butter bestreichen.
Den Mürbeteig 1/2 cm dick ausrollen und mit einem gezackten Förmchen 80 kleine Plätzchen ausstechen, die etwas größer als eine Walnußhälfte sind. Die Plätzchen auf das Backblech legen und im vorgeheizten Backofen auf der mittleren Schiebeleiste in etwa 7 Minuten goldgelb backen.
Die Marmelade erwärmen und glattrühren. Den Puderzucker sieben und mit dem heißen Wasser und dem Rum verrühren.
Die gebackenen Plätzchen etwas abkühlen lassen und die Hälfte mit der heißen Marmelade bestreichen. Jeweils ein unbestrichenes Plätzchen darauflegen, mit der Rumglasur bestreichen und auf die noch weiche Glasur jeweils 1 Walnußhälfte drücken. Die Plätzchen auf einem Kuchengitter abkühlen und trocknen lassen.

Beliebtes Weihnachtsgebäck
Schwarzweiß-Gebäck

Zutaten für
40 Plätzchen:
300 g Butter
150 g Puderzucker
1 Prise Salz
400 g Mehl
30 g Kakaopulver
1 Eiweiß

Pro Plätzchen etwa:
460 Joule
110 Kalorien

Backzeit:
10 Minuten

Die Butter in kleine Würfel auf ein Backbrett schneiden. Den Puderzucker darübersieben, das Salz darüberstreuen und alles verkneten. Das Mehl über die Buttermasse sieben und einen Mürbeteig daraus kneten. Den Teig in zwei Hälften teilen und einen Teil mit dem Kakaopulver mischen. Beide Teighälften zugedeckt im Kühlschrank 1-2 Stunden durchkühlen lassen.
Den Backofen auf 190° vorheizen. Vom hellen und vom dunklen Teig nach und nach etwas abschneiden und jedes Teigstück 2 mm dünn ausrollen. Eine Teigplatte mit wenig verquirltem Eiweiß bestreichen und mit der zweiten Teigplatte belegen. Den Teig zu einer Rolle formen, 1/2 cm dünne Scheiben davon abschneiden und die Plätzchen im vorgeheizten Backofen

MÜRBETEIGGEBÄCK

auf der mittleren Schiebeleiste in etwa 10 Minuten hellgelb backen.
Vom restlichen Teig gleich dünne, rechteckige Stränge formen, diese mit Eiweiß bestreichen und schachbrettartig zusammensetzen. Die Stränge mit hellem oder mit dunklem Teig umhüllen, ½ cm dünne Scheiben da-

Für Schwarzweiß-Gebäck eine helle und eine dunkle Teigplatte aufeinanderlegen, aufrollen und dann Scheiben von der Rolle schneiden...

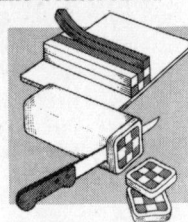

... oder helle und dunkle, rechteckige Stränge schachbrettartig zusammensetzen, mit Teig umhüllen und ebenfalls in Scheiben schneiden.

von abschneiden und die Plätzchen wie die ersten backen.
Die Plätzchen nach dem Backen kurz auf dem Backblech abkühlen und auf einem Kuchengitter erkalten lassen.

Vollkorn-Dattelkuchen

350 g getrocknete Datteln
⅛ l Wasser
150 g Weizenvollkornmehl
¼ Teel. Salz
250 g Butter
250 g Farinzucker
das Innere einer Vanilleschote
350 g geschälte Haferkörner

Für die Form: Butter

Bei 12 Stücken pro Stück etwa: 2010 Joule 480 Kalorien

Backzeit: 80 Minuten

Eine Springform von 26 cm Durchmesser mit Butter ausstreichen.
Die Datteln entkernen, kleinwürfeln und in dem Wasser unter mehrmaligem Umrühren in etwa 10 Minuten weich kochen. Die Datteln dann erkalten lassen.
Den Backofen auf 170° vorheizen.
Das Mehl mit dem Salz mischen. Die —möglichst weiche— Butter mit dem Zucker und der Vanille schaumig rühren und das mit dem Salz gesiebte Vollkornmehl und die Haferkörner untermischen. Die Hälfte des sehr krümeligen Teiges auf dem Boden der Springform verteilen. Den Boden etwas festdrücken und einen kleinen Rand formen. Die Datteln in einem Sieb abtropfen lassen, auf dem

Boden verteilen und den restlichen Teig darüberkrümeln.
Den Kuchen auf der zweiten Schiebeleiste von unten im vorgeheizten Backofen 80 Minuten backen, in der Form abkühlen und auf einem Kuchengitter erkalten lassen.

Mohnkuchen vom Blech mit Quarkmürbeteig

Für den Belag:
125 g Rosinen
125 g geschälte Mandeln
300 g gemahlener Mohn
300 ccm Milch
4 Eßl. Honig
abgeriebene Schale einer Zitrone
1 Ei

Für den Teig:
150 g Magerquark
6 Eßl. Milch
6 Eßl. Öl
80 g Zucker
1 Päckchen Vanillinzucker

1 Messersp. Salz
300 g Mehl
1 Päckchen Backpulver

Zum Besieben:
2 Eßl. Puderzucker

Für das Backblech: Butter

Bei 20 Stücken pro Stück etwa: 1210 Joule 290 Kalorien

Backzeit: 30 Minuten

Die Rosinen heiß waschen und in einem Küchentuch trockentupfen.
Die Mandeln in feine Stifte schneiden.
Den Mohn in eine Schüssel schütten.
Die Milch erhitzen und kochend heiß über den Mohn gießen. Die Mohnmasse mit dem Honig, den Rosinen, den Mandelstiften, der Zitronenschale und dem Ei mischen und die Masse abkühlen lassen.
Den Backofen auf 180° vorheizen.
Ein Backblech mit Butter bestreichen.
Den Quark mit der Milch, dem Öl, dem Zucker, dem Vanillinzucker und dem Salz in einer hohen Schüssel verrühren. Das Mehl mit dem Backpulver zur Hälfte über die Quarkmasse sieben und unterrühren. Den Rest des Mehles darübersieben und rasch unter den Teig kneten. Den Teig auf einer leicht bemehlten Arbeitsfläche in Größe des Backbleches ausrollen, auf das Backblech legen und einen kleinen Rand formen. Die Mohnmasse auf dem Teig glattstreichen und den Kuchen im vorgeheizten Backofen auf der mittleren Schiebeleiste 30 Minuten backen. Den Kuchen noch warm in 20 gleichgroße Stücke schneiden und die Stücke auf einem Kuchengitter abkühlen lassen. Die Kuchenstücke mit dem Puderzucker besieben.

Bienenstich mit Quark-Öl-Teig

Für den Belag:
250 g Haselnüsse
150 g Butter
200 g Zucker
6 Eßl. Aprikosen- oder Sauerkirschmarmelade
2 Eßl. Rum oder Arrak

Für den Teig:
150 g Magerquark
6 Eßl. Milch
6 Eßl. Öl
80 g Zucker
1 Teel. abgeriebene Zitronenschale

1 Messersp. Salz
300 g Mehl
1 Päckchen Backpulver

Für das Backblech: Butter

Bei 20 Stücken pro Stück etwa: 1420 Joule 340 Kalorien

Backzeit: 30 Minuten

Den Backofen auf 180° vorheizen.
Die Haselnüsse auf ein Backblech schütten und etwa 6 Minuten im vorgeheizten Backofen leicht rösten, bis die braune Haut der Nüsse platzt. Die Nüsse dann aus dem Ofen nehmen, die Haut mit einem Tuch völlig abreiben. Die Nüsse reiben oder im Mixer zerkleinern. Die Butter in einem Topf bei milder Hitze zerlassen, den Zucker und die geriebenen Nüsse unter ständigem Rühren zugeben und die Masse abkühlen lassen.
Ein Backblech mit Butter bestreichen.
Den Quark mit der Milch, dem Öl, dem Zucker, der Zitronenschale und dem Salz verrühren. Das Mehl mit dem Backpulver mischen und zur Hälfte über die Quarkmasse sieben. Das Mehl unterrühren, das restliche Mehl darübersieben und rasch unter den Teig kneten. Den Quark-Öl-Teig in Größe des Backbleches ausrollen, auf das Backblech legen und an der offenen Seite einen kleinen Rand formen. Die Marmelade erwärmen und mit dem Rum oder dem Arrak glattrühren. Die Teigplatte mit der Marmelade bestreichen. Die abgekühlte Nußmasse darauf verteilen und mit einem in Wasser getauchten Teigschaber gleichmäßig glattstreichen. Den Kuchen im vorgeheizten Backofen auf der mittleren Schiebeleiste 30 Minuten backen. Den Kuchen noch warm auf dem Blech in 20 gleich große Stücke schneiden und die Stücke auf einem Kuchengitter abkühlen lassen.

Unser Tip: Anstatt der Haselnüsse können Sie auch Mandelblättchen oder Kokosraspeln für den Bienenstich verwenden.

BISKUITTEIG

Piroggen, kleine salzige oder süßgefüllte Pastetchen, sind eine russische Spezialität. Sie werden aus Hefeteig, aber auch aus Mürbeteig hergestellt.

Piroggen

Zutaten für
25 Piroggen:

Für den Teig:
250 g Mehl
2 Messersp. Salz
100 g Butter
75 g Schweineschmalz
3–4 Eßl. Wasser

Zum Füllen:
1 große Zwiebel
½ Knoblauchzehe
1 Eßl. Schweineschmalz
250 g Hackfleisch halb und halb
½ Teel. Salz
2 Messersp. schwarzer Pfeffer

1 Messersp. getrockneter Majoran oder Basilikum
½ Teel. getrockneter Dill
1 kleine Salzgurke

Zum Bestreichen:
1 Eigelb
1 Eßl. Milch

Für das Backblech:
Butter

Pro Pirogge etwa:
540 Joule
130 Kalorien

Backzeit:
35 Minuten

Aus den Zutaten für den Teig einen Mürbeteig herstellen und den Mürbeteig zugedeckt 60 Minuten im Kühlschrank ruhen lassen.
Für die Füllung die Zwiebel schälen und kleinwürfeln. Die Knoblauchzehe schälen und mit etwas Salz zerdrücken. Das Schweineschmalz in einer Pfanne zerlassen, das Hackfleisch unter ständigem Umwenden darin anbraten, die Zwiebelwürfel und den Knoblauch zugeben und bei milder Hitze 5 Minuten weiterbraten. Das Hackfleisch mit dem Salz, dem Pfeffer, dem Majoran oder dem Basilikum und dem Dill würzen. Die Salzgurke in kleine Würfel schneiden und unter das Hackfleisch mengen. Die Füllung abkühlen lassen.
Den Backofen auf 200° vorheizen. Ein Backblech mit Butter bestreichen. Den Teig etwa 3 mm dick ausrollen. Mit einem Glas oder Ausstecher 25 Scheiben von etwa 8 cm Durchmesser ausstechen. Jede Teigscheibe mit 1 Teelöffel Füllung belegen, die Scheiben zusammenklappen und die Ränder andrücken.
Das Eigelb mit der Milch verquirlen und die Piroggen damit bestreichen, auf das Backblech legen und im vorgeheizten Backofen auf der mittleren Schiebeleiste 35 Minuten backen. Die Piroggen heiß servieren.

<u>Schmeckt gut zu:</u> heißer Fleischbrühe oder frischem grünen Salat

Biskuitteig

Biskuitteig ist eine leichte, schaumige Masse, die vor allem für Tortenböden, Rouladen oder gefüllte Schnitten verwendet wird. Die lockere Beschaffenheit des Teiges wird durch das Schaumigrühren der Eier erreicht. Das elektrische Handrührgerät ist für diesen Arbeitsgang eine gute Hilfe. Wichtig bei der Zubereitung von Biskuitteig: Der Teig darf nicht lange stehen, da die schaumige Masse sonst in sich zusammenfällt; das Gebäck erreicht nicht die gewünschte Höhe und wird nicht locker.
Wie für die meisten Teigarten gibt es auch für Biskuit nicht nur ein Grundrezept. So können Sie beispielsweise einen Tortenboden mit und ohne Backpulver bereiten.

<u>Grundrezept</u>

Tortenboden mit Backpulver

4 Eier
4 Eßl. heißes Wasser
175 g Zucker
1 Päckchen Vanillinzucker
125 g Mehl
75 g Speisestärke

1 Teel. Backpulver

Für die Form:
Butter und Semmelbrösel oder Mehl

Backofen auf 180° vorheizen.
Den Boden – nicht den Rand – einer Springform mit Butter ausfetten und mit Semmelbröseln oder Mehl ausstreuen. Weil der Rand der Springform nicht gefettet ist, kann der Teig beim Backen nicht abrutschen und steigt gleichmäßig.
Die Eier in Eiweiße und Eigelbe trennen. Die Eigelbe mit dem heißen Wasser in eine Schüssel geben und zu einem feinporigen, dicken Schaum verrühren. 1 Eßlöffel Zucker für den Eischnee zurückbehalten, den restlichen Zucker und den Vanillinzucker unter ständigem Rühren in die Eigelbmasse rieseln lassen und weiterrühren, bis sich der Zucker gelöst hat. Die Eiweiße sehr steif schlagen, den zurückbehaltenen Zucker hineingeben und unterrühren.
Den Eischnee auf die Eigelbmasse häufen. Das Mehl mit der Speisestärke und dem Backpulver über den Eischnee sieben. Den Eischnee und das Mehlgemisch mit einem Rührlöffel unter die Eimasse ziehen. Den Teig sofort in die vorbereitete Springform füllen, die Oberfläche glattstreichen und den Tortenboden auf der mittleren Schiebeleiste im Backofen 20–30 Minuten backen. Während der ersten 15 Minuten Backzeit die Backofentür auf keinen Fall öffnen, da der zarte Teig sonst zusammenfällt.
Nach 25 Minuten Backzeit mit einem Holzstäbchen die Garprobe machen und den Kuchen gegebenenfalls noch einige Minuten nachbacken.
Den Tortenboden aus dem Backofen nehmen, 10 Minuten in der Form abkühlen lassen, mit einem sehr dünnen Messer vom Rand der Springform lösen, den Rand der Form entfernen, den Kuchenboden auf ein Kuchengitter stürzen und erkalten lassen.
Je länger ein Tortenboden nach dem Backen ruht, desto leichter läßt er sich in Schichten schneiden. Ein Biskuitboden sollte mindestens 6 Stunden, besser noch 12 Stunden vor dem Durchschneiden ruhen.

<u>Unser Tip:</u> Einen Biskuitboden für einen belegten Obstkuchen können Sie nach dem Rezept für Tortenböden mit Backpulver bereiten; dafür aber nur die halbe Zutatenmenge nehmen.

<u>Grundrezept</u>

Tortenboden ohne Backpulver

6 Eier
180 g Zucker
1 Päckchen Vanillinzucker
120 g Mehl
80 g Speisestärke.

Für die Form:
Butter und Semmelbrösel oder Mehl

Den Backofen auf 180° vorheizen.
Den Boden – nicht den Rand – einer Springform mit Butter ausfetten und mit Semmelbröseln oder Mehl ausstreuen. Weil der Rand der Springform nicht gefettet ist, kann der Teig beim Backen nicht abrutschen und steigt gleichmäßig.
Die Eier in Eiweiße und Eigelbe trennen. Die Eigelbe in eine Schüssel geben. 1 Eßlöffel Zucker für den Eischnee zurückbehalten, den Rest mit dem Vanillinzucker und den Eigelben schaumig rühren.
Die Eiweiße steif schlagen, den zurückbehaltenen Zucker einrieseln lassen und unterrühren. Den Eischnee auf die Eischaummasse häufen. Das Mehl mit der Speisestärke über den

BISKUITTEIG

Eischnee sieben und mit einem Rührlöffel unter die Schaummasse ziehen. Den Teig in die vorbereitete Backform füllen, die Oberfläche glattstreichen und den Tortenboden auf der mittleren Schiebeleiste im vorgeheizten Backofen 20–30 Minuten backen. Während der ersten 15 Minuten Backzeit die Backofentür auf keinen Fall öffnen, da der zarte Teig sonst zusammenfällt.
Nach etwa 20 Minuten Backzeit die Garprobe machen und den Kuchen gegebenenfalls noch einige Minuten nachbacken.
Den Tortenboden dann in der Form 10 Minuten abkühlen lassen. Den Rand des Tortenbodens mit einem dünnen Messer von der Springform lösen, den Rand der Form entfernen; den Tortenboden auf ein Kuchengitter stürzen und erkalten lassen. Den Tortenboden vor dem Durchschneiden mindestens 6 Stunden ruhen lassen.

Die Wiener Masse ist ein Teig für klassische schwere Biskuitkuchen. Sie eignet sich sowohl für besonders hohe und feine Tortenböden als auch für Sandkuchen.

Grundrezept für Wiener Masse

Sandkuchen

5 Eier	150 g Speisestärke
250 g Zucker	170 g Butter
1 Prise Salz	
1 Teel. abgeriebene Zitronenschale	Für die Form: Butter
150 g Mehl	

Den Backofen auf 190° vorheizen.
Eine Kastenkuchen-, Spring- oder Kranzform mit Butter ausstreichen.
Die Eier einzeln in eine Tasse aufschlagen und dann in eine Schüssel geben. Die Eier mit dem Zucker, der Zitronenschale und dem Salz im heißen Wasserbad schlagen, bis die Masse etwa 36° erreicht hat. Dazu am besten die Rührbesen des elektrischen Handrührgerätes verwenden. Um festzustellen, wann die Schaummasse die Temperatur von 36° erreicht hat, geben Sie einen Tropfen der Masse auf die Unterlippe. Empfinden Sie den Tropfen weder als heiß noch als kalt, hat die Schaummasse die richtige Temperatur erreicht.
Die Schaummasse dann aus dem Wasserbad nehmen und mit dem Handrührgerät bei niedrigster Schaltstufe wieder schlagen, bis sie kalt ist.

Die Speisestärke mit dem Mehl über die Schaummasse sieben.
Die Butter zerlassen und warm, aber keinesfalls heiß, mit dem Mehl und der Speisestärke unter die Eiermasse ziehen. Den Teig in die Form füllen und auf der zweiten Schiebeleiste von unten im vorgeheizten Backofen 30–40 Minuten backen. Während der ersten 20 Minuten den Backofen keinesfalls öffnen, da die empfindliche Masse sonst zusammenfällt. Nach etwa 30 Minuten Backzeit die Garprobe machen.
Den Tortenboden in der Form etwa 15 Minuten abkühlen lassen. Den Rand mit einem Messer von der Form lösen und den Kuchen auf einem Kuchengitter erkalten lassen. Den kalten Kuchen nach Belieben mit Puderzucker besieben.

Grundrezept
Rouladen-Biskuitteig

8 Eigelbe	80 g Mehl
100 g Zucker	20 g Speisestärke
4 Eiweiße	

Den Backofen auf 240° vorheizen.
Ein Backblech mit Pergamentpapier auslegen.
Die Eigelbe und die Hälfte des Zuckers mit dem elektrischen Handrührgerät gut schaumig rühren.
Die Eiweiße flaumig schlagen, unter ständigem Schlagen langsam den restlichen Zucker einrieseln lassen und so lange weiterschlagen, bis der Eischnee steif ist. Den Eischnee auf die Eigelbmasse häufen. Das Mehl mit der Speisestärke mischen, über den Eischnee sieben und alles mit einem Rührlöffel locker unter die Eigelbmasse heben.
Den Biskuitteig gleichmäßig auf das Pergamentpapier streichen, das Backblech auf der mittleren Schiebeleiste in den vorgeheizten Backofen schieben und die Teigplatte in etwa 5 Minuten darin goldgelb backen.
Die Biskuitplatte auf ein Küchentuch stürzen und das Pergamentpapier abziehen; das Papier zuvor eventuell mit etwas Wasser bestreichen. Die Biskuitplatte locker mit einem feuchten Küchentuch bedecken und abkühlen lassen. Die Füllung nach dem jeweiligen Rezept zubereiten, die gut abgekühlte Biskuitplatte damit bestreichen und diese dann mit Hilfe des Tuchs, auf dem die Platte liegt, zu einer Roulade formen.

Zum Bild rechts:

Biskuitrouladen kann man mit reiner Sahne, mit Früchten und Sahne, mit beliebiger Creme, mit Konfitüre und mit Marmelade füllen. Sie sehen reich verziert mit der Füllmasse oder mit Sahne ebenso verlockend aus wie nur mit Puderzucker bestäubt. Der extrem luftige Biskuit einer Roulade zergeht schier auf der Zunge, die Füllung sollte entsprechend leicht und locker sein oder bei festerer Konsistenz nicht zu mächtig aufgetragen werden. Das Geheimnis für gutes Gelingen liegt im raschen Arbeiten. Die Biskuitmasse muß nach der Fertigstellung unverzüglich gebacken werden, sonst ist der Teig nicht mehr so locker. Die fertige Roulade nur bis zum Durchkühlen der Füllung ruhen lassen, danach sobald wie möglich servieren, denn zu langes Stehen bekommt dem Biskuit nicht, er wird dabei leicht etwas zäh. Die zartesten Rouladen werden also erst kurz vor dem geplanten Kaffeeklatsch gebacken und gefüllt. Sie sind dann aber auch unerreicht zart.
Das Rezept für die Biskuitroulade mit Erdbeersahne finden Sie auf Seite 478.

Zur folgenden Doppelseite:

Gebäck aus Blätterteig und Plunderteig ist einander in der Konsistenz sehr ähnlich, denn beide Teigarten werden nach derselben Methode zubereitet. Durch die besondere Art der Einarbeitung, von wasserhaltigem Fett, nämlich Butter, in den Teig, bildet dieser nach dem Backen mehr oder weniger feinblättrige Schichten. Beide Teigarten lassen sich gut süß und salzig füllen oder belegen und bieten daher eine reichhaltige Palette der Möglichkeiten.

Die Apfeltaschen (Bild, rechts) sind aus feinstem Blätterteig bereitet.
Das Rezept finden Sie auf Seite 459.

Die Holländer Kirschschnitten (Bild, links) bestehen vorwiegend aus einer Sahneschicht zwischen zwei Lagen Blätterteig.
Das Rezept finden Sie auf Seite 458.

Croissants (Bildmitte) sind das klassische Plundergebäck, ohne Füllung, die typischen französischen Hörnchen zum Frühstück.
Das Rezept finden Sie auf Seite 459.

BISKUITTORTEN

Zum Bild links:

Ein Apfelstrudel – das ist nicht irgendein Gebäck, oder eine übliche Speise, sondern ein Gedicht aus einer saftigen Füllung aus Äpfeln, Rosinen, Mandeln und dickem Rahm in hauchdünner Teigkruste. Unser Bild zeigt wie er entsteht. Am besten schmeckt Apfelstrudel, aber ebenso Kirschstrudel oder Topfenstrudel, wenn er dampfend heiß auf den Tisch kommt. Dann ist Strudel durchaus Hauptgericht, das von einer herzhaften Suppe eingeführt werden sollte. Abgekühlt, in bescheideneren Portionen gereicht, erfreut er aber auch als Dessert oder als Imbiß zur Kaffeestunde. Die Äpfel sollten säuerlich sein, ihre leichte Säure gleichen die reichlich eingestreuten Rosinen wieder aus, Mandeln und Nüsse geben ein leicht herbstliches Aroma dazu und die Sahne schafft das samtweiche Polster in der Teighülle. Wer weniger von süßen Speisen schwärmt, sollte trotzdem nicht auf Strudel verzichten. Man kann ihn nämlich auch mit Fleisch füllen oder – typisch ländlich-bayrisch – mit gedünstetem Kümmelkraut, mit Kümmel abgeschmecktem Weißkohl.
Das Rezept finden Sie auf Seite 482.

Für Biskuitrouladen die Füllung auf die abgekühlte Biskuitplatte streichen und die Platte mit Hilfe des Tuchs, auf dem sie liegt, aufrollen.

Praktischer Rat

Die zarte Biskuitmasse aus Eigelb, Zucker und Eischnee muß rasch verarbeitet werden. Niemals darf der Eischnee unter die Eigelbmasse gerührt werden, da hierbei die Luftbläschen im Eischnee zerstört würden. Auch das gesiebte Mehl, das gegebenenfalls mit Speisestärke, Kakaopulver oder Backpulver gemischt wurde, sollte nicht unter den Teig gerührt werden, sondern untergezogen oder untergehoben: Mit einem Rührlöffel wird die Masse vom Grund der Schüssel immer wieder über den Eischnee und das Mehl gehoben, bis alles gemischt ist.

Biskuitmasse darf nach dem Zubereiten nicht mehr lange stehen, sondern muß sofort im vorgeheizten Backofen gebacken werden. Bei längerem Stehen kann der Teig zusammenfallen.

Wichtig für die Qualität der Biskuitmasse ist der wirklich steife Eischnee. Damit er gelingt, müssen Schüssel und Schneebesen völlig frei von Fett und Eigelb sein.

Das Durchschneiden von Tortenböden: Mit einem spitzen Messer bis zur Mitte des Tortenbodens durchstechen, den Tortenboden drehen und dabei das Messer weiterführen. Pergamentpapier oder dünne Pappe in die Schnittfläche ziehen oder schieben und die obere Schicht damit abheben.

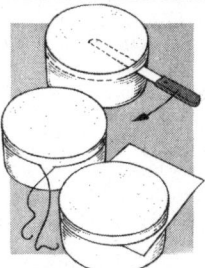

Biskuit-Tortenböden entweder mit dem Messer oder mit einem starken Faden durchschneiden. Jede Schicht mit leichter Pappe abheben.

Gegebenenfalls weitere Schichten ebenso abschneiden. – Oder die Schichten mit einem starken Faden trennen. Den Faden um den Rand des Tortenbodens legen und langsam zuziehen, bis die Schicht gleichmäßig abgetrennt ist. Die abgetrennten Schichten mit Pappe abheben.

Zum Füllen oder zum Bestreichen die Torte am besten auf eine drehbare Platte setzen und die Füllung oder den Guß durch Drehen der Platte gleichmäßig verteilen. Oder aber eine normale Tortenplatte auf einen doppelt gefalteten Bogen Papier stellen und die Platte mit dem Papier drehen. Unter den Biskuitboden einen doppelten Bogen Pergamentpapier legen, damit man die fertige Torte leicht auf eine Tortenplatte heben kann.

Zum Anschneiden einer Torte das Messer steil von oben ansetzen und von der Mitte her nach außen durch alle Schichten schneiden. Das Messer nach jedem Schnitt in kaltes Wasser tauchen und abstreifen.

Etwas schwierig

Himbeer-Sahnetorte

Für den Tortenboden:
4 Eier
4 Eßl. heißes Wasser
175 g Zucker
1 Päckchen Vanillinzucker
125 g Mehl
75 g Speisestärke
1 Teel. Backpulver

Zum Füllen und Bestreichen:
500 g Himbeeren
2 Eßl. Zucker
2 Teel. gemahlene farblose Gelatine
6 Eßl. Wasser
½ l Sahne

2 Päckchen Sahnesteifmittel
2 Eßl. Puderzucker
2 Eßl. Himbeergeist oder Kirschwasser
2 Eßl. Weißwein

Für die Form:
Butter und Pergamentpapier

Bei 12 Stücken pro Stück etwa:
1380 Joule
330 Kalorien

Backzeit:
30 Minuten

Den Backofen auf 180° vorheizen. Den Boden einer Springform mit Butter bestreichen, mit Pergamentpapier auslegen und das Pergamentpapier wiederum mit Butter bestreichen. Die Eier in Eigelbe und Eiweiße trennen. Die Eigelbe mit dem heißen Wasser in eine Schüssel geben und schaumig rühren. Vom Zucker 1 Eßlöffel zurückbehalten. Den restlichen Zucker mit dem Vanillinzucker nach und nach in die Eigelbmasse rieseln lassen und unter Rühren zu einer feinporigen, dicken Schaummasse schlagen.
Die Eiweiße zu Schnee schlagen, den Zucker einrieseln lassen und unterrühren.
Das Mehl mit der Speisestärke und dem Backpulver mischen. Den Eischnee auf die Eigelbmasse füllen, die Mehlmischung darübersieben und al-

BISKUITTORTEN

les mit dem Rührlöffel unter die Schaummasse ziehen.
Den Biskuit in die Springform füllen, die Oberfläche glattstreichen und im vorgeheizten Backofen auf der mittleren Schiebeleiste 30 Minuten backen. Vor Ende der Backzeit die Garprobe machen.
Den Tortenboden 5 Minuten in der Form abkühlen lassen, den Tortenrand dann mit einem Messer von der Form lösen, den Rand der Springform abnehmen und den Tortenboden auf ein Kuchengitter stürzen. Das Pergamentpapier abziehen und den Boden mehrere Stunden ruhen lassen.
Die Himbeeren verlesen und, wenn nötig, waschen. 12 schöne Beeren zum Garnieren zurückbehalten. Die restlichen Beeren mit dem Zucker mischen und zugedeckt durchziehen lassen. Die Gelatine in einem kleinen Topf in dem kalten Wasser 10 Minuten quellen lassen, bei sehr milder Hitze auflösen, aber nicht kochen lassen. Die Gelatine mit den gezuckerten Himbeeren mischen und im Kühlschrank erstarren lassen.
Die Sahne mit dem Sahnesteifmittel und dem Puderzucker steif schlagen. Den Himbeergeist oder das Kirschwasser unter die Sahne rühren.
Den Tortenboden einmal durchschneiden. Die untere Hälfte mit dem Weißwein beträufeln. Die festgewordenen Himbeeren darauf verteilen. 1/3 der Schlagsahne darüberstreichen. Den zweiten Tortenboden daraufsetzen und leicht andrücken. Den Rand und die Oberfläche der Torte mit Sahne bestreichen. Mit einem Messer 12 gleich große Tortenstücke auf der Oberfläche markieren. Jedes Tortenstück mit Schlagsahne-Girlanden oder -Tupfen verzieren und mit den zurückbehaltenen Himbeeren belegen. Die Torte vor dem Servieren noch einmal kühl stellen.

Variante 1
Erdbeer-Sahnetorte

Statt der Himbeeren 500 g Erdbeeren für die Torte putzen, waschen und kleinschneiden. Die Beeren wie die Himbeeren mit Gelatine binden.

Variante 2
Kiwi-Sahnetorte

Die beiden Tortenböden mit 2–3 Eßlöffeln Marsalawein beträufeln. Den unteren Tortenboden mit glattgerührter Aprikosenmarmelade bestreichen.
Die Sahne mit 2 Eßlöffel Puderzucker steif schlagen und mit 2 Eßlöffel Rum und 1 Eßlöffel Vanillinzucker abschmecken. 1/3 der Sahne auf die Aprikosenmarmelade streichen und den zweiten Tortenboden daraufsetzen. Etwas Sahne zum Garnieren zurückbehalten. Den Rand der Torte und die Oberfläche mit der restlichen Sahne bestreichen. 500 g Kiwis schälen und in Scheiben schneiden. Die Torte damit belegen. Aus 1/3 Päckchen Tortenguß, 1 Eßlöffel Zucker und 1/8 Liter Wasser oder Fruchtsaft einen Tortenguß bereiten und die Kiwis damit überziehen. Die Torte mit der restlichen Sahne garnieren und kühl stellen.

Variante 3
Käse-Sahnetorte

Den abgekühlten Tortenboden einmal durchschneiden. Einen Streifen Pergamentpapier oder Alufolie innen um den Rand der Springform legen, einen Tortenboden in die Springform legen. 125 g Butter, 225 g Zucker, 3 Eigelbe, die abgeriebene Schale von 1/2 Zitrone, 2 Eßlöffel Zitronensaft und 500 g Magerquark schaumig rühren.
1 Päckchen gemahlene farblose Gelatine in 10 Eßlöffel kaltem Wasser einweichen, 10 Minuten quellen lassen und dann bei milder Hitze auflösen. Einige Löffel der Quarkcreme unter die Gelatine rühren und diese dann mit dem gesamten Quark mischen.
1/4 Liter Sahne steifschlagen. 3 Eiweiße zu steifem Schnee schlagen und mit der Sahne unter die Quarkcreme heben. Die Quarkcreme auf den Tortenboden in der Springform füllen, glattstreichen und mit dem zweiten Tortenboden belegen.
Die Torte zugedeckt mindestens 6 Stunden im Kühlschrank durchziehen und festwerden lassen. Die Torte vor dem Servieren auf eine Tortenplatte heben und mit Puderzucker besieben.

Variante 4
Mocca-Sahnetorte

1/2 Liter Sahne steif schlagen und mit 100 g Puderzucker, 5 Teelöffel Pulverkaffee und 2 Teelöffel gemahlener, gelöster Gelatine mischen.
Den Tortenboden zweimal durchschneiden. Zwei Böden mit der Moccasahne bestreichen, aufeinander setzen und den dritten Boden auflegen. Den Rand und die Oberfläche der
Torte mit Moccasahne bestreichen. Den Rand mit Schokoladenstreuseln bestreuen, die Oberfläche mit Schokoladen-Moccabohne garnieren und die Torte bis zum Servieren kühl stellen.

Variante 5
Schokoladen-Sahnetorte

Die Torte wie die Mocca-Sahnetorte bereiten, jedoch 100 g bittere, zerlassene Schokolade unter die mit Gelatine gemischte Schlagsahne rühren.

Etwas schwierig
Nußcreme-Torte

Für den Tortenboden:	125 g Butter
4 Eier	1 Eßl. Rum
4 Eßl. heißes Wasser	Zum Verzieren:
175 g Zucker	12 Haselnüsse
1 Päckchen Vanillinzucker	
125 g Mehl	Für die Form:
75 g Speisestärke	Butter und Pergamentpapier
1 Teel. Backpulver	
	Bei 12 Stücken
Für die Nußcreme:	pro Stück etwa:
100 g Haselnüsse	1630 Joule
70 g halbbittere Blockschokolade	390 Kalorien
3 Eier	Backzeit:
100 g Zucker	25–30 Minuten
1/8 l Milch	

Den Backofen auf 180° vorheizen. Eine Springform mit Butter ausstreichen, den Boden mit Pergamentpapier auslegen und das Pergamentpapier ebenfalls mit Butter bestreichen.
Die Eier in Eigelbe und Eiweiße trennen. Die Eigelbe in einer Schüssel mit dem heißen Wasser schaumig rühren. Einen Eßlöffel vom Zucker abnehmen und den restlichen Zucker mit dem Vanillinzucker und der Eigelbmasse schaumig rühren. Die Eiweiße zu steifem Schnee schlagen, den zurückbehaltenen Zucker einrieseln lassen und gut unterrühren. Den Eischnee über die Eigelbmasse häufen. Das Mehl mit der Speisestärke und dem Backpulver mischen, über den Eischnee sieben und alles mit einem Rührlöffel unter den Teig ziehen. Den Teig in die Springform füllen, die Oberfläche glattstreichen und den Kuchen auf der mittleren Schiebeleiste im vorgeheizten Backofen 25–30 Minuten backen.
Den Tortenboden aus der Springform nehmen, das Papier abziehen und den

BISKUITTORTEN

Tortenboden mehrere Stunden ruhen lassen.
Die Haselnüsse fein reiben oder im Mixer zerkleinern und ohne Fett hellbraun rösten. Die Schokolade reiben.
Die Eier mit dem Zucker und der Milch in einem kleinen Topf bei milder Hitze so lange schlagen, bis die Masse beginnt, cremig zu werden, und einmal aufwallt. Den Topf vom Herd nehmen und die Eicreme im kalten Wasserbad abkühlen lassen; dabei öfter umrühren. Die Butter bei milder Hitze zerlassen. Die abgekühlte, aber noch flüssige Butter teelöffelweise unter die kühle Creme rühren. Die Nüsse, 1 Eßlöffel der geriebenen Schokolade und den Rum unter die Eicreme mischen.
Die Torte einmal durchschneiden und den unteren Tortenboden mit der Hälfte der Nußcreme bestreichen. Den zweiten Tortenboden auflegen und den Rand und die Oberfläche der Torte mit Nußcreme bestreichen. Die übrige Schokolade über die Torte streuen. 12 Tortenstücke auf der Oberfläche markieren. Die restliche Nußcreme in einen Spritzbeutel füllen und jedes Tortenstück mit einem Cremetupfen bespritzen. Jeden Tupfen mit einer Haselnuß garnieren.

Der Landschaftsname »Schwarzwälder« besagt, daß man sich in jenem Landstrich besonders gut auf die Zubereitung versteht oder daß die Zutaten von dort stammen, wie Schwarzwälder Kirschwasser, Schwarzwälder Schinken oder die berühmte Schwarzwälder Torte.

Etwas schwierig

Schwarzwälder Kirschtorte

Bild Seite 462

Für den Mürbeteigboden:
125 g Mehl
1 Eßl. Kakaopulver
1 Teel. Backpulver
1 Päckchen Vanillinzucker
1 Eiweiß
75 g Butter

Für den Biskuitboden:
3 Eier
1 Eigelb
4 Eßl. heißes Wasser
100 g Zucker
1 Päckchen Vanillinzucker
75 g Mehl
30 g Speisestärke
1 Eßl. Kakaopulver
½ Teel. Backpulver
1 Messersp. Zimt
3 Tropfen Bittermandel-Aroma

Zum Füllen:
500 g Sauerkirschen ohne Steine
2 Blätter farblose Gelatine
4 Eßl. Speisestärke
50 g Zucker
3 Eßl. Schwarzwälder Kirschwasser
¾ l Sahne
2 Eßl. Puderzucker
1 Päckchen Vanillinzucker
3 Päckchen Sahnesteifmittel

Zum Bestreuen:
30 g Blockschokolade

Für die Form:
Butter, Semmelbrösel und Pergamentpapier

Bei 16 Stücken pro Stück etwa:
1590 Joule
380 Kalorien

Kühlzeit für den Mürbeteig:
1 Stunde

Backzeit für den Mürbeteig:
20 Minuten

Backzeit für den Biskuitteig:
30 Minuten

Für den Mürbeteigboden das Mehl auf ein Backbrett sieben, das Kakaopulver und das Backpulver darübersieben und den Vanillinzucker daraufstreuen. In die Mitte eine kleine Vertiefung drücken und das Eiweiß hineingeben. Die Butter in Flöckchen auf dem Mehl verteilen und alles rasch zu einem geschmeidigen Teig verkneten. Den Teig zugedeckt 60 Minuten im Kühlschrank ruhen lassen.
Eine Springform mit Butter ausstreichen und mit Semmelbröseln ausstreuen. Den Backofen auf 220° vorheizen.
Den gekühlten Mürbeteig ausrollen, den Boden der Springform damit auslegen und den Kuchenboden auf der mittleren Schiebeleiste im vorgeheizten Backofen 20 Minuten backen. Den Mürbeteigboden auf einem Kuchengitter abkühlen lassen.
Den Backofen auf 180° zurückschalten. Die Springform waschen, abtrocknen, mit Butter ausstreichen und ebenfalls mit Butter bestrichenem Pergamentpapier auslegen.
Die Eier in Eiweiße und Eigelbe trennen. Die Eigelbe mit dem zusätzlichen Eigelb und dem heißen Wasser schaumig rühren. Vom Zucker 1 Eßlöffel abnehmen und den restlichen Zucker mit dem Vanillinzucker nach und nach mit der Eigelbmasse schaumig rühren.
Die Eiweiße zu Schnee schlagen, den Zucker einrieseln lassen und gut unterrühren. Den Eischnee auf die Schaummasse häufen. Das Mehl mit der Speisestärke, dem Kakaopulver und dem Backpulver mischen und über den Eischnee sieben. Den Zimt und das Mandelaroma zugeben und alles mit einem Rührlöffel unter den Teig ziehen. Den Teig in die Springform füllen und den Biskuit auf der mittleren Schiebeleiste etwa 30 Minuten backen. Den Tortenboden mehrere Stunden ruhen lassen, danach einmal durchschneiden.

Für die Füllung die Sauerkirschen in einem Sieb abtropfen lassen und den Saft auffangen. 16 Kirschen zum Garnieren zurückbehalten. Die Gelatine 10 Minuten in reichlich kaltem Wasser einweichen. ¼ Liter Kirschsaft abmessen, 10 Eßlöffel davon abnehmen und die Speisestärke damit anrühren. Den restlichen Kirschsaft mit dem Zucker erhitzen, mit der angerührten Speisestärke binden und unter Rühren so lange kochen lassen, bis die Creme klar ist. Die eingeweichte Gelatine ausdrücken und unter die noch heiße Kirschcreme rühren. Die Kirschen kleinschneiden und mit dem Kirschwasser unter die Creme mischen. Die Creme anschließend im Kühlschrank erstarren lassen.
Die Sahne mit dem Puderzucker, dem Vanillinzucker und dem Steifmittel steif schlagen.
Den Mürbeteigboden mit der Kirschfüllung bestreichen. ⅓ der Schlagsahne daraufstreichen. Einen Biskuitboden darauflegen, leicht andrücken und 1 weiteres Viertel der Sahne daraufstreichen. Den zweiten Biskuitboden auflegen, leicht andrücken und den Rand der Torte mit der Sahne bestreichen. Die Schokolade über die Torte raspeln. 16 gleich große Tortenstücke auf der Oberfläche markieren. Jedes Tortenstück mit einem Tupfen oder mit einer Rosette aus Schlagsahne bespritzen und die zurückbehaltenen Kirschen darauflegen.
Die Torte noch einmal kühl stellen.

Variante 1

Buttercremetorte

Die Tortenböden wie für die Schwarzwälder Kirschtorte backen, aber mit Vanillebuttercreme füllen: Aus ½ Liter Milch, 1 Päckchen Vanillepuddingpulver und 3 Eßlöffel Zucker nach Anweisung auf dem Päckchen einen Vanillepudding kochen. Den Pudding abkühlen lassen und dabei öfter umrühren, damit sich auf der Oberfläche keine Haut bildet. 150 g Butter bei milder Hitze zerlassen und abgekühlt, aber noch flüssig, teelöffelweise mit dem Schneebesen unter die Vanillecreme rühren. Die Buttercreme kalt stellen. Den Mürbeteigboden mit 3–4 Eßlöffel erwärmter, glattgerührter Sauerkirschmarmelade bestreichen. Einen Biskuitboden darauflegen und diesen mit etwa ⅓ der Buttercreme bestreichen. Mit dem zweiten Biskuitboden bedecken und die Tortenoberfläche und den Rand gleichmäßig mit der Buttercreme be-

BISKUITROULADE

streichen. 60 g Mandelblättchen in einer trockenen Pfanne leicht rösten, abkühlen lassen und den Rand der Torte damit bestreuen. Auf der Oberfläche 16 gleich große Tortenstücke markieren. Jedes Tortenstück mit einer Rosette aus zurückbehaltener Buttercreme bespritzen und jede Rosette mit einer kandierten Kirsche belegen. Die Torte vor dem Anschneiden kühl stellen.

Variante 2
Torte mit echter Buttercreme

Für die echte Buttercreme keinen Pudding verwenden, sondern 250 g weiche Butter schaumig rühren und abwechselnd 150–200 g gesiebten Puderzucker, 1 Päckchen Vanillinzucker und 2 verquirlte Eigelbe löffelweise unterrühren. Die Buttercreme kann nach Belieben auch mit Kaffeepulver, mit weicher Schokolade oder einem Likör abgeschmeckt werden.

Gefüllter Zitronenbiskuit

Für den Teig:
8 Eier
8 Eßl. heißes Wasser
350 g Zucker
250 g Mehl
150 g Speisestärke
2 Teel. Backpulver

Zum Füllen:
2 Eßl. Zitronensaft
150 ccm Wasser
2 Eßl. Zucker
¼ l Sahne
4 Eßl. Zucker

Zum Besieben:
2 Eßl. Puderzucker

Für die Form:
Butter und
  Pergamentpapier

Bei 12 Stücken
pro Stück etwa:
1130 Joule
270 Kalorien

Backzeit:
30 Minuten

Den Backofen auf 180° vorheizen. Eine Springform mit Butter ausstreichen, mit Pergamentpapier auslegen und das Papier einfetten.
Die Eier in Eigelbe und Eiweiße trennen. Die Eigelbe mit dem heißen Wasser verrühren. Von den 350 g Zucker 2 Eßlöffel abnehmen und den restlichen Zucker mit dem Vanillinzucker unter die Eigelbmasse mischen und so lange rühren, bis eine schaumige helle Masse entsteht.
Die Eiweiße steif schlagen, die 2 Eßlöffel Zucker unterrühren und den Eischnee auf die Schaummasse häufen. Das Mehl mit der Speisestärke und dem Backpulver mischen, über den Eischnee sieben und alles mit einem Rührlöffel unter die Schaummasse ziehen. Den Teig in die Springform füllen, die Oberfläche glattstreichen und den Biskuit auf der mittleren Schiebeleiste im vorgeheizten Backofen 30 Minuten backen.
Den Zitronensaft mit dem Wasser und 2 Eßlöffel Zucker verrühren und erwärmen. Den gebackenen Kuchen auf eine Tortenplatte stürzen, das Pergamentpapier abziehen und mit einem Holzspießchen mehrere Löcher in den noch warmen Biskuitboden stechen. Den erwärmten Zitronensaft langsam über den Kuchen gießen, den Kuchen abkühlen lassen und einmal durchschneiden.
Die Sahne mit 4 Eßlöffel Zucker steif schlagen, auf einen Kuchenboden füllen und den zweiten daraufflegen. Den Kuchen kalt stellen, vor dem Servieren mit dem Puderzucker besieben und in 12 Stücke teilen.

Etwas schwierig
Biskuitroulade mit Erdbeersahne

Bild Seite 471

Für den Biskuit:
8 Eigelbe
100 g Zucker
4 Eiweiße
80 g Mehl
20 g Speisestärke

Zum Füllen:
750 g Erdbeeren
je 4 Blätter rote und farblose Gelatine
Saft von ½ Zitrone
3 Eßl. Zucker
½ l Sahne

1 Eßl. Puderzucker
1 Eßl. Rum

Für das Backblech:
Butter und
  Pergamentpapier

Bei 12 Scheiben
pro Scheibe etwa:
1340 Joule
320 Kalorien

Backzeit:
5 Minuten

Den Backofen auf 240° vorheizen. Ein Backblech mit etwas Butter bestreichen und mit Pergamentpapier auslegen.
Die Eigelbe mit der Hälfte des Zuckers schaumig rühren. Die Eiweiße flaumig schlagen, unter ständigem Rühren langsam den restlichen Zucker einrieseln lassen und so lange weiterschlagen, bis der Eischnee gut steif ist. Den Eischnee auf die Eigelbmasse häufen.
Das Mehl mit der Speisestärke mischen, über den Eischnee sieben und mit dem Eischnee mit einem Rührlöffel behutsam unter die Eigelbmasse heben. Den Biskuitteig gleichmäßig auf das Pergamentpapier streichen. Den Biskuit im vorgeheizten Backofen auf der mittleren Schiebeleiste 5 Minuten backen.
Die Biskuitplatte auf ein Küchentuch stürzen, das Pergamentpapier abziehen, die Teigplatte locker mit einem feuchten Küchentuch bedecken und abkühlen lassen.
Für die Füllung die Erdbeeren putzen und waschen. Einige kleine Erdbeeren zum Garnieren zurückbehalten. Die restlichen Erdbeeren kleinschneiden oder durch ein Sieb passieren. Die rote und die farblose Gelatine in reichlich kaltem Wasser 10 Minuten quellen lassen. Die weichen Gelatineblätter aus dem Wasser nehmen, abtropfen lassen und in einem kleinen Topf bei sehr milder Hitze unter Rühren auflösen; aber nicht kochen lassen! Den Topf vom Herd nehmen. Das Erdbeermark unter die noch flüssige Gelatine ziehen und mit dem Zitronensaft und dem Zucker mischen. Die Creme in den Kühlschrank stellen, bis sie beginnt fest zu werden. Dann kräftig durchrühren.
Die Sahne steif schlagen und die Hälfte der Sahne unter die Erdbeercreme mischen. Die Erdbeercreme noch einmal in den Kühlschrank stellen. Die restliche Sahne mit dem Puderzucker und dem Rum verrühren und ebenfalls kalt stellen.
Die Erdbeercreme auf die Biskuitplatte streichen, die Platte mit Hilfe des Handtuchs, auf dem sie liegt, aufrollen und mit der »Naht«-Seite nach unten auf eine Platte legen. Die Biskuitrolle mit der restlichen Schlagsahne bestreichen und mit Sahnegirlanden bespritzen. Die Roulade mit den zurückbehaltenen Erdbeeren garnieren. Die Roulade bis zum Anschneiden kühl stellen, dann in 12 gleich dicke Scheiben schneiden.

Unser Tip: Sie können eine Biskuitroulade auch nur mit glattgerührter säuerlicher Marmelade, füllen und mit Puderzucker besieben.

Beliebtes Weihnachtsgebäck
Anisplätzchen

Zutaten für
25 Plätzchen:
2 Eier
100 g Zucker
½ Päckchen
  Vanillinzucker
1 Teel. gemahlener
  Anis
100 g Mehl
1 Messersp.
  Backpulver

Für das Backblech:
Butter

Pro Plätzchen etwa:
170 Joule
40 Kalorien

Ruhezeit:
12 Stunden

Backzeit:
35 Minuten

BRANDTEIG

Die Eier mit dem Zucker, dem Vanillinzucker und dem Anis in einer Schüssel so lange schaumig schlagen, bis sich der Zucker völlig gelöst hat und eine dicke, weiß-cremige Masse entstanden ist. Das geht am besten mit dem Rührbesen des elektrischen Handrührgerätes.
Das Mehl mit dem Backpulver mischen, über die Schaummasse sieben und mit einem Rührlöffel unterheben. Ein Backblech mit Butter bestreichen. Den Teig in einen Spritzbeutel mit Lochtülle füllen und 25 kleine Häufchen auf das Backblech spritzen. Die Teighäufchen 12 Stunden an einem warmen Ort ruhen lassen, damit sich an der Oberfläche ein feines weißes Häutchen bilden kann.
Den Backofen auf 150° vorheizen. Die Plätzchen auf der mittleren Schiebeleiste im vorgeheizten Backofen 35 Minuten sehr hell backen. Dabei entstehen die für Anisplätzchen so typischen »Füßchen«.

Als Suppeneinlage sind die Goldwürfel aus salzigem Biskuitteig sehr beliebt.

Goldwürfel

2 Eier
2 Eßl. Wasser
1 Messersp. Zucker
2 Messersp. Salz
1 Messersp. geriebene Muskatnuß oder Paprikapulver, scharf, oder frischgemahlener Pfeffer
100 g Mehl
1 Messersp. Backpulver

Für das Backblech:
Butter und Mehl

Pro Person etwa:
590 Joule
140 Kalorien

Backzeit:
10 Minuten

Den Backofen auf 180° vorheizen. Ein Backblech zur Hälfte mit Butter bestreichen und mit Mehl bestäuben. Die Eier mit dem Wasser, dem Zucker, dem Salz und der geriebenen Muskatnuß oder dem Paprikapulver oder dem Pfeffer zu einer schaumigen Masse verrühren. Das Mehl mit dem Backpulver darübersieben und mit einem Rührlöffel unterheben. Den Teig etwa 1 cm dick auf das Backblech streichen und im vorgeheizten Backofen in 10 Minuten goldgelb backen. Den Biskuit auf dem Blech abkühlen lassen und in kleine Würfel schneiden.

Unser Tip: Nach Belieben können Sie den Teig noch mit 1 Eßlöffel feingeschnittener Petersilie oder geriebenem Parmesankäse mischen.

Brandteig

Die Bezeichnung Brandteig ergibt sich aus der Tatsache, daß ein Teil der Zutaten schon vor dem Backen gebrannt oder gebrüht wird. Deshalb wird Brandteig auch oft als Brühteig bezeichnet.
Brandteig ist einfach und schnell zubereitet. Das einzige, was etwas Mühe macht, ist das erforderliche kräftige Rühren der Masse. Dafür läßt sich aber teilweise das elektrische Rührgerät einsetzen. Durch die besondere Zubereitungstechnik geht der Teig beim Backen hoch auf und das Gebäck bleibt innen hohl. Es wird nach dem Auskühlen aufgeschnitten und gefüllt. Da Brandteig ohne Zucker bereitet wird, läßt sich Brandteiggebäck süß und salzig füllen. Das Grundrezept gilt unverändert für alle Arten von Gebäck aus Brandteig.

Grundrezept
Brandteig

$1/4$ l Wasser
60 g Butter
1 Messersp. Salz

150 g Mehl
30 g Speisestärke
4–5 Eier

Das Wasser, die Butter und das Salz in einen Stieltopf geben. Das Mehl mit der Speisestärke zusammen auf ein gefaltetes Stück Pergamentpapier sieben.
Das Wasser mit der Butter und dem Salz zum Kochen bringen. Den Topf vom Herd ziehen, das Mehl-Speisestärke-Gemisch auf einmal in das kochendheiße Wasser schütten und mit einem Kochlöffel kräftig zu einem glatten Kloß verrühren. Den Topf zurück auf die Herdplatte setzen und den Teigkloß bei milder Hitze weiterrühren, bis sich ein dünner, weißer Belag auf dem Topfboden gebildet hat. Den Teig dann in eine große Rührschüssel geben und etwa 10 Minuten abkühlen lassen.
Die Eier einzeln aufschlagen und nacheinander mit dem elektrischen Handrührgerät unter den heißen Teigkloß rühren. Das nächste Ei immer erst dann zugeben, wenn das erste völlig unter den Teig gemischt ist. Wenn der Teig zähflüssig ist, glänzt und in langen Spitzen vom Löffel fällt, kein weiteres Ei mehr zugeben. Zu flüssiger Teig würde auf dem Backblech zerlaufen.

Den Backofen auf 230° vorheizen. Das Backblech für Brandteig nicht fetten und nicht mit Mehl bestäuben! Den Brandteig in einen Spritzbeutel mit Sterntülle oder Lochtülle füllen und je nach Gebäckart kleine Krapfen, Streifen oder Kreise auf das Backblech spritzen. Ist kein Spritzbeutel vorhanden, kann der Brandteig auch mit einem Löffel in kleinen Häufchen auf das Backblech gesetzt oder aufgestrichen werden.
Das Backblech in den vorgeheizten Ofen schieben und etwa $1/2$ Tasse Wasser auf den Boden des Backofens schütten. Der Fachmann nennt dies »Schwaden geben«. Die Backofentür sofort schließen, damit sich starker Dampf im Inneren des Ofens bilden kann, der das Aufgehen des Gebäcks unterstützt. Während der ersten $2/3$ der Backzeit darf der Backofen unter keinen Umständen geöffnet werden. Das Gebäck würde sonst unweigerlich zusammenfallen, weil seine Kruste noch nicht fest genug ist.
Nach der angegebenen Backzeit von 5–20 Minuten – sie richtet sich nach der Größe der Gebäckstücke – das Gebäck aus dem Backofen nehmen, vom Backblech lösen und auf einem Kuchengitter erkalten lassen.
Brandteiggebäck können Sie auch fritieren. Man spritzt dazu die gewünschte Gebäckform auf gefettetes Pergamentpapier und gibt jeweils 3–6 Brandteigformen ins heiße Fett; man läßt sie im Fett vom Papier gleiten. Das Gebäck nach 3–5 Minuten mit dem Schaumlöffel wenden und fertig fritieren. Das gare Gebäck mit dem Schaumlöffel aus dem Fett heben und auf saugfähigem Papier oder Papierservietten abtropfen lassen.

Praktischer Rat
Brandteiggebäck geht beim Backen sehr stark auf. Deshalb zwischen den einzelnen Gebäckstücken auf dem Backblech genügend Zwischenraum lassen. Ausnahme: Wenn sich ein Kranz aus kleinen Windbeuteln bilden soll, dann verringern Sie die Abstände. Die Windbeutel »wachsen« dann während des Backens zusammen.

Brandteiggebäck, das gefüllt werden soll, schneidet man am besten noch lauwarm durch.

Gebäck aus Brandteig ist nicht lange lagerfähig, die zarte Kruste wird schnell weich. Es sollte daher frisch gegessen werden. Ungefüllte Windbeutel oder Eclairs und Suppenerbsen lassen sich aber gut einfrieren. Die Gebäck-

BRANDTEIGGEBÄCK

stücke gegebenenfalls noch warm durchschneiden, verpacken und einfrieren. Brandteiggebäck aus dem Gefriergerät läßt man etwa 10 Minuten antauen und bäckt es anschließend im vorgeheizten Backofen bei etwa 200° 8 Minuten auf, ehe es gefüllt wird.

Sahne-Windbeutel

Zutaten für
8 Windbeutel:
¼ l Wasser
60 g Butter
1 Messersp. Salz
150 g Mehl
30 g Speisestärke
4–5 Eier

Zum Füllen:
½ l Sahne
2 Eßl. Puderzucker
1 Teel. Vanillinzucker

Zum Besieben:
2 Eßl. Puderzucker

Pro Windbeutel etwa:
1670 Joule
400 Kalorien

Backzeit:
30 Minuten

Den Backofen auf 230° vorheizen. Das Wasser mit der Butter und dem Salz zum Kochen bringen. Das mit der Speisestärke gesiebte Mehl auf einmal hineinschütten und alles zu einem Kloß verrühren. Den Topf vom Herd ziehen, den Teig etwas abkühlen lassen und nach und nach so viele von den Eiern unterziehen, bis ein glänzender, schwer reißender Teig entstanden ist.
Den Teig in einen Spritzbeutel mit großer Sterntülle füllen und 8 Windbeutel von etwa 7 cm Durchmesser in großen Abständen auf ein Backblech spritzen. Die Windbeutel auf der mittleren Schiebeleiste im vorgeheizten Backofen 30 Minuten backen. Zu Beginn der Backzeit ½ Tasse Wasser auf den Boden des Backofens schütten. Die Windbeutel vom Blech lösen, auf einem Kuchengitter etwas abkühlen lassen, noch warm halbieren und völlig erkalten lassen. Die Sahne steif schlagen und mit dem Puderzucker und dem Vanillinzucker verrühren, in die unteren Hälften der Windbeutel spritzen und die oberen Hälften als Deckelchen auflegen. Die Windbeutel mit dem Puderzucker besieben.

Käse-Windbeutel

Zutaten für
10 Windbeutel:
¼ l Wasser
60 g Butter
1 Messersp. Salz

150 g Mehl
30 g Speisestärke
4–5 Eier

Für die Käsecreme:
60 g Butter
1 Ei
200 g Emmentaler- oder Bergkäse
1 Messersp. Salz
1 Prise Pfeffer
2 Eßl. feingehackte frische Kräuter wie Petersilie, Schnittlauch, Dill

Zum Garnieren:
Petersilie

Pro Windbeutel etwa:
1090 Joule
260 Kalorien

Backzeit:
30 Minuten

Den Backofen auf 230° vorheizen. Das Wasser mit der Butter und dem Salz zum Kochen bringen. Das Mehl mit der Speisestärke auf ein Pergamentpapier sieben und auf einmal in das kochend heiße Wasser rühren. Den Teig rühren, bis er einen Kloß bildet. Den Teig vom Herd ziehen und nach und nach die Eier unterrühren, bis der Teig glänzt und schwer reißend vom Löffel fällt.
10 gleich große Teighäufchen auf ein Backblech setzen oder spritzen und diese auf der mittleren Schiebeleiste im vorgeheizten Backofen 30 Minuten backen. Zu Beginn der Backzeit ½ Tasse Wasser auf den Boden des Backofens schütten. Die Windbeutel auf einem Kuchengitter etwas abkühlen lassen, aber, solange sie noch warm sind, Deckel abschneiden.
Für die Käsecreme die Butter mit dem Ei verrühren. Den Käse darüber reiben und mit dem Salz, dem Pfeffer und den Kräutern verrühren. Die Käsecreme mit einem Spritzbeutel oder mit einem Löffel in die Windbeutel füllen, mit einem Stückchen Petersilie garnieren und die Deckel wieder darauflegen.

Raffiniert

Eclairs
Liebesknochen

Zutaten für 8 Stück:
¼ l Wasser
60 g Butter
1 Messersp. Salz
150 g Mehl
30 g Speisestärke
4–5 Eier

Zum Füllen:
½ l Sahne
2 Teel. Instant-Kaffeepulver
2 Eßl. Puderzucker

Zum Glasieren:
80 g Puderzucker
1 Teel. Instant-Kaffeepulver
1–2 Eßl. kochendheißes Wasser

Pro Stück etwa:
1670 Joule
400 Kalorien

Backzeit:
30 Minuten

Den Backofen auf 230° vorheizen. Das Wasser mit der Butter und dem Salz zum Kochen bringen. Das Mehl mit der Speisestärke auf ein Pergamentpapier sieben, auf einmal in die kochend heiße Flüssigkeit schütten und so lange rühren, bis sich alles zu einem Kloß verbunden hat. Den Topf vom Herd ziehen und nach und nach die Eier unter den Teig mischen, bis der Teig glänzt und schwer reißend vom Löffel fällt.
Den Teig in einen Spritzbeutel mit Sterntülle füllen und 8 etwa 10 cm lange Teigstreifen in genügend großem Abstand voneinander auf das Backblech spritzen. Die Eclairs im vorgeheizten Backofen auf der mittleren Schiebeleiste in etwa 30 Minuten goldbraun backen. ½ Tasse Wasser zu Backbeginn auf den Boden des heißen Backofens schütten.
Die Eclairs vom Backblech lösen, längs halbieren und auf einem Kuchengitter auskühlen lassen. Für die Füllung die Sahne steif schlagen. Das Instant-Kaffeepulver mit dem Puderzucker mischen, unter die Sahne rühren und die Sahne in die Eclairs spritzen. Für die Glasur den Puderzucker sieben und mit dem Kaffeepulver und dem heißen Wasser verrühren. Die oberen Hälften der Eclairs mit der Moccaglasur bestreichen, diese erkalten lassen und die oberen Hälften auf die Sahne setzen. Die Eclairs bis zum Servieren kühlstellen.

Strauben
Eberswalder Spritzkuchen

Zutaten für
8 Strauben:
¼ l Wasser
60 g Butter
1 Messersp. Salz
150 g Mehl
30 g Speisestärke
4–5 Eier
1 Eßl. Zucker
1 Päckchen Vanillinzucker

Zum Fritieren:
1 kg Fritierfett
1 Teel. Öl

Zum Glasieren:
150 g Puderzucker
2 Eßl. Zitronensaft
1–2 Eßl. kochendheißes Wasser

Pro Straube etwa:
1510 Joule
360 Kalorien

Zeit zum Fritieren:
8 Minuten

Das Wasser mit der Butter und dem Salz zum Kochen bringen. Das Mehl mit der Speisestärke auf ein Pergamentpapier sieben, auf einmal in die kochendheiße Flüssigkeit schütten und so lange rühren, bis sich ein Kloß gebildet hat. Den Teig vom Herd ziehen, die Eier nacheinander unterrühren, bis der Teig glänzt und schwer reißend vom Löffel fällt. Zuletzt den Zucker und den Vanillinzucker unter den Teig mischen. Das Fritierfett

auf 180° erhitzen. Ein Stück Pergamentpapier mit Öl bestreichen.
Den Brandteig in einen Spritzbeutel mit großer Sterntülle füllen und davon 8 Ringe mit einem Durchmesser von etwa 10 cm auf das geölte Pergamentpapier spritzen. Die Teigringe mit dem Pergamentpapier ins heiße Fett halten, bis die Ringe ins Fett rutschen. Die Ringe von jeder Seite etwa 4 Minuten fritieren, bis sie goldgelb sind. Die Strauben auf saugfähigem Papier abtropfen lassen und noch warm mit der Glasur bestreichen. Für die Glasur den Puderzucker sieben und mit dem Zitronensaft und kochendheißem Wasser zu einer glänzenden, dünnen Glasur verrühren.

Ideal zum Tiefkühlen
Backerbsen
Suppeneinlage

Bild Seite 28

Zutaten für	Pro Person etwa:
3 × 4 Personen:	500 Joule
¼ l Wasser	120 Kalorien
60 g Butter	
1 Messersp. Salz	Backzeit:
150 g Mehl	10 Minuten
30 g Speisestärke	
4–5 Eier	

Das Wasser mit der Butter und dem Salz zum Kochen bringen. Das Mehl mit der Speisestärke, auf einmal in ein Pergamentpapier sieben, auf einmal in die kochend heiße Flüssigkeit schütten und so lange rühren, bis sich ein Kloß gebildet hat. Den Topf vom Herd nehmen, den Teig etwas abkühlen lassen und nacheinander die Eier unterrühren, bis der Teig glänzt und schwer reißend vom Löffel fällt.
Den Backofen auf 230° vorheizen. Den Teig in einen Spritzbeutel mit Lochtülle füllen und haselnußgroße Tupfen in genügend großem Abstand voneinander auf das Backblech spritzen. Die Erbsen auf der mittleren Schiebeleiste im vorgeheizten Backofen in 10 Minuten goldgelb backen. Zu Beginn der Backzeit ½ Tasse heißes Wasser auf den Boden des Backofens schütten.
Die Erbsen vom Blech nehmen, auf einer Platte abkühlen lassen und in 3 Portionen teilen. Eine Portion in heißer Fleischbrühe servieren. Die restlichen Erbsen erkalten lassen, in einem Schraubglas aufbewahren oder im Gefriergerät einfrieren.

STRUDELTEIG

Strudelteig

Strudel ist eine beliebte Spezialität der österreichischen und der süddeutschen Küche. Die bekanntesten Varianten sind Apfelstrudel und Topfenstrudel (Quarkstrudel). Man füllt den Strudel aber auch mit Zwetschgen, Kirschen, Mohn oder Nüssen, mit Fleisch oder mit Kraut (Kohl). Der Teig für den echten Strudel ist immer derselbe, auch wenn regional einmal ein Strudel mit einer Blätterteigkruste angeboten wird.
Wer noch nie einen Strudelteig selbst geknetet, gerollt und – die wichtigste Phase – ausgezogen hat, fürchtet vielleicht ein wenig ums Gelingen. Aber die Arbeit ist längst nicht so schwierig, wie sie Ihnen vielleicht erscheint.

Grundrezept
Strudelteig

Zutaten für	Zum Bestreichen:
8 Portionen	125 g Butter
und etwa	
1 kg Füllung:	Ruhezeit:
250 g Mehl	60 Minuten
⅛ l lauwarmes	
Wasser	Backzeit:
1 Prise Salz	60 Minuten
80 g Butter	

Das Mehl auf ein Backbrett oder auf die Tischplatte sieben und in die Mitte eine Mulde hineindrücken. Das Wasser und das Salz in die Mulde schütten. Die Butter zerlassen und flüssig, aber nicht sehr heiß, bis auf einen kleinen Rest, ebenfalls in die Mulde schütten. Den Rest der Butter zurückbehalten. Alle Zutaten zu einem Teig verkneten; dabei mit dem Handballen den Teig auf der Arbeitsfläche flachdrücken und den entstandenen Fladen wieder zusammenschlagen. Den Teig umdrehen und den Vorgang so lange wiederholen, bis der Teig geschmeidig ist und glänzt.
Aus dem Teig 2 gleich große Kugeln formen und die Kugeln nebeneinander auf die bemehlte Arbeitsfläche legen. Die Teigkugeln mit der zurückbehaltenen, noch flüssigen Butter bestreichen. Etwas Wasser zum Kochen bringen, das Innere einer Schüssel über den Wasserdampf halten und die beschlagene Schüssel über die Teigkugeln stülpen. Den Teig 60 Minuten unter der Schüssel ruhen lassen. Inzwischen die Füllung vorbereiten.

Ein großes Küchentuch mit wenig Mehl bestäuben und die Teigballen nacheinander so dünn wie möglich auf dem Küchentuch ausrollen. Den Teig dann vom Tuch heben und von der Mitte aus über beide Handrücken vorsichtig dehnen und ziehen, bis der ganze Teig bis zu den Rändern hin gleichmäßig dünn ist. Der Teig sollte

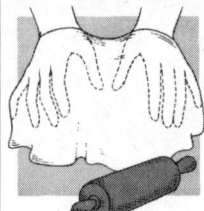

Den Strudelteig nach dem Ausrollen über den Handrücken behutsam dehnen, bis der Teig ganz dünn ist.

nach dem Ausziehen fast papierdünn sein. Entstehen beim Ziehen einmal Löcher im Teig, so werden sie wieder zusammengedrückt. Die dicken Ränder vom Teig abschneiden. Den ausgezogenen Teig zurück auf das Tuch legen.
Die 125 g Butter zerlassen und die ausgezogenen Teigblätter gleichmäßig damit bestreichen. Die Füllung auf die Teigblätter geben und den Strudel mit Hilfe des Tuchs, auf dem das Teigblatt liegt, zu einer Rolle formen.

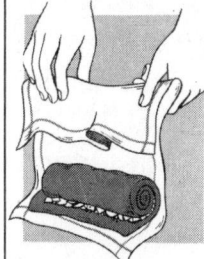

Ihn dann auf einem Tuch mit der Füllung belegen und mit Hilfe des Tuchs aufrollen.

Den Strudel entweder auf ein gefettetes Backblech oder in eine mit Fett ausgestrichene Bratreine legen. Den Strudel vor dem Backen noch einmal mit flüssiger Butter bestreichen und bei etwa 200° auf der mittleren Schiebeleiste 50–60 Minuten backen. Während des Backens den Strudel mehrmals mit der flüssigen Butter bestreichen, bis sie aufgebraucht ist.

Unser Tip: Während des Backens können Sie den Strudel statt mit zerlassener Butter auch mit süßer oder saurer Sahne bestreichen.

Praktischer Rat
Tiefgefrorenen Strudelteig gibt es fertig und bereits ausgezogen zu kaufen. Ein Päckchen entspricht der halben Menge unseres Grundrezeptes.

Wer Strudelteig selbst bereitet und ein Gefriergerät besitzt, sollte vom

STRUDEL

Teig gleich die 3–4fache Menge herstellen. Vor der Ruhezeit wird die Teigkugel verpackt und eingefroren.

Ideal zum Einfrieren
Apfelstrudel

Bild Seite 474

Zutaten für 8 Portionen:	2 Messersp. gemahlener Zimt
	1/8 l Sahne
Für den Teig:	
250 g Mehl	Zum Bestreichen:
1/8 l lauwarmes Wasser	50 g Butter
	1/8 l Sahne
1 Prise Salz	
50 g Butter	Für die Form:
	2 Teel. Butter
Für die Füllung:	
50 g Haselnüsse oder abgezogene Mandeln	Pro Person etwa: 1970 Joule 470 Kalorien
50 g Rosinen	
1 kg säuerliche Äpfel	Ruhezeit:
Saft von 1 Zitrone	60 Minuten
100 g Zucker	
2 Eßl. Rum	Backzeit:
1/8 l saure Sahne	60 Minuten.

Das Mehl auf ein Backbrett sieben, in die Mitte eine Vertiefung drücken und das lauwarme Wasser und das Salz hineingeben. Die Butter zerlassen, 2 Teelöffel davon abnehmen und die restliche Butter ebenfalls in die Mulde gießen. Alles zu einem glatten, glänzenden Teig verarbeiten, zu 2 Kugeln formen, sie mit der zurückbehaltenen Butter bestreichen und unter einer angewärmten Schüssel 60 Minuten ruhen lassen.
Die Haselnüsse oder die Mandeln hacken oder reiben. Die Rosinen heiß waschen und mit einem Küchentuch trockentupfen. Die Äpfel schälen, vierteln, vom Kernhaus befreien, die Apfelviertel in feine Scheiben hobeln. Die Apfelscheiben mit dem Zitronensaft beträufeln und mit dem Zucker, dem Rum, den Nüssen und den Rosinen mischen.
Den Backofen auf 200° vorheizen. Den Strudelteig auf einem leicht bemehlten Tuch ausrollen und ausziehen. Die Teigblätter mit zerlassener Butter und mit der sauren Sahne bestreichen. Die Füllung gleichmäßig auf den Teigblättern verteilen und mit etwas Zimt bestreuen. Den Strudel aufrollen.
Ein Backblech oder eine Bratreine mit der Butter ausstreichen. Die Strudel hufeisenförmig oder nebeneinander auf das Blech oder in die Reine legen. Den Strudel mit der restlichen Butter bestreichen und auf der mittleren Schiebeleiste im vorgeheizten Backofen 60 Minuten backen. Sobald der Strudel beginnt etwas Farbe anzunehmen, die Sahne über den Strudel gießen und fertig backen.

Variante 1
Kirschenstrudel

1 kg Kirschen waschen, entsteinen und mit 1 Schnapsglas (2 cl) Kirschwasser, 50 g Zucker und 50 g gehackten Haselnüssen, Walnüssen oder Mandeln mischen. Den Kirschstrudel wie im Rezept vom Apfelstrudel beschrieben fertigstellen und backen.

Variante 2
Topfenstrudel
Quarkstrudel

100 g Butter mit 125 g Zucker und 1 Päckchen Vanillinzucker schaumigrühren. 2 Eigelbe und 1 kg Sahnequark nach und nach in die Butter-Zucker-Mischung rühren. 75 g gewaschene, abgetropfte Rosinen, 1 Eßlöffel Rum und die abgeriebene Schale von 1/2 Zitrone unter die Quarkmasse mengen. 2 Eiweiße zu steifem Schnee schlagen und locker unter die Quarkmischung heben.
Den Strudel wie im Rezept beschrieben fertigstellen und backen. 20 Minuten vor Ende der Garzeit den Strudel nicht mit Sahne, sondern mit 1/4 Liter heißer Milch übergießen. Den Strudel vor dem Servieren mit Puderzucker besieben.

Variante 3
Fleischstrudel

1 1/2 altbackene Brötchen einweichen und ausdrücken. 1 Zwiebel kleinwürfeln, 1 Bund Petersilie fein schneiden. Die Brötchen, die Zwiebelwürfel und die Petersilie mit 750 g Hackfleisch, 2 Eiern, 1/2 Teelöffel Salz, je 1 Messerspitze Pfeffer, geriebener Muskatnuß und getrocknetem Thymian verkneten.
Den Strudel wie im Rezept beschrieben fertigstellen und backen. 20 Minuten vor Ende der Garzeit den Strudel mit 1/4 Liter heißer Fleischbrühe übergießen.

Zum Bild rechts:

*Der Backtag für den Weihnachtsstollen, war im Kalender unserer Mütter und Großmütter schon seit Jahresbeginn vermerkt. Er fiel bereits in den November, denn die vielen köstlichen Zutaten, die da liebevoll zerkleinert, sorgsam gewogen, getränkt und gemischt werden mußten, sollten dann auch durch genügend langes Lagern der schweren Laibe zur höchsten Entfaltung ihrer Düfte und zum gegenseitigen Durchdringen mit ihrem speziellen Geschmack gelangen. Natürlich lohnte der Aufwand am meisten, wenn gleich mehrere Stollen entstanden. Sie waren inhaltsschwer, reich an kostspieligen Spezereien, wurden in der kühlen Kammer während der Ruhewochen von Tag zu Tag verlockender und boten noch lange nach dem Fest begehrte Tafelfreuden. Natürlich gab und gibt es für den echten Dresdner Weihnachtsstollen nicht nur ein Rezept. Es gibt eines mit Rosinen, Korinthen, Zitronat und Orangeat und eines mit vielen Mandeln ohne Trockenfrüchte. Jede Familie hütet aber ihre ganz eigenen, traditionellen Stollenrezepte, die jeweils nur von der Mutter an die Töchter weitergereicht werden. Das Probieren der Stollen gehört in den Dresdner Familien noch immer zum geselligen Weihnachtsgeschehen und ist unerschöpfliche Quelle von Neugier, stolzer Bestätigung und kulinarischer Pfadfinderei nach immer noch vollkommeneren Backergebnissen.
Das Rezept finden Sie auf Seite 439.*

AUSBACKTEIG

Zum Bild links:

Weihnachtsplätzchen verzaubern für groß und klein bereits die Adventszeit. Begeisterte Helfer finden sich bereitwillig beim Backen dieser kleinen beliebten, so formenreichen Plätzchen in der Küche ein. Die ersten Kostproben, aus den nicht ganz gelungenen Plätzchen bestehend, munden meist köstlicher als später die hübsch verzierten im bunten Weihnachtsteller. Plätzchen mit Tradition dürfen nicht in verändertem Gewand erscheinen, ihr Aussehen muß einer bestimmten Vorstellung entsprechen. Andere Plätzchen, ohne verpflichtenden Namen, dürfen dagegen speziell für den Beschenkten glasiert, geschmückt und dekoriert werden – der Phantasie sind dabei keine Grenzen gesetzt. Das zeigen zum Beispiel die feinen Butterplätzchen auf dem Bild.

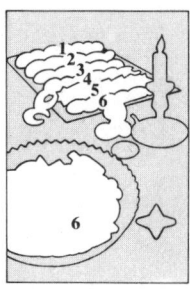

Das Rezept für Spritzgebäck (2) finden Sie auf Seite 455.
Das Rezept für Feine Butterplätzchen (6) finden Sie auf Seite 466.
Die Rezepte für Ischler Törtchen (3), für Vanillehörnchen (4) und für Walnußplätzchen (1) finden Sie auf Seite 467.
Das Rezept für Zimtsterne (5) finden Sie auf Seite 487.

Ausbackteig

Ausbacken ist dasselbe wie fritieren, nämlich Speisen schwimmend in heißem Fett garen. Man kann Gebäck fritieren, aber auch Obst, Gemüse, Fisch oder Fleisch, die meistens mit einem feinen Teig umhüllt und ausgebacken werden.

Ausbackteig mit Milch

150 g Mehl	3 Eiweiße
1 Messersp. Salz	1 Päckchen
3/8 l Milch	Vanillinzucker
3 Eigelbe	

Das Mehl in eine Schüssel sieben. Das Salz über das Mehl streuen und die Milch nach und nach unterrühren. Die Eigelbe zugeben und mit einem Rührlöffel oder mit dem Rührbesen des Handrührgerätes rühren, bis ein glatter Teig entstanden ist. Den Teig zugedeckt 30 Minuten quellen lassen. Die Eiweiße zu steifem Schnee schlagen, den Vanillinzucker einrieseln lassen und unterrühren. Den Eischnee mit einem Rührlöffel unter den Milchteig heben.

Ausbackteig mit Bier

125 g Mehl	3/4 Tasse helles Bier
1/2 Teel. Backpulver	2 Eigelbe
	1 1/2 Eßl. Öl
1 Prise Salz	2 Eiweiße

Das Mehl mit dem Backpulver in eine Schüssel sieben. Das Salz, das Bier, die Eigelbe und das Öl zugeben und alles mit dem Rührlöffel oder mit dem Rührbesen des Handrührgerätes glattrühren. Den Teig zugedeckt 30 Minuten quellen lassen. Die Eiweiße zu steifem Schnee schlagen und zuletzt mit dem Rührlöffel unter den Bierteig heben.

Praktischer Rat
Das vorbereitete Fritiergut auf eine Gabel stecken, in Ausbackteig wenden und von der Gabel ins heiße Fett gleiten lassen.

Den Ausbackteig möglichst rasch verarbeiten, da er sonst zusammenfällt.

Zum Fritieren nur Fette verwenden, die wasserfrei sind und bei hohen Temperaturen nicht rauchen oder verbrennen. Zu diesen Fetten gehören Schmalz, Öl und harte oder halbweiche Plattenfette. Das Fett muß reichlich bemessen sein, damit das Fritiergut darin schwimmen kann.

Die Temperatur des Fritierfettes liegt zwischen 175° und 190°.
Bei der elektrischen Friteuse läßt sich jede gewünschte Temperatur einschalten. Das rote Kontrollämpchen erlischt, wenn das Fett die erforderliche Temperatur erreicht hat.
Wird in einem gewöhnlichen Topf oder in einem speziellen Fritiertopf ausgebacken, so erhitzt man das Fett auf dem Herd. Die Temperatur läßt sich am besten mit einem Fritierthermometer kontrollieren. Ist kein Fritierthermometer vorhanden, so macht man die Temperaturprobe mit einem Wassertropfen. Verzischt ein Wassertropfen im heißen Fett, ist die benötigte Temperatur erreicht. Sie können auch den Holzstiel eines Kochlöffels ins heiße Fett halten; bilden sich um den Stiel rasch Bläschen, ist ebenfalls die richtige Fritiertemperatur erreicht.

Größere Mengen bäckt man portionsweise nacheinander aus. Nach jeder Portion warten, bis das Fett wieder die erforderliche Temperatur erlangt hat.

Fritiertes immer erst nach dem Abtropfen auf saugfähigem Papier salzen, würzen, mit Zucker bestreuen oder glasieren.

Ob die Friteuse beim Fritieren zugedeckt wird oder offen bleibt, hängt vom jeweiligen Rezept ab.

Das abgekühlte Fritierfett wird durch ein feines Haarsieb oder durch eine Filtertüte gegossen und bis zum nächsten Fritieren in der Friteuse aufbewahrt.

Nach fünfmaligem Fritieren sollte das Fett nicht mehr zum Fritieren verwendet werden. Es ist aber noch als Bratfett zu gebrauchen.

Der leicht gesüßte Ausbackteig mit Milch eignet sich ausschließlich für Fritiertes, das auch süß gegessen wird, während der Ausbackteig mit Bier vorwiegend für Salziges verwendet wird. Er schmeckt aber auch fein für Ausgebackenes, das später noch gezuckert wird.

BAISERMASSE

Baisermasse

Baiser oder Meringe ist dasselbe, nämlich mit Zucker getrockneter Eischnee. Der Name dieser zarten Schaumgebilde kommt aus Frankreich (baiser heißt küssen); dort ist die »meringue à la crème«, also das Sahnebaiser, ein beliebtes Dessert, das zu Mocca gereicht wird.

Aus der Schaummasse lassen sich Baiserschalen, Baisertortelettes, Kuchenböden, Kleingebäck, Christbaumschmuck oder Verzierungen auf Obstkuchen herstellen. Durch Zusatz von geriebener Schokolade oder von Kakaopulver wird aus dem weißen Baiser Schokoladenbaiser, und durch Zugabe von Nüssen entsteht die Makronenmasse. Das Mengenverhältnis von Eiweiß und Zucker läßt sich leicht merken: Auf 1 Eiweiß kommen immer 50 g Zucker.

Grundrezept
Baisermasse

Zutaten für
4 Baiserschalen:
2 Eiweiße
100 g feinkörniger Zucker oder Puderzucker
1 Päckchen Vanillinzucker
einige Tropfen Zitronensaft

Pro Baiserschale etwa:
500 Joule
120 Kalorien

Backzeit:
2 Stunden

Ein Backblech mit Pergamentpapier auslegen. Den Backofen auf 100° vorheizen.
Die Eiweiße sorgfältig von den Eigelben trennen und in einer hohen, fettfreien Schüssel mit dem Rührbesen des elektrischen Handrührgerätes steif schlagen. Nach und nach den Zucker, eventuell den gesiebten Puderzucker und den Vanillinzucker einrieseln lassen. Den Zitronensaft zugeben und weiterrühren, bis sich der Zucker völlig gelöst hat und die Schaummasse glänzt. Der Eischnee muß so lange geschlagen werden, bis ein Schnitt mit dem Messer auf der Oberfläche deutlich zu sehen ist und bestehen bleibt.
Die Baisermasse in einen Spritzbeutel mit großer Loch- oder Sterntülle füllen und 4 Baiserböden in genügend Abstand voneinander auf das Pergamentpapier spritzen.
Die Baisers im vorgeheizten Backofen auf der mittleren Schiebeleiste in 2 Stunden mehr trocknen lassen als backen. Während der ganzen Backzeit soll die Backofentür durch einen Kochlöffelstiel einen Spalt offen gehalten werden. Die Baiserschalen nach beendeter Backzeit auf einem Kuchengitter abkühlen lassen und wie im jeweiligen Rezept beschrieben weiterverarbeiten.

Praktischer Rat
Baisermasse stets auf ein Backblech geben, das mit ungefettetem Pergamentpapier ausgelegt ist. Vor dem Aufspritzen auf das Papier kann man sich mit einem Bleistift die gewünschten Formen im nötigen Abstand auf das Papier zeichnen.

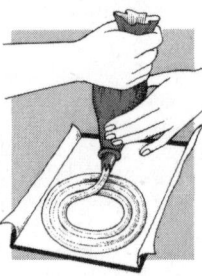
So können Sie einen Tortenboden aus Baisermasse auf das Backblech spritzen.

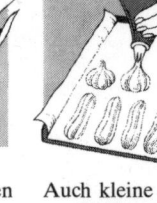
Auch kleine Formen aus Baisermasse spritzt man mit dem Spritzbeutel auf das Backblech.

Damit das Pergamentpapier auf dem Backblech nicht rutscht, kann das Backblech zuvor dünn mit Öl bestrichen werden.

Wenn Sie keinen Spritzbeutel zur Verfügung haben, so können Sie die Baisermasse auch mit der Gebäckspritze auf das Pergamentpapier spritzen oder einfach mit einem Löffel Häufchen von der Masse aufsetzen und glattstreichen.

Möchten Sie einen Kuchen mit einer Schicht aus Baisermasse oder mit einem Baisergitter überziehen, so schlagen Sie je nach Größe des Kuchens 2–3 Eiweiße mit 100–150 g Zucker oder gesiebtem Puderzucker steif und streichen oder spritzen diese Schaummasse über den Kuchen. Die Baisermasse auf einem Kuchen soll möglichst weiß bleiben, höchstens aber hellgelb gebacken werden.

Baiser oder Meringen, wie sie verschiedentlich heißen – in Süddeutschland nennt man sie auch »Busserl«, in Wien »spanische Winde« – eignen sich gut zum Füllen mit Eiscreme, mit Schlagsahne oder mit Obst.

Gefüllte Meringen

Zutaten für 4 Meringen:
2 Eiweiße
100 g feinkörniger Zucker oder Puderzucker
1 Päckchen Vanillinzucker
einige Tropfen Zitronensaft
1 Eßl. Puderzucker

Zum Füllen:
¼ l Sahne
2 Eßl. Puderzucker
1 Päckchen Sahnesteifmittel
175 g Himbeeren, kleine Erdbeeren, Brombeeren oder Johannisbeeren

Pro Meringe etwa:
1510 Joule
360 Kalorien

Backzeit:
2 Stunden

Ein Backblech mit Pergamentpapier auslegen. Den Backofen auf 100° vorheizen.
Die Eiweiße mit dem Rührbesen des elektrischen Handrührgerätes steif schlagen, nach und nach den Zucker, gegebenenfalls den gesiebten Puderzucker und den Vanillinzucker einrieseln lassen. Den Zitronensaft zugeben und weiterrühren, bis die Eimasse steif ist und glänzt. Die Baisermasse in einen Spritzbeutel mit Sterntülle füllen und 4 schneckenförmige Böden mit hohem Rand auf das Pergamentpapier spritzen. Die Meringen hauchdünn mit Puderzucker übersieben und auf der mittleren Schiebeleiste im vorgeheizten Backofen bei leicht geöffneter Backofentüre 2 Stunden trocknen lassen.
Die Sahne mit dem Puderzucker und dem Sahnesteifmittel schlagen. Die Beeren verlesen, waschen und abtropfen lassen. Einige Früchte zurückbehalten. Die übrigen Beeren unter die Sahne heben und die Sahne in die Meringen füllen. Diese mit den zurückbehaltenen Beeren garnieren.

Beliebtes Weihnachtsgebäck
Haselnußmakronen

Zutaten für 60 Makronen:
60 kleine runde Backoblaten
300 g Haselnüsse
6 Eiweiße
300 g feinkörniger Zucker
abgeriebene Schale von 1 Zitrone
60 ganze Haselnüsse

Pro Makrone etwa:
290 Joule
70 Kalorien

Backzeit:
30–45 Minuten

MAKRONEN · ZIMTSTERNE · LEBKUCHEN

Ein oder zwei Backbleche mit den Oblaten belegen.
Die Haselnüsse fein mahlen oder im Mixer fein zerkleinern. Die Eiweiße steif schlagen, den Zucker einrieseln lassen und weiterschlagen, bis die Baisermasse steif und glänzend ist. Die Zitronenschale und die gemahlenen Haselnüsse über die Baisermasse streuen und mit einem Rührlöffel unterheben – nicht mit dem Rührgerät unterrühren.
Den Backofen auf 160° vorheizen. Das Nußbaiser in einen Spritzbeutel mit großer Sterntülle füllen und etwa walnußgroße Tupfen auf die Backoblaten spritzen. In jede Nußmakrone 1 ganze Haselnuß drücken und die Makronen im vorgeheizten Backofen auf der mittleren Schiebeleiste 30–45 Minuten backen. Die Makronen vom Blech nehmen und auf einem Kuchengitter abkühlen lassen.

Variante
Mandelmakronen

Mandelmakronen nach dem Rezept wie Haselnußmakronen bereiten und backen; statt der Haselnüsse aber abgezogene, feingeriebene Mandeln verwenden.

Unser Tip: Wenn Sie keinen Spritzbeutel zur Verfügung haben, so setzen Sie mit zwei Teelöffeln kleine Häufchen von der Makronenmasse auf die Oblaten.

Kokosmakronen

Zutaten für 60 Makronen:
60 kleine runde Backoblaten
6 Eiweiße
300 g feinkörniger Zucker
Saft von ½ Zitrone
abgeriebene Schale von 1 Zitrone
200 g Kokosraspeln
100 g Mehl

Pro Makrone etwa:
170 Joule
40 Kalorien

Backzeit:
30–45 Minuten

Die Backoblaten auf ein Backblech legen. Die Eiweiße sehr steifschlagen, nach und nach den Zucker einrieseln lassen und den Zitronensaft zugeben. Weiterrühren bis der Zucker völlig gelöst und die Baisermasse steif und glänzend ist. Die Zitronenschale und die Kokosraspeln über die Baisermasse streuen, das Mehl daraufsieben und alles mit dem Rührlöffel unter die Baisermasse heben.
Den Backofen auf 160° vorheizen. Von der Kokosmasse kleine Tupfen mit zwei Teelöffeln oder mit dem Spritzbeutel auf die Backoblaten setzen. Die Kokosmakronen im vorgeheizten Backofen auf der mittleren Schiebeleiste 35–45 Minuten backen und auf einem Kuchengitter abkühlen lassen. Die Kokosmakronen einige Tage in einer dichtschließenden Dose aufbewahren; sie werden durch das Aufbewahren zarter.

Unser Tip: Sie können die Kokosmakronen auch einmal mit Schokoladenkuvertüre überziehen.

Beliebtes Weihnachtsgebäck
Zimtsterne

Bild Seite 484

Zutaten für 60 Sterne:
60 kleine, runde Backoblaten
400 g Haselnüsse oder Mandeln
6 Eiweiße
500 g feinkörniger Zucker
1 Vanilleschote
1 Eßl. gemahlener Zimt
1–2 Eßl. Puderzucker

Pro Stern etwa:
330 Joule
80 Kalorien

Ruhezeit:
1–2 Stunden

Backzeit:
35–45 Minuten

Ein oder zwei Backbleche mit den Oblaten belegen.
Die Haselnüsse oder die ungeschälten Mandeln mahlen oder im Mixer fein zerkleinern. Die Eiweiße steif schlagen, nach und nach den Zucker einrieseln lassen und so lange weiterschlagen, bis die Baisermasse steif ist und glänzt.
⅓ der Baisermasse beiseite stellen. Die Vanilleschote aufschlitzen und das Mark herausschaben. Das Vanillemark, den Zimt und die geriebenen Nüsse oder Mandeln über die restliche Baisermasse streuen und mit einem Rührlöffel unterheben.
Eine Arbeitsfläche und die Teigrolle mit Puderzucker bestäuben. Den weichen Nußteig bleistiftdick auf der Arbeitsfläche ausrollen und kleine Sternchen ausstechen. Die Ausstechform immer wieder in kaltes Wasser tauchen, damit der Teig nicht an der Form klebt. Die Sterne auf die Backoblaten legen und mit der zurückbehaltenen Baisermasse bestreichen. Das geht am besten mit einem Küchenmesser. Die Zimtsterne 1–2 Stunden bei Raumtemperatur etwas antrocknen lassen.
Den Backofen auf 160° vorheizen. Die Zimtsterne im vorgeheizten Backofen auf der mittleren Schiebeleiste 35–45 Minuten backen und auf einem Kuchengitter abkühlen lassen. Die Zimtsterne vor dem Verzehr mindestens eine Woche in einer dichtschließenden Dose aufbewahren.

Beliebtes Weihnachtsgebäck
Elisenlebkuchen

Zutaten für 25 Lebkuchen:
250 g Mandeln oder Haselnüsse
je 50 g Orangeat und Zitronat
5 Eiweiße
300 g Puderzucker
1 Teel. gemahlener Zimt
1 Messersp. gemahlene Gewürznelke
1 Messersp. Kardamom
abgeriebene Schale von 1 Zitrone
125 g Mehl
2 Messersp. Backpulver
25 runde oder eckige Backoblaten von mittlerer Größe

Pro Lebkuchen etwa:
630 Joule
150 Kalorien

Backzeit:
30–40 Minuten

Die ungeschälten Mandeln oder die Haselnüsse fein mahlen oder im Mixer sehr fein zerkleinern. Das Orangeat und das Zitronat sehr fein schneiden.
Die Eiweiße steif schlagen, nach und nach den Puderzucker einrieseln lassen und weiterschlagen, bis die Baisermasse steif und glänzend ist. Den Zimt, das Nelkenpulver, den Kardamom, die Zitronenschale, die geriebenen Mandeln oder die geriebenen Haselnüsse, das Orangeat und das Zitronat über die Baisermasse streuen. Das Mehl mit dem Backpulver daraufsieben und alles mit einem Rührlöffel unter die Baisermasse heben.
Den Backofen auf 175° vorheizen. Den Lebkuchenteig etwa 1 cm dick auf die Oblaten streichen; die Oblaten auf ein Backblech legen und im vorgeheizten Backofen auf der mittleren Schiebeleiste 30–40 Minuten backen. Die Lebkuchen auf einem Kuchengitter abkühlen lassen und vor dem Verzehr mehrere Tage in einer dicht abschließenden Dose durchziehen lassen.

Unser Tip: Nach Belieben die heißen Lebkuchen dünn mit Zitronenglasur oder mit Schokoladenkuvertüre überziehen. Die Kuvertüre dafür noch mit 25 g zerlassenem Kokosfett mischen.

KONFEKT

Konfekt

Konfekt aus der eigenen Küche, damit läßt sich zu besonderen Gelegenheiten Freude bereiten. Manchmal möchte man einem lieben Menschen eine kleine Aufmerksamkeit erweisen, nicht einfach konfektioniert, gekauft, sondern eigens für ihn hergestellt. Der bunte Teller zur Weihnachtszeit erhält durch selbsthergestelltes Konfekt noch größeren Anreiz.

Praktischer Rat
Selbsthergestelltes Konfekt sollte in einer Dose oder Schachtel möglichst kühl und verschlossen aufbewahrt werden; man sollte es auch nicht länger als 4–6 Wochen aufheben.

Auch das letzte Konfektstück soll noch appetitlich präsentiert werden. Legen Sie deshalb jedes Stück in ein Papierschälchen mit Riffelrand, wie sie auch von den Pralinenherstellern verwendet werden. Oder man stellt die Schälchen selbst aus Alufolie her: Kleine Kreise oder Quadrate ausschneiden und diese über einem Flaschenhals zu Schälchen biegen.

Das Konfekt in den Schälchen lagenweise in eine Dose oder Schachtel schichten und jede Lage mit Pergamentpapier oder Alufolie bedecken, damit die Garnierung oder die Oberfläche nicht unansehnlich wird.

Bonbons oder Konfektstücke von festerer Konsistenz kann man auch einzeln in farbloses oder buntes Zellophanpapier wickeln – für Kinder sogar in eine lange, zusammenhängende Schlange.

Schokoladentrüffeln

Zutaten für 25 Trüffeln:
1 Ei
100 g edelbittere Schokolade
50 g geschälte Mandeln
100 g Puderzucker
1 Eiweiß
20 g Butter
1 Teel. Vanillinzucker
1 Beutel Schokoladentrüffeln

Pro Trüffel etwa:
290 Joule
70 Kalorien

Kochzeit für das Ei:
10 Minuten

Das Ei hart kochen, abschrecken und schälen. Das Eigelb aus dem Eiweiß lösen und erkalten lassen.
Die Schokolade und die Mandeln fein reiben oder im Mixer pürieren und mischen. Den Puderzucker darübersieben und alles mit dem Eiweiß zu einer glatten Masse verrühren.
Das kalte Eigelb durch ein Sieb streichen. Das Eigelb mit der weichen Butter und dem Vanillinzucker mischen.
Aus der Schokoladenmasse eine Rolle von etwa 3 cm Durchmesser formen. 25 dünne Scheiben von der Rolle abschneiden und kleine Schüsselchen aus den Scheiben formen. In jedes Schüsselchen ein wenig von der Eigelbfülle geben, die Schokoladenmasse über der Füllung zusammendrücken, Kugeln daraus drehen und die Kugeln in den Schokoladentrüffeln wenden.

Schokoladen-Rumkugeln

Zutaten für 40 Kugeln:
65 g Butter
1 Eigelb
65 g Puderzucker
1 Teel. Instant-Kaffeepulver
250 g edelbittere Schokolade
1–2 Eßl. Rum oder Arrak
1–2 Eßl. Sahne
1 Beutel Schokoladentrüffeln

Pro Kugel etwa:
250 Joule
60 Kalorien

Die weiche Butter mit dem Eigelb in eine Schüssel geben. Den Puderzucker darübersieben und alles mit einem Schneebesen verrühren. Das Kaffeepulver zufügen und die Schokolade darüberreiben. Unter Rühren so viel Rum oder Arrak und Sahne zugeben, daß eine geschmeidige formbare Masse entsteht. Kleine Kugeln daraus drehen und die Kugeln in den Schokoladentrüffeln wenden. Die Rumkugeln kalt stellen.

Mandelsplitter

Zutaten für 15 Stück:
70 g geschälte Mandeln
100 g edelbittere Schokolade
½ Teel. Öl

Pro Stück etwa:
290 Joule
70 Kalorien

Die geschälten Mandeln in feine Stifte schneiden. Die Mandelstifte in einer fettlosen Pfanne goldgelb rösten. Die Schokolade in einem kleinen Topf im heißen Wasserbad oder auf der Automatikplatte, Einstellbereich 2–3, zerlassen.
Einen Bogen Pergamentpapier dünn mit dem Öl bestreichen. Die Mandelsplitter unter die geschmolzene Schokolade mischen. Mit zwei Teelöffeln kleine Häufchen auf das geölte Papier setzen und die Mandelsplitter trocknen lassen.

Marzipankartoffeln

Zutaten für 12 Stück:
50 g geschälte Mandeln
75–85 g Puderzucker
1–2 Eßl. Arrak
1 Eßl. Kakaopulver

Pro Kartoffel etwa:
250 Joule
60 Kalorien

Die geschälten Mandeln zweimal durch die Nußmühle drehen oder im Mixer sehr fein zerkleinern. Die Mandelmasse mit dem gesiebten Puderzucker und mit so viel Arrak mischen, daß eine geschmeidige Masse entsteht. Kleine Kugeln aus dieser Masse formen und die Kugeln in Kakaopulver wenden.
Besonders »echt« sehen die Marzipankartoffeln aus, wenn man mit einem Hölzchen »Kartoffelaugen« und Risse in der Kakaoschale markiert.

Weiche Honigbonbons

Zutaten für 75 Bonbons:
50 ccm Milch
60 g Honig
300 g Zucker
300 ccm crème fraîche (dicke frische Sahne)

Pro Bonbon etwa:
170 Joule
40 Kalorien

Kochzeit:
10–30 Minuten

Die Milch erhitzen, den Honig darin auflösen, den Zucker und die Sahne zugeben und bei milder Hitze unter ständigem Rühren im offenen Topf kochen lassen. Die Bonbonmasse ist fertig, wenn ein großer Tropfen der Flüssigkeit abgekühlt nicht mehr zwischen den Fingern klebt. Um das zu prüfen, geben Sie einen großen Tropfen der heißen Flüssigkeit in ein Glas mit kaltem Wasser. So kühlt die Masse augenblicklich ab. Ob die Bonbons weicher oder fester werden, hängt von der Kochzeit ab. Zu weiche Bonbons lassen sich schlecht schneiden und verpacken.
Eine flache Form mit etwas Butter bestreichen. Die noch heiße Masse in die Form gießen und abkühlen lassen. Abgekühlt, aber noch nicht fest, die Masse in kleine Stücke schneiden. Die Bonbons fest werden lassen.

BROTTEIG

Brotteig

Brot ist eines der ältesten Nahrungsmittel. Seine Bedeutung als Grund- und Volksnahrung scheint jedoch geringer zu werden. Dafür steigen die Anforderungen an Gleichmäßigkeit der Qualität und Vielfalt des Angebots. Über 200 Brotsorten werden heute im Handel angeboten.

Trotz der großen Auswahl, und der anerkennenswerten Qualität derselben haben viele Familien den Wunsch, ihr eigenes Brot zu backen.

Brot backen ist allerdings etwas mühevoll und beansprucht Zeit. Aber das Ergebnis entschädigt dafür. Frisches, selbstgebackenes Roggenbrot, mit Butter bestrichen, mit grobem Salz bestreut, zu Radieschen, Rettich, Tomate oder Gurke, zu Schinken, zu Kräuterquark, zu kaltem Braten, zu Wurst oder Tatar, ist ein wirklicher Genuß.

Würzen Sie Ihr Brot mit Sesamsamen, mit Koriander, mit Kümmel, mit Kräutern oder mit Zwiebeln, mischen Sie Roggenmehl und Weizenmehl, Mehl und Schrot; aber halten Sie sich an die Grundrezepte, die erprobten Mengenangaben und an die empfohlenen Triebmittel.

Brot kann mit Hefe oder Sauerteig als Triebmittel bereitet werden oder mit Hefe und Sauerteig gemischt. Brot mit Sauerteig schmeckt herzhafter als Brot mit Hefe. Hefebrot ist feinporiger, geschmacksneutraler und eignet sich besser zum Weiterverarbeiten zu Gerichten, die aus oder mit Brot hergestellt werden.

Grundrezept
Brotteig mit Hefe

500 g Weizenmehl
25 g Hefe
300 ccm Wasser
½ Teel. Salz
50 g Butter

Für die Form:
Butter

Backzeit:
35–45 Minuten

Das Mehl in eine Schüssel sieben und in die Mitte eine Vertiefung drücken. Die Hefe in die Mulde bröckeln. Das Wasser erwärmen und lauwarm mit der Hefe und etwas Mehl zu einem Hefevorteig verrühren. Etwas Mehl über den Hefevorteig streuen und diesen zugedeckt an einem zugfreien Ort so lange gehen lassen, bis das Mehl auf der Oberfläche Risse zeigt.

Das Salz und die Butter in Flöckchen auf dem Mehlrand verteilen und mit dem gesamten Mehl und dem Hefevorteig zu einem Teig schlagen, bis der Teig Blasen wirft und sich vom Schüsselrand löst. Den Teig wiederum zugedeckt 25–30 Minuten gehen lassen. Der Teig soll während dieser Zeit sein Volumen verdoppeln.

Eine Kastenkuchenform von etwa 34 cm Länge mit der Butter ausstreichen. Den gegangenen Hefeteig noch einmal durchkneten, in die Form füllen und weitere 20–30 Minuten gehen lassen.

Den Backofen auf 200° vorheizen. Eine kleine, feuerfeste Form mit Wasser gefüllt auf den Boden des Backofens stellen.

Den aufgegangenen Teig in der Form mit lauwarmem Wasser bestreichen und auf der untersten Schiebeleiste im vorgeheizten Backofen 35–45 Minuten backen. Sobald die Oberfläche anfängt braun zu werden, das Brot mehrmals mit kaltem Wasser bestreichen, damit die Oberfläche glänzt. Das Brot dann aus dem Ofen nehmen, in der Form etwa 10 Minuten abkühlen lassen, auf ein Kuchengitter stürzen und erkalten lassen.

<u>Unsere Tips:</u> Milder im Geschmack wird das Weißbrot, wenn Sie das Wasser durch dieselbe Menge lauwarmer Milch ersetzen.

Aus dem Hefe-Brotteig können Sie auch ein langes Stangenweißbrot backen. Den Teig zu einer langen Rolle formen, auf ein gefettetes Backblech legen und noch einmal gehen lassen. Vor dem Backen das Brot mit Wasser bestreichen.

Grundrezept
Brotteig mit Sauerteig

2 kg Roggenmehl
1 Eßl. Salz
1–2 Teel. gemahlener Kümmel
1 ⅛ l Wasser
4–5 Eßl. Sauerteig (beim Bäcker gekauft oder selbst hergestellt)

Für das Backblech:
Butter oder Öl

Ruhezeit:
5–12 Stunden

Backzeit:
75 Minuten

Das Mehl mit dem Salz und dem Kümmel in einer großen Schüssel mischen. In die Mitte eine Vertiefung drücken. Das Wasser erwärmen. Zunächst 1 Liter lauwarmes Wasser in die Mulde gießen und mit dem Mehl in der Mitte zu einem Brei verrühren. Das Mehl am Rand stehenlassen. Zuletzt den Sauerteig unter den Brei mischen. Etwas Mehl über den Brei streuen, die Schüssel mit einem Tuch zudecken und den Vorteig an einem zugfreien Ort bei Zimmertemperatur am besten 12 Stunden stehen lassen. Danach das gesamte Mehl mit dem Brei verkneten. Der Teig soll fest sein; falls er zu fest ist, noch etwas lauwarmes Wasser zufügen. Den Teig kneten, bis er geschmeidig ist und sich von den Händen und der Schüssel oder von der Arbeitsplatte löst. Das dauert etwa 20 Minuten. Die Hände während des Knetens mehrfach mit lauwarmem Wasser anfeuchten. Den gekneteten Teig glattstreichen und in der Schüssel zugedeckt 1–1½ Stunden gehen lassen.

Ein Backblech mit Fett bestreichen. Den Teig mit feuchten Händen zu einem Laib formen und auf das Backblech legen.

Den Backofen auf 250° vorheizen. Eine kleine, feuerfeste Form mit Wasser gefüllt auf den Boden des Backofens stellen.

Den gegangenen Brotlaib seitlich etwas zusammenschieben. Die Oberfläche mehrmals mit einem Holzspießchen einstechen, damit das Brot beim Backen nicht platzt. Den Laib mit lauwarmem Wasser bestreichen und auf der mittleren Schiebeleiste in den Backofen schieben. Die Temperatur auf 200° zurückschalten und das Brot 75 Minuten backen. Das gebackene Brot mehrmals mit kaltem Wasser bestreichen, damit die Oberfläche glänzt. Das Brot abkühlen lassen.

Sauerteig

Wenn Sie Sauerteig selbst herstellen möchten, so haben Sie hierfür 2 Möglichkeiten: Wenn Sie sich den Sauerteig das erste Mal beim Bäcker besorgt haben, so nehmen Sie von Ihrem Brotteig mit Sauerteig 4–8 Eßlöffel ab. Lassen Sie diesen Teigrest mit Wasser bedeckt bis zu 7 Tagen bei Zimmertemperatur stehen. In dieser Zeit ist der Brotteig sauer geworden und dient wieder als Triebmittel für das nächste Brot. Allerdings brauchen Sie für ein Brot von etwa 2 kg Mehl nur etwa 4 Eßlöffel Sauerteig. Wenn Sie 8 Eßlöffel abgenommen haben, so können Sie die restlichen 4 Eßlöffel Sauerteig einfrieren und vor dem Verwenden bei Zimmertemperatur auftauen lassen.

Sauerteig läßt sich aber auch ohne das Ausgangsprodukt vom Bäcker selbst herstellen. Verrühren Sie 2–4 gehäufte Eßlöffel Mehl mit Wasser zu

BROTTEIG

einem dicken Brei. Begießen Sie diesen Brei mit Wasser, so daß er etwa 3 cm hoch davon bedeckt ist. Den Brei zugedeckt etwa 7 Tage bei Zimmertemperatur stehen lassen. Etwas Wasser abgießen und dann den sauer gewordenen Teig zum Brotbacken verwenden.

Grundrezept
Brotteig mit Hefe und mit Sauerteig

1 kg Roggenmehl
100 g Sauerteig (vom Bäcker gekauft oder selbst hergestellt, wie oben beschrieben)
3/4 l Wasser
20 g Hefe
1 1/2 Eßl. Salz
1/2 Teel. gemahlener schwarzer Pfeffer
1 Messersp. Kardamom
2 Eßl. Butter

Für das Backblech: Mehl

Ruhezeit: 12 Stunden

Backzeit pro Wecken: 30 Minuten

Die Hälfte des Mehls in eine Schüssel sieben. Den Sauerteig mit dem lauwarmen Wasser und der zerbröckelten Hefe verrühren, unter das Mehl mischen und diesen Vorteig zugedeckt an einem nicht zu warmen Ort 12 Stunden stehen lassen. Das Salz, den Pfeffer und den Kardamom mit dem übrigen Mehl über den Vorteig streuen. Die Butter in Flöckchen darauf verteilen und alles zu einem Teig schlagen, bis dieser Blasen wirft; das dauert etwa 20 Minuten.
Ein Backblech mit Mehl bestreuen. Den Teig in 3 gleich große Teile schneiden und aus jedem Teil einen Wecken von 35 cm Länge formen. Den ersten Wecken auf das bemehlte Backblech legen, die beiden anderen Wecken mit einem Tuch zudecken. Den ersten Wecken zugedeckt noch einmal 15 Minuten ruhen lassen. Den Backofen auf 250° vorheizen. Eine kleine, feuerfeste Form mit Wasser gefüllt auf den Boden des Backofens stellen.
Den ersten Wecken mit Wasser bestreichen und mit einem dünnen, scharfen Messer mehrmals schräg an der Oberfläche einschneiden. Den Wecken auf der zweiten Schiebeleiste von unten 30 Minuten backen und auf einem Kuchengitter abkühlen lassen. Die anderen beiden Wecken nacheinander ebenso backen.

Praktischer Rat

Zum Brotbacken werden Backblech oder Backformen mit Fett ausgestrichen; das Backblech kann für kleinere Laibe auch nur mit Mehl bestreut werden.

Muß Teig gehen oder ruhen, so legt man ihn in eine mit Mehl ausgestreute oder ausgefettete Schüssel, damit er nicht an der Schüssel klebt.

Brotlaibe vor dem Backen entweder mit einem Holzspießchen mehrmals einstechen oder mit einem dünnen Messer schräg einschneiden, damit die Kruste beim Backen nicht reißt.

Sind Sie einmal unsicher, ob der Brotteig vor dem Formen der Laibe oder vor dem Einfüllen in die Form genügend gegangen ist, stoßen Sie zur Probe 2 Finger in die Teigoberfläche. Ist der Teig genügend gegangen, schließen sich die Löcher nach dem Zurückziehen der Finger wieder.

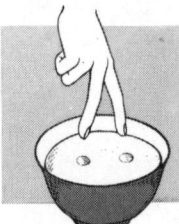

Um zu prüfen, ob Brotteig wirklich genügend gegangen ist, zwei Finger in den Teig stoßen. Schließen sich die Löcher rasch wieder, ist der Teig genügend gegangen.

Vor dem Formen wird gegangener Brotteig noch einmal in einer Schüssel oder auf dem Backbrett durchgeknetet; Schüssel und Brett sollten stets leicht bemehlt sein.

Damit Roggenbrot beim Backen »atmen« kann, in den geformten Laib mit dem Kochlöffelstiel einen kleinen Trichter formen.

In einen geformten Laib für Roggenbrot vor dem Backen einen kleinen Trichter formen, damit der Teig während des Backens genügend Luft bekommt.

Es gibt mehrere Methoden, der Kruste von Broten und Kleingebäck Glanz zu verleihen:

1. Hefeteigbrote aus Weizenmehl bekommen eine goldbraune Kruste, wenn man sie vor dem Backen mit etwas mit Milch verquirltem Eigelb bestreicht.

2. Eine glänzende Kruste bekommen Brote, wenn man sie vor dem Backen und gegen Ende der Backzeit wiederholt mit Wasser bestreicht.

3. Einen seidigen Glanz erhalten Brote und Brötchen, wenn man sie nach dem Backen mit gezuckerter Milch oder mit Zuckerwasser bestreicht und im Ofen trocknen läßt.

4. Einen kräftig braunen Glanz erhalten Roggenbrote und Roggenbrötchen, wenn man sie noch heiß nach dem Backen mit einer Lösung aus Speisestärke bestreicht (1/2 Teelöffel Speisestärke mit 1/2 Tasse Wasser angerührt) und diese im noch warmen Ofen trocknen läßt.

Machen Sie bei Broten und Brötchen vor dem Herausnehmen aus dem Backofen unbedingt die Stäbchenprobe (Garprobe). Ein Holzspießchen in das gebackene Brot stechen; haftet nach dem Herausziehen kein Teig am Stäbchen, ist das Brot durchgebacken.

Brote und Brötchen bleiben feuchter und die Kruste wird knusprig, wenn man während des Backens für Dampf sorgt. Für Brötchen etwa 4–5 Eßlöffel Wasser auf das Backblech träufeln; das Wasser verdampft während des Backens und führt dem Gebäck Feuchtigkeit zu. Beim Backen von Brotlaiben auf dem Backblech und von Broten in der Form eine kleine, feuerfeste Form mit Wasser auf den Boden des Backofens stellen. – Oder den Backofen auf höchste Temperaturstufe vorheizen und vor dem Einschieben 1/2 Tasse Wasser auf den Backofenboden schütten. Das Brot sofort einschieben, die Backofentür schließen, den Herd auf die benötigte Backtemperatur zurückschalten.

Ideal zum Tiefkühlen
Weizenkeimbrot

150 g Weizenkörner
60 g Hefe
1/4 l lauwarmes Wasser
1 Eßl. Salz
8 Eßl. Honig
3 Eßl. Öl
1/2 l lauwarmes Wasser
900–1000 g Weizenvollkornmehl oder Spezialmehl, halb

Weizen-, halb Vollkornmehl

Pro Scheibe zu 50 g etwa:
500 Joule
120 Kalorien

Keimzeit: 3 Tage

Backzeit: 60 Minuten

BROTE

Die Weizenkörner 3 Tage vor dem Backtag nach Empfehlung auf der Packung zum Keimen ansetzen.
Die Hefe mit dem lauwarmen Wasser und mit der Hälfte des Mehls verrühren und zugedeckt 30 Minuten bei Zimmertemperatur gehen lassen.
Das restliche Mehl, den gekeimten Weizen, das Salz, den Honig und das Öl mit dem Hefevorteig verkneten. Den Teig zugedeckt wiederum gehen lassen, bis er sein Volumen verdoppelt hat.
Den Teig noch einmal durchkneten und 2 Brotlaibe daraus formen. Einen der Brotlaibe auf ein Backblech legen und weitere 20 Minuten gehen lassen.
Den Backofen auf 220° vorheizen.
Die Laibe kreuzweise leicht einschneiden und mit kaltem Wasser bestreichen. Ein Brot auf der zweiten Schiebeleiste von unten 60 Minuten backen. Das Brot dann auf einem Kuchengitter abkühlen lassen und den zweiten Laib genauso backen.

Mischbrot in Kastenform

Bild Seite 494/495

375 g Roggenmehl	Bei 20 Scheiben
250 g Weizenmehl	pro Scheibe etwa:
30 g Hefe	460 Joule
³/₈ l Wasser	110 Kalorien
1 Teel. Salz	
	Backzeit:
Für die Form:	1 Stunde und
Butter oder Öl	5 Minuten

Das Mehl in einer Schüssel mischen und in die Mitte eine Mulde drücken. Die Hefe in die Mulde bröckeln. Das Wasser, erhitzt bis es lauwarm ist, mit der Hefe und etwas Mehl zu einem Vorteig verrühren; diesen zugedeckt 30 Minuten gehen lassen.
Das Salz über den Mehlrand streuen und mit dem gesamten Mehl und dem Hefevorteig zu einem Hefeteig verkneten. Den Teig so lange kneten oder schlagen, bis er Blasen wirft und sich vom Schüsselboden löst. Den Teig mit lauwarmem Wasser bestreichen und zugedeckt noch einmal gehen lassen, bis er sein Volumen verdoppelt hat.
Eine Kastenkuchenform von etwa 35 cm Länge ausfetten. Den gegangenen Teig in die Form füllen, erneut mit lauwarmem Wasser bestreichen und noch einmal 30 Minuten gehen lassen.
Den Backofen auf 220° vorheizen.
Das Brot auf der untersten Schiebeleiste in den vorgeheizten Backofen schieben und 65 Minuten backen.

Unser Tip: Etwas herzhafter im Geschmack wird das Brot, wenn Sie statt der Hefe 2 Eßlöffel Sauerteig verwenden.

Kräuterfladen

Bild Seite 494/495

Für den Teig:	⅛ l Sahne
250 g Mehl	2 Eier
25 g Hefe	2 Messersp. Salz
⅛ l lauwarme Milch	
1 Messersp. Salz	Zum Verfeinern:
50 g Butter	1 Eßl. Butter in Flöckchen
Für das Backblech:	
Butter	Pro Fladen etwa:
	2180 Joule
Zum Belegen:	520 Kalorien
4 Zwiebelröhrchen	
1 Bund Schnittlauch	Backzeit:
2 Messersp. geriebene Muskatnuß	20 Minuten

Das Mehl in eine Schüssel sieben und in die Mitte eine Vertiefung drücken. Die Hefe in die Vertiefung bröckeln und mit der Milch und etwas Mehl zu einem Vorteig verrühren. Den Vorteig zugedeckt 30 Minuten gehen lassen.
Das Salz und die Butter in Flöckchen auf dem Mehlrand verteilen. Das gesamte Mehl mit dem Vorteig und allen Zutaten zu einem Hefeteig verkneten, bis der Teig Blasen wirft und sich vom Schüsselboden löst. Den Teig zugedeckt noch einmal 30 Minuten gehen lassen.
Ein Backblech mit Butter bestreichen. Den gegangenen Teig noch einmal durchkneten, in 3 gleich große Teile schneiden und aus jedem Teigstück eine Kugel formen. Die Kugeln flachdrücken und mit den Händen unter Drehen von innen nach außen dehnen, bis die Mitte dünner und der Rand stärker ist. Der Fladen soll etwa einen Durchmesser von 15 cm haben. Die Fladen auf das Backblech legen und weitere 20–30 Minuten gehen lassen.
Den Backofen auf 200° vorheizen. Die Zwiebelröhrchen und den Schnittlauch waschen, abtropfen lassen und kleinschneiden. Die Kräuter mit dem Muskat, der Sahne, den Eiern und dem Salz verquirlen und in die Mitte der Fladen füllen. Die Fladen auf der mittleren Schiebeleiste im vorgeheizten Backofen 20 Minuten backen. Die frisch gebackenen Fladen mit Butterflöckchen belegen und heiß servieren.

Gewürztes Zopfbrot

Bild Seite 494/495

1 kg Weizenmehl	Für das Backblech:
40 g Hefe	Butter
1 Teel. Zucker	
⅛ l lauwarme Milch	Bei 30 Scheiben
¼ l Wasser	je Scheibe etwa:
1½ Teel. Salz	540 Joule
2 Eßl. gemahlener Kümmel	130 Kalorien
1 Prise Pfeffer	Backzeit:
1 Eßl. Schweineschmalz	45 Minuten

Das Mehl in eine Schüssel sieben und in die Mitte eine Vertiefung drücken. Die Hefe mit dem Zucker in die Mulde bröckeln. Etwa 8 Eßlöffel der lauwarmen Milch mit der Hefe und etwas Mehl zu einem Vorteig verrühren und den Vorteig zugedeckt 30 Minuten gehen lassen.
Die übrige Milch, das Wasser, das Salz, den Kümmel, den Pfeffer und das Schweineschmalz zum Hefevorteig geben und alles mit dem gesamten Mehl zu einem glatten, formbaren Hefeteig kneten. Der Teig soll Blasen werfen und sich gut vom Schüsselrand lösen. Den Teig zugedeckt erneut 60 Minuten bei Zimmertemperatur gehen lassen.
Ein Backblech mit Butter bestreichen. Den gegangenen Hefeteig noch einmal kurz durchkneten. Auf einer bemehlten Arbeitsfläche in 3 gleich große Teile schneiden und aus jedem Teil eine etwa 60 cm lange Rolle formen. Die 3 Rollen zu einem Zopf flechten: Den Zopf in der Mitte beginnen; wenn die erste Hälfte geflochten ist, ihn umdrehen und die andere Hälfte flechten. Den Zopf auf das Backblech legen, die Zopfenden nach unten umbiegen und zugedeckt weitere 20–30 Minuten gehen lassen.
Den Backofen auf 100° vorheizen. Den Zopf auf der untersten Schiebeleiste im vorgeheizten Backofen 15 Minuten backen. Die Temperatur nach dem Einschieben sofort auf 200° schalten. Nach 15 Minuten Backzeit den Zopf auf die mittlere Schiebeleiste schieben und weitere 30 Minuten backen. Das noch heiße Brot mit kaltem Wasser bepinseln und im noch heißen Backofen trocknen lassen.

HUTZELBROT · BRÖTCHEN

Dieses Früchtebrot – es wird besonders vor Weihnachten gerne gegessen – ist eine Spezialität aus Baden-Württemberg. Hutzeln nennt man die getrockneten Birnen. Im Bayerischen und im Österreichischen heißen sie Kletzen.

Beliebtes Weihnachtsgebäck

Hutzelbrot
Kletzenbrot/Schnitzbrot

500 g Schwarzbrotteig (beim Bäcker gekauft)	Zum Belegen und Bestreichen: 20 abgezogene Mandeln
1 kg Hutzeln (getrocknete Zwetschgen und getrocknete Birnen)	1 Eiweiß
	Für die Formen: Butter
3 l Wasser	
250 g Feigen	Bei 60 Scheiben pro Scheibe:
100 g getrocknete Aprikosen	630 Joule 150 Kalorien
je 250 g Sultaninen und Rosinen	
6 Eßl. Arrak oder Rum	Einweichzeit: 12 Stunden
je 125 g Haselnüsse und Walnußkerne	
je 50 g Orangeat und Zitronat	Garzeit für die Hutzeln: 15 Minuten
	Backzeit: 1½ Stunden

Den Schwarzbrotteig beim Bäcker rechtzeitig bestellen. Etwa 12 Stunden vor Beginn des Backens die Hutzeln gründlich waschen, in dem kalten Wasser einweichen und danach im Einweichwasser in etwa 15 Minuten nicht zu weich kochen. Die Hutzeln in ein Sieb schütten und abkühlen lassen; den Kochsud aufbewahren. Stiele und Blütenansätze von den Birnen entfernen, die Zwetschgen entsteinen, mit den Hutzeln in grobe Stücke schneiden und in eine Schüssel geben.
Die Feigen und die Aprikosen in kleine Würfel schneiden und zufügen. Die Sultaninen und die Rosinen heiß waschen, mit einem Küchentuch trockentupfen und zu den Früchten geben. Den Arrak oder den Rum über die Früchte träufeln und zugedeckt durchziehen lassen. Die Nüsse grob hacken. Das Zitronat und das Orangeat in sehr kleine Würfel schneiden. Den Backofen auf 175° vorheizen.
2 Kastenkuchenformen von etwa 30 cm Länge mit Butter ausfetten. Die zerkleinerten Früchte unter den Schwarzbrotteig kneten. Mit angefeuchteten Händen 2 Laibe formen, sie in die Backformen legen und auf der zweiten Schiebeleiste von unten im vorgeheizten Backofen 1½ Stunden backen. Die fertigen Hutzelbrote noch heiß mit dem Kochsud von den Hutzeln bestreichen und auf einem Kuchengitter abkühlen lassen. Die Mandeln mit dem Eiweiß bestreichen und die Brote damit verzieren. Die Brote mindestens 24 Stunden stehen lassen, dann in Alufolie einschlagen und 14 Tage ruhen lassen.

Ideal zum Tiefkühlen

Roggenbrötchen

Bild Seite 494/495

Zutaten für 20 Brötchen:	Zum Bestreichen: 1 Eigelb
500 g Roggenmehl	2 Eßl. Wasser
250 g Weizenmehl	
40 g Hefe	Für das Backblech: Butter und Mehl
⅜ l lauwarmes Wasser	
1 Teel. Salz	Pro Brötchen etwa: 670 Joule
1 Teel. gemahlener Kümmel	160 Kalorien
60 g Butter	Backzeit: 20 Minuten

Das Mehl in eine Schüssel sieben und in die Mitte eine Vertiefung drücken. Die Hefe in die Mulde bröckeln und mit dem lauwarmen Wasser und etwas Mehl zu einem Hefevorteig verrühren. Den Hefevorteig zugedeckt etwa 30 Minuten gehen lassen.
Das Salz, den Kümmel und die Butter in Flöckchen auf dem Mehlrand verteilen. Das gesamte Mehl mit dem Hefevorteig und allen Zutaten zu einem Hefeteig schlagen und kneten, bis der Teig Blasen wirft und sich vom Schüsselrand löst. Den Teig zugedeckt noch einmal 30 Minuten gehen lassen.
Ein Backblech mit Butter bestreichen und mit Mehl bestäuben. Den gegangenen Hefeteig noch einmal kurz durchkneten und in 20 gleich große Teile teilen. Jedes Teigstück zu einer Kugel formen und die Kugeln aufs Backblech setzen. Die Brötchen noch einmal 20–30 Minuten gehen lassen. Den Backofen auf 220° vorheizen. Die aufgegangenen Kugeln mit einem Messer kreuzweise einschneiden. Das Eigelb mit dem Wasser verquirlen, die Brötchen damit bepinseln und auf der mittleren Schiebeleiste im vorgeheizten Backofen 20 Minuten backen. Die Brötchen auf einem Kuchengitter abkühlen lassen.

Zum Bild rechts:

Brotbacken, diese viele Jahrtausende alte Tätigkeit der Menschen, ist in unserer spezialisierten Gesellschaft fast aus dem Bereich der privaten Herstellung von Nahrung verschwunden. Wir kaufen unser Brot beim Bäcker oder im Lebensmittelgeschäft und können unter so vielen Sorten wählen, daß der reich gefüllte Brotkorb ständig Abwechslung bietet. Dennoch gehen heutzutage immer mehr Haushalte dazu über, für besondere Gelegenheit Brot wieder selbst zu backen. Erstens, weil selbstgebackenes Brot anders schmeckt als gekauftes und zweitens, weil man selbst bestimmen kann, aus welcher Mehlmischung, mit welchen Würzzutaten, mit welchem Triebmittel und in welcher Form das Brot entstehen soll. Der einfache, aber würzige Kümmelfladen auf dem Bild ist beispielsweise ein Gemisch aus Weizenmehl und Roggenmehl, aus Sauerteig und Hefeteig.

Zur folgenden Doppelseite:

Selbstgebackene Brote lassen sich vielgestaltig formen. Das gewürzte Zopfbrot ist ein leichtes Hefeweißbrot, mit Kümmel, Pfeffer und Schweineschmalz gewürzt. Das Brot in Kastenform wurde aus Roggenmehl und Weizenmehl gebacken, wodurch es eine besonders kernige Konsistenz erhält. Die knusprigen Roggenbrötchen schmecken herzhafter als die üblichen Frühstücksbrötchen aus reinem Weizenmehl und enthalten wesentlich mehr Wertstoffe als jene. Die Kräuterfladen werden heiß gegessen. Sie sind eine Art von Pizza und ergeben eine sättigende Mahlzeit.
Die Rezepte für das gewürzte Zopfbrot, für das Mischbrot in Kastenform und für die Kräuterfladen finden Sie auf Seite 491.
Das Rezept für die Roggenbrötchen finden Sie auf dieser Seite.

BRÖTCHEN · BROTGERICHTE

Zum Bild links:

Die berühmteste Pizza ist die Pizza alla napoletana, mit Tomaten, Schinken oder Schinkenspeck belegt und mit geriebenem Käse bestreut (im Bild oben). Natürlich gibt es für sie von Ristorante zu Ristorante und von Familie zu Familie besondere Würzgeheimnisse, die man sicherlich niemals exakt errät. Aber mit einem sensiblen Gaumen und mit etwas Fingerspitzengefühl läßt sich bestimmt eine ähnliche, befriedigende Geschmacksnuance erreichen. Die Pizza romana (Bildmitte) ist mit Basilikum und Oregano gewürzt, die Tomaten sind zusätzlich mit Sardellenfilets und Käsestückchen belegt. Pizza con funghi, belegt mit Tomatenscheiben, Champignons, Steinpilzen oder Pfifferlingen, mit reichlich gebratenen Zwiebelwürfeln und mit geriebenem Käse bestreut, ist im Bild unten zu sehen. Wer eine Vorliebe für Pizza hegt, kann unendlich viele Varianten für den Belag und für die jeweilige Würzmischung finden, gleichgültig, ob die Anregung dafür aus der Speisenkarte eines italienischen Restaurants stammt, von einem der zahlreichen Pizzarezepte oder ob alles nach eigener Phantasie entsteht.
Die Rezepte für Pizzen finden Sie auf den Seiten 448 und 449.

Ideal zum Tiefkühlen
Weizenbrötchen

Zutaten für
18 Brötchen:
500 g Weizenmehl
30 g Hefe
½ Eßl. Zucker
¼ l lauwarme Milch
1 Teel. Salz
1 Eßl. Butter

Zum Bestreichen:
½ Tasse Milch

Für das Backblech:
Butter

Pro Brötchen etwa:
500 Joule
120 Kalorien

Backzeit:
20–25 Minuten

Das Mehl in eine Schüssel sieben und in die Mitte eine Vertiefung drücken. Die Hefe mit dem Zucker in die Mulde bröckeln und mit etwa 6 Eßlöffel lauwarmer Milch und etwas Mehl zu einem Hefevorteig verrühren. Den Hefevorteig zugedeckt 30 Minuten gehen lassen.
Das Salz und die Butter in Flöckchen auf dem Mehlrand verteilen, die übrige lauwarme Milch über den Hefevorteig gießen und alles zu einem geschmeidigen Hefeteig verkneten, bis der Teig Blasen wirft und sich vom Schüsselboden löst. Den Teig zugedeckt erneut 30 Minuten gehen lassen. Ein Backblech mit Butter bestreichen. Den gegangenen Hefeteig noch einmal kurz durchkneten und achtzehn 40 g schwere Teile davon abwiegen. Die Teigstücke zu Kugeln formen und auf einem bemehlten Arbeitsbrett zugedeckt 20–30 Minuten gehenlassen. Den Backofen auf 220° vorheizen. Die aufgegangenen Brötchen mit einem Messerrücken flachdrücken, umgedreht auf das Backblech legen und zugedeckt etwa 15–20 Minuten gehen lassen. Die Brötchen mit lauwarmer Milch bestreichen und auf der mittleren Schiebeleiste im vorgeheizten Backofen 20–25 Minuten backen.

Unser Tip: Alle selbstgebackenen Brötchen können Sie vielfältig abwandeln. Zum Beispiel müssen Brötchen nicht immer rund geformt werden, auch länglich geformte Brötchen mit einem Längseinschnitt sind reizvoll und eignen sich gut zum nachträglichen Füllen. Außerdem kann man die Brötchen vor dem Backen mit Wasser, Salz- oder Honigwasser, mit Milch oder Bier bestreichen und mit Mohn, Sesamsamen, Leinsamen, Kümmel oder grobem Salz bestreuen. Es lassen sich auch Leinsamen, Sesamsamen oder Kümmel, fein oder grob geschrotet, gleich unter den Teig mischen.

Brotgerichte

Gerichte aus Brot gehörten früher zum täglichen Speisezettel. Brot wurde vorwiegend selbstgebacken; in manchen Gegenden sogar nur zweimal im Jahr. Es war Grundlage vieler köstlicher Rezepte, die wir noch heute zur Verwertung altbackenen Brotes schätzen, für die wir sogar eigens Brot alt werden lassen. Aber auch frisches Brot gilt, als Toast mit feinem Belag überbacken, als beliebtes Abendessen.

Preiswert
Scheiterhaufen
Ofenschlupfer

8 Brötchen vom
   Vortag
¾ l Milch
2 Eier
80 g Zucker
1 Päckchen
   Vanillinzucker
abgeriebene
Schale von
1 Zitrone
750 g Äpfel
75 g Rosinen

Zum Belegen und
Bestreuen:
1 Eßl. Butter in
   Flöckchen
1 Eßl. Puderzucker

Für die Form:
Butter

Pro Person etwa:
2800 Joule
670 Kalorien

Backzeit:
50 Minuten

Die Brötchen in dünne Scheiben schneiden und in eine Schüssel geben. In einer zweiten Schüssel die Milch mit den Eiern, dem Zucker, dem Vanillinzucker und der Zitronenschale verrühren. ¼ Liter davon beiseite stellen. Die übrige Milch über die Scheiben gießen. Die Äpfel schälen, vierteln, das Kerngehäuse entfernen und die Apfelviertel in dünne Scheiben schneiden. Die Rosinen waschen, trockentupfen und mit den Apfelscheiben mischen.
Den Backofen auf 200° vorheizen. Eine Auflaufform mit Butter ausstreichen. Die Brötchenmasse und die Äpfel abwechselnd in die Auflaufform schichten. Erste und letzte Schicht sind Brötchenmasse. Die beiseite gestellte Eiermilch über den Auflauf gießen und die Butterflöckchen darauf verteilen. Den Auflauf im vorgeheiztem Backofen auf der untersten Schiebeleiste 50 Minuten backen. Den Auflauf vor dem Servieren mit dem Puderzucker besieben.

Dazu schmeckt: Vanillesauce

TOASTS · BROTPUDDING

Gebratene Brotwürfel

1 Brötchen
1 Teel. Butter oder Öl

Pro Person etwa:
210 Joule
50 Kalorien

Bratzeit:
10 Minuten

Das Brötchen in gleich große Würfel schneiden und diese im erhitzten Fett goldbraun braten.
Sie dienen als Suppeneinlage oder zur Füllung von Kartoffelklößen.

Toast Hawaii

4 Scheiben Toastbrot
1 Eßl. Butter
4 Scheiben gekochter Schinken zu je 30 g
4 Teel. Weißwein
2 Scheiben Ananas aus der Dose
4 Scheiben Chester Käse zu je 25 g

Pro Person etwa:
1340 Joule
320 Kalorien

Zeit zum Überbacken:
4 Minuten

Den Backofen auf 220° oder den Grill vorheizen.
Die Brote einseitig rösten und die ungeröstete Seite mit der Butter bestreichen. Die Schinkenscheiben darauflegen und den Wein auf den Schinken träufeln. Die Ananasscheiben horizontal halbieren, auf den Schinken legen und mit 1 Scheibe Käse bedecken. Die Brote im Backofen oder Grill etwa 4 Minuten überbacken.

Käsetoast

4 Scheiben Kastenweißbrot
2 Teel. Butter
125 g Chester- oder Emmentaler Käse in 4 Scheiben
1 große Zwiebel
1 Eßl. Mehl
1 Prise Pfeffer

Pro Person etwa:
1210 Joule
290 Kalorien

Zeit zum Überbacken:
5 Minuten

Den Backofen auf 220° oder den Grill vorheizen.
Die Weißbrotscheiben hell toasten, dünn mit Butter bestreichen und mit je 1 Käsescheibe belegen. Die Zwiebel schälen, in Ringe schneiden, im Mehl wenden, im Öl hellbraun braten, auf dem Käse verteilen und pfeffern. Die Brote auf den Rost auf der obersten Schiebeleiste in den Backofen oder auf den Grillrost legen und 5 Minuten überbacken, bis der Käse zu schmelzen beginnt.

Kasseler Toast

4 Scheiben Toastbrot
1 Eßl. Butter
4 Scheiben gekochtes Kasseler zu je 30 g
2 Eßl. Johannisbeergelee
1 Teel. Senf
4 Tropfen Zitronensaft
3 Tropfen Tabascosauce
1 Messersp. Salz
1 großer, säuerlicher Apfel
1 Teel. Butter
½ Teel. Zucker

Pro Person etwa:
1130 Joule
270 Kalorien

Garzeit für die Äpfel:
5 Minuten

Zeit zum Überbacken:
4 Minuten

Die Brote toasten, dünn mit der Butter bestreichen und mit je 1 Scheibe Kasseler belegen.
Den Backofen auf 220° oder den Grill vorheizen.
Das Johannisbeergelee mit dem Senf, dem Zitronensaft, der Tabascosauce und dem Salz verrühren und das Kasseler damit bestreichen. Den Apfel schälen, das Kerngehäuse ausstechen und den Apfel in 4 gleich dicke Scheiben schneiden. Die Apfelscheiben in der Butter etwa 5 Minuten braten, mit dem Zucker bestreuen und auf die bestrichenen Fleischscheiben legen. Die Toasts im vorgeheizten Backofen oder im Grill etwa 4 Minuten überbacken.

Englischer Toast

4 Scheiben Toastbrot
1 Eßl. scharfer Senf
4 Scheiben kalter Kalbsbraten zu je 30
200 g Champignons
½ Bund Petersilie
4 Scheiben Chester Käse zu je 25 g
1 Teel. Öl
1 Tomate
½ Bund Petersilie

Pro Person etwa:
960 Joule
230 Kalorien

Zeit zum Überbacken:
4 Minuten

Den Backofen auf 220° oder den Grill vorheizen.
Die Brote toasten und mit dem Senf bestreichen. Die Brote mit dem Braten belegen. Die Champignons putzen, waschen, in dünne Scheiben schneiden und auf den Bratenscheiben verteilen. Die Petersilie waschen, abtropfen lassen, kleinschneiden und über die Champignons streuen. Jedes Brot mit einer Scheibe Käse belegen, den Käse mit dem Öl bestreichen, die Brote auf der obersten Schiebeleiste im Backofen oder im Grill 4 Minuten überbacken und mit Tomatenscheiben und Petersilienzweigen garnieren.

Toast mit Matjesfilets

4 Scheiben Toastbrot
4 kleine Matjesfilets
1 Ei
1 Scheibe Ananas aus der Dose
1 Gewürzgurke
1 Tomate
1 Teel. geriebener Meerrettich
2 Messersp. Salz
1 Prise Pfeffer
4 Scheiben Tilsiter Käse
1 Teel. Öl

Pro Person etwa:
1170 Joule
280 Kalorien

Zeit zum Überbacken:
4 Minuten

Die Brotscheiben toasten. Die Matjesfilets halbieren. Das Ei hart kochen, abschrecken und schälen. Die Ananasscheibe, die Gurke, die Tomate und das abgekühlte Ei in Würfel schneiden. Alle kleingeschnittenen Zutaten mit dem Meerrettich, dem Salz und dem Pfeffer mischen.
Den Backofen auf 220° oder den Grill vorheizen.
Die Matjesfilets auf dem getoasteten Brot anrichten. Die kleingeschnittenen Zutaten auf den Matjesfilets verteilen und mit den Käsescheiben bedecken. Den Käse mit dem Öl bepinseln. Die Brote auf der obersten Schiebeleiste im Backofen oder im Grill 4 Minuten überbacken.

Brotpudding

75 g Roggen- oder Vollkornbrot
je 50 g Mandeln und Rosinen
2 Eßl. Rum
je 50 g Butter und Zucker
3 Eigelbe
je 1 Messersp. gemahlene Gewürznelken und gemahlene Muskatnuß
1 Teel. abgeriebene Zitronenschale
5 Eßl. Rotwein
3 Eiweiße

Für die Puddingform:
Butter

Pro Person etwa:
1670 Joule
400 Kalorien

Garzeit:
45 Minuten

Das Brot und die Mandeln reiben oder im Mixer zerkleinern. Die Rosinen heiß waschen und abtropfen lassen. Die Rosinen mit dem Rum übergießen und ziehen lassen.

BROTGERICHTE · KNÖDEL · KLÖSSE

Die Butter mit dem Zucker und den Eigelben schaumig rühren. Nach und nach die zerkleinerten Mandeln, das zerkleinerte Brot, die Gewürznelken, den Muskat, die Zitronenschale, den etwas erwärmten Rotwein und die Rosinen mit dem Rum zugeben und alles miteinander mischen. Die Eiweiße zu steifem Schnee schlagen und unter die Puddingmasse heben. Eine Puddingform mit Deckel mit Butter ausstreichen. Die Brotmasse einfüllen und den Pudding im heißen Wasserbad 45 Minuten garen.

Dazu schmeckt: Vanillesauce

Semmelknödel

8 altbackene Brötchen oder entsprechend viel Knödelbrot (fertig beim Bäcker gekauft)	1 Messersp. getrockneter Majoran
	2 Messersp. Pfeffer
	Pro Person etwa:
	1630 Joule
1 Teel. Salz	390 Kalorien
3/8 l lauwarme Milch	
1/2 Zwiebel	Zeit zum
1/2 Bund Petersilie	Durchziehen:
1 Eßl. Butter	60 Minuten
2 1/2 l Wasser	
2 Teel. Salz	Garzeit:
2–3 Eier	20 Minuten

Die Brötchen in hauchdünne Scheiben schneiden und in eine große Schüssel geben. Das Salz darüberstreuen, die lauwarme Milch darübergießen, die Schüssel zudecken und die Brötchen etwa 60 Minuten durchziehen lassen. Die Zwiebel schälen und in kleine Würfel schneiden. Die Petersilie waschen, abtropfen lassen und kleinschneiden. Die Zwiebelwürfel und die Petersilie in der Butter anbraten und abkühlen lassen.
Das Wasser mit dem Salz zum Kochen bringen. Die Eier verquirlen, mit dem Majoran, dem Pfeffer und den angebratenen Zwiebeln zu den Brötchenscheiben geben, mit den Händen zusammenkneten und in der Schüssel flachdrücken. Mit angefeuchteten Händen einen Probekloß formen, diesen ins kochende Salzwasser legen und garen. Wenn vom Teig des Probekloßes etwas abkocht, noch einige Eßlöffel Semmelbrösel unter den Teig mischen.
Den Teig zu Klößen formen, alle ins kochende Salzwasser legen und bei milder Hitze im offenen Topf in etwa 20 Minuten gar ziehen lassen. Die Klöße sind gar, wenn sie nach oben steigen und sich leicht im Wasser drehen. Die Semmelknödel mit einem Schaumlöffel aus dem Wasser heben und in einer vorgewärmten Schüssel anrichten.

Schmeckt gut zu: Schweinebraten, Wildragout, saurer Lunge, saurer Leber oder Pilzen in Sahnesauce.

Variante 1
Leberknödel

350 g geschabte (durch den Fleischwolf gedrehte) Rinderleber unter den Semmelteig mischen.

Variante 2
Speckknödel

250–350 g durchwachsenen Speck in sehr kleine Würfel schneiden. Mit der kleingeschnittenen Zwiebel und der Petersilie in der Butter anbraten. Zum Brötchenteig geben und untermischen.

Variante 3
Schinkenknödel

250 g gekochten Schinken in kleine Würfel schneiden und mit dem Brötchenteig mischen.

Serviettenkloß

5 Brötchen vom Vortag	3 l Wasser
	2 Teel. Salz
1 Teel. Salz	4 Eiweiße
je 2 Messersp. Pfeffer und geriebene Muskatnuß	1 Eßl. Butter
	Pro Person etwa:
200 ccm Milch	1340 Joule
1 Eßl. Butter	320 Kalorien
4 Eigelbe	
2 gehäufte Eßl. Mehl	Garzeit: 40 Minuten

Die Brötchen in sehr kleine Würfel schneiden und in eine große Schüssel geben. Das Salz, den Pfeffer und den Muskat darüberstreuen. Die Milch erwärmen und die Butter darin zerlassen. Die Eigelbe unter die Milch rühren und die Eigelb-Milch über die Brötchen gießen. Das Mehl darüberstreuen, alles gründlich mischen und 20 Minuten zugedeckt durchziehen lassen.
Das Wasser mit dem Salz in einem hohen Topf zum Kochen bringen. Die Eiweiße zu steifem Schnee schlagen und unter die Brötchenmasse ziehen. Ein großes Geschirrtuch oder eine Serviette in der Mitte mit zerlassener Butter bestreichen. Die Brötchenmasse daraufgeben, zu einem Kloß formen, und die Zipfel des Tuches über dem Kloß zusammenknoten. Einen langen Kochlöffel unter den Knoten schieben und den Kloß ins kochende Wasser hängen. Der Kochlöffel liegt quer auf dem Topfrand. Den Serviettenkloß bei mittlerer Hitze 40 Minuten kochen lassen, dann herausnehmen, im Tuch kalt abschrecken, das Tuch entfernen. Den Kloß mit einem scharfen Messer oder mit einem Faden in gleich dünne Scheiben schneiden.

Schmeckt gut zu: Wildgerichten mit Sauce oder Ragouts

Der Name »Kartäuser« hat in der Kochkunst Tradition. Berühmt sind die süßen Kartäuserklöße. Der im 11. Jahrhundert gegründete Einsiedlerorden im Kloster Grande Chartreuse in den französischen Alpen hat offenbar seinen Namen nicht nur für den nachweislich dort hergestellten, berühmten Kartäuserlikör hergegeben.

Kartäuserklöße

6 altbackene Brötchen	Pro Person etwa: 2430 Joule
1/2 l Milch	580 Kalorien
1 Päckchen Vanillinzucker	
3 Eier	Bratzeit: 5–8 Minuten
1 Messersp. Salz	
8 Eßl. Bratfett	
1–2 Eßl. Puderzucker	

Die Brötchen halbieren und über einer Schüssel die Kruste abreiben. Die Semmelbrösel aufbewahren. Die abgeriebenen Brötchen in eine Schüssel geben. Die Milch mit dem Vanillinzucker, 2 Eiern und dem Salz verquirlen, über die Brötchen gießen und diese so lange darin ziehen lassen, bis sie sich ganz vollgesogen haben.
Das 3. Ei mit 2 Eßlöffel Wasser verquirlen. Die Brötchen leicht ausdrükken, in dem verquirltem Ei und dann in den abgeriebenen Semmelbröseln wenden.
Das Fett erhitzen und die Klöße von allen Seiten darin goldbraun braten. Die Klöße anrichten und mit dem Puderzucker besieben.

Dazu schmeckt: Weinschaumsauce, Vanillesauce oder ein Kompott

Getränke mit und ohne Alkohol

» Essen ist ein Bedürfnis des Magens, Trinken eines der Seele. Ersteres ist gewöhnliches Handwerk, letzteres eine Kunst.« (Claude Tillier)

Einen ganz besonderen Rang unter allen Getränken nimmt der Wein ein. Er gehört zur Kulturgeschichte des Abendlandes. Zahlreiche Bücher wurden ihm gewidmet, denn Weinkenner wird man nicht nur mit der Zunge, sondern auch mit dem Verstand. Wir haben Wissenswertes über Wein und Essen, über den Umgang mit Wein und seinen Genuß deshalb in einem eigenen Kapitel beschrieben. Von alters her begleiten Getränke unsere Mahlzeiten. Angefangen beim frischen Quellwasser, über gesunde Obst- und Gemüsesäfte oder duftenden Kaffee bis hin zum Cocktail, der von der Hektik des Tages zum Feierabend überleiten soll. Nicht zu vergessen die eisgekühlten, geschüttelten, gerührten Mixgetränke, die aromatischen, dampfendheißen Punschgetränke, die Schnäpse, die klaren, die aus Wein gebrannten und die süßen Liköre.

Heutzutage sind Getränke nicht mehr so sehr wie früher an Tageszeiten gebunden, nicht einmal mehr an besondere Gerichte. Wir trinken, was uns schmeckt und bekommt. In diesem Kapitel wird einiges Wissenswerte über den Umgang mit den Getränkezutaten gesagt, darüber, wie und bei welcher Temperatur man Getränke lagert, über die Zubereitung sowie die Mengenverhältnisse der Ingredienzen von Mixgetränken.

Tafelwasser und Säfte

Tafelwasser ist der Sammelbegriff für natürliche und künstliche Mineralwässer. Mineralwasser, Sodawasser, Sprudel oder Selters sind weitere Bezeichnungen für dieses gesunde Getränk.

Natürliches Mineralwasser wird aus einer Quelle geschöpft und enthält in 1 Liter mindestens 1 g gelöste Salze oder 0,25 g freie Kohlensäure. Künstliches Mineralwasser wird aus Wasser, Salzen oder Sole und Kohlensäure hergestellt. Sodawasser beispielsweise ist ein künstliches Mineralwasser.

Sprudel werden Mineralwässer genannt, die mit Kohlensäure angereichert wurden. Stille Wässer sind Mineralwässer, die wenig oder keine Kohlensäure enthalten. Heilwasser ist Mineralwasser mit nachgewiesener Heilwirkung. Auf dem Flaschenetikett ist die Heilanzeige angegeben.

Säuerlinge sind Mineralwässer, die mindestens 1 g freie Kohlensäure pro Liter enthalten.

Bitterlinge oder Bitterwässer haben einen hohen Gehalt an Magnesiumsulfat oder an anderen Sulfaten.

Selters oder Seltersswasser ist der Name eines Mineralwassers aus einer natürlichen Quelle in Hessen (Niederselters). Aber auch künstliche Mineralwässer, die mit Kohlensäure versetzt wurden, dürfen Seltersswasser genannt werden.

Für Mixgetränke verwendet man kohlensäurehaltige Mineralwässer, also Sprudel, die geschmacksneutral sind. Keine Bitterlinge! Als erfrischendes Tischgetränk können Sie Mineralwasser auch pur anbieten. Es sollte gut gekühlt sein. Verschließen Sie die Flasche nach dem Einschenken sofort. Mineralwasser bleibt dann auch in angebrochenen Flaschen mehrere Tage frisch und schmackhaft.

Groß ist das Angebot an industriell erzeugten Obst- und Gemüsesäften. Als Fruchtsaft dürfen nur Säfte bezeichnet werden, die ohne Zusatz von irgendwelchen anderen Stoffen, also auch ohne Zusatz von Zucker und Wasser, hergestellt wurden. Das ist aus Geschmacksgründen nur bei wenigen Obstsorten möglich. So kann man beispielsweise Apfelsaft, Birnensaft, Trauben- und Orangensaft naturrein kaufen. Je nach dem im Getränk enthaltenen Fruchtsaftanteil wird zwischen Fruchtnektar und Fruchtsaftgetränk unterschieden.

Gemüsesäfte sind als naturreine Säfte (Muttersäfte) nur in Reformhäusern erhältlich. Die sonst im Handel angebotenen Säfte sind verdünnt und gewürzt. Wertvoller und schmackhafter sind frisch gepreßte Säfte.

Servieren Sie frische Obst- und Gemüsesäfte möglichst gleich nachdem sie ausgepreßt wurden. Frisch gepreßte Säfte sind in erster Linie Vitamingaben, weniger Durstlöscher. Sie sind gut geeignet als Aperitifs, denn die in ihnen enthaltenen Vitamine und Mineralstoffe wirken appetitanregend.

Ein Steckbrief vom Bier

Favorit und Durstlöscher Nummer 1 vieler Erwachsener in Deutschland ist das Bier. Die Bierhefe, die man der Stammwürze des Bieres zusetzt, spaltet den Zucker in Alkohol und Kohlensäure und setzt sich nach einigen Tagen am Boden ab oder steigt an die Oberfläche. So ergeben sich untergärige und obergärige Biere.

Untergärige Biere sind: Pils, Export, Bockbier, Doppelbock, Märzenbier. Obergärige Biere sind: Weizen- oder Weißbier (aus Weizen gebraut), Kölsch (nur in Köln gebraut), Altbier und die Berliner Weiße (leicht säuerlich und stark kohlesäurehaltig).

Die Bezeichnungen Voll- und Starkbier kommen Bieren mit hohem Stammwürzegehalt zu. Vollbier ist jedes Bier mit einem Stammwürzegehalt von 11–14 %. Starkbier ist ein Bier mit mehr als 16 % Stammwürze. Der Alkoholgehalt des Bieres beträgt etwa 1/4 seines Stammwürzegehalts.

Bier schmeckt am besten, wenn es bei einer Temperatur zwischen 7 und 8° gelagert wird. Bierflaschen immer stehend und dunkel aufbewahren. Ein kühler Keller ist der ideale Raum. Wird Bier zu kühl gelagert, wird es trübe, und die Schaumbildung leidet.

Die Biergläser müssen in jedem Fall sauber gespült sein. Fettrückstände zerstören die Schaumkrone.

Schorle und Bowle
Beide Getränkearten sind erfrischend und durstlöschend und enthalten nicht allzuviel Alkohol.

Schorle oder »Gespritzter« ist ein ebenso beliebtes wie anspruchsloses Sommergetränk. Sie besteht zur Hälfte aus gut gekühltem, spritzigem Weißwein oder einem herben, nicht zu edlen Rotwein und zur Hälfte aus ebenfalls kaltem Selterswasser.

Bowle ist ein beschwingendes Getränk im Sommer wie im Winter. Richtig zubereitet ist sie auch gut verträglich.

Für eine Bowle niemals billigen Wein oder billigen Sekt verwenden. Verzichten Sie darauf, Ihre Bowle mit Spirituosen anzusetzen, wenn Sie einen Kater vermeiden wollen. Seien Sie aus demselben Grund auch sparsam mit Zucker.

Wein und Früchte oder Kräuter müssen in Geschmack und Aroma harmonieren; deshalb leichte und naturreine Weine verwenden.

Bereiten Sie Bowle nur aus frischen, reifen oder tiefgefrorenen Früchten. Ist das Obst in Zuckersirup eingelegt, läßt sich der Zuckergehalt nicht mehr abschätzen. Frische Früchte geben außerdem einen intensiveren Geschmack als Dosenobst.

Eine Bowle darf nicht mit zuviel Obst überladen werden. Dosieren Sie auch Kräuter und Gewürze sparsam.

Der Wein zum Ansetzen der Bowle soll Raumtemperatur haben, alle später zuzugießenden Flüssigkeiten müssen gut gekühlt sein.

Auf keinen Fall Eisstückchen zum Kühlen in die Bowle geben sondern das Bowlengefäß in eine Schüssel mit gestoßenem Eis stellen.

Aromazusätze wie Gurken-, Zitronen- oder Orangenschalen nur wenige Minuten im Getränk lassen; sie geben sonst ihre Bitterstoffe ab. Kräuter bindet man zu Sträußchen, Gewürze füllt man in ein Mullsäckchen und läßt sie nicht zu lange in der Bowle.

Werden Kräuter als Aromazusatz an eine Bowle gegeben, bindet man sie zu einem Sträußchen zusammen und läßt sie in die Bowle hängen.

Die Bowle stets zudecken, sie verliert leicht ihr Aroma.

Sekt oder Selterswasser erst kurz vor dem Servieren zugießen und nur einmal umrühren.

In eine zu süß geratene Bowle gibt man noch Wein oder Zitronensaft.

Punsch
Das Wort »Punsch« kommt aus dem Indischen. Dort bedeutet »pantscha« fünf. Es bezieht sich auf die 5 Grundzutaten, aus denen dieses Mischgetränk besteht: eine Spirituose, Tee oder Wasser, Zitronen- und/oder Orangensaft, Zucker und Gewürze. – Heute wird Punsch heiß oder kalt – wie ein Cobbler – zubereitet.

Für einen Punsch niemals billige Weine oder Spirituosen verwenden. Einen Punsch auch nicht mit künstlichen Essenzen, sondern mit natürlichen Zutaten würzen.

Punsch darf keinesfalls aufkochen. Während des Erhitzens Topf und Kasserolle zudecken.

Nicht zu stark süßen; jeder kann nach Belieben nachsüßen.

Punschgläser sollten feuerfest sein. Gegebenenfalls beim Eingießen einen Teelöffel ins Glas geben.

Die Bar zuhause
Cocktails und Longdrinks sind stets begehrt. Es haftet etwas vom Duft der großen weiten Welt an ihnen. Sie werden auch in der ganzen Welt nach den gleichen Rezepten gemixt. Amerika ist das Land, in dem die Cocktails und Drinks erfunden wurden.

Grob unterscheidet man zwischen dem Cocktail, einem kurzen Drink, der gerührt oder geschüttelt und in Cocktailgläsern serviert wird, und dem Longdrink, der weniger Alkohol enthält, dafür aber in größeren Mengen angeboten wird.
Longdrinks sollen den Durst löschen und werden eiskalt in großen Gläsern (Tumblers) serviert.

Ist ein Cocktail richtig gemixt, berauscht er nicht, sondern regt an. Das Mixen von Drinks im privaten Rahmen kann viel Freude machen, wenn die notwendigen praktischen Utensilien zur Verfügung stehen und die wichtigsten Grundkenntnisse vorhanden sind.
Das, was Sie schütteln oder rühren und ausschenken, muß unbedingt erprobt sein. Andernfalls riskieren Sie, daß Ihre Gäste Ihnen am nächsten Morgen gram sind.

VON COBBLER BIS SOUR

Vom Mixen und Servieren

Eine wichtige Voraussetzung für den Erfolg eines Barkeepers ist vollständiges »Handwerkszeug«.

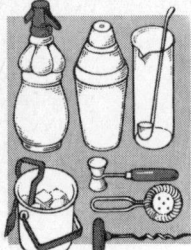

Bargeräte: Siphon, Mixbecher (Cocktailshaker), hochwandiges Rührglas mit Barlöffel, Gefäß für Eiswürfel mit Eiszange, Barmaß zum Messen kleinerer Mengen Spirituosen, Barsieb (Strainer), Korkenzieher.

Dazu gehören:
ein hochwandiges Rührglas (Barglas) mit Barlöffel (in ihm werden Cocktails gerührt, die aus leicht mischbaren Flüssigkeiten bestehen);
ein Mixbecher (Shaker) zum Schütteln von Cocktails;
ein Barsieb (Strainer) mit einer rundumlaufenden Drahtspirale zum Zurückhalten von Eisstückchen, Zitronenkernen und anderen Rückständen;
Meßgläser oder Schnapsgläser mit Eichstrich (2 cl) zum Abmessen der Zutaten, Korkenzieher, Kapselheber und Sektzange;
ein Barmesser zum Zerschneiden von Zitronen und anderen Früchten;
eine Eiszange zum Einfüllen der Eisstücke, ein verschließbarer Thermosbehälter für das Eis;
eine Zitronenpresse;
ein Hammer aus Holz oder Metall zum Zerklopfen von Eis;
ein langstieliger Cocktaillöffel und Spießchen (mit ihnen holt man Fruchtstücke aus dem Getränk).

Gerührt wird so:
Die Eiswürfel in das Barglas geben, die Zutaten zurechtstellen und das Schmelzwasser aus dem Glas abgießen. Die Zutaten abmessen und nacheinander zufügen. Mit dem langen Barlöffel spiralförmig von unten nach oben etwa 20 Sekunden durchrühren. Das Barsieb vor die Tülle des Rührglases halten, so daß Eis und Fruchtstücke zurückgehalten werden, und den Drink in das Trinkglas seihen.

Geschüttelt wird so:
Eiswürfel in den Shaker geben, die Zutaten bereitstellen. Das Schmelzwasser abgießen und die Zutaten einfüllen. Den Shaker verschließen und mit einer Serviette umwickeln. Den Shaker senkrecht zum Körper halten und kräftig etwa 10–20 Sekunden schütteln, so lange, bis der Becher von außen beschlagen ist. Den Inhalt mit Hilfe des Strainers ins Glas seihen.

Serviert wird so:
Servieren Sie die von Ihnen gemischten Drinks in passenden Gläsern. Ein Cocktailglas sollte einen nicht zu hohen Stiel und eine flache Schale haben. Whisky trinkt man gern aus breiten, nicht zu hohen Bechergläsern. Für Longdrinks gibt es das Collingsglas, auch Tumbler genannt, ein hohes, zylindrisches Glas von etwa 6 cm Durchmesser. Das Highballglas ist nur ein paar Zentimeter niedriger.

Für die meisten gemischten Bargetränke brauchen Sie Eis, für Shortdrinks, Cocktails und für Drinks »on the rocks« Eiswürfel. Verschiedene Longdrinks bereitet man mit zerkleinertem Eis. Dafür schlägt man die Eiswürfel in ein frisches Küchentuch ein und zerklopft sie dann mit einem Hammer. Es gibt auch Gefrierschalen zu kaufen, in denen Eis in kleinen Kugeln gefriert, die in Getränken sehr dekorativ aussehen.

Garniert wird so:
Möglichkeiten, Drinks optisch aufzuwerten, sind Cocktailkirschen, die man ins Glas gibt, Zitronenschalen, an den Rand des Glases gehängt, oder Orangenscheiben auf den Rand ge-

Einige Drinks werden mit einer dünnen Zitronenschalenspirale serviert, die an den Rand des Glases gehängt wird.

Zu manchen Drinks gehört eine Zitronen- oder Orangenscheibe, die bis zur Mitte eingeschnitten auf den Rand des Glases gesteckt wird.

steckt. Auch der Zuckerrand der Crustas ist einfach herzustellen. Den Rand des Glases mit einem eingeschnittenen Zitronenstück rundherum einreiben. Dann den so befeuchteten Glasrand in auf einen Teller gehäuften Zucker tauchen. Zuckerrandgläser aber nur mit süßen Drinks servieren!

Für den Zuckerkrustenrand des Crustaglases den Glasrand mit Zitronensaft anfeuchten und in feinen Zucker tauchen.

Der Bar-Vorrat

Spirituosen, Säfte, Mineralwässer und natürlich auch Champagner oder Sekt gehören dazu. Zitronen und Orangen werden benötigt, hin und wieder auch Gewürze. Ein guter Grundstock an Spirituosen, mit denen Sie klassische Drinks mischen können, besteht aus je 1 Flasche Gin, Schottischem Whisky, Bourbon Whiskey, Weinbrand, Cognac, Wodka, weißem Rum, rotem Wermut, Wermut Dry, Curaçao Triple Sec, Crème de menthe (Pfefferminzlikör), Crème de cacao, Apricot Brandy, Campari. Zusätzlich brauchen Sie: Je 1 Flasche Angostura Bitter und Orange Bitter, 1 Flasche Grenadine (Sirup aus Granatäpfeln), ein Glas Cocktailkirschen, 1 Glas grüne Oliven, einige Flaschen Sodawasser, Tonic, Bitter Lemon (Zitronensprudel mit Bittergeschmack) und Tomatensaft.

Von Cobbler bis Sour

In der Barsprache gibt es Gruppenbezeichnungen für die auf gleiche Art und Weise zubereiteten und servierten Drinks. Damit Sie wissen, was sich hinter diesen Namen verbirgt, werden sie hier kurz erläutert.

Cobblers: Erfrischungsgetränke; sie bestehen aus feinstgestoßenem Eis, reichlich Früchten wie Ananas, Aprikosen, Erdbeeren, Pfirsichen, Trauben oder exotischen Früchten wie Cherimoya oder Mango und Alkohol (Wein, Sekt oder Champagner, Likör oder anderen Spirituosen).
Man gibt das Eis in ein Glas mit weitem Kelch, garniert es mit den Früchten, gießt den Alkohol darüber und füllt je nach Rezept – bei Cobblers aus Likören oder Spirituosen – mit Sodawasser auf. Cobblers werden mit Trinkhalm und Cocktaillöffel serviert.

Coolers: Durstlöschende Longdrinks. In den Schüttelbecher gibt man gestoßenes Eis, 2 Barlöffel Zucker, den Saft von ½ Zitrone und jeweils 1 Glas (5 cl) Gin, Whisky, Rum, Cognac oder Arrak. Das Ganze wird gut geschüttelt, in Tumblers geseiht und mit Ginger Ale aufgefüllt.

Collinses: Sie gehören zu den Longdrinks. In einen Tumbler gibt man 3–4 Stücke Eis, 2 Barlöffel Zucker und 1 Glas (5 cl) der gewünschten Spirituose, beispielsweise Gin (Tom Collins), Cognac (Pierre Collins), Calvados (Jacques Collins), Bourbon Whiskey (Colonel Collins), rührt um und füllt mit Sodawasser auf.

GEMÜSE-MIXGETRÄNKE

Crustas: Sie sind Longdrinks. Die Hauptzutaten sind Zitronensaft, Angostura Bitter, Likör und eine scharfe Spirituose. Crustas werden über Eis im Shaker geschüttelt und in einem Glas mit Zuckerrand, Zitronenspirale und einem Trinkhalm serviert.

Fizzes: Erfrischende und bekömmliche Longdrinks. Sie sollten nicht zu alkoholschwer sein. Für Fizzes gestoßenes Eis in den Schüttelbecher geben, die Spirituose, Zitronensaft oder Fruchtsaft, Zucker und ein Eiweiß zugeben und so lange schütteln, bis der Shaker außen beschlagen ist. Ins Glas seihen, mit Sodawasser auffüllen und mit Trinkhalm servieren.

Flips: Sie zählen zu den Shortdrinks und bestehen stets aus einem frischen Eigelb, Zucker und einer alkoholischen Ingredienz. Man gibt 2–3 Eisstücke in den Schüttelbecher, fügt das Eigelb, den Zucker und die Spirituose zu und schüttelt kräftig, aber kurz. Der Flip wird ins Glas geseiht. Kenner füllen ihn mit Champagner auf. Zum Schluß wird der Flip mit einem Hauch Muskatnuß überrieben.

High Balls: Sie sind mit den Sodas verwandt. Man gibt einige Eiswürfel in einen Tumbler, fügt ein Glas (5 cl) der gewünschten alkoholischen Flüssigkeit zu und füllt mit Ginger Ale auf. Vor dem Servieren kann man noch ein Stück Zitronenschale in das Glas geben.

Shakes: Shake ist der Sammelbegriff für geschüttelte Mixgetränke mit und ohne Alkohol.

Sodas: Dieser Longdrink besteht grundsätzlich aus einer »Grundspirituose«, Whisky, Cognac, Rum, Gin, Campari oder süßem Wermut und Sodawasser.
Den Alkohol gießt man auf Eiswürfel ins Glas und füllt mit Sodawasser auf. Zur geschmacklichen Abrundung kommt ein Spritzer Zitrone aus der Schale hinzu.

Sours: Sie werden wie Fizzes über gestoßenem Eis geschüttelt. In den Schüttelbecher gibt man Eis, den Saft von ½ Zitrone, Zucker und ein Glas (5 cl) der gewünschten alkoholischen Flüssigkeit und schüttelt lange und kräftig. Man seiht den Drink in einen Tumbler, fügt 2 Cocktailkirschen und einen Zitronen- oder Orangenschnitz hinzu und serviert mit Cocktaillöffel und Trinkhalm.

Die Joule- und Kalorienwerte sind bei den Gemüse- und Fruchtsaftmixgetränken ohne Alkohol für 1 Glas, das ¼ Liter faßt, berechnet.

Möhren-Sellerie-Mix

Zutaten für 1 Glas: Pro Glas etwa:
⅓ Glas Möhrensaft   500 Joule
⅓ Glas Selleriesaft 120 Kalorien
1 Teel. Honig
1 Teel. Zitronensaft
⅓ Glas Apfelsaft

Den Möhrensaft mit dem Selleriesaft mischen, mit dem Honig und dem Zitronensaft abschmecken und zuletzt mit Apfelsaft auffüllen.

Sauerkraut ist keineswegs eine Erfindung der Deutschen. Schon lange vor der Errichtung der großen Mauer (um 215 v. Chr.) legten die Chinesen Kohl mit Reiswein ein. Dem Sauerkrautsaft wird eine blutreinigende Kraft zugeschrieben.

Sauerkrautsaft

Zutaten für 1 Glas: Pro Glas etwa:
½ Glas Sauerkraut-   460 Joule
  saft   110 Kalorien
½ Glas Apfel- oder
  Ananassaft
1 Messersp. Pfeffer

Den Sauerkrautsaft mit dem Apfel- oder dem Ananassaft mischen und mit dem Pfeffer würzen.

Gurkentrank

Bild Seite 523

Zutaten für 1 Glas: Pro Glas etwa:
½ Glas Gurkensaft   590 Joule
½ Becher Joghurt   140 Kalorien
1 Prise Pfeffer
1 Messersp. Salz
½ Bund Dill

Den Gurkensaft mit dem Joghurt verrühren und mit dem Pfeffer und Salz abschmecken. Den Dill waschen, abtropfen lassen, bis auf einen kleinen Zweig ganz fein schneiden, mit dem Gurkensaft mischen und zuletzt das Dillzweiglein an den Rand des Glases hängen.

Tomatencocktail mit Sahne

Zutaten für 1 Glas: Salz und Zucker
½ Glas Tomatensaft   einige Eiswürfel
3 Eßl. Sahne
Saft von ½ Orange   Pro Glas etwa:
1 Prise Paprika-   920 Joule
  pulver, mild   220 Kalorien

Den Tomatensaft mit der Sahne mischen, den Orangensaft zugeben und mit dem Paprikapulver, dem Salz und dem Zucker abschmecken. Das Getränk schaumig schlagen, ins Glas füllen und mit Eiswürfeln servieren.

Dieser Drink ist ein wirksamer Antikatercocktail. Er wird in einem einzigen Zug ausgetrunken.

Prairie Oyster
Prärie-Auster

Zutaten für 1 Drink: 1 Teel.
1 Teel. Tomaten-   Estragonessig
  ketchup   ½–1 Eßl. Olivenöl
1 Eßl. Worcester-
  sauce   Pro Drink etwa:
1 Eigelb   670 Joule
je 1 Prise Salz und   160 Kalorien
  Paprikapulver

In ein Cocktailglas den Tomatenketchup, die Worcestersauce und das Eigelb geben. Das Salz und das Paprikapulver darüberstreuen, den Estragonessig daraufgeben und mit dem Olivenöl übergießen.

Als Fancy Drinks bezeichnet man Mixgetränke, vorwiegend Bargetränke, die ihrer Zusammensetzung nach nicht in die bekannten Getränkegruppen mit vorgegebenen Zutaten wie Egg-Noggs, Flips, Cobblers eingereiht werden können.

Honeymoon
Fancy Drink

Zutaten für 1 Drink: Pro Drink etwa:
1 Ei   880 Joule
1 Teel. Honig   210 Kalorien
½ Eßl. schwarzer
  Johannisbeersaft
⅛ l Milch

Das Ei mit dem Honig, dem Johannisbeersaft und der Milch im Mixer mit höchster Schaltstufe kurz mischen und sofort servieren.

MILCH-MIXGETRÄNKE

Himbeermilch

Zutaten für 1 Drink:
1/8 l Milch
3 Eßl. Himbeersaft
1 Teel. Zitronensaft
1 Eßl. Zucker

Pro Person etwa:
630 Joule
150 Kalorien

Die Milch mit dem Himbeer- und dem Zitronensaft verrühren und mit dem Zucker abschmecken.

Unser Tip: Wenn Sie die Fruchtmilch aus frischen Früchten bereiten wollen, zerkleinern Sie das gewaschene Obst im Mixer, geben Sie den Zitronensaft, den Zucker und die Milch zu und lassen Sie den Mixer noch einmal kurz bei höchster Schaltstufe laufen.

Kräutermilch

Bild Seite 523

Zutaten für 1 Drink:
einige Kräuterstengel wie Petersilie, Kerbel, Dill, Schnittlauch
1/8 l Milch oder 1 Becher Joghurt

Pro Drink etwa:
420 Joule
100 Kalorien

Die Kräuter waschen, abtropfen lassen und im Mixer zerkleinern. Die Milch (oder den Joghurt) zugeben und im Mixer noch einmal einige Sekunden bei höchster Schaltstufe laufen lassen. Die Kräutermilch sofort servieren, damit der Vitamingehalt der Kräuter nicht verlorengeht.

Apfel-Cobbler

Bild Seite 523

Zutaten für 1 Drink:
3 Eiswürfel
1/8 l Apfelwein
1 Teel. Zucker
1 Teel. Zitronensaft
1/4 Apfel
Sodawasser

Pro Person etwa:
460 Joule
110 Kalorien

Die Eiswürfel zerstoßen und in ein hohes Glas geben. Den Apfelwein, den Zucker und den Zitronensaft zufügen. Das Apfelviertel schälen, vom Kerngehäuse befreien und in dünne Scheiben schneiden. Die Apfelscheiben ins Glas geben und mit Sodawasser auffüllen. Mit Trinkhalm und mit Limonadenlöffel servieren.

Orangenfizz

Bild Seite 523

Zutaten für 1 Drink:
Saft von 2 Orangen
2 Schnapsgläser Curaçao (4 cl)
1 Spritzer Angostura Bitter
2 Eiswürfel
1/8 l Sekt oder Sodawasser

Pro Drink etwa:
1260 Joule
300 Kalorien

Den Orangensaft mit dem Curaçao und dem Angostura Bitter mischen und in ein hohes Glas gießen. Die Eiswürfel hineingeben, mit dem Sekt oder dem Sodawasser auffüllen und mit Trinkhalm servieren.

Ein Crusta ist eine Verlockung für die Zunge und für das Auge, ein appetitanregender Drink.

Brandy Crusta

Zutaten für 1 Drink:
1/4 Orange
1 Eßl. Zucker
3 Eiswürfel
1 Schnapsglas Cognac (2 cl)
3 Spritzer Wermut
2 Spritzer Angostura Bitter
Saft von 1/2 Orange
1 Teel. Puderzucker

Pro Drink etwa:
750 Joule
180 Kalorien

Den Rand eines ballonförmigen, großen Glases mit dem Orangenviertel einreiben und so in den Zucker tauchen, daß der ganze Rand von einer Zuckerkruste überzogen ist. Die Eiswürfel in den Cocktailshaker geben. Den Cognac, den Wermut, den Angostura Bitter, den Orangensaft und den Puderzucker zufügen, etwa 1/2 Minute lang kräftig schütteln und ins Glas seihen.

Manhattan

Zutaten für 1 Drink:
3 Eiswürfel
1 Spritzer Angostura Bitter
1/2 Glas roter italienischer Wermut (3 cl)
1 Schnapsglas Whisky (2 cl)
1 kandierte Kirsche

Pro Drink etwa:
460 Joule
110 Kalorien

Die Eiswürfel ins Rührglas geben, den Angostura Bitter, den Wermut und den Whisky zufügen, gut umrühren, in ein Südweinglas mit kurzem Stiel abseihen und die Kirsche einlegen.

Zum Bild rechts:

Haben Sie schon einmal selbst ein Chutney zubereitet, Senfgurken oder gar grüne Tomaten eingelegt? Die Mühe ist gering im Vergleich zum Genuß, den solch süß-saure »selbstgemachte« Herrlichkeiten bieten, und Ihre Gäste werden Sie nach Ihrer Bezugsquelle fragen. Für das Chutney aus Äpfeln, Orangen und Zwiebeln (im Bild, oben) sollten Sie möglichst frische Pfefferminzblätter verwenden. Auch ist frische, feingeriebene Ingwerwurzel dem Ingwerpulver vorzuziehen. Das Geheimnis eines guten Chutneys liegt in den Gewürzen.
Das Rezept finden Sie auf Seite 519.

Für Senfgurken (Bildmitte) benötigt man nicht unbedingt einen großen Steinguttopf und einen kühlen Keller. Alles was Sie wirklich brauchen, sind feste knackige Salatgurken, die richtige wohl abgestimmte Gewürz- und Kräutermischung – darunter natürlich eine reichliche Portion von den kleinen, glänzenden gelben Senfkörnern – und ganz normale Einmachgläser. Man ißt Senfgurken gern zu kaltem Braten, zu Fleischfondue, zu Raclette, dem Schweizer Käsegericht, und, was nicht jeder weiß, zu manchen Wildgerichten; vor allem zu Wildschweinbraten und gebratener Hirschkeule, bilden sie mit ihrem feinen süß-säuerlichen Geschmack eine reizvolle Ergänzung.
Das Rezept finden Sie auf Seite 518.

Grüne Tomaten sind nicht etwa unreife Früchte, sondern eine bei uns leider noch selten angebotene italienische Spezialität. Zum Rohessen eignen sie sich weniger, dafür um so mehr für würzige Relishes, Chutneys oder auch, wie auf dem Bild (unten) zu sehen ist, zum Einlegen, da sie recht festfleischig sind. Der Sud dafür besteht in der Hauptsache aus Essig und Zucker. Es sollte ein weißer Weinessig von guter Qualität sein. Das starke Aroma dieser Tomaten entfaltet sich darin am besten. Süßsauer eingelegte grüne Tomaten sind eine delikate Beilage zu kurzgebratenem Fleisch. Ein frugales Gericht wie Bratkartoffeln wird, mit diesem Essiggemüse serviert, zu einem Ereignis!
Das Rezept finden Sie auf Seite 519.

KLASSISCHE DRINKS

Zum Bild links:

Des Sommers ganze köstliche Fülle präsentiert sich auf unserem Bild. Der Möglichkeiten sind viele, etwas von diesem Überfluß für den Winter schmackhaft haltbar zu machen. Für jede Frucht gibt es aufgrund ihrer Eigenschaften eine optimale Konservierungsmethode, sieht man einmal vom Einfrieren ab, das für fast jedes Obst geeignet ist. – Rote Johannisbeeren beispielsweise haben einen hohen Pektingehalt. Der Saft geliert mit der richtigen Zuckermenge eingekocht ohne weitere Zusätze. Die dicken, grünlichgelben Reneclauden sind aromatisch, haben weniger Säure als blaue Pflaumen oder Zwetschgen und im Verhältnis zu ihrer Größe kleine Steine. Man legt sie deshalb gerne im Ganzen als Kompott ein. Auch Kirschen, süße wie saure, ergeben ein feines Kompott, Sauerkirschen außerdem einen erfrischenden Fruchtsaft. Pfirsiche und Aprikosen eignen sich auch zum Einlegen als Kompott. Man sollte die kleine Mühe nicht scheuen und die Früchte zuvor häuten. Der Genuß ist um so größer, wenn das Obst später als Kuchenbelag Verwendung findet. Erdbeeren und Himbeeren sind von zarter Konsistenz und gerade recht für Marmeladen und Konfitüren. Eine roh gerührte Himbeermarmelade ist ein idealer Brotaufstrich für das Sonntags-Frühstück. Selbstgemachte Dreifrucht- oder Vierfruchtmarmelade aus Erdbeeren, Himbeeren, Stachelbeeren und auch Rhabarber ist ein Hochgenuß und hat nichts mit der roten, klebrigen Masse zu tun, die in schlechten Zeiten einst aus großen Marmeladeneimern verkauft wurde.
Einmachrezepte finden Sie auf den Seiten 514 bis 519.

Bronx

Zutaten für 1 Drink: Pro Drink etwa:
3 Eiswürfel 460 Joule
1 Schnapsglas 110 Kalorien
  Orangensaft (2 cl)
1 Schnapsglas roter
  italienischer
  Wermut (2 cl)

Die Eiswürfel ins Rührglas geben, den Orangensaft, den Gin und den Wermut zufügen, kurz umrühren und ins Cocktailglas seihen.

Unser Tip: Einen Bronx Dry erhalten Sie, wenn Sie anstatt des italienischen roten, trockenen weißen Wermut verwenden, einen Bronx Terrace, wenn Sie je ein Schnapsglas Zitronensaft, trockenen französischen Wermut und Gin mischen.

Champagner Daisy

Zutaten für 1 Drink: 2 Cocktailkirschen
4 Eiswürfel 2 Stück Ananas
2 Teel. Zitronensaft aus der Dose
1 Teel. Grenadine-
  sirup Pro Drink etwa:
1 Schnapsglas Wein- 800 Joule
  brand (2 cl) 190 Kalorien
1/8 l Sekt

Die Eiswürfel zerstoßen, in den Cocktailshaker füllen, den Zitronensaft, den Grenadinesirup, den Weinbrand zufügen und etwa 30 Sekunden lang schütteln. In eine Sektschale seihen und mit dem Sekt auffüllen. Die Cocktailkirschen und die Ananasstückchen zugeben und den Drink mit Trinkhalm servieren.

Whisky Soda

Zutaten für 1 Drink: Pro Drink etwa:
3 Eiswürfel 420 Joule
2 Schnapsgläser 100 Kalorien
  Whisky (4 cl)
1 Stück Zitronenschale
Sodawasser

Die Eiswürfel ins Glas geben, den Whisky zugießen, die Zitronenschale zufügen und mit Sodawasser auffüllen Ohne Trinkhalm servieren.

Unsere Tips: In gleicher Weise können Sie Soda on the rocks auch mit Tonicwasser anstelle von Sodawasser mischen; als Spirituosen besonders zu empfehlen sind dabei Wodka, Genever oder Steinhäger.

Für Sodas mit Cognac oder Südwein gibt man 5 cl des alkoholischen Getränks ins Glas.

In La Guaira, dem venezolanischen Hafen nahe Caracas, wird den Fremden in den Bars am Hafen dieser »Freiheitstrank« gereicht. »Cuba libre« – »Auf ein freies Kuba« – sagt man dazu.

Cuba libre

Zutaten für 1 Drink: 1 Schnapsglas
1 Schnapsglas weißer Rum (2 cl)
  Wermut (2 cl) 1/8 l Coca-Cola
1 Schnapsglas 1 Zitronenscheibe
  Curaçaolikör (2 cl)
1 Teel. Zitronensaft Pro Drink etwa:
1/4 Zitrone 1050 Joule
2 Eßl. Zucker 250 Kalorien
2–3 Eiswürfel

Den Wermut, den Curaçao und den Zitronensaft im Cocktailshaker mischen. Den Rand eines hohen Becherglases mit der Viertel Zitrone gut anfeuchten und so tief in den Zucker tauchen, daß rundherum eine Zuckerkruste entsteht. Die Eiswürfel zerstoßen. Die Mischung aus dem Cocktailshaker in das Glas gießen, das Eis hineinschütten, den Rum zugießen und mit der Coca-Cola auffüllen. Die Zitronenscheibe bis zur Mitte einschneiden und auf den Glasrand stecken. Cuba libre mit Trinkhalm servieren.

Gin-Sour

Zutaten für 1 Drink: Sekt oder
Saft von 1/2 Zitrone Sodawasser
2 Teel. Zucker 1 Zitronenscheibe
2 Schnapsgläser
  Gin (4 cl) Pro Drink etwa:
  920 Joule
  220 Kalorien

Die Eiswürfel zerstoßen und in den Cocktailshaker geben. Den Zitronensaft, den Zucker und den Gin zufügen und kräftig schütteln, in ein hohes Becherglas seihen und mit dem Sekt oder Sodawasser auffüllen. Die Zitronenscheibe bis zur Mitte einschneiden und auf den Rand des Glases stecken. Mit Trinkhalm servieren.

Für Pousse Cafés werden in einem Kelchglas mehrere Likörsorten übereinander »geschichtet«. Der spezifisch schwerste Likör kommt zuerst in das Glas, der leichteste obenauf. Weil man diesen Nasch-Drink gern zum Kaffee nimmt, heißt er Pousse Café.

Lächelnde Liebe
Pousse Café

Zutaten für 1 Pousse Café:
1 Schnapsglas Eierlikör (2 cl)
1 Schnapsglas Vanillelikör (2 cl)
1 Schnapsglas Kirschwasser (2 cl)

Pro Pousse Café etwa:
210 Joule
170 Kalorien

Den Eierlikör in ein hohes, schmales Glas geben. Den Vanillelikör über einen Löffel langsam am Glasrand entlang ins Glas laufen lassen. Das Kirschwasser ebenso hinzufügen.

Grundbestandteile von Egg-noggs sind immer Ei, Zucker, Alkohol und Milch. Bei dieser Zusammensetzung sind Egg-noggs »Muntermacher«. Wer dieses Getränk auf traditionelle Art zubereitet, mixt Ei, Zucker und Alkohol im Schüttelbecher und füllt mit Milch auf.

Egg-Nogg Banane

Zutaten für 2 Drinks:
1 Banane
1 Ei
1 Eßl. Zucker
¼ l Milch
1 Schnapsglas Birnenbranntwein (2 cl)
2 Eiswürfel
1 Prise geriebene Muskatnuß

Pro Drink etwa:
1000 Joule
240 Kalorien

Die Banane schälen und in Stücke schneiden. Zusammen mit dem Ei, dem Zucker, der Milch und dem Birnenbranntwein im Mixer bei höchster Schaltstufe mischen. In hohe Gläser füllen, jeweils einen Eiswürfel zufügen und mit wenig Muskatnuß überreiben.

Grundrezept für Bowle
Himbeerbowle

Zutaten für 20 Gläser zu je ⅛ l
500 g frische Himbeeren
2 Eßl. Zucker
1 ½ l naturreiner Weißwein (Mosel)
1 Flasche Sekt

Pro Glas etwa:
420 Joule
100 Kalorien

Zeit zum Durchziehen:
1–2 Stunden

Die Himbeeren verlesen, waschen und abtropfen lassen. Die Früchte in ein Bowlengefäß legen, mit dem Zucker bestreuen und mit ½ Liter Weißwein übergießen. Die angesetzten Früchte an einem kühlen Ort zugedeckt 1–2 Stunden durchziehen lassen. Vor dem Servieren den gut gekühlten übrigen Wein zugießen und vorsichtig mit dem kalten Sekt auffüllen.

Unser Tip: Anstelle frischer Himbeeren können Sie auch tiefgekühlte Früchte verwenden. Sie werden gefroren mit Zucker und Wein angesetzt.

Maikraut dient zum Würzen von Bowlen, Likören und Süßspeisen. Wegen seines intensiven Duftes sollte man es nicht mit anderen Kräutern mischen. Verwendet werden junge Triebe kurz vor der Blüte.

Waldmeisterbowle
Maibowle

Zutaten für 18 Gläser zu je ⅛ l:
1 Bündel Waldmeister
1 ½ l trockener Weißwein (nach Belieben auch Ruländer oder Gewürztraminer)
1 Flasche Sekt

Pro Glas etwa:
380 Joule
90 Kalorien

Das frische Kraut bündeln und leicht antrocknen lassen. ½ Liter Wein in das Bowlengefäß gießen und den Waldmeister an einem Faden so in den Wein hängen, daß die Stengel herausschauen. Je nachdem, wie kräftig Sie den Waldmeistergeschmack mögen, 15–30 Minuten im Wein ziehen lassen. Das Kraut herausnehmen, den übrigen Wein zugießen, mit dem kalten Sekt auffüllen.

Kalte Ente

Zutaten für 12 Gläser zu je ⅛ l:
¾ l Weißwein (Mosel)
2 Zitronen
1 Flasche Sekt

nach Belieben:
Saft von ½ Zitrone und 1 Eßl. Zucker

Pro Glas etwa:
420 Joule
100 Kalorien

Den Wein in ein Bowlengefäß gießen. Die Zitronen waschen, in dünnen Spiralen schälen und die Zitronenschalenspiralen 15–20 Minuten in den Wein hängen. Die Schalen herausnehmen und mit dem Sekt auffüllen. Nach Belieben den Saft von ½ Zitrone und/oder etwas Zucker in wenig heißem Wasser aufgelöst zugeben.

Eine lustige »Bowlen-Spielerei«. Man braucht dazu breite, bauchige Gläser.

Kullerpfirsich

Zutaten für 1 Glas:
1 reifer, frischer Pfirsich
⅛ l Sekt

Pro Glas etwa:
750 Joule
180 Kalorien

Den Pfirsich waschen, abtrocknen, mit einer Gabel rundherum mehrfach anstechen, ungeschält in das Glas geben und den gekühlten Sekt zugießen. Nach wenigen Minuten beginnt der Pfirsich sich im perlenden Sekt zu drehen. Den Kullerpfirsich mit Obstbesteck und Dessertteller servieren.

Gurkenbowle

Zutaten für 18 Gläser zu je ⅛ l:
2 mittelgroße Salatgurken
1 ½ l roter Bordeaux
2 ½ Schnapsgläser Maraschinolikör (5 cl)
1 Flasche Sekt

Pro Glas etwa:
460 Joule
110 Kalorien

Zeit zum Durchziehen:
2 Stunden

Die Gurken waschen, abtrocknen und ungeschält in Stücke schneiden. Die Gurkenstücke in einer Schüssel mit dem Rotwein übergießen und zugedeckt etwa 2 Stunden ziehen lassen. Die Gurkenstücke dann über dem Bowlengefäß mit dem Rotwein in ein Sieb schütten und die Gurken dabei etwas ausdrücken. Den Maraschinolikör in den Rotwein rühren und mit dem Sekt auffüllen.

Romantisch und stimmungsvoll ist die Zubereitung einer Feuerzangenbowle.

Feuerzangenbowle

Zutaten für 18 Gläser zu je ⅛ l:
2 Zitronen
1 ½ l Rotwein
Schale von 1 Orange
3 Gewürznelken

1 Zuckerhut zu etwa 300 g
¾ l 54%iger Rum

Pro Glas etwa:
1090 Joule
260 Kalorien

Die Zitronen auspressen und den Saft zusammen mit dem Rotwein in einem Kupferkessel erhitzen. Die Nelken und die Orangenschale in den Wein

PUNSCH UND KAFFEEGETRÄNKE

geben. Den Zuckerhut in einer Feuerzange über den Kessel legen. Etwas Rum darübergießen, anzünden und ständig Rum aus einem Schöpflöffel – nicht aus der Flasche – nachgießen, bis der Zuckerhut geschmolzen ist. Die Nelken und die Orangenschale aus dem Wein entfernen. Die Feuerzangenbowle heiß aus vorgewärmten Punschgläsern trinken.

Unser Tip: Zum Einschenken der Feuerzangenbowle eignen sich am besten Schöpfkellen aus Silber oder Glas, sie beeinträchtigen den Geschmack nicht.

Einen Riesen-Punsch braute 1760 der britische Admiral Edward Boscaven für die Offiziere seiner Flotte. In einem Marmorbecken mischte er 600 Flaschen Rum, die gleiche Menge Cognac, 1200 Flaschen Malaga und 4 Tonnen kochendes Wasser. Hinzu kamen 200 geriebene Muskatnüsse, 600 Pfund Zucker und der Saft von 2600 Zitronen. Von einem kleinen Mahagonikahn aus, der auf dem Punschsee schwamm, füllte ein Kind die Gläser der Gäste auf.

Grundrezept
Punsch

Zutaten für
12 Gläser zu je 1/8 l:
1/2 l starker
  Schwarzer Tee
Schale von
  1/2 Orange
2 Gewürznelken
1 Stückchen Zimtstange
3/4 l Rotwein
Saft von 2 Orangen
  und 1 Zitrone
180 g Zucker
1/8 l Rum

Pro Glas etwa:
590 Joule
140 Kalorien

Den Tee aufbrühen und durch ein Sieb in einen Topf abgießen. Die Orangenschale abreiben und mit den Nelken und dem Zimt zum Tee geben. Den Rotwein zugießen und das Gemisch erhitzen, aber nicht kochen lassen. Den Orangen- und Zitronensaft und den Zucker zugeben und umrühren. Wenn der Zucker sich aufgelöst hat, den Punsch durchsieben und den Rum zugießen.

Unser Tip: In der Wahl der Zutaten bieten sich bei einem Punsch zahlreiche Möglichkeiten. Ein Weißwein läßt sich beispielsweise gegen Apfelwein mit Arrak oder gegen Portwein mit Whisky austauschen.

Die Eigenart dieses Punsches, den man sehr heiß trinken sollte, liegt in der Mischung von herbem und süßem Wein und in dem intensiven Aroma der Gewürze.

Schweden-Punsch

Zutaten für
16 Gläser zu je 1/8 l:
3/4 l trockener
  Rotwein
3/4 l Muskatella-
  Wein
1/4 l süßer Wermut
1 Teel. Angostura
  Bitter
100 g Rosinen
1 Orange
4 Kapseln
  Kardamom
  oder
1/2 Messersp.
  gemahlener
  Kardamom
4 Gewürznelken
1 Stück Zimtstange
1 Stückchen
  Ingwerwurzel
1/4 l Aquavit
50 g Zucker

Pro Glas etwa:
670 Joule
160 Kalorien

Zeit zum
Durchziehen:
24 Stunden

Den Rotwein zusammen mit dem Muskatellawein, dem Wermut und Angostura in einen Topf schütten. Die Rosinen waschen, abtropfen lassen und dazugeben. Die Orange waschen, schälen und die Schale in den Wein legen. Die Kardamomkapseln fein zerstoßen oder in einem Mörser zerdrücken. Den Kardamom, die Nelken, den Zimt und den Ingwer zum Wein geben, den Topf zudecken und die Gewürze 24 Stunden ziehen lassen. Das Weingemisch dann kurz aufkochen, umrühren, durch ein Sieb in ein Punschgefäß gießen, den Aquavit zufügen und mit dem Zucker süßen; nach Belieben kann die Zuckermenge etwas erhöht werden.

Auch bei uns gibt es die kleinen langstieligen Kupfertöpfchen zu kaufen, in denen im Orient und in vielen Ländern Südeuropas von früh bis spät der türkische Kaffee gebraut wird. Sie fassen nicht mehr als 1/8 Liter Wasser.

Türkischer Kaffee

Zutaten für
3 Mokkatassen:
knapp 1/8 l Wasser
3 Teel. mehlfein-
  gemahlener
  Kaffee
3 Teel. Zucker

Pro Tasse etwa:
90 Joule
20 Kalorien

Das Kaffeetöpfchen mit kaltem Wasser 2/3 vollfüllen. Den gemahlenen Kaffee und den Zucker zugeben und den Kaffee dreimal aufkochen lassen. Dabei das Töpfchen zwischendurch immer kurz vom Herd nehmen. Den Kaffee in drei Mokkatäßchen füllen und heiß servieren.

Irish Coffee

Zutaten für
4 Gläser:
1/2 l heißer Kaffee
1/8 l Sahne
3 Eßl. Zucker
knapp 1/4 l irischer
  Whisky

Pro Person etwa:
1880 Joule
450 Kalorien

Für Irish Coffee verwendet man feuerfeste, langstielige Gläser und einen kleinen Spiritusbrenner. Beides ist in guten Haushaltsgeschäften erhältlich. Den Kaffee aufbrühen und warm halten. Die Gläser zum Vorwärmen mit heißem Wasser füllen.
Inzwischen die Sahne mit 1 Eßlöffel Zucker halbsteif schlagen. Das Wasser aus den Gläsern gießen. Die Hälfte des Whiskys in die Gläser verteilen. Nacheinander jedes Glas über der Spiritusflamme drehen, so daß sich der Whisky erwärmt. Das Glas dann unter Drehen mit der Öffnung an die Flamme halten, so daß sich der Alkohol entzündet. 2 Teelöffel Zucker in jedes Glas geben und mit 1/8 Liter heißem Kaffee auffüllen. Einen Eßlöffel mit der Rundung nach oben über die Kaffeeoberfläche halten. Ein Viertel vom restlichen Whisky darüber in den Kaffee träufeln. Ebenso die Sahne über den umgedrehten Löffel ins Glas laufen lassen; sie schwimmt dann an der Oberfläche.

Pharisäer

Zutaten für
4 Tassen:
1/2 l heißer Kaffee
1/4 l Sahne
2 Eßl. Zucker
4 Schnapsgläser
54%iger Rum (8 cl)

Pro Tasse etwa:
970 Joule
230 Kalorien

Den Kaffee aufbrühen und warm halten. 4 Tassen mit heißem Wasser vorwärmen.
Inzwischen die Sahne steif schlagen. Das Wasser aus den Tassen gießen, die Tassen abtrocknen und in jede Tasse 1–2 Teelöffel Zucker geben. Je 1 Schnapsglas Rum darübergießen und mit dem Kaffee auffüllen. Die Schlagsahne als Haube auf jede Tasse Pharisäer setzen.

Einmachen und Konservieren

Schon immer war die stattliche Reihe selbstgefüllter Steinguttöpfe, Einmachgläser und Flaschen der Stolz jeder Hausfrau.

Selbsteingemachtes ist ebenso wie Selbstgebackenes jederzeit auch ein willkommenes Geschenk für Individualisten und Gourmets. Solche Gaben können leicht auf die Eigenart und Vorliebe des Beschenkten abgestimmt werden. Hübsch verpackt und beschriftet, mit Widmung oder beigefügtem Rezept versehen, sind Geschenke aus der eigenen Küche oft der Clou auf einem Gabentisch.

Selber einmachen macht Spaß! Wer ist nicht stolz auf die selbstbereitete Marmelade, die Gläser mit Kompott, die Gurken im Steinguttopf oder auf die Rumfrüchte? Außerdem wissen wir bei Selbsteingemachtem genau, was darin ist, nämlich nur das frische, reife Obst oder Gemüse, das wir selbst ausgewählt oder vielleicht sogar selbst geerntet haben, und keine Farb- und Konservierungsstoffe.

Für Individualisten mit kulinarischem Traditionsbewußtsein ist Selbsteingemachtes mehr als preiswerte Vorratshaltung. Es ermöglicht erst die geschmackliche Raffinesse, die man bei industriell hergestellten Konserven so oft vermißt. Und gerade diesen besonderen Zusammenstellungen, den nicht alltäglichen Vorräten, soll dieses Kapitel Rechnung tragen. Wir haben die Standardrezepte, die Sie in jedem Begleitheftchen für ein Einmachgerät finden, außer acht gelassen und nur solche Rezepte ausgewählt, für die sich Zeit und Arbeitsaufwand des Einmachens wirklich lohnen.
Hier beschreiben wir auch nur die Einmachmethoden, die in einem normalen Haushalt durchführbar sind, wie das Bereiten von Saft, Gelee, Marmelade und Konfitüre, sowie das Einmachen von Obst und Gemüse in Gläsern, das Konservieren in Alkohol und das Einlegen in Essiglösung. Genaugenommen sind »Einlegen« und »Einmachen« nur verschiedene Formen der Konservierung (Haltbarmachung). Wir verstehen darunter das Haltbarmachen in Gläsern, Flaschen und Töpfen. Das Wort konservieren umfaßt in unserer Alltagssprache aber alle übrigen Methoden des Haltbarmachens. Das Einfrieren von Lebensmitteln ist beispielsweise eine besonders wertstoffschonende Konservierungsmethode. Über dieses Thema informiert Sie ausführlich das Kapitel »Kühlen und Einfrieren«.

Damit Einmachen und Einlegen den gewünschten Erfolg bringen, sind einige Hinweise zu beachten.

Praktischer Rat

Richten Sie Ihr Einmachprogramm nach dem Angebot auf dem Markt aus. Obst und Gemüse sind am aromatischsten, wenn sie auch am preisgünstigsten angeboten werden, nämlich zur Haupterntezeit.

Verarbeiten Sie nur einwandfreies, frisches Obst oder Gemüse. Gelees, Marmeladen und Säfte können auch aus Fallobst bereitet werden, nie jedoch aus halbverdorbenen Früchten.

Machen Sie nur so viel ein, wie in Ihrem Haushalt im Laufe eines Jahres voraussichtlich verzehrt wird. Zwar wird das Einmachgut durch Sterilisieren haltbar gemacht, doch vollzieht sich während der Lagerung ein langsamer Abbau der Wertstoffe. Deshalb ist es wichtig, alle Gefäße mit Eingemachtem zu beschriften und neben dem Inhalt auch das Einmachdatum zu vermerken.

Verwenden Sie nicht zu große Gläser und Flaschen. Ist das Glas einmal geöffnet, muß sein Inhalt rasch verbraucht werden – Kompott und Saft möglichst noch am gleichen Tag.

In einem zum Aufbewahren von eingemachten Vorräten idealen Raum herrscht eine Temperatur von etwa 4–15°C. Der Raum sollte dunkel und luftig, aber nicht feucht sein, da Einmachgut, das nur mit Zellophan verschlossen ist, bei Feuchtigkeit leicht schimmelt.

Wer nicht über solch einen Vorratsraum verfügt, lagert Eingemachtes in einem ungeheizten Zimmer. Übersteigt dort die Raumtemperatur öfter 15°C, verkürzt sich die Lagerzeit auf 3–5 Monate.

Wenn Sie von Eingelegtem wie Rumtopffrüchten, Essig- oder Senffrüchten, eine Portion entnehmen, achten Sie darauf, daß die verbliebenen Früchte völlig von der Einlegflüssigkeit bedeckt sind und der Topf wieder geschlossen wird.

Prüfen Sie vor allem in den ersten Wochen nach dem Einmachen, ob die Gläser noch fest verschlossen sind. Es kommt vor, daß ein Deckel oder eine Gummikappe nicht fest schließt. Der Inhalt offener Gläser sollte dann rasch verbraucht werden.

Die wichtigsten Einmachmethoden

Ob Kompott, Marmelade, Gelee oder Saft, für jedes Produkt gibt es verschiedene Verfahren der Haltbarmachung, die hier beschrieben werden.

Einmachen in Gläsern

Das Prinzip des Einmachens ist folgendes: Durch Erhitzen dehnt sich das Einmachgut aus und verdrängt die im Glas enthaltene Luft, die zwischen Glasrand, Gummiring und aufgelegtem Deckel entweicht. Beim Abkühlen entsteht ein Vakuum im Glas.

Dadurch wird der Deckel fest an den Glasrand gepreßt. Der dazwischenliegende Gummiring wirkt wie eine Dichtung, so daß die Gläser wirklich luftdicht verschlossen werden. – Durch das Erhitzen wird der Inhalt der Gläser gleichzeitig sterilisiert; Fäulniserreger werden abgetötet.

Einmachen kann man entweder im Einmachkessel (Weckapparat – einem großen Topf mit Deckel, in denen die Gläser im Wasserbad stehen – oder im Backofen, wo sich der Prozeß in heißer Luft vollzieht.

Für beide Methoden benötigt man Gläser mit Deckeln, genau dazu passende Gummiringe und Federbügel, mit denen die Deckel unter leichtem Druck auf die Glasränder gepreßt werden. Die Vorbereitungen sind bei beiden Einmachmethoden die gleichen: Die Gläser und die Deckel, die in jedem Fall völlig unbeschädigt sein müssen, in heißem Wasser mit etwas Spülmittelzusatz waschen, in heißem, klarem Wasser nachspülen und auf frischen Küchentüchern abtropfen lassen, aber nicht abtrocknen. Die Gummiringe, die keine Risse oder Brüche haben dürfen, in Wasser mit wenig Spülmittel einige Minuten auskochen, dann bis zum Gebrauch in heißes, abgekochtes Wasser legen.

Das Einmachgut sorgfältig waschen, putzen, gegebenenfalls schälen oder häuten, zerkleinern und/oder die Kerne oder Steine entfernen. Gleichgültig ob das vorbereitete Einmachgut roh oder gegart in die Gläser gefüllt wird, begnügen Sie sich nicht damit, als Gar- oder Auffüllflüssigkeit nur Zuckerwasser zu verwenden. Kompott schmeckt letztlich so gut oder so fad wie sein Sud. Würzen Sie Kompott so sorgfältig, als würden Sie es für eine gerade bevorstehende Mahlzeit zubereiten. Gemüse läßt sich allerdings nur mit Salzwasser sterilisieren. Deshalb ist Tieffrieren für Gemüse unbedingt dem Sterilisieren vorzuziehen.

Rohes Einmachgut mit einem langstieligen Löffel bis dicht unter den Glasrand füllen. Gegartes Einmachgut bis 2 cm und breiiges bis 4 cm unter dem Rand, Auffüllflüssigkeit ebenfalls bis 2 cm unter dem Rand einfüllen.

Wird das Einkochgut durch einen breiten Trichter oder einen Spezialrand für Einmachgläser eingefüllt, so bleiben die Glasränder sauber.

Wird heißes Einmachgut eingefüllt, die Gläser zuvor auf ein feuchtes Tuch stellen, damit sie nicht zerspringen. Die Glasränder gründlich abwischen und die nassen Gummiringe auflegen. Die Deckel darauflegen und mit den Federbügeln festklemmen.

Im Einkochkessel werden die Gläser auf den Glashalter gestellt, je nach Größe auch übereinander. Wurde das

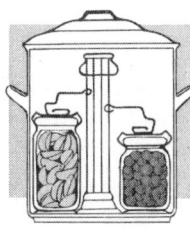
Im Einkochkessel stehen die mit Federbügeln versehenen, verschlossenen Gläser auf einem Glashalter.

Einmachgut heiß eingefüllt, so viel heißes Wasser in den Kessel gießen, daß die Gläser zu drei Vierteln im Wasser stehen. Bei übereinandergestellten Gläsern sind die unteren völlig im Wasser. Bei kalt eingefülltem Einmachgut kaltes Wasser zugießen.

Wird in einem Topf eingekocht, die Gläser unbedingt auf einen Drahtrost stellen. Beim Einmachkessel das Thermometer in die dafür vorgesehene Öffnung im Deckel stecken und die Elektroplatte auf Stufe 3 schalten, die Automatikplatte auf Stufe 8 oder die Gasflamme auf volle Höhe. Wie lange das Wasser kochen muß, richtet sich nach dem jeweiligen Einkochgut. Dennoch kann die Hitzezufuhr etwas gedrosselt werden, da sich die erreichten 100° auch halten, wenn Sie die Gasflamme auf etwa $1/2$ stellen oder die Elektroplatte auf Stufe $1\,1/2$ schalten; lediglich die Automatikplatte bleibt in der bisherigen Stellung, weil sie automatisch für eine konstante Energiezufuhr sorgt. – Haben Sie einen Kessel mit Einkochthermometer, so brauchen Sie den Glasinhalt gar nicht auf 100° zu erhitzen. Je nach Fruchtsorte genügen 75–98°, allerdings verlängert sich die Einkochzeit dabei um einige Minuten. Wird mit Thermometer gearbeitet, die Hitze zurückschalten, wenn das Quecksilber 4 Striche unterhalb der zu erreichenden Temperatur steht.

Beim Einkochen im Backofen den Backofen auf 150–175° vorheizen. Die gefüllten, verschlossenen Gläser entweder in die 1 cm hoch mit warmem Wasser gefüllte Bratenpfanne des Backofens stellen oder die Gläser mit einer Tasse Wasser auf den Rost des Backofens stellen. Die Gläser dürfen weder einander noch die Wände des Herdes berühren, da sie sonst zerspringen würden. – Zur Schonung der

Wird im Backofen eingekocht, stehen die verschlossenen Gläser auf dem Rost des Backofens oder in der Bratenpfanne des Ofens.

DIE WICHTIGSTEN EINMACHMETHODEN

Gummiringe ein feuchtes Tuch über die Gläser legen. Die Backofentür und gegebenenfalls den Wrasenschieber schließen und 40–45 Minuten nicht öffnen. Nach dieser Zeit steigen in der Einmachflüssigkeit kleine Luftblasen an die Oberfläche. Das sogenannte »Perlen« beginnt. Von diesem Zeitpunkt an wird die eigentliche Einkochzeit berechnet, die ganz vom Einmachgut abhängt. Nach dem Einmachgut richtet sich auch die Zeit, in der die Gläser noch im abgeschalteten, geschlossenem Backofen verbleiben. – Zu jedem Herd gibt es eine Gebrauchsanweisung, die die für den Herdtyp erprobte Einkochzeit angibt.

Einkochzeiten im Kessel	Grad/min.	oder	Grad/min.
Äpfel	100° 20		80° 30
Apfelmus	100° 25		90° 30
Aprikosen	100° 16		75° 30
Birnen	100° 20		90° 30
Brombeeren	100° 20		90° 25
Erdbeeren	100° 16		75° 20
Heidelbeeren	100° 16		80° 30
Himbeeren	100° 16		75° 20
Johannisbeeren	100° 20		90° 75
Kirschen	100° 16		80° 30
Mirabellen	100° 16		80° 30
Pfirsiche	100° 16		80° 30
Pflaumen/Zwetschgen	100° 20		75° 30
Preiselbeeren	100° 20		90° 30
Reineclauden	100° 20		75° 30
Rhabarber	100° 20		90° 25
Stachelbeeren	100° 20		75° 30
Blumenkohl	100° 60		
Bohnen, grüne	100° 90		
Erbsen	100° 80		
Karotten, Möhren	100° 90		
Kohlrabi	100° 90		
Paprikaschoten	100° 25		90° 30
Rote Bete	100° 25		80° 30
Sellerie	100° 90		
Spargel	100° 100–110		
Tomaten	100° 25		85° 30

Nach dem Einkochen die Gläser aus dem Kessel oder Backofen auf ein feucht-warmes Tuch stellen und abkühlen lassen. Sie dabei mit einem Tuch bedecken, um sie vor Zugluft zu schützen. Die Federbügel erst entfernen, wenn die Gläser völlig erkaltet sind. Um zu prüfen, ob die Gläser wirklich fest verschlossen sind, diese vorsichtig an den Deckeln hochheben. Bei Gläsern, die dabei aufgehen, Glas und Deckelrand sowie den Gummiring auf Schadstellen überprüfen und gegebenenfalls auswechseln. Die Gläser, die beim ersten Einkochen nicht fest verschlossen wurden, können noch einmal auf die gleiche Weise eingekocht werden.

Marmeladen, Konfitüren und Gelees

Die verschiedenen Methoden zum Herstellen dieses beliebten süßen Brotaufstrichs beruhen auf dem gleichen Prinzip. Das in den Früchten enthaltene Pektin bewirkt mit dem Zucker und der Fruchtsäure das Gelieren, wobei der Zucker gleichzeitig konservierend wirkt.

Marmelade wird aus stark zerkleinerten Früchten von einer bis zu vier verschiedenen Obstsorten bereitet, die während des Kochens zerfallen. Konfitüre wird nur aus einer Sorte Früchten bereitet, zu einem Teil aus zerkleinerten und zu Mus gekochten und zum anderen Teil aus ganzen oder wenig zerkleinerten Früchten.

Gelee wird wie Marmelade und Konfitüre mit Zucker gekocht; das Ausgangsprodukt ist jedoch Fruchtsaft. Die Saftgewinnung wird ebenfalls in diesem Kapitel beschrieben.

Äpfel, Johannisbeeren, Pflaumen, Quitten, Stachelbeeren und Zitrusfrüchte haben einen hohen Pektingehalt und lassen Fruchtmus oder Saft verhältnismäßig rasch gelieren. Sie müssen deshalb nicht unbedingt mit Gelierzucker gekocht werden, auch wenn dieser die Kochzeit für diese Früchte beträchtlich verkürzt. Für Marmelade und Konfitüre aus Ananas, Aprikosen, Birnen, Blaubeeren, Brombeeren, Erdbeeren, Feigen, Himbeeren, Kirschen, Pfirsichen, Rhabarber und Weintrauben empfiehlt es sich, in jedem Fall Gelierzucker oder ein Geliermittel zu verwenden. Diese Früchte müssen sonst bis zum Gelieren lange gekocht werden, was eine starke Aroma- und Wertstoffminderung zur Folge hat.

Da Frucht- und Zuckermenge stets in einem bestimmten Verhältnis zueinander stehen müssen, ist es notwendig, das vorbereitete Obst zu wiegen. Die in den Rezepten angegebenen Zuckermengen beziehen sich stets auf geschältes, entsteintes Obst.

Das Fruchtmus schäumt beim Kochen stark. Unter Rühren bei starker Hitze kochen lassen. Dabei verdampft Flüssigkeit. Den sich bildenden Schaum während des Kochens abschöpfen. Den Fruchtbrei nicht über den Gelierpunkt hinaus kochen lassen, weil sonst Farbe, Aroma und Konsistenz der Marmelade, der Konfitüre oder des Gelees beeinträchtigt werden. Zur Gelierprobe den Topf vom Herd nehmen und einen Teelöffel voll Fruchtbrei auf einer Untertasse auskühlen lassen. Hat sich an der Oberfläche der erkalteten Masse eine feste Haut gebildet, die sich leicht kräuselt, wenn man sie mit dem Finger berührt, ist der Gelierpunkt erreicht. Fließt die Marmelade jedoch nach dem Erkalten noch auseinander, muß sie einige Zeit weiterkochen.

Die Marmelade, die Konfitüre oder das Gelee nach dem Fertigstellen in nicht zu große Gläser füllen. Die Gläser zuvor heiß mit wenig Spülmittel waschen, mit klarem, heißem Wasser ausspülen aber nicht abtrocknen, sondern auf frischen Küchentüchern trocknen lassen. Die Marmelade heiß in die Gläser füllen. Die Gläser auf feucht-heiße Tücher stellen, damit sie nicht zerspringen, und jeweils nur bis 1 cm unter dem Rand füllen. Die Gläser sofort mit zuvor passend zurechtgeschnittenem, angefeuchtetem Zellophanpapier verschließen. Mit Gummiringen oder Küchengarn befestigen. Werden Industriegläser mit Schraubdeckel verwendet, die runden Pappen im Deckel entfernen. Die abgekühlten Gläser mit Etiketten versehen.

Saft einmachen

Saft läßt sich beinahe aus jedem Obst und Gemüse gewinnen. Zum Entsaften eignet sich auch Fallobst und Obst, das wurmstichig oder sonstwie beschädigt ist. In jedem Fall soll das Obst für Saft vollreif sein; es darf sogar überreif und weich sein, aber nicht angefault oder schimmlig. Zur Geleebereitung wegen des intensiveren Aromas nur unverdünnten Saft verwenden.

Saft wird zum Aufbewahren in Flaschen gefüllt; diese werden mit festanliegenden Gummikappen oder mit Korken verschlossen. Die Saftflaschen müssen vor dem Füllen mit heißem Wasser und wenig Spülmittel gewaschen und mit heißem, klarem Wasser ausgespült werden. Die Gummikappen auskochen und bis zum Gebrauch im Wasser liegen lassen.

DIE WICHTIGSTEN EINMACHMETHODEN

Entsaften kann man nach verschiedenen Methoden. Nach der Art der Herstellung unterscheidet man rohe, gedämpfte und gekochte Säfte.

Rohe Säfte

Sie gewinnt man am einfachsten mit einem elektrischen Entsafter. Dieses Gerät faßt zwar nur jeweils eine geringe Menge Obst oder Gemüse, liefert aber sehr aroma- und vitaminreichen Saft. Das Obst wird bei dieser Art der Saftgewinnung am besten ausgenutzt.

Beerenobst kann man auch ohne maschinelle Hilfe entsaften. Dazu die Beeren verlesen, waschen, abtropfen lassen, zerdrücken und mit Zitronensäure etwa 12 Stunden Saft ziehen lassen. Das Beerenmus dann in einen Saft- oder Geleebeutel oder in ein aufgespanntes Mulltuch füllen und den heraustropfenden Saft auffangen. Soll roher Obstsaft konserviert werden, mit der gleichen Menge Zucker mischen und so lange rühren, bis sich der Zucker völlig aufgelöst hat. Den Saft dann in Flaschen füllen und möglichst im Kühlschrank aufbewahren. Roher Obstsaft hält sich auch gekühlt nur etwa 3 Monate. Rohen, ungezuckerten Gemüsesaft einfrieren.

Gedämpfte Säfte

Gedämpfte Säfte sind mit verhältnismäßig wenig Zeitaufwand auch in größeren Mengen herzustellen. Wer häufig Saft bereitet, sollte sich dafür einen Dampfentsafter kaufen. In ihm werden Obst und Gemüse mit Hilfe von Wasserdampf entsaftet:

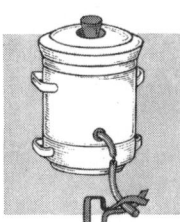

Mit einem Dampfentsafter werden mühelos auch größere Mengen von Obst oder Gemüse entsaftet.

Die unterste Schale des Entsafters mit Wasser füllen, den Schlauch, durch den der Saft in die Flaschen fließt, befestigen und abklemmen. Das vorbereitete Obst oder Gemüse in den Einsatz geben, in den durch eine Öffnung der Wasserdampf eindringt. Den Apparat mit dem Deckel verschließen. Das Wasser im Topf bei starker Hitze zum Kochen bringen und, sobald es kocht, die Zeit messen. Die Früchte sind je nach Art in unterschiedlicher Zeit zu entsaften. Der sich bildende Saft fließt durch die Löcher im Einsatz in eine Auffangschale darunter.

Kurz vor dem Ende der Dämpfzeit eine Flasche mit heißem Saft füllen und diesen noch einmal zu den Früchten im Einsatz gießen. So wird erreicht, daß sich der erste, sehr konzentrierte Saft mit dem übrigen Saft mischt. Nach Beendigung der Kochzeit die vorbereiteten Flaschen rasch hintereinander füllen. Sie gegebenenfalls zuvor noch einmal mit heißem Wasser ausspülen. Sie sollen ungefähr die gleiche Temperatur wie der Saft haben, damit sie nicht zerspringen. Den Saft bis etwa 2 cm unter dem Flaschenhalsrand einfüllen und die Flaschen sofort verschließen. Die Gummikappen etwas in den Flaschenhals drücken, damit die Luft entweicht.

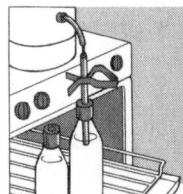

Beim Abfüllen des Saftes in Flaschen den Schlauch am Saftbehälter jedesmal abklemmen, wenn die Flasche voll ist.

Werden Früchte dampfentsaftet, geben einige kleine Blättchen und auch ein paar Stiele, die mitentsaftet werden, dem Saft eine besondere Würze. Von Pflaumen, Pfirsichen und Aprikosen kann man 3–4 Steine aufknacken und die Kerne zum Obst geben.

Gezuckerte Früchte ergeben mehr Saft. Die konservierende Wirkung des Zuckers macht den Saft auch länger haltbar. Für Gelees hingegen nur ungezuckerten Saft verwenden und diesen mit der vorgeschriebenen Menge Zucker mischen.

Gekochte Säfte

Gilt es eine geringe Obst- oder Gemüsemenge zu entsaften und zu konservieren, so eignet sich die Methode für gekochte Säfte am besten.
Dazu die Früchte waschen, je nach Sorte zerkleinern, entsteinen und mit der vorgeschriebenen Wassermenge je nach Rezept weich kochen oder nur erhitzen. Einen Hocker oder einen Stuhl umdrehen und die Ecken eines ausgekochten, dünnen Baumwolltuches oder eines doppeltgelegten Mulltuches (Mullwindel) mit einer Kordel an den 4 Beinen befestigen. Das Tuch muß dabei etwas durchhängen. Eine heiß gespülte Schüssel oder einen Eimer unter das Tuch stellen. – Die heißen Früchte oder Gemüsestücke mit der Kochflüssigkeit in das aufgespannte Tuch schütten. Den Saft abtropfen lassen.

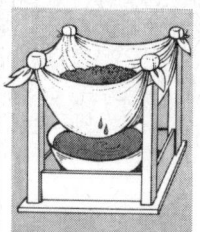

Zum Entsaften von gekochtem Obst oder Gemüse ein Mulltuch über die Beine eines umgedrehten Hockers spannen und die gekochten Früchte mit der Garflüssigkeit in das Tuch füllen.

Einlegen in Essigwasser und Salzlake

Diese Art der Konservierung ist eine der einfachsten und ältesten.
Um Gemüse zu säuern und gleichzeitig zu konservieren, gibt es verschiedene Methoden:
Das rohe Gemüse wird erst trocken eingesalzen, wobei sich im Laufe von wenigen Tagen so viel Milchsäurebakterien bilden, daß das Gemüse einen angenehm säuerlichen Geschmack erhält und die Fäulnisbakterien unschädlich gemacht werden. Danach wird das Salz abgerieben oder abgespült. Das Gemüse wird in ein passendes Gefäß geschichtet, mit Salzwasser oder Essigwasser bedeckt, dem Gewürze und/oder Kräuter zugefügt wurden.
Nach einer anderen Methode wird das Gemüse einige Zeit in Salzlake gelegt, abgespült und erneut mit Gewürzen in Essig- oder Salzwasser eingelegt. Beim Einlegen in Essigwasser muß das Gemüse vorher blanchiert oder fast gar gekocht werden. Anschließend wird es in Gläser geschichtet und mit dem heißen Essigsud übergossen. Die Gläser werden wie Marmeladengläser verschlossen.
Eine große Rolle beim Einlegen von Essigfrüchten und Gemüse spielt die Qualität des Essigs. Weinessig mit 5 % Essigsäuregehalt ist fast schon eine Garantie für gutes Gelingen. Man kann auch exakt auf den gleichen Säuregehalt verdünnte Essig-Essenz verwenden.

Einlegen in Alkohol

Früchte können in allen hochprozentigen Spirituosen mit Zucker eingelegt werden. Am besten eignet sich 54%iger Rum dazu. In hochprozentigem Alkohol mit genügend Zucker eingelegte Früchte halten sich mehrere Monate. Gläser, Steingut- oder Porzellantöpfe können dazu verwendet werden. Darauf achten, daß die eingelegten Früchte stets völlig mit Alkohol bedeckt sind, weil sie sonst rasch schimmeln würden.

EINGEMACHTES KOMPOTT

Grundrezept
für das Einmachen von Obst

Birnenkompott

3 kg vollreife Birnen
3 l Wasser
4 Eßl. Essig oder Saft von 2 Zitronen
1 l Wasser
300 g Zucker
4 Gewürznelken
1 Stück Zitronenschale
1 Stange Zimt

Einkochzeit:
20 Minuten bei 100°
30 Minuten bei 90°

Die Birnen waschen und von den Blüten und den Stielen befreien. Dünnschalige Birnen nach Belieben ungeschält einmachen. Dickschalige Birnen schälen, die Birnen in jedem Fall halbieren oder vierteln und die Kerngehäuse herausschneiden. Das Wasser mit dem Essig oder dem Zitronensaft mischen und die vorbereiteten Birnen in das Essigwasser legen.
Das Wasser mit dem Zucker, den Gewürznelken und der Zitronenschale unter Rühren zum Kochen bringen und 2–3 Minuten kochen lassen. Die Birnen aus dem Essig- oder Zitronenwasser heben und dicht aneinander in die gut vorbereiteten Einmachgläser schichten, in jedes Glas ein Stückchen von der Zimtstange geben und die heiße Zuckerlösung durch ein Sieb bis 2 cm unter dem Glasrand über die Birnen gießen. Die Ränder der Gläser sorgfältig abwischen, die Gummiringe und die Deckel auflegen und die Deckel mit den Metallbügeln festklemmen.
Die Gläser in den Einkochkessel stellen und soviel heißes Wasser in den Kessel füllen, daß die Gläser zu ¾ vom Wasser umgeben sind. Den Topf schließen, das Wasser zum Kochen bringen und den Inhalt der Gläser 20 Minuten bei 100° oder 30 Minuten bei 90° sterilisieren.
Danach die Gläser auf ein doppelt gefaltetes feucht-heißes Tuch stellen und ohne Luftzug erkalten lassen. Erst von den völlig erkalteten Gläsern die Bügel abnehmen und die Gläser beschriften.

Variante 1
Apfelkompott

3 kg Äpfel schälen, vierteln und die Kerngehäuse entfernen. 1 Liter Wasser mit 300 g Zucker und einem Stück Zitronenschale unter Rühren 2 Minuten kochen lassen. Die Zitronenschale dann entfernen. 1 ½ Liter Wasser mit dem Saft von 2 Zitronen zum Kochen bringen und die Apfelviertel portionsweise 1 Minute darin blanchieren. Die Apfelviertel anschließend in eiskaltes Wasser tauchen, abtropfen lassen und in die Einmachgläser schichten. Den heißen Zuckersirup über die Äpfel gießen und die Äpfel wie im Rezept für Birnenkompott beschrieben einkochen.

Variante 2
Pfirsichkompott

3 kg Pfirsiche häuten, halbieren und die Steine entfernen. Die Pfirsichhälften in die Einmachgläser schichten. Für jedes Einmachglas 2 Pfirsichsteine aufschlagen und die Kerne zu den Pfirsichen geben. 1 Liter Wasser mit 400 g Zucker aufkochen, den Sirup über die Pfirsiche gießen und die Pfirsiche 16 Minuten bei 100° oder 30 Minuten bei 80° einkochen.

Variante 3
Mirabellenkompott

Die Mirabellen ebenfalls nach dem Rezept für Pfirsichkompott einkochen, jedoch die Steine in den Mirabellen lassen, da die Früchte entsteint leicht zerfallen.

Variante 4
Kirschkompott

1 ½ kg süße Kirschen waschen, entsteinen und in Einmachgläser füllen. 1 Liter Wasser mit 400–500 g Zucker und den Saft von 1–2 Zitronen aufkochen lassen, heiß über die Kirschen gießen und die Kirschen bei 100° 16 Minuten oder bei 80° 30 Minuten einkochen.

Variante 5
Pflaumenkompott

3 kg Pflaumen waschen, abtrocknen und in die Einmachgläser füllen. 1 Liter Wasser mit 600 g Zucker aufkochen, heiß über die Pflaumen gießen und die Pflaumen bei 100° 20 Minuten oder bei 75° 30 Minuten einkochen.

Apfelmus

3 kg Äpfel
2 Eßl. Apfelessig oder Zitronensaft
2 ½ l Wasser
2 Tassen Wasser
350 g Zucker
1 Zitrone

Einkochzeit:
25 Minuten bei 100°
30 Minuten bei 90°

Die Äpfel waschen, vierteln und die Kerngehäuse entfernen. Den Essig mit dem Wasser mischen und die Apfelviertel in das Essig- oder Zitronenwasser legen.
Die 2 Tassen Wasser mit dem Zucker verrühren und unter Rühren aufkochen lassen. Die Zitrone auspressen und die Zitronenschale dünn abreiben. Den Zitronensaft und die Zitronenschale in den Zuckersirup geben. Die Apfelviertel abtropfen lassen, in den Zuckersirup geben und unter ständigem Rühren weich kochen. Die Apfelviertel mit dem Sirup durch ein Sieb passieren und die Einmachgläser bis zu 4 cm unter dem Rand mit dem Mus füllen. Die Ränder der Gläser sorgfältig abwischen, die Gummiringe und die Deckel auflegen und die Deckel mit den Bügeln festklemmen. Die Gläser in den Einkochkessel stellen und so viel warmes Wasser in den Topf füllen, daß die Gläser zu ¾ vom Wasser umgeben sind. Den Topf schließen, das Wasser zum Kochen bringen und die Gläser 25 Minuten bei 100° oder 30 Minuten bei 90° kochen lassen. Danach die Gläser auf ein doppelt gefaltetes feucht-heißes Tuch stellen und ohne Luftzug erkalten lassen. Von den völlig erkalteten Gläsern die Bügel abnehmen und die Gläser beschriften.

Pflaumenmus
im Backofen zubereitet

4 kg Pflaumen oder Zwetschgen
375 g Zucker
½ Teel. gemahlener Zimt
2 Messersp. gemahlene Gewürznelken

Pro 20 g (2 Teel.) etwa:
210 Joule
50 Kalorien

Garzeit:
6 Stunden

Die Pflaumen oder die Zwetschgen waschen, entstielen und gut abtrocknen. Die Steine auslösen, die Früchte vierteln und mit dem Zucker mischen. Den Backofen auf 150° vorheizen. Das Früchte-Zucker-Gemisch in die Bratenpfanne des Backofens geben und die Bratenpfanne auf der unter-

MARMELADEN

sten Schiebeleiste in den vorgeheizten Backofen schieben. Die Türe des Backofens einen Spalt offen lassen; einen Kochlöffelstiel zwischen Tür und Ofen klemmen. Das Mus ohne Umrühren etwa 6 Stunden lang eindampfen lassen, bis es die richtige Konsistenz hat (es soll ein dicker Brei sein); dann mit Zimt und Nelkenpulver verrühren, heiß in die heiß ausgespülten Gläser füllen und diese mit angefeuchtetem Einmachzellophan oder mit Schraubdeckeln schließen.

Grundrezept für gekochte Marmelade
Kirschmarmelade

500 g süße Kirschen Pro 20 g (2 Teel.)
500 g Sauerkirschen etwa:
Saft von 1 Zitrone 210 Joule
1 kg Gelierzucker 50 Kalorien

nach Belieben: Kochzeit:
2 Eßl. Kirschwasser 4 Minuten

Die Kirschen waschen, entstielen und entsteinen. Die Kirschen dann entweder im Mixer nicht zu fein zerkleinern oder durch den Fleischwolf drehen oder mit dem Kartoffelstampfer zerdrücken. Das Fruchtmus in einen großen, flachen Topf schütten und mit dem Zitronensaft und dem Gelierzucker verrühren. Die Kirschen bei starker Hitze unter ständigem Rühren zum Kochen bringen und 4 Minuten sprudelnd kochen lassen. Den sich an der Oberfläche bildenden Schaum mit dem Schaumlöffel abnehmen.
Die Marmelade nach der angegebenen Kochzeit vom Herd nehmen und nach Belieben mit dem Kirschwasser mischen. Die Marmelade in heiß ausgespülte Gläser füllen und mit angefeuchtetem Einmachzellophan oder mit Schraubdeckeln schließen.

Grundrezept
für roh gerührte Marmelade
Himbeermarmelade

500 g Himbeeren Pro 20 g (2 Teel.)
Saft von 1 Zitrone etwa:
500 g Zucker 170 Joule
2–3 Eßl. Rum 40 Kalorien

Rührzeit:
15–25 Minuten

Die Himbeeren verlesen, waschen, abtropfen lassen und durch ein Sieb streichen. Das Fruchtpüree mit dem Zitronensaft und dem Zucker in eine Schüssel geben und mit den Rührbesen des elektrischen Handrührgeräts 20–25 Minuten rühren. Das elektrische Gerät zwischendurch abschalten, da der Motor bei der langen Rührdauer sonst heiß wird. Die Marmelade ist dann genügend lange gerührt, wenn sich der Zucker völlig gelöst hat. – Oder die Himbeeren mit dem Zitronensaft und dem Zucker 10–15 Minuten im Mixer pürieren.
Die heiß gespülten Marmeladegläser abtropfen lassen, in jedes Glas etwas Rum gießen und das Glas mit dem Rum ausschwenken. Den Rum dann in eine Schüssel geben. Für jedes Glas ein rundes Stück Pergamentpapier ausschneiden – es soll die Oberfläche der Marmelade völlig bedecken – und in dem Rum tränken. Die Marmelade in die Gläser füllen, mit dem getränkten Pergamentpapier abdecken und 12 Stunden im Kühlschrank stehen lassen, damit die eingerührte Luft entweicht. Die Marmeladegläser dann mit feuchtem Einmachzellophan oder mit Schraubdeckeln schließen und kühl aufbewahren.
Wird die Marmelade nicht bald verbraucht, das Pergamentpapier durch neues, in Rum getränktes, ersetzen.

Variante
Erdbeermarmelade

Die Erdbeeren wie die Himbeeren vorbereiten, jedoch nicht durch ein Sieb passieren, sondern vor dem Verrühren mit dem Zitronensaft und dem Zucker nur zerdrücken.

Orangenmarmelade

1 kg Orangen Pro 20 g (2 Teel.)
2 Zitronen etwa:
20 Stücke 210 Joule
 Würfelzucker 50 Kalorien
800 g Zucker
1 Eßl. Rum Kochzeit:
 oder Arrak 30 Minuten

Die Orangen und die Zitronen warm waschen und abtrocknen. Die Würfelzucker solange an den Schalen der Orangen und der Zitronen reiben, bis sie orange bzw. gelb gefärbt sind. Die Früchte dann sorgfältig schälen, die weiße Unterschale gründlich entfernen und die Früchte in kleine Stücke schneiden. Die Früchte im Mixer pürieren oder durch den Fleischwolf drehen. Das Fruchtmus mit dem Würfelzucker in einen hohen Topf geben, unter Rühren bei milder Hitze langsam zum Kochen bringen, den Zucker unterrühren und 30 Minuten kochen lassen; dabei hin und wieder umrühren. Nach der Kochzeit von 30 Minuten soll die Marmelade leicht gelieren. Die heiße Marmelade in die heiß ausgespülten Gläser füllen. Für jedes Glas ein Stück Pergamentpapier rund zurechtschneiden, das Papier mit dem Rum oder dem Arrak befeuchten und auf die Marmelade legen. Die Gläser mit angefeuchtetem Einmachzellophan oder mit Schraubdeckeln verschließen.

Aprikosenmarmelade

650 g Aprikosen Pro 20 g (2 Teel.)
375 g Zucker etwa:
 170 Joule
 40 Kalorien

Kochzeit:
30 Minuten

Die Aprikosen waschen, halbieren und entsteinen. Die Aprikosen im Mixer pürieren oder durch den Fleischwolf drehen. Das Fruchtpüree in einen hohen weiten Topf schütten, den Zucker untermischen und unter Rühren im offenen Topf zum Kochen bringen. Die Marmelade unter öfterem Umrühren 30 Minuten kochen; sie soll dann glasig sein und leicht gelieren. 2 von den Aprikosensteinen mit dem Hammer aufschlagen, die Kerne herauslösen, zur Marmelade geben und 1 Minute mit der Marmelade kochen lassen. Die Marmelade dann mit den Kernen in die heiß ausgespülten Gläser füllen und mit angefeuchtetem Einmachzellophan oder mit Schraubdeckeln verschließen.

Dreifruchtmarmelade

500 g Zwetschgen Pro 20 g (2 Teel.)
500 g Äpfel etwa:
500 g Birnen 170 Joule
1 kg Zucker 40 Kalorien

Kochzeit:
30 Minuten

Das Obst waschen. Die Zwetschgen entsteinen und vierteln. Die Äpfel und die Birnen vierteln, die Kerngehäuse ausschneiden, die Viertel schälen und in dünne Schnitze schneiden.

KONFITÜREN · GELEES

Das Obst in einer Schüssel mit dem Zucker mischen und zugedeckt 6–12 Stunden im Kühlschrank durchziehen lassen. Das Obst dann in einen hohen, weiten Topf geben, unter Rühren zum Kochen bringen und bei milder Hitze 30 Minuten kochen lassen, bis die Marmelade zu gelieren beginnt; dabei öfter umrühren. Die Marmelade in die vorbereiteten Gläser füllen und diese mit angefeuchtetem Einmachzellophan oder Schraubdeckeln schließen.

Hagebutten-Apfel-Marmelade

1 kg Hagebutten
½ l Wasser
500 g nicht ganz reife, saure Äpfel
2 Teel. Zitronensaft
1 kg Gelierzucker

Kochzeit für die Hagebutten: 35 Minuten

Kochzeit für die Marmelade: 4 Minuten

Pro 20 g (2 Teel.) etwa:
210 Joule
50 Kalorien

Die Hagebutten waschen, die Stiele und die Blüten entfernen und die Hagebutten in einen Topf schütten. Das Wasser über die Hagebutten gießen; die Früchte sollen knapp damit bedeckt sein. Die Hagebutten bei milder Hitze im geschlossenen Topf 35 Minuten weich kochen.
Die Äpfel von Blüten, Stielen und schlechten Stellen befreien, waschen und in kleine Stücke schneiden. Nach 20 Minuten Kochzeit die Äpfel zu den Hagebutten geben und weitere 15 Minuten mit den Hagebutten kochen lassen. Das Fruchtmus durch ein Sieb passieren, 1 Liter davon abmessen und mit dem Zitronensaft mischen.
Das abgekühlte Fruchtmus in einem Topf mit dem Gelierzucker mischen, unter Rühren zum Kochen bringen und 4 Minuten sprudelnd kochen lassen. Die Marmelade in heiß gespülte Gläser füllen und diese sofort mit angefeuchtetem Einmachzellophan oder Schraubdeckeln schließen.

Pfirsichkonfitüre

1 kg Pfirsiche
3 Eßl. Zitronensaft
1 Stückchen Zitronenschale
Saft von 1 Orange
1 kg Gelierzucker

Pro 20 g (2 Teel.) etwa:
210 Joule
50 Kalorien

Kochzeit:
4 Minuten

Die Pfirsiche kurz in heißes Wasser tauchen, die Haut abziehen, die Früchte halbieren und die Steine auslösen. Die Pfirsiche in kleine Würfel schneiden. Den Zitronensaft, die Zitronenschale, den Orangensaft und den Gelierzucker mit den Pfirsichwürfeln mischen und unter ständigem Rühren in einem Topf zum Kochen bringen und 4 Minuten sprudelnd kochen lassen. Die Konfitüre in heiß ausgespülte Gläser füllen und mit angefeuchtetem Einmachzellophan oder mit Schraubdeckeln verschließen.

Pflaumenkonfitüre

1 kg Pflaumen oder Zwetschgen
½ Teel. gemahlener Ingwer
½ Teel. gemahlener Zimt
1 kg Gelierzucker

Pro 20 g (2 Teel.) etwa:
210 Joule
50 Kalorien

Zeit zum Durchziehen:
12 Stunden

Kochzeit:
4 Minuten

Die Pflaumen oder die Zwetschgen waschen, abtrocknen, entsteinen und in Stücke schneiden. Die kleingeschnittenen Früchte mit dem Ingwer, dem Zimt und dem Gelierzucker verrühren und zugedeckt 12 Stunden im Kühlschrank durchziehen lassen. Die Früchte dann in einen großen Topf geben, unter ständigem Rühren zum Kochen bringen und 4 Minuten sprudelnd kochen lassen. Die Konfitüre noch heiß in die heiß ausgespülten Gläser füllen und mit angefeuchtetem Einmachzellophan oder mit Schraubdeckeln verschließen.

Grundrezept für das Bereiten von Gelee
Johannisbeergelee

2½ kg Johannisbeeren
1250 g Zucker

Pro 20 g (2 Teel.) etwa:
210 Joule
50 Kalorien

Kochzeit:
5 Minuten

Die nicht abgezupften Johannisbeeren waschen, in einen großen Topf schütten und zerstampfen. Die Beeren bei milder Hitze bis zum Siedepunkt bringen, aber nicht kochen lassen. Während des Erhitzens ständig weiterstampfen und umrühren. Die erhitzten Beeren portionsweise in ein Mulltuch füllen und den Saft herausdrücken. Von 2½ kg Johannisbeeren erhält man etwa 1¼ Liter Saft. Für die Geleebereitung soll das Verhältnis von Fruchtsaft und Zucker 1:1 sein. Den Johannisbeersaft mit dem Zucker in einem Topf unter ständigem Rühren zum Kochen bringen und 5 Minuten sprudelnd kochen lassen. Danach die Gelierprobe machen. Das Gelee noch heiß in die heiß ausgespülten Gläser füllen und mit angefeuchtetem Einmachzellophan oder Schraubdeckeln schließen.

Sauerkirschgelee

2¼ kg Sauerkirschen
¼ l Wasser
2 kg Gelierzucker

Pro 20 g (2 Teel.) etwa:
210 Joule
50 Kalorien

Kochzeit:
4 Minuten

Die Sauerkirschen entstielen, waschen und abtropfen lassen. Die nicht entsteinten Kirschen in einem großen Topf mit dem Wasser unter Rühren erhitzen, aber nicht zum Kochen bringen. Die Kirschen in ein Tuch geben, den Saft ablaufen lassen und ausdrücken. Den Saft abmessen. Pro 1 Liter Saft 1 kg Gelierzucker verwenden. Den Saft mit dem Zucker in einen Topf schütten, unter ständigem Rühren zum Kochen bringen und 4 Minuten sprudelnd kochen lassen. Das Gelee in die heiß ausgespülten Gläser füllen und die Gläser mit angefeuchtetem Einmachzellophan oder Schraubdeckeln schließen.

Quittengelee

1½ kg Quitten
1 l Wasser
1 kg Zucker
Saft von 1 Zitrone

Pro 20 g (2 Teel.) etwa:
210 Joule
50 Kalorien

Kochzeit für die Quitten: 30 Minuten

Kochzeit für das Gelee: 30 Minuten

Am besten eignen sich für die Geleebereitung nicht zu reife Quitten, da diese am besten gelieren. Die Quitten mit einem Tuch gründlich abreiben und waschen. Die Stiele, die Blüten und fleckige Stellen entfernen. Die Früchte mit der Schale und dem Kerngehäuse in kleine Stücke schnei-

GELEES · SÄFTE

den und im Wasser in 30 Minuten weich kochen. Die Quittenstücke sollen in dieser Phase noch nicht zerfallen, da sonst der Saft leicht trüb wird.
Die gekochten Quitten auf einmal oder portionsweise in ein Mulltuch gießen und den Saft abtropfen lassen. Den Saft zuletzt abmessen und wenn nötig mit Wasser zu 1 Liter Flüssigkeit auffüllen. Den Saft dann in einem hohen Topf bis zum Schäumen aufkochen lassen. Den Zucker und den Zitronensaft in den Saft rühren und unter häufigem Umrühren im offenen Topf etwa 30 Minuten kochen lassen. Das Gelee vom Herd nehmen, mit dem Schaumlöffel abschäumen und noch heiß in die heiß ausgespülten Gläser füllen. Die Gläser mit angefeuchtetem Einmachzellophan oder mit Schraubdeckeln schließen.

Variante
Apfelgelee

1 ½ kg nicht zu reife Äpfel waschen, von Blüten, Stielen und schlechten Stellen befreien und in kleine Stücke schneiden; mit dem Wasser weich kochen und nach dem Rezept für Quittengelee Apfelgelee bereiten.

Ebereschen-Apfel-Gelee

750 g Ebereschenbeeren	Pro 20 g (2 Teel.) etwa:
1 ½ kg nicht ganz reife Äpfel	210 Joule 50 Kalorien
½ l Wasser	
1250 g Zucker	Kochzeit für das Obst 10 Minuten
	Kochzeit für das Gelee: 15 Minuten

Die Ebereschenbeeren von den Stielen streifen, waschen und abtropfen lassen. Die Äpfel waschen, von Stielen und Blüten befreien und mit dem Kerngehäuse und der Schale in kleine Stücke schneiden. Die Beeren und die Apfelstücke in einem großen Topf mit dem Wasser zugedeckt bei milder Hitze in 10 Minuten weich kochen. Das abgekühlte Fruchtmus in Portionen durch ein Mulltuch drücken und den abtropfenden Saft auffangen. Den Saft abmessen. Das Obst sollte 1 ¼ Liter Saft ergeben.
Den Saft in einem Topf zum Kochen bringen, unter ständigem Rühren den Zucker einrieseln lassen und im offenen Topf bei ständigem Rühren 15 Minuten bei milder Hitze kochen lassen. Das Gelee in heiß ausgespülte Gläser füllen und die Gläser mit angefeuchtetem Einmachzellophan oder Schraubdeckeln schließen.

Variante
Berberitzen-Birnen-Gelee

Statt der Ebereschenbeeren Berberitzen und statt der Äpfel Birnen verwenden. Das Gelee nach dem Rezept für Ebereschen-Apfel-Gelee bereiten.

Grundrezept für rohen Obstsaft
Erdbeersaft

2 ½ kg Erdbeeren	Pro ⅛ l Saft etwa:
1 l Wasser	1300 Joule
25 g Zitronensäure	310 Kalorien
etwa 2 kg Zucker	
	Zeit zum Durchziehen: 12 Stunden

Die Erdbeeren waschen, gut abtropfen lassen, die Früchte verlesen und die Stiele entfernen. Die Erdbeeren in eine hohe Schüssel geben und mit einem Kartoffelstampfer zerstoßen. Das Wasser mit der Zitronensäure aufkochen, abkühlen lassen und über die zerdrückten Erdbeeren gießen. Die Schüssel zugedeckt 12 Stunden im Kühlschrank stehen lassen; dabei öfter umrühren.
Das Fruchtpüree in ein Safttuch oder in einen Saftbeutel füllen und den Saft in eine Schüssel tropfen lassen. Den Saftbeutel zuletzt ausdrücken. Den Saft abmessen. Pro 1 Liter Saft 1 kg Zucker so lange mit dem Saft verrühren, bis sich der Zucker völlig gelöst hat. Den Saft in die vorbereiteten Flaschen füllen, verschließen und möglichst kühl aufbewahren.

Variante 1
Himbeersaft

Die Himbeeren wie im Rezept für Erdbeersaft beschrieben verarbeiten und den Saft möglichst kühl lagern.

Variante 2
Johannisbeersaft

Die Johannisbeeren waschen und abtropfen lassen. Sie brauchen nicht von den Stielen gezupft zu werden. Die Johannisbeeren dann wie im Rezept für Erdbeersaft beschrieben verarbeiten, in Flaschen füllen und möglichst kühl aufbewahren.

Grundrezept für gedämpften Obstsaft
Sauerkirschsaft

1 ½ kg Sauerkirschen	Pro ⅛ l Saft etwa:
150 g Zucker	460 Joule
	110 Kalorien
	Dämpfzeit: etwa 60 Minuten

Die Sauerkirschen gründlich waschen, abtropfen lassen, entstielen und entsteinen. Die Kirschen in den Einsatz des Dampfentsafters schichten, den Zucker darüberstreuen, das Wasser in die Wasserpfanne füllen, den Entsafter verschließen und das Wasser zum Kochen bringen.
Nach etwa 30 Minuten den ersten Saft abziehen und wieder über die Kirschen in dem Entsafter schütten. Nach weiteren 10–15 Minuten mit dem Abfüllen des ersten Saftes beginnen. Die Flaschen nur 2 cm bis unter dem Rand des Flaschenhalses füllen und sofort verschließen.

Unser Tip: Am besten füllen Sie den Saft in möglichst kleine Flaschen ab, denn große, angebrochene Flaschen bleiben mitunter zu lange stehen und der Inhalt verdirbt.

Variante 1
Apfelsaft

2 kg saure, saftreiche Äpfel gründlich waschen, vierteln, vom Kernhaus befreien und die Apfelviertel nach Belieben schälen. Die Apfelviertel mit 160 g Zucker in den Entsafter schichten; den Saft wie im Rezept für Sauerkirschsaft beschrieben gewinnen.

Variante 2
Holundersaft

2 ½ kg Holunderbeeren entstielen, die Beeren wiegen und pro 500 g Beeren 40 g Zucker in den Entsafter geben. Die Holunderbeeren wie im Rezept für Sauerkirschsaft beschrieben verarbeiten, in Flaschen füllen und diese sofort verschließen.

SÄFTE · RUMTOPF

Grundrezept für gekochten Saft
Tomaten-Sellerie-Saft

3 kg Tomaten	Pro ¹/₁₀ l Saft etwa:
500 g Sellerie	80 Joule
1 l Wasser	20 Kalorien
Saft von 1 Zitrone	
2 Zwiebeln	Kochzeit:
	30 Minuten

Die Tomaten waschen, den Stielansatz entfernen und die Tomaten zerschneiden. Den Sellerie schälen und gründlich waschen. Das Wasser mit dem Zitronensaft mischen. Die Sellerieknolle in das Zitronenwasser reiben. Die Zwiebeln schälen und in kleine Stücke schneiden. Die Tomatenstücke und die Zwiebelstücke mit dem geriebenen Sellerie in einen großen Topf schütten und bei milder Hitze zugedeckt 30 Minuten kochen lassen. Das weichgekochte Gemüse durch ein Haarsieb passieren und den Saft noch heiß in vorbereitete Flaschen füllen, diese sofort schließen.

Unser Tip: Pikanter schmeckt der Saft, wenn Sie noch 1 Bund Petersilie und 1 Stengel Selleriegrün oder Liebstöckel mit dem Gemüse kochen und den Saft vor dem Abfüllen mit etwas Salz, Zucker und Pfeffer abschmecken.

Grundrezept für Obstsaft aus dem Dampfdrucktopf
Brombeersaft

1 kg Brombeeren	Pro ¹/₁₀ l etwa:
100 g Zucker	420 Joule
³/₈ l Wasser	100 Kalorien
	Zeit zum Entsaften:
	10 Minuten

Die Brombeeren verlesen, waschen und gut abtropfen lassen. Die Brombeeren mit dem Zucker in einer Schüssel mischen und in den gelochten Einsatz des Dampfdrucktopfes füllen. Das Wasser auf den Boden des Topfes schütten, den ungelochten Einsatz einfügen und darauf den gelochten Einsatz mit den Beeren stellen. Den Topf verschließen, das Wasser darin zum Kochen bringen und die Beeren in etwa 10 Minuten entsaften. Nach der Garzeit den Topf vom Herd nehmen und warten, bis sich der Topfdeckel öffnen läßt. Den heißen Saft aus dem ungelochten Einsatz gleich in vorbereitete Flaschen füllen und diese verschließen.

Unsere Tips: Im Dampfdrucktopf kann man von jeder Art Obst und Gemüse kleinere Mengen von Saft herstellen. Je nach Festigkeit der Früchte oder Gemüsesorten dauert das Entsaften darin 10–20 Minuten. Beerenfrüchte brauchen nicht entstielt zu werden; sie kommen gründlich gewaschen in den Topf.
Sie können Obstsäfte auch ohne Zucker herstellen, was beispielsweise für Diabetiker von großem Vorteil ist.

Ein gefüllter Rumtopf ist der Stolz vieler Hausfrauen und vieler Hausherren. Die vom Frühsommer bis zum Herbst eingelegten Früchte halten sich bis tief in den Winter hinein, oft sogar bis ins Frühjahr. Rumfrüchte lassen sich als Dessert oder als Beigabe zu Desserts verwenden und vermitteln stets ein wenig Festtagsstimmung.
Für einen Rumtopf brauchen Sie ein Gefäß aus Steingut, Porzellan oder Glas mit gut schließendem Deckel. Das Gefäß sollte etwa 6 Liter fassen. Ist das Gefäß kleiner, legen Sie jeweils nur die Hälfte der im Rezept vorgeschlagenen Menge von Früchten ein.

Rumtopf

Zutaten für einen	500 g Birnen
Rumtopf mit	1 frische Ananas
6 Liter Inhalt:	1 ½ l 54%iger Rum
	1 kg Zucker
500 g Erdbeeren	
500 g Himbeeren	Pro 100 g
500 g süße Kirschen	Rumfrüchte
500 g Sauerkirschen	etwa:
500 g Aprikosen	750 Joule
500 g Pfirsiche	180 Kalorien

Das Obst jeweils während der Saison kaufen; nur reife und einwandfreie Früchte auswählen. Erdbeeren und Himbeeren behutsam waschen und abtropfen lassen, die Erdbeeren entstielen und die größeren Früchte halbieren oder vierteln. Die Kirschen waschen, entstielen, entsteinen und trockentupfen. Aprikosen und Pfirsiche kurz in heißes Wasser tauchen, die Haut abziehen, die Früchte halbieren und entsteinen. Die Fruchthälften kleinschneiden. Weiche Birnen schälen, vierteln, vom Kerngehäuse befreien und die Birnenviertel kleinschneiden. Harte Birnen kleingeschnitten in wenig Zuckerwasser weich kochen, abtropfen und abkühlen lassen. Die Ananas schälen, in Scheiben schneiden und dann würfeln. Jeweils die anfallende Obstsorte in den Rumtopf geben. Mit den Erdbeeren beginnen: Die Erdbeeren in den Rumtopf legen. Etwa ½ Liter Rum mit 250 g Zucker verrühren, über die Früchte gießen, die Früchte im Rumtopf mit einem Teller beschweren, den Rumtopf mit angefeuchtetem Einmachzellophan zubinden und den Deckel auflegen. Den Rumtopf stets kühl und dunkel aufbewahren. Jeweils die nächste Obstsorte vorbereiten, die neuen behutsam unter die bereits eingelegten Früchte heben und wenn nötig erneut mit etwas mit Zucker gemischtem Rum übergießen. Immer wieder einen Teller auf die Früchte legen, das Gefäß zubinden und den Deckel auflegen.
Wenn alle Früchte im Rumtopf sind, den Inhalt noch einmal behutsam mischen und 6 Wochen durchziehen lassen.

Schmeckt gut zu: Vanilleeis, Vanillecreme, Reis- oder Grießpudding; aber auch (ohne Beigabe) nur mit Sekt aufgefüllt

---

Senfgurken werden meist eingelegt konserviert. Wer keinen kühlen Keller hat, um eingelegte Gurken zu lagern, kann sie auch im Einkochkessel sterilisieren. Wenn Sie die Einkochzeit genau einhalten, werden die Gurken – auch so konserviert – »knackig«.

Senfgurken

Bild Seite 505

4 kg Salatgurken	³/₄ l Wasser
8 Eßl. Salz	250 g Zucker
4 Zwiebeln	³/₈ l Essig
4 Lorbeerblätter	
1 Teel. Pfeffer-	
körner	Pro 100 g Gurken
2 zerdrückte	etwa:
Pimentkörner	170 Joule
1 Stückchen	40 Kalorien
Meerrettich	
3 Eßl. gelbe	Zeit zum
Senfkörner	Durchziehen:
3–4 Estragonblätter	12 Stunden
oder etwas	
frischer Dill	Einkochzeit:
	30 Minuten

Die Gurken schälen, längs halbieren und die Kerne herauskratzen. Die Gurkenhälften in etwa fingerlange Stücke schneiden und lagenweise mit dem Salz in eine große Schüssel schichten. Die Gurken mit einem Tuch zudecken und 12 Stunden im Kühlschrank durchziehen lassen. Die Zeit zum Durchziehen nicht verlängern, da die Gurken sonst später zu

EINGELEGTES GEMÜSE

salzig schmecken. Die Gurkenstücke dann in einem Sieb abtropfen lassen und jedes Stück einzeln mit einem Tuch sorgfältig abtrocknen.
Die Zwiebeln schälen und in kleine Stücke schneiden. Die Gurkenstücke abwechselnd mit einigen Zwiebelstücken und den Gewürzen in die vorbereiteten Einmachgläser schichten. Die Gläser dabei öfter auf ein mehrfach zusammengelegtes Tuch stoßen, damit sich der Inhalt verdichtet.
Das Wasser mit dem Zucker zum Kochen bringen, stark aufwallen lassen, wenn nötig abschäumen, und den Essig zugießen. Den Sud erkalten lassen, über die Gurken gießen, die Gläser mit Gummiringen und Deckeln schließen und die Deckel mit Einkochklammern befestigen.
Die Gläser in den Einkochtopf stellen und soviel kaltes Wasser in den Topf füllen, daß die Gläser zu ¾ vom Wasser umgeben sind. Den Topf zudecken, das Wasser zum Kochen bringen und 30 Minuten bei 80° kochen lassen. Danach die Gläser auf ein doppelt gefaltetes feucht-heißes Tuch stellen und ohne Luftzug erkalten lassen. Die Bügel abnehmen und die Gläser mit Etiketten versehen.

Grüne Tomaten, süßsauer eingelegt

Bild Seite 505

1 kg grüne Tomaten	Zeit zum Durchziehen:
6/10 l Essig	24 Stunden
300 g Zucker	
3 Gewürznelken	Kochzeit:
½ Zimtstange	3–4 Minuten
½ Ingwerwurzel	

Pro 100 g Tomaten etwa:
380 Joule
90 Kalorien

Die Tomaten waschen, den Blütenansatz entfernen; große Tomaten halbieren oder vierteln, kleine ganz lassen. Die Tomaten in eine Schüssel geben, mit dem Essig übergießen und zugedeckt 24 Stunden im Kühlschrank durchziehen lassen. Während dieser Zeit öfter umrühren oder die Schüssel leicht schütteln.
Die Tomaten nach dem Durchziehen in einem Sieb abtropfen lassen. Den Essig in einem Topf auffangen und mit dem Zucker, den Gewürznelken, der Zimtstange und der Ingwerwurzel aufkochen, dann den Sud abschäumen. Die Tomaten in den Sud geben und in 3–4 Minuten glasig kochen. Die Tomaten dürfen nicht zu weich werden, da sie sonst zusammenfallen. Die Tomaten aus dem Sud heben, in das Einleggefäß schichten und den Sud noch weitere 10 Minuten kochen lassen. Den Sud durch ein Sieb gießen, erkalten lassen und über die Tomaten gießen; sie müssen völlig davon bedeckt sein. Übriggebliebenen Sud aufbewahren. Das Gefäß mit den Tomaten nur leicht zudecken und 4 Tage stehen lassen.
Danach den Essigsud von den Tomaten abgießen, mit dem übrigbehaltenen Sud aufkochen, erkalten lassen und wieder über die Tomaten gießen. Das Gefäß nun fest verschließen und die Tomaten vor dem Verzehr noch 10 Wochen im Sud gut durchziehen lassen.

Zwetschgen in Rotwein

750 g feste, nicht zu reife Zwetschgen	Pro 100 g Zwetschgen etwa:
⅛ l Essig	450 Joule
250 g Zucker	130 Kalorien
⅛ l Rotwein	
2 Gewürznelken	Kochzeit:
1 Zimtstange	2–3 Minuten

Die Zwetschgen waschen, abtrocknen und jede Zwetschge mit einer Nadel einige Male einstechen, damit sie beim Kochen nicht platzt. Den Essig mit dem Zucker zum Kochen bringen, die Zwetschgen hineinlegen, einmal aufkochen lassen, mit einem Schaumlöffel aus dem Sud heben und in einen Steinguttopf schichten. Den Rotwein in den Sud gießen, einmal kräftig aufkochen lassen, über die Zwetschgen gießen, erkalten lassen und das Gefäß zubinden. Die Zwetschgen vor dem Verzehr mindestens 2 Monate an einem kühlen Platz durchziehen lassen.

Tomatenmark

1 kg reife Tomaten	Zum Übergießen:
2 Eßl. Öl	etwas Öl
¼ l Weinessig	
2 Teel. Zucker	Pro 100 g Tomatenmark etwa:
4 weiße Pfefferkörner	210 Joule
2 Gewürznelken	50 Kalorien
1 Prise getrocknetes Basilikum	Kochzeit:
½ Teel. Salz	15 Minuten

Die Tomaten waschen, abtrocknen und in kleine Stücke schneiden. Das Öl in einem Topf erhitzen, die Tomatenstücke darin andünsten, den Essig zugießen, den Zucker, die Pfefferkörner, die Nelken, das Basilikum und das Salz unterrühren und alles bei milder Hitze zugedeckt in etwa 15 Minuten musig kochen lassen. Die Tomaten dann durch ein Haarsieb passieren, das Püree unter Rühren noch einmal gut erhitzen und sofort in vorbereitete Gläser oder Flaschen füllen. Die Oberfläche mit Öl beträufeln, die Gefäße mit angefeuchtetem Einmachzellophan, Schraubdeckeln oder Gummikapseln schließen und kühl aufbewahren.

Unser Tip: Für Paprikamark statt der Tomaten, rote, entkernte und gehackte Paprikaschoten dünsten, Essig und Gewürze zufügen, jedoch statt des Basilikums 1 feingehackte Chilischote verwenden.

Apfel-Orangen-Chutney

Bild Seite 505

600 g Äpfel	Pro 20 g (2 Teel.) etwa:
600 g Orangen	210 Joule
400 g Zwiebeln	50 g Kalorien
¼ l Weinessig	
100 g Sultaninen	Kochzeit:
1 Teel. Salz	20 Minuten
1 Teel. Ingwerpulver	
300 g Zucker	
1 Teel. feingehackte frische Pfefferminzblätter	

Die Äpfel schälen, vierteln und vom Kerngehäuse befreien. Die Orangen schälen, die weiße Unterhaut entfernen und die Spalten filetieren. Die Zwiebeln schälen und sehr fein würfeln. Die Zwiebelwürfel mit der Hälfte des Essigs so lange kochen lassen, bis die Zwiebelwürfel glasig sind. Die Apfelviertel, die Orangenspalten, die Sultaninen, das Salz und das Ingwerpulver unterrühren und bei milder Hitze unter ständigem Rühren etwa 20 Minuten kochen lassen, bis die Früchte weich sind und zerfallen. Den restlichen Essig und den Zucker unter das Fruchtmus rühren und dieses noch dick einkochen lassen. Das Chutney vom Herd nehmen, die Pfefferminzblättchen unterrühren, alles in vorbereitete Gläser füllen und diese mit angefeuchtetem Einmachzellophan oder Schraubdeckeln schließen.

In früheren Jahrhunderten bestand ein Festmal aus zwölf und mehr Gängen. Wir sind bescheidener geworden.

Ein vollständiges Menü mit drei oder gar mehr Gängen wird vorwiegend zu besonderen und sehr festlichen Anlässen gewählt.

Man sieht ihnen als Gastgeber und als Gast mit Bangen entgegen, dieser weil der Arbeitsaufwand für das Menü, das Gelingen aller Speisen und der Verlauf des Essens große Anforderungen an ihn stellen, jener weil er meint, die überreichlich kulinarischen Freuden seien kaum zu bewältigen. Beide Bedenken sind müßig, denn einerseits macht das Planen, Vorbereiten, Kochen und Servieren eines Menüs mit ein wenig Köpfchen und Umsicht Spaß und andererseits mag sich auch ein bescheidener Esser im Laufe eines Menüs wundern, wieviele köstliche Speisen er auch als ungewohnter Prasser mit Genuß verzehren kann. Der Appetit steigt tatsächlich während des Essens.

Außerdem muß nicht jedes Menü das äußerste an Fassungsvermögen von den Teilnehmern fordern. Die modernen Köche der französischen Nouvelle cuisine beweisen das mit Speisenfolgen, die sich über Stunden hinziehen, während derer man Kleinstportionen von 10 bis 20 delikaten Speisen serviert bekommt, die den Teilnehmern kulinarisches Vergnügen bereiten, sie aber nicht überfordern.

Die Menüfolge

Das wesentliche eines Menüs ist die fein abgestimmte Folge und Zusammenstellung von Speisen, die eine Mahlzeit ausmachen. Je größer und bedeutender der Anlaß, um so reichlicher die Speisenfolge und exquisiter die Auswahl des Gebotenen.

Ein Menü mit drei Gängen besteht aus Suppe oder Vorspeise, Hauptgericht und Dessert, selten aus Vorspeise, Suppe und Hauptgericht. Soll das Menü vier Gänge bieten, so gibt es entweder eine kalte Vorspeise oder eine Suppe, ein warmes Zwischengericht, ein Hauptgericht und ein Dessert. Ein Festmenü umfaßt meistens sechs Gänge. Es besteht aus einer kalten Vorspeise, einer Suppe, einem warmen Zwischengericht, einem Hauptgericht, einem Käsegang und dem Dessert.

Zur Begrüßung und zur Freude der Gäste sowie als Stimulans für den Magen wird vor einem Menü meist ein Aperitif geboten.
Das kann ein Glas trockener Sekt oder Champagner sein, Sekt darf auch etwa zu gleichen Teilen mit Orangensaft gemischt werden. Trockener Sherry, Portwein, Madeira und Wermut sind ebenso beliebt wie Aperitifs mit Bittergeschmack, zum Beispiel Campari oder Wermut. Bitter-Aperitifs gibt man mit einem etwa fingerlangen Stück Zitronenschale ins Glas und füllt mit Sodawasser auf. Aperitifs mit Anisgeschmack serviert man pur in einem hohen Glas und reicht dazu in einem Krug Eiswürfelwasser.

Nach jedem großen Essen wird Mokka oder Kaffee mit Kleingebäck serviert. Dazu kann dann auch der sogenannte Digestif gereicht werden. Der Digestif ist das Pendant zum Aperitif. Er ist ganz einfach der »Verdauungsschnaps« nach dem Essen. Viele mögen nach einer ausgedehnten Mahlzeit noch einen Cognac, einen klaren Obstschnaps, einen Bitter oder einen edlen Likör.

Als kalte Vorspeisen eignen sich: Cocktails aus Fisch oder anderen Meeresfrüchten wie Matjessalat, Krebsschwänze in Dillsauce, Krabbencocktail oder Muschelsalat, außerdem pikante Salate in ausgehöhlten Fruchtschalen angerichtet wie gefüllte Avocados, gefüllte Birnen, Pfirsichhälften mit Rauchfleisch, Reissalate, feine Fleischsalate oder auch Fruchtsalate. Man kann kleinere Salatteller aus verschiedenen Salatfrüchten servieren, gemischt mit exotischen Früchten und Meeresfrüchten oder feinen Wurstwaren. Beliebt ist auch die geeiste Melone als Vorspeise oder Melone mit Schinken (am besten Parmaschinken) oder Pasteten und Terrinen.

Wird Suppe nach der kalten Vorspeise gereicht, so sollte es eine leichte ungebundene sein, die in Täßchen oder Tassen serviert wird. Dazu kann es Käsestangen, kleines Blätterteiggebäck oder hauchdünne geröstete Weißbrotscheiben geben. Ist die Suppe der Auftakt des Menüs, so darf es auch eine gebundene sein oder eine klare mit feiner Einlage. In jedem Fall soll die Portion nicht sättigen, sondern nur anregen.

Als Zwischengerichte eignen sich folgende Speisen: Warme gefüllte Pastetchen oder Pastete, Eiergerichte wie Omelettes, pochierte Eier mit Sauce, zarte Fischgerichte, warmservierte Krusten- oder Schaltiere, Schnecken, Frikassees, Gemüsespezialitäten wie Spargel oder Maiskolben, helles Geflügel, helles Fleisch oder zarte Innereien.

Für das Hauptgericht entscheiden Sie ganz nach eigenem Geschmack, nach Anlaß, Gelegenheit oder nach den Wünschen Ihrer Gäste. Der Hauptgang kann Spanferkel, Schweinerücken, edles Wild, Rinderfilet, Lammkeule, Hammelschulter, Kalbsbraten, Truthahn, Poularde, Ente, Gans, Fasan oder Zunge sein. Die Beilagen dazu sollten gut mit dem Hauptgericht harmonieren und möglichst interessant bereitet werden. So kann Gemüse beispielsweise als Püree gereicht werden, Kartoffeln als Kroketten, Reis als Timbalen.

Das perfekte Menü

Das Wissen um die Kunst der richtigen Zusammenstellung ist geblieben.

Danach kann eine Käseplatte folgen, eine Auswahl an verschiedenen Käsesorten, harte Käse und weiche Käse, würzige Käse und solche mit mildem Geschmack, alle werden möglichst im Stück serviert. Jeder Gast kann sich dann so viel oder so wenig von der gewünschten Käsesorte abschneiden, wie er möchte. Dazu reicht man Weißbrot. Die Käseplatte kann mit Obst und Nüssen garniert werden.

Das Dessert darf heiß oder kalt sein, flambiert oder überbacken, aus Eiscreme, Sahne, Früchten oder Teig bestehen. Wichtig ist, es muß nicht nur zum Menü passen, sondern auch einen bleibenden Eindruck hinterlassen.

Die Menükomposition

Das ideale Menü lebt vom Kontrast und von der Farbigkeit. Kontrastarm, von den Grundzutaten hergesehen, wäre beispielsweise eine Zusammenstellung mit Gänseleber als Vorspeise, danach eine Geflügelcremesuppe, ein Hühnerfrikassee als Zwischenmahlzeit und als Hauptgericht schließlich ein geschmorter Fasan. Hausgeflügel darf mit Fisch und Wild in der Menüfolge erscheinen, mit Schaltieren oder mit Braten, aber ein Menü, zu dem verschiedene Geflügelarten in noch so abwechslungsreicher Zubereitung verarbeitet werden, ist langweilig. Wenn es als Hauptgericht Braten gibt, dann sollten Vorspeise und Zwischengericht nicht gebraten, sondern auf andere Art zubereitet worden sein. Reichen Sie eine Tomatensuppe, so wirken geschmorte Tomaten als Gemüsebeilage oder Tomatenachtel als Dekor nicht sehr phantasievoll. Wenig Farbigkeit würde auch die Folge Geflügelsalat, Spargelcremesuppe, überbackener Blumenkohl, Kalbsfrikassee und Vanilleeis bringen. Ein solch »blasses« Menü regt den Appetit kaum an.

Auch die Auswahl der Beilagen und deren Zubereitungsart bestimmen wesentlich die interessante Abfolge eines Essens. So sollten beispielsweise Pommes frites, Bratkartoffeln oder in Ausbackteig fritiertes Gemüse nicht zu paniertem Fleisch – gebraten oder fritiert – gereicht werden; sie passen zu Gegrilltem oder naturell Gebratenem. Gemüse in Butter- oder Béchamelsauce paßt zu Fleischgerichten, bei denen sich keine eigene Sauce ergibt, während zur Bratensauce oder einer klassischen Sauce das Gemüse gedünstet, aber »trocken« paßt.

Gehört zu einem Menü kein Zwischengericht, so kann es eine kalte oder warme Vorspeise geben. Die Wahl hängt vom Hauptgericht ab; ist es ein üppiger Braten mit gehaltvoller Sauce und reichlich Beilagen, wird man eine leichte kalte Vorspeise wählen oder höchstens eine kleine Portion Käsesoufflé, gedünsteten Fisch oder ein Eiergericht reichen. Ist das Hauptgericht dagegen kein schwer zu bewältigender Gang, sondern zum Beispiel ein exotisches Reisgericht, mageres Geflügel, Putenbrust, ein Zungenfrikassee, Lendenspießchen, Reh- oder Hasenrücken, so könnten als warme Vorspeise gebratene Täubchen, gegrillte Wachteln, Königinpastetchen, Hummer, Languste, Omeletten, Forellen Müllerin Art oder Räucheraal auf Rührei gereicht werden.

Denken Sie also beim Komponieren eines Menüs an die unterschiedlichen Grundbestandteile jedes Ganges, an dessen andersartige Garmethode und an die farblichen Kontraste.

Wichtig bei der Zusammenstellung eines Menüs ist zweifellos auch die Frage: Was kann ohne Hilfskraft und mit den Möglichkeiten der eigenen Küche bewältigt werden? Dazu gehört die Überlegung, welche Speisen sich unter Umständen schon Tage vor dem Essen zubereiten und einfrieren lassen. Ein großer Teil des Menüs sollte bereits am Vortag oder einige Stunden vor dem Essen fertiggestellt sein und vor dem Auftragen nur noch angerichtet oder erwärmt und angerichtet werden.

Denken Sie auch daran, ein erlesen zusammengestelltes Menü besteht nicht nur aus der richtigen Speisefolge, sondern auch aus den sorgfältig ausgewählten Weinen zu jedem Gang. Wie Sie hier am besten die richtige Wahl treffen, erfahren Sie im Kapitel »Kleines Wein-Kolleg«.

Das korrekte Gedeck

Das reizvolle am Tischdecken ist die Freiheit, die wir uns heute hinsichtlich der Farbgebung, des Geschirrs und jeglichen Tafelgerätes erlauben können. Entscheidend allein bleibt die Frage, was zu welcher Gelegenheit und zum gewählten Menü paßt. Ein ländliches Menü, ein Jagdessen, ein Diner im Freien erfordern eine andere Tafel als ein Hochzeitsmenü, ein Jubiläumsessen oder ein kleines festliches Mahl zu zweit. So kommt beispielsweise der Schinken im Brotteig als Hauptstück eines ländlichen Menüs doppelt gut zur Geltung, wenn ein blankgescheuerter Holztisch mit derben Steinguttellern, Zinnkrügen und groben Leinenservietten gedeckt wurde oder mit Holztellern, entsprechendem Besteck und schlichten Bechergläsern auf naturfarbenen Binsensets. Auf einen derart gedeckten Tisch gehören dann auch keine zartgetönten Nelken, sondern Wiesenblumen oder ein Strauß aus schönen Gräsern.
Für ein Essen im Freien paßt ein buntes Keramikgeschirr oder modernes Glasgeschirr mit einfachen Gläsern und einem bunten Blumenstrauß.

DAS PERFEKTE MENÜ

Anders sollte die Tafel für ein großes Menü aussehen, das als Höhepunkt eines Festes gegeben wird. Hier ist das helle Tafeltuch mit passenden Servietten angebracht, und alles, was kostbar ist, wertvoll glänzt und gut harmoniert, darf diese Tafel zieren.

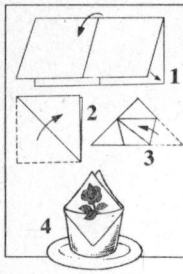 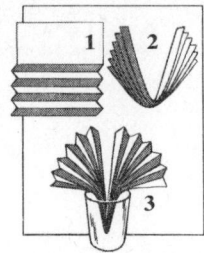

Ob Sie die Servietten für die Festtafel einfach falten oder kunstvoll stecken, ist eine Frage der Geduld.
In die offene Tasche kann statt einer Blume auch die Tischkarte eingesteckt werden.

Das Stecken einer Serviette zu diesem Fächer ist etwas zeitraubend, gelingt aber leicht. Zuerst die Serviette gleichmäßig fälteln, dann in der Mitte zusammenkniffen und in ein Glas stecken.

Typische Formen für folgende Gläser:
1 Sektschale
2 Sektflöte
3 Cognacschwenker
4 Weißweinglas
5 Rotweinglas
6 Südwein- oder Aperitifglas
7 Wasserglas

Kerzen- und Blumenschmuck, Tisch- und Menükarten, sowie alle weiteren Dekorationen können in diesem Fall anspruchsvoll sein. Bei aller Freiheit des Geschmacks sollte man aber doch grundlegende Stilfragen berücksichtigen. Hier einige Beispiele: Zu einem geblümten Tafelgeschirr paßt schlecht eine karierte Tischdecke, eine unifarbene, die den Ton vom Dekor des Geschirrs wiederholt, wäre dagegen hübsch. Auf hellem Damast nimmt sich rustikales Tongeschirr schlecht aus. Tongeschirr und Leinen- oder Binsensets dagegen passen gut zusammen.

Tafelgeräte aus verschiedenen Metallen, zum Beispiel Silber und Zinn, Messing und Kupfer sollten nicht kombiniert werden.

Kombinieren Sie niemals Serviergeschirr mit verschiedenen Dekors.

Verwenden Sie keine Papierservietten. Zum großen Festessen gehören in Material und Farbe zum Tischtuch passende Stoffservietten. Allenfalls können Sie zu einem ländlichen Menü große Servietten aus dickem Fließpapier auflegen.

Stimmen Sie auch die Kerzen und den Blumenschmuck farblich passend zur Tafel ab.
Blumenschmuck soll weder beim Essen behindern, noch die Sicht nehmen, also muß er flach gesteckt sein, gleichgültig, ob ein Strauß in der Mitte der Tafel steht, ob die Blumen in mehreren kleinen Sträußen oder girlandenartig angeordnet werden.

Planen Sie die Art des Menüs und die Zahl der Gäste am besten von vornherein nach dem Umfang Ihres Geschirr-, Gläser- und Besteckbestandes. Besser ein schlichtes Menü und weniger Gäste als eine Festtafel mit einem Wirrwarr an unpassendem Dekor oder mit drangvoller Enge für die Geladenen.

Pro Gedeck benötigen Sie 60 bis 70 cm Platz an der Tafel; etwas großzügiger darf ohne weiteres gedeckt werden, keinesfalls aber beengter.

Neben und über dem Platzteller – ersatzweise einem normalen Speiseteller – liegt bereits zu Beginn des Essens alles Besteck, das für die vorgesehenen Gänge gebraucht wird. Ebenso stehen die benötigten Gläser von Anfang an beim Gedeck.

Nach jedem Gang werden mit dem benützten Geschirr auch die gebrauchten Gläser und Bestecke abgeräumt. Nur das Glas, das für Wasser benützt wird, bleibt während der gesamten Mahlzeit auf dem Tisch.

Das Gedeck für ein größeres Menü mit kalter Vorspeise, Suppe, warmem Zwischengericht, Hauptgericht, Käsegang und Dessert sieht folgendermaßen aus: Rechts vom Teller liegen, von außen nach innen, das Messer für die Vorspeise, der Suppenlöffel, das Messer für das Zwischengericht und das Messer für das Hauptgericht. Links vom Teller, von außen nach innen, liegen die Gabel für die Vorspeise, die Gabel für das Zwischengericht und die Gabel für das Hauptgericht. Vor dem Teller liegen innen der Löffel für das Dessert und darüber die Gabel und das Messer für den Käse.

Zum Bild rechts:

Frisch und vitaminreich sind die Zutaten zu den Drinks, die auf dem Bild zu sehen sind. Erfrischend sind auch die abgebildeten Mixgetränke. Kräutermilch (Glas links im Bild) ist ein typischer Muntermacher, gemixt aus den reinen Gaben der Natur, nämlich Milch oder Joghurt und frischen Kräutern, die es das ganze Jahr über gibt. Das Rezept finden Sie auf Seite 504.

Der Gurkentrank (Glas rechts im Bild) aus Gurkensaft und Joghurt ist kalorienarm und wohlschmeckend. Reichen Sie ihn statt einer Suppe zu Beginn einer Mahlzeit oder als eiweißreichen Imbiß zwischendurch. Das Rezept finden Sie auf Seite 503.

Der Inhalt des Glases im Hintergrund (Mitte) sieht zwar recht harmlos aus, ist aber mehr als nur Orangensaft on the rocks. Für einen Orangenfizz, wie der Drink heißt, mischt man Curaçaolikör, Sekt und natürlich auch Orangensaft. Ein vorzüglicher Willkommenstrunk für Ihre Partygäste! Das Rezept finden Sie auf Seite 504.

Neben dem Orangenfizz ist ein Apfelcobbler zu sehen (Glas mit Trinkhalm). Cobblers enthalten wenig Alkohol, aber viel gestoßenes Eis und immer Früchte. Sie sind leicht und spritzig und wunderbare Durstlöscher an heißen Sommertagen. Das Rezept finden Sie auf Seite 504.

DAS PERFEKTE MENÜ

Zum Bild links:

Ob ein festlicher Tisch für zwei Personen gedeckt wird, wie es der Ausschnitt aus einer großen Tafel auf unserem Bild vermuten läßt, oder für eine größere Gesellschaft, wichtig ist stets, daß Geschirr, Besteck, Gläser, Tafeltuch, Servietten und Blumenschmuck im Stil und in den Farben zusammenpassen. Je dezenter die Farben, desto feierlicher wirkt die Tafel. Der Blumenschmuck sollte niedrig gehalten werden, damit man sich bei Tisch nicht »durch die Blume« unterhalten muß. Für eine lange Tafel wählt man daher am besten mehrere kleine Gestecke, die nicht zuviel Platz beanspruchen. – Was an Besteck aufgelegt und an Gläsern bereitgestellt wird, bestimmt die Menüfolge. Von Anfang an geben Silber und Kristall der Tafel den Glanz, abgeräumt wird erst was nicht mehr gebraucht wird. Dagegen stellt man den Teller für den nächsten Gang ganz kurz vor dem Servieren auf den Platzteller; denn die Teller für warme Gerichte müssen gut vorgewärmt sein. Der kleine Teller für Brot und Butter bleibt bis zum Dessert auf dem Tisch. Die Serviette muß nicht durch einen zum Besteck passenden Ring gesteckt werden, man kann sie auch gefaltet auf den Platzteller oder den Teller für den ersten Gang legen. Dann bliebe gegebenenfalls der Brotteller für die Menükarte frei, mit der man bei offiziellen Essen seinen Gästen die Speisenfolge und die Weine verrät. Bittet ein Gast um Tafelwasser, so darf ein noch ungebrauchtes Weinglas mit Wasser gefüllt werden, das später durch ein entsprechend anderes ersetzt wird.

Hier ist ein Menü mit drei Gängen geplant. Rechts außen liegt der Suppenlöffel, rechts und links vom Speiseteller liegen... ...Messer und Gabel für das Hauptgericht und über dem Speiseteller liegt das Besteck für ein Dessert.

So sieht das Gedeck für ein großes Menü mit fünf bis sechs Gängen aus. Ganz außen liegen Messer und Gabel für die Vorspeise, dann folgen rechts der Suppenlöffel und jeweils links und rechts Gabel und Messer für das warme... ...Zwischengericht und für das Hauptgericht. Über dem Speiseteller liegt das Besteck für ein Dessert. Sollte es noch einen Käsegang geben, so müßte dafür noch das Käsebesteck aufgelegt werden.

Beim Anordnen der Bestecke darauf achten, daß alle Löffel und Gabeln mit der Öffnung beziehungsweise mit den Zinken nach oben liegen; die Messer zeigen stets mit der Schneide nach innen. Besitzen Sie kein Fischbesteck, so können Sie für den Fischgang ohne weiteres auch zwei Gabeln bereitlegen (eine davon statt des Fischmessers, also rechts).

Bei vielen Menüs werden von Anfang an Brot und Butter serviert. In diesem Fall steht links vor dem Besteck ein kleiner Teller, den man durch einen Salatteller ersetzt, wenn dieser durch den entsprechenden Menügang erforderlich wird.

Richtig servieren

Richtig serviert werden kann nur, wenn alle Speisen in zweckmäßigem und dafür vorgesehenem Serviergeschirr angerichtet werden. Wichtig ist außerdem, daß Schüsseln, Platten und Speiseteller gut vorgewärmt werden. Das Serviergeschirr kommt entweder in das heizbare Geschirrfach des Elektroherdes, auf eine Wärmeplatte oder bei etwa 70° in den Backofen. Wenn dieser nicht frei ist, wird das Geschirr 10 Minuten vor dem Gebrauch in sehr heißes Wasser gelegt und danach trockengerieben.

Grundsätzlich brauchen Sie folgendes Serviergeschirr: für Saucengerichte wie Frikassees, Ragouts oder Gulasch eine Ragoutschüssel, zu der praktischerweise ein Deckel gehört; Gemüse, Kartoffeln und andere Beilagen werden in den dafür vorgesehenen Beilagenschüsseln, Salat in der Salatschüssel angerichtet; Fisch, Braten, Wild oder Geflügel serviert man auf Platten, umgießt das Gericht je nach Rezept mit wenig Sauce und reicht die restliche Sauce gesondert in einer Sauciere.

Für Saucengerichte, Gemüse und Beilagen benötigen Sie pro Schüssel einen Löffel zum Herausnehmen, zur Sauce in der Sauciere einen speziellen Saucenschöpfer, zu Blattsalaten ein Salatbesteck, zu Braten-, Fisch- oder Geflügelteilen eine Serviergabel mit Löffel.

Einige feste Regeln sollten beim Servieren unbedingt beachtet werden, besonders bei einem großen Festessen, zu dem der Hausfrau möglicherweise eine Hilfe für das Servieren zur Verfügung steht:

Alle Speisen, die serviert werden, bekommt der Gast von links angeboten, während man die Getränke von rechts eingießt. Gebrauchtes Geschirr und nicht mehr benötigte Teller werden von rechts abgeräumt.

Steht zum Servieren nur eine Person zur Verfügung, können Gemüse und Beilagen auch in je zwei Schüsseln von Gast zu Gast gereicht werden, nachdem die Platte mit dem Hauptstück, also beispielsweise Fleisch, Wild, Geflügel jedem Teilnehmer von links gereicht wurde. Der Wein für den entsprechenden Gang darf bereits eingeschenkt sein, ehe das Auftragen der Speisen beginnt.

Rund um Küche und Keller

"Ein Stück Schwarzbrot und ein Krug Wasser stillen den Hunger eines jeden Menschen"
(Balzac).

Anrichten und Garnieren

Wenn Sie Ihre Wahl getroffen haben, was Sie Ihrer Familie oder Ihren Gästen auftischen möchten, dann sollten Sie auch an das Anrichten und Garnieren denken. Dabei gibt es folgende »Spielregeln«.

Vom Anrichten

Speisen, die sich geschmacklich nicht miteinander vertragen, richtet man nicht auf einer gemeinsamen Platte an, zum Beispiel Forellenfilets und kalten Braten. Die Farben der Speisen, der Beilagen und der Garnierzutaten sollten aufeinander abgestimmt sein und miteinander harmonieren. So würden beispielsweise Spargel, Schwarzwurzeln und Blumenkohl nebeneinander auf einer Gemüseplatte farblos wirken.

Alle Teile des Eßgeschirrs müssen zusammenpassen. Angeschlagene Teller oder Gläser, nicht geeignetes oder ungleiches Besteck werten das gesamte Essen ab.

Speisen, die heiß auf den Tisch kommen sollen, müssen unbedingt auf gut vorgewärmtem Geschirr aufgetragen werden.

Teller, Platten und Schüsseln dürfen nicht überladen werden. Lassen Sie bei Tellern, Platten und Schüsseln einen Rand von etwa 3 cm frei.

Jede Garnierung ist Schmuck und Blickfang zugleich. Verteilen Sie deshalb Kräuter, Zitronenspalten, Tomatenachtel, Oliven, Gurkenscheiben, Spargelspitzen, Radieschen, Weintrauben oder andere Garniermittel nicht über die ganze Platte, sondern versuchen Sie, eher sparsam farbliche Akzente zu setzen.

Vom Garnieren

Suppen werden häufig mit kleingeschnittenen Kräutern bestreut angerichtet oder aber mit geriebenem Käse, mit gerösteten Weißbrotwürfeln, mit gebratenen Zwiebelwürfeln oder -ringen. Auf angerichtete Cremesuppen kann man je Portion einen Eßlöffel süße oder saure Sahne setzen – nach Belieben auch halbsteife Schlagsahne – und die Sahnehäubchen mit Paprikapulver, Currypulver oder Kräutern bestreuen.

Braten werden in gleichmäßig dünnen Scheiben dachziegelartig auf einer Platte angerichtet. Um das aufgeschnittene Fleisch vor dem Austrocknen zu schützen, kann man warmen Braten nappieren, nämlich mit etwas heißer Sauce überziehen, oder kalten Braten überglänzen, nämlich mit Gelatinelösung bestreichen.

Zum Garnieren eignen sich Petersilie, Salatblätter, Paprikaschoten, in Streifen geschnitten, grüne Gurken mit Schale, in Scheiben oder Streifen geschnitten. Auf diese grüne Garnitur setzt man als Farbtupfen Tomatenstücke, Radieschen, Streifen oder Würfel von roter Paprikaschote, Eischeiben oder -achtel, kleine Maiskölbchen oder Orangenscheiben.

Zu kaltem Braten oder gekochtem Schinken passen auch Apfelscheiben, halbierte ausgehöhlte Äpfel mit Preiselbeerkonfitüre gefüllt, blaue Weintrauben oder gefüllte Oliven. Aufschnittplatten werden mit Gewürzgurken, Mixed Pickles, Oliven, Tomaten, Radieschen, Kapern, Eiachteln oder Kräutern garniert.

Fisch garniert man vorwiegend mit Zitronenspalten und Petersilien- oder Dillzweigen.

Gemüse wird meist in Schüsseln angerichtet. Gibt es mehrere Gemüsesorten, so richtet man die einzelnen Sorten auf einer tiefen Platte farblich kontrastierend nebeneinander an. Gemüse immer häufeln, niemals glattstreichen, und je nach Eigengeschmack des Gemüses mit gehackten Kräutern, gehacktem Eigelb, gerösteten Semmelbröseln oder geriebenem Käse bestreuen.

Kartoffelpüree wirkt dekorativ, wenn man es mit gerösteten Semmelbröseln oder mit gebratenen Zwiebelringen garniert, oder je nach Gericht, zu dem das Püree gereicht wird, zerlassene Butter in eine kleine Vertiefung in der Mitte des Pürees gießt.

Salzkartoffeln werden vorwiegend mit gehackten Kräutern bestreut serviert.

Für belegte Brote müssen die Brotscheiben nur halbiert werden. Wollen Sie kleine, feinere Schnittchen belegen, so schneiden Sie Weißbrot, Toastbrot, Mischbrot, Roggenbrot oder Pumpernickel in kleine Vierecke, Rechtecke oder Rauten. Die harte Brotrinde wird entfernt. Die Brotscheiben vor dem Kleinschneiden mit der Grundschicht bestreichen und dann mit dem Messer in die gewünschten Stücke schneiden oder mit einem Ausstecher oder einem Glas entsprechend ausstechen. Erst dann den Belag in der gewünschten Größe zurechtschneiden, auf die Brote legen und die Verzierung darauf anbringen. Belegen und Verzieren ist bei kleinen Schnittchen meist ein Arbeitsgang. Auf den Grundaufstrich legt man entweder in der passenden Größe geschnittene Wurstscheiben, Schinkenscheiben, Fischstücke, Geflügelstücke,

Weil wir heute höhere Ansprüche stellen, müssen wir uns mit den vielfältigen Möglichkeiten der modernen Haushaltsführung vertraut machen.

kalten Braten, Eischeiben, Käsescheiben und gibt darauf eine geschmacklich passende Garnitur. Sie können aber auch Wurstscheiben zu Tütchen drehen und die Tütchen mit der Garnitur füllen. Spargelspitzen, feine Eier- oder Gemüsesalate lassen sich aber auch in Wurstscheiben einrollen und auf die Schnittchen legen. Der

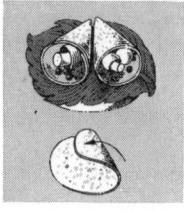

Kleine Schnittchen kann man mit gefüllten Wursttütchen belegen.

In Schinkenscheiben gerollte Spargelspitzen, Gemüsesalat in Wursttütchen gefüllt, sehen auf Schnittchen appetitlich aus.

Phantasie sind beim Gestalten von feinen Schnittchen keine Grenzen gesetzt. Liegt der Belag nicht fest auf dem Grundaufstrich, ist die Verzierung sehr hoch oder fällt sie leicht herunter, stecken Sie alles mit einem Holzspießchen fest.

Beliebte Garnierzutaten

Tomaten sind außer Kräutern die meistverwendete Garnierzutat. Ihr helles Rot belebt Salate, Aufschnitt- und Bratenplatten, Fischgerichte, hartgekochte Eier, helles Gemüse sowie Käse. Geschmacklich harmoniert die Tomate mit fast allen herzhaften Gerichten und Substanzen.

Zum Garnieren schneidet man Tomaten in Viertel, Sechstel, Achtel oder in Scheiben. Wird die Tomate nicht ganz, sondern nur bis etwa 1 cm über dem Stielansatz eingeschnitten, bekommen Sie eine Blüte, in deren Mitte ein kleiner Strauß Petersilie hübsch aussieht. Tomatenscheiben lassen sich auch abwechselnd mit Eischeiben fächerförmig auflegen.

Ausgehöhlte Tomaten können Sie mit Fleisch-, Fisch-, Garnelen- oder Eiersalat füllen und auf Salatblättern anrichten. Das abgeschnittene obere Drittel der Tomate wird als Deckelchen auf den Salat gesetzt.

Um Körbchen aus Tomaten herzustellen, trennen Sie mit einem scharfen Messer zwei Achtel aus der oberen Tomatenhälfte so heraus, daß dazwischen ein etwa 1 cm breiter Steg stehenbleibt. Stecken Sie rechts und links vom »Henkel« kleine Büschel krause Petersilie in das Fruchtfleisch.

Ausgehöhlte Tomaten mit einem passenden Salat füllen, die Deckel obenauf setzen und die Tomaten auf Salatblättern anrichten.

Radieschen verleihen jeder kalten Platte und jedem Salat einen Hauch von Frische. Aus Radieschen oder aus den langen, roten Rettichen schneidet

Radieschen zu Blüten geformt oder mit Kerben versehen, wirken immer dekorativ.

man sehr dünne Scheiben, die man fächerförmig auflegt oder über den Salat streut. Sehr dekorativ sehen diese Scheibchen auf Pumpernickel aus. Mit einem scharfen Küchenmesser und mit einem Spezialmesser kann man Radieschen auch zu Blüten formen oder durch Kerben und Einschnitte verzieren.

Aus Orangen und Grapefruits entstehen Servierschalen, indem man die halbierte Frucht aushöhlt und den Rand der Schalen zackenförmig schneidet. Man kann die Früchte auch

Zitrusfrüchte durch Einschneiden mit schräggehaltener Klinge so halbieren, daß 2 gezackte Hälften entstehen. Diese können ausgehöhlt und gefüllt werden.

so halbieren, daß gezackte Hälften entstehen, indem man mit schräggehaltener Klinge Schnitt an Schnitt bis zur Mitte schneidet. Mit Obstsalaten oder pikanten Cocktails gefüllt, wirken die Salatschälchen auf kleinen runden Spitzendeckchen oder Salatblättern festlich.

Gewürzgurken eignen sich hervorragend zum Garnieren. Besonders die sehr kleinen Gewürzgurken, wie Cornichons oder Delikateßgürkchen, wirken in Scheiben geschnitten oder als Gurkenfächer aufgeschnitten gut als Verzierung für belegte Brote, kalte Braten oder Wurstscheiben. Für Gurkenfächer die Gurken längs zum Wurzelende hin dünnfächrig auf-

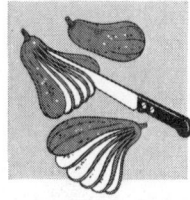

Kleine Gewürzgurken fächrig zu schneiden ist kinderleicht. Verblüffend ist der Effekt dieser simplen Dekoration.

schneiden, so daß der »Fächer« am Ende noch zusammenhält. Den Gurkenfächer dann etwas auseinanderzie-

ANRICHTEN UND GARNIEREN

hen und auflegen. Sehr kleine Gürkchen kann man auch im Ganzen auf kalten Platten anrichten, größere Gurken müssen in Scheiben oder Streifen geschnitten oder längs geviertelt werden.

Grüne oder schwarze Oliven passen auf jede kalte Platte und geben einen ganz besonderen geschmacklichen Akzent. Rotgefüllte grüne Oliven sehen in Scheiben geschnitten sehr dekorativ aus und verzieren Wurstbrote, kaltes Geflügel, kalten Braten oder Eischeiben. Dunkle Oliven werden im Ganzen auf Platten zu kräftigschmeckender Wurst oder Braten gelegt.

Salatblätter wirken im Ganzen, kleingerissen oder in Streifen geschnitten appetitlich zum Auslegen von Platten oder von Cocktailgläsern. Bleistiftdünne Streifen von Salatblättern kann man auch gut zum Verzieren über Speisen streuen oder auf Speisen legen. Die gewaschenen und eventuell bereits kleingeschnittenen Salatblätter in einem Plastikbeutel im Kühlschrank bis kurz vor dem Servieren oder Anrichten lagern.

Salatgurken, längs feinstreifig geschält, wirken durch den Wechsel von

 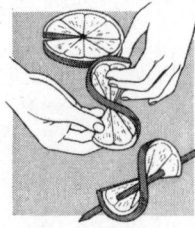

Sollen Gurken- oder Zitronenscheiben als Garnierung dienen, kerbt man die Schale zuvor mit einem Spezialmesser in Streifen ein.

Dünne Gurken- oder Zitronenscheiben bis zur Mitte einschneiden, die Enden gegeneinander drehen und das Gebilde mit einem Holzspießchen fixieren.

dunkelgrünen Streifen der Schale und hellen Streifen des Fruchtfleisches besonders hübsch. Die Gurke wird dann in Scheiben geschnitten und auf Broten oder am Rand von kalten Platten angerichtet. Sie können die Gurkenscheiben auch etwas dicker schneiden und diese dann beliebig belegen.

Aus Paprikaschoten – roten, grünen oder gelben – schneidet man Ringe oder Streifen als würzige Verzierung auf Wurst, kaltem Braten, Käse oder Quarkmischungen. Breite Schoten-

spalten können Sie gefällig als Schiffchen verwenden und mit Käse- oder Quarkcreme füllen. Ganze eingelegte Chilischoten eignen sich als Verzierung für gefüllte Eier, belegte Brote, gespritzte Mayonnaise oder Käsecreme und für Salate.

Spargelspitzen werden gegart, frisch gekocht oder aus der Dose verwendet. Bedenken Sie stets, daß frischgekochter Spargel geschmacklich den aus der Dose bei weitem übertrifft. Zum Verzieren müssen nicht immer weiße Spargelspitzen genommen werden, die grünen kann man ebensogut verwenden. Spargelspitzen eignen sich zum Verzieren von belegten Broten, Schnittchen, gefüllten Eiern, Salaten, Bratenplatten und für Portionsteller. Sie können wie grüne Bohnen auch in kleinen Bündeln angerichtet und mit einem Streifen von gegartem Lauch, rohe Tomaten oder Paprikaschoten zusammengehalten werden.

Hartgekochte Eier eignen sich in Form von Achteln, Scheiben oder Würfelchen zum Verzieren von Wurstbroten, kaltem Braten, Lachsscheiben und Salaten sowie zum Belegen von kalten Platten. Je kleiner die Eier sind, desto besser eignen sie sich zum Verzieren, denn Scheiben und Achtel brechen nicht so leicht und das Eigelb sitzt fester im Eiweiß. Die kleinen Wachteleier wirken im Ganzen oder halbiert besonders gut auf feinen kalten Platten, feinen Salaten, Canapés und Schnittchen. Wenn Sie das Eigelb von hartgekochten Eiern für eine Sauce verwenden, können Sie das Eiweiß in Würfelchen schneiden und als Verzierung über Salate oder belegte Brote streuen.

Krabben (Garnelen) ergeben festliche Garnituren. Tiefgefrorene Krabben oder Shrimps auftauen lassen. Sie passen gut zum Verzieren von zartem kaltem Fisch, von Eiern, Quark, Frischkäse, gespritzter Creme oder Mayonnaisemischungen.

Kaviar ist ein dekoratives und geschmacksintensives Garniermittel. Zum Verzieren kommt in erster Linie der deutsche Kaviar (Garnierkaviar) in Frage. Er hebt sich gut von Eischeiben, Kalbsleberwurst, Hirnwurst, Mayonnaise- oder Sahnetupfen ab. Er paßt auf hartgekochte, halbierte Eier, auf kleine getoastete Weißbrotscheiben, auf gewürzten Quark oder gekochten Fisch. Farblich und geschmacklich beeindruckt der rote

Keta-Kaviar allerdings weit mehr als der schwarze Garnierkaviar.

Mayonnaise und Cremes sind aus der Palette der Garniermittel nicht wegzudenken. Aus Mayonnaise, Mayonnaisemischungen oder Käsecreme lassen sich reizvolle Verzierungen spritzen. Je nach Größe des gewünschten Dekors füllt man die Creme oder die Mayonnaise in einen Spritzbeutel mit kleiner Stern- oder Lochtülle und bringt zarte Tupfen oder Girlanden

Cremes und cremige Substanzen sind hervorragend zum Spritzen von Verzierungen auf Schnittchen und Häppchen geeignet.

auf Schnittchen, Häppchen, Brote oder anderen Teilen an. Rosetten werden meist noch mit passenden farblichen Verzierungen belegt oder umlegt.

Aus Gemüse wie gekochten Möhren, gekochtem Sellerie, gekochten roten Beten, gekochtem Lauch oder rohen Tomaten, und zusätzlich aus gekochtem Eiweiß, Kaviar oder Trüffel kann man für sehr festliche Gelegenheiten

Für solch kunstvolle Dekorationen aus verschieden zurechtgeschnittenen Gemüseteilen braucht man Zeit und viel Liebe zum Detail.

nach Belieben Blüten formen. Im Fachhandel gibt es winzige Ausstechförmchen, mit denen man Figuren aus dem Gemüse stechen kann, die dann zu Blüten und Blättern zusammengelegt werden. Dünne Streifen von Lauch oder Petersilienstengel dienen den Gebilden als Stiel. Ebenfalls werden grüne Blättchen aus Lauch ausgestochen. Für die Blüten verwendet man Möhren, Sellerie, rote Bete, Tomaten oder Eiweiß. Die kleinsten Blütenteile werden dann aus Kaviar oder Trüffel gelegt. Mit derartigen Blütenarrangements verziert man in erster Linie kalten Fisch, helle kalte Braten oder feines Geflügel, was dann noch mit Gelatine überglänzt wird, oder die oberste Schicht von feinen Sülzen (beim Herstellen einer Sülze wird das Blütenarrangement natürlich auf die unterste Schicht – den sogenannten Spiegel – gelegt).

Gar- und Zubereitungstechniken

Fast alle Lebensmittel müssen vor dem Verzehren in irgendeiner Form zubereitet (behandelt) und/oder gegart werden. Selbst einen vom Baum gepflückten Apfel sollte man vor dem Essen waschen, also behandeln. Allerdings setzen wir in der folgenden Beschreibung der nötigen Zubereitungsarbeiten in jedem Fall das Waschen der Lebensmittel voraus. Die wichtigsten Zubereitungstechniken und Gartechniken werden dargestellt, um vor allem Unerfahrenen in der Küchenpraxis alle in den Rezepten dieses Buches häufig gebrauchten Begriffe zu erklären.

Das Zubereiten

Beim Zubereiten werden Lebensmittel küchenfertig oder kochfertig gemacht, in manchen Fällen auch gleich verzehr- oder tafelfertig. So wird der Apfel zum Beispiel gewaschen, abgetrocknet und serviert; er ist danach verzehrfertig. Soll er aber zu Salat oder Kompott weiterverarbeitet werden, so muß er außerdem noch zubereitet, nämlich von nichteßbaren Teilen befreit, zerkleinert und möglicherweise auch gegart werden, ehe er tafelfertig ist. Zu den wichtigsten Zubereitungstechniken gehören:

Abwellen: Das Überbrühen roher Lebensmittel mit kochendheißem Wasser. Beispiel: Tomaten vor dem Häuten überbrühen.

Blanchieren: Kurzes Eintauchen von rohen Lebensmitteln in kochendes Wasser. Die Blanchierzeit wird nach dem Eintauchen der Lebensmittel vom Wiederaufkochen des Wassers an berechnet und beträgt meistens zwischen 2 und 7 Minuten. Beispiel: kochfertiges Gemüse vor dem Einfrieren blanchieren.

Dressieren: Küchenfertige Lebensmittel in einer gewünschten Form fixieren. Beispiele: bei Geflügel Beine und Flügel dicht am Körper des Tieres festbinden; Steaks horizontal in Form binden; Forellen durch Zusammenfügen von Kopf und Schwanz rundbinden; Rouladen als Rollen fixieren – gleichgültig, ob dafür Küchengarn, Holzspießchen oder Klammern benutzt werden.

Hacken: Lebensmittel in sehr kleine Stücke schneiden. Beispiele: Kräuter, Nüsse, Schokolade mit einem breitklingigen spitzen großen Küchenmesser zerkleinern; auch das Zerkleinern von großen Fleischstücken mit dem Küchenbeil.

Kneten: Mischen von knetfähigen Lebensmitteln zu einer teigartigen Masse. Beispiele: Kuchenteig, Hackfleischteig, Kloßmasse – das kann mit der Hand, dem Rührlöffel oder mit dem Knethaken des elektrischen Handrührgeräts oder der Küchenmaschine geschehen.

Mixen: Zerkleinern und/oder mischen zu kleinen Stückchen oder Pürees. Beispiele: Quark-, Obstmischungen, Milchmixgetränke, Nüsse zerkleinern – im elektrischen Mixgerät.

Panieren: Lebensmittel vor dem Garen (Braten, Fritieren) erst in Mehl, dann in verquirltem Ei und zuletzt in Semmelbröseln, Zwiebackbröseln, Mandelblättchen oder geriebenen Nüssen wenden. Beispiele: Fleischscheiben, Fischscheiben, Geflügelteile, Gemüse, Grießschnitten, Kartoffelnocken, Frikadellen.

Passieren: Durchstreichen von weichen, meist gegarten Lebensmitteln durch ein Sieb. Dabei werden Schalen, Kerne oder sonstige unerwünschte Teile zurückgehalten, die Hauptsubstanz aber völlig ausgenützt, püriert oder gröber zerkleinert. Beispiele: gegarte Apfelviertel zu Mus verarbeiten; mitgegartes Gemüse als Püree in Suppen oder Saucen streichen; Spätzleteig durch einen Durchschlag drücken.

Pürieren: Weiche Lebensmittel – roh oder gegart – zu einer breiigen Masse zerdrücken oder zerstampfen. Beispiele: Kartoffeln für Püree zerstampfen; Obst oder Gemüse für Desserts oder Säuglingsnahrung – dafür einen Stampfer, eine Presse, ein Passiersieb oder den elektrischen Mixer benutzen.

Raspeln: Lebensmittel – geschält oder ungeschält, roh oder gegart – in länglich-runde Stückchen schneiden. Beispiele: Möhren, Äpfel, Käse auf einer Reibe zerkleinern; die Größe der Raspel ergibt sich aus der Größe der Löcher in der Reibe.

Schlagen: Durch rasche Bewegungen mit dem Schneebesen oder mit dem Rührgerät Luft in eine flüssige oder geschmeidige Masse bringen. Beispiele: Eiweiß zu Schnee, Sahne zu Schlagsahne schlagen.

Wiegen: 1. Das Gewicht einer bestimmten Menge von Lebensmitteln auf der Küchenwaage ermitteln. 2. Lebensmittel mit Hilfe des Wiegemessers fein zerkleinern. Beispiele: zu 1. Zucker, Mehl, Fett abwiegen – zu 2. Kräuter, Zwiebeln zerkleinern.

Das Garen

Viele Lebensmittel sind für den Menschen erst nach dem Garen bekömmlich, beispielsweise Kartoffeln, Reis, Hülsenfrüchte, größere Fleischstücke. Derartige Produkte müssen durch das Garen verzehrfertig gemacht werden. In der folgenden Übersicht werden nur jene Garverfahren beschrieben, die in jedem Haushalt möglich sind und die man zum allgemein üblichen Bereiten der Mahlzeiten anwendet, nämlich die Gartechniken durch Hitze.

Backen

Backen ist Garen von Teigen oder teigartigen Massen wie Gebäck, Brot, Aufläufen, Pasteten in trockener Hitze bei Temperaturen von 120 bis 250°C im Backofen. Das Backgut bräunt während des Backens. Die anfangs trockene Luft im Backofen wird während des Backvorganges feucht, da das Backgut einen Teil seiner Feuchtigkeit abgibt.
Das Backgut gart in einer Backform, auf dem Backblech, in einer Auflauf- oder Pastetenform. Temperaturen und Garzeiten richten sich nach der jeweiligen Masse, nach deren Menge und Form und nach dem Gefäß, in dem das Backgut gegart wird. So sind Backformen aus Schwarzblech bessere Wärmeleiter als Backformen aus Weißblech. Gebäck in Schwarzblechformen gebacken nimmt trotz niedrigerer Temperaturen intensivere Bräune an als Gebäck, das in Weißblechformen gebacken wird, obgleich Weißblechformen etwas höhere Temperaturen erfordern.
Die Einschubhöhe richtet sich immer nach der Höhe des Backgutes. Je niedriger die Backmasse, um so höher die Einschubhöhe. Hohe und mittelhohe Gebäckstücke werden meist auf der zweiten Schiebeleiste von unten,

GAR- UND ZUBEREITUNGSTECHNIKEN

flaches Gebäck auf der mittleren Schiebehöhe gebacken. Die obersten Schiebeleisten sind dem Überbacken und Grillen vorbehalten. Als Faustregel kann gelten: Der obere Rand des Gebäcks sollte die mittlere Höhe des Backofens erreichen.

Braten

Braten bedeutet Garen in wenig Fett bei möglichst trockener Hitze, wobei das Bratgut bräunt. Hierfür gibt es drei Möglichkeiten:
1. Braten in einer offenen Pfanne oder in einem offenen Bratentopf auf der Herdplatte oder Gasflamme bei Temperaturen von 120 bis 180°C.
2. Braten im Backofen bei Temperaturen bis zu 250°C im offenen Bratgeschirr.
3. Braten im Backofen bei Temperaturen bis zu 250°C in einem geschlossenen Behälter (Bräter, Tontopf, Bratfolie, Alufolie).

Braten auf der Herdplatte

Kleine Portionen von Fleisch, Fleischwaren, Geflügel, Wild, in Scheiben oder Stücke geschnitten, kleinere Fische bis zu 300 g im Ganzen, große Fische in Stücke geschnitten oder als Filet; Eier, Kartoffeln, Puffer oder Fladen werden in einer offenen Pfanne oder im offenen Bratentopf auf der Herdplatte gebraten.

Kleine Fleischportionen brät man in offener Pfanne in heißem Fett auf der Herdplatte.

Auch das häufig erforderliche Anbraten von Lebensmitteln geschieht auf der Herdplatte. Das Lebensmittel wird in heißem, schwach rauchendem Fett so lange gewendet, bis es braun ist. Dadurch schließen sich die Poren an der Oberfläche des Bratgutes und es kann kein Saft mehr aus dem Gewebe austreten. Nach dem Anbraten ist das Bratgut innen aber noch roh, es muß noch gar gebraten werden. Die Temperatur wird beim Garbraten je nach Bratgut reduziert, damit das Bratgut außen nicht verbrennt. Die durch das Anbraten bereits erreichte braune Kruste soll nicht mehr dunkler werden. Gegebenenfalls muß man die Pfanne einen Augenblick vom Herd nehmen.

<u>Unsere Tips:</u> Aluminiumpfannen vor dem Braten ohne Fett so lange erhitzen, bis ein Wassertropfen darin wie eine Perle tanzt. Dann erst das Fett hineingeben.
In gußeisernen Pfannen klebt Bratgut nicht an, wenn die Pfanne jeweils nach dem Benützen nur mit Papier oder Küchenkrepp ausgerieben wird. Kunststoffbeschichtete Pfannen dürfen leer nicht hoch erhitzt werden; also gleich zu Beginn das Fett in der Pfanne erhitzen.
Das Braten im Backofen ist erst lohnend, wenn das Bratstück das Gewicht von 1 kg überschreitet oder wenn ganze Tiere wie Ente, Gans, Huhn, Puter, Fasan, Hase oder Karpfen gebraten werden sollen.

Braten im Backofen

Es gibt drei Möglichkeiten:
1. Das Braten auf dem Bratenrost mit untergeschobener Braten- oder Fettpfanne.
2. Das Braten im offenen Bratgeschirr (Bratenpfanne, Bratentopf oder Bratreine).
3. Das Braten im geschlossenen Bratgeschirr.

<u>Beim Braten auf dem Bratenrost</u> erreicht die Brathitze den Braten von allen Seiten; er wird dadurch rundherum knusprig. Den Braten auf den Bratenrost des Backofens legen. Die Braten- oder Fettpfanne kalt ausspü-

Große, fette Braten – wie Gänsebraten – werden auf dem Bratenrost mit untergeschobener Fettpfanne im Backofen gebraten.

len und unter den Rost schieben. In der Fettpfanne sammelt sich dann Fleischsaft und abgetropftes Eigenfett des Bratens. Mit etwas zugegebener heißer Flüssigkeit und den Würzzutaten ergibt der Bratensaft eine wohlschmeckende Sauce. Wenig heißes Wasser oder heiße Fleischbrühe immer dann in die Fettpfanne gießen, wenn der Bratensaft zu dunkel zu werden droht; dann auch die Hitze etwas reduzieren. Trocknet der Bratensaft bei langen Bratzeiten in der Fettpfanne etwas ein, muß man ihn für das Bereiten der Sauce mit Wasser oder Fleischbrühe loskochen. Zutaten für die Sauce wie Zwiebeln oder Suppengemüse nach dem Anbraten des Bratgutes in die Fettpfanne legen.

Den Braten während der Bratzeit wiederholt mit dem Bratensaft in der Fettpfanne beschöpfen.

<u>In der Bratenpfanne</u> (Fettpfanne) des Backofens werden große Braten gegart, kleinere Braten in der offenen Bratreine oder im offenen Bratentopf. Das Bratgut erhält nur auf der oberen Seite eine knusprige Kruste, die untere Seite liegt im Bratensaft; den Braten eventuell nach der halben

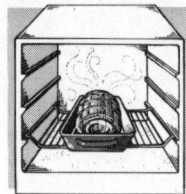
Kleinere Braten werden in der offenen Bratreine oder dem offenen Bratentopf im Backofen gegart.

Bratzeit wenden. Zum Bratgut im offenen Bratgeschirr seitlich stets nur wenig heiße Flüssigkeit zugießen, da der Braten sonst auslaugt.

<u>Das Bratgeschirr mit Deckel</u> bildet einen Kleinstbackofen im Backofen. Selbst Braten von 2 kg Gewicht sind für die modernen Großraumbacköfen noch immer ein kleines Stück Fleisch. Die Abgeschlossenheit des Fleisches in einem Bräter mit Deckel bringt folgende Vorteile: Der Braten muß nicht beaufsichtigt und beschöpft werden. Im Backofen können gleichzeitig noch andere Gerichte gegart werden, weil durch den dichtschließenden Deckel des Bräters keine Gerüche übertragen werden können. Der Backofen bleibt sauber.
Der Bräter wird stets vor dem Braten kalt ausgespült. Für mageres Fleisch wird er zusätzlich mit Speckscheiben ausgelegt, der Braten eventuell mit Speckscheiben belegt. Das schwach gesalzene, gewürzte Fleisch in den Bräter legen, geschmackgebende Zutaten wie Zwiebeln oder Suppengrün immer auf das Bratgut legen, den Bräter schließen und in den kalten Backofen schieben. Den Rost so einschieben, daß der obere Rand des Bräters die mittlere Höhe des Backofens erreicht. Die Garzeit im geschlossenen Bräter ist etwa um $1/5$ länger (20 bis 30 Minuten) als im offenen Bratgeschirr bei gleicher Temperatur. Den Deckel während der Bratzeit nicht öffnen. Ausnahme: Soll der Braten nicht nur Farbe, sondern auch eine knusprige Kruste bekommen, den Deckel 15 Minuten vor Ende der Garzeit abnehmen.
Im Bräter kann tiefgefrorenes Fleisch unaufgetaut gegart werden. Ausnah-

GAR- UND ZUBEREITUNGSTECHNIKEN

me: Tiefgefrorenes Geflügel, dessen Innereien in einem Plastikbeutel im Körperinneren stecken, müssen erst auftauen, da der Beutel stets entfernt werden muß.

Unsere Tips: Für das Braten auf dem Rost oder im offenen Bratgeschirr im Backofen müssen große tiefgefrorene Braten vor dem Garen auftauen, kleinere müssen antauen.
Für das Braten im Backofen im offenen Bratgeschirr oder auf dem Rost soll der Backofen vor dem Einschieben des Bratgutes die benötigte Temperatur erreicht haben. Hierfür den Elektrobackofen 10 bis 15 Minuten vor Bratbeginn vorheizen; den Gasbackofen 2–5 Minuten.
Sehr fette Braten wie Gans, Ente oder sehr fetthaltigen Schweinebraten kann man auch in den kalten Backofen schieben, die Bratzeit verlängert sich dann aber um etwa 15 Minuten.

Dämpfen

Dämpfen ist Garen im heißen Wasserdampf bei gleichbleibender Temperatur von 100°C. Das Gargut liegt dabei in einem Siebeinsatz über wenig kochendem Wasser im geschlossenen Topf. Da dennoch einige Wertstoffe des Gargutes durch den Dampf in das Wasser übergehen, sollte man es stets für eine Suppe oder Sauce weiterverwenden. Die Methode ist besonders für Fisch, Gemüse und Kartoffeln in der Schale geeignet.
Zum Dämpfen benötigen Sie entweder einen Dämpftopf mit Siebeinsatz oder aber ein aufstellbares Sieb – wie es auch zum Abtropfen von Salaten verwendet wird –, das in einen genügend großen Topf paßt.

Unser Tip: In heißem Wasserdampf kann man auch Speisen schonend wiedererwärmen, beispielsweise Klöße, Reis oder Salzkartoffeln.

Druckgaren

Druckgaren geschieht bei leichtem Überdruck im hermetisch verschlossenen Topf in Dampf bei Temperaturen zwischen 110 und 120°C. Alle Nahrungsmittel garen bei dieser Methode in etwa $1/6$ der sonst üblichen Garzeit unter weitgehendem Ausschluß von Luftsauerstoff, so daß alle Nährstoffe äußerste Schonung erfahren.
Zum Druckgaren benötigen Sie einen speziellen Dampfdrucktopf. Alle Dampfdrucktöpfe funktionieren grundsätzlich nach dem gleichen Prinzip. Jede Herstellerfirma liefert aber für ihr Produkt eine Bedienungsanleitung für die richtige Handhabung. Das Dampfdrucktopf-Verfahren ermöglicht höchste Zeit- und Energieersparnis. Es intensiviert den Eigengeschmack aller Nahrungsmittel, so daß man nahezu salzlos kochen kann, und außerdem bleibt die Konsistenz der Lebensmittel weitgehend erhalten.

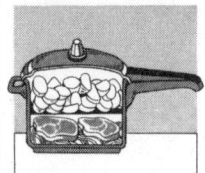
Im Dampfdrucktopf können in speziellen Einsätzen mehrere Speisen zugleich gegart werden.

Dünsten

Dünsten ist Garen in wenig Brühe, Milch oder Wasser, häufig unter Zugabe von wenig Fett bei Temperaturen von 90 bis 100°C. Beim Dünsten soll im Topf nicht mehr als 1 cm hoch Flüssigkeit stehen. Der Topf wird während der Dünstzeit geschlossen gehalten. Nach dem ersten Umrühren wird der geschlossene Topf geschwenkt und der Inhalt auf diese Weise »umgerührt«.
Dünsten ist die ideale Zubereitungsart für Gemüse, Obst und Fisch. Farbe, Eigengeschmack und Nährstoffe der

Beim Dünsten garen die Speisen in wenig Flüssigkeit bei milder Hitze im geschlossenen Topf; für viele Gemüsearten die beste Garmethode.

Lebensmittel bleiben beim Dünsten weitgehend erhalten.

Unsere Tips: Wasserreiches Obst und Gemüse wie Tomaten, Rhabarber, Pfirsiche können ohne Flüssigkeitszugabe nach dem Anbraten in wenig Fett im eigenen Saft bei milder Hitze gar gedünstet werden.
Blumenkohl und Spargel verlieren allerdings beim Dünsten ihre helle Farbe, sie werden etwas dunkler und schmecken strenger als gekocht.

Fritieren

Fritieren heißt Ausbacken von Nahrungsmitteln in heißem Fett schwimmend. Zum Fritieren eignet sich ausschließlich Bratfett wie Öl, Schmalz oder reines, gehärtetes Pflanzenfett. Das Fett muß in jedem Fall so reichlich bemessen sein, daß das Gargut darin schwimmen kann, sollte aber das Fritiergefäß nur zur Hälfte füllen, da es sonst leicht überschäumt.
Die Temperatur des Fettes liegt beim Fritieren zwischen 175 und 200°C. Nach dem Fritieren das Fett durch ein Filterpapier oder nach längerem Stehen vorsichtig von den abgesetzten

Fritieren im Fritiertopf. – Ein Kochtopf mit passendem Siebeinsatz erfüllt den gleichen Zweck.

Fritierrückständen abgießen. Das Fett nur zwei- bis dreimal zum Fritieren verwenden. Danach kann es noch als Bratfett benützt werden. Die Garzeiten verkürzen sich beim Fritieren erheblich gegenüber anderen Garmethoden, da das Gargut völlig von heißem Fett umschlossen ist. Die Poren des Gargutes schließen sich rasch nach dem Einlegen in das heiße Fett, die Eiweißstoffe bilden eine schützende Kruste, so daß nur wenig Fett in das Gargut selbst eindringt. Allerdings muß das Fett vor dem Einlegen des Fritiergutes die nötige Temperatur erreicht haben, sonst saugt sich das Fritiergut voll.
Zum Fritieren eignen sich Fisch, Fleisch, Geflügel, Kartoffeln, paniertes Obst und Gemüse, Käse und Kleingebäck. Feuchte Lebensmittel sollten vor dem Fritieren paniert werden. Je kleiner die zu fritierenden Teile sind, desto höher darf die Fetttemperatur sein und umgekehrt.
Bei der elektrischen Friteuse läßt sich die gewünschte Temperatur durch einen Schalter einstellen. Das rote Kontrollämpchen erlischt, wenn das Fett die gewählte Temperatur erreicht hat. Zum Fritiertopf kann ein Fritierthermometer benützt werden, das die Temperatur des Fettes anzeigt. Ist kein Fritierthermometer vorhanden, macht man die Fettprobe folgendermaßen: Man hält einen hölzernen Kochlöffelstiel in das heiße Fett. Bilden sich um den Stiel kleine Bläschen, ist das Fett heiß genug. Oder man gibt einen kleinen Würfel Weißbrot ins Fett. Bräunt das Weißbrot rasch von allen Seiten, ist die benötigte Temperatur erreicht.
Werden größere Mengen in der Friteuse gegart, gibt man sie portions-

GAR- UND ZUBEREITUNGSTECHNIKEN

weise ins heiße Fett und wartet nach dem Herausnehmen, bis sich das Fett wieder genügend erwärmt hat, ehe man die nächste Portion hineingibt. Beim Fritiertopf und bei der Friteuse läßt sich das Einsatzsieb beidseitig an den Griffen so feststellen, daß das Gargut nach dem Fritieren über dem Fett etwas abtropfen kann. Nach diesem ersten Abtropfen sollte das Fritierte aber stets noch auf Küchenkrepp oder auf Papierservietten abtropfen. Fritiertes nach dem Abtropfen salzen, würzen oder zuckern.

Unsere Tips: Den Deckel zur Friteuse, zum Fritiertopf oder zur Fritierpfanne stets bereitlegen, denn manches Fettgebäck muß während des Fritierens zugedeckt werden.
Wird zum Fritieren nicht die elektrische Friteuse, sondern ein Fritiertopf oder eine Fritierpfanne benutzt, kann das Fett sich bei längerem Garvorgang überhitzen und Feuer fangen. In diesem Fall sofort den Deckel auflegen und das Gefäß vom Herd nehmen.

Garen im Wasserbad

Speisen, die viele Eier enthalten und deshalb beim Garen keine hohen Hitzegrade vertragen, weil sie leicht gerinnen oder anbrennen, werden in einer Form in heißem Wasser gegart. Dafür in einen Topf, der größer ist als die mit Gargut gefüllte Schüssel, so viel Wasser füllen, daß das Wasser die Schüssel etwa bis zur halben Höhe umgibt. Das Wasser dann auf dem Herd bis kurz unter den Siedepunkt erhitzen, die Temperatur zurückschalten und die Schüssel ins Wasserbad stellen. Das Wasser im Wasserbad darf nicht kochen, sondern soll weiterhin kurz unter dem Siedepunkt gehalten werden. Die Form steht am besten im Topf noch auf einem Siebeinsatz; sie sollte den heißen Boden des Topfes nicht berühren.

Unser Tip: Stellen Sie eine Tasse mit kaltem Wasser neben das Wasserbad. Sollte das Wasser trotz milder Hitze zum Kochen kommen, regulieren Sie die Temperatur des Wassers durch einen Schuß »Kälte«.

Garziehen
Pochieren

Garziehen ist Garen in reichlich Flüssigkeit bei Temperaturen von 75 bis 96°C, also unterhalb des Siedepunktes. Das Gargut wird in die leicht kochende Flüssigkeit eingelegt, wodurch die Temperatur der Flüssigkeit sinkt und so reguliert werden muß, daß sie nicht erneut zum Kochen kommt. Stellen Sie sicherheitshalber neben die Garflüssigkeit etwas kaltes Wasser oder kalte Brühe, die Sie nachgießen können, falls die Flüssigkeit noch einmal zu kochen beginnt. Wenn dann ein wenig von der kalten Flüssigkeit zugegossen wird, ist schnell wieder die gewünschte Temperatur unter dem Siedepunkt erreicht.
Hauptsächlich Klöße aller Art, Teigwaren, Reis, Fische, einige Eiergerichte

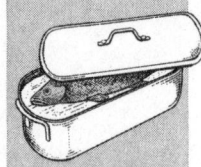

Für zarten Fisch ist das Garziehenlassen im Sud bei Temperaturen knapp unter 100°C die schonendste Garmethode.

und verschiedene Obstsorten werden durch Ziehen in heißer Flüssigkeit gegart. Der Garvorgang findet meistens im offenen Topf statt, oder man deckt den Topf bis auf einen Spaltbreit zu, damit Dampf entweichen kann. Meist sinkt das Gargut beim Einlegen in die Flüssigkeit unter und taucht wieder an die Oberfläche, wenn es zu garen beginnt.
Die Garflüssigkeit sollte geschmacklich zum jeweils gegarten Gericht passen, also ein speziell gewürzter Sud, Fleischbrühe, Suppe oder Sauce sein.

Grillen

Grillen ist Garen durch intensive Strahlungshitze. Durch die starke Hitzeeinwirkung schließen sich die Poren an der Oberfläche des Gargutes – Grilladen genannt – sofort. Eigengeschmack und Nährstoffe bleiben dadurch weitgehend erhalten. Grilladen benötigen beim Garen nur wenig Fett. Gegrillt wird am Spieß oder auf dem Rost, wobei die Umgebungshitze im Elektrogrill oder im Kontaktgrill besonders hoch ist. Beim Holzkohlengrill oder in der Grillpfanne strahlt die Hitze hauptsächlich vom Holzkohlenbett beziehungsweise vom Pfannenboden aus. In allen Fällen bräunt das Gargut während des Grillens. Elektro-Grillgeräte funktionieren nach dem gleichen Grundprinzip wie Holzkohlen-Grillgeräte. Elektro-Grillgeräte sind nach den Anweisungen der einzelnen Herstellerfirmen zu bedienen. Wird der im Backherd ein-

Zum Bild rechts:

Kräuter, die in unseren Gärten wachsen:

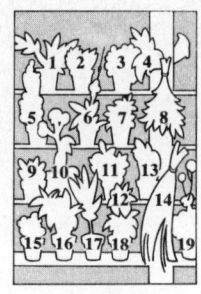

1 *Liebstöckel*   10 *Borretsch oder*
  oder Maggikraut   *Gurkenkraut*
2 *Bohnenkraut*   11 *Zitronenmelisse*
3 *Krause Petersilie*   12 *Pfefferminze*
4 *Dill*   13 *Ysop*
5 *Majoran*   14 *Schnittlauch*
6 *Salbei*   15 *Thymian*
7 *Oregano*   16 *Estragon*
8 *Glatte Petersilie*   17 *Rosmarin*
9 *Tripmadame*   18 *Basilikum*
                   19 *Raute*

Zur folgenden Doppelseite:

Gewürze aus aller Welt:

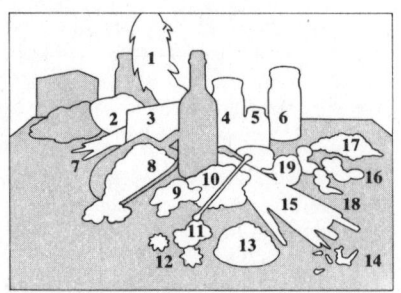

1 *Lorbeerblätter*   10 *Koriander*
2 *Paprikapulver*   11 *Piment*
3 *weiße Pfeffer-*   12 *Sternanis*
  körner   13 *Safranfäden*
4 *getrocknete grüne*   14 *Gewürznelken*
  Pfefferkörner   15 *Zimtstangen*
5 *rosa Pfeffer*   16 *Muskatnüsse*
6 *Kümmel*   17 *Wacholder-*
7 *Vanilleschoten*   *beeren*
8 *Kardamom*   18 *Macis*
9 *Ingwerwurzel*   19 *Knoblauch*

Eine genaue Beschreibung der einzelnen Kräuter und Gewürze finden Sie auf den Seiten 542 bis 553.

GAR- UND ZUBEREITUNGSTECHNIKEN

Zum Bild links:

Zutaten und Handwerkszeug zum Verschönern und Verzieren von Speisen sind auf unserem letzten Bild zu sehen. Man sieht, aus wenigen, einfachen Dingen – die meisten davon sind sicher in vielen Haushalten stets vorrätig – lassen sich die schönsten Dekors zaubern. Buntmesser, Kugelausstecher und die kleinen Ausstechförmchen gibt es in Haushaltswarengeschäften. Wie leicht ist es, eine Blütenform aus Möhren- oder Radieschenscheiben zu legen, einen appetitlichen Cremekringel mit dem Spritzbeutel zu formen. Die Farben der natürlichen Materials sind frisch und leuchtend und regen dazu an, sie kontrastreich zu komponieren. Winzige Petersilienblättchen auf der gelben Mitte einer Eischeibe erzielen einen hübschen Farbeffekt. Die glänzenden, schwarzen Kaviarkörnchen auf dem cremigen Weiß des Crackerbelages, die zartroten Radieschenscheiben mit einem samtigen kleinen Trüffelblättchen belegt, all das erfreut das Auge und erscheint uns dennoch nicht zu kostbar, um es zu verzehren. – Sinn des Dekorierens und Garnierens ist, eine Speise, ob warm oder kalt, süß oder herzhaft, noch begehrenswerter zu machen, ihre Einmaligkeit zu betonen, die Vorfreude darauf noch zu steigern. Nie sollte man sie jedoch dabei zudecken oder verfremden. Deshalb müssen die Bestandteile des Dekors unbedingt auch geschmacklich mit der Speise harmonieren, ja möglichst sogar ihre Vollendung sein. Daraus ergibt sich von selbst, daß sie alle eßbar sein müssen. Mehr Anregungen zum Dekorieren und Garnieren finden Sie auf den Seiten 526 bis 528.

gebaute Grill benützt, so bleibt die Backofentür während des Grillvorganges geöffnet.
Zum Grillen eignen sich besonders Fisch, Fleisch, Geflügel, Innereien, Hacksteaks, Würstchen, Gemüse wie Maiskolben, Tomaten, Sellerie und Obst.

Kochen
Sieden

Kochen bezeichnet den gleichen Garvorgang wie Sieden. Wird ein Nahrungsmittel gekocht, gart es in viel siedender Flüssigkeit, ganz oder größtenteils von Flüssigkeit bedeckt, bei gleichbleibender Temperatur von 100°C. Es hängt ganz vom jeweiligen Gargut ab, ob es bei geschlossenem oder offenem Topf gekocht wird und ob es sprudelnd oder nur schwach kochen soll.
Als Faustregel kann gelten: Gargut, das nur kurze Zeit kochen soll, darf sprudelnd im offenen Topf garen, bei längeren Garzeiten sollte es nur schwach kochen, und der Topf darf bis auf einen Spaltbreit bedeckt sein.

Teigwaren werden in reichlich kochendem Salzwasser gegart. Die meisten Sorten haben kurze Garzeiten und kochen deshalb sprudelnd im offenen Topf.

Gekocht werden Fleisch, Geflügel, einige Gemüsearten, Kartoffeln, Eier, Hülsenfrüchte und Teigwaren. Grundsätzlich gilt, daß Nahrungsmittel, die möglichst wenig Nähr-, Wirk- und Geschmacksstoffe an die Kochflüssigkeit abgeben sollen, in bereits kochende Flüssigkeit gelegt werden, andere, die die Flüssigkeit anreichern sollen, werden kalt aufgesetzt.

Quellen

Quellen ist Garen von Lebensmitteln, indem sie Flüssigkeit aufnehmen und dabei ihre Konsistenz und ihr Volumen verändern. Je nach Art des Produktes läßt man sie in kalter Flüssigkeit quellen, zum Beispiel Hülsenfrüchte, und gart sie dann im Quellwasser in verhältnismäßig kurzer Zeit, oder in heißer Flüssigkeit, zum Beispiel Getreideprodukte, Reis, Teigwaren. Diese stärkehaltigen Lebensmittel benötigen zum Quellvorgang eine Mindesttemperatur von 70°C. Reine

Speisestärke benötigt zum Garen durch Quellen etwa 2 Minuten, Reis dagegen braucht zum Garwerden eine Quellzeit von 15 bis 25 Minuten.

Rösten

Rösten und Toasten ist dasselbe, nämlich Bräunen in trockener heißer Luft durch Kontaktwärme, möglichst ohne Fett. Im privaten Haushalt wird hauptsächlich Brot oder Gebäck geröstet. Die Brot- oder Gebäckscheiben können nach Belieben – aus geschmacklichen Gründen – mit wenig Fett bestrichen und gewürzt werden. Getoastet wird entweder im Spezialtoastgerät, dem elektrischen Toaster, in der Bratpfanne oder auf dem Backblech des Backofens.

Schmoren

Schmoren setzt sich aus zweierlei Garverfahren zusammen, nämlich aus dem Anbraten in heißem Fett bei Temperaturen von etwa 180°C und anschließendem Garen in wenig ko-

Schmorgut stets vor der Zugabe von Flüssigkeit rund herum anbraten. Geschmort wird in wenig Flüssigkeit im geschlossenen Topf.

chender Flüssigkeit bei etwa 100°C im geschlossenen Topf. Man kann aber auch im Backofen schmoren, zum Beispiel Schmorbraten.
Zum Schmoren im Topf eignen sich Fleisch, Geflügel, Wild (Ragouts, Rouladen) und gefülltes Gemüse. Dunkles Fleisch vom Rind, Wild oder Schwein brät man kräftig an, helles Fleisch vom Kalb oder Geflügel und Gemüse wird nur schwach angeschmort. Schmoren ist das ideale Garverfahren für Fleischsorten, die beim Braten zwar gar, aber nicht genügend weich werden.

Stocken lassen

Dieser Begriff stammt aus der bayrisch-österreichischen Mundart und bedeutet, etwas gerinnen, fest werden lassen. Bei Temperaturen von knapp unter 100°C läßt man zum Beispiel Rührei in der Pfanne, verquirltes Ei in der heißen Fleischbrühe oder Eierstich im Wasserbad stocken.

GAR- UND ZUBEREITUNGSTECHNIKEN

Flambieren und Gratinieren

Flambieren und Gratinieren sind keine wirklichen Gartechniken, sondern zusätzliche Verfahren zur geschmacklichen Abrundung oder Vervollkommnung von Speisen. Bereits gegarte Speisen oder Nahrungsmittel, die man auch roh essen kann, werden beim Flambieren und beim Gratinieren geschmacklich beeinflußt und gegebenenfalls auch erwärmt.

Flambieren

Beim Flambieren – auch Abflammen genannt – werden bereits gegarte Suppen, feine Ragouts, Fleischspießchen, Steaks, Geflügelgerichte, Speisen mit Krustentieren, Obst – nach Belieben auf Eiscreme – oder Mixgetränke durch das Abbrennen des Alkohols mit der Würze der verwendeten Spirituosen aromatisiert. Wichtig ist die Qualität der Alkoholika, da deren Aroma beim Flambieren in die Speise eindringt und ihr den besonderen Geschmack verleiht. Speisen und gewählte Spirituosen sollten deshalb geschmacklich miteinander harmonieren. In erster Linie werden Cognac, Rum, Kirschwasser, Himbeergeist oder ein Likör mit über 38% Alkoholgehalt zum Flambieren verwendet. Als besondere Raffinesse mischt man manchmal auch zwei verschiedene Spirituosen zum Flambieren. Flambieren ist aber nicht nur geschmackgebende Behandlung, es ist auch eine Zeremonie. Deshalb wird meistens bei Tisch vor der Tafelrunde flambiert, ausnahmsweise aber auch aus rein geschmacklichen Gründen in der Küche, wenn Flambieren während des Zubereitens notwendig ist.

Zum Flambieren bei Tisch benötigt man ein Rechaud (ein Spirituskocher mit Halterung für die Pfanne), eine kupferne Flambierpfanne oder eine Pfanne aus Chromnickelstahl und einen Saucenlöffel. Den Schnaps in den Saucenlöffel gießen – pro Portion rechnet man etwa 1 Schnapsglas voll – und kurz über der Spiritusflamme erwärmen. Die Speise in der Flambierpfanne auf dem Rechaud gut erhitzen. Den angewärmten Schnaps seitlich um die Speise gießen und die Pfanne dann so an die Flamme bringen, daß der Alkohol sich entzündet. Die Pfanne dann leicht schütteln oder den Pfanneninhalt umwenden, bis die Flamme ausgebrannt ist.

Gratinieren

Gratinieren – auch Überbacken oder Überkrusten genannt – ist Bräunen der Oberfläche eines bereits garen Nahrungsmittels durch starke Hitzeeinwirkung von oben im Elektrogrill oder im Backofen. Zum Gratinieren bedeckt man die Oberfläche des Gerichtes mit Semmelbröseln, geriebenem Käse und Butterflöckchen oder mit heller Sauce.

Garen mit Mikrowellen

Erfahrene Köche nennen das Kochen mit Mikrowellen eine »Revolution in der Küche«. Die neuartige Garmethode gewinnt von Jahr zu Jahr viele neue Anhänger. Diese »kalte« Garmethode unterscheidet sich erheblich von der herkömmlichen mit Elektro- oder Gasherd. Garen mit Mikrowellen bringt eine Reihe Vorteile.
Für kleine, schnell zuzubereitende Mahlzeiten, für fettarmes, die Vitamine schonendes Kochen, für die abschließende Zubereitung von Fertiggerichten, zum Warmmachen und für Speisen aus Tiefkühlkost sowie für heiße Getränke ist ein Mikrowellenofen besonders geeignet. In diesem Anwendungsbereich ist er dem konventionellen Herd weit überlegen – aber er ist kein Ersatz für ihn. Eine Gans beispielsweise sollten Sie wie bisher im Backofen braten.

Extrem kurze Garzeiten

Der Mikrowellenherd ist immer »startklar«; es wird keine Platte, kein Backofen aufgeheizt. Auf Knopfdruck beginnt der Garprozeß. Der Ofen selbst bleibt kühl.
Die Garzeiten sind sehr kurz; so braucht ein Hackbraten etwa eine Viertelstunde; ein Glas Milch ist in 30 Sekunden heiß – in der gleichen Zeit ein Paar Wiener Würstchen; eine Kartoffel ist in 6 bis 7 Minuten gebacken.
Garen direkt im Tafelgeschirr ist eine Erleichterung; eine tiefgefrorene Forelle wird in etwa 4 Minuten aufgetaut und gleich auf dem Tafelgeschirr in 8 Minuten blau gegart; auch andere Tiefkühlkost ist in Minuten gar. Aufgewärmtes schmeckt wie frisch zubereitet; weder Fett noch Wasser muß man zugeben.

Speisen aus dem Mikrowellenofen können besonders schmackhaft sein. Eigenaroma und Farbe der Speisen bleiben weitgehend erhalten, ebenso Vitamine und Mineralstoffe. Sie brauchen, da das Geschirr nicht heiß wird, kaum Fett. Salz können Sie um mehr als die Hälfte sparen. Für Schon- und Diätkost ist das von Bedeutung.
Sie sparen Energie gegenüber den herkömmlichen Garmethoden.

Die Funktion der Mikrowelle

Bei den herkömmlichen Garmethoden, beim Kochen, Braten, Backen dringt die Wärme von außen nach innen langsam in die Speisen ein; die Oberfläche der Speisen wird zuerst heiß. Mikrowellen dagegen durchdringen das Gargut sehr rasch; die Speisen garen in kurzer Zeit, werden schneller warm als bei den üblichen Zubereitungsmethoden. Tiefgefrorene Speisen tauen besonders schnell auf. Wer es genau wissen möchte: Mikrowellen sind elektromagnetische Wellen mit hoher Frequenz, mit 2450 Millionen Schwingungen pro Sekunde beziehungsweise 2450 Megahertz. Sie sind unsichtbar, ähnlich wie die Wellen für die Übertragung von Fernsehsendungen, die erst im Fernsehempfänger in Bild und Ton umgewandelt werden. Die Wellen werden durch einen Reflektor in den Garraum »abgestrahlt«. Metalle schirmen Mikrowellen ab, werfen sie zurück. Der Garraum eines Mikrowellenofens besteht aus Edelstahl. Mikrowellen können auch nicht in geschlossene Gefäße aus Metall eindringen; sie durchdringen aber Gefäße aus Porzellan, Keramik, Glas oder Pappe. So gelangen die Wellen von allen Seiten – von den Metallwänden reflektiert – an die Speisen heran, durchdringen sie, wobei Hitze (Reibungshitze) entsteht, so daß die Speisen in besonders kurzer Zeit erwärmt werden.
Im Mikrowellenofen entwickeln sich nur Temperaturen, die für das Garwerden der Speisen günstig und notwendig sind. So bleiben Vitamine, Geruchs- und Geschmacksstoffe weitgehend erhalten. Einen Nachteil hat diese Garmethode: Die Speisen werden im allgemeinen nicht braun, erhalten keine Kruste. Nur bei größeren Stücken – und damit bei längeren Garzeiten – läßt sich durch Fett auf der Speisenoberfläche eine Bräunung erzielen. Bei kurzen Garzeiten verwendet man im Mikrowellenofen ein »Bräunungsgeschirr«; es hat eine Einlage, mit der – abhängig von der Aufheizzeit – eine Oberflächentemperatur bis zu 500°C erreicht wird.

PRAKTISCHE KÜCHENGERÄTE

Praktische Küchengeräte

Ein zweckmäßig zusammengestelltes Kücheninventar kann das Kochen sehr erleichtern. Umgekehrt verdirbt uns schlecht funktionierendes Werkzeug wie stumpfe Messer, Reiben, Mühlen und beschädigte oder unpraktische Geräte die Freude am Kochen und Backen. Fehlen gar Dinge der Grundausstattung, die in jeder Küche vorhanden sein sollten, ist das Gelingen eines Gerichtes von Anfang an gefährdet.

Deshalb lesen Sie, bevor Sie mit dem Kochen oder Backen beginnen, das jeweilige Rezept ganz durch. Sie wissen dann genau, ob Sie es mit den in Ihrer Küche vorhandenen Utensilien ohne Mühe nachkochen können. Einige Geräte sind nur für spezielle Arbeiten mit bestimmten Lebensmitteln – wie der Eierpicker – oder zur Bereitung einer bestimmten Speise – wie die Eismaschine – geeignet. Beschreibungen für diese Geräte finden Sie in den betreffenden Kapiteln dieses Buches.

Handbetriebene Geräte

Schneebesen
Ein Schneebesen soll so verarbeitet sein, daß sich auch bei häufigem Gebrauch die Drähte nicht am oberen Ende lösen. Es empfiehlt sich, zwei bis drei Schneebesen anzuschaffen, die man nach Topfgröße und -inhalt zum Rühren und zum Schlagen von Suppen, Saucen und Eiweiß benutzt.

Schneerädchen
Dieses Gerät ist ausschließlich zum Schlagen von Eiweiß und Sahne gedacht. Mit einer Handkurbel werden über zwei Zahnräder zwei Rührbesen in entgegengesetzter Richtung zum Rotieren gebracht.

Schaumlöffel
Runder, flacher, gelochter Schöpflöffel – meist aus Metall – zum Abschäumen von Brühe. Mit einem Schaumlöffel hebt man auch Klöße, Spätzle und größere Gemüse- oder Obststücke aus der Garflüssigkeit und läßt sie abtropfen.

Bratenzange, Grillzange
Zange zum Wenden kleinerer Fleischstücke in der Pfanne und auf dem Grillrost. Mit der Braten- oder Grillzange nimmt man das heiße Bratgut gefahrlos aus der Pfanne oder vom Grill.

Fleischmesser
Großes Messer mit schmaler, spitzer Stahlklinge zum Schneiden und Häuten von Fleisch. Die Klinge muß einwandfrei scharf sein, nur dann läßt sich rohes Fleisch gut damit schneiden.

Tranchierbesteck
Es besteht aus einem Messer mit langer Klinge, das ähnlich wie ein Fleischmesser beschaffen ist, und einer langstieligen zweizinkigen Gabel.

Das Tranchierbesteck – besteht aus einem Messer mit langer Klinge und einer zweizinkigen, langstieligen Gabel. Die Geflügelschere ist ein wichtiges Werkzeug für das Tranchieren von Geflügel.

Wiegemesser
Zum feinen und gleichmäßigen Zerkleinern einer größeren Menge von Kräutern ist das Wiegemesser ideal.

Zwiebelschneider
Er besteht aus einem runden Holzbrett, auf dem die Zwiebel liegt, und einem Kunststoffzylinder gleichen Durchmessers mit parallel verlaufenden Klingen. Die Schneidemesser sind mit einem Stab mit Federspirale verbunden, der mit der Hand nach unten gedrückt und dabei gedreht wird. So können die Zwiebeln von grob bis ganz fein gehackt werden.

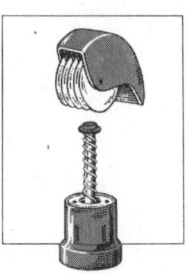

Zwiebelschneider zum Zerkleinern von Zwiebeln ohne »Tränen« und Schneidboy, ein Gerät mit mehreren Rundklingen zum Kräuterschneiden.

Rettichschneider
Ein längliches, leicht geschwungenes Messer, an dessen einem Ende ein spitzer Zapfen und am anderen ein Haltering angebracht sind. Den Zapfen steckt man oben in den Rettich und schneidet diesen durch ständiges Drehen des Messers in eine lange Spirale. Die Spirale zuletzt leicht auseinanderziehen, mit Salz bestreuen, wie-

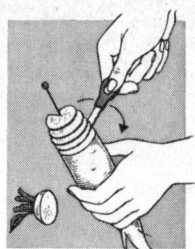

Mit dem Rettichschneider schneidet man einen Rettich ohne Mühe in eine gleichmäßig dünne Spirale.

der zusammendrücken und den Rettich »weinen«, das heißt Saft ziehen lassen

Pommes-frites-Schneider
Mit ihm zerteilt man mühelos mit einem Hebeldruck halbierte Kartoffeln in gleichmäßig lange und breite Stäbchen.

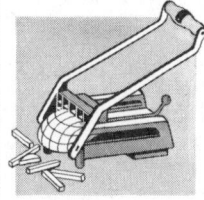

Der Pommes-frites-Schneider teilt eine halbe Kartoffel im Nu in gleichgroße Stäbchen.

Geflügelschere
Besonders starke Schere mit scharfen, gebogenen Schneidblättern und einer Federspirale zwischen den Griffen. Die Geflügelschere ist vor allem zum Tranchieren von großem Geflügel gedacht.

Eispalter, Apfelspalter
Eier werden im Eispalter in gleichmäßige Sechstel geteilt, Äpfel und Birnen im Apfelspalter in 12 Spalten, wobei gleichzeitig das Kerngehäuse herausgeschnitten wird.

Der Apfelspalter zerteilt einen Apfel in 12 Spalten und schneidet das Kerngehäuse heraus. Mit dem Kernhausausstecher entfernt man das Kerngehäuse um Apfelscheiben zu erhalten.

Apfelausstecher
Messer mit einer röhrenförmigen Klinge, deren unteres Ende sehr scharf ist. Mit ihm sticht man in die Mitte des Apfels – oder auch der Birne – und schneidet so das Kerngehäuse vollständig heraus. Man braucht ihn für Apfelringe.

Schälmesser
Zum sparsamen Schälen gibt es die unterschiedlichsten Messertypen. Wichtig ist, daß die beiden schräg an-

PRAKTISCHE KÜCHENGERÄTE

geordneten Klingen einwandfrei scharf sind.

Buntmesser
Die senkrechten Kerben in der Messerklinge geben allen Scheiben eine wellenförmige Verzierung.

Tomatenmesser
Mit dem spitzen Ende der Klinge ritzt man die Tomatenhaut ein. Mit der Sägeklinge kann man Tomaten leicht in gleichmäßige Scheiben schneiden.

Kirschen-Entsteiner
Zum Entsteinen von Kirschen gibt es verschiedene Geräte. Der einfachste Entsteiner ist eine gebogene Metallschlaufe an einem Griff. Größere

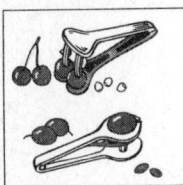

Zwei sehr praktische Geräte zum Entsteinen von Kirschen und Zwetschgen.

Mengen von Kirschen entsteint man rasch mit einem Handapparat. Die Kirschen werden dabei in einen Trichter gefüllt und durch Herunterdrücken eines Stabes entsteint.

Gemüsehobel, Gemüseraspel
Unentbehrlich zum Schneiden von feinsten Scheiben beziehungsweise zum Zerkleinern von rohem Gemüse oder Obst. Wichtig: Hobelmesser und Raspelscheibe müssen sehr scharf sein und sich leicht reinigen lassen. Das viereckige Standgerät, das Reibeisen und Hobel sowie Raspel vereint, steht beim Arbeiten fest auf der Unterlage, bietet jedoch an der Hobel- und Raspelfläche nur wenig Raum, außerdem läßt die Feinheit manchmal zu wünschen übrig. Handbetriebene Raspeln und Reiben in Mühlenform sind praktisch, befriedigen aber hinsichtlich der Feinheit nicht immer. Für größere Mengen lohnt sich die Verwendung der elektrischen Küchenmaschine.

Zitronenreibe
Kleine, flache Reibe, die am besten nur zum Abreiben von Zitronenschale benutzt wird, damit etwa noch anhaftende Speiseteilchen – wie beispielsweise Käse – das Zitronenaroma nicht verderben.

Nußmühle
Gerät zum Mahlen von Nüssen aller Art. Es gibt sie mit verschiedenen Reibeflächen zum Fein- und Grobmahlen. Nußmühlen, die an der Tischplatte festgeschraubt werden, verrutschen während des Mahlens nicht.

Fleischwolf
Küchengerät zum Zerkleinern von Fleisch, Fisch und Geflügel mit verschiedenen Vorsatzscheiben zum Formen von Teig oder anderen Substanzen.

Haarsieb
In jeder Küche sollten Siebe verschiedener Größe vorhanden sein. Sie sind unentbehrlich zum Bereiten von Brühen und Saucen, zum Abtropfenlassen von gewaschenem frischem Obst und Gemüse und konservierten Zutaten aus Dosen und Gläsern sowie zum Abschrecken von gegartem Reis und Teigwaren.

Durchschlag
Aus Kunststoff, emailliertem Metall oder Aluminium. Wird zum Abgießen, Abschrecken und Abtropfenlassen verschiedener Lebensmittel gebraucht.

Knoblauchpresse
Sie erspart das mühsame Würfeln und Zerdrücken der Knoblauchzehe. Der feine Knoblauchbrei, der beim Durchpressen entsteht, verteilt sich ausgezeichnet. Soll ein Gericht nur ganz leicht nach Knoblauch schmecken, behält man den Knoblauchbrei zurück und würzt nur mit den wenigen Tropfen, die beim Zerquetschen der Zehe herauskommen.

Meßbecher
Gefäß aus Metall oder Kunststoff mit verschiedenen Skalen mit Gramm- oder Liter-Einteilung zum exakten Abmessen – auch kleinerer Mengen – von Lebensmitteln wie Zucker, Mehl, Grieß und von Flüssigkeiten.

Küchenwaage
Sie ist unerläßlich für exaktes Arbeiten und damit für gutes Gelingen vieler Speisen. Für welches Modell man sich entscheidet, hängt vom Platz ab, der zur Verfügung steht, und von der Personenzahl, für die gekocht wird. Es gibt kleine, handliche Waagen, mit denen man aber nur Zutaten bis zu ½ oder 1 kg abwiegen kann.

Kochtöpfe
Ob man sich Töpfe aus Edelstahl, emailliertem Stahl, Chromstahl oder Aluminium anschafft, hängt davon ab, wieviel Geld man ausgeben kann. Wichtig ist vor allem für ein gleichmäßiges energiesparendes Garen auf Elektroplatten, daß die Böden plangeschliffen sind und glatt auf der Kochplatte aufliegen. Außerdem sollten die Topfböden den gleichen Durchmesser haben wie die Kochplatte, auf der sie stehen. Sind die Platten größer, bleibt die Hitze am Plattenrand ungenutzt. Ist der Topfboden viel größer als die Platte, gart das Gericht in der Topfmitte rascher als am Rand.
Die leichten Aluminiumtöpfe sind zwar gute Wärmeleiter, haben aber weniger Bodenhaftung als schwerere Töpfe. Sie sind deshalb eher für Gasherde zu empfehlen. Aluminiumtöpfe sind nicht zum Garen von säurehaltigen Speisen geeignet, weil sich diese Art von Gargut in den Töpfen verfärbt.

Dampfdrucktopf
Wird auch als Schnellkochtopf bezeichnet. Besonders schwerer Topf mit einem zu verriegelnden Deckel mit Ventil. Im Inneren des Dampfdrucktopfes entwickelt sich ein leichter Überdruck, in dem alle Substanzen schonend in kurzer Zeit garen.

Pfannen
Bratpfannen werden aus den gleichen Materialien wie Kochtöpfe hergestellt. Außerdem werden gußeiserne Bratpfannen angeboten. Sie haben einen dicken Pfannenboden und sind sehr hoch erhitzbar, deshalb ideal zum scharfen Anbraten. Besondere Vorteile bieten die beschichteten Pfannen. Sie sind innen mit einer Antihaftschicht überzogen, die ein Anbrennen des Bratgutes verhindert. Für die meisten beschichteten Bratpfannen gilt: keine Gegenstände aus Metall zum Umrühren oder Wenden nehmen. Grillpfannen haben einen Rillenboden. In diesen Pfannen grillt man kurz zu bratende kleine Fleischstücke. Zu manchen Pfannen gehört auch ein Deckel. Vorteilhaft ist es, wenn dieser einen Lüftungsschieber hat.

Elektrisch betriebene Küchengeräte

Elektrische Küchenmaschine
Universalgerät für viele Arbeiten in der Küche; zum raschen Mixen, Pürieren, Rühren, Kneten und Sahne- oder Eischneeschlagen. Für Küchenmaschinen gibt es zahlreiche Zusatzgeräte wie Schnitzelwerk zum Zerkleinern von Obst und Gemüse, zum Reiben oder Hobeln, ferner Kaffeemühle, Zitruspresse, Mixer und sogar

PRAKTISCHE KÜCHENGERÄTE

eine Schleifvorrichtung. Die Anschaffung einer elektrischen Küchenmaschine ist für einen großen Haushalt in jedem Fall lohnend.

Elektrisches Handrührgerät
Zeit- und kräftesparendes Kleingerät mit zwei Rührbesen oder Rührstäben zum Schlagen von Eischnee und Sahne oder zum Rühren von halbflüssigen Substanzen und mit zwei Knetwedeln oder Knethaken zum Rühren von festeren Teigen.

Mixer
Hoher Behälter, in dem ein Messerkreuz rotiert, das eingefüllte Zutaten zerkleinert und zugleich mischt.

Toaster, Grilltoaster
Toaster gibt es in verschiedenen Ausführungen. Die meisten sind mit einer Schaltautomatik ausgerüstet.
Im Grilltoaster können kleine Gerichte bei Tisch gegrillt oder überbacken, Brot getoastet und Brötchen aufgebacken werden.

Friteuse
Die elektrische Friteuse ist deshalb so empfehlenswert, weil man die Temperatur exakt einstellen kann und diese dann auch automatisch eingehalten wird. Das Gerät ist mit einem Fritiersieb ausgestattet, so daß man das Fritiergut nach dem Garen leicht aus dem heißen Fett heben und abtropfen lassen kann.

Elektroherd
Alle Elektroherde – auch die neuesten Modelle – bestehen aus einer Kochmulde mit den Kochplatten und

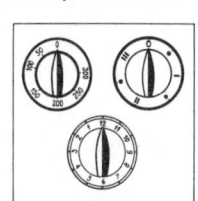

Kochmulde eines Elektroherdes mit drei normalen Kochplatten und einer Automatikplatte (vorne rechts).

Schalterskalen eines Elektroherdes: Hinten links Backofenschalter, rechts daneben 7-Takt-Schalter der normalen Kochplatte, vorne Automatikplatte.

einem Backofen. Eine Ausnahme bildet der Mikrowellenherd, der im Kapitel Gartechniken beschrieben wird. Die meisten Herdmodelle sind mit insgesamt drei oder vier Kochplatten ausgerüstet, mit einer Schnellkoch- und oft mit einer Automatik-Kochplatte. Letztere hält die eingestellte Temperatur ein und schaltet sich, vorausgesetzt sie ist mit einer Zeitautomatik gekoppelt, auch automatisch wieder ab.

Die normale Elektroplatte hat einen 7-Takt-Schalter, der wie folgt gebraucht wird:
Schaltstufe 3: Volle Leistung, meist nur kurz zum Ankochen oder Anbraten großer Mengen nötig.
Schaltstufe 2½: Große Bratstufe, für Gerichte, die hohe Temperaturen brauchen, zum Beispiel für Steaks im Gargrad raw oder bleu (dann ist das Steak nur außen braun, innen aber noch blutig).
Schaltstufe 2: Normale Fortbratstufe oder Fortkochstufe für größere Mengen.
Schaltstufe 1½: Fortkochstufe für leichtes Kochgeschirr und größere Mengen, Fortbratstufe für einzelne Fleischscheiben.
Schaltstufe 1: Fortkochstufe für Elektrogeschirr und mittlere Mengen.
Schaltstufe ½: Warmhaltestufe für größere Mengen, Fortkochstufe für kleinere Mengen.
Schaltstufe 0: ohne Strom; Nachwärme zum Warmhalten, Quellen lassen oder Nachkochen.

Den sieben Takten entsprechen bei Automatikplatte und Gasflamme folgende Einstellungen:

	Elektroplatte	Automatikplatte	Gasflamme
sehr starke Hitze	2½–3	12	¾–1
starke Hitze	2–2½	8–11	¾
mittlere Hitze	1½–2	4–7	½
milde Hitze	1–1½	3–4	¼
sehr milde Hitze	½–1	1–3	knapp ¼

Der Backofen eines modernen Herdes hält die eingestellte Temperatur automatisch. Die Heizleistung ist meist auf Unter- und Oberhitze gleichmäßig verteilt, kann aber auch auf stärkere Ober- und Unterhitze eingestellt werden. Eine Sichtscheibe ermöglicht die Beobachtung des Back- oder Bratvorganges, ohne daß der Ofen geöffnet werden muß. Viele Backöfen sind mit einem Infrarotgrill ausgestattet.
Wenn Sie den Backofen benutzen, so denken Sie daran, daß der Elektrobackofen etwa 15–30 Minuten vor dem Einschieben des Back- oder Bratgutes vorgeheizt werden muß.
Die Temperaturen werden für den Elektrobackofen in Grad Celsius angegeben. Das entspricht beim Gasherd folgenden Einstellungen:

Temperatur im Elektrobackofen in °C	entsprechende Stufe beim Gasbackofen
150–175	1–2
175–200	2–3
200–225	3–4
225–250	4–5
250–300	5–8

Elektro-Heißluftherd
Im Backofen eines Heißluftherdes wird die heiße Luft durch Ventilatoren zum Zirkulieren gebracht. Sie teilt sich nicht mehr in Ober- und Unterhitze, sondern wird zur »Rundumhitze«. Im Heißluftbackofen können deshalb mehrere Kuchen oder andere Gerichte, die die gleiche Temperatur benötigen, gegart werden. Durch ein besonderes technisches Verfahren garen die Speisen im Heißluftherd geruchlos, so daß es nicht zu Beeinträchtigungen von Geruch oder Geschmack kommt.

Gasherd
Weder in der äußeren Form noch im »Koch-Komfort« unterscheidet sich der moderne Gasherd vom Elektroherd. Auch beim Gasherd gibt es temperaturgeregelte Kochstellen, die der Automatikplatte des Elektroherdes entsprechen und wie diese auch eine Ein- und Abschaltautomatik haben. Beim Kochen auf dem Gasherd darauf achten, daß die Flammen nicht über den Topfboden hinausschlagen. Die größte Hitze geht von den Flammenspitzen aus.
Auch der Backofen des Gasherdes ist mit einem Thermostaten versehen, so daß die eingeschaltete Temperatur während der Backzeit automatisch eingehalten wird. Der Gasherd wird genauso gereinigt wie der Elektroherd. Brenner und Brennköpfe können nur feucht abgewischt werden. Von Zeit zu Zeit sollten die Brennköpfe mit einer harten Bürste von eventuell anhaftendem Ruß befreit werden. Die Backofenauskleidung kann zum Reinigen herausgenommen werden. Für den Umgang mit dem eigenen Herd sollten Sie immer auch die mitgelieferte Bedienungsanleitung zu Rate ziehen.

KRÄUTER UND GEWÜRZE

Kräuter und Gewürze

Kräuter und Gewürze sind das A und O einer abwechslungsreichen Küche. Wer die Kunst des Würzens beherrscht, kann aus Hausmannskost Feinschmeckergerichte zaubern, kann einen Salat, eine Sauce, einen Braten immer wieder neu verwandeln.

Das ist bekannt von alters her. Schon auf altägyptischen Papyrusrollen sind uns Rezepte mit Kräutern überliefert. Karawanen schafften die Produkte über die »Gewürzstraße« 3000 Kilometer von Südarabien in den Mittelmeerraum. Gewürze dienten als Tausch- und Zahlungsmittel. Im Mittelalter beeinflußte der Gewürzhandel die Handelspolitik vieler europäischer Staaten. Die Augsburger Handelshäuser Fugger und Welser begründeten ihren Reichtum auf dem Handel mit Gewürzen.

Heute sind Kräuter und Gewürze auf allen Märkten, in Feinkost- und Spezialgeschäften zu erhalten. Reisende bringen neue Würzideen mit, Ausländer zeigen uns, wie man bei ihnen zu Hause würzt. Das Würzen ist das Geheimnis der individuellen Küche.

Vom Umgang mit Kräutern und Gewürzen

Die richtige Dosis ist bei allen Kräutern und Gewürzen entscheidend. Natürlich hängt die Menge vom persönlichen Geschmack und vom jeweiligen Gericht ab. Grundsätzlich rechnet man bei frischen zerkleinerten Kräutern pro Portion einen halben bis einen gestrichenen Teelöffel, je nach Intensität des Krautes. Von getrockneten Kräutern nimmt man nur die Hälfte oder auch nur eine Prise.

Eine Prise ist das Quantum, das man zwischen zwei Fingerspitzen halten kann. Sie spielt bei der Verwendung von Gewürzen eine große Rolle. Bei Gewürzen rechnet man pro Portion höchstens eine Prise eines bestimmten Gewürzes.
Es gibt aber Ausnahmen!
Beim Würzen ist ein Zuwenig immer besser als ein Zuviel; der Eigengeschmack der Speisen soll nicht übertönt, sondern nur unterstützt werden.

Mischen Sie auch nicht zu viele Gewürze in ein Gericht.

Gewürze kaufen und lagern
Einige Gewürze sind lichtempfindlich. Kaufen Sie sie deshalb am besten unzerkleinert und wenn zerkleinert, in möglichst kleinen Mengen, die rasch verbraucht werden. Bevorzugen Sie Gewürze, die in lichtundurchlässigen Behältern oder getönten Gläsern angeboten werden und die annähernd luftdicht verschlossen sind. Bewahren Sie die Gewürze auch in diesen Behältern auf.

Kaufen Sie keine Gewürze in gewöhnlichen Papiertüten, ausgenommen Beutelchen aus Stanniol oder Wachspapier. Gewürze aus solchen Beuteln müssen aber nach dem Öffnen in gut verschließbare Gefäße umgefüllt werden.

Kaufen Sie Gewürze in möglichst kleinen Mengen, getrocknete möglichst grobkörnig oder -blättrig, um sie erst kurz vor Gebrauch zu mahlen oder klein zu ribbeln. Das Aroma wird dadurch stärker.

Prüfen Sie mindestens einmal im Jahr Ihren Gewürzbestand »mit der Nase« und sortieren Sie aus, was nicht mehr duftet.

Kräuter hacken
Frische Kräuter vor dem Verwenden stets kalt abbrausen, gut abtropfen lassen, auf einem Küchentuch ausschlagen und erst unmittelbar ehe sie an das fertige Gericht gegeben werden zerkleinern.

Kräuter mit dem Küchenmesser, mit dem Wiegemesser oder mit der Kräutermühle zerkleinern. Am feinsten arbeiten Küchenmesser und Wiegemesser. Als Unterlage immer eine Porzellanplatte oder ein Kunststoffbrett verwenden; Holz würde den wertvollen Saft der Kräuter aufsaugen.

Getrocknete Kräuter vor dem Verwenden zwischen den Fingern noch etwas zerreiben; dadurch wird das Aroma stärker.

Gewürzmühlen und Mörser
Für Gewürzkörner gibt es Gewürzmühlen. Sie sollten stets für je ein Gewürz eine separate Mühle verwenden.

Kaufen Sie möglichst keine gemahlenen Körner, mahlen Sie sie immer erst kurz vor der Verwendung. Frisch gemahlen sind sie besonders aromatisch.

Für Muskatnuß gibt es eine Muskatreibe und auch eine Muskatmühle. Die Muskatnuß sollte aber stets aus Reibe oder Mühle genommen werden und in einem gut verschlossenen Gefäß bis zum nächsten Gebrauch aufbewahrt werden.

Ideal zum Zerkleinern oder Pulverisieren aller getrockneten Gewürze und Kräuter ist der Mörser mit Stößel. Auch Pfefferkörner für Pfeffersteaks können darin grob zerstoßen werden. Hierbei werden die Duft- und Aromastoffe besonders gut freigelegt, und das Gewürz schmeckt besonders intensiv.

Gewürze und Kräuter einfrieren
Beim Einfrieren von fertigen, gewürzten Speisen reagieren die Gewürze unterschiedlich.

Unverändert bleiben: Ingwer, Kapern, Kümmel, Meerrettich, Nelken, Salz, Vanille, Zitrone und Zucker.

An Würzkraft verlieren: Anis, Bohnenkraut, Essig, Majoran, Muskatnuß, Paprikapulver, Pfeffer und Senf. Speisen, die mit diesen Gewürzen abgeschmeckt wurden, müssen nach dem Wiedererhitzen noch einmal nachgewürzt werden.

An Intensität beim Einfrieren gewinnen: Basilikum, Dill, Estragon, Salbei und Thymian. Diese Gewürze am besten erst nach dem Einfrieren beim Wiedererhitzen zugeben.

Ungeeignet zum Einfrieren ist Knoblauch.

Alle frischen Kräuter eignen sich hervorragend zum Einfrieren. Sie sollten gewaschen, abgetrocknet, von groben Stengeln befreit, portionsweise in Plastikbeutel gefüllt und eingefroren werden. In gefrorenem Zustand lassen sie sich durch einen Faustschlag in kleine Teilchen zerschlagen. Wem das Ergebnis dieser Methode, tiefgefrorene Kräuter zu zerkleinern, nicht fein genug ausfällt, kann die Kräuter auch vor dem Einfrieren kleinschneiden.

Tiefgefrorene Kräuter wie frische verwenden und stets noch gefroren an das fertige Gericht geben. Sie tauen sofort auf.

Der Kräutergarten

Das Küchenkraut:	So würzen Sie richtig:	Sonst noch wissenswert:
Basilikum (Ocimum basilicum) Weitere Namen: Basilkraut, Josefskräutlein, Königskraut, Pfefferkraut Geschmacklich erinnert Basilikum an Gewürznelke und Minze. Kleinblättrige Pflanzen aus dem Mittelmeerraum sind geschmacksintensiver als die großblättrigen aus nördlichen Gebieten.	Getrocknete Blätter geribbelt verwenden; frische, gehackte nicht mitkochen. Basilikum schmeckt gut an Forelle, Gemüsesuppen, Hammelfleisch, Kräutersaucen, Rührei, Schweinefleisch, Tomatengerichten. Basilikum verträgt sich gut mit Dill, Estragon, Knoblauch, Petersilie, Pfeffer, Rosmarin, Zwiebel.	Getrocknetes Basilikum behält gut verschlossen seine Würzkraft bis zu 12 Monaten. Basilikum läßt sich im Blumentopf ziehen. Basilikum wird zur Herstellung von Kräuterlikör gebraucht. In der Volksheilkunde: beruhigend, schweißtreibend.
Beifuß (Artemisia vulgaris) Weitere Namen: Beinweichkraut, Johanniskraut, wilder Wermut Beifuß schmeckt würzig, leicht bitter. Die Pflanze treibt stark verzweigte Stengel mit lanzenartigen Blättern, die an der Unterseite weiß und filzig sind. Die Blüten wachsen in Rispen.	Die Blütenrispen – vor der Blüte geerntet – frisch und getrocknet, geribbelt oder pulverisiert verwenden. Beifuß schmeckt gut an Entenbraten, Gänsebraten, Gänseschmalz, Kalbshaxe, Mangold, Schweineschmalz, Weißkohl, Wirsingkohl. Beifuß verträgt sich gut mit Knoblauch, Pfeffer, Zwiebel.	Getrockneter Beifuß behält gut verschlossen und dunkel aufbewahrt seine Würzkraft bis zu 12 Monaten. Frischen Beifuß einfrieren. Beifuß kann im Garten ausgesät oder angepflanzt werden. In der Volksheilkunde: appetitanregend, harntreibend, krampflösend, verdauungsfördernd.
Bohnenkraut (Satureja hortensis) Weitere Namen: Gartenkraut, Pfefferkraut, Weinkraut, Wurstkraut Bohnenkraut schmeckt pfefferartig scharf, am intensivsten vor der Blüte – es riecht stark aromatisch. Die Pflanze hat reichverzweigte, feingliedrige Zweige und lanzenförmig schmale, dunkelgrüne Blätter.	Frische Blattspitzen gehackt an Salate oder Gemüse geben. Frische Blätter und Stengel gebündelt einige Minuten mitkochen, dann aus dem Gericht entfernen – getrocknet geribbelt verwenden. Bohnenkraut schmeckt gut an Gerichten aus dicken und grünen Bohnen, eingelegten Gurken, Schmorgurken, Gurkensalat, Hammelfleisch, Kartoffelsuppe, Linsen, Pilzgerichten. Bohnenkraut verträgt sich gut mit Estragon, Petersilie, Schnittlauch.	Frisches Bohnenkraut einfrieren; so behält es sein Aroma fast vollständig. Getrocknetes, pulverisiertes Bohnenkraut behält seine Würzkraft, gut verschlossen, mehr oder weniger etwa 6 Monate. Bohnenkraut läßt sich im Blumentopf ziehen. In der Volksheilkunde: krampflösend, magenstärkend.
Borretsch (Borago officinalis) Weitere Namen: Borrasch, Gurkenkraut, Himmelsstern, Liebäuglein, Wohlgemutsblume Borretsch hat einen gurkenähnlichen Geschmack. Die Blätter riechen etwas nach Zwiebel. Die dicken Blätter und die Stengel sind augenfällig behaart.	Von Borretsch die frische Pflanze, besonders aber die zarten jungen Blätter feingeschnitten oder -gehackt verwenden – niemals mitkochen. Borretsch schmeckt gut zu gedämpftem Fisch, Gurkensalat, Kräutersaucen, Kräutersuppen, Hackfleisch, Pilzgerichten, Schwarzwurzeln, Tomatensalat. Borretsch verträgt sich gut mit Bohnenkraut, Liebstöckel, Petersilie, Zitronenmelisse.	Frischer Borretsch wird rasch welk und muß nach dem Pflücken oder Kaufen bis zum Verwenden in Wasser gestellt werden; getrockneter Borretsch verliert sein Aroma. – Konservieren durch Einlegen in Öl oder Essig. Borretsch läßt sich im Blumentopf ziehen. In der Volksheilkunde: blutreinigend, fiebersenkend, herz- und nervenstärkend, gegen Nierenentzündung.

DER KRÄUTERGARTEN

Das Küchenkraut:	So würzen Sie richtig:	Sonst noch wissenswert:
Dill (Anethum graveolens) Weitere Namen: Gurkenkraut, Kapernkraut, Kümmerlingskraut Dillblätter schmecken mild-würzig, leicht süß – Dillsamen schmeckt leicht nach Kümmel. Die Blätter von Dill sind zart gefiedert. Dillspitzen enthalten das meiste Aroma. Die gelben Blüten sind doldenförmig angeordnet.	Vom frischen Dill werden am besten nur die Blattspitzen verwendet; tiefgefrorener Dill ist frischem Dill am ähnlichsten; getrockneten Dill ribbeln. Dill nicht mitkochen, höchstens kurz mitziehen lassen (nur in Fischsud oder Krebssud kochen lassen). Dill schmeckt gut an Aal, Geflügelgerichten, geschmorten Tomaten, Gurkengemüse, Gurkensalat, hellen Saucen, Kopfsalat, Krabben, Kräuterbutter, Kräuterquark, Lachs, Tomatensalat. Dill verträgt sich gut mit allen frischen Kräutern.	Getrockneter Dill hält seine Würzkraft eingeschränkt, dunkel und trocken aufbewahrt, etwa 6 Monate; frischen Dill am besten einfrieren oder in Essig konservieren. Dill gedeiht im Blumentopf. Dill ist Hauptgewürz für eingelegte Gurken. In der Volksheilkunde: appetitanregend, schmerzlindernd, gegen Übelkeit.
Estragon (Artemisia dracunculus) Weitere Namen: Dragonbeifuß, Eierkraut, Kaisersalat, Schlangenkraut, Traubenkraut Estragon ist sehr aromatisch, auf der Zunge leicht beißend, von etwas bitterem Geschmack – ätherische Öle, Gerb- und Bitterstoffe bestimmen seine starke Würzkraft. Estragon hat dunkelgrüne, schmale, lange Blätter.	Frisch verwendet man vom Estragon vor allem die zarten gehackten Blatttriebe für frische Salate und kalte Saucen – wenige grüne Pflanzenteile werden für warme Gerichte mitgekocht, da Estragon erst beim Kochen sein volles Aroma entfaltet. – Estragon immer vorsichtig dosieren. Estragon schmeckt gut an Frikassees, gebratener Leber, gekochtem Fisch, Gurkensalat, Mayonnaise, Nudelgerichten, Ragouts, Rühreiern, Salatsaucen, Sauce Béarnaise, Sauce Tatar, Sauce Vinaigrette, Tomatensalat. Estragon verträgt sich gut mit Dill, Kerbel, Petersilie, Schnittlauch, Zitronenmelisse.	Frischen Estragon am besten einfrieren oder in Essig oder Öl einlegen – getrockneter Estragon kommt geribbelt oder gemahlen auf den Markt, verliert aber getrocknet von seinem würzigen Aroma. Estragon ist ein »aristokratisches« Würzkraut in der feinen französischen Küche – er gehört zur klassischen Kräuterkombination, den »Fines Herbes«. Estragon läßt sich im Blumentopf ziehen. In der Volksheilkunde: antisklerotisch, appetitanregend, blutreinigend.
Kerbel (Anthriscus cerefolium) Weitere Namen: Gartenkerbel, Küchenkraut, Küchenwürze, Suppenkraut Kerbel schmeckt würzig, leicht anisartig, dem Fenchel nicht unähnlich. Kerbel ist in Aussehen und Geschmack der Petersilie ähnlich. Die hellgrünen, gefiederten Blätter sind aber kleiner und zarter. Wie Petersilie gibt es auch Kerbel kraus- und glattblättrig.	Von frischem Kerbel die Blätter und die zarten Stengel feingehackt verwenden – stets erst zuletzt in warme oder kalte Speisen geben – Kerbel nicht mitkochen lassen. Frischer Kerbel schmeckt gut an Kalbfleisch, Kartoffelsuppe, Kerbelsuppe, Kopfsalat, Kräuterbutter, Kräuterquark, Lammfleisch, Salatsaucen, Tomatensalat, Hühnerfleisch; getrockneter, geribbelter Kerbel schmeckt gut an gebratenem oder gegrilltem Fisch. Kerbel verträgt sich gut mit anderen frischen Kräutern, allerdings nicht mit Basilikum, Kresse oder Thymian, da diese den zarten Geschmack von Kerbel überdecken würden.	Frischen Kerbel am besten einfrieren oder in Essig oder Öl einlegen; getrockneter Kerbel verliert auch gut verschlossen rasch an Geschmack. Kerbel läßt sich im Blumentopf ziehen. Kerbel gehört zusammen mit Estragon, Petersilie und Schnittlauch zum klassischen Kräuterbündel, den »Fines Herbes« der französischen Küche. In der Volksheilkunde: blutreinigend, wassertreibend.

DER KRÄUTERGARTEN

Das Küchenkraut:	So würzen Sie richtig:	Sonst noch wissenswert:
Kresse (Lepidium sativum = Gartenkresse) Weiterer Name: Kressekraut Gartenkresse schmeckt scharf pfeffrig; erinnert etwas an Senf. Dünne, lange Stiele mit kleinen, dunkelgrünen, sternförmig angeordneten Blättern.	Blätter und Stiele werden nur frisch verwendet – meistens im Ganzen, seltener gehackt. Kresse schmeckt gut als Salat und an gebratenem und gegrilltem Fleisch, gefüllten Eiern, kalten Saucen, Kartoffelsalat, Kräuterbutter, Kräuterquark, Salaten.	Kresse läßt sich weder einfrieren noch trocknen; sie wird nur frisch verwendet. Kresse läßt sich im Blumentopf ziehen. In der Volksheilkunde: magenstärkend, stoffwechselfördernd, gegen Gicht, Kopfschmerzen und Zahngeschwüre.
(Nasturtium officinale = Brunnenkresse) Weitere Namen: Bachkresse, Wiesenkresse, Wasserlauchkraut, Wassersenf Brunnenkresse schmeckt würzig-scharf, erinnert leicht an Meerrettich. Brunnenkresse hat kräftige Stengel und dunkelgrüne, glatte, fleischige Blätter.	Brunnenkresse wie Gartenkresse nur frisch verwenden – niemals mitkochen. Brunnenkresse schmeckt gut als Brotbelag, als Salat und an Kartoffelgerichten, Kräuterquark, Salaten. Kresse verträgt sich mit anderen frischen Kräutern, muß in der Kombination aber sparsam verwendet werden, da der intensive Geschmack sonst den der anderen Kräuter überdeckt.	Brunnenkresse nur frisch verwenden. Brunnenkresse kann man in einem Wasserbecken selbst ziehen. Saft aus Brunnenkresse wird auch heute noch als blutreinigend empfohlen – Brunnenkressesaft mindestens 1:5 verdünnen. In der Volksheilkunde: gegen Furunkel und Steinleiden.
Liebstöckel (Levisticum officinale) Weitere Namen: Badekraut, Gebärmutterwurzel, Lieberstöckel, Ligurierkraut, Maggikraut Liebstöckel schmeckt süßlich und zugleich bitter, erinnert ein wenig an Sellerie und Fleischbrühe – daher auch die volkstümliche Bezeichnung Maggikraut. Liebstöckel hat dunkelgrüne, feingegliederte, glänzende Blätter und dicke blaßgelbe Stengel.	Von der frischen Pflanze die gehackten Blätter und wenig von der feingehackten Wurzel verwenden. – Das getrocknete Kraut vor dem Verwenden ribbeln – Liebstöckel entfaltet sein ganzes Aroma, wenn es in warmen Speisen mitgekocht wird. Liebstöckel immer sparsam verwenden, da es sehr geschmacksintensiv ist. Liebstöckel schmeckt gut an Fleischbrühe, Gemüse und Gemüseeintopf, Gemüse- und Kartoffelsuppen, Ragouts, Reisgerichten, Salaten, Saucen, Schmorbraten. Liebstöckel verträgt sich gut mit Knoblauch, Majoran, Zwiebel.	Getrocknetes Liebstöckel luftdicht verschlossen aufbewahren; die Würzkraft hält 3–4 Monate vor. Liebstöckel läßt sich im Balkonkasten pflanzen; nicht so gut im Blumentopf. In der Volksheilkunde: als Badezusatz gegen Hautunreinheiten, als Tee gegen Bronchitis und Atembeschwerden, als Gewürz krampflösend, verdauungsfördernd.
Majoran (Majorana hortensis) Weitere Namen: Mairalkraut, Mairam, Maiwurzelkraut Majoran schmeckt aromatisch, ein wenig der Pfefferminze ähnlich. Majoran hat gleichmäßig geformte, ovale, kräftig grüne Blätter an behaarten Stengeln.	Frisches Majorangrün feingehackt nach dem Garen oder vor dem Anrichten an die Speisen geben – getrockneten Majoran stets geribbelt zugeben. Majoran schmeckt gut an Hackfleischgerichten, Hülsenfruchtsuppen, Kartoffelgerichten, Kartoffelsuppen, Leberknödeln, Schmalz, Schweinebraten, Wildragouts, Wildsuppen. Majoran verträgt sich gut mit Thymian.	Frischer Majoran kann gut eingefroren werden; getrockneter, geribbelter – nicht pulverisierter – Majoran behält, dunkel und luftdicht verschlossen, seine Würzkraft bis zu 12 Monaten. Majoran ist ein wichtiges Gewürz für die Herstellung von Wurst und von Pasteten. In der Volksheilkunde: gegen Asthma, Husten, Magenkrämpfe.

DER KRÄUTERGARTEN

Das Küchenkraut:	So würzen Sie richtig:	Sonst noch wissenswert:
Oregano (Origanum vulgare) Weitere Namen: Dost, Origano, Schusterkraut, wilder Majoran Oregano ist geschmacklich dem Majoran ähnlich, aber schärfer – frisch verwendet leicht bitter. Die Pflanze hat behaarte Stengel, kleine, ovale, mattgrüne Blätter und weißrosa Blüten, die mitverwendet werden.	Oregano wird sehr selten frisch angeboten. Deshalb wird er meist getrocknet, geribbelt oder pulverisiert mitgekocht oder mitgebacken, nur so entfaltet er sein volles Aroma. Oregano schmeckt gut an Auberginen, Hülsenfrüchten, Paprikaschoten, Tomaten, Zucchini, Schweinebraten, Kalbfleisch (Osso bucco), Pizzen. Oregano verträgt sich gut mit Basilikum, Rosmarin, Thymian – nicht mit Majoran.	Oregano ist nicht zum Einfrieren geeignet; getrockneten Oregano geribbelt kaufen, pulverisiert verliert er rasch an Aroma. Oregano ist das Lieblingsgewürz der italienischen Küche. In der Volksheilkunde: appetitanregend, krampflösend, verdauungsfördernd, gegen Asthma, Bronchialkatarrh.
Petersilie (Petroselinum crispum) Weitere Namen: Bittersilche, Kräutel, Peterle, Peterling, Silk, Suppenwurzel Blattpetersilie schmeckt würzig, leicht süßlich-scharf – Wurzelpetersilie, nämlich die fleischige Wurzel, schmeckt ähnlich wie die Blätter. Petersilie wächst als Blattpetersilie und als Wurzelpetersilie – die kräftiggrüne Blattpetersilie gibt es mit glatten und mit krausen Blättern.	Frische Blattpetersilie gehackt oder kleingeschnitten verwenden – nicht mitkochen, sondern an die gegarten Speisen geben. – Wurzelpetersilie muß mitgekocht werden. Wurzelpetersilie gehört zum klassischen Bouquet garni oder zum Suppengrün/Wurzelwerk. Petersilie schmeckt gut an Eintöpfen, Fisch- und Fleischgerichten, Füllungen, Gemüsegerichten, Geflügelgerichten, Mixgetränken, Salaten, Saucen, Suppen, Wildgerichten. Petersilie verträgt sich gut mit allen Kräutern.	Frische Petersilie am besten einfrieren; tiefgefrorene Petersilie ist bereits zerkleinert und wird unaufgetaut an die fertigen Speisen gegeben. Petersilie läßt sich im Blumentopf ziehen. Petersilie ist »Universalgewürz«, Geschmacksabrundung für alle salzigen Gerichte und zugleich Garnierung. In der Volksheilkunde: appetitanregend, verdauungsfördernd, gegen Ohrenschmerzen und Zahnschmerzen.
Pimpinelle (Pimpinella saxifraga) Weitere Namen: Bibernelle, Steinpetersilie. Pimpinelle schmeckt mild-würzig. Die dunkelgrünen, gezackten, ovalen, kleinen Blätter wachsen an dünnen Stengeln. Pimpinelle wird selten frisch angeboten. Man muß sie selbst ziehen oder sammeln.	Pimpinelle gehackt an die fertigen Speisen geben; niemals mitkochen. Pimpinelle gehört an die berühmte Frankfurter Grüne Sauce und schmeckt gut an Blattsalaten, Eierpfannkuchen, Fischgerichten, Fischmarinaden, Gurkengemüse, Kohlrabigemüse, Kräutersaucen, Kräutersuppen. Pimpinelle verträgt sich gut mit allen anderen Kräutern.	Pimpinelle sollte nicht getrocknet werden, da sie ihre Würzkraft dabei verliert. Pimpinelle läßt sich im Blumentopf ziehen. In der Volksheilkunde: gegen Rachen- und Kehlkopfentzündungen.
Rosmarin (Rosmarinus officinalis) Weitere Namen: Brautkraut, Hochzeitsblümchen, Marienkraut, Meertau, Weihrauchkraut Rosmarin schmeckt bitter-würzig, enthält 1–2,5% ätherische Öle und duftet daher aromatisch, kampferartig. Die nadelartigen, hellgrünen Blätter wachsen dicht um starke Stengel.	Frische Blätter und Zweige gehören zum klassischen Bouquet garni, man kocht sie mit und entfernt sie vor dem Auftragen der Speise. Rosmarin stets sparsam dosieren. Rosmarin schmeckt gut an Fischmarinaden, Grilladen, Hammelgerichten, Kalbfleischgerichten, Kräuteressig, Pizzen, Schweinefleischgerichten, Wildgerichten, Wildmarinaden.	Rosmarin vom Strauch ganzjährig frisch verwenden – getrocknet, luftdicht und dunkel aufbewahrt, behält Rosmarin sein Aroma bis zu 12 Monaten. Rosmarin läßt sich im Blumentopf ziehen. In der Volksheilkunde: krampflösend, kreislaufanregend, nervenstärkend.

DER KRÄUTERGARTEN

Das Küchenkraut:	So würzen Sie richtig:	Sonst noch wissenswert:
Salbei (Salvia officinalis) Weitere Namen: Fischsalve, Königssalbei, Muskatellerkraut, Tugendsalbei Salbei schmeckt herb-duftig, etwas streng, würzig-bitter. Die länglichen, gestielten, etwas behaarten, hellgrünen bis silbergrauen Blätter wachsen an kräftigen Stengeln.	Bevorzugt frische, junge Blätter und Zweigspitzen verwenden – sparsam dosieren – ein Blatt oder eine Prise genügen pro Portion. Salbei entfaltet sein Aroma besonders intensiv, wenn man ihn in Fett mitbrät. Salbei schmeckt gut an Aalsuppe, gebratener Leber, Geflügelfüllungen, Hackfleischgerichten, Lammbraten. Salbei verträgt sich gut mit Basilikum, Knoblauch, Minze, Pfeffer, Rosmarin.	Frischen Salbei am besten einfrieren; getrockneter Salbei behält sein Aroma luftdicht verschlossen und dunkel aufbewahrt bis zu 10 Monaten. Salbei läßt sich im Blumentopf ziehen. In der Volksheilkunde: entzündungshemmend, gegen Darm- und Magenstörungen.
Schnittlauch (Allium schoenoprasum) Weitere Namen: Graslauch, Pankokenkraut, Schnittling Schnittlauch hat zartes Zwiebelaroma und riecht leicht nach Lauch. Schnittlauch gehört zu den Zwiebelgewächsen; die dunkelgrünen Blattröhrchen wachsen in dicken Büscheln.	Schnittlauch frisch kleingeschnitten verwenden; Schnittlauch nicht mitkochen, stets an die gegarten Speisen geben. Schnittlauch schmeckt gut an Fisch-, Fleisch-, Geflügelgerichten, Gemüsegerichten, Gemüsesäften, Kräuterbutter, Kräuterquark, Salaten, Saucen, Suppen und als Belag auf Butterbrot. Schnittlauch verträgt sich gut mit allen Kräutern.	Schnittlauch sollte möglichst frisch verwendet werden; frischen Schnittlauch einfrieren oder bereits tiefgefrorenen Schnittlauch verwenden. Schnittlauch läßt sich im Blumentopf ziehen. Schnittlauch gehört zu den »Fines Herbes« der französischen Küche. In der Volksheilkunde: appetitanregend, blutbildend, blutdrucksenkend.
Thymian (Thymus vulgaris) Weitere Namen: Demut, Feldkümmel, Küchenwürze, Römischer oder Welscher Quendel Thymian schmeckt herb-pikant, leicht nach Majoran, bei starker Dosierung beißend. Thymian riecht angenehm würzig. Die kleinen, behaarten, ovalen, kräftiggrünen Blätter wachsen an starken, oft verholzten Stengeln.	Frischen Thymian gehackt, getrockneten, geribbelten sparsam dosiert verwenden; frischen Thymian mitgaren. Getrockneter Thymian hat die dreifache Würzkraft von frischen Thymian. Thymian schmeckt gut an Eiergerichten, Fisch, Fleischbrühe, Gemüsesuppen, Gurkensalat, Kräuterbutter und Tomaten. Thymian verträgt sich gut mit Knoblauch, Lorbeer, Muskat, Petersilie, Rosmarin, Salbei, Zwiebel.	Getrockneter Thymian, luftdicht verschlossen, trocken und dunkel aufbewahrt, behält sein Aroma bis zu 12 Monaten. Man kann Thymian gut einfrieren oder in Essig konservieren. Thymian läßt sich im Blumentopf ziehen. Thymian gehört zum Bouquet garni und zu der berühmten Kräutermischung »Herbes de Provence«. In der Volksheilkunde: desinfizierend, krampflösend, gegen Keuchhusten.
Zitronenmelisse (Melissa officinalis) Weitere Namen: Bienenkraut, Herztrost, Honigblume, Muttertee, Wanzenkraut Zitronenmelisse schmeckt und duftet würzig nach Zitrone, dabei leicht bitter. Zitronenmelisse hat glänzend grüne, ovale, gezackte Blätter und blüht bläulichweiß (die Blüten ziehen Bienen an).	Junge, frische Blätter und Triebe fein hacken und an die gegarten Speisen geben – getrocknet geribbelt verwenden. Zitronenmelisse schmeckt gut an Blattsalaten, Erfrischungsgetränken, Kräutersaucen, Möhrengemüse, Rohkostsalaten, Tomatengerichten. Zitronenmelisse verträgt sich gut mit allen Kräutern.	Zitronenmelisse läßt sich im Blumentopf ziehen. Zitronenmelisse spielt in der Homöopathie und bei der Herstellung von Kräuterlikören eine große Rolle. In der Volksheilkunde: herzstärkend, gegen Migräne, Rheuma, Schlaflosigkeit, Übelkeit.

Das Gewürzregal

Das Gewürz:	So würzen Sie richtig:	Sonst noch wissenswert:
Anis (Pimpinella anisum) Weitere Namen: Anais, Brotsamen, China-Anis, süßer Kümmel Anis schmeckt und duftet angenehm würzig-frisch, süßlich. Anis ist das Samenkorn der Spaltfrucht eines Doldengewächses.	Vom Anis für Gebäck die ganzen oder zerstoßenen Körner verwenden. – Für andere Speisen gemahlenen Anis, sparsam dosiert, verwenden. Anis schmeckt gut an Geflügelfüllungen, Gurkengemüse, Kompott, Möhren-, Rotkohl- und Tomatengemüse, Spekulatius, Springerle, Süßspeisen. – Anis ist auch Brotgewürz. Anis verträgt sich nicht mit anderen Gewürzen.	Aniskörner, gut verschlossen aufbewahrt, behalten ihre Würzkraft bis zu 12 Monaten. Gemahlener Anis verliert sein Aroma sehr schnell. Anis am besten kurz vor dem Gebrauch selbst mahlen oder im Mörser zerstoßen. In der Volksheilkunde: appetitanregend, gegen Bronchialkatarrh, Husten, Leibschmerzen, als Tee gegen Erkältungen.
Cayennepfeffer (Capsicum frutescens) Weitere Namen: Chilipfeffer, Guineapfeffer, Roter oder Spanischer Pfeffer, Schotenpfeffer, Teufelspfeffer Cayennepfeffer schmeckt brennend scharf, paprikaähnlich. Der hellrote Cayennepfeffer wird aus getrockneten, pulverisierten Chilischoten gewonnen. – Frische Chilischoten sind im Handel auch als Peperoni bekannt.	Cayennepfeffer stets sparsam dosieren; für ein Gericht für vier Personen genügt eine Messerspitze; stets die bereits gegarte Speise würzen; ganze Chilischoten werden mitgekocht; je nach Schärfe 1/2 Schote oder nur ein Stück davon. Cayennepfeffer schmeckt gut an Eierspeisen, Fischsuppen, gebratenem Fisch, Grillsaucen, Reisgerichten, exotischen, chinesischen, spanischen und lateinamerikanischen Gerichten. Cayennepfeffer verträgt sich gut mit anderen Gewürzen.	Cayennepfeffer kühl, trocken und luftdicht verschlossen aufbewahren; er behält sein Aroma etwa 9 Monate lang. Im Handel sind neben Cayennepfeffer folgende Würzmittel aus der Chilischote erhältlich: die sehr scharfe Chilipaste, die als indonesisches Würzmittel Sambal Oelek bekannt ist, die Tabascosauce und das Chilipulver oder Chili-Powder, eine Würzmischung, zu der außer Cayennepfeffer und Oregano noch Kümmel, Knoblauch, Nelken und Piment gehören; Chilipulver ist weniger scharf als Cayennepfeffer.
Fenchel (Foeniculum vulgare) Weitere Namen: Brotwürzkörner, Fenikel, Fennis, Finkel, Frauenfenchel Fenchelsamen der Kulturpflanze schmeckt würzig-süß, anisartig – Samen des wildwachsenden Fenchels schmecken leicht bitter, nicht nach Anis – Fenchel riecht nach frischem Heu. Samen aus der getrockneten Spaltfrucht der Fenchelpflanze.	Getrockneten Fenchel, ganz oder gemahlen, sparsam dosieren; er wird mitgekocht oder mitgebacken – die jungen Fenchelblätter frisch als Würzkraut verwenden; nicht mitkochen – frische Fenchelzweige je nach Gericht mitkochen. Getrockneter Fenchel schmeckt gut an Brot- und Backwaren, Fenchelsauce, Fischbouillon, Fischgerichten, englischer Apple Pie, sardischem Spaghettigericht, Schweinefleisch, Wildschwein. Frischer Fenchel schmeckt gut an gegrilltem Fisch, Kartoffelgerichten, Kopfsalat, Kräuterbutter, Tomatengerichten – die Fenchelknollen werden als Gemüse oder Salat verwendet. Frischer Fenchel verträgt sich gut mit Dill, Knoblauch, Petersilie, Zwiebel. – Getrockneter Fenchel ist vorwiegend Alleingewürz.	Frisches Fenchelkraut einfrieren – getrockneten Fenchel möglichst ungemahlen in einem gut verschlossenen Gefäß aufbewahren; wenn nötig, erst vor dem Gebrauch zerstoßen oder mahlen. In der Volksheilkunde: gegen Erkrankungen der Luftwege, Magen- und Darmbeschwerden (Blähungen), als Tee für Augenbäder.

DAS GEWÜRZREGAL

Das Gewürz:	So würzen Sie richtig:	Sonst noch wissenswert:
Ingwer (Zingiber officinale) Weitere Namen: Imber, Ingber, Immerwurzel, Schnapswurzel Ingwer schmeckt scharf, oft brennend, leicht süßlich – frischer Ingwer ist milder im Geschmack als getrockneter. Ingwer wird aus der Wurzel einer schilfartigen Gewürzlilie gewonnen und kommt frisch, getrocknet, pulverisiert oder kandiert in den Handel.	Frische Ingwerwurzel schälen, hacken, fein reiben oder zerdrücken und mitkochen. – Getrockneten Ingwer hacken, zerdrücken oder pulverisieren verwenden – Ingwer immer sparsam dosieren. Ingwer schmeckt gut an Fleisch- und Geflügelgerichten mit exotischem Charakter wie süß-saurem Schweinefleisch, eingelegten Birnen, Gurken, Kürbissen, Rumtopf oder an Bohnengemüse, Lauch-, Möhren-, Geflügel- und Hackfleischgerichten, Leber, Pilzen, Reisgerichten, Salaten, Cremes, Gebäck, zu frischer Melone. Ingwer verträgt sich gut mit Gewürznelken, Kardamom, Koriander, Zimt.	Frischer Ingwer hält sich ungeschält im Kühlschrank etwa 3 Wochen, oder eingelegt in Sherry oder Weinbrand; frischer Ingwer läßt sich auch einfrieren – pulverisierter Ingwer verliert rasch sein Aroma, man sollte ihn nur in kleinen Mengen kaufen und rasch verbrauchen. Ingwer ist wichtiges Gewürz zur Herstellung von Likör, Bitterlikör, Bier, Limonade, Curry, Ketchups. In der Volksheilkunde: appetitanregend, magenstärkend, verdauungsfördernd, gegen Erkältungen, Rheuma.
Kardamom (Elettaria cardamomum) Weiterer Name: Cardamom Kardamom schmeckt scharf, etwas nach Eukalyptus, und riecht aromatischwürzig. Kardamom ist der rötlichbraune Samen der Fruchtkapsel einer Schilfpflanze, getrocknet und meist gemahlen im Handel.	Kardamom wird meist gemahlen angeboten und stets sparsam verwendet. – Ganze Samenkörner sind selten auf dem Markt; diese im Mörser zerstoßen, ihr Aroma ist noch intensiver als das von gemahlenem Kardamom. Kardamom schmeckt gut an Gebäck wie Spekulatius, Lebkuchen und an Apfelmus, Fleisch- und Wildpasteten, klarer Fleischbrühe, Milchreis, Obstsalaten, Punsch, Wildmarinaden.	Kardamom bald verbrauchen, da er sein Aroma rasch verliert. Kardamom ist in vielen Gewürzmischungen enthalten; er wird zur Herstellung von Likören verwendet, auch für bestimmte Brote, und ist in den arabischen Ländern das Gewürz, mit dem man seinen Kaffee braut. In der Volksheilkunde: herz- und magenstärkend, verdauungsfördernd.
Koriander (Coriandrum sativum) Weitere Namen: Hochzeitskügelchen, Schwindelkörner, Wanzenkraut Koriander schmeckt süßlich, leicht an Orangenschale erinnernd. Getrockneter Koriander wird aus der hellbraunen frischen Doldenpflanze gewonnen. – Das getrocknete Kraut ist als Cilantho im Handel – frisches Kraut wird in Mitteleuropa selten angeboten.	Getrocknete Koriandersamen unzerkleinert vor allem für Backwaren verwenden. Gemahlenen und unzerkleinerten Koriandersamen mitkochen oder mitbacken. Frische Korianderblätter feingehackt an die fertigen Speisen geben (der Geruch frischer Blätter ist nicht jedem angenehm). Koriander schmeckt gut an Aal, Apfelkuchen, Brötchen, Brot, gebratenem Fisch, Hammelfleisch, Kartoffelgerichten, Lammfleisch, Lebkuchen, Pasteten, roter Bete, Rotkohl, Saucen, Schweinefleischgerichten, Spekulatius, Wildmarinaden.	Frische Korianderblätter einfrieren oder in Öl konservieren. – Getrocknete Koriandersamen möglichst unzerkleinert luftdicht und verschlossen aufbewahren, so behält ungemahlener Koriander sein Aroma etwa 12 Monate lang – gemahlenen Koriander möglichst rasch verbrauchen. Koriander ist Bestandteil von Kräuterlikören, wird zur Herstellung von Gin gebraucht und ist Grundgewürz für Curry. In der Volksheilkunde: antiseptisch wirkend, verdauungsfördernd. – In früheren Jahrhunderten zur Bekämpfung von Ungeziefer verwendet.
Kümmel (Carum carvi) Weitere Namen: Feldkümmel, Fischkümmel, Karbei, gemeiner Kümmel, Wiesenkümmel	Getrockneten Kümmel im Ganzen, gehackt oder gemahlen verwenden und mitkochen oder mitbacken – frische Blätter der Kümmelpflanze gehackt an die fertigen Speisen oder Salate geben.	Getrockneten Kümmel luftdicht verschlossen aufbewahren, so ist er fast unbegrenzt haltbar; gehackte oder gemahlene Kümmelkörner gleich nach dem Zerkleinern verwenden.

Fortsetzung Seite 550

DAS GEWÜRZREGAL

Das Gewürz:	So würzen Sie richtig:	Sonst noch wissenswert:
Fortsetzung: Kümmel Getrockneter Kümmel schmeckt herbaromatisch; frische Blätter sind im Geschmack dem Dill ähnlich. Das Gewürz sind die graubraunen getrockneten Teilfrüchte einer Doldenpflanze.	Kümmel schmeckt gut an Bratkartoffeln, Brötchen, Brot, Gulaschsuppe, Käse, Kochsud für Krustentiere, Kohlgerichten, Pellkartoffeln, Quarkmischungen, roten Beten, Schweinebraten. Kümmel verträgt sich nur mit Chilipulver, Pfeffer, vorwiegend Alleingewürz.	Alle fetten Speisen werden durch Kümmel bekömmlicher. Kümmel spielt eine wichtige Rolle bei der Herstellung von Aquavit, Likören und Schnäpsen. In der Volksheilkunde: appetitanregend, krampflösend, verdauungsfördernd, gegen Leberbeschwerden.
Lorbeer (Laurus nobilis) Weitere Namen: Lorbeerblätter, Suppenblätter Lorbeer schmeckt würzig, leicht bitter. Die getrockneten Blätter des Lorbeerbaums sollten auf der Oberseite glänzend dunkelgrün, auf der Unterseite matt, die Ränder der Blätter leicht gewellt sein.	Die getrockneten Blätter sparsam dosieren, mitkochen – für ein Gericht für vier Personen genügt $1/2$–1 Lorbeerblatt – das Blatt vor dem Servieren aus dem Gericht entfernen. Lorbeer schmeckt gut an Bouillon, dunklen Saucen, eingelegten Gurken, Essigmüse, Fischsud, Marinaden, Mixed Pickles, roten Beten, Sauerbraten, Sauerkraut. Lorbeer verträgt sich gut mit Gewürznelken, Pfeffer, Piment, Wacholderbeeren, Zwiebel.	Lorbeerblätter stets gut verschlossen aufbewahren; sie behalten ihre Würzkraft jedoch höchstens 6 Monate. – Dunkelgrüne Blätter sind hochwertiger als braungelbe, diese sind überaltert. Lorbeer läßt sich im Blumentopf ziehen; die Würzkraft frischer Blätter übertrifft die der getrockneten. Lorbeer gehört zur sogenannten »Gewürzdosis«, die aus $1/2$ Lorbeerblatt, 2 Pimentkörnern und 2 Pfefferkörnern besteht.
Muskatblüte (Myristica fragrans) Weitere Namen: Macis, Macisblüte Muskatblüte schmeckt milder, dezenter als Muskatnuß. Muskatblüte ist nicht die Blüte, sondern der getrocknete, mehrfach gefaltete Samenmantel der Muskatfrucht.	Muskatblüte entweder gemahlen verwenden oder Stückchen von der ganzen Blüte abbrechen, mitgaren und vor dem Servieren wieder entfernen. – Muskatblüte sparsam dosieren. Muskatblüte schmeckt gut an Bouillon, Fischgerichten, Gerichten mit Curry, Lebkuchen, Weihnachtsgebäck. Muskatblüte verträgt sich gut mit Lorbeerblatt, Nelke, Pfeffer, Zimt – nicht mit Kräutern von intensivem Aroma.	Gemahlene Muskatblüte verliert rasch an Aroma; Muskatblüte im Ganzen behält luftdicht verschlossen etwa 12 Monate das Aroma; gemahlene Muskatblüte sollte rasch verbraucht werden, denn das Aroma verfliegt auch im gut verschlossenen Behälter rasch. Muskatblüte wird zur Herstellung von Bitterlikören verwendet. In der Volksheilkunde: magenstärkend, verdauungsfördernd.
Muskatnuß (Myristica fragrans) Weitere Namen: Bandanuß, Suppennuß Muskatnuß schmeckt angenehm bitterscharf. Die Muskatnuß ist der getrocknete, grauweiße, von netzartigen Rillen überzogene Samenkern der Muskatfrucht.	Möglichst jeweils kurz vor Gebrauch die gewünschte Menge von der Muskatnuß abreiben oder in der Spezialmühle mahlen. – Sparsam dosieren. Muskatnuß schmeckt gut an Blumenkohl, Cremesuppen, Erbsen, Fleischbrühe, Fleischspeise, Grießklößchen, Kartoffelpüree, Kompott, Nudelgerichten, Pasteten, Punsch, Sauce Hollandaise, Spinat. Muskatnuß verträgt sich gut mit Pfeffer und mit Kräutern von mildem Aroma.	Muskatnüsse möglichst luftdicht verschlossen aufbewahren, sie behalten ihr Aroma 2 bis 3 Jahre. – Gemahlene Muskatnuß möglichst rasch verbrauchen; das Aroma verfliegt schnell. In der Spezialitätenküche wird Muskatnuß auch für Süßspeisen und Kuchen verwendet. In der Volksheilkunde: herz- und magenstärkend, schlaffördernd.

DAS GEWÜRZREGAL

Das Gewürz:	**So würzen Sie richtig:**	**Sonst noch wissenswert:**

Nelke
(Eugenia caryophyllata)
Weitere Namen:
Gewürznelke, Nägelein, Nelkenkopf

Nelken schmecken würzig-scharf und riechen stark nach Nelken – sie enthalten bis zu 25% ätherische Öle.

Nelken sind die getrockneten, nicht aufgeblühten Knospen des tropischen Nelkenbaumes.

Ganze Nelken mitkochen – sparsam dosieren; für ein Gericht für vier Personen genügt eine Nelke.

Nelken schmecken gut an Birnenkompott, eingelegten Gurken, Fischsud, Fleischbrühe, Glühwein, Grünkohl, Hühnerbrühe, Kürbis, Lebkuchen, Marinaden, Obstspeisen, Pasteten, Punsch, Ragouts, roten Beten, Rotkohl, Schweinebraten.

Nelke verträgt sich gut mit Ingwer, Knoblauch, Lorbeerblatt, Muskat, Zimt, Zwiebel.

Luftdicht verschlossen behalten ganze Gewürznelken etwa 2 Jahre lang ihr Aroma; gemahlene Gewürznelken verlieren rasch an Aroma und sollten bald verbraucht werden; gegebenenfalls ganze Nelken im Mörser zerstoßen.

Frische und Qualität der Nelken lassen sich prüfen, indem man den Stiel knickt oder ritzt; tritt ätherisches Öl aus, ist das Gewürz noch stark aromatisch.

Nelken werden zur Herstellung von Likör, Zahnpasta, Mundwasser gebraucht.

Paprika
(Capsicum annuum)
Weitere Namen:
Beißbeere, Indischer, Spanischer, Türkischer, Ungarischer Pfeffer

Paprikapulver wird aus den reifen, getrockneten und gemahlenen Gewürzpaprikaschoten gewonnen und in folgenden Schärfegraden angeboten:

Delikateß-Paprikapulver ist hellrot, sehr mild und aromatisch.

Paprikapulver edelsüß ist etwas dunkler und schärfer, aber noch relativ mild. Delikateß-Paprikapulver und Paprikapulver edelsüß werden teelöffelweise verwendet.

Paprikapulver halbsüß, ist würzigscharf.

Rosen-Paprikapulver ist das schärfste bei uns verkaufte Paprikapulver.

Chilipfeffer (roter Pfeffer) ist eine sehr scharfe Abart von Paprikapulver.

Paprikapulver entfaltet in Verbindung mit warmem – nicht heißem – Fett erst sein volles Aroma, und seine appetitlich aussehenden Farbstoffe lösen sich; deshalb sollte man ein Gericht vom Herd nehmen, ehe das Paprikapulver eingerührt wird. Wird Paprikapulver in heißes, siedendes Fett gegeben, so karamelisiert der darin enthaltene Zucker, das Paprikapulver wird dunkel, und die Speise schmeckt leicht bitter.

Paprika schmeckt gut an Eierspeisen, gebratenem Fisch, Geflügel, Gulasch, Hackfleisch, Kartoffelgerichten, Käse, Mayonnaise, Quark, Reisgerichten, Salaten, Saucen, Sauerkraut, Schaschlik, Schmorbraten, Schnitzeln, Suppen, Tomatengerichten, weißen Bohnen.

Paprika ist hauptsächlich Alleingewürz.

Paprikapulver stets in lichtgeschützten, luftdicht schließenden Behältern aufbewahren; es behält sein Aroma bis zu 9 Monaten, sollte aber nicht noch länger gelagert werden.

In der Volksheilkunde: appetitanregend, fiebersenkend, verdauungsfördernd.

In der Volksheilkunde: antiseptisch wirkend, magenstärkend.

Pfeffer
(Piper nigrum)

Schwarzer, weißer und grüner Pfeffer sind die Beerenfrüchte des tropischen Pfefferstrauches.

Schwarzer Pfeffer sind die noch unreif geernteten, getrockneten Beeren; er schmeckt feurig-scharf, brennendaromatisch.

Schwarze und weiße Pfefferkörner werden ganz, zerstoßen oder gemahlen verwendet. – Grünen Pfeffer läßt man abtropfen und verwendet ihn ganz oder kleingeschnitten. Ganze Pfefferkörner mitkochen, gestoßenen oder gemahlenen Pfeffer erst am Ende des Garvorganges zugeben.

Pfeffer sollte unzerkleinert immer trocken, dunkel und luftdicht verschlossen aufbewahrt werden. Er behält sein Aroma dann 2 bis 3 Jahre lang. Gemahlener Pfeffer verliert sein Aroma schon nach wenigen Tagen. Der Pfefferstreuer auf dem Eßtisch ist wertlos. – Pfeffer am besten jeweils vor dem Gebrauch in der Pfeffermühle mahlen oder im Mörser zerstoßen.

Fortsetzung Seite 552

DAS GEWÜRZREGAL

Das Gewürz:	**So würzen Sie richtig:**	**Sonst noch wissenswert:**

Fortsetzung: Pfeffer

Weißer Pfeffer sind die reif geernteten, in Wasser aufgeweichten, vom Fruchtfleisch gelösten und getrockneten Beeren; er schmeckt scharf, leicht brennend, milder als schwarzer Pfeffer.

Grüner Pfeffer sind die unreif geernteten, in Salzlake, Essig oder Alkohol konservierten Beeren, die in Gläsern oder Dosen im Handel sind, seit kurzem aber auch getrocknet oder gefriergetrocknet; er schmeckt aromatisch-mild, nicht brennend.

Rosa Pfeffer (Chinus-Pfeffer) ist gefriergetrocknet im Handel – rosa Pfeffer heißen die Körner einer mit Zucker behandelten Baumfrucht; biologisch handelt es sich nicht um Pfeffer. Schmeckt mild-pfeffrig und leicht süßlich.

Schwarzer Pfeffer schmeckt gut an deftigen Fischgerichten, Fleischgerichten, gebraten oder geschmort, Gemüsegerichten, Hülsenfrüchten, Marinaden, Saucen, Suppen und ist Einmachgewürz.

Weißer Pfeffer schmeckt gut an Fischgerichten, Geflügelgerichten, Gerichten aus hellem Fleisch, Kartoffelgerichten, Pasteten, zartem Gemüse.

Grüner Pfeffer schmeckt gut zu Steaks, Eiergerichten, kurz gebratenem oder gegrilltem Fleisch, an Salaten, zu Tatar, als Garnierung auf Häppchen.

Rosa Pfeffer schmeckt gut an Fischgerichten, Geflügelgerichten, gegrilltem Fleisch, gegrilltem Obst, Obstsalaten.

Die Pfeffermühle darf keinesfalls für andere Gewürze verwendet werden; selbst für weiße und schwarze Pfefferkörner sollte jeweils eine eigene Mühle zur Verfügung stehen.

In der Volksheilkunde: verdauungsfördernd.

Piment
(Pimenta officinalis)
Weitere Namen:
Allgewürz, Englischgewürz, Gewürzkörner, Jamaikapfeffer, Nelkenpfeffer

Piment schmeckt scharfwürzig, aromatisch und duftet leicht nach Pfeffer und Nelken.

Piment sind die unreif geernteten, getrockneten Beeren des Pimentbaumes. Die schwarzbraunen »Körner« sind etwas größer als Pfefferkörner und haben getrocknet noch den vierkantigen kleinen Kelchrand.

Piment im Ganzen verwenden oder kurz vor Gebrauch mahlen – mitgaren – sparsam dosieren – ganze Körner vor dem Servieren entfernen.

Piment im Ganzen schmeckt gut an dunklen Saucen, dunklen Suppen, Fischsuppen, Hammelbraten, Kohlgerichten, Marinaden für Fisch, Wild und Sauerbraten, Ragouts, zum Einlegen von Gurken.

Piment schmeckt gemahlen gut an Hackfleischgerichten, Innereien, Kohlrabigemüse, Kompott, Möhrengemüse, Pasteten, Pflaumenkuchen, Pudding, Rosenkohl, Weihnachtsgebäck.

Piment verträgt sich gut mit den meisten exotischen Gewürzen.

Gemahlener Piment verliert rasch sein Aroma; ganze Körner luftdicht verschlossen aufbewahren und vor Gebrauch selbst mahlen.

Piment gehört zur sogenannten »Gewürzdosis«.

In der Volksheilkunde: appetitanregend, verdauungsfördernd.

Senfkörner
weiße Senfkörner
(Sinapis alba)
Weitere Namen:
Englischer Senf, Gartensenf, Gelber Senf, Holländischer Senf, Senfsaat,
Schwarzer Senf
(Brassica nigra)
Weitere Namen:
Brauner Senf, Grüner Senf

Weißer Senf schmeckt würzig-scharf, leicht nußartig und nach Meerrettich.

Schwarzer Senf schmeckt ähnlich wie weißer Senf, aber wesentlich schärfer.

Weiße Senfkörner im Ganzen oder gemahlen (Senfmehl/Senfpulver) verwenden – Senfkörner nicht mitkochen, in der Speise ziehen lassen – schwarze Senfkörner werden nur zur Herstellung von Speisesenf gebraucht.

Ganze Senfkörner schmecken gut an Senfgurken, Fisch-, Fleisch- und Wildmarinaden, eingelegtem Kürbis, Mixed Pickles, Sauerkraut, Sülzen.
Senfpulver schmeckt gut an Geflügelgerichten, Käsegerichten, pikanten Saucen und Suppen.

Senfkörner und Speisesenf (im Kühlschrank) behalten gut verschlossen 1 bis 2 Jahre ihr Aroma.

Von Speisesenf sind über 100 Arten im Handel. Man kann ihn in folgenden Schärfegraden kaufen:

Mild, zum Beispiel Champagnersenf oder Bordeauxsenf, der süßsauer ist und geschmacklich ein Zwischending von Weißwurstsenf und Champagnersenf;

Mittelscharf, zum Beispiel Moutarde au poivre vert, ein mit grünem Pfeffer gemischter Senf;

Fortsetzung Seite 553

DAS GEWÜRZREGAL

Das Gewürz:	So würzen Sie richtig:	Sonst noch wissenswert:
Fortsetzung: Senfkörner Senfkörner sind die Samen der krautähnlichen Senfpflanze.	Speisesenf schmeckt gut zu Fisch, Frikadellen, gekochten Eiern, Grillfleisch, Marinaden, Rouladen, Salatsaucen, Saucen, Wildbraten, Würstchen, Wurst.	Extra scharf, zum Beispiel Dijonsenf, ein beißend scharfer Senf, aus schwarzen Körnern hergestellt. In der Volksheilkunde: verdauungsfördernd – Senfpflaster aus schwarzem Senf gegen Rheuma.
Vanille (Vanilla planifolia) Vanille schmeckt angenehm süßlich-würzig und verströmt aromatischen Wohlgeruch. Vanille ist die getrocknete, fermentierte Fruchtschote einer Orchidee die eine Kletterpflanze ist.	Das Fruchtmark der Vanilleschote oder Vanillestange verwenden; die Schote kurze Zeit mitkochen oder das Mark mit dem Messer herausschaben und zur ungegarten Speise geben – oder Vanillepulver, Vanille-Extrakt, Vanillezucker verwenden. Vanille schmeckt gut an Aufläufen, Eierkuchen, Flammeris, Gebäck, Kakaogetränken, Puddings, Schokoladenspeisen, Speiseeis, süßen Saucen, Teepunsch. Vanille verträgt sich gut mit Nelken, Rum, Zimt.	Vanille zieht leicht fremde Gerüche an; Vanilleschoten und Vanillezucker trocken und fest verschlossen aufbewahren. Eine große Rolle spielt Vanille in der Süßwarenindustrie und bei der Herstellung von Likören. Vanillezucker muß mindestens 5% reine Vanille enthalten. – Vanillinzucker wird mit synthetischem Vanillin hergestellt. In der Volksheilkunde: nervenstärkend.
Wacholder (Juniperus communis) Weitere Namen: Feuerbaum, Krammetbeere, Kranvitt, Kronawet, Machandel, Reckholder, Räucherstrauch Wacholder schmeckt bitter-harzig, leicht süßlich und riecht angenehm aromatisch. Wacholder sind die schwarzblauen, getrockneten Beeren (Zapfen) des Wacholderstrauches.	Wacholderbeeren im Ganzen oder gemahlen, pulverisiert verwenden – Wacholder mitkochen oder mitziehen lassen; zerdrückte oder gemahlene Beeren entwickeln ein starkes Aroma und müssen sparsam dosiert werden. Wacholder schmeckt gut an Entenbraten, Fischmarinaden, Fleischsuppen, Gulasch, Rinderbraten, roten Beten, Sauerbraten, Sauerkraut, Schweinebraten, Wildgerichten, Wildgeflügel, Wildmarinaden, Wildsuppen. Wacholder verträgt sich gut mit Knoblauch, Lorbeerblatt, Majoran, Pfeffer, Piment, Senfkörnern, Thymian.	Ganze Wacholderbeeren behalten dunkel und gut verschlossen aufbewahrt ihr Aroma bis zu 3 Jahren. Wacholderbeeren spielen eine große Rolle bei der Herstellung von Wacholderschnaps, Steinhäger, Gin. In der Volksheilkunde: appetitfördernd, blutreinigend, gegen Darm- und Magenbeschwerden, Rheuma.
Zimt (Cinnamomum cassia oder ceylanicum) Weitere Namen: Caneel, Chinazimt, Ceylonzimt, Echter Zimt, Holzzimt, Kassia Ceylon-Zimt schmeckt mild-süßlich, feinaromatisch, nicht bitter. Kassia-Zimt schmeckt kräftiger, derber als Ceylon-Zimt und leicht bitterlich. Zimt ist die getrocknete innere Rinde von jungen Stämmen und Ästen des Zimtstrauches.	Zimtstangen sparsam dosiert verwenden, mitkochen und vor dem Servieren entfernen; Zimtpulver oder Zimt-Zucker mitkochen, mitbacken. Zimt schmeckt gut an Apfelkuchen, Birnenkompott, Bratäpfeln, Gewürzkuchen, Glühwein, Kürbiskompott, Obstsuppen, Pflaumenkompott, Pflaumenkuchen, Punsch, Süßspeisen, Weihnachtsgebäck (Zimtsterne), aber auch zu Lammbraten, Schinkengerichten oder Schnitzeln.	Zimtstangen dunkel, trocken in einem gut verschlossenen Gefäß aufbewahren; sie behalten ihr Aroma bis zu 3 Jahren. – Zimtpulver sollte rasch verbraucht werden, da sein Aroma innerhalb von Tagen verfliegt. In der Volksheilkunde: appetitanregend, magenstärkend, verdauungsfördernd.

Kleines Wein-Kolleg

Wer Wein trinken und genießen möchte, mit Zunge und Gaumen, mit Nase und Augen, der sollte sich einige Kenntnisse aneignen. Dieses Wissen ist nützlich:
beim Weineinkauf;
bei der Auswahl eines Weines für eine Mahlzeit;
für die Lagerung des Weines;
im Hinblick auf die Bekömmlichkeit.

Zweifellos hat sich das strenge Reglement »wann trinke ich welchen Wein« in den letzten Jahren gelockert. Auch ein Weinfreund kennt nicht alle Weinarten. Jeder hat einmal angefangen. Probieren Sie deshalb den Wein, wann und wo sich Gelegenheit dazu bietet. Bilden Sie sich selbst eine Meinung. Hierzu einige Beurteilungskriterien und Hinweise.

Das Wichtigste für die Beurteilung

Die Farbe des Weines
Farbe und Klarheit beurteilt man zuerst. »Der Wein soll klar und blank sein.« Rotweine haben eine breitere Farbskala als Weißweine.

Das Aroma des Weines
Das Aroma, der Fruchtgeschmack eines Weines, wird durch die Traubensorte mitgeprägt. Da ist die Rede von »würzig«, zum Beispiel beim Gewürztraminer, von »fruchtig«, von »saftig«, von einem »breiteren Fruchtgeschmack«. »Edel« gilt für Spitzenweine. »Neutral« heißt: kein nachhaltiger Eindruck, kein besonderer Geschmack; »ohne Frucht« bedeutet, daß der Wein leer schmeckt.

Die Süße
Beim Zuckergehalt gehen die Geschmäcker sehr weit auseinander, ob »süß« oder »herb«, ob »streng« oder »mild«, das heißt mit wenig Säure. Ein »herzhafter« Wein schmeckt ausgewogen fruchtig. Mit »stumpf« kennzeichnet man einen sehr herben Wein ohne Frische.

Die Säure
Wenn der Wein etwa noch unreif ist, zu »spitz« oder »grasig«, dann ist der Säuregehalt zu stark. »Rassig« wird gebraucht, um einen deutlich erkennbaren, aber angenehm schmeckenden Säuregehalt zu bezeichnen.

Die Frische
Unter Frische versteht der Fachmann den Kohlensäuregehalt, der bestimmt ob der Wein »spritzig« ist, munter, ohne zu perlen, oder »matt«, also schal. Die Wertung des Kohlensäuregehaltes gilt nur für Weißweine. Bei Rotweinen spricht man von »Herbe« oder »Tannin« (Gerbsäure). Typische Rotwein-Bezeichnungen sind »samtig«, »mollig«, »geschmeidig«.

Der Körper
Mit Körper meint man die Extraktstoffe im Wein, ob er »vollmundig« schmeckt oder »leer«, das heißt wäßrig, gehaltlos.

Der Alkohol
Er verstärkt Duft und Aroma des Weines; er ist für die Haltbarkeit von Bedeutung. Ein »schwerer« Wein ist alkohol- und körperreich. Das deutsche Weingesetz legt den Alkoholgehalt für die Weinarten mit Mindest- und Höchstwerten fest.

Das Bukett
Bukett oder Geruch und das Alter runden die Weinbeurteilung ab. Auch ein Wein erlebt in seinem Alter einen Höhepunkt; danach schmecken Weine überlagert, »firnig«. Die meisten leichten Tafel- und Qualitätsweine sollte man – je nach Rebsorte, Jahrgang und Herkunft – bis zum zweiten Jahr nach der Lese trinken.

Die Weinarten

Damit Sie sich in der verwirrenden Vielfalt der Weinarten – in der Bundesrepublik Deutschland werden mehr als 50 Traubenarten angebaut – besser zurechtfinden, seien zunächst Rotwein und Weißwein unterschieden.
Im allgemeinen stammt Rotwein aus blauen Trauben und Weißwein aus weißen. Das Wesentliche, was den Rotwein vom Weißwein unterscheidet, ist, daß die Schalen der blauen oder roten Weinbeeren länger oder kürzer im Most mitvergoren werden und dadurch nicht nur ihre Farbe, sondern auch Gerbstoffe an den Most abgeben. Weißweine werden in den meisten Fällen aus weißen Trauben gewonnen, doch gibt es Ausnahmen: zum Beispiel stammt der weiße Champagner Blanc des Noirs aus blauen Trauben, deren heller Saft sofort von den Schalen getrennt wurde. Zwischen Rot- und Weißwein stehen die verschiedenen Roséweine, entweder nach dem Weißweinverfahren hergestellte Weine aus roten Trauben, deren Schalen vor oder kurz nach Beginn der Gärung aus dem Most entfernt wurden, oder Weine aus roten und weißen Traubensorten. (Fertiger Rot- und Weißwein darf nicht miteinander verschnitten werden.)
Für Roséweine gibt es eine Reihe von Bezeichnungen, die hier kurz erläutert werden sollen:

Badisch Rotgold: deutscher Roséwein aus Ruländer (weiß) und Spätburgunder (blau), der aus badischen Anbaugebieten stammen muß.

Rotling: blaßroter deutscher Wein, hergestellt aus einem Verschnitt weißer und blauer Trauben oder von deren Mosten.

Schillerwein (Rotling): muß in der BRD aus Württemberg stammen und mindestens als Qualitätswein b. A. (bestimmter Anbaugebiete) eingestuft sein. Diese Bezeichnung gilt auch für Schweizer Weine aus hellen und dunklen Traubenarten.

Weißherbst: deutscher Roséwein aus einer einzigen blauen Traubensorte, der mindestens als Qualitätswein b. A. eingestuft wurde und aus einem der Weinbaugebiete Ahr, Baden, Franken, Rheingau, Rheinpfalz und Württemberg stammt.

Gleichgepreßter: österreichischer Roséwein.

Süßdruck: Roséwein aus der deutschsprachigen Schweiz.

Oeil de Perdrix: Roséwein aus Spätburgundertrauben aus der Welschschweiz oder aus Ostfrankreich.

Die Weine der Welt kann man außerdem unabhängig von ihrer Farbe in Schaumweine und in Stillweine einteilen. Schaumweine sind alle Weine, die nach abgeschlossener erster oder zweiter Gärung einen bestimmten Kohlensäuredruck aufweisen und beim Öffnen der Flasche erkennbar schäumen. Stillweine sind alle übrigen Weine, wenn nach Abschluß der ersten und einzigen Gärung keine Kohlensäure mehr entweicht. Zwischen den stillen und den schäumenden Weinen stehen die Perlweine mit geringem Kohlensäuredruck. Sie schäumen nicht so ausdauernd, ihre Perlen sind kleiner, und sie werden nicht in den typischen dicken Schaumweinflaschen verkauft.

KLEINES WEIN-KOLLEG

Die Rebsorten

Den Grundcharakter eines Weins bestimmt die Rebsorte, außerdem die Bodenart, die Lage des Weinbergs und das Klima.

Weiße Rebsorten

Müller-Thurgau: Die am häufigsten angebaute Rebsorte. Sie ergibt leichte, spritzige, vollmundige Weine, die jung getrunken am besten schmecken. Die Rebe ist vermutlich eine Kreuzung von Riesling und Silvaner. Ihren Namen erhielt sie 1882 von dem Schweizer Züchter Prof. Müller aus Thurgau.

Riesling: Mit kleinen, unscheinbaren Beeren gehört diese Traube zu den edelsten und bekanntesten Weinsorten in der Bundesrepublik. Der Wein des Riesling schmeckt fruchtig, rassig, ist reich an natürlicher Fruchtsäure und hat unvergleichliche Geschmacksnuancen. Er hat deutsche Weine weltbekannt gemacht. Bekannt auch als Klingelberger, Johannisberger, Rheinriesling oder Welschriesling (in Österreich), White Riesling (in den USA).

Silvaner: Eine mittelgroße, saftreiche Traube, mit meist mildem, lieblichem, gefälligem Wein. Auf fränkischem Muschelkalk oder Keuperboden erbringt der Silvaner ein kerniges, erdiges Aroma und in guten Jahren körperreiche Weine. Bekannt auch als Grüner Silvaner, Franken-Riesling, in Österreich als Grüner Zierfandler.

Ruländer: Wein aus dieser Traube ist duftig, gehaltvoll, hat beachtlichen Alkoholgehalt. Seine Spätlesen und Auslesen gehören zu den Spitzenweinen. Der Ruländer ist aus dem Blauburgunder hervorgegangen. Bekannt auch als Grauer Burgunder, Grauclevner, als Pinot Gris (in Frankreich) und unter Malvoisie (in der Schweiz).

Gutedel, Weißer Gutedel: Eine uralte Rebsorte, schon in vorchristlicher Zeit erwähnt; eine in der ganzen Welt beliebte Kelter- und Tafeltraube. In Deutschland kommt die Rebe fast nur in Baden vor. Sie ergibt einen leichten, bekömmlichen Wein, der jung getrunken werden sollte. Bekannt als Markgräfler im Badischen, als Chasselas (am Genfer See) oder als Fendant (im Wallis).

Traminer, Gewürztraminer: Diese Rebe erbringt Spitzenweine mit würzigem Geschmack, körperreich, mit schwerem Duft, der an Wildrosen erinnert; geeignet als Dessert-Wein. Bekannt auch als Roter Traminer, als Clevner und als Savagnin im französischen Sprachraum, in Südtirol als Flaischweiner.

Scheurebe: Eine Kreuzung aus Silvaner und Riesling, die dem Züchter Georg Scheu 1916 gelang. Der Wein ist aromatisch, mit kräftiger Säure und mittlerem Alkoholgehalt; reife Weine schmecken nach schwarzen Johannisbeeren.

Morio Muskat: Eine junge Kreuzung von Silvaner mit weißem Burgunder. Dieser neue Wein ist beim deutschen Weintrinker gut angekommen; der Wein hat ein kräftiges Muskatbukett, wenig Säure und einen mittleren Alkoholgehalt.

Weißburgunder: Der Wein aus dieser Traube besticht durch seine Blume; er ist harmonisch, reich an Extrakten und Alkohol, hat einen eindrucksvollen Nachgeschmack; ein aromatischer Wein zu Fisch. Bekannt auch als Clevner, in Frankreich und in der Schweiz als Pinot Blanc.

Kerner: Eine junge, zukunftsreiche Züchtung aus Trollinger und Riesling. Der Wein ist im Geschmack dem Riesling ähnlich, frisch, rassig, süffig. Sein Name stammt von dem schwäbischen Dichter Justinus Kerner.

Rote Rebsorten

Portugieser: Aus den tiefblauen Beeren entsteht ein milder, säurearmer Wein mit mittlerem Alkoholgehalt. Er sollte früh getrunken werden. Die Rebe gibt zu 90% Qualitätsweine; es sind süffige und frische Schoppenweine. Die Portugieserrebe ist um 1800 aus dem Donauraum »eingewandert«. Aus dieser Rebe stellt man – wie aus dem Blauen Spätburgunder – unter anderem den hellroten Weißherbst her. Bekannt auch als Oporto, Vöslauer und Badner, nach den Anbaugebieten in Österreich; in Frankreich nennt man ihn Autrichien.

Spätburgunder: Die rubinroten Weine aus diesen kleinbeerigen Trauben gelten als die besten Roten aus Deutschland: hochfein, vollmundig, von samtiger Eleganz; sie liegen weich auf der Zunge, haben ein würziges, leicht erdiges Aroma und erinnern in ihrem Bukett an Brombeeren und Bittermandeln. Erst nach 2–3 Jahren Lagerung wird Spätburgunder optimal und schwer. Aus der gleichen Traube entsteht durch eine besondere Kelterung Weißherbst (Roséwein), bekannt auch als Blauburgunder und Klebroth.

Trollinger: Eine Rebsorte mit großen, rotblauen, süßen Beeren. Die Weine munden fruchtig, frisch, spritzig, sind meist gerbstoffarm und leicht. In der Bundesrepublik wird Trollinger vorwiegend in Württemberg angebaut.

Die Anbaugebiete

Deutschland

Ahrwein, meist rot, ist feinherb und samtig; Mosel-Saar-Ruwer bringt in guten Jahren rassig-feinfruchtige, elegant-spritzige bis blumige Weine hervor; der Mittelrhein erzeugt kräftige Weine mit dezenter Säure; Naheweine liegen geschmacklich zwischen Mosel- und Rheingauweinen; die Rheingauer sind elegant-rassig und kernig; die Weine der Hessischen Bergstraße bestechen durch feine, zarte Säure; Rheinhessenwein ist bekannt für seine Milde und Harmonie; die Weine der Rheinpfalz sind kraftvoll und fruchtig; die Weine Badens reif und extraktreich; die Württemberger werden vor allem im Ursprungsgebiet getrunken, es sind robuste, kräftige »Viertele«-Weine; die Frankenweine schließlich werden gern als »Herrenweine« bezeichnet, da sie vorwiegend herb und kernig sind.

Österreich

Es gibt 4 Weinbauregionen, die den Bundesländern entsprechen: Niederösterreich, Burgenland, die Steiermark und Wien. Österreichische Weine tragen nur selten Lagennamen, sie werden meist nach der Rebsorte benannt. Der Großteil der österreichischen Weine ist frisch und spritzig, mit Ausnahme der burgenländischen Auslese- und Ausbruchweine, die runder und wesentlich milder schmecken.

Schweiz

Die Eidgenossen bauen Wein an bis auf 1200 m Höhe. Wein gedeiht im Kanton Wallis, im Waadt am Genfer See, in Neuenburg, im Tessin und in der Ostschweiz.
Auf den terrassenförmigen Weinbergen im Wallis wachsen Spitzenweine (Fendant-Traube). Eine Walliser Spe-

zialität ist der rote Dôle, ein körperreicher Wein. Die Waadtländer Weine sind überwiegend Weißweine, auch Dorin genannt. Zu den Neuenburger Rebsorten zählen die weißen, trockenen Chasselas-Weine. Aus dem Tessin kommen ausschließlich Rotweine, hervorragend ist der Merlot di Ticino.

Frankreich

Die folgende Aufzählung ist unter dem Vorbehalt vieler Ausnahmen als Orientierungshilfe zu verstehen. Champagne – nördlichstes Weinbaugebiet, weiße Schaumweine, auch Stillweine bis zur höchsten Qualität; Elsaß – trockene, kräftige Weißweine, meist nach der Rebsorte benannt; Burgund – im Chablis hellgelbe, trockene Weißweine, an der Côte d'Or samtige Rotweine und edle Weißweine bis zur höchsten Qualität, im Beaujolais leichtere, hellere Rotweine, die jung getrunken werden; Côte-du-Rhône – vor allem dunkle, kräftige Rotweine, feiner Rosé; Provence, Korsika – Landweine, wenige Spitzengewächse, aller Farben; Languedoc-Roussillon – »Sandweine« in Weiß, Rosé und Rot, leicht, trocken, keine Spitzenqualitäten; Südwestfrankreich – sehr verschiedenartige örtliche Spezialitäten, Süßweine, fast schwarze Rotweine; Bordeaux – im Médoc, in Saint-Emilion, Pomerol und Graves edelste Rotweine bis zu großen Spitzengewächsen, alterungsfähig, gerbstoffreich, kräftig, leicht bitter; in Sauternes, Barsac und Entre-deux-Mers vollsüße, aber auch trockene Weißweine mit einigen Spitzengewächsen; Loiretal – Schaumweine, Roséweine, trocken bis süß, wenige Spitzen, regionale Spezialitäten.

Italien

In fast allen Regionen Italiens, zwischen Südtirol und Sizilien, wird Wein angebaut. Aber viele Weine haben keine Exportchancen. Sie würden eine Ausfuhr nur mit beachtlichen Qualitätseinbußen überstehen.
Bei uns getrunken werden der Kalterer See aus Südtirol, hellrot, trocken, würzig-mild, der Sankt Magdalener, der schwere Lagreiner, der spritzige Terlaner, alles Rotweine. Am Ostufer des Gardasees hat der rubinrote Bardolino seine Heimat. Der körperreiche, harmonische, rote Valpolicella und der trockene, weiße Soave kommen aus der Provinz Verona. Aus Piemont kommen Barolo, Barbaresco und Gattinara. Trocken oder süßlich kann der granatrote Lambrusco aus der Emilia-Romagna sein; über die Landesgrenzen hinaus bekannt ist der weiße Orvieto (Umbrien) als secco, das heißt trocken, oder abboccato, halbsüß.
Zwischen Florenz und Siena, in einem festumrissenen Anbaugebiet, gedeiht der Chianti Classico. Sizilianische und sardische Weine sind alkoholreich und sehr süß; ein Beispiel ist der Marsala, ein Dessertwein.

Jugoslawien

Die Weißweine der nördlichen Provinzen ähneln in ihrer herzhaften, spritzigen Art den österreichischen, die Weine des Südens sind schwerer und körperreicher.

Die Qualitätskategorien

Jedes Land hat eigene Weinkategorien, doch sind sie dank der Weingesetzgebung der EG, der sich auch die Blockstaaten weitgehend angeschlossen haben, in den Grundzügen miteinander zu vergleichen.

Tisch- oder Tafelweine

In dieser, der untersten Güteklasse stehen die preiswerten, leichten, meist frischen Weine für den großen Durst, für Picknick und Gartenfest. In der Bundesrepublik werden Tafelweine nur aus bestimmten Rebsorten zugelassen.
Die italienische Bezeichnung heißt »Vino da Tavola«, sie wird aber nicht immer auf dem Etikett angegeben. In Frankreich gehören in diese Klasse neben den »Vins de Table« die immer stärker verbreiteten »Vins de Pays«, die aus einer der sechs bis heute festgelegten Zonen für diese Weine stammen müssen. Sie haben oft einen echten Gebietscharakter aufzuweisen. Auch in Deutschland und in Italien sind Bestrebungen im Gange, eine entsprechende gehobene »Landwein«-Kategorie zu schaffen.

Qualitätsweine

In diese Klasse gehören Weine mit genauer Ursprungsbezeichnung. Es handelt sich hier um gebietstypische gehaltvolle Weine.
In Deutschland heißen diese Weine »Qualitätsweine bestimmter Anbaugebiete« oder »Q. b. A.«. Sie stammen aus einem der elf deutschen Anbaugebiete (Ahr, Mittelrhein, Mosel-Saar-Ruwer, Nahe, Rheingau, Hessische Bergstraße, Rheinhessen, Rheinpfalz, Baden, Württemberg, Franken). Qualitätsweine müssen einen bestimmten Reifegrad haben und dürfen untereinander nicht verschnitten werden.
Die Vorschriften für die Herkunftsangabe sind strenger. Ein Hauptmerkmal ist die Prüfungsnummer. Auch in Österreich werden diese Weine als »Qualitätsweine« bezeichnet, in der Schweiz gibt es keine eigene Klassifizierung, doch kann man etwa den roten »Dôle« und den weißen »Fendant« aus dem Wallis sowie den »Dorin« aus der Waadt dazurechnen. In Luxemburg weist die »Marque Nationale« auf einen Qualitätswein hin. In Frankreich und Italien verfährt man bei der Einstufung grundsätzlich anders: Während zum Beispiel nach deutschem Weingesetz der einzelne Wein bewertet und eingestuft wird, erhält in Frankreich und Italien eine bestimmte Anbaufläche die Einstufung, vorausgesetzt, daß bestimmte Rebsorten darauf angepflanzt werden und der Hektarertrag eine gesetzlich festgelegte Höchstgrenze nicht überschreitet. In Frankreich tragen Weine aus diesen Anbauzonen die Bezeichnung »Appellation contrôlée« (»A. C.«) oder »Vins délimités de qualité supérieure« (»V. D. Q. S.«).
Die Hierarchie der Weine mit Appellation contrôlée ist ziemlich kompliziert. Soviel sei festgestellt: Je genauer die Bezeichnung, desto hochwertiger der Wein. Zum Beispiel: »A. C. Bourgogne« steht tiefer als »A. C. Bourgogne + Ortsname« und »A. C. Bourgogne + Ortsname + Lage«.
In Italien heißt die entsprechende Bezeichnung »Denominazione di origine controllata« (»D. O. C.«), in Spanien »Denominacion de Origen« (»D. O.«). Im Land selbst wird dort meist der einfache Tischwein getrunken.
Auch die südosteuropäischen Länder kennen Qualitätswein-Klassen, die den EG-Bestimmungen ähnlich sind.

Qualitätsweine mit Prädikat

An diese Weine werden höchste Ansprüche gestellt. Es gibt in Deutschland fünf Prädikatsstufen: Kabinett, Spätlese, Auslese, Beerenauslese, Trockenbeerenauslese; ferner als Sonderfall Eiswein, er muß jedoch zusätzlich eines der fünf Prädikate tragen. Merkmale dieser höchsten Klasse sind: Lesekontrolle, Verbot jeglicher Anreicherung mit Zucker, Anforderung an den Reifegrad (Zuckergehalt) der Trauben; Ernte der ausgereiften Trauben etwa im Oktober.

Kabinettweine sind elegante, geschliffene Weine, die gut zum festlichen Menü passen.

Spätlesen dürfen erst nach der allgemeinen Lese geerntet werden, sie sind gehaltvoller als Kabinettweine.

Auslesen. Nur vollreife Trauben werden verwendet, unreife und kranke Beeren werden ausgelesen.

Beerenauslesen und Trockenbeerenauslesen. Nur überreife, edelfaule und eingeschrumpfte Beeren – mit der Hand ausgelesen – sind erlaubt. Daraus entstehen wunderbar reife, volle und zugleich seltene Weine.
Bestimmte Reifegrade des Lesegutes werden auch für österreichische »Qualitätsweine besonderer Reife und Leseart« verlangt. Die Prädikate lauten wie die deutschen; nur zwischen Beerenauslese und Trockenbeerenauslese steht zusätzlich der »Ausbruch«, eine burgenländische Spezialität, zu deren Herstellung man die zu Rosinen eingetrockneten Beeren in Most aufweicht und den Saft dann abpreßt.
Auch die Schweiz kennt Spätlesen, Auslesen und Beerenauslesen, wenn sie auch selten sind und nur in den deutschsprachigen Landesteilen vorkommen. Flétriweine sind natursüße Weine aus dem Wallis.
In Frankreich tragen die Weine höherer Qualitätsstufen die unterschiedlichsten Bezeichnungen, zum Beispiel Grand Cru, Premier Cru, Supérieur, Réserve Exceptionnelle, Grand Vin.
In Italien deutet die Bezeichnung »Classico« auf das Herzstück eines Herkunftsgebietes hin, »Superiore« und »Vecchia Riserva« beziehen sich auf eine längere Lagerzeit.
Auch die osteuropäischen Weingesetze enthalten entsprechende Güteklassifizierungen, zum Beispiel Minösegi Bor in Ungarn, Edelreiflese und Ausbruch oder Trockenbeerenauslese in Rumänien.
Als Besonderheit sei hier noch der Tokajer erwähnt, einst als »Wein der Könige« gepriesen, ein Produkt aus edelfaulen, überreifen Beeren, den es als Ausbruch (Aszú) und als Szamorodni gibt. Der erste ist ein natürlicher Süßwein aus Trockenbeerenessenz, deren Anteil in »Puttonyos« (Butten) auf dem Etikett angegeben ist, der zweite der normale, aus spät geernteten Trauben der Gegend gewonnene Wein, der etwa einer Spätlese entspricht.

Der Einkauf von Wein

Was vor der Haustür wächst, was man beim Winzer probieren kann, kauft man am einfachsten ein. Eine Probeflasche, ins Haus gesandt, bewahrt Sie vor Enttäuschungen. Bestellen Sie nicht gleich größere Mengen, sondern sammeln Sie erst Erfahrungen. Beim Weinhändler und im Wein-Fachgeschäft ist eine Weinprobe selbstverständlich.
Vor der Weinauswahl sollte man bedenken:
Für welchen Anlaß, zu welchen Speisen suche ich einen Wein?
Welche Weinsorten stehen zur Wahl?
Wie ist es um die Qualität der Ernten in den letzten drei bis fünf Jahren bestellt?

Das Weinetikett

Weinetiketten sind heute etwas Ähnliches wie eine Geburtsurkunde, etwas Amtliches, es sind Informationen, auf die man sich verlassen kann.
Die Länder der Europäischen Gemeinschaft, die Weinbau betreiben, halten sich an nationale Weingesetze. In ihnen werden die Mindestanforderungen an die einzelnen Güteklassen nach dem EG-Weingesetz berücksichtigt. Somit lassen sich bestimmte Qualitätsmerkmale von Weinen aus den europäischen Ländern miteinander vergleichen und auf dem Etikett erkennen.

In Deutschland hat das Weingesetz die Flut poesievoller, irreführender Bezeichnungen stark eingedämmt. Für den Aufkleber auf der Flasche sind verschiedene Angaben vorgeschrieben: am wichtigsten ist die Angabe der Qualitätsstufe, zum Beispiel Deutscher Tafelwein oder Qualitätswein b. A., Kabinett;
das genaue Volumen des Flascheninhaltes;
der Name des Abfüllers oder des Erzeugers mit Ortsangabe;
die Weinart (Weißwein, Rotwein) oder die engere geographische Herkunft.
Bei Qualitätsweinen müssen zusätzlich die Anbaugebiete und die amtliche Prüfungsnummer genannt sein.
Ferner können der Name der Rebsorte, der Jahrgang, der Vermerk Erzeugerabfüllung, Geschmacksangaben wie trocken, lieblich verzeichnet werden.

In Österreich gibt nach dem Weingesetz (von 1961) und einer Weingesetznovelle (1971) das Etikett Auskunft über die Rebsorte, die Herkunft und die Weinbauregion, über Ort und Lage, ferner über den Jahrgang, den Erzeuger und die Qualität.

In Italien kennt man eine Klassifizierung, ähnlich wie bei den deutschen Qualitätsweinen. Gebräuchlich sind ferner zahlreiche Bezeichnungen für Geschmack, Qualität, Herkunft und Alter. Vino da pasto ist ein einfacher Tischwein; ein vino di lusso ist ein Dessertwein höherer Preisklasse; Vino verde (grün) nennt man einen herben Wein, und vino superiore bezeichnet die höchste Qualitätsstufe von Weinen.

In Frankreich lebt man mit dem Wein auf du, aber kein Franzose wird jemals alle Weine seines Landes kennen. Dieser Abschnitt vermag nur einen kleinen, sehr begrenzten Überblick zu geben.
Nach dem französischen Weingesetz kennt man zwei große Qualitätsgruppen, die einfachen Tafelweine und die Qualitätsweine bestimmter Anbaugebiete. Die Produktionsgebiete sind katasteramtlich eingetragen; Gebiet, Bereich, Gemeinde oder Lage werden auf dem Etikett vermerkt. Auch der Vin de pays, Landwein, wird strengen Qualitätsprüfungen unterworfen, mit Labortest und Geschmacksproben. Er liegt damit qualitativ deutlich über den Tafelweinen. Elsässische Weine tragen auf dem Etikett – die einzige Ausnahme – nur die Angabe der Rebsorte. Rebsorten in dieser Region sind Riesling, Silvaner, Chasselas (Gutedel), Gewürztraminer, Pinot Blanc (Weißburgunder) und Pinot Gris (Ruländer). Aus Burgund stammen unter anderem der trockene, rassige Chablis (mit vier Qualitätsstufen) und der Beaujolais, ein Wein aus der Gamay-Traube, den man jung trinken sollte.

Die Schweiz ist ein Weinland für Spezialisten; die Eidgenossen trinken ihre Weine lieber selbst.
Das Schweizer Weingesetz schreibt Herkunftsangaben (Gemeinde, Gebiet) und Ursprungsvermerke (Erzeuger) vor.

Der gute Jahrgang

Der Jahrgang ist auf allen Weinetiketten angegeben, die keine Jahrgangsverschnitte betreffen, wie zum Bei-

spiel Markenweine, Markenschaumweine (Jahrgangs-Schaumweine sind der seltenere Fall), Sherry, Port und andere aufgespritete Dessert- und Aperitifweine.
Die Jahrgangsangabe sagt zweierlei aus: wie alt der Wein ist und ob er aus einem guten oder minderen Jahrgang stammt. Die Güte eines Jahrgangs hängt unmittelbar vom Witterungsverlauf in dem entsprechenden Jahr ab. Derselbe Jahrgang kann von Land zu Land, aber auch von Region zu Region verschieden sein. In Südeuropa, wo das Wetter viel konstanter ist, fallen die Weinjahrgänge auch gleichmäßiger aus.

Der richtige Wein zum gegebenen Anlaß

Heutzutage sind die Regeln in Bezug auf Wein zum Essen nicht mehr so streng wie einst. Erlaubt ist, was schmeckt. So trinken die Franzosen und Italiener zu mehr Gerichten Rotwein als die Deutschen, im Süden trinkt man zum alltäglichen Essen Wein, während im Norden, abgesehen von den Weinbaugebieten selbst, der Wein eher für sich allein oder zum Festessen genossen wird.
Beim festlichen Menü werden die Weine gewechselt, das heißt den einzelnen Gängen angepaßt: Man beginnt mit einem Aperitif oder einem trockenen Schaumwein, geht zu Weißwein, dann zu Rotwein über, oder vom leichten zum gehaltvollen Weißwein, und beendet die Mahlzeit mit einem Glas nicht zu trockenem Sekt, einer Auslese oder einem Dessertwein.
Zum alltäglichen Menü oder zum Essen im vertrauten Freundeskreis genügt im allgemeinen ein Wein. Man richtet sich dabei nach dem Hauptgang. Zur Suppe und zum süßen Nachtisch gibt es dann keinen Wein.
Der Grundsatz »Weißwein zu hellem Fleisch, Rotwein zu dunklem Fleisch« wird längst nicht mehr streng befolgt. Doch sollte die Qualitätsstufe des Weines dem Menü angepaßt sein. Einen edlen Tropfen bei einer Grillparty im Garten auszuschenken, wäre ebenso verfehlt, wie bei einem Festessen an der Weinqualität zu sparen. Im folgenden finden Sie ein paar Anhaltspunkte, welche Weine zu welchen Speisen am besten schmecken:
Vorspeisen (zum Beispiel Pasteten, Avocados, Melonen): trockener Sherry, trockener Schaumwein, herber Weißwein;
Schaltiere: trockene, leichte Weißweine, zum Beispiel deutscher Saar-Riesling, Chablis, Fendant, Vino Verde, Orvieto secco;
Fisch: rassige Weißweine, zum Beispiel Frankenwein, Graves, Frascati;
Nudel- und Reisgerichte (zum Beispiel Pasta asciutta, Paella): rote Landweine der Regionen, aus denen die Gerichte stammen, zum Beispiel Chianti, Barbera, Valpolicella;
Hühnergerichte: badische oder Pfälzer Weißweine; zum Coq au vin trinkt man den Wein, der in der Sauce enthalten ist auch Rotwein;
Gans, Ente, Rind, Hammel: Spätburgunder Rotwein, Bordeaux, auch Barolo oder rumänischen Rotwein;
Wildgeflügel (zum Beispiel Fasan, Wachtel): Spätburgunder Rotweine, Bordeaux, Hermitage, Chinon;
Wildbret (Hase, Reh): rassige Rotweine, Châteauneuf-du-Pape, auch Trollinger oder Weißherbst;
Schwein, Lamm: kräftige Weißweine aus Ruländer oder Scheurebe oder leichte, helle Rotweine, zum Beispiel einfacher Burgunder;
Frisch- und Schmelzkäse, Butterkäse: Weiß- oder Roséwein, auch leichter Rotwein;
Ziegenkäse, Hartkäse: fruchtiger Rotwein, zum Beispiel Trollinger, Spätburgunder;
süßes Dessert: Süßwein, süßer Schaumwein.
Das Wissen vom Wein ist so vielfältig wie der Wein selbst und wie die Landschaften, in denen er gedeiht. Probieren Sie immer wieder, wo Sie sich auch aufhalten, denn nur die Erfahrung wird Ihnen helfen, sich in dieser reizvollen Welt der funkelnden Gläser und ehrwürdigen Flaschen zurechtzufinden.

Wein richtig lagern

Wer seinen Wein nicht »von der Hand in den Mund« genießen möchte, der sollte sich einen kleinen Vorrat anlegen.

Lagerort

Wo Sie die Flaschen am besten aufbewahren, darüber sollten Sie sich vor dem Einkauf Gedanken machen.
In einer Etagenwohnung ist Weinlagerung oft ein Problem. Suchen Sie den kühlsten, dunkelsten und den ruhigsten Platz aus. Es ist vorteilhaft, wenn er zudem noch gut belüftet ist, denn der Wein lebt, er atmet.
In unmittelbarer Nähe dürfen keine Produkte lagern, die scharfe Gerüche abgeben, etwa Farben, Chemikalien oder Waschmittel. Der Wein kann durch den Korken fremde Gerüche annehmen.
Am besten sind gleichmäßige Lagertemperaturen zwischen 8 und 12°C. Zu große Temperaturschwankungen bekommen dem Wein nicht; zu hohe Temperaturen (Heizungsrohre in der Nähe) lassen ihn schnell altern.
Die Weinflaschen immer liegend aufbewahren. Der Korken muß feucht und elastisch sein; der Wein bleibt dann »gesund«.
Ein Lagerregal ist schnell gebastelt, aus Kunststoff- oder aus Holzteilen zusammengesteckt. Auch Metallregale oder Tonröhren haben sich bewährt. Bei ausreichend Platz und genügend Kleingeld ist ein Weinkühlschrank – er faßt bis zu 140 Flaschen – ideal.
Der Wein braucht nach einem Transport, ehe er getrunken wird, eine Ruhepause von einigen Tagen.

Lagerdauer

Wein ist in der Flasche einem Entwicklungs- und Reifeprozeß unterworfen. Säuregehalt, Alkoholgehalt und Süße sind mit entscheidend für die Lagerdauer.
Einfache Tafel- und Tischweine trinkt man innerhalb von zwei Jahren. Gehaltvolle Qualitätsweine sind 2 bis 3 Jahre lagerfähig, denn sie enthalten einen größeren Anteil an Extraktstoffen, an Fruchtsäure und an Alkohol. Prädikatweine füllt man häufig erst nach einem Jahr oder noch später auf Flaschen ab; diese Weine erreichen, besonders nach sonnenreichen Jahren, ihre volle Reife erst nach einer bestimmten Lagerzeit. Kabinettweine halten sich 3–7 Jahre. Auslesen werden ohne Schaden über 10, sogar über 50 Jahre alt und haben dann noch ein volles Geschmacksbild.
Dies sind Faustzahlen. Jahrgang und Kellertechnik bestimmen mit, welches Alter der Wein erreichen kann. Durchschnittlich können Rotweine länger gelagert werden als Weißweine.

Wein servieren

Die richtige Temperatur

Weine entfalten erst bei bestimmten Temperaturen ihre Aroma- und Geschmacksqualitäten. Bei zuviel Wärme verflüchtigt sich das Bukett, bei Kälte »frieren« die Geschmacksstoffe ein. Alkoholgehalt, Jahreszeit, Umgebung

KLEINES WEIN-KOLLEG

und der Durst sind für die Trinktemperatur entscheidend.
Weißweine sollten nicht kälter als 12°C sein, sonst verlieren sie ihr feines Aroma. Junge, einfache und herbe Weißweine kann man einige Grad kühler trinken; Auslesen entfalten sich besser bei Temperaturen über 12°C.
Einen Weißherbst, einen Roséwein genießt man gut gekühlt, mit 10 bis 12°C; verschiedentlich sogar mit 8°C.
Bei Rotwein gilt als Faustregel »Zimmertemperatur«, gemeint sind 18°C. Das sollte aber die obere Temperaturgrenze sein, sonst wirkt er ausdruckslos und schal. 14 bis 17°C nimmt kein roter Wein übel, vor allem die frischen und jungen nicht. Schwere, ausgereifte rote Burgunder, Beaujolais, Bordeaux, Tiroler und wallisische Rotweine genießt man mit 16 bis 18°C.

Wie man die Flasche öffnet

Verwenden Sie einen Korkenzieher mit offener Spirale, der nicht die Form eines Bohrers hat. So wird der Korken beim Herausziehen nicht beschädigt.
Wischen Sie den Flaschenhals sorgfältig ab, bevor Sie den Korken herausziehen, sonst gelangen Schmutzpartikel in den Wein.
Öffnen Sie Weißwein und Schaumwein erst kurz vor dem Servieren. Rotwein schon früher, edlen Rotwein schon Stunden zuvor. So kann sich der Wein entfalten.
Korken Sie die Flasche nur zu, wenn Sie sie aufbewahren wollen. Während des Trinkens bleiben Rotwein- und Weißweinflaschen geöffnet.

Das richtige Weinglas

Weingläser – ob Stilglas oder Römer – sollen farblos sein, damit Farbe und Klarheit des Weins zu erkennen sind. Wenn das Glas sich nach oben verengt (Tulpe), verfliegen die Duftstoffe nicht so schnell. Weißweine serviert man in etwas kleineren, Rotweine in größeren Gläsern. Schenken Sie die Gläser nur zu zwei Dritteln voll, damit sich die Blume entwickeln kann. Auslesen und Dessertweine trinkt man aus kleinen Gläsern, Schaumweine aus breiten Schalen, Kelchen oder spitzen Flöten. Die frühere, strenge »Gläserordnung« gilt heute allenfalls noch bei großen, offiziellen Feiern; zum Weintrinken ist jedes Glas erlaubt, wenn es »wein«-gerecht ist.

Das kleine Weinlexikon

Abgebaut: Wein, der seinen Höhepunkt überschritten und seine Frische verloren hat
Arm: dünner, magerer Wein
Aromatisch: Weine mit ausgeprägten Duft- und Geschmacksstoffen
Ausgebaut: ein auf dem Faß ausgereifter, voll entwickelter Wein
Ausgeglichen: Wein mit harmonischem Verhältnis zwischen Alkohol und Restsüße

Blank: Wein, dessen Klarheit nicht zu beanstanden ist
Blaß: zu heller, dünner Wein
Brandig: einen hohen Alkoholgehalt überdeckt Bukett und Geschmack
Breit: fülliger Wein ohne Feinheiten
Bukett: Geruchsstoffe, aromatische Düfte, die der Wein freigibt

Charakter: Eigenschaften eines Weins, Geruch, Geschmack, Klarheit und Farbe

dry: trockene, herbe Weine, Sekt, Sherry, Portwein
Dünn: armer, leerer Wein
Duftig: Wein mit zarter, feiner Blume

Eckig: unharmonischer Wein, bei dem einzelne Geschmacksstoffe zu stark hervortreten
Edel: Spitzenwein von großer Art und Reife
Elegant: harmonischer Wein

Fad: ausdrucksloser Wein mit wenig Säure
Feurig: reifer Rotwein voller Leben und Kraft
Flach: Wein ohne besondere Eigenschaften
Fruchtig: angenehm erfrischender Geschmack der Traubensorte

Gerbstoffreich: herb, bitter im Geschmack
Geschmeidig: harmonischer, angenehmer Wein
Glanzhell: Steigerung von blank, vollkommen klar
Grasig: Geschmack der Säure eines unreifen Jahrganges

Harmonisch: alle Geschmacksstoffe sind gut aufeinander abgestimmt
Herb: gerbstoffreich, nicht zu verwechseln mit säurebetont

Herzhaft: kräftiger, kerniger Wein mit betonter, aber nicht unangenehmer Säure

Kernig: kräftiger, körperreicher Wein mit ausgewogener Säure
Knochig: Wein mit unangenehm hoher Säure
Kurz: Wein ohne Nachgeschmack

Lebendig: frischer, jugendlicher, spritziger Wein
Leicht: Wein mit geringem Alkohol- und Extraktgehalt
Lieblich: milder Wein mit angenehmer Süße

Mager: ausdrucksloser Wein
Matt: schaler Wein, der seine Frische eingebüßt hat
Mollig: vollmundiger, harmonischer Wein, besonders Rotwein

Pikant: Wein mit feiner, fruchtiger Säure
Plump: unharmonischer Wein mit hohem Extraktgehalt

Rassig: lebendiger Wein mit deutlich schmeckbarer, aber nicht unangenehmer Säure
Rauh: Wein mit zuviel Gerbstoff
Reintönig: Wein ohne Nebengeschmack oder Nebengeruch

Saftig: Wein mit fruchtiger Säure und angenehmer Restsüße, der keinen trockenen Eindruck hinterläßt
Samtig: harmonischer, milder Rotwein
Sauber: nach seiner Herkunft und Kelterung einwandfreier Wein
Schal: leer, matt schmeckender Wein ohne Frische
Schwer: alkoholreicher Wein mit viel Extrakt
Spritzig: junger Wein, der noch etwas nicht sichtbare Kohlensäure enthält
Stoffig: kräftiger, extraktreicher Wein
Süffig: Kneipwein mit angenehmer Frische, aber auch leichter Süße

Trocken: Wein mit geringer Restsüße

Unentwickelt: unreifer, unfertiger Jungwein
Unharmonisch: Wein, dessen Säure, Süße und Alkohol nicht gut aufeinander abgestimmt sind

Voll: körperreicher Wein

Weich: milder, säurearmer Wein
Wuchtig: schwerer, voller Wein

Zart: feiner, delikater Wein

KÜHLEN UND EINFRIEREN

Kühlen und Einfrieren

Das Bestreben, rasch verderbliche Lebensmittel so lange wie möglich frisch oder wenigstens genießbar zu erhalten, ist so alt wie die Menschheit. Bewährte Methoden wie Trocknen, Pökeln, Räuchern werden auch heute noch praktiziert, allerdings beschränkt auf Lebensmittel, die geschmacklich dabei gewinnen. Die allermeisten Lebensmittel – vorwiegend jene, die reichlich tierisches Eiweiß enthalten, und viele Obst- und Gemüsearten – schmecken aber frisch am besten. Sie lassen sich kurzfristig durch Kälte frisch erhalten. Je tiefer die Lagertemperatur, desto größer die Haltbarkeit.

Damit alle Vorteile, die sich durch die so selbstverständlichen Kühlgeräte ergeben, auch voll genutzt werden, folgen hier einige Ausführungen über deren Nutzungsmöglichkeiten.

Der Kühlschrank

Ein Kühlschrank ist heute in 90% aller Haushalte vorhanden. Seine Nutzung erscheint problemlos. Dennoch möchten wir auf einige Punkte eingehen, die für die Lagerung von Lebensmitteln im Kühlschrank wichtig sind.

Kühlen heißt Lebensmittel bei gesenkten Umgebungstemperaturen, oberhalb des Gefrierpunktes, lagern. Die Haltbarkeit der Nahrungsmittel wird durch den Kühlprozeß vergrößert. So bleiben verderbliche Lebensmittel bei Temperaturen von +10°C zwei- bis dreimal so lange haltbar wie bei normaler Raumtemperatur.

Im Kühlschrank beträgt die mittlere Temperatur +5°C, sie läßt sich aber von +1 bis +10°C regulieren. Die meisten Kühlschränke bieten außer dem normalen Kühlraum noch ein eigenes Verdampferfach, Frosterfach oder Tiefkühlfach. Diese Fächer sind mit 1 bis 4 Sternen gekennzeichnet, die folgende Zusatzleistung des Gerätes kennzeichnen:

Das Verdampferfach oder Eiswürfelfach ist mit 1 Stern versehen. Die Temperatur im Inneren muß mindestens −6°C betragen. In ihm kann Tiefkühlkost 1 bis 2 Tage lagern.

Im 2-Sterne-Frosterfach müssen mindestens −12°C erreicht werden; Tiefkühlkost kann darin 1 bis 2 Wochen aufbewahrt werden.

Für ein 3-Sterne-Tiefkühlfach ist eine Mindesttemperatur von −18°C vorgeschrieben. Bei dieser Temperatur hält sich Tiefkühlkost 2 bis 3 Monate.

In einem mit 4 Sternen gekennzeichneten Tiefkühlfach liegt die Mindesttemperatur bei −18°C und darunter. In einem solchen Fach kann man auch kleine Mengen Lebensmittel selbst einfrieren.

Außer diesen durch Sterne gekennzeichneten Fächern hat jeder Kühlschrank in seinem normalen Lagerraum besondere Kältezonen, die meist in der Nähe des Verdampfer- oder Tiefkühlfaches oder vor der Rückwand liegen. In der Gebrauchsanweisung eines jeden Kühlschrankes wird auf diese Kältezonen hingewiesen, die für besonders empfindliche Lebensmittel genutzt werden sollten. Andererseits gibt es auch Zonen, in denen die Temperaturen etwas höher sind als im übrigen Lagerraum, nämlich das Gemüsefach, das Eier- und das Butterfach.

Wenn Sie Ihre Vorräte im Kühlschrank richtig lagern wollen, so gehen Sie folgendermaßen vor: Fleisch und Fleischerzeugnisse sowie frischer roher oder gegarter Fisch, Wild und frisch geschlachtetes Geflügel gehören in die kälteste Zone des Kühlschranks. Diese Vorräte in aromadichter Verpackung lagern, um Geruchsübertragungen zu vermeiden.

Frische Milch und Milchprodukte sind nur kurzfristig haltbar und gehören deshalb auch in die kälteste Zone des Kühlschranks. Aromadichte Verpackung ist notwendig.

Reifender Käse sollte besser bei Raumtemperatur gelagert werden; wird er aber nicht innerhalb von 24 Stunden verbraucht, kann man ihn gut verpackt im Butterfach des Kühlschranks aufbewahren.

Butter wird aromadicht verpackt im Butterfach des Kühlschranks gelagert. Öl und Speisefette gut verpackt oder verschlossen lagern.

Kuchen, Torten und Feingebäck mit hohem Gehalt an Butter, Sahne und Eiern luftdicht verpacken.

Gemüse und Obst werden am besten im Gemüsefach des Kühlschranks aufbewahrt. Man füllt die einzelnen Sorten in luftdurchlässige, gelochte Plastikbeutel.

Warme Gerichte vor dem Aufbewahren im Kühlschrank unbedingt erst abkühlen lassen. Nicht in den Kühlschrank gehören Bananen, Tomaten und Zitrusfrüchte.

Praktischer Rat

Heizung und Herd erwärmen die Umgebungstemperatur des Kühlschranks. Der Temperaturregler des Kühlschranks spricht darauf an, der Stromverbrauch steigt. Man sollte den Kühlschrank deshalb nicht zu dicht neben einen Heizkörper oder den Herd stellen.

Die Roste im Kühlschrank nicht mit Glas- oder Kunststoffplatten abdecken. Die Luft im Kühlschrank muß zirkulieren können.

Richten Sie sich in der Pflege Ihres Kühlschranks nach der Gebrauchsanweisung, die Sie beim Kauf erhalten haben.

Mögliche Lagerzeiten	Lagerdauer in Tagen
Fleisch, roh	2–5
Fleisch, gekocht oder gebraten	3–6
Hackfleisch, roh	½–1
Hackfleisch, gebraten	2–3
Wurst (Aufschnitt), lose	2
Wurst (geräuchert), aufgeschnitten	4
Fisch, frisch	1–3
Fisch, gekocht, gebraten oder geräuchert	2–4
Fischkonserven, geöffnet	1–2
Marinaden, geöffnet	3–6
Butter	10
Milch, Sahne, offen	2–4
Kondensmilch, offen	3–5
Weichkäse	14–40
Eier	10–20
Blattgemüse, Salat	2
Erbsen, Bohnen (in Hülsen)	3
Wurzelgemüse, Kohl	8–14
Gemüsekonserven, offen	1–3
Beerenobst	2–4

KÜHLEN UND EINFRIEREN

Steinobst	3–10
Kernobst	10 Tage–mehrere Wochen
Obstkonserven, geöffnet	2–5
Fertiggerichte	2–4

Anmerkung:
Bei den längeren Lagerzeiten wurde von besonders frischer Ware und guten Lagerbedingungen ausgegangen.

Quelle:
»Aufbewahrung und Lagerung von Lebensmitteln im privaten Haushalt«, Deutsche Gesellschaft für Ernährung, 1980

Einfrieren

Das Selbsteinfrieren im Haushalt bringt eine Reihe von Vorteilen: man kann preisgünstig in der Erntezeit einkaufen, Sonderangebote ausnützen und Produkte aus dem eigenen Garten einfrieren.

Man hat stets erntefrische Lebensmittel auf dem Tisch, ist unabhängig von den Einkaufszeiten, hat Vorrat im Haus.

Der Kälteschlaf ist für die meisten Nahrungsmittel die schonendste Konservierungsmethode. Frische, Geschmack und Nährwert der Nahrungsmittel bleiben durch die Gefrierkonservierung über längere Zeit weitgehend erhalten.

Wer selbst einfriert, muß darüber Bescheid wissen, welche Nahrungsmittel für das Einfrieren geeignet sind, wie man sie vorbereitet, verpackt, einfriert und wie lange man sie der Kälte anvertrauen kann. Letzteres gilt auch für die Tiefkühlkost. Nicht alle Lebensmittel sind gefriergeeignet.

Was wird eingefroren?

Folgende Gemüsesorten sind zum Einfrieren geeignet: Blumenkohl, grüne Bohnen, junge Erbsen, Grünkohl, Gurken, Kohlrabi, Lauch, Möhren und Karotten, grüne und rote Paprikaschoten, Pilze, Rosenkohl, rote Beten, Schwarzwurzeln, Sellerie, Spinat, Weißkohl, Wirsing.
Nicht geeignet sind: unreifes oder überreifes Gemüse, Blattsalate, rohe Kartoffeln, Knoblauch, Kresse, Radieschen, Rettiche, Tomaten, Zwiebeln. Zwiebeln dürfen jedoch in Fertiggerichten enthalten sein, die eingefroren werden.

Obst ist im allgemeinen gut zum Einfrieren geeignet; Ausnahmen sind Glaskirschen, Wassermelonen, Weintrauben und Zitrusfrüchte. Kein überlagertes Obst einfrieren.

Früchte, die sich leicht verfärben, wie Äpfel, Birnen, Pfirsiche, vor dem Einfrieren kurz blanchieren. Gefrorene Früchte kann man später wie rohes Obst essen; sie eignen sich auch für Kompott, Marmelade, als Kuchenbelag, für Mixgetränke oder Bowlen und zur Herstellung von Obstsäften.

Kräuter können ebenfalls eingefroren werden. Basilikum, Borretsch, Dill, Estragon, Kerbel, Kresse, Petersilie und Sauerampfer behalten ihr Aroma gut. Die gewaschenen, trockenen Kräuter fein schneiden und portionsweise in Gefrierbeuteln oder in kleinen Briefchen aus doppelt gefalteter, extrastarker Alufolie einfrieren oder die gewaschenen, trockenen Kräuter unzerkleinert in Gefrierbeuteln einfrieren und später die benötigte Menge mit der Hand oder dem Nudelholz zerkleinern. Kräuter stets gefroren an die Speisen geben.

Fleisch und Wurstwaren, die eingefroren werden, sollen möglichst mager sein. Bei fettem Fleisch verkürzt sich die Lagerdauer auf etwa die Hälfte der normalen Lagerzeit.

Alle Geflügelarten sind zum Einfrieren geeignet, ebenso alles Wild. Wild nicht beizen, würzen oder spicken. Fische nur fangfrisch einfrieren. Fisch, den Sie im Handel gekauft haben, ist nicht mehr frisch genug.

Molkereiprodukte lassen sich im allgemeinen gut einfrieren, besonders Süßrahmbutter, Sahne, Hartkäse und Quark. Ungeeignet sind saure Sahne, Sahnespeisen und Hüttenkäse.

Alle Backwaren können eingefroren werden: Kuchen, Kleingebäck, alle Arten von Brot, Brötchen, Pasteten und Pizzen. Ebenso roher Teig wie Blätterteig, Hefeteig, Mürbeteig. Ungeeignet sind roher Biskuitteig und Baisermasse. Backwaren sollten noch lauwarm verpackt und eingefroren werden. Aufgetaut schmecken sie dann wie frisch.

Rohe Eier dürfen nicht in der Schale eingefroren werden, weil sie zerspringen würden. Eigelb und Eiweiß mit einer Prise Salz verrühren und in kleinen Portionen getrennt einfrieren oder Eigelb und Eiweiß miteinander verrühren und einfrieren. Hartgekochte Eier sind zum Einfrieren ungeeignet, ebenso Mayonnaise.

Fertige Gerichte sollen nicht völlig gar eingefroren werden. Die Gerichte nur sparsam würzen, einige Gewürze verändern durch die Lagerung ihren Geschmack nachteilig, sie werden zu intensiv oder streng. Gerichten, die mit Sahne, saurer Sahne oder Eigelb legiert werden, fügt man diese erst nach dem Auftauen und Erwärmen zu; ebenso frische Kräuter, Mayonnaise, Eischnee zum Lockern, Mehl- oder Speisestärkebindungen, Wein und Essig erst nach dem Auftauen zufügen.

Richtig verpacken

Die Industrie hat spezielles Verpackungsmaterial entwickelt, das luftdicht, hitze- und kältebeständig, geschmack- und geruchlos sowie fett- und säureresistent ist: Plastikbeutel und -schläuche von 0,05 bis 0,1 mm Stärke, extrastarke Alufolie (mit dem Vermerk »zum Einfrieren geeignet«), Aluformen, verschließbare Plastikformen in verschiedenen Größen und kältebeständiges Klebeband zum Abdichten von Gefrierdosen, die mit Deckeln geschlossen werden. Für Fertiggerichte, die im Mikrowellenherd erwärmt werden sollen, bekommen Sie im Handel Spezialverpackungen.

Mit welchem Material Sie auch arbeiten, achten Sie darauf, daß in der verschlossenen Packung möglichst wenig Luft zurückgeblieben ist, daß das Material das Gefriergut möglichst eng umschließt und fest verschlossen ist. Es gibt spezielle Geräte, mit denen man aus gefüllten Beuteln die Luft absaugen kann.

Kunststoffdosen dürfen nur bis 3 cm unter den Rand gefüllt werden, da sich der Inhalt beim Einfrieren ausdehnt. Schließen die Deckel nicht einwandfrei, kleben Sie sie rundherum mit Klebeband zu.

Plastikbeutel und -schläuche nur so weit füllen, daß sich die Enden zu-

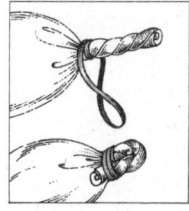

Gefrierbeutel nur so weit füllen, daß sich das offene Ende noch zusammendrehen und zum Verschließen umbiegen läßt.

KÜHLEN UND EINFRIEREN

sammendrehen und zum Verschließen umbiegen lassen.

Alufolie gut andrücken, die Ränder doppelt umknicken und fest zusammendrücken. Alufolie nur einmal zum Einfrieren verwenden. Sie kann nach dem ersten Gebrauch haarfeine Risse bekommen haben (gebrauchte Folie anderweitig zum Frischhalten verwenden).

Jedes auch noch so kleine Päckchen, jede Dose sollte mit Inhalt, ungefährer Mengenangabe, Einlagerungstag und Lagerdauer beschriftet werden. Es gibt dafür selbstklebende Etiketten und Klebebänder, die man beschriften kann.

Richtig einfrieren

Bevor das Gefriergut zum Einfrieren eingelegt wird, muß das Gerät etwa 4 Stunden auf »Super« geschaltet werden. Nie zu viel auf einmal einfrieren. Die zulässige Menge richtet sich nach dem Nutzinhalt Ihres Gerätes und ist in der Gebrauchsanweisung angegeben.

Neu eingelagerte Pakete sollen sich bis zum völligen Durchfrieren nicht berühren und auch nicht mit bereits Eingefrorenem in Berührung kommen. Nach der erforderlichen Einfrierzeit das Gerät auf normale Lagertemperatur von −18°C zurückschalten und das neu eingefrorene Gut in die entsprechenden Lagerflächen oder Körbe schichten.

Beeren vor dem endgültigen Einfrieren auf einer Platte vorfrieren.

Druckempfindliche Nahrungsmittel – so Obst, vor allem Beeren – die nicht zu einem Block frieren sollen, müssen einzeln auf einer Platte nebeneinander liegend vorgefroren werden. Auch Fleischwürfel oder -streifen für Gulasch und Geschnetzeltes werden auf diese Art vorgefroren, ehe sie verpackt und endgültig eingefroren werden. Gefüllte und bereits verzierte Cremes oder Sahnetorten werden lose in Cellophanpapier eingeschlagen, vorgefroren, bis die Verzierung erhärtet ist und dann in doppelt gefaltete extrastarke Alufolie verpackt und eingefroren. Extraktmäßig eingekochte, entfettete Brühe aus Fleisch, Fisch

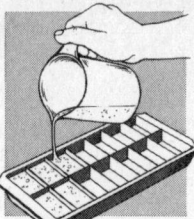
Konzentrierte Brühe in Würfeln vorgefrieren...

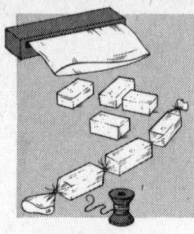
...die Würfel einzeln in Schlauchfolie geben und die Folie nach jedem Würfel abbinden.

oder Gemüse in die Eiswürfelschale füllen und vorfrieren. Wenn die Flüssigkeit hart geworden ist, die Schale kurz in kaltes Wasser tauchen und stürzen. Die gefrorenen Würfel dann einzeln in Schlauchfolie verpacken. Den Strang dabei hinter jedem Würfel zubinden und das Paket endgültig einfrieren. Bei Bedarf beliebig viele Würfel abschneiden.

Verschiedene Gemüse- und Obstarten müssen vor dem Einfrieren blanchiert werden. Dafür jeweils 500 g kochfertig vorbereitetes Gemüse oder Obst in einem Drahtkorb in kochendes Wasser tauchen und je nach Gemüse oder Obstart 2 bis 8 Minuten vom Zeitpunkt des Wiederaufkochens des Wassers gerechnet, blanchieren. Nach dem Blanchieren im Korb mit dem Obst oder Gemüse sofort in eine Schüssel oder das Spülbecken mit Eiswürfelwasser tauchen und darin abkühlen lassen. Das dauert etwa so

Zum Blanchieren das Gefriergut im Drahtkorb in kochendes Wasser hängen...

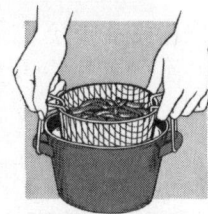
...und den Korb mit Inhalt anschließend in eiskaltes Wasser tauchen.

lange wie das Blanchieren. Das abgekühlte Gut auf Küchentüchern abtropfen lassen, vorfrieren oder auch gleich verpacken und einfrieren.

Richtig auftauen

Hier gilt der Grundsatz: Schonend auftauen, um Nähr- und Geschmackswerte zu erhalten. Die Art des Gefrierguts, die Größe des Pakets, die Verpackung und die zur Verfügung stehende Zeit – um die Mahlzeit vorzubereiten – entscheiden über die Art und Weise des richtigen Auftauens.

Am langsamsten und schonendsten taut Gefriergut im Kühlschrank auf. Diese Methode empfiehlt sich für hochempfindliche und leicht verderbliche Lebensmittel. Das Gefriergut aus der Verpackung nehmen, in eine Schüssel legen und zugedeckt im Kühlschrank oder bei Raumtemperatur auftauen. Das Auftauen bei etwa +20°C dauert nur halb so lang wie im Kühlschrank.

Soll das Gefriergut rasch auftauen, kann es auch in kaltem Wasser aufgetaut werden. Das ist nur möglich, wenn die Verpackung absolut dicht ist. Da das Wasser rasch kalt wird, sollte man es während des Auftauvorganges häufig wechseln oder ständig etwas neues Wasser zufließen lassen. Kein warmes oder gar heißes Wasser benützen!

Manches Gefriergut kann auch im Backofen bei 50 bis 70°C aufgetaut und dann bei entsprechender Temperatur darin gegart werden. – Im Mikrowellenherd taut gefrorenes Gut in kürzester Zeit auf. Dieser Herd ist besonders für fertige, tiefgefrorene Gerichte geeignet, die dann auch gleich im Herd erwärmt werden.

Nicht jedes Gefriergut muß vor dem Erwärmen oder Garen aufgetaut werden. Eintöpfe, Suppen und Saucen noch gefroren in wenig heißes Wasser oder Fett geben und zugedeckt bei milder Hitze auftauen lassen und erwärmen. – Rohes Gemüse gefroren in kochendes Wasser oder zerlassenes Fett geben und bei milder Hitze auftauen lassen und garen. – Fleischscheiben bis zu 2 cm Dicke können gefroren gebraten oder geschmort werden. Schnitzel und Kotelettes können angetaut bereits paniert und dann gebraten werden. – Fisch wird ebenfalls gefroren oder angetaut in den kochenden Sud beziehungsweise ins heiße Fett in die Pfanne gegeben. Einmal aufgetaute Lebensmittel müssen sofort verbraucht werden. Sie dürfen nicht wieder eingefroren werden. Jedoch kann man fertige Gerichte, die aus rohen gefrorenen Zutaten bereitet wurden, ohne Bedenken einfrieren; beim Garen werden schädliche Bakterien abgetötet.

Richtig ernähren

Es ist verhältnismäßig leicht, sich richtig zu ernähren und zugleich Freude an Essen und Trinken zu empfinden. Es besteht kein Zweifel, unsere Ernährung wird nicht durch den Instinkt gesteuert. Einige Grundkenntnisse über den Energie- und Nährstoffbedarf und die lebenswichtigen Bestandteile der Nahrung sollte man sich deshalb aneignen.

Nahrung liefert Energie

Wir essen und trinken nicht nur, um Hunger und Durst zu stillen, sondern vor allem, um unsere Körperwärme zu erhalten und um den Körper mit der nötigen Energie »in Betrieb zu halten«; also alle organischen Funktionen und Abläufe aufrechtzuerhalten. Jedes Nahrungsmittel liefert eine bestimmte Energiemenge; sie wird heute in Joule gemessen, bis vor kurzem maß man sie in Kalorien. Joule, exakt ausgedrückt Kilojoule, wird abgekürzt kJ geschrieben und Kalorie, exakt Kilokalorie, mit kcal abgekürzt.

Der Energiebedarf des Menschen ist medizinisch-wissenschaftlich exakt meßbar. Ein nüchterner Mensch braucht zum Beispiel bei vollkommener Muskelruhe – nur um seine Körperfunktionen aufrecht zu erhalten – 6300–7140 kJ/1500–1700 kcal am Tag. Dieser Energieverbrauch ist der Grundumsatz; er liegt bei Frauen um etwa 10% niedriger als bei Männern.

Die Deutsche Gesellschaft für Ernährung hat Empfehlungen für die tägliche Energiezufuhr – abhängig von der Tätigkeit und vom normalen Körpergewicht – formuliert.

Tätigkeit		Alter (Jahre)	kJ	kcal
leichte körperliche Arbeit, Berufe wie Lehrer, Uhrmacher, Buchhalter, Schneiderin, Friseuse, Hausfrau (mit arbeitserleichternden Geräten)	männlich männlich männlich weiblich weiblich	25 45 65 25 45	10920 10080 9200 9240 8400	2600 2400 2200 2200 2000
mittelschwere Arbeit, Berufe wie Briefträger, Schlosser, Metzger, Hausfrau mit Kindern (ohne arbeitserleichternde Geräte)			täglich zusätzlich: 2520	600
schwere Arbeit, Berufe wie Wegearbeiter, Bauzimmerer, Winzer			täglich zusätzlich: 5040	1200

Bei körperlicher Arbeit oder sportlicher Betätigung steigt der Energieverbrauch. Wie gering jedoch der Verbrauch an Energie tatsächlich ist, zeigt die folgende Aufstellung von häufig betriebenen Betätigungen, die fälschlicherweise für ausreichende »Schlankmacher« gehalten werden:

Zeit	Tätigkeit	kJ	kcal	entspricht
3 Minuten	intensive Gymnastik	84	20	1 Karamelbonbon
8 Minuten	Kegeln	168	40	1 Scheibe Knäckebrot
12 Minuten	Rasenmähen mit der Hand	273	65	1 mittelgroßer Apfel
12 Minuten	Schwimmen	420	100	1 Scheibe Mischbrot, 40 g
40 Minuten	Hausputz	630	150	1 Portion, das heißt 50 g Schlagsahne
50 Minuten	Schnelles Spazierengehen	1218	290	1 Stück Schwarzwälder Kirschtorte
47 Minuten	Tennisspielen	1575	375	1 Paar Frankfurter Würstchen
2 Stunden und 5 Minuten	Tanzen	2310	550	1 Flasche Rotwein, 0,7 l

Grundregeln für richtige Ernährung

Die täglichen Mahlzeiten sollen vielseitig und abwechslungsreich sein; auf diese Weise wird der Körper am besten mit den notwendigen Nährstoffen versorgt. Im Laufe eines Tages sollten die Mahlzeiten pro Person folgende Nahrungsmittel enthalten:

Vollkornbrot	1–2 Scheiben
Obst	etwa 200 g
Gemüse	200 g; nur kurz gedünstet
Rohkost	2–3 Eßlöffel; vom grünen Salat bis zum Rettich
Kartoffeln	etwa 200 g; Pellkartoffeln enthalten viele Vitamine und Mineralstoffe
mageres Fleisch	(150 g) oder Fisch (200 g) oder 2 Eier; einen Teil des Fleisches können Sie gegen Wurst austauschen
Vollmilch, Buttermilch, Joghurt	1/4–1/2 l oder 100 g Magerquark oder 50 g Käse
Öl	für Salate verwenden; beim Kochen sparsam damit umgehen
mit Zucker	geizen, 2 Eßlöffel genügen; übersehen Sie dabei nicht die Süßigkeiten
Salz	zurückhaltend verwenden; mit Gewürzen und Kräutern erzielen Sie einen besseren Geschmack

Der tägliche Kalorienbedarf sollte zu 15% aus Eiweiß (2/3 tierisches, 1/3 pflanzliches Eiweiß) gedeckt werden, zu 25–35% aus Fett und zu 50–60% aus Kohlenhydraten.

Eiweiß

ist ein lebenswichtiger Aufbaustoff. Milch, Quark, Joghurt, Käse, Fisch, Fleisch und Eier sind als tierische Produkte reich an hochwertigem Eiweiß. In Kartoffeln, einigen Gemüsesorten, in Hülsenfrüchten, Nüssen und Getreideprodukten ist ebenfalls Eiweiß enthalten. Der Körper setzt es besonders günstig um, wenn es zusammen mit tierischem Eiweiß verspeist wird.

Fett

liefert konzentriert Energie, doppelt so viele Joule/Kalorien wie andere Hauptnährstoffe. Als Faustregel gilt: auf je 1 kg Körpergewicht 1 g Fett am Tag essen. Aber diese Fettmenge besteht zur Hälfte aus »versteckten«

Fetten. Die Höchstmenge von 80 g Fett pro Tag – die »versteckten« Fette mitgerechnet! – sollte nicht überschritten werden.

Kohlenhydrate
machen mengenmäßig den Hauptanteil an unserer Nahrung aus. Außer mit dem Zucker und in Süßwaren verzehren wir Kohlenhydrate als Stärke in Getreideerzeugnissen, im Brot, in Kartoffeln und als Zellulose in Obst und Gemüse. Viele Lebensmittel enthalten neben Kohlenhydraten aber auch wertvolle Mineralstoffe und Vitamine so Vollkornbrot, Haferflocken und Gemüse. Als Faustregel gilt: auf je 1 kg Körpergewicht (Sollgewicht) 5 g Kohlenhydrate am Tag.

Mineralstoffe und Vitamine
sind lebensnotwendige Wirkstoffe. Bei abwechslungsreicher Kost besteht keine Gefahr, von diesen Wirkstoffen zu wenig aufzunehmen. Wichtig sind allerdings eine die Nährstoffe schonende Lagerung sowie Vor- und Zubereitung; das bedeutet: Lebensmittel kühl und dunkel lagern, Obst und Gemüse unzerkleinert waschen, niemals wässern, kurze Garzeiten, Kochflüssigkeit weiterverwenden, wenig Wasser zugeben, Warmhalten und Aufwärmen vermeiden.

Die Vitamine A, D und E kommen vor allem in Fetten und fetthaltigen Nahrungsmitteln vor, Vitamin A in kräftig gefärbtem Gemüse wie Spinat, Karotten, Grünkohl und Tomaten. Vitamin B liefern vor allem Getreideprodukte, Milch, Quark, Hefe, Hülsenfrüchte und bestimmte Gemüsearten. Vitamin C ist vor allem in Wildfrüchten, Zitronen und Orangen, schwarzen Johannisbeeren, in Sauerkraut und ebenfalls in einigen Gemüsearten enthalten.

Welches Fett wofür

Speisefette werden aus besonders fetthaltigen tierischen oder pflanzlichen Nahrungsmitteln gewonnen. Der menschliche Körper ist darauf eingestellt, sowohl tierisches als auch pflanzliches Fett zu verwerten. Wenn wir gesund sind und nicht wegen einer notwendigen Diät auf bestimmte Fette verzichten müssen, sollten wir in vernünftigem Maße beide Fettarten in unseren Speiseplan mit einbeziehen.

Chemisch besteht reines Fett immer aus Glyzerin und Fettsäuren, und zwar aus gesättigten, einfach ungesättigten und mehrfach ungesättigten Fettsäuren. Eine Sonderstellung innerhalb der mehrfach ungesättigten Fettsäuren nehmen die essentiellen Fettsäuren ein (Linolsäure, Linolensäure). Essentiell bedeutet, daß ihre Aufnahme mit der Nahrung für uns lebenswichtig ist, weil unser Körper sie nicht selbst aus anderen Stoffen bilden kann. Sie erfüllen beispielsweise wichtige Funktionen beim Stoffwechsel, der in den Zellen stattfindet. Besonders reich an ungesättigten Fettsäuren sind Distelöl (75%), Sonnenblumenöl (65%) und Sojaöl (62%). Margarinesorten, die auf der Verpackung als Diätmargarine ausgewiesen sind, haben mindestens 50% ungesättigte Fettsäuren.
Speisefette unterscheiden sich jedoch nicht nur in der Zusammensetzung der Fettsäuren, sondern auch darin, wieviel reines Fett, wieviele Vitalstoffe, Eiweißstoffe, wieviel Wasser in ihnen enthalten sind. Von der Zusammensetzung hängt nicht nur die Wirkung, die sie auf unsere Körperfunktionen haben, ab, sondern auch ihre Eignung für die Zubereitung der verschiedenen Gerichte. Deshalb sei hier das Wichtigste über die einzelnen tierischen und pflanzlichen Fette und ihre Verwendung in der Küche gesagt.

Tierische Fette

Butter,
aus der Sahne der Kuhmilch gewonnen, hat einen Fettanteil von etwa 83%. Sie enthält außerdem Eiweiß, Milchzucker, fettlösliche Vitamine, Lezithin, Cholesterin und Wasser. Wie die meisten Fette, die schon bei niedriger Temperatur schmelzen – der Schmelzpunkt von Butter liegt etwa bei 30°C –, ist Butter leicht verdaulich. Butter wird aber bereits bei 100°C braun, bei über 120°C verbrennt sie, wird dunkelbraun und ist der Gesundheit unzuträglich. Butter spritzt wegen ihres hohen Wassergehaltes beim Braten. Sie eignet sich deshalb nicht zum Braten oder zum Fritieren, sondern nur zum Dünsten, Backen und leichten Bräunen.

Butterschmalz
wird durch Ausschmelzen von Butter gewonnen. Die Butter wird dabei weitgehend von Wasser, Milchzucker und Eiweißstoffen befreit. Es eignet sich hervorragend zum Braten, weil es auch bei höheren Temperaturen nicht verbrennt.

Milchhalbfett
ist ein aus Sahne oder Butter hergestellter Brotaufstrich mit nur 39–41% Fettgehalt, der zum Backen und Braten nicht geeignet ist.

Schlachttierfette
wie Schweineschmalz, Gänse- oder Entenschmalz, Rindertalg und Tran sind wasserfrei und hoch erhitzbar. Sie eignen sich zum Braten und Dünsten, nur bedingt zum Fritieren.

Pflanzliche Fette

Sie kommen als Speiseöle und deren Produkte wie Margarine, Brat- und Fritierfett oder Plattenfett in den Handel.

Speiseöl
wird mit Ausnahme des Olivenöls aus den verschiedensten Pflanzensamen gewonnen. Sie werden bei niedrigen oder hohen Temperaturen ausgepreßt oder durch ein chemisches Verfahren ausgelaugt.
Das qualitativ beste Öl ist das kalt gepreßte. Es enthält sehr viel ungesättigte Fettsäuren. Kalt gepreßtes Öl sollte deshalb niemals erhitzt, sondern nur für Salatsaucen verwendet werden. Durch das Heißpreßverfahren wird zwar die Ölsaat besser ausgenutzt, Qualität und Gehalt an essentiellen Fettsäuren und Vitaminen nehmen aber ab.

Olivenöl
wird nicht aus dem Samen der Pflanze, sondern aus dem zerkleinerten Fruchtfleisch der Olive gepreßt. Sein Anteil an mehrfach ungesättigten Fettsäuren ist gering (etwa 8%). Seines markanten Geschmacks wegen wird es jedoch auch gern in der Salatküche verwendet.
Gemische aus verschiedenen Ölen tragen die Bezeichnungen Tafel-, Salat-, Koch-, Back- oder Mischöl.

Margarine
gleicht in Konsistenz und Anwendungsbereich Butter, ist aber ein Produkt aus überwiegend pflanzlichen Fetten.

Halbfettmargarine
mit vermindertem Fettgehalt ist nur Brotaufstrich.

Brat- und Fritierfette
sind Öl sowie Kokos- und Palmkernfett. Sie können ohne zu verbrennen auf etwa 200 Grad C erhitzt werden.

MASSE UND GEWICHTE

Maße und Gewichte

Genaues Messen und Wiegen der Zutaten, ihre richtige Dosierung und Mischung sind Voraussetzung für das Gelingen der Speisen.

Die Waage zeigt exakt das Gewicht an. Doch wer möchte für so kleine Mengen wie etwa 20 g Butter, 40 g Zucker oder Mehl die Küchenwaage benützen? Viel einfacher ist es, derartige Mengen mit dem Löffel oder mit der Tasse zu messen. Wir haben in den Rezepten dieses Buches jedenfalls nur in den Fällen kleinere Mengen in Gramm, Deziliter, Zentiliter oder Kubikzentimeter angegeben, wo das Gelingen einer Speise – meist eines Gebäcks – weitgehend vom wirklich exakten Einhalten dieser Mengen abhängig ist. Wir empfehlen Ihnen deshalb, in Ihrem Haushalt stets die gleiche Tasse, den gleichen Eß- oder Teelöffel als Meßgefäß zu verwenden und zu prüfen, ob deren Fassungsvermögen mit den im folgenden angegebenen Mengen übereinstimmen.

Als kleine Hilfe für das Umrechnen der gebräuchlichen Maßangaben hier eine Umrechnungstabelle:

1 Liter (l)	Wasser, Milch, Brühe, Wein, Saft =
1 Kilogramm (kg)	= 1000 Gramm (g)
	= 10 Deziliter (dl) = 100 Zentiliter (cl) = 1000 Kubikzentimeter (ccm)
¼ l	= 2,5 dl oder 25 cl oder 250 ccm; das sind etwa 16 Eßlöffel oder 1 Suppenteller
⅛ l	= 125 g oder 1,25 dl oder 12,5 cl oder 125 ccm; das sind etwa 8 Eßlöffel oder knapp 1 Tasse
¹⁄₁₆ l	= 62,50 g oder 0,625 dl oder 6,25 cl oder 62,50 ccm; das sind etwa 4 Eßlöffel oder 12 Teelöffel
2 cl	= 20 ccm, das sind etwa 4 Teelöffel oder 1 Schnapsglas

Das Binden von Flüssigkeit

Flüssigkeit läßt sich mit bestimmten Produkten sämig, breiig oder zum Stürzen binden. Hier eine Aufstellung über die am häufigsten verwendeten Produkte zum Binden von Flüssigkeit.

Für jeweils 1 Liter Flüssigkeit benötigt man folgende Mengen:

Bindemittel	Suppe	Sauce	Brei	Zum Stürzen
Arrowroot	20–30 g	30–40 g	50 g	80–100 g
Gelatine	—	—	—	16–20 Blätter 2 Päckchen gemahlene
Grieß	60 g	—	100 g	140 g
Haferflocken	60 g	—	120 g	
Mehl	30–40 g	50–80 g	100–120 g	
Reis	40 g	—	160–200 g	250 g
Sago	40 g	—	—	120–140 g
Speisestärke	30 g	40–50 g	60–70 g	90–100 g

Messen mit Löffeln oder Tassen

Der Inhalt einer Tasse entspricht etwa dem eines zur Hälfte gefüllten Suppentellers. ⅛ Liter enthält etwa 8 Eßlöffel und 1 Eßlöffel etwa 3 Teelöffel.

Die in den Rezepten gebrauchten Löffelmaße bedeuten 1 gestrichenen Löffel voll. Wenn ein gehäufter Löffel voll als Zutat benötigt wird, ist dies ausdrücklich vermerkt.

Produkt	1 gestrichener Teelöffel	1 gestrichener Eßlöffel	1 knapp volle Tasse
Backpulver	3 g	10 g	—
Butter	5 g	15 g	—
Cornflakes	—	2 g	15 g
Frischkäse	7 g	20 g	170 g
Gelatine, gemahlen	3 g	10 g	
Graupen	5 g	15 g	120 g
Grieß	4 g	12 g	100 g
Haferflocken	—	10 g	70 g
Honig	10 g	30 g	—
Joghurt	5 g	15 g	100 g
Käse, gerieben	3 g	10 g	80 g
Kakaopulver	2 g	6 g	75 g
Kräuter, gehackt	2 g	6 g	—
Leinsamen	4 g	12 g	
Margarine	5 g	15 g	
Marmelade/Gelee	7 g	20 g	—
Mayonnaise	10 g	30 g	240 g
Meerrettich, gerieben	5 g	15 g	—
Mehl	3 g	10 g	80 g
Nüsse, gerieben	6 g	20 g	150 g

MASSE UND GEWICHTE

Öl	3 g	9 g	75 g
Puderzucker	3 g	10 g	85 g
Reis	5 g	15 g	120 g
Sahne	5 g	15 g	160 g
Salz	5 g	15 g	—
Schokoladenpulver Instant	2 g	6 g	—
Semmelbrösel	3 g	10 g	80 g
Speisestärke	5 g	15 g	110 g
Tomatenmark	7 g	20 g	—
Wasser, Brühe, Milch	5 g	15 g	125 g
Zucker	5 g	15 g	120 g

Wieviel wird serviert?

Wer seine »Esser« kennt, wird die Mengenangaben gegebenenfalls nach eigenen Erfahrungen berichtigen, also auf- oder abrunden. Alter und Beruf oder Lebensweise, aber auch die Jahreszeit bestimmen den Appetit eines Menschen. Die Angaben sind deshalb nur als Richtwerte anzusehen.
Pro Mahlzeit rechnet man für einen Erwachsenen folgende Mengen:

Suppe	als Vorspeise	⅛–¼ l
	als Hauptgericht	¼–⅜ l
Sauce		¹⁄₁₆–⅛ l
Austern		6–12 Stück
Kaviar		30–40 g
Muscheln		400 g
Fisch	mit Gräten	250 g
	ohne Gräten	200 g
Fleisch roh	mit Knochen	200–250 g
	ohne Knochen	100–200 g
	für den Eintopf	100–125 g
Leber		125 g
Brathähnchen		250–400 g
Huhn	als Frikassee	200–250 g
Gemüse	als Beilage (geputzt)	150–200 g
	als Hauptgericht	300–350 g
Kartoffeln	als Beilage	150–200 g
	als Hauptgericht	300 g
Reis	als Beilage	50–75 g
	als Hauptgericht	75–100 g
Teigwaren	als Beilage	50–75 g
	als Hauptgericht	75–100 g
	als Suppeneinlage	25 g
Hülsenfrüchte (trocken)	als Hauptgericht (mit Fleisch, Wurst, Kartoffeln)	80 g
Hülsenfrüchte (Naßkonserven)	als Beilage	200 g
Obst	frisch oder als Kompott	200 g / 200 g
Dörrobst	für Kompott	60 g
Quarkspeise		100 g
Dessert		⅛ l

Pannenhilfen

Mißgeschicke passieren geübten Köchen wie Anfängern. Oft kann der Schaden behoben, Versalzenes entschärft, Zerbrochenes »geleimt« werden. Meist läßt er sich soweit reparieren, daß das Gericht – wenn auch mit einer kleinen Geschmackseinbuße – noch verzehrt werden kann. Es kommt jedoch darauf an, rasch und besonnen zu reagieren.
Die folgende kleine Aufstellung sagt Ihnen, wie Sie bei Pannen, die beim Kochen häufig vorkommen, die Situation retten können.

Angebrannte Speisen
Das Gargut sofort in einen anderen Topf schütten. Alle angebrannten Teile entfernen. Gemüse oder Kartoffeln in frischem Wasser mit wenig Salz fertig garen. Suppen und Saucen mit einer passenden Flüssigkeit auffüllen, gegebenenfalls mit wenig angerührtem Mehl oder Speisestärke binden. Salzige Gerichte kräftig würzen. Zu Süßspeisen Fruchtsaucen oder Kompotte reichen, die den Geschmack neutralisieren.

Braten ist verbrannt
Die schwarze Kruste abschneiden und den Braten noch einmal kurz übergrillen. Wurde beim Braten die Garzeit überschritten und der Braten dadurch zäh, das Fleisch mit Cognac oder Wodka übergießen und etwa 10 Minuten nachbraten.

Bratensauce ist zu hell
Mit Zucker-Couleur färben: 1 Teelöffel Zucker in einer nichtbeschichteten Pfanne bräunen lassen. Mit 2 bis 3 Eßlöffeln Wasser ablöschen und zur Sauce geben.

Bratwürste sind geplatzt
Die Würstchen häuten, in gleich große Stücke schneiden und in einer passenden Sauce servieren.

Butter ist zu hart
Eine mit sehr heißem Wasser ausgespülte Porzellan- oder Steingutschüs-

Soll Butter rasch streichfähig werden, eine heiße Schüssel darüber stülpen.

PANNENHILFEN

sel darüberstülpen und einige Minuten stehen lassen. Danach ist die Butter streichfähig.

Buttercreme/Buttersauce ist geronnen
Die Creme oder Sauce sehr langsam im Wasserbad erwärmen. Dabei mit dem Schneebesen glattrühren; ab und zu von der Herdstelle nehmen.

Eier sind geplatzt
Sofort aus dem Kochwasser nehmen, in Alufolie wickeln, erneut in kochendes Wasser geben und fertig kochen. Die Eier laufen in Folie verpackt nicht aus.

Eischnee wird nicht steif
Mit einigen Tropfen Zitronensaft oder einer Messerspitze Salz steif schlagen.

Fisch zerfällt beim Kochen
Von den Gräten lösen. Das Fischfleisch grob zerkleinern und in einer Sauce reichen, die aus dem Fischsud bereitet wurde. Oder erkalten lassen und mit passenden Zutaten wie Erbsen, Sellerie- und Apfelstückchen und einer Mayonnaisesauce zu einem Salat verarbeiten.

Flammeri wird nicht fest
2 bis 3 Blätter farblose Gelatine in kaltem Wasser einweichen, auspressen und mit 2 Eßlöffeln Wasser oder Milch erhitzen. Wenn die Gelatine aufgelöst ist, einige Eßlöffel Flammeri unterrühren und die Mischung unter den zu weichen Flammeri schlagen. Den Flammeri etwa 2 Stunden kalt stellen.

Fleisch ist zu trocken oder zäh
Es durch den Fleischwolf drehen und zu einem Haschee verarbeiten.

Fleischbrühe ist versalzen und/oder trübe
1 bis 2 verquirlte Eiweiße einrühren, aufkochen lassen und die Brühe durch ein sehr feines Haarsieb laufen lassen. Die Brühe wird entschärft und klar.

Gelatinespeisen haben Klümpchen
Die Speise bei milder Hitze unter Rühren erwärmen, bis sie wieder flüssig ist. Sind die Klümpchen dann immer noch nicht verschwunden, die Flüssigkeit durch ein Sieb gießen, anschließend die Speise kalt stellen.

Gemüse ist welk
Ungeschält und unzerkleinert 20 Minuten in kaltes Wasser legen, anschließend in ein feuchtes Tuch einschlagen und nochmals 20 Minuten ruhen lassen. Danach ist es wieder frisch.

Hülsenfrüchte werden nicht weich
Dem Gericht eine Messerspitze Natron zufügen. Hülsenfrüchte, die gar nicht oder nicht lange genug eingeweicht wurden, gleich mit etwas Natron ankochen.

Kuchen ist zu braun geworden
Die verbrannten Stellen mit einem feinen Reibeisen abreiben. Den Kuchen entweder dick mit Puderzucker übersieben oder mit einer passenden Glasur überziehen.

Kuchen ist nicht durchgebacken
Den Kuchen durchschneiden, die »klitschigen« Stellen abschneiden. Den Kuchen mit einer passenden Creme füllen.

Kuchen löst sich nicht aus der Form
Den Kuchen in der Form auf eine Platte stürzen. Ein feuchtes, warmes Tuch auf die Form legen, bis der Kuchen sich löst.

Kuchen ist zu trocken
Den Kuchen mehrmals mit einem Holzstäbchen einstechen, mit Fruchtsaft – nach Belieben mit einem passenden Schnaps gewürzt – beträufeln und den Saft einziehen lassen.

Kuchen zerbricht beim Herauslösen aus der Form
Die Bruchstellen mit verquirltem Eiweiß bestreichen, zusammensetzen und etwas andrücken, gegebenenfalls mit einer Glasur überziehen.

Mayonnaise ist geronnen
Ein frisches rohes Eigelb mit etwas Salz verrühren und tropfenweise etwa 2 Eßlöffel Öl zugeben. Danach die geronnene Mayonnaise halbteelöffelweise unterrühren.

Pommes frites sind zu weich
Vor dem Servieren noch einmal kurz in sehr heißes Fritierfett tauchen.

Salate mit Mayonnaisesauce sind zu dünn
1 bis 2 hartgekochte, kleingeschnittene Eier unter den Salat heben; kurze Zeit durchziehen lassen. Die Eier saugen viel Flüssigkeit auf.

Sauce oder Suppe ist zu dünnflüssig
Mit angerührtem Mehl, Speisestärke oder einem Mehl-Fett-Kloß binden und nach Bedarf mit Sahne oder Wein verfeinern.

Sauce oder Suppe hat Klümpchen
Durch ein feines Haarsieb gießen.

Speisen versalzen
Suppen oder Saucen mit Sahne, Milch oder Wasser verdünnen. 1 bis 2 ganze geschälte rohe Kartoffeln oder einige Brotrinden mitkochen. Sind Suppe oder Sauce stark versalzen, dann etwa 1/4 des Gerichts abnehmen, durch neue Flüssigkeit und eine entsprechende Menge der Hauptzutat ersetzen oder mit einer neutralen Einlage wie gegartem Reis oder Teigwaren binden.
Von versalzenem gedünstetem oder gekochtem Gemüse die Garflüssigkeit abgießen, das Gemüse kurz mit heißem Wasser überbrausen und abtropfen lassen. Eine dicke Sauce bereiten und das Gemüse in der Sauce reichen. Etwas Zucker hilft außerdem, versalzene Speisen zu neutralisieren.

Töpfe mit eingebrannten Speisen
Sofort mit kaltem Wasser füllen, einige Stunden aufweichen lassen. Sind die Reste hartnäckig, 1/2 bis 1 Liter Wasser einfüllen, 1 Eßlöffel Scheuerpulver oder Waschpulver zufügen und das Wasser langsam zum Kochen bringen. Wirksam ist auch eine Essig-

Hartnäckig eingebrannte Speisereste kocht man mit einer Lauge aus Waschpulver oder Scheuerpulver los.

essenz-Verdünnung von 1 Teil Essigessenz und 2 Teilen Wasser, die man im Topf kochen läßt.

Tortenboden ist zerbrochen
Die zerbrochenen Tortenbodenstücke nebeneinander auf eine Tortenplatte legen und mit einem passenden Schnaps oder Likör oder mit Obstsaft tränken. Eine Schicht Schlagsahne oder Creme auftragen, mit Tortenbodenstücken, ersatzweise mit Löffelbiskuits bedecken. Die Torte dick mit Sahne oder Creme bestreichen und locker in Folie verpackt einen Tag im Kühlschrank durchziehen lassen.

Zwiebeln sind zu braun gebraten
Fleisch aus der Pfanne nehmen und schwarze Zwiebeln mit dem Fett wegschütten. Eine weitere geschälte, kleingeschnittene Zwiebel in frischem Fett anbraten, das Fleisch wieder einlegen und fertig garen.

Zum Nachschlagen

Rezept- und Sachregister mit Küchenlexikon

Auf den folgenden Seiten finden Sie in alphabetischer Ordnung die Rezepte dieses Buches mit ihrem Titel aufgeführt,

- also Ramequin zum Beispiel unter R
- außerdem auch unter dem jeweiligen Oberbegriff – in unserem Beispiel Ramequin unter »Auflauf«
- und schließlich unter den benötigten Hauptzutaten – also Ramequin auch noch unter »Käse«.

Selbstverständlich ist auch jedes im Buch vorkommende Stichwort hier nochmal verzeichnet. Darüber hinaus gibt das »Register« Auskunft über das internationale »Küchen-Latein« und enthält zusätzlich noch besondere Praktiken und Begriffe sowie Kurzbeschreibungen von Rezepten, die in den einzelnen Kapiteln nicht berücksichtigt werden konnten.

Geradestehende Ziffern verweisen auf eine Textseite,
schräggestellte – *kursive* – verweisen auf eine Farbbildseite.

Die Zutaten sind – wenn nicht anders angegeben – für 4 Personen berechnet.

A

Aachener Printen: Lebkuchenart. Eine Spezialität aus der Stadt Aachen aus Rübensirup, Zucker, Gewürzen und Orangeat. Der Teig muß vor dem Backen einige Tage ruhen. Die rechteckigen Printen werden mit Hagelzucker bestreut oder mit Zuckerguß überzogen.
Aal 111
Aal häuten 112
Rezepte:
 Aal grün: Frische, gehackte Kräuter wie Estragon, Kerbel, Petersilie, Salbei, Sauerampfer und Thymian in Butter anbraten, aber nicht bräunen lassen. In etwa 5 cm lange Stücke geschnittenen, gehäuteten Aal zufügen und mitbraten. Mit Weißwein ablöschen. Die Aalstücke salzen, pfeffern, dann garen. Die Kräutersauce mit Eigelb legieren und mit Zitronensaft abschmecken.
 Aal in Dillsauce: Stücke von frischem, gehäutetem Aal in einem Sud aus Salzwasser mit Dillstengeln und Zwiebelringen weichkochen. Aus dem durchgeseihten Sud eine dicke, helle Sauce bereiten, mit saurer Sahne und Butter verfeinern und reichlich frischen, gehackten Dill unterrühren. Die Aalstücke anrichten und mit der Sauce übergießen.
Aal in Champignonsauce 125
Aalbrot 368
Aalsuppe 40
Aalrutte 105
Rezept:
 Gebratene Aalrutte 123
Abalonen 92
Abbalgen von Hasen 230
Abflämmen von Geflügel 241
Abflammen 538
Abgedeckte Querrippe 128
Abgedecktes Leiterstück 128

Abgießen: Das Kochwasser vom Kochgut abgießen. Kleinförmiges Kochgut wie Teigwaren oder Reis gießt man in ein Sieb. Von größerem Kochgut wie Kartoffeln, Roter Bete oder Eiern gießt man das Kochwasser ab, indem man den Topfdeckel einen Spalt breit öffnet, ihn mit Topflappen festhält und das Wasser abfließen läßt. Dabei entweicht heißer Dampf. Sich nicht zu dicht über den Topf beugen. Siehe auch 305.
Abhängen von Fleisch 127
Ablöschen: Angebratenes Mehl unter Rühren nach und nach mit kalter oder heißer Flüssigkeit zu einer Suppe oder Sauce auffüllen. – Bratensatz von Fleisch durch Zugabe von Flüssigkeit unter Rühren vom Bratgeschirr lösen. Die Flüssigkeit wird dabei bis zum Kochen erhitzt.
Abschäumen: Den Schaum, der sich durch gerinnende feinste Eiweißteilchen in einer Kochbrühe bildet, abschöpfen. Dieser Vorgang muß meist wiederholt werden, da sich in den ersten Kochminuten immer wieder neuer Schaum bildet.
Abschlagen von Creme 390
Abschmälzen: Eine gegarte Speise – hauptsächlich Teigwaren – mit zerlassener Butter oder einem anderen Fett übergießen.
Abschmecken: Eine Speise am Ende der Fertigstellung probieren und mit passenden Gewürzen – Salz, Zucker, Zitronensaft, Essig, Wein oder einer Würzsauce – geschmacklich vollenden. In den Rezepten dieses Buches wird stets angegeben, mit welchen Zutaten ein Gericht abgeschmeckt werden kann.
Abschmecken von Saucen 382.
Abschrecken: Das Übergießen oder Überbrausen von hei-

ßem Gargut mit kaltem Wasser. Dabei wird der Garvorgang unterbrochen und die Temperatur rasch gesenkt. Siehe auch 321, 339.
Abwällen siehe Brühen 529
Acajounüsse 414
Ackersalat siehe Feldsalat 54
Äpfel 404
Rezepte:
 Äpfel in Rotwein gedünstet: Geschälte und vom Kerngehäuse befreite Äpfel in dicke Scheiben schneiden und in einem Sud aus Rotwein, Zitronensaft, Zitronenschale und Zimtstange pochieren.
 Apfelschnee: Bratäpfel häuten und durch ein Sieb streichen, mit Zitronensaft würzen, Zucker und Eiweiße unterrühren und die Masse mit dem Rührbesen des elektrischen Rührgeräts schlagen, bis sie schaumig und fast steif ist. Mit Johannisbeergelee garnieren.
Apfel im Schlafrock 418
Apfelauflauf 418
Apfelbeignets siehe Apfelküchlein 416
Apfel-Cobbler 504, *523*
Apfelgelee 517
Apfelkompott 416
Apfelkuchen 464
Apfelkuchen vom Blech 440
Apfelküchlein *407*, 416
Apfel-Meerrettich-Sahne 380
Apfelmus 416
Apfel-Orangen-Chutney 506, 519
Apfelsaft 517
Apfelschaum 417
Apfelstrudel *474*, 482
Apfeltaschen 459, *472/473*
Bratäpfel *407*, 417
Ebereschen-Apfel-Gelee 517
Eingemachtes Apfelkompott 514
Eingemachtes Apfelmus 514
Englische Apfelsauce 388
Ente mit Äpfeln gefüllt 224
Gans mit Äpfeln gefüllt 225
Gedeckter Apfelkuchen 464
Gefüllte Bratäpfel 417

Gegrillte Apfelscheiben mit
  Vanillesahne 416
Himmel und Erde 317
Kastanienpüree mit Rot-
  wein-Äpfeln 431
Meringen-Äpfel 417
Möhren-Apfel-Rohkost 65,
  67
Reis-Rosinen-Betti 336
Rhabarber-Apfel-Kompott
  427
Rindfleisch-Apfel-Salat 77
Schlupfkuchen mit Äpfeln
  454
Vanille-Äpfel 416
Äsche 105
Afghanischer Pilaw 44
Ahornsirup: Kanadische Spe-
  zialität. Aus dem Stamm jun-
  ger Ahornbäume gezapfter
  süßer Saft. Bei uns dick ein-
  gekocht als Maple Sirup im
  Handel. Ahornsirup ist in der
  Küche vielseitig verwendbar.
Aioli *386*, 389
Ajvar: Serbische Spezialität.
  Würzige Paste aus roten Pa-
  prikaschoten.
Alasca King crabs 95
Al dente (italienisch, dente =
  Zahn): Kulinarischer Aus-
  druck für einen bestimmten
  Gargrad vorwiegend bei
  Teigwaren und Gemüse. »Al
  dente« ist ein Nahrungsmittel
  gegart, wenn es Gaumen und
  Zähnen noch Widerstand
  entgegensetzt, sich aber noch
  leicht zerteilen läßt. Siehe
  auch 321.
Ale: Obergäriges englisches
  Bier. Pale Ale ist stark ge-
  hopft und herb im Ge-
  schmack. Mild Ale ist stärker
  eingebraut, weniger gehopft
  und im Geschmack ähnlich
  wie Altbier.
Alkoholgehalt von Wein 554
Allgäuer Tomatensalat siehe
  Tomaten
Allgewürz 552
Alltagsmenüs 13 ff.
Almond fingers (englisch, al-
  mond = Mandel, finger =
  Finger): Gefüllte Mürbeteig-
  plätzchen. Die Füllung be-
  steht aus Marmelade und
einer Mandel-Makronen-
  Masse.
Amalfi-Feigen: Frische Feigen
  längs halbieren, mit dünnen
  Scheiben von Lachsschinken
  umwickeln und diese mit
  Holzspießchen feststecken.
  Als Vorspeise oder als Par-
  ty-Snack reichen.
Ambrosia-Creme 393
American Dressing 90
Amerikaner: Flaches, rundes
  Gebäck aus einem festen
  Backpulverrührteig, der beim
  Backen hügelförmig aufgeht.
  Die flachen Unterseiten der
  Amerikaner werden noch
  warm mit Zuckerguß oder
  Schokoladenglasur überzo-
  gen.
Amerikanische Hummer 95
Amerikanische Spiegeleier 346
Amerikanische Venusmuscheln
  92
Amoretti: Italienische Mandel-
  makronen, die vor dem Bak-
  ken mit Puderzucker besiebt
  werden.
Ananas 410
  Rezepte:
  Ananaskraut siehe Sauerkraut
  Ananascreme 392
  Ananassalat »Miami« 78
  Geflügelsalat mit Ananas 81
  Gegrillte Ananasscheiben
    428
  Leber mit Ananas 190
  Nieren in Ananassauce 194
Ananaskirschen 412
Anbaugebiete von Wein 555f.
Anchovis: Mit Kräutern in Öl
  eingelegte, ausgenommene
  Sprotten (in der Nordsee,
  aber auch im Atlantik gefan-
  gen). Sie sind Bestandteil von
  hors-d'oeuvres-Platten und
  verschiedenen Salaten oder
  werden zum Garnieren ver-
  wendet. Siehe auch 104.
Anchovis-Mayonnaise 90
Angebrannte Speisen 566
Anis, Anais 548
  Rezept:
  Anisplätzchen 478
Anis-Champignon: Wildwachsender Lamellenpilz. Größer
  als der Zuchtchampignon,
von weißlicher bis zartgelber
  Farbe. Duftet stark nach
  Anis und gilt als einer der
  wohlschmeckendsten Speisepilze.
Anisette: Stark nach Anis
  schmeckender, sehr süßer,
  klarer Likör. Außer mit Anis
  mit Fenchel, Koriander und
  Veilchen gewürzt. Alkoholgehalt 30–40 Vol.%.
Anordnen der Bestecke 525
Anrichten 526
  in der Kalten Küche 366
  von Koteletts 131
  von Schnitzeln 131
  von tranchierten Braten 161
Anstäuben: Fleischsaucen oder
  Gemüse kurz vor Ende der
  Garzeit leicht mit Mehl bestäuben, dabei umrühren und
  je nach Rezept mit etwas
  Flüssigkeit ablöschen, um die
  Speise zu binden.
Antauen: Tiefgefrorene Lebensmittel aus der Verpak-
  kung nehmen und bei Raumtemperatur oder im Kühlschrank nur so weit auftauen
  lassen, daß die Randzonen
  nicht mehr hartgefroren sind.
Antipasti: Italienische Vorspeise aus Artischocken, gebratenen, kalten Auberginen,
  Pilzen, Oliven, Zwiebeln und
  aus Meeresfrüchten wie Garnelen, Muscheln und Tintenfischen, aus Thunfisch, Salami und Schinken; häufig
  mit einer Essig-Öl-Kräuter-
  Sauce angemacht.
Aperitif 520
Apfelausstecher 539
Apfelkraut: Brotaufstrich aus
  dick eingekochtem Apfelsaft
  ohne Zuckerzusatz. Das berühmte, feinsäuerliche, rheinische Apfelkraut wird aus
  ungeschälten Äpfeln gewonnen.
Apfelsinen siehe Orangen
Apfelspalter 539
Apicius 126
à point 141
Appenzeller Nudeltopf siehe
  Nudeln
Appetitsild: Filet von kleinen
Sprotten oder winzigen He-
  ringen – Silden –, in einem
  Sud aus Zucker, Salz und
  Gewürzen eingelegt, oft auf-
  gerollt.
Apricot Brandy: Aprikosenli-
  kör, aus Aprikosensaft, Zuk-
  ker, Wasser und Aprikosen-
  branntwein mit intensivem
  Aprikosenaroma. Alkoholge-
  halt 30 Vol.%.
Aprikosen 405
  Rezepte:
  Aprikosenkompott 419
  Aprikosenkuchen mit Nuß-
    haube 454, *461*
  Aprikosenmarmelade 515
  Kabinettpudding 399
  Marillenknödel 315
  Reisauflauf mit Aprikosen
    336
Aprikotieren von Gebäck 435
Aquavit: Mit Kümmeldestillat
  hergestellter Kornbrannt-
  wein. Alkoholgehalt minde-
  stens 38 Vol. %. Diesen
  Schnaps trinkt man eisge-
  kühlt. Aquavit eignet sich
  wegen seines ausgeprägten
  Kümmelaromas nicht zum
  Mixen.
Ardennenschinken 208
Argentinischer Corned-beef-
  Salat 78
Armagnac: Branntwein aus
  Wein mit feinem, mildem
  Aroma aus dem Armagnac-
  Gebiet in der Gascogne.
Arme Ritter siehe Brot
Aroma des Weines 554
Arrak: Branntwein aus Reis
  und Zuckerrohrmelasse mit
  spezifischem Geruch und Ge-
  schmack, hellgelb bis bräun-
  lichgelb. Arrak wird in In-
  dien, in Sri Lanka und auf
  Java erzeugt.
Arrowrootstärke (Pfeilwurzel-
  stärke, Marantastärke):
  Stärke aus Wurzelknollen
  verschiedener Maranta-Ar-
  ten. Wird wie Kartoffelstärke
  gewonnen und verwendet.
  Siehe auch 321.
Artischocken 52, 250
  Essen von ganzen Artischok-
    ken 294

ASIATISCHE HÜHNERSUPPE – BANANEN

Rezepte:
Artischocken mit Zitronenmayonnaise 294
Gefüllte Artischocken *257*, 295
Gefüllte Artischockenböden 369
Thunfischsalat nach Tokioer Art 83
Überbackene Artischockenböden 294
Asiatische Hühnersuppe 29
Aspik (französisch, aspic = Fleischgelee): In Gelee eingebettete Fisch-, Fleisch- oder Geflügelspeisen, die gestürzt und garniert werden. Dazu reicht man eine kalte Sauce wie Chantilly-Sauce, Ravigote, Mayonnaise, Remoulade. Siehe auch Sülze.
Rezepte:
Eier in Aspik 372, *374/375*
Himbeeraspik 421
Johannisbeeraspik 421
Aspikpulver (Sülzenpulver): Bereits gewürzte, gemahlene Gelatine zum raschen, mühelosen Bereiten von Aspik. Nach Vorschrift auf der Packung zubereiten.
Auberginen 52, 250
Rezepte:
Auberginen auf sizilianische Art 285
Auberginen mit Pilzfüllung 285
Auberginensalat mit Knoblauch 76
Gefüllte Auberginen 285
Hackfleischauflauf mit Auberginen 187
Ratatouille 286
Überbackene gefüllte Auberginen 285
Aufbrechen
einer gekochten Languste 99
von gekochtem Hummer 99
Auflauf
Rezepte:
Eierauflauf: Die Eigelbe von hartgekochten, längs halbierten Eiern mit Senf, Sardellenpaste, Öl und Schmelzkäse verrühren und in die Eihälften füllen. Rohe Eier mit Milch, geriebenem Käse, Salz, Pfeffer, Majoran und Petersilie verquirlen, über die gefüllten Eihälften gießen und im Backofen backen, bis die Eiermilch gestockt und an der Oberfläche goldbraun ist.
Apfelauflauf 418
Blumenkohlauflauf 275
Cannelloni 186
Feiner Rhabarberauflauf 428
Griechischer Hackfleischauflauf 187
Grießauflauf mit Kirschen 333
Hackfleischauflauf mit Auberginen 187

Käseauflauf 358
Käse-Weißbrot-Auflauf 358
Kartoffelgratin *310/311*, 317
Lasagne al forno 324, *330/331*
Leberauflauf 193
Mettwurst-Auflauf 209
Nieren-Auflauf 194
Nudelauflauf mit Schinken 324, *330/331*
Quarkauflauf 365
Ramequin 358
Reisauflauf mit Aprikosen 336
Sauerkrautauflauf 277
Spinat-Reis-Auflauf 281
Aufschlagen siehe Montieren
Aufschlagen von Eiern 338
Aufschnittplatten 526
Auftauen von Gefriergut 562
Aufwallen: Erreicht eine Flüssigkeit oder eine flüssige Speise wie Sauce oder Suppe den Siedepunkt, bilden sich zuerst kleine Wellen an der Oberfläche. Die Flüssigkeit wallt, bevor sie zum sprudelnden Kochen kommt. Dieses Aufwallen genügt bereits zum Garen einiger Speisen.
Augsburger Zwetschgendatschi 445
Ausbacken 531
Ausbackteig 485
Ausbraten: In Würfel oder Scheiben geschnittenen Speck so lange braten, bis alles Fett ausgetreten ist und Speckscheiben oder -würfel kroß und braun sind. Zerkleinerten Flomen brät man aus, um Schmalz zu erhalten.
Ausfetten von Formen 434
Ausgebackener Tintenfisch 102
Ausgerollter Mürbeteig 464
Ausgezogene Fensterkücherl 448
Auslegen: Das Auskleiden von Formen mit Pergamentpapier, Speckscheiben oder Teig. Eine Kuchenform dünn ausfetten, mit passend zurechtgeschnittenem Pergamentpapier so auslegen, daß die Innenflächen völlig bedeckt sind und das überstehende Papier abschneiden.

Vor dem Einfüllen der Teigmasse das Pergamentpapier nochmals dünn mit Öl bestreichen. – Terrinenformen dicht mit dünnen Scheiben von frischem Speck auslegen. Die Speckscheiben müssen dabei so weit über den Rand der Form stehen, daß die eingefüllte Masse völlig mit den Speckscheibenenden bedeckt werden kann. – Für Pasteten die Form mit Teig auslegen. Alle Flächen der Form auf der Teigplatte markieren und ausrädeln. Für eine Kastenform Teigauskleidung in einem Stück ausschneiden, zusammenklappen und in die gefettete Form legen. Die Pastetenmasse mit einem Teigstreifen bedecken.

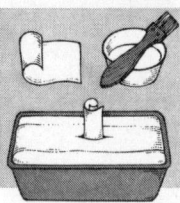

In die Teigdecke ein rundes Loch schneiden und darin ein zu einem »Kamin« zusammengerolltes Stück Alufolie als Abzug für den sich während des Garens bildenden Dampf befestigen.
Auslese, Prädikatsstufe von Wein 556
Ausnehmen
von Fischen 111
von Geflügel 241
von Hasen 230
von Tintenfischen 94
Auspalen von frischen Erbsen 252
Ausquellen von Vollkornmehl oder -schrot 321
Ausrollen von Blätterteig 456
Ausstechen von Blätterteig 456
Ausstechförmchen 434, *536*
Austern
Austernbrecher 94
Bezeichnungen von Austern 92
Gewichtsklassen 92
Rohe Austern verzehren 94
Rezepte:
Austerncocktail: Frische Austern in einem Sud aus Wein und Tabascosauce kochen, aus den Schalen lösen und in Cocktailgläsern auf Salatblättern anrichten. Geröstete Brotwürfel auf den Austern verteilen. Eine Sauce aus Joghurt, Knoblauchsalz, Zucker und etwas Weinsud rühren. Saure Sahne, halbsteif geschlagene süße Sahne, etwas Cognac und Kirschlikör unterrühren. Die dicke Cocktailsauce auf die Austern und Brotwürfel häufen. Mit Dillzweigen garnieren.
Gratinierte Austern 103

Avocados 52
Rezepte:
Avocadococktail 84
Avocadosalat 72
Avocadosuppe 38
Gefüllte Avocados 369

B

Baba: Eine russische Spezialität. Hefenapfkuchen getränkt mit Rum-Läuterzucker. Baba – Babuschka ist die Verkleinerungsform – bedeutet Großmutter, aber auch altes Weib.
Bacardi: Bekannte weiße Rumsorte.
Bachen 229
Bachforelle 105
Bachkresse 545
Bachsaibling 105
Backblech 434
Backbrett 432
Backe vom Schwein 129
Backen 432 ff., 529
Backerbsen *28*, 481
Backformen 434, 529
Backgeräte 432
Backobst 415
Backpflaumen
Rezepte:
Ente mit Backpflaumen gefüllt 224
Hasenbraten mit Backpflaumen 239
Linsengemüse mit Backpflaumen 303
Süße Buttermilchsuppe 41
Backpinsel 433
Backtrennpapier 433
Badekraut 545
Badisch Rotgold 554
Bähen: Schweizerischer Ausdruck für Rösten von Kuchenstücken, Brötchenscheiben oder Weißbrot.
Bainmarie siehe Wasserbad
Baisermasse 486
Rezepte 486 f.
Baked beans 303
Baklava: Süßes türkisches Gebäck aus Blätterteigschichten oder Fadennudeln, mit einer Füllung aus gehackten Mandeln, Walnüssen und Zucker, mit zerlassener Butter beträufelt. Nach dem Backen mit Honig begossen und mit gehackten Pistazien und Walnüssen bestreut.
Bambussprossen 52
Rezepte:
Bambussprossen-Pilz-Gemüse 296
Geflügelsalat mit Bambussprossen 82
Bananen 410
Rezepte:
Bananen-Mango 211
Bananensalat mit Schinken 429
Gegrillte Bananen 429

BANDANUSS – BLINIS

Egg-Nogg Banane 508
Kaki mit Banane 429
Vollkorn-Bananenkuchen 454
Bandanuß 550
Barbe 105
Barbecue: Das Wort kommt aus dem Indianischen. Barbacao = gebratenes Tier. Barbecue ist in den USA der Freiluft-Grillrost, bedeutet aber auch das Braten von Fleisch, Geflügel, Fisch und Früchten über Holzkohlenfeuer.
Barbecue-Sauce 386, 389
Barches, Berches (hebräisch, beracha = Segensspruch): Sabbatbrot der Juden, aus reinem Weizenmehl gebacken.
Bardieren (französisch, barder = mit Speckscheiben umhüllen): Mageres Fleisch, Wild und Geflügel werden vor dem Braten bardiert. Siehe auch 157, 231, 241.
Barglas 502
Barlöffel 502
Barmesser 502
Barsch
   Rezept:
   Gegrillter Wolfach-Barsch 124
Barsieb 502
Bar-Vorrat 502
Baseler Leckerli siehe Weihnachtsgebäck
Basilikum, Basilkraut *533*, 543
   Rezept:
   Salatsauce mit Basilikum 89
Baskische Omelette 345
Bataten siehe Süßkartoffeln 256
   Rezept:
   Gebackene Bataten 296
Bauch
   vom Hammel/Lamm 129
   vom Kalb 129
   vom Schwein 129
Bauchlappen vom Rind 128
Bauchpilze 297
Bauchspeicheldrüse 188
Bauernkarpfen 105
Bauernschinken 129
Baumkuchentorte 452
Baummelonen 413
Baumstachelbeeren 412
Baumtomaten 410
Bavaria Blue 356
Bayerische Dampfnudeln 442
Bayerische Rübe 259
Bayerisches Kraut 271
Bayonner Schinken 208
Béarner Sauce 388
Béchamelkartoffeln 316
Béchamelsauce 382
Becherglässer 502
Beefsteak 142
Beefsteakhack 183
Beefsteak-Tatar 188
Beerenauslese, Prädikatsstufe von Wein 556
Beerenobst 406 ff.

Beifuß 543
Beignets (französisch, beignets = Krapfen): Küchlein aus Obst, in einen Ausbackteig getaucht und in heißem Fett schwimmend gebacken.
Bein vom Kalb 128
Beinfleisch vom Rind 128
Beinweichkraut 543
Beize siehe Marinade 231
Bel Paese 356
Belegte Brote 367 f., *373*
   Garnieren von belegten Broten 526 f.
Belegte Platten 366
Beliebte Garnierzutaten 527
Beliebte Spießchen siehe Portionsspieße 152 ff.
Beliebtes Weihnachtsgebäck 466 f.
Belle Hélène 402, *408*
Belons 92
Berberitzen
   Rezept:
   Berberitzen-Birnen-Gelee 517
Berches siehe Barches
Berghasen 230
Bergkäse 356
Berliner Kartoffelsalat 79, 85
Berliner Pfannkuchen 447
Berühmte Käsesorten 355, *364*
Berühmte Steaks und ihre Varianten 140 ff.
Beschichtete Pfannen 540
Beschöpfen: Begießen eines Bratens mit heißem Bratensaft, damit sich die während des Bratens an der Oberfläche bildenden feinen Risse schließen und der wertvolle Fleischsaft nicht austreten kann. Außerdem entsteht durch häufiges Beschöpfen eine braune Kruste.
Besieben von Gebäck 435
Bestecke anordnen 525
Bestreuen von Gebäck 435
Beurre blanc (französisch, beurre = Butter, blanc = weiß). Mit Butter gebundener Weißwein, abgeschmeckt mit Essig und feingehackten Schalotten.
Beurre mousseux (französisch, beurre = Butter, mousseux = schäumend): Butter bei milder Hitze goldbraun werden lassen, etwas Zitronensaft unterrühren.
Beurre noisette (französisch, beurre = Butter, noisette = Nuß): Butter bei milder Hitze haselnußbraun werden lassen, mit zum Gericht passenden Gewürzen und wenig Essig würzen.
Beurteilung von Wein 554
Beuscherl 190
Bewirtungsvorschläge
   für Kinderfeste 18
   für Parties 19 f.
Bezeichnungen von Roséweinen 554

Bibernelle 546
Bickbeeren 406
bien 141
bien cuit 141
Bienenkraut 547
Bienenstich mit Quark-Öl-Teig 468
Bier
   Herzhaftes zu Bier 18
   Rezepte:
   Bratwurst in Biersauce 209
   Englische Biersuppe 41
   Fisch in Bierteig 116
Bigos (Bigosch): Polnisches Nationalgericht. Durchwachsenen Speck und Schweinefleisch, in Würfel geschnitten mit Zwiebeln anbraten. Weißkohl, Sauerkraut, Pilze, Tomatenmark, Kümmel, Lorbeerblatt, Salz und Knoblauch hinzufügen und mit Weißwein aufgießen. Langsam garen und mit Pfeffer, Salz und Zucker abschmecken.
Binden: Sämigmachen von Flüssigkeit – Saucen und Suppen – durch Mehl oder Speisestärke; die richtige Konsistenz geben. Siehe auch 24, 321, 567
Bindesalat siehe Römischer Salat 55
Biologisches Gemüse (Bio-Gemüse): Bei biologischem Anbau wird auf Kunstdünger und wasserlöslichen Mineraldünger verzichtet. Chemische Pflanzenschutzmittel und Insektenvertilgungsmittel sind ebenfalls nicht erlaubt. Die Bodenpflege erfolgt durch organische Düngemittel, durch vielseitige Fruchtfolge und Anbau von Zwischenfrüchten. Die Gemüsepflanzen sind meist äußerlich weniger attraktiv als solche aus konventionellem Anbau. Freunde des biologischen Anbaus sind jedoch der Meinung, daß Bio-Gemüse wertstoffmäßig und geschmacklich Gemüse aus konventionellem Anbau bei weitem übertrifft.
Birkenpilz 297
Birnen 404
   Rezepte:
   Berberitzen-Birnen-Gelee 517
   Birne Hélène 402, *408*
   Birnen, Bohnen und Speck 50
   Birnen in Rotwein 418
   Birnenkompott 418
   Curaçao-Birnen 418
   Eingemachtes Birnenkompott 514
   Grünkohl mit Brägenwurst 51
   Käsebirnen 358
   Roquefortbirnen 358
   Schweinebraten mit Birnen 167

Birnentomaten 259
Biskotten siehe Löffelbiskuits
Biskuitroulade mit Erdbeersahne *471*, 478
Biskuitteig 469
   Grundrezepte 469 f.
Biskuittorten 475 ff.
Bismarckheringe 104
   Rezept:
   Heringssalat 369, *374/375*
Bisque (französisch, bisque = Krebssuppe): Sammelbegriff für cremige Suppen aus Krustentieren.
Bittermandeln 415
Bittersilche 546
Blätterkohl siehe Chinakohl 251
Blätterpilze 297
Blätterteig 456
   Rezepte für Blätterteiggebäck 457 ff.
Blanchieren 529, 562 (französisch, blanchir = blaß machen). Durch den Blanchiervorgang sollen entweder Enzyme abgetötet, Bitterstoffe herausgelöst oder ein leichteres Weiterverarbeiten ermöglicht werden. Siehe auch Brühen.
Blancmanger (französisch, blanc = weiß, manger = essen): Kalte Süßspeise aus Milch, die mit sehr fein gehackten Mandeln und Zucker aufgekocht wird und Gelatine bereitet. Vor dem Erstarren Schlagsahne unterziehen und nach Belieben zerkleinerte Früchte.
Blanquette (französisch, blanc = weiß): Ragout aus weißem Fleisch wie Kalbfleisch, hellfleischigem Geflügel, Kaninchenfleisch. Im Gegensatz zu Frikassee wird für eine Blanquette das Fleisch getrennt von der Sauce zubereitet und erst zuletzt in der weißen Sauce erhitzt.
Blatt
   vom Hammel/Lamm 129
   vom Kalb 128
   vom Schwein 129
Blattgelatine 391
Blattpetersilie 546
Blattsalate siehe Salate 61 ff.
Blattspinat 277
Blaubeeren 406
Blauer Portugieser 555
Blauer Spätburgunder 555
Blauer Stilton 356
Blaufelchen 105
Blaukraut siehe Rotkohl 254
Blaumuscheln 92
Blei 105
Bleichsellerie siehe Sellerie 56, 255
bleu 141
Blinis: Russische Spezialität. Kleine Hefepfannkuchen, aus Buchweizenmehl gebacken, mit Butter und saurer Sahne

heiß serviert. Feinschmecker geben auf die saure Sahne noch echten Kaviar oder Lachsscheiben.
Blondorangen 413
Blue Castello 356
Blue Points 92
Blume vom Rind 128
Blumenkohl 52, 250
Rezepte:
  Blumenkohl auf polnische Art 275
  Blumenkohlauflauf 275
  Blumenkohlcremesuppe 35, 45
  Blumenkohlsalat mit Spinat 74
  Gedämpfter Blumenkohl 275
  Gedünsteter Blumenkohl 275
  Salat aus gekochtem Blumenkohl 74
  Salat aus rohem Blumenkohl 67, 72
Blumenschmuck der Tafel 522
Blutorangen 413
Blutreizker (Edelreizker, Echter Reizker): Orange-braungelber Lamellenpilz mit nach innen gerolltem Hut. Das weiße Fleisch sondert karottenfarbenen Saft ab. Im Geschmack pfeffrig und leicht bitter. Für Essigpilze und zum Braten geeignet.
Rezept:
  Reizker 300
Blutwurst 208
Rezepte:
  Eierpfannkuchen nach Tiroler Art 343
  Himmel und Erde 317
Böhmische Karpfensuppe siehe Karpfen
Böhmische Knödel 326
Bœuf à la mode 204
Bohnen 52, 250, 301
Rezepte:
  Baked beans 303
  Birnen, Bohnen und Speck 50
  Bohnen in heller Sauce 266
  Bohnensalat 75
  Bohnensalat mit Speck 75
  Bohnensalat »nouvelle cuisine« 75
  Bohnensuppe 39
  Dicke Bohnen mit Speck 266
  Französisches Bohnengemüse 267, 271
  Gedünstete Bohnen 265
  Prinzeßbohnen 266
  Weiße Bohnen mit Tomaten 303
  Westfälisches Bohnengericht 51
Bohnenkraut 533, 543
Bordeauxsenf 552
Borrasch 543
Borretsch 533, 543
Borschtsch 50
Bouillabaisse 49
Bouillon 22
Rezept:
  Käsebouillon 32

Bouletten 183
Rezepte: 183f.
Bouquet garni (französisch, bouquet = Strauß, garni = geschmückt): Das klassische Kräutersträußchen besteht aus Thymian, Lorbeerblatt und Petersilienstengeln. Es können jedoch auch andere Kräuter verwendet werden.

Das Bouquet garni wird vor dem Servieren der Speise entfernt.
Bourbon-Whiskey siehe Whiskey
Boviste 297
Bowlen
Rezepte:
  Brombeerbowle: Verlesene und gewaschene Brombeeren mit Zucker bestreuen, mit 1 Schnapsglas Bacardi und Wein begießen und ziehen lassen. Vor dem Servieren mit gut gekühltem Wein und Sekt auffüllen.
  Kinderbowle: Pfirsiche und Aprikosen aus der Dose in kleine Würfel schneiden und mit dem Fruchtsaft in eine Schüssel geben. Zitronensaft, Zucker und Apfelsaft unterrühren und den Bowlenansatz durchziehen lassen. Mit gut gekühltem Apfelsaft und Mineralwasser auffüllen.
  Pfirsichbowle: Gehäutete, entsteinte Pfirsiche in kleine Würfel schneiden, mit Zucker bestreuen, mit Peach Brandy oder Maraschino-Likör beträufeln, mit Weißwein übergießen, ziehen lassen und mit gut gekühltem Weißwein und Sekt auffüllen.
  Rote Erdbeerbowle: Monats- oder Walderdbeeren mit Zucker bestreuen, mit Rotwein begießen und durchziehen lassen. Vor dem Servieren mit gekühltem Rotwein und rotem Sekt auffüllen.
  Selleriebowle: Geschälte rohe Sellerieknolle in feine Scheiben schneiden, mit Zucker bestreuen, mit Weinbrand begießen und durchziehen lassen. Vor

dem Servieren durchseihen. Die Selleriestücke nicht an die Bowle geben. Die Flüssigkeit mit gekühltem Rotwein und Sekt auffüllen.
  Feuerzangenbowle 508
  Gurkenbowle 508
  Himbeerbowle 508
  Kalte Ente 508
  Kullerpfirsich 508
  Maibowle 508
  Waldmeisterbowle 508
Boxpetersilie 546
Boysenbeeren: Saftige, würzige Beerenart, in Amerika aus Brombeeren, Himbeeren und Loganbeeren gezüchtet. Bei uns nur selten im Angebot.
Brägenwurst
Rezept:
  Grünkohl mit Brägenwurst 51
Brät 183, 208
Rezepte:
  Fleischklößchensuppe 28, 31
  Lauch mit Bratklößchen 288
  Schweineroulade mit Brät 139
Bräter mit Deckel 155, 530
Brandteig 479
Rezepte für Brandteiggebäck 479ff.
Brandy: Englische Bezeichnung für Branntwein und Weinbrand. In Verbindung mit der jeweiligen Obstsorte auch Bezeichnung für Fruchtliköre wie Cherry Brandy.
Brandy Crusta 504
Branntweine: Spirituosen mit hohem Anteil an Äthylalkohol (mindestens 32 Vol. %), mit oder ohne Geschmackszutaten.
Bratäpfel 407, 417
Braten
  Braten garnieren 526
  Braten ist verbrannt 566
  Braten richtig behandeln 157
  Die großen Braten 155ff.
  Braten tranchieren und servieren 158ff.
  Rezepte: 161ff.
Braten 530
  auf der Herdplatte 530
  im Backofen 530
  von Geflügel 215
  von Steaks 141
Bratenfond, Bratensatz: Beim Braten aus dem Fleisch austretender Fleischsaft, Eiweißteilchen und eventuell Fett. Der Fond im Bratgeschirr wird zuletzt mit etwas Flüssigkeit gelöst und über den Braten geträufelt oder als Grundsubstanz für die Sauce verwendet.
Bratenpfanne des Backofens 155, 530
Bratenrost 530
Bratensaft siehe Jus
Bratensauce: Aus dem losgelösten Bratensatz unter Zugabe

von Flüssigkeit wie Wasser, Fleischbrühe, Wein, saurer oder süßer Sahne, entfetteter Jus, je nach Rezept auch aus der verdünnten Marinade des Fleisches zubereitet. Bratensauce wird gar nicht oder nur ganz leicht mit wenig Speisestärke gebunden. – Auch als Halbfertigprodukt oder Instantprodukt im Handel. Siehe auch 566.
Bratenzange 539
Bratfett 565
  zum Kurzbraten von Fleischscheiben 131
Bratfolie 155
Bratgeschirr, Brattopf 155, 530
Brathähnchen 212
  Rezepte: 220f.
Bratheringe 104
Bratkartoffeln
  aus gekochten Kartoffeln 313
  aus rohen Kartoffeln 313
Bratpfannen 540
Brattabelle
  für große Braten 156
  für Geflügel 219
Bratwurst 208, 566
Rezepte:
  Bratwurst in Biersauce 209
  Fränkischer Teller 210
Bratzeiten und -temperaturen 156
Braune Grundsauce 381
Brauner Senf 552
Braunglasierte Zwiebeln 287
Braunkohl siehe Grünkohl 252
Braunreis 319
Brautkraut 546
Brechbohnen 251
Brennesseln 53
Bresse Bleu 356
Bretonische Fischomelette 345
Brie 356
Bries 188
  Garzeit 189
  Vorbereiten 189
Rezepte:
  Gebratene Briesscheiben 196
  Kalbsbries mit Pfifferlingen 196
  Überbackenes Bries 196
Brillat-Savarin 126
Broccoli 251
Rezepte:
  Broccoli 258, 276
  Broccoli in Weißwein 276
  Broccolisalat 74
Bröckelkohl siehe Broccoli
Brötchen selbst backen
  Rezepte: 492ff.
Brombeeren 409
Rezepte:
  Brombeerbowle siehe Bowlen
  Brombeerbecher 420
  Brombeersaft 518
Bronx 507
Brot
  Rezepte:
  Brot backen 489ff.
  Gebratenes Brot: Graubrot- oder Weißbrotscheiben

BROTGERICHTE – CHARIMSEL

halbieren oder vierteln, nach Belieben auch in Dreiecke oder kreisrunde Scheiben schneiden, die Rinde entfernen und in heißem Fett – Öl oder Butter – in der Pfanne goldbraun braten. Beliebte Beilage zu verschiedenen Gemüsegerichten, vor allem zu Pürees.

Geröstetes Brot: 1 cm dicke Weißbrotscheiben entrinden und in gleich große Würfel schneiden. In einer heißen Pfanne ohne Fett oder in nur wenig Butter unter ständigem Wenden rundherum goldgelb rösten. Zu feinen Cremesuppen wie Tomatensuppe reichen, einige geröstete Brotwürfel in Klöße aus gekochten oder rohen Kartoffeln füllen oder auch als Zutat zu Löwenzahnsalat verwenden.

Getoastetes Brot: Ganze Brotscheiben – Weißbrot oder Graubrot – beidseitig rösten. Für feine Schnittchen und als Unterlage für kleine gebratene Fleischstücke verwenden, als Beilage zu warmen Gerichten oder zu Salaten reichen. Am besten wird Brot in einem automatischen Toaster getoastet, der sich selbständig ausschaltet, wenn der gewünschte Bräunungsgrad erreicht ist.

Gebratene Brotwürfel 498
Gewürztes Zopfbrot 491, *494/495*
Hutzelbrot, Kletzenbrot 492
Kräuterfladen 491, *494/495*
Mischbrot in Kastenform 491, *494/495*
Roggenbrötchen 492, *494/495*
Weizenbrötchen 497
Weizenkeimbrot 490
Brotgerichte 497
  Rezepte:
  Arme Ritter: Scheiben von altbackenem Weißbrot oder Zwiebäcke in süßer Vanillemilch einweichen, abtropfen lassen, durch verquirltes Ei ziehen, in Semmelbröseln wenden und von beiden Seiten backen. Mit Zimt-Zucker bestreut heiß servieren.
Brotpudding 498
Englischer Toast 498
Käsetoast 498
Käse-Weißbrot-Auflauf 358
Kartäuserklöße 499
Kasseler Toast 498
Leberknödel 499
Ramequin 358
Scheiterhaufen 497
Schinkenknödel 499

Semmelknödel 499
Serviettenkloß 499
Speckknödel 499
Toast Hawaii 498
Toast mit Matjesfilet 498
Brotsamen 548
Brotteig 489
  Grundrezepte 489f.
Brotwürzkörner 548
Bruchhasen 230
Brügger Omelettes: Gedünsteten Rosenkohl mit saurer Sahne verfeinern. Die Omelettes von beiden Seiten goldgelb braten, mit dem Rosenkohl füllen und mit ausgebratenen Speckscheiben belegen.
Brühe 22 ff.
  Rezepte:
  Fleischbrühe 24
  Gemüsebrühe 30
  Hühnerbrühe 29
  Knochenbrühe 29
  Wildbrühe 33
Brühen: Lebensmittel mit kochendheißem Wasser übergießen, meist um sie zu häuten (z. B. Tomaten, Aprikosen, Pfirsiche). Siehe auch Blanchieren.
Brühkartoffeln 307
Brühteig 479
Brühwürste 208
Brüsseler Chicorée 294
Brüsseler Chicoréesuppe 36
Brüsseler Endivie siehe Chicorée 251
Brüsseler Kohl 254
Brunnenkresse siehe Kresse 54, 545
Brust, Brustspitze
  vom Hammel/Lamm 129
  vom Kalb 128
  vom Schwein 129
Brustkern vom Rind 128
Buche de Noël (französisch, bûche = Scheit, noël = Weihnachten): Französische Weihnachtsspezialität. Eine Biskuitrolle mit Schokoladenbuttercreme gefüllt, streifenförmig mit Creme verziert, so daß der Eindruck eines Holzscheites mit Rinde entsteht.
Buchweizengrütze 320, 327
Buchweizenmehl 320
  Rezepte:
  Buchweizengrütze 327
  Steirischer Heidensterz 326
Bündner Fleisch 209
Bürgermeisterstück vom Rind 128
Buffet – kalt und warm 20f.
Bug
  vom Hammel/Lamm 129
  vom Kalb 128
  vom Schwein 129
Bugschaufelstück vom Rind 128
Bukett von Wein 554
Bulgarischer Eintopf 44
Bunte Salate 61

Bunter Nudelsalat 86
Buntmesser *536*, 540
Burgunder-Sauce 383
Buschbohnen siehe Bohnen 52, 250
Butter 349f., 565, 566
Buttercremetorte 477, 478
Butterkäse 356
Buttermilch 348
  Rezept:
  Süße Buttermilchsuppe 41
Buttermischungen 350
  Rezepte:
  Grüne Knoblauchbutter 350
  Heringsbutter 350
  Knoblauchbutter 350
  Krabbenbutter 350
  Kräuterbutter 350
  Senfbutter 350
  Tomatenbutter 350
Butterpilz 297
Buttersaucen 381, 567
  Rezepte:
  Sauce Bastard 387
  Sauce Bavaroise 388
  Sauce Chantilly 388
  Sauce Hollandaise 387
Butterschmalz 565
Byssusfäden 93

C

Cadger 86
Cäsar-Salat: Sardellenfiletstreifen, hartgekochtes, gehacktes Ei und Roquefort-Würfel mischen, unter Kopfsalatblätter heben und mit einer Sauce aus Öl, Orangensaft, Essig, Pfeffer und Salz anmachen. Zuletzt mit gerösteten Weißbrotwürfeln bestreuen.
Calvados: Französischer Apfelbranntwein aus Calvados mit 38 bis 50 Vol.% Alkoholgehalt. Calvados reift 6 Jahre lang in Eichenholzfässern.
Camembert 355, 356
  Rezepte:
  Camembert-Eier 359
  Camembert-Kroketten 359
Canapés 368, *374/375*
Caneel 553
Cannelloni 186
Caquelon: Irdenes, feuerfestes Gefäß für Käsefondue.
Cardamom *534/535*, 549
Cardy 251
  Rezept:
  Überbackener Cardy 296
Cashewnüsse 414
Cassata: Italienische Eisspezialität. Eine Eisbombenform mit Vanille-, Himbeer- und Schokoladeneis ausstreichen. Eisschnee mit einer konzentrierten Zuckerlösung, Schlagsahne und mit in Rum getränkten Früchten mischen, in die Form füllen und im Gefrierfach erstarren lassen. Cassata stürzen und mit

Schlagsahne und kandierten Früchten garnieren.
Cassoulet: Spezialität aus der Gascogne. Gegarte weiße Bohnen werden mit Schweine- oder Lammfleisch, je nach örtlicher Tradition auch mit Gänse- oder Entenfleisch, sowie mit Kräutern und Gewürzen in eine Form geschichtet und im Backofen überbacken.
Cayennepfeffer 548
Cevapčiči 184
Ceylon-Zimt 553
Champagner Daisy 507
Champagner Flip: Eigelb, Zucker, Curaçao und Orangensaft über Eis schütten, in ein Glas seihen und mit kaltem Sekt auffüllen.
Champagnerkraut 277
Champagnersenf 552
Champagnersorbet 403
Champignons 297
  Rezepte:
  Champignonsauce siehe Saucen
  Fritierte Champignons: Kleine Champignons einzeln durch einen dickflüssigen Ausbackteig ziehen und in heißem Fett schwimmend goldgelb backen. Vor dem Servieren mit wenig Salz und gehackter Petersilie bestreuen.
  Pilzremoulade: Fertig gekaufte Remoulade mit frischen, geputzten, kleingeschnittenen Champignons oder Champignons aus der Dose mischen.
  Aal in Champignonsauce 125
  Auberginen mit Pilzfüllung 285
  Champignons nach griechischer Art 299
  Champignon-Sahne-Schnitzel 133
  Champignonschnitzel 133
  Eierpfannkuchen mit Champignons 343
  Eierpfannkuchen mit Sahne-Champignons 343
  Gans, mit Champignons gefüllt 225
  Gedünstete Champignons 298
  Huhn à la Marengo 223
  Kalbsmedaillon mit Champignons 151
  Pilztoast 299
  Roher Champignonsalat 72
  Steak mit Spargel und Champignons 145
Chantilly (französisch, à la chantilly bedeutet »mit Schlagsahne«). Genannt nach der Stadt Chantilly bei Paris.
Charimsel: Jüdisches Gebäck für das Passah-Fest. Aus Matzen, dem ungesäuerten Brot, sowie Gänseschmalz,

CHARLOTTE MALAKOFF – DEMIGLACE

Zucker, Zimt, gemahlenen Mandeln und abgeriebener Zitronenschale gekneteter Teig, der in kleine Scheiben geschnitten in heißem Fett schwimmend ausgebacken wird.
Charlotte Malakoff 400
Charlotte royal 401
Chateaubriand: Doppeltes Filetsteak von 400 g, aus der Mitte des Rinderfilets geschnitten. Klassische Zubereitung: von allen Seiten gut anbraten, mit Salz und weißem Pfeffer würzen und in 10 bis 15 Minuten fertigbraten. Das Fleisch soll innen noch rosig bis leicht blutig sein. Kräuter- oder Knoblauchbutter, Kresse und Pommes frites dazu servieren. Siehe auch 142.
Chaudeau 389
Chaudfroid (französisch, chaud = heiß, froid = kalt): Eine kalte, gelierende Sauce, mit der gegarte Wild-, Geflügel- oder Fischspeisen überzogen werden. Braune Chaudfroid wird aus dunkler Grundsauce mit Kalbsfond, Fleischextrakt und Wildgelee bereitet, weiße Chaudfroid aus heller Grundsauce mit Sahne und Kalbs- oder Geflügelgelee.
Cheddar 356
Cherimoya-Dessert 429
Cherimoyas 411
Rezepte:
Cherimoya-Eisbecher: Aus halbierten Cherimoyas das Fruchtfleisch herauslösen und in Cocktailgläser füllen. In jedes Glas eine Kugel Vanille-Eis geben, eine Haube aus gesüßter, mit Cognac parfümierter Schlagsahne daraufsetzen und mit gehackten Walnußkernen bestreuen.
Chester 356
Chicorée 53, 251
Rezepte:
Gemüse-Chicorée 293
Brüsseler Chicorée 294
Chicoréesalat mit Orange 62
Diplomatensalat 87
Überkrusteter Chicorée 294
Chili con carne 43
Chilipaste 548
Chilipfeffer 548
Chilipulver, Chili-Powder 548
Chilisauce 383
Chilischoten 548
als Garnierzutat 528
China-Anis 548
Chinakohl 53, 251
Rezepte:
Chinakohlsalat 62
Gedünsteter Chinakohl 276
China-Zimt 553
Chinesische Glasnudeln 325
Chinesische Haselnüsse 413
Chinesische Stachelbeeren siehe Kiwis 412
Chinesisches Nationalgericht 204
Choucroute 277
Chutneys: Würzsaucen, hergestellt aus Äpfeln, Mangos, Tomaten oder anderen Früchten, je nach Hauptzutat gewürzt mit Essig, Ingwer, Pfeffer, Rosinen, Zucker. Durch Kochen eingedickt. Die Chutneys stammen aus Indien; seit Jahren gibt es sie jedoch bei uns fertig zu kaufen. Chutneys passen gut zu kaltem Fleisch, Geflügel, Fisch und Reisgerichten.
Rezepte:
Apfel-Orangen-Chutney 506, 519
Soleier mit Tomaten-Chutney 371
Cinzano: Bekannter italienischer Wermutwein, beliebter Aperitif.
Clementinen 413
Cobbler 502
Cocktailglas 502
Cocktailkirschen: In Zuckersirup eingelegte, besonders große, oft gefärbte, aromatisierte Kirschen als Zusatz für alkoholische Getränke und zum Verzieren von Gebäck und Süßspeisen.
Cocktaillöffel 502
Cocktails siehe Drinks 502
Rezepte 503 ff.
Cocktailsauce 91
Cocktailshaker 502
Cognac: Französischer Weinbrand. Ausschließlich aus Weinen der Charente, deren Hauptstadt Cognac ist, gebrannt. Der Name Cognac ist gesetzlich geschützt und darf nur für Weinbrand aus Trauben eines fest umrissenen Gebietes gebraucht werden. Cognac reift mindestens 5 Jahre in Eichenfässern. Er bekommt während dieser Zeit sein bekanntes mildes Aroma und seine goldbraune Farbe.
Cointreau: Französischer Likör aus Orangen und Zitronen mit mindestens 40 Vol.% Alkoholgehalt.
Colchesters 92
Cole Slaw 71
Collinses 502
Collinsglas 502
Consommé 22
Consommé double 22
Coolers 502
Coq au vin 223
Corail 93
Cordon bleu 134
Käse-»Cordon bleu« 359
Corned beef: Mageres, gepökeltes Rindfleisch, gekocht und zerkleinert, in Dosen gepreßt, mit Kochsud oder Aspik aufgefüllt. Das beste Corned beef kommt aus Argentinien. Geeignet als Brotbelag und zum Bereiten von Fleischsaucen.
Rezept:
Argentinischer Cornedbeef-Salat 78
Cornflakes 320
Cornichons: Kleine, in Essigwasser eingelegte Pfeffergürkchen. Zum Garnieren und als Salatzutat geeignet. Siehe auch 527.
Cottage cheese 357
Courgettes 252, 260
Courtbouillon (französisch, court = kurz, bouillon = Fleischbrühe): Sud aus Wasser, Weißwein, Essig, Kräutern und Gewürzen, in dem Fleisch, Fisch oder Gemüse pochiert wird.
Couscous mit Fleischragout 327
Crabmeat 95
Crawfishes 95
Creme 390
Abschlagen der Creme 390
Garen im Wasserbad 390
Instant-Puddingpulver 390
Rezepte: 392 f.
Crème à la russe (französisch, = Russische Creme): Für diese feine Creme rührt man Eigelbe mit Zucker schaumig, fügt Rum oder Arrak zu und zieht steif geschlagene Sahne unter. Die Speise wird mit rum- oder arrakgetränkten Suppenmakronen garniert.
Crème double (französisch, crème = Sahne, double = doppelt): Besonders fetthaltige, dicke Sahne von zart säuerlichem Geschmack, als Doppelrahm erhältlich. Zum Verfeinern von Saucen aller Art geeignet. Siehe auch süße Desserts.
Crème fraîche 88, 349
Crèmes: Sehr süße Liköre aus Weinbrand. Crèmes werden nach den ihnen beigegebenen Geschmackszutaten benannt, so Crème de Menthe, Crème de Cacao.
Cremesuppen garnieren 526
Cremige Dressings 88
Crêpes
Rezepte:
Crêpes du palais 344
Crêpes mit Krokantsahne gefüllt 344
Crêpes Suzette 344
Croissants 459, *472/473*
Croûtons (französisch, croûton = Brotrinde): Kleine, geröstete Weißbrotscheiben in runder, ovaler, dreieckiger oder viereckiger Form als Unterlage für kleine, gebratene Fleischstücke oder ausgehöhlt und mit feinem Ragout gefüllt.
Crustas 503
Cuba libre 507
Cumberlandsauce: Kalte Sauce aus Johannisbeergelee, Orangen- und Zitronensaft, in sehr feine Streifen geschnittener Orangenschale, Senf und sehr fein gehackter Schalotte, abgeschmeckt mit Cayennepfeffer und Portwein. Auch als Fertigprodukt im Handel. Zu kaltem Braten, vor allem zu Wild reichen.
Curaçao-Birnen 418
Currypulver: Eine aus Indien stammende Mischung aus 10 bis über 30 verschiedenen gemahlenen Gewürzen, deren Hauptbestandteil Kurkuma ist. Die Schärfe erhält Currypulver durch Chilies, Pfeffer und Kreuzkümmel, würzige Süße durch Ingwer, Kardamom, Zimt und Gewürznelke. Die bei uns erhältlichen Currypulver sind im Vergleich zum indischen mild. Die Bezeichnung »Madras« kennzeichnet besonders scharfes Currypulver. Mit Currypulver würzt man Saucen, Fleisch-, Geflügel- und Fischgerichte, ebenso Reisgerichte. Dunkel und luftdicht aufbewahrt hält sich Currypulver etwa 6 Monate.
Rezepte:
Curryreis 334
Currysauce 382
Feine Currysuppe 34
Hähnchen in Currysauce 221
Curry-Ketchup 88

D

Dämpfen 531
von Gemüse 260
Dampfdrucktopf 531, 540
Dampfentsafter 513
Dampfnudeln 442
Danablu 356
Darren: Trocknen von Getreide, Obst und anderen pflanzlichen Produkten durch heiße Luft zur Haltbarmachung oder zur Geschmacksverbesserung.
Datteln 411
Rezept:
Vollkorn-Dattelkuchen 468
Deckelpfanne 155
Delikateßbohnen 251
Delikateßgürkchen 527
demi-anglais 141
Demiglace (französisch, demi = halb, glace = Glasur): Kraftsauce aus brauner Grundsauce und Kalbsjus unter Zusatz von Fleischextrakt, Pilzen, Schinken und Toma-

ten dick eingekocht, entfettet und passiert.
Demut 547
Desserts siehe Süße Desserts
Deutscher Kaviar 528
Dextrose siehe Traubenzucker
Diätmargarine 564
Dicke Bohnen 251
Rezept:
  Dicke Bohnen mit Speck 266
Dicke Schulter
  vom Kalb 129
  vom Schwein 129
Dicker Bug
  vom Kalb 129
  vom Rind 128
Dickmilch 348
Digestif 520
Dijonsenf 553
Dill *533*, 544
Rezept:
  Dillsauce 382
Dinkel 319
Dip (englisch, to dip = eintauchen): Cremige, pikant abgeschmeckte Sauce auf Sahne- oder Mayonnaisebasis, oft mit Käse gewürzt. Dips reicht man vorwiegend auf Parties zu frischem, in längliche Stücke geschnittenem Gemüse wie Chicorée, Möhren, Stangensellerie, das mit Kartoffelchips und Kräckers in den Dip eingetaucht wird.
Diplomatensalat 87
Distelöl 87, 564
Dobostorte: Torte aus 6 übereinandergeschichteten dünnen Biskuitböden, mit einer Schokoladen-Nougat-Buttercreme und mit in Butter karamelisiertem Zucker gefüllt.
Dörrobst 415
Doppelrahm siehe Crème double
Doppelrahm-Frischkäse 357
Doppelte Kraftbrühe 22
Doppeltes Filetsteak 142
Dost 546
Doufeu-Bräter 155
Doughnuts (englisch, dough = Teig, nuts = Nüsse): Englisch-amerikanisches Schmalzgebäck aus Hefeteig, ähnlich dem für Berliner Pfannkuchen. Amerikanische Doughnuts haben in der Mitte ein Loch, das mit einem Rührlöffelstiel vor dem Ausbacken hineingedrückt wird, so daß Ringe entstehen; englische sind kugelig rund.
Dörren siehe Darren
Dragonbeifuß 544
Dreifacher Osterzopf 439
Dreifruchtmarmelade 515
Dresdner Eierschnecke siehe Hefegebäck
Dressieren (französisch, dresser = aufrichten) 529
  von Federwild 241
  von Fischen 112

Dressings siehe Salatsaucen 88
Rezepte:
  American Dressing 90
  Cheese Dressing 91
  Knoblauch-Dressing 91
  Luau Dressing 90
  Thousand Islands Dressing 90
Drinks
  garnieren 502
  Longdrinks 502
  »on the rocks« 502
  Zutaten *523*
Rezepte:
  Apfel-Cobbler 504, *523*
  Brandy Crusta 504
  Bronx 507
  Champagner Daisy 507
  Cuba libre 507
  Egg-Nogg Banane 508
  Fancy Drink 503
  Gin-Sour 507
  Gurkendrank 503, *523*
  Himbeermilch 504
  Honeymoon 503
  Kräutermilch 504, *523*
  Lächelnde Liebe 508
  Manhattan 504
  Möhren-Sellerie-Mix 503
  Orangenfizz 504, *523*
  Pousse Café 508
  Prairie-Oyster 503
  Tomatencocktail mit Sahne 503
  Whisky Soda 507
Druckgaren 531
Duchesse-Kartoffeln siehe Pommes duchesse 307.
Dünne Brust vom Kalb 128
Dünnung vom Kalb 129
Dünsten 531
  von Gemüse 261
Dundee Cake siehe Kuchen
Dunkle Grundsauce 381
Dunkle Mehlsorten 318
Dunkle Saucen 382, 383 f.
»Dunst« 318
Durchschlag 540
Durchschneiden von Tortenböden 475
Durchwachsener Speck 209

E

Ebereschenbeeren
Rezept:
  Ebereschen-Apfel-Gelee 517
Eberswalder Spritzkuchen 480
Echte Karamelcreme 399
Echter geräucherter Lachs 106
Echter Kaviar siehe Kaviar
Echter Lachs 104
Echter Zimt 553
Éclairs 480
Edamer Käse 356
Edelkastanien 415
Edelkrebse 95
Edelpflaumen 406
Edelpilzkäse 356
Egg-Nogg 503
Egg-Nogg Banane 508
Eier
  Alles vom Ei 338 ff., 567

Rezepte:
Eierauflauf siehe Auflauf
Eierlikör: Likör aus Alkohol, Zucker und frischem Hühnereigelb – mindestens 240 g pro 1 l Likör –, ohne Farbstoff und Bindemittel.
Eischwertig: Altes Kuchenteigrezept für flaches Gebäck und für Waffeln. Die Teigmenge für einen Boden von 24 cm ∅ setzt sich zusammen aus 3 Eiern (mit der Schale gewogen), der gleichen Gewichtsmenge Butter, Zucker und je Ei 10 g mehr Mehl. Alles zu einem geschmeidigen Rührteig verarbeiten. Backzeit und -temperatur richten sich nach Form und Dicke des Gebäcks, das aus dem Teig entstehen soll.
Gefüllte Eier: Hartgekochte Eier längs halbieren, die Eigelbe zerdrücken, mit Öl, Salz, Senf, Sardellenpaste und etwas Schmelzkäse cremig rühren. Die Eigelbmasse mit dem Spritzbeutel in die Eihälften füllen und diese auf durch eine Essig-Öl-Salatsauce gezogenen Salatblättern anrichten.
Eiersalate 61
Amerikanische Spiegeleier 346
Baskische Omelette 345
Camembert-Eier 359
Crêpes du palais 344
Crêpes Suzette 344
Eierflocken-Suppe 30
Eier in Aspik 372, *374/375*
Eier in Förmchen 347
Eier in Kapernsauce 346
Eierpfannkuchen 339
Eierpfannkuchen mit Beerenquark 340
Eierpfannkuchen mit Champignons 343
Eierpfannkuchen mit Himbeeren gefüllt 340
Eierpfannkuchen mit Marmelade 340
Eierpfannkuchen mit Sahne-Champignons 343
Eierpfannkuchen nach Tiroler Art 343
Eierstich 347
Eiertopf 87
Flambierte Eierküchlein 344
Garnierte Eier 371, *374/375*
Geflügelleber mit Rühreiern 193
Gefüllte Schaumomelette *342*, 345
Käseomelette 345
Kaiserschmarrn 344
Kirschenmichel 344
Kräuteromelette 345
Omelette 344
Pochierte Eier 347

Rühreier 346
Rühreier mit Kräutern 346
Rühreier mit Schinken 346
Rühreier mit Tomaten 347
Russische Eier 371
Sardellenquark 362
Schinkenomelette 345
Soleier mit Tomaten-Chutney 371
Spiegeleier auf Speck 346
Verlorene Eier 347
Eierfrüchte siehe Auberginen 52, 250
Eierkraut 544
Eierkürbis 252
Eierpflaumen 406
Einbrenne 320
Einfach ungesättigte Fettsäuren 564
Einfache Kartoffelsuppe 39
Einfrieren 561 f.
  von Fleisch 127
  von Gewürzen und Kräutern 542
  von Pilzen 298
Einfriergut richtig verpacken 561
Einkauf von
  Fisch 105
  Fleisch 127
  Steaks 140
  Wein 557 f.
Einkellern von Kartoffeln 304
Einkochen lassen: Eine Flüssigkeit wie Brühe, Suppe, Sauce so lange bei starker Hitze im offenen Kochgeschirr kochen lassen, bis sie die richtige Konsistenz hat.
Einlage in Suppen siehe Suppeneinlagen 24
Einmachen 320
Einmachmethoden 512 f.
Einschubhöhe
  beim Backen 529
  für den Braten 157
Eintöpfe 22 ff.
Rezepte:
  Steyrischer Topf: Rindfleisch und Schweinefleisch in Salzwasser kochen. Vor Ende der Garzeit für das Fleisch zuerst Möhrenscheiben, dann Lauchstücke und zuletzt gehäutete Tomatenachtel und weiße Bohnen aus der Dose zufügen und mitgaren. Den Eintopf mit Fleischextrakt und Pfeffer abschmecken und zuletzt mit frischer Butter abrunden.
Birnen, Bohnen und Speck 50
Borschtsch 50
Bouillabaisse 49
Bulgarischer Eintopf 44
Chili con carne 43
Französische Fischsuppe 49
Gaisburger Marsch 43
Grünkohl mit Brägenwurst 51
Hühnereintopf mit Nudeln 43

EINWEICHEN VON HÜLSENFRÜCHTEN – FETTARME UND FETTFREIE MILCH

Irischer Hammel-Eintopf 178
Jachnija 44
Lesco 284
Linseneintopf nach Berliner Art 50
Möhreneintopf 50
Nieren-Reis-Eintopf 44
Paella Valenciana 49
Pichelsteiner *46/47,* 179
Rinderstew 179
Rotkohleintopf 51
Russischer Eintopf 50
Spanischer Eintopf 49
Südamerikanisches Pfefferfleisch 43
Türkischer Hammelpilaw 44
Weißkohleintopf 51
Westfälisches Bohnengericht 51
Einweichen von Hülsenfrüchten 302
Eisbein 129
Eisbein mit Erbsenpüree 206
Eisbergsalat 53
Rezepte:
 Eisbergsalat 62
 Eisbergsalat mit Früchten 62
 Eisbergsalat mit Roquefortsauce 62
Eischnee 567
 Steifschlagen 339
Eiscreme 390f.
 Rezepte:
 Nußeis 402
 Vanille-Sahne-Eis 401
Eis-Desserts siehe Süße Desserts 401f.
Eiskaffee Wiener Art 403
Eispalter 539
Eissalat siehe Eisbergsalat 53
Eiszange 502
Eiweiß 563
 Eiweiß-Spritzglasur 435
Elektrische Küchenmaschine 540
Elektrisches Handrührgerät 433, 541
Elektro-Heißluftherd 541
Elektroherd 541
Elisenlebkuchen 487
Emmentaler Käse 356
 Rezept:
 Diplomatensalat 87
Empanadas: Südamerikanische Spezialität. Mit scharf gewürzter Fleischfarce gefüllte halbmondförmige Teigtaschen in heißem Fett schwimmend ausgebacken.
Emulgieren: Kräftiges Mischen meist flüssiger Stoffe, die ineinander nicht löslich sind. Mayonnaise ist z.B. eine Emulsion aus Öl, Eigelb und Essig oder Zitronensaft. Im Haushalt emulgiert man, indem man lange verrührt. Je feiner die Verteilung der Stoffe, je kleiner die Tröpfchen sind, desto stabiler ist die Emulsion; die Stoffe trennen sich nicht so schnell voneinander. In der Lebensmittelindustrie nennt man das Verfahren auch homogenisieren. Milch, die schon eine Emulsion darstellt, wird noch stärker homogenisiert, indem man sie unter hohem Druck durch feinste Düsen preßt, um eine Zerkleinerung der Fettkügelchen und ihre feinste Verteilung zu erreichen. Siehe auch Homogenisierte Milch.
Endivie 54
 Rezept:
 Endiviensalat 62
Energiebedarf des Menschen 563
Engadiner Nußtorte siehe Torten
Englische Apfelsauce 388
Englische Biersuppe 41
Englischer Senf 552
Englischer Toast 498
Englischgewürz 552
english 141
Ente siehe auch Geflügel
 Rezepte:
 Ente auf Burgunder Art 224
 Ente, mit Äpfeln gefüllt 224
 Ente, mit Backpflaumen gefüllt 224
 Ente mit Orangensauce 224
 Gebratene Ente 224
Entenschmalz 564
Entfetten: Abschöpfen, Abnehmen oder Abgießen der sich bei Brühen und Saucen an der Oberfläche bildenden Fettschicht. Das kann bei noch flüssigem Fett mit dem Schaumlöffel geschehen oder mit Hilfe von saugfähigem Papier, das vorsichtig auf die Oberfläche der Flüssigkeit gelegt wird und die Fettschicht aufsaugt. Ist das Fett erstarrt, läßt es sich leicht in Stücken abheben. 23
Entrecôte 142
Entrecôte double 142
Entremets (französisch, entremets = Zwischengerichte, zweiter Gang): kleine Käse-, Gemüse- oder Eiergerichte; auch als Desserts.
Erbsen siehe Hülsenfrüchte 252, 301
 Rezepte:
 Eisbein mit Erbsenpüree 206
 Erbsensuppe nach Großmutter Art 38
 Florentiner Erbsen 265
 Gedünstete Erbsen 265
 Gelbe Erbsen mit Schweinenacken 303
 Möhren-Erbsen-Gemüse 265
 Pariser Erbsen 265
 Püree aus grünen Erbsen 265
 Püree aus Trockenerbsen *292,* 302
 Putenteile auf Erbsen 227
 Risi-Bisi 334
Erdartischocke siehe Topinambur
Erdbeeren 409
Rezepte:
 Rote Erdbeerbowle siehe Bowlen
 Biskuitroulade mit Erdbeersahne *471,* 478
 Erdbeeren, mit Käsecreme gefüllt 421
 Erdbeeren Romanow 421
 Erdbeerkaltschale 42
 Erdbeerkuchen 465
 Erdbeermarmelade 515
 Erdbeersaft 517
 Erdbeer-Sahne-Torte 476
 Erdbeerschnee 421
 Überbackene Erdbeeren 421
Erdbirne siehe Topinambur
Erdnüsse 414
Erhitzen von Leber- und Blutwurst 208
Ernährung, Grundkenntnisse über den Energie- und Nährstoffbedarf 563ff.
Escoffier, Georges Auguste: Französischer Küchenmeister (1846 bis 1935). Er befreite die Küche von den im 18. und 19. Jahrhundert üblichen Verschnörkelungen. Er fand eine neue differenzierte Art des Würzens, bei der der Eigengeschmack der Speisen nicht überdeckt wurde, sondern unterstrichen. Seine Speisen bereitete er stets aus den allerbesten Zutaten. Alle Garnierungen und Verzierungen mußten eßbar sein.
Eßbarer Eibisch 254
Essen für die Ostertage 16
Essentielle Fettsäuren 564
Eßgeschirr 526
Essig selbst bereiten *58,* 88
 Rezepte:
 Himbeeressig 88
 Holunderessig 89
 Johannisbeeressig 89
 Kräuter- oder Würzessig 88
 Rosenessig 89
 Veilchenessig 89
Eßkastanien 415
Estragon *533,* 544
Etiketten von Wein 557
Europäische Hummer 95
Evaporieren: Eindicken einer Flüssigkeit unter vermindertem Druck, beispielsweise von Milch zu Kondensmilch.
Exoten 410
Exotischer Obstsalat *426,* 431

F

Fadenbohnen 251
Falsche Schildkrötensuppe 32
Falsche Steaks 143
Falscher Hase 184
Falsches Filet vom Rind 128
Fancy-Drink 503
Farbe annehmen lassen: Anbraten – vor allem von Gemüse – bei milder bis mittlerer Hitze, so daß das Gargut weder schwitzt, das heißt Wasser zieht, noch rasch bräunt, sondern allmählich eine hellbraune Farbe annimmt.
Farbe des Weines 554
Farce (französisch, farce = Füllung): Eine streichfähige Masse aus zerkleinertem Fleisch, Geflügel, Fisch, Gemüse, Brot, Kartoffeln oder Reis, mit Ei gebunden, gut gewürzt zum Füllen oder Bestreichen.
Farcieren siehe Farce
Farinzucker: Gelber bis brauner Rohzucker mit geringerer Süßkraft als raffinierter Zucker, jedoch würziger im Geschmack. Farinzucker wird für Honig- und Lebkuchenteig verwendet.
Fasan 240, *246*
 Garzeit 243
 Rezepte:
 Fasan im Speckhemd 242
 Gebratener Fasan 242
 Gegrillter Fasan 243
 Geschmorter Fasan 242, *246/247*
Faschieren siehe Hacken
Faschiertes 183
Faschingsbuffet 21
Federwild 240
Fehlrippe vom Rind 128
Feigen 411
Feine Butterplätzchen 466, *484*
Feine Currysuppe 34
Feine Würzmayonnaise 90
Feiner Hummersalat 84
Feiner Rhababerauflauf 422
Felchen
 Rezept:
 Gebratene Felchen vom Bodensee 124
Feldchampignon 297
Feldhasen 230
Feldkümmel 547, 549
Feldsalat 54
 Rezepte:
 Feldsalat 63
 Shrimpssalat 83
Felsenaustern 92
Fenchel 54, 252
 Rezepte:
 Fenchel mit Butter 293
 Fenchelsalat 63
 Finocchi alla Romana 74
 Überbackener Fenchel *270,* 293
Fenchelkraut, Fenikel, Fennis 548
Festkochende Kartoffeln 304
Festliche Essen 15ff.
 für die Ostertage 16f.
 für offiziellen Besuch 15f.
 Pfingst-Menüs 17
 Traditionelle Weihnachtsessen 17
Festliche Tafel *524*
Festmenü 520
Fett 563, 565
Fettarme und fettfreie Milch 348

Fettglasur 435
Fettpfanne 530
Fettschicht beim Roastbeef 157
Feuerbaum 553
Feuerbohnen 301
Feuerzangenbowle 508
Feuillets (französisch, feuillet = Blatt): Kleine, dünne Blätterteigquadrate, die zu feinen Vorspeisen wie Kaviar, Gänseleberpastete oder geräuchertem Lachs gereicht werden.
Filet
vom Kalb 128
vom Rind 128
vom Schwein 129
Filet Mignon 143
Filet Stroganow 179
Filetbraten
in der Pfanne 162
vom Schwein 168
Filetieren (französisch, filet = dünner Faden): Bei Fisch versteht man darunter das Lösen der Seitenteile von den Gräten und der Haut, ohne daß die Teile – die Filets – dabei beschädigt werden; bei Zitrusfrüchten das Lösen der einzelnen Segmente aus den sie umgebenden dünnen Häuten. Filetieren von Rund- und Plattfischen 112
Filetkotelett vom Schwein 129
Filetsteaks 142
Rezepte:
Filetsteak Hawaii 144
Flambiertes Steak 144
Gegrilltes Filetsteak 143
Pariser Pfeffersteak 144
Steak »Casanova« 370
Steak mit Spargel und Champignons 145
Steak »surprise« 145
Steak nach Weidmannsart 145
Filieren siehe Filetieren
Filtern: Lebensmittel durch Übergießen mit heißer Flüssigkeit im Filter ausziehen lassen. Farbstoffe, Aroma und Geschmackstoffe gehen dabei in die Flüssigkeit über.
Filtrieren: Flüssiges Gut durch ein engmaschiges Gewebe (Leintuch) oder durch einen Papierfilter gießen, um bestimmte Bestandteile aus der Flüssigkeit zurückzuhalten.
Fines herbes (französisch, fines herbes = feingewiegte Kräuter): Meist versteht man darunter eine feingehackte Mischung aus Estragon, Kerbel und Petersilie. Siehe auch 544, 547
Fingerbiskuits siehe Löffelbiskuits
Finkel 548
Finocchi 252
Fisch

Abziehen der Haut von Plattfischen 112
Ausnehmen 111
Blau bereiten 113
Braten 113
Dressieren 112
Einkauf 105
Filetieren 112
Fischbesteck 114
Fischgeruch vermeiden 114
Fischkessel 113
Fischsud 113
Fisch zerfällt beim Kochen 567
Garen 113, 114, 115
Garnieren 526
Häuten von Aal 112
Kalter Fisch 369 ff.
Lagern 111
Panieren 113
Pökeln 106
Räuchern 106
Richtig vorbereiten 106, 111 ff.
Schuppen von Rundfischen 111
3-S-System 112
Töten von lebend gekauften Fischen 111
Tranchieren 114
Rezepte:
Aal in Champignonsauce 125
Aalsuppe 40
Bouillabaisse 49
Bretonische Fischomelette 345
Fisch in Bierteig 116
Fisch »Malaysia« 116
Fischfondue 122
Fischgulasch 117
Fischklößchen 118
Fischkroketten 118
Fischrouladen 117, *119*
Fischsülze 370
Forelle blau 123
Forelle Müllerin Art *120*, 123
Französische Fischsuppe 49
Gebratene Aalrutte 123
Gebratene Felchen vom Bodensee 124
Gebratene Heringe nach englischer Art 117
Gebratene Makrelen 117
Gebratene Scholle 121
Gebratener Fisch 115
Gedünsteter Fisch 117
Gedünstetes Schollenfilet 121
Gegrillte Forellen 123
Gegrillte Kräuterforelle 123
Gegrillter Seelachs 116
Gegrillter Weißfisch 124
Gegrillter Wolfach-Barsch 124
Gratinierter Fisch 115
Hecht auf Patrizierart 124
Heringssalat nach rheinischer Art 83
Heringstopf nach Hausfrauenart 122
Karpfen blau *107*, 125
Karpfen nach polnischer Art 125
Makrele mit Kokosnuß 116

Matjessalat »Teufelsschlucht« 82
Paniertes Fischfilet *108/109*, 116
Pikantes Matjesfilet 122
Reis-Fisch-Salat 86
Roter Matjessalat 82
Salat »Marlène« 83
Schellfisch in Senfsauce *108/109*, 115
Seefisch, gargezogen 114
Seewolf »bohémien« 121
Seezungenfilet mit Geflügelleber 122
Thunfischsalat nach Tokioer Art 83
Überbackene Renken 124
Fischkümmel 549
Fischsalve 547
Fisolen 250
Fizzes 503
Flache Austern 92
Flache Schulter vom Schwein 129
Flacher Bug vom Kalb 129
Flageolettbohnen 251
Flambieren 538
Rezepte:
Crêpes du palais 344
Crêpes Suzette 344
Flambierte Himbeeren 427
Flambierte Kastanien 431
Flambierte Pfirsiche 424
Flambierte Poularde in Sahnesauce 223
Flambierte Sauerkirschen 427
Flambiertes Mango-Dessert 430
Flambiertes Rehschnitzel 233
Flambiertes Steak 144
Flammendes Eis 402
Flambierpfanne 538
Flammeri
Pannenhilfe 567
Rezepte:
Rhabarberflammeri 428
Vanilleflammeri 392
Flan: Spanische Süßspeise aus Milch, Eiern, Zucker und Vanille, mit Karamel überzogen, im Wasserbad im Backofen gegart.
Flanke vom Hammel/Lamm 129
Flaschentomaten 259
Fleisch 127 ff.
Abhängen 127
Beliebte Spießchen 152 ff.
Berühmte Steaks und ihre Varianten 140 ff.
Die großen Braten 155 ff.
Einkauf von Fleisch 127
Fleischmesser 539
Fleischspezialitäten 204 ff.
Fleischwolf 540
Fondue 202 f.
Für Spieße geeignetes Fleisch 152
Gulasch und Co. 176 ff.
Gutes aus Innereien 188 ff.
Hackfleisch und Brät 183
Hammel- und Lammfleisch 129
Kalbfleisch 128

Marinieren von Fleisch 127, 157
Pannenhilfe 567
Rindfleisch 128
Schmoren von Fleisch 177
Schnitzel, Koteletts und Rouladen 130 ff.
Schweinefleisch 129
Rezepte siehe unter den einzelnen Fleischsorten
Fleischbrühe 22 ff., 75, 567
Fleischextrakt: Von dem berühmten Chemiker Justus von Liebig erfundene Paste aus stark konzentrierter Fleischbrühe. Fleischextrakt enthält etwa 60 % organische Substanzen und 20 % Mineralstoffe, wird zur Herstellung von Fleischbrühe sowie zur geschmacklichen Verbesserung von Suppen, Saucen und Fleischgerichten verwendet und ist fast unbegrenzt haltbar.
Fleischkäse-Pudding 211
Fleischklößchen
Rezepte:
Fleischklößchen in Tomatensauce 185
Fleischklößchensuppe *28*, 31
Möhren-Zwiebel-Pie mit Fleischklößchen 262, 267
Fleischstrudel 482
Fleischtomaten 256
Fleischwurst
Rezepte:
Eier in Förmchen 347
Schweizer Wurstsalat 81
Wurstigel mit Curry 210
Wurstring im Ofen 210
Fleurons 458
Flips 503
Flomen vom Schwein 129
Florentiner Erbsen 265
Flüssigkeit binden 565
Flußaal 105
Flußbarsch 105
Flußkrebse 95
Fogasalat siehe Feldsalat 63
Foie gras (französisch, foie = Leber, gras = fett): Die Leber gestopfter Gänse und Enten. Siehe auch Gänseleber.
Fond: Konzentrierte Brühe, aus Fleisch, Knochen und Würzzutaten mit wenig Wasser/Flüssigkeit hergestellt, als Grundsubstanz für feine Saucen und Suppen, als Zutat feiner Farcen für Terrinen und Pasteten. Entsteht auch beim Braten. Siehe auch Bratenfond und 381.
Fondue
Fonduegabeln 202
Fondueteller 202
Fonduetopf 202
Rechaud 202
Rezepte:
Fondue Bourguignonne 203
Fischfondue 122
Käsefondue nach Neuenburger Art 360

Käsefondue Sankt Gallen 354, 359
Orientalisches Fondue 203
Forellen 105, 111
Rezepte:
Forelle mit Mandeln und Sauerkirschen: Die Forellen mit Zitronensaft marinieren, salzen, in Mehl wenden und von jeder Seite anbraten. Mandelsplitter und entsteinte Sauerkirschen zufügen und wenig Fleischbrühe zugießen. Die Forellen fertig garen. Die Sauce mit Zitronensaft und Weinbrand abschmecken und über die Forellen gießen.
Forelle blau 123
Forelle nach der Müllerin Art *120,* 123
Gegrillte Forellen 123
Gegrillte Kräuterforelle 123
Formen ausfetten 434
Fränkischer Teller 210
Frankfurter Kranz 452
Französische Fischsuppe 49
Französische Salatsauce 89
Französische Zwiebelsuppe 36
Französischer Brie 356
Französisches Bohnengemüse *267,* 271
Frappieren (französisch, frapper = schlagen; plötzlich abkühlen): Eine Speise oder ein Getränk zwischen Eisstückchen oder im Kühlschrank stark abkühlen.
Frauenfenchel 548
French-Dressing 88, 89
Frikadellen 183
Rezepte 183 f.
Frikandeau (Oberschale): Fleisch aus der Hinterkeule vom Kalb. Auch das entsprechende Keulenstück von Schwein, Hirsch und Reh wird mitunter so bezeichnet. Frikandeau brät man im Stück, als Schnitzel oder Geschnetzeltes. Siehe auch 129
Frikassee (französisch, fricassée = Sammelsurium): Gericht aus weißem Fleisch – Kalbfleisch oder Geflügel – in einer hellen Sauce, mit Zitronensaft und/oder Wein abgeschmeckt, mit Eigelb und Sahne legiert.
Rezepte:
Hühnerfrikassee *217,* 220
Kalbfrikassee 205
Zungenfrikassee 202
Frische des Weines 554
Frischei 338
Frischer Fisch 105, 111
Frischgeschlachtetes Geflügel 213
Frischkäse 355, 357
Frischlinge 229, 238
Friteuse 531, 541
Fritieren 531
  von Brandteiggebäck 479
  von Geflügel 215
  von Gemüse 261
Fritierfett 531, 564
Fritierpfanne 532
Fritierte Champignons siehe Champignons
Fritierte Paprikaringe 284
Fritierte Schwarzwurzeln 263
Fritierte Zucchini 287
Fritierthermometer 531
Fritiertopf 531
Froschschenkel: Die muskulösen Hinterkeulen des Gras- und des Wasserfrosches. In Delikateßgeschäften werden sie tiefgefroren oder – wenn auch selten – von Mai bis Oktober frisch und schon gehäutet angeboten. Das zarte, helle Fleisch liegt geschmacklich zwischen Kalbfleisch und Geflügel. Froschschenkel werden als Vorspeise eines festlichen Menüs gereicht. Dafür die Froschschenkelpaare etwa 30 Minuten in einer Mischung aus Olivenöl, Zitronensaft, wenig Salz und zerdrückter Knoblauchzehe ziehen lassen, dann trockentupfen und in einem Ausbackteig wenden. In heißem Fritierfett goldbraun backen. Abgetropft heiß mit Toast und Butter servieren.
Frosterfach des Kühlschrankes 560
Fruchtcreme 422
Fruchtcreme-Bombe 424
Frucht-Sahne-Eis 402
Fruchtsaucen 388
Früchtekuchen 453
Frühlingszwiebel 260
Frühmöhren 253
Frutti di maré (italienisch, frutti = Früchte, mare = Meer) siehe Meeresfrüchte
Füllen von Torten 475
Fünf-Minuten-Spieße *150,* 153
Funktion der Mikrowellen 538

G

Gabelhuhn 240
Gänseklein polnische Art 226
Gänselebercreme: In Dosen konserviert im Handel. Creme aus gedünsteter, pürierter Gänseleber, gemischt mit Schlagsahne, Madeiragelee und der Dünstflüssigkeit der Gänseleber.
Gänseleberparfait: In Delikateßgeschäften in kleinen Dosen erhältlich. Gänseleber verarbeitet mit einer feinen Farce aus Schweinefleisch, Trüffeln und Gelee. Gänseleberparfait stets eisgekühlt servieren.
Gänseschmalz: Delikater Brotaufstrich. Auch als Dünstfett für Sauerkraut und Rotkohl ideal. Ausgelassenes Gänsefett mit charakteristischem, sehr angenehmem Geschmack. Weil Gänseschmalz einen extrem niedrigen Schmelzpunkt hat und deshalb leicht zerläuft, mischt man es beim Ausbraten mit Schweineschmalz. Siehe auch 564
Gänseweißsauer: Pommersche Spezialität. Gekochtes Gänsefleisch in Aspik. Gänsefleisch, 4 Kälberfüße, 3 l Wasser mit Suppengrün und Gewürzen auf 1 l Flüssigkeit einkochen lassen und mit Essig abschmecken. Vorwiegend zu Bratkartoffeln und Grünkohl.
Gaisburger Marsch 43
Gelatine 391
Galantine: Früher feinste Pastete, bestehend aus kleinen Fleisch- oder Geflügelstückchen in einer pikant gewürzten Farce, die in eine von Fleisch und Knochen befreite, möglichst unverletzte Hühnerhaut gefüllt wurde. Sorgfältig zugenäht wurde das Geflügel in seine ursprüngliche Form gebracht, fest in ein Tuch gewickelt und langsam in Wasser gegart. Heute gibt man die Galantinenfüllung meist in eine mit Speckscheiben ausgelegte Form und gart sie im Wasserbad oder im Backofen. Nach dem Erkalten stürzen, mit Chaudfroidsauce überziehen und nach Belieben mit Früchten, Pistazien und Trüffelscheiben garnieren.
Gamswild 230
Gans
  Gänseeier 338
  Jungmastgans 213
  Mastgans 213
  Rezepte:
  Gänseklein polnische Art 226
  Gans, mit Äpfeln gefüllt 225
  Gans, mit Champignons gefüllt *218,* 225
  Gans, mit Kastanien gefüllt 225
Garen 529 ff.
  im Wasserbad 390, 532
  mit Mikrowellen 538
  von Fisch 113, 114, 115
  von Geflügel 215
  von Gemüse 260
  von Hülsenfrüchten 302
  von Pilzen 298
  von Teigwaren 321
Gargrade und Garzeiten für Steaks 141
Garnelen 95
  als Garnierzutat 528
Garnieren 526
  von Aufschnittplatten 526
  von belegten Broten 526
  von Braten 526
  von Drinks 502
  von Kartoffelpüree 526
  von Rehrücken 232
  von Suppen 526
Garnierkaviar 528
Garnierspritze 433
Garnierte Eier 371, *374/375*
Garnierter Zander 370, *374/375*
Garnierzutaten 527
Garnitur: Damit bezeichnet man die Umlagen oder Beilagen eines Gerichtes, wie Gemüse, Pilze, Oliven, Kräuter, Sardellen. Die Garnitur gibt auch den Gerichten neben deren Zutaten und Zubereitung den Namen. So bedeutet »à la Mirabeau« z.B. gegrilltes oder gebratenes Fleisch, kreuzweise belegt mit Sardellenfilets sowie mit entsteinten grünen Oliven und überbrühten Estragonblättern garniert. Dazu Sardellenbutter reichen. – Die meisten Bezeichnungen für Garnituren entstanden im 18. und 19. Jahrhundert. Viele tragen die Namen berühmter Persönlichkeiten, andere leiten sich von Orten, Provinzen oder Ländern ab, aber auch von Berufen, mit denen die Zutaten der Garnitur verbunden werden.
Garprobe 156
  bei Broten und Brötchen 490
  bei Gebäck 436
Gartenchampignon siehe Champignons 297
Gartenfenchel siehe Fenchel 63
Gartenkerbel 544
Gartenkraut 543
Gartenkresse siehe Kresse 54, 64, 545
Gartenkürbis 252
Gartenraute siehe Weinraute
Gartensenf 552
Gar- und Zubereitungstechniken 529 ff.
Garzeiten für
  Bries 189
  Fasane 243
  Gamswild 230
  Hasenfleisch 230
  Herz 189
  Koteletts 131
  Leber 188
  Lunge 190
  Nieren 189
  Nudeln siehe Teigwaren
  Rehwild/Rotwild 229
  Rouladen 131
  Schnitzel 131
  Schwarzwild 230
  Wildkaninchen 230
  Wildschwein 230
  Zunge 190
Garziehen 532
Gasherd 541
Gastmahl der Griechen 126

GÂTEAU – GEMÜSE

Gâteau (französisch, gâteau = Kuchen): Ursprünglich war ein gâteau ein Zwischengericht oder Dessert, das wegen seiner Empfindlichkeit rasch verzehrt werden müßte.

Gâteau Saint-Honoré: Einen Mürbeteigboden in der Größe eines Springformbodens bereiten, auf ein Backblech legen, mit einem dikken Ring aus Brandteig umspritzen, daneben 8 bis 10 kleine Windbeutel aus Brandteig spritzen und alles im Backofen backen. Den Brandteigring mit zarter Vanillecreme füllen, die Windbeutel daraufsetzen und Ring und Windbeutel mit erhitzter Aprikosenmarmelade überziehen.

Gazpacho 42
Gebackene Bataten 296
Gebackene Bohnen 303
Gebackene Schiffchen 446
Gebackene Selleriescheiben 264
Gebackene Tomaten 283
Gebäck
　aprikotieren 435
　besieben und bestreuen 435
　glasieren 435
　verzieren 435
Gebäckspritze 433
Gebärmutterwurzel 545
Gebratene Aalrutte 123
Gebratene Briesscheiben 196
Gebratene Brotwürfel 498
Gebratene Ente 224
Gebratene Felchen vom Bodensee 124
Gebratene Heringe 104
Gebratene Heringe nach englischer Art 117
Gebratene Kalbshaxe 167
Gebratene Makrelen 117
Gebratene Nieren 193
Gebratene Scholle 121
Gebratene Schweinshaxe 174
Gebratene Selleriescheiben 264
Gebratene Tauben 222
Gebratene Wildente 249
Gebratener Fasan 242
Gebratener Fisch 115
Gebratener Truthahn 226
Gebratenes Brot siehe Brot
Gebratenes Hirn 196
Gebratenes Rebhuhn 243
Gebratenes Spanferkel 175
Gebundene Gemüsesuppe 34
Gebundene Ochsenschwanzsuppe 32
Gebundene Saucen 381
Gebundene Suppen 33 f.
Gebundenes Möhrengemüse 261
Gedämpfte Säfte 513
Gedämpfter Blumenkohl 275
Gedeck 521
Gedeckter Apfelkuchen 464
Gedünstete Bohnen 265
Gedünstete Champignons 298
Gedünstete Erbsen 265

Gedünstete Kartoffeln 307
Gedünstete Kastanien 431
Gedünstete Möhren 261
Gedünstete Paprikaschoten 284
Gedünstete Pfifferlinge 298
Gedünstete Tomaten 283
Gedünsteter Blumenkohl 275
Gedünsteter Chinakohl 276
Gedünsteter Fisch 117
Gedünsteter Lauch 288
Gedünsteter Rosenkohl 274
Gedünsteter Rotkohl 272
Gedünsteter Stangensellerie 264
Gedünsteter Weißkohl 271
Gedünstetes Kalbfleisch 205
Gedünstetes Sauerkraut 276
Gedünstetes Schollenfilet 121
Geeichtes Schnapsglas 432
Geflügel
　Ausnehmen von Geflügel 241
　Braten von Geflügel 215
　Brathähnchen 212
　Brattabelle 219
　Frischgeschlachtetes Geflügel 213
　Fritieren von Geflügel 215
　Garen von Geflügel 215
　Geflügel in der Küche 213
　Geflügelschere 539
　Grillen von Geflügel 215
　Hausgeflügel 212 ff.
　Junger Puter 212
　Jungmasthuhn 212
　Kapaun 212
　Küken 212
　Lagern von Geflügel 213
　Perlhuhn 213
　Poularde 212
　Puter 212
　Rupfen von Geflügel 241
　Schmoren von Geflügel 216
　Schwarzfleischiges Geflügel 213
　Suppenhuhn 212
　Taube 213
　Tiefgefrorenes Geflügel 213
　Tranchieren von Geflügel 219
　Vorbereiten von Geflügel 213
　Wildgeflügel 240 ff.
Rezepte:
Geflügelpilaw: Entbeintes, in Stücke geschnittenes Hühnerfleisch mit Zwiebelwürfeln in Butter anbraten, Reis zufügen und glasig braten, mit Hühnerbrühe auffüllen, Tomatenachtel zugeben und zugedeckt garen. Mit Salz, Pfeffer und Paprika würzen, fest in eine Schüssel drükken und dann auf eine Platte stürzen. Dazu Tomatensauce mit Paprikamark und geriebenen Käse reichen.
Asiatische Hühnersuppe 29
Brathähnchen 220
Flambierte Poularde in Sahnesauce 223

Gebratene Tauben 222
Gebratener Truthahn 226
Geflügelbrot 368
Geflügelcanapés 368, *374/375*
Geflügelcremesuppe 40
Geflügel-Obst-Salat 82
Geflügelsalat mit Ananas 81
Geflügelsalat mit Bambussprossen 82
Gefülltes Brathähnchen 220
Gegrilltes Hähnchen 222
Geschmortes Paprikahähnchen 221
Hähnchen in Alufolie 221
Hähnchen in Currysauce 221
Hähnchen in Wein 223
Hühnerbrühe 29
Hühnereintopf mit Nudeln 43
Hühnerfrikassee *217*, 220
Huhn à la Marengo 223
Königinsuppe 40
Nudelsuppe mit Huhn *26/27*, 29
Pute à la Toledana 226
Putenschnitzel naturell 224
Putenteile auf Erbsen 227
Rosmarinhähnchen 220
Weihnachtstruthahn 227
Wiener Backhendl 224
Geflügelleber mit Rühreiern 193
Seezungenfilet mit Geflügelleber 122
Gefüllte Artischocken *257*, 295
Gefüllte Artischockenböden 369
Gefüllte Auberginen 285
Gefüllte Avocados 369
Gefüllte Bratäpfel 417
Gefüllte Eier siehe Eier
Gefüllte Grapefruits 429
Gefüllte Gurke 286
Gefüllte Hahnenkämme *444*, 446
Gefüllte Kalbsbrust 166
Gefüllte Kohlrabi 274
Gefüllte Meringen 486
Gefüllte Orangen 430
Gefüllte Paprikaschoten *280*, 284
Gefüllte Schaumomelette *342*, 345
Gefüllte »Schuhsohlen« 458
Gefüllte Teeblätter 458
Gefüllte Tomaten 368
Gefüllte Weinblätter 295
Gefüllter Bienenstich 440
Gefüllter Hackbraten *181*, 185
Gefüllter Hecht siehe Hecht
Gefüllter Staudensellerie 369
Gefüllter Weißkohl 271
Gefüllter Zitronenbiskuit 478
Gefülltes Brathähnchen 220
Gefülltes Schnitzel vom Grill 135
Gefülltes Schweineherz 195
Gegrillte Ananasscheiben 428
Gegrillte Apfelscheiben mit Vanillesahne 416
Gegrillte Forellen 123
Gegrillte Leber 190
Gegrillte Maiskolben 295

Gegrillte Pfirsiche 419
Gegrillte Tomatenscheiben siehe Tomaten
Gegrillte Wachteln 244, *248*
Gegrillter Fasan 243
Gegrillter Hase 240
Gegrillter Seelachs 116
Gegrillter Wolfach-Barsch 124
Gegrilltes Filetsteak 143
Gegrilltes Hähnchen 222
Gehacktes 183
Geheimratskäse 356
Gehen lassen des Hefeteiges 437
Gekochte Maiskolben 295
Gekochte Säfte 513
Gekochter Fenchelsalat 74
Gekochter Hummer 100
Gekochter Schinken 208, 209
Gekochter Vorderschinken 208
Gekochtes Rindfleisch mit Gemüse 207
Gekröse (Geschlinge): Magen, Darm und umgebendes Bindegewebe vom Kalb; Vormagen, Magen und Fettdarm vom Rind. In der regionalen Küche hin und wieder zu säuerlichen Gerichten, ähnlich wie Kutteln, verarbeitet.
Gelatine 391
Gelatinespeisen 567
Gelbe Erbsen siehe Erbsen
Gelbe Rüben siehe Möhren 55, 253
Gelber Senf 552
Gelee 512
　Stürzen von Geleespeisen 391
　Rezepte:
　Apfelgelee 517
　Berberitzen-Birnen-Gelee 517
　Ebereschen-Apfel-Gelee 517
　Himbeergelee 421
　Johannisbeergelee 421, 516
　Madeiragelee 380
　Orangen-Wein-Gelee 394, *395*
　Portweingelee 380
　Quittengelee 516
　Sauerkirschengelee 516
　Sherrygelee 380
　Weißweingelee 380
Gelierprobe 512
Gemahlene Gelatine 391
Gemeiner Kümmel 549
Gemischte Salate siehe Salate 61, 77 ff.
Gemsen 230
Gemüse 250 ff.
　Anrichten von Gemüse 526
　Einlegen in Essigwasser und Salzlake 513
　Gemüse als Garnierzutat 528
　Gemüsehobel, Gemüseraspel 540
　Gemüse ist welk 567
　Gemüse in Alufolie garen 185
　Rezepte:
　siehe auch einzelne Gemüsesorten
　Paprika-Tomaten-Gemüse: In Streifen geschnittene

GEMÜSEFENCHEL – GRILLZANGE

grüne Paprikaschoten mit Zwiebelwürfeln und zerdrückter Knoblauchzehe in Öl anbraten. Mit Salz, Pfeffer und Thymian würzen. Gehäutete, in Scheiben geschnittene Tomaten zufügen und alles weich dünsten. Mit etwas Mehl und saurer Sahne binden.
Eingelegtes Gemüse 519
Gebundene Gemüsesuppe 34
Gekochtes Rindfleisch mit Gemüse 207
Gemüsebrühe 30
Gemüse-Mixgetränke 503
Gemüse-Reis-Salat 85
Gemüsesalate 60, 73 ff., siehe auch Salate
Graupensuppe mit Gemüse 33
Klare Gemüsesuppe 34
Leipziger Allerlei 264
Lesco 284
Minestrone 26/27, 34
Nieren-Gemüsetopf 194
Pute à la Toledana 226
Ratatouille 286
Rinderzunge mit Gemüse 201
Schtschi 36
Wildschweinrücken mit feinem Gemüse 238
Gemüsefenchel siehe Fenchel 63, 252,
Gemüsegurken 252
Gemüsepaprika siehe Paprikaschoten 254
Gemüsezwiebel siehe Zwiebel 60, 260,
Genever: Holländischer Kornbranntwein mit starkem Wacholderaroma. Eisgekühlt in gekühlten Gläsern servieren.
Gepökelte Rinderzunge mit Polnischer Sauce 201
Geräte zum Bereiten von Teig 432 f.
Geräucherte Gänsebrust (Spickgans): Eine pommersche Spezialität und Delikatesse. Gepökelte Gänsebrüste werden in Speck eingenäht und anschließend mild geräuchert.
Geräucherte Pökelzunge 190
Geräucherte Rippchen
 Rezept:
  Kartoffeln mit Geräuchertem gefüllt 310/311, 316
Geräucherter Fisch 105
Geräuchertes 209
Gerichte, die Kinder gerne essen 18
Gerinnen lassen 537
Geröstete Grießsuppe 34
Geröstete Zwiebelringe 287
Geröstetes Brot siehe Brot
Géromé 356
Gerste 319
Gesättigte Fettsäuren 564
Geschichte der Fleischgerichte 126 f.
Geschirr vorwärmen 525

Geschmorte Hirschkeule 233
Geschmorte Rinderroulade 136
Geschmorte Wildente 249
Geschmorter Fasan 242, 246/247
Geschmortes Paprikahähnchen 221
Gespickte Wildkeule 235
Gespicktes Rinderfilet 162
Getoastetes Brot siehe Brot
Getränke mixen 502
Getreidearten und -produkte 318 ff.
Getrocknete grüne Pfefferkörner 534/535
Getrüffelte Languste 370
Gewichte 565
Gewichtsklassen von Eiern 338
Gewiegtes 183
Gewürzdosis: Darunter versteht man 3 Gewürzkörner, 3 Pfefferkörner, 1 Gewürznelke, 1 Lorbeerblatt. Am besten bindet man die Gewürze in ein Mullsäckchen, das – am Topfhenkel festgebunden – in die Speise gegeben wird.

Die Gewürze können leicht wieder entfernt werden. Siehe auch 550, 552
Gewürze 88, 534/535, 542 ff.
Gewürzfenchel siehe Fenchel 63
Gewürzgurken als Garnierzutat 527
Gewürzkörner 552
Gewürzmühle 542
Gewürznelken 534/535
Gewürzte Butter 350, 351
Gewürztes Zopfbrot 491, 494/495
Gewürztraminer 555
Gin: Englischer Wacholderschnaps. Wegen seines nur schwach ausgeprägten Wacholderaromas gut zum Mixen geeignet.
Gin-Sour 507
Ginger-nuts (englisch, ginger = Ingwer, nuts = Nüsse): Amerikanisches und englisches Gebäck aus Mürbeteig, mit Ingwer gewürzt, mit kandiertem Ingwer belegt.
Girlanden spritzen 435
Glace (französisch): Eingedampfter und erstarrter Fleischsaft oder Fischextrakt. Siehe auch 381
Glacieren (französisch, glace = Glanz, Glasur, Eis): Überglänzen einer Speise mit Ge-

lee, Chaudfroid, Bratensaft oder Fleischextrakt. Glasieren hat die gleiche Bedeutung (für das Überziehen von Gebäck mit Zucker- oder Schokoladenglasur).
Gläserformen 522
Glasieren siehe Glacieren
Glasieren von Gebäck 435
Glasierte Kalbsmedaillons 377
Glasierte Karotten 261
Glasierte Kastanien 431
Glasierte Teltower Rübchen 264
Glasierter gekochter Schinken siehe Schinken
Glasig braten: Speckscheiben oder -würfel, kleingeschnittene Zwiebeln oder Reiskörner so lange in Fett braten, bis sie durchsichtig – glasig – scheinen. Für Speck braucht man dabei weniger Fett als für Zwiebeln oder Reis.
Glasnudeln 325
»Gleichgepreßter« 554
Glukose siehe Traubenzucker
Glutamat: Natriumsalz der Glutaminsäure. Glutamat hebt und intensiviert den Geschmack vieler Gerichte. Es wirkt anregend auf das Nervensystem und stärkt die Konzentrationsfähigkeit. Mit süßen Speisen und Eierspeisen verträgt sich Glutamat nicht.
Goldröhrling: Wohlschmeckender Röhrenpilz, goldgelb bis hellbraun, mit schleimiger Haut. Unter fließendem Wasser bürsten. Für Pilzmisch- und -einzelgerichte gleichermaßen gut geeignet.
Goldwürfel als Suppeneinlage 479
Gorgonzola 356
Gouda 356
Gourmet (französisch). Früher war das Wort »gourmet« die französische Bezeichnung für Weinknecht. Heute versteht man darunter weltweit einen sachverständigen Feinschmecker sowohl der Speisen als auch des Weines; einen kultivierten Genießer. Ein Gourmand hingegen ist ein Schlemmer.
Govia Dina Stroganow 179
Granadilla 414
Granatäpfel 411
Granatapfelsirup 411
Grapefruits 411
aushöhlen und füllen 527
 Rezepte:
  Gefüllte Grapefruits 429
  Grapefruitsalat 429
Graslauch 547
Grasmere Gingerbread: Nach der Stadt Grasmere benanntes, reichlich mit Ingwer gewürztes Mürbeteiggebäck. Eine Hälfte des Teiges wird

auf das Backblech gedrückt, die andere wie Streusel daraufgestreut.
Gratinieren (französisch, gratin = Kruste): Ein Gericht mit Semmelbröseln, Butterflöckchen, Reibekäse oder Béchamelsauce überziehen und bei starker Oberhitze überbacken, so daß sich eine feste Kruste an der Oberfläche bildet. Siehe auch 538
Gratinierte Austern 103
Gratinierter Fisch 115
Graupen 319
 Rezept:
  Graupensuppe mit Gemüse 33
Gravad Laks 371
Greifmuscheln 92
Grenadine 411
Greyerzer Käse 356
Grieben: Rückstände, aus Bindegewebe bestehend, die beim Auslassen von Flomen entstehen. Siehe auch 129
Griebenschmalz: Schweineschmalz aus frischem Speck oder Flomen mit Grieben. Fertig im Handel erhältlich. Griebenschmalz schmeckt besonders gut, wenn man ihm vor dem Erstarren kleine gebratene Apfelstücke und gebratene Zwiebelwürfel hinzufügt.
Griechischer Bauern-Salat 65
Griechischer Hackfleischauflauf 187
Grieß
 Rezepte:
  Couscous mit Fleischragout 327
  Grießauflauf mit Kirschen 333
  Grießbrei 327
  Grießbrei »Burgerhof« 333
  Grießklöße 327
  Grießnockerlsuppe 28, 9
  Grießschmarren 327
  Polenta 328
  Römische Grießschnitten 333
  Süße Grießschnitten 328
Griffiges Mehl 318
Grill, Grilltoaster 541
Grill und Pfanne für Portionsspieße 152
Grillen 532
 von Geflügel 215
 von Steaks im Elektrogrill 141
 von Steaks über Holzkohle 142
Grillparty 19
Grillscheibletten: Industrieprodukt. In Folie einzeln verpackte Schmelzkäsescheiben, die bei Hitze-Einwirkung rasch weich werden, aber ihre Form behalten. Zum Gratinieren oder für Käsetoast geeignet.
Grillspieße 152
Grillzange 539

GRITTIBÄNZ – HÄUTEN

Grittibänz: Schweizer Weihnachtsgebäck aus Hefeteig.

Vor dem Backen zu Figuren geformt, die kultischen Ursprungs sind.
Grönlandkrabben 95
Größe und Inhalt der Backformen 434
Große Braten siehe Braten 155
Großes Festbuffet 21
Gründling 105
Grüne Knoblauchbutter 350
Grüne Mandeln 415
Grüne Nudeln nach Bologneser Art 323
Grüne Oliven als Garnierzutat 528
Grüne Sauce 389
Grüner Pfeffer 552
Grüner Senf 552
Grüner Spargel 255
Grünkohl 252
  Rezepte:
  Grünkohl mit Brägenwurst 51
  Grünkohl mit Pinkel 273, *290/291*
Grüner Salat siehe Kopfsalat 54
Grünkern 319
Grütze: Geschälte und in verschiedenen Feinheitsgraden geschrotete Getreidekörner, vorwiegend von Hafer, Gerste und Buchweizen. Siehe auch 326
Grundregeln für richtige Ernährung 563
Grundrezepte:
  Baisermasse 486
  Bereiten von Gelee 516
  Blätterteig 456
  Blattsalate 61
  Bowle 508
  Brandteig 479
  Bratäpfel *407*, 417
  Braten im Tontopf, Schweinerollbraten 175
  Brathähnchen 220
  Braune Sauce 383
  Broccoli *258*, 276
  Brotteig mit Hefe 489
  Brotteig mit Hefe und mit Sauerteig 490
  Brotteig mit Sauerteig 489
  Buttersauce 387
  Crêpes Suzette 344
  Dunkle Sauce 383
  Eierpfannkuchen 339
  Eierstich 347
  Einmachen von Obst 514
  Eiscreme 401

Fischgulasch 117
Flambierte Früchte 424
Flambiertes Steak 144
Fleischbrühe 24, *75*
Forelle blau 123
Frikadellen 183
Fritiertes Hähnchen 222
Fritiertes Schnitzel 134
Gebratene Briesscheiben 196
Gebratene Ente 224
Gebratene Gans 225
Gebratene Leber 190, *199*
Gebratene Nieren 193
Gebratene Tauben 222
Gebratene Wildente 249
Gebratener Fasan 242
Gebratener Fisch 115
Gebratener Truthahn 226
Gebratenes Hirn 196
Gebratenes Kotelett 135
Gebratenes Rebhuhn 243
Gedämpfter Blumenkohl 275
Gedämpfter Obstsaft 517
Gedünstete Bohnen 265
Gedünstete Erbsen 265
Gedünstete Kastanien 431
Gedünstete Möhren 261
Gedünstete Paprikaschoten 284
Gedünstete Pfifferlinge 298
Gedünsteter Fisch 117
Gedünsteter Rosenkohl 274
Gedünsteter Rotkohl 272
Gedünsteter Weißkohl 271
Gefüllte Schaumomelette *342*, 345
Gegrillte Forellen 123
Gegrilltes Filetsteak 143
Gegrilltes Hähnchen 222
Gegrilltes Kotelett 135
Gegrilltes Schnitzel 135
Gekochte Marmelade 515
Gekochte Muscheln *97*, 102
Gekochter Hummer 100
Gekochtes Rindfleisch *182*, 207
Gemüsebrühe 30
Geschmorte Rinderroulade 136
Geschmorter Fasan 242, *246/247*
Geschmortes Fleisch 177
Geschmortes Herz 195
Gewürztes Gelee 380
Grießbrei 327
Gurkengemüse 286
Gurkensalat 65
Haferflockenbrei 337
Hammelbraten *170/171*, 176
Hasenbraten 239
Hausgemachte Nudeln 321
Hefeteig 437
Helle Sauce 382
Hühnerbrühe 29
Kalbsbraten 166
Karpfen blau *107*, 125
Kartoffelpüree 306
Klöße aus gekochten Kartoffeln 315
Klöße aus rohen Kartoffeln 315
Knochenbrühe 29
Kräuterquark 362

Lammbraten 176
Mehlklöße 325
Milchreis 335
Mürbeteig 460
Natur-Schnitzel 131
Nudeln als Beilage 322
Obstsaft aus dem Dampfdrucktopf 518
Omelette 344
Paniertes Fischfilet *108/109*, 116
Paniertes Schnitzel 132, *137*
Pellkartoffeln 305
Pochierte Beeren 420
Pochierte Eier 347
Pommes frites 308
Porterhouse Steak 145
Püree aus Trockenerbsen *292*, 302
Punsch 509
Quellreis 334
Rehrücken 232
Rinderbraten 161
Risotto 334
Roher Obstsaft 517
Rotkohl-Rohkost 71
Rouladen-Biskuitteig 470
Rührreier 346
Rührteig 449
Rumpsteak 144
Salzkartoffeln 306
Saure Lunge 198
Schmorbraten 164
Schweinebraten 167
Seefisch, gargezogen 114
Sorbet 403
Soufflé 361, *363*
Spätzle 325
Spargel mit Butter *279*, 282
Spiegeleier 346
Strudelteig 481
Tomatensalat 64
Tortenboden mit Backpulver 469
Tortenboden ohne Backpulver 469
Tournedos 146
Ungarisches Gulasch 177
Vanillecreme 392
Wasserreis 334
Weiße Sauce 382
Wiener Masse 470
Zubereitung von Zunge 201
Gruyère 356
Guavas 411
Güteklassen von Eiern 338
Gugelhupf 441
Gugelhupfform 434
Guineapfeffer 548
Gulasch 176
  Rezepte:
  Fischgulasch 117
  Hirschgulasch 233
  Kartoffelgulasch 317
  Magyar Gulyás 177
  Rehgulasch 232
  Rindergulasch *172*, 177
  Szegediner Gulasch 180
  Ungarisches Gulasch 177
  Wiener Kalbsgulasch 177
Gulaschsuppe 39
Gurke siehe Salatgurke 54, 252
  Rezepte:
  Gefüllte Gurke 286

Gurkengemüse 286
Gurken-Tomaten-Gemüse 286
Gurkentrank 503, *523*
Senfgurken *506*, 518
Gurkenfächer 527
Gurkenkraut 543, 544
Gutedel 555
Gutes ohne Fleisch 14

H

Haarsieb 433, 540
Hacken 529
  von Kräutern 542
Hackepeter 183
Hackfleisch 183
  Aufbewahren 183
  Beefsteakhack 183
  Hackfleisch halb und halb 183
  Mett 183
  Rezepte:
  Beefsteak-Tatar 188
  Bouletten à l'Orient 184
  Cannelloni 186
  Čevapčići 184
  Falscher Hase 184
  Fleischklößchen in Tomatensauce 185
  Fleischstrudel 482
  Frikadellen 183
  Gefüllte Auberginen 285
  Gefüllte Paprikaschoten *280*, 284
  Gefüllte Weinblätter 295
  Gefülltes Brathähnchen 220
  Griechischer Hackfleischauflauf 187
  Hackbraten 184
  Hackbraten nach Gärtnerin Art 185
  Hackfleischauflauf mit Auberginen 187
  Hackfleischpastete 378
  Hackfleischsauce 384
  Hamburger Teufelshack 184
  Musaká 187
  Netzbraten 185
  Oliventiegel 186
  Pasta asciutta 323, *330/331*
  Pastizio 187
  Königsberger Klopse 186
  Piroggen 469
  Spanischer Hackfleischtopf 186
  Tiroler Gröstl *310/311*, 314
  Überbackene gefüllte Auberginen 285
Hähnchen 212
  Rezepte:
  Geflügelsalat mit Bambussprossen 82
  Hähnchen in Alufolie 221
  Hähnchen in Currysauce 221
  Hühnereintopf mit Nudeln 43
  Nappiertes Hähnchen 377
  Ratsherren-Spieße *150*, 154
Hämmchen vom Schwein 129
Häuten
  von Aal 112
  von Mandelkernen 415

HAFER – HOLLÄNDISCHE SAUCE

Hafer 318
Haferflocken 319
Rezepte:
　Haferflockenbrei 337
　Haferflockenschnitzel 337
　Haferflockenspeise 337
　Haferflockensuppe 33
　Haferschleimsuppe 34
　Müsli 337
　Porridge 337
Hafermark 319
Hafermehl 319
Hagebutten (Hiften): Scheinfrüchte verschiedener Wildrosen. Aus frischen Hagebutten kann man Marmelade, Mus und Likör bereiten, aus getrockneten Tee. Die Früchte sind reich an Vitamin C.
Rezepte:
　Hagebutten-Apfel-Marmelade 516
　Pommersche Hagebuttensuppe 41
Hagelzucker: Zucker mit besonders großer, hagelkornartiger Körnung. Zum Verzieren von Gebäck geeignet.
Halbblutorangen 413
Halbfester Schnittkäse 555 f.
Halbfettmargarine 564
Hallimasch 297
Hals
　vom Hammel/Lamm 129
　vom Kalb 128
　vom Rind 128
　vom Schwein 129
Halsgrat
　vom Rind 128
　vom Schwein 129
Hamburger Teufelshack 184
Hammelfett 129
Hammelfleisch 129
Rezepte:
　Hammelbraten *170/171*, 176
　Hammelkeule auf jugoslawische Art 176
　Hammelkotelett 135
　Irish Stew 178
　Schaschlik 150, *154*
　Shish Kebab 153
　Türkische Hammelspieße 153
　Türkischer Hammelpilaw 44
Hammelmöhren 254
Harte Eier 339
　als Garnierzutat 528
Hartgrieß-Teigwaren 320
Hartkäse 355, 356
Harzer Käse 357
Haschée (französisch, hacher = hacken): Ein warmes Gericht aus gehacktem Fleisch, Geflügel oder Fisch in einer Sauce, z. B. Lungenhaschée.
Rezept 206
Hase 230, *247*
Rezepte:
　Gegrillter Hase 240
　Hasenbraten 239
　Hasenbraten mit Backpflaumen 239
　Hasenklein in Rotweinsauce 239

Hasenpastete 378
Haselnüsse 414
Rezepte:
　Haselnußmakronen 486
　Haselnußpudding 400
　Noisette-Salatsauce 91
　Nußecken 459
　Nußkuchen 451
　Nußrolle 466
Hauptgerichte des Menüs 520
Hausfest, Bewirtungsvorschläge 19
Hausgeflügel 212 ff.
Hausgemachte Nudeln 321
Haushaltszwiebel 260
Haut goût 228, 240
Haxe
　vom Kalb 128
　vom Schwein 129
Hecht 105
Rezepte:
　Gefüllter Hecht: Einen bratfertig vorbereiteten Hecht mit einer Farce aus kleingeschnittenem Seefischfilet, eingeweichten Brötchen, gebratenen Zwiebelwürfeln mit Salz und Pfeffer gewürzt füllen. Den Fisch in einem Sud aus Fleischbrühe, kleingeschnittener Möhre, Lorbeerblatt und Pfefferkörnern im Backofen garen. Den Fisch auf einer Platte anrichten, aus dem durchgeseihten Fischsud eine helle Sauce bereiten, mit Weißwein, Salz und Pfeffer abschmecken. Den Hecht mit dem Gemüse aus dem Sud umlegen. Die Sauce gesondert dazu reichen.
　Hecht auf Patrizierart 124
Hefe 436 f.
　Hefeansatz 436
　Hefedämpfel 436
　Hefe im Päckchen 436
　Lagern von Hefe 436
Hefegebäck
Rezepte 438 ff.
　Dresdner Eierschnecke: Hefeteig-Blechkuchen mit einer Mischung aus Quark, Zucker, Eiern und abgeriebener Zitronenschale, bestrichen mit einem Guß aus schaumig gerührter Butter, Zucker, sehr wenig Mehl und Eiern; mit Mandelblättchen bestreut im Ofen goldgelb backen.
Hefeklöße siehe Klöße
Hefeteig 436
　Erste Gare 437
　Dritte Gare 438
　Hefeteig-Grundrezept 437
　Hefevorteig 436
　Kalte Führung 438
　Triebkraft der Hefe 436
　Trockenhefe 436
　Warme Führung 437
　Zweite Gare 437
Heidelbeeren 406

Heidenkorn 320
Heidesand: Feines, helles Gebäck in Talerform. 1 Teil weiche Butter, 1 Teil Zucker und Rohmarzipan, 2 Teile Mehl, etwas Salz und Vanillinzucker zu einem Teig verkneten, zu einer Rolle von etwa 5 cm ⌀ formen, kühl stellen, in Zucker wälzen und in Scheiben schneiden. Auf einem Kuchenblech backen.
Heidschnucke: Kleine Schafrasse, die in Norddeutschland gezüchtet wird. Heidschnuckenfleisch ist würzig, zart und weniger fett als das Fleisch der meisten anderen Schafrassen.
Helle Grundsauce 381
Helle Saucen 382
Hennen 212
Herbadox 88
Herbes de Provence 547
Herbstheringe 104
Herbstmöhren 253
Heringe 104
Rezepte:
　Gebratene Heringe nach englischer Art 117
　Heringsbutter 350
　Heringssalat 369, *374/375*
　Heringssalat nach rheinischer Art 83
　Heringstopf nach Hausfrauen Art 122
Herrenabend, Buffetvorschlag 20
Herz 188
　Garzeiten 189
　Vorbereiten 189
Rezepte:
　Gefülltes Schweineherz 195
　Herzragout 195
　Herzragout mit Speck 195
Herzhafte Käsetorte 361
Herzhaftes zu Bier und Wein 18
Herzkirschen 405
Herzmuscheln 92, 93
Herzoginkartoffeln 307
Herztrost 547
Hesse vom Rind 128
Hessische Möhrensuppe: In Scheiben geschnittene Möhren und Zwiebeln in reichlich zerlassener Butter anbraten, Mehl darüberstäuben, mit Fleischbrühe auffüllen und das Gemüse garen. Das weiche Gemüse passieren, mit wenig Milch verrühren, mit Salz abschmecken und mit gehackter Petersilie bestreuen.
Hickory-Nüsse 415
Hiften siehe Hagebutten
Highballglas 502
Highballs 503
Himbeeren 409
Rezepte:
　Eierpfannkuchen mit Himbeeren gefüllt 340
　Flambierte Himbeeren 427

Gefüllte Schaumomelette *342*, 345
Himbeeraspik 421
Himbeerbowle 508
Himbeeressig 88
Himbeermarmelade 515
Himbeermilch 504
Himbeersaft 517
Himbeer-Sahnetorte 475
Rhabarber-Himbeer-Kompott 427
Himmel und Erde 317
Himmelsstern 543
Hinterschinken vom Schwein 129
Hippen: Zarte Waffelröllchen, aus einem dünnflüssigen Teig gebacken. Die Teigplatte wird noch heiß in Quadrate geteilt, die sofort über einem dicken Rührlöffelstiel zu Röllchen geformt werden. Mit Schlagsahne gefüllt sind sie ein beliebtes Teegebäck.
Hirn 188 f.
　Vorbereiten von Hirn 189
Rezepte:
　Hirnsuppe: Eine helle, gebundene Suppe mit Fleischbrühe bereiten. Gekochtes Hirn häuten, kleinschneiden und in die Suppe geben. Mit Zitronensaft, Salz und Pfeffer abschmecken und anrichten. Mit frischen, gehackten Kräutern bestreuen. In die Mitte nach Belieben saure Sahne gießen.
　Gebratenes Hirn 196
　Gebratenes Hirn mit Ei 197
　Hirnklößchensuppe 31
　Paniertes Hirn 197
　Überbackene Hirn-Palatschinken 197
Hirsch 229
Rezepte:
　Geschmorte Hirschkeule 233
　Hirschgulasch 233
　Hirschragout österreichische Art 237
　Hirschrouladen Jagdmeister Art 237
　Hirschsteak vom Grill 234
Hirse 319
H-Milch 348
Hobelspäne: Gebäck aus Knetteig mit Backpulver und Schmalz. Den ausgerollten Teig mit dem Backrädchen in etwa 2 cm breite und 10 cm lange Streifen teilen. In die Mitte jedes Streifens einen Schlitz schneiden und ein Ende durchstecken. In heißem Schmalz schwimmend ausbacken und mit Puderzucker bestreuen.
Hochrippe vom Rind 128
Hochzeitsblümchen 546
Hochzeitskügelchen 549
Holländer Kirschschnitten 458, *472/473*
Holländische Sauce 387

Holländischer Nudelsalat 86
Holländischer Senf 552
Hollerküchlein 422
Holsteiner Katenschinken 208
Holunder
   Rezepte:
   Holunderessig 89
   Holundersaft 517
Holzspieße 152
Holzzimt 553
Homogenisierte Milch 348
Honeymoon 503
Honigblume 547
Honiglikör: Ursprünglich eine ostpreußische Spezialität. Honiglikör muß je Liter 250 g Honig enthalten. Mindestalkoholgehalt 35 Vol.%.
Honigmelone 413
   Rezepte:
   Melonen-Cocktail *374/375*, 379
   Melonensalat »Amerika« 76
Hopfensprossen: Die jungen Triebe der Hopfenpflanze. Die Triebe werden im März und April abgeschnitten und kommen dann frisch auf den Markt. Sie schmecken spargelähnlich, werden in Salzwasser gegart und wie Salat mit einer Essig-Öl-Marinade oder cremigen Sauce angemacht.
Hoppel-Poppel 317
Hors d'œuvre (französisch, hors = außerhalb, œuvre = Werk): Kalte oder warme Vorspeise, als erster Gang eines Menüs vor der Suppe gereicht.
Hotchpotch (englisch, hotchpotch = Mischmasch): Deftiges Eintopfgericht aus Fleisch, verschiedenen Gemüsesorten und Hülsenfrüchten. In Frankreich heißt der Eintopf Hochepoch, in den Niederlanden Hutspot. Berühmt ist der schottische Hotchpotch, der aus Hammelfleisch und gemischtem Gemüse, darunter Weißkohl und Staudensellerie, bereitet wird.
Hotdog (englisch, hot = heiß, dog = Hund): Seit Jahren auch bei uns beliebter Snack aus Amerika, den es an Imbißständen zu kaufen gibt. Längliche, sehr weiche, weiße Brötchen werden auf Heizstäbe gesteckt und innen getoastet. In die Höhlung gibt man etwas Tomatenketchup und ein heißes Würstchen, ähnlich einem Wiener Würstchen, jedoch ohne Haut.
Huchen (Donaulachs, Rotfisch): Nur in der Donau und ihren Nebenflüssen lebender lachsähnlicher, wohlschmeckender Fisch von etwa 1,20 m Länge. Man bereitet ihn wie Lachs oder Hecht zu. Siehe auch 105.
Hüfte
   vom Kalb 129
   vom Rind 128
Hühnerbrühe 29
Hühnerfrikassee *217*, 220
Hülsenfrüchte 301 f.
   Fertigprodukte 302
   Praktischer Rat 302
   Quellenlassen von Hülsenfrüchten 537
   Rezepte
   siehe Bohnen, Erbsen, Linsen
Hüttenkäse 357
Huhn à la Marengo 223
Hummer 95, 96
   Aufbrechen von gekochtem Hummer 99
   Hummerbesteck 99
   Karkasse 99
   Rezepte:
   Feiner Hummersalat 84
   Gekochter Hummer 100
   Hummer-Cocktail 379
   Hummer Thermidor 100
Hummerkrabben 95
Hutzelbrot 492

I

Imbiß für Gestreßte 12
Imbiß vor dem Heimweg auf Kinderfesten 18
Immerwurzel 549
Imperials 92
In Butter geschwenkte Teigwaren 322
Indische Feigen 412
Indonesische Reistafel: Weltberühmtes kulinarisches Symbol für die indonesische Kochkultur und Gastfreundschaft. Mittelpunkt der Speisen ist der weiße, körnig gekochte Reis. Eine Gemüsesuppe (Saijoor) aus grünen Erbsen, Lauch, weißen Bohnen, Kohl und Sojasprossen, in kräftiger Hühnerbrühe gekocht, mit exotischen Gewürzen wie Ingwer, Curry, Piment und Sojasauce gewürzt, angereichert mit Reis oder Fadennudeln. Es folgen Gerichte aus Meerestieren und Fischen, Fleischspießchen mit Hammel-, Rind- oder Schweinefleisch (Satehs), Gerichte aus geschmortem Hühnerfleisch, gedünstete Gemüsegerichte in Sambalsauce (Sambals). Würzsaucen, Gewürze und Chutneys stehen zum individuellen Würzen bereit. Zwischendurch ißt man frisches Kroepoek, geröstete Kokosraspeln), vermischt mit braunem Rohrzucker, Erdnüssen, Garnelenpaste und Knoblauch. Den Abschluß bildet süßsauer eingelegtes Gemüse (Atjar Atjar) wie Cornichons, Ingwer, Gurkenstückchen, Silberzwiebeln. Gegessen wird aus kleinen Schüsseln, in die man Reis füllt, und jeweils nur ein Löffel voll von einem Gericht, damit der Geschmack der einzelnen Speisen zur Geltung kommt. Stilgerecht trinkt man zur indonesischen Reistafel grünen Tee oder Eiswasser, Europäer genießen auch Bier dazu.
Indonesisches Reisgericht *329*, 335
Ingwer, Imber, Ingber 549
Ingwerwurzel *534/535*, 549
Innereien 188 ff.
Instantmehl 318
Instant-Produkte (englisch, instant = Augenblick): Lebensmittel in Pulverform, die sich sofort in Flüssigkeit auflösen oder verteilen, wie Instant-Kaffee und Instant-Tee und Produkte, die, ohne gegart werden zu müssen, mit heißer oder kalter Flüssigkeit gemischt sofort eine verzehrfertige Speise ergeben, wie Instant-Kartoffelbrei, Pulver für Saucen, Suppen, Fleisch- und Gemüsebrühe; aber auch Produkte, die eine beschleunigte Quellfähigkeit haben, wie Instant-Mehl, Instant-Grieß.
Instant-Puddingpulver 390
Irischer Hammel-Eintopf 178
Irischer Punsch siehe Punsch
Irish Coffee 509
Irish Stew 178
Ischler Törtchen 467, *484*
Italienische Brotsuppe 31
Italienische Gemüsesuppe *26/27*, 34
Italienische Nudelröllchen 186
Italienische Reissuppe 33
Italienische Salatsauce 89
Italienische Sauce 384
Italienischer Nudelauflauf 324, *330/331*
Italienischer Salat *70*, 77
Italienischer Zucchinisalat 72
Italienisches Buffet 21

J

Jachnija 44
Jägerbraten 173
Jäger-Schnitzel 133
Jahrgangsangabe bei Wein 558
Jakobsmuscheln, Jakobspilgermuscheln 92 f.
Jamaikapfeffer 552
Japanische Mispeln 412
Japanischer Teepunsch siehe Punsch
Japanisches Nationalgericht 179
Joghurt 348
Joghurtsauce 91
Johannisbeeren 409
   Rezepte:
   Eingemachtes Johannisbeergelee 516
   Johannisbeeraspik 421
   Johannisbeeressig 89
   Johannisbeersaft 517
Johanniskraut 543
Josefskräutlein 543
Jugendparty, Buffetvorschlag 20
Julienne (französisch, julienne = Gemüsesuppe): In feinste Streifen geschnittenes Fleisch, Gemüse, Obst oder

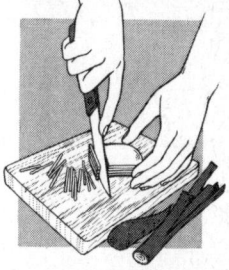

geschnittener Fisch als Suppeneinlage, Garnitur oder für Salate.
Junger Puter 212
Jungmastgans 213
Jungmasthuhn 212
Jus (französisch, jus = Saft): Geschmacksgebende Substanz zum Bereiten von Saucen sowie zur Dekoration von Platten mit kaltem Braten, Fisch und Geflügel. Reiner, entfetteter Bratensaft, der beim Erkalten geliert. Festes Gelee ergeben nur Hühner- und Kalbsbratensaft. Von Rind- und Hammelfleisch wird der Fleischsaft bloß dicklich. Siehe auch 381.

K

Kabeljau 104
Kabinettpudding 399
Kabinettweine 556
Käse 352 ff.
   Käsecreme als Garniermittel 528
   Käse-Dressing 88
   Käseplatte 521
   Rezepte:
   Camembert-Eier 359
   Camembert-Kroketten 359
   Cheese Dressing 91
   Diplomatensalat 87
   Eisbergsalat mit Roquefortsauce 62
   Erdbeeren, mit Käsecreme gefüllt 421
   Griechischer Bauern-Salat 65
   Herzhafte Käsetorte 361
   Käseauflauf 358
   Käsebirnen 358
   Käsebouillon 32

KAFFEE – KAPAUN

Käsecanapés 368, *374/375*
Käse-»Cordon bleu« 359
Käsecreme-Lauchsuppe 35
Käsecremesuppe 32
Käsefondue nach Neuenburger Art 360
Käsefondue Sankt Gallen *354*, 359
Käse-Krabben-Soufflé 361, 363
Käsekroketten 358
Käsekuchen 465
Käseomelette 345
Käseplatte 369
Käse-Sahnetorte 476
Käsesalat »Françoise« 87
Käseschnitzel 132
Käsespätzle 325, *352/353*
Käsestangen 458
Käsesülzchen »Manhattan« 372, *374/375*
Käsetoast 498
Käsewähe 448
Käse-Weißbrot-Auflauf 358
Käse-Windbeutel 480
Kräuterquark 362
Lothringer Käsetorte 360
Panierte Käsescheiben 359
Quarkauflauf 365
Quarkklöße 365
Quarksoufflé 362
Quiche lorraine 360
Raclette 360
Ramequin 358
Römischer Salat 63
Roquefortbirnen 358
Roquefortsauce 91
Sächsische Quarkkeulchen 365
Sardellenquark 362
Schnitzel mit Schinken und Käse 134
Schweizer Wurstsalat 81
Stangensellerie mit Roquefortfüllung 361
Tomaten mit Käsehäubchen 283
Wallisischer Käsetoast 360
Welsh Rarebits 360
Wurstring im Ofen 210
Zwiebelsalat 71
Kaffee: Samen des immergrünen Kaffeestrauchs. Durch verschiedene technische Verfahren aus der Kaffeekirsche (der Fruchthülle) geschält, getrocknet und geröstet. Als Hauptarten werden Coffea arabica und robusta unter-

schieden. Der dem Verbraucher als ungemahlener oder gemahlener Röstkaffee angebotene Kaffee ist immer eine Hochlandsorten-Mischung. Neben Mischungen unterschiedlichster Geschmacksrichtungen gibt es koffeinfreien Kaffee sowie speziellen Schonkaffee, aus dem die den Magen belastenden Röstreizstoffe weitgehend entfernt wurden. – Aufbewahrung: Vakuumverpackter Kaffee bleibt etwa 6 Monate frisch. Ungemahlener Kaffee hält in der angebrochenen Packung sein Aroma etwa 3 Wochen, gemahlener nur 1 Woche. Kaffeebohnen können in einem luftdicht verschlossenen Behälter bis zu 3 Monate eingefroren werden. Da Kaffee Feuchtigkeit und Fremdgerüche annimmt, muß er trocken an einem geruchsneutralen Ort gelagert werden.
Kaffeegetränke 509
Kaffeerunde, Kuchen- und Gebäckvorschläge 17
Kaffeesahne 349
Kaffee-Zichorie 293
Kahler Krempling: Wohlschmeckender Lamellen-Speisepilz. Standort in Moorgegenden unter Fichten und Kiefern, mit hellbraunem Hut, der nach innen eingerollt ist. Der Pilz ist unbekömmlich, wenn er nicht ganz durchgegart wurde.
Kaisergranate 95, 96
Kaisersalat 544
Kaiserschmarrn 344
Kakao: Samen des tropischen Kakaobaumes, aus denen die Kakaomasse gewonnen wird. Dafür werden die Kakao-

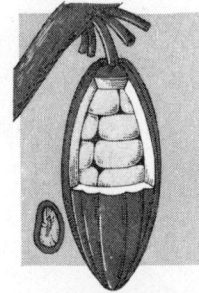

bohnen fermentiert, geröstet und zu Kakaomasse – dem Ausgangsprodukt für Schokolade und Kakaopulver – vermahlen. Die fetthaltige Kakaomasse (über 50%) wird zur Gewinnung von Kakaopulver mehr oder weniger stark entölt und gleichzeitig pulverisiert. Kakaopulver enthält neben Fett, Eiweiß, Stärke, Gerbstoffen und Mineralstoffen kleine Mengen des Alkaloids Theobromin, das dem Kakao als Getränk eine leicht stimulierende Wirkung verleiht.
Kakis, Kakifeigen 412
Rezept:
Kaki mit Banane 429
Kaktusfeigen 412
Kalbfleisch 128
Kalbsmedaillon 143
Kalbssteak 143
Rezepte:
Garniertes Tournedo 146
Gebratene Kalbshaxe 167
Gedünstetes Kalbfleisch 205
Gefüllte Kalbsbrust 166
Glasierte Kalbsmedaillons 377
Italienischer Salat *70*, 77
Kalbfleischsalat *374/375*, 379
Kalbsbraten 166
Kalbsbraten auf Elsässer Art 166
Kalbsfrikassee 205
Kalbsgeschnetzeltes Zürcher Art *139*, 178
Kalbshaxe auf italienisch 167
Kalbsmedaillon mit Champignons 151
Kalbsnierenbraten 166
Ossobucco 167
Ratsherren-Spieße *150*, 154
Schnitzel 131 ff.
Thüringer Kalbsvögerl 140
Vogelnester 140
Wiener Kalbsgulasch 177
Kalbsbries 189
Rezepte:
Gebratene Briesscheiben 196
Kalbsbries mit Pfifferlingen 196
Überbackenes Bries 196
Kalbsherz 189
Rezepte:
Herzragout 195
Kalbsbeuscherl 198
Kalbshirn
Rezepte:
Gebratenes Hirn 196
Paniertes Hirn 197
Überbackene Hirn-Palatschinken 197
Kalbsleber 188
Rezepte:
Fünf-Minuten-Spieße *150*, 153
Gegrillte Leber 190
Leber auf Mailänder Art 191
Leber mit Ananas 190
Leber mit Speck und Orangen 191
Leber nach Berliner Art 190, *199*
Kalbslunge 190
Rezepte:
Kalbsbeuscherl 198
Lungenhaschee 206
Saure Lunge 198
Kalbsmilch 188, 189
Kalbsnieren 188
Rezepte:
Kidney-pie 194
Nieren in Ananassauce 194
Nieren-Gemüsetopf 194
Saure Nierle 193
Kalbszunge 190
Rezepte:
Kalbszunge in Kapernsauce 202
Kalbszunge in Spargelsauce 202
Zungenfrikassee 202
Kaldaunen 190
Kalifornischer Salat: Gehäutete Pfirsichhälften in dünne Scheiben schneiden, mit Kopfsalatblättern mischen und mit einer Salatsauce aus Zitronensaft, Öl, Zucker und Salz anmachen. Zu gebratenen Hähnchen oder Grillspießen servieren.
Kalmare 92ff.
Kalorienbedarf 563
Kalt angerührtes Mehl 320
Kalte Ente 508
Kalte Küche 366ff.
Rezepte 367ff.
Kalte Platten 366
Kalte Saucen 389
Kalte Senfsauce siehe Saucen
Kalte spanische Gemüsesuppe 42
Kalte Suppen siehe Suppen 42
Kalte Vorspeisen siehe Vorspeisen 520
Kalter Fisch 369ff.
Kalter Hund: Ein Kuchen aus trockenen Keksen, wie Leibnizkeks, und einer Masse aus Eiern, Zucker, Kakao und zerlassenem Kokosfett, die abwechselnd mit den Keksen in eine Kastenform geschichtet wird und im Kühlschrank erstarrt.
Kaltes Buffet 20f., 367
Kaltes Buffet zum großen Empfang 21
Salate und Vorspeisen 21
Kalt gepreßtes Öl 564
Kamm
vom Hammel/Lamm 129
vom Kalb 128
vom Rind 128
vom Schwein 129
Kammuscheln 92
Kamtschatkakrabben 95
Kandierte Früchte: Verschiedene Obstarten, je nach Form und Beschaffenheit im Ganzen oder zerkleinert, aber auch Blüten, Stengeln oder Samen wird Zellwasser entzogen und dieses durch eine konzentrierte Zuckerlösung ersetzt. Die Früchte werden dadurch haltbar gemacht.
Kandis (Kandiszucker, Zuckerkand): Große Zuckerkristalle, hergestellt durch langsame Kristallisation konzentrierter Zuckerlösungen. Mit Karamel oder Zuckercouleur gefärbte Lösungen ergeben braunen Kandis.
Kantalupe 413
Kapaun 212

KAPERN – KAVIAR

Kapern (Capparis spinosa): Blütenknospen des in Südeuropa wachsenden Kapernstrauches. Sie werden in Salzwasser, Essig oder Öl eingelegt. Kleine Kapern sind am würzigsten. Kapern würzen nicht nur Fisch-, Fleisch- und Geflügelgerichte mit heller Sauce, sondern auch Tatar und kalte Saucen wie Vinaigrette, Remouladen und Ravigote. Sie schmecken gut zu harten Eiern, in Kartoffelsalat und feingewiegt in herzhaft gewürztem Quark.
Rezepte:
Eier in Kapernsauce 346
Kalbszunge in Kapernsauce 202
Kapernsauce 383
Kapernkraut 544
Kappes 259
Kapselheber 502
Kapstachelbeeren 412
Karambolen 412
Karamelisieren: Zucker ohne Zugabe anderer Stoffe oder mit nur wenig Butter auf eine Temperatur von über 200° erhitzen, so daß er schmilzt und eine hellgelbe bis dunkelbraune Masse entsteht. Karamelisierter Zucker hat einen angenehmen Röstgeschmack.
Karamelsauce 389
Karausche 105
Karbei 549
Karbonade: Aus dem Rippen- oder vorderen Rückenstück vom Schwein, Kalb oder Hammel, aus dem Hals vom Schwein oder der Hüfte des Rindes geschnittenes Fleischstück zum Braten oder Schmoren, wird häufig paniert wie Koteletts. Siehe auch 129.
Kardamom *534/535,* 549
Karfiol siehe Blumenkohl 250
Karkasse: Gerippe von kleineren Tieren, vor allem von Geflügel, aber auch Panzer von verschiedenen Krustentieren. Karkassen kann man auskochen und die Brühe zum Bereiten von Saucen oder Suppen verwenden. Hummerfleisch kann man nach dem Garen so aus dem Panzer lösen, daß dieser unversehrt erhalten bleibt. Das Hummerfleisch in Scheiben schneiden und auf der Karkasse anrichten.
Karolinareis 319
Karotten siehe Möhren 55, 253
Karpfen 105
Rezepte:
Böhmische Karpfensuppe: Karpfenteile wie Milch, Rogen und Schwanz in einem Sud aus Salzwasser, Zucker, Pfefferkörnern, Thymian, Lorbeerblatt, Zitronenschale und Essig gar ziehen lassen. Eine Mehlschwitze mit durchgeseihtem Fischsud ablöschen und auffüllen. In dieser Suppe kleingeschnittenes Gemüse wie Möhren, Sellerie und Petersilienwurzel garen. Mit Rotwein und saurer Sahne abrunden und die verwertbaren kleingeschnittenen Karpfenteile in der Suppe erwärmen.
Karpfen serbisch: Einen großen, küchenfertigen Karpfen filetieren. Die Filets an der Oberseite schräg einschneiden, mit Zitronensaft beträufeln und salzen. In die Einschnitte je eine Speckscheibe stecken. Zusammen in perforierte Alufolie wickeln und im Backofen auf dem Rost über vorgegarten Kartoffelscheiben, die in der Fettpfanne des Backofens fertig garen, backen. Wenn das Karpfenfleisch braun zu werden beginnt, mit einer Mischung aus Mehl und mildem Paprikapulver bestäuben, mit saurer Sahne beträufeln und noch einige Minuten weiterbraten.
Karpfen blau *107,* 125
Karpfen nach polnischer Art 125
Karree: Oberes Rippenstück vom Schwein, Kalb und Hammel. Das Stück, woraus die Koteletts geschnitten werden. Siehe auch 128, 129
Kartäuserklöße 499
Kartoffeln 304 f.
Kartoffelfertigprodukte 304
Kartoffelnester 305
Kartoffelpresse 305
Kartoffelpüree garnieren 526
Kartoffelsorten 304
Kartoffelstärke 321
Kartoffelstampfer 305
Rezepte:
Kartoffelsoufflé: Geschälte Kartoffeln kleinschneiden und wie Salzkartoffeln garen. Abgießen, pürieren, mit Muskat, Pfeffer und Salz würzen, Sahne und Eigelbe unter die Masse rühren und Eischnee unterheben. In einer gefetteten Form im Backofen goldgelb backen.
Schlesische Kartoffelsuppe: In Würfel geschnittene Kartoffeln, Möhren, Sellerieknolle, Petersilienwurzel und Lauchstücke in heißem Schweineschmalz anbraten, mit Knochenbrühe von einem Schinkenknochen auffüllen. Lorbeerblatt, Pimentkörner und Majoran zufügen und das Gemüse garen. Die Suppe kräftig durchrühren und mit Essig und Sahne abrunden.
Schloßkartoffeln: Rohe Kartoffeln in Olivenform und -größe zurechtschneiden, in reichlich Butter goldgelb braten und mit etwas Salz und gehackter Petersilie bestreut servieren.
Urner Rösti: Rohe, grobgeraspelte Kartoffeln salzen und in heißem Bratfett in der Pfanne braten, bis sich die Unterseite des Kartoffelteiges braun färbt. Mit einem Gemisch aus Sahne und geriebenem Käse übergießen und braten, bis die Kartoffelraspel völlig durchgegart sind. Paßt gut zu allen Fleischgerichten mit viel Sauce.
Béchamelkartoffeln 316
Berliner Kartoffelsalat 79, 85
Bratkartoffeln aus gekochten Kartoffeln 313
Bratkartoffeln aus rohen Kartoffeln 313
Brühkartoffeln 307
Einfache Kartoffelsuppe 39
Gedünstete Kartoffeln 307
Grünkohl mit Brägenwurst 51
Herzoginkartoffeln 307
Himmel und Erde 317
Hoppel-Poppel 317
Käsekroketten 358
Kartoffelgratin *310/311,* 317
Kartoffelgulasch 317
Kartoffelkroketten 307
Kartoffelküchlein 316
Kartoffel-Mandelbällchen 307
Kartoffeln auf Lyoner Art 316
Kartoffeln in der Folie 313
Kartoffeln, mit Geräuchertem gefüllt *310/311,* 316
Kartoffelnudeln 316
Kartoffelpüree 306
Kartoffelpuffer *312,* 314
Kartoffelrand 306
Kartoffelsalat auf bayerische Art 84
Kartoffelschmarrn 314
Kartoffelschnee 306
Klöße aus gekochten Kartoffeln 315
Klöße aus rohen Kartoffeln 315
Kohlrüben-Kartoffel-Gemüse 264
Marillenknödel 315
Mettwurst-Auflauf 209
Möhreneintopf 50
Passierte Kartoffelsuppe 39
Pellkartoffeln 305
Pellkartoffeln mit Butter und Petersilie 306
Pommes allumettes 308
Pommes duchesse 307
Pommes frites 308
Raclette 360
Reiberdatschi *312,* 314
Reneklodenknödel 315
Sächsische Quarkkeulchen 365
Salzkartoffeln 306
Tiroler Gröstl *310/311,* 314
Warmer Speckkartoffelsalat 85
Zürcher Rösti *138,* 314
Zwetschgenknödel 315
Kascha 326
Kaschunüsse 414
Kasseler Rippenspeer 174
Kasseler Toast 498
Kasserolle (französisch, casserole = Kochtopf): Flacher Schmortopf mit Deckel. Eine Stielkasserolle ist ein kleiner,

flacher Stieltopf ohne Deckel, geeignet zum Bereiten von Saucen und Brei.
Kassia-Zimt 553
Kastanien 415
Rezepte:
Flambierte Kastanien 431
Gans, mit Kastanien gefüllt 225
Gedünstete Kastanien 431
Glasierte Kastanien 431
Kastanieneis 403
Kastanienpüree mit Rotwein-Äpfeln 431
Kastaniensuppe 38
Madeira-Kastanien 431
Rotkohl mit Kastanien 273
Kastenkuchenform 434
Katalanischer Rinderbraten 163
Katerfrühstück 20
Kaviar: Eier (Rogen) verschiedener Störarten. Echter Kaviar stammt hauptsächlich von den Störarten des Schwarzen und des Kaspischen Meeres. Der Rogen wird entfettet, gewaschen und zur Konservierung gesalzen, jedoch möglichst mild, um den delikaten Eigengeschmack zu bewahren. Malossol (russisch, bedeutet schwach gesalzen) gilt als der geschmacklich hochwertigste Kaviar, ist aber leicht verderblich und sollte nach dem Öffnen baldmöglichst verzehrt werden. Kaviar muß stets – auch in ungeöffneter Originalverpackung – gut gekühlt aufbewahrt werden. Einfrieren ist nicht möglich, die zarten Kaviarkörnchen

würden dabei zerplatzen. Als bester Kaviar gilt der grobkörnige schwarze Beluga, der vom Hausen stammt, einer bis zu 9 m langen Störart. Der Ossiotr ist kleinkörniger als der Beluga, jedoch ebenfalls sehr wohlschmeckend. Dieser dunkelgraue oder grünlich-graue Kaviar wird von Europäern am meisten geschätzt. Sewruga stammt vom kleinsten Stör und wird wie der Beluga und der Ossiotr als Malossol angeboten. Vom Süßwasser- oder Salzwasserlachs stammt der Keta-Kaviar, der rote Kaviar, der stark gesalzen und bedeutend preiswerter ist als die Malossolsorten. Erschwinglich ist auch der Preßkaviar, eine Mischung aus beschädigtem Ossiotr und Sewruga. – Zu Kaviarersatz (auch deutscher Kaviar genannt) wird der Rogen vom Seehasen oder Dorsch verarbeitet. Er ist stark gesalzen und tiefschwarz gefärbt. – Guter Kaviar ist trocken und glasig; die Oberfläche des Glas- oder Doseninhalts darf nicht schmierig oder von einer Fettschicht überzogen sein. Im Originalglas auf Eis anrichten. Kaviar darf nicht mit Metall in Berührung kommen; deshalb nur nichtmetallische Löffel verwenden. Man reicht Toast oder dunkles Graubrot, gekühlte Butter und Zitronenachtel zu Kaviar. Wodka, Sekt, aber auch trockener Weißwein sind passende Getränke.
Kaviar als Garnierzutat 528
Kaviarcanapés 368, 374/375
Kebab: Bekannte türkische Spezialität. Lamm- oder Hammelfleischstücke auf einem Spieß gereiht über Holzkohlenfeuer gebraten. Im ganzen Vorderen Orient gibt es viele Varianten dieser Art, Hammel- und Lammfleisch zuzubereiten.
Kefir 348
Keiler 229
Keimfähiges Getreidekorn 318
Keltertrauben 410
Keniabohnen 251
Kerbel 544
  Rezept:
  Kerbelsuppe 37
Kernhausausstecher 539
Kernobst 404 f.
Kesselfleisch siehe Wellfleisch
Keta-Kaviar siehe Kaviar 528
Ketchup: Ursprünglich eine würzige ostindische Pilzsauce, die, wie viele indische Gewürze, in der Welt Verbreitung fand. Die bei uns erhältlichen Ketchups schmecken fruchtig-würzig; Hauptzutat sind meist Tomaten. Ketchup reicht man zu Fleisch-, Fisch-, Geflügel- und Gemüsegerichten und zu Teigwaren.
Keule
  vom Hammel/Lamm 129
  vom Kalb 129
  vom Schwein 129
Kichererbsen: Hülsenfrucht, die hauptsächlich im Mittelmeerraum, vor allem in Nordafrika angebaut wird. Die etwa 1 cm großen, gelben Samen werden wie Erbsen zubereitet. Sie sind besonders für Erbsenpüree geeignet. Siehe auch 252, 301
Kidney-pie 194
Kieler Sprotte siehe Sprotte
Kinderbowle siehe Bowlen
Kinderfeste, Bewirtungsvorschläge 18
Kinderpunsch siehe Punsch
Kirchweihnudeln 448
Kirschen 405
  Kirschentsteiner 540
  Rezepte:
  Eingemachtes Kirschkompott 514
  Flambierte Sauerkirschen 427
  Holländer Kirschschnitten 458, 472/473
  Kirschen in Weinschaumcreme 420
  Kirschenmichel 344
  Kirschenstrudel 482
  Kirschmarmelade 514
  Sauerkirschgelee 516
  Sauerkirschkompott 419
  Sauerkirschsaft 517
  Schwarzwälder Kirschtorte 462, 477
  Streuselkuchen mit Kirschen 441
Kitze 228
Kiwis 412
  Rezept:
  Kiwi-Sahnetorte 476
Klären von Brühe 24
Klare Dressings 88
Klare Gemüsesuppe 34
Klare Ochsenschwanzsuppe 32
Klare Suppen 30 ff.
Klassische Drinks 507
Kleine Backformen 434
Kleine Menüs 12 f.
Kletzenbrot 492
Klinkhörner 93
Klippfisch (Katfisch, Austernfisch, Karbonadenfisch, Wolfsfisch): Gesalzener, an der Luft getrockneter Seefisch. An der Bauchseite aufgeschnitten, von Kopf und Mittelgräte befreit. Klippfisch muß vor der Zubereitung etwa 30 Stunden gewässert werden, damit sein gelbliches, festes Fleisch genießbar wird.
Klöße
  Rezepte:
  Hefeklöße: Nach dem Rezept für Rohrnudeln Seite 445 einen Hefeteig herstellen. Einen großen Topf halb mit Wasser füllen. Ein Mulltuch so am Topfrand festbinden, daß es leicht durchhängt, jedoch nicht mit dem Wasser in Berührung kommt. Aus dem Hefeteig Klöße formen und nebeneinander in das Tuch legen, eine Schüssel darüberstülpen und die Klöße über dem kochenden Wasser im heißen Dampf garen. Die fertigen Klöße mit 2 Gabeln etwas aufreißen und heiße zerlassene Butter in die Öffnung träufeln.
  Fischklößchen 118
  Grießklöße 327
  Kartäuserklöße 499
  Klöße aus gekochten Kartoffeln 315
  Klöße aus rohen Kartoffeln 315
  Quarkklöße 365
  Serviettenkloß 499
Kluft vom Rind 128, 142
Knoblauch (Allium sativum): Die bis zu 1 m hoch werdende Pflanze gehört zu den Liliengewächsen. Zum Würzen wird die aus mehreren kleinen Brutzwiebeln (Zehen) bestehende Zwiebel verwendet. Knoblauch, der frisch sehr scharf schmeckt, verliert durch das Garen an Schärfe; das Aroma bleibt jedoch erhalten. Man kann auch mit Knoblauchgranulat, -salz oder -essenz würzen, deren Aroma allerdings schwächer ist. Frischer Knoblauch wird kleingehackt, mit etwas Salz bestreut und mit einer Gabel zermust oder durch die Knoblauchpresse gedrückt an die Speisen gegeben. Lamm-, Hammeloder Schweinefleischbraten mit Knoblauchzehen spicken.

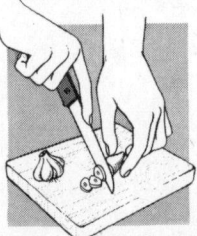

– Knoblauch beim Braten nicht zu braun werden lassen; verbrannt schmeckt er unangenehm bitter. – Verträgt sich mit vielen Gewürzen und Kräutern. 534/535.
Knoblauchpresse 540
  Rezepte:
  Auberginensalat mit Knoblauch 76
  Knoblauchbutter 350
  Knoblauch-Dressing 91
  Knoblauchsauce 386, 389
Knochenbrühe 22, 29
Knochenschinken 208
Knöcherlsulz siehe Sülzen
Knödel
  Rezepte:
  Böhmische Knödel 326
  Leberknödel 499
  Marillenknödel 315
  Schinkenknödel 499
  Semmelknödel 499
  Speckknödel 499
  Zwetschgenknödel 315
Knollensellerie siehe Sellerie 56, 255
Knorpelkirschen 405
Knurrhahn: Kleiner, stachelflossiger Seefisch, rot oder grau gefärbt, mit gepanzertem Kopf. Sein Fleisch ist wohlschmeckend, jedoch grätenreich. In Fischsud garen und mit einer Sauce Hollandaise servieren oder grillen und Kräuterbutter dazu reichen.
Kocheigenschaften von Kartoffeln 304
Kochen 537
  Automatisch kochen: Kochen auf einer Automatik-Kochplatte, die sich nach einer vorgegebenen Zeit automatisch abstellt und die eingeschaltete Temperatur ebenfalls automatisch hält.
  Eier kochen 339
  Kochen mit Getreideprodukten 320 f.
  Milch kochen 348
Kochfertig: Kochfertig ist ein Lebensmittel, das gewaschen, geputzt und bereits gewürzt ist und nur noch erhitzt oder gegart zu werden braucht, um eine tafelfertige Speise zu ergeben.
Kochfleisch für Suppen 23
Kochideen
  für festliche Essen 15 ff.
  für jeden Tag 13 ff.
  wenn es schnell gehen muß 12 f.
Kochkäse 357
Kochtöpfe 540
Kochwürste 208
Kochzeiten für Brühe 23
Köhler 104
Königinpastetchen mit Ragoût fin 203
Königsuppe 40
Königsberger Klopse 186
Königsberger Marzipan: Marzipan-Rohmasse mit Puderzucker verkneten, den Teig dick ausrollen und kleine Herzen ausstechen. Aus den Marzipanresten dünne Streifen schneiden, sie auf der Unter-

KÖNIGSKRABBEN – KUCHEN

seite mit Eiweiß bestreichen und als Rand um die Marzipanherzen legen. Mit einer dünnen Stricknadel die Ränder rundherum einkerben und die Herzen im Backofen überbacken, bis sie sich bräunlich färben. Die Herzen in der Mitte mit Puderzuckerglasur bestreichen und mit zerkleinerten kandierten Früchten verzieren.

Königskrabben 95
Königskraut 543
Königskuchen 451
Königssalbei 547
Körper des Weines 554
Kohl 252
Kohlenhydrate 564
Kohlrabi 252
  Rezepte:
  Gefüllte Kohlrabi 274
  Kohlrabi in heller Sauce 273
  Roher Kohlrabisalat 67, 71
Kohlrouladen 272
Kohlrüben-Kartoffel-Gemüse 264
Kohlsalate siehe Salate 71
Kokosfett 564
Kokosnüsse 414
  Rezepte:
  Kokosmakronen 487
  Kokosringe 466
Koksen 93
Kolatschen 455
Komponieren eines Menüs 521
Kompotte
  Rezepte
  Apfelkompott 416
  Aprikosenkompott 419
  Birnenkompott 418
  Eingemachtes Kompott 514
  Mirabellenkompott 420
  Pfirsichkompott 419
  Pochierte Beeren 420
  Preiselbeerkompott 422
  Quittenkompott 419
  Rhabarberkompott 427
  Rhabarber-Apfel-Kompott 427
  Rhabarber-Himbeer-Kompott 427
  Sauerkirschkompott 419
  Trockenobst-Kompott 428
  Zwetschkompott 420
Kondensmilch 348
Konfekt 488
Konfitüren 512
  Rezepte 516
Konservierte Schaltiere 93
Kopenhagener Schnecken 460
Kopf vom Schwein 129
Kopfsalat 54
  Rezepte:
  Kopfsalat mit grüner Sauce 61
  Kopfsalat mit Knoblauchsauce 61
  Kressesalat 64
  Specksalat 61
Korbkäse: Sauermilchkäse mit Kümmel. Ursprünglich aus der Magdeburger Börde, heute hauptsächlich in Niedersachsen hergestellt. Korbkäse schmeckt ähnlich wie Harzer- oder Mainzer Käse.
Koriander 534/535, 549
Korinthen 415
Korn und Mehl 318ff.
Kornbranntwein: Klarer Branntwein aus Gerste, Roggen und Weizen – manchmal auch Buchweizen ode Hafer – mit mindestens 32 Vol.% Alkoholgehalt. Doppelkorn ist Kornbranntwein mit mindestens 38 Vol.% Alkoholgehalt.
Koteletts 130
  vom Hammel/Lamm 129
  vom Kalb 128
  vom Schwein 129
  Rezepte:
  Hammelkotelett 135
  Lammkotelett vom Grill 135
  Schweinekotelett in roter Sauce 136
Krabben 95
  als Garnierzutat 528
  Rezepte:
  Gefüllte Avocados 84
  Käse-Krabben-Soufflé 361, 363
  Krabbenbutter 350
Krachmandeln 415
Krachsalat siehe Eisbergsalat 53
Kräftige Fleischbrühe 22
Kräuter 88, *533*, 542ff.
  Kräutersträußchen siehe Bouquet garni
  Suppen mit Kräutern würzen 24
  Rezepte:
  Kräuterremoulade: Fertig gekaufte Remoulade mit etwas Sahne verrühren und mit feingeschnittenen frischen Kräutern wie **Petersilie, Schnittlauch, Estragon, Kerbel, Pimpinelle** mischen.
  Kräutersauce mit saurer Sahne siehe **Saucen**
  Wildkräutersalat siehe Salate
  Gegrillte Kräuterforelle 123
  Kerbelsuppe 37
  Kräuterbutter 350
  Kräuterfladen 491, *494/495*
  Kräutermilch 504, *523*
  Kräuter- oder Würzessig 88
  Kräuteromelette 345
  Kräuterquark 362
  Kräuter-Quarksauce 91
  Radieschensalat mit Kräutern 64
  Rühreier mit Kräutern 346
Kraftbrühe 22
Kraken 93
Krambambuli: Weißwein in eine feuerfeste Schüssel gießen. Einen engmaschigen Drahtrost auf die Schüssel legen und Würfelzucker daraufhäufeln. Mit so viel Arrak begießen, daß die Zuckerstückchen gut feucht sind, und anzünden. Nach und nach aus einer Schöpfkelle Arrak über den brennenden Zucker gießen. Wein und Arrak sollen etwa im Verhältnis 5:1 enthalten sein. Zuletzt mit Sekt auffüllen.
Krammetbeere 553
Kranvitt, Kronawet 553
Kranzform 434
Krapfen 447
Kraut 259
Krautsalat 75
Krebse 95
  Lebende Krebse 96
  Rezepte:
  Krebse in Dillsud 101
  Krebsragout Colette 102
Kren siehe Meerrettich
Kreolischer Salat 85
Kresse 54, 545
  Rezepte:
  Kressesalat 64
  Kressekraut 545
Kreuzkümmel (Cuminum cyminum): Ein Doldengewächs, das ähnlich wie Kümmel aussieht, jedoch nur in warmen Ländern gedeiht und im Geschmack viel schärfer und ausgeprägter im Aroma ist. Getrocknete ganze oder gemahlene Kreuzkümmelsamen gibt es bei uns nur in Fachgeschäften zu kaufen. Mit Kreuzkümmel würzt man orientalische und scharfe mexikanische Gerichte. Kreuzkümmel sparsam dosieren.
Krill 95
Kroepoek: Indonesisches Gebäck, in ganz Ostasien bekannt. Dünne, zerbrechliche Plättchen aus Tapiokamehl und getrockneten, gemahlenen Garnelen. Die Plättchen gibt es fertig im Handel. Man bäckt sie in heißem Öl schwimmend aus und serviert sie heiß zur indonesischen Reistafel, zu Nasi Goreng und chinesischen Gerichten.
Krokant: Gehackte Mandeln, Haselnüsse oder Walnüsse mit noch flüssigem, karamelisiertem Zucker mischen, erstarren lassen und zerstoßen. Zutat und Garnierung vieler Kuchen und Süßspeisen.
Kroketten
  Rezepte:
  Reiskroketten: Risottoreis mit in Streifen geschnittenem, gekochtem Schinken, geriebenem Emmentaler Käse, Eigelb und Muskatnuß mischen, auf ein Brett streichen und einige Zeit ruhen lassen. Die Reismasse in fingerlange, 3 cm breite Streifen schneiden, panieren und in heißem Fett goldbraun braten.
  Camembert-Kroketten 359
  Fischkroketten 118
  Käsekroketten 358
  Kartoffelkroketten 307
  Mandelkroketten siehe Kartoffel-Mandelbällchen 307
Kronfleisch: Zwerchfell des Rindes. Kurz kochen, mit Senf, Pfeffer und Salz zu kräftigem Brot servieren. Siehe auch 188
Kronsbeeren siehe Preiselbeeren 409
Krustaden: Kleine, meist becherförmige, warme Pasteten mit knuspriger Hülle aus Brot, Blätter- oder Mürbeteig, aus Kartoffel-, Reis- oder Grießmasse oder aus Teigwaren mit gut gewürzten, feinen Füllungen.
Krustentiere 92, 95 ff.
  Rezepte:
  Feiner Hummersalat 84
  Gekochter Hummer 100
  Hummer Thermidor 100
  Krebse in Dillsud 101
  Krebsragout Colette 102
  Languste à la bordelaise 100
  Scampi alla Lipari 101
Kuchen
  Alles über Backen 432ff.
  Biskuitteig 469
  Glasieren von Kuchen 435
  Hefeteig 439
  Kuchengitter 433
  Mürbeteig 460
  Pannenhilfen 567
  Rührteig 449
  Rezepte:
  Dresdner Eierschnecke siehe Hefegebäck
  Dundee Cake: Schottische Spezialität, nach der Stadt Dundee benannt. Schwerer Fruchtkuchen aus einem Rührteig, der mit reichlich Korinthen, Rosinen, gehackter Sukkade, kandierten Kirschen, gemahlenen Mandeln und abgeriebener Orangenschale gemischt wird. Der Kuchen wird in einer runden Form gebakken, zuvor jedoch in konzentrischen Kreisen mit halbierten Mandeln belegt.
  Apfelkuchen 464
  Apfelkuchen vom Blech 440
  Aprikosenkuchen mit Nußhaube 454, *461*
  Augsburger Zwetschgendatschi 445
  Bienenstich mit Quark-Öl-Teig 468
  Erdbeerkuchen 465
  Früchtekuchen 453
  Gedeckter Apfelkuchen 464
  Gefüllter Bienenstich 440
  Gugelhupf 441
  Holländer Kirschschnitten 458, *472/473*
  Käsekuchen 465
  Königskuchen 451
  Marmorkuchen 451, *461*

KUCHENVORSCHLÄGE – LAUCH

Mohnkuchen vom Blech mit Quarkmürbeteig 468
Mohnrolle 439
Napfkuchen 441
Nußkuchen 451
Nußrolle 466
Orangenkuchen 454
Quark-Napfkuchen 453
Rehrücken 453
Rhabarberkuchen mit Baiserdecke 465
Sandkuchen 470
Savarin 441
Schlupfkuchen mit Äpfeln 454
Streuselkuchen 441
Streuselkuchen mit Kirschen 441
Vollkorn-Bananenkuchen 454
Vollkorn-Dattelkuchen 468
Zwiebelkuchen 448
Kuchenvorschläge
 für die Kaffeerunde 17
 für die Teestunde 17
 für Kinderfeste 18
Küchenfertig: Lebensmittel, die bereits von nicht verwertbaren oder nicht eßbaren Teilen befreit wurden und ohne vorbereitende Arbeiten sofort verwendet werden können, sind küchenfertig.
Küchengarn: Besonders festes Baumwollgarn zum Binden und Zunähen von Lebensmitteln. Ersatzweise kann auch starker Faden oder Zwirn verwendet werden, jedoch kein Kunststoffaden, da dieser beim Erhitzen schmelzen und das Gargut ungenießbar machen könnte.
Küchengeräte 539ff.
Küchenkraut 544
Küchenmaschine 540
Küchenwaage 432, 540
Küchenwürze 544, 547
Küchenzwiebel 260
Kühlen von Lebensmitteln 560
Kühlhausei 338
Kühlschrank 560
Küken 212
Kümmel 534/535, 549
Kümmerlingskraut 544
Kürbis 252
 Rezepte:
 Kürbis auf italienische Art: Festes Kürbisfleisch in gleich große Scheiben schneiden. Jeweils 1 Scheibe auf einer Seite mit einer Mischung aus saurer Sahne, geriebenem Emmentaler Käse, Schnittlauch, Salz und Pfeffer bestreichen und 1 Kürbisscheibe darauflegen. Die zusammengesetzten Kürbisscheiben in geschlagenem Eiweiß und in Semmelbröseln wenden. In heißem Fett auf jeder Seite goldbraun braten.

Holländischer Nudelsalat 86
Kürbis-Gemüse 287
Kürbissuppe mit Schneeklößchen 42
Kugelausstecher 536
Kugel vom Rind 128
Kuhmilch 348
Kukuruz 253, 320
Kullerpfirsich 508
Kulturchampignon 297
Kumquats 412
Kurischer Schmantschinken 211
Kurkuma (Curcuma longa): Das Gewürz sind die zu Pulver gemahlenen Wurzeln der Kurkumapflanze. Kurkuma ist Bestandteil von Currypulver und anderen Gewürzmischungen sowie in Senf- wie auch in Worcestersauce enthalten. Kurkuma, auch indischer Safran genannt, färbt Speisen intensiv gelb. Schmeckt ähnlich wie Ingwer, jedoch brennend-scharf, und sollte deshalb nur sparsam verwendet werden.
Kutteln 188, 190
 Rezept:
 Kutteln in Tomatensauce 197
Kuvertüre: Ein Überzug aus reiner Schokolade mit unterschiedlichem Kakaobuttergehalt, also in den Geschmacksnuancen von Milchschokolade, halbbitterer und bitterer Schokolade. Zum Überziehen von Gebäck, als Teig- oder Cremezusatz geeignet.

L

Labskaus 205
Lachs 104, 105
 Lachs-Essen 106
 Lachsmesser 106
 Rezepte:
 Gravad Laks 371
Lachsheringe 104
Lachsschinken 209
Ladyfinger 254
Lächelnde Liebe 508
Ländliche Gulaschsuppe 40
Läuterzucker: Durch Kochen in Wasser gelöster Zucker zum Süßen von Speiseeis, feinen Desserts, Obstsalaten sowie zum Tränken verschiedener Kuchenarten. Die Konzentration von Läuterzucker wird in Baumégraden gemessen. Zieht der gelöste Zucker dünne Fäden, hat er eine Konzentration von etwa 25 Grad, starke Fäden zeigen eine Konzentration von etwa 30 Grad an. Bildet sich am Stiel des in den Läuterzucker getauchten Rührlöffels ein kleiner Zuckerklumpen, beträgt die Konzentration etwa 40 Grad. Der Konzentra-

tionsgrad läßt sich auf einer speziellen Zuckerwaage exakt ablesen.
Lagern und/oder Zubereiten von
 Äpfeln 404
 Ananas 410
 Ananaskirschen 412
 Aprikosen 405
 Artischocken 52, 250
 Auberginen 52, 250
 Avocados 52
 Bananen 410
 Baumtomaten 411
 Birnen 405
 Blaubeeren 406
 Blumenkohl 52, 250
 Bohnen 251
 Broccoli 251
 Brombeeren 409
 Cardy 251
 Cherimoyas 411
 Chicorée 251
 Chinakohl 251
 frischen Datteln 411
 Eisbergsalat 53
 Endivie 54
 frischen Erbsen 252
 Erdbeeren 409
 frischen Feigen 411
 Feldsalat 54
 Fenchel 54, 252
 Fisch 111
 Fleisch 127
 Getreideprodukten 320
 Gewürzen 542
 Granatäpfeln 411
 Grapefruits 411
 Grünkohl 252
 Guavas 412
 Gurken 252
 Hefe 436
 Himbeeren 409
 japanischen Mispeln 412
 Johannisbeeren 409
 Kakis 412
 Kapstachelbeeren 412
 Karambolen 412
 Kartoffeln 304
 Kirschen 405
 Kiwis 412
 Knollensellerie 56, 255
 Kohlrabi 252
 Kopfsalat 54
 Kresse 54
 Kürbis 253
 Lauch 252
 lebenden Krustentieren 96
 Lebensmitteln im Kühlschrank 560f.
 Limetten 413
 Litschis 413
 Mais 253
 Mangos 413
 Marillen 405
 Maronen 415
 Melonen 413
 Mirabellen 406
 Möhren 55, 253
 Nektarinen 405, 406
 Okras 254
 Palmenherzen 55
 Papayas 413
 Paprikaschoten 55, 254
 Passionsfrüchten 414

Pastinaken 254
Pfirsichen 406
Pflaumen 406
Preiselbeeren 410
Quitten 405
Radicchio 55
Radieschen 55
Rettich 55
Rhabarber 410
römischem Salat 55
Rosenkohl 254
Roten Beten 56, 254
Rotkohl 59, 254
Salatgurken 54
Sauerkraut 255
Schälgurken 252
Schwarzwurzeln 255
Seegurken 95
Sellerie 56, 255
Sojasprossen 56
Spargel 59, 255
Speck 209
Spinat 256
Stachelbeeren 410
Stangensellerie 56, 255
Süßkartoffeln 256
Tomaten 59, 259
Walnüssen 415
Wein 558
Weinblättern 259
Weintrauben 410
weißen Rüben 259
Weißkohl 59, 259
Wirsingkohl 259
Wurst 208
Zitronen 414
Zucchini 59, 260
Zwiebeln 60, 260
Laiberl 183
Lammfleisch 129, 143
 Rezepte:
 Bulgarischer Eintopf 44
 Jachnija 44
 Lammbraten 176
 Lammkotelett vom Grill 135
 Lamm-Medaillon »Noël« 152
 Rasniči 150, 154
 Spieße mit Lammfleisch und Nieren 150, 154
 Weihnachts-Lamm 152
Lammherz 189
Lammzunge 190
Langkornreis 319
Langusten 95, 96, 99
 Rezepte:
 Getrüffelte Languste 370
 Languste à la bordelaise 100
Lappen 104, 129
Lardieren (französisch, lard = Speck), siehe Spicken
Lasagne al forno 324, 330/331
Lauch 75, 253
 Rezepte:
 Roher Lauchsalat: Feingeschnittenen rohen Lauch, ungeschälte, in Würfel geschnittene Äpfel und kleingeschnittene Ananas aus der Dose in einer Salatsauce aus Essig, Öl, Ananassaft, Salz und Pfeffer 1 Stunde ziehen lassen. Vor dem Servieren mit Schnittlauch bestreuen.

LAUCHZWIEBEL – MANGOS

Gedünsteter Lauch 288
Lauch mit Bratklößchen 288
Salat aus gekochtem Lauch 76
Lauchzwiebel 260
Lavendel (Lavandula angustifolia, Lavandula officinalis): Lippenblütler mit blau-violetten Blüten, die stark duften. Zum Würzen werden die herbbitteren jungen Blatttriebe verwendet. Lavendel ist Bestandteil der bekannten Gewürzmischung »herbes de Provence«. Als Einzelgewürz gibt es ihn bei uns nur getrocknet in Fachgeschäften zu kaufen. Lavendel paßt besonders gut zu Lammfleischgerichten, zu Gemüseeintöpfen und Suppen.
Lebende Fische 105, 111
Lebende Krebse 96
Lebende Krustentiere 96
Lebensmittelfarben: Vom Lebensmittelgesetz zum Färben von Lebensmitteln zugelassene Substanzen. Es gibt Blau, Gelb, Grün, Orange, Rot und Schwarz in kleinen Fläschchen im Handel. Die zu verwendenden Höchstmengen sind jeweils auf dem Flaschenetikett angegeben.
Leber 188
  vom Hasen 230
  von Wildgeflügel 241
  Rezepte:
  Geflügelleber mit Rühreiern 193
  Gegrillte Leber 190
  Leber auf Mailänder Art 191
  Leber mit Ananas 190
  Leber mit Speck und Orangen 191
  Leber nach Berliner Art 190, *199*
  Leber Tiroler Art 192
  Leberauflauf 193
  Leberknödel 499
  Leberpastete 192
  Leberragout mit Bananen 192
  Leberspätzlesuppe *28*, 30
  Orientalisches Leberragout 192
  Panierte Schweineleber 191
  Saure Leber 191
  Saure Leber mit Zwiebeln 191
Leberwurst 208
Lezithine: Natürliche Phosphatidgemische, in größeren Mengen enthalten in Eigelb, Sojabohnen, verschiedenen Nüssen und Käsesorten. Lezithine wirken nervenstärkend und sind oft Zusatz von Kräftigungspräparaten.
Lederkarpfen 105, 111
Legehennen 212
Legieren: Binden oder Anreichern von Suppen und Saucen mit Eigelb, süßer oder saurer Sahne oder einem Gemisch von beidem. Legierte Speisen sollen nicht mehr stark erhitzt werden, weil sonst das rohe Eiweiß von Eigelb oder Sahne gerinnt und ausflockt. Siehe auch 24
Legierte Lauchsuppe 35
Leipziger Allerlei 264
Leistenpilze 297
Leiterstück vom Rind 128
Lende
  vom Kalb 128
  vom Rind 128
  vom Schwein 129
Lendenbraten auf französische Art 161
Lendenschnitte 142
Lendenschnitten in Sojasauce 165
Lengfisch 104
Lesco 284
Liebäuglein 543
Liebstöckel 545
Liebesknochen 480
Liebstöckel *533*, 545
Liegnitzer Bomben: Runde, bombenförmige Honigkuchen, gefüllt mit einer Masse aus Rohmarzipan und kleingehackten kandierten Früchten; mit Schokoladenglasur überzogen.
Ligurierkraut 545
Limabohnen 301
Limburger 356
Limette 412
Limfjords 92
Limone (italienisch, limone = Zitrone): Bei uns übliche, jedoch falsche Bezeichnung für Limette.
Linolsäure, Kinolensäure 564
Linsen 301
  Rezepte:
  Linseneintopf nach Berliner Art 50
  Linsengemüse 303
  Linsengemüse mit Backpflaumen 303
  Linsenpüree *292*, 302
  Linsensuppe 38
Linzer Torte 465
Litschis, Litschipflaumen 413
Löffel als Maßeinheit 565
Löffelbiskuits (Biskotten, Fingerbiskuits): Trockenes, sehr haltbares, leichtes Gebäck. Bestandteil vieler süßer Desserts. Beliebte Beigabe zu Eiscremes und kalten Süßspeisen.
Löwenzahn 54
  Rezept:
  Löwenzahnsalat mit Speck 64
Longans: Den chinesischen Litschis verwandte Früchte mit dünnen, zimtfarbenen Schalen, glasigem Fruchtfleisch und relativ großen Kernen. Bei uns in Dosen erhältlich, selten frisch.

Longdrinks 502
Loquat 412
Lorbeerblätter *534/535*, 550
Lothringer Käsetorte 360
Lothringer Pilzpfanne 300
Luau-Dressing 90
Lunge 188, 190
  Rezepte:
  Kalbsbeuscherl 198
  Lungenhaschee 206
  Saure Lunge 198
Lychees 413
  Rezept:
  Lychee-Creme 430
Lyoner Kartoffeln 316
Lyoner Wurstsalat 81

M

Machandel 553
Macis *534/535*
Madeirawein
  Rezepte:
  Madeiracreme: Ein festliches Dessert für besondere Gelegenheiten. Eigelbe mit Madeirawein, Zucker, Zitronensaft und etwas Rum im Wasserbad zu einer dicken Creme schlagen. Gelatine – 6 Blätter für $\frac{1}{2}$ l Creme – in wenig heißem Wasser auflösen und der Creme löffelweise unterziehen. Wenn die Speise zu gelieren beginnt, gesüßte Schlagsahne zufügen. Dann völlig erstarren lassen und mit Schlagsahne und Maraschinokirschen verzieren.
  Madeiragelee 380
  Madeira-Kastanien 431
  Madeirasauce 384
Magenbitter: Branntweine mit Kräuterauszügen und Auszügen bitter-aromatischer Gewürze. Alkoholgehalt 30 bis 45 Vol.%. Die Bitterstoffe regen die Verdauung an, deshalb werden Magenbitter häufig zu schweren Speisen gereicht.
Mageres Fleisch spicken 157
Maggikraut *533*, 545
Magyar Gulyás 177
Mahlzeiten mit zwei Gängen 12
Maibowle 508
Maikraut siehe Waldmeister
Mailänder Schnitzel 134
Mainzer Käse 357
Mairalkraut 545

Mairam 545
Mairübe 259
Mais 253, 320
  Essen von Maiskolben 295
  Rezepte:
  Gegrillte Maiskolben 295
  Gekochte Maiskolben 295
  Milder Maissalat 76
Maischolle: Zu den Plattfischen gehörender Seefisch. Als Maischolle wird die Scholle im Mai bezeichnet, dem Monat, in dem ihr Fleisch die beste Qualität aufweist.
Maisgrieß 320
  Rezept:
  Polenta 328
Maismehl 320
Maisstärke 320
Maiwurzelkraut 545
Majoran *533*, 545
Makkaroni 321
Makrelen
  Rezepte:
  Fisch »Malaysia« 116
  Gebratene Makrelen 117
Mamaliga 320
Mandarinen 413
  Rezept:
  Mandarinenreis 336
Mandeln 414
  Rezepte:
  Kartoffel-Mandelbällchen 307
  Mandelmakronen 487
  Mandelsplitter 488
Mangold 253
  Stielmangold (Rippenmangold, Rübstiel, Stielmus): Mangoldart. Besonders beliebt im Rheinland, wo das Gemüse Stielmus heißt und wie Spargel gekocht und zubereitet wird.
  Rezepte:
  Mangold-Auflauf: Grob gehackte, gegarte Mangoldblätter mit feingeschnittenen Pilzen, Lauch, Petersilie, geriebenem Parmesan, zerdrückter Knoblauchzehe und in Milch eingeweichten Weißbrotscheiben mischen. Die Mischung mit Salz, Pfeffer und Muskat würzen und nacheinander 4 Eier unterrühren. Den Auflauf in einer gebutterten, feuerfesten Form im Backofen goldbraun backen.
  Mangoldstiele polnische Art: Mangoldstiele (Stielmus) in Salzwasser garen, anrichten, mit hartgekochten, gehackten Eiern bestreuen und mit in zerlassener Butter gebratenen Semmelbröseln überziehen. Zu rohem oder gekochtem Schinken.
  Mangold auf Toast 281
  Mangold-Gemüse 281
  Mangoldstiele mit Schinkenremoulade 282
Mangos 413

Rezepte:
Flambiertes Mango-Dessert 430
Mango-Cocktail 379
Manhattan 504
Maniok: Tropisches Wolfsmilchgewächs mit stärkehaltigen Wurzelknollen, den Maniokwurzeln, aus denen Tapioka, ein Stärkemehl, gewonnen wird. Mit Tapioka kann man klare Suppen binden. Siehe auch 256
Maple Sirup siehe Ahornsirup
Marantastärke siehe Arrowrootstärke
Maraschino: Jugoslawischer Likör aus Branntwein, Zucker und Maraska-Sauerkirschen. Wird zum Aromatisieren von Süßspeisen und für viele Cocktails verwendet.
Maraschino-Kirschen: In Maraschino und Branntwein eingelegte, große, rot gefärbte Kirschen; selten Maraska-Sauerkirschen. Maraschino-Kirschen werden zum Garnieren für süße Speisen, Obstsalate, Cocktails, aber auch für Fleisch- und Geflügelgerichte verwendet.
Marennes 92
Margarine 350, 564
Marienkraut 546
Marillen siehe Aprikosen 405
Rezept:
Marillenknödel 315
Marinade: Flüssigkeit mit Zusatz von Essig, Rotwein, Sauermilch, Buttermilch oder Zitronensaft und Gewürzen, in der Fleisch, Geflügel oder Fisch eingelegt und dadurch würziger und zarter werden. Salatsaucen werden auch häufig als Marinaden bezeichnet.
Nasse Rotweinmarinade 231
Trockene Rotweinmarinade 231
Marinieren von
Fleisch 127
Wild 231
Wildgeflügel 241
Marinierter Lachs 371
Mark der Vanilleschote 391
Markerbsen 252
Markklößchensuppe 31
Marmeladen 512
Rezepte 515f.
Marmorkuchen 451, *461*
Maronen 415
Maronenröhrling 297
Rezept:
Überbackene Maronenpilze 300
Martini: Aus Weißwein oder Rotwein hergestellter Wein-Aperitif, mit Wermutkraut gewürzt.
Marzipankartoffeln 488
Marzipan-Rohmasse: Reines Marzipan aus süßen Mandeln, wenigen bitteren Mandeln und Zucker. Im Handel erhältlich. Marzipan-Rohmasse wird durch Zufügen von Puderzucker und Rosenwasser zu Marzipan. Je höher der Marzipan-Rohmasse-Anteil, desto besser ist die Qualität des Marzipans. Marzipan-Rohmasse wird als Teigzutat für verschiedene feine Kuchen und Plätzchen benötigt.
Maße 565
Mastgans 213
Masthuhn 212
Mastkalb 128
Mastochsenfleisch 128
Matjesfilet
Rezepte:
Matjes-Cocktail *374/375,* 379
Matjessalat »Teufelsschlucht« 82
Pikantes Matjesfilet 122
Roter Matjessalat 82
Toast mit Matjesfilets 498
Matjesheringe 104
Maus vom Schwein 129
Mayonnaise 87, 567
als Garniermittel 528
Rezepte:
Anchovis-Mayonnaise 90
Artischocken mit Zitronenmayonnaise 294
Cheese Dressing 91
Cocktailsauce 91
Feine Würzmayonnaise 90
Knoblauch-Dressing 91
Schwedische Salatsauce 90
Selbstgerührte Mayonnaise *80,* 90
Thousand Islands Dressing 90
Mazerieren (französisch, macérer = einweichen): Zerkleinerte Früchte oder Gebäck in einer aromatischen Flüssigkeit wie Likör durchziehen lassen.
Medaillons
Rezepte:
Glasierte Kalbsmedaillons 377
Kalbsmedaillon mit Champignons 151
Lamm-Medaillon »Noël« 152
Medaillon »Mandarin« 151
Rehmedaillon mit Fruchtsalat 233, *236*
Schweinemedaillon mit Schinken 151
medium 141
Meeresfrüchte 92
Meerigel 93
Meerohren 92
Meerpolypen 93, 94
Meeresfrüchte: Sammelbegriff für alle eßbaren im Meer lebenden Tiere außer Fischen, so Austern, Hummern, Langusten, Garnelen.
Meerrettich (Kren): Staudenpflanze mit großen, langgestielten Blättern und weißen, rispenförmigen Blüten. Verwendet wird die walzenförmige Wurzel. Das in ihr enthaltene ätherische Öl mit Sinigrin bewirkt den scharfen Geschmack. Ernte von September bis Februar. Die Wurzeln werden mit Sand bedeckt gelagert, damit sie frisch bleiben und nicht austreiben. Meerrettich wird auch gerieben in Tuben oder Gläsern konserviert angeboten. Man verwendet ihn zum Würzen von Saucen, Mayonnaisen und Sahne.
Rezepte:
Apfel-Meerrettich-Sahne 380
Meerrettichsahne 380
Meerrettich-Salatsauce 91
Meerrettichsauce 388
Meertau 546
Mehl und Korn 318ff.
Mehl-Fett-Kloß 320
Mehlig kochende Kartoffeln 304
Mehlklöße 325
Mehlschwitze siehe Einbrenne 320
Mehlsieb 432
Mehlteigwaren 320
Mehrfach ungesättigte Fettsäuren 87, 564
Melanzanen siehe Auberginen 52, 250
Melieren (französisch, mêler = mischen)
Melonen 413
Rezepte:
Melonen-Cocktail *374/375,* 379
Melonensalat »Amerika« 76
Mengenangaben von Nahrungsmitteln pro Person 566
Menü
Das korrekte Gedeck 521f.
Das perfekte Menü 520ff.
Festliche Tafel *524*
Menükomposition 521
Menüvorschläge 12 ff.
Meringen-Äpfel 417
Meßbecher 432, 540
Messen mit Löffeln und Tassen 565
Meßgläser 502
Mett 183
Mettwurst-Auflauf 209
Miesmuscheln 92
»Bart« 93
Byssusfäden 93
Vorbereiten von Miesmuscheln 93
Rezept:
Rheinisches Muschelessen *97,* 102
Mikrowellen, Funktion 538
Mikrowellenherd 538
Milch und Milchprodukte 348ff.
Milch-Mixgetränke 504
Milcher 189
Milchhalbfett 564
Milchner 104
Milchreis 319, 335
Milder Maissalat 76
Milz 188, 189
Vorbereiten 190
Rezepte:
Milzschöberlsuppe 31
Milzsuppe 40
Mince pie (englisch, to mince = zerhacken, pie = Pastete): Eine in England sehr beliebte Weihnachtspastete. Eine Mischung aus gehacktem Rindernierenfett, Orangeat, Zitronat, Rosinen, Zucker, verschiedenen Gewürzen, Weinbrand und Rum muß mehrere Tage durchziehen und wird dann mit gebratenem, kleingeschnittenem Rinderfilet und gewürfelten Äpfeln gemischt. Die Masse wird in einer Pastetenform mit Blätterteig abgedeckt und im Backofen gegart. In die Pastetendeckelöffnung gießt man vor dem Servieren etwas Rum und zündet ihn an. Die Pastete wird brennend aufgetragen.
Mineralstoffe 564
Minestrone *26/27,* 34
Mintsauce 388
Minze (Mentha piperita): Auch als Pfefferminze bekannte, wildwachsende oder kultivierte Lippenblütler-Pflanze. Die Blätter duften aromatisch und erfrischend und sind durch das in ihnen enthaltene Mentholöl von kühlendem Geschmack. Frische Minze kleingeschnitten an Rohkostsalat, Kopfsalat und Obstsalat geben, auch an Saucen, Lammgerichte, an Gemüse wie Erbsen und Möhren und an verschiedene Cocktails. Minze kann an das fertige Gericht gegeben, aber auch mitgegart werden. *533*
Mirabellen 406
Rezepte:
Eingemachtes Mirabellenkompott 514
Mirabellenkompott 420
Mirepoix: Nach dem Herzog von Mirepoix benannte Saucenwürze. Wurzelwerk – Möhre, Sellerie, Petersilienwurzel – und durchwachsenen Räucherspeck in winzige Würfel schneiden, in Fett an-

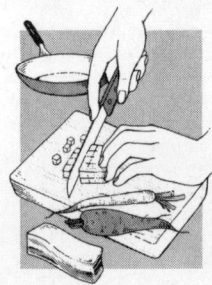

MISCHBROT – NOUVELLE CUISINE

braten und zugedeckt weiterbraten, bis das Gemüse fast zerfallen ist. An die kochende Sauce geben.
Mischbrot in Kastenform 491, *494/495*
Mittelalterliche Kochbücher 126
Mittelbug vom Rind 128
Mittelkornreis 319
Mittelstück vom Kalb 128
Mitternachtsküche 20
Mixbecher 502
Mixed-Grill 153
Mixed Pickles: Im Handel erhältliches Essiggemüse. Kleine Blumenkohlröschen, Perlzwiebeln, Gürkchen, Möhrenstückchen, Prinzeßbohnen und Streifen von rotem Paprika in Weinessig mit Gewürzen eingelegt, zu kaltem Braten, Aufschnittplatten, Fondue und Raclette.
Mixen 529
Mixer 541
Mixgetränke 502, *523*
Rezepte 503 ff.
Moccacreme 392
Moccaglasur 435
Mocca-Sahnetorte 476
Mockturtlesuppe 32
Model 434
Möhren 55, 253
Rezepte:
Rüeblitorte: Schweizer Spezialität. Eine Torte aus Biskuitteig, unter den feingeriebene Möhren, Mandeln und Haselnüsse sowie Semmelbrösel gemischt werden. Mit einer Puderzucker-Kirschwasser-Glasur überzogen.
Gebundenes Möhrengemüse 261
Gedünstete Möhren 261
Glasierte Karotten 261
Möhren-Apfel-Rohkost 65, 67
Möhren auf römische Art 262, *267*
Möhreneintopf 50
Möhren-Erbsen-Gemüse 265
Möhrenpüree 262
Möhrensalat 65
Möhren-Sellerie-Mix 503
Möhren-Zwiebel-Pie mit Fleischklößchen 262, *267*
Salat aus gekochten Möhren 73
Mörser mit Stößel 542
Möweneier 338
Mohn (Papaver somniferum): Die Samen der Schlafmohnpflanze. Mohn gibt es gemahlen und ungemahlen zu kaufen. Bei uns wird er als Gewürz für salziges und als Füllung für süßes Gebäck verwendet. Auch in herzhaften, exotisch gefärbten Gerichten schmeckt Mohn als Gewürz gut.

Rezepte:
Mohnkuchen vom Blech mit Quarkmürbeteig 468
Mohnrolle 439
»Mohr im Hemd« 399
Mohrrüben siehe Möhren 55, 253
Montieren (französisch, monter = steigen, steigen lassen) Eine Suppe oder Sauce zur Verfeinerung mit Butter aufschlagen. Dabei wird die Butter stückchenweise an die Speise gegeben und mit dem Schneebesen untergerührt.
Morcheln 297
Rezept:
Coq au vin 223
Mousse (französisch, mousse = Schaum): Schaummasse aus gegarten, pürierten Zutaten.
Rezepte:
Seezungenmousse siehe Seezunge
Mousse au chocolat *396/397*, 399
Mousselinesauce 388
Moutarde au poivre vert 552
Müller-Thurgau 555
Münchner Kräutlsuppe 37
Münster Käse 356
Mürbeteig 460
Ausgerollter Mürbeteig 464
Grundrezept für Mürbeteig 460
Mürbeteiggebäck
Rezepte 464 ff.
Müsli 337
Muffins: Englisches Frühstücksgebäck, aus einem halbfesten Hefeteig oder einem festen Rührteig mit Backpulver bereitet. Muffins werden in becherförmigen Förmchen gebacken, noch heiß mit zwei Gabeln an der Oberseite aufgerissen und mit einem Stück gekühlter Butter gefüllt.
Mungobohnen: Linsenförmige, kleine Bohnenart aus Indien, die auch in Ostafrika angebaut wird. Mungobohnen werden unter anderem zur Herstellung von Glasnudeln gebraucht.
Musaká 187
Muscheln
Bezeichnungen 92
Naturell eingelegte Muscheln 93
Sauer eingelegte Muscheln 93
Rezepte:
Jakobsmuscheln auf französische Art 103
Muschelsalat »Normandie« 84
Muschelsalat »San Francisco« 84
Rheinisches Muschelessen 97, 102
Muskatellakraut 547
Muskatmühle, Muskatreibe 542

Muskatnuß *534/535*, 550
Muttertee 547
Muzenmandeln: Rheinische Spezialität. Mandelförmiges Gebäck aus einem festen Rührteig mit Backpulver, in heißem Schweineschmalz ausgebacken.
Myzel 297

N

Nachbrust vom Rind 128
Nachspeisen
siehe Süße Desserts 390 ff.
für Kinderfeste 18
Nacken
vom Hammel/Lamm 129
vom Kalb 128
vom Rind 128
vom Schwein 129
Nährstoffe in der Kartoffel 304, 305
Napfkuchen 441
Napfkuchenform 434
Nappieren (französisch, nappe = Tischtuch): Überziehen einer Speise mit einer dickflüssigen Sauce, um sie vor dem Austrocknen zu bewahren. Siehe auch 526.
Nappiertes Hähnchen 377
Nase, Näsling (Wildfisch) 105
Nasi Goreng *329*, 335
Nasse Rotwein-Marinade 231
Naturell (französisch, naturel = natürlich): Man versteht darunter eine Speise, die ohne besondere Zugaben zubereitet wird. Ein Schnitzel naturell wird beispielsweise nur in Fett gebraten und anschließend mit Salz und Pfeffer gewürzt. Lebensmittel sind naturell eingelegt, wenn sie nur in Wasser, ohne würzende Zutaten, konserviert wurden.
Naturkäse 355
Naturreis 319
Natur-Schnitzel 131
Navel-Orangen 413
Nektarinen 405
Nelkenpfeffer 552
Nelkenschwindling 300
Nesselroder Pudding 403
Netzmelone 413
Neue Matjes 104
Neue Regionale Küche: Nach der Nouvelle Cuisine gibt es bereits eine neue Richtung in der Kochkunst. War die Nouvelle Cuisine fast revolutionär, so kann man die Neue Regionale Küche als reformatorisch bezeichnen. Viele große Küchenmeister in allen europäischen Ländern entdecken nun wieder den Reiz des Traditionellen und besinnen sich auf die bodenständigen Spezialitäten der Region. Die wieder aufgespürten, oft uralten Rezepte haben mundartliche Bezeichnungen, die häufig nur in den jeweiligen Landstrichen verstanden werden. Die Meister der Neuen Regionalen Küche sehen eine ihrer Aufgaben darin, diese reizvollen »kulinarischen Antiquitäten« zu restaurieren, nämlich nach den neuen Erkenntnissen zum Wohle unserer Gesundheit zuzubereiten. Früher Wuchtiges, Kalorienreiches wird heute lieber leichter gekocht, vor allem durch eingeschränkte Fett- und Mehlmengen. Die Großen der Nouvelle Cuisine, allen voran Bocuse, lehrten ihre Jünger, nur Zutaten von höchster Qualität zu wählen. Das ist auch ein Gebot der Neuen Regionalen Küche. Sie verzichtet dabei weitgehend auf exotische Lebensmittel, die niemals mit der Frische von Landesprodukten konkurrieren können.
Nieren 188 f.
Rezepte:
Gebratene Nieren 193
Nieren in Ananassauce 194
Nieren-Auflauf 194
Nieren-Gemüsetopf 194
Nieren-Reis-Eintopf 44
Saure Nierle 193
Spieße mit Lammfleisch und Nieren *150*, 154
Nisselsalat siehe Feldsalat 54
Noisette (französisch, noisette = Haselnuß): Kleine Filetscheiben von Wild oder Lamm werden so bezeichnet.
Noisette-Salatsauce 91
Nordamerikanischer Krautsalat 71
Nordseekrabben 95
Norwegische Hummer 95
Norwegische Krabben 95
Nouvelle Cuisine: Vor nicht allzulanger Zeit galt die Nouvelle Cuisine (deutsch = Neue Kochkunst) noch als das »Nonplusultra« moderner Kochkunst. In Frankreich geboren, durch ihren Vater, den großen Paul Bocuse, fast zu einer Weltanschauung erhoben, hat sie den Zenit überschritten und wird bereits von anderen kulinarischen Strömungen abgelöst oder jedenfalls ergänzt. – Die Nouvelle Cuisine stellt an Frische und geschmackliche Qualität der Grundzutaten ihrer Speisen höchste Ansprüche. Die Zubereitung – das Garen und Würzen – zielt darauf hin, den Eigengeschmack der Naturprodukte zu erhalten und voll zu entfalten. Daraus ergeben sich

für die meisten Gerichte extrem kurze Garzeiten. Gemüse wird nur blanchiert; Fleisch und Geflügel oft so kurz gekocht oder gebraten, daß es fertig zubereitet innen noch rosa oder gar blutig ist. Fisch ist stets an den Gräten noch blutig. Neben dem auf einem hohen Verantwortungsgefühl basierenden Anliegen, gesund zu kochen, steht die Liebe zur Ästhetik. Sie verlangt Farbharmonie und Formschönheit der angerichteten Speisen. Garnierungen und Verzierungen sind auf ein Minimum beschränkt und nur da zu finden, wo sie Bestandteile eines Gerichtes sind. Ihr Reiz und Zauber erschließen sich nur dem, der ihre Speisen mit wachem Bewußtsein genießt. Siehe auch 520

Nudeln
  Garzeiten siehe Teigwaren
  Rezepte:
  Appenzeller Nudeltopf: Gegarte Hörnchennudeln mit in Würfel geschnittenem, durchwachsenem Speck, Appenzeller Käse, gewürfelter roter Paprikaschote und grünen Erbsen. Im Backofen in einer feuerfesten Form mit Butterflöckchen besetzt backen.
  Bunter Nudelsalat 86
  Cannelloni 186
  Chinesische Glasnudeln 325
  Grüne Nudeln nach Bologneser Art 323
  Hausgemachte Nudeln 321
  Holländischer Nudelsalat 86
  Hühnereintopf mit Nudeln 43
  Italienischer Nudelauflauf 324, *330/331*
  Käsespätzle 325, *352/353*
  Kartoffelnudeln 316
  Lasagne al forno 324, *330/331*
  Leber auf Mailänder Art 191
  Mailänder Schnitzel 134
  Nudelauflauf mit Schinken 324, *330/331*
  Nudeln als Beilage 322
  Nudelsuppe mit Huhn *26/27*, 29
  Pasta asciutta 323, *330/331*
  Pastizio 187
  Schinkennudeln mit Ei 322
  Spätzle 325
  Spaghetti alla Milanese 323
  Spaghetti mit Fleischsauce 323
  Spaghetti mit Kräutersauce 324
  Spaghetti nach Bologneser Art 323, *330/331*
  Spaghetti nach Mailänder Art 323
  Spaghetti nach Neapolitaner Art 322

Nüsse 414f.
  Nußmühle 540
  Rezepte:
  Nußcreme 392
  Nußcreme-Torte 476
  Nußecken 459
  Nußeis 402
  Nußhörnchen *444*, 446
  Nußkuchen 451
  Nußrolle 466
Nüßlisalat siehe Feldsalat 63
Nuß
  vom Kalb 129
  vom Schwein 129
Nußschinken 129, 209

O

Oberkohlrabi 252
Oberrüben 252
Obers 348
Oberschale
  vom Kalb 129
  vom Rind 128
  vom Schwein 129
Obst aus aller Welt 404ff.
  Obstbranntweine: Destillate aus der ganzen vergorenen Obstfrucht, auch aus Beeren, ohne Zusatz von Zucker, Alkohol oder Farbstoffen.
  Obstwasser: Bezeichnung für verschiedene Obstbranntweine, wie Kirschwasser oder Zwetschgenwasser.
  Obstkuchenform 434
  Beerenobst 406ff.
  Einlegen von Früchten in Alkohol 513
  Getrocknete Früchte 415
  Kernobst 404f.
  Nüsse und Kastanien 414f.
  Steinobst 405f.
  Südfrüchte und Exoten 410ff.
  Rezepte:
  Obstsalate 423
  Obstsülze 422
  siehe einzelne Obstsorten
Ochsenfleisch 128
Ochsenmaulsalat: Gepökeltes, gekochtes Ochsenmaul in dünne Scheiben schneiden und mit einer Essig-Öl-Sauce, Kapern, gehackten Kräutern und Zwiebelringen mischen. Ochsenmaulsalat gibt es auch frisch angemacht beim Metzger und als Konserve zu kaufen.
Ochsenschwanz 128
  Rezepte:
  Gebundene Ochsenschwanzsuppe 32
  Klare Ochsenschwanzsuppe 32
Ochsensteak 140
Öffnen der Weinflasche 559
Oeil de Perdrix 554
Öl 87, 564
Ölsardinen: Kleinere Exemplare des hauptsächlich an der Nordküste Afrikas und an der Atlantikküste Südeuropas gefangenen Pilchards, der handelsüblich als Sardine bezeichnet wird. Die Fische werden gleich nach dem Fang geköpft, gereinigt, gesalzen und über Dampf vorgegart. Sardinen für Konserven höherer Qualität werden gehäutet und entgrätet. In die typischen flachen Dosen geschichtet werden die Fische mit Öl übergossen und sterilisiert. Das Öl bestimmt den Geschmack der Ölsardinen. Feines Olivenöl garantiert höchste Qualität.
Ofenschlupfer 497
Ogenmelone 413
Okras 254
  Rezepte:
  Okra-Tomaten-Gemüse 296
  Scharfer Okrasalat 77
Oktopoden 93
Oliven: Früchte des Ölbaumes. Speiseoliven, die dem Verzehr dienen, sind größer als die Früchte, aus denen Öl gepreßt wird. Sie werden meist noch unreif (grün) geerntet, entbittert und in Salzwasser oder Essig eingelegt. Besonders große Oliven werden entsteint und kommen mit Streifen von Pimientos (roten, länglichen Paprikaschoten), mit Mandeln oder Sardellen gefüllt, in den Handel. Die vollreifen schwarzen Früchte werden nach dem Einlegen in Salzwasser in Olivenöl mariniert. – Oliven sind eine gute Ergänzung zu Käseplatten. Siehe auch 528
Olivenöl 87, 564
Oliventiegel 186
Olmützer Quargel 357
Omelette 344
  Rezepte:
  Baskische Omelette 345
  Bretonische Fischomelette 345
  Gefüllte Schaumomelette *342*, 345
  Käseomelette 345
  Kräuteromelette 345
  Omelette en surprise 403
  Schinkenomelette 345
Opuntias 412
Orangeat: Kandierte Fruchtschale der Pomeranze oder Orange, meist gewürfelt oder auch in Schalenstücken angeboten. Kleingewiegt als Zutat zu verschiedenen Kuchen, in Streifen geschnitten zum Garnieren.
Orangen 413
  aushöhlen und füllen 527
  Orangenkörbchen 232
  Rezepte:
  Apfel-Orangen-Chutney *506*, 519
  Chicoréesalat mit Orangen 62
  Ente mit Orangensauce 224
  Gefüllte Orangen 430
  Gegrillte Orangenscheiben 429
  Orangenfizz 504, *523*
  Orangenglasur 435
  Orangenkuchen 454
  Orangenmarmelade 515
  Orangensauce 91
  Orangen-Weingelee 394, *395*
Orientalische Bouletten 184
Orientalisches Leberragout 192
Orientalisches Fondue 203
Oregano, Origano *533*, 546
Ossobuco 167
Ostendes 92
Ostern
  Menüvorschläge für den Gründonnerstag 16
  Menüvorschläge für den Karfreitag 16
  Menüvorschläge für den Ostersonntag 16f.
  Rezept:
  Osterhasen, Osternester 447

P

Paella Valenciana 49
Palatschinken: Österreichische Spezialität. Sehr dünne, mit Marmelade, süßen Quarkmischungen, Kalbshirn oder feinen Fleischfarcen gefüllte Eierpfannkuchen.
  Rezept:
  Überbackene Hirn-Palatschinken 197
Palbohnen 251
Palerbsen 252
Palette zum Anheben von Kleingebäck 433
Palmenherzen, Palmenmark, Palmitos 55
Pampelmuse (Pomelo): Bis zu kopfgroße, gelbe, dickschalige Zitrusfrucht mit sauerem, leicht bitterem Fruchtfleisch. Reich an Vitamin C. Nicht

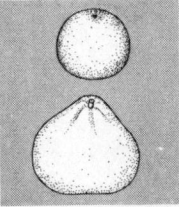

zu verwechseln mit der Grapefruit, die aus der Kreuzung von Pampelmuse und Orange gezüchtet wurde.
Panade: Bindemittel für Fleisch-, Geflügel- oder Fischfüllungen. Bestehend aus Weißbrot (ohne Rinde) und Gewürzen, in heißer Milch eingeweicht; als Mehlpanade aus Wasser, Mehl,

PANETONE – PFLAUMEN

Butter und Salz oder als Cremepanade aus Eigelb, Milch, Butter, Mehl und Gewürzen.

Panetone: Berühmte italienische Spezialität. Ein hoher Napfkuchen aus Hefeteig mit gehacktem Zitronat und Orangeat sowie Rosinen.

Panieren: Fleischscheiben, Fisch oder Geflügelstücke, aber auch andere feste Speisen, die sich in Stücke schneiden lassen, wie gegarter Knollensellerie, verschiedene Obstarten, feste Käsesorten, erst in Mehl, dann in verquirltem Ei und zuletzt in Semmelbröseln wenden. Die Panierung wird beim Braten knusprig, das panierte Gut bleibt saftig. Siehe auch 131, 529

Paniermehl: Feingeriebenes, altbackenes Weißbrot für Panierungen aller Art. Gewürzt oder ohne Zutaten im Handel. In den Rezepten dieses Buches steht dafür stets die ebenso häufig gebrauchte Bezeichnung Semmelbrösel.

Panierte Käsescheiben 359
Panierte Schweineleber 191
Paniertes Fischfilet *108/109*, 116
Paniertes Hirn 197
Paniertes Schweineschnitzel 132
Pankokenkraut 547
Pannenhilfen beim Kochen 566
Pansen 190
Papayas 413
Papiermanschetten: Papierröhrchen, an einem Ende durch raffiniertes Zuschneiden streifenförmig verziert. Man stülpt sie über die vorstehenden Schenkelknochen von Geflügel und über Kotelettknochen, um diese zu kaschieren, und damit man die Knochenenden anfassen kann.

Paprikapulver *534/535*
Paprikareis 335
Paprikaschnitzel 133, *138*
Paprikaschoten 55, 254
als Garnierzutat 528
Rezepte:
Paprika-Tomaten-Gemüse siehe Gemüse

Salat aus grünen Paprikaschoten: Aus Essig, Salz, Zucker, Pfeffer, scharfem und mildem Paprikapulver eine Salatsauce bereiten. Grüne Paprikaschoten in Streifen und Zwiebel in Ringe geschnitten mit der Salatsauce vermengen und 20 Minuten durchziehen lassen.
Weißkohl mit Tomaten und Paprika siehe Weißkohl
Chili con carne 43
Fritierte Paprikaringe 284
Gedünstete Paprikaschoten 284
Gefüllte Paprikaschoten *280*, 284
Gemüse-Reis-Salat 85
Geschmortes Paprikahähnchen 221
Paella Valenciana 49
Paprika-Sahnegulasch 178
Ungarische Paprikasuppe 35
Paranüsse 415
Parasol 297
Rezept:
Parasol-Schnitzel 300
Parboiled-Reis 319
Parfait (französisch, parfait = vollendet): Feine Farce aus besonders delikaten Zutaten, mit Gelatine oder Eigelb gebunden, mit Schlagsahne vermischt, in kleine Formen gefüllt und nach dem Erstarren gestürzt. Eisparfait ist Speiseeis aus hochwertigen Zutaten wie Schlagsahne, Krokant, kandierten Früchten, Likören oder Cognac.
Parfümieren: Eine Speise mit einigen Spritzern einer aromatischen Flüssigkeit wie Branntwein, Likör, Rosenwasser, Orangenblütenwasser würzen.
Parieren (französisch, parer = herrichten): Entfernen der für den Genuß nicht verwertbaren Teile eines Lebensmittels. Unter parieren kann abziehen, auslösen, enthäuten, entgräten, schuppen, zurechtschneiden und zerschneiden verstanden werden.
Pariser Brioches 442
Pariser Erbsen 265
Pariser Kartoffeln: Aus rohen, geschälten Kartoffeln haselnußgroße Kugeln ausstechen, sie in kochendem Wasser blanchieren, abtropfen lassen und trockentupfen. In Butter rundherum goldbraun braten, anrichten und mit heißem Fleischfond übergießen. Zu gebratenem Fleisch servieren. Siehe auch 305
Pariser Lauchsuppe 35
Pariser Pfeffersteak 144
Pariser Schnitzel 134

Parma-Schinken 209
Party mit netten Leuten 19ff.
Parüren: Reste, die durch das Parieren von Fleisch oder Fisch entstehen, wie Hautstücke, Sehnen oder Gräten. Parüren können ausgekocht werden. Die konzentrierte Brühe (Fond) bildet dann die Grundlage für eine Sauce.
Passieren (französisch, passer = vorbeifließen, vorbeifließen lassen) 529
Passierte Kartoffelsuppe 39
Passionsfrüche 414
Rezept:
Passionsfruchtsalat 430
Pasta asciutta 323, *330/331*
Pasteten
Rezepte:
Blätterteigpastetchen 457
Hackfleischpastete 378
Hasenpastete 378
Leberpastete 192
Pastetenhaus 457
Vol au vent 457
Pastetengewürz: In Delikateßgeschäften erhältliche fertige Gewürzmischung aus gemahlenem weißem Pfeffer, Ingwer, Lorbeerblatt, Muskatblüte, Piment und Zimt.
Pasteurisieren: Kurzes Erhitzen von Lebensmitteln auf 80°C, um sie durch Abtötung von Bakterien und Enzymen haltbarer zu machen. Vitamine, Nähr- und Geschmacksstoffe bleiben dabei weitgehend erhalten.
Pasteurisierte Milch 348
Pastinaken 254
Pastizio 187
Patnareis 319
Pecannüsse 415
Pekingkohl siehe Chinakohl 251
Peking-Salat 62
Pellkartoffeln 305
Perfektes Menü 520ff.
Perlhuhn 213
Perlhuhneier 338
Perlweine 554
Perlzwiebeln (Silberzwiebeln): Sehr kleine, runde, silbrig schimmernde Saatzwiebeln verschiedener Laucharten. Meist in Gläsern in Essig eingelegt angeboten, aber auch Bestandteil von Mixed Pickles und Piccalilli.
Pernod: Französischer hellgelber Anislikör. Wird mit Wasser gemischt als Aperitif getrunken.
Petersilie, Peterle, Peterling *533*, 546.
Rezepte:
Pellkartoffeln mit Butter und Petersilie 306
Petersilienkartoffeln 306
Petits fours (französisch, petit = klein, four = Backofen): Kleines Gebäck aus Biskuit-

teig mit Konfitüre, Marzipan und/oder einer Creme gefüllt, mit bunter Glasur überzogen und verziert. Ursprünglich zum Mocca nach Tisch gereicht, heutzutage auch zum Nachmittagstee oder -kaffee.
Pe Tsai 62
Pfahlmuscheln 92
Pfannen 540
Pfannkuchen
Rezepte:
Eierpfannkuchen 339
Eierpfannkuchen mit Beerenquark 340
Eierpfannkuchen mit Champignons 343
Eierpfannkuchen mit Himbeeren gefüllt 340
Eierpfannkuchen mit Marmelade 340
Eierpfannkuchen mit Sahne-Champignons 343
Eierpfannkuchen nach Tiroler Art 343
Pfannkuchensuppe *28*, 30
Pfeffer *534/535*, 551
Pfefferkraut 543
Pfefferminze siehe Minze
Pfefferminzsauce 388
Pfefferpothast 205
Pfefferschote 254
Pfeilwurzelmehl siehe Arrowrootstärke 321
Pfifferlinge 297
Rezepte:
Pfifferlinge französische Art: Schalottenringe und Gurkenstückchen im Fett von ausgelassenen Speckscheiben anbraten, in Stücke geschnittene Pfifferlinge zufügen und alles weichbraten. Das Gemüse mit einer Mischung aus Sahne, Eigelb und Weißwein legieren; mit Salz, Muskat und etwas Essig abschmecken. Mit den gebratenen Speckscheiben belegt servieren.
Gedünstete Pfifferlinge 298
Kalbsbries mit Pfifferlingen 196
Pfifferlinge mit Ei 298
Wildsalat 82
Pfingst-Menüs 17
Pfirsiche 406
Rezepte:
Pfirsichbowle siehe Bowlen
Eingemachtes Pfirsichkompott 514
Flambierte Pfirsiche 424
Gegrillte Pfirsiche 419
Pfirsichkompott 419
Pfirsichkonfitüre 516
Pfirsich Melba 402, *408*
Pflanzerl 183
Pflanzliche Fette 564
Pflaumen 406
Rezepte:
Eingemachtes Pflaumenkompott 514

PFOTE – QUARK

Pflaumenkonfitüre 516
Pflaumenmus 514
Pflaumenpüree 420
Pfote, Spitzbein 129
Pharisäer 509
Piccalilli: Englische Spezialität. Zartes Gemüse, kleine Gürkchen und Perlzwiebeln in Senfsauce, mit Currypulver und anderen Gewürzen abgeschmeckt. Als Beilage zu kaltem Fleisch. Piccalilli gibt es fertig im Handel.
Pichelsteiner 46/47, 179.
Pie (englisch, pie = Pastete): Englisch-amerikanische Bezeichnung für eine gefüllte Teigkruste, in runder oder eckiger Form gebacken. Die Füllung kann aus Obst, Gemüse, Fleisch oder Geflügel bestehen. Pies werden warm serviert.
Pikantes Matjesfilet 122
Pilau-i-Rarah 44
Pilaw 43
Rezepte:
   Geflügelpilaw siehe Geflügel
   Türkischer Hammelpilaw 44
Pilze 297 f.
Rezepte:
   Pilzremoulade siehe Champignons
   Auberginen mit Pilzfüllung 285
   Bambussprossen-Pilz-Gemüse 296
   Champignons nach griechischer Art 299
   Gedünstete Champignons 298
   Gedünstete Pfifferlinge 298
   Jäger-Schnitzel 133
   Lothringer Pilzpfanne 300
   Parasol-Schnitzel 300
   Pfifferlinge mit Ei 298
   Pilzcremesuppe 38
   Pilzrisotto 299
   Pilztoast 299
   Reizker 300
   Roher Champignonsalat 72
   Rühreier mit Pilzen 346
   Schwammerl mit Knödel 299
   Schwindlings- oder Schwefelkopf-Gemüse 300
   Überbackene Maronenpilze 300
Piment 534/535, 552
Pimientos: Längliche, rote Paprikaschoten von leicht süßlichem Geschmack. Gemüsebeilage und würzende Zutat für Fleischgerichte und Eintöpfe.
Pimpinelle 546
Pinienkerne 415
Piniennüsse 415
Pinkelwurst
Rezept:
   Grünkohl mit Pinkel 273, 290/291
Piri-Piri (Pili-Pili): Gelbe und rote Chilischoten, in Sherry oder Gin eingelegt, zum Würzen von Currygerichten, Suppen und Saucen.
Piroggen 469
Pistazien, Pistazienmandeln 415
Pizzen
Rezepte:
   Pizza Napoletana: Den Pizzateig mit Öl bestreichen, mit gehäuteten, in Scheiben geschnittenen Tomaten belegen, Mozzarellakäse darauf verteilen, mit einigen Sardellenstreifen garnieren. Salzen und pfeffern und mit reichlich Oregano würzen. Mit Olivenöl beträufeln und backen.
   Pizza alle quattro stagioni 449
   Pizza con funghi 449, 496
   Pizza mit Kräuterquark 449
   Pizza mit Pilzen 449, 496
   Pizza mit Tomaten, Schinken und Käse 448, 496
   Pizza romana 449, 496
   Pizza »Vier Jahreszeiten« 449
Plätzchen
Rezepte:
   Anisplätzchen 478
   Feine Butterplätzchen 466, *484*
   Fleurons 458
   Haselnußmakronen 486
   Ischler Törtchen 467, *484*
   Kokosmakronen 487
   Kokosringe 466
   Kolatschen 455
   Mandelmakronen 487
   Schwarzweiß-Gebäck 467
   Sesamplätzchen 455
   Spitzbuben 466
   Vanillehörnchen 467, *484*
   Walnußplätzchen 467, *484*
   Zimtsterne *484*, 487
Planten 410
Plattfische 104
   Filetieren von Plattfischen 112
   Zubereiten nach Müllerin Art 123
Platz: Rheinische Bezeichnung für leichtes, schwach gesüßtes Hefegebäck; meist in einer Kastenform oder wie ein Brotlaib geformt gebacken.
Plinsen 326
Plötze (Rotauge, Weißfisch): Schmackhafter, jedoch sehr grätenreicher, bis zu 1½ kg schwerer Süßwasserfisch. Plötzen werden ihrer vielen Gräten wegen am besten im ganzen gebacken oder gebraten. Siehe auch 105
Plumcake: Englischer Kuchen aus einem schweren Rührteig mit einem hohen Anteil an Trockenfrüchten.
Plumpudding 400
Plunderteig 459
Rezepte:
   Croissants 459, *472/473*
   Kopenhagener Schnecken 460
Pochieren 532
Pochierte Eier 347
Pökeln: Konservieren von Fleisch mit Hilfe von Kochsalz oder Nitritpökelsalz. Bei Trockenpökelung wird das Fleisch mit Salz eingerieben und in Behälter geschichtet, wobei zwischen die Lagen jeweils noch Salz gestreut wird. Diese Art der Pökelung dauert 4 bis 8 Wochen. Das Pökelgut wird in dieser Zeit mehrfach umgeschichtet. Bei Naßpökelung wird das Fleisch in eine Lake, die 15 bis 25% Kochsalz und Umrötungsstoffe enthält, eingelegt.
Polenta 320, 328
Pomelo siehe Pampelmuse
Pommersche Hagebuttensuppe 41
Pommes allumettes 308
Pommes duchesse 307
Pommes frites 308, 567
Pommes-frites-Schneider 305, 539
Porree siehe Lauch 75, 253
Porridge 337
Port Salut 356
Porterhouse-Steak 142, 145
Portionsspieße 152 ff.
   Die richtigen Spieße 152
   Fleisch, für Spieße geeignet 152
   Grill und Pfanne für Portionsspieße 152
   Holzspieße 152
   Mixed-Grill 153
   Schaschlikgarnitur 152
   Rezepte 152 ff.
Portugiesische Austern 92
Portulak: Salat- und Würzpflanze mit dicken, fleischigen Stielen und saftigen Blättern.
Portweingelee 380
Pot au feu 207
Poularde 212
Rezept:
   Königinsuppe 40
Poulet 212
Pousse Café 508
Prärie-Auster, Prairie Oyster 503
Prager Schinken 209
Praktische Küchengeräte 539 ff.
Prawns 95
Preiselbeeren 409
Rezepte:
   Preiselbeercreme 422
   Preiselbeerkompott 422
Prinzeßbohnen 251, 266
Prinzregententorte siehe Torten
Profiteroles: Brandteig-Erbsen als Suppeneinlage. Die frisch gebackenen, noch heißen Erbsen einschneiden und mit Käsecreme (wie für Käsewindbeutel) füllen. In die aufgetragene heiße Fleischbrühe streuen.
Provence-Essig-Öl-Sauce 89

Provenzalische Tomaten 284
Pudding siehe Süße Desserts 390, 399 f., 498
Puderzuckerglasur 435
Pürees
   Pürieren 529
Rezepte:
   Kartoffelpüree 306
   Kastanienpüree mit Rotwein-Äpfeln 431
   Linsenpüree *292*, 302
   Möhrenpüree 262
   Pflaumenpüree 420
   Püree aus grünen Erbsen 265
   Püree aus Trockenerbsen *292*, 302
Puffbohnen siehe Dicke Bohnen
Punsch 509
Rezepte:
   Irischer Punsch: Würfelzucker an Zitronenschale abreiben. Die Zuckerstückchen mit Zitronensaft, Zucker und Honig, Zimtstange, geriebener Muskatnuß, irischem Whisky und Wasser – zu gleichen Teilen – mischen und bis kurz vor dem Siedepunkt erhitzen.
   Japanischer Teepunsch: Würfelzucker an Zitronenschale abreiben. Die Zuckerstückchen mit weißem Kandiszucker in heißem Jasmintee auflösen, Reiswein zugießen und alles bis kurz vor dem Siedepunkt erhitzen.
   Kinderpunsch: Gewürznelke und Zimtstange in Hagebuttentee ziehen lassen, Orangensaft und etwas Zitronensaft zufügen und mit Zucker süßen. Nochmals erhitzen und vor dem Servieren durchseihen.
   Schweden-Punsch 509
Punschglasur 435
Purpur-Granadilla 414
Pute 212
Rezepte:
   Pute à la Toledana 226
   Pute mit Gemüse 226
   Putenschnitzel naturell 224
   Putenteile auf Erbsen 227
Puteneier 338
Puter 212
Putzen von Gemüse 260
Pyrenäen-Käse 356

Q

Qualitätskategorien für Wein 556 f.
Quark 357
Rezepte:
   Eierpfannkuchen mit Beerenquark 340
   Käsekuchen 465
   Käse-Sahnetorte 476

Kräuterquark 362
Kräuter-Quarksauce 91
Pikant gewürzte Quarkcreme 362
Pizza mit Kräuterquark 449
Quarkauflauf 365
Quarkcreme mit Früchten 393
Quark-Sanddorn-Creme 393
Quarkklöße 365
Quarkmürbeteig 463
Quark-Napfkuchen 453
Quark-Öl-Teig 463
Quarksoufflé 362
Quarkstrudel 482
Sächsische Quarkkeulchen 365
Sahne-Dill-Quark 362
Sardellenquark 362
Quellen 537
Quellreis 334
Querrippe vom Rind 128
Quiche lorraine 36
Quitten 405
Rezepte:
Bulgarischer Eintopf 44
Quittenbrot 419
Quittengelee 516
Quittenkompott 419

R

Rabienschen, Rapunzel siehe Feldsalat 54, 63
Raclette 360
Radicchio 55
Rezepte:
Radicchiosalat 63
Radieschen 55
als Garnierzutat 527
Rezept:
Radieschensalat mit Kräutern 64
Räucherheringe 104
Räuchern: Eine Methode, Fleisch, Fisch oder Geflügel zu konservieren und gleichzeitig Geruch und Geschmack des Räuchergutes zu verändern. Das Holz des zum Räuchern verwendeten Sägemehls – meist Buche, Eiche, Erle oder Wacholder – gibt den spezifischen Geschmack.
Räucheröfen 106
Räucherstrauch 553
Ragout (französisch, ragoûter = anregen, Appetit machen): Würziges Gericht aus Fleisch, Geflügel, Wild oder Fisch, gemischt mit Gemüse wie Tomaten, Pilzen, Zwiebeln.
Rezepte:
Couscous mit Fleischragout 327
Herzragout 195
Hirschragout österreichische Art 237
Königinpastetchen mit Ragoût fin 203
Krebsragout Colette 102

Leberragout mit Bananen 192
Orientalisches Leberragout 192
Ragout vom Wildschwein 229
Rehragout 237
Ragoutformen: Die bekanntesten Ragoutförmchen sind die Schalen der Jakobsmuschel. Zum Überbacken von

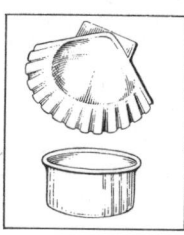

Ragout gibt es auch kleine, runde Förmchen aus feuerfestem Material.
Rahm siehe Sahne 348
Rahm-Frischkäse 357
Rahmschnitzel 132
Raki: Türkischer Feigenbranntwein mit Anisgeschmack. Wird meist mit Wasser vermischt getrunken.
Ramequin 358
Rane siehe Rote Bete 56, 254
Rasniči *150*, 154
Raspeln 529
Ratatouille 286
Ratsherren-Spieße *150*, 154
Rauchfleisch 209
Rauchgrioublättrige Schwefelköpfe 300
Rezept:
Schwindlings- oder Schwefelkopf-Gemüse 300
Raute *533*
Ravioli: Italienische Spezialität. Nudelteig aus Mehl, Olivenöl und Salz bereiten. Zu zwei messerrückendicken Teigquadraten ausrollen, eines davon mit einem feuchten Tuch bedecken. Auf das andere im Abstand von etwa 4 cm teelöffelweise eine Farce aus Hackfleisch oder gekochtem Geflügel bzw. aus Spinat oder eine Quark-Parmesankäse-Mischung geben. Die zweite Teigplatte darüberlegen, den Teig um die Häufchenfüllung festdrücken und die Ravioli ausrädeln, so daß die Füllung jeweils in der Mitte eines Teigquadrats sitzt. Die Ränder festdrücken. Die Ravioli in Fleischbrühe gar ziehen lassen. Tomatensauce oder zerlassene Butter und Parmesankäse dazureichen.
raw 141
Rebhuhn 240

Rezepte:
Gebratenes Rebhuhn 243
Rebhuhn Brabanter Art 244
Rebhuhn mit Weintrauben 243
Rebsorten 555
Rechaud 202, 538
Reckholder 553
Reduzieren siehe Einkochen
Regenbogenforelle 105
Reherl siehe Pfifferlinge 297
Rehrücken 453
Rehrückenform 434
Rehwild 228
Rezepte:
Flambiertes Rehschnitzel 233
Rehgulasch 232
Rehkeule 232
Rehmedaillon mit Fruchtsalat 233, *236*
Rehragout 237
Rehrouladen 238
Rehrücken 232, *245*
Reh-Terrine 377
Wildsalat 82
Reibekuchen, Reiberdatschi *312*, 314
Reis 319
Garen von Reis 321, 537
Rezepte:
Reiskroketten siehe Kroketten
Reiskrustaden: Mit Zwiebeln, Reis und Fleischbrühe einen Risotto bereiten. Den gegarten Reis in kalt ausgespülte Bechergläser geben, festdrücken, erkalten lassen, stürzen, in verquirltem Ei und dann in Semmelbröseln wenden und goldgelb fritieren. Noch heiß aushöhlen und mit einem Ragout, mit Rührei oder einer anderen herzhaften Farce füllen.
Tomatenreis: Unter körnig gekochten Reis in sehr kleine Würfel geschnittenes Fleisch von gehäuteten Tomaten mischen oder die gehäuteten Tomaten kleinschneiden, pürieren und das Püree unter den Reis rühren.
Curryreis 334
Gemüse-Reis-Salat 85
Indonesisches Reisgericht *329*, 335
Italienische Reissuppe 33
Mandarinenreis 336
Milchreis 335
Nasi Goreng *329*, 335
Nieren-Reis-Eintopf 44
Paprikareis 335
Pilzrisotto 299
Quellreis 334
Reisauflauf mit Aprikosen 336
Reis-Fisch-Salat 86
Reisrand 334
Reis-Rosinen-Betti 336
Reistimbale 334
Reis Trauttmansdorff 336

Risi-Bisi 334
Risotto 334
Risotto alla neapolitana 335
Serbisches Reisfleisch 180
Spinat-Reisauflauf 281
Wasserreis 334
Reisflocken 319
Relish (englisch, relish = Würze): Würzsauce zu kaltem Fleisch oder Fondue und als Dip. Enthält feingewürfeltes, süßsauer eingelegtes Gemüse. Im Geschmack an Chutney erinnernd, jedoch etwas schärfer. Im Handel in mehreren Geschmacksrichtungen.
Remoulade siehe Kräutermoulade, Champignons (Pilzremoulade)
Renekloden 406
Rezept:
Marillenknödel 315
Renken siehe Felchen 105
Rezept:
Überbackene Renken 124
Rettich 55
Rezepte:
Rettichsalat 64
Tomaten-Rettich-Salat 65
Rettichschneiden: Steht kein Rettichschneider zur Verfügung, kann Rettich auch, wie

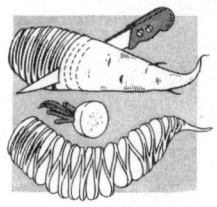

die Zeichnungen zeigen, mit einem Küchenmesser geschnitten werden.
Rettichschneider 539
Rhabarber 410
Rezepte:
Feiner Rhabarberauflauf 428
Rhabarber-Apfel-Kompott 427
Rhabarberflammeri 428
Rhabarber-Himbeer-Kompott 427
Rhabarberkompott 427
Rhabarberkuchen mit Baiserdecke 465
Rheinisches Muschelessen 97, 102
Ribiseln siehe Johannisbeeren 409
Richtig ernähren 563
Richtige Temperatur für Weine 559

Richtiges Weinglas 559
Ricken 228
Riesenbovist 297
Riesengarnelen 95
Riesenkiwis 412
Riesenkürbis 252
Riesenschirmling 297
Riesling 555
Rillettes: Mischung aus fettem und magerem Fleisch, das so lange kochen muß, bis es zerfällt und dadurch streichfähig geworden ist. Dafür Flomen oder fetten Schweinebauch in Würfel schneiden und mit Speckschwarte, Zwiebelringen und Gewürznelke in wenig Wasser kochen. Schwarte und Gewürznelke herausfischen und die Masse in Steinguttöpfe füllen. – In Frankreich kocht man erst große Stücke von fettem Fleisch in Fett und schneidet sie dann in kleine Stücke, die dann wieder ins Fett zurückgegeben werden und zerkochen.
Rinderherz 189
Rinderleber 188
  Rezepte:
  Leber mit Speck und Orangen 191
  Leberauflauf 193
  Leberknödel 499
  Leberspätzlesuppe *28*, 30
  Orientalisches Leberragout 192
  Saure Leber 191
Rinderlunge 190
Rindermedaillon 142
Rinderniere 189
Rindertalg 564
Rinderzunge 190
  Rezepte:
  Gepökelte Rinderzunge mit Polnischer Sauce 201
  Holländischer Nudelsalat 86
  Rinderzunge mit Gemüse 201
  Zunge auf Wiener Art 201
Rindfleisch 128
  Rezepte:
  Boeuf à la mode 204
  Borschtsch 50
  Bouletten à l'Orient 184
  Chili con carne 43
  Filet Stroganow 179
  Filetbraten in der Pfanne 162
  Fondue Bourguignonne 203
  Gaisburger Marsch 43
  Gekochtes Rindfleisch mit Gemüse 207
  Geschmorte Rinderroulade 136
  Gespicktes Rinderfilet 162
  Govia Dina Stroganow 179
  Haschee 206
  Hoppel-Poppel 317
  Katalanischer Rinderbraten 163
  Labskaus 205
  Ländliche Gulaschsuppe 40
  Lendenbraten auf französische Art 161

Oliventiegel 186
Pfefferpothast 205
Pot au feu 207
Rinderbraten 161
Rindergulasch *172*, 177
Rinderroulade in Burgundersauce 139
Rinderstew 179
Rindfleisch-Apfel-Salat 77
Roastbeef 162
Sauerbraten auf rheinische Art 164
Schmorbraten 164
Schmorbraten in Burgundersauce 165
Steaks 143 ff.
Südtiroler Rinderbraten 163
Sukiyaki 179
Tellerfleisch 206
Tournedos 146
Ungarisches Gulasch 177
Weißkohleintopf 51
Wiener Husaren-Salat 77
Wiener Tafelspitz *182*, 207
Zigeunerbraten 163
Zwiebelrostbraten 165
Ringform 434
Rippenbraten tranchieren 158
Rippenmangold siehe Mangold
Rippenspeer vom Schwein 129
Risi-Bisi 334
Risotto 334
Risotto alla neapolitana 335
Rispenhirse 319
Roastbeef 128
  Entrecôte 142
  Entrecôte double 142
  Fettschicht beim Roastbeef 157
  Porterhouse-Steak 142
  Roastbeef tranchieren 158
  T-Bone-Steak 142
  Zwischenrippenstück 142
  Rezepte:
  Fondue Bourguignonne 203
  Kidney-pie 194
  Roastbeef 162
Rodonkuchen: Feiner Rührteigkuchen, in einer Napfkuchenform gebacken. Der Teig kann mit gemahlenen Nüssen, geriebener Schokolade, mit Kakaopulver oder Trockenfrüchten angereichert werden. Häufig mit einer Schokoladenglasur überzogen.
Röhrlinge 297
Römische Grießschnitten 333
Römische Pizza 449, *496*
Römischer Eispunsch: Zitronen- oder Orangeneis in ein Sektglas geben, mit Rum beträufeln und mit Sekt auffüllen. Mit Trinkhalm servieren.
Römischer Quendel 547
Römischer Salat 55, 63
Rösten 537
Roggen 319
Roggenbrötchen 492, *494/495*
Rogner 104
Rohe Austern verzehren 94
Rohe Säfte 513
Roher Champignonsalat 72

Roher Kohlrabisalat *67*, 71
Roher Lauchsalat siehe Lauch
Roher Schinken 209
Rohkostsalate siehe Salate 60, 65 ff.
Rohmilch 348
Rohrnudeln 445
Rohwürste 208
Rollgerste 319
Rollholz, Wellholz oder Teigrolle 432
Rollmöpse 104
Rollschinken 209
Romadur 356
Roquefort 356
  Rezepte:
  Eisbergsalat mit Roquefortsauce 62
  Roquefortbirnen 358
  Roquefortsauce 91
  Stangensellerie mit Roquefortfüllung 361
Rosa Pfeffer *534/535*, 552
Rose
  vom Kalb 129
  vom Rind 128
Rosenessig 89
Rosenkohl 254
  Rezepte:
  Gedünsteter Rosenkohl 274
  Rebhuhn Brabanter Art 244
  Rosenkohl mit Speck und Käse 274
  Rosenkohl nach Brüsseler Art 274
  Speck-Rosenkohl mit Klößchen 275
Rosetten spritzen 435
Roséweine, Bezeichnungen 554
Rosinen 415
Rosmarin *533*, 546
Rosmarinhähnchen 220
Rotauge siehe Plötze, Weißfisch 105
Rotbarbe: Schmackhafter Mittelmeerfisch von nur etwa 125 g Gewicht. Rotbarben haben keine Galle und können unausgenommen zubereitet werden. Am besten schmecken sie gebraten. Siehe auch 105
Rotbarsch 104
Rotfeder 105
Rote Bete 56, 254
  Rezepte:
  Rote-Bete-Gemüse 262
  Rote-Bete-Rohkost 66
  Roter Matjessalat 82
  Salat aus gekochten Roten Beten 73
Rote Erdbeerbowle siehe Bowlen
Rote Rebsorten 555
Rote Grütze 393, *396/397*
Rote Zwiebel 260
Roter Matjessalat 82
Roter Pfeffer 548
Rotkappe: Wohlschmeckender Röhrlingspilz von orangegelber bis rotbrauner Farbe. Der Hut ist samtig und trocken, das Fleisch weiß und fest; er färbt sich beim Garen

dunkel. Rotkappen sind hervorragend zum Trocknen geeignet.
Rotkohl siehe Weißkohl 59, 254
  Rezepte:
  Gedünsteter Rotkohl 272
  Rotkohl mit Kastanien 273
  Rotkohleintopf 51
  Rotkohl-Rohkost 66
Rotling 554
Rotwein 554
  Rezepte:
  Hasenklein in Rotweinsauce 239
  Rotwein-Marinade 231
Rotwild 229
  Rezepte siehe Hirsch
Rotzunge 102
Rouladen 130
  Rezepte:
  Fischrouladen 117, *119*
  Geschmorte Rinderroulade 136
  Hirschrouladen Jagdmeister Art 237
  Rehrouladen 238
  Rinderroulade in Burgundersauce 139
  Schweineroulade in pikanter Sauce 139
  Schweineroulade mit Brät 139
  Thüringer Kalbsvögerl 140
  Vogelnester 140
Rouladen-Biskuitteig 470
Rübstiel siehe Mangold
Rücken
  vom Hammel/Lamm 129
  vom Kalb 128
Rückenbraten tranchieren 158
Rückenspeck vom Schwein 129
Rüeblitorte siehe Möhren
Rühreier 346
  Rezepte:
  Rühreier mit Kräutern 346
  Rühreier mit Pilzen 346
  Rühreier mit Schinken 347
  Rühreier in Tomaten 347
Rührglas 502
Rührlöffel 432
Rührschüsseln 432
Rührteig 449 ff.
Ruländer 555
Rum: Branntwein aus Zuckerrohr oder Zuckerrohrmelasse. Er wird hauptsächlich auf den Karibischen Inseln erzeugt. Man unterscheidet weißen und mit Zuckercouleur gefärbten braunen Rum. Die Farbe ist jedoch kein Qualitätshinweis.
  Rezepte:
  Rumcreme 392
  Rumglasur 435
  Rumtopf 518
Rumfortsuppe siehe Suppen
Rumpsteak 142, 144
Runde Nuß vom Rind 128
Rundfische 104, 111
  Filetieren 112
Rundkornreis 319
Rupfen von Geflügel 241

RUSSISCHE EIER – SALATGURKEN

Russische Eier 371
Russische Gurkensuppe 42
Russische Sauerkrautsuppe 36

S
(ohne Sch und St)

Sabayon: Bezeichnung für Weinschaumsauce oder Chaudeau. Das Wort Sabayon ist eine Verstümmelung des italienischen Wortes Zabaione, wie die berühmte Weinschaumcreme heißt, die ursprünglich nur mit Marsalawein bereitet wurde. Eine Sabayon kann aus verschiedenen Süßweinen wie Madeira, Portwein, Malaga, aber auch aus Rotwein, Weißwein oder Sekt bereitet und mit Likör, Weinbrand oder Rum parfümiert werden. Siehe auch 401
Sachertorte 452
Sächsische Quarkkeulchen 365
Säfte
  Saft einmachen 512
  Rezepte:
  Apfelsaft 517
  Brombeersaft 518
Sämig machen: Eine Flüssigkeit binden oder einkochen lassen, bis sie eine leicht cremige Konsistenz angenommen hat.
Säuregehalt des Weines 554
Safran (Crocus sativus): Das Gewürz sind die getrockneten Narbenfäden einer Krokusart. Die Gewinnung dieser feinen Fäden erfolgt durch Handarbeit. Das erklärt den hohen Preis für dieses Gewürz. Schon eine Prise Safranfäden oder eine Messerspitze Safranpulver färbt ein Reisgericht, eine Suppe oder eine Sauce intensiv gelb. Safran wird nicht nur für orientalische Gerichte und solche aus dem Mittelmeerraum, sondern auch für Gebäck, Süßspeisen und süße Saucen verwendet. *534/535*
Sago, Sagopalme 320
Sahne 348 f.
  Rezepte:
  Apfel-Meerrettich-Sahne 380
  Biskuitroulade mit Erdbeersahne *471*, 478
  Erdbeer-Sahnetorte 476
  Himbeer-Sahnetorte 475
  Käse-Sahnetorte 476
  Kiwi-Sahnetorte 476
  Meerrettichsahne 380
  Mocca-Sahnetorte 476
  Sahne-Dill-Quark 362
  Sahnesauce 382
  Sahne-Windbeutel 480
  Schokoladen-Sahnetorte 476

Saignant 141
Sake: Reiswein, Nationalgetränk der Japaner. Sake schmeckt sherryähnlich, hat etwa 15 Vol.% Alkoholgehalt und wird warm aus kleinen Porzellanschüsselchen getrunken.
Salate 52 ff.
  Blattsalate 61 ff.
  Gemischte Salate 61
  Gemischte Salate mit Fleisch 77 ff.
  Gemischte Salate mit Wurst 81
  Gemüsesalate 73 ff.
  Kohlsalate 71
  Praktischer Rat 60 f., 567
  Rohkostsalate 60 ff.
  Salatblätter als Garnierzutat 528
  Salatbuffet 20
  Salate aus gegartem Gemüse 60
  Rezepte:
  Allgäuer Tomatensalat siehe Tomaten
  Gekochter Fenchelsalat siehe Finocchio alla Romana 74
  Roher Lauchsalat siehe Lauch
  Salat aus grünen Paprikaschoten siehe Paprikaschoten
  Tomaten-Spargel-Salat: Tomatenscheiben mit einer Essig-Öl-Sauce sowie reichlich Schnittlauch und Zwiebelwürfeln anmachen. Mit hartgekochten, geviertelten Eiern bedecken, salzen und pfeffern, mit Öl beträufeln. Spargelstücken aus der Dose darauf verteilen, mit Zitronensaft und Öl beträufeln und mit Dill bestreuen. Durchziehen lassen und erst bei Tisch locker durchheben.
  Salade niçoise: Salat aus Nizza, wie er an der ganzen Côte d'Azur zubereitet wird. Tomatenviertel gemischt mit Salatgurkenstückchen, gegarten weißen Bohnenkernen, Artischockenherzen, schwarzen Oliven und Anchovisfiletstükken in einer Salatsauce aus Olivenöl, Knoblauch, Pfeffer und Salz, garniert mit Eivierteln.
  Wildkräutersalat: Gewaschene junge Brennessel-, Huflattich-, Löwenzahn- und Sauerampferblätter, etwas Estragon, Kerbel, Pimpinelle und Zitronenmelisse kleinschneiden. Hartgekochtes Eigelb zerdrücken, mit Essig, Öl und Salz verrühren und die Kräuter locker mit der Sauce vermengen.

Zigeunersalat: Paprikastreifen mit Zwiebelringen, Tomatenachteln, Olivenscheibchen und Fleischwurstwürfeln mischen und in einer Sauce aus Essig, Öl, Salz, Zucker, Paprikapulver und Cayennepfeffer ziehen lassen. Zu Rinderbraten, gegrilltem Fisch oder gebratener Leber reichen.
  Ananassalat »Miami« 78
  Argentinischer Cornedbeef-Salat 78
  Auberginensalat mit Knoblauch 76
  Avocadosalat 72
  Bananensalat mit Schinken 429
  Berliner Kartoffelsalat *79*, 85
  Blumenkohlsalat mit Spinat 74
  Bohnensalat 75
  Bohnensalat mit Speck 75
  Bohnensalat »nouvelle cuisine« 75
  Broccolisalat 74
  Bunter Nudelsalat 86
  Chicoréesalat mit Orangen 62
  Chinakohlsalat 62
  Cole Slaw 71
  Diplomatensalat 87
  Eiertopf 87
  Eisbergsalat 62
  Eisbergsalat mit Früchten 62
  Eisbergsalat mit Roquefortsauce 62
  Endiviensalat 62
  Exotischer Obstsalat *426*, 431
  Feiner Hummersalat 84
  Feldsalat 63
  Fenchelsalat 63
  Fenchelsalat auf römische Art 74
  Finocchi alla Romana 74
  Geflügel-Obst-Salat 82
  Geflügelsalat mit Ananas 81
  Geflügelsalat mit Bambussprossen 82
  Gemüse-Reis-Salat 85
  Grapefruitsalat 429
  Griechischer Bauern-Salat 65
  Gurkensalat 65
  Heringssalat nach rheinischer Art 83
  Holländischer Nudelsalat 86
  Hummer-Cocktail 379
  Italienischer Salat *70*, 77
  Italienischer Zucchinisalat 72
  Käsesalat »Françoise« 87
  Kalbfleischsalat *374/375*, 379
  Kartoffelsalat auf bayerische Art 84
  Kopfsalat 61
  Kopfsalat mit grüner Sauce 61
  Kopfsalat mit Knoblauchsauce 61
  Kreolischer Salat 85
  Kressesalat 64
  Löwenzahnsalat mit Speck 64

Lyoner Wurstsalat 81
Mango-Cocktail 379
Matjes-Cocktail *374/375*, 379
Matjessalat »Teufelsschlucht« 82
Melonen-Cocktail *374/375*, 379
Melonensalat »Amerika« 76
Milder Maissalat 76
Möhren-Apfel-Rohkost 65, *67*
Möhrensalat 65
Muschelsalat »Normandie« 84
Muschalsalat »San Francisco« 84
Nordamerikanischer Krautsalat 71
Obstsalat Orsini 423
Obstsalat »September« 423
Passionsfruchtsalat 430
Peking-Salat 62
Radicchiosalat 63
Radieschensalat mit Kräutern 64
Reis-Fisch-Salat 86
Rettichsalat 64
Rindfleisch-Apfel-Salat 77
Römischer Salat 63
Roher Champignonsalat 72
Roher Kohlrabisalat *67*, 71
Rote-Bete-Rohkost 65
Roter Matjessalat 82
Rotkohl-Rohkost 71
Salat aus gekochtem Blumenkohl 74
Salat aus gekochtem Lauch 76
Salat aus gekochtem Sellerie 73
Salat aus gekochten Möhren 73
Salat aus gekochten Roten Beten 73
Salat aus rohem Blumenkohl *67*, 72
Salat Exquisit 423
Salat »Marlène« 83
Sauerkrautsalat 75
Scharfer Okrasalat 77
Schinkensalat »Chicago« 81
Schwarzwurzelsalat 74
Schweizer Wurstsalat 81
Shrimpssalat 83
Sojasprossensalat 72
Spargelsalat 73
Specksalat 61
Spinatsalat 64
Stangenselleriesalat 66
Thunfischsalat nach Tokioer Art 83
Tomaten-Rettich-Salat 65
Tomatensalat 64
Waldorfsalat 66
Wiener Husaren-Salat 77
Wildsalat 82
Wildtaubensalat 78
Zungensalat *374/375*, 380
Zwiebelsalat 71
Salatgurken 54
  als Garnierzutat 528
  Rezepte:
  Gurkenbowle 508

SALATHERZEN – SAUERKRAUT

Gurkensalat 65
Gurkentrank 503, *523*
Russische Gurkensuppe 42
Senfgurken 506, *518*
Salatherzen 62
Salatkartoffeln 304
Salatmayonnaise 87
Salatsaucen 87
  Praktischer Rat 60f.
  Verhältnis der Grundbestandteile 88
  Rezepte:
  American Dressing 90
  Cheese Dressing 91
  Cocktailsauce 91
  Feine Würzmayonnaise 90
  French Dressing 89
  Italienische Salatsauce 89
  Joghurtsauce 91
  Käsesauce 91
  Knoblauch-Dressing 91
  Kräuter-Quark-Sauce 91
  Luau-Dressing 90
  Meerrettich-Salatsauce 91
  Noisette-Salatsauce 91
  Orangensauce 91
  Provence-Essig-Öl-Sauce 89
  Roquefortsauce 91
  Salatsauce mit Basilikum 89
  Sardellen-Salatsauce 89
  Sauce vinaigrette 89
  Schwedische Salatsauce 90
  Senf-Salatsauce 90
  Speck-Salatsauce 90
  Thousand Islands Dressing 90
Salbei 533, *547*
Salm 105
Saltimbocca 132
Salzburger Nockerln: Feine österreichische Mehlspeise. 4 Eiweiße zu steifem Schnee schlagen, mit 50 g gesiebtem Puderzucker und 1 Teel. Vanillinzucker locker mischen. 3 Eßl. davon mit 4 Eigelben verrühren, unter den Eischnee ziehen, 20 g Mehl darübersieben und unterheben. Von der Schaummasse große Nockerln abstechen, in eine mit zerlassener Butter gefettete Form setzen und die Nockerln in 10 Minuten bei 200° im vorgeheizten Backofen goldbraun backen. Sofort servieren, dabei Zugluft vermeiden.
Salzheringe 104
Salziger Biskuitteig 479
Salziger Mürbeteig 463
Salzkartoffeln 306
Sambal Oelek: Fertigprodukt. Sehr scharfe indonesische Würzpaste. Wichtiger Bestandteil der indonesischen Reistafel. Siehe auch 548.
Sandgarnelen 95
Sandkuchen 470
Sandwaffeln 455
Sandwiches: Dünne Weißbrot- oder Graubrotscheiben, mit Butter, Sandwichspread oder Mayonnaise bestrichen, beliebig belegt mit kaltem Roastbeef, gebratenem Geflügel, Gurken-, Tomaten- oder Eischeiben, Gänselebercreme, Thunfisch, Ölsardinen oder Garnierkaviar. Jeweils 2 Scheiben zusammenklappen, den an den Rändern überstehenden Belag abschneiden. Sandwiches werden meist diagonal durchgeschnitten. Die so entstandenen Dreiecke kann man bei Parties und Empfängen reichen; sie bereichern den Picknick-Korb und schmecken zum Tee.
Sandwichspread: Englischer Brotaufstrich auf Mayonnaise-Basis, mit feingehacktem Gemüse, Kräutern und Gewürzen zubereitet. Als Unterlage für den Belag von Sandwiches, Schnittchen und Canapés; zu gebratenem Fisch, Pommes frites, Tomaten oder harten Eiern. Sandwichspread gibt es fertig im Handel.
Sardellen 104
  Rezepte:
  Sardellensauce siehe Saucen
  Sardellenquark 362
  Sardellen-Salatsauce 89
Sardinen 104
Satsumas 413
Sattel vom Hammel/Lamm 129
Sattelsteak 142
Saucen
  Saucen strecken: Helle Saucen streckt man mit Sahne, Milch oder Weißwein und bindet sie mit etwas Mehl, Speisestärke oder durch Eigelblegierung. Dunkle Saucen streckt man mit Fleischbrühe oder Rotwein und bindet sie mit wenig dunkler Einbrenne. Siehe auch 567.
  Sauce an unpanierten Fleischscheiben 130
  Sauce aus Bratenfond 158
  Saucen-Brevier 381ff.
  Saucen-Zutaten 87
  Würzsaucen 88
  Rezepte:
  Champignonsauce: Speckwürfel in Öl glasig braten. Zwiebelwürfel zufügen und leicht bräunen. Gehackte Champignons aus der Dose zufügen und kurz mitbraten. Mehl darüberstäuben und Farbe annehmen lassen. Mit heißer Fleischbrühe ablöschen, Pilzbrühe aus der Dose zufügen und kochen lassen. Die Sauce passieren und mit Weißwein und Pfeffer abschmecken.
  Kalte Senfsauce: Traditionelle Sauce zum schwedischen Gravad Laks: 3 Eßl. milden Senf mit 1 Eßl. Zucker, je 1 Messerspitze Salz und Pfeffer und 1 Eßl. weißem Essig verrühren. Erst tropfen-, dann teelöffelweise 5 Eßl. Öl unterrühren. Zuletzt mit reichlich gehacktem Dill mischen.
  Kräutersauce mit saurer Sahne: Schnittlauch, Petersilie, Kerbel und Dill fein hacken, mit Zwiebelwürfeln und zerdrückter Knoblauchzehe mischen und mit saurer Sahne oder Crème fraîche verrühren. Mit Zitronensaft, Salz, Zucker und schwarzem Pfeffer würzen.
  Sardellensauce: In helle Grundsauce feingewiegte Sardellen geben und etwa 5 Minuten darin ziehen lassen. Die Sauce dann durch ein Sieb streichen und mit Pfeffer und Zucker abschmecken.
  Sauce Mornay: Helle Grundsauce mit Eigelb legieren, Parmesankäse unterrühren und Eischnee unterheben. Zum Gratinieren verschiedener Speisen.
  Senfsauce: Sauce Bastard (Rezept Seite 387) mit Fleischbrühe bereiten, 1 Eßl. Senf in die Sauce rühren und mit 1 Prise Zucker abschmecken.
  Tatarsauce: Gehackte Kapern mit hartgekochtem, gehacktem Ei, kleingewürfelter Gewürzgurke und Zwiebelwürfeln unter Mayonnaise – nach Belieben mit Joghurt gemischt – rühren und mit geriebenem Meerrettich und Pfeffer würzen.
  Tomaten-Sahne-Sauce: Tomatensauce (Rezept Seite 387) bereiten und mit halbsteif geschlagener oder ungeschlagener Sahne verfeinern.
  Aioli 386, *389*
  Barbecuesauce 386, *389*
  Béarner Sauce 388
  Bratwurst in Biersauce 209
  Burgunder-Sauce 383
  Buttersauce 387
  Chaudeau 389
  Chilisauce 383
  Currysauce 382
  Dillsauce 382
  Dressings 90
  Dunkle Sauce 383
  Eier in Kapernsauce 346
  Eisbergsalat mit Roquefortsauce 62
  Englische Apfelsauce 388
  Ente mit Orangensauce 224
  Feuersauce 386, *388*
  Flambierte Poularde in Sahnesauce 223
  Fleischklößchen in Tomatensauce 185
  Grüne Sauce 389
  Hackfleischsauce 384
  Hähnchen in Currysauce 221
  Helle Sauce 382
  Holländische Sauce 387
  Italienische Sauce 384
  Joghurtsauce 91
  Kapernsauce 383
  Karamelsauce 389
  Knoblauchsauce 386, *389*
  Kopfsalat mit grüner Sauce 61
  Kopfsalat mit Knoblauchsauce 61
  Kräuter-Quarksauce 91
  Madeirasauce 384
  Mayonnaisesaucen 90f.
  Meerrettichsauce 388
  Mintsauce 388
  Mousselinesauce 388
  Pfefferminzsauce 388
  Sahnesauce 382
  Sauce Bastard 387
  Sauce Bavaroise 388
  Sauce Béarnaise 388
  Sauce Béchamel 383
  Sauce Bourguignonne 383
  Sauce Chantilly 388
  Sauce Hollandaise 387
  Sauce Vinaigrette 89
  Schinken mit Ostpreußischer Kirschsauce 175
  Senf-Salatsauce 90
  Spaghetti mit Fleischsauce 323
  Spaghetti mit Kräutersauce 324
  Specksauce 382
  Steaksauce 386, *389*
  Tomatensauce 385, *387*
  Vanillesauce 389
  Weinschaumsauce 389
  Weißweinsauce 383
  Zigeuner-Sauce 386, *388*
  Zwiebelsauce 383
Sauerampfer 56
Sauerbraten auf rheinische Art 164
Sauerkirschen 405
  Rezepte:
  Flambierte Sauerkirschen 427
  Holländer Kirschschnitten 458, 472/473
  Sauerkirschgelee 516
  Sauerkirschkompott 419
  Sauerkirschsaft 517
  Schwarzwälder Kirschtorte 462, 477
Sauerkraut 255
  Rezepte:
  Ananaskraut: Sauerkraut mit Schweine- oder Gänseschmalz in Weißwein garen, bis die Flüssigkeit fast verdampft ist. Ananassaft und -raspel aus der Dose unterrühren und das Kraut noch einmal erhitzen.

SAUERMILCHKÄSE – SPARGEL

Champagnerkraut 277
Choucroute *200*, 277
Elsässer Sauerkrautschüssel *200*, 277
Gedünstetes Sauerkraut 276
Sauerkrautauflauf 277
Sauerkrautsaft 503
Sauerkrautsalat 75
Szegediner Gulasch 180
Ungarisches Sauerkraut 277
Sauermilchkäse 355, 357
Sauermilchprodukte 348
Sauerrahm
  Rezepte:
  Ambrosia-Creme 393
  Sauerrahmspeise 393
  Sauerrahmspeise mit Früchten 393
Sauerrahmbutter 349
Sauerteig selbst herstellen 489
Saure Leber 191
Saure Lunge 198
Saure Nierle 193
Saure Sahne 348, 349
  Saure Sahne-Saucen 88
Saures Saucenfleisch 204
Sautieren (französisch, sauter = springen, springen lassen): Kleine Fleischstücke unter häufigem Wenden in heißem Fett in der Pfanne garen. Das Gargut »springt« beim Wenden in der Pfanne.
  Sautieren von Gemüse 261
Savarin 441
Sbrinz 356
Scallops 92
Scampi 95
  Rezept:
  Scampi alla Lipari 101
Scones: Eine englische sowie australische Spezialität. Flaches, rundes Teegebäck aus einem weichen Knetteig, der mit Sahne zubereitet wird.
Seafood siehe Meeresfrüchte 92
Seefische 104
  Rezepte:
  Seefisch, gargezogen 114
  Seefischgerichte 115 ff.
Seegurken 92
  Zubereiten 95
Seekrebsschwänze 95
Seeigel 93, 95
Seelachs
  Rezept:
  Gegrillter Seelachs 116
Seeohren 92
Seewalzen 93
Seewolf »bohémien« 121
Seezunge 112
  Rezepte:
  Seezungenmousse: Gedünstete Seezungenfilets pürieren, mit dicker, heller Grundsauce mischen, mit Salz und Pfeffer würzen. 12 Blätter Gelatine in 6 Eßl. Fleischbrühe auflösen. Die abgekühlte Aspikflüssigkeit mit Schlagsahne mischen, die Seezungenmasse ebenfalls unter den Aspik ziehen. Becherförmchen 3/4 voll Mousse füllen, Kaviar in eine Vertiefung in die Mitte geben und die restliche Mousse darüberstreichen. Nach dem Erstarren auf Limettenscheiben stürzen.
  Seezungenfilet mit Geflügelleber 122
Sektfrühstück, Buffet 21
Sektzange 502
Selbstgerührte Mayonnaise *80*, *90*
Sellerie 56, 255
  Rezepte:
  Selleriebowle siehe Bowlen
  Gebratene Selleriescheiben 264
  Gedünsteter Stangensellerie 264
  Gefüllter Staudensellerie 369
  Möhren-Sellerie-Mix 503
  Salat aus gekochtem Sellerie 73
  Sellerie in heller Sauce 263
  Selleriecremesuppe 36
  Stangensellerie mit Roquefortfüllung 361
  Stangenselleriesalat 66
  Tomaten-Sellerie-Saft 518
  Waldorfsalat 66
Semmelbrösel siehe Paniermehl
Semmelknödel 499
Senf
  Rezepte:
  Kalte Senfsauce siehe Saucen
  Senfsauce siehe Saucen
  Senfbutter 350
  Senf-Salatsauce 90
Senffrüchte: In Weinessig mit Senf, Zucker und Gewürzen eingelegte Früchte. Beliebte Beilage zu kaltem Braten, Fondue, heißem Schweinebraten sowie zu verschiedenen Wildgerichten.
Senfgurken *506*, 518
Senfkörner, Senfsaat 552
Sepien 92
Serbisches Reisfleisch 180
Servieren 525
  von Braten 158
  von Steaks 143
  von Wein 559
Serviergeschirr 525
Serviette 522
Serviettenkloß 499
Sesam (Sesamum indicum): Sehr ölhaltiger Samen der Sesampflanze, die in tropischen und subtropischen Ländern angebaut wird. Am besten schmecken geröstete Sesamkörner. Man streut sie wie Mohn auf Gebäck, gibt sie an Brotteig, Süßspeisen, Pasteten, Füllungen für Fleisch und Geflügel und streut sie über Gemüse.
  Rezept:
  Sesamplätzchen 455
Sfincione: Sizilianische Spezialität. Ähnlich wie Pizza aus leichtem Hefeteig gebacken. Belegt mit in Olivenöl marinierten Tomatenstücken und gehackten Knoblauchzehen, schwarzen Oliven und italienischem Käse. Beliebig gewürzt mit Oregano, Pfeffer, Basilikum oder frischer Pfefferminze.
Seezungenfilet mit Geflügelleber 122
Shaker 502
Shakes 503
Sherrygelee 380
Shish Kebab 153
Shortbread (englisch, short = kurz, bread = Brot): Englisches Teegebäck aus feinem Mürbeteig, als ganze Teigplatte auf dem Blech gebacken, noch heiß in etwa daumengroße Streifen geschnitten und in feinem Zucker gewendet.
Shortdrinks 502
Shrimps 95
  Rezept:
  Shrimpssalat 83
Siamreis 319
Sieden 537
Siegelstück vom Rind 128
Silberlachs 104
Silberzwiebeln siehe Perlzwiebeln
Silvaner 555
Silvester-Buffet 21
Smörgås-Bord 21
Smørrebrød: Dänische Spezialität. Mit verschiedenen marinierten oder geräucherten Fischsorten, auch Lachs und Aal, mit Hummer, Kaviar, gekochtem Rindfleisch, geräucherter Gänsebrust, Schinken und Ei garnierte Butterbrote, aber auch kleine warme Gerichte werden als Smørrebrød bezeichnet.
Snacks (englisch, snack = Imbiß): Kleine entrindete, hübsch geschnittene Brotscheiben, die üppig und reizvoll belegt werden. Meist Weißbrot oder Mischbrot. Snacks sollen so klein sein, daß man sie mit einem Bissen essen kann.
Sodas 503
Sojabohnen 301
Sojabohnenkeime, Sojabohnensprossen siehe Sojasprossen 56
Sojaöl 564
Sojasauce: Ostasiatische Würzsauce. Hauptbestandteil ist Sojamehl, das in einem monatelangen Reifungsprozeß mit gequollenem Weizen- oder Reisschrot fermentiert wird. Siehe auch 88
Sojasprossen 56
  Rezept:
  Sojasprossensalat 72
Soleier mit Tomaten-Chutney 371
Sommerkürbis 252
Sommerlauch 253
Sommermöhren 253
Sommerorangen 413
Sommerzwiebel 60
Sonnenblumenöl 87, 564
Sonnwendfeier, Buffetvorschlag 21
Sorbet siehe Weinsorbet 390
Soufflés (französisch, souffler = blasen): Auflauf aus einer feinen, mit steifgeschlagenem Eiweiß gelockerten Masse.
  Rezepte:
  Kartoffel-Soufflé siehe Kartoffeln
  Käse-Krabben-Soufflé 361, *363*
  Quarksoufflé 362
  Spinatsoufflé 278
Soupe à l'oignon 36
Sours 503
Spätburgunder 555
Spätlesen 556
Spätzle 325
Spaghetti 321
  Spaghettiessen 323
  Rezepte:
  Spaghetti mit Fleischsauce 323
  Spaghetti mit Kräutersauce 324
  Spaghetti nach Bologneser Art 323, *330/331*
  Spaghetti nach Mailänder Art 323
  Spaghetti nach Neapolitaner Art 322
Spanferkel 129
  Rezept:
  Gebratenes Spanferkel 175
Spanische Artischocke siehe Cardy 251
Spanischer Eintopf 49
Spanischer Hackfleischtopf 186
Spanischer Pfeffer 548
Spannrippe vom Rind 128
Spareribs siehe Schweinefleisch
Spargel 59, 255
  Rezepte:
  Spargel nach Wiener Art: In Salzwasser gegarte Spargelstangen anrichten und mit einer Creme aus steifgeschlagener Sahne, vermischt mit zerlassenem Schmelzkäse und etwas Organgensaft, überziehen. Die Creme mit abgeriebener Orangenschale bestreuen. Jede Portion mit 1 Spiegelei belegen und mit Orangenscheiben garnieren.
  Tomaten-Spargel-Salat siehe Salate
  Kalbszunge in Spargelsauce 202
  Spargel in heller Sauce 282
  Spargel mit Butter *279*, 282
  Spargel nach badischer Art 282
  Spargel nach polnischer Art 282
  Spargelcremesuppe 37

SPARGELKOHL – SUPPEN

Spargelsalat 73
Spargelsuppe auf kalifornische Art 37
Steak mit Spargel und Champignons 145
Spargelkohl siehe Broccoli 251
Speck 209
Rezepte:
Amerikanische Spiegeleier 346
Baked beans 303
Birnen, Bohnen und Speck 50
Bohnensalat mit Speck 75
Dicke Bohnen mit Speck 266
Fasan im Speckhemd 242
Herzragout mit Speck 195
Löwenzahnsalat mit Speck 64
Rosenkohl mit Speck und Käse 274
Schlesisches Himmelreich 428
Speckknödel 499
Speck-Rosenkohl mit Klößchen 275
Specksalat 61
Speck-Salatsauce 90
Specksauce 382
Spiegeleier auf Speck 346
Warmer Speckkartoffelsalat 85
Westfälisches Bohnengericht 51
Speisekartoffeln 304
Speisemorchel 297
Speiseöle 87, 565
Speisepilze 297
Speisequark siehe Quark 357
Speisestärke 321
Spekulatius siehe Weihnachtsgebäck
Spicken: Mageres Schlachttierfleisch, Wild, aber auch Fisch mit Speckstreifen durchziehen. Siehe auch 231
Spickgans siehe geräucherte Gänsebrust
Spicknadel 231
Spiegeleier auf Speck 346
Spiegelkarpfen 105
Spieße siehe Portionsspieße 152ff.
Rezepte:
Fünf-Minuten-Spieße *150*, 153
Rasnići *150*, 154
Ratsherren-Spieße *150*, 154
Shish Kebab 153
Spieße mit Lammfleisch und Nieren *150*, 154
Türkische Hammelspieße 153
Zigeuner-Spieße 153
Spießer 229
Spinat 256
Rezepte:
Blattspinat 277
Spinat mit Schinken und Käse 278
Spinat-Reisauflauf 281
Spinatsalat 64
Spinatsoufflé 278
Spinatsuppe 37
Überbackener Blattspinat 278

Spitzbein vom Schwein 129
Spitzbrust vom Hammel/Lamm 129
Spitzbuben 466
Spitze Strandschnecken 93
Springerle siehe Weihnachtsgebäck
Springform 434
Spritzbeutel 433
Spritzen von Rosetten und Girlanden 435
Sprossenkohl siehe Rosenkohl 254
Sprotte: Kleine, mit dem Hering verwandte Fischart. Sprotten werden hauptsächlich in der Nord- und Ostsee gefangen und kommen meist geräuchert auf den Markt. Die berühmten Kieler Sprotten sind besonders zart. Man entfernt den Kopf und ißt den Fisch mit der Haut und den zarten Gräten. An den Küsten der Fanggebiete werden Sprotten auch ausgenommen, gemehlt, mehrere auf einen Spieß gesteckt und in Fett gebacken.
Sud: Flüssigkeit, in der Fisch, Fleisch, Geflügel oder Gemüse gegart wurde und in die wertvolle Substanzen des Kochgutes übergingen.
Südamerikanisches Pfefferfleisch 43
Südfrüchte 410
Südtiroler Rinderbraten 163
Sülze siehe Aspik
Rezepte:
Knöcherlsulz: Gespaltene Kalbsfüße und/oder Schweinsfüße mit Suppengrün und Gewürzen in Wasser weichkochen. Die Brühe durch ein Sieb gießen, erkalten lassen und entfetten. Mit Salz und Zitronensaft abschmecken. Etwa 1 cm hoch in Suppenteller gießen und erstarren lassen. Den Geleespiegel mit dem von den Knochen gelösten, kleingeschnittenen Fleisch, mit Ei- und Tomatenscheiben und in Streifen geschnittenen Gewürzgurken belegen. Die übrige Brühe darübergießen und im Kühlschrank völlig erstarren lassen.
Fischsülze 370
Käsesülzchen »Manhattan« 372, *374/375*
Obstsülze 422
Tellersülze 206
Sülzenpulver siehe Aspikpulver
Süßdruck 554
Süße Buttermilchsuppe 41
Süßer Auflauf siehe Auflauf
Süße Desserts 521
Creme garen im Wasserbad 390
Desserts anrichten 390

Echter Pudding 390
Eisdesserts 390
Flammeri 390
Kalorienwerte 390
Verzieren von Gelee- und Gelatinespeisen 390
Rezepte:
Ambrosia-Creme 393
Ananascreme 392
Apfel im Schlafrock 418
Apfelküchlein *407*, 416
Apfelschaum 417
Belle Hélène 402, *408*
Birnen in Rotwein 418
Brombeerbecher 420
Champagnersorbet 403
Charlotte Malakoff 400
Charlotte royal 401
Cherimoya-Dessert 429
Creme Bavaroise 394, *396/397*
Curaçao-Birnen 418
Echte Karamelcreme 399
Eiskaffee Wiener Art 403
Erdbeeren Romanow 421
Erdbeerkaltschale 42
Erdbeerschnee 421
Exotischer Obstsalat *426*, 431
Flambierte Früchte 424, 427
Flambiertes Mango-Dessert 430
Flammendes Eis 402
Fruchtcreme-Bombe 424
Frucht-Sahneeis 402
Gefüllte Grapefruits 429
Gefüllte Orangen 430
Gegrillte Apfelscheiben mit Vanillesahne 416
Gegrillte Pfirsiche 419
Grapefruitsalat 429
Haselnußpudding 400
Kabinettpudding 399
Kaki mit Banane 429
Kastanieneis 403
Kastanienpüree mit Rotwein-Äpfel 431
Kirschen in Weinschaumcreme 420
Lychee-Creme 430
Meringen-Äpfel 417
Moccacreme 392
»Mohr im Hemd« 399
Mousse au chocolat *396/397*, 399
Nesselroder Pudding 403
Nußcreme 392
Nußeis 402
Obstsalat Orsini 423
Obstsalat »September« 423
Obstsülze 422
Omelette en surprise 403
Orangen-Weingelee 394, *395*
Pfirsich Melba 402, *408*
Plumpudding 400
Preiselbeercreme 422
Quarkcreme mit Früchten 393
Quark-Sanddorn-Creme 393
Rote Grütze 393, *396/397*
Rumcreme 392
Sabayon 401
Sauerrahmspeise 393
Sauerrahmspeise mit Früchten 393

Schokoladencreme 392
Stachelbeercreme auf englische Art 422
Tuttifrutti mit Vanillecreme 423
Überbackene Erdbeeren 421
Überbackenes Eis 403
Vanille-Äpfel 416
Vanillecreme 392
Vanilleflammeri 392
Vanille-Obstbecher 392
Vanille-Sahneeis 401
Weinschaum 401
Zitronencreme 393
siehe auch Flammeris, Kompotte
Süße Grießschnitten 328
Süße Hauptgerichte für Kinderfeste 18
Süße Sahne 348, 349
Süße Suppen siehe Suppen
Süße des Weines 554
Süßer Kümmel 548
Süßer Mürbeteig 460
Süßkartoffeln siehe Bataten 256
Süßkirschen siehe Kirschen 405
Süßmilchkäse 355
Süßrahmbutter 349
Süßsaures Schweinefleisch 204
Süßwasserfische 105, 111
Zubereiten nach Müllerin Art 123
Sukiyaki 179
Sukkade siehe Zitronat
Sultaninen 415
Suppen 22 ff.
Binden 24
Garnieren 526
Gebundene Suppen 33 f., 567
Klare Suppen 30 ff.
Legieren 24
Würzen mit Kräutern 24
Rezepte für heiße Suppen:
Rumfordsuppe: Kräftige, preiswerte Suppe, kreiert von dem amerikanischen Physiker Graf von Rumford, der 1784 in den bayerischen Staatsdienst trat und sich viel mit der Volksernährung beschäftigte. – Für die Suppe eingeweichte gelbe Erbsen in Wasser mit reichlich Knochen, Suppengrün, Zwiebel und Lorbeerblatt garen. Die Knochen entfernen, die Suppe abseihen, kräftig würzen; Graupen und Kartoffelwürfel darin weich kochen. Vor dem Servieren knusprig gebratene Speckwürfel auf die Suppe geben.
Schildkrötensuppe Lady Curzon: Echte Schildkrötensuppe erhitzen, mit Sherry verfeinern. Sahne cremig schlagen und mit Currypulver mischen. Die heiße Suppe in kleine Tassen füllen und mit einer Haube aus Currysahne bedecken. Mit Fleurons servieren.

SUPPENBLÄTTER – SCHNITTBOHNEN

Schwalbennestersuppe: Chinesische Delikatesse. Eine Suppe, die aus dem Extrakt der Nester von Salanganen, einer Schwalbenart, gewonnen wird. Vogelnester werden, nachdem sie eingeweicht und gereinigt wurden, in einer konzentrierten Hühnerbrühe mit püriertem Hühnerfleisch gekocht. Die Zubereitung ist langwierig und mühsam. – Die im Handel fertig zu kaufende Vogelnestersuppe braucht nur noch erhitzt und nach Belieben mit Cognac abgeschmeckt zu werden.
Aalsuppe 40
Asiatische Hühnersuppe 29
Avocadosuppe 38
Blumenkohlcremesuppe 35, *45*
Bohnensuppe 39
Bouillabaisse 49
Brüsseler Chicoréesuppe 36
Eierflocken-Suppe, Eiereinlauf-Suppe 30
Einfache Kartoffelsuppe 39
Erbsensuppe nach Großmutter Art 38
Falsche Schildkrötensuppe 32
Feine Currysuppe 34
Flädlesuppe *28*, *30*
Fleischbrühe 24
Fleischklößchensuppe *28*, 31
Französische Fischsuppe 49
Französische Zwiebelsuppe 36
Frittatensuppe *28*, *30*
Gebundene Gemüsesuppe 34
Gebundene Ochsenschwanzsuppe 32
Geflügelcremesuppe 40
Gemüsebrühe 30
Geröstete Grießsuppe 34
Graupensuppe mit Gemüse 33
Grießnockerlsuppe *28*, *30*
Gulaschsuppe 39
Haferflockensuppe 33
Haferschleimsuppe 34
Hirnklößchensuppe 31
Hühnerbrühe 29
Italienische Brotsuppe 31
Italienische Gemüsesuppe *26/27*, 34
Italienische Reissuppe 33
Käsebouillon 32
Käsecreme-Lauchsuppe 35
Käsecremesuppe 32
Kastaniensuppe 38
Kerbelsuppe 37
Klare Gemüsesuppe 34
Klare Ochsenschwanzsuppe 32
Knochenbrühe 29
Königinsuppe 40
Ländliche Gulaschsuppe 40
Leberspätzlesuppe *28*, *30*
Legierte Lauchsuppe 35
Linsensuppe 38
Markklößchensuppe 31
Milzschöberlsuppe 31
Milzsuppe 40
Minestrone *26/27*, 34
Mockturtlesuppe 32
Münchner Kräutlsuppe 37
Nudelsuppe mit Huhn *26/27*, 29
Pariser Lauchsuppe 35
Passierte Kartoffelsuppe 39
Pfannkuchensuppe *28*, 30
Pilzcremesuppe 38
Russische Sauerkrautsuppe 36
Schneckensuppe 41
Schnelle Spinatsuppe 37
Schtschi 36
Schwemmklößchensuppe 31
Selleriecremesuppe 36
Spargelcremesuppe 37
Spargelsuppe auf kalifornische Art 37
Tomatencremesuppe 36
Tomatensuppe mit Apfelsaft 36
Ungarische Paprikasuppe 35
Wildbrühe 33
Wildsuppe 33
Zuppa Pavese 31
Rezepte für kalte Suppen:
Erdbeerkaltschale 42
Gazpacho 42
Kalte spanische Gemüsesuppe 42
Kürbissuppe mit Schneeklößchen 42
Russische Gurkensuppe 42
Rezepte für süße Suppen:
Englische Biersuppe 41
Erdbeerkaltschale 42
Kürbissuppe mit Schneeklößchen 42
Pommersche Hagebuttensuppe 41
Westpreußische Buchweizensuppe 41
Suppenblätter 550
Suppeneinlagen
Rezepte:
Backerbsen *28*, 481
Fischklößchen 118
Goldwürfel 479
Suppengrün 23
Suppenhuhn 212
Rezept:
Geflügelcremesuppe 40
Suppenkraut 544
Suppennuß 550
Szegediner Gulasch 180

Sch

Schabefleisch 183
Schälgurken 252
Schälmesser 539
Schälnüsse 539
Schäuferl vom Kalb 128
Schafkäse
Rezept:
Griechischer Bauern-Salat 65
Schalenlose Weichtiere 92
Schalotten 260
Schal- und Krustentiere 92 ff.
Scharfer Okrasalat 77
Schaschlik 150, 154
Schaschlikgarnitur 152
Schaschliksauce 88
Schattenmorellen siehe Sauerkirschen 405
Schaufel vom Schwein 129
Schaumig rühren: Eine Substanz (oft auch ein Gemisch aus festen und flüssigen Zutaten) mit dem Schneebesen schlagen, bis die Masse so viel Luft aufgenommen hat, daß sie schaumig wird.
Schaumlöffel 539
Schaumsauce 388
Schaumweine 554
Scheiterhaufen 497
Schellfisch 104
Rezept:
Schellfisch in Senfsauce *108/109*, 115
Scheurebe 555
Schichtkäse 357
Schildkrötenfleisch: Schildkrötenfleisch gilt auch heute noch als Delikatesse. Schon vor 100 Jahren war das Fleisch der großen Suppenschildkröten so begehrt, daß die Tierart vom Aussterben bedroht war. Heutzutage werden Suppenschildkröten in den USA auf Farmen gezüchtet. Echte Schildkrötensuppe gibt es in Dosen in Delikateßgeschäften.
Schildkrötensuppe Lady Curzon siehe Suppen
Schillerlocken: Zarte, geräucherte, eingerollte Bauchlappen des Dornhais. – Blätterteiggebäck, mit Schlagsahne oder Creme gefüllt.
Schillerwein 554
Schinken 208
Schinkensteak 143
Zubereitung als Braten 209
Rezepte:
Glasierter gekochter Schinken: Die Schwarte eines bereits gekochten Schinkens rhombenförmig einschneiden, mit Nelken spicken und mit einer Mischung aus Bourbon-Whiskey, Honig, Ananassaft und Ingwerpulver bestreichen. Etwa 1 Stunde im Backofen braten. Dabei häufig mit der Honigmischung bestreichen, so daß der fertige Schinken goldgelb glasiert ist.
Ananassalat »Miami« 78
Bananen-Mango 211
Bananensalat mit Schinken 429
Blumenkohlsalat mit Spinat 74
Eier in Förmchen 347
Kurischer Schmantschinken 211
Nudelauflauf mit Schinken 324, *330/331*
Quiche lorraine 360
Roher Champignonsalat 72
Rührei mit Schinken 346
Schinken im Teig 211
Schinken mit Ostpreußischer Kirschsauce 175
Schinkencanapés 368, *374/375*
Schinkenknödel 499
Schinkennudeln mit Ei 322
Schinkenomelette 345
Schinkensalat »Chicago« 81
Schnitzel mit Schinken und Käse 134
Schweinemedaillon mit Schinken 151
Spinat mit Schinken und Käse 278
Zwiebelsalat 71
Schinkenspeckstück 129
Schinkenstück 129
Schlachtschüssel 208
Schlachttierfette 564
Schlagen (Zubereitung) 529
Schlagsahne 348
Schlangenkraut 544
Schlanker Hummer 95
Schlegel
vom Hammel/Lamm 129
vom Kalb 129
vom Schwein 129
Schleie 105, 111
Schleierkarpfen 105
Schlesische Kartoffelsuppe siehe Kartoffeln
Schlesisches Himmelreich 428
Schloßkartoffeln siehe Kartoffeln
Schlupfkuchen mit Äpfeln 454
Schmälzen siehe Abschmälzen
Schmaltiere 229
Schmalz 564
Schmarrn: Österreichische und süddeutsche Bezeichnung für Süßspeisen festerer Konsistenz, aus Mehl-, Grieß- oder Kartoffelteig bereitet, die in der Pfanne oder im Topf zerkleinert und dann bei starker Hitze unter Wenden noch einmal kurz gebraten werden.
Schmelzkäse 355, 357
Schmorbraten 164
Schmorbraten in Burgundersauce 165
Schmoren 537
von Geflügel 216
Schmorgurken 252
Schnapswurzel 549
Schnecken 93
Rezepte:
Schnecken auf Burgunder Art 103
Schneckensuppe 41
Schneebesen 432, 539
Schneerädchen 539
Schneiden von Blätterteig 456
Schnelle Spinatsuppe 37
Schnellkoch-Reis 319
Schnellkochtopf 531, 540
Schnittbohnen 251

Schnittkäse 355, 356
Schnittlauch, Schnittling *533*, 547
Schnittsalat: Eine dem Kopfsalat ähnliche Pflanze, deren Blätter jedoch keinen Kopf bilden, sondern übereinander am Stiel angeordnet sind.
Schnittsellerie 255
Schnitzbrot 492
Schnitzel 130
  Rezepte:
  Champignon-Sahne-Schnitzel 133
  Champignonschnitzel 133
  Cordon bleu 134
  Flambiertes Rehschnitzel 233
  Gefülltes Schnitzel vom Grill 135
  Jäger-Schnitzel 133
  Käseschnitzel 132
  Mailänder Schnitzel 134
  Natur-Schnitzel 131
  Paniertes Schweineschnitzel 132
  Paprikaschnitzel 133, *138*
  Pariser Schnitzel 134
  Rahmschnitzel 132
  Schnitzel Holstein 135
  Schnitzel mit Salbei 132
  Thüringer Kalbsvögerl 140
  Vogelnester 140
  Wiener Schnitzel 132, *137*
Schokoladencreme 392
Schokoladenglasur 435
Schokoladenpudding mit Vanillesauce 399
Schokoladen-Rumkugeln 488
Schokoladen-Sahnetorte 476
Schokoladentrüffeln 488
Scholle
  Rezepte:
  Gebratene Scholle 121
  Gedünstetes Schollenfilet 121
Schorrippe vom Rind 128
Schotenpfeffer 548
Schrot (Vollkornschrot): Das ganze gemahlene Getreidekorn. Je nach der Größe der Körnung wird zwischen Grobschrot und Feinschrot unterschieden. Siehe auch 321
Schtschi 36
Schulter
  vom Hammel/Lamm 129
  vom Kalb 128
  vom Schwein 129
Schulterfilets
  vom Kalb 129
  vom Schwein 129
Schulternaht vom Rind 128
Schulterspitz vom Rind 128
Schuppen von Rundfischen 111
Schuß: Im Küchendeutsch versteht man darunter so viel einer Flüssigkeit, wie beim Kippen und raschen Wiederaufrichten einer Flasche herausfließt. Ist der Flaschenhals sehr weit, gelangt dabei zuviel Flüssigkeit in die Speise, deshalb einen Finger quer über die Öffnung legen. In

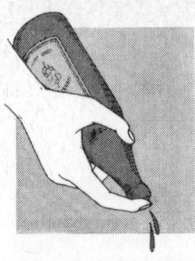

den Rezepten wird öfter ein Schuß Essig, Sherry oder Wein zum Abschmecken einer Speise angegeben.
Schusterkraut 546
Schwaden geben 479
Schwäbische Maultaschen 326
Schwalbennestersuppe siehe Suppen
Schwammerl mit Knödel 299
Schwanzrolle vom Rind 128
Schwanzstück vom Rind 128
Schwarzbeeren 406
Schwarze Bohnen 301
Schwarze Oliven als Garnierzutat 528
Schwarzer Pfeffer 551
Schwarzer Senf 552
Schwarzfleischiges Geflügel 213
Schwarzgeräuchertes 209
Schwarzwälder Kirschtorte *462*, 477
Schwarzwälder Schinken 209
Schwarzweiß-Gebäck 467
Schwarzwild 229
  Rezepte:
  Wildschweinbraten 238
  Wildschweinrücken mit feinem Gemüse 238
Schwarzwurzeln 255
  Rezepte:
  Fritierte Schwarzwurzeln 263
  Schwarzwurzelgemüse 263
  Schwarzwurzelsalat 74
Schwedenmilch 348
Schwedenplatte: Arrangement verschiedener kalter Fisch- und Meeresfrüchte-Spezialitäten wie Heringsfilets, Räucheraal, Räucherlachs, Sardinen, Thunfisch, Garnelen, Hummerfleisch, garniert mit Essiggemüse oder Senffrüchten, Oliven, Radieschen.
Schweden-Punsch 509
Schwedische Salatsauce 90
Schweinefleisch 129
  Rezepte:
  Spareribs: Schweinerippchen. Aus dem oberen Bauchteil geschnittenes flaches, längliches, meist durchwachsenes Stück Fleisch mit den Rippenenden. Hervorragend zum Grillen geeignet. Mit Würzsaucen oder kalten Saucen auf Mayonnaisebasis und in der Folie gebackenen Kartoffeln servieren.
  Eisbein mit Erbsenpüree 206
  Filetbraten vom Schwein 168
  Gebratene Schweinshaxe 174
  Gebratenes Spanferkel 175
  Gelbe Erbsen mit Schweinenacken 303
  Jägerbraten 173
  Kasseler Rippenspeer 174
  Linseneintopf nach Berliner Art 50
  Medaillon »Mandarin« 151
  Möhreneintopf 50
  Paprika-Sahnegulasch 178
  Ratsherren-Spieße *150*, 154
  Rotkohleintopf 51
  Sauerkrautauflauf 277
  Schinken mit Ostpreußischer Kirschsauce 175
  Schnitzel 131 ff.
  Schweinebraten 167
  Schweinebraten mit Schwarte 157
  Schweinebraten – Norddeutsche Art 173
  Schweinefilet Wellington 168, *169*
  Schweinekotelett in roter Sauce 136
  Schweinemedaillon 143
  Schweinerippenbraten 174
  Schweinerollbraten 175
  Schweineroulade in pikanter Sauce 139
  Schweineroulade mit Brät 139
  Schweinesteak 143
  Serbisches Reisfleisch 180
  Süßsaures Schweinefleisch 204
  Szegediner Gulasch 180
  Tellersülze 206
  Vogelnester 140
  Wiener Husaren-Salat 77
  Zigeuner-Spieße 153
Schweineherz 189
  Rezepte:
  Gefülltes Schweineherz 195
  Herzragout 195
Schweinehirn 196
  Rezepte:
  Gebratenes Hirn 196
  Überbackene Hirn-Palatschinken 197
Schweineleber 188
  Rezepte:
  Fünf-Minuten-Spieße *150*, 153
  Gegrillte Leber 190
  Leber auf Mailänder Art 191
  Leber Tiroler Art 192
  Orientalisches Leberragout 192
  Panierte Schweineleber 191
  Saure Leber 191
Schweinelunge 190
  Rezept:
  Saure Lunge 198
Schweinenieren 189
  Rezepte:
  Gebratene Nieren 193
  Nieren in Ananassauce 194
  Nieren-Gemüse-Topf 194
  Nieren-Reis-Eintopf 44
  Saure Nierle 193
Schweineschmalz 564
Schweinezunge 190
Schweizer Wurstsalat 81

Schwemmklößchensuppe 31
Schwenken: Festes, heißes Gargut in heißem Fett wenden oder durchschütteln, so daß die einzelnen Teile möglichst vollständig von einer dünnen Fettschicht überzogen werden und glänzen. Gemüse und Teigwaren werden am besten im geschlossenen Topf geschwenkt, Kartoffeln hingegen im Fett gewendet.
Schwindelkörner 549
Schwindlinge
  Rezept:
  Schwindlings- oder Schwefelkopf-Gemüse 300

St

Stachelbeeren 410
  Rezept:
  Stachelbeercreme auf englische Art 422
Stachelbirnen 412
Stachelhäuter 95
Stäbchenprobe 436
Stäuben 321
Stangenbohnen siehe Bohnen 52, 250
Stangensellerie, Staudensellerie siehe Sellerie 56, 66, 255
Steaks 140 ff.
  Rezepte:
  Filetsteak Hawaii 144
  Flambiertes Steak 144
  Garniertes Tournedo 146
  Gegrilltes Filetsteak 143
  Hirschsteak vom Grill 234
  Pariser Pfeffersteak 144
  Porterhouse Steak 145
  Rumpsteak 144
  Steak »Casanova« 145
  Steak mit Spargel und Champignons 145
  Steak »surprise« 145
  Steak Weidmanns Art 145
  Tournedos 146
Steaksauce *386*, 389
Steakletten 143
Steckbriefe der Steaks 142
Stecken einer Serviette 522
Steifmachen: Austern im eigenen Saft kurz erhitzen, damit sie saftig bleiben, bevor sie weiterverarbeitet werden. – Weißes Fleisch, auch Geflügel, kurz anbraten, damit sich die Poren schließen. Dabei wird die Fleischoberfläche steif. Oder weißes Fleisch oder Geflügel mit kochendem Wasser übergießen, um die lockere Haut zu straffen.
Steinbrech 546
Steinbutt
  Rezept:
  Seewolf »bohémien« 121
Steinobst 405 f.
Steinpetersilie 546
Steinpilz 297

STEIRISCHER HEIDENSTERZ – TOMATEN

Steirischer Heidensterz 326
Sterilisieren: Haltbarmachen von Lebensmitteln durch Erhitzen auf Temperaturen von 100° C und darüber.
Sterilisierte Sahne 349
Sterilmilch 348
Sternanis (Illicium verum): Die Frucht einer Magnolienart. Eine kleine braune, sternförmige Kapsel, in der sich die Samenkörner befinden. Die Kapsel wird ganz oder gemahlen als Gewürz für Punsch, Obstsuppen, Pflaumenmus und gemahlen für Gebäck verwendet. Sternanis schmeckt würzig-süßlich, zugleich bitterer und feiner als Anis. *534/535*
Steirischer Topf siehe Eintöpfe
Stich vom Kalb 128
Stielmangold siehe Mangold
Stillweine 554
Stocken lassen 537
Stockfisch: Durch Salzen konservierter Kabeljau. Stockfisch ist trocken und hart. Er muß vor dem Zubereiten 48 Stunden gewässert werden, damit das trockene Fleisch wieder prall und zart wird; das Wasser dabei 4 bis 5mal wechseln. In einem schwach gewürzten Sud garziehen lassen. Heiß mit Sauce Aioli ist Stockfisch eine provenzalische Spezialität.
Stör 105
Stollen
 Rezept:
 Weihnachtsstollen Dresdner Art 439, *483*
Strainer 502
Strandschnecken 93
Straubeln 480
Streichholzkartoffeln 308
Streuselkuchen 441
Striezel: Ost- und süddeutsche Bezeichnung für länglich geformtes Hefegebäck.
Strudelteig 481 f.
Stürzen von Geleespeisen 391

T

Tabascosauce 88, 548
Täglicher Kalorienbedarf 563
Tafelfertig: Bezeichnung für fertig zubereitete, sterilisierte oder tiefgefrorene Gerichte, die, wie angerichtet werden, nur noch erhitzt zu werden brauchen.
Tafelkrebse 95
Tafeltrauben siehe Weintrauben 410
Tafelweine 556
Tamarillos 410
Tangelos 413
Tangerinen 413
Tapioca siehe Maniok 321
Tartelettes (französisch, tartelettes = kleine Torten): Törtchen aus ungesüßtem Mürbe-, Blätter- oder Hefeteig, mit feinen Salaten gefüllt, oft mit Gelee überglänzt, immer hübsch dekoriert.
Taschenkrebse 95
Tasse als Maßeinheit 565
Tatar 183
Tatarbrot 368
Tatarsauce siehe Saucen
Tauben 213
 Rezepte:
 Gebratene Tauben 222
 Wildtaubensalat 78
T-Bone-Steak 142
Tee: Blätter des immergrünen Teestrauches, der in tropischem Klima gedeiht. Gute Teesorten wachsen in Indien und Ceylon. Bei der Tee-Ernte werden nur die Blattknospen und 2 bis 3 Blätter unter den Knospen gepflückt.

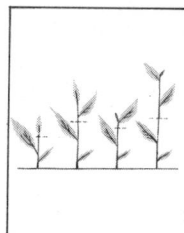

Die Blätter welken ausgebreitet bei einer Temperatur von etwa 25° C, dann werden sie gerollt und fermentiert. Dabei entsteht die dunklere Färbung; außerdem entwickeln sich Geschmacksstoffe und das Tein, das dem Tee die belebende Wirkung verleiht. Die fermentierten Teeblätter werden getrocknet. Nach der Blattqualität unterscheidet man: Flowery pekoe (feinste Blattknospen), Orange pekoe (zarte Blätter direkt unterhalb der Blattknospe), Pekoe (das 2. und 3. Blatt unterhalb der Blattknospe) und Souchong (größere Blätter). Nach der Art der Behandlung der Teeblätter unterscheidet man 3 Sorten: Schwarzen Tee (stark fermentierte Blätter), Oolong Tee (schwach fermentierte Blätter) und grünen Tee (unfermentierte Blätter).
Teeblätter 458
Teestunde, Kuchen- und Gebäckvorschläge 17
Teigrädchen 433
Teigspatel 433
Teigwaren 320
 Garen 321, 537
 Garzeiten: Für die gebräuchlichsten Nudelarten gelten folgende Garzeiten:
 Breite Nudeln 7 bis 8 Minuten,
 Fadennudeln 4 bis 5 Minuten,
 Hörnchen 7 bis 8 Minuten,
 Makkaroni 12 Minuten,
 Spaghetti 10 bis 12 Minuten,
 Spätzle 7 bis 8 Minuten,
 Zöpfli 9 bis 11 Minuten.
Teigwarengerichte siehe Nudeln 322 ff.
 In Butter geschwenkte Teigwaren 322
 Rezepte:
 Schwäbische Maultaschen 326
Tellerfleisch 206
Tellerrübe 259
Tellersülze 206
Teltower Rübchen 259
 Rezept:
 Glasierte Teltower Rübchen 264
Tenderloinsteak (englisch, tender = zart, loin = Lende): Amerikanische Bezeichnung für Lendenschnitte. Aus der Spitze des Filets geschnitten, etwa 100 g schwer.
Tendrons 128
Teppichmuscheln 92, 93
Tequila: Hochprozentiger mexikanischer Branntwein. Hergestellt durch Destillation des vergorenen Saftes aus der zerkleinerten Wurzel einer Agavenart. Tequila schmeckt streng. Man trinkt ihn mit Limonensaft mit einer Prise Salz. Alter, in Holzfässern gelagerter Tequila ist milder im Geschmack und wird auch pur getrunken.
Terrine
 Rezept:
 Reh-Terrine 377
Teufelspfeffer 548
Thermosbehälter 502
Thousand-Islands-Dressing 90
Thousand-Islands-Sauce 88
Thüringer Kalbsvögerl 140
Thüringer Mett 183
Thunfisch 104
 Rezept:
 Thunfischsalat nach Tokioer Art 83
Thymian *533*, 547
Tiefgefrorene Kräuter 542
Tiefgefrorene Pommes frites 308
Tiefgefrorene Schaltiere 93
Tiefgefrorene Tintenfische 94
Tiefgefrorener Blätterteig 456
Tiefgefrorener Fisch 105, 111
Tiefgefrorenes Geflügel 213
Tiefgefrorenes Hühnerklein 29
Tiefgefrorenes Wildbret 231
Tiefkühlfach des Kühlschrankes 560
Tiefseegarnelen 95
Tiefseehummer 95
Tiefseekrebse 95
Tierische Fette 564
Tilsiter Käse 356
Tintenfische 92, 93
 Ausnehmen 94
 Rezepte:
 Ausgebackener Tintenfisch 102
 Tintenfisch in Tomatensauce 102
Tiroler Gröstl *310/311*, 314
Tischschmuck 522
Tischweine 556
Toasten 537
Toasts
 Rezepte:
 Käsetoast 498
 Kasseler Toast 498
 Mangold auf Toast 281
 Pilztoast 299
 Toast Hawaii 498
 Toast mit Matjesfilets 498
 Welsh Rarebits 360
Töpfe mit eingebrannten Speisen 567
Töten von Aalen 111
Töten von Krustentieren 96
Tokajer 557
Tomaten 59, 256
 als Garnierzutat 527
 Tomaten-Ketchup 88
 Tomatenmesser 540
 Rezepte:
 Allgäuer Tomatensalat: Tomatenscheiben mit einer Essig-Öl-Sauce anmachen. In dünne Ringe geschnittene Zwiebel und kleingeschnittenen Emmentaler Käse unterheben; durchziehen lassen, mit Schnittlauch bestreut servieren.
 Gegrillte Tomatenscheiben: Tomaten in etwa 1 cm dicke Scheiben schneiden, auf geölte Alufolie legen, mit Kräutersalz und Pfeffer würzen und im vorgeheizten Grill etwa 5 Minuten dicht unter den Grillstäben grillen. Mit gehackter Petersilie bestreut servieren.
 Paprika-Tomaten-Gemüse siehe Gemüse
 Tomatenreis siehe Reis
 Tomaten-Sahne-Sauce siehe Saucen
 Tomaten-Spargel-Salat siehe Salate
 Weißkohl mit Tomaten und Paprika siehe Weißkohl
 Gebackene Tomaten 283
 Gedünstete Tomaten 283
 Gefüllte Tomaten 368
 Gemüse-Reis-Salat 85
 Grüne Tomaten, süßsauer eingelegt *506*, 519
 Gurken-Tomaten-Gemüse 286
 Kutteln in Tomatensauce 197
 Okra-Tomaten-Gemüse 296
 Pizza mit Tomaten, Schinken und Käse 448, *496*
 Provenzalische Tomaten 284
 Rühreier mit Tomaten 347
 Soleier mit Tomaten-Chutney 371

TONTOPF – VERY RARE

Tomaten auf Husarenart 283
Tomaten mit Käsehäubchen 283
Tomatenbutter 350
Tomatencocktail mit Sahne 503
Tomatencremesuppe 36
Tomatenmark 519
Tomaten-Rettich-Salat 65
Tomatensalat 64
Tomatensauce *385*, 387
Tomaten-Sellerie-Saft 518
Tomatensuppe mit Apfelsaft 36
Weiße Bohnen mit Tomaten 303
Tontopf 155
  Richtig spülen 175
Topfenstrudel 482
Topinambur (Erdartischocke, Erdbirne): Sonnenblumenart mit eßbaren Wurzelknollen, die keine Stärke enthalten, sondern das Kohlenhydrat Inulin, das auch von Diabetikern gut vertragen wird. Topinambur schmeckt nußartig.
Torten
  Alles über Backen 432ff.
  Biskuitteig 469
  Tortenboden mit/ohne Backpulver 469
  Tortenboden ist zerbrochen, Pannenhilfe 567
  Verzieren von Torten 435
  Rezepte
  für pikante Käsetorten:
  Herzhafte Käsetorte 361
  Lothringer Käsetorte 360
  Quiche lorraine 360
  Rezepte
  für süße Torten:
  Engadiner Nußtorte: Gedeckter Kuchen aus einem feinen Mürbeteig mit einer Füllung aus gehackten Walnüssen, karamelisiertem Zucker und Sahne; in der Springform gebacken.
  Prinzregententorte: Torte aus 6 dünnen, übereinandergeschichteten Biskuitböden, gefüllt mit einer Schokolade-Buttercreme, mit der die Torte auch überzogen wird. Die Torte erfand der Leibkoch Prinz Luitpolds, Prinzregent von Bayern. Weil sie seinem Dienstherrn so wohl mundete, erhielt der Koch die Erlaubnis, die Torte Prinzregententorte zu nennen.
  Baumkuchentorte 452
  Biskuitroulade mit Erdbeersahne *471*, 478
  Buttercremetorte 477
  Erdbeer-Sahnetorte 475
  Frankfurter Kranz 452
  Gefüllter Zitronenbiskuit 478
  Himbeer-Sahnetorte 475
  Käse-Sahnetorte 476
  Kiwi-Sahnetorte 476
  Linzer Torte 465
  Mocca-Sahnetorte 476
  Nußcreme-Torte 476
  Sachertorte 452
  Schokoladen-Sahnetorte 476
  Schwarzwälder Kirschtorte *462*, 477
  Torte mit echter Buttercreme 478
Tortillas: Spanische Spezialität. Kleine, mit getrockneten Bohnen, Hühnerfleisch, Muscheln, Oliven, Spinat oder Tomaten gefüllte Eierkuchen. Als Tortillas bezeichnet man auch kleine, dünne Fladen aus Maismehl, Wasser und Öl, die fettlos in der Pfanne gebraten werden. Siehe auch 320.
Tournedos 142
  Rezepte:
  Garniertes Tournedo 146
  Tournedos 146
Traditionelle Weihnachtsessen 17
Traminer 555
Tran 564
Tranchen (französisch, tranches = Scheibe, Schnitte): Tellergerechte Scheiben von gebratenem Fleisch, Wild, Geflügel oder gegartem Fisch.
Tranchierbesteck 539
Tranchieren (französisch, trancher = ab-, durch-, zerschneiden): Fachgerechtes Zerlegen eines Bratens – Fleisch, Wild, Geflügel oder Fisch – in tellergerechte Scheiben. Siehe auch 143, 158, 219, 232, 241
Tranchierbrett mit Saftrinne 158
Tranchiergabel 158
Tranchiermesser 158
Trappistenkäse 356
Traubenkraut 544
Traubenzucker (Dextrose, Glukose): Kommt hauptsächlich in Obst und im Honig vor. Traubenzucker ist sehr leicht verdaulich und tritt sofort ins Blut über. Er spielt bei einigen Diäten eine Rolle; von Sportlern wird er als Energiespender geschätzt. Heutzutage wird Traubenzucker durch Stärkeumwandlung gewonnen und kommt in Pulverform, in kleinen Platten oder Dragees in den Handel.
Trepang 93
  Zubereiten 95
  Trepangsuppe: Delikate chinesische Suppe, deren Hauptbestandteil Seegurken sind, die dafür gekocht und geräuchert werden. Die Zubereitung der Trepangsuppe ist langwierig. Bei uns gibt es sie in Dosen zu kaufen.
très saignant 141
Triebkraft der Hefe 436
Trinksahne 349
Tripes 190
Tripmadam: Küchenkraut, das wild wächst, aber auch kultiviert wird. Die jungen Blatttriebe verwendet man frisch für Rohkostsalate, Suppen und Saucen. 533
Trockenbeerenauslese, Prädikatsstufe von Wein 556
Trockene Marinade 231
Trockenerbsen 301
Trockenhefe 436
Trockenkartoffelprodukte 304
Trockenobst 415
  Rezepte:
  Schlesisches Himmelreich 428
  Trockenobst-Kompott 428
Trüffel 297
Truthahn 212
  Rezepte:
  Gebratener Truthahn 226
  Weihnachtstruthahn 227
Tucannüsse 415
Türkenkorn siehe Mais 253
Türkische Hammelspieße 153
Türkischer Hammelpilaw 44
Türkischer Kaffee 509
Tugendsalbei 547
Tumbler 502
Turkey 212
Tuttifrutti mit Vanillecreme 423
Typenbezeichnung des Mehls 318

U

Überbacken siehe Gratinieren
Überbackene Artischockenböden 294
Überbackene Erdbeeren 421
Überbackene gefüllte Auberginen 285
Überbackene Hirn-Palatschinken 197
Überbackene Maronenpilze 300
Überbackene Renken 124
Überbackene Zucchini 286
Überbackener Cardy 296
Überbackener Fenchel *270*, 293
Überbackenes Bries 196
Überbackenes Eis 403
Überglänzen von Braten 526
Überkrusteter Chicorée 294
Überläufer 229, 238
Überziehen siehe Nappieren
Uferschnecken 95
Umgang mit Kräutern und Gewürzen 542
Ungarische Paprikasuppe 35
Ungarisches Gulasch 177
Ungarisches Sauerkraut 277
Unterheben: Schlagsahne oder Eischnee werden unter eine teigartige Masse gehoben, indem man mit einem Rührlöffel den Teig vom Boden der Schüssel aus immer wieder über den Eischnee oder die Sahne füllt. Auch wird bei Salat die Sauce nicht untergerührt, sondern untergehoben, damit die zarten Blätter nicht unnötig verletzt werden.
Unterschale
  vom Kalb 129
  vom Rind 128
  vom Schwein 129
Urner Rösti siehe Kartoffeln

V

Vanillecreme 392
  Rezepte:
  Tuttifrutti mit Vanillecreme 423
  Vanille-Äpfel 416
  Vanille-Obstbecher 392
Vanille-Extrakt 553
Vanilleflammeri 392
Vanillehörnchen 467, *484*
Vanillepulver 553
Vanille-Sahneeis 401
Vanillesauce 389
Vanilleschote, Vanillestange, 391, *534/535*, 553
Vanillezucker 392, 553
Vanillinzucker 391, 553
Vegetarische Ernährung: Im engeren Sinn pflanzliche Ernährung unter Verzicht auf Fleisch, Fisch sowie auf alle tierischen Produkte. Manche Vegetarier beziehen jedoch Milch und Milchprodukte sowie Eier in ihre Ernährung mit ein (Laktovegetarismus). Vegetarische Ernährung, einschließlich der Rohkost, die eine Sonderform darstellt, kann eine diätetische Maßnahme zu Heilzwecken sein. Es gibt jedoch auch einen ethischen Vegetarismus, der auf der Überzeugung beruht, der Mensch habe kein Recht, ein Tier zu töten und zu verzehren. Der menschliche Körper weist jedoch Merkmale auf, die darauf schließen lassen, daß gemischte Kost am zuträglichsten ist. Die körperliche Leistungsfähigkeit ist durch fleischlose Ernährung nicht beeinträchtigt.
Veilchenessig 89
Velouté (französisch, velouté = samtartig): Weiße Grundsauce, die mit heißer Bouillon aus Kalbfleisch, Geflügel oder Fisch aufgefüllt wird. Bestandteil eines Chaudfroid.
Venusmuscheln 92, 93
Verdampfach des Kühlschrankes 560
Verlorene Eier 347
Vermouth siehe Wermutwein
Verpacken von Gefriergut 561
Versalzene Speisen 567
very rare 141

VERZIEREN – WEINBRAND

Verzieren von
  Eiscreme 391
  Gebäck 435
  Speisen 526 ff., *536*
Vitamine 564
Vogelnester 140
Vol au vent 457
Vollkorn-Bananenkuchen 454
Vollkorn-Dattelkuchen 468
Vollkorngetreide 318
Vollkornmehl, -schrot siehe
  Schrot 321
Vollmilch 348
Vorbereiten von
  Bries 189
  Geflügel 213
  Herz 189
  Hirn 189
  Leber 188
  Lunge 190
  Miesmuscheln 93
  Milz 190
  Nieren 189
  Pilzen 298
  Steaks 141
  Zunge 190
Voressen: In Rußland Imbiß aus pikanten kalten Fleischgerichten und Essiggemüse, der vor dem eigentlichen Essen gereicht wird. In Süddeutschland versteht man darunter ein Gericht aus Kutteln oder Lunge mit Semmelknödeln. In Bayern gehörte früher ein Voressen zum traditionellen Hochzeitsmahl. Ein Schweizer Voressen besteht aus gulaschartig geschnittenem Fleisch vom Rind oder Schwein in einer gebundenen Sauce, zu dem Reis oder Teigwaren gereicht werden.
Vorspeisen
Rezepte:
  Ananassalat »Miami« 78
  Artischocken mit Zitronenmayonnaise 294
  Avocadocoktail 84
  Bananen-Mango 211
  Baskische Omelette 345
  Bohnensalat »nouvelle cuisine« 75
  Bouletten à l'Orient 184
  Camembert-Eier 359
  Feiner Hummersalat 84
  Finocchi alla Romana 74
  Geflügelleber mit Rühreiern 193
  Gefüllte Artischockenböden 369
  Gefüllter Staudensellerie 369
  Gegrillte Wachteln 244
  Gratinierte Austern 103
  Hummer-Cocktail 379
  Jakobsmuscheln auf französische Art 103
  Käsebirnen 358
  Kalte Vorspeisen 520
  Königinpastetchen mit Ragoût fin 203
  Krebse in Dillsud 101
  Krebsragout Colette 102
  Mango-Cocktail 379
  Matjes-Cocktail *374/375,* 379
  Melonen-Cocktail *374/375,* 379
  Paniertes Hirn 197
  Parasol-Schnitzel 300
  Pikantes Matjesfilet 122
  Roher Champignonsalat 72
  Roquefortbirnen 358
  Russische Eier 371
  Schnecken auf Burgunder Art 103
  Shrimpssalat 83
  Stangensellerie mit Roquefortfüllung 361
  Thunfischsalat nach Tokioer Art 83
  Tomaten auf Husarenart 283
  Tomaten-Rettich-Salat 65
  Überbackene Artischockenböden 294
  Wildsalat 82

W

Wacholder *534/535,* 553
Wachsbohnen siehe Bohnen 52, 75, 251
Wachsweiche Eier siehe Eier 339
Wachteln 241
Rezept:
  Gegrillte Wachteln 244, *248*
Wachtelbohnen 301
Wachteleier 338
Wadenstück vom Rind 128
Wähe: Schweizer Spezialität. Auf einem großen Blech gebackener Kuchen aus Mürbeteig, belegt mit Käse, Obst, Zwiebeln oder anderem Gemüse. Wähen schmecken warm am besten.
Waffeln
  siehe auch Eischwerteig
Rezept:
  Sandwaffeln 455
Waldbeeren 406
Walderdbeeren 409
Waldhasen 230
Waldhimbeeren 409
Waldmeister (Maikraut): Wildwachsendes Würzkraut. Vor der Blüte pflücken und die Blätter frisch für Rohkostsalate, Obstsalate und Geleespeisen verwenden. Für Bowle und süße Aufläufe die frischen Blätter leicht antrocknen lassen.
Rezept:
  Waldmeisterbowle 508
Waldorfsalat 66
Waller siehe Wels
Wallisischer Käsetoast 360
Walliser Käse 356
Walnüsse 415
Rezept:
  Walnußplätzchen 467, *484*
Wammerl 129
Wanzenkraut 547, 549
Warmer Speckkartoffelsalat 85

Wasserbad
  Creme garen im Wasserbad 390
  Eierstich stocken lassen 347
  Garen im Wasserbad 532
Wasserkastanien: Maronenähnliche Samen einer chinesischen Schwimmpflanze. Bei uns nur in Dosen erhältlich. Besonders als Beilage zu Wildgerichten beliebt.
Wasserlauchkraut 545
Wassermelonen 413
Wasserreis 334
Wasserrüben 259
Wassersenf 545
Waterzooi: Flämisches Nationalgericht. Waterzooi bedeutet Ragout. Aus Fischen wie Aal, Hecht und Karpfen, zu etwa gleichen Teilen. Die Fische werden in Portionsstücke geschnitten, mit Salz und Pfeffer bestreut und in eine gebutterte, feuerfeste Form aus feingeschnittenen Stangensellerie gelegt. Mit einem Kräutersträußchen, Butterflöckchen und so viel kaltem Wasser, daß der Fisch nicht ganz von der Flüssigkeit bedeckt ist, etwa 30 Minuten kochen. 2 bis 3 Eßl. Zwiebackmehl, Weißwein, Pfeffer und Salz zufügen. – Ein anderes beliebtes Waterzooi wird aus Hühnerfleisch und Kalbshaxe bereitet.
Weiche Honigbonbons 488
Weichgekochte Eier siehe Eier
Weichgrieß-Teigwaren 320
Weichkäse 355, 356
Weichselkirschen 405
Weichtiere 92, 94
Rezepte:
  Ausgebackener Tintenfisch 102
  Gratinierte Austern 103
  Jakobsmuscheln auf französische Art 103
  Muschelsalat »Normandie« 84
  Muschelsalat »San Francisco« 84
  Rheinisches Muschelessen 97, 102
  Schnecken auf Burgunder Art 103
  Tintenfisch in Tomatensauce 102
Weihnachtsessen, Menüvorschläge 17
Weihnachtsgebäck
Rezepte:
  Baseler Leckerli: Schweizer Weihnachtsgebäck aus Honigkuchenteig, mit Pottasche und Hirschhornsalz gebacken. Zutaten für den Teig sind unter anderem gehackte Mandeln, Haselnüsse, Walnüsse, Orangeat und Zitronat.
  Spekulatius: Weihnachtsgebäck aus Mürbeteig, der mit gemahlenem Kardamom, Muskatblüte, Nelkenpulver und gemahlenem Zimt gewürzt wird. Die Gewürzmischung gibt es als Spekulatiusgewürz fertig im Handel. Spekulatien werden in besonderen Modeln geformt, die es in Spezialgeschäften zu kaufen gibt. Gebacken werden sie auf einem mit Mandelblättchen bestreuten Backblech.
  Springerle: Süddeutsches Weihnachtsgebäck, das in geschnitzten Holzformen (Modeln) geformt und auf dem Blech gebacken wird. Der Teig für Springerle besteht aus mit Puderzucker schaumig gerührten Eiern, Mehl und abgeriebener Zitronenschale.
  Anisplätzchen 478
  Elisenlebkuchen 487
  Feine Butterplätzchen 466, *484*
  Haselnußmakronen 486
  Ischler Törtchen 467, *484*
  Kletzenbrot 492
  Kokosmakronen 487
  Kokosringe 466
  Schwarzweiß-Gebäck 467
  Spitzbuben 466
  Vanillehörnchen 467, *484*
  Walnußplätzchen 467, *484*
  Weihnachtsstollen Dresdner Art 439, *483*
  Zimtsterne *484,* 487
Weihnachts-Lamm 152
Weihnachts-Truthahn 227
Weihrauchkraut 546
Wein
  Anbaugebiete 555 f.
  Der richtige Wein zum richtigen Anlaß 558
  Einkauf von Wein 557
  Herzhaftes zu Wein 18
  Kleines Weinlexikon 559
  Qualitätskategorien 556
  Rebsorten 555
  Weinarten 554 f.
  Wein-Kolleg 554 ff.
  Wein richtig lagern 558
  Wein servieren 559
Rezepte:
  Hähnchen in Wein 223
  Hasenklein in Rotweinsauce 239
  Rotwein-Marinade 231
  Weißweingelee 380
  Weißweinsauce 383
  Zwetschgen in Rotwein 519
Weinbergschnecken 92, 94
Rezepte:
  Schnecken auf Burgunder Art 103
Weinblätter 259
Rezept:
  Gefüllte Weinblätter 295
Weinbrand: Branntwein, aus Wein hergestellt. Weinbrand

WEINKÄSE – WURZELWERK

muß mindestens 6 Monate in Eichenholzfässern gelagert worden sein, bevor er in Flaschen abgefüllt werden darf. Die Herstellung von Weinbrand und Cognac ist ähnlich. Alkoholgehalt mindestens 38 Vol.%.
Weinkäse 357
Weinkraut 543
Rezept:
  Fasan auf Weinkraut *246*
Weinraute (Gartenraute): Gewürzpflanze, deren Blätter herb-aromatisch schmecken. Die jungen Triebe gibt man in Fischsud und Wildmarinaden. Man verwendet sie auch bei der Herstellung von Kräuteressig.
Weinsauerkraut 255
Weinschaum 401
Weinschaumsauce 389
Weinsorbet: 4 Eßl. Zucker in 1 Tasse Wasser unter Kochen auflösen, abkühlen lassen und Portwein, Marsala- oder Madeirawein und etwas Zitronensaft zufügen. Das Gemisch gefrieren lassen und kurz vor dem Servieren kräftig durchrühren. Das Eis in Kelchgläser füllen und mit gesüßter Schlagsahne garnieren.
Weintrauben 410
Rezept:
  Rebhuhn mit Weintrauben 243
Weißbrot
  Rezepte siehe Brot
Weißburgunder 555
Weiße Bohnen 301
Rezepte:
  Baked beans 303
  Weiße Bohnen mit Tomaten 303
Weiße Grundsauce 381
Weiße Pfefferkörner *534/535,* 552
Weiße Rebsorten 555
Weiße Rüben 259
Weiße Sauce 382
Weiße Senfkörner 552
Weißer Gutedel 555
Weißfisch siehe auch Plötze
Rezept:
  Gegrillter Weißfisch 124
Weißherbst 554
Weißkohl, Weißkraut 59, 259
Rezepte:
  Weißkohl mit Tomaten und Paprika: Weißkohl nach dem Rezept für gedünsteten Weißkohl Seite 271 bereiten und nach der Hälfte der Garzeit in Streifen geschnittene Paprikaschoten und in Stücke geschnittene gehäutete Tomaten zufügen. Das Gemüse fertig dünsten und mit Paprikamark und saurer Sahne abrunden.

Bayerisches Kraut 271
Cole Slaw 71
Gedünsteter Weißkohl 271
Gefüllter Weißkohl 271
Kohlrouladen 272
Nordamerikanischer Krautsalat 71
Weißkohleintopf 51
Weißkohlsalat 75
Weißlacher 356
Weißwein 554
Rezepte:
  Weißweingelee 380
  Weißweinsauce 383
Weißwurstsenf 552
Weizen-Auszugsmehl 318
Weizenbrötchen 497
Weizengrieß 318
Weizenkeimbrot 490
Weizenkeime 318
Weizenkleie 318
Weizenkornsalat: Gequollene Weizenkörner im Einweichwasser aufkochen, Gemüsebrühe zufügen, bei milder Hitze garen und nachquellen lassen. Mit Kräuteressig und zerdrückten Knoblauchzehen mischen. Sparsam salzen und auskühlen lassen. Weizenkeimöl und reichlich gehackte frische Kräuter unterrühren. Dazu Aioli oder Joghurtsauce reichen.
Weizenmehl 318
Weizenstärke 321
well-done 141
Wellfleisch (Kesselfleisch): Gekochtes Bauchfleisch frisch geschlachteter Schweine.
Wellhornschnecken 93
Wels (Weller, Waller): Schuppenloser, bis zu 3 m langer und 250 kg schwerer Süßwasserfisch, mit breitem Maul und langen Bartfäden am Oberkiefer. Der Wels lebt in der Donau und im Bodensee. Nur Fleisch junger Welse ist wohlschmeckend. Meist mariniert man es, bevor es gebraten oder gegrillt wird.
Welscher Quendel 547
Welschkohl 259
Welschkorn 253
Welschkraut 259
Welsh Rarebits 360
Wermutwein (Vermouth): Aperitifwein mit Wermutkraut gewürzt, Wermutwein ist Bestandteil vieler Cocktails. Alkoholgehalt 15 bis 18 Vol.%.
Westfälischer Katenschinken 209
Westfälisches Bohnengericht 51
Westpreußische Buchweizensuppe 41
Whiskey (Bourbon-Whiskey): In den USA hergestellter, vorwiegend aus Maismaische gebrannter Whisky, der nicht rauchig, eher mild und leicht süßlich schmeckt. Bourbon war ursprünglich ein Markenname. Heutzutage ver-

steht man darunter amerikanischen Whisky.
Whisky: Aus Gerstenmalz unter Zusatz von Roggen- und Weizenmaische gebrannter Branntwein. Sein Ursprungsland ist Schottland, das auch heute noch die bekanntesten Whisky-Sorten stellt. Den typischen rauchigen Geschmack erhält Whisky vom Gerstenmalz, das über Torffeuer gedarrt wird. Alkoholgehalt mindestens 43 Vol.%.
Whisky Soda 507
White Castello 356
Whitestables 92
Wiegemesser 539
Wiegen 529
Wiener Backhendl 222
Wiener Husaren-Salat 77
Wiener Kalbsgulasch 177
Wiener Schnitzel 132, *137*
Wiener Tafelspitz *182,* 207
Wiesenchampignon 297
Wiesenkresse 545
Wiesenkümmel 549
Wiesenschwindling 300
Wild 228 ff.
  Bardieren 231
  haut goût 228, 240
  Hirsch 229
  Jagdzeiten 228
  Marinieren 231
  Rehwild 228
  Tiefgefrorenes Wildbret 231
  Tranchieren einer Wildkeule 232
  Wildkaninchen 230
  Wildschwein 229
Rezepte:
  Flambiertes Rehschnitzel 233
  Gegrillter Hase 240
  Geschmorte Hirschkeule 233
  Gespickte Wildkeule *235*
  Hasenbraten 239
  Hasenbraten mit Backpflaumen 239
  Hasenklein in Rotweinsauce 239
  Hasenpastete 378
  Hirschgulasch 233
  Hirschragout österreichische Art 237
  Hirschrouladen Jagdmeister Art 237
  Hirschsteak vom Grill 234
  Rehgulasch 232
  Rehkeule 232
  Rehmedaillon mit Fruchtsalat 233, *236*
  Rehragout 237
  Rehrouladen 238
  Rehrücken 232, *245*
  Reh-Terrine 377
  Wildsalat 82
  Wildschweinbraten 238
  Wildschweinrücken mit feinem Gemüse 238
  Wildpfeffer 237
Wildgeflügel
  Bardieren 241
  Dressieren 241
  Marinieren 241

Tranchieren 241
Rezepte:
  Fasan auf Weinkraut *246*
  Fasan im Speckhemd 242
  Gebratene Wildente 249
  Gebratener Fasan 243
  Gebratenes Rebhuhn 243
  Gegrillte Wachteln 244, *248*
  Gegrillter Fasan 243
  Geschmorte Wildente 249
  Geschmorter Fasan 242, *246/247*
  Rebhuhn Brabanter Art 244
  Rebhuhn mit Weintrauben 243
  Wachtel am Spieß *248*
  Wildbrühe 33
  Wildsuppe 33
  Wildtaubensalat 78
Wilder Reis 319
Wildfischarten 105
Wilder Majoran 546
Wilder Wermut 543
Wildkräutersalat siehe Salate
Windrädchen *444,* 446
Winterkohl 252
Winterlauch 253
Winterorangen 413
Winterzwiebel 60
Wirsingkohl 259
Rezept:
  Wirsingkohl holländische Art 273, *290/291*
Wodka: Branntwein aus Korn- oder Kartoffeldestillat von reinem, sehr mildem Geschmack mit 43 Vol.% Alkoholgehalt. Pur trinkt man Wodka eisgekühlt; wegen seines neutralen Geschmacks ist er ideal zum Mixen.
Wölleken 93
Wohlgemutsblume 543
Wollmispeln 412
Worcestersauce (Worcestershiresauce): Weltberühmte, hocharomatische Würzsauce, aus über 20 tropischen Früchten und Gewürzen hergestellt. Man würzt damit – sehr sparsam, nur tropfenweise – Suppen, Pasteten, Fleisch-, Fisch- und Gemüsegerichte sowie Salate. Siehe auch 88
Würzen mit Vanilleschote 391
Würzen von Fleischscheiben 130
Würzen von Hülsenfrüchten 302
Würzöl selbst bereiten *58,* 89
Würzsaucen 88
Würzzwiebel 60
Wurst 208
Rezepte:
  Wurstigel mit Curry 210
  Wurstring im Ofen 210
  Wurstschüsselchen 210
Wurstbrät 183
Wurstkraut 543
Wurzeln siehe Möhren 253
Wurzelpetersilie 546
Wurzelwerk siehe Suppengrün

YAM – ZWISCHENGERICHTE

Y

Yam 256
Yorkshire-Pudding 163, *170/171*
Ysop (Hyssopus officinalis): Bis zu 1 m hohe, buschige Pflanze. Die Blätter schmecken leicht bitter, kampferartig und etwas nach Pfefferminze. Feingeschnittene Ysopblätter – sparsam dosiert – an Kartoffelsuppen und -salate geben, an Gerichte aus grünen Bohnen, Schweinebraten, Rouladen und auch an Kräuteressig. *533*

Z

Zander 105
Rezept:
  Garnierter Zander 370, *374/375*
Zerlegen von
  ungegartem Geflügel 214
  Hasen 230
Ziege: Das Fleisch von jungen Ziegen und Ziegenkitzen ist zart und schmackhaft; es wird wie Lammfleisch zubereitet. Fleisch von älteren Ziegen ist zäh.
Ziehenlassen: Eine Speise in einer Flüssigkeit unterhalb des Siedepunktes garen. – Auch Durchziehenlassen (Marinieren), beispielsweise von Salaten in der Salatsauce.
Zigeunerbraten 163
Zigeunersalat siehe Salate
Zigeuner-Sauce *386*, 388
Zigeuner-Spieße 153
Zimmertemperatur: Eine Temperatur von 20 bis 24°C. Auch als Raumtemperatur bezeichnet.
Zimtglasur 435
Zimtpulver 553
Zimtstangen *534/535*, 553
Zimtsterne *484*, 487
Zimt-Zucker 553
Zitronat: Kandierte Fruchtschale der Zedrat-Zitrone, auch als Sukkade oder Zedrat bekannt. Wird als würzende Zutat für Gebäck und Süßspeisen verwendet.
Zitrone 87, 414
  Zitronenscheiben als Garnierzutat 528
Rezepte:
  Gefüllter Zitronenbiskuit 478
  Gegrillte Zitronenscheiben 429
  Zitronencreme 393
  Zitronenglasur 435
Zitronengras (Citronelle): Grasart aus Kambodscha, die nach Zitrone schmeckt. Bei uns frisch oder getrocknet im Handel. Als Würzkraut wie Zitronenmelisse verwenden.
Zitronenmelisse *533*, 547
Zitronenreibe 540
Zubereiten von Lebensmitteln siehe Lagern und Zubereiten 529
Zucchini 59, 260
Rezepte:
  Fritierte Zucchini 287
  Italienischer Zucchinisalat 72
  Überbackene Zucchini 286
  Zucchini auf Toskaner Art 287
Zuchtchampignons 297
Zuchtfische 105
Zuchtkarpfen 105
Zuckererbsen 252
Zuckermelonen 413
Zürcher Kalbsgeschnetzeltes *139*, 178
Zürcher Rösti *138*, 314
Zunge 188
  Garzeiten 190
  Vorbereiten 190
Rezepte:
  Gepökelte Rinderzunge mit Polnischer Sauce 201
  Kalbszunge in Spargelsauce 202
  Kalbszunge in Kapernsauce 202
  Rinderzunge mit Gemüse 201
  Zunge auf Wiener Art 201
  Zungenfrikassee 202
  Zungensalat *374/375*, 380
Zungenstück
  vom Rind 128
  vom Schwein 129
Zuppa Pavese 31
Zusammenstellung eines Menüs 521
Zwerchrippe vom Rind 128
Zwerggarnelen 95
Zwergorangen siehe Kumquats 412
Zwetschgen 406
Rezepte:
  Augsburger Zwetschgendatschi 445
  Zwetschgen in Rotwein 519
  Zwetschgenknödel 315
  Zwetschgenkompott 420
  Zwetschgenkonfitüre 516
  Zwetschgenmus 514
  Zwetschgennudeln 445
Zwiebel 60, 260, 567
  als Suppenwürze 23
Rezepte:
  Braunglasierte Zwiebeln 287
  Geröstete Zwiebelringe 287
  Zwiebelkuchen 448
  Zwiebelringe im Bierteig 287
  Zwiebelrostbraten 165
  Zwiebelsalat 71
  Zwiebelsauce 383
Zwiebel-Ketchup 88
Zwiebelschneider 539
Zwiebelringe: Für Salate, als gebratene Zwiebelringe und zum Garnieren schneidet man Zwiebeln – am besten auf einem Kunststoffbrett – in dünne Scheiben, die dann in Ringe zerfallen.
Zwischengerichte 520

Die Spezialkochbücher der Sonderklasse.

Isolde Bräckle/Christian Teubner
Feinschmeckers Gewürz- und Kräuterbuch
Gewürz- und Kräuterkunde: Würz-Geheimnisse, auf die es ankommt; raffinierte Rezepte; Wichtiges über Wildkräuter und Kräutergarten; Gewürz-Lexikon; große Würztabelle; an alles ist gedacht in diesem großen Ratgeber.
186 Seiten, 60 Farbfotos, Zeichnungen.

Rose Marie Dähncke
Pilzsammlers Kochbuch
Das große und einmalige Pilzkochbuch. So lernen Sie die besten Speisepilze kennen und sicher bestimmen. Mit den köstlichsten Rezept-Ideen für Pilzgerichte und internationale Pilz-Spezialitäten für Feinschmecker.
138 Seiten, 72 Farbfotos, Zeichnungen. Ausgezeichnet mit der Goldmedaille.

Ingrid Früchtel
Das neue vegetarische Kochbuch
Rat und Rezept-Ideen für naturgemäße Ernährung ohne Fleisch. Spezielle Tips für richtiges Einkaufen und Zubereiten, für besondere Zutaten und Küchengeräte sowie Menüvorschläge runden den Rezeptteil ab.
132 Seiten, 16 Farbtafeln, Zeichnungen.

Ingrid Früchtel
Das große Vollkorn-Kochbuch
Rat und Rezept-Ideen zum Kochen und Backen von Vollwertkost – auch für Gemüse, Rohkost und Torten. Mit speziellen Ratschlägen für die schmackhafte Zubereitung, für besondere Zutaten und Küchengeräte.
128 Seiten, 8 Farbtafeln, Zeichnungen.

Eilco Hesse
Tee
Das komplette Buch über den Tee und die Kunst, ihn zuzubereiten. Von Tee-Geschichte, Tee-Sorten, Tee-Geschmack, Tee-Geräten und Tee-Rezepten.
112 Seiten, 80 Illustrationen.

Françoise Joriaux/Arne Krüger
Die französische Küche á la bonne femme
Rezepte und Kochgeheimnisse nach Hausfrauen-Art: von der Normandie bis zur Provence, vom coq au vin bis zur mousse au chocolat. Mit Menü-Kunde und Lexikon der französischen Küchensprache.
150 Seiten, 44 Farbfotos, Zeichnungen. Ausgezeichnet mit der Silbermedaille.

Ulrich Klever
Das große Buch der Salate Neuausgabe
Alles über die Kunst der Salatküche. Die besten Rezept-Ideen der Welt in 1001 Variationen.
138 Seiten, 18 Farbtafeln, Zeichnungen. Ausgezeichnet mit der Silbermedaille.

Eva und Ulrich Klever
Das große Buch der Fondues
Alles über die Welt der Fondues und über die Fondues der Welt. Das umfassendste Fonduebuch.
138 Seiten, 18 Farbtafeln, Zeichnungen.

Eva und Ulrich Klever
Das große Buch der Schnitzel, Steaks und Koteletts
Spezialitäten von Rind, Kalb, Schwein, Lamm, Wild und Geflügel. Rat und die besten Rezepte der Welt.
138 Seiten, 18 Farbtafeln, Zeichnungen.

Ulrich Klever
Das neue Buch der Mixgetränke
Cocktail, Longdrink, Punsch & Co – mit und ohne Alkohol. Sechzig Drinks mit nur vier Flaschen. Alles über klassische Cocktails und internationale Longdrinks. Neue Mix-Ideen ohne Alkohol. Tips für Punsch und Bowle.
128 Seiten, 17 Farbfotos, Zeichnungen.
Ausgezeichnet mit der Goldmedaille.

Eva und Ulrich Klever
Alles hausgemacht – in der Stadt und auf dem Lande
Würste, Sülzen und Terrinen, Eingemachtes, Gepökeltes und Geräuchertes, Essig und Senf, Käse und Brot, Säfte, Marmeladen, Rumtöpfe und Liköre – alles gelingt mit diesen altbewährten und neuen originellen Rezepten.
138 Seiten, 9 Farbtafeln, Zeichnungen.

Gräfe und Unzer Verlag München